Praxishandbuch Debt Relations

Lizenz zum Wissen.

Sichern Sie sich umfassendes Wirtschaftswissen mit Sofortzugriff auf tausende Fachbücher und Fachzeitschriften aus den Bereichen: Management, Finance & Controlling, Business IT, Marketing, Public Relations, Vertrieb und Banking.

Exklusiv für Leser von Springer-Fachbüchern: Testen Sie Springer für Professionals 30 Tage unverbindlich. Nutzen Sie dazu im Bestellverlauf Ihren persönlichen Aktionscode C0005407 auf *www.springerprofessional.de/buchkunden/*

Springer für Professionals.
Digitale Fachbibliothek. Themen-Scout. Knowledge-Manager.

- Zugriff auf tausende von Fachbüchern und Fachzeitschriften
- Selektion, Komprimierung und Verknüpfung relevanter Themen durch Fachredaktionen
- Tools zur persönlichen Wissensorganisation und Vernetzung

www.entschieden-intelligenter.de

Springer für Professionals

Peter Thilo Hasler • Markus A. Launer
Martin K. Wilhelm
(Hrsg.)

Praxishandbuch Debt Relations

Herausgeber
Peter Thilo Hasler
BLÄTTCHEN & PARTNER AG
München, Deutschland

Martin K. Wilhelm
IfK – Institut für Kapitalmarkt GmbH
Kiel, Deutschland

Sphene Capital GmbH
München, Deutschland

Prof. Dr. Markus A. Launer
Ostfalia Hochschule
für angewandte Wissenschaften
Suderburg, Deutschland

ISBN 978-3-658-00741-6 ISBN 978-3-658-00742-3 (eBook)
DOI 10.1007/978-3-658-00742-3

Die Deutsche Nationalbibliothek verzeichnet diese Publikation in der Deutschen Nationalbibliografie; detaillierte bibliografische Daten sind im Internet über http://dnb.d-nb.de abrufbar.

Springer Gabler
© Springer Fachmedien Wiesbaden 2013
Das Werk einschließlich aller seiner Teile ist urheberrechtlich geschützt. Jede Verwertung, die nicht ausdrücklich vom Urheberrechtsgesetz zugelassen ist, bedarf der vorherigen Zustimmung des Verlags. Das gilt insbesondere für Vervielfältigungen, Bearbeitungen, Übersetzungen, Mikroverfilmungen und die Einspeicherung und Verarbeitung in elektronischen Systemen.

Die Wiedergabe von Gebrauchsnamen, Handelsnamen, Warenbezeichnungen usw. in diesem Werk berechtigt auch ohne besondere Kennzeichnung nicht zu der Annahme, dass solche Namen im Sinne der Warenzeichen- und Markenschutz-Gesetzgebung als frei zu betrachten wären und daher von jedermann benutzt werden dürften.

Gedruckt auf säurefreiem und chlorfrei gebleichtem Papier

Springer Gabler ist eine Marke von Springer DE. Springer DE ist Teil der Fachverlagsgruppe Springer Science+Business Media.
www.springer-gabler.de

Danksagung

Die Herausgeber danken in erster Linie den Co-Autoren, die sich spontan zur Übernahme eines Beitrags für dieses Handbuch bereit erklärt haben. Jeder der Autoren hat sich neben der hohen beruflichen Belastung und trotz der olympischen Sommerspiele sowie der Fußball-Europameisterschaft die Zeit genommen, einen fachlichen Beitrag für dieses Handbuch zu verfassen. Daher ist es den Herausgebern eine besondere Freude, dass sie eine so große Anzahl von Experten und Spezialisten gewinnen konnten, die die neuesten Erkenntnisse zur Debt Relations aus den verschiedensten Blickwinkeln vorstellen und beleuchten. Im vorliegenden Werk finden sich Spezialkenntnisse aus dem Arbeitsalltag der Debt Relations ebenso wie aktuelle Lösungsansätze zu juristischen Fragestellungen, Einblicke in die Reflexion der Debt Relations-Arbeit durch diverse Adressaten (Journalisten, Analysten, Ratingagenturen) ebenso wie der neueste Wissensstand über das Instrumentarium der Debt Relations-Arbeit.

Ferner danken die Herausgeber dem Springer Gabler Verlag und seinen Mitarbeitern, allen voran Herrn Guido Notthoff, für die angenehme und konstruktive Zusammenarbeit und wohlwollende Unterstützung.

Im Besonderen dankt Peter Thilo Hasler den Mitarbeitern der Blättchen & Partner AG, vor allem Frau Bärbel Auch und Frau Maren Stumm, für die sehr engagierte redaktionelle und graphische Betreuung des Handbuchs. Sein Dank gilt seiner Familie für das Verständnis und die Unterstützung dieses Projekts.

Martin Wilhelm bedankt sich herzlich bei den Mitarbeitern des IfK – Institut für Kapitalmarkt und dem Team rund um sein Unternehmen, die ihn in der Zeit als Buchherausgeber immer gut ertragen haben. Besonderer Dank geht an seine Familie und ihr Verständnis für die zahlreichen Conference Calls und langen Nachtarbeiten mit den Mitherausgebern.

Markus Launer dankt seinen Kollegen Herrn Prof. Dr. Karl-Thomas Waldeer, Dekan des Studiengangs Handel & Logistik und Herrn Prof. Dr. Achim Michalke, Leiter des Online-Studiengangs BWL, beide Ostfalia Hochschule. Dank gilt auch Herrn Prof. Dr. Michael Göring, Vorsitzender des Vorstandes Die ZEIT-Stiftung Ebelin und Gerd Bucerius, Prof. Dr. Göbel, ehemals Dekan der Fresenius Hochschule, und Dr. Uve Samuels, Geschäftsführer der Hamburg School of Management. Thorsten Logemann, Vorstandsvorsitzender der Intersoft Consulting Services sei ebenso gedankt wie Astrid und Hubertus Kobernuss, Geschäftsführer der Kobernuss GmbH. Schließlich dankt Markus Launer seiner Mutter Inge Stork, die leider im März 2012 verstarb, seinem Vater Erich und dessen Frau Rita, ohne die er nicht die Kraft gehabt hätte, ein solches Werk mit zu begleiten.

Die Herausgeber wünschen allen Lesern eine interessante und kurzweilige Lektüre.

Frankfurt – Kiel – München, im Januar 2013   Die Herausgeber

Ralf Frank, DVFA e. V., Generalsekretär, Mainzer Landstraße 47a, 60329 Frankfurt am Main, ralf.frank@dvfa.de

Spätestens um 20 Uhr, wenn vor der Tagesschau „Börse im Ersten" über den Äther geht wird klar, welche Bedeutung den Aktienmärkten als Barometer für die Konjunktur und für das volkswirtschaftliche Wohlergehen zugemessen wird. Dabei besitzt die deutsche Volkswirtschaft alles andere als einen Aktienmarkt typisch westlichen Zuschnitts. Nur knapp 750 deutsche Aktiengesellschaften notieren an der Frankfurter Wertpapierbörse, von denen lediglich knapp 400 zum Prime All Shares gehören, dem Segment, das international ausgerichtet ist. Zum Vergleich: In den UK notieren ca. 2.500 Aktiengesellschaften, in den USA sind es ca. 13.000. Spiegelbildlich findet sich eine ähnliche Situation in den Portefeuilles institutioneller Investoren, deren Aktienquote sich irgendwo zwischen null bis acht Prozent befindet. Keine Frage: die deutsche Volkswirtschaft ist mehr Anleihen- denn Aktienmarkt.

Aus der Kommunikation deutscher Aktiengesellschaften ist die Investor Relations-Funktion nicht mehr weg zu denken. Sie hat sich in den letzten zehn Jahren als wichtige Stabsfunktion fest etabliert, und bewegt sich, wie ausländische Investoren gerne berichten, mittlerweile auf einem international sehr hohen Niveau. Wenn aber Fremdkapitalaufnahmen in seinen verschiedenen Spielarten solch eine große Rolle spielen – müsste sich dann nicht bei den meisten Emittenten von Anleihen, Wandelanleihen oder Schuldverschreibungen eine zur IR börsennotierter Unternehmen äquivalente Fremdkapital-Investor Relations ergeben?

In den vergangenen Jahren haben mehr und mehr kleinere Emittenten Anleihen begeben, ein Phänomen, das nicht nur im deutschen Markt zu beobachten ist! Mit dem Entry Standard für Anleihen an der Frankfurter Wertpapierbörse und dem Bondm an der Börse Stuttgart wurden für sogenannte mittelständische Anleihen eigens Segmente geschaffen, in denen Unternehmen qua Eigenemission Anleihen begeben können.

Allein die Kommunikationsarbeit lässt in vielerlei Hinsicht zu wünschen übrig und stellt institutionelle Anleger nicht zufrieden. Dass das mitunter auch bei Frequent Borrowers aus dem DAX, MDAX oder dem gehobenen Mittelstand bei Anleihen im Volumen 300 Mio. € und größer der Fall ist, ist ein schwacher Trost. Die derzeit hervorragende Marktsituation für Anleiheemissionen – ein echter Verkäufermarkt, in dem teilweise schon nach wenigen Minuten das Orderbuch mehrfach überzeichnet ist, und weder Emittent noch begleitende Banken sich Anleger bemühen, geschweige denn sich kritischen Fragen von Investoren stellen müssen – sollte nicht darüber hinweg täuschen, dass es grundsätzlich in der Finanzkommunikation von Anleiheemittenten Verbesserungsbedarf gibt. Aus diesem Grund verfolgt die DVFA mit ihren Standards für die Bondkommunikation das Ziel, eine Verhaltensveränderung bei Emittenten und Syndikaten zu erwirken, die den Anleiheinvestor in punkto Informationsversorgung und „Access to Management" auf eine Stufe mit dem Aktieninvestor stellt.

In einer Niedrigzinsphase wie zur Zeit der Veröffentlichung dieses Handbuchs, die nach Einschätzung vieler Marktteilnehmer noch Jahre andauern kann, strömt viel Kapital in festverzinsliche Wertpapiere von Unternehmen. Basel III wird in den kommenden Jahren dazu führen, dass mehr Unternehmen den Anleihemarkt zur Kapitalaufnahme aufsuchen werden, schätzungsweise überwiegend im High Yield Segment, verstärkt vermutlich auch mit Wandelanleihen oder Inhaberschuldverschreibungen. Das sind exzellente Voraussetzungen für das Gedeihen des Fremdkapitalmarktes. Was aber noch weithin fehlt, ist eine andere Kultur der Kommunikation von Anleihe-Emittenten an ihre institutionellen Gläubiger. Dass Anleihe-Emittenten meist nur zum Zeitpunkt einer Emission bei Investoren antreten, anstatt auch unterjährig, dass vielfach spezifische Informationsbedürfnisse von Anleiheinvestoren nicht ausreichend bekannt sind und Emittenten mit Zukunftsaussichten locken, während Gläubiger sich für den Track Record des Schuldners interessieren – dies ist oft ein Resultat von Unkenntnis.

Genau an dieser Stelle setzt dieses Handbuch an. Und füllt damit eine Lücke. Denn in den etlichen Beiträgen im Handbuch wird die Debt Communication „von den Adressaten her" gedacht und es kommen Anleger zu Wort, die über ihre Erwartungen und Erfahrungen mit Anleihe-Emittenten sprechen. Dies mag sich zunächst trivial anhören. Denn wie Informationsbedürfnisse von Investoren aussehen, das spiegelt sich doch in regulatorischen Anforderungen oder rechtlich verbindlichen und vorgeschriebenen Instrumenten wie zum Beispiel dem Prospekt wider, oder? Leider nicht! In den seltensten Fällen reicht die rechtlich mandatierte Finanzkommunikation Investoren aus und – seltsam, aber leider wahr – viele vermeintlich flankierende Maßnahmen des Gesetzgebers wie zum Beispiel die EU Prospektrichtlinie oder das Anlegerschutzverbesserungsgesetz des deutschen Gesetzgebers leisten schon allein deshalb keinen Beitrag für Investoren, weil die zugrunde liegenden Annahmen über Investorenanforderungen völlig an der Realität vorbei gehen.

Eine wesentliche Verbesserung wird sich nur über freiwillige und über das rechtliche Normalnull hinausgehende Kommunikationsbemühungen von Emittenten ergeben. Das vorliegende Handbuch bringt die Voraussetzungen mit, sich eben in dieser Hinsicht als Standardwerk der Fremdkapital-Finanzkommunikation zu etablieren.

Dr. Rolf Pohlig, RWE AG, Finanzvorstand, Opernplatz 1, 45128 Essen

Die Finanzierung mittels Fremdkapitalaufnahme ist in Wissenschaft und Praxis ein breit untersuchtes Themenfeld. Doch gilt dies auch für die Kommunikation mit den Fremdkapitalgebern? Die Antwort darauf fällt leicht: Die Auseinandersetzung mit dem Thema „Debt Relations" – also die Kommunikation mit Fremdkapitalgebern – führt ein Schattendasein.

Unbestritten ist, dass eine solide Kapitalmarktkommunikation für Unternehmen ein Muss darstellt. Zumindest gilt dies seit langem für die Eigenkapitalseite: Roadshows zu institutionellen Aktionären sind heute fester Bestandteil der Terminkalender von Vorständen. Auf der Fremdkapitalseite steckt der Dialog zwischen Unternehmen und Kapitalgebern allerdings immer noch in den Kinderschuhen – trotz der Finanzkrisen jüngerer Vergangenheit. Das vorliegende Handbuch liefert daher einen wichtigen und gelungenen Beitrag zur theoretischen Fundierung, ohne aber die praktische Umsetzung aus den Augen zu verlieren.

Bei einem Vergleich der beiden Kapitalmarktsegmente zeigt sich, dass viele Kommunikationsinhalte deckungsgleich sind. Dies betrifft im Wesentlichen die Diskussion hinsichtlich Strategie, finanzieller Eckdaten und Ziele des Unternehmens sowie der politischen und wirtschaftlichen Rahmenbedingungen. Es gibt allerdings auch Themenfelder, die die Fremdkapitalseite deutlich stärker fokussiert. Zu nennen sind hier sicherlich spezifische Kennzahlen zur Messung der Verschuldungsfähigkeit oder finanzstrategische Ziele des Emittenten wie zum Beispiel die Einhaltung von Verschuldungshöchstgrenzen bzw. eines bestimmten Mindest-Bonitätsniveaus. Dies ergibt sich schon aus der „Natur" der beiden Finanzierungsinstrumente. Während die Eigenkapitalseite von einem höheren unternehmerischen Risiko möglicherweise profitiert (Stichwort Dividende), gilt dies für den Fremdkapitalgeber nicht. Er hat ein klares Interesse daran, dass sich das Risikoprofil des Unternehmens nicht stark verändert, denn davon profitiert er meistens nicht. Bei der Kommunikation bedarf es daher eines gewissen Fingerspitzengefühls. Dies darf aber nicht dazu führen, dass es zwei unterschiedliche Botschaften gibt. Hier gilt der Grundsatz der „One Voice Policy".

Wie kann dies konkret in der Praxis aussehen? Bei RWE haben wir uns sehr früh dafür entschieden, Debt Relations im Rahmen der Investor Relations zu verankern. So ist gewährleistet, dass übereinstimmende Inhalte konsistent kommuniziert werden. Die „Corporate Story" ist dafür dergestalt modular aufgebaut, dass Fremdkapitalmarktinhalte die übergreifende Kapitalmarktstory ergänzen. Darüber hinaus gibt es eine enge Kooperation mit der Finanzabteilung des Konzerns. So liegt die Kommunikation mit Banken im Rahmen einer Platzierung hinsichtlich Emissionsvolumen, Preisgestaltung, Laufzeit, Währung etc. eindeutig bei der Finanzabteilung. Die Kommunikation mit den Fremdkapitalgebern und -analysten im nachgelagerten Sekundärmarkt wird von Investor Relations betreut. Die Finanzabteilung wirkt hier unterstützend. So besteht ein gut eingespieltes Doppel.

Ziel von Debt Relations bei RWE ist es, sicherzustellen, jederzeit mit einer Emission an den Fremdkapitalmarkt herantreten zu können. Bildlich kann dies mit der Beziehung zur Hausbank verglichen werden, die Unternehmen früher bei entsprechend transparenter Kommunikation auch jederzeit zur Seite stand. Die Grundlage bildet eine kontinuierliche und transparente „Basiskommunikation", die auch dann erfolgen sollte, wenn keine Emission ansteht.

Diese und weitere Aspekte sind im vorliegenden Handbuch gut und übersichtlich dargestellt. Insgesamt liegt somit ein Band vor, der das Thema Debt Relations aus unterschiedlichen Blickwinkeln, aus theoretischer Perspektive und praktischer Anwendersicht, umfassend beleuchtet. Es kann somit einen Beitrag leisten, Debt Relations weiter in der Unternehmenspraxis zu verankern. Ich wünsche ihm daher eine weite Verbreitung.

Inhaltsverzeichnis

Teil I Problemstellung und Einführung in die Debt Relations

1 Aktuelle Herausforderungen der Debt Relations 3
   Peter Thilo Hasler, Prof. Markus A. Launer und Martin K. Wilhelm

2 Wissenschaftstheoretische Einordnung von Debt Relations und Einordnung in den Begriff Investor Relations 17
   Peter Heseler

3 Gläubigerorientierte Finanzkommunikation in börsennotierten Unternehmen. Forschungsstand und neue empirische Befunde 29
   Eloy Barrantes und Holger Stärz

4 Fixed-Income Investor Relations am Beispiel eines Großunternehmens 49
   Judith Heise und Stephan Lowis

5 Die Praxis der Debt Relations aus der Sicht eines Mid-Caps 65
   Ralph Heuwing und Günter Dielmann

6 Debt Issuance nicht-börsennotierter Emittenten 79
   Axel Gros

7 Die Änderung der Argumentation bei verändertem Szenario: Inflation oder Deflation 93
   Gerald Mann

Teil II Rechtliche Rahmenbedingungen der Debt Relations

8 Rechtliche Rahmenbedingungen bei der Emission von Debt Produkten 107
   Thorsten Kuthe und Madeleine Zipperle

9 Debt Relations und Übernahmerecht 125
   Rupert Doehner

10	**Haftungsfragen der Debt Relations**	143
	Holger Alfes und Christian Hartig	
11	**Änderung von Emissionsbedingungen im Zuge des Bond Restructuring**	163
	Hilger von Livonius	
12	**Financial Covenants aus juristischer Sicht**	183
	Frank Regelin und Nadine Bourgeois	
13	**Der Umtausch und Rückkauf von Anleihen**	199
	Philipp von Randow und Rudolf Haas	

Teil III Zielgruppen der Debt Relations

14	**Debt Relations mit Institutionellen Investoren**	219
	Markus Walchshofer	
15	**Debt Relations mit Finanzanalysten**	231
	Susanne Hasler und Peter Thilo Hasler	
16	**Debt Relations mit Wirtschaftsjournalisten**	247
	Sebastian Ertinger	
17	**Debt Relations mit Ratingagenturen**	261
	Michael Munsch	
18	**Der Gemeinsamer Vertreter der Anleihegläubiger als zentrale Institution der Debt Investor Relations**	271
	Kay Bommer	

Teil IV Debt Relations im Vorfeld und während der Emission

19	**Debt Relations im Vorfeld einer Emission**	287
	Markus A. Launer	
20	**Debt Relations aus der Sicht des Beraters**	305
	Peter Thilo Hasler und Christoph Karl	
21	**Die strategische Strukturierung der Passivseite der Bilanz: Integriertes Kapitalstrukturmanagement statt produktgetriebener Finanzierung**	321
	Jan-Willem Lindhout und Katinka Wölfer	
22	**Debt Origination**	347
	Dr. Sven Janssen	

Inhaltsverzeichnis

23 Rating von Debt Produkten und die Bedeutung von Rating Advisory 361
Rainer Kreutz und Oliver Everling

24 Der Ratingprozess bei Standard & Poor's – Ein Praxisbeispiel 379
Werner Stäblein

25 Gläubigerschutz bei Anleiheemissionen 395
Ralf Garrn und Werner Gleißner

26 Die Platzierung von Debt Produkten 401
Holger Clemens Hinz und Christopher Johannson

27 Erfolgsfaktoren bei der Platzierung von Mittelstandsanleihen 425
Dirk Schiereck, Anna Hinrichsen und Daniel Maul

28 Börsliche Eigenemission von Anleihen 445
Edda Vogt und Michael Rieß

Teil V   Debt Relations im Zweitmarkt

29 Börslicher Handel von Debt Produkten 453
Alexander von Preysing und Markus Ernst

30 Debt-Investorenanalyse im Sekundärmarkt 463
Daniil Wagner und Norbert Paulsen

31 Debt Relations für Mittelstandsanleihen im Sekundärmarkt 477
Peter Waldecker

32 Mittelstandsanleihen – ein Erfolgsmodell für alle Parteien 489
Marc Feiler

33 Reduzierung der Marktvolatilität durch Bondkommunikation 509
Christoph Klein

Teil VI   Debt Relations spezifischer Debt Produkte

34 Debt Relations für Investment Grade Bonds 527
Ralf Böckel

35 Erfahrungen eines „Old-Economy"-Unternehmens bei der Emission einer Mittelstandsanleihe 537
Andreas Aufschnaiter

36 Debt Relations bei Schuldscheindarlehen 549
Paul Kuhn

37 Der Zusammenhang von Debt Relations zu CDS und Kreditderivaten 561
Martin Wilhelm und Oliver Werner

38 Debt Relations bei Fußball-Anleihen 577
Peter Thilo Hasler

Teil VII   Kommunikationsinstrumente der Debt Relations

39 Corporate Bondholder Relations & Internetauftritt – Ergebnisse einer
empirischen Studie 595
Heinrich Degenhart und Steve Janner

40 Debt Relations im Geschäftsbericht 609
Volker Siegert

41 Debt Relations auf der Corporate Website 619
Maximilian Fischer

42 Pressearbeit im Rahmen der Debt Relations 627
Hans-Werner G. Grunow und Markus A. Launer

43 Financial Advertising 639
Robert Wirth

44 Debt Relations in Präsentationen 649
Robert Labas

45 Online-Info-Dienste und Newsletter für Debt Relations 665
Carsten Felz

Sachverzeichnis 685

Teil I
Problemstellung und Einführung in die Debt Relations

Aktuelle Herausforderungen der Debt Relations

Peter Thilo Hasler, Prof. Markus A. Launer und Martin K. Wilhelm

Das meist gehandelte Kapitalmarktprodukt der Welt, der Bund-Future, weist ein durchschnittliches tägliches Handelsvolumen von ca. 60 bis 80 Mrd. € auf. Dies entspricht in etwa dem fünffachen Umsatz seines Pendants auf der Aktienseite, dem DAX-Future. Bei den neu begebenen Anleihen verhält es sich ähnlich: Das tägliche Emissionsvolumen der Anleihen übersteigt das jährlich begebene Volumen an Aktienemissionen um ein Vielfaches. Dennoch ist die Investor Relations für Eigenkapital im Vergleich zum Investor Relations für Fremdkapital in der Tendenz immer noch weiter entwickelt, qualitativ hochwertiger, quantitativ ausführlicher und personell besser besetzt. Fremdkapitalgebern, die nicht selten betraglich größere Engagements eingehen, wird der Zugang zum Management in weit geringerem Ausmaß gewährt als Eigenkapitalgebern; nicht wenige Unternehmen haben keinen eigenen Ansprechpartner für die Anleihegläubiger ihrer Gesellschaft. Kein Wunder also, dass sich Bond-Investoren lange Zeit als „Anleger zweiter Klasse" betrachtet haben.

Dieser Eindruck scheint sich langsam zu ändern. In den Investment Banken bilden sich Cross Asset-Abteilungen, sowohl unter den Finanzanalysten als auch im Institutional Sales,

---

P. T. Hasler (✉)
Blättchen & Partner AG, Vorstand,
Paul-Heyse-Straße 28, 80333 München, Deutschland
E-Mail: pth@blaettchen.de

Sphene Capital GmbH, Gründer
Großhesseloher Straße 15c, 81479 München
E-Mail: peter-thilo.hasler@sphene-capital.de

Prof. M. A. Launer
Ostfalia Hochschule, Herbert-Meyer-Straße 7, 29556 Hamburg,
Suderburg, Deutschland
E-Mail: m-a.launer@ostfalia.de

M. K. Wilhelm
Institut für Kapitalmarkt, Jacobsleiter 8, 24159 Kiel-Schilksee, Deutschland
E-Mail: ifk@ifk-invest.de

und zu den One-on-Ones werden Equity-Investoren immer häufiger von Credit-Analysten begleitet. Wir sehen daher immer mehr Schnittmengen in der Betreuung der einzelnen Asset-Klassen. In diesem Spannungsfeld sind die verantwortlichen Unternehmensvertreter einer Reihe von Herausforderungen in der Kommunikation mit ihren Kreditgebern ausgesetzt, die sich – grob gesprochen – in zwei Unterkategorien zusammenfassen lassen: In Defizite in der Kommunikation nach außen (Kap. 1–4) und in innerbetriebliche Herausforderungen (Kap. 5–7).

1.1 Veränderung des Rating

Die zentrale Komponente zur Kommunikation möglicher Ausfallrisiken von Seiten des Schuldners stellt die Entwicklung des Ratings dar. Ratingveränderungen werden von den Ratingagenturen in der Regel über die Finanzinformationssysteme wie Reuters oder Bloomberg unverzüglich am Kapitalmarkt verbreitet. Bei Rating-Upgrades ergibt sich die Attraktivität der Bond-Story quasi von selbst, bei Rating-Downgrades sind kommunikative Maßnahmen zur Schadensbegrenzung unerlässlich. Insbesondere hat das Debt Relations in diesem Fall auf die Maßnahmen hinzuweisen, die vom Emittenten zur zukünftigen Ertrags- und Solvenzverbesserung ergriffen wurden.

Aufgrund der aktuellen Marktsituation und Schuldenproblematik betreffen die wesentlichen Herausforderungen der Unternehmenskommunikation derzeit weniger Rating-Upgrades als Rating-Downgrades. Da sich das gesamte Umfeld in den letzten Jahren dramatisch verändert hat und es zu einer allgemeinen Niveauverschiebung nach unten kam, sind Downgrades nun nicht mehr im oberen Bereich, beispielsweise von AA+ auf AA, zu verzeichnen, sondern vornehmlich im mittleren Bereich um BBB und damit an der Schwelle zum Sub-Investment Grade. Besondere und neue Herausforderungen für die Kommunikation seitens Investor Relations, Debt Relations und Bond Relations ergeben sich, wenn sich das Rating vom Investment Grade (Rating bis BBB-) in Non-Investment Grade, auch High Yield genannt, verschlechtert. Bei diesen Unternehmen spricht man im Fachjargon gelegentlich auch von den sogenannten „Fallen Angels".[1] Erfahrungsgemäß gibt es bei einigen Investoren interne und externe Anlagerichtlinien, die nicht selten die Kapitalanlagen auf Emittenten im Investment Grade-Bereich beschränken. In diesem Fall entsteht durch das Downgrade erheblicher Verkaufs- und Kursdruck seitens dieser regulierten Investoren. Auch sich zunächst ruhig verhaltende Anleger ohne derartige Anlageverpflichtungen werden bei zunehmend weiteren Kursverlusten nervös und verlängern die Phase des Kursverfalls. Diese Phase stellt die größte Herausforderung für das Management – CEO und CFO sowie die Debt Relations-Abteilungen –, dar. Damit ist es wenig verwunderlich, dass die zusätzlichen Zinsaufwendungen bei Veränderungen des Ratings von BBB auf BBB- nur etwa 0,2 % pro Jahr betragen, verschlechtert sich das

---

[1] Im umgekehrten Fall des Upgrades von Sub-Investment Grade in Investment Grade handelt es sich um sogenannte „Rising Stars".

1 Aktuelle Herausforderungen der Debt Relations

	Former		Rating action		Notching	Notches
Bank Name	Rating	Outlook	Rating	Outlook	Guidance	
Bank of America Corporation	Baa1	RuR down	Baa2	Negative	1	1
Barclays Plc	A1	RuR down	A3	Negative	2	2
BNP Paribas	Aa3	RuR down	A2	Stable	2	2
Citigroup Inc	A3	RuR down	Baa2	Negative	2	2
Credit Agricole SA	Aa3	RuR down	A2	Negative	2	2
Credit Suisse AG	Aa1	RuR down	A1	Stable	3	3
Deutsche Bank	Aa3	RuR down	A2	Stable	2	2
Goldman Sachs Group Inc	A1	RuR down	A3	Negative	2	2
HSBC Holdings Plc	Aa2	RuR down	Aa3	Negative	2	1
JP Morgan Chase & Co	Aa3	RuR down	A2	Negative	2	2
Morgan Stanley	A2	RuR down	Baa1	Negative	3	2
Royal Bank of Canada	Aa1	RuR down	Aa3	Stable	2	2
Royal Bank of Scotland Group Plc	A3	RuR down	Baa1	Negative	1	1
Societe General	A1	RuR down	A2	Stable	1	1
UBS AG	Aa3	RuR down	A2	Stable	3	2

Abb. 1.1 Übersicht der Ratingadjustments bei Banken von Moody's. (Quelle: LBBW: Credit Research, Moody's Rating Review – A never ending Story?!)

Rating dagegen von BBB- auf BB+, so dass die Anleihe in den Sub-Investment-Bereich abrutscht, erhöhen sich die jährlichen Zinsaufwendungen mit durchschnittlich 1,4 % um das Siebenfache.

Gelegentlich werden Ratingänderungen vorgenommen, die nicht unmittelbar mit dem betroffenen Unternehmen in Zusammenhang stehen, sondern mit einer Branche, einem Land oder einer Region. Prominentes Beispiel der jüngeren Vergangenheit war die Herabstufung von nicht weniger als 116 westeuropäischen Banken durch die Ratingagentur Moody's im zweiten Quartal 2011 (Abb. 1.1):

In diesem Umfeld ist es die Aufgabe der Debt Relations-Arbeit, das betroffene Unternehmen in Relation zu anderen Unternehmen zu positionieren. Wird, um beim angesprochenen Beispiel zu bleiben, die gesamte europäische Bankenlandschaft um bis zu drei Ratingstufen abgewertet, dann kann eine Bank, deren Rating lediglich um einen Notch herabgestuft wird, trotz eines in absoluten Zahlen schlechteren Ratings offensiv ihre Investoren ansprechen und auf die verbesserte relative Stellung verweisen. In diesem Umfeld ist also weniger die absolute Performance entscheidend, sondern die relative. Im Vordergrund der Debt Relations-Arbeit muss dann das insgesamt stabile Geschäftsmodell in einem schwächeren Umfeld stehen.

Eine gute Kommunikation hat in dieser Situation unmittelbare und zugleich langfristige Auswirkungen auf die Beziehung zwischen dem Unternehmen und seinen Investoren, da beide das Gefühl der Erleichterung haben, besser zu sein als der Markt. Zwar mag es wenig zielführend sein, sich gegen tiefgreifende makroökonomische Veränderungen zu stemmen, doch das Wissen, beim relativ besseren Unternehmen beschäftigt oder im relativ besseren Unternehmen investiert zu sein, kann hierfür eine Entschädigung sein.

Die vergangenen 30 Jahre haben gezeigt, dass die drei führenden angelsächsischen Ratingagenturen relativ im Einklang zueinander zu ähnlichen Ratingergebnissen kommen. Allein in Krisenzeiten kann dieser Gleichklang etwas abgeschwächt sein, so dass es teilweise zu Unterschieden der Ratings der einzelnen Agenturen, von nicht nur einem, sondern sogar von zwei Notches kommen kann. Aktuell prominentes Beispiel ist ThyssenKrupp, die im zweiten Quartal 2012 von Standard & Poor's von BB+ auf BB herabgestuft wurde, obgleich die beiden anderen Agenturen Fitch und Moody's das Unternehmen unverändert im Investment Grade-Bereich sehen.

Besondere Relevanz erhalten derartige Split Ratings bei sogenannten Rating Triggers. Ein Rating Trigger ist ein Element in den Anleihebedingungen, wonach sich der Coupon einer Anleihe in einem festgelegten Rahmen erhöht oder reduziert, sofern bestimmte Hürden über- oder unterschritten werden. Von ThyssenKrupp wird eine Anleihe (8 % Thyssen 2014) gehandelt, die als einzige aller ausstehenden Anleihen des Emittenten einen sogenannten Step-Up-Coupon aufweist. Wenn zwei von drei Ratingagenturen das Unternehmen im Non Investment Grade-Bereich bewerten, dann sehen die Anleihebedingungen vor, dass sich der Coupon automatisch um 125 Basispunkte von 8,00 auf 9,25 % erhöht. Dies ist ein besonderer Schutz für den Anleger, was in die Kommunikation mit den Kunden aufgenommen werden kann. Gibt es also in den Dokumentationen der einzelnen Anleihen besondere Schutzvorkehrungen gegen Rating-Downgrades in Form von Step-Up-Coupons, sollte dies gegenüber den Investoren gegebenenfalls aktiv kommuniziert werden, da die Gespräche im besten Fall sogar harmonisch verlaufen werden.

1.2 Defizite bei Ad hoc-Mitteilungen

Für börsennotierte Gesellschaften gilt nicht nur in Krisenzeiten – aber dann ganz besonders –, dass die kommunizierten Inhalte für Eigen- und Fremdkapitalgeber konsistent sein müssen. Unter dem Stichwort der One-Voice-Policy bietet es sich daher an, die Kommunikation nicht auf zwei getrennten Equity- und Debt-Stories aufzubauen, sondern auf einer umfassenden, modularen „Kapitalmarkt-Story". Dies ist umso wichtiger, als dass die Mehrheit der Investoren ein sehr gutes Gespür dafür hat, wie die jeweilige Presse- und Investorenmeldungen sowie insbesondere die Ad hoc-Mitteilungen verfasst werden und zu interpretieren sind. Dies ist vor allem dann der Fall, wenn die Investoren länger als die aktuellen Amtsinhaber das Unternehmen verfolgen. Zwar mag es menschlich sein, vor allem negative Ad hoc-Mitteilungen verklausuliert und aufgehübscht zu formulieren, doch werden diese von den Investoren anschließend auf die sachliche Tatsache reduziert.

1.2.1 (Negative) Ad hoc-Meldungen kommen selten allein

Debt Relations ist eine Bringschuld und bezeichnet den kontinuierlichen Dialog zwischen dem Schuldner, also dem Unternehmen, und den (gegenwärtigen und zukünftigen) Kreditgebern. Dieser Dialog sollte auch dann stattfinden, wenn keine Meldungen im engeren

1 Aktuelle Herausforderungen der Debt Relations

Sinne zu verbreiten sind oder wenn dieser Dialog allein dem Unternehmen zugutekommt. Insbesondere heißt kontinuierlich nicht, den Dialog nur im Vorfeld von Anleiheemissionen oder der Aufnahme oder Verlängerung von Krediten zu suchen, sondern auch danach. Insbesondere ist es für die Glaubwürdigkeit der Debt Relations von besonderer Bedeutung, ungewöhnliche Vorkommnisse außerhalb des Finanzkalenders entsprechend zeitnah zu kommunizieren. Auch wenn es nur menschlich und daher mehr als verständlich sein mag, schlechte Meldung zu spät oder gar nicht oder zumindest nicht vollumfänglich zu kommunizieren, zieht dieses Verhalten stets Misskredit und Vertrauensschwund nach sich. Gerade die Kommunikation negativer Nachrichten seitens des Unternehmens erfordert eine besondere Disziplin. Wird sie nicht eingehalten, ist – wie im täglichen Leben auch – der neuerliche Aufbau von Vertrauen sehr schwierig und bedarf einer stabilen, stetigen und langfristig ausgerichteten Debt Relations-Arbeit.

Gelegentlich ist zu beobachten, dass bei andauernder negativer Unternehmenslage die Presse- und IR-Meldungen die Tendenz haben, verklausuliert zu werden. Dadurch soll insbesondere die wahre Lage des Unternehmens verschleiert werden. Häufig drückt sich dies bereits im Aufbau der Texte und in der Wahl der Überschriften aus. Die Realität an der Börse zeigt jedoch, dass gerade der Versuch der Aufhübschung schlechter Nachrichten nur wenig Wirkung hat, da nicht nur professionelle Anleger die tatsächliche Geschäftslage unabhängig von den Unternehmensmeldungen beurteilen können und sich nicht von vermeintlich positiven Bausteinen der Pressemeldung verwirren lassen. So wird durch unseriöse Kommunikation das Vertrauen belastet, was letztlich die Gewinnung von Nachkäufern bei dann rückläufigen Anleihekursen erschwert.

Aber auch der Zeitpunkt der Veröffentlichung während des Tages kann entscheidend für die Gewinnung oder die Erosion des Investorenvertrauens sein. Schlechte Unternehmensnachrichten beispielsweise am Freitagnachmittag zu veröffentlichen in der Hoffnung, dass diese von den meisten Investoren nicht wahrgenommen werden, ist sicherlich keine vertrauensbildende Vorgehensweise. Aber auch eine zu frühzeitig versandte Ad hoc-Meldung kann negativ aufgenommen werden, wenn zu diesem Zeitpunkt nämlich das Gesamtausmaß der Situation noch nicht richtig eingeschätzt werden kann.

1.2.2 Fehlende Ad hoc-Mitteilungen

Noch problematischer, als negative Entwicklungen verspätet zu kommunizieren, ist es, diese gar nicht zu publizieren. Zwar existiert ein rechtlicher Rahmen, der seitens der Regulierungsbehörden – in Deutschland durch die BaFin – und des Wertpapierhandelsgesetzes WpHG vorgegeben ist. Doch zeigt die Realität, dass dieser nicht von allen Unternehmen eingehalten wird. Erst im zweiten Quartal 2012 hat ein IVG-Unternehmen die Aussetzung der Couponzahlungen einer Hybridanleihe als nicht Ad hoc-publizitätspflichtig eingestuft, sondern in einem Nebensatz einer Pressemitteilung erwähnt, die nicht nur einem völlig anderen Thema gewidmet war, sondern auch in einem ausgesprochen positiven Tenor verfasst wurde; darüber hinaus wurde diese Meldung nicht morgens vor der

Eröffnung der Börse, sondern während der Mittagszeit veröffentlicht.[2] Für Verärgerung sorgte auch, dass die Mindestfrist von 14 Tagen, die gemäß der Dokumentation der Anleihe für die Aussetzung der Couponzahlung einzuhalten war, bis auf wenige Stunden ausgeschöpft wurde. Dass in einer Meldung gleich dreimal der Interpretationsspielraum zum Nachteil der Gläubiger ausgereizt wurde, ist seitens der Anleger als besonders negativ anzusehen. Insofern muss es nicht verwundern, dass sich der Kurs der betroffenen Hybridanleihe binnen Tagesfrist um bis zu 50 % ermäßigte. Ein Investor, der diese Anleihe einen Tag vor der Meldung erworben hat, hat seinen Einsatz sogar mehr als halbiert, da er zum Erwerbszeitpunkt für knapp 340 Tage Stückzinsen bezahlen musste. Das Vertrauen des Kapitalmarktes wiederzugewinnen dürfte diesem Unternehmen ausgesprochen schwerfallen. Dabei handelt es sich um eine langfristige Aufgabe, die zudem ohne einen Managementwechsel nicht zu bewerkstelligen sein dürfte.

Ob und wann Ad hoc-Mitteilungen zu veröffentlichen sind, stellt häufig eine Gradwanderung dar, die gerade für neu an die Börse gegangene Unternehmen ein hohes Maß an Unsicherheit darstellt. De jure sind Ad hoc-Mitteilung von börsennotierten Unternehmen in einem regulierten Markt bei wesentlichen kursrelevanten Informationen zu veröffentlichen. Zusätzlich verschärft wird diese Unsicherheit durch die bestehenden Unterschiede zwischen Equity und Debt Relations: Wenn beispielsweise ein Unternehmen seine Guidance knapp verfehlt, kann dies nachhaltige Einbußen des Aktienkurses zur Folge haben, womit eine Ad hoc-Meldung gerechtfertigt ist. Da aufgrund einer knappen Verfehlung die laufende Zinszahlung nicht gefährdet sein dürfte, ist dagegen von Seiten der Debt Relations keine Ad hoc-Meldung erforderlich. Zudem löst nicht jede Meldung, die für ein Unternehmen als Ad hoc-pflichtig einstuft wird, für ein anderes notwendigerweise auch die Ad hoc-Pflicht aus. Hat ein Emittent, wie im oben beschriebenen Beispiel, nur eine einzige Hybridanleihe begeben, bei der die Zinszahlungen optional sind, muss die Aussetzung der Zinszahlungen auch eine Ad hoc-Pflicht auslösen. Hat ein Emittent dagegen, wie beispielsweise die Deutsche Bank, dutzende Hybridanleihen begeben, wird die Aussetzung der Zinszahlung für ein einzelnes Produkt keine, das Gesamtunternehmen betreffende Ad hoc-Pflicht auslösen.

1.3 Fehlende quartalsweise Berichterstattung

Transparenz und Informationsfluss werden seitens der Anleger gefordert, im Idealfall auch in geringeren Abständen als die vierteljährliche Pflichtveröffentlichung der Quartalsberichte. Darüber hinaus gibt es eine Reihe von Unternehmen mit deutlich geringerem Anspruch

---

[2]Vgl. die Meldung von IVG vom 19.04.2012, in der zunächst davon gesprochen wird, dass der Vorstand seinen Aktienanteil an der IVG Immobilien AG aus Privatvermögen erhöht, und erst danach die Couponaussetzung verklausuliert als „Stärkung der Eigenkapitalbasis durch Gleichbehandlung unterschiedlicher Eigenkapitalgeber" beschrieben wird.

an die Transparenz. Darunter fallen vor allem nicht börsennotierte Gesellschaften, meist Familienunternehmen. Hier sehen wir enormes Nachholpotenzial für das Verständnis des Kapitalmarktes. In der Praxis ist es nicht selten, dass das Geschäftsergebnis zum Jahresende erst nach der Prüfung durch den Wirtschaftsprüfer gegen Ende des dritten Quartals des Folgejahres veröffentlicht wird.

Unternehmen, die am Entry Standard notiert sind, sind zwar verpflichtet, einen Halbjahresbericht zu veröffentlichen, jedoch ist der Umfang der Berichterstattung nicht reguliert. Die Mehrheit der Unternehmen am Entry Standard veröffentlicht daher in ihrem Halbjahresbericht weder Bilanz noch Kapitalflussrechnung, und auch eine Segmentberichterstattung unterbleibt in der Regel. Während ein Investor in Aktien notfalls auf eine Bilanz verzichten kann, da für ihn die Entwicklung der Ertragszahlen von größerer Bedeutung ist, kann die Nicht-Veröffentlichung einer Bilanz für einen Bond-Investor nicht hinnehmbar sein. Für diese deutlich reduzierte Transparenz, die in Einzelfällen Züge einer Black Box annehmen kann, wird vom Anleger eine deutlich höhere Prämie eingefordert als bei Unternehmen, die über die Mindestanforderungen hinausgehen.

Ein Grenzfall ist Porsche, ein im Sinne der Publizität und regelmäßigen Berichterstattung ordentlich aufgestelltes Unternehmen, gleichwohl es seitens der ehemaligen Vorstandsmitglieder Bestrebungen gab, die Publizitätspflicht einer vierteljährlichen Berichterstattung aufzuweichen. Im Rahmen einer einheitlichen Regelung und entsprechender Börsenusancen sollten sich gerade global agierende Unternehmen den internationalen Gepflogenheiten einer quartalsweisen Berichterstattung anpassen.

1.4 Nichteinhaltung der DVFA Mindeststandards

2011 hat die Deutsche Vereinigung für Finanzanalyse und Asset Management (DVFA) Mindeststandards zur Bondkommunikation veröffentlicht. Im Grunde sind sie von allen Emittenten zu beachten, die mit Anleihen am Kapitalmarkt debütieren, in der Praxis sind sie jedoch vor allem für Emittenten sogenannter Mittelstandsanleihen von Relevanz, zumal ihre Beachtung für eine Anleihenplatzierung am Entry Standard für Anleihen der Frankfurter Wertpapierbörse verpflichtend ist.

Die DVFA-Mindeststandards stellen einen lobenswerten Impuls in die richtige Richtung dar, der auch von anderen Börsenplätzen übernommen werden sollte. Insbesondere sollten der Regulator und die Aufsichtsbehörden die Veröffentlichungspflicht in die einschlägigen gesetzlichen Rahmenbedingungen – insbesondere die Mindestanforderungen an die Compliance-Funktion (MaComp) und das Wertpapierhandelsgesetz (WpHG) – einbinden. Dies sollte insbesondere auch im Bußgeldkatalog mit entsprechenden Konsequenzen für die Mitarbeiter der emittierenden Unternehmen berücksichtigt werden.

1.5 Organisatorische Herausforderungen

In der gängigen juristischen und finanzwissenschaftlichen Literatur sowie in der Presse wird die Veröffentlichung einer Ad hoc-Meldung meist als singuläre Entscheidung dargestellt. Tatsächlich handelt es sich um einen komplexen innerbetrieblichen Entscheidungsprozess. Die Debt Relation steht hier vor der Herausforderung, das Zusammenspiel verschiedener Meinungen und Abläufe zu vereinen. Zusätzlich verkompliziert wird der Entscheidungsprozess durch den Einfluss der Rechtsabteilungen oder externer juristischer Berater, die traditionell nach dem Vorsichtsprinzip handeln, während die Verantwortlichen der Debt Relations-Abteilungen tendenziell investorenorientiert und marktpflegend agieren möchten. Insbesondere bei ineffizient organisierten Unternehmen kann sich dieses Zusammenspiel negativ auswirken und fehlende bzw. falsch kommunizierte Ad hoc-Mitteilungen nach sich ziehen.

Überdies wird häufig übersehen, dass Debt Relations einen Vorgang beschreibt, der im Spannungsfeld zwischen CEO, CFO, der Presseabteilung, dem Treasury und gegebenenfalls der Ratingagenturen steht. Regulatorischen Vorgaben einer zeitnahen Veröffentlichung von Ad hoc-Meldungen und ihres möglichst verständlichen Inhalts seitens des Gesetzgebers verstärken dieses zusätzlich. Während Vorstände dem institutionellen Aktieninvestor mehrwöchige Zeitbudgets pro Jahr widmen, wird die Debt Relations personell wie inhaltlich in vielen Unternehmen als „notwendiges Übel" betrachtet. Wie tief Debt Relations im Unternehmen verankert wird, hängt letztlich von den inhaltlichen Aufgaben ab. Eine bei Banken nicht verschuldete Gesellschaft, die nur eine einzige Anleihe am Markt platziert hat, dürfte mit einem geschulten IR-Mitarbeiter gut auskommen, da die Emission traditionell ohnehin von der Treasury-Abteilung durchgeführt wird. Anders der Fall bei multinationalen Konzernen, die häufig eine Vielzahl unterschiedlicher Anleihen und Bankverbindungen aufweisen. Debt Relations steht hier vor der Aufgabe, unterschiedliche Anspruchsgruppen gleichzeitig bedienen zu müssen.

Bei der organisatorischen Einordnung der Debt Relations sollten Unternehmen beachten, dass diese sowohl Aufgaben der Treasury als auch der Investor Relations übernehmen muss. Nicht wenige IR-Manager erfahren nur deshalb von den Planungen des Unternehmens, eine Anleihe zu begeben, weil sie auf den Büro-Fluren in verstärktem Maße Bankmitarbeitern begegnen. In diesen Unternehmen sollte es nicht zu sehr wundern, dass die Qualität der Debt Relations-Abteilungen nicht ausreichend ist. Wird Debt Relations als „Erfüllungsgehilfe" des CFO verstanden, kann die Mitarbeiterqualität nicht überzeugen. Nur wenn die Verantwortung auch in Händen des Debt Relations-Managers liegt, können hochqualifizierte Manager gewonnen werden.

Dass es auch anders gehen kann, zeigen die zahlreichen Frequent Issuer im Bankenbereich, die im Verhältnis zum Gesamtmarkt der ausstehenden Anleihen die bedeutendsten Marktteilnehmer bilden. Bei ihnen sind Investor, Bond und Debt Relations-Abteilungen in der Regel sehr gut besetzt; darüber hinaus verfolgen sie verständlicherweise einen langfristigen Ansatz und Dialog zu den Investoren, da das Funding, das heißt die Begebung von Anleihen, eine tragende Säule ihres Geschäftsmodells darstellt. Sie spielen die wichtigsten

Elemente der breiten Palette der Kommunikationsinstrumente, die für die Ansprache der unterschiedlichen Anspruchsgruppen zur Verfügung stehen, angefangen vom klassischen Einzelgespräch (One-on-One) und Gruppenveranstaltungen auf Roadshows über Investorenkonferenzen bis hin zu Conference Calls und Analystenveranstaltungen. Obgleich die Banken in ihrer Gesamtheit an den Kapitalmärkten sicherlich nicht in allen Punkten als Vorbild dienen können, lässt die Professionalität im Teilbereich Debt Relations nichts zu wünschen übrig. Dies kann als Leitidee für vor allem mittelständische Unternehmen gesehen werden, da es sich um die langfristige Ausrichtung und das Vertrauen über mehrere Jahre vor allem bei Regular Issuers handelt. Mit zunehmender Emissionsfrequenz ist eine professionellere Debt Relations-Tätigkeit erforderlich.

Besondere Herausforderungen ergeben sich für das Top-Level-Management schließlich häufig im Zuge der erstmaligen Begebung von Fremdkapital, da neue Beziehungen zu den Ratingagenturen aufgebaut werden müssen. Ratinggespräche sind gründlich, tief und stoßen daher häufig auf Unverständnis seitens des Managements, fremden Dritten „Betriebsgeheimnisse" zu verraten. Auch die Einhaltung der Voraussagen des Managements sollte durch regelmäßige Kontakte mit den Ratingagenturen kommuniziert werden. Langjährige Frequent Issuers mit einer bis zu hundertjährigen Historie im Debt Markt – wie zum Beispiel Banken, Erst- oder Rückversicherungen – sind sich dieser Tatsache bewusst und nehmen den Umgang und Kontakt mit den Ratingagenturen und den Investoren sehr ernst.

1.6 Hohe Komplexität der Debt-Produkte

Auch Umfang und Komplexität der Zinsprodukte stellen für die Emittentin eine Herausforderung dar, vor allem wenn sie nicht nur ein oder zwei, sondern zahlreiche Debt-Produkte[3] begeben hat. Der Markt für Debt-Produkte ist höchst komplex und hat in den letzten Jahren zahlreiche unterschiedliche Instrumente hervorgebracht (Abb. 1.2):

Neben diesen Debt-Formen i. e. S. existiert eine Vielzahl an Derivaten, die insbesondere im Zuge der ersten Finanzmarktkrise in Verruf geraten ist (Abb. 1.3):

Gerade wenn in der Debt Relations-Abteilung ein tiefes Verständnis für diese Produkte aufgebaut werden konnte, ergibt sich das Risiko, dass ein Wechsel des jeweilgen Mitarbeiters etwa ins (häufig besser bezahlte) Investment Banking zu einem substanziellen Brain Drain führt. Denn einem unter Umständen bestens ausgebildeten Fondsmanager oder Vermögensverwalter die Bonität des Unternehmens zu erklären, geht weit über die reine Beschreibung des Kreditprodukts hinaus. Gefordert wird eine Gesamtschau über die zukünftige Unternehmensstrategie, die Positionierung im wettbewerblichen Umfeld, die Entwicklung der Liquidität und Solvenz sowie des Risikos der Gesellschaft.

---

[3] Zum Beispiel hat die Deutsche Bank aktuell mehr als 5000 Bonds emittiert.

Debt-Produkt	Beschreibung
Festverzinsliche Anleihe	Zinszahlung und Rückzahlungszeitpunkt sind fix
Variabel verzinsliche Anleihe	Zinszahlung ist variabel, Rückzahlungszeitpunkt ist fix
Wandelanleihe	Wahl des Gläubigers, die Rückzahlung zum Nominalpreis oder in einer festgelegten Aktienanzahl des Emittenten vorzunehmen
Umtauschanleihe	Wahl des Gläubigers, die Rückzahlung zum Nominalpreis oder in einer festgelegten Aktienanzahl eines dritten Unternehmens vorzunehmen, die der Emittent in seinem Besitz hat
Pflichtwandelanleihe	Die Rückzahlung der Pflichtwandelanleihe erfolgt in jedem Fall in einer festgelegten Aktienanzahl des Emittenten
Aktienanleihe	Wahl des Emittenten, die Rückzahlung zum Nominalpreis oder in einer festgelegten Aktienanzahl eines dritten Unternehmens in Abhängigkeit des Aktienkurses zu leisten
Optionsanleihe	Investor erhält Kupon, Tilgung und eine Option auf Aktien des Emittenten
Zero-Bond	Rückzahlungszeitpunkt ist fix, während der Laufzeit der Anleihe erfolgt keine Zinszahlung
Commercial Paper	Anleihe, die sich durch ihre kurze Laufzeit (i. d. R. unter zwei Jahren) definiert
Genussschein	Gläubiger erhält Zinszahlung und Anteil am Ergebnis des Emittenten
Genussrecht	Nicht börsennotierter Genussschein
Secured Bond	Mit Aktiva besicherte Anleihe
Asset Backed Security	Mit Aktiva besicherte Anleihe einer Zweckgesellschaft
Hypothekenpfandbrief	Anleihe, die durch einen Deckungsstock von hypothekarisch besicherten Immobilienkrediten gedeckt ist
Öffentlicher Pfandbrief	Anleihe, die durch öffentliche Kredite gedeckt ist.
Hybridanleihe	Anleihe mit Eigen- und Fremdkapitalelementen und meist sehr langer oder unbefristeter Laufzeit
Inflation Linked Bond	Variabel oder festverzinsliche Anleihe mit Rückzahlungskurs, der an Verbraucherpreisindex gekoppelt ist
Fremdwährungsanleihe	Anleihe, die aus Sicht des Emittenten in einer Drittwährung begeben wird
Schuldscheindarlehen	Übertragbarer Kreditvertrag zwischen Kreditinstitut und Unternehmen (i.d.R. mit Investment Grade)

Abb. 1.2 Übersicht der Debt Produkte (Auswahl)

Derivat	Beschreibung
Credit Default Swap CDS	Versicherung gegen den Default eines Emittenten, indem ein Dritter den Schuldendienst übernimmt
Collateralized Bond Obligation CBO	Synthetische Anleihe, die mit Unternehmensanleihen besichert ist
Collateralized Debt Obligation CDO	Synthetische Anleihe, die mit verschiedenen Kreditinstrumenten besichert ist
Collateralized Loan Obligation CLO	Synthetische Anleihe, die mit Krediten besichert ist
Credit Linked Note CLN	Anleihe, die mit einem CDS auf das Ausfallrisiko eines Dritten kombiniert ist

Abb. 1.3 Übersicht über Debt-Derivate

1.7 Kommunikation in Zeiten der Krise

Gerade in der jüngeren Vergangenheit drückt sich die kritische Unterscheidung von performing und non-performing Unternehmen im Gegensatz zu früheren Dekaden in einer wesentlich ausgeprägteren Kursentwicklung und damit in einer zunehmenden Schwankungsbreite (Volatilität) der Kurse aus – und zwar in beide Richtungen. Zwar ist die Volatilität einer spezifischen Asset-Klasse in ihrer Gesamtheit relativ stabil, gleichwohl sind die Ausreißer in beiden Richtungen der Ertragslage des Unternehmens heutzutage wesentlich markanter als früher. Dieses Phänomen ist besonders ausgeprägt im Anleihebereich. Zusätzlich sind Banken aufgrund der zunehmenden Regularien dazu angehalten, Handels- und Risikobestände gering zu halten, da diese mit haftendem Eigenkapital zu unterlegen sind. Ergänzend sei hier die Transformation von Basel II in Basel III als wichtiger Baustein der Veränderung genannt.

Wie die Debt Relations-Arbeit eines Unternehmens von den Investoren qualitativ eingestuft wird, hängt nicht zuletzt von der operativen Performance des Unternehmens ab: Letzten Endes dürfte auch die mittelmäßige Kommunikation eines gut performenden Unternehmens am Kapitalmarkt als „überdurchschnittlich" eingestuft werden, während die engagierte Kommunikation eines verlustträchtigen Unternehmens vermutlich als „weit unterdurchschnittlich" eingestuft werden wird. Wird die Interpretation möglicher Kursverluste der Anleihe mit der Qualität der Debt Relations-Arbeit gleichgesetzt, sind Verwerfungen in der Interpretation der Leistungsfähigkeit der Investor und Debt Relations-Arbeit die Folge. Insofern stellt sich die Frage, ob sich Debt Relations für eine Emittentin in Krisenzeiten überhaupt lohnt, wenn die Bewertung der Kommunikationsarbeit positiv mit der operativen Performance eines Unternehmens korreliert ist.

Diese Frage kann nur in einem langfristigen Kontext beantwortet werden. Wie im Hochleistungssport, so auch im Berufsleben werden Engagement und Disziplin in den meisten Fällen erst langfristig sichtbar. Nur durch Engagement und Disziplin kann durch Debt Kommunikation Vertrauen aufgebaut werden. Vertrauen leitet sich von Kredit, lat. Credere, ab. Vertrauen heißt, eine offene, glaubwürdige, nachhaltige und transparente Kommunikationspolitik zu verfolgen. Innerhalb weniger Jahre hat die Bedeutung von Investor, Bond und Debt Relations in Unternehmen stark zugenommen. Dies gilt insbesondere für die personelle und inhaltliche Aufstellung, aber auch für die Wertschätzung innerhalb der Unternehmenshierarchie. Dieser Trend zur Professionalisierung wird sich unserer Meinung nach auf nationaler und internationaler Ebene weiter fortsetzen. In diesem Zusammenhang ist zu sehen, dass sich zunehmend auch aktionorientierte Investoren, Institutionen und Verbände ebenso wie Banken und Berater für die entscheidenden Bondholder-Themen wie Leverage, Free Cashflow, Verschuldungsgrad und Eigenkapitalquote interessieren.

Schließlich ist es von besonderer Bedeutung, mit den „richtigen", das heißt langfristig ausgelegten Investoren zu kommunizieren, die das Unternehmen, das Geschäftsmodell und das Management verstehen und eine Vorstellung davon haben, wo das Unternehmen in zwei oder drei Jahren stehen wird. Die frühzeitige Identifikation dieser Investoren ist für die Debt Relations-Arbeit von entscheidender Bedeutung, da nur sie ein grundlegendes Verständnis über den richtigen Wert der Debt Produkte haben und unter Umständen bereit sind, in Zeiten fallender Kurse nachzukaufen.

1.8 Ausblick

Ernsthafte Investoren verzeihen Fehler, sofern sie vereinzelt auftreten, sich nicht wiederholen, sie entsprechend kommuniziert werden und es nicht zu einem nachhaltigen negativen Trend kommt. Eines der prominentesten Beispiele ist sicherlich BMW, das nach vierjähriger Beteiligung an Rover die konsequente Entscheidung getroffen hat, die britische Tochter – auch mit Verlust – zu verkaufen. Wie wir alle wissen, ist die Entscheidung, eine Position mit Verlust zu verkaufen, emotional die Schwierigste, da dies eine Entscheidung gegen das eigene Seelenleben ist. Daher schätzen es Investoren in besonderem Maße, wenn konsequent gehandelt wird, dies im Rahmen der Unternehmensaktivitäten entsprechend umgesetzt wird und dem Kapitalmarkt im Rahmen der Debt Relations kommuniziert wird.

Nationale (BaFin) und internationale (EBA European Banking Authority) Regulatoren sowie Regelwerke (WpHG) könnten ebenfalls dazu beitragen, dass der Trend zur Intensivierung der Debt Relations anhält und die jeweiligen Abteilungen zentral im Unternehmen verankert werden. Die Einforderung einer andauernden Diskussion und der Umsetzung eines Maßnahmen- und Bußgeldkatalogs seitens des Regulators würden diesen Trend begleitend unterstützen. Leider wurden die relevanten politischen Kräfte in der Bundesregierung, die sich dieser Themen angenommen haben, bislang nur wenig gehört, da das Thema Verschuldung im politischen wie im gesellschaftlichen Umfeld weder positiv noch in den relevanten Gremien meist nicht mit den erforderlichen Fachleuten besetzt ist. Dabei wäre es aus Sicht der nationalen und internationalen Investoren wünschenswert, einen zuverlässigen und zugleich verständnisvollen politischen Partner in der Bundesregierung zu haben. Auch wenn das marktorientierte Geschäftsmodell als zentraler Baustein des Kapitalmarkts gelegentlich Schwächen aufweisen mag, ist es dennoch der essenzielle Nährboden für Wachstum und Wohlstand unserer Gesellschaft. Eine bedeutende Grundlage für das Vertrauen der Investoren in den Bond-Markt ist ein rechtsstaatlich regulierter und organisierter Kapitalmarkt. Man denke nur an einen deutschen Investor, der seine Rechte als Anleger in der Schweiz zweifellos leichter durchsetzen kann als in verschiedenen Nachfolgestaaten der ehemaligen UdSSR.

Positiv zu vermerken ist, dass sich der DIRK[4] und insbesondere die DVFA[5] dem Thema Bond Relations angenommen haben. Sämtliche Studien verdeutlichen den enormen Entwicklungsschub, den die Fremdkapitalseite in den vergangenen Jahren gemacht hat und zukünftig noch machen wird. Gleichzeitig werden die Entwicklungspotenziale offengelegt, die noch im Debt Relations verborgen sind. Doch ein geschärftes Bewusstsein für eine vertrauensvolle Kapitalmarktmarktkommunikation und fixe Spielregeln sind für die Erreichung dieses Zieles unumgänglich.

Literatur

Bösl K, Hasler PT (Hrsg) (2011) Mittelstandsanleihen: Ein Leitfaden für die Praxis. Springer, Heidelberg

Degenhart H, Schiereck D (2011) Fremdkapital Investor Relations: Erweiterte Kommunikations-Anforderungen nach der Krise. DIRK, Hamburg

---

[4]Vgl. Lowis und Streuer (2011), Degenhart und Schiereck (2011).
[5]Vgl. DVFA (2011).

Deutsche Vereinigung für Finanzanalyse und Asset Management (DVFA) (2011) Mindeststandards für Bondkommunikation, Frankfurt (Online: www.dvfa.de/files/die_dvfa/kommissionen/bondkommunikation/application/pdf/Mindeststandards_Bondkommunikation_Final.pdf)

Launer MA, Wilhelm M (2011) Bond Relations: Investor, Bond, Creditor und Gläubiger Relations für Anleihen, Obligationen, Wandelschuldverschreibungen und neue innovative Formen der Fremdkapitalfinanzierung. Dissertation.de, Berlin

Lowis S, Streuer O (2011) DIRK White Paper: Fixed Income Investor Relations. (Online: http://www.dirk.org/jobber/images/stories/A_Neue_pdf_Dokumente/110516%20-%20Neuauflage_White_Paper_Fixed_Income_final.pdf)

Wissenschaftstheoretische Einordnung von Debt Relations und Einordnung in den Begriff Investor Relations

2

Peter Heseler

Während es die Aufgabe der Wirtschaftspraxis ist, konkrete Lösungen für Probleme zu finden, ist es anerkannte Aufgabe der Wissenschaft, diese Lösungen zu systematisieren, auf ihre Allgemeingültigkeit, Grenzen und Voraussetzungen zu untersuchen und so aus auf den Einzelfall bezogenen Handlungsanweisungen allgemeine Erkenntnisse über Wirkungszusammenhänge abzuleiten. Das Erkennen von Gemeinsamkeiten unterschiedlicher Lösungsansätze und ihre Einordnung in vorhandenes Wissen und bekannte Strukturen ermöglicht ja gerade erst jenen Prozess systematischer Weiterentwicklung und Mehrung der anwendbaren Kenntnisse, den wir als Wissenschaft bezeichnen und der uns von rezeptartigen Anleitungen zu einem Fundus gesicherten Wissens führt, das auf unterschiedlichste Situationen anwendbar sein soll.

Es kann nicht verwundern, dass bei Themenfeldern, die sich aus der Praxis entwickelt haben, die wissenschaftliche Einordnung zunächst hinterherhinkt. Die Suche nach raschen Lösungen und praxistauglichen Konzepten erscheint viel dringlicher und bedeutsamer als die vergleichsweise langweilige theoretische Aufarbeitung und Analyse, die nicht unmittelbaren und schnellen Nutzen verspricht. Erst später zeigt sich dann, dass auch von einer Systematisierung der vorhandenen Ansätze weiterführende, zusätzliche Erkenntnisse erwartet werden können.

Dies gilt auch für die Disziplin der Investor Relations und die Beziehungen zu ihrer noch recht jungen Teil- (oder vielleicht doch Neben-?) Disziplin Debt Relations. In der ersten wissenschaftlichen Aufarbeitung der Thematik weist Barrantes darauf hin, dass die Literatur hierzu im Jahr 2009 im Wesentlichen aus Ratgebern und Praxishandbüchern bestand und kaum wissenschaftliche Publikationen feststellbar waren.[1] Damit war letztlich noch

---

[1] Vgl. Barrantes (2009) S. 3.

P. Heseler (✉)
FOM Hochschule für Ökonomie und Management, Arnulfstr. 30, 80335 München, Deutschland
E-Mail: peter.heseler@web.de

weitgehend ungeklärt, was Debt Relations leisten sollen (und vor welchem konzeptionellen Hintergrund) und wie Debt Relations in den Kontext anderer Instrumente der betrieblichen Kommunikationspolitik einzuordnen sind.

Letzteres gilt auch mit Blick darauf, dass letztlich die Begrifflichkeiten und ihre Abgrenzung noch unklar sind: Haben wir also unter Debt Relations dasselbe wie unter Creditor Relations zu verstehen, und sind die Bondholder Relations[2] ein Teilgebiet davon? Wären weitere Untergliederungen – zum Beispiel für die Kommunikation mit Ratingagenturen – vorstellbar und was würde eine solche Segmentierung leisten?

Grund genug also, die vorhandenen Ansätze einer wissenschaftlichen Einordnung des Begriffs und seiner inhaltlichen Beschreibung weiter zu untersuchen.

2.1 Informationsasymmetrie als Ausgangspunkt

Die Notwendigkeit eines Informationsmanagements der Unternehmung im Verhältnis zur Financial Community wird allgemein im Vorhandensein von Informationsdefiziten gesehen: um potentielle Eigen- und Fremdkapitalgeber davon zu überzeugen, ihre Mittel einem bestimmten Unternehmen zur Verfügung zu stellen und nicht etwa eine andere Investitionsmöglichkeit zu bevorzugen, muss das Unternehmen Informationen über seine bisherigen und geplanten Aktivitäten, seine finanzielle Stärke, die Qualität des Managements und andere entscheidungsbeeinflussende Faktoren zur Verfügung stellen. Die Financial Community ist dabei zu verstehen als Gesamtheit von Eigen- und Fremdkapitalgebern sowie Informationsmittlern wie Ratingagenturen und Medien.

Dies kann einerseits in Form einer unmittelbaren Kommunikation zwischen Unternehmen und Investor oder einer Gruppe von Investoren erfolgen, andererseits auch durch mittelbare Kommunikation über Ratingagenturen oder Finanzmedien, durch deren Urteil sich wiederum Investoren in ihrer Entscheidung beeinflussen lassen. In zeitlicher Hinsicht kann unterschieden werden in Informationen ex ante (also vor dem Investitionsentscheid) und ex post (also während der Laufzeit des Beteiligungs- oder Kreditverhältnisses); dies deshalb, weil es sich bei Eigen- und Fremdkapital um dauerhaft angelegte Schuldverhältnisse handelt.

Weil der Kapitalgeber seine Mittel dem Unternehmen für eine längere Zeitspanne überlässt und darauf vertraut, sie am Ende der Geschäftsbeziehung zurückzuerhalten (sei es durch Verkauf der Beteiligung an einen Dritten – zum Beispiel an der Börse – oder durch Rückzahlung des Kapitalbetrages im Wege der Kredittilgung), wird er auch während der Laufzeit des Vertragsverhältnisses Interesse daran haben, wie das Unternehmen mit den überlassenen Mitteln wirtschaftet. Er muss einschätzen können, ob sich sein erwarteter Ertrag und/oder das Risiko des Kapitalverlustes verändert hat, um ggf. Gegenmaßnahmen

---

[2]Vgl. Denks (2006); Saß und Zurek (2003) sprechen – wohl deckungsgleich – von Corporate Bond Communication.

einleiten zu können. Informationen hierüber stehen ihm nicht unmittelbar zur Verfügung; er kann sie letztlich nur vom Unternehmen erhalten.

Hinzu kommt, dass der Investor aus der Fülle der verfügbaren Informationen zwangsläufig eine Auswahl treffen muss, weil er gar nicht in der Lage wäre, sie vollständig zu verarbeiten. Diese Problematik hat mehrere Dimensionen: zum einen handelt es sich schon um ein reines Kapazitätsproblem; wer an der Börse investieren will, kann sich nicht aus sämtlichen weltweit handelbaren Aktien die für seine Vorstellungen optimale heraussuchen. Selbst wenn es aber keine Kapazitätsbeschränkung gäbe, stünden die Kosten einer solchen Informationsauswertung vermutlich nicht in einem vernünftigen Verhältnis zum erzielbaren Nutzen: beschränkt sich der Anleger auf ein kleineres Anlageuniversum, etwa Aktien aus Euroland oder solche, die an einer bestimmten Börse gehandelt werden, wird der für die Analyse erforderliche Aufwand wesentlich geringer, ohne dass die erwarteten Anlageergebnisse deutlich schlechter würden. Schließlich wäre auch die Dauer einer umfassenden Informationssammlung und -analyse zu lang: da die Realität ja nicht stehen bleibt, sondern sich laufend verändert, stünden die Ergebnisse womöglich erst zu einem Zeitpunkt zur Verfügung, zu dem sie aufgrund des Zeitablaufs schon überholt wären.

Letztlich ist die Fiktion des vollkommenen Marktes zwar hilfreich für die Entwicklung grundlegender Erkenntnisse über marktwirtschaftliche Mechanismen (zum Beispiel bei der Preisbildung), aber der Umstand, dass weder Märkte diese theoretischen Anforderungen erfüllen noch die Akteure auf diesen Märkten sich immer rational verhalten, beschäftigt die Volkswirtschaftslehre seit längerem. Vor allem zwei Ansätze der sog. Neuen Institutionenökonomie scheinen als Erklärungsansätze für die Anforderungen an Debt Relations geeignet: die Principal-Agent-Theorie und der Transaktionskostenansatz.

Die Principal-Agent-Theorie als Begründung für die Notwendigkeit von Debt Relations Die Principal-Agent-Theorie geht zurück auf Jensen und Meckling, die in ihrem grundlegenden Aufsatz das Verhältnis zwischen Principal und Agent zunächst als zweiseitigen Vertrag verstanden haben, durch den eine Person (der Principal) eine andere (den Agent) zu einer Dienstleistung verpflichtet und ihm als notwendige Voraussetzung hierzu ein gewisses Maß an eigener Entscheidungsfreiheit einräumt. Unter der Annahme, dass beide Parteien ihren eigenen Nutzen maximieren wollen, gebe es dann gute Gründe für die Annahme, dass der Agent nicht immer versuchen werde, das bestmögliche Ergebnis für den Principal zu erzielen.[3]

Das war übrigens bereits Adam Smith klar, der in seiner Abhandlung über den Wohlstand der Nationen bereits 1776 darauf hinwies, dass das Management einer Aktiengesellschaft bei der Verwaltung des ihr anvertrauten Grundkapitals nicht dieselbe Umsicht an den Tag legen werde wie der Gesellschafter einer Personengesellschaft. Allerdings hat er die Ursache hierfür weniger in einem Zielkonflikt gesehen, sondern in der irrigen An-

---

[3] Vgl. Jensen und Meckling (1976) S. 308.

nahme des Managements, dass Sorgfalt auch im Detail dem Ansehen der Eigentümer nicht angemessen sei, was sich dann in Nachlässigkeit und Verschwendung manifestiere.[4]

Der Principal-Agent-Ansatz, der bei Jensen und Meckling noch ausdrücklich ein Vertragsverhältnis voraussetzt, in dem sich der Agent zur Tätigkeit im Interesse des Principal verpflichtet, ist in der Folge erweitert worden, so dass er im heutigen Verständnis vielfach alle Beziehungen umfasst, bei denen das Wohlergehen einer Partei vom Verhalten einer anderen abhängig ist.[5] Fraglich ist allerdings, ob eine derart weite Interpretation für das Verständnis der Kommunikation mit Eigen- wie mit Fremdkapitalgebern gleichermaßen hilfreich ist.

Dabei wird man der Ansicht ohne weiteres folgen können, dass die Beziehung zwischen Eigenkapitalgebern und dem Management der Gesellschaft, an der sie beteiligt sind, als Principal-Agent-Verhältnis beschrieben werden kann. Der Manager steht in einem Vertragsverhältnis zur Gesellschaft, das ihn verpflichtet, die Interessen der Gesellschaft wahrzunehmen; hierunter werden in unserer Gesellschaftsordnung primär die Interessen der Anteilseigner verstanden. Er soll das Eigenkapital der Gesellschaft der bestmöglichen Nutzung zuführen und hat dabei je nach Gesellschaftsform sehr weitgehende dispositive Befugnisse. Es erscheint damit sachgerecht, ihn quasi als Treuhänder des ihm anvertrauten Kapitals anzusehen; damit sind die entscheidenden Charakteristika eines Principal-Agent-Verhältnisses gegeben.

Barrantes vertritt die Auffassung, dass dies auch bei der Betrachtung der Beziehung zwischen Unternehmen und ihren Fremdkapitalgebern gegeben sei.[6] Auch wenn sich einige typische Probleme zwischen diesen Parteien durchaus als Agency-Probleme beschreiben und verstehen lassen, findet bei dieser Sichtweise doch der Interessengegensatz zwischen Unternehmen und Fremdkapitalgebern zu geringe Berücksichtigung: anders als bei der Aufnahme von Eigenkapital gibt es hier auch implizit kein Auftragsverhältnis zwischen Fremdkapitalinvestor und Unternehmen. Es ist nicht einem gleichsam treuhänderischen Verhältnis vergleichbar, bei dem der Fremdkapitalnehmer den Auftrag hätte, „stellvertretend für den Kreditgeber mit dem zur Verfügung gestellten Kapital (zu) wirtschaften."[7]

Dieser Interpretation steht ja schon die im Vergleich zum Eigenkapital gänzlich andere Verteilung von Chancen und Risiken entgegen. Der Eigenkapitalgeber ist am Gewinn des Unternehmens beteiligt; je höher dieser ausfällt, desto höher seine Rendite. Auch die durch erfolgreiches Agieren erwirtschaftete Mehrung des Unternehmenswerts kommt ihm zugute, bei börsennotierten Gesellschaften zum Beispiel über einen Anstieg des Aktienkurses. In aller Regel ist die Eigenkapitalbereitstellung langfristig angelegt; abgesehen von der in

---

[4] Vgl. Smith (1978) S. 629 f; seine Abhandlung gilt als das erste wirtschaftswissenschaftliche Werk überhaupt und begründet damit die Entwicklung der Wirtschaftswissenschaft als eigenständige wissenschaftliche Disziplin.
[5] Vgl. Barrantes (2009) S. 26 f.
[6] Vgl. Barrantes (2009) S. 32 ff.
[7] Barrantes (2009) S. 32.

der Praxis selten vorkommenden Liquidation eines Unternehmens findet der Eigenkapitalinvestor seinen „Exit" nur durch den Verkauf seines Anteils an einen anderen Investor, der sich entweder neu beteiligen oder einen vorhandenen Anteil aufstocken will.

Der Fremdkapitalgeber hingegen kann lediglich den vereinbarten Zinssatz als Ertrag erwarten; sein „Best Case" besteht darin, die Zinsen pünktlich und in voller Höhe und am Ende der Laufzeit seinen Kapitaleinsatz zurückzuerhalten. Von daher ist sein Engagement grundsätzlich zeitlich beschränkt, auch wenn in der Praxis Kreditverhältnisse vorkommen, die faktisch über Jahrzehnte andauern. Die Bereitstellung von Kontokorrentlinien ist ein Beispiel dafür: formal kurzfristig kündbar, können sie bei einer gut funktionierenden Beziehung zwischen Bank und Kunde über lange Zeiträume unverändert bleiben.

Von daher ist auch die Risikoneigung von Eigen- und Fremdkapitalinvestoren eine gänzlich andere. Der Eigenkapitalinvestor stellt unmittelbar risikotragendes Kapital zur Verfügung, das bei einem etwa eintretenden Verlust sofort angegriffen wird. Im Interesse einer möglichst hohen Rendite wird er in der Regel akzeptieren, dass das Management bis zu einem gewissen Grade unternehmerische Risiken eingeht, denn nur dann lassen sich die gewünschten Erträge erzielen. Der Fremdkapitalinvestor legt hingegen Wert auf größtmögliche Sicherheit; er wird nur zu einem Engagement bereit sein, wenn das Unternehmensrisiko aus seiner Sicht gut beherrschbar ist und eine für alle Eventualfälle ausreichend erscheinende Eigenkapitaldecke als Risikopuffer vorhanden ist.

Für das Eingehen zusätzlicher Risiken durch das Management nach Vertragsabschluss, also nach Mittelbereitstellung, ist aus seiner Sicht kein Raum, denn die Risikoverteilung ist in diesem Fall asymmetrisch: von möglicherweise zu erzielenden höheren Gewinnen profitieren nur die Eigenkapitalgeber. Sollte sich hingegen das höhere Risiko in einem Verlust manifestieren, besteht bei nicht (mehr) ausreichender Eigenkapitalposition die Gefahr, dass auch das Fremdkapital einen Verlust erleidet, weil es bei einer Insolvenz nicht mehr vollständig zurückgezahlt werden kann.

Sowohl dem Unternehmen, das Fremdkapital zur Finanzierung aufnimmt, als auch den jeweiligen Fremdkapitalinvestoren ist dieser Gegensatz natürlich bewusst. Bei nüchterner Betrachtung handelt es sich aber nicht um einen Principal-Agent-Konflikt, sondern um einen ganz normalen Beschaffungsvorgang. Ein Unternehmen braucht zur Erstellung seiner Produkte und Dienstleistungen unterschiedliche Ressourcen, und eine davon ist Kapital. Die Unternehmensleitung muss also in einem ersten Schritt prüfen, wie hoch der Kapitalbedarf für ein bestimmtes Vorhaben ausfällt und aus welchen Quellen er grundsätzlich gedeckt werden kann, das heißt, welche Instrumente der Eigen- und Fremdkapital-beschaffung in der konkreten Unternehmenssituation überhaupt genutzt werden können.

In einem zweiten Schritt ist festzulegen, wie unter strategischen Finanzierungs- und Risikogesichtspunkten, aber letztlich auch unter Berücksichtigung der konkreten Konditionen der Finanzierungsmix aus Eigen- und Fremdkapital gestaltet werden soll.

Bei der Beschaffung von Fremdkapital geht es also darum, möglichst unter verschiedenen Optionen die strategisch vorteilhafteste und kostengünstigste auszuwählen. Es ist ein zweiseitiges Geschäft: der Fremdkapitalgeber stellt seine Mittel befristet gegen Entgelt zur Verfügung; was der Transaktion einen besonderen Charakter verleiht, ist einzig die Tatsache, dass er – anders als bei anderen Beschaffungsvorgängen – seinen Teil des Leistungsaustausches, nämlich die Kapitalüberlassung, sofort erbringt, während er auf die Rückzahlung seines Kapitals bis zum Vertragsende warten muss. Ähnliches finden wir zwar auch bei Mietverhältnissen, aber dort bleibt der Vermieter immerhin Eigentümer des Mietobjekts und kann im Insolvenzfall dingliche Rechte geltend machen; dem Inhaber einer Geldforderung bleibt dies verwehrt. Dies rechtfertigt aber – folgt man der ursprünglichen, engen Auslegung des Begriffs – noch nicht die Annahme einer Agency-Problematik.

An dieser Stelle müssen wir uns mit einer weiteren Risikodimension auseinandersetzen: Anders als der Eigenkapitalgeber hat der Fremdkapitalgeber weitergehende Reaktionsmöglichkeiten, wenn sich die Geschäftsbeziehung nicht wie erwartet entwickelt. Eigenkapital steht grundsätzlich zeitlich unbeschränkt zur Verfügung; werden die erwarteten Erträge nicht erzielt oder erscheinen die einzugehenden Risiken als zu hoch, bleibt dem Eigentümer neben der weitgehend theoretischen Möglichkeit einer Liquidation des Unternehmens einzig der Verkauf seiner Anteile an einen Dritten.

Die Beschaffung von Eigenkapital hat einerseits Bedeutung bei der Gründung eines Unternehmens, andererseits bei der Finanzierung des künftigen Wachstums. Mangelnde Bereitschaft der Eigentümer, einem existierenden Unternehmen weitere Mittel zur Verfügung zu stellen, limitiert damit das Wachstum, ohne aber unmittelbare Auswirkungen auf das Überleben zu haben.

Der Fremdkapitalgeber hingegen hat eine überaus wertvolle, für das Unternehmen aber auch bedrohliche Option: Aufgrund der zeitlichen Beschränkung, die der Überlassung von Fremdkapital inhärent ist, kann er sich zurückziehen und die Rückzahlung seiner Mittel verlangen. Am einfachsten und geräuschlosesten erleben wir dies bei Finanzierungen am Kapitalmarkt: eine Anleihe wird fällig, und kein Anleger ist gezwungen, an der Zeichnung einer zur Refinanzierung des Mittelbedarfs aufgelegten Folgeemission teilzunehmen. Das kann dazu führen, dass die Mittelbeschaffung teurer wird, weil für die Folgeemission höhere Konditionen geboten werden müssen; im Extremfall kann aber auch die Finanzierung auf diesem Wege überhaupt nicht mehr zustande kommen.

Bei der Finanzierung über Bankkredite kann es natürlich gleichfalls vorkommen, dass ein Institut auf der Rückzahlung eines fälligen Darlehens besteht, ohne die Bereitschaft zur Einräumung einer Anschlussfinanzierung zu haben. Ebenso bestehen im Einzelfall ordentliche und jedenfalls außerordentliche Kündigungsrechte auch bei laufender und grundsätzlich unbefristeter Kreditbereitstellung.

Anders als bei den Eigenkapitalgebern kann eine veränderte Haltung der Fremdkapitalgeber unmittelbar und rasch zu einer Existenzbedrohung werden. Der Mittelbedarf eines etablierten Unternehmens lässt sich häufig nicht kurzfristig anpassen, weil der Prozess der Mittelbindung und -freisetzung weder in wünschenswertem Maß noch in erforderlicher Geschwindigkeit verändert werden kann, sondern zumindest für überschaubare Zeiträume als feststehend angenommen werden muss. Fällt damit ein Teil der Fremdfinanzierung weg und kann nicht durch Mittel aus anderen Quellen ersetzt werden, mündet die hieraus resultierende Liquiditätsbelastung in kurzer Zeit in die Insolvenz.

Was folgt aus all diesen Überlegungen? Eine Konsequenz ist, dass bei der Betrachtung von Debt Relations neben ihren Gemeinsamkeiten mit der Kommunikation gegenüber den Eigenkapitalinvestoren auch die grundlegenden Unterschiede stärkere Beachtung finden müssen. Natürlich gibt es inhaltlich und methodisch nicht nur Berührungspunkte, sondern weite Überschneidungen: im gesamten Feld der zahlengestützten Kommunikation muss ein Unternehmen darauf achten, nicht von der Tendenz her unterschiedliche Aussagen gegenüber seinen verschiedenen Investorengruppen zu machen.

In einem insgesamt volatileren Bankenumfeld – auf Entwicklungen und ihre Ursachen im Einzelnen einzugehen, würde den Rahmen dieses Aufsatzes sprengen – ist aber der Kommunikation mit den Fremdkapitalgebern aufgrund der geschilderten Risikopotentiale ein besonders hoher Stellenwert zuzumessen. Piwinger hat – allerdings aus ganz anderen Überlegungen heraus und primär aus dem Blickwinkel der Eigenkapitalinvestoren – bereits gefordert, Finanzkommunikation als Bestandteil des Risikomanagements zu begreifen;[8] mit Blick auf Fremdkapitalinvestoren kann dies nur unterstrichen werden. Damit soll indes noch keine Aussage über mögliche organisatorische Konsequenzen getroffen werden.

Betrachtung aus Sicht des Transaktionskostenansatzes Erscheint der Principal-Agent-Ansatz mit Blick auf Creditor Relations von bedingter Tauglichkeit, wird der unmittelbare Nutzen von Transaktionskostenüberlegungen schnell deutlich: Der vollkommene Markt kennt keine Transaktionskosten, die Realität hingegen schon. Wenn indes Transaktionskosten, die beim Zustandekommen von Geschäftsbeziehungen zwischen Akteuren auf dem Markt anfallen, berücksichtigt werden müssen, und andererseits jeder Marktteilnehmer als homo oeconomicus versuchen wird, seine Kosten zu minimieren, hat dies Einfluss auf sein Verhalten. Wer am Zustandekommen von Geschäften interessiert ist, tut also gut daran, eine Vorstellung von den beim Geschäftspartner anfallenden Transaktionskosten zu haben; kann er einen Beitrag zur Minimierung der Transaktionskosten der Gegenseite leisten, steigt die Wahrscheinlichkeit eines Geschäftsabschlusses.

Sowohl auf Seiten des Unternehmens als kapitalaufnehmender Stelle als auch auf Seiten der Investoren entstehen nun Transaktionskosten. Unternehmensseitig bestehen diese einmal im Beschaffungsvorgang als solchen: potentielle Investoren müssen angesprochen und über die Investitionsmöglichkeit informiert werden. Damit sie sich ein Urteil bilden können, brauchen sie umfangreiche Informationen, deren Zusammenstellung und Aufbereitung wiederum Kosten verursacht. Schließlich können beim Zustandekommen der Transaktion weitere Kosten entstehen, etwa für die rechtliche Gestaltung des Vertrages oder die Bestellung von Sicherheiten.

Zu den Transaktionskosten gehören aus Unternehmenssicht auch die laufenden Kosten, die bei der Bereitstellung von Fremdkapital anfallen, etwa im Rahmen laufender Berichtspflichten und Publizität. Schließlich lassen sich auch Opportunitätskosten identifizieren, wenn etwa aufgrund von Sicherheitenvereinbarungen oder Covenants

---

[8]Vgl. Piwinger (2009) S. 18.

der Handlungsspielraum des Unternehmens begrenzt wird und dies dazu führt, dass bestimmte Geschäftsmöglichkeiten nicht wahrgenommen werden können.

Aus dem Blickwinkel des Fremdkapitalinvestors entstehen gleichfalls Kosten, sowohl im Rahmen der Geschäftsanbahnung als auch der laufenden Geschäftsbeziehung. Wesentliches Kostenelement ist zunächst die Risikoprüfung: relevante Informationen über das Unternehmen müssen eingeholt und ausgewertet werden. Daneben fallen auch beim Investor weitere Kosten an, zum Beispiel für die laufende Bonitätsüberwachung, Prüfung von Sicherheitenwerten und Kontoführung.

Die laufenden Zinsen selbst gehören ebenso wenig wie die Refinanzierungskosten des Kapitalgebers zu den Transaktionskosten; sie sind der Preis für die jeweilige Kapitalüberlassung. Das darf uns allerdings nicht den Blick dafür verstellen, dass sie die wesentlichste Kostenkomponente bei der Fremdkapitalbeschaffung darstellen und sie gleichzeitig auch über Debt Relations beeinflusst werden können.

Das Zustandekommen einer Fremdkapitalfinanzierung und die zu vereinbarende Kondition ist nämlich in ganz wesentlichem Maße abhängig von der Risikoeinschätzung: je höher das Risiko des Investors, desto höher muss das Entgelt sein, das er für die Kapitalbereitstellung verlangt, wenn er sich überhaupt zum Geschäftsabschluss bereitfindet.

Folgt dies schon aus allgemeinen Überlegungen über den Zusammenhang von Risiko und Ertrag,[9] gilt dies in besonderem Maße für Banken als Kreditgeber, weil sie aufgrund der geltenden Eigenkapital-vorschriften risikoreichere Kredite mit einem höheren Anteil an Eigenkapital unterlegen müssen. Weil das risikotragende Eigenkapital höhere Ertragsansprüche hat, lohnt sich das Eingehen risikoreicherer Geschäfte nur dann, wenn der zu erzielende Ertrag – bei Banken ist dies die Marge zwischen Refinanzierung und vereinbartem Zins – neben den anteiligen Betriebskosten und der Berücksichtigung des Risikos auch diesen höheren Gewinnanspruch abdecken kann.

Der aus bankaufsichtsrechtlicher Sicht durchaus wünschenswerte Effekt dieser Situation ist eine stärkere Spreizung von Kreditkonditionen. Waren diese früher stärker abhängig vom Verhandlungsgeschick des Kunden und von der allgemeinen Qualität der Geschäftsbeziehung, führt die immer mehr zunehmende zahlengestützte Führung[10] zu einer Versachlichung dieses Verhältnisses, gleichzeitig aber auch zu einem verstärkten Informationsbedarf. Mit anderen Worten: Debt Relations, die Kommunikationsbeziehung zu den Fremdkapitalinvestoren, ist in den letzten Jahren immer wichtiger geworden.

Die Besonderheit dabei ist also, dass Debt Relations damit nicht nur Einfluss auf die reinen Transaktionskosten haben, sondern auf das Zustandekommen eines Geschäftsabschlusses einwirken und auf den Preis, der letztlich für die Aufnahme von Fremdkapital zu zahlen ist, nämlich den Zins.

Wie sieht damit unser Zwischenfazit aus? Informationsasymmetrien sind Ausgangspunkt für den Aufbau von Kommunikation zwischen Unternehmen und Fremdkapi-

---

[9] Vgl. Brealey et al. (2011) S. 605 ff.
[10] Zum Beispiel durch Kennzahlen wie RORAC (Return on Risk Adjusted Capital), vgl. Deter und Diegelmann (2003) S. 11.

talinvestoren unter dem Begriff der Debt Relations. Wissenschaftstheoretisch wird die Bedeutung von Informationsasymmetrien und ihr Einfluss auf das Zustandekommen von Geschäften im Rahmen verschiedener Ansätze der Neuen Institutionenökonomie aufgegriffen. Dabei erscheint weniger der Principal-Agent-Ansatz erklärungsrelevant, weil vom Bestehen eines Principal-Agent-Verhältnisses zwar im Verhältnis zu Eigenkapitalinvestoren, nicht aber im Verhältnis zu Fremdkapitalinvestoren ausgegangen werden kann. Demgegenüber ist der Transaktionskostenansatz gut anwendbar, weil sowohl beim Zustandekommen von Geschäftsbeziehungen als auch während der Laufzeit solcher Beziehungen typische Transaktionskosten anfallen, durch die das Verhalten der Akteure maßgeblich beeinflusst wird.

Die Höhe der Transaktionskosten hat aus Sicht der kapitalsuchenden Unternehmen Einfluss auf die Finanzierungsinstrumente, die zum Einsatz gelangen sollen, und damit auf die verfolgte Finanzierungsstrategie. Bei Fremdkapitalinvestoren haben die Transaktionskosten im wesentlichen Einfluss auf die Auswahl der Investitionsobjekte und die Konditionengestaltung. Bei der Ausgestaltung des Systems der Debt Relations ist damit einerseits auf den Aspekt Rücksicht zu nehmen, inwieweit durch sie die Transaktionskosten der Investoren verringert werden können, andererseits über diese Kosten hinaus auch die Konditionen der Fremdkapitalbereitstellung generell verbessert werden können.

2.2 Debt Relations als Teil der Investor Relations

Welche Konsequenzen haben nun die obigen Überlegungen für die Begriffsabgrenzung und die Einordnung der Debt Relations in den Oberbegriff Investor Relations? Zunächst ist festzuhalten, dass unter dem Oberbegriff der Investor Relations heute die gesamte Kommunikation eines Unternehmens mit der Financial Community verstanden wird, also mit den Akteuren auf den Finanzmärkten insgesamt wie auch Ratingagenturen, Analysten und Finanzmedien. Investor Relations sind ihrerseits damit ein Teilgebiet der gesamten Unternehmenskommunikation.

Historisch gesehen standen bei der Entwicklung des Begriffs der Investor Relations anfangs die Eigenkapitalinvestoren im Vordergrund der Betrachtung. Dies mag daran gelegen haben, dass bei Aktiengesellschaften mit breitem Streubesitz eine intensivere Kommunikation mit gegenwärtigen und potentiellen Aktionären zeitlich sehr viel früher einsetzte als der Dialog mit den Fremdkapitalgebern. Zum einen unterliegt die Berichterstattung an die Aktionäre rechtlichen Rahmenbedingungen und Anforderungen, ist also zumindest teilweise verpflichtend. Hinzu kam, dass sich der Wettbewerb um Eigenkapital verschärft hat; die Diskussion um Schaffung von „Shareholder Value" ist bezeichnend dafür.

Die Kommunikation mit Kreditgebern wurde dem gegenüber lange nicht als eigenständige Kommunikationsdisziplin gesehen; auch das hat sich in den letzten Jahren verändert. Ursächlich hierfür sind eine stärker zahlengestützte Führung und verändertes Risikobewusstsein bei den Banken, flankiert durch verschärfte aufsichtsrechtliche Anforderungen an ihre Eigenkapitalausstattung und das Management von Kreditrisiken. All dies erfordert einen intensiveren Dialog zwischen Unternehmen und Kreditgebern, der über die lange Jahre üblichen Routinegespräche bei der jährlichen Vorlage des Jahresabschlusses weit hinausgeht. Was die Kapitalmarktkommunikation mit Bezug auf Fremdkapitalinstrumente angeht, so hat sich der Markt für Corporate Bonds zumindest in Europa erst in den letzten Jahren so stark entwickelt, dass diesbezüglich von einem eigenständigen Teilgebiet gesprochen werden kann.[11]

Nach dem Selbstverständnis von Investor Relations fällt unter diesen Oberbegriff sowohl die Kommunikation mit Eigen- wie auch mit Fremdkapitalgebern und Multiplikatoren.[12] Demnach wären Debt Relations ein Teilgebiet der Investor Relations. Dies wird auch von den meisten Autoren so gesehen, die sich mit der systematischen Einordnung befasst haben.[13]

Dies ist auch sachgerecht, denn es kann davon ausgegangen werden, dass die Kommunikation mit Fremdkapitalgebern keinen grundlegend anderen Regeln folgen wird als die Kommunikation mit den Eigenkapitalgebern. Insbesondere schöpft sie aus demselben Fundus an Informationen. Indes folgt aus der unterschiedlichen Risikolage und damit dem anders gelagerten Blickwinkel beider Investorengruppen, dass die Fokussierung jeweils unterschiedlich sein wird: Gegenüber dem Eigenkapitalinvestor muss vermittelt werden, dass das Unternehmen Wachstumsmöglichkeiten hat und unter Eingehung vertretbarer Risiken wahrnimmt, denn nur so werden auf Dauer steigende Dividenden und Aktienkurse möglich. Bei den Fremdkapitalinvestoren liegt der Fokus auf stabilen Cashflows, die eine sichere Bedienung der eingegangenen Verbindlichkeiten erwarten lassen, flankiert von angemessener Eigenkapitalausstattung und möglichst konservativer Risikopolitik.

Innerhalb der Debt Relations können dann wieder mehrere Aufgabenfelder unterschieden werden: Zum einen haben wir – auch und gerade vor dem Hintergrund der Einführung bankinterner Ratingverfahren – die Kommunikation mit einzelnen Kreditgebern oder einer Gruppe von Kreditgebern (zum Beispiel bei einem Syndicated Loan oder – wie oft in schwierigen Unternehmenssituationen zu beobachten – einem Bankenpool), zum anderen die Kommunikation mit Anleihegläubigern, wenn ein Unternehmen entsprechende Wertpapiere am Kapitalmarkt begeben hat oder dies beabsichtigt. Neben dem Umstand, dass es sich hier um eine größere Zahl von Investoren handelt, die dem Management – von Ausnahmen abgesehen – nicht persönlich bekannt sind, sind für die Gestaltung der Kommunikation natürlich auch die entsprechenden rechtlichen Rahmenbedingungen von Relevanz.

Als drittes Teilgebiet der Debt Relations kommt die Kommunikation mit Informationsmittlern in Betracht, also insbesondere Ratingagenturen, Analysten und Vertretern der Medien.

Allen Teilbereichen gemeinsam sind die Grundziele der Kommunikation. Zur Verringerung der Informationsasymmetrien brauchen wir möglichst weitgehende Transparenz, bezogen auf finanzielle Lage und voraussichtliche Entwicklung, aber auch hinsichtlich

---

[11] Vgl. Saß und Zurek (2003) S. 233.
[12] Vgl. DIRK Deutscher Investor Relations Verband (2012).
[13] Vgl. Barrantes (2009) S. 16 ff, anders Grunow und Oehm (2004) S. 72 ff.

der Unternehmensstrategie und der angestrebten Ziele. Transparenz führt zwar nicht automatisch zu einer besseren Risikoeinschätzung aus Investorensicht, sie verringert aber Unsicherheit bei der Risikobewertung und führt damit zu einer höheren Stabilität des Urteils. Gleichzeitig verringert Transparenz den Aufwand, der für die Analyse betrieben werden muss, und führt dadurch bei den Investoren zu geringeren Transaktionskosten.

Ein zweites Hauptziel der Kommunikation ist die Schaffung von Vertrauen. Auch hier haben wir einerseits einen unmittelbaren Effekt auf die Transaktionskosten: Kosten der laufenden Kreditüberwachung oder der Sicherheitenbestellung können beim Bestehen eines Vertrauensverhältnisses niedriger ausfallen, wenn zum Beispiel eine weniger engmaschige Überwachung ausreicht oder auf eine Besicherung verzichtet werden kann.[14] Wichtiger noch ist aber die Rolle des Vertrauens bei der Einschätzung der künftigen Entwicklung: Kreditentscheidungen sind Entscheidungen unter Unsicherheit; daran kann auch Transparenz nichts ändern, denn sie kann sich nur auf die Vergangenheit und die gegenwärtige Planung beziehen. Allenfalls wird durch Offenlegung der Planungsprämissen die Planung auch für den Fremdkapitalgeber leichter nachvollziehbar und plausibler.

Das Hauptproblem löst dies hingegen nicht. Es liegt in der Natur der Sache, dass die zukünftige Entwicklung auch bei sorgfältiger Planung nicht immer mit dieser übereinstimmen wird. Kann sich der Fremdkapitalgeber darauf verlassen, dass das Unternehmen über Soll-Ist-Abweichungen zeitnah und offen berichten wird und dass Abweichungen nicht durch unabgestimmte Strategieänderungen unter Inkaufnahme höherer Risiken als ursprünglich vorgesehen begegnet werden wird, dann werden auch künftige Informationsasymmetrien vermieden. Gerade dort, wo Unsicherheit hinsichtlich der Zielerreichung und möglicher Planabweichungen besteht, können Herstellung und Pflege eines Vertrauensverhältnisses die Bereitstellung von Fremdkapital überhaupt erst möglich machen.

Debt Relations treten damit als Teilgebiet der Investor Relations gleichberechtigt neben die Shareholder Relations: inhaltlich mit zahlreichen Parallelen, aber mit anderer Ausrichtung und Fokussierung. In einer Zeit, in der die Bereitstellung von Eigen- und Fremdkapital komplexer und schwieriger geworden ist, leisten sie durch Verringerung von Informationsasymmetrien und Transaktionskosten einen wichtigen Beitrag zur Versorgung der Wirtschaft mit den notwendigen Ressourcen.

Literatur

Barrantes E (2009) Theorie und Praxis der Creditor Relations: Kommunikation mit Fremdkapitalgebern im Kontext der Neuen Institutionenökonomie. AVM, München
Brealey RA, Myers SC, Allen F (2011) Principles of corporate finance. 10 Aufl. McGraw-Hill/Irwin, New York

---

[14] Vgl. Barrantes (2009) S. 43 f.

Denks C (2006) Bondholder Relations - Informationsgewinnung und -verarbeitung von Corporate-Bond-Investoren, DIRK Forschungsreihe, Bd 7. Going Public Media AG, Wolfratshausen

Deter H, Diegelmann M (2003) Creditor Relations: Instrument zur langfristigen Finanzierungssicherung. In: Deter H, Diegelmann M (Hrsg) Creditor Relations: Beziehungsmanagement mit Fremdkapitalgebern. Bankakademie Verlag, Frankfurt am Main

DIRK Deutscher Investor Relations Verband (2012) Berufsgrundsätze, URL: http://dirk.org/wp-content/uploads/2012/04/Berufsgrundsätze-des-DIRK.pdf. Zugegriffen: 31 Juli 2012

Grunow H-WG, Oehm G (2004) Credit Relations: Erfolgreiche Kommunikation mit Anleiheinvestoren. Springer, Berlin-Heidelberg

Jensen MC, Meckling WH (1976) Theory of the firm: managerial behaviour, agency costs and ownership structure. J Finan Econ 3:305–360

Piwinger M (2009) IR als Kommunikationsdisziplin. In: Kirchhoff KR, Piwinger M (Hrsg) Praxishandbuch Investor Relations: Das Standardwerk der Finanzkommunikation, 2 Aufl. Gabler, Wiesbaden

Saß P, Zurek E (2003) Corporate Bond Communication. In: Deter H, Diegelmann M (2003) Creditor Relations: Beziehungsmanagement mit Fremdkapitalgebern. Bankakademie Verlag, Frankfurt am Main

Smith A (1978) Wohlstand der Nationen: Eine Untersuchung seiner Natur und seiner Ursachen, vollständige Ausgabe nach der, 5 Aufl (letzter Hand). London, München

3 Gläubigerorientierte Finanzkommunikation in börsennotierten Unternehmen. Forschungsstand und neue empirische Befunde

Eloy Barrantes und Holger Stärz

In den Anfangswerken der deutschsprachigen IR-Literatur hatten Fremdkapitalgeber noch ihren festen Platz: Investor Relations, so wird etwa von Ligenfelder und Walz noch ausdrücklich betont, richten sich „in weitgehend gleicher Weise"[1] an Eigen- als auch Fremdkapitalgeber eines Unternehmens. Für die Autoren erscheint es deshalb seinerzeit nur konsequent bei der Finanzkommunikation neben den klassischen „Stockholder Relations" auch explizit von gläubigerorientierten „Creditor Relations" (CR) zu sprechen.[2]

Es hat in der Tat einige Zeit gedauert, bis diese Unterscheidung in der Literatur ernsthaft aufgegriffen wurde: Erst in den letzten Jahren widmen sich einige Autoren den Besonderheiten der gläubigerorientierten Finanzkommunikation allmählich wieder mit zunehmender Intensität.[3] Jüngere Befragungen unter börsennotierten Unternehmen weisen gleichzeitig darauf hin, dass Fremdkapitalgebern als Bezugsgruppe mittlerweile auch in der Praxis eine wachsende Bedeutung beigemessen wird.[4] Ganz zweifellos erlebt das Thema in der fachöffentlichen Diskussion momentan eine gewisse Renaissance, was sich

---

[1] Lingenfelder und Walz (1988) S. 467.
[2] Ebd.
[3] Vgl. zum Beispiel Böhm (2004); Degenhart und Schiereck (2011b); Kunz (2011).
[4] Vgl. zum Beispiel Marston (2004) S. 152; Tse (2009) S. 3; Bride (2011).

E. Barrantes (✉)
Doktoratsstudent an der Universität Wien, Phorusgasse 7/10, 1040 Wien, Österreich
E-Mail: eloybarrantes@googlemail.com

H. Stärz
Doktoratsstudent an der Universität Wien, Porzellangasse 30, 1090 Wien, Österreich
E-Mail: holger.staerz@gmx.net

nicht nur exemplarisch in diesem Handbuch, sondern auch in den diversen Initiativen und Bemühungen europäischer Branchenorganisation widerspiegelt.[5]

Dessen ungeachtet ist über den eigentlichen Stellenwert der gläubigerorientierten Finanzkommunikation in der unternehmerischen Praxis erst wenig bekannt. Wie – und ob überhaupt – in börsennotierten Unternehmen strategisch mit Fremdkapitalgebern kommuniziert wird, wurde bislang allenfalls ausschnitthaft untersucht. Der vorliegende Beitrag setzt an diesem Desiderat an: Er stellt die zentralen Befunde einer empirischen Untersuchung unter 62 börsennotierten Unternehmen in Deutschland, Österreich, Großbritannien und den USA vor. Im Rahmen dieser Studie sollte der Stellenwert und Professionalisierungsgrad der gläubigerorientierten Finanzkommunikation erstmals umfassend empirisch erhoben werden. Neben Daten zur organisatorischen Einordnung und Ausübung der CR, wurden auch konkrete Erkenntnisse über den Einsatz unterschiedlicher Kommunikationsinstrumente und die strategische Bedeutung von Fremdkapitalgebern gewonnen, die in diesem Beitrag in komprimierter Form wiedergegeben werden.[6]

Nach ein paar einleitenden Worten zu unserem Begriffs- und Forschungsverständnis widmen wir uns zunächst der bestehenden Literaturlage. Dabei gilt unser Augenmerk vor allem den wenigen Studien zur gläubigerorientierten Finanzkommunikation, von denen wir allerdings nur jene kurz anreißen möchten, die für unsere Thematik unmittelbar interessant sind. Anschließend stellen wir einige Ergebnisse unserer Studie vor, bevor dieser Beitrag mit einem Resümee schließt.

3.1 Begrifflichkeiten

Sondiert man die durchaus spärliche Literaturlage zur gläubigerorientierten Finanzkommunikation, dann stößt man bereits heute auf ein ganzes Sammelsurium unterschiedlicher Begrifflichkeiten, die von uns (ohne Anspruch auf Vollständigkeit) in nachstehender

---

[5] Um nur einige zu nennen: Die Deutsche Vereinigung für Finanzanalyse und Asset Management (DVFA) ließ ihre Forderungen nach einem professionellen Umgang mit Fremdkapitalgebern kürzlich in einem mehrseitigen Positionspapier zu den „Mindeststandards" professioneller Bondkommunikation münden (Deutsche Vereinigung für Finanzanalyse und Asset Management (DVFA) (2011)). In Großbritannien veröffentlichte die Investor Relations Society kürzlich einen Leitfaden zum Thema „Debt IR" (Mitchell und Donnelly (2010)). Der Deutsche Investor Relations Verband (DIRK) veröffentlichte im Jahr 2011 sogar bereits die zweite Auflage seines praxisorientierten Whitepapers zur fremdkapitalgeberorientierten Kommunikation (vgl. Lowis und Streuer (2011)). Der Verband kündigte jüngst sogar den Start eines für 2012 geplanten Weiterbildungsprogramms zum „Fixed-Income-Investor-Relations-Officer" (FIRO) an. Inhalt sollen neben Basiswissen über Kreditprodukte und Debt Capital Markets auch die „Do's and Don'ts" einer professionellen CR-Arbeit sein (vgl. Deutscher Investor Relations Verband DIRK (2011)).

[6] Für eine ausführliche Darstellung der Methodik und Ergebnisse der Studie sei an andere Stelle verwiesen (Barrantes (2009)).

3 Gläubigerorientierte Finanzkommunikation in börsennotierten ... 31

Verwendeter Begriff:	Autoren:
Creditor Relations (CR)	Ligenfelder und Walz (1988); Deter/Diegelmann (2003); Barrantes (2009); Kunz (2011)
Credit Relations (CR)	Grunow/Oehm (2004)
Fixed Income Investor-Relations (FIIR)	Leinberger/Schiereck (2007); Lowis/Streuer (2011)
Bondholder Relations	Denks (2006)
Bond Investor Relations	Iwatani/Hiramatsu (2003)
Bond Relations	Launer/Wilhelm (2011)
Fremdkapital Investor Relations	Degenhart/Schiereck (2011b)
Fremdkapitalmarketing	Klein (1996)
Debt Investor Relations (Debt-IR)	Tse (2009); Mitchell/Donnelly (2010); Bertram (2011)

Abb. 3.1 Begrifflichkeiten für gläubigerorientierte Finanzkommunikation. (Quelle: Eigene Darstellung)

Tabelle zusammengefasst werden. Bezeichnungen wie „Creditor Relations" oder „Debt Relations" können hier weitgehend synonym verwendet werden: sie bezeichnen in der Regel die Kommunikation mit der Gesamtheit von Fremdkapitalgebern eines Unternehmens, während andere Termini wie „Bondholder Relations" oder „Bond Investor Relations" stärker auf spezifische Kommunikationsaktivitäten gegenüber Anleihegläubigern abzielen (Abb. 3.1).[7]

Wie an anderer Stelle argumentiert[8] wird von uns in diesem Beitrag die Bezeichnung „Creditor Relations" (CR) präferiert – und zwar vor allem deshalb, weil der Terminus keinerlei Einschränkung hinsichtlich der Bezugsgruppen oder der organisatorischen Einordnung der gläubigerorientierten Finanzkommunikation aufweist und sich im deutschsprachigen Raum gleichzeitig in der Praxis am weitesten etabliert hat.

CR können in Anlehnung an Lowis und Streuer[9] relativ weitgefasst als Form der Unternehmenskommunikation begriffen werden, die sich in Abgrenzung zur „klassischen" (eigenkapitalzentrierten) IR in erster Linie auf Fremdkapitalgeber und fremdkapitalspezifische Multiplikatoren bezieht. Ein solches Verständnis impliziert bereits, dass CR in keinerlei Weise auf börsennotierte Unternehmen zu beschränken sind: Auch

---

[7] Zwar werden von einigen Autoren auch Banken und andere Fremdkapitalgebergruppen unter dem Begriff „Bondholder" subsummiert; Wobbe (2006) S. 8 f kritisiert allerdings zu Recht, dass in diesen Fällen häufig eine definitorische Beliebigkeit vorliegt und konkrete Begründungen für diese Einordnungen i. d. R. ausbleiben. Er selbst spricht sich in seiner Dissertation für eine klare Begriffsabgrenzung aus und versteht unter Bondholdern generell „alle Wirtschaftssubjekte [...] die als Besitzer einer von einem Unternehmen emittierten Schuldverschreibung zu bezeichnen sind" (ebd., S. 34).

[8] Vgl. Barrantes (2012).

[9] Vgl. Lowis und Streuer (2011).

wenn sich das Gros der bisherigen Veröffentlichungen auf Kommunikationsaktivitäten von Konzernen und Anleiheemittenten fokussiert, können freilich auch klassische Bank-Firmen-Beziehungen in diesen Bedeutungskontext eingeordnet werden.[10]

Theoretisch können CR relativ allgemein als eine Reaktion auf typische Agency-Problematiken begriffen werden, die im Rahmen der Fremdkapitalvergabe entstehen. In der Agenturtheorie würden CR-Aktivitäten demzufolge spezifische Formen des Signallings vor Fremdkapitalvergabe (ex ante) und des Reportings (ex post) darstellen.[11]

3.2 Bisheriger Forschungsstand

Während Entwicklungen in der „klassischen" IR-Arbeit seit mehr als einem Jahrzehnt – mehr oder weniger intensiv – durch wissenschaftliche Forschungsaktivitäten begleitet werden, existieren bislang nur wenige Studien zur gläubigerorientierten Finanzkommunikation. Neben einigen Grundlagenwerken[12] und meist fallzentrierten Studien[13] überwiegen anwendungsorientierte Beiträge zu Hintergründen und dem praktischen „Handwerkszeug" der CR, wie sie auch in diesem Handbuch zu finden sind. Unser Augenmerk gilt an dieser Stelle allerdings vor allem empirischen Studien, die sich mit dem Stellenwert der CR in der unternehmerischen Praxis befassen, welcher letztlich auch im Mittelpunkt unserer Studie steht (vgl. Abschn. 4 ff.).

Untersuchungen zur praktischen Ausübung der gläubigerorientierten Finanzkommunikation wurden in den letzten Jahren sowohl im Umfeld börsennotierter Konzerne und Anleiheemittenten, als auch im Kontext der klassischen Mittelstandsfinanzierung durchgeführt. Gerade mittelständische Unternehmen erscheinen aufgrund ihrer historisch bedingt hohen Fremdkapitalausstattung als Analyseobjekt prinzipiell besonders interessant: Immerhin rund 80 % des Finanzierungsvolumens mittelständischer Firmen geht hierzulande auf die klassische Bankfinanzierung zurück (vgl. Blättchen und Nespethal 2010, 496). Durch die sukzessive Verbreitung von „Mittelstandsanleihen" gewinnt die Thematik für einige Unternehmen momentan zusätzlich an Relevanz.[14]

Generell zeigen Studien, dass der deutsche Mittelstand einer kontinuierlichen Finanzkommunikation noch überwiegend skeptisch gegenübersteht (vgl. zum Beispiel Paul und Stein 2009, 46–49). Untersuchungen von Segbers und Siemes[15] unter 197 Firmen zeigen, dass Fremdkapitalgeber von Mittelständlern vornehmlich vergangenheitsbezogen und auf Basis quantitativer Daten (zum Beispiel Bilanz, BWA) informiert werden, während der Anteil der qualitativen und zukunftsorientierten Informationsangebote eher gering aus-

---

[10] Vgl. zum Beispiel Leminksy (2003), Segbers und Siemes (2005a, 2005b); Barrantes (2009).
[11] Genauer dazu Böhm (2004) S. 71–81; Wobbe (2006) S. 36–75; Barrantes (2012).
[12] Vgl. zum Beispiel Böhm (2004); Launer und Wilhelm (2011).
[13] Vgl. z. B. Barrantes (2009); Degenhart und Schiereck (2011b).
[14] Vgl. dazu Degenhart und Schiereck (2011a); Degenhart und Janner (2011a).
[15] Vgl. Segbers und Siemes (2005a, 2005b).

fällt. Obwohl die Autoren mithilfe multivarianter Analysemethoden mehrere mögliche Einflussfaktoren auf das gläubigerorientierte Kommunikationsverhalten der Unternehmen prüfen, können dabei nur vereinzelt belastbare Zusammenhänge identifiziert werden, die vor allem auf einen Einfluss der jeweiligen Unternehmenskultur hinweisen. Die Größe der Unternehmen konnte übrigens als Determinante einer genaueren Prüfung nicht standhalten: Es lässt, sich bezogen auf den Mittelstand, „also nicht eindeutig sagen, dass große Unternehmen ihren potenziellen Vorteil aus einer fundierten Informationsbasis auch zu einer intensiveren Kommunikation mit der Bank einsetzen".[16]

Sehr wohl ist aber davon auszugehen, dass eine regelmäßige und mehr oder weniger strategische CR noch in erster Linie von börsennotierten Unternehmen und großen Anleiheemittenten praktiziert wird. Die Notwendigkeit zur Kommunikation resultiert hier allein schon aus der i. d. R. deutlich größeren Anzahl von fremdkapitalspezifischen Dialoggruppen (Ratingagenturen, Bondholder, institutionelle Fremdkapitalgeber etc.) und deren Informationsbedürfnissen.

Bezogen auf Anleiheemittenten weisen in diesem Kontext bereits einige Studien auf einen statistischen Zusammenhang zwischen der Informationsqualität von Unternehmen und der Höhe der Fremdkapitalkosten hin. Erstmals hat beispielsweise Sengupta (1998) im Rahmen einer Untersuchung entsprechende Auswirkungen bei US-Emittenten festgestellt. Auch Yu[17] kommt in einem anderen Zusammenhang zu ähnlichen (wenn auch weniger eindeutigen) Ergebnissen, wenn er den Einfluss einer transparenteren Unternehmenskommunikation auf die Höhe der Risikoprämie von amerikanischen Unternehmensanleihen analysiert.[18]

Befragungen unter IR-Praktikern zeigen gleichzeitig, dass sich auch die Praxis verstärkt mit einer gläubigerorientierten Finanzkommunikation auseinandersetzt: Tse hat im Rahmen einer Befragung von 63 internationalen Konzernen u. a. festgestellt, dass die Zeitressourcen, die IR-Verantwortliche durchschnittlich für die Kommunikation mit Fremdkapitalgebern aufwenden, in den letzten Jahren deutlich gestiegen sind: „The proportion of time allocated to fixed income investors amounted to 19 %, more than double compared to previous survey in 2007".[19] Schon einige Jahre zuvor schlussfolgert auch Marston aus Ergebnissen einer qualitativen Studie unter IR-Praktikern: „Investor relations departments are becoming more involved with providing information to debt investors and credit rating agencies".[20]

Wie genau sich der oft prognostizierte Bedeutungsanstieg der CR allerdings in der unternehmerischen Praxis niederschlägt, wurde bislang allenfalls aspekthaft untersucht. Neben eher qualitativ angelegten Unternehmensfallstudien[21] existieren hier beispielsweise ausschnitthafte Erkenntnisse zur organisatorischen Einordnung der CR in deutschen Un-

---

[16] Segbers und Siemes (2005b) S. 320.
[17] Vgl. Yu (2005).
[18] Vgl. genauer hierzu Kiefer und Schorn (2007) S. 3 ff und auch Kunz (2011) S. 89.
[19] Vgl. Tse (2009) S. 3.
[20] Marston (2004) S. 152.
[21] Vgl. zum Beispiel Degenhart und Schiereck (2011b).

ternehmen: Eine Befragung von Alphéus unter den seinerzeit 25 Bond-Emittenten im DAX zeigt etwa, dass Verantwortung für CR im Jahr 2003 in elf Fällen (44 %) bei der Finanz- bzw. Treasury-Abteilung, und bei sieben Unternehmen (28 %) bei der IR-Abteilung lag. In allen restlichen Fällen wurde ein gemeinsamer Ansatz der Aufgabenteilung gewählt.[22] Beschränkt auf deutsche Hypothekenbanken deutet auch eine Untersuchung von Leinberger und Schiereck[23] auf eine überwiegende Einordnung der CR im Treasury-Bereich hin. Die besagte Studie geht noch etwas weiter, indem sie – bezogen auf Hypothekenbanken – auch Erkenntnisse über den Ausbildungshintergrund der CR-Verantwortlichen, die eingesetzten Instrumente und die Erfolgskontrolle liefert, wie sie auch in der vorliegenden Studie erhoben wurden. Demnach waren in den befragten Hypothekenbanken im Schnitt zwischen zwei bis maximal sechs Mitarbeiter (neben anderen Aufgaben) auch mit der CR-Arbeit betraut, wobei diese doch sehr hohe Anzahl wahrscheinlich auf den speziellen Unternehmenstyp zurückzuführen ist. Neben dem klassischen Instrumentarium der IR (Roadshows, Einzelgespräche, Geschäftsberichte etc.) bedient sich die gläubigerorientierte Finanzkommunikation hier insbesondere der Corporate Website: Der Studie zufolge fand sich bei rund der Hälfte der deutschen Hypothekenbanken ein spezieller Bereich für Fixed-Income-Investoren im Web.

Die relativ große Bedeutung der Corporate Website wird auch durch eine Studie der Leuphana Universität Lüneburg bestätigt: Der Untersuchung zufolge weisen immerhin 64 % der 149 deutschen Anleiheemittenten eine CR- bzw. Anleihen-Rubrik im Internet auf. Hinsichtlich der enthaltenen Informationen offenbarte sich den Autoren allerdings ein eher ernüchterndes Bild: Fixed-income-spezifische Informationen zum Kreditrating (40 %), der Finanzierungsstruktur/-Strategie (23 %), Anleihekursen (11 %) oder dem Fälligkeitsprofil (10 %) waren zum Teil nur auf einem Bruchteil der Seiten auffindbar: „Selbst Basisinformationen wie Anleihestammdaten oder Anlageprospekte werden nur von wenig mehr als der Hälfte der Emittenten im Netz zur Verfügung gestellt. Noch deutlicher wird dies bei Themen wie Finanzierungsstruktur, Finanzierungsstrategie und Fälligkeitsprofil – Informationen [...] die nur von weniger als einem Viertel der Emittenten bereitgestellt werden".[24] Lediglich die börsennotierten Unternehmen im Sample veröffentlichen im Schnitt etwas umfangreichere Informationen, was aber wahrscheinlich auch auf entsprechende Publizitätspflichten zurückzuführen ist.

3.3 Forschungslücke und Untersuchungsaufbau

Dieser zweifellos lückenhafte Studienüberblick lässt erkennen, dass wir heute über den Stellenwert und Professionalisierungsgrad der gläubigerorientierten Finanzkommunikation in Unternehmen noch relativ wenig wissen. Vermutlich, so haben wir argumentiert, lassen

---

[22] Vgl. Alphéus (2004) S. 278.
[23] Vgl. Leinberger und Schiereck (2007) S. 574 ff.
[24] Degenhart und Janner (2011b) S. 13.

sich mögliche Professionalisierungstendenzen in der CR-Arbeit am ehesten in börsennotierten Unternehmen feststellen, weil diese durch jahrelange IR-Aktivitäten bereits eine besondere Expertise im Bereich der Finanzkommunikation aufgebaut haben und einer prinzipiell größeren Bezugsgruppendiversität ausgesetzt sind. Genau aus diesem Grund sollten diese Unternehmen auch im Mittelpunkt unserer Studie stehen: Neben Daten zur organisatorischen Einordnung und Ausübung der CR, wollten wir vor allem konkrete Erkenntnisse über den Einsatz unterschiedlicher Kommunikationsinstrumente und die generelle strategische Bedeutung von Fremdkapitalgebern erheben.

Die nachfolgend dargestellten Ergebnisse basieren auf zwei Studienphasen: In der ersten Phase wurden zunächst alle 130 zum Untersuchungszeitpunkt im DAX-, MDAX-, TecDAX sowie ATX notierten Konzerne angeschrieben, von denen sich 45 zwischen Oktober und November 2011 an einer onlinegestützten Befragung (CAWI) beteiligten (Rücklaufquote: 34,6 %).[25] Vor allem im deutschen und österreichischen Leitindex nahm je die Hälfte aller Unternehmen an der Befragung teil, was bereits für ein generell hohes Interesse an der Thematik in diesen Indizes spricht. Mit einer späteren Replikation der Studie unter den FTSE100- und S&P100-Konzernen (Phase 2) wurde im Frühjahr 2012 eine deutlich geringere Rücklaufquote erzielt (8,5 %; $n = 17$).[26] Insgesamt basiert die nachfolgende Ergebnisdarstellung also auf den Rückmeldungen von 62 ($= n$) Konzernen.

Einen möglichen Grund für die spärliche Beteiligung der Unternehmen aus dem englischsprachigen Raum könnte dabei die mitunter deutlich größere Bedeutung des Eigenkapitalmarktes in den jeweiligen Finanzsystemen darstellen.[27] In unserer Untersuchung jedenfalls lagen die Fremdkapitalquoten der deutschen und österreichischen Unternehmen im Schnitt deutlich über jenen der teilnehmenden Konzerne aus den USA und England.

3.4 Ergebnisdarstellung

Teilnehmerstruktur und Bedeutung von Fremdkapital Insgesamt handelte es sich bei den 62 teilnehmenden Unternehmen überwiegend um Konzerne mit mehr als 10.000 Mitarbeitern sowie einer Marktkapitalisierung und einem Vorjahresumsatz von mehr als 5 Mrd. €. Die eigentlichen Befragungsteilnehmer waren am häufigsten in den Abteilungen Investor Relations (62,1 %), Treasury (17,2 %) und Corporate Finance (10,3 %) angestellt. Für mehr als vier Fünftel der Befragten (83,1 %) zählte die Kommunikation mit Fremdkapitalgebern

---

[25] Die Befragungsergebnisse unter den österreichischen ATX-Unternehmen wurden von uns an anderer Stelle nochmals explizit zusammengefasst (vgl. Barrantes und Stärz (2011)). Eine ausführliche Beschreibung der Methodik und sämtlicher Ergebnisse der Studie unter den deutschsprachigen Unternehmen findet sich zudem bei Barrantes (2012).

[26] Diese geringe Rücklaufquote ist auch der Grund, weshalb wir in diesem Beitrag auf Index- bzw. Länder-Vergleiche mit den FTSE100- und S&P100-Unternehmen weitgehend verzichten.

[27] Vgl. zum Beispiel Jostarndt und Wagner (2006).

	Eher nicht wichtig/unwichtig	Wichtig/sehr wichtig
Börsennotierte Aktien	14,2	66,1
Unternehmensanleihen/Corporate Bonds	25,8	65,5
Mittelfristige Bankkredite (Laufzeit: 1-5 Jahre)	23,8	52,5
Langfristige Bankkredite (Laufzeit mehr als 5 Jahre)	41,3	39,6
Kurzfristige Bankkredite (Laufzeit: bis 1 Jahr)	39,0	33,9

Basis: Alle gültigen Antworten (ohne „eher wichtig") (Frage: Welche Bedeutung besitzen folgende Finanzierungsinstrumente für Ihr Unternehmen?) | n=56-59 | Angaben in %

Abb. 3.2 Bedeutung von Finanzierungsformen

nach eigenen Angaben mindestens teilweise zum „eigenen Aufgabenbereich", womit die angestrebte Teilnehmergruppe in dieser Studie größtenteils erreicht wurde.[28]

Ein Blick auf die Finanzierungsstruktur der teilnehmenden Unternehmen zeigt, dass Fremdkapital in den meisten Firmen den zentralen Bilanzposten darstellt: Gut die Hälfte der Konzerne weist eine Fremdkapitalquote von mehr als 50 % auf.[29] Die Bedeutung von Fremdkapital schlägt sich dabei offensichtlich auch in der Relevanz unterschiedlicher Finanzierungsformen nieder: Direkt nach börsennotierten Aktien besitzen Unternehmensanleihen so beispielsweise die mit Abstand größte Bedeutung unter den erhobenen Finanzierungsformen – vor allem die wenigen Teilnehmer aus dem S&P100 (71,4 %), FTSE100 (60 %) stufen Bonds übrigens deutlich häufiger als „sehr wichtig" ein, als es die deutschsprachigen Unternehmen tun (ATX: 50 %; HDAX: 38,7 %). Ebenfalls hoch („wichtig" bzw. „sehr wichtig") wird von rund 52,5 % aller Befragten die Bedeutung mittelfristiger sowie langfristiger Bankkredite (39,6 %) eingestuft, wobei die Relevanz dieser Finanzierungsformen wiederum von den deutschsprachigen Konzernen deutlich höher bewertet wird (Abb. 3.2).

Der vergleichsweise hohe Stellenwert von Corporate Bonds unter den befragten Unternehmen kommt nicht von ungefähr: Mit insgesamt 42 Firmen (67,7 %) hatte die klare Mehrheit der teilnehmenden Konzerne zum Untersuchungszeitpunkt selbst mindestens eine Anleihe emittiert. Im DAX und S&P100 war sogar jedes Teilnehmerunternehmen auch Anleiheemittent, im ATX und FTSE100 hatten 70 % bzw. 60 % der teilnehmenden Firmen eine Anleihe platziert.

---

[28] Die Identifikation der Befragungsteilnehmer erfolgte über die Corporate Websites der Unternehmen: War auf dieser bereits ein Ansprechpartner für Fixed-Income-Investoren ausgewiesen, wurde dieser direkt kontaktiert. In allen anderen Fällen wurde der Fragebogen, mit Bitte um Weiterleitung an eine geeignete Person, an die Investor-Relations-Abteilung versandt.

[29] Wobei in diesem Zusammenhang indexspezifische Unterschiede festgestellt wurden: Vor allem bei den Unternehmen aus dem österreichischen Leitindex fällt die Fremdkapitalquote so etwa besonders hoch aus: 70 % der ATX-Konzerne hatten eine Fremdkapitalquote von über 50 %. Zum Vergleich: die ungefähre Hälfte der teilnehmenden DAX- und S&P-Unternehmen wiesen eine Quote von weniger als 50 % auf.

3 Gläubigerorientierte Finanzkommunikation in börsennotierten ... 37

	Eher nicht wichtig/unwichtig	Wichtig/sehr wichtig
Institutionelle Eigenkapitalinvestoren	/	95,0
Institutionelle Fremdkapitalinvestoren	4,9	83,6
Ansprechpartner bei Ratingagenturen	31,0	58,6
Privataktionäre	21,7	53,3
Private Bondinvestoren	50,0	27,8

Basis: Alle gültigen Antworten (ohne „eher wichtig") (Frage: Im Folgenden haben wir nun einige Investorengruppen und Multiplikatoren aufgelistet. Bitte geben Sie an, welche strategische Bedeutung diese für Ihr Unternehmen besitzen) | n=54-61 | Angaben in %

Abb. 3.3 Strategische Bedeutung unterschiedlicher Kapitalgeber

Abb. 3.4 Organisatorische Einordnung der CR

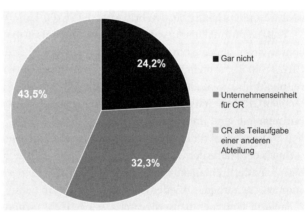

Basis: alle gültigen Antworten (Frage: Inwiefern ist eine fremdkapitalgeberorientierte Kommunikation (Creditor Relations) strukturell in Ihrem Unternehmen verankert?) n=62

Bei der generellen Einschätzung der strategischen Relevanz unterschiedlicher Kapitalgebergruppen rangieren institutionelle Eigenkapital- (95,0 %) und Fremdkapitalinvestoren (83,6 %) an erster Stelle. Auffällig hoch wird zudem die strategische Bedeutung von Ratingagenturen bewertet (58,6 %). Mit Abstand am wenigsten Bedeutung wird letztlich privaten Bond-Investoren zugeschrieben (Abb. 3.3).

Diese Angaben zur unternehmensspezifischen Bedeutung des Fremdkapitalmarkts sind vor allem aus einem Grund besonders wichtig für die Einordnung der nachfolgenden Ergebnisse – sie verdeutlichen, dass es sich bei den teilnehmenden Unternehmen wahrscheinlich nicht um einen „repräsentativen Schnitt" der in den Indizes notierten Konzerne handelt, sondern vermutlich „nur" um die sprichwörtliche „Spitze des Eisbergs": Wir gehen davon aus, dass sich vor allem solche Unternehmen an unserer Befragung beteiligt haben, die entweder eine hohe Affinität zum Fremdkapitalmarkt aufweisen, oder aber sich intern ohnehin schon mit der gläubigerorientierten Finanzkommunikation auseinandersetzen (Abb. 3.4).

Organisation und Ressourcen der CR Unter diesen Vorzeichen möchten wir uns nun den konkreten Ergebnissen zum Stellenwert der gläubigerorientierten Finanzkommunikation in den befragten Unternehmen widmen: Zunächst zeigt sich hier, dass CR bei gut einem Viertel aller Unternehmen strukturell bislang nicht verankert sind: Der Großteil der Unternehmen (43,5 %) organisiert CR als Teilaufgabe einer anderen Abteilung. Lediglich bei 32,3 % der Unternehmen existiert – meistens ebenfalls als Teil einer anderen Abteilung – eine eigene Unternehmenseinheit für CR.

Ist CR (in Form einer Funktion oder Unternehmenseinheit) als Teil einer anderen Abteilung verankert, dann am häufigsten in der IR (39,5 %), dicht gefolgt von dem Treasury (34,9 %) und danach dem Corporate Finance (16,3 %) sowie anderen Organisationslösungen. Vor allem in den deutschen Unternehmen hat sich offenbar ein Wandel von der früher stark verbreiteten Einordnung im Treasury-Bereich[30] hin zu einer Integration in die IR-Abteilung vollzogen.[31] Eine Verantwortung durch den Treasury-Bereich ist hingegen noch besonders häufig bei den britischen FTSE100-Unternehmen anzutreffen (71,4 %).

Trotz der formal häufig vorgenommenen organisatorischen Einordnung existieren bislang in vielen Unternehmen (noch) keine personellen und finanziellen Ressourcen für die CR-Arbeit: Etwas mehr als die Hälfte der Teilnehmer (50,8 %) verfügt zum Untersuchungszeitpunkt über kein eigenes Budget für die CR-Arbeit. Weitere 26,2 % der Unternehmen rechnen CR-Aktivitäten über das Budget einer anderen Abteilung ab; allerdings ohne festen Budgetanteil. Und immerhin ein knappes Viertel (23,0 %) verfügt über einen ausgewiesenen Budget-Anteil für entsprechende Kommunikationsaktivitäten. Personell existieren bei mehr als der Hälfte der Unternehmen bislang ebenfalls keine fixen Ressourcen für die gläubigerorientierte Finanzkommunikation. Bei allen anderen Unternehmen waren im Schnitt etwa zwei Mitarbeiter mit der CR-Kommunikation betraut, wobei die Zahlen hier je nach Index und Unternehmensgröße stark schwanken. Grundsätzlich finden sich im DAX30 beispielsweise schon besonders häufig spezifische Ansprechpartner für Fremdkapitalgeber, in kleineren deutschen Indizes (MDAX, TecDax) hingegen deutlich seltener.

Im Rahmen der Angaben zum unternehmensinternen Stellenwert der CR, wurde auch das Vorhandensein einer schriftlich fixierten CR-Strategie erhoben: Den Ergebnissen zufolge verfügt nur knapp ein Fünftel der Unternehmen über eine solche CR-Strategie. Weitere 23 % der Teilnehmer geben an, dass CR-Richtlinien im Rahmen der Strategie einer anderen Abteilung enthalten sind – also zum Beispiel als Teil der Investor-Relations-Strategie. Die überwiegende Mehrheit der Unternehmen (55,7 %) verfügt hingegen über keinerlei Form einer schriftlich fixierten Strategie für die gläubigerorientierte Kommunikation.

---

[30] Vgl. zum Beispiel Alphéus (2004) S. 278.

[31] Bei den Unternehmen aus Deutschland und Österreich ($n = 33$) war die gläubigerorientierte Finanzkommunikation mit Abstand am häufigsten in der IR-Abteilung angesiedelt (39,4 %). Erst danach folgen Treasury (24,2 %) und Corporate Finance (21,2 %) sowie andere Organisationslösungen.

Bedeutung von Fremdkapitalgebern und Ziele der CR-Arbeit Obwohl dedizierte Ressourcen in vielen Unternehmen (noch) nicht anzutreffen sind, deutet dies mitnichten zwangsläufig auf eine geringe Bedeutung von Fremdkapitalgebern aus Sicht der Praktiker hin: Wir haben im Rahmen unserer Studie an mehreren Stellen versucht, die Relevanz dieser Bezugsgruppe(n) genauer zu hinterfragen.

Die nachfolgende Tabelle zeigt diesbezüglich ein differenziertes Bild: Einerseits gibt ein Großteil der Unternehmen an, seine wichtigsten Gläubiger persönlich zu kennen und mit diesen in engen Kontakt zu stehen (87,7 %). Man unterstreicht den Stellenwert dieser Kapitalgebergruppe zudem dadurch, dass das Top-Management regelmäßig in die Kommunikation mit wichtigen Fremdkapitalgebern einbezogen wird (81,8 %). Andererseits wird der in der Praxis oftmals aufgeworfene Vorwurf einer gegenüber Eigenkapitalgebern nicht gleichrangigen Informationsversorgung[32] zumindest von einigen Unternehmen nicht gänzlich abgestritten: Etwas weniger als ein Drittel (28,6 %) sind diesbezüglich zumindest „unentschieden", oder räumen Unterschiede (Defizite) in der Informationsversorgung von Fremdkapitalgebern offen ein. Weitere 24,1 % geben ferner an, dass CR überwiegend nicht kontinuierlich, sondern eher anlassbezogen im Vorfeld von Kapitalmaßnahmen betrieben werden. Ebenfalls bemerkenswert: Für mehr als ein Drittel der Unternehmen (36,5 %) fokussieren CR-Aktivitäten in erster Linie nur Bondholder, während klassische Fremdkapitalgeber wie etwa Banken offenbar kaum Relevanz in der Kommunikation besitzen (Abb. 3.5).

Auch wenn Defizite erkennbar sind: Insgesamt deutet die Selbsteinschätzung der Befragten darauf hin, dass Fremdkapitalgebern in vielen Unternehmen mittlerweile eine wichtige Rolle beigemessen wird. Wir wollten in diesem Zusammenhang wissen, welche konkreten Ziele die Unternehmen in der Kommunikation mit diesen Bezugsgruppen verfolgen.

Aus der Vielzahl der insbesondere in der Praktikerliteratur genannten Ziele der CR (vgl. überblickshalber Kunz 2011, S. 89) haben wir dazu insgesamt neun ausgewählt, die von den Teilnehmern in Hinblick auf ihre Relevanz beurteilt werden sollten. Sortiert nach denjenigen Zielen, welchen am häufigsten eine „sehr große Bedeutung" zugeschrieben wurde, ergibt sich demnach eine Rangordnung, nach welcher die „Schaffung von Vertrauen bei Fremdkapitalgebern", die „langfristige Sicherung der Liquidität" und „Senkung der Fremdkapitalkosten" aus Sicht der befragten Unternehmen als Hauptziele der gläubigerorientierten Finanzkommunikation zu begreifen sind. Am seltensten wird hingegen der „unternehmensinternen Kommunikation von kreditmarktrelevanten Themen" eine große Bedeutung beigemessen (Abb. 3.6).

Praktische Ausübung der CR Nachdem wir bislang vor allem Rahmenbedingungen der CR-Kommunikation beschrieben haben, möchten wir uns im Folgenden einigen Ergebnissen zur praktischen Ausübung der gläubigerorientierten Finanzkommunikation

---

[32] Vergleiche hierzu etwa das Positionspapier der Deutschen Vereinigung für Finanzanalyse und Asset Management (DVFA) (2011).

Aussage:	Stimme gar nicht/eher nicht zu	Unentschieden	Stimme voll/eher zu
„Unsere wichtigsten Fremdkapitalinvestoren kennen wir persönlich und stehen mit ihnen im engen Kontakt."	8,8	3,5	**87,7**
„Das Top-Management (z.B. CFO/Leiter Finanzen) wird regelmäßig in die Kommunikation mit wichtigen Fremdkapitalgebern einbezogen."	9,1	9,1	**81,8**
„Wichtige Fremdkapitalgeber werden von uns auch in Non-Deal-Phasen zu Investorengesprächen oder Unternehmenspräsentationen eingeladen."	16,7	7,4	75,9
„Fremdkapitalinvestoren werden mindestens ebenso gut über Unternehmensentwicklungen informiert, wie Eigenkapitalinvestoren."	**16,1**	12,5	71,4
„Creditor Relations werden für uns künftig an Relevanz gewinnen."	11,8	37,3	51,0
„Seit der Finanzkrise im Jahr 2008 haben sich die Informationsbedürfnisse von Fremdkapitalgebern spürbar erhöht."	30,8	25,0	44,2
„Creditor Relations ist für uns hauptsächlich Kommunikation mit Bondholdern – andere Zielgruppen wie z.B. klassische Kreditgeber spielen kaum eine Rolle."	48,1	15,4	**36,5**
„Aktive Creditor-Relations-Arbeit wird meistens nur anlassbezogen im Vorfeld von Kapitalmaßnahmen betrieben (z.B. vor Bond-Neuemissionen oder Kreditverhandlungen)."	61,1	14,8	24,1

Basis: Alle gültigen Antworten (Frage: Inwiefern stimmen Sie den folgenden Aussagen in Bezug auf Ihr Unternehmen zu?) | n=51-57

Abb. 3.5 Bedeutung von Fremdkapitalgebern in der Finanzkommunikation

widmen. Wir haben in diesem Kontext zunächst überprüft, inwiefern sich die in der Literatur aufgeworfenen Maßnahmen tatsächlich in der Praxis börsennotierter Unternehmen wiederfinden.[33] Demnach werden Fremdkapitalgeber von den Unternehmen offenbar in erster Linie durch das bekannte Instrumentarium der IR angesprochen: Fixed-income-spezifische Informationen fließen so beispielsweise bei 60,3 % der Teilnehmer in Geschäfts- und Quartalsberichte ein. Relativ häufig bieten die Unternehmen zudem einen CR-Bereich sowie Informationen zum aktuellen Rating auf ihrer Corporate Website an. Mehr als die Hälfte der teilnehmenden Unternehmen pflegt außerdem einen Verteiler mit Fixed-Income-Investoren (53,4 %). Noch etwas mehr als zwei Fünftel der Befragten (41,4 %) geben an, regelmäßige Reportings für Fremdkapitalgeber zu verfassen. Eine Erhebung der Fremdkapitalgeber-Struktur wird hingegen nur von 27,6 % der Teilnehmerunternehmen durchgeführt (Abb. 3.7).

---

[33] Die erhobenen Maßnahmen wurden u. a. aus den folgenden Quellen entnommen: Liedtke (2003) S. 258–262; Alphéus (2004) S. 276–278; Mast (2009) S. 485–487; Kunz (2011) S. 89 f.

3 Gläubigerorientierte Finanzkommunikation in börsennotierten...   41

Ziel:	Keine Bedeutung	Eher wenig Bedeutung	Eher große Bedeutung	Sehr große Bedeutung
Schaffung von Vertrauen bei Fremdkapitalgebern	1,8	-	23,2	**75,0**
Langfristige Sicherung der Liquidität	-	7,5	26,4	**66,0**
Senkung der Fremdkapitalkosten	1,9	5,7	35,8	**56,6**
Steigerung der Platzierungsbasis bei Anleihe-Emissionen	11,1	18,5	35,2	35,2
Positive Beeinflussung von Rating-Urteilen	10,9	21,8	38,2	29,1
Risikodiversifikation durch Streuung der Gläubigerstruktur	-	20,4	51,9	27,8
Gewinnung von neuen FK-Investoren	3,7	22,2	50,0	24,1
Informationsasymmetrien von FK-Gebern abbauen	-	28,8	50,0	21,2
Interne Kommunikation kreditmarktrelevanter Informationen	9,3	**40,7**	37,0	13,0

Basis: Alle gültigen Antworten (Frage: Welche Bedeutung haben folgende Ziele bei der Kommunikation mit Fremdkapitalgebern?) | n=52-56 | Angaben in %

Abb. 3.6 Ziele der Creditor Relations

Ganz klar zeigt sich hierbei, dass die genannten Maßnahmen in größeren Unternehmen deutlich häufiger anzutreffen sind, als in kleineren. Auch nach Index ergeben sich deutliche Unterschiede. Stellt man beispielsweise wie in der nachfolgenden Tabelle die großen Indizes aus dem deutschsprachigen Raum gegenüber (DAX, MDAX, ATX), lässt schon ein flüchtiger Blick erkennen, dass sämtliche Maßnahmen ohne Ausnahme am häufigsten von den teilnehmenden DAX30-Unternehmen durchgeführt werden (Abb. 3.8).

Weil der bloße Einsatz von Kommunikationsinstrumenten nun freilich nur wenig über die Kontinuität der Kommunikation aussagt, haben wir an späterer Stelle nochmals erhoben, wie häufig unterschiedliche Aktivitäten von den Unternehmen ausgeübt werden: Ein Blick auf Tab. 3.9 zeigt, dass persönliche bzw. telefonische Gespräch mit den Bezugsgruppen (zum Beispiel Einzelgespräche oder fremdkapitalspezifische Investoren-Calls) noch am ehesten mehr oder weniger regelmäßig stattfinden; allerdings überwiegend seltener als monatlich. Es ist davon auszugehen, dass es sich hier um wenige, über das Jahr verteilte Kommunikationsaktivitäten handelt, während andere Maßnahmen wie Newsletter/Mailings für Fremdkapitalgeber oder fixed-income-spezifische Analystentreffen noch eine weitaus geringere Bedeutung im Tagesgeschäft besitzen. Überraschend hoch erscheint

Basis: Alle gültigen Antworten (Frage: Welche der folgenden Instrumente und Maßnahmen werden von Ihnen im Rahmen der fremdkapitalgeberorientierten Kommunikation eingesetzt?) n=58

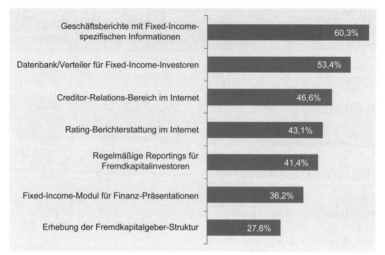

Abb. 3.7 Häufigkeit klassischer CR-Maßnahmen

Maßnahme:	DAX	MDAX	ATX
Geschäfts- und Quartalsberichte mit Fixed-Income-spezifischen Informationen	**69,3**	43,8	44,4
Datenbank/Verteiler für Fixed-Income-Investoren	**92,3**	43,8	44,4
Creditor-Relations-Bereich im Internet	**67,9**	25,0	44,4
Rating-Berichterstattung im Internet	**67,9**	25,0	44,4
Regelmäßige Reportings für Fremdkapitalinvestoren	**46,2**	37,5	33,3
Erhebung der Fremdkapitalgeber-Struktur	**46,2**	12,5	44,4
Fixed-Income-Modul für Finanz-Präsentationen	**53,8**	18,8	22,2

Basis: Nur DAX-, MDAX- und ATX-Unternehmen (Frage: Welche der folgenden Instrumente und Maßnahmen werden von Ihnen im Rahmen der fremdkapitalgeberorientierten Kommunikation eingesetzt?) | n=38 | Angaben in %

Abb. 3.8 CR-Maßnahmen nach Index

3 Gläubigerorientierte Finanzkommunikation in börsennotierten ... 43

	Nie	Seltener als jährlich	mindestens jährlich	Mindestens monatlich
Telefonate mit Fremdkapitalinvestoren	5,6	13,0	46,3	35,2
Telefonate mit Ratingagenturen	25,0	14,3	37,5	23,2
Einzelgespräche mit Fremdkapitalinvestoren (one on one)	5,6	9,3	68,5	16,7
Investoren-Call für Fremdkapitalgeber	29,6	16,7	46,3	7,4
Newsletter/Mailings für Fremdkapitalinvestoren	60,0	14,5	20,0	5,5
Einzelgespräche mit Ratingagenturen (one on one)	25,5	12,7	58,2	3,6
Fixed-income-spezifische Analystentreffen	44,4	24,1	29,6	1,9
Fixed-income-spezifische Roadshows	30,9	29,1	38,2	1,8
Creditor- bzw. Bankers Days	30,9	23,6	45,5	/

Basis: Alle gültigen Antworten (Frage 28: Wie häufig üben Sie folgende Kommunikationsaktivitäten aus?) | n=54-56 | Angaben in %

Abb. 3.9 Häufigkeit unterschiedlicher Kommunikationsaktivitäten

hingegen die Häufigkeit von spezifischen Bankers- bzw. Creditor-Days, die nach eigenen Angaben von immerhin 45,5 % der Unternehmen mindestens jährlich durchgeführt werden (Abb. 3.9).

Zu guter Letzt möchten wir an dieser Stelle noch in aller Kürze auf die Evaluation der gläubigerorientierten Finanzkommunikation eingehen: In den von uns befragten Unternehmen findet eine Evaluation der CR-Arbeit insgesamt eher unstrukturiert, als strategisch-implementiert statt. Ein Großteil der Befragten setzt einfache Instrumente wie Feedbackgespräche mit seinen Fremdkapitalgebern (60,3 %) und Ansprechpartnern bei Ratingagenturen (44,8 %) ein. Eine Erhebung der gewonnenen und beibehaltenen Fremdkapitalgeber wird hingegen nur von etwas mehr als einem Viertel der Teilnehmer durchgeführt (25,9 %). Auch in sogenannte „Perception Studies" werden Fremdkapitalgeber und Multiplikatoren i. d. R. nicht einbezogen (Abb. 3.10).

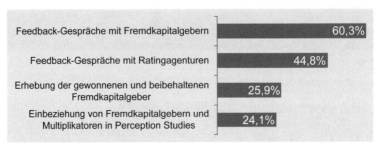

Abb. 3.10 Evaluierung der CR

3.5 Resümee: gläubigerorientierte Finanzkommunikation?

Die in diesem Beitrag nur ausschnitthaft wiedergegebenen Ergebnisse lassen eines klar erkennen: Viele börsennotierte Konzerne haben Fremdkapitalgeber als Bezugsgruppe der Finanzkommunikation nicht nur erkannt, sondern messen diesen auch eine zunehmend größere Bedeutung bei. Mehr als die Hälfte der von uns befragten Praktiker gehen so auch tendenziell davon aus, dass die Relevanz der CR-Arbeit künftig steigen wird.

In einigen Unternehmen wurden die Voraussetzungen für diesen möglichen Bedeutungsanstieg offenbar bereits geschaffen: Immerhin in einem knappen Drittel der Konzerne existiert (meist als Teil einer anderen Abteilung) bereits eine spezifische Unternehmenseinheit für CR; in fast der Hälfte aller Unternehmen finden sich finanzielle Ressourcen für die gläubigerorientierte Finanzkommunikation (wenn auch zumeist als Teilbudget der IR) und rund 45 % der Teilnehmer verfügen über eine Form der schriftlich fixierten CR-Strategie. Zwei Einflussfaktoren wirken sich in diesem Zusammenhang statistisch signifikant auf den unternehmensinternen Stellenwert der CR aus: die Unternehmensgröße und die Bedeutung von Fremdfinanzierungsquellen. Große Unternehmen und solche, die in besonders starken Umfang auf den Fremdkapitalmarkt angewiesen sind, messen CR tendenziell eine spürbar größere Bedeutung bei.[34]

In den meisten der von uns befragten Unternehmen sind CR heute organisatorisch im IR-Bereich eingeordnet. Generell geben knapp 90 % der Befragten an, dass bei der Kommunikation mit Fremdkapitalgebern eine „enge Abstimmung" zwischen IR-Abteilung und dem Corporate Finance bzw. Treasury vorherrscht. Auch in Bezug auf die eingesetzten Maßnahmen vertraut man größtenteils auf das bestehende Instrumentarium der IR: Am häufigsten finden fixed-income-spezifische Informationen so beispielsweise Eingang in die Geschäftsberichte oder auch den IR-Bereich im Internet.

Bei der praktischen Ansprache von Fremdkapitalgebern herrscht in vielen Unternehmen aber noch Nachholbedarf: Bedenkt man, dass Fremdkapital in den meisten der

---

[34] Vgl. Barrantes (2012).

befragten Konzerne den zentralen Bilanzposten darstellt und es sich bei fast 70 % um Anleiheemittenten handelt, überrascht es doch, dass teilweise weit mehr als die Hälfte der Unternehmen auf Maßnahmen wie eine CR-Rubrik im Internet, regelmäßige Reportings für Fremdkapitalgeber oder auch fixed-income-spezifische Module für Finanzpräsentationen völlig verzichten. Die Analyse der Kontinuität einzelner Kommunikationsaktivitäten weist zudem darauf hin, dass es sich bei CR in vielen Unternehmen noch um eine überwiegend anlassgesteuerte Kommunikation handelt, die nur selten kontinuierlich betrieben wird. Die Selbsteinschätzung der Befragten und die Auswertung der tatsächlichen Aktivitäten stimmen in diesem Punkt übrigens nicht überein.

Größtenteils wird so auch das in der Literatur oftmals vorherrschende Bild in unserer Studie bestätigt: Zumindest momentan ist die klassische eigenkapitalzentrierte IR in den meisten Konzernen im Vergleich zur CR vermutlich noch „weiter entwickelt, qualitativ hochwertiger, quantitativ ausführlicher und personell wesentlich besser besetzt".[35] Gleichwohl lassen sich in unseren Ergebnissen mehrere Indizien für eine zunehmende Professionalisierung der gläubigerorientierten Finanzkommunikation identifizieren. Die weitere Entwicklung jener gilt es künftig jedenfalls weiter durch empirische Forschung zu begleiten. Dabei sollten neben den Unternehmen auch die Fremdkapitalgeber und Multiplikatoren (zum Beispiel Ratingagenturen) verstärkt in den Fokus rücken: Erkenntnisse über die Bedürfnisse von fremdkapitalspezifischen Anspruchsgruppen und die Wirkungsweisen von CR-Aktivitäten stellen letztlich eine notwendige Voraussetzung für eine fundierte Weiterentwicklung des noch jungen Aufgabenbereichs dar.

Literatur

Alphéus I (2004) Kommunikation mit Fremdkapitalgebern als integrierter Bestandteil der Investor Relations. In: Deutscher Investor Relations Verband DIRK (Hrsg.) Handbuch Investor Relations. Gabler, Wiesbaden, S 267–280

Barrantes E (2009) Theorie und Praxis der Creditor Relations: Kommunikation mit Fremdkapitalgebern im Kontext der Neuen Institutionenökonomie. AVM, München

Barrantes E (2012) Creditor Relations in börsennotierten Unternehmen: eine empirische Studie zum Stellenwert der gläubigerorientierten Finanzkommunikation. AVM, München

Barrantes E, Stärz H (2011) Creditor Relations in Österreich: Zum Stellenwert der fremdkapitalorientierten Kommunikation. In: Österreichisches Controller-Institut (Hrsg.) CFO aktuell – Zeitschrift für Finance und Controlling, Ausgabe 04/2011. Linde, Wien, S. 211–213

Blättchen W, Nespethal U (2010) Anleihenemission mittelständischer Unternehmen. In: Corporate Finance biz, Heft 8. Verlagsgruppe Handelsblatt GmbH, Würzburg, S 496–503

Böhm W (2004) Investor Relations der Emittenten von Unternehmensanleihen: Notwendigkeit, Nutzen und Konzeption einer gläubigerorientierten Informationspolitik. Wissenschaft und Praxis, Sternenfels

---

[35] Launer (2012) S. 235.

Bertram H (2011) Finanzmarktkrise stellt Debt-IR vor Herausforderungen. In: Börsen-Zeitung vom 04.06.2011, Wertpapier-Mitteilungen Keppler, Lehmann GmbH & Co. KG (Hrsg.) Frankfurt a. Main

Bride S (2011) Investor relations survey. Extraordinary time. http://www.citigatedewerogerson.com/Downloads/IR%20survey%20April%202011%20FINAL.pdf. Zugegriffen: 8. Mai 2012

Degenhart H, Schiereck D (2011a) Fixed Income Investor Relations: Ungeahnte Herausforderungen für den deutschen Mittelstand? In: GoingPublic, Ausgabe 01/2011. GoingPublic Media AG, München, S. 50–51

Degenhart H, Schiereck D (2011) Fremdkapital Investor Relations: Erweiterte Kommunikations-Anforderungen nach der Krise. DIRK, Hamburg

Degenhart H, Janner S (2011a) Finanzkommunikation bei Corporate Bonds nicht börsennotierter Firmen. In: Covent, Markt und Mittelstand und Finance (Hrsg.) Unternehmensfinanzierung für den Mittelstand, Frankfurt am Main, S 20–21

Degenhart H, Janner S (2011b) Internetbasierte Finanzkommunikation bei der Unternehmensfinanzierung mit Anleihen. In: Finanzplatz Hamburg e. V. Jahrbuch 2011/2012 Seite 12–13, Finanzplatz Hamburg e. V., Hamburg

Denks C (2006) Bondholder Relations - Informationsgewinnung und -verarbeitung von Corporate Bond-Investoren, DIRK Forschungsreihe, Bd. 7. Going Public Media AG, Wolfratshausen

Deutscher Investor Relations Verband DIRK (2011) DIRK Newsletter – Oktober 2011. www.dirk.org/Newsletter-Archiv/view-880.html. Zugegriffen: 8. Mai 2012

Deutsche Vereinigung für Finanzanalyse und Asset Management (DVFA) (2011) Mindeststandards für Bondkommunikation, Frankfurt. www.dvfa.de/files/die_dvfa/kommissionen/bondkommunikation/application/pdf/Mindeststandards_Bondkommunikation_Final.pdf. Zugegriffen: 8. Mai 2012

Iwatani M, Hiramatsu N (2003) The growing expectations for bond investor relations on the US corporate bond market. In: Capital Research Journal, Vol. 6, No. 4. Nomura Institute of Capital Markets Research, Tokyo S. 14–31

Jostarndt P, Wagner S (2006) Kapitalstrukturen börsennotierter Aktiengesellschaften – Deutschland und USA im Vergleich. In: Vierteljahreshefte zur Wirtschaftsforschung (Deutsches Institut für Wirtschaftsforschung), Vol 4. S 93–108

Kiefer K, Schorn P (2007) Auswirkungen der IFRS Umstellung auf die Risikoprämie von Unternehmensanleihen – Eine empirische Studie für Deutschland, Österreich und die Schweiz. www.econbiz.de/archiv1/2008/54460_ifrs_risikopraemie_unternehmensanleihen.pdf. Zugegriffen: 8. Mai 2012

Kunz C (2011) Creditor Relations. In: Die Betriebswirtschaft, Ausgabe 01/2011. Schäffer-Poeschel, Stuttgart, S. 88–93

Launer MA, Wilhelm M (2011) Bond Relations: Investor, Bond, Creditor und Gläubiger Relations für Anleihen, Obligationen, Wandelschuldverschreibungen und neue innovative Formen der Fremdkapitalfinanzierung. Dissertation.de, Berlin

Launer MA (2012) Bond Relations in Unternehmen. In: Bösl K, Hasler P (Hrsg.) Mittelstandsanleihen. Ein Leitfaden für die Praxis. Gabler, Wiesbaden, S 235–252

Leinberger T, Schiereck D (2007) Fixed Income Investor Relations bei deutschen Hypothekenbanken. In: Zeitschrift für das gesamte Kreditwesen, Ausgabe 11/2007. Fritz Knapp GmbH & Helmut Richardi GmbH, Frankfurt a. Main, S 574–576

Leminksy C (2003) Creditor Relations im Mittelstand – Ein Fallbeispiel aus dem Jahr 2002. In: Deter H, Diegelmann M (Hrsg.) Creditor Relations: Beziehungsmanagement mit Fremdkapitalgebern. Bankakademie Verlag, Frankfurt am Main, S 105–122

Liedtke C (2003) Creditor Relations als integrierter Bestandteil von Investor Relations bei RWE – Ein Praxisbericht. In: Deter H, Diegelmann M (Hrsg.) Creditor Relations: Beziehungsmanagement mit Fremdkapitalgebern. Bankakademie Verlag, Frankfurt am Main, S 249–264

Lingenfelder M, Walz H (1988) Investor Relations als Element des Finanzmarketings. In: Wirtschaftswissenschaftliches Studium, Ausgabe 09/1988. C.H. Beck oHG, München, S 467–469

Lowis S, Streuer O (2011) DIRK white paper: fixed income investor relations. http://www.dirk.org/jobber/images/stories/A_Neue_pdf_Dokumente/110516%20-%20Neuauflage_White_Paper_Fixed_Income_final.pdf. Zugegriffen: 8. Mai 2012

Marston C (2004) A survey of European investor relations. Institute of Chartered Accountants of Scotland, Edinburgh

Mast HJ (2009) Creditor Relations als Erfolgsfaktor für die Fremdkapitalfinanzierung. In: Kirchhoff KR, Piwinger M (Hrsg) Praxishandbuch Investor Relations: Das Standardwerk der Finanzkommunikation, 2 Aufl. Gabler, Wiesbaden

Mitchell M, Donnelly B (2010) DEBT IR. A guide for IROs. www.bjdconsulting.co.uk/storage/documents/IREssentials5.pdf. Zugegriffen: 8. Mai 2012

Paul S, Stein S (2009) Gute Finanzkommunikation zahlt sich aus. In: Die Bank, Ausgabe 02/2009, S 46–49, Bundesverband deutscher Banken e.V. (Hrsg.), Bank-Verlag GmbH, Köln

Schiereck D, Mathée L, Haake B (2008) Der Fremdkapitalgeber – das unbekannte Wesen. Von der asymmetrischen Investoren-Behandlung hin zu einer pragmatischen Optimierung – Creditor Relations stecken noch in den Kinderschuhen. In: Börsen-Zeitung vom 04.07.2008. Wertpapier-Mitteilungen Keppler, Lehmann GmbH & Co. KG (Hrsg.), Frankfurt a. Main, S 20

Segbers K, Siemes A (2005a) Mittelständische Unternehmen und ihr Kommunikationsverhalten gegenüber der Bank, Ergebnisse einer empirischen Studie (Teil I). In: Fianzbetrieb, Jahrgang 7, Ausgabe 04/2005. Verlagsgruppe Handelsblatt, Düsseldorf S 229–237

Segbers K, Siemes A (2005b) Mittelständische Unternehmen und ihr Kommunikationsverhalten gegenüber der Bank, Ergebnisse einer empirischen Studie (Teil II). In: Fianzbetrieb, Jahrgang 7, Ausgabe 05/2005. Verlagsgruppe Handelsblatt, Düsseldorf S 311–320

Sengupta P (1998) Corporate disclosure quality and the cost of debt. In: The Accounting Review, Ausgabe 04/1998. American Accounting Association, Sarasota (Florida), S 459–474

Tse S (2009) The changing Face of Debt IR. How prepared are you? www.cira.at/downloads/files/File/Literatur/Studien/2009/Juni%20Juli%20und%20August/Debt_IR_2009_final.pdf. Zugegriffen: 8. Mai 2012

Wobbe C (2006) Bondholder-Management. Notwendigkeit – Ansatzpunkte – Integration in den strategischen Managementprozess. Kovač, Hamburg

Yu F (2005) Accounting transparency and the term structure of credit spreads. J Finan Econ 75:53–84

Fixed-Income Investor Relations am Beispiel eines Großunternehmens

4

Judith Heise und Stephan Lowis

4.1 Warum Fixed-Income Investor Relations betreiben?

Investor Relations (IR) ist die kommunikative Schnittstelle zwischen Unternehmen und dem Kapitalmarkt und somit der erste Ansprechpartner für Analysten und Investoren zu allen Fragen rund um das Unternehmen und dessen Entwicklung.

Ziel von Investor Relations ist die Schaffung von Transparenz, Vertrauen und Glaubwürdigkeit des Unternehmens am Kapitalmarkt. Eine kontinuierliche Kommunikation mit allen Kapitalmarktakteuren sowohl auf der Eigen- als auch auf der Fremdkapitalseite sowie die regelmäßige Bereitstellung von umfassenden Informationen müssen dabei die tragenden Säulen sein.[1]

Was für Anteilseigner schon lange etablierte Praxis ist, gilt in zunehmendem Maße auch für den Markt für Unternehmensanleihen. Fixed-Income Investor Relations bei einem regelmäßig emittierenden Unternehmen bezeichnet daher den kontinuierlichen Dialog zwischen dem Unternehmen als Emittenten mit dem Fremdkapitalmarkt als den gegenwärtigen oder zukünftigen Gläubigern. Kontinuierlich bedeutet dabei, dass dieser Dialog auch stattfindet, wenn keine Anleiheemissionen stattfinden.[2]

Betrachtet man die letzten Jahre, so erkennt man, dass Unternehmen zur Unterstützung ihrer Finanzierung zunehmend Anleihen emittieren. Die Neuemissionen von Anleihen in ausgewählten europäischen Sektoren hat sich dabei insbesondere seit 2004 deutlich erhöht. Im ersten Halbjahr 2012 wurde bereits so viel neues Kapital am

---

[1] Vgl. Deutscher Investor Relations Verband DIRK (2012).
[2] Vgl. Lowis und Streuer (2006).

J. Heise (✉)
RWE AG, Fixed-Income Investor Relations, Opernplatz 1, 45128 Essen, Deutschland
E-Mail: judith.heise@rwe.com

S. Lowis
RWE AG, Leiter Investor Relations, Opernplatz 1, 45128 Essen, Deutschland
E-Mail: stephan.lowis@rwe.com

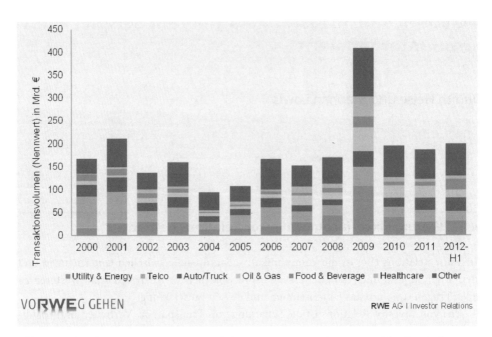

Abb. 4.1 Jährliche Neuemissionen von Anleihen in Europa von Corporates. (Quelle: Dealogic, 1. August 2012) *Anmerkungen:* Europäische Unternehmen mit Investmentgrade, Bonds mit Nennwert > 100 Mio. € equivalent

Anleihemarkt aufgenommen wie im gesamten Jahr 2011. Zum ersten Mal wurde mehr als die Hälfte des von den Unternehmen aufgenommenen Kapitals über den Anleihemarkt begeben. Bisher lag der Anteil bei unter einem Drittel. Der Anleihemarkt verdrängt damit zunehmend die Kreditvergabe durch Banken, das heißt, europäische Unternehmen diversifizieren verstärkt ihre Fremdkapitalaufnahme. Ein Trend, der sich nach Angaben der Ratingagentur Fitch weiter fortsetzen wird. Einen Grund für diese Entwicklung sieht Fitch in den gestiegenen Finanzierungskosten der Banken u. a. im Zuge des Vertrauensverlustes während der europäischen Schuldenkrise. Sie können daher nicht mehr so kostengünstige Unternehmenskredite anbieten, wie es die Unternehmen bisher gewohnt waren (Abb. 4.1).[3]

Auch in Deutschland lässt sich dieser Trend beobachten. So steigt seit Jahren das Umlaufvolumen von Unternehmensanleihen in Deutschland. Vor dem Hintergrund der europäischen Schuldenkrise und den verschärften Anforderungen an die Eigenkapitalvorschriften der Banken (Stichwort Basel III), ist zu erwarten, dass auch Unternehmen, die ihre Fremdfinanzierung bisher weitgehend über ihre Hausbank abgewickelt haben, so wie beispielsweise der deutsche Mittelstand, zukünftig ebenfalls an den Fremdkapitalmarkt herantreten werden.[4] Die Ausbildung von Börsensegmenten für Mittelstandsanleihen an Börsen wie Frankfurt, Stuttgart und Düsseldorf reflektieren diesen Trend. Dabei werden

---

[3] Vgl. Fitch Ratings (2012).
[4] Vgl. Baader (2012).

4 Fixed-Income Investor Relations am Beispiel eines Großunternehmens

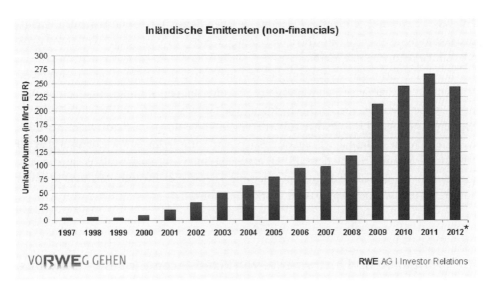

Abb. 4.2 Entwicklung der inländischen Unternehmensanleihen bei nicht finanziellen Kapitalgesellschaften. (Quelle: Deutsche Bundesbank, * Stand 31. Juli 2012)

Unternehmensanleihen den traditionellen Hausbankkredit jedoch nur ergänzen können (Abb. 4.2).[5]

Große Unternehmen dagegen finanzieren sich schon heute überwiegend am Kapitalmarkt. Die Zunahme der Kapitalmarktfinanzierung hat den Wettbewerb um Anleiheinvestoren erhöht, was wiederum den Einfluss und die Bedeutung von Anleiheinvestoren und -analysten vergrößert hat. Und es ist kein Ende in Sicht. Im Gegenteil: Vor dem Hintergrund der durch die jüngsten Finanzkrisen noch volatileren Kapitalmärkte werden kredit- bzw. bonitätsrelevante Fragestellungen noch weiter an Bedeutung gewinnen.[6]

Viele Unternehmen haben diesen Trend bereits erkannt. Um den Zugang am Kapitalmarkt sicherzustellen, wird zunehmend eine adressatengerechte Investorenansprache analog zur Kommunikation mit den Anteilseignern aufgebaut, um den Bedürfnissen beider Gruppen gerecht zu werden. Dies wird auch von den Anleiheinvestoren eingefordert.

Bereits im Jahr 2006 greift der DIRK (Deutscher Investor Relations Verband) in seinem White Paper Fixed-Income Investor Relations diesen Trend auf und trägt die wesentlichen Anforderungen und Aufgaben für die Fixed-Income Investor Relations Arbeit zusammen. Die im White Paper entwickelten „10 Goldenen Regeln" können bis heute als Rüstzeug einer guten Fixed-Income Arbeit bezeichnet werden. In den „10 Goldenen Regeln" werden die Unternehmen u. a. dazu aufgerufen, die Informationsbedürfnisse der Gläubiger zu beachten und den Eigen- und Fremdkapitalinvestoren einen gleichberechtigten Zugang zu den Unternehmensinformationen zu verschaffen. Sie beinhalten auch bereits den

---

[5] Vgl. o. V. (2012).
[6] Vgl. Lowis (2012).

Hinweis, Fixed-Income Investor Relations als einen Baustein einer umfassenden Finanzmarktkommunikation zu betrachten und somit die Fixed-Income relevanten Inhalte in die Kapitalmarktstory zu integrieren.[7]

Die DVFA (Deutsche Vereinigung für Finanzanalyse und Asset Management) veröffentlichte 2011 ebenfalls einen Katalog mit „Mindeststandards für die Bondkommunikation", in der ebenfalls die Gleichbehandlung von Anteilseignern und Anleihegläubigern, die Berücksichtigung spezifischer Anforderungen und ein regelmäßiger Dialog gefordert werden.[8] Um die Unternehmen auf die gestiegenen Anforderungen vorzubereiten, hat der DIRK im Frühjahr 2012 mit dem „FIRO" erstmalig einen Lehrgang in sein Programm aufgenommen, der gezielt Fixed-Income relevante Themen für Investor Relations-Manager aufbereitet und in einem kompakten Workshop anbietet.

4.2 Aufgaben und Instrumente von Fixed-Income Investor Relations

4.2.1 Allgemeine Aufgaben von Investor Relations

In einem kontinuierlichen Dialog mit den Anteilseignern und Anleihegläubigern erläutert Investor Relations die langfristige Unternehmensstrategie sowie Maßnahmen, um diese Strategie erfolgreich umzusetzen. Ziel dieses Dialogs ist es, das Vertrauen der Investoren in die nachhaltige Wertschöpfung des Unternehmens und den verantwortungsvollen Umgang mit den Vermögenswerten der Eigentümer und Anleihegläubigern aufzubauen.

Investor Relations unterstützt damit das Management, glaubwürdige und vertrauensvolle Beziehungen zu den Investoren aufzubauen. Ein Unternehmen, das am Kapitalmarkt das Vertrauen in seine Unternehmensführung genießt, hat einen deutlich leichteren Zugang zum Kapitalmarkt. Es kann dadurch seine Finanzierungskosten sowohl auf der Eigen- als auch auf der Fremdkapitalseite reduzieren.

Als Schnittstelle zwischen Unternehmen und Kapitalmarkt ist die Hauptaufgabe von Investor Relations die Sammlung und Strukturierung von Informationen und deren zielgerichtete Vermittlung nach außen und innen. Die Informationen sollten Aussagen über die wirtschaftlichen Aussichten des Unternehmens enthalten sowie die makroökonomischen, politischen und organisatorischen Rahmenbedingungen erläutern.

In der Praxis bedeutet das: Zahlen, Daten, Fakten stehen bei der Investor Relations-Arbeit im Mittelpunkt! Die Adressaten am Kapitalmarkt sind meist „modellgetrieben", das heißt, jede Aussage sollte nach Möglichkeit durch eine Zahl ausgedrückt werden können, die idealerweise in ein Unternehmensbewertungsmodell einfließt.

---

[7] Vgl. Lowis und Streuer (2011).
[8] Vgl. Deutscher Investor Relations Verband DIRK (2012).

Spezielle Aufgaben von Fixed-Income Investor Relations Die Schwerpunkte der Fixed-Income Investor Relations Arbeit lassen sich in strategische und operative Aufgaben unterteilen.

Strategische Aufgaben:

- Entwicklung eines Bausteins in der „Bond Story": Hauptanliegen ist, eine Antwort darauf zu liefern, warum man in die Anleihe eines Unternehmens investieren sollte. Das Unternehmen und die Finanzierungsstrategie sollte transparent und leicht verständlich dargestellt werden.
- Investor-Zielgruppenanalyse: Sie beinhaltet, wie die Investorenbasis aussehen soll (geographische Verteilung; Anteil institutioneller Investoren vs. Privatanleger, etc.). Sie klärt die Fragen: „was sind meine Investoren" und „nach welchen Kriterien investieren sie".
- Definition von Instrumenten und Kriterien zum Aufbau und der Pflege langfristiger Beziehungen zum Kapitalmarkt: Vertrauen und Glaubwürdigkeit sind notwendig, um Investoren zu halten bzw. neue Investoren zu akquirieren. Doch dies lässt sich nur dann aufbauen, wenn das Unternehmen seine Investoren gut kennt. Mithin benötigt man die richtigen Instrumente für die „Kundenpflege", zum Beispiel Roadshows, Conference Calls oder Datenbanken zur Sammlung von Investorendaten. Je nach Unternehmensgröße bzw. Ressourcen kann dies zu unterschiedlichen Instrumenten führen.

Operative Aufgaben unterteilen sich im Wesentlichen in zwei Bereiche: Informationsbeschaffung/-erstellung und die eigentliche Kommunikation mit dem Kapitalmarkt. Auf das „How-To" der Fixed-Income Kommunikation wird an späterer Stelle näher eingegangen.

Informationsbeschaffung und -erstellung:

- Erstellung eines Fixed-Income Moduls in der Unternehmenspräsentation mit spezifischen Inhalten für Fremdkapitalinvestoren.
- IR-Reporting: Erstellung (oder je nach firmeninterner Aufstellung: Unterstützung bei der Erstellung) des Geschäftsberichts und der Quartalsberichte mit der Bereitstellung von spezifischen Informationen für Fremdkapitalinvestoren.
- Abstimmung der kapitalmarktrelevanten Informationen mit unterschiedlichen Abteilungen des Unternehmens. Dazu gehören im Wesentlichen: Finanzabteilung/Treasury, Controlling, Rechnungswesen und Steuern. Ein Abgleich der Informationen mit der Presseabteilung hat sich als sinnvoll erwiesen, da die Informationen konsistent sein sollten, trotz des unterschiedlichen Adressatenkreises.

Wie man sieht, unterscheiden sich die Aufgaben der Fixed-Income Betreuung nur in wenigen Bereichen von der „klassischen" Investor Relations-Arbeit. Dabei handelt es sich neben der zu betreuenden Zielgruppe um die Informationstiefe und um die Informationsschwerpunkte. „Klassische" Investor Relations und Fixed-Income Investor Relations eint dagegen die kontinuierliche Kommunikation mit dem Kapitalmarkt zu allen Themen rund um das Unternehmen.

4.2.2 Zielgruppen von Fixed-Income Investor Relations

Fixed-Income Investor Relations hat mit Blick auf die Kommunikation sowohl externe wie interne Zielgruppen.
Unternehmensexterne Adressaten sind:

- Institutionelle Investoren (Credit Buy-Side)
- Anleiheanalysten (Credit Sell-Side)
- Privatanleger
- Ratingagenturen
- Kreditgebende Banken

Institutionelle Investoren (Credit Buy-Side) Hierzu zählen bspw. Versicherungen, Pensionskassen, Banken, Private Equity Funds und Hedge Funds. Ihre internen Analysten erstellen Analysen zu Unternehmen und Märkten zur internen Verwendung innerhalb der Fondsgesellschaft. In vielen Fällen dürfen die Portfoliomanager nur die Anleihen kaufen, die der interne Analyst empfiehlt.

Bedeutung für einen regelmäßigen Emittenten wie RWE Institutionelle Investoren haben die größte Bedeutung für die Investor Relations-Arbeit. Da sie eigentlich die Anleihen zeichnen, sind sie Hauptadressat von Roadshows. Regelmäßige Kommunikation mit den institutionellen Investoren auf Non-Deal Roadshows bietet die Möglichkeit, die Investoren über die laufende Unternehmenstätigkeit und Finanzplanung zu informieren und um Vertrauen in das Unternehmen zu schaffen. Dies bildet die Grundlage für die für regelmäßige Emittenten wichtige Kapitalmarktfähigkeit, das heißt jederzeit am Kapitalmarkt eine Anleihe platzieren zu können. RWE Fixed-Income Investor Relations betreut beispielsweise mehr als 100 Anleiheinvestoren.

Anleiheanalysten (Credit Sell-Side) Anleiheanalysten verfolgen die Entwicklung des Unternehmens meist tagesaktueller und bilden das Unternehmen häufig in Modellen ab, auf deren Grundlage sie Kauf- oder Verkaufsempfehlungen zu den ausstehenden Unternehmensanleihen abgeben. Sie unterstützen damit die Anlageentscheidung der Portfoliomanager. Analysten, die ihre Analysen und Empfehlungen publizieren (im Gegensatz zur Credit Buy-Side), übernehmen eine wichtige Multiplikatorenfunktion. Sie nehmen damit Einfluss auf die Herausbildung einer Marktmeinung zu einem Sektor bzw. einem Unternehmen, die sich dann in den Anleihekursen oder Credit Default Swaps des Unternehmens (CDS) widerspiegeln kann.

Bedeutung für einen regelmäßigen Emittenten wie RWE Im Gegensatz zu Sell-Side Aktienanalysten verfolgen Sell-Side Anleiheanalysten deutlich mehr Unternehmen pro Unternehmenssektor und auch deutlich mehr Sektoren. Sie haben daher sehr viel weniger Zeit pro Unternehmen zur Analyse zur Verfügung. Aufgabe von Fixed-Income Investor Relations ist es daher, das eigene Unternehmen auf den Radarschirm des Analysten zu bringen. Insgesamt sinkt jedoch die Bedeutung der Sell-Side Anleiheanalysten, da der Markt für publizierte Analysen schwindet. Dagegen sieht man zunehmend den Trend zum „Credit Desk Analyst". Desk Analysten arbeiten sehr viel enger mit dem Eigenhandel ihres Hauses zusammen als klassische Sell-Side Analysten und publizieren daher ihre Studien, wenn überhaupt, sehr viel eingeschränkter. So dürfen einige Desk Analysten aus Compliance Gründen zwar Analysen, aber keine Empfehlungen mehr veröffentlichen. Sie fungieren aber weiterhin als Ansprechpartner für Investoren und sollten daher bei der Kommunikation mit einbezogen werden. Im Fall von RWE bedeutet es die Betreuung von ca. 20 Anleiheanalysten, wovon nur noch ca. die Hälfte als klassische Sell-Side Anleiheanalysten tätig ist.

Privatanleger Privatanleger sind eine sehr heterogene Gruppe. Sie halten normalerweise eine viel geringere Anzahl an Anleihen am Unternehmen als institutionelle Investoren. Sie können dennoch eine interessante Investorengruppe – insbesondere für mittelständische Emittenten darstellen: Denn private Anleger sind häufig „Buy and Hold"-Investoren, die eine Anleihe bis zum Ende der Laufzeit halten.

Bedeutung für einen regelmäßigen Emittenten wie RWE Für große Unternehmen wie RWE sind sie nur eine kleine Gruppe, da der Anteil am gesamten Anleihevolumen eher gering ist. Dennoch betreut Investor Relations natürlich auch Privatanleger und bearbeitet alle entsprechenden Anfragen.

Ratingagenturen Ratingagenturen veröffentlichen ihre Einschätzungen zur Bonität einen Unternehmens. Jede Agentur hat dabei eine eigene sektorspezifische Methode entwickelt; jedoch basieren Ratingurteile zumeist auf einer Vielzahl von quantitativen als auch qualitativen Einflussfaktoren. So werden neben finanziellen Kennzahlen auch zum Beispiel allgemeine Marktentwicklungen für ein Ratingurteil herangezogen.

Bedeutung für einen regelmäßigen Emittenten wie RWE Ratingagenturen haben eine große Bedeutung für regelmäßigen Emittenten. Zum einen sind viele Investoren verpflichtet, ausschließlich in Anleihen mit einem externen Rating zu investieren bzw. sogar nur in Unternehmen mit Investment Grade-Rating. Ratingagenturen vergeben somit „Eintrittskarten" für den Fremdkapitalmarkt. Zum anderen bestimmt das Ratingurteil maßgeblich den Risikoaufschlag, der am Kapitalmarkt bei einer Transaktion gezahlt werden muss.

Kreditgebende Banken Eine wesentliche Aufgabe von Banken ist die Bereitstellung von Kapital in Form eines individuellen Krediites zur langfristigen Unternehmensfinanzierung insbesondere im Mittelstand. Daneben stellen Banken, in Form eines Zusammenschlusses über ein Konsortium, sogenannte syndizierte Kreditlinien zur Verfügung. Diese Linien können von Unternehmen kurzfristig gezogen werden, um die Liquiditätsversorgung jederzeit sicherzustellen. Meistens handelt es sich hier um revolvierende Kreditzusagen der Banken, die ein mehrmaliges „Ziehen-und-Zurückzahlen" ermöglichen.

Bedeutung für einen Frequent Issuer wie RWE In ihrer Funktion als langfristiger Einzelkreditgeber haben kreditgebende Banken nur eine geringe Bedeutung für regelmäßige Anleihe-Emittenten wie RWE. Dies liegt daran, dass sich RWE fast ausschließlich über den Kapitalmarkt finanziert und im Regelfall nicht auf die bilaterale bzw. multilaterale Kreditfinanzierung zurückgreift. In einer zweiten Funktion stellen kreditgebende Banken durch syndizierte Kreditlinien Sicherheiten, die eine wichtige Voraussetzung für andere Refinanzierungsarten sind, zum Beispiel für ein Commercial Paper Programm. Drittens haben Banken eine Beratungsfunktion gegenüber Daueremittenten bei der Platzierung von Anleihen. In den beiden letztgenannten Funktionen haben kreditgebende Banken eine große Bedeutung für RWE.

Unternehmensinterne Adressaten Neben den unternehmensexternen Adressaten sind das eigene Management und die internen Entscheidungsträger eine weitere wichtige Zielgruppe für Investor Relations. Investor Relations muss die Kapitalmarktsicht in das Unternehmen hinein transportieren, um damit intern das Bewusstsein für die Anliegen und Erwartungen der Eigentümer und Gläubiger zu vermitteln. Dies kann und muss auch kritische Töne des Kapitalmarktes beinhalten. Dieser „outside-in-view" ist sowohl ex-post (bspw. als Feedback des Kapitalmarktes nach der Vorstellung der Geschäftszahlen) wichtig als auch ex-ante (das kritische Hinterfragen einer neuen Projektidee, bevor sie kommuniziert wird, im Sinne von: „was würde ein Investor sagen").

4.2.3 Instrumente

Bei der Zusammenstellung der Informationen und des Kommunikationsmaterials ist eine Trennung der Kapitalmarktstory in Equity vs. Fixed-Income-Story nicht zielführend: Dies ist sogar eher kontraproduktiv. Die Grundlage der Kommunikation mit den Anleiheinvestoren ist die übergreifende Kapitalmarktstory mit strategischer Ausrichtung des Unternehmens, der eigenen Positionierung im Wettbewerb, Trends in den Märkten und der Entwicklung der Performancekennzahlen und Zukunftsaussichten des Unternehmens. Darüber hinausgehende Informationen, die die spezifischen Bedürfnisse der Anleiheinvestoren adressieren, müssen konsistent dazu sein und können die Kapitalmarktstory nur ergänzen.

Ergänzende Fixed-Income-Informationen können dabei folgende sein:

- Finanzierungsstrategie des Unternehmens
- Fälligkeitsprofile des Fremdkapitals
- Aktuelle Rating-Situation
- Cashflow- und Verschuldungskennzahlen
- Geplanter Verschuldungsabbau, ggfs. Emissionskalender
- Risikomanagement des Unternehmens

Die Kapitalmarktstory wird sinnvollerweise in einer Unternehmenspräsentation zusammengefasst und um Charts zu Fixed-Income-Themen ergänzt.

Auf Basis dieser Kapitalmarkstory mit ergänzenden Fixed-Income-Inhalten lassen sich folgende Instrumente zur Kommunikation mit Anleiheinvestoren und -analysten nutzen:

- Analystenkonferenzen/Fixed-Income Calls
- Non-Deal Roadshows inkl. Einzelgespräche mit Investoren
- Credit Day/Credit Factbook
- Fixed-Income-Inhalte im Finanzreporting und Internet

Analystenkonferenzen Regelmäßige Analysten- und Investorenpräsentationen oder Conference Calls zum laufenden Geschäft gehören zu den Standardaufgaben von Investor Relations. In den Analystenkonferenzen wird typischerweise die aktuelle Performance des Unternehmens erläutert und spezifische Entwicklungen und Ereignisse der letzten Monate rekapituliert. Darüber hinaus sind Unternehmensziele und Markttrends Themen für die Analystenkonferenz.

RWE führt halbjährlich Fixed-Income-Calls durch, an denen Anleiheanalysten und institutionelle Investoren teilnehmen. Diese finden im Anschluss an die Analysten- und Investorenpräsentation statt und sind als Q&A-Session konzipiert. Damit gibt man Analysten und Fremdkapitalgebern die Möglichkeit, spezifische Fragen zu „ihren" Themen zu stellen, die in der allgemeinen Investorenpräsentation vielleicht nicht ausreichend beleuchtet wurden.

Non-Deal Roadshows inkl. Einzelgesprächen mit Investoren Regelmäßige Einzelgespräche mit den Investoren vor Ort gehören ebenso in das Pflichtprogramm von Investor Relations wie die Durchführung von Analystenkonferenzen. Einzelgespräche (mit oder ohne Vorstand) bieten dem Investor die Möglichkeit, sich einen eigenen, direkten Eindruck vom Unternehmen zu verschaffen und sich „aus erster Hand" über das Unternehmen zu informieren. Dabei ist es wichtig, auch das Feedback der Investoren einzuholen, um besser zu verstehen, wie das Unternehmen von seinen Investoren wahrgenommen wird. Dieses Feedback muss sich dabei nicht nur auf die Unternehmensstrategie beziehen, sondern kann auch Präferenzen des Investors hinsichtlich neuer Emissionen beinhalten, beispielsweise bezüglich Währung, Laufzeiten oder Struktur. Diese Informationen sind besonders hilfreich für das Unternehmen bei der Vorbereitung einer neuen Emission.

RWE veranstaltet ca. 8–10 Non-Deal Fixed-Income-Roadshows in die europäischen Finanzzentren. Die USA sind dagegen kein Ziel für Non-Deal Fixed-Income-Roadshows für RWE. Da RWE die Anleihen aufgrund der Erfordernisse des operativen Geschäfts in der Regel in Euro oder britischen Pfund begibt, gehören amerikanische Investmentfonds, die zumeist US-Dollar-Anlagen suchen, bislang nicht zur wesentlichen Zielgruppe aus Fixed-Income Investor Relations Perspektive. Die Roadshows werden meist zusammen mit dem Leiter Konzernfinanzen durchgeführt. An Standorten, an denen keine separate Fixed-Income-Roadshow durchgeführt wird, werden die Anleiheinvestoren zu den regulären Equity-Roadshows eingeladen.

Investor Day und Credit Factbook Eher zur „Kür" von Fixed-Income-Investor Relations kann man die beiden Instrumente Credit Day und Credit Factbook zählen. Der Credit Day ist eine Veranstaltung für Investoren und Analysten, die man beispielsweise einmal im Jahr organisiert und dabei unterschiedliche Themen betrachtet, die von Interesse für die Anleihe-Seite sein könnten. Der Credit Day bietet auch eine gute Plattform für den Finanzvorstand, das Unternehmen einer breiten Zuhörerschaft zu präsentieren. Da bei RWE Non-Deal Fixed-Income-Roadshows typischerweise nicht mit dem Vorstand, sondern mit dem Leiter Konzernfinanzen durchgeführt werden, erhalten die Investoren und Analysten auf dem Credit Day die Gelegenheit zur direkten Interaktion mit dem Finanzvorstand. Das „i-Tüpfelchen" ist ein Credit Factbook als Ergänzung zur Unternehmenspräsentation bzw. falls vorhanden, als Ergänzung eines ausführlichen Unternehmens-Factbook.

FI-Inhalte im Finanzreporting und Internet Als weitere Möglichkeit, Anleihegläubiger und Analysten über die aktuellen Entwicklungen des Unternehmens auf dem Laufenden zu halten, ist die Einbindung von Fixed-Income-Inhalten in die Quartalsberichterstattung und den Geschäftsbericht. So kann zum Beispiel ein separates Kapitel zu Finanzierungsstrategie und Kapitalmarktfälligkeiten aufgenommen werden. Gleiches gilt für den Internetauftritt, wo „Credit"-Themen übersichtlich und verständlich platziert und aktuell gehalten werden können. Beides ist inzwischen Standard bei Emittenten, die regelmäßig am Anleihemarkt tätig sind.

Fixed-Income Investor Relations steht daher eine breite Palette an Kommunikationsinstrumenten zur Verfügung mit deren Hilfe Anleiheinvestoren und -analysten regelmäßig und umfassend informiert werden können. Die Fixed-Income-relevanten Inhalte lassen sich dabei hervorragend in das bestehende Investor-Relations-Programm integrieren.

4.2.4 Zusammenarbeit zwischen Fixed-Income Investor Relations und der Finanzabteilung/Treasury

Grundsätzlich ist für die Belange der Anleihegläubiger eine klare Aufgabenteilung zwischen Investor Relations und insbesondere der Finanzabteilung/Treasury notwendig. Dabei steht die Abgrenzung zwischen der Kommunikation der für Anleihegläubiger relevanten Information und einer Neuemission am Kapitalmarkt im Mittelpunkt.

Die Finanzabteilung/Treasury ermittelt laufend den Finanzierungsbedarf des Unternehmens und steht in engem Kontakt zu den Banken, um möglichst kostengünstige Finanzierungsinstrumente zu entwickeln und so die optimale Finanzierung des Unternehmens sicherzustellen. Die Produkte können sehr vielfältig und komplex sein, so dass es Aufgabe von Finanzabteilung/Treasury ist, diese bei einer Platzierung am Kapitalmarkt auch erläutern zu können.

Geht es um die Erläuterungen der Fixed-Income relevanten Themen des Unternehmens und die oben erläuterte übergreifende Kapitalmarktstory, die die Unternehmensstrategie, Markttrends, Chancen und Risiken wiedergibt, so liegt die Kernkompetenz dafür bei Investor Relations. Daher sollte Fixed-Income Investor Relations in diesem Bereich der erste Ansprechpartner für Analysten und Investoren sein.

Im Wesentlichen geht es um die sinnvolle Aufgabenteilung bei folgenden Themen:

- Kommunikation bei Neuemissionen (Primärmarkt)
- Fortlaufende Kommunikation (Sekundärmarkt)
- Betreuung von Ratingagenturen

Kommunikation bei Neuemissionen (Primärmarkt) Im Rahmen von Neuemissionen von Anleihen fällt der Finanzabteilung/Treasury die tragende Rolle zu, da sie die Struktur der Transaktion und alle technischen Details mit den emissionsbegleitenden Banken entwickelt und bespricht. Fixed-Income Investor Relations sollte insbesondere bei der detaillierten Vorbereitung und dem Ablauf der Roadshow eingebunden werden, da sie die wichtigsten Kontakte zu den Investoren pflegt, die im Rahmen einer Deal-Roadshow getroffen werden können. Auch die Entscheidung, welche Investoren in Einzel- oder zu Gruppengesprächen eingeladen werden sollen, ist Aufgabe von Investor Relations ggfs. in Zusammenarbeit mit den emissionsbegleitenden Banken. Darüber hinaus kann Fixed-Income Investor Relations bei der Erstellung des Emissionsprospektes unterstützen, insbesondere bei allen unternehmensrelevanten Kapiteln.

Fortlaufende Kommunikation (Sekundärmarkt) Fixed-Income Investor Relations steht in der Verantwortung, wenn es um die Investorenpflege sowie die Schaffung von Transparenz und Vertrauen in das Unternehmen geht; auch dann, wenn keine Emission ansteht. Der Fremdkapitalgeber soll über die aktuellen Entwicklungen des Unternehmens fortlaufend informiert werden (Abb. 4.3).

Betreuung von Ratingagenturen Es gibt unterschiedliche Argumente hinsichtlich der Entscheidung, welche der beiden Abteilungen im Unternehmen die Ratingagenturen federführend betreuen sollte. Die Finanzabteilung/Treasury ist originär für die Finanzierung als Ergebnis der kurz- bis mittelfristigen Finanzplanung verantwortlich. Sie kennt den Finanzmittelbedarf und verantwortet das Management der finanzwirtschaftlichen Risiken. Daher hat die Finanzabteilung/Treasury insbesondere die finanzwirtschaftlichen Kennzahlen der Ratingagentur im Blick. Investor Relations dagegen entwickelt die

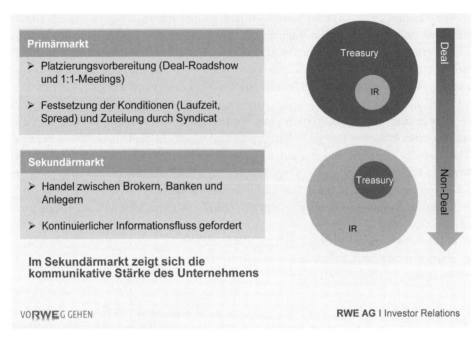

Abb. 4.3 Systematische Kommunikation über den gesamten Produktlebenszyklus

Kapitalmarktstory und hat eine fundiertere Kenntnis der Entwicklungen im gesamten Unternehmen. Außerdem verantwortet Investor Relations häufig die Finanzberichterstattung. Es sprechen daher Argumente für jede der beiden Abteilungen.

Bei RWE ist die Finanzabteilung verantwortlich für die regelmäßige Kommunikation mit den Ratingagenturen. Die jährlichen Rating-Review-Meetings werden dagegen in Zusammenarbeit zwischen der Finanzabteilung, dem Konzerncontrolling und Investor Relations vorbereitet.

4.3 Case Study RWE: Fixed-Income Investor Relations am Beispiel einer Hybridanleiheemission in Asien

Im Frühjahr 2012 erwog die RWE AG zur Diversifizierung ihres Anleiheportfolios die Emission einer US-Dollar Hybridanleihe im asiatischen Raum. Aus Unternehmenssicht betrat RWE mit dieser Hybridanleihe Neuland. Während bereits Erfahrungen mit der Emission von Hybridanleihen im europäischen Währungsraum gesammelt wurden, richtete sich diese Anleihe erstmalig hauptsächlich an asiatische Privatinvestoren. Die Herausforderung bestand darin, eine neue Investorengruppe zu erschließen und dies nicht mittels einer Standardanleihe, sondern durch eine deutlich komplexer strukturierte Hy-

4 Fixed-Income Investor Relations am Beispiel eines Großunternehmens

bridanleihe. Es stellte sich heraus, dass es die erste Hybridanleihe eines europäischen Industrieunternehmens in Asien seit 2006 sein sollte. Die Transaktion, die zu einem erfolgreichen Abschluss gebracht wurde, kann aus der Sicht von Fixed-Income Investor Relations stark vereinfacht in vier Phasen eingeteilt werden.

- Vorbereitung der Transaktion
- Deal-Roadshow
- Emission der Anleihe am Primärmarkt
- Nachbereitung/Sekundärmarkt

Diese vier Phasen sollen insbesondere mit Blick auf die Zusammenarbeit und Arbeitsteilung der Bereiche Fixed-Income Investor Relations und Konzernfinanzen im Folgenden näher erläutert werden.

Vorbereitung der Transaktion Während das Treasury-Team mit den Emissionsbanken die Details der Transaktion bearbeitet, ist die Aufgabe von Fixed-Income Investor Relations die Definition der Zielgruppe und die Beschaffung von Informationen zu den potentiellen Investoren. Dabei stellen sich folgende Fragen:

- Welche Investoren sollen angesprochen werden? An welchen Standorten?
- Wie bekannt sind das Unternehmen und seine Produkte vor Ort? Das heißt, auf welchem Kenntnistand muss die Roadshow-Präsentation aufbauen?
- Welche Investitionsziele verfolgen die Fremdkapitalgeber? Welchen Anlagehorizont? Für welche Anlageprodukte gibt es einen Markt? Zu welchen Konditionen?
- Gibt es Besonderheiten bei der Durchführung der Meetings zu beachten?
- Gibt es vergleichbare Transaktionen?

Bei der Informationsbeschaffung konnten die Emissionsbanken mit ihrer Erfahrung sehr gute Hinweise liefern. Ebenso bei der detaillierten Planung der Roadshow und der konkreten Auswahl der wichtigsten Investoren für die Gespräche auf der Roadshow. Die Emissionsbanken haben aufgrund ihrer Präsenz vor Ort Kenntnisse von den Besonderheiten des lokalen Marktes und den Präferenzen der Investoren. Dennoch wurden einige der Informationen erst während der Roadshow in Erfahrung gebracht.

Eine zweite wesentliche Aufgabe von Fixed-Income Investor Relations liegt in der Konzeption der spezifischen Roadshow-Präsentation. Die „normale" Fixed-Income Investor Relations Unternehmenspräsentation wurde dahingehend erweitert, dass auch Investoren, denen das Unternehmen bisher unbekannt war, RWE nun gut verstehen konnten. Aufgrund der Besonderheiten bei Hybridanleihen war es ebenfalls notwendig, ein Kapitel mit ausführlichen Informationen rund um die potentielle Anleihe aufzunehmen. Bei Hybridanleihen handelt es sich um nachrangige Anleihen mit einer langen oder auch unbefristeten Laufzeit mit einseitigem Kündigungsrecht auf Seiten des Emittenten. Sie stellen daher eine Mischform aus Eigen- und Fremdkapital dar und bieten aufgrund des höheren Risikos für die Anleiheinvestoren einen höheren Coupon als Standardanleihen.

Zusammenarbeit zwischen Fixed-Income Investor Relations und Konzernfinanzen/ Treasury Die Zusammenarbeit in dieser Phase betraf vor allem den Austausch zu den Eckdaten der Transaktion und deren Einordnung. Dabei sind Fragen zur potentiellen Struktur der Anleihe abzustimmen – jeweils vor dem Hintergrund, dass die Struktur sowohl zu den Zielen des Unternehmens als auch zu den entsprechenden Investoren passen sollte. Eine wichtige Rolle im Informations- und Erfahrungsaustausch spielten dabei auch die Emissionsbanken. Im konkreten Fall lag das Kapitel mit Informationen zur potentiellen Transaktion sowie zu Finanzkennzahlen von RWE im Verantwortungsbereich von Konzernfinanzen. Die zielgruppenspezifische Storyline mit allen relevanten Informationen wurde von Fixed-Income Investor Relations erstellt und abgestimmt. Insgesamt legt eine gründliche Vorbereitung der Roadshow die Basis dafür, nach Vollendung der Roadshow über die Durchführung einer Emission entscheiden zu können.

Deal-Roadshow Aufgrund des bisher unbekannten Investorenkreises und des geringen Bekanntheitsgrades von RWE im asiatischen Raum hatte sich RWE entschlossen, eine Deal-Roadshow durchzuführen. Ziel der Roadshow war es, aus den persönlichen Gesprächen mit Investoren möglichst konkretes Feedback zur Durchführbarkeit der Transaktion zu erhalten. Die Roadshow wurde so konzipiert, dass man an zwei strategischen Standorten möglichst viele Investoren kennenlernen konnte. Als Roadshow-Orte wurden Hongkong und Singapur ausgewählt, da dort ein großes Potential an Privatinvestoren gesehen wurde. Die Roadshow dauerte 3 Tage, wovon knapp 2 Tage für Hongkong und ein Tag für Singapur reserviert wurden. Insgesamt traf das Roadshow-Team an beiden Standorten zusammen ca. 40 Investoren in 18 Einzelgesprächen und Gruppenmeetings. Als Investoren zählen hierbei auch die Privatkundenbetreuer der Banken, die bei einer positiven Einschätzung des Emittenten den Verkauf an die Privatanleger organisieren. Seitens RWE haben die jeweiligen Leiter für Konzernfinanzen, Treasury und Investor Relations an der Roadshow teilgenommen, sowie die für Fixed-Income Investor Relation verantwortliche Mitarbeiterin.

Zusammenarbeit zwischen Fixed-Income Investor Relations und Konzernfinanzen/ Treasury In den Einzelgesprächen und Gruppenmeetings vor Ort in Asien hat sich die Aufteilung in die Kurzvorstellung des Unternehmens einerseits und die Präsentation der Details zur potentiellen Emission andererseits bewährt. Wie erwartet, war RWE bei den asiatischen Investoren nicht als regelmäßiger Emittent bekannt, so dass die Vorstellung des Unternehmens einen wesentlichen Teil des Gesprächs ausmachte. Ein Kurzprotokoll, in dem in Stichpunkten die wesentlichen Themen, die besprochen wurden, sowie die Fragen und das Feedback der Investoren festgehalten wurden, erleichterte nach Beendigung der Roadshow die interne Meinungsbildung über das Potential und das Volumen einer möglichen Anleihe. Es wurde beschlossen, mit einer Hybridanleihe an den asiatischen Kapitalmarkt heranzutreten.

Emission der Anleihe am Primärmarkt Wenige Tage nach Beendigung der Deal-Roadshow wurde die Hybridanleihe am Markt platziert. Die Herausforderung seitens Treasury bestand u. a. in der Zeitverschiebung zwischen Europa und Asien und dem daraus resultierenden ungewöhnlich langen Offenhalten des Orderbuchs über fast 2 Tage. So wurde das Orderbuch um 3 Uhr nachts deutscher Zeit für asiatische Investoren geöffnet und nach asiatischem Tagesschluss für interessierte europäische und anschließend US-Investoren offengehalten. Zum asiatischen Tagesbeginn hatten die dortigen Investoren dann ein weiteres Mal die Möglichkeit, ihre Order zu platzieren. Bei Standardanleihen in Euro oder britischen Pfund dagegen werden die Orderbücher für gewöhnlich nur für wenige Stunden geöffnet. Vor dem Hintergrund der sehr volatilen Finanzmärkte zur Zeit der Emission im Frühjahr 2012 beinhaltete die lange Öffnung des Orderbuchs das Risiko, dass sich die an einem Tag positive Stimmung an den Finanzmärkten beispielsweise aufgrund von Änderungen in konjunkturellen Rahmendaten ins Gegenteil verkehren könnte. Dieser Fall trat nicht ein. Im Gegenteil: Aufgrund des große Interesses konnte das ursprünglich avisierte Volumen deutlich erhöht werden, so dass RWE eine Hybridanleihe mit einem Volumen von 500 Mio. US-Dollar und einer Laufzeit von mehr als 60 Jahren, bei einem ersten Kündigungsrecht im Jahr 2017, platzieren konnte.

Zusammenarbeit zwischen Fixed-Income Investor Relations und Konzernfinanzen/Treasury Die unmittelbare Platzierung der Anleihe am Kapitalmarkt ist originäre Aufgabe der Abteilung Finanzen/Treasury. Die Aufgabe von Fixed-Income Investor Relations konzentrierte sich in dieser Phase auf die Beantwortung von Investorenfragen im Nachgang zur Roadshow und auf die Bereitstellung von Informationen bei der Erarbeitung der Emissionsdokumentation. Eine weitere Aufgabe bestand in der Vorbereitung der allgemeinen Kapitalmarktinformationen wie beispielsweise der Erstellung einer Investor Relations-Mitteilung über die erfolgte Platzierung.

Nachbereitung/Sekundärmarkt In die Phase der Nachbereitung der Emission fiel insbesondere die Betreuung der Finanzanalyst. Hier stand die Kommunikation hinsichtlich des Ziels der Transaktion, der Struktur und deren Einbettung in die allgemeine Finanzierungsstrategie des Unternehmens im Vordergrund. Da RWE bereits Hybridkapital in ähnlicher Struktur am Kapitalmarkt platziert hatte, war der Erklärungsbedarf für Anleiheanalysten eher gering. Die Emission in Asien wurde als ein Erfolg für RWE bewertet, Hybridkapital auch außerhalb der Kernmärkte des Unternehmens, auf denen es operativ tätig ist, platzieren zu können. Auch wurde es als ein positiver Schritt zur Diversifizierung des Anleiheportfolios gesehen. Das gute Feedback und das hohe Interesse des Kapitalmarktes an der Hybridanleihe spiegelte sich -zumindest teilweise- auch am stetig gestiegenen Preis der Anleihe im Sekundärmarkt wider.

Zusammenarbeit zwischen Fixed-Income Investor Relations und Konzernfinanzen/ Treasury Die Kommunikation mit den Investoren und Analysten ist, wie eingangs bereits erwähnt, Hauptaufgabe von Investor Relations. Aufgrund des bestehenden Informationsangebots und der im Markt bereits bekannten Hybridanleihestruktur, war keine wesentliche Unterstützung seitens der Finanzabteilung mehr notwendig. Aufgrund der positiven Resonanz am Kapitalmarkt wurde einige Wochen nach der ersten Emission beschlossen, die bestehende Hybridanleihe um weitere 500 Mio. US-Dollar aufzustocken und zu identischen Konditionen zu platzieren. Für diese Emission wurde keine eigene Roadshow mehr durchgeführt. Den Investoren wurde stattdessen ein Update-Call und weiteres Informationsmaterial angeboten.

4.4 Fazit

Vor dem Hintergrund des verstärkten Wettbewerbs um Fremdkapital und den steigenden Informationsbedürfnissen der Investoren und Analysten wird Fixed-Income Investor Relations weiter an Bedeutung gewinnen. Fixed-Income Investor Relations umfasst dabei ein breites Spektrum an Aufgaben, die in verschiedenen Abteilungen des Unternehmens angesiedelt sind. Eine klare Abgrenzung der Aufgaben zwischen der Finanzabteilung/Treasury einerseits und Investor Relations andererseits hat sich dabei bei RWE als regelmäßigem Emittenten sehr gut bewährt. Eine kontinuierliche Zusammenarbeit zwischen beiden Abteilungen bildet dabei die Grundlage für eine erfolgreiche Fixed-Income Investor Relation.

Literatur

Baader N (2012) Schuldenkrise zeigt Spuren im Anforderungsprofil für IR. In: Sonderbeilage der Börsen-Zeitung Nr. 105, 2 Juni 2012. Wertpapier-Mitteilungen Keppler, Lehmann GmbH & Co. KG (Hrsg), Frankfurt a. M., S B8

o.V. (2012) Anleihen sind nicht der Ersatz für Bankkredite: Mehr Pflichten für Mittelstandsbond-Emittenten. In: Börsen-Zeitung, Nr. 110 vom 12 Juni 2012. Wertpapier-Mitteilungen Keppler, Lehmann GmbH & Co. KG (Hrsg), Frankfurt a. M., S 10

DIRK Deutscher Investor Relations Verband (2012) Berufsgrundsätze. URL: http://dirk.org/wp-content/uploads/2012/04/Berufsgrundsätze-des-DIRK.pdf, Zugegriffen: 31. Juli 2012

Deutsche Vereinigung für Finanzanalyse und Asset Management (DVFA) (2011) Mindeststandards für Bondkommunikation, Frankfurt. www.dvfa.de/files/die_dvfa/kommissionen/bondkommunikation/application/pdf/Mindeststandards_Bondkommunikation_Final.pdf

Fitch Ratings (2012) Eurozone Crisis Pushes Corporate Bond Market Past Loans, Pressemitteilung vom 3 Juli 2012. Fitch Ratings Limited, London

Lowis S (2012) Das Wichtigste ist, sich durch nichts überraschen zu lassen. In: Going Public Ausgabe 2-3/2012. Going Public Media AG, München, S 30–31

Lowis S, Streuer O (2011) DIRK white paper: fixed income investor relations. http://www.dirk.org/jobber/images/stories/A_Neue_pdf_Dokumente/110516%20-%20Neuauflage_White_Paper_Fixed_Income_final.pdf. Zugegriffen: 31. Juli 2012

Die Praxis der Debt Relations aus der Sicht eines Mid-Caps

5

Ralph Heuwing und Günter Dielmann

Im September 2010 emittierte die Dürr AG als eines der ersten Unternehmen in Deutschland eine ungeratete, fünfjährige Mittelstandsanleihe (WKN: A1EWGX, ISIN: DE000A1EWGX1) mit einem Volumen von 150 Mio. € und einem Coupon von 7,25 % auf der Bondm-Plattform der Börse Stuttgart. Nach nur wenigen Stunden wurde das Buch mit einer vierfachen Überzeichnung geschlossen. Nach dem überragenden Erfolg der Emission und einer durchweg positiven Kursentwicklung in den ersten Wochen stockte das Unternehmen die Anleihe im Dezember 2010 um weitere 75 Mio. € auf, dies zu einem Kurs von 104,90 € und einer Rendite von sechs Prozent (Abb. 5.1).

Das Besondere an dieser Emission war die direkte Ansprache von Investoren außerhalb des klassischen Segments der Institutionellen. Rund 85 % des Emissionsvolumens wurde von Privatanlegern, Vermögensverwaltern und Family Offices gezeichnet. Mit dieser Investorenstruktur hat Dürr einen niedrigeren Coupon, geringere Platzierungskosten und eine stabilere Anlegerschaft erzielen können, als dies auf dem klassischen Emissionsweg mit institutionellen Investoren möglich gewesen wäre. Unser Beitrag beleuchtet die Rolle, die Debt Relations dabei gespielt haben.

5.1 Die Dürr AG im Überblick

Dürr ist ein Maschinen- und Anlagenbaukonzern, der in seinen Tätigkeitsfeldern führende Positionen im Weltmarkt einnimmt. Gut 80 % des Umsatzes werden im Geschäft mit der Automobilindustrie erzielt. Darüber hinaus beliefert Dürr die Flugzeugindustrie, den

---

R. Heuwing (✉) · G. Dielmann
Dürr AG, 74321 Bietigheim-Bissingen, Deutschland
E-Mail: ralph.heuwing@durr.com

G. Dielmann
E-Mail: guenter.dielmann@durr.com

Abb. 5.1 Presseausriss Bondemission

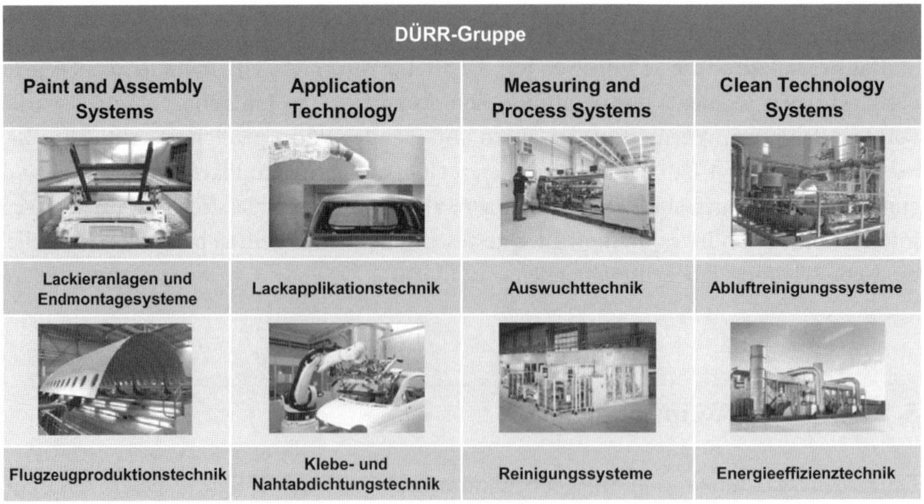

Abb. 5.2 Dürr-Gruppe – Vier weltweit agierende Unternehmen

Maschinenbau sowie die Chemie- und Pharmaindustrie mit innovativer Produktions- und Umwelttechnik (Abb. 5.2).

Die Dürr-Gruppe agiert mit vier Unternehmensbereichen am Markt: Paint and Assembly Systems plant und baut Lackierereien und Endmontagewerke für die Automobil- und Flugzeugindustrie. Application Technology sorgt mit ihren Robotertechnologien für den automatischen Lack-, Dichtstoff- und Klebstoffauftrag. Maschinen und Systeme von

5 Die Praxis der Debt Relations aus der Sicht eines Mid-Caps

Abb. 5.3 Dürr-Aktie 1990–2012

Measuring and Process Systems kommen unter anderem beim Auswuchten und Reinigen, im Motoren- und Getriebebau und in der Fahrzeugendmontage zum Einsatz. Der vierte Unternehmensbereich, Clean Technology Systems, beschäftigt sich mit Verfahren zur Verbesserung der Energieeffizienz und der Abluftreinigung. Weltweit verfügt Dürr über 50 Standorte in 23 Ländern und beschäftigt rund 7.300 Mitarbeiter. Der Konzern erzielte im Geschäftsjahr 2011 einen Umsatz in Höhe von 1,9 Mrd. €. Dürr ist seit 1990 börsennotiert und seit März 2012 im MDAX gelistet (WKN: 556 520) (Abb. 5.3).

Im Zeitraum 2004/2005 befand sich die Dürr AG in einer tief greifenden Krise. Nach mehreren größeren Akquisitionen und einer entsprechend hohen Verschuldung musste das Unternehmen seine Verbindlichkeiten refinanzieren. Auf Druck der kreditgebenden Banken emittierte Dürr eine der ersten Hochzinsanleihen in Deutschland, eine nachrangige Anleihe über 200 Mio. € mit einem Coupon von 9,75 % und einer siebenjährigen Laufzeit (WKN A0BU7S). In 2005 erlitt das Unternehmen einen erheblichen Umsatzrückgang und geriet in eine Ertragskrise, die ein umfassendes Restrukturierungsprogramm notwendig machte (Abb. 5.4).

Unter neuem Management (CEO Ralf Dieter ab 1.1.2006, CFO Ralph Heuwing ab 14.5.2007) wurde das Portfolio fokussiert und Randbereiche veräußert, Kosten abgebaut, der Vertrieb neu ausgerichtet sowie ein nachhaltiger Prozess der Ablaufoptimierung initiiert. Produkte wurden standardisiert und modularisiert, Prozesse weltweit harmonisiert und Innovationen vorangetrieben. Auch das ertragsstarke Servicegeschäft wurde deutlich ausgebaut. Das Unternehmen konzentrierte sich stark auf die Wachstumsmärkte China, Indien, Brasilien, Mexiko und Osteuropa und erzielte deutliche Marktanteilgewinne. Mehrere Sale-and-Lease-Back-Transaktionen und ein aktives Freisetzen von Umlaufvermögen stärkten die Liquidität und reduzierten die Nettofinanzverschuldung. Die Umsatzent-

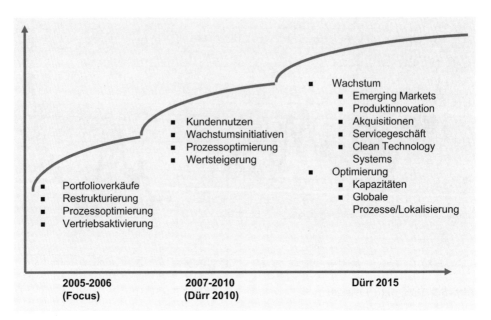

Abb. 5.4 Unternehmensstrategie Dürr. (Quelle: © Dürr Aktiengesellschaft, CCI, Dürr im Überblick, 01.08.2012)

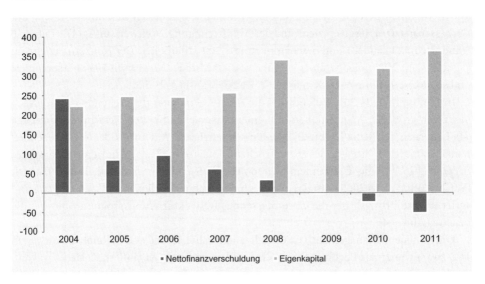

Abb. 5.5 Entwicklung Nettofinanzstatus und Eigenkapital Dürr-Konzern 2004–2011

wicklung gewann Momentum und die Margen verbesserten sich kontinuierlich. Mit der positiven Ergebnisentwicklung verbesserte sich auch die Eigenkapitalsituation des Unternehmens (Abb. 5.5).

5 Die Praxis der Debt Relations aus der Sicht eines Mid-Caps

In diesem Kontext rückte die aus dem Jahr 2004 stammende und bis 2011 laufende, teure Finanzierung zunehmend in den Vordergrund.

5.2 Finanzierungsstrategie der Dürr AG

Im Jahr 2008 hatten Auftragslage und Ergebnissituation der Dürr AG wieder ein Mehrjahreshoch erreicht. Die Analysten stuften die Dürr-Aktie überwiegend mit „Kauf" ein und auch der Aktienkursverlauf war im ersten Halbjahr 2008 sehr positiv. Dürr nutzte diese Entwicklung, um im Juni eine zehnprozentige Kapitalerhöhung zu platzieren. Der Erlös in Höhe von 44 Mio. € wurde, zusammen mit operativen Mitteln und auf Basis erhöhter Kreditlinien bei den finanzierenden Banken, dazu genutzt, die Hälfte der Hochzinsanleihe, also nominal 100 Mio. €, vorfällig zurückzukaufen und damit die Zinslast zu senken.

Ziel war es, möglichst rasch auch die andere Hälfte der Hochzinsanleihe zu tilgen und die Finanzierung auf eine günstigere Basis zu stellen.

Die weltweite Finanz- und Wirtschaftskrise Ende 2008 und 2009 unterbrach die positive Entwicklung des Unternehmens. Konfrontiert mit einem starken Rückgang von Auftragseingang und Ergebnis musste Dürr erneut restrukturieren und Kapazitäten in Westeuropa und Nordamerika anpassen. Gleichzeitig setzte das Unternehmen jedoch seinen Expansionskurs in den Emerging Markets fort und investierte weiter in Forschung und Entwicklung. Im Frühjahr 2010 war die Talsohle ergebnisseitig durchschritten und alle Frühindikatoren zeigten wieder aufwärts. Dürr gewann weitere Marktanteile und der Auftragseingang erholte sich deutlich. Die nächsten Schritte in Richtung einer nachhaltigen und kostengünstigen Refinanzierung konnten also in Angriff genommen werden.

Zielstruktur der Unternehmensfinanzierung Die Finanzierungspläne orientierten sich an einer Zielstruktur der Unternehmensfinanzierung mit einer angemessenen Eigenkapitalquote und einer wohldiversifizierten Fremdfinanzierung. Im Einzelnen wurden folgende Bausteine definiert:

- Eigenkapitalquote von 25 bis 30 %
- Unternehmensanleihe in Höhe von 100 bis 200 Mio. €, fünfjährige Laufzeit
- Syndizierter Kredit in Höhe von 50 bis 150 Mio. € Barlinie und entsprechender Avallinie, vierjährige Laufzeit
- Darlehen der EIB in Höhe von 25 bis 50 Mio. €, vierjährige Laufzeit

Ziel war es, die Anleihenotiz von Dürr beizubehalten und damit die Bankenabhängigkeit zu begrenzen. Dies war im Zusammenhang mit den Entwicklungen im deutschen und internationalen Bankenumfeld zu einer strategischen Priorität geworden, da mit einer längerfristigen Anspannung im Kreditgeschäft zu rechnen war.

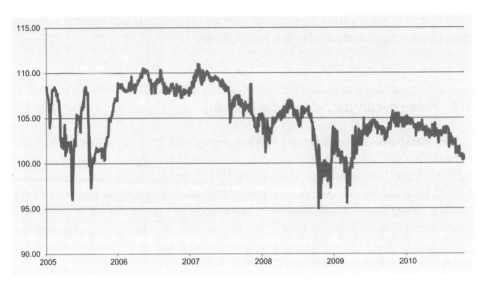

Abb. 5.6 Kursentwicklung der Dürr-Hochzinsanleihe (WKN A0BU7S) aus 2004

Zielgruppe Vermögensverwalter, Family Offices und vermögende Privatkunden Investoren hatten mit der Dürr-Hochzinsanleihe nur gute Erfahrungen gemacht. Selbst in der Finanz- und Wirtschaftskrise 2009 war die Anleihe – anders als die große Mehrheit der europäischen Hochzinsanleihen, die zum Teil bis unter einen Kurs von 50 € fielen – kaum unter den Nominalwert von 100 € gefallen. Eine Analyse der Anlegerstruktur gab eindeutige Hinweise darauf, dass der überwiegende Teil der Investoren mittlerweile Privatanleger, Vermögensverwalter und Family Offices waren, obwohl die Anleihe ursprünglich in London bei Institutionellen platziert worden war. Es lag auf der Hand, dass die Kursentwicklung auf das Verhalten genau dieser Anleger zurückzuführen war. Sowohl der stabile Kursverlauf als auch die Vertrautheit der Anleger mit unserer Anleihe führten zu der Überlegung, diese Investorenschaft direkt für die Emission einer neuen Anleihe zu gewinnen (Abb. 5.6).

Motivation für Eigenemission über Bondm Die Gespräche mit den großen Emissionshäusern ergaben, dass ein direkter Weg zu der von Dürr präferierten Investorenschaft aus mehreren Gründen nicht angeboten wurde:

- Eine rasche Platzierung über den institutionellen Weg wird von den Banken bevorzugt, um unvorhergesehene Ereignisse auf dem Kapitalmarkt möglichst auszuschließen und damit die Emissionssicherheit zu maximieren.
- Der Aufwand ist bei institutionellen Investoren deutlich geringer, weil die Emission nur bei wenigen Anlegern platziert werden muss.
- Die Ratingeinstufung von Dürr machte es für Banken schwierig, im Kontext von Beratungspflichten für Privatkundentransaktionen und Prospekthaftung zu agieren.

5 Die Praxis der Debt Relations aus der Sicht eines Mid-Caps

> **Bondm-Eckdaten**
>
> - Handelssegment Bondm für Unternehmensanleihen mittelständischer Unternehmen (Emittenten der Anleihen)
> - Zielgruppen: Emittenten des gehobenen industriellen oder industrienahen Mittelstands
> - Im Fokus: Emissionen, von rund 50 bis 150 Millionen € mit privatanlegergerechten 1.000er Stückelung
> - Öffentlich-rechtlich überwachtes Regelwerk: Verpflichtung der Emittenten, Mindestmaß an fortlaufender Transparenz und Publizität gegenüber Anlegern und Investoren einzuhalten
> - Bondm-Coach: Kapitalmarktexperte für Sicherstellung der Kapitalmarkteignung der Emittenten/Unterstützung bei Zulassungsvoraussetzungen und Folgepflichten.
> - Möglichkeit für Privatanleger mit „Bondm-Zeichnung", direkt an der Zeichnung der Anleihen zu partizipieren

Abb. 5.7 Konzept von Bondm (Börse Stuttgart)

Parallel zu diesen Gesprächen nahm eine Initiative Gestalt an, die eine mögliche Lösung für das Vorhaben von Dürr bot: Bondm. Die Börse Stuttgart war aufgrund von Marktrecherchen zu dem Schluss gekommen, dass der Mittelstand im Kontext der Finanzkrise auf eine Alternative zu Bankkrediten, Aktienemissionen oder Mezzanine-Finanzierungen wartete. Sie hatte daher eine Plattform erarbeitet, mithilfe derer Mittelständler Anleihen in Eigenemission direkt bei Privatanlegern platzieren können. Zu dieser Plattform gehören ein Zulassungs- und Überwachungsregularium, ein Vermarktungskonzept sowie eine Zeichnungsplattform (Abb. 5.7).

Dürr sah in Bondm einen geeigneten Weg, die definierten Ziele einer Emission mit dem Privatinvestor als Adressat realisieren zu können. Dass Privatanleger bereits während der Emissionsphase zeichnen konnten, war außergewöhnlich. Bei den meisten Anleihen konnten nur institutionelle Anleger die Emission zeichnen, während Privatanleger erst später im Handel kaufen konnten und dabei, je nach Kursentwicklung, häufig Renditeabschläge akzeptieren mussten. In der Möglichkeit, als Privatanleger bei der Emission mit einem Kurs von 100 € berücksichtigt zu werden, sah Dürr die Attraktivität eines solchen Weges für die Anleger.

5.3 Vorbereitung der Anleiheemission

Angesichts des Neulandes, das Dürr mit diesem Emissionskonzept betreten wollte, war eine sorgfältige Planung und Vorbereitung erste Priorität. Dazu gehörte eine ganze Reihe von Maßnahmen.

Market Sounding Investor Relations und Finanzvorstand führten eine Vielzahl von Einzelgesprächen mit potenziellen Anleiheinvestoren aus dem Zielsegment. Es kristallisierte sich heraus, dass der Markt für eine solche Emission aufnahmebereit war. Dabei dürfte das Niedrigzinsumfeld ebenso eine Rolle gespielt haben wie die Bekanntheit des Namens Dürr. Dem Unternehmen wurde angesichts langjähriger Kapitalmarkterfahrung auf Aktien- und Anleiheseite sowie aufgrund guter Investor-Relations-Arbeit eine erfolgreiche Eigenemission zugetraut. Dürr hatte in den Vorjahren mehrfach Preise für den besten Geschäftsbericht und die beste Investorenbetreuung im SDAX erhalten und sich dadurch eine große Glaubwürdigkeit auf dem Kapitalmarkt erarbeitet. Gleichzeitig zeigten alle Unternehmenszahlen einen starken Erholungstrend, der den Anlegern einen attraktiven Einstieg ermöglichte.

Die Einzelgespräche mit Vermögensverwaltern und Family Offices resultierten in einem ersten „Schattenbuch" von potenziellen Zeichnungsinteressenten und zugehörigen Zeichnungsvolumina. Nachdem auf diesem Wege bereits in einem frühen Stadium eine Nachfrage von mehr als 80 Mio. € festgestellt werden konnte, konkretisierten sich die Pläne von Dürr.

Zusätzlich organisierte Dürr auch mehrere Privatkundenveranstaltungen, in denen es über die Unternehmensentwicklung und die Emissionspläne informierte. Auch hier stieß das Vorhaben auf eine gute Resonanz.

Auswahl der Partner Als juristischen Partner verpflichtete Dürr die renommierte Rechtsanwaltskanzlei Freshfields, die über langjährige Erfahrung in der Gestaltung von Börsenprospekten und Emissionsprozessen verfügt.

Des Weiteren entschied sich Dürr für eine Dual Track in der Vermarktung. Angesichts des angestrebten Emissionsvolumens von 150 Mio. € wollte Dürr sowohl über Bondm die aktive Privatanlegerschaft (Pull-Kanal) ansprechen, als auch über Platzierungspartner die Vermögensverwalter und Family Offices (Push-Kanal). Diese Platzierungspartner waren Close Brothers Seydler, Berenberg Bank und Solventis. Alle drei Partner überzeugten sich durch ein eigenes Market Sounding von der Machbarkeit einer solchen Eigenemission und steuerten ihre Einschätzungen zur Ausgestaltung der Anleihe bei.

Schließlich benötigte Dürr noch eine Bank, die die Funktion einer Zahlstelle übernahm. Dafür verpflichtete Dürr das Bankhaus Martin, das eng in die Entwicklung der Bondm-Plattform der Börse Stuttgart involviert gewesen war.

Entscheidung für eine ungeratete Anleihe Dürr entschied sich im Vorfeld der Anleiheplatzierung bewusst dafür, das Unternehmensrating aufzugeben und auch die neue Anleihe nicht raten zu lassen. Die Ratingagenturen stuften nach der Krise 2008/2009 die Automobilunternehmen und deren Ausrüstungsunternehmen sehr zurückhaltend ein und waren vorsichtig mit Einstufungsverbesserungen. Zudem bewerten die Ratingagenturen vergangenheitsorientierte Kennzahlen stärker als die Aussichten eines Unternehmens. Gerade Dürr verfügte zu diesem Zeitpunkt wieder über stark steigende Auftragseingänge, einen deutlich verbesserten Auftragsbestand und einen positiven Ergebnisausblick. Die Ratingnoten entsprachen zu diesem Zeitpunkt nicht der tatsächlichen wirtschaftlichen Lage und den Perspektiven von Dürr.

Auch ohne Rating können sich Investoren jederzeit ein sehr gutes Bild von der derzeitigen Situation bei Dürr machen, da die Berichterstattung sehr transparent ist und auf der Webpage alle notwendigen Informationen stets aktuell sind. Durch die langen Projektlaufzeiten und den hohen Auftragsbestand verfügt Dürr über eine hohe Visibilität.

Dialog mit den finanzierenden Banken Der Dialog mit den Banken aus dem Kreditkonsortium war nicht zu jedem Zeitpunkt einfach, aber stets konstruktiv. Sie unterstützten das Vorhaben, sich am Kapitalmarkt zu refinanzieren. Immerhin liefen 100 Mio. € Hochzinsanleihe Mitte 2011 aus und die Kreditvergabepraxis wurde restriktiver. Allerdings warnten die Banken durchaus davor, neue Wege bei der Emission zu beschreiten. Das Risiko des Scheiterns und den damit verbundenen Imageschaden stuften sie als hoch ein. Nachdem sie sich ein detailliertes Bild von den umfassenden Vorbereitungsmaßnahmen und den Einschätzungen des Market Soundings gemacht hatten, waren sie schließlich bereit, die Bondm-Emission zu unterstützen und mit einem Fall-back-Szenario die Finanzierung abzusichern.

Planung der Vermarktung Entscheidend war die Vermarktung der Emission. Sehr wichtig waren eine detaillierte Planung im Vorfeld und eine Abstimmung der Aktivitäten mit der Börse Stuttgart, da es sich um die erste größere Emission im Bondm-Segment handelte. Sowohl für die Börse Stuttgart als auch für Dürr war der Erfolg der Emission von großer Bedeutung. Beide Parteien vereinbarten, parallel eine Vielzahl von Vermarktungskanälen wie TV- und Presse-Interviews, Newsletter und Homepage zu nutzen. Auf der Dürr-Homepage konnten sich interessierte Privatanleger sowohl informieren als auch registrieren, um weitere Informationen zeitnah zu erhalten.

Erarbeitung des Wertpapierprospekt Vor dem Hintergrund des vorhandenen Know-hows im eigenen Haus entschloss sich Dürr, den Anleiheprospekt selbst zu erstellen. Close Brothers Seydler und Freshfields standen als Diskussionspartner zur Verfügung. Zielsetzung war, einen möglichst schlanken Prospekt zu erstellen, der den Handlungsspielraum der Gesellschaft nicht zu stark einengte, die Mindeststandards der Investoren und der BaFin aber voll erfüllte. Dabei wurden auch verschiedene Investoren befragt, was sie als marktgerechte Mindeststandards verlangen. Die Abstimmung des Prospektentwurfs mit der BaFin war zeitkritisch, da auch das Zeitfenster für die Platzierung der Anleihe offen sein musste. Die Einreichung des Prospekts übernahm Freshfields. Die Zusammenarbeit mit der BaFin

Abb. 5.8 Anzeige für die neue Dürr-Anleihe

verlief reibungslos. Die Prospekterstellung dauerte mit den Vorarbeiten ca. vier Monate. Der Prospektumfang betrug (ohne die beigefügten Konzernabschlüsse) lediglich 61 Seiten; alleine der Vorgängerprospekt aus dem Jahr 2004 hatte einen Umfang von 180 Seiten.

5.4 Durchführung der Anleiheemission

Auch die Durchführung der Emission wurde sehr sorgfältig geplant und umgesetzt. Die wichtigsten Schritte umfassten:

Roadshow und Marketing Das Management unternahm unmittelbar vor der Platzierung eine gut einwöchige Roadshow im deutschsprachigen Raum (Luxemburg, Wien, Düsseldorf, Hamburg, Frankfurt, Stuttgart und München) bei kleineren institutionellen Investoren, Vermögensverwaltern und Family Offices. Rund 50 Adressen wurden angesprochen. Ein Teil der gezielten Investorenansprache wurde von Close Brothers Seydler, Solventis und anderen Intermediären übernommen. Gemeinsam mit der Börse Stuttgart lud Dürr alle Vermögensverwalter und Banken im Raum Stuttgart zu einer Veranstaltung ein, die auf große Resonanz stieß.

In der Presse und im TV wurden zahlreiche Interviews platziert. Vor dem Hintergrund des innovativen Finanzierungswegs zeigte die Presse große Aufmerksamkeit für die Emission (First-Mover-Effekt). Auch die Aufgabe des Ratings fand in der Presse viel Beachtung und regte das Interesse vieler potenzieller Investoren zusätzlich an. Bereits vor der offiziellen Zeichnungsphase kam es zu zahlreichen Anfragen seitens der Privatinvestoren. Insgesamt hatten sich rund 800 Interessenten über unsere Webpage bzw. telefonisch vor der eigentlichen Zeichnungsphase registrieren lassen. Diese Investorenbasis konnte über die bevorstehende Emission aktuell informiert werden.

Es wurden darüber hinaus in den Stuttgarter Zeitungen Anzeigen am Wochenende vor der Zeichnungsphase geschaltet (Abb. 5.8).

5 Die Praxis der Debt Relations aus der Sicht eines Mid-Caps

Entscheidung zur Emission Dürr musste spätestens Mitte 2011 die alte Hochzinsanleihe und den syndizierten Kredit refinanzieren. Die ersten Überlegungen zur neuen Anleihe starteten Anfang 2010, im Frühjahr 2010 begannen die konkreten Arbeiten, u. a. am Konzept, am Prospekt und an der Auswahl der Partner. Neben der kontinuierlichen operativen Verbesserung bei Dürr zeigten sich die Kapitalmärkte im Sommer 2010 in einer positiven, aufnahmebereiten Verfassung. Am 4. August erfolgte der Aufsichtsratsbeschluss, der den Rahmen der Anleihe festlegte und den Vorstand zur Durchführung der Emission innerhalb bestimmter Eckwerte ermächtigte. Im sogenannten Market Sounding stellte sich im Gespräch mit wichtigen Investoren heraus, dass das Interesse nach einer Dürr-Anleihe außerordentlich hoch war; daraufhin entschied sich das Management, den ursprünglich anvisierten Emissionsbetrag von rund 75 bis 100 Mio. € auf 150 Mio. € aufzustocken. Mit der Prospekteinreichung bei der BaFin am 8. September erfolgte der Vorstandsbeschluss zur Emission der Anleihe. Die Eckdaten der Emission waren:

- Emissionsvolumen: 150 Mio. €
- Coupon: 7,25 % p.a.; Ausgabekurs: 100 %
- Laufzeit: fünf Jahre (bis 28.09.2015)
- Zeichnungsfrist: 13.09.2010 bis längstens 24.09.2010
- ISIN/WKN: DE000A1EWGX1/A1EWGX

Preisfestsetzung Die Preisfestsetzung der Anleihe erfolgte in Abstimmung mit den Platzierungspartnern und auf Basis des beobachteten Interesses. Auch externe Vergleiche mit ähnlichen Platzierungen auf dem Markt wurden herangezogen. Ziel war es, die Anleihe erfolgreich zu platzieren. Dürr verzichtete daher darauf, die Konditionen bis zum Äußersten auszureizen. Dennoch blieb der Zinssatz um ca. 1,5 Prozentpunkte unter vergleichbaren Emissionen, die sich nur auf institutionelle Investoren beschränkten.

Anleihe-Call-Center Ab Samstag, dem 11. September stand eine mit acht Dürr-Experten besetzte Hotline zur Verfügung. Die Mitarbeiter wurden intern geschult. Das Call-Center sollte den Interessenten während der Zeichnungsfrist 14 Tage lang zur Verfügung stehen. Der Schwerpunkt der Anfragen von den Privatinvestoren war der neuartige Zeichnungs- sowie der Zuteilungsprozess. Bereits vor Beginn der offiziellen Zeichnungsfrist wurde deutlich, dass die Nachfrage nach der Anleihe sehr hoch war und das Buch vorzeitig geschlossen werden würde. Die Dürr-Mitarbeiter mussten bereits am Vormittag des Montags, dem 13. September, den Interessenten klarmachen, dass Eile bei der Zeichnung geboten war. Um 11:00 Uhr wurde die Zeichnung angesichts deutlicher Überzeichnung geschlossen.

Emissionsergebnis Der Emissionserfolg war überwältigend. Die Anleihe war bereits wenige Stunden nach offiziellem Zeichnungsbeginn ca. 4-fach überzeichnet und das bei zumeist kleinerem Zeichnungsvolumen. Im Durchschnitt betrug es über den Bondm-Kanal 16.000 €. Insgesamt haben knapp 5.000 Investoren gezeichnet. Alle privaten Investoren erhielten, sofern sie rechtzeitig gezeichnet hatten, eine Zuteilung von durchschnittlich 27 %

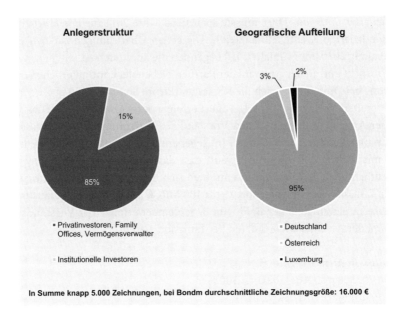

Abb. 5.9 Struktur der Emission nach Anleger und Region. (Quelle: © Dürr Aktiengesellschaft, CCI, Anleihefinanzierung, 28. Januar 2011)

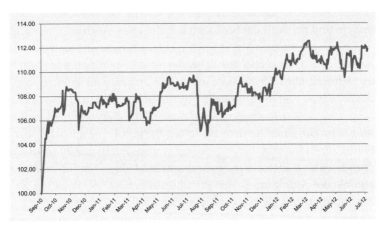

Abb. 5.10 Kursentwicklung Dürr-Bond (WKN A1EWGX) September 2010 bis Juli 2012

des Zeichnungsvolumens. Die privaten Investoren machten rund 85 % der Zuteilung aus, 95 % der Investoren kamen aus Deutschland (Abb. 5.9 und 5.10).

Aufstockung der Anleihe Nach dem großen Erfolg der Anleiheplatzierung und der starken Kursperformance der Anleihe in den ersten Wochen nach Emission kamen zunehmend Überlegungen auf, die im September 2010 begebene Anleihe auf Basis des bestehenden Prospekts aufzustocken. Nach rechtlicher Klärung war dies relativ problemlos möglich.

Die Bedingungen der Anleihe blieben unverändert, nur der Ausgabekurs wurde auf 104,90 € erhöht, sodass die Rendite lediglich sechs Prozent betrug. Zur aktuellen Kursnotiz war dies ein Abschlag von 3,4 Prozentpunkten, sodass auch diese Zeichnung für den Anleger attraktiv war. Auch der Marketingaufwand blieb begrenzt, da die Emission der Anleihe den Investoren noch präsent war. Auch konnte Dürr auf die Datenbasis von 800 gesammelten Adressen zurückgreifen. Ein weiterer positiver Aspekt war, dass sich die Gebühren gegenüber der Emission im September nochmals reduzierten. Insgesamt wurden weitere 75 Mio. € platziert, sodass das Gesamtvolumen der Anleihe nun 225 Mio. € betrug. Zu Anfang war aus technischen Gründen eine zweite Wertpapierkennnummer notwendig, die aber nach wenigen Wochen in die ursprüngliche überführt werden konnte.

Die Mittel wurden als zusätzliche Liquidität und für mögliche Geschäftserweiterungen eingeworben, nur zum kleinen Teil für die Finanzierung des laufenden Geschäfts. Dadurch konnte Dürr auch auf die Inanspruchnahme der Barlinie aus dem Syndicated Loan verzichten.

5.5 Zusammenfassung

In der Rückschau ist die Bondemission der Dürr AG sehr gut gelungen. Dabei spielten wie dargestellt die Debt Relations eine entscheidende Rolle. Zusammenfassend kristallisieren sich folgende Erfolgsfaktoren heraus:

1. Das richtige Timing war wichtig; der Markt war für Platzierungen offen.
2. Der Name Dürr war bei Privatanlegern sehr bekannt (u. a. langjährige Familientradition; Börsenlisting seit 1990).
3. Dürr konnte deutlich verbesserte Quartalszahlen vorlegen mit starkem Order- und Ertragsmomentum.
4. Eine professionelle Vermarktung und systematische Bearbeitung der Vertriebskanäle sowie eine aktive IR- und PR-Arbeit waren erforderlich, die Emission bekannt zu machen.
5. Die herausragende Performance der Altanleihe gegenüber vergleichbaren Unternehmensanleihen sorgte für eine positive Haltung der Privatinvestoren gegenüber der neuen Anleihe.
6. Als Vorreiter bei Bondm profitierte Dürr von einem First-Mover-Effekt mit entsprechend großer Aufmerksamkeit bei der Presse.

Debt Issuance nicht-börsennotierter Emittenten

Axel Gros

6.1 Haniel – ein nicht-börsennotiertes aber kapitalmarktnahes Unternehmen

Deutsche Unternehmen sind Jahrzehnte mit der klassischen Finanzierung über Bankkredite gut gefahren. Die langjährige Zusammenarbeit mit einem mehr oder weniger engen Kreis an Banken war etabliert und vertrauensvolle Gespräche mit Bankern (oder mitunter auch Bankiers) waren eingespielt, sodass Alternativen nicht gesucht werden mussten.

So war es auch lange Zeit bei Haniel. Die Alternative Kapitalmarkt wurde eher als Möglichkeit verstanden, den Aktienmarkt für Tochtergesellschaften zu nutzen. Börsennotierte Tochterunternehmen und Beteiligungen waren und sind für das Unternehmen, das sich seit mehr als 250 Jahren in Familienbesitz befindet, nicht ungewöhnlich. Den Fremdkapitalmarkt nutzt das Unternehmen allerdings erst seit 2009 in größerem Umfang. Die Vorbereitungen hierfür liefen jedoch schon viele Jahre. Aus heutiger Sicht hat sich dies aufgrund der sich deutlich ändernden Rahmenbedingungen gelohnt. Vor mehr als zehn Jahren wurde mit der Etablierung von externen Ratings begonnen, trotz der damit verbundenen Kosten und internen Arbeitsbelastung. Auch gab es bereits viele Jahre lang ein Medium Term Note Programm, ohne dass dieses vor dem Jahr 2009 zu mehr als kleineren Privatplatzierungen genutzt wurde. Neben dem direkten Aufwand in der Finanzabteilung hat dies unter anderem auch dazu geführt, dass, aufgrund der bereits erfüllten Kriterien für die Kapitalmarktorientierung,[1] mit erheblichem Arbeitsumfang die Konzernrechnungslegung über alle konsolidierten Einheiten hinweg auf IFRS umgestellt werden musste.[2]

---

[1] Vgl. § 2, Abs. 5 WpHG i. V. m. § 2, Abs. 1 Satz 1 WpHG.
[2] Vgl. EU Verordnung (2002) sowie § 264d HGB.

A. Gros (✉)
Franz Haniel & Cie. GmbH, Abteilungsdirektor Finanzen,
Franz Haniel Platz 1, 47119 Duisburg, Deutschland
E-Mail: axel.gros@haniel.de

P. T. Hasler et al. (Hrsg.), *Praxishandbuch Debt Relations*,
DOI 10.1007/978-3-658-00742-3_6, © Springer Fachmedien Wiesbaden 2013

Zu dieser Vorbereitung hatten u. a. die folgenden Fragestellungen geführt:

- Was passiert, wenn der Bankenmarkt sich strukturell ändert?
- Wie muss eine Finanzierung ausgestaltet sein, wenn das Unternehmen in andere Regionen expandiert?
- Wie lassen sich größere Volumen finanzieren, ohne in Abhängigkeiten zu einzelnen Investoren zu geraten?

Eine Herausforderung, auf die wir uns nur bedingt vorbereiten konnten, war das Debt Investor Relations, bei Haniel auch Creditor Relations genannt.[3] Denn erst mit konkreten Fremdkapitalprodukten in der akuten Unternehmenslage lässt sich abschätzen, was Kapitalmarktinvestoren von einem Unternehmen genau erwarten. Für uns als nichtbörsennotiertes Unternehmen kam und kommt erschwerend hinzu, dass es keine Equity Analysten gibt, die dem Investor eine zweite Meinung bieten. In diesem Zusammenhang lohnt es sich gerade für nicht-börsennotierte Unternehmen der Frage nachzugehen, ob ein externes Rating diesen Mangel auszugleichen hilft. Oder mit anderen Worten:

Braucht man als „Hidden Champion" zusätzliche Aufmerksamkeit bei Investoren oder ist man als „Street Name" bereits gut in der Öffentlichkeit platziert?

Die nachfolgenden Abschnitte sollen die besonderen Problemstellungen beleuchten, die ohne Aktiennotierung auf Emittenten von (börsennotiertem) Fremdkapitaltitel in der Kommunikation mit Investoren zukommen.

6.2 Grenzen der klassischen Kreditfinanzierung und die Auswirkungen auf das Debt Investor Relations

Eine These sei den weiteren Überlegungen vorangestellt: Es wird eine Verknappung der Kreditfinanzierung durch Banken in Europa geben, insbesondere wenn weiterhin derartige Unsicherheiten wie in den letzten Jahren an Kapitalmärkten auftreten.[4] Diese auch als Kreditklemme oder Credit Crunch bezeichnete Situation wird nicht für alle Kreditnehmer sichtbar und spürbar werden und wird auch nicht für alle Kreditnehmer gleichzeitig kommen. Die Entwicklung wird eher zeitlich gestreckt über die nächsten Jahre verlaufen. Dabei wird sie u. a. nachhaltig getrieben von folgenden Entwicklungen, die den Markt für Fremdkapitalfinanzierungen im Ganzen deutlich verändern werden:

- Durch die Umsetzung der Basel III Vorschriften, u. a. in der Capital Requirement Directive IV (CRD IV),[5] werden Kreditinstitute sowohl zu erhöhter Eigenkapitalunterlegung

---

[3] Siehe hierzu auch den Bereich „Creditor Relations" auf www.haniel.de
[4] Vgl. European Central Bank (2011) S. 39 f, Financial Stability Review December 2011, Brüssel 2011.
[5] Vgl. Europäische Kommission (2011).

für die meisten Kreditgeschäfte als auch durch verschärfte Liquiditätsvorschriften zu kürzeren Laufzeiten für Kredite gezwungen. Beides wirkt kreditverknappend, insbesondere für Kreditnehmer schlechterer Bonität.

- Die derzeit in der Diskussion befindliche EU Verordnung zur Derivateregulierung[6] treibt im Kern die Besicherung von OTC Derivaten über Central Clearing Parties voran. Inwieweit dabei Ausnahmen für Non-Financials gemacht werden, steht noch nicht in Gänze fest. Wenn Industrieunternehmen Besicherungen stellen müssen, erfolgt dies, anders als bei Banken, oft in bar, da meistens keine entsprechenden Wertpapiere wie Staatsanleihen gehalten werden. Bargeldhinterlegung steigert die Liquiditätsinanspruchnahme und verringert daher die freien Finanzierungskapazitäten. Selbst wenn keine Besicherungen direkt zu leisten sind, so werden Banken die von Ihnen im Interbankenverkehr zu leistenden Besicherungen sowohl in Form der Liquiditätskosten als auch als Anrechnung auf bestehende Kreditlinien an den Kunden weitergeben.
- Die EU plant im Rahmen einer Neustrukturierung des Versicherungsrechts[7] die Vorschriften zur Eigenkapitalhinterlegung und Risikosteuerung für Versicherer zu verschärfen. Über die oft bei Versicherungen nur eingeschränkt vorhandene Kreditexpertise hinaus wird die direkte Kreditvergabe durch Versicherungsunternehmen dadurch deutlich erschwert. Kapitalmarktpapiere dürften vor allem durch ihre Fungibilität für Versicherer attraktiver werden. Die direkte Kreditvergabe an Industrieunternehmen wird sich hierdurch nicht ausweiten, sondern sich eher rückläufig entwickeln.
- Das derzeit niedrige Zinsniveau führt dazu, dass mit gut „gerateten" Staatsanleihen Versicherungen und Versorgungswerke ihre Kalkulations- und Garantiezinsen von um vier Prozent nicht erreichen können. Diese müssen daher Alternativen suchen. Da wie erwähnt zumeist weder Krediterfahrung noch die nötigen personellen Ressourcen vorliegen, dürften die benötigten Alternativen eher im Bereich von (zinstragenden) Wertpapieren als in der direkten Kreditvergabe gesucht werden.[8]

Allein schon aufgrund dieser beispielhaft herausgegriffenen vier Punkte erscheint die Beschäftigung mit dem öffentlichen Fremdkapitalmarkt für Unternehmen ab einer gewissen Größe interessant, auch wenn diese keine Börsennotierung besitzen. Zu den Voraussetzungen, um den Fremdkapitalmarkt aktiv zur Finanzierung nutzen zu können, zählt die Etablierung einer Kommunikationsstrategie, die sich an eine Vielzahl, oft anonymer Investoren richtet. Auf die Inhalte einer auf diese Situation abgestimmten Kommunikation sowie die Rolle des Debt Investor Relations dabei wird im folgenden Abschnitt näher eingegangen.

---

[6]European Market Infrastructure Regulation EMIR (2010).
[7]Solvency II, vgl. hierzu die Rubrik „Solvercy II" der Homepage der EIOPA (European Insurance and Occupational Pensions Authority – eiopa.europa.eu).
[8]Vgl. beispielsweise Panitz und Seibel (2011).

6.3 Debt Investor Relations zur Kapitalmarktfinanzierung ohne Börsennotierung des Unternehmens

Inhalt und Ziele des Debt Investor Relations ohne Börsennotierung des Unternehmens Betrachtet man die beiden wichtigsten Zielgruppen der Debt Investor Relations Kommunikation – Fremdkapitalmarktinvestoren und Banken – fällt trotz aller Unterschiede eine elementare Gemeinsamkeit auf. Die Entscheidung über das Eingehen einer Finanzierung beruht zu wesentlichen Teilen auf Vertrauen. Damit ist die Vertrauensbildung als wichtigstes Ziel der Debt Investor Relations zu begreifen. Eine angemessene Informationsbereitstellung für Investoren ist dabei die Basis, reicht aber zur Erreichung des Vertrauensziels nicht aus.[9]

Während man als Unternehmen Vertrauen bei Banken über regelmäßige, direkte, auch vertrauliche Gespräche erreichen kann, steht dieser Weg in Hinblick auf die breite Masse der Fremdkapitalmarktinvestoren nicht offen. Zudem zwingt der Grundsatz der Gleichbehandlung der Investoren[10] zu mehr Transparenz und öffentlicher Kommunikation.

Wer ein beliebtes, sehr bekanntes und vertrauenserweckendes Produkt herstellt oder vertreibt, kommt im Allgemeinen mit weniger Investor Relations Maßnahmen aus – ein „Hidden Champion". So kann beispielsweise der Fußballverein FC Schalke 04 in diesem Jahr eine echte Retail Anleihe ohne Rating und Vertrieb an Institutionelle Investoren über Investment Banken vermarkten. Ebenso profitieren Markenunternehmen mit positivem Image wie der Sportartikelhersteller adidas von ihrer breiten positiven externen Wahrnehmung. Dieser kann beispielsweise seit langem auf ein externes Rating verzichten, ohne in der Platzierung von Bonds und CPs eingeschränkt zu sein. Treue Fans und zufriedene Kunden helfen also, eine positive Botschaft auch an Investoren zu transportieren bzw. sind selbst bereit, zu investieren.

Leider werden die meisten Unternehmen, insbesondere viele Mittelständler und Familienunternehmen eher der Kategorie „Hidden Champion" zuzurechnen sein. Letzterem bleibt für die Vermarktung am Kapital- und Kreditmarkt nur über die Transparenz und Offenheit am Vertrauen der Investoren zu arbeiten. Nachfolgend sind auf Basis der in den letzten Jahren bei Haniel gesammelten Erfahrungen die wichtigsten Maßnahmen aufgeführt:

- Veröffentlichung von aussagekräftigen Abschlüssen[11] im mindestens halbjährlichen Rhythmus, ohne Zugangshindernisse auf der eigenen Firmen-Internetseite
- Unterstützung von Credit Research Analysten (Sell-Side Finanzanalyst von Banken und Brokern) – Hier kann es helfen, bestehende Bankkontakte zu nutzen, um sich Kontakte

---

[9] vgl. DVFA (2008) S. 2.
[10] Für eine Auslegung dieses Grundsatzes vgl. DVFA (2008) S. 8–10.
[11] Beispielsweise stellt Haniel einen Teilkonzernabschluss auf Holdingebene bereit. Zu den Hintergründen vgl. das nachfolgende Kapital.

an die Analysten der Bank vermitteln zu lassen. Empfehlenswert ist es, die Analysten jährlich in einem persönlichen Gespräch über die Entwicklungen des Unternehmens zu informieren.
- Aufnahme mindestens eines externen Ratings, insbesondere falls andere unternehmensexterne Analysen über das Unternehmen fehlen – Dieser Punkt ist wichtig für Unternehmen ohne Börsennotierung, da hier eine große Menge an Informationen und Aufmerksamkeit fehlen, die mit einer Börsennotierung einhergehen.
- Regelmäßige Investor Update Reisen in die wichtigsten Kapitalmarktstädte – Gerade auch die Banken, welche die Emission begleitet haben oder auf die Begleitung der nächsten Emission hoffen, stehen normalerweise gerne bereit, eine solche Reise zu organisieren.
- Durchführung von Investor Calls zur Kommentierung von Ergebnissen oder besonderen Ereignissen – Ein solcher Call sollte durch eine E-Mail an die finanzierenden Banken, die bekannten Wertpapierinvestoren sowie die Sell-Side Analysten durch einen Hinweis auf der Internetseite des Unternehmens frühzeitig angekündigt werden, um der gesamten Zielgruppe die Zeitplanung zu ermöglichen.
- Teilnahme an Investorenkonferenzen für Fremdkapital – Es gibt leider noch deutlich weniger Konferenzen für Fremdkapital- als für Eigenkapitaltitel. Diese entwickeln sich derzeit auf Nachfrage der Investoren und ermöglichen eine zeitlich effiziente Kotaktaufnahme auch zu neuen Adressen.
- Erreichbarkeit über Telefon und E-Mail – Investoren erwarten gerade im Umfeld einer Emission sowie nach Bekanntgabe von Unternehmenszahlen oder Projekten, sich mit dem Unternehmen zeitnah austauschen zu können. Anwesenheitspläne und Urlaube sollten hiermit abgestimmt sein. In der übrigen Zeit haben Investoren Verständnis, wenn eine Anfrage erst nach ein paar wenigen Tagen beantwortet wird.

Organisation des Debt Investor Relations ohne Börsennotierung des Unternehmens Alle oben genannten Maßnahmen erfordern personelle und finanzielle Ressourcen, die in dieser Form gerade bei einem nicht börsennotierten Unternehmen nicht vorhanden sind. Equity Investor Relations wird dort bei einem begrenzten Kreis an Investoren meist direkt von der Unternehmensleitung (die ggf. selbst beteiligt ist) mit Unterstützung einer Kommunikationsabteilung oder eines Family Offices durchgeführt. Die dortigen Aktivitäten unterscheiden sich deutlich von denen der Debt Investor Relations (s. o.) und sollten daher getrennt organisiert sein. Selbst viele börsennotierte Unternehmen unterteilen das Investor Relations in Equity Investor Relations, das von einer speziellen Abteilung betreut wird und das Debt Investor Relations, das typischerweise von der Treasury und Finanzierungseinheit mit betreut wird. Bei nicht börsennotierten Formen bietet es sich ebenfalls an, die Debt Investor Relations von der Treasury und Finanzierungsfunktion mit übernehmen zu lassen.

Selbst wenn die direkte Resonanz auf die oben diskutierten Maßnahmen relativ gering sein sollte, der Signalling-Effekt ist nicht zu unterschätzen. Bereits die Bereitschaft sich den Investoren zu stellen wird honoriert. Die Möglichkeit für Investoren sich über das

Unternehmen umfassend zu informieren und in die direkte Kommunikation einzutreten, erweckt Offenheit und Transparenz. Dieses ist wiederum die Grundlage für das zu erlangende Vertrauen.

Sehr vorteilhaft sehen Investoren in diesem Zusammenhang zweite Meinungen, damit sie neben den direkten Informationen des Unternehmens auf unabhängige Analysen zurückgreifen können. Fremdkapitalmarktinvestoren können oft keine vollständige Kreditanalyse durchführen. Allein die Vielzahl der von ihnen verwalteten Investments sowie die teilweise geringe Personaldecke verhindern tiefgreifende Analysen. Wenn dann auch das Fehlen von Equity Research aufgrund nicht vorhandener Börsenpräsenz hinzukommt, sollte der Emittent von Fremdkapitaltiteln umso mehr Wert auf die oben genannten Maßnahmen legen.

6.4 Besonderheiten des Investment Holding Ansatzes am Bespiel der Franz Haniel & Cie. GmbH

Analyseansatz für Investment Holding Gesellschaften Neben der Tatsache, dass die Franz Haniel & Cie. GmbH kein börsennotiertes Unternehmen ist, kommt als weitere Herausforderung für die Debt Investor Relations der besondere Analyseansatz hinzu, den die Ratingagenturen verfolgen. Die Franz Haniel & Cie. GmbH lässt sich demnach als Investment Holding beschreiben, die im Sinne eines Investors ein Portfolio an Beteiligungen mit verschiedenen, nicht synergetischen und nicht untereinander mit Leistungserbringung verbundenen Unternehmen hält. In dieser Logik wird Wert gelegt auf die Möglichkeit, Beteiligungen strategisch zu führen, ohne direkte Eingriffe in das Tagesgeschäft durchführen zu wollen. Folge dieser Grundausrichtung sind sowohl eine dezentrale Organisationsstruktur als auch die Problematik, aus klassischen Konzernkennzahlen kreditrelevante Aussagen über die Gesellschaft abzuleiten. Grund ist, dass vollkonsolidierte Einheiten mit 100 % ihres Cashflows, Ihrer Bilanz oder wesentlicher Kennzahlen der Gewinn- und Verlustrechnung wie EBIT oder EBITDA in die konsolidierte Darstellung eingehen, selbst wenn diese nur zu etwa 50 % im Eigentum der Obergesellschaft sind. Im Haniel Konzern gilt dieses für die Beteiligung an der Celesio AG. Andererseits werden At-Equity konsolidierte Unternehmen nur mit ihrem Beteiligungsbuchwert in der Bilanz geführt, der Cashflow ergibt sich aus der Dividende und Ergebniseffekte finden sich im Finanzergebnis. Im Fall Haniel macht die etwa 34-prozentige Beteiligung an der Metro AG etwa 50 % des Portfoliomarktwertes aus. Durch die At-Equity Konsolidierung gehen allerdings die für eine klassische Kreditbewertung relevanten Kennzahlen wie EBITDA oder FFO nicht in die Konzernzahlen ein. Mit einem Portfolioansatz lässt sich die aus solchen Konstellationen entstehende Erklärungslücke schließen. Da dieses aber nicht die bei Investoren gebräuchliche Sicht ist, muss relativ viel Aufwand bei der Darstellung und der Erklärung betrieben werden.

Die wesentlichen Kriterien eines solchen Portfolioansatzes zur Debt Investor Relations lassen sich am Beispiel der Methodologie der Ratingagentur Moody's[12] aufzeigen.

1. Asset Quality
   (Asset Concentration, Geographic Diversity, Business Diversity)
   Es wird die Diversifikation des Investment Portfolios hinsichtlich regionaler Verteilung, Aufteilung in einzelne Gesellschaften sowie verschiedene Geschäftsmodelle bewertet. Klumpenrisiken und die Konzentration auf wenige Kerngeschäfte führen zu negativen Bewertungen.
2. Management Discipline and Group Transparency
   (Dividend Payout Policy, Public Transparency of Financial Policy, Group Complexity)
   Je transparenter die gewählte finanzielle Strategie und deren Kommunikation erscheint, desto positiver wird dies für Investoren gesehen. Dazu gehört auch, rechtliche Strukturen sowie das Reporting möglichst einfach und damit transparent zu gestalten.
3. Market Value-Based Leverage
   (Portfolio Asset Market Value Leverage)
   Die Nettofinanzverschuldung auf Ebene der Investmentobergesellschaft (inkl. deren Finanzierungsgesellschaften) wird durch den Marktwert des Beteiligungsportfolios dividiert. Marktwerte für nicht börsennotierte Beteiligungen müssen anhand von Bewertungsmultiplikatoren erfolgen, die von börsennotierten vergleichbaren Gesellschaften abgeleitet sind.
4. Cash Coverage
   (Interest Cover on Holding Level)
   Den eingehenden Zahlungsströmen aus Investments (im Wesentlichen Dividenden und Gewinnabführungen) werden die laufenden Kosten auf Holdingebene (im Wesentlichen laufende Holdingkosten, Zinszahlungen und Dividenden an Gesellschafter) gegenübergestellt. Eine Investment Holding sollte in einer Jahresbetrachtung dabei die ausgehenden Zahlungen durch eingehende decken besser überdecken können. Investitionen und Desinvestitionen in das Beteiligungsportfolio werden dabei nicht betrachtet.
5. Liquidity
   (Degree of Influence over Dividends of Investees, Adjusted Liquidity Ratio)
   Die Fähigkeit die Dividendenschüttungen der Beteiligungen beeinflussen zu können wird zusammen mit der Fungibilität der gehaltenen Beteiligungen bewertet. Börsennotierte Beteiligungen haben den Vorteil durch den Aktienmarkt grundsätzlich fungibler zu sein, können aber den Nachteil haben, dass Fremde die Dividende (mit-)bestimmen. Zudem wird die Finanzierungssituation des Unternehmens bewertet und hinsichtlich Laufzeiten und Verlässlichkeit der Finanzierung beurteilt.

---

[12] Vgl. Moody's Corporate Finance (2007) S. 5 ff.

6. Portfolio Risk
(Portfolio Volatility Adjusted Leverage)
Die Volatilität der Marktwertentwicklung des Portfolios wird dem Verschuldungsgrad, gemessen als Market Value Based Leverage, gegenüber gestellt, um dem Risiko des Investment Portfolios das Risiko aus der Verschuldungshöhe gegenüberzustellen.

Erweiterte Informationsbereitstellung für Investoren in Investment Holding Gesellschaften
Die für die Analyse der vorstehend genannten Aspekte nötigen Kennzahlen sind aus klassischen Abschlüssen nicht zu entnehmen. Um es Investoren dennoch zu ermöglichen, wesentliche für das Rating relevante Kennzahlen selbst ermitteln zu können, stellt Haniel einen Teilkonzernabschluss auf Holdingebene bereit. Diese Form eines Teilkonzernabschluss der „Spitze" eines Konzerns ist nach IFRS nicht definierte, er wird aber analog zu den IFRS Regelungen aufgestellt.[13]

Dieser Teilkonzernabschluss kann allerdings nicht vollständig die in der Rating Methodik verwendeten Kennzahlen liefern. Daher veröffentlicht Haniel weitere Kennzahlen auf Holdingebene im Rahmen von Investor Präsentationen und Telefonkonferenzen ebenso wie auf der Haniel Homepage. Als besonders wichtig für Ratingagenturen, ebenso wie für Investoren, haben sich folgende Angaben auf Holdingebene erwiesen:

- Fälligkeitenprofil der Gesamtfinanzierung
  Es werden die aggregierten Summen der jährlichen Fälligkeiten über die nächsten fünf Jahre aufgeteilt in Klassen von Finanzierungsinstrumenten (zum Beispiel Anleihen, Bankkredite, Gesellschafterdarlehen, …) grafisch dargestellt.
- Fälligkeitenprofil der fest zugesagten Kreditlinien
  Kreditlinien werden mit Ihren aggregierten Verfügungsrahmen im Jahr des Auslaufens grafisch dargestellt. Zudem wird markiert, welcher Teil der zur Verfügung stehenden Summen ausgenutzt ist.
- Vereinfachte Cashflow Übersicht
  Aus der Cashflow Übersicht im Teilkonzernabschluss auf Holdingebene können nicht direkt die oben unter Punkt 4 erläuterten Bestandteile des Cash Coverage abgelesen werden. Daher liefert Haniel eine zusätzliche Darstellung nach dieser Logik, ohne eine vollständige Überleitung zu versuchen, da diese in einigen Punkten, insbesondere der laufenden Holdingkosten sehr unübersichtlich wäre. Die meisten Summen lassen sich allerdings wiederfinden.
- Marktwert des Beteiligungsportfolios
  In Verbindung mit den Verschuldungsangaben aus dem Teilkonzernabschluss ermöglicht eine Bewertung des Beteiligungsportfolios zu den Bilanzstichtagen den Investoren, den Market Value Based Leverage selbst nachzuvollziehen.

Wie vielleicht aus der Darstellung ersichtlich, ergibt sich ein deutlicher Mehraufwand aus der zusätzlich neben dem Konzernabschluss erzeugten Darstellung kreditrelevanter Kenn-

---

[13] Vgl. hierzu die in der Sektion Creditor Relations auf der Haniel Homepage (www.haniel.de) aufgeführten Finanzberichte.

zahlen. Haniel hat allerdings festgestellt, dass diese Transparenz über die Entstehung der Drittmeinung Rating eine besondere Wichtigkeit für Kapitalmarktinvestoren hat. Zwar machen sie meist selbst keine ausführliche Kreditanalyse, sie wollen aber dezidert Bewertungen nachvollziehen können. Auf Nachfragen nach diesen relevanten Kennzahlen und deren Entstehung sollten die verantwortlichen Personen gefasst und vorbereitet sein. Investoren tendieren dann sehr in Details zu gehen, wenn die Methodologie in Ihren Augen Unklarheiten aufweist. Positiv ist zu bemerken, dass viele Investoren durchaus gewillt sind, sich auf die ungewohnte Perspektive einzulassen, wenn diese das Verständnis für das Kreditrisiko erhöht.

6.5 Vorschläge für bessere Rahmenbedingungen zur Finanzierung nicht-börsennotierter Unternehmen

Informationsflut durch Regulierung verbessert nicht unbedingt die Analysefähigkeit der Investoren Wie in Abschn. 6.2 bereits angesprochen sind sich ändernde Regulierungen erhebliche Aufwandstreiber für Unternehmen. Jede Änderung erfordert Anpassungen der internen Prozesse und technischen Informationssysteme. Diese Anpassungsprozesse sind zum einen mit erheblichen personellen und finanziellen einmaligen Belastungen verbunden. Zum anderen haben die meisten regulatorischen Änderungen der letzten Jahre den dauerhaften Aufwand erhöht und binden damit immer mehr Personal in der Organisation. Es ist zu einem Mehr an Informationen gekommen, bei dem der Nutzen für die Investoren fraglich ist. Man kann bereits vermuten, dass die Informationsflut eher hinderlich wirkt, die wesentlichen Aussagen zu erfassen und zu bewerten. Nachfolgende Beispiele sollen diesen Sachverhalt erläutern.

Es wäre wünschenswert, wenn wenig informative Berichtserfordernisse auch wieder abgeschafft werden. Hier sind beispielsweise weiter Teile der Regelungen zum IFRS 7 zu nennen. Diese sind aus dem Bereich der Finanzinstitutionen kommend, auch für Industrieunternehmen verpflichtend gemacht worden. Viele der Kennzahlen sind für letztere aber ohne große Aussagekraft, ja teilweise vermitteln sie sogar ein unzutreffendes Bild. Dieses lässt sich gut an der Vorschrift zum IFRS 7.40-42 erläutern. Es muss demnach eine Risikoanalyse für alle Marktpreisänderungen wesentlicher Finanzprodukte erstellt werden. Geht ein Unternehmen Derivate ein, um Preise für den Erwerb, die Lagerhaltung oder den Vertrieb von Rohstoffen zu sichern, so müssen diese Derivate (so sie denn eine gewisse Wesentlichkeit erreichen) in die Sensitivitätsanalyse einbezogen werden. Die den Geschäften zugrunde liegenden Warentermingeschäfte oder die Lagerhaltung dieser Waren dürfen nicht hineingerechnet werden. Dadurch wird ein höheres Risiko ausgewiesen, als wirtschaftlich vorhanden ist.[14] Ähnliches gilt für Fremdwährungsrisiken aus Finanzierungsverträgen. Eine lokale Finanzierung in der funktionalen Währung der lokalen

---

[14]Vgl. hierzu Fürst et al. (2009) S. 25 f.

Gesellschaft führt nicht zum Ausweis eines Fremdwährungsrisikos. Wird dieselbe Finanzierung über eine konzerneigene Finanzierungsgesellschaft, die eine andere funktionale Währung hat, zur Weitergabe an die lokale Gesellschaft abgeschlossen, muss ein Wert für das Währungsänderungsrisiko ausgewiesen werden. Wirtschaftlich besteht aber zwischen den beiden Alternativen kein Unterschied.

Unternehmen und Investoren können sich auch an solch nicht immer zielführende Darstellungen gewöhnen. Anstatt also Nachbesserungsversuche zu unternehmen, die anstatt Klarheit zu schaffen, meist die Darstellung noch unübersichtlicher machen, wäre eine gewisse Stabilität des regulatorischen Umfelds wünschenswert. Sich ständig ändernde Normen und die bloße weitere Anhäufung von Informationen helfen auch den Investoren nicht bei ihrer Analyse und erschweren den Unternehmen nur die Kommunikation der relevanten Informationen.

Die angestrebte Regulierung des Finanzsektors trifft Unternehmen überproportional Derzeit scheint es zudem bei aller gegebenen Notwendigkeit der Regulierung des Finanzsektors einen Trend zu geben, dabei den industriellen Sektor zu missachten oder zu benachteiligen. Beispiele hierzu finden sich in den Vorschriften zu Basel III bzw. der CRD IV. Es ist kaum einzusehen, dass Staatsanleihen grundsätzlich weiterhin mit 0 % in die Risk Weighted Assets eingerechnet sollen, aber Unternehmensanleihen mit zum Teil besserer Bonität einer Eigenkapitalhinterlegung bedürfen.[15] Unternehmensfinanzierungen werden damit wirtschaftlich unattraktiver für Banken als die Staatsfinanzierung. Wenn dieses zu einem reduzierten Engagement der Banken bei Unternehmen führt, erhöht es nicht nur die Kosten und reduziert die Finanzierungskapazität, es schafft auch bei den übrigen Investoren Unsicherheit. Diese können nicht immer die Gründe für das reduzierte Engagement erkennen und vermuten erhöhte Risiken bei den Unternehmen. Debt Investor Relations kann dann zwar versuchen, diese Bedenken zu zerstreuen, gelingen wird es aber nicht in allen Fällen. Ähnlich wie die geplanten Eigenkapitalhinterlegungsvorschriften wirken auch die Liquiditätskennzahlen Liquidity Coverage Ratio (LCR) für die Bemessung der kurzfristigen Liquiditätsdeckung sowie Net Stable Funding Ratio (NSFR) für die Analyse der mittelfristigen Liquiditätsdeckung[16] in Ihrer bisherigen Ausgestaltung. Sie sind bisher so vorgesehen, dass Ausleihungen an und Einlagen von Industrieunternehmen benachteiligt werden.[17]

Ein weiteres Beispiel für die regulatorische Benachteiligung ist die in der Diskussion stehende Derivateregulierung, in der es wohl keine generelle Ausnahme für Industrieunternehmen geben wird. Die geplanten Vorschriften werden es im Summe Unternehmen schwerer machen, sogenannte OTC Derivate abzuschließen. Entweder führt dies zu höheren Kosten oder zur Verringerung der Risikobegrenzung. Nicht nur ist dies wirtschaftlich

---

[15]Vgl. KPMG (2011) S.16 f.
[16]Vgl. Lanzrath (2011) S. 3.
[17]Vgl. Deutsche Bundesbank (2011) S. 31 f.

schädlich, es werden auch verschlechterte Risikokenngrößen ausgewiesen, die Erklärungsbedarf nach sich ziehen, obwohl über nicht derivative und eher operative Maßnahmen das Risikomanagement erfolgen wird. Debt Investor Relations kann zwar auch hier kommunikativ die Umstellung des Risikomanagements begleiten, wird aber zusätzlichen Aufwand erfahren. Vor dem Hintergrund, dass die Finanzkrise der letzten Jahre gezeigt hat, dass Industrieunternehmen verantwortlich mit Derivaten umgehen und die Probleme eher bei Unternehmen des Finanzsektors zu suchen waren, ist dieser an verschiedenen Stellen auftretende Mehraufwand unnötig.

Und um noch ein Beispiel für Kommunikationsherausforderungen aus geplanten Regulierungen zu nennen, im Folgenden eine kurze Überlegung zur angedachten Regulierung der Ratingagenturen.[18] Weder die Qualität der Ratings noch der Wettbewerb auf dem Markt für Ratings wird verbessert, wenn eine verpflichtende Rotation der Ratingagenturen eingeführt wird. Emittenten-Ratings sowie Ratings von Unternehmensanleihen haben nicht zur Finanzkrise der letzten Jahre beigetragen. Es ist also zu hinterfragen, welchen Nutzen eine Rotation von Ratingagenturen den Investoren in Unternehmensanleihen bringen soll. Jede Ratingagentur hat eine etwas andere Herangehensweise, auf die sich die Investoren in Ihrer eigenen Bewertung einstellen müssen. Alle paar Jahre sich in eine neue Herangehensweise einarbeiten zu müssen, fördert nicht das Verständnis. Debt Investor Relations kann auch hier versuchen diesen Missstand durch Kommunikation und Erläuterung der Methoden zu kompensieren. Mit Mehraufwand muss aber auch hierbei gerechnet werden. Den betroffenen Unternehmen bringt die Rotation also auf jeden Fall erhebliche Kosten, Mehrarbeit und aufgrund unterschiedlicher Methoden zunehmende Unsicherheit über die Ratingentwicklung. Unternehmen werden daher eher gar kein Rating beauftragen, was die Transparenz am Markt und das Vertrauen in die Teilnehmer tendenziell reduziert. Es bleibt also zu hoffen, dass dieser Teil der Regulierung so nicht eingeführt wird.

Börsensegmente für Mittelstandsanleihen sind noch ausbaufähig Grundsätzlich sind Börsensegmente für Mittelstandsanleihen eine interessante Idee, um Unternehmen mit einem mittleren Finanzierungsbedarf eine Alternative zur Bankfinanzierung zu bieten.[19] Fraglich erscheint jedoch, die Qualitätshürden sehr niedrig zu setzen. Dieses fördert nicht das Vertrauen der Investoren in diese speziellen Börsensegmente. Anderseits sind hohe Qualitätsanforderungen mit höheren Kosten verbunden, die auf ein begrenztes Finanzierungsvolumen entfallen. Hier ist sowohl von Seiten der Börsen als auch der die Unternehmen beratenden Dienstleister, insbes. Banken, Wirtschaftsprüfer, Rechtsanwaltskanzleien und Beratungshäuser noch Entwicklungsarbeit zu leisten. Aus Perspektive des Debt Investor Relations ergibt sich aus der aus Investorensicht teilweise mangeln-

---

[18] Vgl. Pressemitteilung der Europäischen Kommission (2011): In Punkt 3 wird nur von Emittenten gesprochen, ohne dass eine Unterscheidung zwischen Finanzinstituten und Unternehmen getroffen wird.

[19] Siehe hierzu beispielsweise die Darstellung der entsprechenden Segmente der Börse Stuttgart (www.boerse-stuttgart.de/bondm) sowie der Börse Düsseldorf (www.dermittelstandsmarkt.de)

den Qualitätskontrolle durch die Börsen die Notwendigkeit, diesen Mangel auf anderen Wegen auszugleichen. Schwierig ist dabei, dass, wie erläutert, externe Meinungen und Qualitätssicherungen nur bedingt durch interne Arbeit kompensiert werden können.

6.6 Schlussbemerkung

In der Finanzkrise der letzten Jahre ist viel Vertrauen verloren gegangen; Vertrauen der Anleger in die Finanzmärkte, in die Spieler auf diesen Märkten und in die Fähigkeit der Staaten, diese Märkte in geeignetem Maße zu regulieren. Dieser Verlust von Vertrauen ging sehr schnell und es wird viele Jahre brauchen, um auch nur einen Teil wieder aufzubauen. Erst wenn beispielsweise Banken sich wieder untereinander unbesichert Geld leihen, ist dies ein Zeichen für eine Normalisierung. Der Weg dahin führt nicht unbedingt über mehr Regulierung sondern über bessere. Es bleibt abzuwarten, ob die Politik dieses leisten kann.

Für Unternehmen gilt in der Zwischenzeit: Vertrauen aufzubauen bedarf viel Anstrengungen und einer kontinuierlichen, verlässlichen Arbeit, die leider schnell zerstört werden kann. Umso wichtiger ist es, Transparenz zu schaffen und Worten Taten folgen zu lassen, auch wenn dies nicht immer leicht fällt. Unternehmen müssen auch schlechte Ratings aushalten oder Zahlen und Fakten veröffentlichen, die nicht gefallen. Darüber zu informieren und in einen konstruktiven Dialog mit den Investoren einzutreten ist nicht leicht und macht Aufwand. Langfristig ist es allerdings der lohnendste, weil verlässlichste Weg.

Literatur

Deutsche Bundesbank (Hrsg) (2011) Basel III – Leitfaden zu den neuen Eigenkapital- und Liquiditätsregeln für Banken. Frankfurt a. M.
DVFA (Hrsg) (2008) DVFA-Grundsätze für Effektive Finanzkommunikation. Dreieich
EU Verordnung (2002) Nr. 1606/2002 vom 19. Juli 2002
European Central Bank (Hrsg) (2011) Financial stability review December 2011. Brüssel
European Market Infrastructure Regulation – EMIR (2010) Press Release der Europäischen Kommission vom 15.09.10 „Making derivatives markets in Europe safer and more transparent"
Europäische Kommission (2011) Vorschlag für Richtlinie des Europäischen Parlaments und des Rates über den Zugang zur Tätigkeit von Kreditinstituten und die Beaufsichtigung von Kreditinstituten und Wertpapierfirmen und zur Änderung der Richtlinie 2002/87/EG des Europäischen Parlaments und des Rates über die zusätzliche Beaufsichtigung der Kreditinstitute, Versicherungsunternehmen und Wertpapierfirmen eines Finanzkonglomerats vom 20.7.2011. Brüssel
Fürst B, Henselmann K, Klein M (2009) Marktpreisrisiko-Reporting bei Nichtfinanzinstituten nach IFRS 7: Empirische Befunde zum Einsatz von Value at Risk und Sensitivitätsanalysen bei kapitalmarktorientierten Unternehmen, Working papers in accounting valuation auditing, No. 2009-5. http://hdl.handle.net/10419/30191
KPMG (2011) Basel III – Handlungsbedarf baut sich auf: Implikationen für Finanzinstitute. o. O.

Lanzrath W (2011) Basel III – Bankenaufsichtsrecht im Umbruch. In: PwC Financial Services, Banken Fonds, Real Estate Versicherungen, Ausgabe 64. o. O.

Moody's Corporate Finance (2007) Rating methodology: global investment holding companies. o. O.

Panitz L, Seibel K (2011) Garantiezins bei Lebensversicherungen in Gefahr, in Welt Online vom 11.11.2011. www.welt.de/finanzen/versicherungen/article13712721/Garantiezins-bei-Lebensversicherungen-in-Gefahr.html

Pressemitteilung der Europäischen Kommission (2011) Kommission verlangt fundierte Ratings, vom 15.11.2011. Brüssel

7

Die Änderung der Argumentation bei verändertem Szenario: Inflation oder Deflation

Gerald Mann

7.1 Unternehmen als Schuldner müssen „eigenen" Realzins zugrunde legen

Sowohl für Schuldner wie für Gläubiger ist der Realzins die relevante Größe bei der Betrachtung des Zinsaufwandes bzw. der Zinseinnahmen. Vom Nominalzinssatz wird die Inflationsrate abgezogen und man erhält den Realzinssatz. Dieser ist deswegen die relevante Größe, weil die nominale Zinslast des Schuldners um die Inflationsrate zu reduzieren ist. Denn der reale Wert einer Geldschuld sinkt um den Kaufkraftverlust des Geldes. Umgekehrt kann der Gläubiger sein Vermögen real nur vermehren, wenn der Nominalzinssatz über der Inflationsrate liegt.[1] Für ein Unternehmen als Schuldner kann diese grundsätzlich richtige, aber (ver)einfache(nde) Darstellung in die Irre führen. Denn man muss zwei Aspekte berücksichtigen:

- Zum Zeitpunkt des Eingehens des Geldschuldverhältnisses gibt es über die Inflationsrate während der Laufzeit des Schuldverhältnisses nur eine Erwartung, aber keine Gewissheit. Des Schuldners Risiko einer sinkenden Inflationsrate ($\geq$ steigende Realzinsbelastung für Kreditnehmer) stellt für die Gegenseite, den Anleihegläubiger, eine entsprechende Chance dar und umgekehrt.
- Für den Gläubiger, der direkt oder indirekt (bei Sparen über Kapitalsammelstellen wie Lebensversicherungen, Fonds etc.) einen privaten Haushalt repräsentiert, ist die Inflationsrate, also gemeinhin die Steigerung der Verbraucherpreise, eine aussagekräftige Größe. Sehr oft jedoch nicht für das Unternehmen, das ein Schuldverhältnis

[1] Steuerliche Aspekte kommen hinzu, seien aber für diese Betrachtung hier einmal unberücksichtigt.

G. Mann (✉)
FOM Hochschule für Ökonomie und Management,
Arnulfstr. 30, 80335 München, Deutschland
E-Mail: gerald.mann@fom.de

eingegangen ist. Warum? Weil das Unternehmen nicht den Warenkorb des Verbraucherpreisindex herstellt, sondern nur ein Gut oder eine Gruppe von Gütern. Und deswegen ist für das Schuldverhältnis des Unternehmens die erwartete Preisentwicklung dieser eigenen Absatzprodukte viel entscheidender als die allgemeine Inflationsrate. Das Unternehmen als Schuldner sollte also seine „eigene" erwartete Realverzinsung errechnen: Nominalverzinsung abzüglich der erwarteten Preisentwicklung der eigenen Produkte.

Für den Schuldner einer Anleihe ist es also günstig, wenn die erwartete Preissteigerung der eigenen Absatzprodukte möglichst hoch liegt, besonders wenn die Absatzpreise nach der Aufnahme eines Kredites oder der Emission einer Anleihe kräftig ansteigen (jeweils konstante Gewinnmargen unterstellt). Somit ist es für den Schuldner günstig, wenn er sich in einer Niedrigzinsphase, die mit niedrigen Inflationserwartungen einherging, zu einem sehr niedrigen Zinssatz – möglichst mit langer Zinsbindung – verschulden konnte. Steigen dann anschließend Inflation, Inflationserwartungen, die Preise der eigenen Produkte und die Nominalzinssätze wieder an, so hat der Schuldner eine günstige Unternehmensfinanzierung erhalten. Auch hier kann die Erwartung in die Irre führen, wie in den letzten drei Jahrzehnten,[2] die ein – wenngleich mit Schwankungen versehenes – Absinken des Zinsniveaus aufweisen.

Selbstredend unterliegen die der Fremdkapitalbeschaffung zugrunde liegenden Investitionsentscheidungen vor allem der Investitionsrechnung. Allerdings ist in der gegenwärtigen Phase volkswirtschaftlicher Entwicklung die oben beschriebene Realzinsentwicklung im Hinblick auf die Durchhaltefähigkeit des Unternehmens unbedingt mit einzubeziehen.

7.2 Gegenwärtiges makroökonomisches Umfeld

Mit dem Ende des Währungssystems von Bretton Woods 1971/1973 sind nicht nur relativ feste Wechselkurse, sondern auch der letzte Rest von Goldbindung aus dem Weltwährungssystem verschwunden. Heute existieren nur noch reine Papiergeldwährungen, wenngleich Notenbanken über Goldreserven verfügen, jedoch zu keinem Umtausch von Papiergeld in Gold verpflichtet sind. Das heißt, die Notenbanken können so viel Geld schaffen wie sie wollen. Und die Geschäftsbanken, egal ob staatlich oder privat, sind ebenfalls an der Geldschöpfung durch ihre Kreditvergabe beteiligt.

---

[2] Obwohl mehrfach in diesem Zeitrum das „historische Zinstief" ausgerufen wurde.

7.2.1 Geldmenge wächst schneller als die Wirtschaftsleistung – doch hohe Inflationsraten sind bislang ausgeblieben

Vor diesem Hintergrund ist die Geldmenge in den letzten Jahrzehnten um ein Vielfaches stärker als die Wirtschaftsleistung angestiegen. Gemessen an der Definition von Inflation, die uns der „Vater des Papiergeldsystems" Milton Friedman (1912–2006) hinterlassen hat, ist das bereits Inflation, denn für ihn galt: „Inflation is always a monetary phenomenon in the long-run."[3] Die vom Statistischen Bundesamt gemessene jährliche Inflationsrate bewegt sich jedoch seit der Euro-Einführung im Wesentlichen in der von der EZB gesetzten Grenze von kleiner, aber nahe bei zwei Prozent. Dies wird von der EZB als Erfolg gegen Kritiker ihrer Geldpolitik ins Feld geführt. Dabei wird aber gerne übersehen, dass das erste Jahrzehnt dieses Jahrhunderts ein für Preisniveaustabilität günstiges Umfeld bot. Wer die EZB messen will, muss die Euro-Inflationsrate mit der in diesem Zeitraum deutlich niedrigeren des Schweizer Franken vergleichen. Im Durchschnitt der Jahre 2000 bis 2005 lag die jährliche Inflationsrate in Deutschland bei 1,6 %, in der Eurozone bei 2,2 % und in der Schweiz bei 0,8 %. In allen Jahren zwischen 2003 und 2011 war die Inflationsrate in Deutschland höher als in der Schweiz, 2011 sogar um 2,3 Prozentpunkte.[4]

Es liegen hier also zwei unterschiedliche Definitionen von Inflation vor, einmal die geldtheoretische nach Friedman, der zufolge wir in den vergangen Jahrzehnten eine massive Inflation zu verzeichnen hatten. Und andererseits die auf einem Modell von Inflationsmessung beruhende, welche für die Berechnung der offiziellen Inflationsrate des Harmonisierten Verbraucherpreisindex (HVPI) steht, monatlich vom Statistischen Bundesamt veröffentlicht wird, und die in den letzten Jahrzehnten nur vergleichsweise moderate Inflationsraten ausgewiesen hat. Letzteren Maßstab halten die Allgemeinheit und auch die Mehrheit der Unternehmen für die eigentliche „Inflation".

Bei dieser Sichtweise wird allerdings die angestaute Inflation übersehen, welche durch die Geldschöpfung der vergangenen Jahre entstanden ist. So hat sich M3, ein wichtiges Geldmengenaggregat, von Januar 1999 (Einführung des Euros) von 4.490 Mrd. € auf 10.004 Mrd. € im Juli 2012 erhöht, also um knapp 123 %. Das Bruttoinlandsprodukt zu Marktpreisen (also nicht inflationsbereinigt)[5] ist von 1999 bis Ende 2011 von 6.257 Mrd. € auf 9.425 Mrd. angestiegen, also um knapp 51 %.[6] Dass trotz dieser über die wirtschaftliche Leistungssteigerung hinausgehende Geldmengenerhöhung die offiziellen Inflationsraten moderat geblieben sind, hat folgende Ursachen:

---

[3] Friedman (1968) S. 21–60.
[4] Vgl. WKO (2012).
[5] Real ist das BIP in der Eurozone seit Einführung der Gemeinschaftswährung um gut 20 % gestiegen.
[6] Monatsberichte der EZB sowie Eurostat. Darin sind gleichermaßen die Erhöhung der Zahl der Mitgliedsstaaten der Eurozone von elf auf 17 und die damit korrespondierende Geldmengenerhöhung enthalten.

Grund 1: Sinkende Umlaufgeschwindigkeit Eine Erhöhung der Geldmenge führt solange nicht zu Geldentwertung, wie dies durch eine rückläufige Umlaufgeschwindigkeit des Geldes kompensiert wird. Läuft eine höhere Geldmenge entsprechend langsamer um, bleibt das Produkt aus beidem gleich. So haben die Haushalte und Unternehmen aus Gründen der Vorsicht und der durch niedrige Zinsen ebenfalls niedrigen Opportunitätskosten der Geldhaltung[7] ihre Bargeldbestände und Girokontoguthaben erhöht. Das reduziert die Umlaufgeschwindigkeit des Geldes. Erst wenn immer mehr Haushalte und Unternehmen dem Geldwert nicht mehr trauen und beispielsweise palettenweise Konservendosen im Keller als Wertspeicher dem Bargeld vorziehen und darum die Supermärkte stürmen, kommt die Inflation ins Laufen. Oder wenn die Unternehmen aus Angst vor Inflation ihre Vorratsbestände erhöhen (Motto Sachwert sticht Geldwert). Diesen Zeitpunkt kann niemand vorherbestimmen, weil hier die Psychologie entscheidet. Aber irgendwann wird die angestaute Inflation sich Bahn brechen. Und dann schnellt die Umlaufgeschwindigkeit rasant nach oben.

Grund 2: Inflationsmessung ohne Vermögenspreise Die offizielle Inflationsmessung bezieht sich auf den Warenkorb eines Modellhaushalts, der Lebensmittel, Energie, Kleidung, Wohnraum usw. konsumiert. Nicht enthalten sind die Preissteigerungen bei Aktien, Edelmetallen und Immobilien, wenngleich bei letzteren das mit einer Zeitverzögerung über Mieten doch noch geschieht. Wegen der sich weiter aufbauenden Inflationswelle werden Menschen zunächst jedoch i. d. R. nicht mehr essen, größere Wohnungen mieten oder mehr Autos kaufen und so durch steigende Nachfrage in diesen Bereichen die Preise in die Höhe treiben. Außer die Inflationsangst beginnt um sich zu greifen und die Verbraucher ziehen es vor, „ihr Geld in werthaltige Anschaffungen wie Immobilien oder langlebige Gebrauchsgüter zu investieren, als es auf dem Finanzmarkt gegen niedrige Zinsen anzulegen".[8] Im Gegenteil, bei einer Abschwächung der wirtschaftlichen Entwicklung, wie sie sich im Herbst 2012 abzeichnet, kann es sogar wie in einigen Monaten des Jahres 2009 wieder zu einer negativen Inflationsrate kommen. Die ausbrechenden Rabattschlachten angesichts des rückläufigen Pkw-Absatzes zeugen bereits von dieser Entwicklung.

Grund 3: Überkapazitäten führen zu Preiswettbewerb Unverändert sind in der globalen Wirtschaft – auch ohne den erwarteten Abschwung Ende 2012 – unausgelastete Kapazitäten vorhanden. Das reduziert die Durchsetzungsfähigkeit von Preissteigerungen durch die Unternehmen. Im Gegenteil: Bei einem erneuten Einbruch der wirtschaftlichen Aktivität ist in bestimmten Branchen mit Rabattschlachten zu rechnen, wie sie sich jetzt schon zum Beispiel bei Automobilherstellern abzeichnen (vgl. Grund 2). Zumal dann auch die Rohstoffpreise wieder zurückgehen dürften, vorausgesetzt bewaffnete Konflikte im Nahen und

---

[7] Opportunitätskosten der Geldhaltung sind v. a. die entgangenen Zinsen, die man bei Anlage des Betrages erhalten hätte, aber für Bargeld oder Buchgeldguthaben auf Girokonten eben nicht erhält. Bei hohen Zinsen steigt auch die Umlaufgeschwindigkeit des Geldes in der Volkswirtschaft, weil Geld wegen der hohen entgangenen Zinsen weniger gerne gehalten wird.
[8] Vgl. O. V. (2011).

7 Die Änderung der Argumentation bei verändertem Szenario: Inflation oder Deflation

Mittleren Osten oder im Südchinesischen Meer (Spratly- und Paracel-Inseln) oder um die Senkaku/Diaoyu-Inseln im Ostchinesischen Meer bleiben aus oder im kleinen Rahmen.

Grund 4: Großzügige Geldversorgung Die Höhe der Zinssätze ist für die Investitionen der Unternehmen eine sehr relevante Kalkulationsgröße. Wie oben dargestellt, haben die Notenbanken weltweit die Wirtschaft (und indirekt die Staaten!) in den letzten Jahrzehnten sehr großzügig mit günstigem Geld versorgt. Das starke Geldmengenwachstum, also das hohe Angebot an Geld, sorgte für niedrigen Zinsen (= Preis für das Geld). Nach dem stärksten Wirtschaftseinbruch in Friedenszeiten seit der Weltwirtschaftskrise in 2009 hob die EZB den Leitzins auf 1,50 % p. a. an, um ihn anschließend bis auf das historische Zinstief von 0,75 % p. a. zurückzuführen. Weitere Senkungen sind bei schwacher Konjunktur zu erwarten. Das entspricht einer sehr lockeren Geldpolitik. In den USA und dem Vereinigten Königreich ist sie noch lockerer; dort kauft die Notenbank Fed gleich direkt Anleihen vom Finanzminister (Primärmarkt) und nicht „nur" am Sekundärmarkt wie die EZB. Außenwirtschaftlich kann man – analog der Weltwirtschaftskrise 1929 ff. – von einem „Währungskrieg" sprechen, in dem sich Volkswirtschaften durch Abwertung ihrer Währung Exportmärkte sichern wollen. Angesichts der heute flexiblen Wechselkurse, können Staaten (abgesehen von zum Beispiel China) ihre Währung nicht mehr durch Verordnung abwerten, sondern müssen sie durch stärkere Ausdehnung der eigenen Geldmenge im Vergleich zu ihren Konkurrenten abwerten. Auch das ist ein Abwertungswettlauf.

Sogar ganz unorthodoxe Wege der Geldpolitik sind – bei einem erneuten kräftigen Wirtschaftsabschwung – wahrscheinlich, zum Beispiel mehr oder weniger direkte Kredite der Notenbank an Unternehmen und Haushalte, sollten die Banken das nach Ansicht der Notenbanken nicht ausreichend tun. Im Extremfall wäre ja denkbar, dass Unternehmen und Konsumenten erlaubt würde, selbst Konten bei Notenbanken zu eröffnen und von dieser günstigen Kredit zu erhalten. Damit wären die Geschäftsbanken nicht mehr notwendig. Auch über negative Zinsen für Einlagen der Geschäftsbanken bei den Notenbanken wird schon diskutiert, um die Banken zur Kreditvergabe zu motivieren. Eher im bisherigen System könnte jedoch neben dem Erwerb von Staatsanleihen auch ein (verstärkter) Aufkauf von verbrieften Krediten an Unternehmen und Konsumenten sein, so dass – analog zur Immobilienblase in den USA – die Kreditvergabe für Banken nahezu risikolos wird, weil sie kurz nach der Kreditvergabe die Kreditforderung verkaufen können und ggf. nur noch für einen kleinen Prozentsatz der Kredite haften. Durch diese Aufblähung der eigenen Geldmenge („Dicke Bertha", „Bazooka")[9] kann man nicht nur ein kleines Wachstumsstrohfeuer durch stärkere Binnennachfrage im eigenen Währungsgebiet anfachen, sondern schwächt eben auch den Außenwert der eigenen Währung, um so der eigenen Exportwirtschaft zu helfen. Und die Notenbanken können damit Pleiten von Banken und Staaten leichter abwenden.

---

[9] Eine sehr großzügige Geldversorgung durch die Notenbanken wird unter Bezug auf ein deutsches Geschütz, Dicke Bertha, und eine US-Panzerabwehrwaffe, Bazooka, im Finanzjournalismus mit entsprechenden Begriffen belegt.

Und hier schließt sich auch der Kreis mit Grund 1, der sinkenden Umlaufgeschwindigkeit. Geldhaltung in bar oder auf Girokonten verursacht „Opportunitätskosten", nämlich den entgangenen Zinsgewinn einer Anlage. Wenn nun die Zinsen für Anlagen fast jeder Art sehr niedrig sind und vielleicht noch weiter gedrückt werden, entscheiden sich mehr Haushalte und Unternehmen auch aus diesem Grund (und nicht nur wegen empfundener Unsicherheit) für eine höhere Geldhaltung: Drücken also die Notenbanken durch zusätzliches Geldangebot die Zinsen noch weiter, sinken damit auch die mit Geldhaltung verbunden Opportunitätskosten und das Halten von Geld wird noch zunehmen. Diese Spirale wird allerdings nur bis zu dem Zeitpunkt funktionieren, an dem das Vertrauen in den Geldwert bei einer kritischen Masse an Wirtschaftssubjekten (private Haushalte und Unternehmen) derart schwindet, dass sie ihr Geld schnellstens in Sachwerte tauschen wollen. Wann dies der Fall sein wird, darüber kann es keine verlässliche Prognose irgendeines Ökonomen geben, weil dieser Zusammenbruch des Geldsystems ganz stark von der Psychologie abhängt. Außerdem wird staatliches Handeln danach streben, diesen Zeitpunkt so lange als möglich hinauszuschieben. Bildlich kann also erst eine „Deflationsebbe" trotz Geldmengenexpansion anstehen, die dann von einem „Inflationstsunami" abgelöst wird. Vielleicht gibt es auch ein mehrmaliges Hin- und Herschaukeln. Doch am Ende müssen die Schuldenberge, öffentlich wie privat, die wie ein Mühlstein auf der Weltwirtschaft liegen, beseitigt werden.

7.2.2 „Eurokrise" oder Staatsschuldenkrise?

Die Politik der „Euro-Rettung" mit einem Gesamtvolumen von mittlerweile über 2.200 Mrd. €[10] wird mit der Rettung der Währung begründet, also der Abwendung einer „Euro-Krise". Bei näherer Betrachtung wird jedoch klar, dass wir in Europa – wie in USA oder Japan auch – primär eine Staatsschuldenkrise haben. Weil der Euro jedoch – wie alle Papiergeldwährungen – vom Staat verordnet ist, wird daraus mit hoher Wahrscheinlichkeit eine Eurokrise. Denn stabiles Papiergeld kann es – wenn überhaupt – nur bei soliden Staatsfinanzen geben,[11] die jedoch in fast allen Ländern der Eurozone inklusive Deutschlands nicht vorliegen.

Wie können staatliche Schuldentürme abgebaut werden?

- **Steuererhöhungen und/oder Ausgabensenkungen**, so dass durch Überschüsse Schulden abgebaut werden können. Die sauberste und ehrlichste Lösung. Aber sind reale Kürzungen im Sozialbereich wirklich realistisch? Eher doch Steuer- und Sozialabgabenerhöhungen, was die wirtschaftliche Entwicklung erlahmen lassen wird.

---

[10] S. hierzu den ständig aktualisierten „Haftungspegel" des ifo-Instituts: www.cesifo-group.de/portal/page/portal/ifoHome/B-politik/_Haftungspegel.
[11] Gold oder Silber behalten jedoch auch bei einem Staatsbankrott ihren Wert.

7 Die Änderung der Argumentation bei verändertem Szenario: Inflation oder Deflation

- **Kriege** mit entsprechender Beute. Für Europa eher unwahrscheinlich. Aber 1982 gab es aus politökonomischen Gründen den Krieg um die Falkland-Inseln/Malwinen zwischen Argentinien und dem Vereinigten Königreich.[12]
- Ein **Schuldenschnitt** (engl. Haircut): Der nominale Wert der Schulden wird herabgesetzt, zum Beispiel um 50 % oder auch mehr. Griechenland hat das im März 2012 bei einem großen Teil seiner privaten Gläubiger „freiwillig",[13] bei einem kleineren Teil zwangsweise durchgeführt, in einer Art und Weise, die rechtsstaatlichen Prinzipien Hohn spricht. So wurden vom Griechischen Parlament Umschuldungsklauseln in die Anleihebedingungen rückwirkend (!) eingefügt und bestimmte Gläubiger vom Schuldenschnitt ausgenommen, was dem Gleichbehandlungsgrundsatz widerspricht. Ökonomisch war dieser Schuldenschnitt richtig und notwendig. Aber das versucht wurde, durch juristische Taschenspielertricks dem Betrug an den Gläubigern auch noch den Anschein von Legalität zu geben und dieses Vorgehen von der Mehrheit der politischen Klasse Europas begrüßt wurde, lässt für die Rechtsstaatlichkeit in Europa Schlimmes befürchten. Eine das gesamte Geldvermögen, also nicht nur Staatsanleihen, betreffende Wirkung hätte eine **Währungsreform** (s. unten), wenn sonstiges Vermögen (Aktien, Immobilien etc.) nicht irgendwie einbezogen werden.
- Eine **einmalige Vermögensabgabe**: Hier verlieren nicht nur die direkten und indirekten (zum Beispiel über Lebensversicherungen) Gläubiger von Staatsanleihen. Sondern alle müssen vermutlich oberhalb eines bestimmten, wahrscheinlich eher geringen Freibetrages einen Teil ihres Vermögens abgeben, vielleicht zeitlich gestreckt über ein paar Jahre. Also auch von Immobilieneigentum (ausgenommen vielleicht die selbstgenutzte Immobilie bis zu einem bestimmten Betrag), Aktien, Unternehmensanleihen, vielleicht sogar von Autos sowie Einrichtungs- und Kunstgegenständen etc.[14] Der Widerstand wird hier noch größer sein als beim Schuldenschnitt und es bedarf ebenfalls eines Parlamentsbeschluss. Eine ökonomisch vergleichbare Wirkung hätten die bereits diskutierten **Zwangsanleihen**, die je nach Vermögens- oder Einkommenssituation gezeichnet werden müssten.
- **Schulden werden weginflationiert.** Dies ist die wahrscheinlichste Form des Schuldenabbaus, weil es dazu keiner Parlamentsbeschlüsse bedarf. Die Notenbank muss einfach nur ihr Ziel der Preisniveaustabilität aufgeben. Bei Inflation gewinnt der Geldschuldner (der Staat ist für gewöhnlich der größte) und der Geldgläubiger verliert real an Wert. Im Extremfall kann das auf eine Hyperinflation wie 1923 in Deutschland hinauslaufen. Diese würde jedoch wegen ihrer sozialen Verwerfungen gesellschaftspolitische Kollateralschäden verursachen. Deswegen ist eher davon auszugehen, dass die „geldpolitische" Klasse (Politik und Notenbank) eine „Finanzielle Repression" anstrebt. Das

---

[12] Vgl. Mann (1995).
[13] Commerzbank-Chef Martin Blessing präzisierte die „freiwillige" Beteiligung am Schuldenschnitt so: „Das ist so freiwillig wie ein Geständnis in der spanischen Inquisition." Vgl. O. V. (2012).
[14] Um den Verwaltungsaufwand zu minimieren, lässt sich das z. B. über die Versicherungswerte der Hausratversicherung abdecken.

heißt, die Verzinsung der Staatsanleihen wird durch großzügige Geldversorgung (s. o.), auch durch Aufkauf von Staatsanleihen durch die Notenbank, unter die Inflationsrate gedrückt wird. Für die Staatsschulden ergibt sich ein negativer Realzins. Dies ist bereits der Fall zum Beispiel in Deutschland, dem Vereinigten Königreich und den USA. Dazu ein Rechenbeispiel: Die Verzinsung 5-jähriger Bundesobligationen lag im September 2012 bei rund 0,4 % p. a. Nach Abzug von Abgeltungssteuer bleibt eine Nettorendite von 0,3 % p. a. Bringt man die Inflationsrate von aktuell 2,1 % in Anrechnung, „bleibt" eine negative Realverzinsung von 1,8 % p. a. Das Vermögen des Anlegers schrumpft also um knapp zwei Prozent im Jahr. Umgekehrt schrumpft die staatliche Schuldenlast entsprechend.

Auch eine Kombination verschiedener oben dargestellter Möglichkeiten ist denkbar. Für Unternehmen und ihre Eigentümer am günstigsten wäre ein Schuldenschnitt bei Staatsschulden oder eben auch die Inflation. Immer unter der Voraussetzung, dass das gesellschaftliche System stabil bleibt.

EZB steht vor einem Dilemma Angesichts dieser Staatsschulden- und Finanzkrise drohen Staats- und Bankpleiten. Träten diese in größerem Umfang ein, wäre ein Zerfallen der Eurozone wahrscheinlich. Gäbe es keine Eurozone mehr, bräuchte es auch keine EZB mehr. Also wird die EZB höchstwahrscheinlich durch großzügige Geldversorgung Staats- und Bankpleiten verhindern, um ihre eigene Existenzberechtigung zu sichern. Das läuft aber mittel- langfristig auf eine Gefährdung der Preisniveaustabilität hinaus. Denn die Vermeidung von Staats- und Bankpleiten sowie die Einhaltung von Preisniveaustabilität sind nicht gleichermaßen erreichbar – hier besteht ein Zielkonflikt.

Vor diesem Hintergrund kann man festhalten: Die EZB, Staaten und Großbanken sind als ein „Trio infernale" aufeinander angewiesen: Gehen Staaten pleite, folgen ihnen die Banken. Oder auch umgekehrt, siehe Irland oder Spanien. Reißt es beide in den Abgrund, fliegt die Eurozone auseinander. Dann müsste auch die EZB dichtmachen. Alle drei sind aufeinander angewiesen. Sie werden die Kosten für ihre Selbstbehauptung auf den Sparer und Steuerzahler, v. a. der Überschussländer wie Deutschland, Niederlande oder Finnland, abwälzen. Diese sind die ökonomischen Verlierer der „Euro-Rettung", die bei Lichte betrachtet primär eine Rettung der Zusammensetzung von Euroland ist. Hätten nämlich Länder, die pleite sind, die Währungsunion verlassen, wäre der Euro stärker und nicht schwächer geworden. Aber genau das nicht zuzulassen, macht ja die „Euro-Rettung" aus. Ein Paradebeispiel für irreführende Begrifflichkeiten im politischen Marketing.

7.3 Konsequenzen für Unternehmen

Der Staat ist fast immer der größte Schuldner in einer Volkswirtschaft. Und er verfügt über das Gewaltmonopol, kann sich also der Rückzahlung seiner Schulden ganz (s. 1923 in Deutschland) oder teilweise (s. Griechenland 2012) entziehen. Für Unternehmen, die sich mit schuldenfinanzierten Investitionen oder einer Prolongation fälligen Fremdkapitals beschäftigen, sind die vorgenannten Ausführungen deswegen unbedingt mit in die Überlegungen einzubeziehen. Und dies auch aus folgenden Gründen.

7.3.1 Stark steigende Inflation wird kommen, aber wahrscheinlich nicht sofort

Aus Sicht des Verfassers ist folgendes Szenario sehr wahrscheinlich: In einer künftigen Rezession mit noch einmal „quasi-deflationären" Verhältnissen (analog Japan) werden die Notenbanken mit (direkter oder indirekter) Staatsdefizitfinanzierung antworten. Diese Geldmengenausdehnung wird aber erst später richtig in Umlauf kommen und inflationäre Wirkung spürbar entfalten können. Bildlich: Erst leichte „Deflationsebbe" und dann „Inflationstsunami" (vgl. oben). Sollte jedoch die Umlaufgeschwindigkeit des Geldes auch dann nicht deutlich ansteigen und zu Geldentwertung führen, kann es sein (wieder analog Japan), dass sich dieser Vorgang vielleicht sogar noch mehrfach wiederholt. Aus volkswirtschaftlicher Sicht kann kein sicherer Fahrplan für die zukünftige Entwicklung entworfen werden. Den Papiergeldwährungen wird aus guten Gründen der Tod vorhersagt. Ganz grundsätzlich gilt: Das durch Geldschöpfung und zusätzliche Staatsverschuldung „produzierbare" Wachstum nimmt mit der Dauer der Existenz eines Papiergeldsystems immer mehr ab und wird – wegen des sinkenden Grenznutzens des zusätzlichen Geldes und der zusätzlichen Staatsausgaben – irgendwann Null werden. Die weitere Entwicklung hängt aber auch ganz stark von der Psychologie ab. Die übergroße Mehrzahl der heute in der Eurozone Lebenden hat keine galoppierende Inflation, keine Hyperinflation, keine Währungsreform im eigenen Land selbst erlebt. Dies gibt der „geldpolitischen" Klasse mehr Spielraum, das Unausweichliche in die Zukunft zu verschieben, weil die Flucht in Sachwerte (angefangen bei der Konservendose) noch nicht stattfindet. Also: Todgesagte leben oft länger als (von kritischen Ärzten) erwartet. Letztlich aber muss das Grundproblem der Weltwirtschaft gelöst werden, nämlich die Schuldentürme müssen abgebaut werden. Dies kann – wie oben dargestellt – auf vielfältige Weise erfolgen. Der Weg über Inflation ist nach Ansicht des Verfassers der langfristig wahrscheinlichste.

7.3.2 „Den Stinnes machen"?

Die Unternehmerpersönlichkeit Hugo Stinnes (1870–1924) wird auch als „Inflationskönig" bezeichnet. Ihm gelang es, durch starke Fremdfinanzierung sein Firmenimperium in der Inflationszeit nach dem Ersten Weltkrieg stark auszubauen. „Die Entwertung der Papiermark hatte die goldbasierten Schulden jedoch zu 98 % eliminiert – zum Gewinn der Unternehmen und zum Verlust der Anleiheinhaber. Neue Kredite der Reichsbank, die Wirtschaftsunternehmen Darlehen zu äußerst niedrigen Abzinsungssätzen gewährte, und das selbst noch auf der Höhe der Krise im Jahr 1923, wurden auf die gleiche

Weise automatisch entschuldet: Die rapide Geldentwertung sorgte dafür, dass der reale Wert der Rückzahlungen niedriger war als die ursprünglichen Darlehen (...)."[15] In der Hyperinflation 1923 wurden Vermögen der überwältigenden Mehrheit der Deutschen völlig vernichtet, einige wenige „Inflationsgewinner" – exemplifiziert an Hugo Stinnes – machten oder vergrößerten ihren Reichtum. Selbst Käufer von überwiegend kreditfinanzierten Eigentumswohnungen mit nur durchschnittlichem Einkommen versuchen derzeit in deutschen Ballungszentren in den Fußstapfen von Hugo Stinnes zu wandeln.[16]

Und ist das nicht auch eine verlockende Vorgehensweise gegenwärtig? Selbst wenn es zu keiner Hyperinflation wie 1923 kommen sollte, sondern „nur" zu der vom Verfasser für wahrscheinlich erachteten „Finanziellen Repression" steht der Geldschuldner auf der Gewinnerseite. Doch darf die Rechnung nicht ohne den Wirt Staat gemacht werden. Er sitzt am längeren Hebel und kann sich selbst entschulden, es anderen Schuldnern aber verweigern oder erschweren. So wurden bei der Währungsreform 1948 der Staat entschuldet und die Banken gerettet, indem die Geldforderungen der Gläubiger im Verhältnis 100 Reichsmark zu 6,50 DM abgewertet wurden, bei sonstigen Geldforderungen wie Bankkrediten an Private jedoch 100 zu 10.[17] Wer also 100 Reichsmark Schulden und 100 Reichsmark Bankguthaben hatte, stand plötzlich mit einer Nettoschuld von 3,50 DM da. Das könnte man zugunsten von Staat und Banken noch stärker spreizen.

Da gut geführte Unternehmen im Hinblick auf sich nähernde Tilgungstermine Liquiditätsreserven aufbauen, laufen sie Gefahr, durch eine solche Währungsreform, der nicht zwingend eine zumindest galoppierende Inflation vorausgehen muss, überrascht zu werden. Denn Währungsreformen werden nicht nur so lange als möglich dementiert, sondern ihre genauen Bedingungen sind auch nicht vorhersehbar.

So rechnet der Verfasser mit massiven Vermögensumverteilungen angesichts der gegenwärtigen Krise, selbst wenn es nicht zu einer Hyperinflation wie 1923 kommen sollte. Eine solche Umverteilung kann zum Beispiel auch durch eine großzügige Geldversorgung für den Staat und die Großbanken einerseits erfolgen (wie von EZB-Präsident Draghi Mario angekündigt), während andererseits die Kreditversorgung für den Mittelstand über Sparkassen und Genossenschaftsbanken erschwert wird, siehe Basel III und „Bankenunion", also eine einheitliche europaweite Bankenaufsicht, kombiniert mit einer ebensolchen Einlagensicherung. Notenbanken können „ihre" Staaten und „ihre" Banken „retten", während gleichzeitig durch stark verbesserungsfähige Regulierung wie Basel III oder Solvency II[18]

---

[15] Fergusson (2011) S. 124.

[16] Selbst wenn sie richtig liegen und eine massive Inflation schnell kommt – sie also nicht Opfer einer „deflationären Immobilienblase" werden, müssen sie analog der Hyperinflation 1923 mit einer anschließenden Sonderabgabe rechnen. Damals war es die „Hauszinssteuer". Der Staat duldet in der Regel keinen Inflationsgewinner neben sich. Im Vergleich zum Geldgläubiger kamen die Immobilieneigentümer damals aber immer noch besser weg.

[17] Vgl. Borchert (2003) S. 13 f.

[18] Auch für Versicherungen gilt: Legen sie Geld in Unternehmensanleihen oder Immobilien an, müssen sie dafür Eigenkapital vorhalten, bei Staatsanleihen des eigenen Währungsraumes nicht. Diese Bevorzugung von Staatsanleihen führt aus Eigeninteresse der Finanzinstitutionen (Maximierung

dem unternehmerischen Mittelstand „der Kredithahn zugedreht" wird. Die dadurch in die Pleite manövrierten Unternehmen stünden dann zum Verkauf für Interessenten, welche diese (Geld-)Politik richtig „vorhergesehen" haben und nun diese an sich gesunden Unternehmen kreditfinanziert günstig kaufen. Und erst dann kommt der „Inflationstsunami" und entschuldet diese Käufer. Zumindest ein denkbares Szenario. Vorsicht ist geboten!

7.3.3 Unternehmensanleihen auch bei Deflation von Vorteil gegenüber Bankkredit

Grundsätzlich gilt: Bei Deflation hat der Gläubiger einen Vorteil gegenüber dem Schuldner, denn der reale Wert seiner Forderung wächst. Aber angesichts der oben beschriebenen Geldschwemme kann es zu Deflation im reinen geldtheoretischen Sinne gar nicht kommen, sondern nur zu deflationären Verhältnissen analog Japan seit 1990. Das heißt, trotz großzügiger Geldversorgung durch die Notenbank sinkt die Umlaufgeschwindigkeit so stark, dass das Preisniveau stabil bleibt, teilweise sogar leicht fällt. Für Schuldner ist so eine Situation, zumal wenn sie länger dauert durchaus problematisch. Aber er hat bei der Unternehmensanleihe selbst dann gegenüber dem Bankkredit immer noch einen Vorteil: In deflationären Phasen sinken die Gewinnaussichten der Unternehmen, Aktienkurse gehen zurück, Anleihekurse steigen jedoch, solange der Markt mit der Kapitaldienstfähigkeit des Unternehmens rechnet. Wird die Kapitaldienstfähigkeit des Unternehmens vom Markt jedoch als gefährdet angesehen, werden auch die Kurse von seinen Anleihen sinken, ggf. sogar deutlich. Dies eröffnet die Möglichkeit (finanzielle Reserven im Unternehmen oder bei den Gesellschaftern vorausgesetzt), sie unter pari am Anleihemarkt zurückzukaufen und so die Schuldenlast zu reduzieren. Ein Bankkredit ist hingegen immer nominal zurückzuzahlen.

7.4 Fazit

Angesichts der Unkalkulierbarkeit staatlichen Handelns (inklusive Notenbanken) zur Lösung des öffentlichen Schuldenproblems und der Schieflagen bei Banken im Besonderen sowie der Größe der globalen Schuldentürme von privaten Haushalten, Unternehmen und Staaten im Allgemeinen, können ehrlicherweise keine einfachen Empfehlungen gegeben werden. Je stärker die persönliche Haftung der Eigentümer eines Unternehmens ist, desto vorsichtiger sollte bei der Finanzierung mit Fremdkapital verfahren werden – von einem starken Hebeln ist abzuraten. Ein hoher Eigenkapitalanteil und trotz Inflationsge-

---

der Eigenkapitalrendite) zu einem sicheren steten Zufluss von Sparvermögen zum Staat, der sich so durch Regulierung eine zusätzliche Einnahmequelle neben Steuern und Sozialabgaben sichert.

fahr höhere Finanzreserven als in normalen Zeiten, möglichst breit auf viele Banken[19] und Anleihen mit kurzer Restlaufzeit verteilt, machen das Unternehmen krisenfester. Klar ist: Dadurch bleiben jedoch ggf. zu Gunsten der Sicherheit Wachstumschancen ungenutzt. Und beim Fremdkapital sollte (analog zu einem vermögenden Anleger) auf Streuung geachtet werden. Die Mischung macht es: Unterschiedliche Laufzeiten und Formen: kurz-, mittel- und langfristiges Fremdkapital, nach Fristen gut gestaffelt und auf unterschiedliche Gläubiger(gruppen) verteilt: Banken, Anleihegläubiger und Lieferanten. Ein Schiff ist in ruhiger See angenehmer zu steuern.

Literatur

Borchert M (2003) Geld und Kredit, 8. Aufl. Oldenbourg Verlag, München
Fergusson A (2011) Das Ende des Geldes. Finanzbuchverlag, München
Friedman M (1968) Inflation: causes and consequences. In: Friedman M (Hrsg) Dollars and deficits: living with America's economic problems. Prentice-Hall, Englewood Cliffs, S 21–60
Mann G (1995) Falkland/Malvinas: Der umstrittene Archipel im Südatlantik. Dr. Markus Hänsel-Hohenhausen, Egelsbach
O. V. (2011) www.spiegel.de/wirtschaft/soziales/stabiles-konsumklima-deutsche-kaufen-gegen-die-krise-an-a-793772.html. Zugegriffen: 25. Nov. 2011 (Abruf 2.10.12).
O. V. (2012) Focus Online 5.3.12. www.focus.de/finanzen/news/staatsverschuldung/schuldenschnitt-fuer-griechenlandgrosse-mehrheit-der-glaeubiger-fuer-schuldenschnitt_aid_720872.html. Zugegriffen: 6. April 2012
WKO (2012) Inflationsraten, o. O. http://wko.at/statistik/eu/europa-inflationsraten.pdf. Zugegriffen: 15. Sept. 2012

---

[19] Wegen ihrer „Systemrelevanz" dürfte die Gefahr von Pleiten bei Großbanken gleichwohl als gering eingeschätzt werden.

Teil II
Rechtliche Rahmenbedingungen der Debt Relations

Rechtliche Rahmenbedingungen bei der Emission von Debt Produkten

8

Thorsten Kuthe und Madeleine Zipperle

Bei der Emission von Debt Produkten stellen sich für die Kommunikation mit Investoren hochgradig praxisrelevante rechtliche Fragen. Eine Weichenstellung für das gesamte Projekt ist die Frage, ob ein von der Bundesanstalt für Finanzdienstleistungsaufsicht (BaFin) oder einer entsprechenden Behörde eines anderen europäischen Landes gebilligter Wertpapierprospekt notwendig ist. Sowohl in zeitlicher Hinsicht als auch im Hinblick auf die Emissionskosten ergeben sich große Unterschiede, je nachdem ob ein Prospekt erforderlich ist oder nicht. Daher wird sich der folgende Beitrag in einem Schwerpunkt mit der Frage auseinandersetzen, in welchen Fällen eine Prospektpflicht besteht.

Zudem müssen während und nach der Emission zahlreiche für die Kommunikation gegenüber Investoren (bzw. der Öffentlichkeit) relevante Vorschriften beachtet werden. Hier versteckt sich insbesondere für Anbieter mit wenig Börsenerfahrung das ein oder andere, was eine praktische Umgewöhnung erforderlich macht. Daher werden auch die relevanten Publizitätspflichten während und nach einer Emission beleuchtet.

8.1 Prospektpflicht

Die erste wichtige Frage bei der Emission eines Debt Produktes ist, ob das Vorhaben einen durch die BaFin gebilligten Wertpapierprospekt erfordert oder nicht. Ob eine Emission prospektpflichtig ist oder sich die Erstellung eines solchen anbietet oder ob Ausnahmetatbestände eingreifen, die einen Prospekt entbehrlich machen, hängt vom konkreten Einzelfall ab, hierbei vor allem von der konkreten Form der Emission und vom zu emittierenden Finanzprodukt. Die Antwort auf die Frage, welcher Weg in concreto zu beschreiten

T. Kuthe (✉) · M. Zipperle
Heuking Kühn Lüer Wojtek, Rechtsanwalt, Magnusstraße 13, 50672 Köln, Deutschland
E-Mail: t.kuthe@heuking.de

M. Zipperle
E-Mail: m.zipperle@heuking.de

ist, hat erheblichen Einfluss auf die gegenüber potenziellen Investoren zu verfolgende Kommunikationsstrategie. Nicht nur weil die Prospekterstellung (und insbesondere die Billigung) ein gewisses – wenn auch überschaubares – Maß an Zeit- und Kostenaufwand auslöst, muss sich ein Anbieter Klarheit darüber verschaffen, ob für die von ihm beabsichtigte Emission ein Prospekt notwendig ist.

Der rechtliche Rahmen für Prospektpflicht und -inhalt wird maßgeblich durch die EU-Verordnung (EG) Nr. 809/2004 (Prospektverordnung) sowie in Deutschland insbesondere durch das Wertpapierprospektgesetz (WpPG) bestimmt. Grundsätzlich regelt § 3 Abs. 1 WpPG, dass der Anbieter von Wertpapieren, die im Inland öffentlich angeboten oder zum Handel an einem öffentlichen Markt zugelassen werden sollen, einen Wertpapierprospekt erstellen muss.

8.1.1 Regelungen des WpPG

Zunächst einmal ist nach dem WpPG ein Prospekt grundsätzlich dann erforderlich, wenn Wertpapiere „öffentlich angeboten" werden.

Wann ein solches öffentliches Angebot vorliegt, ist in § 2 Nr. 4 WpPG näher definiert. Demnach handelt es sich (bereits dann) um ein öffentliches Angebot, wenn ausreichende Informationen über die Angebotsbedingungen und die anzubietenden Wertpapiere an das Publikum dergestalt mitgeteilt werden, dass ein Anleger in die Lage versetzt wird, über den Kauf oder die Zeichnung dieser Wertpapiere zu entscheiden. Die Anzahl der angesprochenen Anleger ist dabei nicht entscheidend. Auch wenn sehr viele Personen im Rahmen einer Privatplatzierung angesprochen werden, entsteht dadurch noch kein öffentliches Angebot. Es kommt vielmehr darauf an, ob sich das Angebot an einen unbestimmten bzw. unbegrenzten Personenkreis richtet. Hierin liegt direkt der erste ganz zentrale Punkt, bei dem es auf Debt Relations ankommt, denn ob ein Angebot von Wertpapieren öffentlich ist, bestimmt sich nach der Kommunikation mit den Anlegern.

Entscheidend für das Vorliegen eines öffentlichen Angebots ist, ob die wesentlichen Vertragsbestandteile, also der Kaufgegenstand, der Preis oder Preisrahmen, der Lieferzeitpunkt und die Valuta der Öffentlichkeit mitgeteilt werden. Es besteht daher das Risiko, dass Emittenten in die sogenannte „Werbefalle" tappen. Denn Ankündigungen, Werbungen und Unternehmenspräsentationen können schon ein öffentliches Angebot im Sinne des WpPG darstellen und damit die Prospektpflicht auslösen, wenn die vorgenannten Informationen ganz oder teilweise enthalten sind. Spätestens liegt ein Angebot vor, wenn der Emittent einem unbestimmten/unbegrenzten Personenkreis eine Zeichnungsmöglichkeit eröffnet und insbesondere der Ausgabepreis und bei einer Anleihe die Verzinsung angegeben wurde.

Neben dem Fall des öffentlichen Angebots ist die Erstellung eines Wertpapierprospekts dann notwendig, wenn Wertpapiere zum Handel an einem organisierten Markt zugelassen werden sollen. Unter einem organisierten Markt ist ein durch staatliche Stellen genehmigtes, geregeltes und überwachtes Handelssystem (§ 2 Nr. 16 WpPG) zu verstehen, also etwa der Prime und General Standard der Frankfurter Wertpapierbörse. In der Praxis bedeutet dies, dass etwa für die Begebung von Benchmark-Anleihen, die typischerweise eine Notierung im regulierten Markt anstreben, grundsätzlich ein Wertpapierprospekt benötigt wird, und zwar unabhängig davon, ob sie öffentlich angeboten werden oder nicht.

8.1.2 Gesetzliche Ausnahmen von der Prospektpflicht

Für alle Debt Produkte gilt: Wer sich entscheidet, auf Privatanleger zu verzichten und nur institutionelle Investoren anzusprechen, benötigt keinen Wertpapierprospekt (es sei denn, die Wertpapiere sollen zum Handel im regulierten Markt zugelassen werden). Dies ergibt sich aus § 3 Abs. 2 Satz 1 Nr. 1 WpPG, nach dem ein Prospekt entbehrlich ist, wenn die Wertpapiere ausschließlich „qualifizierten Anlegern" angeboten werden. Wer zu den „qualifizierten Anlegern" zählt, ist in § 2 Nr. 6 WpPG geregelt, der nach aktueller Gesetzeslage auf § 31a des Wertpapierhandelsgesetzes (WpHG) und damit auf die Einteilung zwischen „professionellen" und „privaten" Kunden verweist. Damit werden die üblichen institutionellen Anleger als „qualifizierte Anleger" erfasst. Aber auch kleine und mittlere Unternehmen sowie sogar (doch wiederum) Privatanleger können sich auf Antrag als „professionelle Kunden" bei einer konkreten Bank einstufen lassen (§ 31a Abs. 7 WpHG).

Die Regelung hat den Hintergrund, dass qualifizierte Anleger als weniger schutzbedürftig angesehen werden. Aus der Überlegung heraus, dass Privatanleger keine allzu hohen Geldsummen in einzelne Papiere investieren werden, wurden weitere Ausnahmetatbestände entwickelt. So ist ein Wertpapierprospekt entbehrlich, wenn die angebotenen Wertpapiere eine Mindeststückelung von 100.000,00 € aufweisen (§ 3 Abs. 2 Satz 1 Nr. 4 WpPG) oder wenn das Angebot vorsieht, dass die Wertpapiere nur ab einem Mindestabnahmebetrag von 100.000,00 € erworben werden können (§ 3 Abs. 2 Satz 1 Nr. 3 WpPG). Die genannten Schwellen wurden Mitte 2011 im Rahmen der Revision der Prospektrichtlinie[1] deutlich angehoben.

Weniger praxisrelevant dürfte die Ausnahme aus § 3 Abs. 2 Satz 1 Nr. 5 WpPG sein. Nach dieser Vorschrift entfällt die Prospektpflicht, wenn der Verkaufspreis für alle angebotenen Wertpapiere innerhalb von zwölf Monaten weniger als 100.000,00 € beträgt. Dies ist zwar prinzipiell begrüßenswert, da die Kosten für die Prospekterstellung bei diesen sogenannten „Kleinstemissionen" zu stark ins Gewicht fallen würden. Aufgrund der geringen Attraktivität der Kleinstemissionen für Unternehmen und Investoren ist diese Möglichkeit jedoch gleichzeitig wenig genutzt.

Eine weitere Ausnahme entbindet trotz Bestehens eines öffentlichen Angebots von der Prospektpflicht für den Fall, dass sich das Angebot in jedem Staat des Europäischen Wirtschaftsraumes an weniger als 150 nicht qualifizierte Anleger richtet (§ 3 Abs. 2 Satz 1 Nr. 2 WpPG). Die in verschiedenen Ländern angesprochenen Privatanleger werden nicht

---
[1] Richtlinie 2003/71/EG vom 4. November 2003; Änderungsrichtlinie 2010/73/EU vom 24. November 2010.

addiert. Selbst dann also, wenn sich das Angebot an 149 Deutsche, 149 Franzosen, 149 Spanier usw. richtet, besteht keine Prospektpflicht.[2]

Schließlich entfällt die Prospektpflicht für Emittenten, deren Aktien bereits zum Handel an einem organisierten Markt zugelassen sind. Diese können Debt Produkte mit einem Bilanzkaufpreis von weniger als fünf Millionen Euro innerhalb von zwölf Monaten prospektfrei begeben, auch wenn diese öffentlich Angeboten oder zum Handel im organisierten Mark zugelassen werden sollen (§ 1 Abs. 2 Nr. 4 WpPG).

Die genannten Ausnahmen haben den Vorteil, dass sie selbstbefreiende Wirkung haben. Das bedeutet, dass keine positive Bescheidung der BaFin über das Erfüllen eines Ausnahmetatbestandes notwendig ist. In Zweifelsfällen empfiehlt sich dennoch eine Absprache mit der BaFin, um eine Haftung wegen fehlendem Prospekt gemäß § 24 WpPG zu vermeiden. Nach dieser Norm müssen Emittent und Anbieter der Wertpapiere diese gegen Erstattung des Erwerbspreises zurücknehmen, wenn ein Prospekt entgegen § 3 WpPG nicht vorliegt.

8.1.3 Private Placement

Ein weiterer Weg eine Prospektpflicht zu vermeiden besteht in einem Private Placement. Sämtliche der vorgenannten gesetzlichen Ausnahmetatbestände von der Prospektpflicht sind nur dann relevant, wenn ein öffentliches Angebot der Debt Produkte vorliegt. Gestaltet man das Angebot von vorne herein so, dass es nicht öffentlich ist, weil man sich nicht an einen unbestimmten Anlegerkreis, sondern nur an konkret ausgewählte Anleger richtet, so ist auch der Tatbestand der Prospektpflicht nicht erfüllt. Es handelt sich dann um ein Private Placement, auf das die Prospektvorschriften mangels eines öffentlichen Angebots keine Anwendung finden, solange keine prospektpflichtige Zulassung der Wertpapiere im organisierten Markt angestrebt wird. Voraussetzung einer solchen Privatplatzierung ist allerdings, dass zwischen dem Anbieter des Debt Produkts und dem Investor bereits eine Beziehung besteht. Andernfalls wäre man schnell wieder im Fahrwasser eines Angebots an einen unbestimmten, weil unbekannten, Personenkreis, also im Bereich eines öffentlichen Angebots. Im Regelfall kann ein Private Placement bejaht werden, wenn die potenziellen Investoren dem Anbieter oder einer der an der Emission beteiligten Banken bekannt sind und sie zusätzlich gezielt nach individuellen Gesichtspunkten ausgewählt werden.

Zu beachten ist jedoch, dass die BaFin die Frage, ob ein öffentliches Angebot vorliegt, auch nach dem Merkmal der Schutzbedürftigkeit der Angebotsadressaten auslegt. Dies zeigt sich etwa bei Mitarbeiterbeteiligungsprogrammen. Werden Debt Produkte wie etwa Genussrechte oder Wandelschuldverschreibungen an Mitarbeiter angeboten, stellt sich die Frage, ob dies ein öffentliches Angebot an das Publikum ist. Hier sind sämtliche Angebotsadressaten dem Emittenten bekannt (es sind seine Mitarbeiter) und er hat diese auch nach individuellen Kriterien (Absicht zur Vergütung in besonderer Weise, um Motivation

---

[2] Siehe hierzu etwa Heidelbach (2010) § 3 WpPG Rn. 16.

zu schaffen) ausgewählt. Trotzdem gelangt die BaFin zur Auffassung, dass hier ein öffentliches Angebot vorliegen kann, weil die Mitarbeiter zwar bestimmbar, jedoch mangels vorheriger Investition in die entsprechenden Wertpapiere schutzbedürftig sind. Dies wurde für das Angebot von Aktien an Mitarbeiter ausdrücklich festgelegt, für Genussrechte und Wandelschuldverschreibungen dürfte das gleiche gelten. Ein prospektfreies Private Placement liegt also in solchen Fällen nicht vor, jedoch kann eine der anderen Ausnahmen von der Prospektpflicht eingreifen, etwa wenn weniger als 150 Mitarbeiter in Deutschland angesprochen werden oder die Wertpapiere kostenlos oder zu einem Preis von insgesamt weniger als 150.000,00 € angeboten werden etc. Eine Rolle für diese Auslegung spielt auch, dass das Wertpapierprospektgesetz – etwa in § 4 Abs. 1 Nr. 5 oder in § 4 Abs. 2 Nr. 6 WpHG – für bestimmte Sachverhalte Regelungen für eine Vereinfachung der Prospektanforderungen bei Angeboten an Mitarbeiter vorsieht. Dies kann zu der Annahme führen, dass der EU-Gesetzgeber Mitarbeiterangebote grundsätzlich als prospektpflichtig ansehen wollte.

Eine ähnliche Überlegung gibt es bei Bezugsangeboten von Wandelschuldverschreibungen, die bislang als prospektfrei galten, jetzt aber wohl einer Prospektpflicht unterliegen, vergleiche dazu nachstehend 9.1.5.

8.1.4 Prospektpflicht durch Börsennotierung?

Wie bereits beschrieben, erfordert ein Zulassungsantrag zu den Börsensegmenten des regulierten Marktes einen Wertpapierprospekt. Mithin entsteht eine Prospektpflicht allein durch die Notierung eines Debt Produktes im Freiverkehr grundsätzlich nicht. Jedoch gilt dies primär für den sog. allgemeinen Freiverkehr. Die deutschen Börsen haben allerdings in den letzten Jahren fast alle ein Qualitätssegment für das Angebot und die Notierung von Mittelstandsanleihen im Freiverkehr geschaffen. Namentlich handelt es sich um den Entry Standard und den Prime Standard für Unternehmensanleihen an der Frankfurter Wertpapierbörse, den mittelstandsmarkt an der Börse Düsseldorf, die Mittelstandsbörse Deutschland an der Börse Hamburg/Hannover, Bondm an der Börse Stuttgart und m:access an der Börse München. Nach den Freiverkehrsrichtlinien dieser Börsen ist für eine Handelseinbeziehung grundsätzlich die Veröffentlichung eines Wertpapierprospekts notwendig.

8.1.5 Prospektpflicht bei Wandelschuldverschreibungen

Bei der Frage der Prospektpflicht für Wandelschuldverschreibungen ist zwischen der Emission von Wandelschuldverschreibungen mit und ohne Bezugsrecht zu unterscheiden:
Werden Wandelschuldverschreibungen ohne Bezugsrecht für die Aktionäre begeben, typischerweise wenn diese sich auf Aktien beziehen, die weniger als 10 % des bisherigen Grundkapitals repräsentieren, gilt für die Emission der Wandelschuldverschreibung nichts anderes als das, was allgemein für die Emission von Schuldverschreibungen gilt

und in den vorstehenden Abschnitten dargestellt ist. Ein Prospekt wäre also erforderlich, wenn ein öffentliches Angebot erfolgen würde. Dies kommt in der Praxis aber nicht vor, ist es doch gerade ein Vorteil der sogenannten zehn Prozent-Emission, dass man diese prospektfrei durchführen kann. Prospektpflichtig wäre jedoch die Zulassung der Wandelschuldverschreibung zum Handel im regulierten Markt, ohne dass eine der gesetzlichen Ausnahmen eingreift.

Bei Wandelschuldverschreibungen kommt zu vorgenanntem ein zusätzliches Thema hinzu, nämlich dass die zugrunde liegenden Aktien einer Zulassung zum Handel im regulierten Markt zwingend bedürfen, wenn die Aktien der jeweiligen Gattung dort bereits notieren. Die entsprechenden neuen Aktien werden in der Regel aus einem bedingten Kapital geschaffen. § 4 Abs. 2 Nr. 7 WpHG sieht allerdings vor, dass in diesem Fall eine prospektfreie Zulassung des bedingten Kapitals erfolgen kann, ein Zulassungsprospekt also nicht erforderlich ist.

Werden Wandelschuldverschreibungen mit dem gesetzlichen Bezugsrecht der Aktionäre angeboten, was nach der Vorstellung des Gesetzgebers der Grundfall ist, so stellt sich die Frage, ob die Gewährung des Bezugsrechts an die Aktionäre ein öffentliches Angebot darstellt. In der Vergangenheit wurde in Deutschland mit Zustimmung der BaFin die Praxis gelebt, dass Bezugsangebote von Aktien oder Wandelschuldverschreibungen kein öffentliches Angebot darstellen.[3] Es wurde argumentiert, dass der Kreis derjenigen, denen die Wandelschuldverschreibungen angeboten werden, bestimmbar ist (alle bisherigen Aktionäre) und darüber hinaus die Aktionäre nach einer am Normzweck orientierten Betrachtungsweise nicht schutzbedürftig seien, weil sie schon in die Aktien der Emittentin investiert hätten und daher ein weniger hohes Informationsbedürfnis gegeben sei wie bei völlig fremden Dritten.

Diese Auffassung der BaFin wurde bereits in der Vergangenheit von der überwiegenden Mehrzahl der anderen europäischen Aufsichtsbehörden nicht geteilt. Im Zuge der Reform der Prospektrichtlinie, die mit Wirkung zum 1. Juli 2012 in deutsches Recht umgesetzt wurde, wurden in die EU-Prospektverordnung nun ausdrücklich eine Reihe von Sonderregelungen für Bezugsrechtsemissionen aufgenommen. Dies hatte die geänderte Prospektrichtlinie vorgesehen. Die BaFin hat daraufhin ihre vorherige Rechtsauffassung als nicht mehr mit europäischem Recht vereinbar aufgegeben. Demgemäß stellen Bezugsrechtsangebote für Aktien und Wandelschuldverschreibungen nunmehr ein öffentliches Angebot dar und unterliegen damit grundsätzlich einer Prospektpflicht, soweit nicht eine andere gesetzliche Ausnahme einschlägig ist.

8.2 Weitere gesetzliche und börsenrechtliche Pflichten

Neben der zentralen Frage nach der Notwendigkeit eines Wertpapierprospekts hat ein Anbieter noch weitere rechtliche Pflichten zu beachten, die für Debt Relations von Relevanz sind. Rechtsquellen hierfür können weitere gesetzliche Bestimmungen sein oder

---

[3] Siehe etwa Schnorbus (2011) § 2 Rn. 67.

auch privatrechtliche Regularien der jeweiligen Börsenhandelsplätze. Je nachdem, in welchem Börsensegment eine Emission angestrebt wird, fallen diese Pflichten unterschiedlich umfangreich aus. Ganz grundsätzlich lässt sich hierzu die Faustregel festhalten, dass die zusätzlichen Pflichten an Quantität und Intensität zunehmen, je mehr sich der Emittent in Richtung der Qualitätssegmente des regulierten Marktes bewegt. Die Erfüllung dieser Pflichten hat zugleich Auswirkungen auf die Kommunikation mit potenziellen Investoren: Einerseits können diese sich, je engmaschiger die Pflichten gestrickt sind, ein sehr genaues Bild vom Emittenten machen. Es wäre also schwierig (und unter Haftungsgesichtspunkten ohnehin nicht ratsam), gegenüber den Anlegern ein Bild vom Unternehmen zu zeichnen oder aufrechtzuerhalten, das eventuell im Missverhältnis zu der tatsächlichen Lage steht. Andererseits lassen sich durch eine gehörige Pflichterfüllung seitens des Unternehmens natürlich sehr positive Effekte erzielen. Pflichtgemäße Information der Anleger ist besonders geeignet, das am Kapitalmarkt unverzichtbare Vertrauen herzustellen, bzw. aufrechtzuerhalten und lässt sich dementsprechend dazu nutzen, die Aufrichtigkeit des Emittenten herauszustellen. Dies ermöglicht, auch in schwierigen Situationen auf den Anlegerkreis bauen zu können.

8.2.1 Freiverkehr

Der allgemeine Freiverkehr stellt das Handelssegment mit den niedrigsten Zugangsvoraussetzungen dar. Doch ergeben sich auch hier aufgrund der Freiverkehrsrichtlinien der einzelnen Handelsplätze gewisse Rahmenbedingungen, die für eine Einbeziehung in den Handel erfüllt werden müssen. Die einzigen gesetzlichen kapitalmarktrechtlichen Folgepflichten, die im allgemeinen Freiverkehr gelten, sind das Insiderrecht in Gestalt von § 14 WpHG und das Verbot der Marktmanipulation gemäß § 20a WpHG. Das Insiderrecht verbietet dabei

- den Insiderhandel,
- die Weitergabe von Insiderinformationen und
- die Empfehlung in Kenntnis einer Insiderinformation.

Diese Regelungen sind sozusagen der unverzichtbare Mindeststandard einer Börsennotierung. Der Emittent, der eine Notierung im Freiverkehr oder in einem höheren Börsenhandelssegment anstrebt, sollte insofern also auf jeden Fall auch seine Mitarbeiter für diese Themen sensibilisieren. Sind diese doch am ehesten der Gefahr ausgesetzt, eine interne Information zu erlangen und möglicherweise dann nicht den genauen Umfang dessen zu kennen, was sie dürfen und was verboten ist.

8.2.2 Mittelstandssegmente

In jüngerer Vergangenheit haben sich die sogenannten Mittelstandssegmente für Unternehmensanleihen an den deutschen Börsen entwickelt.[4] Vorreiter hierbei war die Börse Stuttgart mit ihrem Segment Bondm. Was ist nun die Besonderheit dieser Segmente? Es handelt sich um Qualitätssegmente für Mittelstandsanleihen, das heißt um Börsenhandelssegmente, in denen die Börsen über die gesetzlichen Pflichten hinausgehend weitere Einbeziehungsvoraussetzungen sowie Folgepflichten für die Emittenten festlegen. Gleichzeitig bieten die Börsen den Unternehmen eine Unterstützung bei der Durchführung der Zeichnung und damit letztlich bei der Platzierung der Anleihen an. Hierzu ermöglichen die Börsen eine Zeichnung über entsprechende Funktionalitäten, die durch sie bereitgestellt werden. Ergänzend unterstützen die Börsen den Prozess durch Informationen und die Begleitung von Werbemaßnahmen.

Der Standard der Börsen für die Einbeziehung eines Papiers in ihre entsprechenden Segmente für Mittelstandsanleihen und die Folgepflichten ähneln sich weitgehend.

Die folgende Abbildung gibt eine Übersicht über die jeweiligen Einbeziehungsvoraussetzungen (Abb. 8.1).

8.2.3 Regulierter Markt

Der regulierte Markt weist ein höheres Maß an gesetzlichen Vorgaben auf, die die Emittenten beachten müssen. Diese Vorgaben werden heute zum ganz überwiegenden Teil durch das Recht der Europäischen Union geprägt. Im Rahmen von Debt Relations sind insbesondere die folgenden gesetzlichen Pflichten zu beachten:

- Pflicht Jahresabschlüsse nach IFRS aufzustellen
- Pflicht Halbjahresabschlüsse zu veröffentlichen
- Pflicht Zwischenmitteilungen der Geschäftsführung zu veröffentlichen (bzw. wird börsenrechtlich verlangt, Quartalsabschlüsse zu veröffentlichen)
- Pflicht Zusatz-Angaben in die Rechnungslegung aufzunehmen (etwa zur Vorstandsvergütung etc.)
- Pflicht bestimmte Veröffentlichungen vorzunehmen (§ 30 aff. WpHG)
- Pflicht zur Veröffentlichung von Ad-hoc-Mitteilungen
- Pflicht zur Veröffentlichung von Geschäften nach § 15a WpHG („Directors Dealings")
- Pflicht die Überschreitung bestimmter Schwellen an aktienbasierten Produkten zu veröffentlichen (§§ 21, 25, 25a WpHG)

Daneben gelten das Verbot von Insiderhandel und das Verbot der Marktmanipulation.

---

[4]Siehe hierzu Kuthe (2011) Abschn. 8.1.3.3; siehe insbesondere zu den Folgepflichten in den Mittelstandssegmenten Kuthe und Zipperle (2012).

8 Rechtliche Rahmenbedingungen bei der Emission von Debt Produkten

Erfordernis	Düsseldorf Primärmarkt	Düsseldorf mittelstandsmarkt	München m:access	Frankfurt Entry Standard für Unternehmensanleihen	Frankfurt Prime Standard für Unternehmensanleihen	Stuttgart Bondm	Hamburg/Hannover Mittelstandsbörse Deutschland
Vertrag mit „Coach"	+	+	+	+	+	+	-
Factsheet/ Kurzportrait	+	+	-	+	+	+	+
Zulässigkeit Nachranganleihen	+	+	+	-	-	+	+
Wertpapierprospekt	+	+	(+)	+	+	+	+
Rating	-	min. BB	min. BB+	+	+	+	-
Unternehmenskennzahlen	-	-	-	+ (6 Kennzahlen)	+ (24 Kennzahlen)	-	-
Mindestvolumenvorgabe	+	+	+	+	+	+	-
Anleihestückelung max. EUR 1.000	-	+	+	+	+	+	-
Sonstiges	Testierte Jahresabschlüsse der letzten 3 Geschäftsjahre	Testierte Jahresabschlüsse der letzten 3 Geschäftsjahre; Nominalvolumen soll mindestens EUR 10.000.000 betragen	Unternehmen muss seit min. 3 Jahren bestehen	-	Mindestzuteilung an Privatanleger 10%; Eintritt über Open Market oder Regulierten Markt möglich	-	Zusammenfassung des Prospekts erforderlich

Abb. 8.1 Übersicht Einbeziehungsvoraussetzungen

Gleichwohl ist der regulierte Markt das Ziel großvolumiger Benchmark-Anleihen – denn nur im regulierten Markt ist die Wahrscheinlichkeit gesichert, auch auf dem Radar internationaler Investoren als Kaufziel zu erscheinen. Die erhöhten Publizitätspflichten sind die Kehrseite der viel gelobten Markttransparenz, welche dazu dient, möglichst zahlreiche Investoren anzulocken und zu überzeugen.

8.2.4 Weitere rechtliche Aspekte

Neben den sich aus Gesetz und Börsenordnungen ergebenden Pflichten bestehen bei der Emission von Debt Produkten zahlreiche weitere rechtliche Beziehungen, die für Debt Relations relevant sein können. Insbesondere die Anleihebedingungen regeln die Beziehung zwischen Emittent und Anleger. In einem Übernahmevertrag wird die Beziehung zwischen den emissionsbegleitenden Instituten, den sog. Konsortialbanken, und dem Emittenten geregelt.

Werden Sicherheiten gestellt, kann mit einem entsprechenden Vertrag auch ein Sicherheiten-Treuhänder bestellt werden. Daneben treten die Zahlstellenvereinbarung, in der der Zahlungsverkehr zwischen Emittent und Zahlungsstelle geregelt wird und der Rechtskauf zwischen der verkaufenden Konsortialbank und dem erwerbenden Anleger. Aus all diesen Verträgen können sich im Einzelfall für Debt Relations relevante Umstände ergeben.

Schließlich sind Vereinbarungen mit den Börsen Zahlstellen etc. treffen.

8.3 Debt Relations während der Emission prospektfreier Angebote

Ist einmal die Entscheidung für eine prospektfreie Emission getroffen worden, so muss alles darangesetzt werden, eine Situation zu vermeiden, in der der Tatbestand der Prospektpflicht doch erfüllt ist. Den an der Emission Beteiligten muss daher klar sein, wo die Gefahren liegen, die zur Prospektpflicht führen können, damit ein entsprechend vorsichtiges Verhalten möglich ist. Andererseits darf auch nicht übervorsichtig den Beteiligten quasi ein „Maulkorb" verpasst werden mit der Folge, dass dadurch der Platzierungserfolg, ohne dass dies erforderlich ist, beeinträchtigt wird.

8.3.1 Private Placement

Die höchsten Anforderungen bestehen bei einer „Private Placement" Emission. Wie oben dargestellt, besteht der Grund für die Prospektfreiheit darin, dass kein öffentliches Angebot vorliegt. Das bedeutet, dass während der gesamten Emission, beginnend mit der ersten Planung und Vorbereitung, der Tatbestand des öffentlichen Angebotes vermieden werden muss. Es muss daher im Rahmen sämtlicher Kommunikation mit potentiellen Anlegern im Vorfeld der Emission darauf geachtet werden, dass nicht die Eckdaten des Angebots, die eine Kaufentscheidung ermöglichen, an die Öffentlichkeit geraten.

Das bedeutet zwar nicht, dass die Emission völlig geheim bleiben muss, aber es ist darauf zu achten, dass die für eine Kaufentscheidung relevanten Informationen, wie etwa Preis, Art des Debt Produkts, Emissionsvolumen usw., nicht durch Mitarbeiter des Unternehmens oder eventuell beauftragte Marketingagenturen oder sonstige Helfer nach außen kommuniziert werden. Zulässig sind hingegen öffentliche Kommunikationsmaßnahmen über das Unternehmen an sich, etwa über die Geschäftstätigkeit oder finanzielle Eckdaten. Wird das Debt Produkt auf einer Roadshow präsentiert, so ist darauf zu achten, dass ausschließlich dem Emittenten oder der begleitenden Bank bekannte Investoren teilnehmen.

In der Praxis ist daher ein enges Zusammenspiel zwischen den für Marketing und Kommunikation zuständigen Personen und dem begleitenden Prospektanwalt notwendig, um einerseits eine zielführende Vermarktung zu ermöglichen, aber andererseits die hierbei bestehenden rechtlichen Grenzen einzuhalten.

8.3.2 Prospektfreies öffentliches Angebot

Wie bereits kurz beschrieben, ist es aufgrund gewisser Ausnahmetatbestände möglich, ein prospektfreies öffentliches Angebot durchzuführen. Solange man sich in den durch § 3 Abs. 2 WpHG normierten Ausnahmen bewegt, ergeben sich für die Kommunikation mit Anlegern und der übrigen Öffentlichkeit erhebliche Erleichterungen. Im Gegensatz zu einer „Private Placement" Emission ist der Emittent in der Kommunikation völlig frei, wenn er sich etwa dazu entschlossen hat, nur qualifizierte Investoren anzusprechen oder eine Mindeststückelung von 100.000,00 € anzubieten. Sämtliche Daten über das Angebot können in diesen Fällen bedenkenlos veröffentlicht werden. Es spielt dabei auch keine Rolle, ob nicht qualifizierte Anleger von dem Angebot erfahren, da für die Frage der Prospektpflicht nur darauf abgestellt wird, an wen das Angebot gerichtet ist.

8.4 Debt Relations während der Emission prospektpflichtiger Angebote

Auch bei einer Emission mit einem Prospekt muss sehr genau darauf geachtet werden, wann welche Informationen weitergegeben werden. Die Verhaltensanforderungen an alle Beteiligten sind davon abhängig, in welcher Phase der Emission man sich befindet. Bis zum Zeitpunkt der Billigung des Prospekts durch die BaFin ist sehr genau darauf zu achten, dass zuvor noch kein öffentliches Angebot gemacht wird. Dies führt insbesondere in der Pre-Marketingphase zu Konflikten. Weitergehende Pflichten können ab dem Moment entstehen, in dem der Zulassungsantrag zur Einbeziehung in den Handel gestellt wird oder ab dem Moment, in dem der Handel mit den Debt Produkten aufgenommen wird.

8.4.1 Pre-Marketing

Für das Gelingen der Emission ist es wichtig, möglichst frühzeitig – schon vor der Roadshow – eine realistische Vorstellung von dem erzielbaren Preis des Debt Produkts zu erhalten. Es wäre fahrlässig, sich dabei auf die eigenen Erwartungen zu verlassen. Es ist vielmehr zwingend notwendig, das Produkt frühzeitig bei institutionellen Anlegern vorzustellen, um zu erfahren, zu welchem Preis diese das Debt Produkt erwerben würden. Da jedoch zu diesem frühen Zeitpunkt typischerweise noch kein gebilligter Prospekt vorliegt, muss unbedingt vermieden werden, dass der Tatbestand des öffentlichen Angebots erfüllt wird. Es ist daher unzulässig, in allgemeiner Form, etwa über Internetseiten oder Zeitungsannoncen, über das Debt Produkt zu informieren. Allenfalls sind vage Hinweise auf eine Emission möglich, solange nicht die genaue Struktur des Produkts, der anvisierte genaue Emissionstermin, die bisher gebildeten Preiserwartungen und der geplante Zinscoupon mitgeteilt werden.

Bei den wenigen Anlegern, die während des Pre-Marketings angesprochen werden, sollte es sich zudem ausschließlich um institutionelle Investoren handeln, die im besten Fall dem Emittenten oder einer Konsortialbank bereits bekannt sind. Wenn in dieser frühen Phase bereits mit Präsentationen, Informationsbroschüren oder anderen Werbematerialien gearbeitet wird, so ist auf den deutlichen Hinweis zu achten, dass es sich um vorläufige Planungen handelt, die noch kein konkretes Angebot darstellen. Zudem muss darauf geachtet werden, dass die eingesetzten Werbe- und Informationsmittel den Kreis der angesprochenen Investoren nicht verlassen.

Hier gilt es wieder, sich der Konsequenzen bewusst zu werden, die entstehen, sobald (wenn auch nur versehentlich) ein öffentliches Angebot vorliegt: Grundsätzlich ist zu diesem Zeitpunkt ein gebilligter Prospekt erforderlich. Liegt dieser noch nicht vor, erfüllt dies den Tatbestand einer Ordnungswidrigkeit (§ 35 Abs. 1 Nr. 1 WpPG). Zudem setzt sich der Anbieter damit einem erhöhten Risiko einer zivilrechtlichen Haftung[5] gegenüber Investoren aus, welche den Betrag eines etwaigen Bußgeldes leicht um ein Vielfaches zu übertreffen geeignet ist.

Idealerweise sollte der Prospekt mit dem Abschluss der Pre-Marketing-Phase gebilligt werden, so dass im Rahmen der Roadshow bedenkenlos ein öffentliches Angebot gemacht werden kann.

8.4.2 Nachträge zum Prospekt

Ergibt sich nach der Billigung des Prospekts ein neuer wichtiger Umstand bezüglich des Emittenten, oder erweist sich eine Angabe im Prospekt als unrichtig, so muss ein Nachtrag zum Prospekt verfasst und von der BaFin gebilligt werden. Freilich gilt die Nachtragspflicht

---

[5]Siehe zur Prospekthaftung Kuthe (2011) Abschn. 8.1.6.

nicht für kleine Fehler, die für die Anlageentscheidung nicht relevant werden können. Entscheidend ist, ob es um eine Angabe geht, die die Beurteilung der Wertpapiere beeinflussen könnte.

In zeitlicher Hinsicht gilt die Nachtragspflicht ab der Billigung des Prospektes. Sie endet mit dem endgültigen Schluss des öffentlichen Angebots oder der Einführung oder Einbeziehung in den Handel. Nach der neuen Formulierung des § 16 WpPG wurde jüngst das Verhältnis zwischen den Alternativen des Endes der Nachtragsfrist geklärt. Demnach beendet die Einführung oder Einbeziehung in den Handel den Nachtragszeitraum nicht, solange das öffentliche Angebot noch läuft. Diese Klarstellung ist praxisrelevant, da teilweise je nach Ausgestaltung des Debt Produkts Angebotszeiträume von bis zu einem Jahr gewählt werden. Während dieses Jahres müssen demnach Nachträge gebilligt und veröffentlicht werden, auch wenn zwischenzeitlich eine Einbeziehung in den Handel stattgefunden hat.

Gemäß § 16 Abs. 3 WpPG haben Anleger in dieser Situation die Möglichkeit, eine verbindliche Kauferklärung nach Veröffentlichung des Nachtrags zu widerrufen. Bisher konnte das Widerrufsrecht nur so lange ausgeübte werden, bis die Finanzprodukte in das Depot des Erwerbers eingebucht wurden. Danach war der Widerruf ausgeschlossen. Nach der neuen Rechtslage besteht das Widerrufsrecht, wenn der neue Umstand bzw. die Unrichtigkeit vor Schluss des öffentlichen Angebots und vor der Lieferung der Wertpapiere eingetreten ist. Damit kann nun auch die auf Erwerb bzw. Zeichnung gerichtete Erklärung widerrufen werden, wenn die Wertpapiere bereits vor der Veröffentlichung des Nachtrags in das Depot des Anlegers eingebucht worden waren, solange nur der nachtragspflichtige Umstand vor Erfüllung eingetreten ist.

8.4.3 Werbung vor und nach Veröffentlichung des Prospekts

Auch nach der Billigung des Prospekts darf der Emittent nicht völlig frei mit Marketingäußerungen umgehen. Vielmehr muss sich jede Veröffentlichung des Emittenten im Zusammenhang mit einem prospektpflichtigen öffentlichen Angebot oder der Zulassung von Wertpapieren zum Handel an einem organisierten Markt, unabhängig davon, ob sie Werbezwecken dient, an den Vorgaben von § 15 WpPG messen lassen. Nach § 15 Abs. 4 WpPG müssen die im Prospekt enthaltenen Angaben und alle über das öffentliche Angebot oder die Zulassung zum Handel an einem organisierten Markt verbreiteten Informationen – und daher insbesondere die Marketingunterlagen – konsistent sein. Die Norm betrifft einerseits das Verhältnis von sämtlichen Informationen und Angaben außerhalb des Prospekts zu den im Prospekt enthaltenen Aussagen sowie andererseits den Umgang mit Informationen, wenn eine Prospektpflicht nicht besteht. § 15 WpPG differenziert zwar zwischen Werbung (bzw. jeder Art von Werbung im Sinne seines Abs. 1) und Werbeanzeigen, da aber in der englischen Fassung der Prospektrichtlinie keine Unterscheidung zwischen diesen Begriffen enthalten ist, sind wegen des Gebots der richtlinienkonformen Auslegung die beiden verschiedenen verwendeten Begriffe austauschbar. Anwendbar ist § 15 WpPG erst ab dem Zeitpunkt, zu dem die Möglichkeit des Erwerbs für die angebotenen oder zuzulassenden Anleihen besteht oder angekündigt wird. Seine Anwendbarkeit endet mit der Beendigung des öffentlichen Angebots oder der Zulassung als solche.

In Werbeanzeigen (bzw. Werbungen) hat der Veranlasser der Werbeanzeigen stets darauf hinzuweisen, dass ein Prospekt veröffentlicht wurde oder zur Veröffentlichung ansteht und wo die Anleger diesen erhalten können.

Werbeanzeigen müssen als solche klar erkennbar und die darin enthaltenen Angaben dürfen nicht unrichtig oder irreführend sein. Dies bedeutet jedoch nicht zwingend, dass jede Werbeanzeige explizit das Wort „Werbeanzeige" oder „Werbung" enthalten muss. Nach Art. 2 Nr. 9 ProspektVO sind unter Werbung Bekanntmachungen zu verstehen, die sich auf eine konkrete Emission beziehen und die auf die Förderung des Verkaufs bestimmter Wertpapiere abzielen. Erfasst sind nach dieser weiten Definition sämtliche unterschiedlichen Bereiche, von Zeitungsanzeigen über TV- oder Radio-Werbespots bis hin zu Roadshow-Materialien und Analystenpräsentationen.

Im Rahmen der Roadshow ist § 15 WpPG besonders relevant, denn hier kommt der Betonung der Chancen des Wertpapiers ein besonderes Gewicht zu. In diesem Zusammenhang muss darauf geachtet werden, dass die während der Roadshow mitgeteilten Informationen auch zwingend im Prospekt enthalten sein müssen, selbst wenn es ansonsten keine gesetzliche Verpflichtung zur Aufnahme der jeweiligen Information gibt. Dies betrifft insbesondere Prognosen, Schätzungen und sonstige Informationen über den gegenwärtigen oder zukünftigen Geschäftsverlauf der Gesellschaft. Der Prospekt und die Roadshow-Unterlagen stehen folglich in einem Wechselwirkungsverhältnis zueinander. Die enge Abstimmung zwischen dem Ersteller des Prospektes und den seitens der Emittenten eingeschalteten Marketingverantwortlichen sollte daher möglichst früh beginnen, damit später die Roadshow reibungslos verlaufen kann.

8.4.4 Ad-hoc-Mitteilung

Jeden Emittenten, dessen Debt Produkte an einer inländischen Börse zum Handel im organisierten Markt zugelassen sind, trifft gemäß §§ 12, 15 Abs. 1 WpHG die Pflicht zur unverzüglichen Publikation jeder Insiderinformation, die ihn unmittelbar betrifft. Gemäß § 12 Satz 2 WpPG muss bereits ab dem Moment, in dem der Antrag auf Zulassung oder Einbeziehung gestellt wird, beziehungsweise sogar ab der etwaigen öffentlichen Vorabankündigung der Antragstellung, die Pflicht zur Ad-hoc-Publizität befolgt werden.

Die Börsen haben – in Anlehnung an die gesetzlichen Regelungen – in ihren Freiverkehrsrichtlinien bezüglich ihrer Mittelstandssegmente die Emittenten zur Veröffentlichung sogenannter Quasi-Ad-hoc-Mitteilungen privatrechtlich verpflichtet.[6]

Fraglich ist in der Praxis, wann eine Insiderinformation vorliegt. Das Gesetz gibt nur einen abstrakten Prüfungsmaßstab vor: Wenn ein nicht öffentlich bekannter Umstand potenziell in der Lage ist, im Falle seines öffentlichen Bekanntwerdens den entsprechenden Börsenkurs zu beeinflussen, dann handelt es sich um eine ad-hoc-pflichtige Insiderinformation. Es gilt die Faustregel: Umso wichtiger eine Begebenheit für das Schicksal des

---

[6]Siehe hierzu Kuthe und Zipperle (2012).

Emittenten, desto eher liegt eine Pflicht zur Ad-hoc-Mitteilung vor. So würde der Abschluss eines weiteren Exportvertrages, wenn bereits eine Vielzahl solcher Verträge bestehen, eher keine Ad-hoc-Verpflichtung auslösen. Demgegenüber muss beispielsweise die Kündigung eines solchen Vertrages durch den wichtigsten Kunden, der den Großteil des Umsatzes ausmacht, unverzüglich publiziert werden. In der Praxis geht es häufig um Ereignisse, die in der Zukunft liegen und deren Eintritt naturgemäß niemals zu 100 % feststehen kann. Hier nimmt die Rechtsprechung einen ad-hoc-pflichtigen Umstand dann an, wenn der Eintritt der Tatsachen, um die es geht, vernünftigerweise wahrscheinlich ist. Daneben ist nach der aktuellen Rechtsprechung zu prüfen, ob eventuell einzelne Zwischenschritte für sich schon kursrelevant sein können.

Besonders schwierig zu beurteilen ist dies bei einem mehrstufigen Ereignis. Das Paradebeispiel hierfür ist der Abschluss eines größeren Vertrages, etwa eines Unternehmenskaufes. Dabei ist immer zu fragen, zu welchem Zeitpunkt der Abschluss des Vertrages überwiegend wahrscheinlich ist. Ob eine erfolgreiche Durchführung des Geschäfts stattfinden wird, ist etwa bei den ersten Sondierungsgesprächen oder bei Abschluss eines ersten Letter of Intent in der Regel noch offen. Hingegen wird man häufig davon ausgehen dürfen, dass nach Abschluss einer zur Zufriedenheit der Beteiligten erfolgten Due Diligence der Abschluss des Vertrages wohl überwiegend wahrscheinlich ist.

Angesichts der schwierigen Rechtsfragen und der möglichen Sanktionen wird es immer wichtiger, die Möglichkeit im Blick zu haben, die Pflicht zur Veröffentlichung einer Insiderinformationen nach § 15 Abs. 3 WpHG durch Vorstandsbeschluss hinauszuschieben. Diese Norm erlaubt es dem Emittenten, zum Schutz seiner berechtigten Interessen Informationen zurückzuhalten. Dabei wird der ad-hoc-pflichtigen Gesellschaft ein Prognosespielraum zugebilligt, um die Geheimhaltungsinteressen nicht zu konterkarieren. In der Praxis wird dieser Weg häufig eingeschlagen und sollte aus Vorsichtsgründen in Zweifelsfragen stets pro-aktiv gewählt werden.

8.4.5 Verbot des Insiderhandels

Gemäß § 14 WpHG ist es verboten, unter Verwendung einer Insiderinformation Insiderpapiere zu erwerben oder zu veräußern. Der Begriff des Insiderpapiers ist dabei sehr weit. Erfasst sind gemäß § 12 Nr. 1 WpHG jedenfalls alle Wertpapiere, die an einer inländischen Börse zum Handel zugelassen oder in den regulierten Markt oder Freiverkehr einbezogen sind. In zeitlicher Hinsicht gilt, wie bereits oben zur Ad-hoc-Publizitätspflicht ausgeführt, dass bereits ab dem Moment, in dem die Antragstellung auf Zulassung oder Einbeziehung zum Handel öffentlich angekündigt wurde, die Insiderverbote gelten.

Nach der Praxis der BaFin ist es nicht möglich, das Verbot durch eine bedingte Kauforder oder einen zeitlichen Verzug zu umgehen. Daher liegt ein Verstoß gegen den Tatbestand des Verbotes auch dann vor, wenn vereinbart wird, dass der Kauf erst nach Vier Tagen oder nach der Veröffentlichung einer entsprechenden Ad-hoc-Publikation wirksam werden soll. In diesen Fällen muss es für die andere Partei stets möglich sein, sich nach der Veröffentlichung einer Ad-hoc-Publikation von dem Vertrag zu lösen.

Das Verbot des Erwerbs und der Veräußerung wird flankiert durch das Verbot, Insiderinformationen unbefugt mitzuteilen oder zugänglich zu machen (§ 14 Nr. 2 WpHG). Bei dieser Regelung ergibt sich im Fall der Weitergabe von Informationen im Rahmen der beruflichen Tätigkeit eine Grauzone. Wenn die Weitergabe der Informationen einen Bezug zur ordnungsgemäßen Aufgabenerfüllung hat, so ist sie erlaubt. Wann aber liegt eine ordnungsgemäße Aufgabenerfüllung vor? Dies muss in jedem Einzelfall anhand einer Interessenabwägung geprüft werden. Das Bedürfnis zur Weitergabe der Information ist dabei gegen die Ziele des Insiderrechts abzuwägen.

Damit diese Bestimmungen nicht umgangen werden können, enthält § 14 Abs. 1 Nr. 3 WpHG zusätzlich das Verbot, einem anderen auf der Grundlage von Insiderinformationen den Kauf oder Verkauf eines entsprechenden Wertpapiers zu empfehlen. Um Zweifelsfälle zu vermeiden, in denen nicht sicher war, ob eine Empfehlung in diesem Sinne vorlag, hat der Gesetzgeber den Tatbestand bewusst weit und offen gefasst. Daher wird auch jedes Verleiten zum Kauf oder Verkauf eines Wertpapiers in sonstiger Weise erfasst.

Um besser überwachen zu können, wer in den entsprechenden Unternehmen über Insiderinformationen verfügen könnte, besteht seit 2004 für im organisierten Markt notierte Emittenten gemäß § 15a WpHG die Pflicht, Insiderverzeichnisse zu führen und der BaFin auf Verlangen herauszugeben. In diesem Verzeichnis hat der Emittent die Personen zu erfassen, die für ihn tätig sind und die bestimmungsgemäß Zugang zu Insiderinformationen haben.

8.4.6 Marktmanipulation

Bereits ab dem Moment, in dem für verbriefte Debt Produkte die Zulassung zum Handel an einem organisierten Markt beantragt wurde oder ein solcher Antrag öffentlich angekündigt wurde, unterfallen die Wertpapiere dem Verbot der Marktmanipulation. Gleiches gilt für den Zeitpunkt der Antragstellung auf Einbeziehung in den regulierten Markt oder den Freiverkehr bzw. entsprechender Ankündigungen. § 20a Abs. 1 WpHG normiert drei Verbotstatbestände, nämlich Marktmanipulation durch

- Machen oder Verschweigen von Angaben (Nr. 1),
- Geschäfte oder Aufträge (Nr. 2),
- Sonstige Täuschungshandlungen (Nr. 3).

Das Machen einer irreführenden Angabe oder das Verschweigen einer Angabe über erhebliche Umstände ist dann als Marktmanipulation anzusehen, wenn die Angabe geeignet ist, auf den Preis des Debt Produkts einzuwirken. Es ist also nicht erforderlich, dass eine Kursveränderung aufgrund der Manipulation festzustellen ist. Ähnlich wie bei der Feststellung, ob eine Insidertatsache vorliegt, muss die Eignung zur Einwirkung auf den Preis objektiv durch eine Prognose festgestellt werden. Auch hier stellt die h. M. auf einen durchschnittlichen verständigen Anleger ab. Auch für die anderen Alternativen der Marktmanipulation ist die Eignung, den Preis zu beeinflussen, erforderlich.[7]

Wer durch Geschäfte oder Aufträge falsche oder irreführende Signale an den Kapitalmarkt gibt, oder ein künstliches Preisniveau herbeiführt, erfüllt den Tatbestand der Marktmanipulation. Erfasst wird also der typische Fall der handelsgestützten Marktmanipulation, bei der dem Markt ein nicht zutreffendes Bild von der tatsächlichen Nachfragesituation vermittelt wird. Dabei wird ein Signal als falsch in diesem Sinne angesehen, wenn es in Bezug auf das jeweilige Finanzinstrument nicht den wahren wirtschaftlichen Verhältnissen auf dem jeweiligen Markt entspricht. Irreführend ist ein Signal, wenn es geeignet ist, einen verständigen Anleger über die wirkliche Marktlage zu täuschen. Diese sehr unbestimmten und weiten Definitionen führen freilich in der Praxis zu zahlreichen Problemen. Auch die Konkretisierung in einer entsprechenden Verordnung[8] führt nicht zu einer vollständigen Rechtssicherheit. Wichtig für die Praxis ist aber, dass jedenfalls Stabilisierungskäufe im Zusammenhang mit einer Emission unter bestimmten Voraussetzungen zulässig sind. Bei Schuldverschreibungen, die nicht in Aktien umgewandelt werden können, endet die zulässige Stabilisierungsperiode spätestens 30 Tage nach dem Tag, an dem der Emittent den Erlös erhalten hat, oder – für den Fall, dass dies früher eintritt – spätestens 60 Kalendertage nach der Zuteilung der Wertpapiere (Art. 8 Abs. 4 Durchführungs-VO (EG Nr. 2273/2003).

§ 20a Abs. 1 Satz 1 Nr. 3 WpHG normiert einen Auffangtatbestand, der alle „sonstigen Täuschungshandlungen" erfasst, die geeignet sind, den Preis eines Finanzinstruments zu beeinflussen.

8.5 Zusammenfassung

Bei der Emission eines Debt Produkts sind eine Reihe von rechtlichen Rahmenbedingungen einzuhalten, über die sich der Emittent und andere mögliche Anbieter tunlichst vor Beginn der „heißen Phase" einer Emission informieren sollten. Eine begleitende Rechtsberatung wird zumeist unumgänglich sein. Sehr früh sollte die Entscheidung fallen, ob eine Emission mit oder ohne Wertpapierprospekt angestrebt wird. Grundsätzlich ist bei einem öffentlichen Angebot ein Prospekt erforderlich. Hiervon bestehen jedoch zahlreiche Ausnahmen und zudem gibt es die Möglichkeit, lediglich einen geschlossenen Kreis von institutionellen Investoren anzusprechen. Besteht jedoch eine Prospektpflicht, so müssen insbesondere alle Schritte, die im Zusammenhang mit der Emission im Bereich Marketing und Kommunikation gegangen werden sollen, eng mit einem Rechtsberater abgestimmt

---
[7] Vogel in Assmann und Schneider (Hrsg., 2012) § 20a Rn. 113, 151 und 213.
[8] § 3 der Verordnung zur Konkretisierung des Verbotes der Marktmanipulation (Marktmanipulations-Konkretisierungsverordnung (MaKonV).

werden, damit nicht eine „bloße" Werbeankündigung bereits frühzeitig als öffentliches Angebot i. S. d. § 3 Abs. 1 WpPG qualifiziert werden kann. Schließlich ist genau zu prüfen, wen (außer oder statt dem Emittenten) eine Prospektpflicht trifft. Dabei kommt es insbesondere bei sog. „Retail Kaskaden" auf den Einzelfall an. Hier kann es auch möglich sein, dass der Emittent selber gar nicht, dafür aber ein anderer prospektpflichtig wird.

Noch während der Emission muss stets überprüft werden, ob eine neu eintretende Tatsache einen Nachtrag zum Prospekt erforderlich macht, ob eine Pflicht zur Publikation einer) Ad-hoc-Mitteilung besteht oder ob das Verbot der Marktmanipulation oder die insiderrechtlichen Vorschriften das Verhalten des Emittenten einschränken.

Literatur

Assmann H-D, Schneider UH (Hrsg) (2012) Wertpapierhandelsgesetz: WpHG. 6 Aufl. Otto Schmidt, Köln

Groß W (2009) Kapitalmarktrecht. 4 Aufl. C.H. Beck, München

Heidelbach A (2010) § 3 WpPG. In Schwark E, Zimmer D (Hrsg) Kapitalmarktrechts-Kommentar. C. H. Beck, München

Keunecke U (2009) Prospekte im Kapitalmarktrecht. Schmidt, Berlin

Kilgus S (2010) Anleiheemission. In: Schüppen M, Schaub B (Hrsg) Münchener Anwalts Handbuch Aktienrecht. C. H. Beck, München

Kuthe T, Zipperle M (2012) Wer ‚A' sagt, muss auch ‚B' sagen – Folgepflichten für Emittenten in: Going Public Special Anleihen

Kuthe T (2011) Der Gang an die Börse. In: Wojtek R, Mitzkus F (Hrsg) Die AG – Rechte, Pflichten und Haftung von Vorstand und Aufsichtsrat. Dashöfer, Hamburg

Schanz K-M (2007) Börseneinführung. 3 Aufl. C.H. Beck, München

Schlitt M, Schäfer S (2005) Aktuelle Rechtsfragen und neue Entwicklungen im Zusammenhang mit Börsengängen. In: BKR 2005, S 251 ff

Schnorbus Y (2011) In Berrar C, Meyer A, Müller C, Schnorbus Y, Singhof B, Wolf C (Hrsg) Frankfurter Kommentar zum WpPG und zur EU-ProspektVO. Recht und Wirtschaft, Frankfurt am Main

Debt Relations und Übernahmerecht

Rupert Doehner

9.1 Einleitung

Aktiengesellschaften und Kommanditgesellschaften auf Aktien, die einen organisierten Markt im Sinne des § 2 Abs. 7 des Wertpapiererwerbs- und Übernahmegesetzes (WpÜG)[1] durch von ihnen ausgegebene stimmberechtigte Aktien in Anspruch nehmen (im Folgenden „börsennotierte Gesellschaft" oder „börsennotierte Gesellschaften"), müssen seit dem Jahr 2006 in ihren Lageberichten wesentliche Vereinbarungen der Gesellschaft, die unter der Bedingung eines Kontrollwechsels infolge eines Übernahmeangebots stehen, und die hieraus folgenden Wirkungen angeben, es sei denn, derartige Angaben sind geeignet, der Gesellschaft einen erheblichen Nachteil zuzufügen (§ 289 Abs. 4 Nr. 8 HGB). Eine gleichlautende Regelung findet sich in § 315 Abs. 4 Nr. 8 HGB für den Konzernlagebericht börsennotierter Mutterunternehmen.[2] Seit Inkrafttreten der genannten Bestimmungen geraten neben Darlehensverträgen vor allem auch (Wandel-)Anleihen

---

[1] Das WpÜG wurde am 21. Dezember 2001 vom Bundestag verabschiedet und ist am 1. Januar 2002 in Kraft getreten, (BGBl. I, S. 3822), zuletzt geändert durch Art. 2 Abs. 46 des Gesetzes vom 22. Dezember 2011 (BGBl. I, S. 3044).

[2] Durch das Gesetz vom 8.7.2006 zur Umsetzung der Richtlinie 2004/25/EG des Europäischen Parlaments und Rates vom 21.4.2004 betreffend Übernahmeangebote, BGBl. I 2004, S. 1426, sind die §§ 289 Abs. 4 Nr. 8, 315 Abs. 4 Nr. 8 HGB eingeführt worden. Dazu ausführlich Sailer (2006), S. 913.

R. Doehner (✉)
WSS-Redpoint, Rechtsanwalt, Spichernstraße 73,
50672 Köln, Deutschland
E-Mail: doehner@wss-redpoint.com

in den Fokus des (Konzern-)Lageberichts börsennotierter Gesellschaften, wenngleich die Lageberichte hierüber (zum Teil) nur in kursorischer Form informieren.[3]

Schließt eine börsennotierte Gesellschaft als Kreditnehmerin einen (syndizierten) Darlehensvertrag ab, lassen sich die Banken nahezu ausnahmslos Benachrichtigungs- und Kündigungsrechte für den Fall einräumen, dass es zu einem Kontrollwechsel bei der Kreditnehmerin kommt. Vergleichbares gilt heute in zunehmenden Umfang auch dann, wenn eine börsennotierte Gesellschaft eine (Wandel-) Anleihe begibt: Hier verhält es sich in aller Regel so, dass in den Anleihebedingungen den Anleihegläubigern ein Recht zum Rückkauf ihrer Teilschuldverschreibung gewährt wird, sollte ein Kontrollwechsel beim Emittenten eintreten. Derartige Regelungen bezwecken erkennbar den Schutz der Fremdkapitalgeber und sind heute Marktstandard. Es liegt auf der Hand, dass ein Kontrollwechsel fundamentale Änderungen der Risikobeurteilung des Kreditnehmers oder Anleiheemittenten nach sich ziehen kann, mit einschneidenden Folgen für Darlehensgeber sowie institutionelle und private Investoren. Nicht zuletzt die teilweise massiven Kursabschläge im Zusammenhang mit Leveraged Buy-outs börsennotierter Gesellschaften durch Finanzinvestoren haben dazu geführt, dass Anleihen börsennotierter Gesellschaften praktisch nur noch mit Change-of-Control-Klauseln über maßgebliche Änderungen der Kontrollverhältnisse platzierbar sein dürften.[4] Zusammen mit

- Restricted-Payments-Klauseln über die Begrenzung von Ausschüttungen,
- Klauseln über die Obergrenzen der Fremdkapitalaufnahme (Debt Incurrence),
- Beschränkungen über die Veräußerung von Vermögensgegenständen (Asset Sales),
- Regelungen zur Begrenzung von Fusionen und
- Einschränkungen der Bestellung von Sicherheiten (Negative Pledge)[5]

bilden Change-of-Control-Klauseln die wesentlichen, den Anlegerschutz begründenden Covenants, die von Ratingagenturen für gewöhnlich eingehend überprüft und in das Rating einer (Wandel-) Anleihe einbezogen werden.[6]

---

[3] Beispielhaft sei hier auf die aktuellen Konzernlageberichte der Allianz SE, Bayer AG, BMW AG, Continental AG, Daimler AG, Deutsche Börse AG, Deutsche Post AG, Infineon AG, LANXESS AG, Linde AG, K + S AG, RWE AG, SAP AG, Siemens AG, ThyssenKrupp AG, TUI AG und VW AG verwiesen. Überaus knapp sind die Informationen bei der Adidas AG und Fresenius SE & Co. KGaA, ausführlich und gut nachvollziehbar hingegen die Angaben bei der HeidelbergCement AG.

[4] Siehe etwa die Beispiele bei Schücking (2005). Ferner FAZ (2006).

[5] Zu den genannten Klauseln weiterführend Hutter (2008), Rn. 48 (Negativerklärung), Rn. 54 ff. (Debt Incurrence), Rn. 58 (Fusionsbeschränkung), Rn. 59 (Restricted Payments), Rnr. 61 (Asset Sales); ferner Kusserow und Dittrich (2000), S. 749 ff.

[6] Exemplarisch lassen sich hier die Covenant-Quality-Assessments (CQ-Assessments) von Moody's anführen, die den Umfang des Anlegerschutzes messen, der durch Covenants in Anleihebedingungen herbeigeführt wird. Hierdurch wird den Emittenten ein Art „Gütesiegel" für die Covenants ihrer Anleihen erteilt, vgl. FAZ (2007) Change-of-Control-Klauseln wird darin neben den genannten anderen Klauseln eine besondere Bedeutung beigemessen. Es existieren drei Bewertungsstufen: CQ-1 für sehr hohen Schutz der Investoren, CQ-2 für relativ gute Absicherung der Anleger und CQ-3 für schwache Absicherung.

An diesem rechtstatsächlichen Befund setzt der vorliegende Beitrag an und möchte einen kurzen Überblick über die Wechselwirkungen zwischen Debt Relations und dem Übernahmerecht, insbesondere über die Struktur und den Inhalt von Change-of-Control-Klauseln in Kreditverträgen und Anleihebedingungen börsennotierter Gesellschaften geben. Im Anschluss werden kurz die konzernrechtlichen Folgen beleuchtet, die eintreten, wenn infolge eines Kontrollwechsels Darlehensgeber oder Anleihegläubiger tatsächlich von einem ihnen eingeräumten Kündigungsrecht Gebrauch machen, oder aber umgekehrt die übernommene börsennotierte Gesellschaft auf Druck des erfolgreichen Bieters ihrerseits bestehende Fremdfinanzierungen beenden muss.

9.2 Übernahmerecht im Überblick

Die Übernahme börsennotierter Gesellschaften richtet sich seit dem 01. Januar 2002 nach den Bestimmungen des WpÜG. Folgende Angebotsarten werden hierbei unterschieden:

- Einfaches öffentliches Erwerbsangebot: Hierunter ist ein freiwilliges Angebot zu verstehen, das – auch unter Berücksichtigung bereits bestehender Beteiligungen – nicht auf die Überschreitung der Kontrollschwelle von mindestens 30 % der Stimmrechte in der Zielgesellschaft gerichtet ist.
- Übernahmeangebot: Dies ist als freiwilliges Angebot definiert, gegenüber dem einfachen Erwerbsangebot allerdings mit dem Unterschied, dass es auf den erstmaligen Kontrollerwerb, also mindestens 30 % der Stimmrechte in der Zielgesellschaft, abzielt.
- Pflichtangebot: Hierunter versteht man ein gesetzlich verpflichtend abzugebendes Angebot, wenn der Bieter durch außerbörsliche oder börsliche Erwerbsgeschäfte, die nicht auf einem Übernahmeangebot beruhen, Kontrolle – also mindestens 30 % der Stimmrechte in der Zielgesellschaft – erlangt hat.

Die Durchführung eines Übernahmeangebots lässt sich – unabhängig von seiner konkreten Ausgestaltung – grob in folgende vier Phasen einteilen:

- Vorbereitungsphase: Hier geht es um die Einschaltung externer Berater, die Beobachtung des Börsenkurses der Zielgesellschaft, das Führen von Vorgesprächen mit dem Management der Zielgesellschaft und ihren Großaktionären, eventuell sogar die Durchführung einer Due Diligence, sowie die Einholung einer Finanzierungsbestätigung bei Barangeboten.
- Angebotsphase: Diese beginnt mit der Entscheidung der Gremien des Bieters zur Abgabe des Angebots, der Mitteilung dieser Entscheidung an die befassten Börsen sowie die Bundesanstalt für Finanzdienstleistungsaufsicht (BaFin) sowie seine Veröffentlichung. Es folgt dann die Erstellung des Entwurfs einer Angebotsunterlage innerhalb von 4

Wochen ab Veröffentlichung der Entscheidung über die Angebotsabgabe. Die Angebotsunterlage muss zu den gesetzlichen vorgesehenen Punkten Informationen enthalten, durch die BaFin gebilligt sein und sodann veröffentlicht werden.
- Annahmephase: Mit Veröffentlichung der Angebotsunterlage beginnt die 4–10 Wochen dauernde Annahmephase. Die Angebotsunterlage ist an Vorstand und Aufsichtsrat der Zielgesellschaft zu übersenden, die hierzu Stellung zu nehmen haben. Während der laufenden Annahmefrist sind wöchentliche und in der letzten Woche vor Fristablauf tägliche Veröffentlichungen von „Wasserstandsmeldungen" über die aktuelle Zahl der vom Bieter gehaltenen oder ihm zuzurechnenden sowie der ihm auf das Angebot hin angedienten Aktien zu machen. Bei Ende der Annahmefrist ist die Annahmequote zu veröffentlichen. Bei Übernahmeangeboten kommt eine weitere Annahmefrist von 2 Wochen („Zaunkönigregelung") für solche Aktionäre zum Tragen, die erst den Erfolg des Übernahmeangebots abwarten wollten, um dann ihre Aktien dem Bieter anzudienen. Im Anschluss an die weitere Annahmefrist sind wiederum die Annahmequoten bekannt zu geben.
- Nachangebotsphase: Nach Veröffentlichung der Annahmequote eines Übernahmeangebots läuft eine einjährige Nachangebotsphase. Erwirbt der Bieter in diesem Zeitraum weitere Aktien der Zielgesellschaft, so hat er dies unverzüglich unter Angabe der Art und Höhe der für jede Aktie gewährten Gegenleistung zu veröffentlichen und der BaFin mitzuteilen. Bei außerbörslichen Erwerben, für die eine höhere Gegenleistung als im Angebot gewährt wird, hat der Bieter an diejenigen Aktionäre, die das Angebot zuvor angenommen haben, grundsätzlich den Differenzbetrag zu zahlen.

Die Grundprinzipien für ein faires, idealtypisches Übernahmeverfahren sind in § 3 WpÜG wie folgt zusammengefasst:

- Gleichbehandlungsgebot: Zunächst sind Inhaber von Wertpapieren der Zielgesellschaft, die derselben Gattung angehören, gleich zu behandeln. Damit soll diskriminierenden Angebotsgestaltungen, die uninformierte, marktschwächere Aktionäre gegeneinander ausspielen könnten, von vornherein die Grundlage entzogen werden.
- Transparenz: Das zweite wichtige Anliegen des WpÜG besteht darin, dem Aktionär (gleichgültig ob Privatanleger oder institutioneller Investor) ein Höchstmaß an Transparenz im Übernahmeverfahren zu sichern, damit er eine informierte, aufgeklärte Entscheidung über die Annahme des Angebotes treffen kann und der unvermeidliche Informationsvorsprung des Bieters kompensiert wird.
- Schnelligkeit: Ferner bezweckt das WpÜG eine beschleunigte Verfahrensdurchführung, um die Zielgesellschaft nicht über einen angemessenen Zeitraum hinaus in ihrer Geschäftstätigkeit zu behindern.
- Ausrichtung auf die Interessen der Zielgesellschaft: Das WpÜG verpflichtet schließlich Vorstand und Aufsichtsrat der Zielgesellschaft, bei ihren Reaktionen auf das Angebot im Interesse der Zielgesellschaft zu handeln. Damit wird eigentlich nur das wiederholt, was aktienrechtlich für die Pflichtenbindung der Organe ohnehin gilt. Unter den Begriff „Interessen der Zielgesellschaft" werden nach einer vereinzelten Auffassung lediglich

die Aktionäre der Zielgesellschaft verstanden, nicht jedoch allgemeine Unternehmensinteressen, welche die Interessen anderer Stakeholder wie Arbeitnehmer, Gläubiger und Öffentlichkeit, umfassen würden.[7] Selbst die überwiegenden Stimmen im Schrifttum, die im Anschluss an die Regierungsbegründung[8] zum WpÜG ein erweitertes Verständnis beim Begriff der „Interessen der Zielgesellschaft" anlegen und darunter das allgemeine Unternehmensinteresse verstehen, gehen entweder davon aus, dass die Interessen der übrigen Stakeholder (also auch der Gläubiger) reflexartig nur insoweit Berücksichtigung finden dürfen, soweit dies für die Erreichung des Verbandszwecks der Zielgesellschaft erforderlich ist,[9] oder verankern den Schutz der Gläubiger- bzw. Arbeitnehmerinteressen nicht im Aktien- oder Kapitalmarktrecht, sondern ausschließlich im Schuld- bzw. Arbeitsrecht.[10]

Sowohl die Darstellung des Ablaufs als auch die Schilderung der Grundprinzipien eines Übernahmeverfahrens machen für die hier interessierende Darstellung deutlich, dass der Gesetzgeber mit dem WpÜG primär den Schutz der Zielgesellschaft und (vorrangig) ihrer Aktionäre bezweckt, keineswegs jedoch ihrer Gläubiger. Es besteht kein Zweifel darüber, dass selbst Wandelanleihen nicht Gegenstand eines Übernahme- oder Pflichtangebots sind.[11] Die Nichtberücksichtigung von Gläubigerinteressen steht in deutlichem Widerspruch zu der Erkenntnis, dass ein Beherrschungswechsel innerhalb des Aktionärskreises erhebliche Auswirkungen auf die Bonität des Emittenten und damit auf die Position der Fremdkapitalgeber haben kann. Dies gilt nicht nur dann, wenn ein Debt-Push-Down oder vergleichbare Maßnahmen durch einen oder mehrere bietende(n) Finanzinvestor(en) drohen. Aus Sicht der Banken und Anleihegläubiger bestimmt sich die Bonität des Kreditnehmers/des Emittent eben nicht allein nach seinen Vermögensverhältnissen und den für ihn operativ handelnden Personen; vielmehr sind auch die dahinter stehenden Aktionäre in den Blick zu nehmen, nicht zuletzt wegen ihres Einflusses auf die Ausschüttungs- und Thesaurierungspolitik der Gesellschaft, auf die Zusammensetzung des Aufsichtsrats sowie die Strategie des Unternehmens. Insofern besteht ein berechtigtes Interesse der finanzierenden Banken und Anleihegläubiger, sich durch eine Change-of-Control-Klausel die Möglichkeit offen zu halten, gewährte Darlehen zu kündigen oder erworbene Anleihebestände zum Rückkauf anzudienen, wenn durch Änderung in der Eigentümerstruktur des Kreditnehmers und der daraus resultierenden Auswirkungen auf dessen Geschäftspolitik und Vermögenslage die Rückzahlung des Kredits bzw. der Anleihe gefährdet erscheint.

Der ohne Change-of-Control-Klausel mangelnde Schutz der Gläubiger vor übernahmebedingten Bonitätsverschlechterungen des Emittenten wird – dies sei hier nur der Vollständigkeit halber erwähnt – auch nicht durch das Prospekthaftungsrecht geschlos-

---

[7] Vgl. Wackerbarth (2011), Rn. 19.
[8] Die Grundprinzipien für ein faires, idealtypisches Übernahmeverfahren sind in § 3 WpÜG wie folgt zusammengefasst: Begründung des Regierungsentwurfs zum WpÜG, BT-Drucks. 14/7034, S. 35.
[9] Begründung des Regierungsentwurfs zum WpÜG, BT-Drucks. 14/7034, S. 35.
[10] Vgl. Krause und Pötzsch (2005), Rn. 36.
[11] Vgl. Schwennicke (2008), Rn. 26; ähnlich Baums und Hecker (2004), Rn. 33.

sen.[12] Dies wäre im Prinzip nur dann der Fall, wenn man von einer Unrichtigkeit oder Unvollständigkeit eines Angebots- oder Zulassungsprospekts für die Emission von (Wandel-)Anleihen deshalb ausgehen müsste, weil in den Risikofaktoren nicht auf die Möglichkeit eines Kontrollwechsels, die damit verbundenen Kursrisiken und das gleichzeitige Fehlen einer Change-of-Control-Klausel hingewiesen wird. Von einer solchen Konstellation wird man indes nur ganz ausnahmsweise dann ausgehen dürfen, wenn der Emittent oder weitere Prospektverantwortliche positiv von einer bevorstehenden Übernahme des Emittenten durch einen Finanzinvestor wissen und sich das Risiko einer zukünftig erhöhten Verschuldungsquote des Emittenten, die negative Auswirkungen auf seine Bonität hat, konkretisiert. In allen anderen Konstellationen wird das Fehlen eines entsprechenden Hinweises auf das Fehlen einer Change-of-Control-Klausel in den Risikofaktoren eines Angebots- oder Zulassungsprospekts nicht haftungsbegründend zu sein.[13]

9.3 Kontrollwechsel und (Konzern-)Lagebericht

Aus Sicht des Übernahmerechts wird Kontrolle als das Halten von mindestens 30 % der Stimmrechte der Zielgesellschaft definiert (§ 29 Abs. 2 WpÜG). Für die Berechnung der Kontrollschwelle kommt es dabei nicht nur auf die vom Bieter unmittelbar gehaltenen stimmberechtigten Aktien an, vielmehr sind ihm auch Stimmrechte Dritter zuzurechnen (§ 30 Abs. 1 und 2 WpÜG), so z. B. aus Aktien,

- die dem Tochterunternehmens des Bieters gehören,
- die für Rechnung des Bieters gehalten werden,
- die vom Bieter als Sicherheit übertragen worden sind,
- an denen ein Nießbrauch des Bieters besteht,
- die der Bieter kraft Option erwerben kann,
- die dem Bieter frei von Weisung des Dritten anvertraut sind oder
- die Personen gehören, mit denen der Bieter sein Verhalten in Bezug auf die Zielgesellschaft abgestimmt hat (Acting-In-Concert).

Bei der Berechnung des Stimmrechtsanteils können auf Antrag bestimmte Stimmrechte von der BaFin ausnahmsweise unberücksichtigt gelassen werden (z. B. bei Aktienerwerben aufgrund Erbgangs, Rechtsformwechsels oder konzerninterner Umstrukturierung).

Die Verpflichtung einer börsennotierten Gesellschaft, wesentliche Vereinbarungen, die unter der Bedingung eines Kontrollwechsels infolge eines Übernahmeangebots stehen, und die hieraus folgenden Wirkungen, im (Konzern-)Lagebericht anzugeben (§§ 289 Abs. 4 Nr.

---

[12] Vgl. Habersack (2011a), Rn. 324; Seiler (2010), Rn. 159.
[13] Vgl. Schucking (2005).

8, 315 Abs. 4 Nr. 8 HGB), knüpft an das soeben referierte Kontrollverständnis des WpÜG an. Als „Kontrollwechsel infolge eines Übernahmeangebots" ist demnach eine Konstellation zu verstehen, in der die Grenze von 30 % der Stimmrechte (inklusive Zurechnungen) an der Zielgesellschaft überschritten wird, ganz gleich ob dies durch (freiwilliges) Übernahmeangebot oder durch ein Pflichtangebot geschieht.[14] Auf diese Weise wird man dem Zweck der §§ 289 Abs. 4 Nr. 8, 315 Abs. 4 Nr. 8 HGB gerecht, potentielle Bieter durch die Angaben im (Konzern-)Lagebericht überhaupt in die Lage zu versetzen, sich vor der Abgabe eines Angebots ein umfassendes Bild über die mögliche Zielgesellschaft und ihre Struktur sowie etwaige Übernahmehindernisse zu machen.[15]

Sofern – wie in aller Regel – Finanzierungsverträge oder Anleihebedingungen Change-of-Control-Klauseln vorsehen, beziehen sich diese allerdings nicht konkret auf den „Kontrollwechsel infolge eines Übernahmeangebots". Vielmehr wird ganz überwiegend nur auf den Umstand eines Change-of-Control abgestellt, der je nach vertraglicher Bestimmung oder Anleihebedingung auch von einem anderen Kontrollverständnis (z. B. 20 % oder 50 % der Stimmrechte der Zielgesellschaft) ausgehen mag. Das ganz herrschende Schrifttum zu §§ 289 Abs. 4 Nr. 8, 315 Abs. 4 Nr. 8 HGB zieht daraus freilich nicht den Schluss, dass im (Konzern-)Lagebericht nur über solche Klauseln zu informieren sei, die expressis verbis an den Tatbestand eines Übernahmeangebots und an das Überschreiten von 30 % der Stimmrechte anknüpfen.[16] Für die Anwendung der §§ 289 Abs. 4 Nr. 8, 315 Abs. 4 Nr. 8 HGB reicht es vielmehr aus, dass die Change-of-Control-Klausel so gestaltet ist, dass sie – abstrakt gesehen – jedenfalls auch dann eingreift, wenn infolge eines Übernahmeangebots eine Quote von 30 % der Stimmrechte überschritten wird.[17] Alles andere wäre mit dem oben ausgeführten Sinn und Zweck der §§ 289 Abs. 4 Nr. 8, 315 Abs. 4 Nr. 8 HGB, potentielle Bieter Übernahmehindernisse offen zu legen, kaum in Einklang zu bringen. Dem Bieter ist es herzlich egal, ob die Parteien eines Finanzierungsvertrags oder der Emittent einer Anleihe die Change-of-Control-Klausel explizit in den Kontext eines Übernahmeangebots gestellt haben. Aus diesem Grund ist im Lagebericht auch über Change-of-Control-Klauseln zu informieren, die bspw. eine Stimmrechtsquote von 20 % vorsehen, da – abstrakt gesehen – nicht ausgeschlossen werden kann, dass im Einzelfall die

---

[14] Vgl. Seitz und Maier (2010) Rdnr. 14 ff. Das Bonitätsrisiko des Emittenten, d.h. das Risiko, dass der Emittent am Ende der Laufzeit seine Verpflichtungen aus der Anleihe nicht mehr erfüllen kann, ist zwar im Prospekt zu adressieren. Da es jedoch in aller Regel ungewiss sein wird, ob es überhaupt zu einer Übernahme des Emittenten und dadurch bedingt zu einer Verschlechterung seiner Bonität kommt, erscheint die Aufnahme eines Risikofaktors für den Fall des Fehlens einer Change-of-Control-Klausel im Regelfall nicht geboten.

[15] Rabenhorst (2008), S. 139–143; Seiler (2010), S. 913, 916f.

[16] Vgl. Regierungsentwurf zum Übernahmerichtlinien-Umsetzungsgesetz, BT-Drucks. 16/1003, S. 24.

[17] So nur von Falkenhausen (2007) S. 97; hiergegen ausführlich Rittwage (2009), S. 26 ff. Im Übrigen sei darauf hingewiesen, dass die Praxis der (Konzern-)Lageberichte dem Ansatz von Falkenhausens erkennbar nicht folgt, also über Change-of-Control-Klauseln auch dann informiert, wenn sie von einem anderen Kontrollverständnis als § 29 Abs. 2 WpÜG (30 % der Stimmrechte) und nicht auf der Verknüpfung von Kontrollwechsel und Übernahmeangebot abstellen.

Quote von 20 % überschritten und der gesetzliche Kontrollbegriff von 30 % erreicht wird. Stellt eine Change-of-Control-Klausel auf eine Schwelle von 50 % ab, ist darin der auf 30 % der Stimmrechte abstellende Kontrollbegriff des WpÜG selbstredend mitumfasst, so dass auch hierüber zwingend im (Konzern-)Lagebericht informiert werden muss.[18]

Dass Change-of-Control-Klauseln in Finanzierungsverträgen und Anleihebedingungen aus Sicht potentieller Bieter wesentlich i. S. d. §§ 289 Abs. 4 Nr. 8, 315 Abs. 4 Nr. 8 HGB sind, dürfte kaum zweifelhaft sein, zu erheblich werden die Auswirkungen von Kündigungsrechten auf die zukünftige Finanzlage der Zielgesellschaft stets ausfallen. Dies zeigt nicht zuletzt ein Blick in (Konzern-)Lageberichte börsennotierter Gesellschaften, die – sofern einschlägig – die Change-of-Control-Klauseln in Finanzierungsverträgen und Anleihebedingungen ihren Ausführungen zu §§ 289 Abs. 4 Nr. 8, 315 Abs. 4 Nr. 8 HGB durchweg voranstellen. Dass die börsennotierten Gesellschaften hierbei ausnahmslos nur eine zusammengefasste Darstellung der wesentlichen Inhalte einer solchen Vereinbarung geben, die insbesondere nicht den Namen des Vertragspartners nennen, ist mangels gegenteiliger Anhaltspunkte im Gesetzestext hinzunehmen. Konsequenz ist freilich, dass ein potentieller, von der Zielgesellschaft unerwünschter Bieter, den Vertragspartner von Finanzierungsverträgen der Gesellschaft kaum identifizieren und im Vorfeld einer Übernahme ansprechen können wird.[19] In jedem Fall genügt eine Beschreibung der Change-of-Control-Klausel nach Tatbestand und Rechtsfolge sowie die zukünftigen Wirkungen auf die Vermögens-, Finanz- und Ertragslage im Falle ihres Eingreifens, ohne dass eine zahlenmäßige Quantifizierung regelmäßig geboten wäre.[20]

9.4 Inhalt von Change-of-Control-Klauseln

9.4.1 Kreditverträge und Anleihen

Change-of-Control-Klauseln sind heutzutage in langfristigen Verträgen aller Art und damit nicht zuletzt in Kreditverträgen üblich,[21] ganz gleich, ob diese als Verträge mit Bankenkonsortien über syndizierte (Aval-)Kreditlinien, als (Konsortial-)Kreditverträge oder Schuldscheindarlehen ausgestaltet sind.[22] Sie können verschiedenartig aufgebaut sein; regelmäßig verpflichten sie den Kreditnehmer, den finanzierenden Instituten zunächst den Kontrollwechsel bekannt zu geben, und knüpfen daran sowie an die Verletzung der Bekanntgabepflicht ein Sonderkündigungsrecht der Kreditgeber, das bisweilen mit der Verpflichtung zur Zahlung einer Vorfälligkeitsentschädigung verbunden wird.

---

[18] Seiler (2010), S. 913, 917; im Ergebnis ebenso Rabenhorst (2008), S. 139, 143; Ellrott (2020), Rdnr. 137.
[19] Vgl. Seiler (2010), S. 913, 918; Rabenhorst (2008), S. 139, 143.
[20] Vgl. Süßmann (2011).
[21] Überzeugend Seiler (2010).
[22] Zu Erscheinungsformen und Wirkungen von Change-of-Control-Klauseln siehe allgemein Mielke und Nguyen-Viet (2004); Rittwage (2009), S. 2 ff.

Ähnlich stellt sich die Situation bei Anleihen (ohne Bezugs- auf oder Wandlungsrecht in Aktien des Emittenten/Garanten, zu Wandelanleihen sogleich Abschn. 9.4.2) dar. Um Bondholder vor den Gefahren einer Übernahme zu schützen, erlangen Schutzklauseln zur Bonitätserhaltung des Emittenten und damit Change-of-Control-Klausel immer größere Bedeutung. Klassisch sind hier Regelungsmodelle, wonach jeder Anleihegläubiger berechtigt ist, innerhalb einer bestimmten Frist nach Bekanntgabe des Beherrschungswechsels und (kumulativ) einer Verschlechterung des Ratings vom Emittenten (bzw. des Garanten im Falle der Emission über eine Tochtergesellschaft) den vorzeitigen Rückkauf der Teilschuldverschreibungen zu 101 % des Nennbetrags zuzüglich aufgelaufener oder nicht gezahlter Zinsen zu verlangen.

Stichpunktartig lassen sich folgende Regelungsaspekte bei Change-of-Control-Klauseln in Finanzierungsverträgen und Anleihen zusammenfassen:

- Kontrolle: Die Definition des Kontrollwechsels ist ohne eine Bestimmung des Begriffs der Kontrolle kaum denkbar. Zunächst ist deshalb festzulegen, ab welcher Schwelle von „Kontrolle" im Sinne der betreffenden Regelung auszugehen ist. Regelmäßig knüpft man an ein bestimmtes Verhältnis stimmberechtigter Aktien gegenüber der Gesamtzahl der Stimmrechte an. Verbreitet ist hier – in Anlehnung an das Verständnis des WpÜG – eine Größe von 30 % der Stimmrechte; vereinzelt finden sich aber auch Stimmrechtsquoten von 50 %. Besonderes Augenmerk ist bei der Gestaltung solcher Definitionen stets darauf zu legen, die „Kontrolle" nicht lediglich einer Person zuzuweisen, sondern auch den Fall im Auge zu haben, dass sich eine Investorengruppe die Kontrolle an der Zielgesellschaft verschaffen möchte. Hier kann es sich anbieten, eigenständige Zurechnungstatbestände zu formulieren oder durch den Verweis auf gesetzliche Zurechnungsvorschriften (wie z. B. § 2 Abs. 5 WpÜG über gemeinsam handelnde Personen oder § 30 Abs. 2 WpÜG über das Acting-In-Concert) die personale Reichweite von Kontrolltatbeständen entsprechend zu erweitern. Dieser Gedanke gilt für sonstige Zurechnungstatbestände des § 30 Abs. 1 WpÜG oder § 22 WpHG sinngemäß. Verweist man in diesem Zusammenhang auf gesetzliche Vorschriften, sollte möglichst klargestellt sein, welche Fassung des Gesetzes gemeint ist, um bei Gesetzesänderungen Auslegungsprobleme zu vermeiden. Alternativ kann man die Kontrolle auch an den Status der Zielgesellschaft als Tochtergesellschaft einer anderen Person oder Gruppe knüpfen, oder mit der Frage verbinden, ob einer Aktionärsgruppe eine bestimmte Anzahl von Aufsichtsratsmitgliedern beim Kreditnehmer bzw. Emittent (oder Garant) zuzurechnen ist oder generell ein Fall von Abhängigkeit i. S. d. § 17 AktG vorliegt.
- Kontrollwechsel: Sofern bei Vertragsabschluss oder Anleiheemission bereits ein Aktionär Kontrolle über den Kreditnehmer bzw. Emittenten (oder Garanten) ausübt, ist darauf zu achten, dass ein Kontrollwechsel nur dann vorliegt, wenn besagter Aktionär diese Kontrolle verliert. Befinden sich die Stimmrechte hingegen überwiegend in Streubesitz, ohne dass ein Aktionär Kontrolle im Sinne der Change-of-Control-Klausel innehat, sollte auch der erstmalige Kontrollerwerb als Kontrollwechsel erfasst sein. Als Kontrollwechsel sollte ferner der Abschluss eines Beherrschungsvertrags durch den

Kreditnehmer bzw. Emittenten (oder Garanten) als abhängige Gesellschaft, die Veräußerung sämtlicher Vermögensgegenstände an einen Dritten oder die Verschmelzung des Kreditnehmers bzw. Emittenten (oder Garanten) mit einer (neu zu gründenden) Gesellschaft erfasst werden, jedenfalls soweit den Aktionären des Kreditnehmers bzw. Emittenten (oder Garanten) an dem verbleibenden Rechtsträger nicht die Mehrheit der Stimmrechte erhalten bleibt. Allerdings sollte man bei derartigen Gestaltungen immer darauf achten, dass absehbare Restrukturierungen innerhalb des Konzerns zulässig bleiben, also in Ausnahmebestimmungen vorbehalten werden.

- Absinken des Ratings: Bei Anleihen ist kumulative weitere Voraussetzung neben dem Eintreten eines Kontrollwechsels regelmäßig das Absinken des Ratings des Emittenten, und zwar gerade als Folge des Kontrollwechsels, was sich pauschal über eine Frist (etwa 120 Tage) für die Verschlechterung des Ratings nach Bekanntmachung des Kontrollwechsels bewerkstelligen lässt. Wesentlich ist hier eine exakte Definition der Ratingagentur und der Schwelle der Verschlechterung des Ratings (z. B. Investment Grade Rating). Eine genauere Eingrenzung des Absinkens des Ratings kann auch unter Bezugnahme auf die Art der Verbindlichkeit, etwa unbesicherte und/oder (nicht) nachrangige Verbindlichkeiten erfolgen.
- Rechtsfolgen: An den Kontrollwechsel wird zunächst die Verpflichtung des Kreditnehmers/Emittenten geknüpft, den Fremdkapitalgeber hierüber zu informieren. In Finanzierungsverträgen wird dem Kreditgeber sodann ein zeitlich befristetes Sonderkündigungsrecht gewährt. Bei syndizierten Kreditlinien oder -verträgen ist zu bestimmen, ob eine Kündigung des gesamten Darlehensbetrags davon abhängig ist, dass sich eine gewisse Anzahl von beteiligten Instituten für die Kündigung ausspricht, oder ob sich die Kündigung nur auf den von dem jeweiligen Konsortiumsmitglied zur Verfügung gestellten Darlehensbetrag beschränkt. Generell ist eine Frist vorzusehen, innerhalb derer der Kreditbetrag (samt etwaiger Vorfälligkeitsentschädigungen und aufgelaufener Zinsen) zurückzuzahlen ist, sollte nicht zuvor eine Fortsetzungsvereinbarung zwischen den Beteiligten abgeschlossen werden. Die Frist sollte auskömmlich bemessen sein, um etwaige zeitliche Verzögerungen des Übernahmeverfahrens aufzufangen. Im Falle von Anleihen sind zeitlich befristete Andienungsrechte des Gläubigers gegenüber dem Emittenten zum Preis von 101 % des Nennbetrags der Teilschuldverschreibungen typische Rechtsfolgen einer Change-of-Control-Klausel (Change-of-Control-Put); teilweise werden den Anleihegläubigern auch zeitlich befristete Kündigungsrechte gewährt, die wirtschaftlich denselben Erfolg bewirken. Bei Hybrid-Anleihe (d. h. eigenkapitalähnlichen, nachrangigen Anleihen mit sehr langer Laufzeit oder ohne Laufzeitbegrenzung) wird als Konsequenz eines Kontrollwechsels für gewöhnlich ein Zinsaufschlag vereinbart, sollte es zusätzlich zu einer Verschlechterung des Ratings kommen.

9.4.2 Wandelanleihen

Zusätzlich zu den soeben unter Abschn. 9.4.1 genannten Regelungsaspekten einer Change-of-Control-Klausel sehen Anleihebedingungen für Wandelanleihen häufig weitere Rechte zugunsten der Anleihegläubiger vor. Diese sind im Falle eines Kontrollwechsels (ggf. mit damit einhergehender Bonitätsverschlechterung) nicht nur berechtigt, ihre Teilschuldverschreibungen (unter Verlustes des Zeitwerts ihres Wandlungsrechts) der Zielgesellschaft anzudienen bzw. diese zu kündigen, sondern (ergänzend) bei Ausübung des Wandlungsrechts nur einen geringeren Wandlungspreis für die Aktien zu bezahlen bzw. diese zu einem erhöhten Wandlungsverhältnis zu erhalten. Regelmäßig werden die genannten Vergünstigungen zeitlich so gestaffelt, dass sie erst bei der Ausübung des Wandlungsrechts nach erfolgreicher Übernahme eingreifen und beim Bieter, der ggf. auf eine bestimmte Stimmrechtsquote angewiesen ist, einen Verwässerungseffekt nach sich ziehen.[23]

9.5 Übernahme- und aktienrechtliche Grenzen für Change-of-Control-Klauseln in Finanzierungsverträgen und Anleihebedingungen

9.5.1 Übernahmerecht

Nach Beginn der Angebotsphase eines Übernahmeangebots – d. h. der Bekanntgabe der Absicht des Bieters, ein Übernahmeangebot durchzuführen (s. oben Abschn. 9.2)[24] – darf die Zielgesellschaft keine Handlungen mehr vornehmen, aufgrund derer der Erfolg des Angebots behindert werden könnte (§ 33 Abs. 1 Satz 1 WpÜG). Dies gilt ausnahmsweise nicht für Handlungen, die auch ein ordentlicher und gewissenhafter Geschäftsleiter einer Gesellschaft, die nicht von einem Übernahmeangebot betroffen ist, vorgenommen hätte oder für die Suche nach einem konkurrierenden Angebot sowie für Handlungen, denen der Aufsichtsrat der Zielgesellschaft zustimmt (§ 33 Abs. 1 Satz 2 WpÜG).

Der Vorstand der Zielgesellschaft darf nach dem Gesagten ab Beginn der Angebotsphase jedenfalls auf seine Initiative hin [25] keine Finanzierungsverträge mehr mit Change-of-Control-Klauseln abschließen oder Anleihen mit derartigen Klauseln ausgeben. Im Falle einer erfolgreichen Übernahme müsste die Zielgesellschaft mit der Kündigung bzw. dem Rückkauf des Kredit bzw. der Anleihen rechnen, was die Liquiditätssituation der Zielgesellschaft belastet (Poison Debt) und damit eine Behinderung des Erfolgs des Angebots

---

[23] Auch Senior-Kreditverträge an Erwerbsgesellschaften, die im Rahmen von Akquisitionsfinanzierungen ausgegeben werden, enthalten Change-of-Control-Klauseln, vgl. etwa Ziff. 28.12 (Change of ownership) des LMA Leveraged Finance Facility Agreement: „Each of the events or cirumstances set out in Clause 28 is an Event of Default [...] (a) After the Closing Date, on Obligor (other than the Parent) ceases tob e a wholly-owned Subsidiary of the Parent; or (b) An Obligor ceases to own at least the same percentage of shares in a Material Company as on the Closing Date." Vgl. dazu Diem (2009).
[24] Vgl. Schlitt und Hemeling (2008) Rn. 69; Falkenhausen und Klitzing (2006); Schlitt et al. (2003) S. 254, 267.
[25] Bei Pflichtangeboten wird die Entscheidung zur Abgabe eines Angebots durch die Kontrollerlangung gemäß § 35 Abs. 1 Satz 1 WpÜG ersetzt.

durch den Bieter darstellt. Vergleichbares gilt für die Ausgabe einer nicht unerheblichen Anzahl von Wandelanleihen,[26] und zwar im Grundsatz selbst dann, wenn den Aktionären das Bezugsrecht gewährt wird und man darüber hinaus auf die Aufnahme einer Change-of-Control-Klausel verzichtet. Insbesondere wenn der Gläubiger sein Wandlungsrecht jederzeit ausüben kann, muss der Bieter damit rechnen, dass sich das Grundkapital während oder nach Durchführung des Übernahmeangebots erhöht, er also die gewünschte Stimmrechtsquote nicht erreicht oder infolge Verwässerung verliert. Um diesem Effekt vorzubeugen, wird der Bieter in seine Erwägungen aufnehmen müssen, ob er ggf. die emittierten Wandelanleihen im Rahmen seines Übernahmeangebots ebenfalls erwirbt, was die Übernahme verteuert und damit letztlich wieder behindert. Derartige Wirkungen verstärken sich deutlich, wenn die Wandelanleihe unter Ausschluss des Bezugsrechts der Aktionäre an mit der Zielgesellschaft befreundetet Investoren platziert wird, die nicht bereit sind, an den Bieter zu veräußern. Noch gravierender ist der Behinderungseffekt freilich, wenn die Wandelanleihebedingungen zusätzlich auch ein Andienungsrecht der Anleihegläubiger für den Fall eines Kontrollwechsels und Verschlechterung des Ratings vorsehen.

Ob die vorstehend genannten Maßnahmen ausnahmsweise durch § 33 Abs. 1 Satz 2 WpÜG gerechtfertigt werden können, hängt von den Umständen des Einzelfalles ab, dürfte aber im Regelfall zu verneinen sein. So bezweckt die Bestimmung des § 33 Abs. 1 Satz 2, 1. Alt. WpÜG (Vornahme auch ohne Übernahmeangebot), die normale Geschäftstätigkeit oder Verfolgung der bisherigen Unternehmensstrategie nicht durch das Verhinderungsverbot zu blockieren.[27] Großvolumige Finanzierungsverträge oder (Wandel-)Anleiheemissionen lassen sich hierunter nur in Ausnahmesituationen subsumieren.[28] Ob die Zustimmung des Aufsichtsrats nach § 33 Abs. 1 Satz 2, 3. Alt. WpÜG zu derartigen Maßnahmen ausreichend ist, um das Verhinderungsverbot entfallen zu lassen, ist gerade mit Blick auf die Ausnutzung von Ermächtigungsbeschlüssen der Hauptversammlung – wie etwa nach § 221 Abs. 2 AktG zur Begebung von Wandelanleihen –

---

[26] Diese Frage ist im übernahmerechtlichen Schrifttum streitig: Teilweise wird Change-of-Control-Klauseln generell eine Verhinderungseignung attestiert, so etwa Grunewald (2007), Rn. 45; Hirte (2010), Rn. 59; Röh (2008) Rdnr. 64. Andere Stimmen räumen den Interessen des anderen Vertragspartners generell den Vorrang ein, sofern die Aufnahme der Change-of-Control-Klausel nachweislich seinem Schutz dient und auf seine Initiative zurückgeht; Schlitt und Ries (2010) Rn. 115; Süßmann (2011), S. 1281, S. 1283. Andere nehmen eine vermittelnde Position ein und stellen auf den Einzelfall ab, so etwa Ekkenga (2003) Rn. 112. Eine ebenfalls vermittelnde Position nehmen Krause und Pötzsch (2005) Rn. 117, ein. Sie stellen für die Zulässigkeit solcher Klauseln darauf ab, ob sie für bestimmte Geschäfte als Marktstandard zu qualifizieren sind, namentlich bei syndizierten Kreditgeschäften. Die Aufnahme von Change-of-Control-Klauseln in bestehende Verträge nach Bekanntgabe einer Mitteilung nach § 10 WpÜG sei indiziell ein Verstoß gegen das Verhinderungsverbot.

[27] Vgl. Schlitt und Ries (2010), Rn. 95 sowie Rn. 263 ff.; Röh (2008), Rn. 50; Grunewald (2007), Rn. 32.

[28] Vgl. Schlitt und Ries (2010), Rn. 130f.; zur Ausnutzung von Ermächtigungsbeschlüssen und dem Streitstand Rn. 139f.

nach wie vor sehr umstritten.²⁹ Während man bei der Begebung von marktüblichen – mit Change-of-Control-Klauseln – versehen Anleihen einen Verstoß gegen das Verhinderungsverbot mit einer Zustimmung des Aufsichtsrats vermeiden können wird, dürfte die Emission von Wandelanleihen in einer Übernahmesituation selbst mit Zustimmung des Aufsichtsrats nur unter Inkaufnahme erkennbarer Rechtsrisiken durchführbar sein. In der Mehrzahl der Fälle wird es auf die aufgeworfenen Fragen und Abgrenzungen freilich nicht ankommen, da Finanzierungsverträge und (Wandel-)Anleiheemissionen bereits vor der Veröffentlichung des Bieters, ein Übernahmeangebot durchzuführen, verwirklicht sein werden. Vor diesem Hintergrund ist der Frage nachzugehen, welchen aktienrechtlichen Schranken der Vorstand einer börsennotierten Gesellschaft im Vorfeld einer Übernahme unterliegt.

9.5.2 Aktienrecht

Außerhalb der von § 33 WpÜG abgedeckten Übernahmephase sind Change-of-Control-Klauseln am Maßstab der allgemeinen aktienrechtlichen Pflichtenbindung des Vorstands einer börsennotierten Gesellschaft zu messen. Im Wesentlichen geht es hierbei um die Frage, ob der Vorstand noch das Unternehmensinteresse wahrt, wenn Change-of-Control-Klauseln in einen Finanzierungsvertrag oder (Wandel-)Anleihebedingungen der von ihm vertretenen börsennotierten Gesellschaft einbezogen werden. Bezweifelt wurde das insbesondere mit dem Argument, dass Change-of-Control-Klauseln in Wandelanleihebedingungen, die neben einem Rückkaufsrecht eine Reduzierung des Wandlungspreises bzw. eine Erhöhung des Wandlungsverhältnisses vorsehen würden, in einer Weise wirken, dass sie jegliche Form einer Übernahme – sei sie nun im Interesse der Zielgesellschaft oder nicht – behindern würden.³⁰ Unter diesen Vorzeichen sei dann das Schädigungsverbot tangiert und der Vorstand ggf. schadensersatzpflichtig. Dies dürfte in dieser Allgemeinheit zu weit gehen. Zunächst ist festzuhalten, dass Change-of-Control-Klauseln in Finanzierungsverträgen oder Anleihen, die ein Kündigungsrecht oder ein Andienungsrecht für den Fall eines durch Kontrollwechsels und dadurch hervorgerufenen Absinkens des Ratings vorsehen, Marktstandard sind. Der Vorstand einer börsennotierten Gesellschaft kann sich diesen Klauseln nicht verweigern, will er nicht eine Finanzierungszusage aufs Spiel setzen oder ein schlechtes Anleiherating riskieren. Was die unter Abschn. 9.4.2 genannten Gestaltungen bei Wandelanleihen angeht, ist allerdings in der Tat Vorsicht geboten. Es besteht kein nachvollziehbarer Grund für die Annahme, dass während oder unmittelbar nach einem Übernahmeangebot das Wandlungsrecht seinen Wert verlieren sollte; vielmehr verhält es sich gerade umgekehrt, nämlich dass mit dem übernahmebedingten

---

[29] Zutreffend von Falkenhausen und Klitzing (2006), S. 1513, 1515.
[30] Für eine Ausnutzung der Ermächtigung der Hauptversammlung Schlitt und Ries (2010), Rn. 168; Krause (2002); Thoma (2002); Tröger (2002), S. 397–403; Zschocke (2007), S. 79–83; Röh (2008), Rn. 82; dagegen und einen Beschluss der Hauptversammlung nach § 33 Abs. 2 WpÜG fordernd Bayer (2002), S. 588, 613, S. 617; Hirte (2002), S. 623, 641.

Anstieg des Aktienkurses auch das Wandlungsrecht an Wert gewinnt.[31] Ob das Interesse von Investoren an einer derartigen Begünstigung derart hoch ist, dass die Platzierung einer Wandelanleihe scheitert, wenn sie nicht in den Anleihebedingungen enthalten sind, darf man bezweifeln. Aus diesem Grund lässt sich mit guten Gründen vertreten, dass das Handeln des Vorstands nicht mehr am Unternehmensinteresse ausgerichtet ist, wenn er Wandelanleihebedingungen unter Inkaufnahme der Verwässerung der Aktionäre so gestaltet, dass Anleihegläubiger nach dem Kontrollwechsel bei Ausübung des Wandlungsrechts nur einen geringeren Wandlungspreis für die Aktien bezahlen müssen bzw. diese zu einem erhöhten Wandlungsverhältnis erhalten.

9.5.3 Strategische Überlegungen

Die unter Abschn. 9.4.1 genannten Gestaltungen sind in der Tat geeignet, fremdfinanzierten Übernahmen börsennotierter Gesellschaften und das damit einhergehende Risiko einer Verschlechterung der Bonität der Zielgesellschaft entgegenzuwirken, da sie die Spanne, innerhalb derer sich die Verschuldung der Zielgesellschaft ausdehnen lässt, spürbar reduzieren. Börsennotierte Gesellschaften werden sich hiervon freilich nicht allein leiten lassen, zumal die Marktgegenseite – wie erwähnt – auf die Einhaltung von Covenants wie Change-of-Control-Klauseln bestehen und damit den Entscheidungsspielraum der Zielgesellschaft bei der Aufnahme solcher Klauseln ohnehin verkürzen wird. Dort wo der Zielgesellschaft überhaupt noch ein Gestaltungsspielraum zukommt, sollte sie allerdings im eigenen Interesse die Auswirkungen von Change-of-Control-Klauseln in Kreditverträgen und (Wandel-)Anleihebedingungen sorgfältig überbedenken. Solche Klauseln wirken stets ambivalent – als begehrte Poison Pills bei einer feindlichen und als unerwünschte Behinderung bei einer freundlichen Übernahme.

9.6 Konzernrechtliche Folgen

Kommt es infolge eines Übernahme- oder Pflichtangebots bei einer börsennotierten Gesellschaft zu einem Kontrollwechsel, wird der Bieter in aller Regel zugleich Mehrheitsaktionär werden und infolgedessen Einfluss auf die Geschäftstätigkeit dieser Gesellschaft (im Folgenden als „abhängige Gesellschaft" bezeichnet) nehmen können (§ 17 AktG). Es entsteht damit ein faktischer Konzern, der solange den Regelungen der §§ 311 ff. AktG unterliegt, bis entweder das Abhängigkeitsverhältnis entfällt oder das beherrschende Unternehmen bei der abhängigen Gesellschaft erfolgreich Strukturmaßnahmen durchführt, wie etwa den Abschluss eines Beherrschungsvertrags (§§ 291 ff. AktG), eine Eingliederung (§§ 319 ff. AktG), eine Verschmelzung oder einen Squeeze-Out (§§ 327a ff. AktG).

---

[31] Vgl. Falkenhausen und Klitzing (2006), S. 1513, 1518.

9 Debt Relations und Übernahmerecht

Innerhalb eines faktischen Konzerns haben Vorstand und Aufsichtsrat der abhängigen Gesellschaft zum Schutz ihrer Gläubiger und außenstehenden Aktionäre bestimmte Schutzinstrumente zu beachten bzw. einzuhalten, die sich überblicksartig wie folgt zusammenfassen lassen:

- Keine Nachteilszufügung ohne Nachteilsausgleich: Nach § 311 Abs. 1 AktG ist es dem herrschenden Unternehmen innerhalb eines faktischen Konzerns untersagt, seinen Einfluss dazu zu benutzen, eine abhängige Gesellschaft zu veranlassen, ein für sie nachteiliges Rechtsgeschäft vorzunehmen oder Maßnahmen zu ihrem Nachteil zu treffen oder zu unterlassen, es sei denn, dass die Nachteile ausgeglichen werden. Der Ausgleich muss nach § 311 Abs. 2 S. 1 und 2 AktG spätestens am Ende des Geschäftsjahres der Nachteilszufügung erfolgen, und zwar zumindest in der Weise, dass der abhängigen Gesellschaft auf die zum Ausgleich bestimmten Vorteile ein Rechtsanspruch zu gewähren ist.
- Abhängigkeitsbericht: Nach § 312 AktG ist der Vorstand einer abhängigen Gesellschaft ferner zur Aufstellung eines Abhängigkeitsberichts verpflichtet, der extern durch den Abschlussprüfer (313 AktG) und intern durch den Aufsichtsrat (§ 314 AktG) zu prüfen ist.
- Sonderprüfung: Die (außenstehenden) Aktionäre der abhängigen Gesellschaft haben des Weiteren unter bestimmten Voraussetzungen das Recht, bei Gericht eine Sonderprüfung über die Beziehungen zu dem beherrschenden Unternehmen oder einem mit ihm verbundenen Unternehmen zu verlangen (§ 315 AktG).
- Schadensersatzpflicht: Bei fehlendem Nachteilsausgleich besteht grundsätzlich eine Schadensersatzpflicht des herrschenden Unternehmens bzw. seiner gesetzlichen Vertreter gegenüber der abhängigen Gesellschaft (§ 317 AktG). Besteht eine derartige Haftung, sind auch Vorstand und/oder Aufsichtsrat der abhängigen Gesellschaft zum Schadensersatz verpflichtet, wenn sie ihre Berichts- bzw. Prüfungspflichten verletzt haben (§ 318 AktG).

Im vorliegenden Kontext interessiert vor allem die Frage, ob ein Nachteilsausgleichsanspruch der abhängigen Gesellschaft gegenüber dem beherrschenden Unternehmen auch dann eingreift, wenn infolge des Kontrollwechsels (und des Eintritts der einschlägigen weiteren Voraussetzungen) eine Bank oder ein Anleihegläubiger von dem Kündigungs- bzw. Andienungsrecht gegenüber der abhängigen Gesellschaft Gebrauch macht. Im Grundsatz wird man die Annahme eines Nachteilsausgleichsanspruchs verneinen müssen, denn § 311 Abs. 1 AktG setzt tatbestandlich voraus, dass das herrschende Unternehmen die abhängige Gesellschaft veranlasst, ein für sie nachteiliges Rechtsgeschäft vorzunehmen oder Maßnahmen zu ihrem Nachteil zu treffen oder zu unterlassen. Für eine Veranlassung ist nach herrschendem konzernrechtlichem Schrifttum erforderlich, dass das herrschende Unternehmen – gestützt durch seinen gesellschaftsrechtlich vermittelten Einfluss – das Verhalten der abhängigen Gesellschaft zu bestimmen versucht.[32] Zwar genügt für eine

---

[32] Falkenhausen und Klitzing (2006), S. 1513, 1518.

Veranlassung jede Form der Verlautbarung des auf Vornahme der Maßnahme gerichteten Willens des herrschenden Unternehmens, mag dieser Wunsch in Form eines Ratschlags, einer Anregung, einer „Weisung" oder auf sonstige Weise zum Ausdruck gebracht werden.[33] Davon kann jedoch dann keine Rede sein, wenn eine dritte Person – also ein Kreditgeber oder Anleihegläubiger – im Anschluss an eine erfolgreiche Übernahme durch den Bieter (und herrschendem Unternehmen) von einem ihm vor der Übernahme eingeräumten Kündigungs- oder Andienungsrecht Gebrauch macht. Unter diesen Vorzeichen fehlt es bereits an jeglichem Verhalten des herrschenden Unternehmens, das seitens der abhängigen Gesellschaft als Veranlassung interpretiert werden könnte. Dass die erfolgreiche Übernahme das Abhängigkeitsverhältnis und damit den Kontrollwechsel herbeigeführt hat, stellt keine Veranlassung i. S. d. § 311 Abs. 1 AktG dar. Selbst wenn man anders argumentieren wollte, würde sich die Einflussnahme nicht in einer Geschäftsführungsmaßnahme oder Unterlassen der abhängigen Gesellschaft manifestieren, sondern allein in der autonomen Entscheidung des Kreditnehmers bzw. Anleihegläubigers, ein Kündigungs- oder Andienungsrecht infolge des Kontrollwechsels auszuüben. Vor diesem Hintergrund fehlt es somit ersichtlich auch an der Veranlassungswirkung des herrschenden Unternehmens gegenüber der abhängigen Gesellschaft.[34]

Anders mag dies ausnahmsweise dann sein, wenn der Kontrollwechsel nicht zur Ausübung eines Kündigungs- oder Rückkaufsrechts des Kreditgebers bzw. Anleihegläubigers führt, etwa weil der Kontrollwechsel keine Ratingverschlechterung zur Folge hat oder die wirtschaftlichen Konditionen des Kredits bzw. der Anleihe für den Kreditgeber bzw. Anleihegläubiger günstiger sind, als sie aufgrund der Marktverhältnisse bei einem Neuabschluss des Geschäfts wären. Unter diesen Vorzeichen erscheint es denkbar, dass das herrschende Unternehmen seinen gesellschaftsrechtlich vermittelten Einfluss auf die abhängige Gesellschaft ausübt, um diese zu einer Beendigung des Kreditvertrags oder einen Rückkauf der Anleihe zu bewegen. Eine Veranlassung wäre unter diesen Vorzeichen erkennbar gegeben. Ob dies dann freilich zu einem Nachteil für die abhängige Gesellschaft führt, hängt nicht zuletzt davon ab, ob die neu abzuschließende Finanzierung gegenüber der bisherigen vorteilhafter ist, also tatsächlich zu besseren wirtschaftlichen Konditionen erfolgt. Nur wenn das nicht der Fall sein sollte, wird man von einem Nachteilsausgleichsanspruch der abhängigen Gesellschaft gegenüber dem herrschenden Unternehmen ausgehen können.

Literatur

Baums T, Hecker M (2004) § 3. In: Baums T, Thoma GF (Hrsg) Kommentar zum Wertpapiererwerbs- und Übernahmegesetz, 1. Lfg.5/04. RWS Verlag, Köln

---

[33] Habersack (2011b), Rn. 22; Leuring und Goertz (2011), Rn. 40.
[34] Habersack (2011b), Rn. 23.

Bayer W (2002) Vorsorge- und präventive Abwehrmaßnahmen gegen feindliche Übernahmen. In: Zeitschrift für Unternehmens- und Gesellschaftsrecht, Band 31, Heft 4–5. De Gruyter, Berlin, S 588–622

Diem A (2009) Akquisitionsfinanzierungen. 2. Aufl. Beck Verlag, München

Ekkenga J (2003) § 33. In: Ehrike U, Ekkenga J, Oechsler J (Hrsg) Wertpapiererwerbs- und Übernahmegesetz. Beck Verlag, München

Ellrott H (2010) § 289. In: Beck'scher Bilanzkommentar. 7. Aufl. Beck-Verlag, München

Falkenhausen J (2007) Übernahmeprophylaxe – Die Pflichten des Vorstands der Zielgesellschaft. In: NZG Heft 3/2007, S 97–100, C.H. Beck oHG, München

Falkenkausen J, Klitzing H (2006) Wandelanleihen als poison pill. In: ZIP 33/2006, 1513, RWS Verlag, Köln

FAZ Schulz B (2006) Investoren dringen auf mehr Absicherung bei Unternehmensanleihen. In: FAZ vom 12.10.2006, Nr. 237 S 25, Frankfurter Allgemeine Zeitung, Frankfurt a. M.

FAZ (2007) Schutzklauseln in Anleihebedingungen nicht immer wirksam. In: FAZ vom 16.03.2007, Nr. 64, S 23, Frankfurter Allgemeine Zeitung, Frankfurt a. M.

Grunewald R (2007) § 33. In: Baums T, Thoma GF (Hrsg) Kommentar zum Wertpapiererwerbs- und Übernahmegesetz, 2. Lfg. 5/07. RWS Verlag, Köln

Habersack M (2011a) § 221. In: Habersack M, Goette W (Hrsg) Münchener Kommentar zum Aktiengesetz. Bd 5, 3. Aufl. Beck-Verlag, München

Habersack M (2011b) § 311. In: Emmerich V, Habersack M (Hrsg) Aktien- und GmbH-Konzernrecht. 6. Aufl. Beck Verlag, München

Hirte H (2002) Verteidigung gegen Übernahmeangebote und Rechtsschutz des Aktionärs gegen die Verteidigung. In: Zeitschrift für Unternehmens- und Gesellschaftsrecht, Band 31, Heft 4–5, S 623–658, De Gruyter, Berlin

Hirte H (2010) § 33. In: Hirte H, Bülow C (Hrsg) Kölner Kommentar zum WpÜG. 2. Aufl. Wolters Cluwer, Köln

Hutter S (2008) § 15. In: Habersack M, Mülbert PO, Schlitt M (Hrsg) Unternehmensfinanzierung am Kapitalmarkt, 2. Aufl. Otto Schmidt Verlag, Köln

Krause H (2002) Die Abwehr feindlicher Übernahmeangebote auf der Grundlage von Ermächtigungsbeschlüssen der Hauptversammlung. In: Betriebs-Berater, Heft 21/2002, S 1053–1055, Deutscher Fachverlag, Frankfurt a. M.

Krause H, Pötzsch T (2005) § 3. In: Assmann H-D, Pötzsch T, Schneider UH (Hrsg) Wertpapiererwerbs- und Übernahmegesetz. Otto Schmidt Verlag, Köln

Kusserow B, Dittrich K (2000) Die Begebung von High Yield-Anleihen unter deutschem Recht. In: Zeitschrift für Wirtschafts- und Bankrecht, Heft 15/2000, S 745 ff., Wertpapier-Mitteilungen Keppler, Lehmann GmbH & Co. KG, Frankfurt a. M.

Leuring D, Goertz A (2011) § 311. In: Hölters W (Hrsg) Aktiengesetz. VahlenVerlag, München

Mielke W, Nguyen-Viet T-M (2004) Änderung der Kontrollverhältnisse bei dem Vertragspartner: Zulässigkeit von Change of Control Klauseln im deutschen Recht. In: Der Betrieb, Heft 47/2004, S 2515–2520, Fachverlag Handelsblatt, Düsseldorf

Rabenhorst D (2008) Zusätzliche Angabepflichten im Lagebericht durch das Übernahmerichtlinien-Umsetzungsgesetz. WPg 61(4):139–145

Rittwage R (2009) Normen für die rechtssichere Anwendung von Change-of-Control-Klauseln. De Gruyter Verlag, Berlin

Röh L (2008) § 33. In: Haarmann W, Schüppen M (Hrsg) Frankfurter Kommentar zum Wertpapiererwerbs- und Übernahmegesetz, 3. Aufl. Verlag Recht und Wirtschaft, Frankfurt a. M.

Sailer V (2006) Offenlegung von „Change-of-Control-Klauseln" Im Jahresabschluss. In: Die Aktiengesellschaft Heft 24/2006, S 913–927, Verlag Dr. Otto Schmidt, Köln

Seiler O (2010) In: Spindler G, Stilz E (Hrsg) Aktiengesetz, 2. Aufl. Beck Verlag, München
Seitz A, Maier E (2010) EU-ProspektVO, Anhang IV. In: Assmann H-D, Schlitt M, Kopp-Colomb W (Hrsg) Wertpapierprospektgesetz/Verkaufsprospektgesetz. Otto Schmidt, Köln
Schlitt M, Hemeling P (2008) § 10. In: Habersack M, Mülbert PO, Schlitt M (Hrsg) Unternehmensfinanzierung am Kapitalmarkt, 2. Aufl. Verlag Dr. Otto Schmidt, Köln
Schlitt M, Ries C (2010) § 33 WpÜG. In: Münchener Kommentar zum AktG, Bd 6, 3. Aufl. Beck Verlag, München
Schlitt M, Seiler O, Singhof B (2003) Rechtsfragen und Gestaltungsmöglichkeiten bei Wandelschuldverschreibungen. In: Die Aktiengesellschaft, Heft 5/2003, S 254–268, Verlag Dr. Otto Schmidt, Köln
Schücking C (2005) Anleihegläubiger haben kaum Rechtsschutz vor Raidern: Märkte von ISS-Übernahme aufgeschreckt – Wirksame Sicherungsmöglichkeiten über Anleihebedingungen. Börsen-Zeitung vom 08.06.05.
Schwennicke A (2008) § 3. In: Geibel S, Süßmann R Wertpapiererwerbs- und Übernahmegesetz, 2. Aufl. Beck-Verlag, München
Süßmann R (2011) Unerwünschte Übernahmen. In: Neue Zeitschrift für Gesellschaftsrecht, Heft 33/2011, S 1281 ff., C.H. Beck oHG, München
Thoma G.F. (2002) Das Wertpapiererwerbs- und Übernahmegesetz im Überblick. In: Neue Zeitschrift für Gesellschaftsrecht, Heft 3/2002, S 105–110, C.H. Beck oHG, München
Tröger T (2002) Unternehmensübernahmen im deutschen Recht (II) – Übernahmeangebote, Pflichtangebote, Squeeze Out. In: Deutsche Zeitschrift für Wirtschafts- und Insolvenzrecht, Heft 10/2002, S 397–407, De Gruyter, Berlin
Wackerbarth U (2011) §§ 1–3, 10–32 WpÜG. In: Münchener Kommentar zum AktG, Bd 6, 3. Aufl. Beck Verlag, München
Zschoke C (2002) Europapolitsche Mission: Das neue Wertpapiererwerbs- und Übernahmegesetz. In: Der Betrieb, Heft 02/2002, S 79–85, Fachverlag Handelsblatt, Düsseldorf

Haftungsfragen der Debt Relations

10

Holger Alfes und Christian Hartig

10.1 Einleitung

Die Vielfalt der Debt Relations spiegelt sich auch in den damit verbundenen Haftungsrisiken wider. Haftungsrelevanz kommt insbesondere den Unterlagen und Maßnahmen zu, die zur Vermarktung von Debt Produkten und zur Kommunikation gegenüber (potenziellen) Investoren eingesetzt werden. Hier sind zunächst Wertpapierprospekte für Debt Produkte zu nennen: Ist ein Wertpapierprospekt fehlerhaft oder fehlt er sogar, so sind damit spezielle prospektrechtliche Haftungsfolgen verbunden (hierzu im Folgenden unter Ziff. 10.2). Auch sonstige, prospektähnliche Informationsunterlagen, die aufgrund ihrer Ausgestaltung oder aufgrund der Eigenschaften des Debt Produkts nicht als Wertpapierprospekte zu verstehen sind, können zu einer allgemeinen zivilrechtlichen Prospekthaftung führen (hierzu im Folgenden unter Ziff. 10.3). Von haftungsrechtlicher Bedeutung sind außerdem alle anderen Formen der Kommunikation mit Investoren und der Öffentlichkeit im Rahmen der Debt Relations – etwa in Form von Ad-hoc-Meldungen oder Pressemitteilungen, aber auch von Werbung und sonstigen Marketingmaßnahmen (hierzu im Folgenden unter Ziff. 10.4). Schließlich sind öffentlich-rechtliche Sanktionen denkbar, die insbesondere bei fehlerhafter oder unvollständiger Kommunikation im Rahmen der Debt Relations in Betracht kommen und erhebliche wirtschaftliche Bedeutung erlangen können – beispielsweise in Gestalt von Bußgeldern und Geldstrafen (hierzu im Folgenden unter Ziff. 10.5). Dieses Kapitel erörtert nur die Haftungsfragen der Debt Relations nach deutschem Recht. Dieses gleicht auf Grund europarechtlicher Vorgaben zwar in einigen Punkten dem Recht der anderen Mitgliedstaaten der Europäischen Union, dennoch gibt es teils deutliche Unterschiede zwischen den ein-

H. Alfes (✉) · C. Hartig
Noerr LLP, Rechtsanwalt und Partner, Börsenstraße 1,
60313 Frankfurt am Main, Deutschland
E-Mail: holger.alfes@noerr.com

C. Hartig
E-Mail: christian.hartig@noerr.com

zelnen Mitgliedstaaten. Dies kann insbesondere dann zu komplexen Haftungsfragen führen, wenn sich die Debt Relations an ein internationales Anlegerpublikum richten.

10.2 Prospekthaftung nach dem Wertpapierprospektgesetz

Für Debt Produkte, die in Wertpapieren verbrieft sind, ist bei ihrer Emission häufig ein Wertpapierprospekt zu veröffentlichen. Ein Wertpapierprospekt stellt in der Regel das zentrale Dokument zur Vermarktung und Platzierung der Wertpapiere bei Investoren dar und unterliegt einem spezifischen Haftungsregime nach dem Wertpapierprospektgesetz („WpPG"). Eine Haftung setzt jedoch voraus, dass im Prospekt „für die Beurteilung der Wertpapiere wesentliche Angaben unrichtig oder unvollständig sind" (§ 21 Abs. 1 WpPG), das heißt der Prospekt falsche oder irreführende Informationen enthält oder erforderliche Informationen fehlen; mit anderen Worten der Prospekt fehlerhaft ist. Zudem stellt es einen Haftungsgrund dar, wenn kein Prospekt veröffentlicht wird, obwohl eine Pflicht zur Veröffentlichung eines Prospekts besteht.

Vor diesem Hintergrund stellen sich für Emittenten folgende Fragen: Für welche Debt Produkte muss überhaupt ein Wertpapierprospekt erstellt werden? Welche Informationen muss der Prospekt enthalten und wie müssen diese Informationen dargestellt sein? Welche Haftung droht im Fall eines fehlerhaften oder eines fehlenden Prospekts?

10.2.1 Debt Produkte, für die ein Wertpapierprospekt erforderlich ist

10.2.1.1 Debt Produkte als Wertpapiere im Sinne des Wertpapierprospektgesetzes

Was Wertpapiere im Sinne des WpPG sind, ist in § 2 Ziff. 1 WpPG ausdrücklich beschrieben: Es müssen übertragbare Wertpapiere sein, die an einem Markt gehandelt werden können. Diese Formulierung verdeutlicht, dass bereits die Möglichkeit zum Handel an einem Markt ausreicht, um von Wertpapieren im Sinne des WpPG auszugehen – ein tatsächlicher Handel, gar ein Börsenhandel, ist nicht erforderlich. Überdies beinhaltet § 2 Ziff. 1 WpPG einen nicht abschließenden Beispielskatalog von Wertpapieren, der auch „Schuldtitel, insbesondere Schuldverschreibungen [...]" umfasst (§ 2 Ziff. 1 lit. b) WpPG). Hiervon sind sämtliche Formen von Inhaberschuldverschreibungen erfasst, also insbesondere klassische auf den Inhaber lautende Schuldverschreibungen,[1] unabhängig davon ob es sich um Investment Grade- oder High Yield-Bonds handelt oder ob sie als

---

[1] Keine Wertpapiere stellen dagegen Namensschuldverschreibungen dar, obgleich sie verbrieft sind (Berrar et al. 2011; Kopp-Colomb und Knobloch (2010), Rn. 10) und teilweise auch am Kapitalmarkt gehandelt werden (Arndt und Bruchwitz (2008), Rn. 37). Hierbei handelt es sich um Vermögensanlagen im Sinne des § 1 Abs. 2 Ziff. 5 Vermögensanlagengesetz („VermAnlG"), für welche im Fall eines öffentlichen Angebots gleichfalls die Pflicht zur Erstellung eines Verkaufsprospekts bestehen kann. Namensschuldverschreibungen und andere Formen von fremdkapitalartigen Investmentformen (z. B. Genussrechte), welche Vermögensanlagen im Sinne des VermAnlG darstellen, spielen

Mittelstandsanleihen oder gar als Fananleihen ausgestaltet werden. Aber auch Sonderformen wie Wandel- und Optionsschuldverschreibungen fallen unter die Beschreibung in § 2 Ziff. 1 lit. b) WpPG. Ferner sind Genussscheine, die als Inhaberpapiere verbrieft sind, Wertpapiere im Sinne des WpPG.[2] Schließlich stellen auch Asset Backed Securities Wertpapiere dar, da sie die gemäß § 2 Ziff. 1 WpPG erforderliche Handelbarkeit aufweisen. Ihr Charakter als Wertpapier, das bei seiner Emission eines Prospekts bedarf, ergibt sich ausdrücklich aus der europäischen Wertpapierprospektverordnung.[3]

Die Pflicht zur Veröffentlichung eines Wertpapierprospekts besteht grundsätzlich bereits dann, wenn ein im Rahmen eines öffentlichen Angebots – also im Rahmen eines Angebots an einen prinzipiell offenen Investorenkreis – auszugebendes Debt Produkt in Wertpapieren verbrieft wird. Doch sieht das WpPG in bestimmten Fällen Ausnahmen von dieser Pflicht vor. Eine Pflicht entfällt gemäß § 3 Abs. 1 WpPG beispielsweise bei einem Angebot von Wertpapieren, das sich ausschließlich an qualifizierte Anleger richtet (zumeist Kreditinstitute, Versicherungsunternehmen und Kapitalanlagegesellschaften, aber auch staatliche Institutionen), das sich in jedem Staat des Europäischen Wirtschaftsraums an weniger als 150 nicht qualifizierte Anleger richtet oder das sich an Anleger richtet, die bei jedem gesonderten Angebot Wertpapiere ab einem Mindestbetrag von 100.000 € pro Anleger erwerben können, sofern die Wertpapiere eine Mindeststückelung von 100.000 € haben. Weitere Ausnahmen sind in § 4 WpPG für bestimmte Arten von Wertpapieren geregelt, wobei diese Ausnahmen Debt Produkte normalerweise nicht betreffen dürften.

10.2.1.2 Debt Produkte, die nicht als Wertpapiere verbrieft sind

Alle übrigen Debt Produkte, die nicht als Wertpapiere im Sinne des WpPG zu qualifizieren sind, unterliegen keiner Prospektpflicht im Sinne des WpPG.

Dies betrifft insbesondere alle Formen von nicht verbrieftem Fremdkapital, an erster Stelle Darlehen, die rein vertraglich vereinbart werden und hinsichtlich derer typischerweise alle geldwerten Ansprüche durch Abtretung im Sinne der §§ 398 ff. Bürgerliches Gesetzbuch („BGB") übertragen werden. Auch Schuldscheindarlehen, bei denen der Schuldner seine Rückzahlungsverpflichtung durch Ausstellung eines Schuldscheins (vgl. § 344 Abs. 2 Handelsgesetzbuch („HGB")) anerkennt, bilden insoweit keine Ausnahme. Es handelt sich bei den im Zusammenhang mit den Darlehen ausgestellten Schuldscheinen

---

als Debt Produkte regelmäßig nur eine untergeordnete Rolle und sollen daher in Rahmen der vorliegenden Erläuterung außer Betracht bleiben.
[2] Vgl. Ritz und Zeising (2009), Rn. 43.
[3] „Verordnung (EG) Nr. 809/2004 der Kommission vom 29. April 2004 zur Umsetzung der Richtlinie 2003/71/EG des Europäischen Parlaments und des Rates betreffend die in Prospekten enthaltenen Angaben sowie die Aufmachung, die Aufnahme von Angaben in Form eines Verweises und die Veröffentlichung solcher Prospekte sowie die Verbreitung von Werbung". Aus dieser Verordnung ergeben sich kraft des gesetzgeberischen Verweises gemäß § 7 WpPG auch die Mindestangaben, welche in einen Prospekt im Sinne des WpPG aufzunehmen sind. Für die Mindestangaben in Prospekten zu Asset Backed Securities gelten besondere Vorgaben nach dieser Verordnung.

nicht um Wertpapiere oder sonstige Verbriefungen, denen eine rechtliche Eigenständigkeit vom Darlehensvertrag beizumessen wäre, sondern lediglich um Urkunden, denen im Zivilprozess eine erhöhte Beweiskraft kommt.

Schließlich werden auch Sicherungsinstrumente wie Credit Default Swaps und sonstige Kreditderivate[4] nicht in Wertpapieren im Sinne des WpPG verbrieft, sondern sind lediglich Gegenstand entsprechender Verträge, aus denen die Gläubigeransprüche durch Abtretung im Sinne der §§ 398 ff. BGB übertragen werden.

Für diese Debt Produkte, die keiner Prospektpflicht unterliegen, kommt auch keine Prospekthaftung nach dem WpPG in Betracht. Unterlagen, die zur Vermarktung des Debt Produkts oder zum Zwecke der Information erstellt werden, können jedoch der allgemeinen zivilrechtlichen Prospekthaftung unterfallen, deren Umfang unter Umständen weiter reichen kann als die Prospekthaftung nach dem WpPG. Zudem bestehen selbstverständlich allgemeine schuld- und unter Umständen sogar deliktsrechtliche Schadensersatzansprüche; etwa, wenn sich gegenüber der finanzierenden Bank abgegebene Zusicherungen als unrichtig herausstellen oder vertragliche Regelungen nicht eingehalten werden. Hier kann es beispielsweise zu Ansprüchen auf die vorzeitige Rückzahlung der Darlehen oder zu Schadensersatzansprüchen wegen verspäteter oder unterlassener Rückzahlung kommen.

10.2.2 Erforderlicher Inhalt von Wertpapierprospekten

Die maßgebliche Vorschrift für den Mindestinhalt eines Wertpapierprospekts, mit dem Debt Produkte öffentlich angeboten werden, stellt § 5 WpPG dar. Danach muss der Prospekt sämtliche Angaben enthalten, die im Hinblick auf den Emittenten und die öffentlich angebotenen Wertpapiere notwendig sind, um dem Publikum ein zutreffendes Urteil über die Vermögenswerte und Verbindlichkeiten, die Finanzlage, die Gewinne und Verluste, die Zukunftsaussichten des Emittenten und jedes Garantiegebers sowie über die mit diesen Wertpapieren verbundenen Rechte zu ermöglichen. Die Darstellung muss in leicht analysierbarer und verständlicher Form erfolgen. Maßstab ist hierfür nach verbreiteter Auffassung der durchschnittliche Anleger, der etwa mit den Grundsätzen der Bilanzkunde vertraut ist, also mehr Kenntnisse hat als ein völlig ahnungsloser Verbraucher, der aber nicht mit der speziellen Terminologie der betroffenen Fachkreise vertraut zu sein hat.[5] Schließlich muss der Prospekt in einer Form abgefasst sein, die sein Verständnis und seine Auswertung erleichtern.

---

[4] Als Kreditderivate kommen neben Credit Default Swaps insbesondere auch Total Return Swaps und Credit Linked Notes, sowie Kreditderivate, die Kombinationen aus diesen Instrumenten darstellen, in Betracht (siehe auch § 165 Ziff. 1 Solvabilitätsverordnung).

[5] Ständige Rechtsprechung seit BGH NJW 1982, 2823–2827 (2824); zuletzt etwa OLG Köln, Urteil vom 14. Februar 2012, Az. 18 U 142, 11, juris-Rn. 167; so auch Straßner (2011, Rn. 2). Zu Recht kritisch: Groß (2009) und Schwark (2010, Rn. 22) mit dem Hinweis, dass der durchschnittliche Anleger am Kapitalmarkt keineswegs in der Lage ist, eine Bilanz zu lesen.

Neben diese generalklauselartigen Bestimmungen, die naturgemäß recht unbestimmt sind, treten weitaus konkretere inhaltliche Anforderungen, die bei Wertpapieren gemäß § 7 WpPG durch die europäische Wertpapierprospektverordnung festgelegt werden. Diese Verordnung stellt detaillierte, auf die jeweilige Gattung von Wertpapieren zugeschnittene Mindestinhaltskataloge bereit. Die insoweit in den Prospekt aufzunehmenden Mindestangaben betreffen beispielsweise die Beschreibung des Unternehmens, der Geschäftstätigkeit und Strategie, des Markts, auf dem das Unternehmen tätig ist, und die Risikofaktoren, denen es ausgesetzt ist.[6]

10.2.3 Prospekthaftung für fehlerhafte Prospekte

Die Haftung für Wertpapierprospekte, in denen die für die Beurteilung der Wertpapiere wesentlichen Angaben unrichtig, unvollständig oder irreführend sind, richtet sich nach §§ 21, 22 WpPG. Hiernach müssen diejenigen, die „für den Prospekt die Verantwortung übernommen haben" oder „von denen der Erlass des Prospekts ausgeht" als Gesamtschuldner Schadens- und Aufwendungsersatz leisten. In erster Linie sind dies natürlich die Emittenten. Es können aber auch andere Dienstleister sein, die für den Emittenten die Wertpapiere anbieten: Insbesondere diejenigen Banken, welche die Emission platzieren.

Die Ersatzansprüche umfassen die Erstattung des Kaufpreises für die Wertpapiere – soweit dieser den ersten Ausgabepreis der Wertpapiere nicht überschreitet – und die mit dem Erwerb verbundenen üblichen Kosten. Allerdings bestehen diese Erstattungsansprüche nur dann, wenn der Kauf nach der Veröffentlichung des Prospekts und innerhalb von 6 Monaten nach dem ersten öffentlichen Angebot der Wertpapiere im Inland abgeschlossen wurde. Hintergrund dieser Frist ist die Annahme, dass der Prospekt bei einem noch späteren Kauf typischerweise nicht mehr hinreichend ursächlich für die Anlageentscheidung ist und dementsprechend der Prospektverantwortliche auch nicht mehr haften soll. Sofern der Käufer nicht mehr Inhaber der Wertpapiere ist, kann er die Zahlung des Unterschiedsbetrags zwischen dem Kaufpreis – soweit dieser den ersten Ausgabepreis nicht überschreitet – und dem Verkaufspreis der Wertpapiere sowie die Erstattung der mit dem Kauf und Verkauf verbundenen üblichen Kosten verlangen.

Die Haftung tritt jedenfalls dann ein, wenn der Haftende positive Kenntnis von der Fehlerhaftigkeit des Prospekts hatte. Er kann aber auch dann haften, wenn er die Fehlerhaftigkeit des Prospekts nicht kannte. Die Haftung nach den vorgenannten Vorschriften tritt gemäß § 23 Abs. 1 WpPG nur dann nicht ein, wenn dem Emittenten bzw. demjenigen, der die Emission begleitet, der Nachweis gelingt, dass er die Unrichtigkeit oder Unvollständigkeit der Angaben des Prospekts nicht gekannt hat und dass die Unkenntnis nicht auf grober Fahrlässigkeit beruht. Grob fahrlässig handelt in diesem Zusammenhang, wer die verkehrserforderliche Sorgfalt in besonders schwerem Maße verletzt, ganz naheliegende

---

[6] Daneben verlangt die europäische Wertpapierprospektverordnung Ausführungen zu zahlreichen weiteren Themenfeldern.

Überlegungen nicht anstellt und nicht beachtet, was im gegebenen Fall jedem einleuchten würde. Den Emittenten trifft in einem solchen Fall eine Nachforschungspflicht.[7] Dies ist etwa der Fall, wenn ein Emittent bei einem kürzlich erworbenen Unternehmen keine ausreichende Due Diligence Prüfung durchgeführt hat und dies dazu führt, dass die Beschreibung der Risiken im Prospekt unrichtig ist. Hinsichtlich sonstiger Fälle fahrlässiger Unkenntnis scheidet eine Haftung allerdings aus, so dass insoweit eine Privilegierung gegenüber der allgemeinen zivilrechtlichen Prospekthaftung besteht.

Gemäß § 23 Abs. 2 WpPG bestehen Prospekthaftungsansprüche außerdem nicht, sofern

- die Wertpapiere nicht auf Grund des Prospekts erworben wurden,
- der Sachverhalt, über den unrichtige oder unvollständige Angaben im Prospekt enthalten sind, nicht zu einer Minderung des Börsenpreises der Wertpapiere beigetragen hat,
- der Erwerber die Unrichtigkeit oder Unvollständigkeit der Angaben des Prospekts bei dem Erwerb kannte,
- vor dem Abschluss des Erwerbsgeschäfts im Rahmen des Jahresabschlusses oder Zwischenberichts des Emittenten, einer Veröffentlichung nach § 15 des Wertpapierhandelsgesetzes („WpHG") oder einer vergleichbaren Bekanntmachung eine deutlich gestaltete Berichtigung der unrichtigen oder unvollständigen Angaben im Inland veröffentlicht wurde oder
- sich die Prospekthaftungsansprüche ausschließlich auf Grund von Angaben in der Zusammenfassung oder einer Übersetzung ergeben, es sei denn, die Zusammenfassung ist irreführend, unrichtig oder widersprüchlich, wenn sie zusammen mit den anderen Teilen des Prospekts gelesen wird.

Die Beweislast für das Vorliegen einer dieser Ausschlussgründe liegt allerdings jeweils beim Haftenden. Diese Gründe darzulegen, ist in der Praxis zudem mit Schwierigkeiten verbunden.[8]

Die Haftungsansprüche nach dem WpPG unterliegen den allgemeinen Verjährungsvorschriften nach dem Bürgerlichen Gesetzbuch. Die regelmäßige Verjährungsfrist für Ansprüche wegen fehlerhafter Wertpapier- und Verkaufsprospekte beträgt daher gemäß § 195 BGB 3 Jahre. Die für Prospekte, die vor dem 1. Juni 2012 veröffentlicht worden sind,

---

[7] Vgl. Pankoke (2009), Rn. 7, 10; Assmann (2010a), Rn. 94. Zur Entlastung kann ein Emittent beispielsweise geltend machen, dass er sich auf inhaltlich unbeeinflusste Gutachten und Auskünfte von Sachverständigen (beispielsweise von Wirtschaftsprüfungsgesellschaften und namhaften Anwaltskanzleien) verlassen habe (Assmann (2010a), Rn. 94). Generell sind die Sorgfaltsanforderungen umso strenger, je näher der Haftungsschuldner dem Ursprung der im Prospekt enthaltenen Information steht, so dass den Emittenten regelmäßig ein strengerer Maßstab trifft als eine beteiligte Bank (Pankoke (2009), Rn. 9).

[8] Aus dem Umstand, dass ein Anleger das Debt Produkt zu einem erheblich gesunkenen Kurs erworben hat, kann regelmäßig noch nicht auf positive Kenntnis geschlossen werden. Dagegen kann der Umstand, dass die unrichtige Tatsache allgemein bekannt ist, den Schluss auf positive Kenntnis zulassen (Schwark (2010), Rn. 59; Pankoke (2009), Rn. 29).

noch geltende Verjährungsfrist von 1 Jahr seit dem Zeitpunkt, zu dem der Erwerber von der Unrichtigkeit oder Unvollständigkeit der Angaben des Prospekts Kenntnis erlangt hat, spätestens jedoch von 3 Jahren seit der Veröffentlichung des Prospekts, gilt nicht mehr.

Neben der Haftung für fehlerhafte Prospekte gemäß §§ 21, 22 WpPG ist gemäß § 25 Abs. 2 WpPG prinzipiell noch Raum für die allgemeinen schuld- und deliktsrechtlichen Schadensersatzansprüche. Als deliktsrechtliche Ansprüche kommen insbesondere im Fall betrügerischer Absichten Schadensersatzansprüche in Betracht (gemäß § 823 Abs. 2 BGB i. V. m. §§ 263, 264a StGB). Jedoch wird den Anlegern aus diesen Ansprüchen häufig kein „Mehrwert" gegenüber den Ansprüchen aus §§ 21, 22 WpPG erwachsen, weil sie regelmäßig nicht weiterreichen als die Prospekthaftung gemäß dem WpPG. Ein weitergehender Anwendungsbereich kommt lediglich dann in Betracht, wenn der Kaufpreis höher als der Ausgabepreis war. In diesem Fall ist der Erstattungsanspruch gemäß §§ 21, 22 WpPG nach dem Willen das Gesetzgebers auf die Differenz zwischen dem Ausgabepreis und dem Verkaufspreis beschränkt. Dagegen schuldet der Haftende nach den allgemeinen schuld- und deliktsrechtlichen Schadensersatzansprüchen vollen Schadensersatz, also die Differenz zwischen dem Kauf- und dem Verkaufspreis. Vertragliche und vorvertragliche Ansprüche dürften regelmäßig nicht bestehen, da die Investoren nur selten in unmittelbaren Kontakt zum Emittenten bzw. zu den die Emission begleitenden Banken treten, sondern mit einem dritten Kreditinstitut bzw. Wertpapierdienstleister einen Vertrag schließen. Nicht von der Öffnungsklausel des § 25 Abs. 2 WpPG erfasst sind dagegen nach weit überwiegender Auffassung Ansprüche aus der nachfolgend beschriebenen zivilrechtlichen Prospekthaftung, da die §§ 21, 22 WpPG zugunsten der Emittenten und Banken gerade eine Privilegierung hinsichtlich des Verschuldens schaffen sollten, welche durch eine zusätzliche Anwendung der Grundsätze der zivilrechtlichen Prospekthaftung wieder ausgehebelt würde.

Für Emittenten von Debt Produkten ist es grundsätzlich ratsam, die Haftungsgefahr und den Prospekthaftung nicht zu unterschätzen. Allerdings dürften die Prospekthaftung bei Debt Produkten weniger brisant sein als die Risiken bei fehlerhaften Wertpapierprospekten für Aktien. Dies ergibt sich zum einen aus § 57 Abs. 1 S. 1 AktG, wonach die Rückgewähr von Einlagen der Aktionäre grundsätzlich nicht gestattet ist. Diese Bestimmung untersagt es einer Gesellschaft, Aktien von einzelnen Aktionären zurückzukaufen, wenn diese im Falle eines Wertverlusts der Aktien das Vorliegen eines Prospekthaftungsfalls behaupten. Bei Debt Produkten bestehen derartige rechtliche Beschränkungen dagegen regelmäßig nicht, so dass ein Emittent hier Verhandlungs- und Gestaltungsspielraum hat, um einzelne Investoren von einer (öffentlichkeitswirksamen) prozessualen Geltendmachung von Prospekthaftungsansprüchen abzuhalten. Schließlich ist zu berücksichtigen, dass im Falle einer prozessualen Geltendmachung von Prospekthaftungsansprüchen mit einem rechtskräftigen Urteil häufig erst dann zu rechnen sein dürfte, wenn das Debt Produkt bereits zurückgezahlt worden ist. In diesen Fällen sollten ersatzfähige Schäden regelmäßig nur einen geringen Umfang ausmachen. Denn zum einen ist nur noch der jeweilige Kläger schadensersatzberechtigt, zum anderen spielen sich ersatzfähige zwischenzeitige Schwankungen des Börsenpreises regelmäßig in einem Bereich unterhalb des Ausgabe- und Rückzahlungspreises ab, so dass im Fall der vollständigen Rückzahlung des Debt Produkts auch der zwischenzeitige Schaden des Investors durch Kursverluste in vielen Fällen obsolet geworden ist.

10.2.4 Prospekthaftung

Prospekthaftungsansprüche können interessanterweise auch entstehen, wenn überhaupt kein Prospekt veröffentlicht worden ist. Dies ist dann der Fall, wenn der Pflicht zur Veröffentlichung eines Prospekts nicht nachgekommen worden ist (§ 24 WpPG). Investoren können dann nach denselben Voraussetzungen wie beim fehlerhaften Prospekt entweder Ansprüche auf Erstattung des Kaufpreises oder Ansprüche auf Zahlung des Unterschiedsbetrags zwischen dem Kaufpreis – soweit dieser den ersten Ausgabepreis nicht überschreitet – und dem Verkaufspreis sowie Kostenerstattungsansprüche geltend machen. Diese Situation ist sogar ungleich dramatischer als die Prospekthaftung, da eine Haftung in jedem Fall und nicht nur bei unrichtigen Angaben im Prospekt droht.

Nur wenn der Erwerber beim Erwerb des Wertpapiers die Pflicht kannte, einen Prospekt zu veröffentlichen, kann die Haftung entfallen. Die Darlegungs- und Beweislast hierfür trifft allerdings wiederum den Emittenten beziehungsweise den Anbieter.

In der Regel lässt sich die Haftung auch nicht dadurch ausschließen, dass der Emittent behauptet, der finanzielle Schaden sei unabhängig von der Nichterstellung des Prospekts entstanden. Hier gilt die Vermutung, dass das Fehlen des Prospekts ursächlich für den eingetretenen Schaden war, der Investor also keinen Schaden erlitten hätte, wenn er den Prospekt hätte zur Kenntnis nehmen können.[9] Dem Emittenten oder dem Anbieter bleibt es zwar unbenommen, dies zu widerlegen. Dies dürfte in der Praxis jedoch nur ganz ausnahmsweise gelingen.

Ob die Haftung dagegen verschuldensunabhängig ausgestaltet ist, der Emittent und der Anbieter also auch dann haften müssen, wenn sie weder vorsätzlich noch fahrlässig keinen Prospekt veröffentlicht haben, ist umstritten.[10] Aus unserer Sicht sprechen die besseren Gründe für eine verschuldensabhängige Haftung, da die Vorschrift nach dem Willen des Gesetzgebers als Parallelvorschrift zu den Bestimmungen über die Haftung für fehlerhafte Prospekte ausgestaltet sein sollte. Daher sollte nur im Falle positiver Kenntnis und grob fahrlässiger Unkenntnis vom pflichtwidrigen Fehlen des Prospekts gehaftet werden müssen.

Die Prospekthaftung für derartige Haftungsansprüche entspricht der Verjährung von 3 Jahren nach § 195 BGB wie bei der oben beschriebenen Prospekthaftung.

Ähnlich wie bei der Haftung für fehlerhafte Prospekte spielen auch die prinzipiell anwendbaren schuld- und deliktsrechtlichen Schadensersatzansprüche gemäß § 25 Abs. 2 WpPG eine Rolle.

---

[9] Zu § 13a VerkProspG: Kind (2008), Rn. 12; Kind (2008), Rn. 19.
[10] Zu § 13a VerkProspG: Eine Haftung befürwortend Kind (2008) Rn. 13, 14; Ablehnend dagegen Assmann (2010a) Rn. 19; und Heidelbach (2010) Rn. 9 – entsprechende Anwendung des Verschuldensmaßstabs wie bei der Haftung für den fehlerhaften Prospekt;

10.3 Zivilrechtliche Prospekthaftung

Viele Debt Produkte werden im Rahmen von Transaktionen angeboten, bei denen ein Wertpapierprospekt nach den Regelungen des Wertpapierprospektgesetzes nicht erforderlich ist. Dies betrifft häufig Privatplatzierungen an institutionelle Investoren bzw. qualifizierte Anleger. Selbstverständlich werden dabei auch Informationsunterlagen verwendet. Sollten diese Informationsunterlagen inhaltliche Fehler haben, kann dies zu einer Haftung führen. Bei derartigen fehlerhaften Informationsunterlagen kann an die Stelle der spezialgesetzlichen Prospekthaftung nach WpPG die sogenannte allgemeine zivilrechtliche Prospekthaftung treten. Diese wird wiederum in die zivilrechtliche Prospekthaftung im engeren Sinne und die zivilrechtliche Prospekthaftung im weiteren Sinne unterschieden.[11] Ausgangspunkt für eine Haftung nach der zivilrechtlichen Prospekthaftung im engeren Sinn ist das typischerweise zwischen dem Emittenten einerseits und dem Anleger andererseits bestehende Vertrauen, das durch einen fehlerhaften Prospekt in pflichtwidriger Weise erschüttert wird. Dagegen greift die zivilrechtliche Prospekthaftung im weiteren Sinne gegenüber solchen Personen ein, auf die der Anleger tatsächlich bei seiner Anlageentscheidung vertraut hat und die in einem persönlichen Kontakt mit dem Anleger standen.

10.3.1 Zivilrechtliche Prospekthaftung im engeren Sinne

Für die zivilrechtliche Prospekthaftung im engeren Sinne ist es zunächst erforderlich, dass eine in Rede stehende Informationsunterlage einen Umfang erreicht hat, welcher mit dem Umfang eines Prospekts im Sinne des WpPG vergleichbar ist. Dies ist dann gegeben, wenn die Informationsunterlage den Anspruch erhebt, den Kreis der angesprochenen Investoren umfassend, insbesondere hinsichtlich aller wertbildenden Faktoren, zu informieren.[12]

Dabei ist weitgehend ungeklärt, wie groß der praktische Anwendungsbereich der zivilrechtlichen Prospekthaftung im engeren Sinne überhaupt ist. Hintergrund dieser Frage ist in erster Linie die historische Entwicklung des Anlegerschutzrechts, das den An-

---

[11] Die Rechtsprechung und rechtwissenschaftliche Literatur ist hinsichtlich der Terminologie und des Inhalts der zivilrechtlichen Prospekthaftung sehr uneinheitlich. Viele Einzelfragen in diesem Bereich sind ungeklärt, woraus sich für Emittenten eine nicht ganz unerhebliche Rechtsunsicherheit ergibt, welche bereits für sich betrachtet zu besonderer Sorgfalt bei allen Werbe- und Marketingmaßnahmen für Debt Produkte motivieren sollte.

[12] BGHZ 160, 134–149, juris Rn. 12, m. w. N; hiernach stelle beispielsweise eine Ad-hoc-Mitteilung keinen Prospekt dar, weil es sich hierbei um eine anlassbezogene Mitteilung an den Sekundärmarkt handele, die lediglich bereits bekannte Information ergänze. Dem sich zuletzt anschließend: OLG München, Entscheidung vom 18. Mai 2011, Az. 20 U 4879/10, juris Rn. 40. Im Einzelnen ist der Inhalt und die Reichweite des Prospektbegriffs jedoch noch ungeklärt und umstritten (Nachweise bei: Emmerich (2012), Rn. 160 ff.).

wendungsbereich der oben beschriebenen spezialgesetzlichen Prospekthaftung immer weiter ausgedehnt hat und mittlerweile auch wesentliche Teile des sogenannten „grauen Kapitalmarkts" der spezialgesetzlichen Prospekthaftung unterwirft.

Der Haftungsgrund der spezialgesetzlichen Prospekthaftung stimmt mit dem Haftungsgrund der zivilrechtlichen Prospekthaftung im engeren Sinn überein: Die Haftung beruht in beiden Fällen auf dem typisierten Vertrauen der Anleger in Personen „hinter der Anlagegesellschaft", die ihnen regelmäßig überhaupt nicht bekannt sind.[13]

Wenn sich ein Prospekt im Sinne der zivilrechtlichen Prospekthaftung im engeren Sinn als unrichtig oder unvollständig herausstellt und dadurch der Anwendungsbereich der zivilrechtlichen Prospekthaftung im engeren Sinn eröffnet ist, können Anleger nach §§ 241 Abs. 2, 311 Abs. 2 und 3, 280 Abs. 1 BGB den Ersatz des ihnen entstandenen Schadens verlangen. Der Emittent und alle anderen Haftenden haben hierbei Vorsatz und jede Form von Fahrlässigkeit zu vertreten. Obgleich sich der Prospektbegriff hinsichtlich der Richtigkeit und Vollständigkeit also an die Vorgaben des WpPG anlehnt, kommt eine Haftungsbeschränkung auf Vorsatz und grobe Fahrlässigkeit entsprechend § 23 Abs. 1 WpPG gerade nicht in Betracht.

Keine Unterschiede zwischen der spezialgesetzlichen Prospekthaftung nach WpPG und der zivilrechtlichen Prospekthaftung bestehen dagegen im Bereich der Verjährung. Ebenso wie die Ansprüche aus §§ 21, 22 WpPG verjähren auch die Ansprüche aus der zivilrechtlichen Prospekthaftung im engeren Sinn gemäß § 195 BGB innerhalb von 3 Jahren. Mit der Prospekthaftung im engeren Sinne war nur bis zum 31. Mai 2012 insoweit eine Privilegierung verbunden, als nach allgemeiner Ansicht die kürzeren Verjährungsfristen der spezialgesetzlichen Prospekthaftung entsprechende Anwendung finden sollten.

Erfüllen die Informationsunterlagen nicht die Anforderungen an einen Prospekt, kommt die Prospekthaftung nicht in Betracht. Doch auch in diesem Fall müssen Emittenten darauf achten, dass die Informationsunterlage richtig ist und nicht in die Irre führt, um eine Haftung zu vermeiden (hierzu im Folgenden unter Abschn. 10.4.3).

10.3.2 Zivilrechtliche Prospekthaftung im weiteren Sinne

Die zivilrechtliche Prospekthaftung im weiteren Sinne unterscheidet sich von derjenigen im engeren Sinne dadurch, dass sie gegenüber denjenigen Personen geltend gemacht werden kann, die tatsächlich das Vertrauen der Anleger bei der Anlageentscheidung in Anspruch genommen haben.[14] Haftende sind daher die Personen, die in einen persönlichen Kontakt zum Anleger getreten sind, also in erster Linie Anlageberater, Anlagevermittler,

---

[13] Emmerich (2012), Rn. 155; Bühring und Linnemanstönns (2007), S. 2637. Die zivilrechtliche Prospekthaftung im engeren Sinne unterscheidet sich von der spezialgesetzlichen Prospekthaftung wohl aber durch den Kreis der haftenden Personen, welcher sich beispielsweise auch auf die „Hintermänner" hinter der Gesellschaft, die die Anlageprodukte ausgibt, bezieht (siehe hierzu: Emmerich 2012, Rn. 154 ff.).

[14] Emmerich (2012), Rn. 171; Bühring und Linnemanstönns (2007), S. 2638.

10 Haftungsfragen der Debt Relations

Banken, aber nur soweit sie bei ihrer Anlageberatung eine fremde Informationsschrift zur Hilfe nehmen und sich deren Inhalte zu eigen machen. Für Emittenten selbst dürfte die zivilrechtliche Prospekthaftung im weiteren Sinne daher nur in den Ausnahmefällen, in denen eine direkte Ansprache von Investoren erfolgt, Bedeutung erlangen.[15] Unberührt bleibt für Emittenten natürlich das bereits beschriebene Risiko einer Prospekthaftung im engeren Sinne.

Auch bei der zivilrechtlichen Prospekthaftung im weiteren Sinne richtet sich der Haftungs- und Verschuldensmaßstab nach den allgemeinen zivilrechtlichen Regeln (§§ 241 Abs. 2, 311 Abs. 2 und 3, 280 Abs. 1, 276 Abs. 1 BGB). Da jedenfalls der Haftungsgrund im tatsächlich in Anspruch genommenen Vertrauen in eine Person mit besonderer Fachkunde und nicht in einem typisierten Vertrauen wie bei der zivilrechtlichen Prospekthaftung im engeren Sinne besteht, dürfte es Anlegern tendenziell schwerer fallen, einen Schadensersatzanspruch wegen der Enttäuschung dieses Vertrauens etwa infolge der Verletzung von Aufklärungspflichten geltend zu machen.

Das Ausmaß der Haftung wird schließlich auch durch ein potenzielles Mitverschulden des Anlegers beeinflusst. Ein solches kommt vor allem bei institutionellen Investoren in Betracht, welche eigenverantwortlicher mit den Inhalten aus den Informationsunterlagen umgehen müssen als Privatanleger und daher nicht im selben Maß auf den Umfang und Inhalt der Informationsunterlage angewiesen sind. Insbesondere wird ein solcher institutioneller Anleger regelmäßig über die Fähigkeit verfügen, Anlageentscheidungen mit weniger aufwändig aufbereiteten Informationsunterlagen treffen zu können.

Wie bei der zivilrechtlichen Prospekthaftung im engeren Sinn unterliegen die Ansprüche aus der zivilrechtlichen Prospekthaftung im weiteren Sinn gemäß § 195 BGB der regelmäßigen Verjährungsfrist von 3 Jahren.

---

[15] Die nach § 31 Abs. 3a S. 1 WpHG im Rahmen der Anlageberatung erforderlichen Informationsblätter lösen mangels Haftungsnorm keine spezialgesetzliche Prospekthaftung, aber auch keine allgemeine zivilrechtliche Prospekthaftung aus. Es fehlt den Informationsblättern bereits an der Eigenschaft eines Prospekts im zivilrechtlichen Sinne, da es sich nicht um eine an das Publikum gerichtete Beschreibung einer Kapitalanlage handelt, welche für sich in Anspruch nimmt, den Anleger umfassend zu informieren (Preuße und Schmidt 2011, S. 269 f.; Müchler 2012, S. 980). Es ist vom Gesetzgeber vielmehr als eine Darstellungsform ausgestaltet worden, die das konkrete Anlageberatungsgespräch begleiten soll. Daher kommt bei etwaigen Unrichtigkeiten des Informationsblatts auch nur eine Haftung aus dem Anlageberatungsvertrag in Betracht, und auch nur soweit der Anlageberater die fehlende Information nicht im Beratungsgespräch zur Verfügung gestellt bzw. falsche Informationen nicht korrigiert hat Preuße und Schmidt (2011, S. 270); Müchler (2012, S. 980). Als Haftungsverpflichteter kommt ausschließlich der Anlageberater in Betracht, der Adressat der Pflicht gemäß § 31 Abs. 3 a S. 1 WpHG ist und das Informationsblatt im Rahmen des Beratungsgesprächs verwendet.

10.4 Prospekthaftung im Rahmen der Debt Relations

Eine Haftung ist auch über den Wertpapierprospekt hinaus möglich. Soweit zusätzlich oder anstelle eines Wertpapierprospekts andere Marketing- und Kommunikationsmaßnahmen erfolgen, stellt sich die Frage, welche Haftungsrisiken bestehen, wenn Informationen fehlerhaft sind oder entgegen bestehender Mitteilungspflichten überhaupt nicht veröffentlicht werden.

10.4.1 Unterlassene oder fehlerhafte Ad-hoc-Mitteilungen

Für Emittenten, deren Wertpapiere im regulierten Markt gehandelt werden, gelten Prospekthaftung Gemäß § 15 Abs. 1 WpHG muss ein Emittent von Finanzinstrumenten „Insiderinformationen, die ihn unmittelbar betreffen, unverzüglich veröffentlichen". Eine Insiderinformation betrifft den Emittenten insbesondere dann unmittelbar, wenn sie sich auf Umstände bezieht, die in seinem Tätigkeitsbereich eingetreten sind, so etwa auf wesentliche Rechtsstreitigkeiten oder Geschäftsabschlüsse.

Nicht jede Information über nicht öffentlich bekannte Umstände muss als Ad-hoc-Mitteilung veröffentlicht werden. Vielmehr sind nur solche Informationen als Insiderinformation erfasst, die im Falle ihres öffentlichen Bekanntwerdens geeignet sind, den Börsen- oder Marktpreis der Wertpapiere des Emittenten erheblich zu beeinflussen. Interessanterweise bedeutet dies nicht, dass sich diese Pflicht nur auf solche Informationen bezieht, die Wertpapiere betrifft, die im regulierten Markt gehandelt werden. Auch Informationen über Debt Produkte, die nur in den Freiverkehr einbezogen sind, oder überhaupt nicht am Kapitalmarkt gehandelt werden, können der Ad-hoc-Mitteilungspflicht unterfallen, solange nur der Emittent außerdem Wertpapiere ausgegeben hat, die an einem regulierten Markt gehandelt werden und deren Kurs durch die Information beeinflusst werden könnte.[16] Wenn also eine Aktiengesellschaft, deren Aktien im General oder Prime Standard an der Frankfurter Wertpapierbörse gehandelt werden, eine Wandelschuldverschreibung ausgibt, die im Freiverkehr gehandelt werden soll, oder wenn sie im großen Umfang eine Restrukturierung ihrer sonstigen Debt Produkte verhandelt, so könnte dies eine Ad-hoc-Veröffentlichung erfordern.

Für Emittenten, deren Debt Produkte nicht an einem regulierten Markt gehandelt werden, gelten die Ad-hoc-Mitteilungspflichten nicht. Einige Wertpapierbörsen haben aber vergleichbare Veröffentlichungspflichten geschaffen.

Die Haftung für Verstöße gegen Ad-hoc-Mitteilungspflichten richtet sich zunächst nach den Vorgaben des WpHG (vgl. §§ 37b, c WpHG). Sie entsteht dann, wenn der Emittent eine Veröffentlichung der relevanten Insiderinformation unterlässt. Dies gilt aber nur, wenn der Dritte entweder die Finanzinstrumente nach der Unterlassung erwirbt und bei Bekanntwerden der Insiderinformation noch Inhaber der Finanzinstrumente ist oder wenn

---

[16] Einzelheiten zum Eintreten und zum Umfang der Ad-hoc-Pflicht sind umstritten (siehe etwa Zimmer und Kruse (2010), Rn. 30 ff.; Assmann (2012), Rn. 51 ff.)

er die Finanzinstrumente vor dem Entstehen der Insiderinformation erwirbt und nach der Unterlassung veräußert. Die erste Fallgruppe betrifft nur Insiderinformationen mit negativer Auswirkung auf den Börsenpreis, die zweite Fallgruppe dagegen nur Insiderinformationen mit positiver Auswirkung auf den Marktpreis, da nur in diesen Fällen ein kausaler Schaden entstanden sein kann. Unter den gleichen Voraussetzungen ist ein Emittent zum Schadensersatz verpflichtet, wenn er zwar eine Ad-hoc-Mitteilung veröffentlicht, diese aber eine unwahre Insiderinformation enthält. Eine unwahre Insiderinformation ist gegeben, wenn diese entweder unrichtig oder unvollständig ist. Hierbei ist nicht jede Abweichung von der Wirklichkeit maßgeblich, sondern nur eine solche, die zu einer Irreführung eines durchschnittlichen Anlegers führen könnte.[17]

Eine Haftung ist ausgeschlossen, wenn der Emittent nachweist, dass die Unterlassung beziehungsweise die Unrichtigkeit der Ad-hoc-Mitteilung nicht auf Vorsatz oder grober Fahrlässigkeit beruht. Schließlich besteht ein Anspruch auch dann nicht, wenn der Dritte die Insiderinformation bzw. deren Unrichtigkeit in der ersten Fallgruppe bei dem Erwerb oder in der zweiten Fallgruppe bei der Veräußerung kannte.

Die Ansprüche nach §§ 37b, 37c WpHG verjähren nach Ablauf eines Jahres ab dem Zeitpunkt, an dem der Dritte von der Unterlassung bzw. Unrichtigkeit Kenntnis erlangt, spätestens jedoch nach Ablauf von 3 Jahren seit der Unterlassung bzw. Veröffentlichung.

Die Haftung nach §§ 37b, 37c WpHG hat keine verdrängende Wirkung gegenüber anderen Haftungstatbeständen. Im Gegenteil werden diese durch das Gesetz sogar explizit zugelassen. Als sonstige Haftungsgrundlagen kommen insoweit zunächst deliktische Ansprüche im Sinne des § 823 Abs. 2 BGB sowie Ansprüche wegen vorsätzlich sittenwidriger Schädigung gemäß § 826 BGB in Betracht. Deliktische Ansprüche gemäß § 823 Abs. 2 BGB sind nur dann gegeben, wenn der Mitteilungspflichtige durch die unterlassene bzw. fehlerhafte Veröffentlichung ein Gesetz verletzt hat, welches gerade dem Schutz des Anlegers dient. Zwar stellt nach allgemeiner Ansicht § 15 WpHG selbst kein Schutzgesetz in diesem Sinne dar, so dass eine Haftung insoweit ausscheidet und ein Verstoß gegen § 15 WpHG allein nicht bereits eine deliktische Haftung begründet. Schutzgesetze sind jedoch beispielsweise das in § 20a WpHG geregelte Verbot der Kursmanipulation (streitig) und der Betrugstatbestand des § 263 StGB. Wenn also mit der unwahren oder unterlassenen Ad-hoc-Mitteilung eine Marktmanipulation oder ein Betrug bewirkt wird, könnten zugleich auch Schadensersatzansprüche nach § 823 Abs. 2 BGB entstehen.[18]

Die Haftungstatbestände der §§ 37b, 37c WpHG sehen eine Haftung nur des Emittenten selbst vor; eine Haftung der Mitglieder des Vorstands oder des Aufsichtsrats kommt nach

---

[17] Vgl. Sethe (2012), Rn. 55; Zimmer und Grotheer (2010), Rn. 35, 36.
[18] Auch andere Schutzgesetze kommen in Betracht, wobei der Charakter als Schutzgesetz jedoch häufig umstritten ist. So werden etwa § 264a StGB (Kapitalanlagebetrug), § 400 AktG („Unrichtige Darstellung" der Verhältnisse der Gesellschaft) und §§ 5, 16 UWG („Irreführende geschäftliche Handlungen" und „Strafbare Werbung" als Maßnahmen des unlauteren Wettbewerbs) als haftungsbegründende Schutzgesetze diskutiert. Ausführlich zum Ganzen: Maier-Reimer und Paschos (2008), Rn. 160 ff.; Sethe 2012, Rn. 105 ff.; Bergdolt (2011), Rn. 46 ff.

diesen Normen nicht, wohl aber nach allgemeinen zivilrechtlichen Anspruchsgrundlagen (etwa gemäß § 826 BGB bei vorsätzlich sittenwidriger Schädigung) in Betracht. Auch ein Regress des Emittenten gegen die Vorstandsmitglieder ist nicht ausgeschlossen, wie sich aus §§ 37b Abs. 6, 37c Abs. 6 WpHG ergibt.

Wenn für den Emittenten kein Bezug zum regulierten Markt besteht, kommt auch eine Haftung für fehlende oder fehlerhafte Ad-hoc-Mitteilungen nicht in Betracht. Der Emittent eines in den Freiverkehr einbezogenen Debt Produkts kann dennoch privatrechtlich – beispielsweise durch die Allgemeinen Geschäftsbedingungen eines Freiverkehrssegments mit gesteigerten Publizitätspflichten – zur Veröffentlichung gewisser Informationen verpflichtet sein. Derartige sogenannte „Quasi Ad-hoc-Mitteilungen" sind etwa im Entry Standard des Freiverkehrs der Frankfurter Wertpapierbörse oder im mittelstandsmarkt der Düsseldorfer Börse vorgesehen. Ein Verstoß gegen diese Veröffentlichungspflichten kann Vertragsstrafen nach sich ziehen: so sehen die Allgemeinen Geschäftsbedingungen für den Freiverkehr an der Frankfurter Wertpapierbörse eine Vertragsstrafe für vorsätzliche Verstöße gegen die Pflicht zur Veröffentlichung von Unternehmensinformationen in Höhe von bis zu 12.500 € vor. Eine fahrlässige Pflichtverletzung führt zu einer Vertragsstrafe von bis zu 6.250 €. Allerdings werden nicht in jedem Fall, in dem in einem Freiverkehrssegment die Pflicht zur Veröffentlichung von „Quasi Ad-hoc-Mitteilungen" besteht, Verstöße hiergegen mit Vertragsstrafen sanktioniert. So sehen die Geschäftsbedingungen für den Freiverkehr an der Baden-Württembergischen Wertpapierbörse zwar eine Pflicht zur Veröffentlichung von „Quasi Ad-hoc-Mitteilungen" im Segment „Bondm" (Mittelstandsanleihen) vor. Die Sanktionsnorm des § 39 Abs. 1 der Geschäftsbedingungen sieht jedoch lediglich vor, dass der Veranstalter des Freiverkehrs bei einem Verstoß gegen die Folgepflichten des Emittenten Maßnahmen treffen kann, die zur Abhilfe geeignet und erforderlich sind.

10.4.2 Verstöße gegen weitere Veröffentlichungspflichten nach dem WpHG

Das WpHG sieht weitere Veröffentlichungspflichten für bestimmte Debt Produkte vor, die zu einem regulierten Markt zugelassen sind. So muss ein Emittent von Anleihen gemäß § 30b Abs. 2 WpHG unter anderem den Ort, den Zeitpunkt und die Tagesordnung einer Gläubigerversammlung (einschließlich der Teilnahmebedingungen der Anleihegläubiger), Mitteilungen über die Ausübung von Umtausch-, Zeichnungs- und Kündigungsrechten sowie Zins- und Rückzahlungen unverzüglich im Bundesanzeiger veröffentlichen. Dabei sind bestimmte formelle Mindestanforderungen vorgegeben, welche die Gleichbehandlung der Anleger und den Datenschutz sicherstellen sollen.

Gemäß § 30e WpHG müssen schließlich alle Änderungen der mit den zugelassenen Wertpapieren verbundenen Rechte sowie Änderungen der Ausstattung dieser Wertpapiere (insbesondere der Zinssätze) oder der damit verbundenen Bedingungen, soweit die mit den Wertpapieren verbundenen Rechte hiervon indirekt betroffen sind, mitgeteilt werden. Bei

Wertpapieren, die den Gläubigern ein Umtausch- oder Bezugsrecht auf Aktien einräumen, müssen zudem alle Änderungen der Rechte, die mit den Aktien verbunden sind, auf die sich das Umtausch- oder Bezugsrecht bezieht, mitgeteilt werden.

Ausdrückliche Haftungsnormen für Verstöße gegen die Veröffentlichungspflichten gemäß §§ 30b, 30e WpHG gibt es nicht. Während § 30e WpHG ein Schutzgesetz darstellen dürfte, bei dessen Verletzung ein Schadensersatzanspruch nach § 823 Abs. 2 BGB in Betracht kommt, ist dies bei § 30b WpHG wohl nicht der Fall.[19] Ansonsten kommt eine Haftung für fehlerhafte oder irreführende Mitteilungen im Rahmen dieser Veröffentlichungspflichten nur in Betracht, wenn zugleich andere Schutzgesetze (etwa Betrugsdelikte) betroffen sind.

10.4.3 Freiwillige Veröffentlichungen, Werbung und Marketing

Vielfach erfolgen während der laufenden Debt Relations-Tätigkeiten oder im Rahmen einer Platzierung freiwillig weitere Veröffentlichungen. Dies können etwa Pressemitteilungen sein, aber auch Vorträge, Interviews, Zeitschriftenbeiträge oder Informationen auf der Website des Emittenten. Für diese Art der Investorenkommunikation gibt es kein spezifisches gesetzliches Haftungsregime, allerdings können im Falle einer unrichtigen oder irreführenden Veröffentlichung allgemeine zivilrechtliche Schadensersatzansprüche in Betracht kommen. Ein Schadensersatzanspruch könnte sich beispielsweise aus §§ 311 Abs. 2, 280 Abs. 1, 241 Abs. 2 BGB ergeben, wenn die Veröffentlichung im Rahmen von Vertragsverhandlungen erfolgt („culpa in contrahendo"), oder aus § 826 BGB resultieren, wenn die unrichtige Veröffentlichung als vorsätzliche sittenwidrige Schädigung anzusehen ist. Schadensersatzansprüche gemäß § 826 BGB richten sich grundsätzlich gegen die sich äußernde Person, können jedoch nach Maßgabe des § 31 BGB auch einem Emittenten zugerechnet werden, wenn es sich bei der sich äußernden Person um ein Organmitglied handelt. Nur bei Aktiengesellschaften kommt eine Haftung des Emittenten gemäß § 823 Abs. 2 BGB i. V. m. § 400 AktG für bestimmte „unrichtige Darstellungen" über die Verhältnisse der Gesellschaft in Betracht.[20] Die tatsächliche Durchsetzung von Schadensersatzansprüchen gegenüber der jeweiligen Person bzw. der Gesellschaft dürfte in vielen Fällen mit Beweisschwierigkeiten verbunden sein, insbesondere was das Bestehen von ausreichend konkreten Vertragsverhandlungen sowie die Pflichtwidrigkeit der Äußerungen betrifft.

Wenn diese Veröffentlichungen den Charakter von Werbemaßnahmen im Rahmen von öffentlichen Angeboten haben, sind bestimmte gesetzliche Grenzen zu beachten.[21]

---

[19] Diese Regeln sind erst im Jahre 2007 geschaffen worden, so dass ihr rechtlicher Status noch nicht in allen Details geklärt ist. So wie hier: Maier-Reimer und Paschos (2008), Rn. 330–334.
[20] § 400 AktG bezieht sich nicht nur auf Pflichtveröffentlichungen, sondern erfasst auch alle freiwilligen Berichte an die interessierte Öffentlichkeit; Schaal (2011), Rn. 24.
[21] Beschränkungen für die Werbung durch Wertpapierdienstleistungsunternehmen, etwa gemäß §§ 31 Abs. 2, 36b WpHG sollen im Rahmen der vorliegenden Erläuterung außer Betracht bleiben.

Soweit es sich bei den Debt Produkten um Wertpapiere handelt, für die ein Wertpapierprospekt erstellt worden ist, muss in allen Werbeanzeigen darauf hingewiesen werden, dass ein Prospekt veröffentlicht wurde oder veröffentlicht wird und wo die Anleger diesen erhalten können. Die Werbeanzeigen müssen als solche klar erkennbar sein und die darin enthaltenen Angaben dürfen nicht unrichtig oder irreführend sein oder im Widerspruch zu einem veröffentlichten bzw. zu veröffentlichenden Prospekt stehen.

Die Erstplatzierung von Debt Produkten am Kapitalmarkt wird regelmäßig von verschiedenen Marketingmaßnahmen begleitet, die sich ausschließlich an institutionelle Investoren richten. So erfolgt bereits vor der eigentlichen Platzierung häufig ein sogenanntes „Pre-Sounding" (oder „Pilot Fishing"), bei dem die geplante Emission einigen institutionellen Investoren vorgestellt wird, um zu ermitteln, ob und unter welchen Bedingungen das Debt Produkt platziert werden kann. Daneben wird häufig eine Analystenpräsentation durchgeführt, bei der den Analysten der Banken, welche an der Emission beteiligt sind, die geplante Emission vorgestellt wird. Schließlich erfolgt die eigentliche Vermarktung der Debt Produkte gegenüber institutionellen Investoren im Rahmen einer „Road Show". Hierbei präsentiert das Management des Emittenten mit Unterstützung der begleitenden Banken den Emittenten und die Wertpapiere, stellt sich den Fragen der institutionellen Investoren und wirbt für den Kauf des Wertpapiers. Bei diesen Maßnahmen ist sicherzustellen, dass die Informationen in den Präsentationen sowie in daran anschließenden Diskussionen aus Gründen der Konsistenz und Gleichbehandlung auch den übrigen Investoren, die an den genannten Marketingmaßnahmen nicht teilnehmen konnten, insbesondere durch den Wertpapierprospekt bekannt gegeben werden. Alle über ein öffentliches Angebot verbreiteten Informationen müssen mit dem im Prospekt enthaltenen Informationen übereinstimmen (vgl. § 15 Abs. 4 WpPG). Ferner muss auch in dem Fall, dass kein öffentliches Angebot stattfindet, der Anbieter wesentliche Informationen über den Emittenten oder über sich selbst, die sich an qualifizierte Anleger oder besondere Anlegergruppen richten, einschließlich Informationen, die im Verlauf von Veranstaltungen mitgeteilt werden, allen qualifizierten Anlegern oder allen besonderen Anlegergruppen, an die sich das Angebot ausschließlich richtet, mitteilen (vgl. § 15 Abs. 5 WpPG).

Auch wenn das WpPG bei Verstößen gegen diese Vorgaben keine speziellen Haftungsfolgen vorsieht, können sich Investoren hierbei auf die allgemeinen zivilrechtlichen Anspruchsgrundlagen stützen. Zudem hat die Bundesanstalt für Finanzdienstleistungsaufsicht Sanktionsmöglichkeiten und kann bei Anhaltspunkten für Verstöße die Werbe- und Marketingmaßnahmen für bis zu 10 Tage aussetzen und bei einer Eignung zur Irreführung dieser Maßnahmen eine Unterlassungsverfügung aussprechen.

Im Übrigen sind bei allen Werbemaßnahmen für Debt Produkte die Grenzen des Gesetzes gegen den unlauteren Wettbewerb („UWG") zu beachten, das unlautere geschäftliche Handlungen verhindern möchte. Zu unlauteren geschäftlichen Handlungen zählen etwa die Verschleierung des Werbecharakters einer geschäftlichen Handlung oder die Ausnutzung der geschäftlichen Unerfahrenheit oder Leichtgläubigkeit eines Anlegers. Ferner können besonders hartnäckige Werbemaßnahmen auch nach dem UWG sanktionierte unzumutbare Belästigungen darstellen. Auch die Verunglimpfung und Herabsetzung von Mitbewerbern können als unlautere geschäftliche Handlung Beseitigungs-, Unterlassungs- und Schadensersatzansprüche zur Folge haben. In der Praxis dürften diese Ansprüche eine untergeordnete Rolle spielen.

10.5 Bußgelder und Geldstrafen

Mit Verstößen gegen die verschiedenen Veröffentlichungspflichten für Debt Produkte sind in einigen Fällen auch Bußgeld- und Straftatbestände verbunden.

Wer es vorsätzlich oder leichtfertig unterlässt, für Debt Produkte einen Wertpapierprospekt zu veröffentlichen, obwohl hierzu gemäß § 3 Abs. 1 WpPG eine Pflicht besteht, handelt gemäß § 35 Abs. 1 Nr. 1 WpPG ordnungswidrig. Diese Ordnungswidrigkeit kann gemäß § 35 Abs. 3 WpPG ein Bußgeld von bis zu 50.000 € zur Folge haben. Dagegen stellt die Veröffentlichung eines fehlerhaften Prospekts keine Ordnungswidrigkeit dar.

Eine Ordnungswidrigkeit liegt zudem vor, wenn eine Ad-hoc-Mitteilung gemäß § 15 WpHG unter anderem vorsätzlich oder leichtfertig nicht, nicht richtig, nicht in der vorgeschriebenen Weise oder nicht rechtzeitig vorgenommen wird (§ 39 Abs. 2 Ziff. 2c, 5a, 6, 7 WpHG). Hier können je nach Art des verwirklichten Ordnungswidrigkeitentatbestands Bußgelder bis zu 1 Mio. € verwirkt werden.

Ferner stellt auch die vorsätzliche oder leichtfertige Verletzung von Veröffentlichungspflichten gemäß §§ 30b, 30e WpHG eine Ordnungswidrigkeit dar (§ 39 Abs. 2 Ziff. 2k, 5d, 5e, 6 WpHG), welche je nach Art der Verletzung mit einem Bußgeld in Höhe von bis zu 200.000 € geahndet werden kann.

Dagegen ist ein Verstoß gegen die Anforderungen an Werbung und Informationen gemäß § 15 Abs. 2 bis Abs. 5 WpPG für sich genommen nicht bußgeldbewehrt. Allerdings kann ein Bußgeld in Höhe von bis zu 50.000 € verhängt werden, wenn einer Anordnung der BaFin gemäß § 15 Abs. 6 WpPG vorsätzlich oder fahrlässig zuwidergehandelt wird (§ 35 Abs. 2 Ziff. 1 WpPG).

Alle Ordnungswidrigkeiten können nach Maßgabe der §§ 9, 30, 130 des Ordnungswidrigkeitengesetzes („OWiG") sowohl dem Emittenten als auch den für ihn handelnden Personen auferlegt werden.[22] Das bedeutet, dass Bußgelder – gegebenenfalls für ein und denselben Sachverhalt auch mehrfach – gegen den Emittenten und die verantwortlichen Vertreter bzw. Organmitglieder sowie sonstige Leitungsbefugte verhängt werden können.

Spezielle Straftatbestände für Verstöße gegen die zuvor genannten Veröffentlichungspflichten sind im WpHG und im WpPG nicht vorgesehen. Dennoch kann es im Einzelfall zu Straftaten und damit unter anderem zu teilweise empfindlichen Geldstrafen kommen,

---

[22] Vgl. Assmann (2010b), Rn. 18–20.

wenn etwa eine fehlerhafte Information veröffentlicht wird oder eine Veröffentlichung unterbleibt und damit betrügerische Absichten verfolgt werden (insbesondere gemäß §§ 263, 264a StGB). Im Unterschied zu den Ordnungswidrigkeiten können diese Straftaten nur natürlichen Personen, mithin nur den gesetzlichen Vertretern und sonstigen für den jeweiligen Emittenten handelnden Personen zur Last gelegt werden. Auch Haftstrafen können in diesem Fall nicht ausgeschlossen werden.

10.6 Zusammenfassung

Mit einer fehlerhaften Debt Relations ist eine Vielzahl von Haftungsrisiken verbunden. Diese Haftungsrisiken sind umso höher, je größer der Adressatenkreis einer Debt Relations-Veröffentlichung ist und je mehr Privatanleger hierdurch angesprochen werden, da sie nach dem Gesetz einen besonderen Schutz genießen.

Risiken ergeben sich zunächst daraus, dass Informationsunterlagen über Angebote von Debt Produkten regelmäßig Prospekte darstellen, die bei einem unrichtigen oder unvollständigen Inhalt zu einer Prospekthaftung führen können. Die Prospekthaftung ist für Emittenten mit hohen Risiken verbunden, weil es die entsprechenden gesetzlichen Bestimmungen einem geschädigten Anleger erheblich erleichtern, Schadensersatzansprüche geltend zu machen. Auch andere Veröffentlichungen wie Ad-hoc-Mitteilungen, Zeitschriftenbeiträge oder Werbe- und Marketingmaßnahmen können unbedachte oder unklare Aussagen enthalten, die einen (Privat-)Anleger in die Irre führen und dadurch möglicherweise schädigen.

Zu berücksichtigen ist, dass viele Fragen der Haftung für Maßnahmen der Debt Relations ungeklärt sind. Höchstrichterliche Rechtsprechung gibt es nur in Teilbereichen, so dass eine Rechtsunsicherheit besteht.

Von besonderer Bedeutung ist schließlich, dass im internationalen Kontext ein einheitliches Haftungsregime nicht besteht. Trotz der weitgehenden Harmonisierung des Prospektrechts und der Veröffentlichungspflichten durch europäische Rechtsnormen sind die Fragen der Prospekt- und anderen kapitalmarktrechtlichen Haftung nach dem jeweiligen einzelstaatlichen Rechtsordnungen zu beurteilen. Hier besteht jedenfalls noch Bedarf zur weiteren europäischen Harmonisierung.

Angesichts der spezifischen Haftungsrisiken für die Debt Relations ist es erforderlich, jede Veröffentlichung mit äußerster Sorgfalt vorzubereiten und auf ihre Richtigkeit, Vollständigkeit und Verständlichkeit großen Wert zu legen. Dies gilt insbesondere bei komplexen Unterlagen wie Wertpapierprospekten für Debt Produkte.

Literatur

Arndt JH, Bruchwitz S (2008) § 8f. In: Arndt JH, Voß T (Hrsg) VerkProspG. Beck, München
Assmann H-D (2010a) § 13 VerkProspG, § 13a VerkProspG. In: Assmann H-D, Schlitt M, Kopp-Colomb W (Hrsg) Wertpapierprospektgesetz/Verkaufsprospektgesetz. Schmidt, Köln
Assmann H-D (2010b) § 30 VerkProspG. In: Assmann H-D, Schlitt M, Kopp-Colomb W (Hrsg) Wertpapierprospektgesetz/Verkaufsprospektgesetz. Schmidt, Köln
Assmann H-D (2012) § 15. In: Assmann H-D, Schneider UH (Hrsg) Wertpapierhandelsgesetz: WpHG, 6. Aufl. Schmidt, Köln
Assmann H-D, Schlitt M, Kopp-Colomb W (Hrsg) (2010) Wertpapierprospektgesetz/ Verkaufsprospektgesetz. Schmidt, Köln
Bergdolt D (2011) Abschn. 19, Teil 2. In: Heidel T (Hrsg) Aktienrecht und Kapitalmarktrecht. Nomos, Baden-Baden
Berrar C, Meyer A, Müller C, Schnorbus Y, Singhof B, Wolf C (Hrsg) (2011) Frankfurter Kommentar zum WpPG und zur EU-ProspektVO. Recht und Wirtschaft, Frankfurt am Main
Bühring C, Linnemanstönns H (2007) Private Placement – Rettungsanker bei der Prospektpflicht. In: Der Betrieb 48/2007:2637–2640 (Fachverlag Handelsblatt, Düsseldorf)
Emmerich V (2012) § 311. In: Säcker FJ, Rixecker R (Hrsg) Münchener Kommentar zum BGB, Bd. 2. Beck, München
Groß W (2009) Kapitalmarktrecht, 4. Aufl. Beck, München
Heidelbach A (2010) § 13a VerkProspG. In: Schwark E, Zimmer E (Hrsg) Kapitalmarktsrechts-Kommentar. Beck, München
Kind S (2008) § 13a. In: Arndt JH, Voß T (2008) VerkProspG. Beck, München
Kopp-Colomb W, Knobloch F (2010) Kommentar § 2. In: Assmann H-D, Schlitt M, Kopp-Colomb W (Hrsg) Wertpapierprospektgesetz/Verkaufsprospektgesetz. Schmidt, Köln
Maier-Reimer G, Paschos N. (2008) § 29. In: Habersack M, Mühlbert P, Schlitt M (Hrsg) Handbuch der Kapitalmarktinformation. Beck, München
Müchler H (2012) Die neuen Kurzinformationsblätter – Haftungsrisiken im Rahmen der Anlageberatung. In: Wertpapier-Mitteilungen Keppler, Lehmann GmbH & Co. KG, Frankfurt a. M., S 974–983
Preuße T, Schmidt M (2011) Anforderungen an Informationsblätter nach § 31 Abs. 3a WpHG. In: BKR, S 265–272
Pankoke S L (2009) § 45 BörsG Rn. 9. In: Just C, Voß T, Ritz C, Zeising M (Hrsg) WpPG – Kommentar. Beck, München
Ritz C, Zeising M (2009) § 2. In: Just C, Voß T, Ritz C, Zeising M (Hrsg) WpPG – Kommentar. Beck, München
Schaal H-J (2011) § 400. In: Kropff B, Semler I (Hrsg) Münchener Kommentar AktG, Bd. 6. Beck, München
Schwark E (2010) §§ 44, 45 BörsG. In: Schwark E, Zimmer E (Hrsg) Kapitalmarktsrechts-Kommentar. Beck, München
Sethe R (2012) §§ 37b, 37c. In: Assmann H-D, Schneider UH (Hrsg) Wertpapierhandelsgesetz: WpHG, 6. Aufl. Schmidt, Köln
Straßner T (2011) § 5 WpPG. In: Heidel T (Hrsg) Aktienrecht und Kapitalmarktrecht. Nomos, Baden-Baden
Zimmer D, Grotheer M (2010) §§ 37b, 37c WpHG. In: Schwark E, Zimmer D (Hrsg) Kapitalmarktsrechts-Kommentar. Beck, München
Zimmer D, Kruse D (2010) § 15 WpHG. In Schwark E, Zimmer D (Hrsg) Kapitalmarktsrechts-Kommentar. Beck, München

Änderung von Emissionsbedingungen im Zuge des Bond Restructuring

11

Hilger von Livonius

11.1 Einleitung

11.1.1 Das Rechtsverhältnis zwischen dem Emittenten und den Anleihegläubigern

Wie bereits dargestellt, wird das Rechtsverhältnis zwischen dem Emittenten einer Anleihe und den Anlegern (Anleihegläubigern) maßgeblich bestimmt durch die Emissionsbedingungen (Anleihebedingungen). Aus ihnen ergeben sich primär die den Anlegern zustehenden Zahlungsansprüche (auf Zins- und Rückzahlung) sowie darüber hinaus eventuelle weitere Verhaltens- oder Unterlassungspflichten des Emittenten. Nach allgemeinen wertpapierrechtlichen Grundsätzen (Skripturprinzip) werden insoweit nur diejenigen Bestimmungen Teil dieses Rechtsverhältnisses, die sich ausdrücklich aus der über das Wertpapier ausgestellten Urkunde und den an sie angehängten (und damit mit ihr untrennbar verbundenen) Emissionsbedingungen ergeben (§ 793 Abs. 1 S. 7, § 796 BGB, § 2 Satz 1 SchVG).[1]

Durch die Emissionsbedingungen wird zwischen dem Emittenten und den Anleihegläubigern ein Dauerschuldverhältnis begründet. Dieses hat oftmals eine relativ lange Laufzeit, während der aus verschiedenen Gründen ein Bedarf zur Anpassung seines Inhalts entstehen kann. Änderungen an den Emissionsbedingungen können zum Beispiel veranlasst sein, um vorrangiges Fremdkapital aufzunehmen, eine außergerichtliche Sanierung (zum Beispiel durch Modifizierung von Zinszahlungen oder Verschiebung von Fälligkeiten)

---

[1] In Durchbrechung des Skripturprinzips ist eine Bezugnahme auf außerhalb der Globalurkunde niedergelegte Anleihebedingungen nur bei nicht zum Umlauf bestimmten Urkunden (z. B. Sammelurkunden) zulässig.

H. von Livonius (✉)
SJB Berwin LLP (München), Rechtsanwalt, Partner, Karlstrasse 12, 80333 München, Deutschland
E-Mail: hilger.vonlivonius@sjberwin.com

durchzuführen oder gar den Emittenten auszutauschen (zum Beispiel aus steuerlichen Gründen).[2]

Inhalt und die Ausgestaltung der Emissionsbedingungen unterliegen grundsätzlich der Dispositionsfreiheit der Parteien, das heißt, in aller Regel kann der Emittent diese (unter Berücksichtigung der Auswirkungen auf die Vermarktbarkeit der Schuldverschreibungen) festlegen. Gesetzliche Vorgaben an das Rechtsverhältnis zwischen Emittent und Anleihegläubigern findet man nur vereinzelt, so zum Beispiel in den §§ 793 ff. BGB und in den §§ 363 ff. HGB. Überlagert wird die Dispositionsbefugnis allerdings im Einzelfall durch das Recht der allgemeinen Geschäftsbedingungen (§§ 305 ff. BGB) sowie in den Bestimmungen des SchVG. Das Verständnis dieser Regelungen ist wichtig für die Feststellung, in welchem Umfang Emissionsbedingungen nachträglich (zum Beispiel im Zuge eines Bond Restructuring) geändert werden können.

11.1.2 Das Recht der Allgemeinen Geschäftsbedingungen

Inwieweit Emissionsbedingungen für Wertpapiere als Allgemeine Geschäftsbedingungen (AGB) anzusehen sind, wird seit geraumer Zeit kontrovers diskutiert. Der BGH hat dazu geurteilt, dass Emissionsbedingungen von Schuldverschreibungen als Allgemeine Geschäftsbedingungen anzusehen sind. Auch die wohl herrschende Meinung in der Literatur geht davon aus, dass sämtliche vorformulierten Bedingungen in Wertpapieren des Massengeschäfts als Allgemeine Geschäftsbedingungen einzuordnen sind. Diese Auffassung wird aber zu Recht kritisiert, da das Recht der Allgemeinen Geschäftsbedingungen für Kapitalmarktpapiere schlichtweg nicht passt. Sachgerechter wäre es vielmehr, die Zulässigkeit und Wirksamkeit von Emissionsbedingungen anhand der allgemeinen Grundsätze von Treu und Glauben sowie der guten Sitten (§§ 138, 242 BGB) und unter Berücksichtigung des in § 3 SchVG verankerten Transparenzgebots zu beurteilen.[3] Der deutsche Gesetzgeber hat zuletzt (anlässlich der Novellierung des SchVG im Jahre 2009) eine Klärung dieser Frage erst einmal bis zu einer Entscheidung auf europäischer Ebene zurückgestellt. Für die Praxis ist daher einstweilen davon auszugehen, dass Anleihebedingungen dem Recht der allgemeinen Geschäftsbedingungen unterliegen.

Wichtigste Folge der Einstufung von Emissionsbedingungen als Allgemeine Geschäftsbedingungen ist deren Inhalts- und Transparenzkontrolle nach Maßgabe der §§ 307 ff.

---

[2] Ein Austausch des Emittenten ist als Schuldübernahme anzusehen, welche nach § 315 BGB der Genehmigung der Anleihegläubiger bedarf. Bei internationalen Anleiheemissionen (und teilweise auch bei strukturierten Wertpapieren) wird die Möglichkeit eines Emittentenaustauschs (Schuldnerwechsels) oftmals bereits in den Emissionsbedingungen angelegt. Sofern in den Emissionsbedingungen bereits Regelungen über einen Emittentenwechsel angelegt sind, enthalten Sie oftmals eine Vorabzustimmung der Anleihegläubiger bzw. einen entsprechenden Verzicht auf das Genehmigungserfordernis.

[3] Daneben kann der Schutz der Anleger durch das vorhandene Instrumentarium kapitalmarktrechtlicher Aufklärungs-, Beratungs- und Prospektpflichten hinreichend sichergestellt werden.

BGB.[4] Klauseln, welche den Vertragspartner des Emittenten unangemessen benachteiligen, sind danach unwirksam (§ 307 Abs. 1 Satz 1 BGB), wobei sich eine solche unangemessene Benachteiligung schon daraus ergeben kann, dass die betreffende Bestimmung nicht klar und verständlich – mithin also nicht transparent – ist (§ 307 Satz 2 BGB). Während alle wirksam einbezogenen Bestimmungen der Transparenzkontrolle unterliegen, erfolgt eine Inhaltskontrolle nur in den Fällen des § 308 Abs. 2 BGB. Allerdings ist davon auszugehen, dass für Emissionsbedingungen von Schuldverschreibungen die Transparenzkontrolle allein anhand der spezialgesetzlichen Regelung des § 3 SchVG erfolgt. Eine unangemessene Benachteiligung ergibt sich vor allem auch dann, wenn die betreffende Bestimmung von den Grundgedanken der den Sachverhalt betreffenden gesetzlichen Regelung abweicht. Dieser Aspekt ist freilich für die Prüfung von Emissionsbedingungen von vergleichsweise geringer praktischer Bedeutung, da das Recht der Schuldverschreibungen nur rudimentär gesetzlich geregelt ist (i. S. v. § 307 Abs. 2 Nr. 1 BGB) und auch § 307 Abs. 2 Nr. 2 BGB kaum Anwendung finden dürfte.

Im Zusammenhang mit einer Änderung von Emissionsbedingungen ist die Frage nach der Anwendbarkeit des Rechts der allgemeinen Geschäftsbedingungen insoweit von Bedeutung, als dieses die Zulässigkeit von Klauseln einschränkt, welche dem Emittenten die Befugnis geben, die Emissionsbedingungen nachträglich (das heißt nach der Emission) einseitig zu verändern (siehe dazu Abschn. 11.2.2 unten).

11.1.3 Das Schuldverschreibungsgesetz

Das SchVG ist auf nach deutschem Recht begebene, inhaltsgleiche Schuldverschreibungen aus Gesamtemissionen anwendbar,[5] und zwar unabhängig davon, ob sie von inländischen oder ausländischen Emittenten begeben wurden. Eine derartige „Begebung nach deutschem Recht" liegt dann vor, wenn in den Emissionsbedingungen eine uneingeschränkte Rechtswahl für deutsches Recht erfolgt, das heißt, es dürfen auch nicht nur einzelne Klauseln einem ausländischen Recht unterliegen. Des Weiteren sind Schuldverschreibungen aus Gesamtemissionen dann „inhaltsgleich", wenn sie mit denselben Bedingungen begeben werden und infolgedessen untereinander austauschbar und fungibel sind. Auch Schuldverschreibungen, die in verschiedenen Tranchen, zum Beispiel im Wege der Auf-

---

[4]Nachdem Schuldverschreibungen keine gesellschaftsrechtlich geprägten Mitgliedschaftsrechte gewähren, ist die Inhaltskontrolle nicht nach § 310 Abs. 4 BGB ausgeschlossen.
[5]Das SchVG wird auf alle Schuldverschreibungen angewendet, die ab dem 5. August 2009 ausgegeben wurden. Für alle früher ausgegebenen Schuldverschreibungen gilt das Schuldverschreibungsgesetz von 1899 unbegrenzt weiter. Allerdings können sich die Anleihegläubiger derartiger Schuldverschreibungen gemäß § 24 Abs. 2 SchVG beschließen, mit Zustimmung des Emittenten von den durch das SchVG gewährten Möglichkeiten Gebrauch zu machen, und die Emissionsbedingungen ihrer Anleihen entsprechend zu ändern oder auszutauschen. Ein solcher Beschluss bedarf einer qualifizierten Mehrheit von mindestens 75 % der teilnehmenden Stimmrechte.

stockung, begeben werden, können daher untereinander inhaltsgleich sein. Die Art der Verbriefung oder Verwahrung ist zur Bestimmung dieses Merkmals unerheblich.

Das SchVG enthält einen ersten Abschnitt mit allgemeinen Vorschriften, die unter gewissen Voraussetzungen zwingend anwendbar sind und nur partiell für die nachträgliche Änderung von Emissionsbedingungen Bedeutung haben. Hierzu zählen primär:

- In § 3 SchVG ist ein Transparenzgebot verankert, welches vom Emittenten verlangt, die Anleihebedingungen so verständlich abzufassen, dass ein sachkundiger Anleger die versprochene Leistung ermitteln kann.[6]
- § 4 SchVG enthält einen Grundsatz der kollektiven Bindung und statuiert ein schuldverschreibungsrechtliches Gleichbehandlungsgebot.

Der zweite Abschnitt des SchVG, die Vorschriften über Beschlüsse der Gläubiger, ist ein Sonderrecht für die Organisation der Anleihegläubiger, welches das Instrumentarium für eine Änderung von Emissionsbedingungen zur Verfügung stellt. Dieses Gläubigerorganisationsrecht gilt aber nicht automatisch, sondern muss in den Emissionsbedingungen ausdrücklich „aktiviert" werden. Ist seine Geltung vereinbart, sind Abweichungen vom gesetzlichen Leitbild nur zulässig, soweit eine Abweichung nach den Vorschriften des SchVG ausdrücklich erlaubt ist.

11.1.4 DVFA/BVI Standards für Unternehmensanleihen

Im Hinblick auf die erhebliche Bedeutung, die Unternehmensanleihen für die Asset Allocation institutioneller Anleger in Deutschland zukommt, haben die DVFA und der BVI Standards erarbeitet, mit deren Hilfe unter Rückgriff auf die durch das SchVG bereitgestellten Instrumentarien das Informationsgefälle unter den Anleihegläubigern verringert und ihre Möglichkeiten zum kollektiven Handeln verbessert werden soll („Standards für Unternehmensanleihen"). Danach gilt folgendes:

- Bond-Investoren und -analysten erwarten von den Emittenten, dass die Gläubiger in den Anleihebedingungen ermächtigt werden, durch Mehrheitsbeschluss Änderungen der Anleihebedingungen zuzustimmen und zur Wahrnehmung ihrer Rechte einen gemeinsamen Vertreter zu bestellen.
- Bond-Investoren und -analysten erwarten von den Emittenten, dass sie bereits in den Anleihebedingungen einen gemeinsamen Vertreter der Gläubiger bestellen und diesen

---

[6]Maßstab für die Prüfung, ob das Transparenzgebot eingehalten wurde, ist ein Anleger, der hinsichtlich der konkreten Art von Schuldverschreibungen sachkundig ist. Bei einem Verstoß gegen das Transparenzgebot kommt eine Auslegung der Anleihebedingungen, ein Anspruch wegen Verschuldens bei Vertragsschluss oder sogar eine Nichtigkeit wegen Verstoßes gegen ein gesetzliches Verbot in Betracht.

Vertreter zur Verbesserung des Dialogs mit den Bond-Investoren im Sinne der DVFA Standards für Bondkommunikation nutzen.

Emittenten von Unternehmensanleihen sollten diese Grundsätze berücksichtigen, wenn sie sich gerade auch den Kreis der institutionellen Anleger erschließen wollen.

11.2 Möglichkeiten zur Änderung der Emissionsbedingungen

11.2.1 Einleitung

Nach allgemeinen zivilrechtlichen Grundsätzen ist eine Änderung von Emissionsbedingungen (nur) durch eine entsprechende Vereinbarung zwischen dem Emittenten und den Anleihegläubigern möglich, das heißt, eine einseitige Änderung durch eine Partei ist ausgeschlossen. Diese Grundsätze werden bei Schuldverschreibungen aber in erheblichem Umfang durch das Recht der allgemeinen Geschäftsbedingungen und die wertpapierrechtlichen Sondervorschriften, insbesondere dem Grundsatz der kollektiven Bindung (§ 4 Satz 1 SchVG) sowie das Gleichbehandlungsgebot (§ 4 Satz 2 SchVG), überlagert.

11.2.2 Änderungsvorbehalte

Grundsätzlich denkbar ist es, eine nachträgliche Änderung der Emissionsbedingungen auf der Grundlage eines in den Emissionsbedingungen enthaltenen Änderungsvorbehalts vorzunehmen. Allerdings sind derartige Änderungsvorbehalte nach dem Recht der allgemeinen Geschäftsbedingungen nur eingeschränkt zulässig. Zu unterscheiden ist insoweit zwischen

- Klauseln, welche dem Emittenten die Möglichkeit geben, die Emissionsbedingungen nachträglich einseitig zu verändern, und
- Klauseln, welche die nachträgliche Korrektur von Fehlern in den Emissionsbedingungen betreffen (Korrekturklauseln).

Wenn man die betreffenden Emissionsbedingungen als allgemeine Geschäftsbedingungen ansieht, sind Änderungsvorbehalte nur zulässig, wenn die Vereinbarung der Änderung oder Abweichung unter Berücksichtigung der Interessen des Emittenten für die Anleihegläubiger zumutbar ist und dem Grundsatz der Erforderlichkeit genügt.[7] Anlass und

---

[7] Soweit es um eine Korrektur von Fehlern in den Emissionsbedingungen geht, können die Folgen aber gegebenenfalls durch allgemeine zivilrechtliche Regelungen (z. B. Anfechtungsrechte oder die Einrede der unzulässigen Rechtsausübung) korrigiert werden.

Umfang der Änderungen müssen in der Änderungsklausel hinreichend konkretisiert und begründet sein. Nach der Rechtsprechung werden an die Zulässigkeit aber sehr hohe Anforderungen gestellt. Eine Korrektur kleinerer, offensichtlicher Fehler in den Emissionsbedingungen mag danach (als im Interesse aller Parteien liegend) im Einzelfall noch zulässig sein, problematisch sind aber vor allem Klauseln, auf deren Grundlage eine Änderung des Äquivalenzverhältnisses zwischen den beiderseitigen Leistungen herbeigeführt werden kann. Bei Emissionsbedingungen für Anleihen fehlt ein rechtfertigender Grund für eine Änderungsklausel daher insbesondere dann, wenn der Emittent bei ordnungsgemäßer Geschäftsführung den Anleihegläubigern bereits bei der Emission die Leistung in der geänderten Form hätte versprechen können. Aus diesem Grund sind nachträgliche Änderungen an den Emissionsbedingungen auf der Grundlage eines in den Emissionsbedingungen vorgesehenen Änderungsvorbehalts weitestgehend ausgeschlossen, sofern dieser nicht nur auf eine Änderung von Nebenpflichten oder einzelnen Umständen der Leistungserbringung beschränkt ist.

11.2.3 Änderungen auf vertraglicher Basis

Wie bereits dargestellt (siehe Abschn. 11.2.3 oben), hat der Emittent im Rahmen des § 4 SchVG die Möglichkeit, die bei der Emission der Schuldverschreibungen festgelegten Emissionsbedingungen nachträglich durch einen Vertrag zu ändern, dieser muss aber mit allen Anleihegläubigern mit dem gleichen Inhalt abgeschlossen werden. Ein gleichzeitiger Abschluss mit allen Anleihegläubigern ist dabei ebenso wenig erforderlich wie eine besondere Form, die Änderungen an den Anleihebedingungen werden aber gemäß § 21 SchVG erst dann (durch Vollzug) wirksam, wenn die maßgebliche Sammelurkunde ergänzt oder geändert wird. Der Abschluss eines Änderungsvertrages im vorgenannten Sinne dürfte in der Praxis allerdings oftmals schwierig sein, insbesondere wenn der Emittent (wie bei Inhaberschuldverschreibungen üblich) die einzelnen Anleihegläubiger gar nicht namentlich kennt, und ist daher in der Regel kein taugliches Mittel, das Verhältnis zwischen Emittent und Anleihegläubigern zu ändern.

Fraglich ist, ob der Grundsatz der kollektiven Bindung und das Gleichbehandlungsgebot jegliche Art von vertraglichen Vereinbarungen zwischen dem Emittenten und einzelnen Gläubigern in Bezug auf die sich aus den Anleihebedingungen ergebenden Verpflichtungen gänzlich ausschließt. Hierbei ist zunächst zu berücksichtigen, dass § 4 SchVG nach seinem Wortlaut nur Änderungen „während der Laufzeit der Anleihen" erfasst. Im Umkehrschluss sollten daher Vereinbarungen zwischen dem Emittenten und einzelnen Gläubigern nach Laufzeitende (zum Beispiel die Stundung des mit Laufzeitende fällig gewordenen Rückzahlungsbetrages) grundsätzlich zulässig sein. Hält man sich weiter den vom Gesetzgeber verfolgten Zweck vor Augen, mit der kollektiven Bindung die rechtlich identische Ausgestaltung von Bestimmungen in Anleihebedingungen und damit die freie Handelbarkeit der Schuldverschreibungen zu einem einheitlichen Preis zu gewährleisten, sollten bilaterale Vereinbarungen (zum Beispiel in Form eines Verzichts auf eine fällige Zinszahlung) zwischen dem Emittenten und einem Anleihegläubiger jederzeit möglich sein, da es sich insoweit nicht um eine Änderung der Anleihebedingungen handelt. Freilich können derartige Vereinbarungen immer nur zwischen dem Emittenten und dem jeweiligen Gläubiger Wirkung entfalten (inter partes), nicht jedoch im Verhältnis zu einem Erwerber der Schuldverschreibungen, solange kein Fall eines Eintritts in die Rechtsposition durch Universalsukzession (zum Beispiel aufgrund eines Erbfalls oder einer Verschmelzung) vorliegt. Bei für den einzelnen Anleihegläubiger vorteilhaften Änderungen an den Emissionsbedingungen droht hingegen regelmäßig ein Verstoß gegen den schuldverschreibungsrechtlichen Gleichbehandlungsgrundsatz, der eine materiell gleiche Behandlung der Anleihegläubiger im Hinblick auf die der kollektiven Bindung unterliegenden Vertragsinhalte erfordert.

11.2.4 Änderungen durch Beschlüsse der Gläubiger

Wegen des Grundsatzes der kollektiven Bindung ist die Fassung eines Beschlusses der Anleihegläubiger bei Schuldverschreibungen, die nach deutschem Recht begeben sind, das einzig effektive Mittel, nachträgliche Änderungen an den Emissionsbedingungen vorzunehmen, um beispielsweise eine Restrukturierung von Anleihen vorzunehmen. Will der Emittent die Emissionsbedingungen kurzfristig für alle Anleihegläubiger (und auch für zukünftige Erwerber der Schuldverschreibungen) verbindlich ändern, geht dies nur, wenn die Anleihebedingungen vorsehen, dass die Anleihegläubiger im Rahmen von Gläubigerversammlungen derartige Mehrheitsbeschlüsse fassen können. Die Beschlüsse bedürfen keiner Einstimmigkeit, aber natürlich muss (damit die Beschlüsse wirksam umgesetzt werden können) auch der Emittent den Beschlüssen zustimmen.[8] Im Zweifel empfiehlt es sich daher, von der Möglichkeit der Anordnung von Mehrheitsbeschlüssen bereits in den Anleihebedingungen Gebrauch zu machen – wenn man diese nicht generell ausschließen möchte, etwa bei Anleihen mit sehr kurzer Laufzeit. Mehrheitsbeschlüsse sind grundsätzlich für alle Gläubiger derselben Anleihe gleichermaßen verbindlich (und zwar unabhängig davon, ob sie an der Beschlussfassung mitgewirkt haben). Mehrheitsbeschlüsse der Gläubiger, die nicht dieselben Bedingungen für alle Gläubiger vorsehen, sind allerdings unwirksam, es sei denn, die benachteiligten Gläubiger stimmen ihrer Benachteiligung ausdrücklich zu.[9] Nicht möglich ist auch eine gemeinsame Beschlussfassung der Gläubiger verschiedener Anleihen desselben Emittenten. In einem solchen Fall muss der Emittent daher gegebenenfalls mehrere zeitlich parallele und aufeinander abgestimmte Restrukturierungsverfahren betreiben.

---

[8] Diese Zustimmung kann bereits im Vorfeld erteilt und insbesondere in den Anleihebedingungen vorweggenommen werden. Zudem werden Änderungen des Inhalts der Urkunde oder der Anleihebedingungen erst dann wirksam, wenn sie in der Urkunde oder in den Anleihebedingungen vollzogen worden sind.
[9] Bei dieser Benachteiligung muss es sich um eine solche handeln, die unmittelbare Folge der Änderung der Emissionsbedingungen ist.

11.2.5 Andere Handlungsmöglichkeiten

Aus wirtschaftlicher Sicht kann der Emittent eine Restrukturierung auch dadurch erreichen, dass er die von ihm begebenen Schuldverschreibungen von den Anleihegläubigern (zum Beispiel über die Börse oder im Rahmen eines öffentlichen Angebots) zurückkauft. Bei einem solchen Ankauf handelt es sich nicht um eine Änderung der Anleihebedingungen, da im Zeitpunkt des Rückerwerbs die Anleihe (durch Konfusion) erlischt, sofern nicht der Emittent erkennbar die Absicht hat, die Schuldverschreibungen zu einem späteren Zeitpunkt wieder in Verkehr zu bringen. Gegebenenfalls kann ein solcher Rückkauf auch unter gleichzeitiger Ausgabe anderer Schuldverschreibungen unter Verrechnung der gegenseitigen Zahlungsansprüche (Anleihetausch) erfolgen. Sind die Schuldverschreibungen an einem organisierten Markt notiert, ist zu beachten, dass alle Anleihegläubiger gleich behandelt werden müssen (§ 30a Abs. 1 Nr. 1 WpHG).

11.3 Beschlüsse der Gläubiger

Für das Verfahren zur Herbeiführung eines solchen Beschlusses sowie dessen Umsetzung sind nach den Bestimmungen des SchVG einige wichtige Punkte zu beachten.

11.3.1 Zulässige Beschlussinhalte

§ 5 Abs. 3 SchVG enthält einen Katalog von Gegenständen, über welche die Anleihegläubiger durch Beschlussfassung entscheiden können und die die Hauptforderung und die Nebenforderungen der Anleihe sowie die in den Emissionsbedingungen enthaltenen Nebenbestimmungen betreffen. Im Einzelnen handelt es sich um folgende Gegenstände:

1. Veränderung der Fälligkeit, Verringerung oder Ausschluss der Zinsen,
2. Veränderung der Fälligkeit der Hauptforderung,
3. Verringerung der Hauptforderung,
4. Erklärung des Nachrangs der Forderungen aus den Schuldverschreibungen für ein Insolvenzverfahren des Schuldners,
5. Umwandlung oder Umtausch der Schuldverschreibungen in Gesellschaftsanteile, andere Wertpapiere oder andere Leistungsversprechen (Debt-Equity-Swap),
6. Austausch und der Freigabe von Sicherheiten,
7. Änderung der Währung der Schuldverschreibungen,
8. Verzicht auf das Kündigungsrecht der Gläubiger oder dessen Beschränkung,
9. Schuldnerersetzung und
10. Änderung oder Aufhebung von Nebenbestimmungen der Schuldverschreibungen.

In den Anleihebedingungen können alle oder auch nur einzelne dieser Gegenstände der Beschlussfassung der Gläubiger unterstellt werden. Enthalten die Emissionsbedingungen gar keine Regelungen für ein Gläubigerorganisationsrecht, so ist (auch zu dessen nachträglicher Einführung) stets eine Vereinbarung mit allen Anleihegläubigern erforderlich. Im Übrigen ist der Katalog nicht abschließend. Grundsätzlich kann in einer Gläubigerversammlung jede Kapitalmaßnahme in Bezug auf die Schuldverschreibungen mit qualifizierter Mehrheit beschlossen werden, zum Beispiel also auch ein Verzicht auf die Hauptforderung oder ein Kapitalschnitt. Im Zweifel empfiehlt es sich, in die Emissionsbedingungen auch eine Klausel aufzunehmen, mit Hilfe derer der angelegte Katalog an Beschlussgegenständen durch einen Mehrheitsbeschluss der Anleihegläubiger erweitert werden kann.[10] Neue Leistungspflichten (wie zum Beispiel eine Verpflichtung zur Bereitstellung weiteren Fremdkapitals) können jedoch nicht begründet werden, wobei Verpflichtungen im Zusammenhang mit einem Debt-Equity-Swap grundsätzlich nicht unter dieses Verbot fallen. Mit Blick auf die Interessen institutioneller Anleger schlagen die Standards für Unternehmensanleihen vor, in die Emissionsbedingungen Regelungen zur Beschlussfassung in Gläubigerversammlungen insbesondere zu den in § 5 Abs. 3 Nr. 1 bis 9 SchVG aufgezählten Maßnahmen aufzunehmen, soweit die betreffende Maßnahme nicht bereits anderweitig in den Emissionsbedingungen geregelt ist. Letztlich dürfte dies in aller Regel aber auch im Interesse des Emittenten selbst sein, da ihm hierdurch der Zugang zum Kapitalmarkt erleichtert wird und er anderenfalls (wegen der oben dargestellten zivilrechtlichen Schwierigkeiten bezüglich der Änderung von Emissionsbedingungen) seinen Handlungsspielraum für spätere Umstrukturierungen erheblich einengt.

Auch wenn die betreffenden Bestimmungen in den Emissionsbedingungen häufig als Umschuldungsklauseln (Collective-Action-Clauses) bezeichnet werden, setzt eine Änderung von Anleihebedingungen durch Mehrheitsbeschluss keine Krise des Schuldners voraus, was die Chancen auf eine frühzeitige Sanierung des Emittenten erhöht. In Bezug auf die möglichen Maßnahmen liegt ein bedeutsamer Unterschied zum alten Schuldverschreibungsrecht jedoch darin, dass keine Maßnahme statthaft ist, die nicht ausdrücklich in den Anleihebedingungen vorgesehen ist. Bereits bei der Emission einer Anleihe ist daher in den Anleihebedingungen hinreichend klar festzulegen, ob und vor allem in welchem Umfang die Anleihebedingungen nachträglich durch Mehrheitsbeschlüsse geändert werden können.[11] Fraglich ist, in welchem Umfang den einzelnen Anleihegläubigern zustehende Rechte gegebenenfalls durch die Kompetenzen der Gläubigerversammlung überlagert werden. Hierzu wird vertreten, dass eine individuelle Interessenwahrnehmung durch einzelne Anleihegläubiger ausgeschlossen ist, soweit die konkrete Angelegenheit

---

[10] Als Änderung des wesentlichen Inhalts der Emissionsbedingungen (i. S. v. § 5 Abs. 4 SchVG) bedürfte eine solche Katalogänderung grundsätzlich einer qualifizierten Mehrheit.
[11] Auch die spätere Beschränkung eines in den ursprünglichen Anleihebedingungen enthaltenen Katalogs möglicher Mehrheitsbeschlussgegenstände ist durch Mehrheitsbeschluss möglich. Dabei wird anzunehmen sein, dass die Beschränkung eines Katalogs wesentlicher Maßnahmen ebenfalls als wesentliche Inhaltsänderung (i. S. v. § 5 Abs. 4 SchVG) anzusehen ist und somit der qualifizierten Mehrheit bedarf.

in den Zuständigkeitsbereich der Gläubigerversammlung fällt. Dies schließt beispielsweise die Geltendmachung von Rechten aus, soweit diesbezüglich bereits Beschlüsse der Gläubigerversammlung vorliegen.

Für den Fall, dass es für die Verpflichtungen aus den Emissionsbedingungen Mitverpflichtete gibt (zum Beispiel Garantiegeber oder andere Sicherheitensteller), sieht § 22 SchVG besondere Regelungen vor, um auch die entsprechenden Sicherungsabreden modifizieren zu können. So können die Emissionsbedingungen vorsehen, dass die Bestimmungen für die Änderungen der Emissionsbedingungen durch Mehrheitsbeschlüsse der Anleihegläubiger entsprechend gelten.[12] Anderenfalls wäre nämlich eine Zustimmung zur Abänderung der Sicherungsabreden durch einen Mehrheitsbeschluss der Anleihegläubiger nicht möglich, wenn die Sicherungsabrede nicht Bestandteil der Emissionsbedingungen ist. Es empfiehlt sich daher, in die Emissionsbedingungen entsprechende Regelungen aufzunehmen, wenn zum Beispiel eine andere Konzerngesellschaft eine Garantie für die Verpflichtungen des Emittenten übernommen hat.

11.3.2 Art der Beschlussfassung

Beschlüsse der Gläubiger können entweder in Versammlungen, die mit den Hauptversammlungen der Aktionäre vergleichbar sind (Gläubigerversammlungen), oder im Wege einer Abstimmung ohne Versammlung (das heißt im Umlaufverfahren) gefasst werden. Das Abhalten einer Versammlung stellt ein klar strukturiertes Verfahren dar, das die Möglichkeit zu einer ausführlichen Diskussion der Beschlussgegenstände mit den Anleihegläubigern bietet. Die Beschlussfassung ohne Versammlung verursacht einen deutlich geringeren Aufwand und kann das Risiko von Anfechtungsklagen reduzieren, ist dafür aber auch weit weniger transparent. In den Emissionsbedingungen kann nur eine bindende Festlegung auf eine der beiden Varianten erfolgen. Fehlt eine Festlegung gänzlich, so kann die Beschlussfassung mit oder ohne Durchführung einer Versammlung herbeigeführt werden.

11.3.3 Einberufung der Versammlung

Die Einberufung einer physischen Versammlung der Anleihegläubiger erfolgt nach § 9 Abs. 1 SchVG durch den Emittenten oder den gemeinsamen Vertreter der Anleihegläubiger (siehe weiter unten). Anleihegläubiger, die über 5 % (oder mehr) der ausstehenden Schuldverschreibungen verfügen und ein besonderes Interesse nachweisen (zum Beispiel die Bestellung oder Abberufung eines gemeinsamen Vertreters), können vom Emittenten

---

[12]In diesem Fall können allerdings nicht nur einzelne Bestimmungen übernommen werden, sondern es muss die Anwendbarkeit sämtlicher Bestimmungen des zweiten Abschnitts des SchVG vorgesehen werden.

oder vom gemeinsamen Vertreter die Einberufung verlangen. Ferner können die Anleihebedingungen bestimmen, dass die Anleihegläubiger auch aus anderen Gründen die Einberufung verlangen können. Sofern der Emittent oder der gemeinsame Vertreter dem Einberufungsverlangen nicht nachkommt, können die Anleihegläubiger bei Gericht beantragen, zur eigenständigen Einberufung der Gläubigerversammlung ermächtigt zu werden und den Vorsitzenden der Versammlung zu bestimmen.

Die Gläubigerversammlung ist mindestens 14 Tage vor dem Tag der Versammlung unter Bekanntgabe der Tagesordnung einzuberufen. Dies ermöglicht auch im Fall einer akuten Krise des Emittenten ein möglichst schnelles Handeln. Die Einberufung ist (unverzüglich) im elektronischen Bundesanzeiger und (während der Einberufungsfrist) im Internet bekannt zu machen. Werden danach auf Wunsch einzelner Gläubiger (die mindestens 5 % der ausstehenden Schuldverschreibungen halten) nachträglich neue Punkte auf die Tagesordnung genommen, so müssen diese spätestens am dritten Tag vor der Gläubigerversammlung bekannt gemacht werden. Wollen Anleihegläubiger in der Versammlung Gegenanträge stellen, so sind diese dem Emittenten anzukündigen und von ihm unverzüglich bis zum Tag der Versammlung im Internet zu veröffentlichen.

Die Anleihebedingungen können vorsehen, dass die Gläubiger sich zu der Versammlung anmelden müssen. In diesem Fall verlängert sich die Vorlauffrist für die Einberufung der Gläubigerversammlung entsprechend. Gläubiger, die sich nicht oder nicht rechtzeitig anmelden, haben kein Recht zur Teilnahme an der Versammlung.[13]

11.3.4 Durchführung der Versammlung

Die Gläubigerversammlung wird grundsätzlich am Sitz des Emittenten abgehalten. Im Fall einer Börsenzulassung der Schuldverschreibungen kann die Versammlung auch am Sitz dieser Börse stattfinden. Die Anleihegläubiger können an der Gläubigerversammlung persönlich teilnehmen oder sich durch einen Bevollmächtigten vertreten lassen. Hierfür muss eine Vollmacht in Textform erteilt werden. Die Anleihebedingungen können in Bezug auf den Bevollmächtigten Anforderungen aufstellen, soweit diese zur Feststellung von dessen Identität und Berechtigung unerlässlich sind. Der Emittent kann eine Person benennen, die als Stimmrechtsvertreter bevollmächtigt werden kann (Proxy Voting). Derartige Vollmachten müssen vom Emittenten für mindestens 3 Jahre aufbewahrt werden.

Sofern nicht ein Gericht einen anderen Vorsitzenden bestimmt hat, führt der Einberufende in der Gläubigerversammlung den Vorsitz. In der Versammlung haben die Anleihegläubiger ein umfassendes Fragerecht gegenüber dem Emittenten, soweit die betreffenden Informationen zur sachgemäßen Beurteilung der Beschlussgegenstände bzw. Anträge auf der Tageordnung erforderlich sind. Für die Fassung von Beschlüssen ist eine Beschlussfähigkeit der Versammlung erforderlich, die nur gegeben ist, wenn mindestens

---

[13] Wird ihnen dennoch die Teilnahme an der Gläubigerversammlung ermöglicht, ist ein dort gefasster Beschluss gegebenenfalls anfechtbar.

50 % des Anleihekapitals anwesend sind. Wird dieses Quorum nicht erreicht, kann der Vorsitzende eine zweite Versammlung einberufen, um erneut über die Beschlussgegenstände abstimmen zu lassen. In dieser zweiten Versammlung muss grundsätzlich kein Quorum erreicht werden, sofern qualifizierte Beschlüsse gefasst werden sollen, ist es aber erforderlich, dass mit den abgegebenen Stimmen mindestens 25 % des Anleihekapitals vertreten sind. Letztlich bedeutet dies, dass in einer zweiten Versammlung qualifizierte Beschlüsse mit nicht mehr als 18,75 % des Kapitals der Anleihe gefasst werden können. Die gesetzlichen Erfordernisse an das Quorum setzen insoweit lediglich Mindestanforderungen, das heißt, die Emissionsbedingungen können auch höhere Anforderungen vorsehen.

An Abstimmungen nimmt jeder Gläubiger entsprechend des Nennwerts oder des rechnerischen Anteils seiner Berechtigung an den ausstehenden Schuldverschreibungen teil, wobei als „ausstehend" alle Schuldverschreibungen gelten, die noch nicht (durch vollständige Rückzahlung) erfüllt sind. Hinsichtlich des Stichtags für die Teilnahmeberechtigung an der Gläubigerversammlung enthält das SchVG keine Festlegung, so dass dieser vom Emittenten in den Emissionsbedingungen festgelegt werden kann. Insoweit könnte man zum Beispiel auf die Bestimmungen des § 20 Abs. 2 SchVG zum Anfechtungsrecht der Anleihegläubiger zurückgreifen und als maßgeblichen Zeitpunkt

- im Fall der Abhaltung einer Gläubigerversammlung die Bekanntgabe der Einberufung dieser Versammlung, und
- im Fall der Abstimmung ohne Versammlung die Aufforderung zur Stimmabgabe vorsehen. Auch für den Nachweis der Inhaberschaft gibt es keine zwingenden gesetzlichen Bestimmungen, hier reicht in Ermangelung einer Regelung in den Emissionsbedingungen aber nach § 10 Abs. 3 SchVG ein Nachweis des depotführenden Kreditinstituts (in Textform) aus.

Jede Schuldverschreibung (der kleinsten Stückelung) gewährt grundsätzlich eine Stimme. Für Schuldverschreibungen, die dem Emittenten oder einem mit ihm (im Sinne von § 271 Abs. 2 HGB) verbundenen Unternehmen zustehen, ruht das Stimmrecht und kann daher nicht ausgeübt werden. Hierdurch soll verhindert werden, dass die Beschlüsse der Anleihegläubiger durch eventuelle Interessenkonflikte verfälscht werden. Gleiches gilt in Bezug auf Schuldverschreibungen, die für Rechnung des Emittenten oder eines mit ihm (im Sinne von § 271 Abs. 2 HGB) verbundenen Unternehmens gehalten werden. Eine Umgehung des Ruhens des Stimmrechts durch Überlassung der betreffenden Schuldverschreibungen ist ausgeschlossen. Um die freie Willensbildung der Anleihegläubiger zu schützen, sind auch der sogenannte Stimmenkauf und die Bestechlichkeit des Stimmberechtigten verboten.

Beschlüsse der Gläubigerversammlung müssen von einem Notar durch eine über die Verhandlung aufgenommene Niederschrift beurkundet werden, um gültig zu sein. Die Anleihegläubiger haben das Recht, bis zu einem Jahr nach dem Tag der Gläubigerversammlung eine Abschrift der Niederschrift (und der Anlagen) zu verlangen. Der Emittent hat die Beschlüsse der Anleihegläubiger außerdem auf seine Kosten in geeigneter Form öffentlich bekannt zu machen (zum Beispiel im elektronischen Bundesanzeiger sowie im Unternehmensregister). Ferner hat der Emittent die Beschlüsse sowie, falls ein Gläubigerbeschluss die Anleihebedingungen ändert, den Wortlaut der ursprünglichen Anleihebedingungen vom Tag nach der Gläubigerversammlung an für die Dauer von mindestens einem Monat im Internet der Öffentlichkeit zugänglich zu machen. Die Anleihebedingungen können zusätzliche Formen der öffentlichen Bekanntmachung vorsehen.

Die Kosten der Gläubigerversammlung sind vom Emittenten zu tragen. Sofern die Anleihegläubiger die Ermächtigung zur Einberufung bei Gericht beantragen und das Gericht diesem Antrag stattgibt, hat der Emittent auch die Kosten dieses Verfahrens zu tragen.

11.3.5 Abstimmung ohne Versammlung

Die Abstimmung der Anleihegläubiger ohne Abhaltung einer Versammlung unterliegt hinsichtlich der Einberufung und Durchführung grundsätzlich den gleichen Vorschriften wie die Gläubigerversammlung (§ 18 Abs. 1 SchVG). Die Einladung (Aufforderung) zur Abstimmung hat somit mit einer Vorlauffrist von 14 Tagen (vor Beginn der Abstimmungsfrist) zu erfolgen, die sich gegebenenfalls um die Frist verlängert, innerhalb derer sich die Anleihegläubiger zur Abstimmung anmelden müssen.

Die eigentliche Abstimmungsfrist muss mindestens 72 h betragen. Sofern die Anleihebedingungen nichts anderes vorsehen, kann während ihr die Stimmabgabe in Textform, das heißt schriftlich (per Brief), fernmündlich (per Telefax) oder auf elektronischem Wege (per Email) erfolgen. In der Aufforderung zur Stimmabgabe muss im Einzelnen angegeben werden, welche Voraussetzungen erfüllt sein müssen, damit die Stimmen gezählt werden.[14] Es empfiehlt sich, den Anleihegläubigern für die Abstimmung ein Formular zur Verfügung zu stellen. Außerhalb der Abstimmungsfrist eingegangene Stimmen werden grundsätzlich nicht berücksichtigt. Die Abstimmung wird von einem Abstimmungsleiter geleitet, bei dem es sich um einen vom Schuldner beauftragten Notar, den gemeinsamen Vertreter der Gläubiger (wenn er zu der Abstimmung aufgefordert hat) oder eine vom Gericht bestimmte Person handelt.

Ähnlich wie bei der Gläubigerversammlung ist zunächst (durch den Abstimmungsleiter) anhand der eingereichten Nachweise festzustellen, ob die Gläubigerversammlung beschlussfähig ist. Das Teilnehmerverzeichnis ist allen Anleihegläubigern durch den Versammlungsleiter unverzüglich zugänglich zu machen (zum Beispiel im Internet). Auch im Rahmen der Abstimmung ohne Versammlung ist grundsätzlich eine Vertretung der Anleihegläubiger denkbar. Wird das erforderliche Quorum nicht erreicht, kann der Abstimmungsleiter eine Gläubigerversammlung einberufen. Diese Versammlung gilt als zweite Versammlung, das heißt, in ihr gelten die verringerten Anforderungen an

---

[14]Nicht abschließend geklärt ist, welche Legitimationsanforderungen bei fernschriftlicher oder elektronischer Stimmabgabe gestellt werden können, um hier missbräuchliches Verhalten auszuschließen. Nach der Gesetzesbegründung ist jedoch für die Stimmabgabe ein Weg zu wählen, auf dem die Sendung unverfälscht transportiert werden und dem Absendender eindeutig zugerechnet werden kann.

das Quorum (siehe Abschn. 11.3.4 oben). Wie bei Abstimmungen in einer Gläubigerversammlung ist über jeden gefassten Beschluss eine Niederschrift aufzunehmen. Die Anleihegläubiger, die an der Abstimmung teilgenommen haben, können innerhalb eines Jahres nach Ablauf des Abstimmungszeitraums vom Emittenten eine Abschrift dieser Niederschrift (nebst Anlagen) verlangen. Die Kosten der Abstimmung ohne Versammlung hat ebenfalls der Emittent zu tragen.

11.3.6 Erforderliche Stimmmehrheiten

Die für eine Beschlussfassung erforderlichen Stimmmehrheiten richten sich nach dem Gegenstand der Beschlussfassung. Dabei wird grundsätzlich wie folgt unterschieden:

a. „Einfache" Beschlüsse werden mit der einfachen Mehrheit der an der Abstimmung teilnehmenden Stimmrechte gefasst. Hierbei handelt es sich um Beschlussfassungen zu Gegenständen, die nicht unter die nachfolgend in b) und c) beschriebenen Kategorien fallen.
b. „Qualifizierte" Beschlüsse, durch die der wesentliche Inhalt der Anleihebedingungen geändert wird, bedürfen zu ihrer Wirksamkeit einer Mehrheit von mindestens 75 % der teilnehmenden Stimmrechte (qualifizierte Mehrheit). In § 5 Abs. 4 SchVG werden exemplarisch die in § 5 Abs. 3 Nr. 1 bis 9 SchVG beschriebenen Fälle (mit Ausnahme einer Änderung oder Aufhebung von Nebenbestimmungen der Schuldverschreibungen) genannt. Die dort enthaltene Aufzählung ist aber nicht abschließend, vielmehr unterliegen vergleichbare Änderungen der Anleihebedingungen ebenfalls dem Erfordernis einer qualifizierten Mehrheit.
c. Besondere Vorschriften kommen zum Tragen, soweit es um eine Kündigung von Schuldverschreibungen geht, die nur von mehreren Gläubigern und einheitlich erklärt werden kann (Gesamtkündigung). Ist in den Emissionsbedingungen ein solches Gesamtkündigungsrecht vorgesehen, so darf der für die Kündigung erforderliche Mindestanteil der ausstehenden Schuldverschreibungen nicht mehr als 25 % betragen. Ferner können die Gläubiger eine solche Kündigung mit Mehrheit überstimmen. Die Wirkung einer Gesamtkündigung entfällt, wenn die Gläubiger dies innerhalb von 3 Monaten mit einfacher Mehrheit beschließen. Allerdings müssen in jedem Fall mehr Gläubiger der Aufhebung der Kündigung zustimmen, als gekündigt haben. Bis zum Ablauf der Frist kann der Schuldner die Leistung verweigern.

Die gesetzlichen Mehrheitserfordernisse setzen lediglich Mindeststandards, das heißt, die Emissionsbedingungen können für einzelne oder alle Maßnahmen eine höhere Mehrheit, nicht jedoch eine geringere Mehrheit vorschreiben. Beschlüsse, durch die die Anleihebedingungen geändert werden, bedürfen außerdem stets der Zustimmung des Emittenten. Der Emittent kann seine Zustimmung verweigern und sich dann gegen Beschlüsse der

Gläubiger wehren. Sofern der Emittent seine Zustimmung im Vorhinein erteilt hat, kann er die Wirksamkeit der Beschlüsse grundsätzlich nicht mehr verhindern.

Wie bereits dargestellt (siehe Abschn. 11.2.4 oben), binden wirksam gefasste Beschlüsse grundsätzlich alle Anleihegläubiger derselben Anleihe. Diese Bindungswirkung tritt allerdings nur ein, wenn der gefasste Beschluss für alle Anleihegläubiger die gleichen Bedingungen vorsieht, sofern nicht die benachteiligten Anleihegläubiger ihrer Benachteiligung ausdrücklich zustimmen.

11.3.7 Rechtsschutzmöglichkeiten (Beschlusskontrolle)

Die Regelungen zur Beschlusskontrolle sind eng angelehnt an die Vorschriften des Aktienrechts zur Überprüfung von Hauptversammlungsbeschlüssen.

Sofern der betreffende Beschluss nicht schon wegen eines schwerwiegenden Fehlers (zum Beispiel eines Verstoßes gegen die guten Sitten) als nichtig anzusehen ist, können Anleihegläubiger gegen ihn zunächst schriftlich Widerspruch einlegen, wenn sie an der Abstimmung teilgenommen haben (vgl. § 18 Abs. 5 SchVG, § 20 Abs. 2 Nr. 1 SchVG). Im Fall einer Beschlussfassung im Rahmen einer Gläubigerversammlung ist der Widerspruch gegenüber dem Versammlungsleiter zu Protokoll zu erklären. Im Fall einer Beschlussfassung ohne Versammlung ist der Widerspruch innerhalb von 2 Wochen nach der Bekanntgabe des Beschlusses gegenüber dem Abstimmungsleiter zu erklären. Wird dem Widerspruch abgeholfen, ist dies unverzüglich bekannt zu machen. Bei Nichtabhilfe hat der Abstimmungsleiter den widersprechenden Gläubiger unverzüglich schriftlich zu informieren.

Wird dem Widerspruch nicht abgeholfen, kann der betroffene Anleihegläubiger den Mehrheitsbeschluss gerichtlich durch Klage anfechten. Die Klage ist innerhalb von einem Monat nach Bekanntmachung des Beschlusses zu erheben, das heißt, es verbleibt dem Anleihegläubiger für die Erstellung der Klage nach Durchlaufen des zwingend durchzuführenden Widerspruchsverfahrens unter Umständen nur ein relativ kurzer Zeitraum ab der Information über die Nichtabhilfe des Widerspruchs. Eigentlich wäre die Klage gegen die Gemeinschaft der anderen Anleihegläubiger zu richten, welche den betreffenden Beschluss gefasst haben. Da dieser aber die Beklagtenfähigkeit fehlt, ist die Klage gegen den Emittenten zu richten und die Gerichtszuständigkeit bestimmt sich nach dessen Sitz.[15]

Neben den Anleihegläubigern, die an der Abstimmung teilgenommen haben (und deren Widerspruch nicht abgeholfen wurde) können auch Anleihegläubiger gegen Mehrheitsbeschlüsse vorgehen, die an der Abstimmung nicht teilgenommen haben, soweit es bei der Abstimmung zu formalen Fehlern gekommen ist, weil

- die Versammlung nicht ordnungsgemäß einberufen oder (im Fall einer Abstimmung ohne Versammlung) zur Stimmabgabe nicht ordnungsgemäß aufgefordert worden ist,

---

[15]Hat der Emittent keinen Sitz in Deutschland, ist das Landgericht Frankfurt am Main ausschließlich zuständig.

- ein Gegenstand der Beschlussfassung nicht ordnungsgemäß bekannt gemacht worden ist, oder
- sie zur Abstimmung zu Unrecht nicht zugelassen worden sind.

Wegen unrichtiger oder unvollständiger Erteilung von Informationen kann ein Mehrheitsbeschluss nur angefochten werden, wenn ein objektiv urteilender Gläubiger die Erteilung der betreffenden Informationen als wesentliche Voraussetzung für sein Abstimmungsverhalten angesehen hätte. Im Übrigen hemmen nach § 20 Abs. 3 SchVG Widerspruch und Anfechtungsklage grundsätzlich den Vollzug einer Änderung der Anleihebedingungen bis zur rechtskräftigen Entscheidung über den Widerspruch bzw. die Anfechtungsklage. Der Emittent hat aber die Möglichkeit, die Vollziehung eines Mehrheitsbeschlusses mittels eines Freigabeverfahrens nach Maßgabe des § 246a AktG zu beschleunigen, in dem das zuständige Gericht die Erfolgsaussichten der Klage summarisch prüft und eine Interessenabwägung vornimmt.

11.3.8 Umsetzung der Beschlüsse

Beschlüsse der Gläubigerversammlung, durch die der Inhalt der Anleihebedingungen abgeändert oder ergänzt wird, werden dadurch vollzogen, dass die maßgebliche Sammelurkunde ergänzt oder geändert wird. Ist (wie im Regelfall) nur eine girosammelverwahrte Globalurkunde vorhanden, muss die Wertpapiersammelbank (in der Regel Clearstream) angewiesen werden, den Inhalt der von der Gläubigerversammlung gefassten Beschlüsse der Sammelurkunde in geeigneter Form beizufügen. Hierbei muss der Versammlungs- bzw. Abstimmungsleiter der Wertpapiersammelbank versichern, dass der Beschluss vollzogen werden darf. Da ein angefochtener Beschluss aber vor einer rechtskräftigen Entscheidung des Gerichts (siehe Abschn. 11.3.7 oben) nicht vollzogen werden darf, kann diese Versicherung grundsätzlich erst dann abgeben werden, wenn

- keine Anfechtungsklagen mehr erhoben werden können (wegen Ablaufs der Monatsfrist, innerhalb derer Anfechtungsklagen erhoben werden können),
- alle gegebenenfalls fristgerecht erhobenen Anfechtungsklagen rechtskräftig abgewiesen wurden, oder eine Entscheidung des Gerichts über die Freigabe der Vollziehung vorliegt.

Dies kann im Einzelfall die rasche Umsetzung von Mehrheitsbeschlüssen erheblich beeinträchtigen. Gibt es Einzelurkunden (effektive Stücke), so muss der Emittent im Zweifel die Anleihegläubiger auffordern, diese bei ihm zur Umschreibung vorzulegen.

11.3.9 Gemeinsamer Vertreter

Die Anleihebedingungen können vorsehen, dass die Anleihegläubiger zur Wahrnehmung ihrer Rechte einen Gemeinsamer Vertreter für alle Gläubiger bestellen können (sogenannter Wahlvertreter), in dessen Person die Gläubigerrechte „zentralisiert" werden. Dies kann insbesondere sinnvoll sein, um Informationsrechte der Gläubiger geltend zu machen oder um Verhandlungen mit dem Schuldner zu erleichtern, da es der gemeinsame Vertreter den Gläubigern ermöglicht, mit „einer Stimme" zu sprechen.

Grundsätzlich kommt als gemeinsamer Vertreter jede geschäftsfähige (natürliche) Person und sachkundige juristische Person (wie zum Beispiel Rechtsanwaltsgesellschaften oder Wirtschaftsprüfungsgesellschaften) in Betracht, einschließlich Personen aus der Interessensphäre des Emittenten. Zur Vermeidung von Interessenkonflikten müssen

- Organmitglieder, Angestellte und sonstige Mitarbeiter des Emittenten (oder eines mit ihm verbundenen Unternehmens),
- Personen, die mindestens 20 % der Anteile am Emittenten (oder einem mit ihm verbundenen Unternehmen) halten,
- Finanzgläubiger (oder deren Organmitglieder, Angestellte und sonstige Mitarbeiter), die gegen den Schuldner (oder ein mit ihm verbundenes Unternehmen) eine Forderung von mindestens 20 % der ausstehenden Anleihe haben, und
- Personen, die aufgrund einer besonderen persönlichen Beziehung unter einem bestimmenden Einfluss der vorgenannten Personen stehen,

die maßgeblichen Umstände offen legen, die einen Interessenkonflikt begründen könnten. Sollen dem gemeinsamen Vertreter zugleich Rechte übertragen werden, die es ihm ermöglichen, im Namen der Gläubiger wesentlichen Änderungen der Anleihebedingungen zuzustimmen, bedarf die Bestellung des gemeinsamen Vertreters der qualifizierten Mehrheit.

Die Bestellung eines gemeinsamen Vertreters kann auch bereits in den Anleihebedingungen erfolgen (sogenannter Vertragsvertreter). Da die Anleihegläubiger in diesem Fall jedoch keinen Einfluss auf die Auswahl der Person des gemeinsamen Vertreters haben, stellt das Gesetz strengere Anforderungen an die zu berufende Person als im Fall der Bestellung des gemeinsamen Vertreters durch Mehrheitsbeschluss. Bei der Bestellung in den Anleihebedingungen ist außerdem der Umfang der Befugnisse des gemeinsamen Vertreters festzulegen. Mit Blick auf die Interessen institutioneller Anleger schlagen die Standards für Unternehmensanleihen vor, bereits in die Emissionsbedingungen Regelungen zur Bestellung eines gemeinsamen Vertreters der Anleihegläubiger (Vertragsvertreter) aufzunehmen, der auch zur Verbesserung der Kommunikation des Emittenten mit den Anleihegläubigern genutzt wird.

Der gemeinsame Vertreter hat die Aufgaben und Befugnisse, die ihm durch Gesetz oder durch Mehrheitsbeschluss der Anleihegläubiger eingeräumt wurden. Bei der Übertragung von Aufgaben und Befugnissen an den gemeinsamen Vertreter unterliegen die Anleihegläubiger grundsätzlich keinen inhaltlichen Beschränkungen. Einen Verzicht auf Rechte der Anleihegläubiger kann der in den Anleihebedingungen bestellte gemeinsame Vertreter jedoch nur auf Grund eines ausdrücklichen Beschlusses der Gläubigerversammlung erklären. Eine solche Ermächtigung kann nicht vorab in den Anleihebedingungen vorgesehen werden. Soweit dem gemeinsamen Vertreter die Ausübung von Gläubigerrechten übertragen wurde, sind die einzelnen Anleihegläubiger zur selbständigen Geltendmachung dieser Rechte nicht mehr befugt (verdrängende Zuständigkeit), es sei denn, der Mehrheitsbeschluss oder die Anleihebedingungen sehen dies ausdrücklich vor.

Die im Zusammenhang mit der Bestellung des gemeinsamen Vertreters entstehenden Kosten und Aufwendungen (einschließlich angemessener Vergütung) trägt der Emittent. Die Anleihegläubiger können die Bestellung des gemeinsamen Vertreters jederzeit ohne Angabe von Gründen durch Mehrheitsbeschluss beenden.

Ein Sonderfall ist die Insolvenz des Emittenten. Sofern noch kein gemeinsamer Vertreter bestellt worden ist, soll hier das Insolvenzgericht nämlich eine Gläubigerversammlung mit dem Ziel einberufen, einen solchen zu bestellen. Dieser kann dann im Wege einer „gebündelten" Geltendmachung der Gläubigerrechte in der Gläubigerversammlung aller Insolvenzgläubiger des Emittenten für die Anleihegläubiger abstimmen.

Literatur

Assmann H-D (2005) Anleihebedingungen und AGB-Recht. Zeitschrift für Wirtschafts- und Bankrecht 59:1053–1068

Baum H (2010) SchVG, Anleihebedingungen und AGB-Recht: Nach der Reform ist vor der Reform. In: Grundmann S, Haar B, Merkt H, Mülbert PO, Wellenhofer M, Baum H (Hrsg) Festschrift für Klaus J. Hopt zum 70. Geburtstag am 24. August 2010: Unternehmen, Markt und Verantwortung. Gruyter, Berlin, S 1595–1614

Baum H (2010) SchVG, Anleihebedingungen und AGB-Recht: Nach der Reform ist vor der Reform. In: Grundmann S, Haar B, Merkt H (Hrsg) Festschrift für Klaus J. Hopt zum 70. Geburtstag am 24. August 2010: Unternehmen, Markt und Verantwortung. Gruyter, Berlin, S. 1595 ff.

Brandt U, Müller R, Oulds MK (2011) 15. Teil (Emissionsgeschäft). In: Kümpel S, Wittig A (Hrsg) Bank- und Kapitalmarktrecht, 4. Aufl. Schmidt, Köln

Coester M, Coester-Waltjen D, Schlosser P (2006) Kommentierung zu §§ 305–310. In: J. von Staudingers (Hrsg) Kommentar zum Bürgerlichen Gesetzbuch mit Einführungsgesetz und Nebengesetzen. Beck, München

DVFA, BVI (2012) Standards für Unternehmensanleihen unter dem Schuldverschreibungsgesetz. Frankfurt am Main

Frank R, Siebel R (2012) Standards für Unternehmensanleihen unter dem Schuldverschreibungsgesetz (SchVG). In: Corporate Finance biz vom 04.06.2012, Heft 04, S 218–220

Horn N (2009) Das neue Schuldverschreibungsgesetz und der Anleihemarkt. BKR, S 446–449

Habersack M (2009) Kommentierung zu §§ 793–811 BGB. In: Münchener Kommentar Bürgerliches Gesetzbuch, 5. Aufl. Beck, München

Hutter S (2008) § 15 (Anleihen). In: Habersack M, Mühlbert P, Schlitt M (Hrsg) Handbuch der Kapitalmarktinformation, Beck, München

Kilgus S (2010a) Anleiheemission. In: Schüppen M, Schaub B (Hrsg) Münchener Anwalts Handbuch Aktienrecht. Beck, München

Kilgus S (2010b) § 49. In: Schüppen M, Schaub B (Hrsg) Münchener Anwalts Handbuch Aktienrecht. Beck, München

Luttermann C, Wicher C (2005) Rechtsordnung für Unternehmensanleihen: Vertragsrecht, Hybridformen und Standardisierung. Zeitschrift für Wirtschaftsrecht (ZIP), S 1529–1532

Marburger P (2009) Kommentierung zu §§ 793–808. In: J. von Staudingers (Hrsg) Kommentar zum Bürgerlichen Gesetzbuch mit Einführungsgesetz und Nebengesetzen. Beck, München

Müller R (2011). Teil (Emissionsgeschäft). In: Kümpel S, Wittig A (Hrsg) Bank- und Kapitalmarktrecht, 4. Aufl. Schmidt, Köln

Paulus CG (2012) Schuldverschreibungen, Restrukturierungen, Gefährdungen. In: Zeitschrift für Wirtschafts- und Bankrecht, Heft 24, S. 1109

Preuße T (2011) Gesetz über Schuldverschreibungen aus Gesamtemissionen (Kommentar). Schmidt, Berlin

Schlitt M, Schäfer S (2009) Die Restrukturierung von Anleihen nach dem Schuldverschreibungsgesetz. In: AG, 13–14/2009, S.477 ff.

Tetzlaff C (2011) § 88 (Das Schuldverschreibungsgesetz als Instrument zur Restrukturierung von Anleihen). In: Schimansky H, Bunte H-J, Lwowski H-J (Hrsg) Bankrechts-Handbuch, 4. Aufl. Beck, München

Ulmer P, Brandner HE, Hensen HD (2006) AGB Recht, 10. Aufl. Schmidt, Köln

Verannemann P (2010) Schuldverschreibungsgesetz (Kommentar). Beck, München

Vogel H-G (2010) Restrukturierung von Anleihen nach dem SchVG – Neues Minderheitenschutzkonzept und offene Fragen. Zeitschrift für Bankrecht und Bankwirtschaft (ZBB) 211:185 ff.

Financial Covenants aus juristischer Sicht

12

Frank Regelin und Nadine Bourgeois

Der nachfolgende Beitrag stellt Covenants, allen voran Financial Covenants (Finanzkennzahlen), aus juristischer Sicht dar und geht dabei auf die Ausprägung von Covenants in Kreditverträgen sowie Anleihen ein. Die Herleitung der rechtlichen Grundlagen erfolgt dabei auf Basis der in Kreditverträgen verwendeten Covenants und deren rechtlicher Einordnung und Ausgestaltung und überträgt diese dann auf Anleihen. Dieser Aufbau folgt dabei der ursprünglichen Anwendung und Entwicklung der Covenants für Kreditverträge und deren nachfolgende Übertragung auf Anleihetransaktionen.

12.1 Einordnung der Covenants aus juristischer Sicht

12.1.1 Allgemeine Einordnung

Aus juristischer Sicht sind Covenants vertraglich vereinbarte Verhaltenspflichten und somit Vertragspflichten, deren Nichteinhaltung einen Vertragsverstoß darstellt und damit die andere Partei zur Kündigung des Kreditvertrages berechtigt.

Daneben haben Verstöße gegen die vereinbarten Covenants regelmäßig bei Kreditverträgen (nicht i. d. R. bei Anleihen) auch eine Auszahlungssperre unter dem Kreditvertrag zur Folge. Daneben können auch andere vertraglich vereinbarte Verhaltenspflichten von der Einhaltung bestimmter (Financial) Covenants abhängig sein, wie die Eingehung weiterer Finanzverbindlichkeiten oder von Akquisitionen (siehe dazu z. B. unter Abschn. 12.2.1 (Incurrence based Covenants) wie solche sogenannten Incurrence Based Covenants ausgestaltet werden).

F. Regelin (✉) · N. Bourgeois
Norton Rose LLP, Stephanstraße 15, 60316 Frankfurt am Main, Deutschland
E-Mail: frank.regelin@nortonrose.com

N. Bourgeois
E-Mail: nadine.bourgeois@nortonrose.com

12.1.2 Ausgestaltung als Verhaltenspflicht in Bezug auf die wirtschaftliche Leistungsfähigkeit des Unternehmens

Durch die Covenants werden damit bestimmte Verhaltenspflichten der Kreditnehmerin im Rahmen des Kreditvertrages definiert. Dabei ist bei den Covenants einerseits zwischen den allgemeinen Verhaltenspflichten (General Undertakings) und den Finanzkennzahlen (Financial Covenants) zu unterscheiden. Die Financial Covenants, die hier stehen sollen, sind dabei besondere Verhaltenspflichten, die sich an die wirtschaftliche Leistungskraft der Kreditnehmerin anlehnen und ein „Frühwarnsystem" bieten sollen, wenn sich die wirtschaftliche Ertragskraft und damit die Möglichkeit des Unternehmens, bestehende Kredite, Anleihen oder andere Finanzierungsinstrumente zu bedienen, verschlechtern.

Das durch die Financial Covenants zu schaffende Frühwarnsystem soll damit den Kreditgebern die Möglichkeit geben, wenn sich die wirtschaftliche Lage der Kreditnehmerin verschlechtert, frühzeitig gegenzusteuern und entsprechende „Sicherungsmaßnahmen" ergreifen zu können.

12.1.3 Rechtsfolgen eines Verstoßes gegen Financial Covenants

Financial Covenants können durch die Anknüpfung an die wirtschaftliche Leistungsfähigkeit der Kreditnehmerin aus juristischer Sicht als eine Ausprägung des außerordentlichen Kündigungsrechts in Bezug auf Kreditverträge nach § 490 BGB eingeordnet werden. Das außerordentliche Kündigungsrecht nach § 490 BGB bietet dabei einem Kreditgeber die Möglichkeit, einen Kreditvertrag zu kündigen, wenn sich die wirtschaftlichen Verhältnisse der Kreditnehmerin oder die Werthaltigkeit etwa gestellter Sicherheiten wesentlich verschlechtert hat und dadurch die Rückzahlung des gewährten Kredits gefährdet ist.

Dabei gibt das Gesetz keine Definition der „wesentlichen Verschlechterung der wirtschaftlichen Verhältnisse" oder der „Gefährdung der Rückzahlung des Kredits" vor. Vielmehr sind diese Begriffe ausfüllungsbedürftig und bedürfen einer Abwägung im Einzelfall, ob diese Kriterien gegeben sind.[1] Die Rechtsprechung stellt dabei sehr hohe Anforderungen, wann ein Kreditgeber einen Kredit kündigen kann. Hier spielt insbesondere auch die Rechtsprechung zur Kündigung eines Darlehens zur Unzeit eine wesentliche Rolle.[2] Insoweit ist die außerordentliche Kündigung eines Kredits ein letztes Mittel, um Schäden von den Kreditgebern abzuwenden, die aus einem wahrscheinlichen Ausfall des gewährten Kredits resultieren.

Damit stehen die Financial Covenants in Kreditverträgen im Spannungsfeld zwischen der freien wirtschaftlichen Betätigung der Kreditnehmerin (im Rahmen der durch die gegebenen Financial Covenants gesetzten Grenzen), einem Frühwarnsystem für die

---
[1] Vgl. Palandt (2011), § 490 Rn. 6.
[2] Schimansky et al. (2007), § 79 Rn. 121 ff.; BGH, WM 1985, 1128 ff.; OLG Hamm, WM 1985, 1411 ff.; OLG Hamm, WM 1991, 402 ff.

jeweiligen Kreditgeberinnen im Hinblick auf die finanzielle Leistungskraft der Kreditnehmerin und dem Recht, den Kredit aufgrund einer wesentlichen Verschlechterung in den wirtschaftlichen Verhältnissen der Kreditnehmerin zu kündigen.

Im Regelfall führt ein Verstoß gegen die vertraglich vereinbarten Covenants unter einem Kreditvertrag, nach den üblichen vertraglichen Bestimmungen von Kreditverträgen, zu einem außerordentlichen Kündigungsrecht der Kreditgeberinnen.

12.1.4 Reaktionen in der Praxis auf einen Verstoß gegen die Financial Covenants

In der Praxis muss dieses Kündigungsrecht jedoch noch entsprechend ausgefüllt werden. Die Abwägung der Einzelheiten des jeweiligen Kreditengagements führt im Regelfall dazu, dass Banken nicht allein aufgrund eines Verstoßes gegen die einzuhaltenden Financial Covenants einen Kreditvertrag unmittelbar kündigen, da die Verschlechterung der wirtschaftlichen Lage der Kreditnehmerin nicht zwangsläufig so wesentlich ist, dass die Rückzahlung des Kredits gefährdet wird.[3] Vielmehr ist dies ein Ansatzpunkt, im Spannungsfeld zwischen Frühwarnsystem und Kündigungsrecht, die Darlehensbedingungen entsprechend zu adjustieren und auf die neue Situation anzupassen.

In der Praxis (bei Kreditverträgen) wird die Kreditnehmerin die entsprechenden kreditgebenden Banken im Rahmen eines sogenannten Waivers ansprechen und um einen Verzicht auf die Einhaltung der vereinbarten Financial Covenants bitten. Mit diesem Waiver und der Einigung auf dessen Bedingungen geht dann regelmäßig auch eine Anpassung der vertraglichen Bedingungen des Kreditvertrages einher. Diese werden dann an die neue wirtschaftliche Situation der Kreditnehmerin angepasst.

Damit spielt im Zusammenhang mit der Einhaltung bestimmter Financial Covenants in Kreditverträgen auch das jeweils vergebene interne Rating der kreditgebenden Banken eine entscheidende Rolle. Insoweit misst das interne Rating der kreditgebenden Bank die Ausfallwahrscheinlichkeit des jeweiligen Kreditengagements innerhalb des nächsten Jahres und stellt damit eine Verbindung zwischen dem internen Rating und der Ausfall- bzw. Insolvenzwahrscheinlichkeit in Bezug auf die jeweilige Kreditnehmerin her.[4] Abhängig von der jeweiligen internen Ratingeinordnung der Kreditnehmerin wird nicht nur der für einen Kredit zu zahlende Preis in Form der Zinsmarge bestimmt, sondern auch das Gerüst der von der Kreditnehmerin einzuhaltenden Verpflichtungen gesetzt. Damit werden Kredite bei schlechteren Ratings nicht nur teurer, sondern auch die einzuhaltenden Verhaltenspflichten einschließlich der jeweiligen Financial Covenants werden davon beeinflusst,

---

[3] Vielmehr führt diese Verschlechterung in den wirtschaftlichen Verhältnissen der Kreditnehmerin eher zu einem downgrade des internen Ratings durch die kreditgebende Bank und damit einer Veränderung der Bedingungen unter denen der Kreditvertrag weitergeführt wird, wie höhere Kosten für den gewährten Kredit.
[4] IN Vgl. Verband Deutscher Treasurer (2006), S. 9, 10, 43.

um eine entsprechend stärkere Überwachung des Kreditengagements zu ermöglichen je größer dessen Ausfallwahrscheinlichkeit ist.

12.1.5 Financial Covenants als Erwartungsrahmen der Banken

Dabei geben die einzuhaltenden Verhaltenspflichten einschließlich der Financial Covenants einen Erwartungsrahmen der Kreditgeberinnen vor, unter welchen Bedingungen diese eine Kreditvergabe an die jeweilige Kreditnehmerin für möglich erachten und die Kreditnehmerin wird durch die vertragliche Ausgestaltung dieser Verhaltenspflichten an die Erwartungen der kreditgebenden Banken gebunden. Damit werden durch die allgemeinen Verhaltenspflichten einschließlich der Financial Covenants der freien wirtschaftlichen Betätigung der Kreditnehmerin Grenzen gesetzt, innerhalb derer sich die Kreditnehmerin bewegen kann (also praktisch „Leitplanken" für die Tätigkeit der Kreditnehmerin gesetzt). Werden diese Grenzen durchbrochen, besteht für die Kreditgeberinnen ein Kündigungsrecht in Bezug auf den Kreditvertrag. Sofern dieses nicht direkt ausgeübt wird, werden an dieser Stelle zumindest die Rahmenbedingungen des Vertrages nachadjustiert, um diesen an die neuen Gegebenheiten und Entwicklungen anzupassen.

Aus der Kombination von allgemeinen und Financial Covenants kann damit einerseits erreicht werden, dass die Kreditgeberinnen effektiv die finanzielle Situation der Kreditnehmerin einschätzen können, aber andererseits (z. B. durch allgemeine Covenants, die den Abfluss liquider Mittel aus dem Geschäftsbetrieb der Kreditnehmerin verhindern oder begrenzen sollen) die Fähigkeit der Kreditnehmerin gewährleistet wird, den gewährten Kredit zu jeder Zeit ordnungsgemäß (Zins und Tilgung) zu bedienen.

12.1.6 Erwartungsrahmen der Kreditnehmerin

Andererseits muss im Rahmen der Covenants auch darauf geachtet werden, dass durch entsprechende Ausnahmen und Schwellenwerte gewährleistet ist, dass die Kreditnehmerin ihre Geschäftstätigkeit stets ungehindert ausüben kann und auch im Rahmen des aufgrund realistischer Planungen Vorhersehbaren wachsen und sich wirtschaftlich weiter entwickeln kann.[5]

Damit ergibt sich stets ein Spannungsfeld zwischen den Interessen der Kreditnehmerin und den Interessen der Kreditgeberinnen, die durch die Auswahl und die Ausgestaltung der jeweiligen Covenants einen Ausgleich finden müssen.

Zudem ist auch darauf hinzuweisen, dass im Gegensatz zu der oben dargestellten negativen Entwicklung auch eine positive Entwicklung der Bonität der Kreditnehmerin stattfinden kann. In diesen Fällen ist dann über die Öffnung des Kreditvertrages und die Lockerung der entsprechenden Verhaltenspflichten der Kreditnehmerin nachzudenken. Dies kann einerseits im Rahmen eines bestehenden Vertrages durch eine

---

[5]BGH, DStR (1992), 1480 (atypischer Pfandgläubiger).

entsprechende Vertragsänderung erfolgen oder im Rahmen der Verhandlung der Neu- bzw. Anschlussfinanzierung in einem neuen Vertragswerk direkt berücksichtigt werden.

12.2 Covenants in Kreditverträgen

12.2.1 Verschiedene Covenant-Modelle

Im Rahmen der Covenants sind unabhängig davon, ob es sich um allgemeine Covenants handelt oder um Financial Covenants verschiedene Modelle der verwendeten Covenants zu unterscheiden. Insoweit können die Covenants grundsätzlich in drei Gruppen unterteilt werden, die sogenannten (i) incurrence based Covenants, (ii) maintenance Covenants und (iii) Covenant light Modelle.

Incurrence based Covenants Incurrence-based Covenants setzen voraus, dass die verpflichtete Person sich in bestimmten Situationen bzw. bei bestimmten Maßnahmen, die für die Anleihegläubiger potenziell nachteilig sind, im Rahmen bestimmter Schwellenwerte bewegt, aber keine starren Grenzen für die laufende Einhaltung der Covenants gelten. Nach dem incurrence based Covenant-Modell muss der Emittent z. B. für die Aufnahme weiterer Finanzverbindlichkeiten, die Gewährung von Sicherheiten an Dritte oder die Durchführung einer Akquisition einmalig bzw. zu einem bestimmten Termin (z. B. dem letzten Quartalsstichtag) bestimmte Finanzkennzahlen einhalten. So kann beispielsweise zusätzliche Verschuldung aufgenommen werden, wenn die entsprechenden Finanzkennzahlen (z. B. der sog. Leverage) dies bei der Inanspruchnahme erlauben. Eine nachträgliche Verschlechterung des Leverage führt dann nicht mehr zum Default. Solche Incurrence Based Covenants sind typisch für Anleihen.

Maintenance Covenants Im Gegensatz zu den Incurrence Based Covenants setzen maintenance Covenants die ständige Einhaltung dieser Covenants voraus. Das Modell der maintenance Covenants ist dabei weiter und setzt einen deutlich engeren Rahmen für die Kreditnehmerin, innerhalb dessen sie sich bewegen kann, da es nicht nur auf die Einhaltung der Covenants zu bestimmten Anlässen ankommt, sondern auf die Einhaltung aller unter einem Kreditvertrag gegebenen Verpflichtungen.

Dieses Modell ist insbesondere im Rahmen von Kreditfinanzierungen üblich.

Covenant light Covenant light Modelle basieren auf einer Reduzierung des Modells der Incurrence Based Covenants. Der Kerngehalt von Covenant light Modellen liegt darin, dass die vereinbarten (allgemeinen) Covenants nur dann gelten, wenn bestimmte Financial Covenants nicht eingehalten werden. Auf die Einzelheiten für Covenant light Modelle wird an dieser Stelle nicht näher eingegangen, da diese zumindest für Kreditfinanzierung nur eine sehr geringe praktische Bedeutung haben, da sich diese Modelle am Markt nicht durchsetzen konnten.

12.2.2 Musterklausel oder individuell ausgestaltete Financial Covenants

Neben der Art des verwendeten Covenant-Modells stellt sich auch die Frage, ob bei der Ausgestaltung der Financial Covenants auf das Muster der LMA[6] abgestellt wird oder diese individuell anhand der Finanzinformationen der betreffenden Kreditnehmerin ausgestaltet werden.

LMA Muster Das Muster der Financial Covenant Option[7] der LMA ist auf Leveraged, also insbesondere Akquisitionsfinanzierungen, zugeschnitten und wurde auf der Basis des Musters des englisch-rechtlichen Leveraged LMA-Vertrages entwickelt. Dabei gibt das Muster ein Standardset von Financial Covenants mit entsprechenden Definitionen vor, die regelmäßig in Akquisitionsfinanzierungen anzutreffen sind. Diese Muster bieten einen Textbaustein für die Erstellung des Kreditvertrages und stellen eine gewisse Vergleichbarkeit der verwendeten Financial Covenants zwischen den einzelnen Kreditverträgen her. Diese Standardisierung kann zwar einerseits Erleichterung sein, aber in Situationen, die keine typischen Akquisitionsfinanzierungssituationen sind, zu erheblichen Schwierigkeiten bei der Ausgestaltung der Financial Covenants führen, da die vorgegebenen Kennzahlen und Berechnungen nicht auf die Situation des einzelnen Kreditvertrages passen. Daher sollte das Standardmuster der LMA nicht in allen Fällen für die Erstellung des Kreditvertrages verwendet werden, sondern nur dann, wenn dieses aufgrund der Art der Finanzierung angemessen ist.

Individuelle Ausgestaltung der Financial Covenants Daneben können die Financial Covenants individuell in Anlehnung an die Finanzinformationen der Kreditnehmerin ohne Bezug auf das Muster der LMA angepasst werden. Dies ist der außerhalb des Bereiches der Akquisitionsfinanzierungen der am häufigsten gewählte Weg (wobei aber auch in Akquisitionsfinanzierungen die Financial Covenants individuell ausgehandelt werden (können)).

Bei den individuell ausgestalteten Financial Covenants ist häufig zu beobachten, dass diese wesentlich weniger komplex sind und damit in der Handhabung sowohl für die Kreditnehmerin als auch für die kreditgebenden Banken einfacher sind. Dies wird in der Praxis im Rahmen von Financial Covenants regelmäßig durch die Einhaltung des Prinzips des Gleichlaufes der Financial Covenants mit der Rechnungslegung der Kreditnehmerin (oder aufgrund einer die Vergleichbarkeit der Rechnungslegung mit bestimmten in der Vergangenheit durch die Kreditnehmerin erstellten Rechnungsabschlüssen) erzielt.

---

[6]Loan Market Association. Die LMA ist die 1996 gegründete Vereinigung verschiedener Banken, institutioneller Investoren, Anwaltskanzleien, Rating Agencies und von Systemprovidern, die im Markt für syndizierte Kredite tätig sind. Die LMA veröffentlicht, unter anderen, verschiedene Standardmuster für syndizierte Kredite und diese begleitende Dokumente.

[7]Siehe dazu das Dokument „Financial Covenants Provision", welches von der LMA zur Verfügung gestellt wird.

Dadurch ist eine einfache Berechnung der Financial Covenants anhand der jeweiligen Rechnungsabschlüsse der Kreditnehmerin möglich.

Vertragliche Ausgestaltung der Financial Covenants Dabei sollte aus Sicht der kreditgebenden Banken vor allem sichergestellt werden, dass sich die Bonität der Kreditnehmerin in einem bestimmten Rahmen bewegt. Um an dieser Stelle Interessenkonflikte zu vermeiden und den Kredit einerseits für die Kreditnehmerin im Rahmen ihrer Geschäftsplanung lebbar zu machen, aber auch ein effektives Kontrollinstrument für die kreditgebenden Banken zu gewährleisten, muss besonderes Augenmerk auf die Ausgestaltung der Financial Covenants gelegt werden.

Die grundsätzliche Berechnung der Financial Covenants erfolgt dabei anhand der aktuellen Rechnungsabschlüsse der Kreditnehmerin und es wird anhand der zukunftsgerichteten Unternehmensplanung der Kreditnehmerin verifiziert, ob die Einhaltung der Financial Covenants aufgrund vernünftiger Annahmen während der Laufzeit des Kreditvertrages möglich ist.

Dabei werden die einzuhaltenden Financial Covenants mit einem gewissen Puffer, sogenannter „Headroom", der der Kreditnehmerin gegenüber den aufgrund der Unternehmensplanung angenommenen Zahlen, etwas Freiraum verschafft, versehen. Der Kreditnehmerin wird damit ein gewisser Spielraum für ihre wirtschaftliche Entwicklung gewährt, der andererseits aus Sicht der kreditgebenden Banken noch den erwarteten Bonitätsrahmen der Kreditnehmerin wiedergibt. Damit werden die Financial Covenants nur verletzt, wenn sich die wirtschaftliche Entwicklung der Kreditnehmerin in eine Richtung entwickelt, die den so gesetzten Headroom und damit die im Rahmen der ursprünglich gegebenen Bonität möglichen Entwicklungen überschreitet.

12.2.3 Auswahl der einzuhaltenden Financial Covenants

Neben der Frage, ob für die Financial Covenants auf ein Standardmuster zurückgegriffen werden sollte oder diese individuell ausgestaltet werden sollten, ist die Verwendung bestimmter Financial Covenants auch vom Anlass der Finanzierung bzw. der Art der Finanzierungstransaktion abhängig. Dabei können für die Auswahl der einzuhaltenden Financial Covenants grob fünf verschiedene Arten von Finanzierungstransaktionen unterschieden werden, für die bestimmte Financial Covenants abhängig von der Art der Transaktion ausgewählt werden. Dies sind: (i) Akquisitionsfinanzierung, (ii) Corporate Loans (also klassische Unternehmensfinanzierungen), (iii) Immobilienfinanzierungen, (iv) Projektfinanzierungen und (v) Asset-Finanzierungen (vor allem Schiffe und Flugzeuge).

Zunächst einmal unabhängig von der Art der Finanzierungstransaktion ist dabei die Frage zu beantworten, ob die Finanzierung cashflow-basiert ist, also auf die jeweils erwirtschafteten Cashflows achtet, oder ob die Finanzierung asset-getrieben ist, also allein auf den zu finanzierenden Vermögensgegenstand schaut.

So kommen insbesondere für Akquisitionsfinanzierungen und Corporate Loans cashflow-basierte Financial Covenants in Betracht, wohingegen bei den anderen Finanzierungsarten stärker auf den finanzierten Vermögensgegenstand und dessen Wert geschaut wird und damit eher Financial Covenants, die sich am Wert des finanzierten Gegenstandes orientieren, in Betracht kommen.

Daneben variiert der Umfang des auszuwählenden Financial Covenants-Sets stark von Art zu Art der Transaktion und ist häufig auch Ausgangspunkt intensiver Verhandlungen.

12.2.4 Typische Covenants

Bei den Cashflow-orientierten Finanzierungen im Akquisitions- und Corporate Loan Bereich werden dabei die nachfolgend dargestellten Financial Covenants sehr häufig verwendet bzw. spielen eine zentrale Bedeutung.[8] In den eher Asset-getriebenen Finanzierungen ist die am häufigsten anzutreffende Finanzkennzahl ein Loan-to-Value-Covenant.

Die am häufigsten verwendeten Financial Covenants sind dabei: (i) der Nettoverschuldungsgrad (Leverage), (ii) der Zinsdeckungsgrad (Interest Cover Ratio), (iii) der Schuldendienstdeckungsgrad (Debt Service Cover Ratio) und (iv), vor allem in Akquisitionsfinanzierungen die Begrenzung von Investitionsausgaben (Capex-Covenant).

Nettoverschuldungsgrad Im Rahmen des Nettoverschuldungsgrades wird i. d. R. eine maximale Grenze für die Verschuldung als Verhältnis der zinstragenden Finanzverbindlichkeiten (Net Debt) zum EBITDA festgelegt. Diese Grenze darf nicht überschritten werden.

Zinsdeckungsgrad Der Zinsdeckungsgrad beschreibt i. d. R. das Verhältnis von zu erbringendem Zinsaufwand zum EBITDA und wird als Verhältniszahl festgelegt, die eine bestimmte Grenze nicht unterschreiten darf.

Schuldendienstdeckungsgrad Der Schuldendienstdeckungsgrad wird i. d. R. durch das Verhältnis von zu erbringendem Kapitaldienst und EBITDA bestimmt und ebenfalls als Verhältniszahl ausgedrückt, die nicht unterschritten werden darf.

Begrenzung von Investitionsausgaben Hierbei werden die in einem Jahr maximal möglichen Investitionsausgaben auf einen bestimmten Betrag begrenzt.

Gemeinsamkeiten Den vorstehenden Kennzahlen ist dabei gemein, dass diese auf die Liquidität der Kreditnehmerin bzw. deren Fähigkeit, Zins und Tilgung zu leisten, abstellen und keine Bewertung von Vermögensgegenständen vornehmen, sondern allein aus Zahlungsströmen abgeleitet werden. Zur Ermittlung dieser Kennzahlen ist daher keine

---

[8] Mittendorfer und Fotteler (2007), S. 199.

Bewertung des Vermögens der Kreditnehmerin notwendig und es muss auch keine solche vorgenommen werden.

Loan-to-Value-Covenant Dies ist bei einem Loan-to-Value-Covenant anders. Bei einem klassischen Loan-to-Value-Covenant wird der Wert des finanzierten Gegenstandes zur Höhe des zur Finanzierung dieses Gegenstandes gewährten Krediten (oder gegebenenfalls noch weiteren Fremdkapitals) ins Verhältnis gesetzt. Der so ermittelte Wert darf dann einen vorher festgesetzten Schwellenwert nicht überschreiten. Dabei kann kein fester Schwellenwert als Grenze angegeben werden, da dieser Schwellenwert sehr stark vom Marktumfeld und dem zu finanzierenden Gegenstand abhängig ist und damit nicht pauschal gesetzt werden kann, sondern stets von der Bewertung des finanzierten Gegenstandes abhängt.

Aus diesem Grund wird die Kreditnehmerin i. d. R. verpflichtet, regelmäßige Bewertungen des Vermögensgegenstandes vor(zu)nehmen (lassen). Auf Basis dieser Bewertungen kann dann die Einhaltung der Finanzkennzahl auch durch die kreditgebenden Banken geprüft werden.

12.2.5 Prüfung der Covenants auf Basis der vorgelegten Informationen

Die Berechnung der Einhaltung der vereinbarten Financial Covenants erfolgt auf der Basis der nach dem Kreditvertrag den kreditgebenden Banken in regelmäßigen Abständen vorzulegenden Abschlüssen, insbesondere den Quartalsberichten und Jahresabschlüssen der Kreditnehmerin sowie der regelmäßig zusammen mit diesen Rechnungsabschlüssen vorzulegenden Compliance-Bestätigung (Compliance Certificate).

Aufgrund der Tatsache, dass sich die Financial Covenants regelmäßig aus den Abschlüssen ableiten lassen und auf dieser Basis berechnet werden, ist es besonders wichtig, dass die Financial Covenants und deren Definitionen (siehe dazu auch Abschn. 12.2.2 (Vertragliche Ausgestaltung der Financial Covenants)) aus den jeweilgen Abschlüssen ableitbar sind. Nur dies kann eine effektive und möglichst fehlerfreie Berechnung der Financial Covenants gewährleisten.

Dabei ist eine Überprüfung der Financial Covenants in Zeitabständen üblich, die sich an der Frequenz der Erstellung der Rechnungsabschlüsse orientiert. Daher wird regelmäßig vereinbart, dass die Financial Covenants quartalsweise anhand der Quartalsabschlüsse und zusammen mit der Vorlage des Jahresabschlusses nach Ende eines Geschäftsjahres für das abgelaufene Geschäftsjahr überprüft werden.

Im Rahmen der Überprüfung der Financial Covenants zum Ende des Geschäftsjahres wird in Kreditverträgen häufig vorgesehen, dass die in der Compliance-Bestätigung enthaltene Berechnung der Financial Covenants durch die Kreditnehmerin auch vom Wirtschaftsprüfer der Kreditnehmerin verifiziert wird. Dabei sind verschiedene Modelle der Verifizierung möglich. Hierbei ist insbesondere zu beachten, dass dies im Vorfeld mit dem Wirtschaftsprüfer der Kreditnehmerin abgestimmt wird, um während der Vertragslaufzeit weiteren Abstimmungsbedarf mit dem Wirtschaftsprüfer der Kreditnehmerin zu vermeiden.

12.2.6 Auswirkungen der Bilanzierung auf die Financial Covenants

Bei der Berechnung der Financial Covenants haben auch die angewandten Bilanzierungsgrundsätze, vor allem die Frage, ob nach HGB oder IFRS bilanziert wird, Auswirkungen. Diese sind vor allem im Rahmen der Gestaltung der Definitionen der Financial Covenants zu berücksichtigen. Daneben kann auch die Umstellung der Bilanzierung eines Unternehmens von HGB auf IFRS Auswirkungen auf die Berechnung der Financial Covenants haben.

Um auf Änderungen in der Bilanzierung, nicht nur der Umstellung von HGB auf IFRS, reagieren zu können, sehen Kreditverträge häufig zum Schutz der kreditgebenden Banken sogenannte „Frozen GAAP"-Klauseln[9] vor. Mit diesen werden die bei Abschluss des Kreditvertrages verwendeten Bilanzierungsgrundsätze und -methoden für die Laufzeit des Kreditvertrages als gegeben festgeschrieben und diese dürfen für die Zwecke des Kreditvertrages nicht verändert werden. Insoweit wird zusätzlich vorgesehen, dass die Kreditnehmerin zusätzlich zu ihren aktuellen Rechnungsabschlüssen auch Überleitungsrechnungen vorlegt, aus denen sich eine Vergleichbarkeit zwischen den Rechnungsabschlüssen bei Abschluss des Kreditvertrages und den Rechnungsabschlüssen, die nach geänderten Bilanzierungsgrundsätzen erstellt werden, ergibt.

Um dauerhaft den Mehraufwand von Überleitungsrechnungen zu vermeiden, sehen Kreditverträge vor, dass diese dann nicht mehr vorzulegen sind, wenn sich die Kreditnehmerin und die kreditgebenden Banken auf eine alternative Berechnung der Financial Covenants geeinigt haben und damit auch für die kreditgebenden Banken eine Vergleichbarkeit dauerhaft hergestellt ist. Sofern keine solche Einigung erzielt werden kann, müssen die entsprechenden Überleitungsrechnungen aber weiter vorgelegt werden.

12.2.7 Heilungsmöglichkeiten (Cure Rights)

Im Zusammenhang mit (Financial) Covenants stellt sich auch die Frage, ob die Nichteinhaltung der Financial Covenants geheilt werden kann oder ob die Nichteinhaltung stets zu einem Kündigungsgrund führt, gilt und eine Auszahlungssperre unter dem Kreditvertrag verhängt wird.

---

[9] Bei den sogenannten „Frozen GAAP"-Klauseln handelt es sich um Klauseln in Kreditverträgen, die die zu verwendenden Bilanzierungsgrundsätze und -methoden auf die zum Zeitpunkt des Abschlusses des Kreditvertrages verwendeten Bilanzierungsgrundsätze und -methoden festschreiben. Diese werden typischerweise in Konsortialkreditverträgen verwendet, um eine einheitliche Bilanzierung während der gesamten Kreditlaufzeit zu gewährleisten.

Diese Frage kann nicht einheitlich beantwortet werden, sondern es kommt auf die Art der Finanzierungssituation an.

Im Bereich der Corporate Loans ist eine Heilungsmöglichkeit für einen Verstoß gegen Financial Covenants unüblich und wird damit entsprechend nicht in den entsprechenden Kreditverträgen vereinbart. Dies resultiert vor allem aus der Art der Finanzierung und der Tatsache, dass die Kreditnehmerin selbst operativ tätig ist und die entsprechenden für Zins und Tilgung erforderlichen Mittel erwirtschaftet und in dieser Hinsicht nicht zusätzlich durch einen (finanzierungsstarken) Sponsor gestützt wird, der entsprechende Mittel zur Verfügung stellen könnte.

Im Rahmen von Akquisitionsfinanzierung stellt sich die Situation etwas anders dar, insbesondere wenn die Finanzierung von einem Sponsor-gestützten SPV aufgenommen wird. In diesen Fällen sind Heilungsrechte grundsätzlich möglich und werden häufig in den entsprechenden Kreditverträgen vorgesehen. Die Ausprägung dieser Heilungsrechte hat sich jedoch im Laufe der Zeit wesentlich verändert. Dabei hatte auch die Finanzkrise einen maßgeblichen Einfluss auf die Akzeptanz und Ausgestaltung von Heilungsrechten durch die kreditgebenden Banken.

Daneben kommt auch in bestimmten Immobilienfinanzierungen und anderen Finanzierungsarten die Vereinbarung eines Heilungsrechtes in Betracht, insbesondere dann, wenn ein Sponsor oder Gesellschafter involviert ist, der zusätzliche Gelder in die Finanzierungsstruktur investieren kann.

12.3 Covenants in Anleihen

12.3.1 Grundsätzliche Besonderheiten bei der Verwendung von Covenants in Anleihebedingungen

Für Covenants in Anleihebedingungen gelten aus rechtlicher Sicht zunächst die gleichen Grundsätze wie für Covenants in Kreditverträgen. Es handelt sich ebenfalls um Vertragspflichten, deren Nichteinhaltung einen Vertragsverstoß darstellt und damit die andere Partei zur Kündigung der Anleihe berechtigt.

Aufgrund der besonderen Struktur einer Anleihe im Gegensatz zu einem Kreditvertrag, ergeben sich aber eine Reihe von Besonderheiten.

Zunächst ist festzustellen, dass Maintenance-based Covenants in Anleihebedingungen nicht üblich sind, sondern lediglich Incurrence-based Covenants verwendet werden. Dies gründet sich darauf, dass es in der Regel[10] keinen Treuhänder gibt, der die Rechte der Anleihegläubiger vertritt oder die Einhaltung von Covenants laufend überwacht. Incurrence-based Covenants lassen sich auch ohne Treuhänder vergleichsweise einfach

---

[10]Zumindest wenn sie deutschem Rechte unterliegt, bei dem es – anders als bei Anleihen nach englischem oder US-amerikanischem Recht – keines Treuhänders (Trustee) zugunsten der Anleihegläubiger bedarf.

überwachen. In aller Regel wird der Emittent in den Anleihebedingungen verpflichtet, einen Covenant-Verstoß zu veröffentlichen.

Ein weiterer Grund zur Nutzung von Incurrence-based Covenants in Anleihebedingungen ist die Tatsache, dass dem Emittenten kein einzelner Vertragspartner oder ein Konsortium von Banken gegenübersteht, mit dem man im Falle eines Covenant Breach verhandeln könnte, sondern eine Vielzahl von dem Emittenten regelmäßig unbekannten Anleihegläubigern. Aus diesem Grund lassen sich Anleihebedingungen im Nachhinein nur sehr schwer ändern.[11] Auch die Gewährung eines Waiver oder ein Cure ist – nach Ablauf üblicher Mindestfristen, über die der Covenant mindestens gebrochen sein muss – praktisch ausgeschlossen. Auch erfolgt bei Anleihen die Auszahlung sofort, so dass Mechanismen, die im Falle von Covenant Breaches bei Kreditverträgen ein

12.3.2 Covenants in Abhängigkeit vom Marktsegment

Neben der Vermeidung von Maintenance-based Covenants ist auch die Anzahl von Covenants in Anleihebedingungen – abhängig vom Marktsegment – in aller Regel deutlich geringer.

Historisch teilte sich der Anleihemarkt im Wesentlichen in zwei Segmente auf: den Investment Grade Bereich, d. h. Emittenten mit hoher Bonität, die ein Rating von BBB- oder besser aufweisen (sog. Investment Grade), und den sog. High Yield Markt für Emittenten mit schwächerem Rating oder gänzlich ohne Rating.

Anleihen im Investment Grade Bereich, die häufig auch unter Emissionsprogrammen begeben werden, weisen wegen des geringeren Ausfallrisikos in der Regel – mit Ausnahme der sog. Negativverpflichtung und eines sog. Tax Gross-up (auch Bruttozinsklausel) und gegebenenfalls eines Sonderkündigungsrechts der Anleihegläubiger – im Falle eines Kontrollwechsels keinerlei Covenants auf (sog. Change of Control).

Anders sieht es im High Yield Markt aus. High Yield-Anleihen kamen erstmals in den 1980er Jahren in den USA auf und werden – selbst bei deutschen Emittenten – bis heute häufig dem Recht des US-Bundesstaates New York unterstellt und folgen den in den USA üblichen Dokumentationsstandards. Sie zeichnen sich vor allem dadurch aus, dass dem hohen Ausfallrisiko der Emittenten ein höherer Zinssatz gegenübersteht und die Emittenten zur Einhaltung eines umfangreichen Katalogs von Covenants verpflichtet werden. Inhaltlich entsprechen diese Covenants weitgehend denjenigen, die in einem syndizierten Kreditvertrag enthalten sind. Sie sollen sicherstellen, dass der Emittent die Anleihe zu jeder Zeit ordnungsgemäß im Hinblick auf die laufenden Zinszahlungen sowie die Kapitalrückzahlung am Laufzeitende bedienen kann. Sie setzen dem Emittenten hierzu einen gewissen Rahmen in Form von finanziellen und allgemeinen Verhaltenspflichten, innerhalb derer er seine wirtschaftliche Tätigkeit ausüben kann.

---

[11]Hierfür wäre nach dem Schuldverschreibungsgesetz (SchVG) v. 31.7.2009 (BGBl. I S. 2512) zunächst ein Mehrheitsbeschluss der Anleihegläubiger erforderlich.

12.3.3 Covenants bei Mittelstandsanleihen

Ein verhältnismäßig junges Segment stellt der Bereich der sog. Mittelstandsanleihen dar, der sich im Hinblick auf die Verwendung von Covenants durchaus noch in der Entwicklung befindet. Hinzu kommt, dass das Segment eine große Bandbreite von Emittenten umfasst. Es finden sich sowohl große als auch kleine Unternehmen, die alle möglichen Ratingklassen umfassen, von Investment Grade bis hin zu ungerateten Unternehmen.

Die ersten Anleiheemissionen im Mittelstandssegment, allen voran die 150 Mio. € Anleihe der Dürr AG im September 2010, orientierten sich trotz des fehlenden oder schlechteren Ratings weitgehend am Investment Grade Markt. D. h. es gab neben den vorgenannten drei Mindest-Covenants (Negativverpflichtung, Tax Gross-up und Change of Control), sofern diese überhaupt vorhanden waren, keine weiteren Covenants. Nachdem Emittenten, Banken und Investoren einen gewissen Lernprozess durchlaufen haben und zwischenzeitlich einige Anleihen zum Teil deutlich unter 100 % notierten und andere bereits ausgefallen sind, weisen viele neuere Mittelstandsanleihen inzwischen zusätzliche Covenants auf. So finden sich in letzter Zeit auch häufiger Ausschüttungssperren sowie vereinzelt Verschuldungsbegrenzungen.

Bei der Diskussion um Covenants stehen sich naturgemäß zwei Interessenlagen gegenüber. Der Emittent will möglichst gar keine Covenants. Die Investment Bank, die die Vermarktbarkeit der Anleihe sicherstellen muss, will einen im Sinne der Investoren angemessenen Katalog, der dem jeweiligen Einzelfall Rechnung trägt. Es kann auf Dauer nicht funktionieren, dass in Deutschland Anleihen im Non-Investment Grade bzw. High Yield-Bereich mit Anleihebedingungen emittiert werden, die für Investment Grade Emittenten entwickelt wurden oder diese sogar noch übertreffen. Eine Negativverpflichtung, eine Steuerklausel und eine Change of Control-Klausel gehören daher in jede Anleihe. Da bei den meisten Emittenten neben der Anleihe auch (zum Teil hohe) Darlehensverbindlichkeiten bestehen, sollte aus Gleichbehandlungsgründen auch eine Drittverzugsklausel (sog. Cross Default oder Cross Acceleration) in den Anleihebedingungen enthalten sein. Bei Emittenten mit bereits sehr hoher Verschuldungsquote sollte auch eine Verschuldungsbegrenzung erwogen werden und bei Emittenten mit niedriger Eigenkapitalquote eine Beschränkung von Dividendenzahlungen oder andere Eigenkapital erhaltende Verpflichtungen. In speziellen Fällen dürften auch noch weitergehende Covenants angezeigt sein, z. B. eine Beschränkung von Zahlungen an oder Rechtsgeschäften mit Gesellschaftern. Selbst diese weitergehenden Covenants sind aber noch weit von dem entfernt, was Emittenten in US-High Yield Anleihen an Covenants akzeptieren müssen, von der Besicherung ganz abgesehen. Man kann daher mit gutem Gewissen von „Covenants light" sprechen, mit denen jeder Emittent leben können sollte

Die folgende Tabelle zeigt einige Beispiele für Covenants und deren Verwendung bei verschiedenen Anleihen sowie bei syndizierten Krediten (Abb. 12.1):

Covenant	Wesentlicher Inhalt	Synd. Loan	US High Yield	Mittelstands Anleihe	Investment Grade Anleihe
Negative Pledge	Ausgabe anderer besicherter Verbind-lichkeiten führt zur Nachbesicherungs-pflicht unter der Anleihe bzw. dem Kredit	Standard	Standard[12]	Standard[12]	Standard[12]
Tax Gross-up	Emittent verpflichtet sich, etwaige zusätzliche Quellensteuern zu tragen	Standard	Standard	Standard	Standard
Change of Control	Kontrollwechsel führt zum vorzeitigen Kündigungsrecht der Gläubiger	Standard	Standard	Standard	Standard
Cross Default/ Cross Acceleration	Kündigung bzw. Fälligstellung von Finanzverbindlichkeiten (ggf. mit Schwellenwert) führt zum vorzeitigen Kündigungsrecht der Gläubiger	Standard	Standard	teilweise	teilweise
Limitation on Indebtedness	Beschränkung zusätzliche Aufnahme von Finanzverbindlichkeiten	Standard	Standard	selten	unüblich
Limitation on Restricted Payments	Beschränkung von Ausschüttungen und bestimmten weiteren Zahlungen an Gesellschafter	Standard	Standard	teilweise	unüblich
Limitation on Cessation of Business/Sale of Assets	Beschränkung der Einstellung der Geschäftstätigkeit oder der Veräußerung wesentlicher Vermögensgegenstände	Standard	Standard	teilweise	teilweise
Limitation on Transactions with Affiliates	Beschränkung von Rechtsgeschäften mit nahe stehenden Personen (insbe-sondere Gesellschafter, verbundene Personen außerhalb Reservat)	Standard	Standard	selten	unüblich
Limitation on Consolidation and Merger	Beschränkung von Umwandlungs-maßnahmen, sofern diese Gläubiger-rechte beeinträchtigen	Standard	unüblich	unüblich	unüblich
Limitation on Issuance/Sale of Stock of Subsidiaries	Verbot, Anteile an Tochter-gesellschaften zu veräußern	Standard	unüblich	unüblich	unüblich
Limitation on Payment Restrictions Affecting Subsidiaries	Sicherstellung des Mittelflusses von operativen Töchtern in die Mutter-gesellschaft (Emittent); Untersagung vertraglicher Beschränkung von Ausschüttungen, Kreditgewährung und Vermögenstransfer an Emittentin	Standard	teilweise	unüblich	unüblich
Limitation on Lines of Business	Beschränkung bei der Aufgabe/ Veräußerung/Veränderung von Geschäftsfeldern	Häufig	unüblich	unüblich	unüblich
Restriction on Transfers of Assets to Subsidiaries	Beschränkung der Verschiebung von Vermögenswerten in Tochtergesellschaften	Häufig	unüblich	unüblich	unüblich
Limitation on Sale and Leaseback Transactions	Beschränkung von Sale und Leaseback-Transaktionen	Häufig	unüblich	unüblich	unüblich
Financial Reporting	Laufende Finanzbericht-erstattung	Umfassend	Begrenzt	unüblich	unüblich

Abb. 12.1 Covenants und ihre Verwendung bei verschiedenen Anleihen und syndizierten Krediten

Literatur

Balz KF (2009) Reform des SchVG: High Yield Bonds zukünftig nach deutschem Recht? Zeitschrift für Bankwirtschaft und Bankrecht, S 401–412

Bösl K, Hasler PT (Hrsg) (2011) Mittelstandsanleihen: Ein Leitfaden für die Praxis. Springer, Heidelberg

Hutter S (2008) § 15 Anleihen. In: Habersack M, Mülbert PO, Schlitt M (Hrsg) Unternehmensfinanzierung am Kapitalmarkt, 2. Aufl. Schmidt, Köln

Kusserow B, Dittrich K (2000) Die Begebung von High Yield-Anleihen unter deutschem Recht. Wertpapier-Mitteilungen, S 745–761

Mittendorfer R, Fotteler T (2007) Praxishandbuch Akquisitionsfinanzierungen: Erfolgsfaktoren fremdfinanzierter Unternehmensübernahmen. Gabler, Wiesbaden

Palandt O (2011) Bürgerliches Gesetzbuch, 71. Aufl. Beck Juristischer, München

Plepelits M (2010) The high yield bond covenant package—introduction and overview of market trends. Corporate Finance Law, S 119–134

Schimansky H, Bunte H-J, Lwowski HJ (2007) Bankrechts-Handbuch, 3. Aufl. Beck, München

Schlitt M, Hekmat S, Kasten R (2011) Aktuelle Entwicklungen bei High-Yield Bonds, Die Aktiengesellschaft, S 430–444

Verband Deutscher Treasurer (2006) Rating im Unternehmen, o. O.

Der Umtausch und Rückkauf von Anleihen

13

Philipp von Randow und Rudolf Haas

Ist Fremdkapital langfristig ein fester Bestandteil der Unternehmensfinanzierung, ist es in der Regel angezeigt, die Refinanzierung insbesondere einer größeren Anleihe deutlich vor deren Endfälligkeit in Angriff zu nehmen. Ob der Emittent hierzu ein Umtauschangebot macht, in dem den Investoren die Möglichkeit geboten wird, die bestehende Anleihe gegen eine länger laufende neue einzutauschen, oder ob nach erfolgreicher Platzierung einer neuen Anleihe ein Rückkaufangebot für die bestehende Anleihe gemacht wird, hängt primär von den Marktverhältnissen ab.

Aber auch schon während der Laufzeit einer Anleihe können sich Veränderungen ergeben, die das Bedürfnis oder sogar die Notwendigkeit entstehen lassen, die Anleihe vorzeitig ganz oder teilweise zurückzuzahlen oder durch ein anderes, den neuen Gegebenheiten angepassten, Instrument zu ersetzen. Dabei stellen sich je nach den Umständen der Transaktion, der Ausgestaltung der ursprünglichen Anleihe und einer Reihe von anderen Faktoren verschiedene rechtliche Fragen, die im Folgenden erörtert werden.

13.1 Anleiherückkauf und Umtauschangebot als Steuerungsinstrument des Treasury

13.1.1 Anleiherückkauf und Umtauschangebote zur Optimierung der Finanzierungskonditionen

Die wirtschaftlichen Parameter einer Anleihe sind eine Funktion sowohl des Finanzierungsbedarfs des Emittenten als auch des Marktumfeldes und damit der Anforderungen

---

P. von Randow (✉) · R. Haas
Latham & Watkins LLP, Reuterweg 20, 60323 Frankfurt am Main, Deutschland
E-Mail: philippvon.randow@lw.com

R. Haas
E-Mail: rudolf.haas@lw.com

der Investoren zum Zeitpunkt der Begebung. Da eine Anleihe in der Regel für eine Laufzeit von mehreren Jahren begeben wird, ist es nicht überraschend, dass sich beides in diesem Zeitraum ändern kann. Die Veränderungen können unterschiedlichster Natur sein und sowohl auf der Seite des Emittenten als auch auf der Seite der Investoren liegen. In der Regel wird es eine Kombination von beiden sein.

So ist es denkbar, dass der Emittent seine Anleihe zum Zeitpunkt einer Veränderung im Unternehmen begeben hat und die Investoren einen höheren Zinssatz forderten, da im Zeitpunkt der Begebung noch nicht klar sein konnte, ob diese Veränderung sich tatsächlich positiv auf den Emittenten auswirken würde. Möglicherweise hat der Emittent auch mehr Fremdkapital aufgenommen als sein Management selbst für ideal und langfristig angemessen hielt, war aber der Überzeugung, dass die Unsicherheit über den zukünftigen Erfolg des Unternehmens sich auf den zu erwartenden Emissionserlös einer Aktienemission stärker auswirken würde als auf die Verzinsung einer Anleihe.

Umgekehrt ist auch denkbar, dass aufgrund der Unsicherheit ein höherer Eigenkapitalanteil erforderlich war, als dies dem Management in der Finanzarchitektur dauerhaft für erstrebenswert erscheint. Ist es dem Emittenten in den Jahren nach der Anleiheemission gelungen, den Erfolg der neuen Strategie unter Beweis zu stellen, wird sie versucht sein, Anpassungen vorzunehmen. Der Emittent mag die gleiche Konsequenz ziehen, wenn zwar die Situation des Unternehmens mehr oder weniger unverändert ist, aber das Marktumfeld aufgrund gesunkener Zinsen oder einer erhöhten Risikobereitschaft der Anleger eine Optimierung verspricht.

Ferner kann auch bei einer mehr oder weniger unveränderten Situation des Unternehmens und des Marktumfeldes ein Anleiherückkauf oder Umtauschangebot angezeigt sein, um die Liquiditäts- und Finanzierungssituation der Gesellschaft zu verbessern (sogenanntes „Maturity Management"). Dies kann durch ganz oder teilweisen Rückkauf erfolgen, oder durch den Umtausch gegen eine neue Anleihe, die den neuen Umständen entspricht.

Und schließlich dient ein Umtausch auch manchmal dazu, „störende" Anleihebedingungen zu beseitigen. Dies kann generell dazu dienen, die Flexibilität des Emittenten zu erhöhen, wenn bestimmte Restriktionen etwa im Investitionsverhalten oder bei der Eingehung neuer Verbindlichkeiten von neuen Investoren nicht mehr verlangt werden. Ein solches Umtauschangebot kann aber auch einen ganz konkreten strategischen Hintergrund haben, zum Beispiel um den Erwerb der Gesellschaft durch einen Dritten zu erleichtern. Dies spielt eine Rolle dann, wenn die bisherigen Anleihebedingungen Kündigungsrechte für den Fall der (feindlichen) Übernahme enthalten. Hier kann der Bieter sein Übernahmeangebot sogar an die Beseitigung dieses Kündigungsrechts der Anleihegläubiger knüpfen.

13.1.2 Anleiherückkauf und Umtauschangebote zur Restrukturierung von Finanzverbindlichkeiten

Rückkauf und Umtausch gehören aber auch in den Werkzeugkasten des Restrukturierers, der Emittenten mit schwacher Bonität oder gar bedrohter Zahlungsfähigkeit berät. Praktisch im Vordergrund steht dabei das Liquiditätsmanagement, das heißt die Verminderung oder Verschiebung von aktuellem Zahlungsaufwand. Zugleich kann eine Bilanzbereinigung durch Entlastung von Anleiheverbindlichkeiten angestrebt werden, damit eine übergreifende Restrukturierung nicht unter der Drohung einer späteren Überschuldung gefährdet wird. Schon bevor die Zahlungsunfähigkeit oder zumindest eine Überschuldung am Horizont steht, wird also ein gut beratener Emittent krisenpräventiv auf Rückkäufe oder Umtausch zurückgreifen.

Anleiherückkäufe verlangen aktuell Aufwand von Zahlungsmitteln. Dieser Aufwand kann aber lohnen, wenn spätere und größere Belastungen dadurch vermieden werden. Drei Fallgruppen illustrieren das:

„Distressed Debt Plays" nutzen Risikoabschläge auf den Anleihekurs. Wenn Schuldverschreibungen wegen des erhöhten Ausfallsrisikos weit unter par gehandelt werden, wird es für den Emittenten lohnen, sie zurückzukaufen und damit – jedenfalls ökonomisch besehen – die Schuld billig zu „tilgen". Diese Aufgabe kann auch ein (mittelbarer) Gesellschafter übernehmen, der dann freilich mit den entsprechend erworbenen Anleihen in den insolvenzrechtlichen Nachrang gerät.

Ist von anderer Fremdkapitalgeberseite überdies gefordert, dass dem Unternehmen zusätzliches Kapital zur Verfügung gestellt wird, kann der Gesellschafter als eine Art „Equity Cure" entweder (a) die von ihm selbst erworbenen Anleihen einbringen oder (b) vom Unternehmen zuvor zurückgekaufte Anleihen von diesem wieder erwerben und sie damit dem (Nachrang-)Regime der InsO unterwerfen; in der Preisverabredung ist das Unternehmen gegenüber anderen Anleihegläubigern dabei frei, weil es sich bei der Einbringung bzw. dem Weiterverkauf weder um eine Änderung der Anleihebedingungen noch um eine neue Emission handelt. Nur den eigenen Gesellschaftern gegenüber muss die Unternehmensführung die Preisbildung rechtfertigen.

Und schließlich ist es zuweilen erforderlich, dass einzelne Gläubiger, welche das Erreichen notwendiger Mehrheiten nach SchVG verhindern, von anderen Anleihegläubigern oder Finanzinvestoren herausgekauft werden. Der Emittent selbst wird dies allerdings i. d. R. (auch mittelbar) nicht tun, denn es kann sich dabei um einen verbotenen Stimmenkauf handeln.

Zusammengefasst ergibt sich also, dass sich die Rückkaufsmöglichkeit in mehreren Facetten darbietet im klassischen Fall als Rückkauf durch den Emittenten, in der Wirkung vermittelt aber auch durch die Gesellschafter oder andere Anleihegläubiger. In den letzteren Fällen ist selbstverständlich darauf achtzugeben, dass nicht Vorschriften, welche den Emittenten binden, in seinem Auftrage und seine Rechnung umgangen werden.

Umtauschangebote verändern im Ergebnis die Bedingungen der Anleihefinanzierung vermittels der Ersetzung der bisherigen durch eine neue Anleihe. Sie eignen sich daher in Restrukturierungssituation grundsätzlich für das entlastende Fristen- und Zinsmanagement, können aber auch helfen, lästiger Anleihebedingungen ledig zu werden, welche bislang Investitions- und Finanzierungsentscheidungen beschränkt haben. Maßgebliche Fallgruppen sind deshalb die Stundung oder gar Herabsetzung von Zins- und/oder Rückzahlungsverpflichtungen, Sicherheiten und (Zahlungs-)Rangveränderungen oder – in extremer gelagerten Fällen – die Schuldnerersetzung bis hin zur Umwandlung des Fremdkapitaltitels in ein Eigenkapitalinstrument (Debt-to-Equity-Swap).

13.2 Anleiherückkauf in der rechtlichen Gestaltung

13.2.1 Rechtliche Regeln und Restriktionen

Für den Rückkauf von Anleihen gelten verschiedene Regeln, die zum Teil die Gestaltungsfreiheit des Emittenten einschränken, zum Teil aber auch bestimmte Verfahrensschritte vorschreiben. Diese Regeln finden sich im Wesentlichen an drei Quellen unterschiedlicher rechtlicher Qualität und Reichweite: Den Anleihebedingungen, Vereinbarungen mit Dritten, insbesondere anderen Gläubigern, und gesetzliche Regelungen.

Anleihebedingungen Die Bandbreite von Regelungen zu Fragen des Rückkaufs, die man in Anleihebedingungen finden kann, ist in der Tat enorm. Sie reichen von knappen Klarstellungen, dass dem Emittenten ein Rückkauf jederzeit gestattet ist in Investment Grade Bonds über Rückkaufverbote, in bestimmten Situationen und für bestimme Fristen in Hybridanleihen, bis zu Rückkaufpflichten bei bestimmten Ereignissen in High-Yield-Anleihen.

Diese Vielfalt an Regelungen reflektiert eine ebenso große Vielfalt an Interessenlagen. Große Unternehmen, die über ein Investment Grade Rating verfügen und daher in der Lage sind Anleiheemissionsprogramme zu unterhalten, begeben häufig Anleihen mit unterschiedlicher Laufzeit und in unterschiedlichen Währungen, die sehr situationsspezifisch einen Liquiditätsbedarf des Emittenten abbilden. Ebenso wird durch den Rückkauf kleinerer Positionen verschiedener Anleihen des Unternehmens Liquiditätssteuerung betrieben und überschüssige Liquidität zur Reduzierung der Zinslast eingesetzt. Die Möglichkeit, eine komplette Tranche zurückkaufen zu können, ist hier häufig von nachrangiger Bedeutung; lediglich für den Fall, dass nur noch ein geringer Prozentsatz des ursprünglichen Anleihevolumens im Umlauf ist, wird sich der Emittent möglicherweise ein bindendes Rückkaufrecht, eine sogenannte Call-Option einräumen lassen.

Bei Emittenten, die aufsichtsrechtlichen Kapitalanforderungen unterliegen oder die zum Zwecke der Ratingverbesserung Hybridanleihen imitieren, ist die Interessenlage eine völlig andere. Hier erfordert die ganz- oder teilweise Anerkennung als aufsichtsrechtliches Eigenkapital oder Eigenkapital zu Ratingzwecken gerade, dass die Rückzahlung für einen bestimmten Zeitraum ausgeschlossen ist. Nur dieser temporäre Ausschluss der Rückzahlung erlaubt es, die Zahlungsverpflichtung, die in der für die Besteuerung ausschlaggebenden HGB-Bilanz Fremdkapital sein muss (um den Zinsaufwand als Betriebskosten absetzbar zu machen), für Zwecke der IFRS-Bilanzierung, aufsichtsrechtlichen Kapitalrechnung oder Ratingzwecke ganz oder teilweise als Eigenkapital zu qualifizieren. Aus ähnlichen Gründen sind Beschränkungen üblich, dass eine Rückzahlung nur erfolgen kann, wenn das Unternehmen auch dividendenfähig ist oder andere Finanzkennzahlen erreicht oder sonstige Voraussetzungen erfüllt sind. Obwohl der Rückkauf in der Regel nur für einen Teil der Gesamtlaufzeit ausgeschlossen ist und somit ein Rückkauf nach Ablauf dieser sogenannten „Non-Call"-Periode keineswegs zwingend ist, geht der Markt interessanterweise in der Regel davon aus, dass ein Rückkauf unmittelbar oder jedenfalls kurz nach Ablauf der Non-Call-Periode erfolgt. Echte Rückkaufoptionen sind jedoch üblicherweise nicht in Hybridbedingungen verankert.

Bei Hochzinsanleihen wiederum sind verschiedene Arten des vorzeitigen Rückkaufs in den Anleihebedingungen angelegt und gelten als relativ wahrscheinlich. Dies hängt damit zusammen, dass eine Hochzinsanleihe in der Regel einen sehr großen Anteil des Fremdkapitals des Emittenten darstellt und es relativ wahrscheinlich ist, dass während der Laufzeit der Anleihe von zumeist sieben, in der Regel jedenfalls zwischen 5 und 10 Jahren, Veränderungen im Risikoprofil des Emittenten eintreten, die für die eine oder andere Seite Anlass sein könnten, die Konditionen der Anleihe überdenken zu wollen. Daher sind in den Anleihebedingungen für High-Yield-Anleihen in der Regel Rückkaufspreise festgelegt, die eine gewisse Vorfälligkeitsentschädigung beinhalten. Auch ist der Emittent verpflichtet, in bestimmten Situationen ein Rückkaufangebot zu machen, etwa bei einem Kontrollwechsel, also einer erheblichen Veränderung der Gesellschafterstruktur des Emittenten, aber auch in Situationen außerordentlicher Ereignisse, etwa bei der Veräußerung von Unternehmensteilen. Bisweilen, wenn auch selten, sieht man auch sogenannte „Cashflow-Offers", also eine Verpflichtung überschüssige Liquidität zum Rückkauf der Anleihe zu nutzen. Da diese Regelungen jedoch zu häufigen, kleinvolumigen Rückkaufangeboten führen und damit einen nicht unerheblichen administrativen Aufwand erfordern, sind solche Regelungen eher die Ausnahme.

Vereinbarungen mit Dritten Nicht nur die Anleihebedingungen der betreffenden Schuldverschreibungen können Einschränkungen oder andere Regelungen zum Rückkauf enthalten. Auch andere Gläubiger des Emittenten können dieser vertragliche Restriktionen auferlegt haben, um die Rangordnung der diversen Finanzverbindlichkeiten zu wahren. Dies wird immer der Fall sein, wenn die Schuldverschreibungen ausdrücklich als Nachrangverbindlichkeiten begeben wurden. Aber selbst wenn verschiedene Verbindlichkeiten aus der insolvenzrechtlichen Betrachtung gleichrangig sind, werden die Gläubiger die Reihenfolge der Fälligkeit in ihrer Risikoanalyse in Betracht ziehen. Kreditverträge enthalten daher häufig eine Bestimmung, die die vorzeitige Ablösung anderer Verbindlichkeiten einschränkt und auch in den Bedingungen hochverzinslicher Anleihen ist die Tilgung andere Schuldverschreibung des Emittenten vor Endfälligkeit häufig entweder ganz ausgeschlossen oder von bestimmten Voraussetzungen (wie der Erreichung bestimmter Finanzkennzahlen) abhängig gemacht.

Kapitalmarktrechtliche Regelungen Auch gesetzliche Regelungen sind beim Rückkauf von Schuldverschreibungen durch den Emittenten oder nahestehende Personen zu beachten.

Zunächst gelten selbstverständlich auch im Anleihemarkt die allgemeinen kapitalmarktrechtlichen Verhaltensbestimmungen, insbesondere das Verbot des Insiderhandels (§ 14 Wertpapierhandelsgesetz – „WpHG") und das Verbot der Marktmanipulation (§ 20a WpHG). Zwar sind die Kursausschläge im Anleihemarkt üblicherweise nicht so stark, wie bei Aktien, aber gerade Restrukturierungssituationen sind klare Ausnahmen von dieser Regel. Die Nachricht des Abschlusses einer Anschlussfinanzierung etwa kann hier eine ganz erhebliche Kurserholung bei den Anleihen des Unternehmens bewirken und der Emittent kann die Veröffentlichung dieser Nachricht nicht zurückhalten, um die Kursabschläge zu einer weiteren Entschuldung zu nutzen. Aber nicht nur solch eklatante Fälle sind relevant: Vor dem Rückkauf eigener Anleihen ist sorgfältig zu prüfen, ob es nicht-öffentliche Informationen gibt, die für die Kursbildung der Anleihe erheblich sind. Ist dies der Fall muss erst eine Veröffentlichung (i. d. R. im Rahmen der sogenannten Ad-hoc-Pflicht nach § 15 WpHG) erfolgen und erlauben Unternehmensinteressen ausnahmsweise eine Verschiebung der Veröffentlichung (nach § 15 Abs. 3 WpHG), sind dem Emittenten, was den Anleiherückkauf angeht, die Hände gebunden.

Auch das Verbot der Kursmanipulation ist zu beachten. Die Beteiligung des Emittenten am Handel mit eigenen Wertpapieren ist grundsätzlich anfällig für Informationsassymetrien. Für den Erwerb eigener Aktien gibt es eine eigene EU-Verordnung (Verordnung (EG) Nr. 2273/2003), die einen sogenannten Safe Harbour schafft, also bestimmte Verhaltensmaßregeln, deren Einhaltung eine Vereinbarkeit mit den Bestimmungen der EU-Marktmissbrauchsrichtlinie (Richtlinie 2003/6/EG des Europäischen Parlaments und des Rates) garantiert, die die Grundlage des derzeit geltenden Verbots der Marktmanipulation ist. Für den Rückkauf von Schuldverschreibungen gilt diese Verordnung nicht. Allerdings würde eine Einhaltung ihrer Voraussetzungen (insbesondere eine vorherige Ankündigung eines Rückkaufs sowie die laufende Veröffentlichung zurückgekaufter Volumina und die dafür bezahlten Preise) nahezu sicher einen Verstoß gegen die Marktmissbrauchsrichtlinie (und der Bestimmungen des deutschen WpHG, die diese umsetzen) vermeiden. Eine derartig umfangreiche Transparenz ist allerdings im Anleihemarkt unüblich. Sie ist rechtlich auch nicht im gleichen Maße geboten. Da Anleihen als Fremdkapital irgendwann zurückgezahlt werden müssen, ist auch ihre vorzeitige Rückzahlung für andere Marktteilnehmer grundsätzlich weder überraschend noch bedenklich. Eine allgemeine Ankündigung der Absicht eines Rückkaufs wird in der Regel ausreichen und bei Programmemittenten, die regelmäßig Anleihen unterschiedlichster Volumina und Laufzeiten begeben, wird häufig sogar dies entfallen können und durch die generelle Klarstellung der Berechtigung zum Rückkauf in den Anleihebedingungen ersetzt werden können. Allerdings hat der Emittent hier mit Augenmaß zu handeln. Je mehr der Markt von einem tatsächlichen Ausfallrisiko ausgeht, desto mehr wächst auch das Bedürfnis nach Transparenz über das Marktverhalten des Emittenten.

Gleichbehandlungsgebot Das zentrale rechtliche Thema beim Rückkauf und noch mehr beim Umtausch eigener Anleihen (dazu unten) ist die Frage der Gleichbehandlung der Anleihegläubiger.

In Deutschland schon lange börsenrechtlich geregelt (§ 39 Abs. 1 Nr. 1 Börsengesetz alter Fassung), ist das Gebot, die Inhaber von Wertpapieren der gleichen Gattung gleich zu behandeln nunmehr im deutschen WpHG niedergelegt (§ 30a Abs. 1 Nr. 1 WpHG). Dies geht auf die EU-Transparenzrichtlinie (Richtlinie 2004/109/EG des Europäischen Parlaments und des Rates) zurück, in der das Gleichbehandlungsgebot nunmehr europaweit verankert ist.

Einschränkend ist anzumerken, dass die EU-Transparenzrichtlinie nur Anwendung findet, wenn Schuldverschreibungen in einem regulierten Markt notiert sind und die Regelung des WpHG nur dann, wenn für die Schuldverschreibungen an Deutschland der Herkunftsstaat im EU-rechtlichen Sinne ist. Damit gilt jedenfalls bei im Freiverkehr notierten Anleihen das Gleichbehandlungsgebot nicht und selbst deutsche Emittenten können unter bestimmten Voraussetzungen die strengere Regelung des WpHG vermeiden, wenn sie die Möglichkeit haben und nutzen, einen anderen Mitgliedsstaat der EU als „Herkunftsstaat" zu wählen (vgl. § 2b WpHG). Insbesondere bei Unternehmen, deren Aktien nicht börsennotiert sind, ist das nicht selten, wenn die Anleihen in Luxembourg und nicht in Frankfurt notiert sind.

Auch ist das europarechtliche Verständnis der Gleichbehandlung ein sehr enges. Entsprechend den Zielen der Transparenzrichtlinie zielt es nur auf die Bereitstellung gleicher Informationen an alle Anleihegläubiger ab, während das traditionelle deutsche Verständnis wesentlich weiter geht und eine sachliche Rechtfertigung für jede Ungleichbehandlung erfordert. Es ist daher nicht unumstritten, wie weitreichend die Neuregelung im WpHG ist. Da der Gesetzgeber die Tradition der Gleichbehandlung jedoch betont hat und es Deutschland auch nicht verwehrt ist, eine strengere Regelung zu treffen, als europarechtlich gefordert, ist die ganz überwiegende Ansicht, dass das umfassendere deutsche Verständnis fort gilt.

Wie der Name sagt erfordert das Gleichbehandlungsgebot, die Gläubiger derselben Emission gleich zu behandeln, sofern keine sachliche Rechtfertigung für eine Andersbehandlung vorliegt. Im Kontext des Rückkaufs von Schuldverschreibungen erfordert dies grundsätzlich dreierlei: die gleiche Information über den Rückkauf, die gleiche Chance, die Anleihe im Rückkauf abzustoßen und den Rückkauf zum gleichen Preis. Was dies im Einzelnen erfordert, hängt von den Umständen ab, insbesondere von der Art der Abwicklung des Rückkaufs und davon, ob eine ganze Emission oder Tranche oder nur ein Teil davon erworben werden soll. Interessanterweise wurde im Rahmen der Neuregelung eine spezielle Ausnahme vom Gleichbehandlungsgebot, die das Börsengesetz in seiner alten Fassung für den Rückkauf von Anleihen enthielt, gestrichen. Dort waren „vorzeitige Rücknahmeangebote, die der Emittent ... im berechtigten Interesse bestimmter Gruppen von Inhabern der Schuldverschreibungen abgibt" von der Gleichbehandlung ausgenommen. Rückkaufangebote die sich rechtlich oder tatsächlich nur an bestimmte Gläubigergruppen richten, sind demnach unzulässig.

13.2.2 Rückkaufmethoden und -abwicklungen

Dem Emittenten stehen drei Wege zum Rückkauf von Anleihen zur Verfügung: ein (anonymer) Rückkauf über die Börse, bilateral ausgehandelte Verträge mit einzelnen Investoren oder ein an alle Investoren gerichtetes Rückkaufangebot. Jeder dieser Wege hat Vor- und Nachteile.

Der Kauf über die Börse hat den Vorteil, dass er notwendig zu einem Marktpreis stattfindet, so dass die Preisbildung unangreifbar ist, solange die oben ausgeführten Bedenken wegen einer möglichen Marktmanipulation nicht greifen. Auch unter dem Gesichtspunkt der Gleichbehandlung, gilt ein Rückkauf über die Börse als unbedenklich. Sofern es keine Absprachen mit Anleihegläubigern gibt – was jedoch insiderrechtlich und unter Gesichtspunkten der Marktmanipulation ohnehin bedenklich wäre – weiß der Emittent nicht wer die Verkäufer sind und gleichzeitig hat grundsätzlicher jeder Anleihegläubiger die Möglichkeit, zu verkaufen. Nachteilig sind beim Rückkauf über die Börse dagegen das üblicherweise eingeschränkte Handelsvolumen und der wenig klare zeitliche Rahmen. Für einen kompletten Rückkauf einer Anleihe oder einen nennenswerten Anteil einer Tranche kommt der Rückkauf über die Börse daher realistischer Weise nicht in Frage. Dagegen ist ein teilweiser Rückkauf im Rahmen des Liquiditätsmanagements über die Börse hervorragend zu bewerkstelligen.

Ganz anders gelagert ist der Fall, des bilateralen Rückkaufs von Einzelnen. Von Vorteil ist hier, dass der Preis verhandelbar ist und möglicherweise von der spezifischen Situation des Verkäufers beeinflusst sein kann. Auch ist es möglich, gezielt einzelne Investoren anzusprechen, etwa um mit vergleichsweise geringem Verhandlungsaufwand auf das angestrebte Rückkaufvolumen zu kommen oder auch um einen unliebsamen Anleihegläubiger loszuwerden. Schon an diesem Beispielen werden jedoch auch die Nachteile dieser Struktur deutlich: eine Gleichbehandlung ist hier praktisch ausgeschlossen (und vielleicht auch gar nicht erwünscht) und auch hier ist das Rückkaufsvolumen begrenzt, jedenfalls wenn man den Aufwand für den Emittenten mitberücksichtigt.

Bei den öffentlichen Rückkaufangeboten, den sogenannten Tender Offers, schließlich hat der Emittent einen großen Gestaltungsspielraum und wird selbst bei Teilangeboten keine Schwierigkeiten haben, dem Gleichbehandlungsgebot Rechnung zu tragen. Auch ist dies die einzige Struktur in der es realistisch ist große Volumina oder gar die gesamte Emission zurück zukaufen. Nachteilig wirkt sich dagegen aus, dass der Aufwand der Umsetzung am größten ist und die Einschaltung von externen Beratern und einer Bank zur Unterstützung der Abwicklung unvermeidbar sind. Auch ist über eine Angebotsunterlage dem Informationsbedürfnis der Anleihegläubiger Rechnung zu tragen, so dass zwangsläufig eine größere Öffentlichkeitswirkung der Transaktion zu erwarten ist. Schließlich fehlt auch im Vergleich zum bilateralen Rückkauf der Verhandlungspartner, so dass der Emittent gehalten ist, nicht artikulierten Bedenken der Anleihegläubiger Rechnung zu tragen, um das Angebot attraktiv zu machen. In volatilen Marktsituationen kann es sehr schwierig sein, das Angebot richtig zu kalibrieren. Hierfür wird es sich häufig anbieten, bei einzelnen Investoren vorzufühlen, um ein Gespür dafür zu bekommen, wie das Angebot strukturiert sein muss, um eine Annahmequote zu erreichen, die den Aufwand für die Transaktion rechtfertigt. Ein solches „Market Testing" ist unter Gleichbehandlungsgesichtspunkten unproblematisch, da die von einzelnen Investoren erhaltenen Informationen ja in einem allen Gläubigern gegenüber ausgesprochenen Angebot ihren Niederschlag finden und für andere Anleihegläubiger keine Verpflichtung zur Annahme des Angebots besteht.

An den dargestellten Vor- und Nachteilen wird bereits sichtbar, dass nach Betrachtung wirtschaftlicher, abwicklungstechnischer und rechtlicher Gesichtspunkte in den seltensten Fällen wirklich alle drei Rückkaufsstrukturen zur Erreichung des konkreten Ziels des Emittenten zur Verfügung stehen. Mindestens eine der Strukturen wird in der Regel entweder aus Gesichtspunkten der Gleichbehandlung oder wegen des angestrebten Volumens nicht in Frage kommen. Auch wird die Entscheidung sich häufig nicht zwischen diesen drei Optionen abspielen, sondern ein Rückkaufangebot in Verbindung mit einer neuen Emission mag häufig in Konkurrenz zu den unten beschriebenen Umtauschangeboten stehen oder ein bilateraler Rückkauf mit einer Einbringung als Sacheinlage im Rahmen eines sog. Debt Equity Swap.

Ebenso Erwähnung finden sollte eine besondere Spielart des bilateralen verhandelten Rückkaufs, nämlich der Rückkauf auf Initiative des Anleihegläubigers. In unserer bisherigen Darstellung sind wir immer davon ausgegangen, dass die Initiative zum Rückkauf vom Emittenten ausgeht. Dies ist jedoch nicht zwingend. Auch Anleihegläubiger mögen in bestimmten Situationen an den Emittenten herantreten und einen Rückkauf anregen. In dieser Situation allerdings verengt sich die – jedenfalls rechtliche – Analyse des Emittenten auf Fragen der Gleichbehandlung. Andere Erwägungen, wie Dokumentationserfordernisse, treten hier in den Hintergrund. Was die Gleichbehandlung angeht wird diese in der Regel gewährleistet sein, wenn der Emittent grundsätzlich bereit wäre, die Anleihen anderer Gläubiger in vergleichbaren Situationen ebenfalls zurück zu erwerben. Das ist insbesondere der Fall, wo der Anleihegläubiger ein so starkes Interesse an der Rücknahme durch den Emittenten hat, dass er Zugeständnisse beim Erwerbspreis macht. Dagegen ist ein Rückkauf von einzelnen Gläubigern selbst zum aktuellen Börsenkurs kaum zu rechtfertigen, wenn Zweifel an der Zahlungsfähigkeit des Emittenten bestehen – hier würde sich auch eine inkongruente Deckung ergeben, die insolvenzrechtlich anfechtbar wäre.

13.2.3 Rechtliche und steuerliche Folgen des Rückkaufs

Der Rückerwerb von selbst begebenen Schuldverschreibungen führt nicht zum Erlöschen der darin verbrieften Forderung im Wege der Konfusion; das verbriefte Recht erlischt vielmehr erst dann, wenn das Wertpapier durch den Schuldner entwertet (bzw. vernichtet) worden ist. Ist diese Entwertungsentscheidung aber noch nicht getroffen, sind die nach Erwerb nunmehr in eigenem Bestand des Emittenten befindlichen Schuldverschreibungen in seiner Bilanz wie fremde Wertpapiere zu führen und auch entsprechend zu bewerten. In der Konsequenz sind sogar die daraus geschuldeten und gezahlten Zinsen in der Gewinn- und Verlustrechnung unter den Aufwendungen und Erträgen auszuweisen.

Nach Entwertung sind dagegen die einst verbrieften Forderungen in Höhe des entsprechenden Nominalbetrages selbstverständlich nicht mehr als Verbindlichkeiten zu führen und entsprechend auszubuchen. Soweit die Anschaffungskosten – wie regelmäßig – unter dem Nominalbetrag lagen, ergeben sich dabei durchaus erfolgswirksame Konsequenzen. Es wird insoweit ein außerordentlicher Ertrag erzielt, welcher der Körperschaftssteuer nebst Solidaritätszuschlag unterliegt und auch Gegenstand der Gewerbesteuer wird.

Die Folgen des Rückkaufs von durch eine ausländische Tochtergesellschaft emittierte Schuldverschreibungen stellt dazu eine Variation dar: Die angekauften Wertpapiere sind wiederum bis zur Entwertung oder Vernichtung wie fremde Wertpapiere zu behandeln, also mit Anschaffungskosten zu aktivieren. Bei der Übertragung an die Mutter wird i. d. R. das ursprünglich zwischen dem Mutterunternehmen und der ausländischen Tochtergesellschaft begründete Weiterleitungsdarlehen getilgt. Auf diese Weise wird der Differenzbetrag zwischen Ankaufspreis und dem Nominalwert der Anleihe bei der Muttergesellschaft realisiert, was ebenfalls die oben beschriebenen steuerlichen Konsequenzen auslöst.

13.3 Umtauschangebote (Exchange Offers)

Umtauschangebote sind den Rückkaufangeboten in vielerlei Hinsicht sehr ähnlich. Sie erfahren aber zusätzliche Komplexität durch die Tatsache, dass die Gegenleistung für die ausstehenden Schuldverschreibungen neue Schuldverschreibungen sind.

13.3.1 Anleiheumtausch in der rechtlichen Gestaltung

Der Umtausch ist attraktiv, weil er grundsätzlich ohne eine Zahlung an die Anleihegläubiger abgewickelt werden kann. Diese Attraktivität hat aber ihren Preis: Denn die Ausgabe einer neuen Anleihe wird zumeist auch eine neue Angebotsunterlage und, je nach Investorenkreis, gegebenenfalls auch deren Billigung als Wertpapierprospekt erfordern. Auch über die Fragen der Prospektpflicht hinaus gelten alle kapitalmarkt-, vertrags- und gesellschaftsrechtlichen Anforderungen an eine Neuemission auch beim Umtauschangebot, angefangen von der Strukturierung der Anleihebedingungen über die Beauftragung von Zahl- und Abwicklungsstellen bis hin zur Börsenzulassung. Dies kostet Zeit und Geld. Vor diesem Hintergrund ist es gut zu verstehen, wenn Emittenten nach prospekt- – und damit auch zulassungsfreien Methoden des Umtausches suchen, die jedenfalls einen Teil dieses Aufwands entfallen lassen. Tatsächlich existiert im deutschen Recht auch eine solche Alternative.

Bevor wir uns den Methoden des Umtauschs nähern und ihre wesentlichen Vor- und Nachteile vorstellen, sind zunächst aber ganz andere Vorfragen zu klären. Im Einzelnen:

Vor einem restrukturierungsbedingten Umtauschangebot wird der gut beratene Emittent ermessen, ob und in welchem Maße (professionell agierende) Anleihegläubiger Ausfallschutzpositionen durch Credit Derivatives, insbesondere Credit Default Swaps

(CDS) erworben haben, welche ihren Wert gerade und nur in Insolvenzszenarien entfalten – ist dies der Fall, wird die Bereitschaft, sich auf eine partielle Entschuldung oder jedenfalls Laufzeitverlängerung einzulassen bei solchen Investoren sehr gemindert sein, die sich spät und „billig" in die Anleihe eingekauft haben um recht eigentlich nur ihre CDS-Positionen lukrativ zu nutzen.

Sodann ist auch bei allen Umtauschangeboten darauf zu achten, dass die für den Emittenten maßgeblichen anderweitigen Bedingungen in weiteren Anleihen und Finanzierungsverträgen durch die (als „Umtauschwährung" vorgesehene) Neuemission, ihren Rang, etwaig dafür bereitgestellte Sicherheiten und den Umtausch selbst nicht verletzt werden.

Häufig wird man hier rasch Entwarnung geben können, soweit lediglich andere Anleihen, etwa im Hochzinsanleihesegment betroffen sind. So wird ein „Restricted Payment Covenant" in bereits bestehenden High-Yield-Anleihen durch den Umtausch i. d. R. nicht tangiert sein, wenn und weil dieser die Tilgung durch die Bereitstellung anderer Schuldtitel nicht hindert, und auch die Definition der „Permitted Refinancing Indebtedness" wird die Aufnahme neuer Anleihen für Refinanzierungszwecke zumeist ermöglichen, ohne dass für und in diesem Fall ein Incurrence Financial Covenant einzuhalten wäre. Bei den Sicherheiten schließlich wird für die Emission einer pari passu-Anleihe die Gestellung nachrangiger Sicherheiten oftmals unbedenklich sein. Sind dagegen auch Kreditverträge zu berücksichtigen, sind die Ausnahmen selten so weitherzig was (besicherte) Refinanzierungsmaßnahmen angeht – hier wird der Emittent häufig danach schauen müssen, ob bestimmte Ausnahmetatbestände („Baskets") offenstehen, unter denen er das Umtauschangebot und die Ausgestaltung der Anleihebedingungen sowie eventuell die Besicherung der Anleihe ohne weitere Rücksprache mit den Kreditgebern abwickeln kann.

Im dritten Schritt gilt es schließlich auszumessen, ob die Anleihebedingungen selbst (eventuell zeitlich begrenzte) Beschränkungen für Rückkaufangebote oder Umtauschangebote enthalten. Dies kann etwa geschehen, um zu verhindern, dass die Anleihe nicht durch einen teilweisen Rückkauf oder Umtausch weitestgehend „vom Markt" genommen und praktisch nicht mehr handelbar wird.

Eine deutlich gewichtigere Bedeutung als bei den Rückkaufszenarien hat beim Umtauschangebot auch das Gleichbehandlungsgebot. Dies beruht darauf, dass das Umtauschangebot ein Angebot neuer Wertpapiere darstellt und damit grundsätzlich der kapitalmarktrechtlichen Prospektpflicht unterliegt, während für ein reines Rückkaufangebot, ein sog. Cash Offer, diese Restriktionen nicht gelten, weil die vom Käufer gewährte Gegenleistung lediglich in Geld besteht. Insbesondere in Restrukturierungsszenarien wird der Emittent aus Gründen der Kostenersparnis und wegen der Auswirkungen auf den Zeitplan interessiert sein, eine der Ausnahmen von der Prospektpflicht in Anspruch zu nehmen. Diese Entscheidung kann vor dem Hintergrund des Gleichbehandlungsgebots jedoch nicht frei getroffen werden. Wurde die Anleihe, die zum Umtausch ansteht, öffentlich angeboten und ist die Inhaberschaft weiterhin breit gestreut, kann das Umtauschangebot regelmäßig nicht auf institutionelle Investoren beschränkt werden. Hat die ursprüngliche Anleihe eine Stückelung von 1000 €, kann im Umtauschangebot nicht mit einer

Mindeststückelung von 100.000 € operiert werden und damit die Umtauschmöglichkeit der Kleinanleger eingeschränkt werden. Die Struktur eines Umtauschangebots muss der Anlegerstruktur der zum Umtausch anstehenden Schuldverschreibungen entsprechen.

13.3.2 Umtauschmethoden und -abwicklung

Umtauschangebote Ein herkömmliches Umtauschangebot ist eine Angebot neuer Schuldverschreibungen, das sich an die Gläubiger einer ausstehenden Schuldverschreibung richtet. Häufig wird ein solches Angebot auch in Kombination mit einer Neuplatzierung durchgeführt, so dass ein bestimmtes Emissionsvolumen unabhängig davon erreicht werden kann, in welchem Umfang die Gläubiger der Altanleihe die Umtauschmöglichkeit annehmen. Seltener ist die Konstellation, dass den Gläubigern der Altanleihe eine Wahlmöglichkeit zwischen Rückkauf und Umtausch angeboten wird.

Umtauschangebote für Schuldverschreibungen sind in Deutschland nicht spezialgesetzlich geregelt. Insbesondere gilt das Wertpapiererwerbs- und Übernahmegesetz („WpÜG") nur für den Erwerb von Aktien, nicht für Schuldverschreibungen. Allerdings ist ein Angebot, auch wenn es sich nur an die Gläubiger einer bestimmten Anleihe richtet, grundsätzlich ein öffentliches Angebot. Ob zusätzliche Voraussetzungen vorliegen, die das Angebot aus dem Anwendungsbereich des Wertpapierprospektgesetzes („WpPG") halten oder eine Ausnahme von der Prospektpflicht rechtfertigen, ist separat zu prüfen.

Wie bereits angesprochen, muss sich die Gestaltung des Umtauschangebots als Privatplatzierung, beschränktes oder öffentliches Angebot nach der Anlegerstruktur der Altanleihe richten, um allen Gläubigern Chancengleichheit einzuräumen. In Ausnahmefällen mag es einmal möglich sein, bestimmte Gläubiger von einem Angebot auszuschließen, etwa, wenn deren Einbeziehung erhebliche zusätzliche Anforderungen wie etwa die Einhaltung einer ausländischen Rechtsordnung erfordern würde und diese Notwendigkeit nicht auf ein früheres Verhalten des Emittenten zurückzuführen ist. Das kann zum Beispiel der Fall sein, wenn ausländische Anleger aus einem Land, in dem die alte Anleihe bei deren ursprünglicher Platzierung nicht angeboten wurde, diese im Sekundärmarkt erworben haben. Ob man diesen Anlegern einen Rückkauf anbieten darf oder muss oder sie schlicht vom Angebot ausschließen kann, hängt von den Umständen des Einzelfalles ab – in der Regel ist ein Ausschluss aber den übrigen Gläubigern der Anleihe gegenüber einfacher zu rechtfertigen.

Liegt keine der Ausnahmen von der Prospektpflicht vor, kann das Umtauschangebot erst gemacht werden, wenn die Angebotsunterlage als Wertpapierprospekt gebilligt und veröffentlicht ist. Darüber hinaus gelten keine besonderen Verfahrensvorschriften, insbesondere gibt es keine Bestimmungen die Mindest- oder Höchstfristen für Angebote festlegen. Allerdings ist bei einem großen Kreis von Anleihegläubigern aus praktischen Gründen eine gewisse Mindestfrist zu beachten, damit die der Emittentin namentlich nicht bekannten Gläubiger realistischer Weise Kenntnis über ihre Depotbanken von dem Umtauschangebot erlangen und eine (positive) Entscheidung treffen können. Auch ist häufig nicht ganz sicher, ob im Sekundärmarkt in den USA ansässige Anleger in die Anleihe investiert haben. Zwar wird kein Emittent aus bloßer Vorsicht eine Registrierung seines Angebots mit der SEC betreiben. Bestimmte Bestimmungen der amerikanischen Tender Offer Rules, die auch bei einem Angebot nur an institutionelle Investoren gelten, lassen sich jedoch unkompliziert einhalten, wozu insbesondere eine Angebotsfrist von 20 Werktagen zählt. Daher beträgt die Angebotsfrist bei Umtauschangeboten üblicherweise mindestens 4 bis 5 Wochen.

Ein Umtauschangebot kann an bestimmte Bedingungen geknüpft sein – etwa eine Mindestannahmequote oder andere Ereignisse, die nicht im Einflussbereich des Emittenten liegen. Allerdings gibt es im herkömmlichen Umtauschangebot – sofern nicht individuelle Vereinbarungen bestehen – weder eine Pflicht der Anleihegläubiger, das Angebot anzunehmen, noch eine Möglichkeit, eine nicht annahmewillige Minderheit durch Mehrheitsbeschluss in das Angebot zu zwingen. In der Regel wird daher ein Restbestand der ursprünglichen Anleihe bestehen bleiben, sofern nicht die Anleihebedingungen die Möglichkeit einer Call Option vorsehen, die es erlaubt, bei Unterschreiten eines bestimmten Anteils am ursprünglichen Nennbetrag einen Rückkauf des Restbestandes durchzuführen, dem sich die verbleibenden Gläubiger nicht widersetzen können. Dies aber würde wiederum zu der Liquiditätsbelastung führen, die der Emittent beim Umtauschangebot gerade zu vermeiden sucht.

Anleiheumtausch oder -umwandlung nach SchVG und InsO Neben dem herkömmlichen Umtauschangebot gibt es zwei weitere Möglichkeiten, den Umtausch von Schuldverschreibungen zu betreiben, durch Änderung von Anleihebedingungen nach dem Schuldverschreibungsgesetz („SchVG") und schließlich im Rahmen eines Insolvenzplans.

Außerhalb der Insolvenz sind Änderungen der Bedingungen bzw. Umwandlungen des Wertpapiers ohne eine einstimmige Entscheidung aller (!) Anleihegläubiger und des Emittenten nur möglich, wenn die Anleihebedingungen das Verfahren zur Änderung der Anleihebedingungen durch Mehrheitsbeschluss nach Maßgabe des SchVG eröffnet haben. Der Emittent selbst (und nur er selbst) hat es also in der Hand, diesen Weg freizumachen, § 5 Abs. 1 Satz 1 SchVG (und zwar lediglich zum Zeitpunkt der Emission). Geschieht dies nicht, bleibt es beim Einstimmigkeitsprinzip bis zur Eröffnung des Insolvenzverfahrens.

Im Einzelnen: Wenn die Anleihebedingungen den Weg in das Änderungsregime des SchVG eröffnen (§ 5 Abs. 1 Satz 1 des Gesetzes), dann kann mit den Stimmen für die qualifizierte Mehrheit ausstehender Schuldverschreibungen (und dem entsprechenden (qualifizierten) Mehrheitsquorum) durch die Gläubiger und im Benehmen mit dem Emittenten beschlossen werden, dass ein Debt-to-Debt-Swap stattfindet, § 5 Abs. 3 Satz 2 SchVG 2. Alt. („Umtausch") oder – sofern ein gemeinsamer Vertragsvertreter dazu ausdrücklich und spezifisch ermächtigt worden ist – ihn dieser mit dem Emittenten verbindlich verabreden (§ 8 Abs. 2 Satz 2 und 3 SchVG) (bzw. als später ernannter Wahlvertreter auf Grund etwaig erteilter Generalermächtigung nach § 7 Abs. 2 Satz 1 SchVG).

Über die weitere Abwicklung des Debt-to-Debt-Swap als „Umtausch" von Wertpapieren sagt das Gesetz kaum etwas. § 21 Abs. 1 Satz 1 bestimmt zwar, dass die Beschlüsse der

Gläubiger in der Weise zu vollziehen sind, „dass die maßgebliche Sammelurkunde ergänzt oder geändert wird" – was dies aber mit Blick auf einen „Umtausch" i. S. d. § 5 Abs. 3 Satz 2 Nr. 5 SchVG heißen würde, verrät es nicht. Indes ist diese Leerstelle pragmatisch dadurch zu schließen, dass man die Gläubiger von vornherein und anstelle des „Umtauschs" für eine nach § 5 Abs. 3 Satz 2 Nr. 5 1. Alt. SchVG ebenfalls zugelassene „Umwandlung" stimmen. In diesem Falle wird der Swap rechtstechnisch besehen zu einer Änderung der Anleihebedingungen, welche durch Anpassung der Sammelurkunde umgesetzt werden darf, § 21 SchVG. Im Falle der Verwahrung der Sammelurkunde durch eine Wertpapiersammelbank hat der Versammlungs- bzw. Abstimmungsleiter dazu dann den in der entsprechenden Niederschrift dokumentierten Beschlussinhalt an die Wertpapiersammelbank zu übermitteln mit dem Ersuchen, die eingereichten Dokumente den vorhandenen Dokumenten in geeigneter Form beizufügen, § 21 Abs. 1 Satz 2 SchVG.

Freilich: Vor den Vollzug dieser Änderung hat der Gesetzgeber immer noch die Möglichkeit gesetzt, die entsprechenden Beschlüsse anzufechten – und zwar entweder „wegen Verletzung des Gesetzes oder der Anleihebedingungen", § 20 Abs. 1 Satz 1 SchVG. Die Erfahrung hat bereits gelehrt, dass dies auch ein Einfallstor für Blockadetaktiken sein kann, welche wegen des Suspensiveffekts der Anfechtungsklage Restrukturierungen erheblich verzögern und deshalb gefährden können. Im Rahmen der Beschlussfassung und darauf gerichteter Anfechtungsklage kann beispielsweise die Reichweite des schuldverschreibungsrechtlichen Gleichbehandlungsgrundsatzes kritisch werden. Zur Erinnerung: Ein Mehrheitsbeschluss der Gläubiger, der nicht gleiche Bedingungen für alle Gläubiger vorsieht, ist grundsätzlich unwirksam, es sei denn, die benachteiligten Gläubiger stimmen ihrer Benachteiligung ausdrücklich zu. Dies ergibt sich aus § 5 Abs. 2 Satz 2 SchVG als Sondervorschrift zum generellen, aber nur an den Emittenten gerichtetes Gleichbehandlungsgebot in § 4 Satz 2 des Gesetzes.

Welche Bedeutung dieser Gleichbehandlungsgrundsatz beispielsweise für Mechanismen hat, mit der der Emittent die Zustimmung der Gläubiger zu einem Debt-to-Debt-Swap forcieren will, ist bislang weitgehend ungeklärt. Es ist zu erwarten, dass in der Abstimmung unterlegene Gläubiger Beschlüsse angreifen werden, kraft derer die gegenwärtige Anleihe wesentlicher Schutzbestimmungen entkleidet wird („Covenant Stripping") und hernach nur noch für jene Anleihegläubiger Bedeutung hat, die ein an diese Änderung – per Bedingung geknüpftes – Umtauschangebot ablehnen („Exit Consent"). Insbesondere wird in solchen Zusammenhängen thematisiert werden, ob bei Beschlussgegenständen ein- und derselben Abstimmung, die in einem engen Sachzusammenhang stehen, durch die Verteilung auf mehrere Anträge die vom Gesetz erforderte Gleichbehandlung gewahrt wird. So könnte der Einwand erhoben werden, dass es für die Gläubiger, welche nach der ersten Beschlussfassung aus der betroffenen Anleihe aussteigen, an jedem Anreiz fehlt, die Folgen ihrer Entscheidung für diese noch zu internalisieren. Darüber hinaus dürfte die „Belohnung" desjenigen, der einer Verschlechterung der Anleihebedingungen zustimmt, damit er in den Genuss des bedingten Umtauschangebots gerät, auch unter Gesichtspunkten des § 6 Abs. 2 SchVG problematisiert werden. Denn nach § 6 Abs. 2 darf niemand dafür, „dass eine stimmberechtigte Person bei einer Gläubigerversammlung oder Abstimmung nicht oder in einem bestimmten Sinne stimme, Vorteile als Gegenleistung anbieten, versprechen, oder gewähren." Das letzte Wort ist zu alldem aber noch nicht gesprochen – und kann es womöglich auch nicht, weil die rechtliche Zulässigkeit des „Exit Consents" situations-und transaktionsstrukturabhängig beurteilt werden muss, und es neben denkbaren evidenten Missbrauchsfällen auch solche geben kann, in denen nur auf diese Weise die bloß opportunistische Obstruktion durch Minderheitsgläubiger überwunden wird.

Alles in allem lässt sich resümieren: Ein „Königsweg" für den prospektfreien Debt-to-Debt-Swap ist § 5 Abs. 3 Satz 2 Nr. 5 SchVG nicht und wird es voraussichtlich auch nach den prozessrechtlichen Reformen dieses Anfechtungsrechts nicht werden. Das Risiko, mit einem Verfahren, dessen Ausgang so ungewiss ist, Unruhe am Kapitalmarkt zu stiften, trägt nicht zur Attraktivität dieser Alternative bei. Hinzu kommt, dass die prozeduralen Hürden, um eine Änderung nach SchVG umzusetzen, gelegentlich auch zu hoch oder zu teuer erscheinen. Das gilt insbesondere im Bereich der Retail-Emissionen, bei denen es nach bisher vorliegender praktischer Erfahrung schwer fällt, die Anleihegläubiger in hinreichender Zahl zur Teilnahme an Abstimmungen zu bewegen – denn für Änderungen der Anleihebedingungen werden i. d. R. qualifizierte Mehrheiten erforderlich sein, nämlich von 75 % der an der Abstimmung teilnehmenden stimmberechtigten Schuldverschreibungen und zwar bei einem Quorum von 50 % bei der ersten Abstimmung oder 25 % bei der zweiten Gläubigerversammlung.

Im eröffneten Insolvenzverfahren schließlich gelten für die wesentliche Abänderung der Anleihebedingungen bzw. ihre Umwandlung in ein anderes Instrument eigene Abstimmungsregeln, § 19 Abs. 1 Satz 1 SchVG. So ist für die Annahme entsprechender Bestimmungen im Rahmen eines Insolvenzplans gem. § 244 InsO erforderlich, dass in jeder zur Abstimmung gebildeten Gläubigergruppe die Mehrheit der abstimmenden Gläubiger (sog. Kopfmehrheit) dem Plan zustimmt sowie die Summe der Ansprüche aller zustimmenden Gläubiger (Summenmehrheit) mehr als die Hälfte der Summe der Ansprüche der abstimmenden Gläubiger beträgt.

Die Gläubiger ein- und derselben Anleihe werden dabei i. d. R. in einer, nur für sie bestimmten Gruppe nach § 226 InsO zusammengefasst. Dies erklärt sich aus § 19 Abs. 4 SchVG, demzufolge den Gläubigern in einem Insolvenzplan „gleiche Rechte anzubieten" sind. Eine Ausnahme mag man in Analogie zu § 5 Abs. 2 Satz 2 SchVG womöglich dann machen können, wenn solche Gläubiger, denen schlechtere Rechte angeboten werden, dieser Ungleichbehandlung allesamt (!) und ausdrücklich zustimmen. Das kann etwa bei einer Anleihe der Fall sein, welche nur zu einem Teil im Retail-Sektor platziert ist und man die Kleinstgläubiger vollständig kompensieren will, so dass sie den Insolvenzplan nicht zum Scheitern bringen können (und daher auch kein Blockadepotential mehr haben); unter diesen Voraussetzungen werden andere Gläubiger der Anleihe einer Zusammenfassung in einer eigenen und davon verschiedenen Gruppe zustimmen.

13.3.3 Rechtliche Folgen des Umtauschs

Beim Umtausch ist zu differenzieren: Handelt es sich um eine „Umwandlung" nach SchVG kann – von Fällen des „Debt-Equity-Swaps" abgesehen – i. d. R. angenommen werden, dass das veränderte Instrument mit dem ursprünglichen im bilanziellen Sinne seine „wirtschaftliche Identität" gewahrt hat. ist. Insbesondere typische Vereinbarungen zwischen Anleihegläubigern und Emittenten über die Änderung der Zinszahlungstermine, der Zinshöhe und auch der Zinsberechnung resultieren grundsätzlich nicht zu Passivtausch, der erfolgswirksam wäre. Entsprechendes gilt regelmäßig auch bei nachträglichen Nachrangveränderungen. Erst recht ist keine Änderung der „wirtschaftlichen Identität" bei einer Änderung von Nebenpflichten anzunehmen. Ebenso wenig ändert sich die wirtschaftliche Identität allein durch die Anzahl der Modifikationen der Anleihe– das SchVG selbst zeigt bereits an, dass es die „Umwandlung" eben gerade nicht als Fall der Begebung einer neuen Anleihe (in Anlehnung an die US-amerikanische „New Securities Doctrine") deutet. Bei einem Umtausch dagegen, der mit der Entwertung der bisher ausstehenden Anleihe einhergeht, kommt es regelmäßig zu einem erfolgswirksamen Passivtausch. Im Übrigen sind bei der Entwertung der „Altanleihe" die nämlichen steuerrechtlichen Überlegungen anzustellen wie beim Rückkauf.

13.4 Zusammenfassung und Ausblick

Die Möglichkeit, Schuldverschreibungen vorzeitig zurückzukaufen oder im Rahmen von Umtauschangeboten durch andere zu ersetzen, kann für Emittenten aus unterschiedlichsten Gründen von Interesse sein und ist fester Bestandteil eines aktiven und modernen Anleihemarkts. Insbesondere durch das SchVG sind hier zusätzliche Gestaltungsmöglichkeiten geschaffen worden. Rückkauf- oder Umtauschangebote wurden durch das Änderungsregime des SchVG aber nicht überflüssig gemacht – und werden es auch dann nicht, wenn die Emittenten in Zukunft häufiger den Opt-In-Mechanismus des Gesetzes nutzen: Denn die prozeduralen und materiellen Voraussetzungen der Beschlussfassung und -umsetzung durch die Anleihegläubiger nach SchVG sind hoch, und ihre Einhaltung im Einzelfall häufig ungewiss. Zugegeben: Das Änderungsregime des SchVG erlaubt den prospektfreien Debt-to-Debt-Swap. Von diesem einen Vorteil des SchVG abgesehen aber lassen sich Anleiheverbindlichkeiten vergleichsweise einfacher mit Rückkauf- oder Umtauschangeboten um- und restrukturieren; dies vor allem, weil sie – anders als das SchVG für Abänderungen der Anleihebedingungen – keine prozeduralen oder materiellen Mindestschwellen für die Annahme des Angebots vorschreiben. Die Ausgestaltung seines Angebots wird dem Emittenten insoweit vielmehr überlassen. Strikte rechtliche Bindungen für Rückkauf und Umtausch – insbesondere: das Gleichbehandlungs- und Prospektgebot – ergeben sich für den Emittenten aber aus dem Kapitalmarktrecht. Ihre Einhaltung hat er jedoch selbst in der Hand.

Literatur

Bredow GM, Sickinger M, Weinand-Härer K, Liebscher F-M (2012) Rückkauf von Mittelstandsanleihen. Betriebs-Berater 35:2134–2141

Häuselmann H (2010) Restrukturierung von Finanzverbindlichkeiten und ihre Abbildung in der Bilanz. Betriebs-Berater 16:944–950

Heitmann SA (2007) High-Yield-Anleihen: Eine Untersuchung der Rechtsfragen von High-Yield-Anleihen (Junk Bonds) deutscher Unternehmensemittenten. Nomos, Baden-Baden

Mülbert PO (2012) § 30a WpHG. In: Assmann H-D, Schneider UH (Hrsg) Wertpapierhandelsgesetz: WpHG, 6. Aufl. Schmidt, Köln

Plank L, Lürken S (2010) Restrukturierung von Anleihen. In: Theiselmann R (Hrsg) Praxishandbuch des Restrukturierungsrechts. Heymanns, Köln, S 185 ff.

Teil III
Zielgruppen der Debt Relations

Debt Relations mit Institutionellen Investoren

14

Markus Walchshofer

14.1 Einleitung

Debt-Relations kann in einer ersten Betrachtung in die beiden Teilbereiche Bankenorientierung sowie Kapitalmarktorientierung[1] unterteilt werden, welche sich insbesondere hinsichtlich Art und Intensität der Kommunikation grundlegend voneinander unterscheiden. Jahrzehnte lang dominierten in Europa innerhalb der Debt Relations eines Unternehmens eindeutig die Hausbanken als zentrale Adressaten der Kommunikation. Erst die Einführung des Euros Ende der 1990er Jahre führte zur Entstehung eines marktbreiten und tiefen Euromarktes. Diese Entwicklung basierte wesentlich auf der Bündelung von Refinanzierungsvolumina ehemals unterschiedlicher Währungen auf Seiten der Emittenten, welche durch den Anstieg der liquiden Mittel auf Seiten der Kapitalsammelstellen auf eine deutlich erweiterte Nachfragekapazität stieß.

Einen zweiten Entwicklungsschub erhielt der Markt für europäische Unternehmensanleihen durch die Finanzkrise ab 2007 mit ihrem Höhepunkt, der Pleite von Lehman 2008. Infolge der stark angestiegen Refinanzierungskosten für Banken stiegen die Konditionen der Bankenfinanzierung an, wodurch die Transmissionsfunktion der Banken erheblich litt. Zudem kam es zu einer deutlichen Verringerung des Kreditangebotes durch zunehmende Regulierung, welche insbesondere bei jenen Banken, welche staatliche Hilfe in Anspruch nehmen mussten, auf eine deutliche Verringerung der Bilanzsummen abzielte. Angesichts künftiger Regulierungsmaßnahmen, wie beispielsweise Basel III sowie Solvency II ist davon auszugehen, dass es zu einer weiteren Verknappung und/oder Verteuerung des Kreditangebotes durch Banken kommen wird.

---

[1] Neben der Kommunikation mit Fremdkapitalinvestoren ist die Kommunikation mit den Ratingagenturen ein integraler Teilbereich der Kapitalmarktorientierung, da Ratings aus Sicht der institutionellen Fremdkapitalinvestoren wichtige Anhaltspunkte darstellen.

M. Walchshofer (✉)
Fresenius SE & Co. KGaA, Else-Kräner-Str. 1, 61352 Bad Homburg, Deutschland
E-Mail: markus.walchshofer@fresenius.com

Auf Seiten der Industrieunternehmen entstanden tiefgreifende Befürchtungen hinsichtlich der Stabilität von Banken als langfristige Kreditgeber. Die Konsequenz daraus war ein „loan-to-bond"-Trend,[2] welcher insbesondere durch die stark steigenden Volumina von Neuemissionen an Unternehmensanleihen seit 2009 offensichtlich wird.

Die skizzierte Entwicklung zeigt, dass Bondholder als Adressanten innerhalb der Debt Relations eine steigende Bedeutung zukommt. Im vorliegenden Beitrag wird der kapitalmarktorientierte Bereich der Debt-Relations mit institutionellen Investoren sowie Anleihen als zentralen Schuldtitel betrachtet. Die Analyse gliedert sich in zwei Abschnitte: im ersten Teil wird der Begriff Debt-Relations grundlegend erläutert und insbesondere von der „klassischen", auf Eigenkapitalinvestoren zugeschnittenen Investor Relations abgegrenzt. Als zentrale Orientierungshilfe werden daran anschließend die von DVFA e. V. publizierten „Mindeststandards für Bondkommunikation"[3] vorgestellt, welche eine Richtlinie für den spezifischen, proaktiven und kontinuierlichen Dialog mit Anleiheinvestoren geben. Im zweiten Abschnitt wird die Bedeutung der kontinuierlichen Verbreiterung der Investorenbasis im Anleihebereich hervorgehoben und ein Konzept zur Erweiterung der Investorenbasis skizziert.

14.2 Zentrale Zielsetzung der Debt Relations mit institutionellen Investoren

Das Konzept der DR sollte nicht als ein von der klassischen, auf Eigenkapitalinvestoren zugeschnittenes, IR losgelöstes Konzept verstanden werden, sondern als modulare Ergänzung der bereits weitgehend etablierten IR im Eigenkapitalbereich. Ausschlaggebend hierfür ist neben dem Kostenargument die empirische Beobachtung, dass etwa 80 % der IR-Themen für Eigen- und Fremdkapitalgeber von gleicher Relevanz sind.[4] Kapitalmarktkommunikation mit Fremdkapitalgebern bezieht sich daraus folgend auf einen – quantitativ betrachtet – relativ kleinen Anteil innerhalb der IR. Dessen qualitativ hochwertige Ausgestaltung ist jedoch Voraussetzung dafür, dass sich Fremdkapitalgeber hinsichtlich ihrer spezifischen Informationsbedürfnisse durch einen Emittenten professionell betreut fühlen und als spezifische und vor allem gleichberechtigte Investorengruppe wahrgenommen werden.

Keinesfalls sollte durch IR für beide Investorengruppen unterschiedliche IR-stories aufbereitet werden. Abgesehen vom diesbezüglichen Aufwand läuft ein Emittent so Gefahr, an Glaubwürdigkeit zu verlieren, wenn auf Grund der teilweise konträren Interessenslagen beider Investorengruppen keine kongruente Kommunikation vorliegt. Diese Gefahr ist umso größer, da in den letzten Jahren auf Seiten der Buy-Side, oftmals auch auf Grund

---

[2] Vgl. Burkert (2010).
[3] Vgl. Deutsche Vereinigung für Finanzanalyse und Asset Management (DVFA) (2011).
[4] Vgl. Lowis und Streuer (2011) S. 14 f.

von Rationalisierungsbestrebungen, die Zusammenarbeit zwischen Equity- und Fixed Income Analysten stetig angestiegen ist. Das für einen Emittenten sichtbarste Element dieser verstärkten Zusammenarbeit ist der gemeinsame Besuch von Equity und Fixed-Income Investoren von road-shows oder one-on-ones.

Erfolgsversprechend ist deshalb ein modularer Aufbau von IR-Aktivitäten, welche die spezifischen Informationsbedürfnisse beider Investorengruppen gleichermaßen ansprechen. Dabei ist stets auf eine stringente und kongruente Kommunikationspolitik und vor allem auf die Gleichberechtigung beider Investorengruppen zu achten.

Zentrale Zielsetzung von DR muss es sein, durch einen kontinuierlichen, proaktiven und insbesondere auf Fremdkapitalgeber spezifizierten Dialog eine möglichst breite vorhandene und potentiell künftige Investorenschicht zu erreichen. Dies stellt die zentrale Voraussetzung für eine ausreichende und im Idealfall steigende Sekundärmarktliquidität der ausstehenden Schuldinstrumente dar, welche wiederum die Emission von weiteren Schuldtiteln zu vorteilhaften Konditionen ermöglicht. Angesichts der Volumina von Fremdkapitalinstrumenten, welche jene der Eigenkapitalinstrumente deutlich übersteigen, kann die ökonomische Bedeutung dieser Anlegergruppe kaum überschätzt werden. Zudem ziehen Fehler im Umgang mit Bondholdern auf Grund der Fristigkeit von Schuldinstrumenten und der damit verbundenen häufigen Refinanzierungsaktivitäten deutlich schneller Konsequenzen in Form gestiegener Bonitätsaufschläge nach sich.

Neben der Höhe des zu zahlenden Bonitätsaufschlages, welcher aus Sicht des Emittenten naturgemäß ein möglichst geringes Niveau aufweisen soll, stellt insbesondere seit der Finanzkrise der kontinuierliche Zugang zum Finanzmarkt eine zentrale Zieldefinition von DR dar. Dies ist auch im Hinblick auf die Ratingagenturen von besonderer Bedeutung, da diese bei fehlendem oder nur eingeschränkt vorhandenem Kapitalmarktzugang und damit stark gefährdeter Refinanzierung zügig Herabstufungen vornehmen, so wie dies im Zuge der Euro-Krise bei vielen Staaten erfolgt ist.

14.2.1 Unterschiedliche Interessenslagen von Eigenkapital- und Fremdkapital Investoren

Fremdkapitalinvestoren haben in manchen Teilbereichen gegenüber Aktieninvestoren konträre Interessenslagen. Dies resultiert aus dem asymmetrischen Rendite-/Risikoprofil von Anleihen: während das Renditepotential von Aktionären unbegrenzt ist, profitieren Fixed Income Investoren ausschließlich von Couponzahlungen sowie der Rückzahlung der Nominale am Ende der Laufzeit. Aus diesem Umstand entspringt die deutliche Fokussierung der Bondholder auf Abwärtsrisiken (Abb. 14.1).[5]

Vorstehende Abbildung zeigt die unterschiedlichen Interessenslagen beider Investorengruppen, welche grundlegend durch das unterschiedliche Rendite-/Risikoprofil von Eigen- und Fremdkapitalinstrumenten determiniert werden.

---

[5]Tabelle in Anlehnung an Lowis und Streuer (2011) S. 27.

Equity Investoren	Fixed Income Investoren
• Steigende Umsätze und Cashflows	• Stabile Cashflows
• Steigerung des Shareholder Value	• Vermeidung operativer Risiken
• Optimierung der Kapitalkosten	• Hohes Credit-Rating
• Hohe Pay-Out Ratio (Dividende)	• Hohe Thesaurierungsquote und Rücklagen
• Aktienrückkäufe	• Langfristige Unternehmensfinanzierung
	• Planbarer Capex[1]
	• Kapitalerhöhung

1) CAPEX steht für „CAPital EXpenditures"

Abb. 14.1 Unterschiedliche Interessenslagen von Equity- und Fixed Income Investoren

14.2.2 Standards in der Kommunikation mit Fremdkapitalinvestoren

Die Qualität der bondspezifischen Kapitalmarktkommunikation durch Investor Relations ist in der Praxis zweigeteilt. Auch ist in diesem Zusammenhang ein tendenzieller Zusammenhang zwischen Professionalität und Größe des Emittenten auszumachen, welcher sich jedoch nur zu einem geringen Teil durch die unterschiedlichen finanziellen und personellen Ressourcen erklären lässt. Vielmehr mangelt es insbesondere auf Seiten kleinerer Emittenten oftmals am Bewusstsein, dass sich die Informationsbedürfnisse von Bondholdern in einigen Punkten entweder von ihren Kollegen der Aktienseite stark unterscheiden oder partiell um zusätzliche Angaben ergänzt werden müssen.

Der Arbeitskreis Bondkommunikation der DVFA legte vor diesem Hintergrund 2011 die „Mindeststandards für Bondkommunikation" vor,[6] welche sich als eine Handlungsanleitung für Emittenten hinsichtlich der Kommunikation mit Bondholder verstehen. Die Mindeststandards, welche hauptsächlich von Fondsmanagern und Analysten institutioneller Asset-Manager und Banken im Bereich Fixed-Income erarbeitet wurden, lassen sich auf fünf zentrale Forderungen verdichten:

Gleichbehandlung von Bondholdern mit Aktionären Diese Forderung bezieht sich auf die grundlegende Philosophie eines Emittenten, beiden Investorengruppen gleiche Aufmerksamkeit sowie Ressourcen zukommen zu lassen. Dies betrifft beispielsweise den Zugang der Investoren zum Top-Management, Kapitalmarktveranstaltungen sowie Herausgabe von zusätzlichen – nicht ad-hoc pflichtigen – Informationen.

Berücksichtigung spezifischer Anforderungen Hierunter fällt insbesondere die regelmäßige Veröffentlichung bondspezifischer Kennzahlen, wie z. B. net debt/EBITDA oder

---

[6] Vgl. Deutsche Vereinigung für Finanzanalyse und Asset Management (DVFA) (2011).

EBIT Interest Coverage.[7] Auch sollte ein Emittent regelmäßig Auskunft über Kapitalmaßnahmen und maßgebliche Investitionsobjekte geben, welche von Aktionären und Anleihegläubigern meist gegensätzlich beurteilt werden. Hierunter fallen insbesondere die Dividendenpolitik, Aktienrückkäufe, mögliche Kapitalerhöhungen sowie eine Darstellung des beabsichtigten Capex.

Kontinuierlicher Dialog mit Bondholdern Bevor ein Emittent an den Fremdkapitalmarkt herantritt, muss sich dieser grundsätzlich darüber bewusst sein, dass für einen dauerhaften und erfolgreichen Auftritt am Fremdkapitalmarkt der regelmäßige Dialog mit dem Fremdkapitalgebern eine Grundvoraussetzung darstellt. Dies bringt zusätzliche Anforderungen an die Bereiche Investor Relations, Treasury und Reporting mit sich. Fehlen diese Voraussetzungen so läuft der Emittent Gefahr, künftig keine weiteren Schuldtitel zu akzeptablen Konditionen platzieren zu können.

Gestaltung des Emissionsprozesses Der transparenten und strukturierten Gestaltung des Emissionsprozesses kommt eine zentrale Rolle zu und ist dazu geeignet, den Bonitätsaufschlag spürbar zu verringern. Die diesbezüglichen Anforderungen lassen sich in zeitliche und inhaltliche Erfordernisse unterteilen. Zu den zeitlichen Anforderungen zählen die Durchführung einer „Deal-related-Road-Show", in welcher kurz vor der beabsichtigten Transaktion auf deren zentralen Eckpunkte hingewiesen wird, sowie die transparente Strukturierung des technischen Ablaufes des Neuemissionsprozesses. Der Arbeitskreis Bondkommunikation der DVFA schlägt in diesem Zusammenhang vor, mindestens drei Stunden vor Ende des Bookbuildings den Investoren eine 4–6 seitige Zusammenfassung über den Emittenten sowie die Transaktion zukommen zu lassen. Das Zeichnungsbuch sollte mindestens zwei Stunden offen sein, um einer möglichst großen Investorenschaft die Teilnahme an der Neuemission zu ermöglichen.

Executive Summary des Prospektes Prospekte sind oftmals aus Investorensicht ungeeignet, als Hauptgrundlage der Anlageentscheidung zu fungieren. Dies liegt insbesondere daran, dass Prospekte aus einer finanzwirtschaftlichen Betrachtung heraus oftmals zu umfangreich und zu wenig strukturiert sind und sich Aufbau und Inhalt meistens an juristischen Anforderungen orientieren. Deshalb ist es zielführend, den Investoren rechtzeitig eine Art Executive Summary des Emittenten als auch der relevanten Transaktion zukommen zu lassen, welche „wesentliche Inhalte aus dem umfassenden Prospekt in niedrig granularer Form verfügbar macht, dabei jedoch inhaltlich und qualitativ identisch mit dem umfassenden Prospekt ist."[8]

---

[7]Vgl. Deutsche Vereinigung für Finanzanalyse und Asset Management (DVFA) (2011) S. 9 ff.
[8]Deutsche Vereinigung für Finanzanalyse und Asset Management (DVFA) (2011) S. 11.

14.3 Investmentuniversum

Investoren schenken im Rahmen der Finanzanalyse nicht jedem Emittenten die gleiche Aufmerksamkeit. Stattdessen sind Investoren angehalten, im Anbetracht limitierter Personalkapazitäten sowie insgesamt steigender Risikofaktoren am Anleihemarkt eine Auswahl an analysierten Emittenten vorzunehmen. Diese Auswahl der analysierten Emittenten aus der Grundgesamtheit wird als „Coverage" bezeichnet und erfolgt insbesondere auf Basis folgender Kriterien:

- Potential des Emittenten als Alpha-Quelle
- Gewichtung des Emittenten in (bedeutenden) Anleiheindizes
- Risikofaktoren des Emittenten
- Transparenz des Emittenten, welche wesentlich durch die Qualität der Investor Relations beeinflusst wird
- Grundlegende Anlagerestriktionen des Investors im Hinblick auf die jeweiligen Kapitalmarktinstrumente eines Emittenten

Vorab sollten Emittenten zur erfolgreichen Investorenansprache analysieren, ob und in welchem Maße sie die angeführten Kriterien erfüllen. Da die genaue Festlegung der Coverage eng mit der Investmentphilosophie der jeweiligen Investoren verbunden ist, sind darüber hinaus investorenspezifische Ausschlusskriterien bei einzelnen Investoren vorhanden. Davon ausgehend werden den dargestellten Kriterien, welche keinen Anspruch auf Vollständigkeit erheben, unterschiedliche Bedeutungen beigemessen. Naturgemäß gibt es Kriterien, wie beispielsweise ein Mindestmaß an Transparenz sowie Alpha-Potential, welche bei Nichtvorhandensein bei der überwiegenden Mehrzahl an Investoren ein prinzipielles Ausschlusskriterium bei der Determinierung der Coverage darstellen. Findet ein Emittent keinen Eingang in die Coverage eines Investors, so ist davon auszugehen, dass sich keine Instrumente des entsprechenden Emittenten in den Portfolien des Investors befinden und auch bei Neuemissionen nicht mit einer Zeichnung zu rechnen ist. Das Problemfeld des gänzlich oder nur teilweise fehlenden Kapitalmarktzuganges stellt nicht nur in Krisenzeiten einen existenzbedrohenden Umstand dar, sondern findet auch durch die Ratingagenturen in Form deutlich schlechteren Ratings ihren Niederschlag.

14.3.1 Erhöhung der Research-Intensität durch Investoren

Innerhalb der Coverage eines Investors gibt es meist Abstufungen hinsichtlich der Intensität, welche der Analyse eines Emittenten gewidmet wird. Auch wenn die Bestimmung der jeweiligen Research-Intensität in hohem Maße von übergeordneten und damit exogenen Einflussfaktoren beeinflusst wird, hat IR diesbezüglich große Gestaltungsmöglichkeiten. Dies gilt umso mehr, da das Gebiet der Finanzanalyse oftmals auch durch heuristische

Abb. 14.2 Schematische Darstellung und Segmentierung der Coverage von institutionellen Investoren

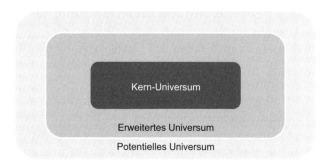

Methoden geprägt ist und damit auch von einer teilweise emotionalen Beziehung zwischen Analysten und Emittenten (Abb. 14.2).

Vorstehende Abbildung zeigt eine schematische Segmentierung der Research-Coverage von institutionellen Investoren, welche stark von der Anlagephilosophie der jeweiligen Investoren abhängig ist. Ziel eines Emittenten muss es sein, in das Kern-Universum aufgenommen zu werden. Während das „Potentielle Universum" die Grundgesamtheit der Emittenten darstellt, welche beispielsweise von marktbreiten Anleiheindizes repräsentiert wird, können Kern- und Erweitertes Universum folgendermaßen voneinander abgegrenzt werden:

Kern-Universum

- Potentielle Alpha-Quellen
- Indexschwergewichte
- Zyklisches sowie krisenanfälliges Geschäftsmodell

Erweitertes Universum

- Niedrige- bis mittlere Indexgewichtung
- Nicht regelmäßige Emittenten
- Nicht zyklisches sowie stabiles Geschäftsmodel

Aus Sicht von IR sind die dargestellten Kriterien exogen gegebene Faktoren. Durch hochwertige DR hat auch ein nicht regelmäßig am Kapitalmarkt auftretender Emittent die Möglichkeit, von manchen institutionellen Investoren trotzdem in das Kern-Research eines Investors aufgenommen zu werden. Ähnliches gilt für Emittenten niedriger bis mittlerer Indexgewichtung wenn diese in der Lage sind, Investoren auf sich als potentielle Alpha-Quelle aufmerksam zu machen. Auch ist es durch hochwertige IR möglich, in das erweiterte Universum aufgenommen zu werden. Dazu ist es nötig, prinzipielle Ausschlusskriterien, wie beispielsweise zu geringe Transparenz des Emittenten, durch einen proaktiven Dialog zu beheben. Grundvoraussetzung hierfür ist jedoch die tatkräftige Unterstützung von IR durch das Management des Emittenten.

14.3.2 Erweiterung und Diversifizierung der Investorenbasis

In Zeiten tendenziell steigender Volatilitäten ist es neben der intensiven Pflege bestehender Kontakte notwendig, die vorhandene Investorenbasis zu erweitern und im Idealfall auch zu diversifizieren.

Die aktuell am Primärmarkt für Unternehmensanleihen dominierenden Investoren sind insbesondere Asset-Manager, Lebensversicherungen und Banken. Während Asset-Manager und Lebensversicherungen als klassische Kapitalmarktsammelstellen zu betrachten sind nehmen speziell Banken bei Emission von Unternehmensanleihen bedeutende Bestände vorab auf das eigene Handelsbuch, um diese im Anschluss entweder in den Bereichen Private Wealth Management und Privatanleger zu platzieren oder im Interbankenmarkt zu handeln. Wie Eingangs dargestellt sehen sich Banken im Zuge gestiegener Refinanzierungskosten, strengeren Regulierungsvorschriften sowie davon ausgehend geringeren Risikobudgets zunehmenden Restriktionen ausgesetzt, welche die Befürchtung aufkommen lässt, dass Banken als Zeichner im Emissionsprozess künftig eine deutlich geringere Rolle als in der Vergangenheit spielen könnten. Die dadurch gesunkene Fähigkeit von Banken als Finanzintermediäre macht es aus Sicht von Emittenten sinnvoll, diese Aufgaben künftig im Kommunikationsprozess teilweise selbst zu übernehmen. Konkret bedeutet dies, dass IR den direkten Zugang zu Investorengruppen anstreben sollten, welche bisher indirekt über das Transmissionsnetz der Banken bzw. den OTC-Markt für Anleihen abgedeckt wurde. Dieses Ansinnen ist insbesondere bei Fremdkapitalemittenten von hoher Relevanz, da die klassische IR Arbeit bisher stark auf Eigenkapitalinvestoren zugeschnitten war und damit oftmals jene Anlegergruppen nicht die nötige Aufmerksamkeit widmete, welche auf Grund ihrer Investmentphilosophie oder ihren Anlagerestriktionen eine starke oder ausschließliche Konzentration auf Fixed-Income Instrumente verfolgen.

Potentielle weitere Investorengruppen[9]:

- Sovereign Wealth Funds
- Sparkassen und Genossenschaftsbanken auf Primärebene
- Family Offices
- Stiftungen
- Unabhängige Vermögensverwalter
- Spezialbanken, deren Geschäftsmodell auf Vergütungsberatung beruht
- Berufsständische Versorgungswerke
- Betriebspensionskassen

Eine Diversifizierung der Investorenbasis kann auch durch die direkte Ansprache von Primärbanken im Sparkassenverbund sowie Genossenschaftlichen Finanzverbund erfol-

---

[9] Die Reihung der angeführten potentiellen neuen Investorengruppen wurde nach der voraussichtlichen Erfolgswahrscheinlichkeit vorgenommen.

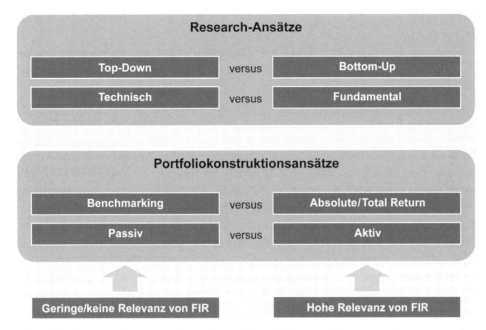

Abb. 14.3 Systematisierung der Research- und Portfoliokonstruktionsansätze im Assetmanagement

gen. Als personelle Ansprechpartner sind insbesondere Depot A Manager (Eigenanlagen) sowie die Führungskräfte im Treasury von Interesse. Eine derartige Ansprache ist jedoch nur durch Einbindung der jeweiligen Verbundbank erfolgsversprechend, welche sich diesbezüglich sehr kooperativ erweisen und auch bei Vermittlung von Ansprechpartnern oder der Ausrichtung gemeinsamer Investorenkonferenzen eine wertvolle Unterstützung darstellen.

14.3.3 Kriterien zur Erweiterung der Investorenbasis

Bei der Ansprache neuer Investorengruppen ist im Sinne eines effektiven Aufwand-/Nutzenverhältnisses vorab darauf zu achten, dass auf Seiten der Investoren drei Kriterien gegeben sind:

Investmentphilosophie der potentiellen Investoren Ob sich IR-Bemühungen bei potentiellen Investoren lohnen hängt wesentlich von der praktizierten Anlagephilosophie der Investoren in den Bereichen Research- sowie insbesondere im Portfoliokonstruktionsprozess ab (Abb. 14.3).

Die Ansprache von Investoren, welche beispielsweise ausschließlich passive Anlagestrategien verfolgen lohnt sich ebenso wenig wie die Ansprache von Buy-Side Analysten, welche einen ausgeprägten Top-Down Ansatz verfolgen und sich damit vorwiegend auf Makro-Indikatoren und partiell Branchenentwicklungen fokussieren. Am vielversprechendsten ist die Ansprache von Investoren, welche sich innerhalb des Research-Ansatzes auf den fundamentalen Bottom Up-Ansatz und innerhalb der Portfoliokonstruktion auf Absolute Return Strategien konzentrieren.

Restriktionen der Adressaten lassen prinzipiell den Erwerb der eigenen Kapitalmarktinstrumente in Teilen oder im Idealfall zur Gänze zu Darf ein potentieller Adressat beispielsweise im Bereich Anleihen ausschließlich in Staatsanleihen oder Anleihen mit einem bestimmten Mindestrating investieren, macht eine Ansprache bei fehlender Erfüllung dieser Kriterien wenig Sinn. Gegenebenfalls lohnt sich bei derartigen Adressaten ein regelmäßiges Monitoring der Anlagerestriktionen, welche sich in Zeiten rasch verändernder regulatorischer Vorschriften sowie möglicher Strategiewechsel des Managements oftmals ändern können.

Assets under Management übersteigen eine bestimmte Mindestgröße Als ungefähre Mindestgröße können hier 0,5–1,0 Mrd. € betrachtet werden. Zusätzlich ist vorab zu klären, ob die jeweiligen Kapitalsammelstellen das Portfoliomanagement selbst verantworten oder ob diese das Asset-Management ausgelagert haben. Dies ist beispielsweise bei vielen berufsständischen Versorgungswerken oder Betriebspensionskassen der Fall, welche ihre Mittel oftmals in Spezialfonds durch Asset-Manager verwalten lassen. Das Kriterium ob potentielle Investoren Anlageentscheidungen auf Einzeltitelebene ausüben, stellt deshalb eine zwingende Voraussetzung für die erfolgsversprechende Ansprache dar.

14.4 Zusammenfassung

Das Bewusstsein auf Seiten der Emittenten, dass Debt-Investoren eine eigenständige Investorengruppe mit spezifischen Informationsbedürfnissen darstellen, ist seit der Finanzkrise angesichts der stark steigenden Bedeutung einer effizienten und insbesondere dauerhaften Fremdkapitalfinanzierung, angestiegen. Dennoch ist insbesondere im Bereich kleinerer Emittenten im Umgang mit institutionellen Debt-Investoren Nachholbedarf gegeben.

Ausgangspunkt für eine erfolgsversprechende Kommunikation mit institutionellen Investoren ist das Bewusstsein, dass auf Seiten der Fremdkapitalgeber auf Grund der asymmetrischen Rendite-/Risikostruktur von Fremdkapitalinstrumenten eine gegenüber Aktieninvestoren deutlich stärkere Risikoaversion vorhanden ist und bestimmte Grundfragen des Corporate Finance, wie beispielsweise Dividendenausschüttungen und Aktienrückkäufe, meist gegensätzlich beurteilt werden. Die Herausforderung der IR besteht darin, diese Punkte offen und auf die spezifischen Informationsbedürfnisse der Debt-Investoren zugeschnitten zu kommunizieren, ohne dabei selektiv oder gar manipulativ vorzugehen.

Die Grundlagen der Debt Relations mit institutionellen Investoren stellten aus Sicht erfahrener IR-Manager ein „Handwerk" dar, welches sich durch klare Grundsätze, wie beispielsweise dem kontinuierlichen Dialog mit Debt-Investoren sowie der standardisierten Gestaltung des Emissionsprozesses, beschreiben lassen. Grundlegende Philosophie muss die absolute Gleichberechtigung beider Investorengruppen sein.

In Zeiten der restriktiveren Kreditvergabe ist die stetige Verbreiterung der potentiellen Investorenschaft ein zentraler Erfolgsfaktor. Hierfür ist ein grundlegendes Verständnis der Research- und Investmentphilosophie auf Seiten der Emittenten nötig, um dadurch weitere, bisher im Bereich der Eigenkapital-IR wenig beachteten Adressaten der Debt-IR, zu identifizieren.

Die Notwendigkeit von hochwertigen und spezifischen Debt Relations mit institutionellen Investoren ist seit Ausbruch der Finanzkrise deutlich angestiegen und stellt neben der Reduzierung der Finanzierungsaufwände von Emittenten in Perioden größter Finanzmarktverwerfungen eine mitunter überlebensnotwendige Prämisse dar.

Literatur

Burkert U (2010) Zukunftstrend From Loans to Bonds. In: Rau FH, Merk P (Hrsg) Kapitalmarkt in Theorie und Praxis – Festschrift zum 50 jährigen Jubiläum der DVFA. Fritz Knapp Verlag GmbH, Frankfurt a. M., S 139–S 151

Lowis S, Streuer O (2011) DIRK white paper: fixed income investor relations. (Online: http://www.dirk.org/jobber/images/stories/A_Neue_pdf_Dokumente/110516%20-%20Neuauflage_White_Paper_Fixed_Income_final.pdf)

Deutsche Vereinigung für Finanzanalyse und Asset Management (DVFA) (2011) Mindeststandards für Bondkommunikation. Frankfurt a. M. (Online: www.dvfa.de/files/die_dvfa/kommissionen/bondkommunikation/application/pdf/Mindeststandards_Bondkommunikation_Final.pdf)

Debt Relations mit Finanzanalysten

Susanne Hasler und Peter Thilo Hasler

Ein bestehendes Anleihe-Research ist ein wichtiges Signal für eine kapitalmarktfreundliche Informationspolitik einer Emittentin. Maßgeblich für die Qualität der Informationspolitik sind nicht nur die Wesentlichkeit der veröffentlichten Informationen und Umfang und Tiefe, sondern auch die Rechtzeitigkeit der Kommunikation. Im Entscheidungsprozess über die Zeichnung einer Anleihe spielen Transparenz und Vertrauen eines Investors in die Informationspolitik der Emittentin eine ähnlich große Rolle wie Renditen und das aktuelle Rating.

Während die Geschäftsbedingungen der deutschen Mittelstandsbörsen allen nicht börsennotierten Gesellschaften ein verbindliches Rating (für eine Aufnahme in den Entry Standard) vorschreiben und die Unternehmen mit der Beauftragung einer Ratingagentur, dieser gleichzeitig weitreichende Einblicke in nicht öffentliche und vertrauliche Unternehmensinformationen zusichern, dürfen Anleiheanalysten – und die meisten Investoren – nur auf öffentliche wesentliche Informationen zurückgreifen. Neben den direkten Kontakten zwischen dem Management oder einem spezialisierten Investor Relations-Team und Investoren im Rahmen von Roadshows, Kapitalmarktveranstaltungen und Unternehmensmitteilungen übernehmen Sellside- wie Buyside-Analysten insbesondere die Aufgaben der Informationsgewinnung, -verarbeitung und -bewertung. Die wesentliche Verantwortung eines Anleiheanalysten besteht darin, Investoren und anderen Kapitalmarktteilnehmern eine unabhängige Außenansicht zu einem Unternehmen darzulegen und dessen zukünftige Ertragsaussichten einzuschätzen und zu bewerten.[1]

---

[1] Grundsätzlich sind Finanzanalysen unvoreingenommen zu erstellen. Mögliche Interessen und Interessenskonflikte müssen gemäß § 34b Abs. 1 Nr. 2 WpHG und Finanzanalyseverordnung in der Analyse angegeben werden.

S. Hasler (✉) · P. T. Hasler
Sphene Capital GmbH, Großhesseloher Straße 15c, 81479 München, Deutschland
E-Mail: susanne.hasler@sphene-capital.de

P. T. Hasler
Sphene Capital GmbH, Gründer Großhesseloher Straße 15c, 81479 München, Deutschland
E-Mail: peter-thilo.hasler@sphene-capital.de

15.1 Zukunftsorientiertes Research

Die zentrale Frage, auf die ein Anleihe-Investor vom Analysten eine Einschätzung bzw. Risikobeurteilung erwartet, lautet: Wird die Emittentin in der Lage sein, ausreichend liquide Mittel zu generieren, um die laufenden Zinsverpflichtungen jederzeit rechtzeitig und vollständig zu erfüllen und kann sie am Ende der Laufzeit den Nennbetrag der Anleihe vollständig zurückzahlen?

Die Ratingagenturen stützen sich bei der Einstufung einer Emittentin oder Anleihe überwiegend auf Daten aus der Vergangenheit. Ihre Ergebnisse werden ausgedrückt durch die Rating Codes der Agenturen. Über die Ratingabstufungen von AAA und Aaa bis D werden dem möglichen Default-Risiko einer Emittentin oder einer Anleihe bestimmte Wahrscheinlichkeiten zugeordnet. Während bei Benchmark-Anleihen, die in der Regel von den großen angelsächsischen Ratingagenturen bewertet werden, vor der Notierungsaufnahme der Anleihe ein vorläufiges Rating erstellt wird, das nach der Festlegung des endgültigen Mittelzuflusses finalisiert wird, erfolgt das Erstrating bei Mittelstandsanleihen pre-money und damit ohne den Mittelzufluss und die Zunahme der Verbindlichkeiten als Folge der Anleihe.[2] Nachfolgende Ratings, die die Auswirkungen einer Anleihe (aus ex post-Sicht) erfassen, werden – entsprechend den Geschäftsbedingungen der Mittelstandsbörsen – in der Regel erst nach Ablauf eines Jahres erstellt.

Unabhängig von dieser erheblichen Zeitverzögerung, mit der sich die Verschlechterung der Bilanzrelationen im Rating einer Mittelstandsanleihe widerspiegelt, wird an den Kapitalmärkten nicht die Vergangenheit, sondern die Zukunft gehandelt; spitz formuliert: Der Kaufmann gibt für die Vergangenheit nichts. Freilich gilt auch für den Kaufmann das Wort von Mark Twain: „Geschichte wiederholt sich nicht, aber sie reimt sich",[3] und sind damit Kenntnisse über die Vergangenheit eine wertvolle Grundlage für Prognosen über die Zukunft. Diesen Weg beschreitet der Anleiheanalyst in seinem Research Bericht. Basierend u. a. auf Vergangenheitsdaten und Aussagen in den Geschäftsberichten, direkten Gesprächen mit dem Management und den Investor-Relations-Abteilungen sowie einer Analyse von Vergleichsunternehmen unternimmt der Finanzanalyst eine Einschätzung der Ertragskraft eines Unternehmens zum Bewertungsstichtag sowie der zukünftigen Erfolgsfaktoren unter Berücksichtigung der erwarteten Markt- und Umweltbedingungen.

Es gibt keine festen Regelungen zur geforderten Granularität der Finanzschätzungen. In der Regel erstellt der Anleiheanalyst eine detaillierte, integrierte Planung der Bilanz, der Gewinn- und Verlustrechnung sowie der Kapitalflussrechnung. Der gewählte Prognosehorizont wird sich bei einem Anleiheresearch sinnvollerweise an der Laufzeit der Anleihe(n) orientieren – bei Anleiheemissionen auf dem Markt für Mittelstandsanleihen in Deutschland sind dies mehrheitlich 5 Jahre –, wobei der Analyst bei der Abgabe seiner Schätzungen zwischen einer Detail- und einer Grobplanungsphase unterscheiden kann.

---

[2] Vgl. dazu auch Hasler und Karl (2012), S. 359.
[3] „History doesn't repeat itself, but it rhymes", zitiert nach Knoop (2010), S. 161.

15.2 Fokussierung auf die Risiken, nicht auf die Chancen

Während das Ergebnis eines Equity-Ansatzes die Bestimmung des „fairen" Eigenkapitalwertes eines Unternehmens bzw. das Kursziel je Aktie ist, geht die traditionelle Kreditanalyse insbesondere den Fragen nach, wie robust ein Geschäftsmodell ist und wie sicher die erwirtschafteten Cashflows sind.[4] Analysiert wird bei diesen Bewertungsprozessen die Entwicklung der materiellen und immateriellen Vermögensgegenstände eines Unternehmens, zu diesen zählen u. a. auch das verfügbare Humankapital, Managementfähigkeiten, besonderes Know-how, Marken und Patente und deren Zusammenspiel im fortlaufenden unternehmerischen Handeln.

Fast immer wird von einem Going Concern des Unternehmens ausgegangen, Ausnahmen sind bestimmte Situationen, in denen ein Unternehmen möglicherweise zerschlagen werden soll, und so ist das Equity Research vom Grundsatz ein dynamischer, wachstumsorientierter Ansatz. Im Gegensatz dazu steht das traditionelle Credit Research, für das Fragen, inwieweit sich die von einer Emittentin angebotenen Produkte am Markt mittel- und langfristig besser durchsetzen könnten als erwartet, inwieweit ein Unternehmen über die Laufzeit einer Anleihe zusätzliches Wachstum generieren könnte, weitgehend irrelevant sind. Mehr noch, oftmals spielt das zukünftige Wachstum eines Unternehmens nicht nur eine untergeordnete Rolle und es scheint die Auffassung vertreten zu werden, Wachstum sei für einen Anleihe-Investor sogar schädlich. Bei börsennotierten Unternehmen werden diese Interessenskonflikte in die gemeinsamen Analystenveranstaltungen für Equity- und Credit-Analysten hineingetragen, weshalb viele Unternehmen ihre Informationsveranstaltungen trennen, nicht nur um den unterschiedlichen Informationsbedürfnissen gerecht zu werden.

Trotzdem scheint insbesondere bei High Yield-Anleihen eine Annäherung zwischen der Credit- und der Equity-Analyse zu erfolgen. Oft besteht eine enge Korrelation zwischen der Performance von High Yield-Anleihen und Aktien. Dazu gibt es eine sinnvolle ökonomische Erklärung: Gerade im risikobehafteten Segment der High Yield-Anleihen führt eine höhere Bewertung des Eigenkapitals und damit ein stärkeres Eigenkapitalpolster zu einer verbesserten Kreditwürdigkeit des Unternehmens, weshalb dessen Anleihen im Preis steigen. Stephen F. Esser rät vor diesem Hintergrund:

> For those who work with investing in high-yield bonds, whether issued by public or private companies, dynamic, equity-oriented analysis is invaluable.[5]

Doch lassen sich auch umgekehrt aus einer Credit-Perspektive und den Werkzeugen der Anleiheanalyse wertvolle Einblicke für die Anteilseigner eines Unternehmens gewinnen –

---

[4] Zur Abgrenzung des Credit Research vom Equity Research und vom Rating-Report vgl. auch Hasler (2012b), S. 159 ff.
[5] Esser (1995), S. 47.

indem sie den Schwerpunkt auf die möglichen Risikofaktoren eines Investments lenkt[6] und als „Advocatus Diaboli" den Wachstumsansatz hinterfragt.

15.3 Aufbau und Inhalte eines Anleihe-Research

Die Inhalte eines Research-Berichtes werden bestimmt durch den Nutzen, den ein Investor aus ihnen gewinnt. Dieser Nutzen besteht für den Leser in der Einschätzung der Vermögens- und Ertragslage und der Beantwortung der Frage, ob die erwirtschafteten Cashflows ausreichen, die laufenden Zinsverpflichtungen zu bedienen und den Nennbetrag der Anleihe am Ende der Laufzeit vollständig zurückzahlen. Die zentralen Themen bei der Beurteilung der Bonität einer Emittentin durch einen Anleiheanalysten betreffen daher:

- Liquidität und der Solvenz der Emittentin
- Unternehmensstruktur und Sicherheiten
- Zusätzliche Anleihebedingungen (Covenants)
- Qualität des Managements und Corporate Governance

Diese Bereiche sollten in den folgenden vier Unterkapiteln ausgearbeitet werden.

15.3.1 Liquidität und Solvenz der Emittentin

Um in der Lage zu sein, die Zahlungsverpflichtungen aus einer Anleihe jederzeit und vollumfänglich zu erfüllen, muss ein Unternehmen Cashflows in mindestens derselben Höhe generieren. Ziel eines Research Berichtes ist es, eine entsprechende Einschätzung des Analysten darzulegen, sie vor dem Hintergrund der Geschäftstätigkeit und Strategie eines Unternehmens, der Konjunktur- und Branchenentwicklung sowie der bisherigen finanziellen Performance zu begründen und die Default-Risiken einer Emittentin oder einer spezifischen Anleihe über deren Laufzeit zu identifizieren.

Beurteilung des Geschäftsmodells Handelt es sich bei der Emittentin nicht um einen Frequent Issuer, beginnt die Arbeit eines Analysten mit grundsätzlichen Fragen zum Geschäftsmodell: Womit verdient das Unternehmen sein Geld? Welche Produkte oder Dienstleistungen bietet es an? Wer sind die Kunden? Gibt es Abhängigkeiten auf der Zuliefererseite? Wer sind die Hauptwettbewerber? Welche Inputfaktoren werden zur Produktion benötigt? Wo liegen die wichtigsten Beschaffungsmärkte?

---
[6]Vgl. Fridson (2010).

Häufig sind diese Fragen eingebettet in ein methodisches Gerüst wie die Branchen- und Wettbewerbsanalyse nach Michael E. Porters Five Forces.[7] Vergleichbar einem Werkzeug hilft dieses, zielgerichtet die richtigen Fragen zu stellen, und unterstützt den Anleiheanalysten bei der Identifizierung der wesentlichen Erfolgsfaktoren und dem Erkennen und Bewerten der zukünftigen Chancen und Risiken eines Unternehmens. Nicht zuletzt unterstützt der Einsatz einer Methodik eine bessere Transparenz und Nachvollziehbarkeit der Analyseergebnisse.

Bleiben wir bei den Porterschen Five Forces, besteht die Branchen- und Wettbewerbsanalyse zunächst aus fünf Punkten: (1) Rivalität innerhalb der Branche, (2) Gefahr durch neue Wettbewerber, (3) Gefahr durch Substitute, (4) Macht der Lieferanten und (5) Macht der Kunden. In einem zweiten Schritt erfolgt eine Einschätzung der spezifischen Wettbewerbsposition eines Unternehmens und der Wettbewerbsstrategie. Es sind die Fragen nach einer möglichen Kostenführerschaft eines Unternehmens, einer Differenzierung durch besondere Produkte und Dienstleistungen oder einer Fokussierung auf abgegrenzte Nischen. Seine Erkenntnisse wird der Analyst mit entsprechenden Aussagen des Managements und den langfristigen Unternehmenszielen vergleichen, um Schlüsse darüber zu ziehen, inwieweit das Management eines Unternehmens eine bestimmte Strategie erfolgreich umsetzt und inwieweit sich diese in der Performance in unterschiedlichen Marktsituationen niederschlägt.

Marktsituation und Performance Das Geschäftsmodell eines Unternehmens und die Strategie des Managements haben in der Regel unmittelbare Auswirkungen auf bestimmte Performancekennzahlen. Ein Unternehmen, dem eine erfolgreiche Differenzierung gelingt oder das einen starken Markennamen besitzt, sollte höhere Preise und Bruttomargen erzielen, als seine Wettbewerber. Aber auch ein Kostenführer kann trotz niedriger Bruttomargen attraktive operative Margen realisieren. Da sich diese Marktpositionen jederzeit ändern können, reicht es für die Analyse nicht aus, die Lage eines Unternehmens nur zu einem bestimmten Zeitpunkt zu bewerten. Für die Zahlungsfähigkeit einer Emittentin entscheidend ist vielmehr, wie sich Umsätze und Kosten im Zeitablauf entwickeln. Indem ein Analyst alternative Marktsituationen untersucht und gegebenenfalls regulatorische Veränderungen in seinem Modell berücksichtigt, lassen sich differenziertere Aussagen über die Anfälligkeit eines Unternehmens gegenüber negativen Branchen- und konjunkturellen Trends treffen und mögliche Zahlungsrisiken zuverlässiger bewerten.

Im Idealfall stehen für eine historische Analyse Daten eines vollständigen Konjunkturzyklus von 5 bis 7 Jahren zur Verfügung. Die Datenbeschaffung ist bei Frequent Issuers kein Problem, bei nicht börsennotierten Erst-Emittenten ist die Historie aus Gewinn- und Verlustrechnung, Bilanz und Kapitalflussrechnung in der Regel jedoch (wesentlich) kürzer. Oft sind daher Abstriche hinsichtlich der Belastbarkeit der Daten notwendig, was sich auf die Zuverlässigkeit der Trendaussagen und Prognosen sowie auf die Risikobeurteilung niederschlagen wird. Wie schwer der Verlust an Aussagekraft letztlich wiegt, hängt u. a. vom Geschäftsmodell, der Geschäftsphase, der Zyklizität und dem Wettbewerb innerhalb einer

---

[7]Vgl. Porter (2008).

Branche und auch vom Lebenszyklus eines Unternehmens ab. Schwierig ist die Situation vor allem bei jungen Unternehmen, die noch keine etablierten Absatzkanäle aufweisen und zu denen keine Erfahrungswerte aus vorangegangenen Branchen- und Konjunkturzyklen vorliegen.

Die qualitative Bewertung, wie erfolgreich eine bestimmte Strategie umgesetzt wird und wie vorausschauend oder schnell ein Management auf veränderte Markt- und Wettbewerbsbedingungen (re)agiert, ist eng verbunden mit einer quantitativen Analyse der historischen Unternehmensperformance. Aus ihr ist schließlich eine Prognose der zukünftigen Performance eines Unternehmens abzuleiten. Bei der Performanceanalyse mit Hilfe des DuPont-Schema werden die Performance-Konstituenten des ROE (Return on Equity, Eigenkapitalrentabilität) oder wahlweise des ROA (Return on Assets, Vermögensrentabilität) aufgeschlüsselt und damit die spezifischen Einflussfaktoren im Einzelnen dargestellt.

Für den ROE gilt:[8]

$$\frac{\text{Nettogewinn}}{\text{Eigenkapital}} = \frac{\text{Vermögen}}{\text{Eigenkapital}} \times \frac{\text{Umsatz}}{\text{Vermögen}} \times \frac{\text{EBIT}}{\text{Umsatz}} \times \frac{\text{EBT}}{\text{EBIT}} \times \frac{\text{Nettogewinn}}{\text{EBT}}$$

Der ROA setzt sich zusammen aus:

$$\frac{\text{Nettogewinn}}{\text{Vermögen}} = \frac{\text{Umsatz}}{\text{Vermögen}} \times \frac{\text{EBIT}}{\text{Umsatz}} \times \frac{\text{EBT}}{\text{EBIT}} \times \frac{\text{Nettogewinn}}{\text{EBT}}$$

Das DuPont-Schema ist nicht nur eines der ältesten Kennzahlensysteme weltweit, seinen Charme bezieht es vor allem aus der Geschlossenheit des Modells und seiner klaren Struktur. Damit bietet es einen guten Ausgangspunkt für weiterführende Fragen und Analysen. So kann ein hoher finanzieller Leverage (Verhältnis aus Vermögen/Eigenkapital) Grund für einen hohen ROE sein; in diesem Fall läge es beispielsweise nahe, in verschiedenen Szenarien die Auswirkungen unterschiedlicher konjunkturellen Rahmenbedingungen auf die Entwicklung der Cashflows und die Zahlungsfähigkeit eines Unternehmens zu analysieren.

Einschätzung der Bonität der Emittentin Im Mittelpunkt des zahlenorientierten Anleihe-Research steht die Frage nach der Bonität der Emittentin. Die entscheidenden Punkte, auf die sich die Analyse konzentrieren sollte, sind die Stabilität der Cashflows, die dem Unternehmen in Zukunft zur Verfügung stehen, und ihre erwartete Höhe. Sämtliche verfügbaren Daten und Informationen werden von einem Analysten zu Kennzahlen zusammengefasst. Während im Equity-Bereich Informationen seit Jahren auf Druck von Aufsichtsbehörden, Börsen, Investoren und Analysten zeitnah und detailliert offengelegt werden, gab es bis kurzem kaum ein entsprechendes Informationsbewusstsein und oft nur eine geringe Informationstransparenz gegenüber den Credit-Märkten. Die DVFA wirbt

---

[8]Um die Stromgrößen aus der Gewinn- und Verlustrechnung mit den Bestandsgrößen aus der Bilanz zu verbinden, werden in der Regel durchschnittliche Bestandsgrößen aus Jahresanfangs- und Endbilanz herangezogen.

15 Debt Relations mit Finanzanalysten

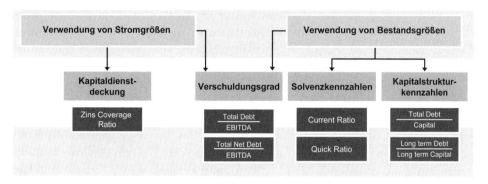

Abb. 15.1 Kennzahlengruppen und Beispiele. (Quelle: Sphene Capital)

seit einiger Zeit um die notwendige Verbesserung der Kommunikation zwischen Emittenten und Kapitalmarkt und um eine Standardisierung der wesentlichen Kennzahlen. Die Hauptkennzahlengruppen nach DVFA umfassen Kennzahlen zur Kapitaldienstdeckung, zur Verschuldung und zur Kapitalstruktur. Insgesamt schlägt die DVFA 24 Kennzahlen, darunter sechs Mindestkennzahlen, für eine gute Kommunikation mit Anleiheinvestoren vor.[9]

Die nachfolgenden Kennzahlen orientieren sich weitgehend am Kanon der DVFA. Sie schaffen Transparenz und ermöglichen Quervergleiche mit anderen Unternehmen oder eine Einordnung anhand von Benchmarks, die beispielsweise von den Ratingagenturen festgelegt werden. Und sie zeigen an, in welchen Bereichen gegebenenfalls weitere Nachfragen und tiefergehende Analysen erforderlich sein könnten. Sie ermöglichen eine erste Bonitätseinschätzung einer Emittentin – „erste" deshalb, da keine der nachfolgenden Kennzahlen eine intensive Analyse der bisherigen Cashflows und der zukünftig erwarteten Zahlungsströme ersetzen kann (Abb. 15.1).

Kurzfristige Solvenz-Kennzahlen Kurzfristige Solvenz-Kennzahlen ermöglichen eine erste Einschätzung darüber, inwieweit die kurzfristigen Verbindlichkeiten eines Unternehmens durch kurzfristige Vermögenswerte gedeckt sind:[10]

$$\text{Current Ratio} = \frac{\text{Umlaufvermögen}}{\text{Kurzfristige Verbindlichkeiten}}$$

$$\text{Quick Ratio} = \frac{\text{Umlaufvermögen} - \text{Vorräte}}{\text{Kurzfristige Verbindlichkeiten}}$$

---

[9] Vgl. Deutsche Vereinigung für Finanzanalyse und Asset Management (DVFA) (2011).
[10] Es liegt in der Natur der Kennzahlen, dass keine Beurteilung darüber erfolgt, inwieweit ein Unternehmen sein Working Capital auch effizient nutzt. Darüber hinaus werden wichtige Unterschiede in Art und Zusammensetzung des Umlaufvermögens (wie beispielsweise die Veräußerbarkeit der Vorräte, notwendige Lagerzeiten u. a.) in der Current Ratio ignoriert.

Kennzahlen zur Kapitalstruktur Kennzahlen zur Kapitalstruktur bilden die Zusammensetzung der Passivseite einer Unternehmensbilanz ab. Sie beschreiben den finanziellen Leverage eines Unternehmens bzw. in welchem Umfang ein Unternehmen Quellen der Fremdfinanzierung in Anspruch genommen hat. Aus der Sicht eines Anleiheinvestors zählt dabei vor allem die Fähigkeit eines Unternehmens mögliche Verluste (durch genügend Eigenkapital) auffangen zu können, so dass die Erfüllung der Forderungen und Zahlungsansprüche zu jeder Zeit sichergestellt ist. Von den zahlreichen Darstellungsformen werden in den DVFA-Mindeststandards[11] das Risk Bearing Capital als Verhältnis von Haftmitteln zu modifizierter Bilanzsumme und das Verhältnis aus Finanzverbindlichkeiten zu Finanzverbindlichkeiten plus Eigenkapital herangezogen. Alternativ zum hier verwendeten Eigenkapital zu Buchwerten kann (zusätzlich) das Eigenkapital zu Marktwerten heranzogen werden; zu den Finanzverbindlichkeiten sind gegebenenfalls operative Leasing-Verpflichtungen hinzu zu fügen.[12]

$$\text{Risk Bearing Capital} = \frac{\text{Haftmittel}}{\text{Modifizierte Bilanzsumme}}$$

Total Debt Capital Ratio

$$= \frac{\text{Kurzfristige und Langfristige Verbindlichkeiten}}{\text{Kurzfristige und Langfristige Verbindlichkeiten} + \text{Eigenkapital}}$$

Kennzahlen zum Verschuldungsgrad Während mit Hilfe der Kennzahlen zur Kapitalstruktur eine Risikobewertung vor dem Hintergrund der Finanzierungspolitik eines Unternehmens erfolgen soll, beantworten dynamische Verschuldungsgrad-Kennzahlen die Frage: wie lange bräuchte ein Unternehmen, um bei gleichbleibenden Cashflows – auf historischer Basis oder prognostiziert – seine gesamten Finanzverbindlichkeiten zurück zu zahlen? In diese Kennzahlengruppe fließen damit sowohl Strom- aus auch Bestandsgrößen aus GuV, Cashflow-Statement und Bilanz mit ein. Generell sind die beiden nachfolgenden Kennzahlen zum Verschuldungsgrad umso günstiger, je kleiner sie ausfallen; sie beziehen sich entweder auf die Gesamtverschuldung eines Unternehmens

$$\text{Total Debt EBITDA} = \frac{\text{Gesamte Verbindlichkeiten}}{\text{EBITDA}}$$

bzw.

---

[11] Vgl. Deutsche Vereinigung für Finanzanalyse und Asset Management (DVFA) (2011), S. 10.
[12] Die Berechnungsgrundlage für die Haftmittel ist das Eigenkapital, von dem jedoch verschiedene Positionen u. a. eigene Aktien, Ausleihungen an Gesellschafter, Ausstehende Einlagen und nicht passivierte Pensionsrückstellungen abgezogen werden. Addiert werden dagegen nachrangige Gesellschafterdarlehen und Mezzanine-Kapital. Dieselben Abzüge werden zur Ermittlung der modifizierten Bilanzsumme im Nenner vorgenommen.

$$\text{Durchschnittliche Rückzahlungsdauer} = \frac{\text{Gesamte Verbindlichkeiten}}{\text{Free Operating Cashflow} - \text{Dividenden}}$$

oder auf die Nettoverschuldung.

$$\text{Total Net Debt EBITDA} = \frac{\text{Gesamte Verbindlichkeiten} - \text{Liquide Mittel} - \text{Wertpapiere}}{\text{EBITDA}}$$

Kennzahlen zur Kapitaldienstdeckung Kapitaldeckungskennzahlen werden als Quotient aus einer Ertragsgröße und den Zahlungsverpflichtungen eines Unternehmens gebildet. Die mit am häufigsten verwendete Kapitaldienstdeckungskennzahl ist die ICR (Interest Coverage Ratio), deren Zähler wahlweise das EBIT oder das EBITDA bildet. Die Zahlungsverpflichtungen beinhalten mindestens die Zinsanteile aus Finanzierung und Finance Leases,[13] wegen ihrer Langfristigkeit werden darüber hinaus oft auch Miet- und Capital Lease-Verpflichtungen im Nenner berücksichtigt. Neben der ICR basierend auf dem EBIT

$$\text{EBIT Zins Coverage} = \frac{\text{EBIT}}{\text{Zinsen} + \text{Zinsanteil Leasing}}$$

bzw. bezogen auf das EBITDA,

$$\text{EBITDA Zins Coverage} = \frac{\text{EBITDA}}{\text{Zinsen} + \text{Zinsanteil Leasing}}$$

gibt es andere, auf den operativen Cashflow bezogene Varianten:

$$\text{Free Operating Cashflow Zins Coverage} = \frac{\text{Free Operating Cashflow} + \text{Zinsen}}{\text{Zinsen} + \text{Tilgungsverpflichtungen}}$$

15.3.2 Unternehmensstruktur und Sicherheiten

Ist eine Emittentin eine Holding und Muttergesellschaft von verschiedenen operativen Tochtergesellschaften, so ist sie in der Regel von der Vereinnahmung von Zinserträgen aus der Darlehensvergabe an die Tochtergesellschaften und damit von den operativen Ergebnissen der Tochtergesellschaften abhängig. Auf der anderen Seite haften die operativen Tochtergesellschaften nicht für die Anleihe der Konzernmutter. Damit besteht eine strukturelle Nachrangigkeit einer formal gleichrangigen Anleihe der Konzernmutter (Holding) gegenüber den Verbindlichkeiten der operativen Töchter. Kurzum: im

---

[13]Zur Definition der Kennzahlen zur Kapitaldienstdeckung vgl. Deutsche Vereinigung für Finanzanalyse und Asset Management (DVFA) (2011), S. 9.

Fall einer Liquiditäts- oder Ertragskrise werden die Gläubiger der operativen Töchter zuerst bedient und nur der verbleibende Überschuss kann als Zinszahlung an die Holding weitergeleitet werden. Insbesondere für eine Risikobewertung ist es daher unerlässlich, die Unternehmensstruktur einer Emittentin zu kennen und die Zahlungsströme zwischen der Muttergesellschaft und den operativen Tochtergesellschaften zu verstehen. Um hier Missverständnisse auszuräumen sind hier von Seiten des Managements Kommunikationsschwerpunkte zu setzen.

Eine Unternehmensanleihe kann mit zusätzlichen Sicherheiten für den Investor ausgestattet sein. Die Stellung von Sicherheiten ist jedoch als Bestandteil nicht zwingend. Hat ein Unternehmen Sicherheiten für eine Anleihe gestellt, kann der Investor im Falle einer Zahlungsunfähigkeit der Emittentin einen vorrangigen Anspruch geltend machen (absolute Vorrangregel). Kommt es aber zu einer Reorganisation des Unternehmens im Rahmen eines Insolvenzplanverfahrens, dann werden diese Regelungen mitunter ausgehebelt. Aus diesem Grund spielen zusätzliche Sicherheiten für die Beurteilung der Attraktivität einer Anleihe meistens eine untergeordnete Rolle.

15.3.3 Zusätzliche Anleihebedingungen (Covenants)

Wesentlich größer ist die Bedeutung der zusätzlichen Anleihebedingungen, den Covenants. Das Management jedes Unternehmens unterliegt bei der Führung des laufenden Geschäftsbetriebs bestimmten Auflagen u. a. zum Schutz der Gläubiger. Die Anforderungen an einen ordentlichen Geschäftsbetrieb beinhalten insbesondere eine fristgerechte und vollumfängliche Erfüllung der Zahlungsverpflichtungen, einen sorgfältigen Umgang mit den Vermögensgegenständen, die Sicherstellung des laufenden Geschäftsbetriebs und die Beachtung der Mindestkommunikationsvorschriften gegenüber bestimmten Interessensgruppen.

Neben diesen grundsätzlichen Forderungen an ein Unternehmen, bestimmte Dinge zu tun, werden im Rahmen von zusätzlichen Anleihebedingungen zumeist ausdrückliche Negativklauseln vereinbart. Die wichtigsten Covenants bei Deutschen Mittelstandsanleihen sind in der Reihenfolge ihrer Häufigkeit: (1) Negativverpflichtungen (Negative Pledge), bei denen sich eine Emittentin verpflichtet, nur unter bestimmten Voraussetzungen weitere Verbindlichkeiten einzugehen und anderen Gläubigern keine oder nur unter bestimmten Bedingungen Sicherheiten zu gewähren, (2) Change of Control-Klauseln, die den Anleihegläubigern ein vorzeitiges Rückgaberecht im Fall einer Veränderung der Gesellschafterstruktur einräumen, (3) Cross Default-Klauseln, die eine Fälligstellung bereits dann ermöglichen, wenn eine Emittentin gegenüber anderen Gläubigern vertragsbrüchig wird. Weitere mögliche Zusatzbedingungen betreffen Ausschüttungssperren (Payment Restriction), Limitation of Asset Sale, die einen Verkauf wesentlicher Unternehmensteile während der Laufzeit einer Anleihe verbieten, Gewinnverwendungsvorschriften, die beispielsweise die Einzahlung eines bestimmten prozentualen Ergebnisanteils auf ein Sonder-/oder Treuhandkonto vorschreiben sowie die grundsätzliche Einräumung eines vorzeitigen

Kündigungsrechts. Alle diese Regelungen sind im Rahmen eines Anleihe-Research relevant, sowohl hinsichtlich ihres Beitrags zu einem verbesserten Gläubigerschutz als auch hinsichtlich der Frage, inwieweit die Bedingungen einer Anleihe und Regelungen aus früheren Kreditverträgen die operative Geschäftsführung oder Finanzierungsentscheidungen beeinflussen könnten.

15.3.4 Corporate Governance und Qualität der Unternehmensführung

Die Corporate Governance definiert die Regeln für die Unternehmensleitung und -überwachung. Sie enthält als zentrale Elemente festgelegte Prozesse und klar definierte Verantwortungsstrukturen, um insbesondere Interessenkonflikte zwischen dem Management bzw. der Unternehmensleitung, den Eigentümern und anderen Stakeholdern zu vermeiden sowie um die Transparenz der Leitung und die Unabhängigkeit der Überwachung eines Unternehmens zu stärken. Hierzulande gilt seit 2001 der Deutsche Corporate Governance Kodex, der über eine Entsprechenserklärung in das Aktiengesetz eingefügt wurde.[14] In empirischen Untersuchungen wurde der Einfluss eines Corporate Governance-Systems auf die Unternehmensperformance, die Kursentwicklung und das Rating untersucht. Bhojraj und Sengupta haben dabei den Zusammenhang zwischen Anleihe-Renditen, Anleihe-Ratings und Corporate Governance für 1005 Industrie-Anleihen über einen Zeitraum von 5 Jahren zwischen 1991 bis 1996 beobachtet. Nach ihren Ergebnissen können Corporate Governance-Regelungen das Ausfallrisiko von Anleihen senken, indem sie die Kosten für eine wirksame Kontrolle des Managements (Agency Costs) reduzieren und das Ungleichgewicht der Informationsverteilung zwischen einer Emittentin und ihren Gläubigern mildern.[15]

Obwohl es kein einheitliches System gibt, haben sich bestimmte Standards und Verhaltensnormen etabliert, die von Analysten und Investoren als Hinweise für den Charakter und die Qualität einer Unternehmensleitung betrachtet werden. Am Beispiel der Grundsätze eines Corporate Governance-Systems nach den Vorschlägen der OECD von 1999 und 2004 beinhalten diese:

- Die Aktionärsrechte und Schlüsselfunktionen der Kapitaleigner,
- die Gleichbehandlung der Aktionäre,
- die Rolle der verschiedenen Unternehmensbeteiligten,
- Offenlegung und Transparenz sowie
- die Pflichten des Aufsichtsorgans.[16]

Diese Grundsätze sollen nach Auffassung der OECD insbesondere für börsennotierte Unternehmen gelten, sind aber ebenfalls ein nützliches Instrument dafür, um die Leitung

---

[14]Vgl. § 161 Aktiengesetz.
[15]Vgl. Bhojraj und Sengupta (2001).
[16]Vgl. OECD Publications (2004).

nicht-börsennotierter Unternehmen zu verbessern, und dienen generell als Grundlage für die Entwicklung guter Regeln in der Unternehmensführung.[17]

15.4 Der Finanzanalyst als Informationsprozessor

Für die Kommunikation zwischen Emittentin und dem Kapitalmarkt kommt dem Anleiheanalysten eine Rolle vergleichbar der eines Informationsprozessors zu. Zunächst werden alle ermittelten Informationen verarbeitet, verglichen und bewertet, um sie schließlich in einer transparenten Empfehlung und zusammen mit einer Chancen- und Risikobeurteilung institutionellen Investoren und Privatanlegern in schriftlicher und mündlicher Form zu Verfügung zu stellen. Eine der primären Aufgaben des Analysten ist es also, die Komplexität von Unternehmen in eine für den Kapitalmarkt verwertbare Qualität zu übersetzen (Funktion des Intermediärs). In der Realität wird der Analyst jedoch nie sämtliche Informationszusammenhänge erfassen können. Umso wichtiger ist es, in einer verantwortungsvollen Informationsbeschaffung auf möglichst unterschiedliche Quellen zuzugreifen und den Meinungsbildungsprozess regelmäßig zu hinterfragen und gegebenenfalls durch widersprechende Informationen herauszufordern.

Die wichtigste einzelne Informationsquelle ist der Jahresabschluss. Bei einer Anleihe-Emission ist der Wertpapierprospekt in seiner Bedeutung vergleichbar mit dem Jahresabschluss. Ein entsprechender Prospekt muss vor jedem öffentlichen Angebot von Wertpapieren und vor jeder Börsenzulassung an einem geregelten Markt veröffentlicht werden. Er wird von den Fachabteilungen des emittierenden Unternehmens (zum Beispiel Rechts- und Steuerabteilung, Rechnungswesen, Investor Relations) in Zusammenarbeit mit einer oder mehreren Investmentbanken, spezialisierten Kanzleien und Wirtschaftsprüfungsgesellschaften erstellt. Der Wertpapierprospekt ist daher meist umfangreicher als ein Jahresabschluss und gleichzeitig informativer.

Die weiteren Informationsquellen, auf die ein Analyst am Markt zugreifen kann, reichen

- von allgemein verfügbaren Daten und Informationen aus den Geschäfts- und Zwischenberichten, Ad-hoc-Veröffentlichungen, Unternehmens-Fact Books und -broschüren, Mitarbeiter- und Aktionärszeitschriften sowie Finanzanzeigen über
- allgemein verfügbare Informationen, die ein Analyst während der Hauptversammlung, auf Pressekonferenzen, Investorenveranstaltungen oder aus Fernseh- und Radiointerviews erhält, und

---

[17] Ähnlich sind die Regelungen im Deutschen Corporate Governance Kodex, der gegliedert in (1) Aktionäre (Aktionärsrechte) und Hauptversammlung, (2) Zusammenwirken von Vorstand und Aufsichtsrat, (3) Aufgaben und Zuständigkeiten, Zusammensetzung und Vergütung sowie Interessenkonflikte des Vorstands, (4) Aufgaben und Zuständigkeiten (des Vorsitzenden), Bildung von Ausschüssen, Zusammensetzung und Vergütung, Interessenkonflikte des Aufsichtsrats, (5) Transparenz und (6) Rechnungslegung und Abschlussprüfung. Vgl. Deutscher Corporate Governance Kodex (2012).

Gliederungspunkt	Zielsetzung	Inhalt	Kommentar
Inhaltsangabe	▪ Übersicht über Aufbau und Inhalte	▪ Kapitelüberschriften in korrekter Reihenfolge	▪ wichtig bei längeren Reports
Executive Summary	▪ Darstellung der Kernthesen und der Empfehlung	▪ Kernelemente des Geschäftsmodells ▪ Wesentliche Entwicklungen und Schlussfolgerungen ▪ Wesentliche Kennzahlen und Bewertung ▪ Handlungsempfehlung und Hauptrisiken	▪ Alle wesentlichen Aussagen und Thesen – die Story – sollten hier zusammengefasst sein ▪ „Appetizer", um das Interesse am Report zu wecken
Bewertung von Kennzahlen	▪ Darstellung des Bonds ▪ Ausführliche Bewertung	▪ Beschreibung des Bonds und ggf. der Bondbedingungen ▪ Historische Entwicklung und Prognose der Inputfaktoren ▪ Analyse der Kennzahlen und deren Entwicklung ▪ Szenario und/oder Stress-Test-Analyse ▪ Schlussfolgerungen und Handlungsempfehlungen	▪ Annahmen und Methoden sollen transparent und für den Leser nachvollziehbar ausgeführt werden
Business Summary	▪ Detaillierte Darstellung und Analyse der Geschäftsbereiche ▪ Markt- und Branchenanalyse	▪ Beschreibung des Unternehmens ▪ Darstellung und Entwicklung der Geschäftsbereiche ▪ Wettbewerbsanalyse und Analyse der Erfolgsfaktoren ▪ Unternehmensgeschichte ▪ Vorstellung Bewertung des Managements	▪ Wesentlicher Input für die Ergebnisschätzungen und deren Nachvollziehbarkeit
Stärken/Schwächen, Chancen/Risiken	▪ Darstellung der Investmentrisiken	▪ Negative Industrie- und Wettbewerbsentwicklungen ▪ Regulatorische Risiken und mögliche gesetzliche Beschränkungen ▪ Unternehmensspezifische Schwächen und daraus abgeleitete Risiken	▪ Insbesondere gilt es, den Investor auf mögliche Risiken hinzuweisen ▪ Welche Risikofaktoren sieht der Analyst und wie bewertet er diese?
Finanzdaten und Schätzungen	▪ Integrierte Planung von Gewinn- und Verlustrechnung, Bilanz und Cashflow-Statement	▪ Historische Finanzdaten ▪ Finanzprognose ▪ Anhang mit Tabellen zu GuV, Bilanz, Cashflow-Statement u.a.	▪ Der Investor benötigt genügend Informationen und Transparenz, um die zugrundeliegenden Annahmen und Ergebnisse nachvollziehen zu können.

Abb. 15.2 Aufbau eines Anleihen-Research

- allgemein verfügbaren, inoffiziellen Unternehmensdaten wie Angaben von Ratingagenturen, Marktforschungsinstituten, Zeitungen und Zeitschriften, Industrieverbänden, Aussagen von Kunden- und Wettbewerbern, bis hin zu
- personalisierten Informationen, die in Einzel- oder Gruppengesprächen mit der Unternehmensleitung oder Mitarbeitern der Investor-Relations- oder Presseabteilungen gewonnen wurden.

Gerade dem persönlichen Gespräch kommt für einen Finanzanalysten eine große Bedeutung zu, und zwar nicht nur, weil es wohl kaum einen institutionellen Investor und Kreditbearbeiter geben wird, der etwa eine Anleihe erwirbt oder einen Kredit ausreicht, ohne vorher das Management kennengelernt zu haben. Denn ein schlechtes Produkt mit einem guten Management kann funktionieren, ein gutes Produkt mit einem schlechten Management wird in der Regel scheitern.[18] Im Gespräch sollte das Management auf alle Fragen eine Antwort haben und insbesondere genau wissen, wie es um den Wettbewerb steht. Der CEO muss eine Vision davon haben, wo das Unternehmen in 3 bis 5 Jahren sein könnte, der Finanzvorstand muss seine Zahlen im Griff haben und zumindest die wichtigsten Kennziffern verinnerlicht haben. Denn immer wieder trifft man auf Finanzvorstände, die nicht einmal auswendig sagen können, wie hoch Umsatz oder operatives Ergebnis ihres Unternehmens im vergangenen Quartal oder Jahr waren.

Obwohl die aufsichtsrechtlichen Unternehmensveröffentlichungen und Gespräche mit dem Management eine wesentliche Informationsquelle darstellen, wird der Finanzanalyst die Angaben des Managements nicht ungeprüft übernehmen. Vielmehr ist es die berufliche Pflicht eines Analysten, eine unabhängige Analyse über ein Unternehmen zu erstellen, die seiner wahren Meinung entspricht und der eine umfassende und sorgfältige Untersuchung des Unternehmens, seiner Mitbewerber, des Industrie- und Marktumfeldes zu Grunde liegen. Laut Wertpapierhandelsgesetz müssen Finanzanalysen unvoreingenommen erstellt werden. Mögliche Interessen und Interessenkonflikte müssen gemäß § 34b Abs. 1 Nr. 2 WpHG in der Analyse veröffentlicht werden (Abb. 15.2).

Literatur

Bhojraj S, Sengupta P (2001) Effect of corporate governance on bond ratings and yields: the role of institutional investors and outside directors. http://ssrn.com/abstract=291056

Deutsche Vereinigung für Finanzanalyse und Asset Management (DVFA) (2011) Mindeststandards für Bondkommunikation. DVFA, Frankfurt. www.dvfa.de/files/die_dvfa/kommissionen/bondkommunikation/application/pdf/Mindeststandards_Bondkommunikation_Final.pdf

Esser SF (1995) High-yield bond analysis: the equity perspective. In: Sondhi AC (Hrsg) Credit analysis of nontraditional debt securities. CFA Institute, Charlottesville

---

[18] Vgl. Hasler (2012).

Fridson MS (2010) How research from high-yield market can enhance equity analysis. CFA Institute, Charlottesville

Hasler PT (2012a) Das Management muss seine Zahlen im Griff haben. http://www.springerprofessional.de/das-management-muss-seine-zahlen-im-griff-haben/2995626.html. Zugegriffen: 10. Okt 2012

Hasler S (2012b) Die Bedeutung des Anleihe-Research auf den Platzierungserfolg einer Mittelstandsanleihe. In: Bösl K, Hasler PT (Hrsg) Mittelstandsanleihen: Ein Leitfaden für die Praxis. SpringerGabler, Wiesbaden, S 157–168

Hasler PT, Karl C (2012) Mittelstandsanleihe-Report 1. Halbjahr 2012: Trends, Entwicklungen und Ausblick. Corp Financ biz 7:358–362

Knoop TA (2010) Recessions and depressions: understanding business cycles. Praeger, Santa Barbara

OECD Publications (2004) OECD-Grundsätze der Corporate Governance. http://www.oecd.org/dataoecd/57/19/32159487.pdf

Porter ME (2008) The five competitive forces that shape strategy. Harvard Business Review, Boston

Regierungskommission Deutscher Corporate Governance Kodex (2012) in der Fassung vom 15.05.2012. http://www.corporate-governance-code.de/ger/download/kodex_2012/D_CorGov_Endfassung_Mai_2012.pdf

Debt Relations mit Wirtschaftsjournalisten

16

Sebastian Ertinger

16.1 Einleitung

Anleihen spielen bei der Finanzierung europäischer Unternehmen eine zunehmende Rolle. Statt über einen Bankkredit sammeln sowohl Großkonzerne wie auch immer häufiger mittlere bis kleinere Unternehmen Geld am Kapitalmarkt ein. Allerdings ist der Markt erst in der Entwicklung begriffen. In den USA ist die Firmenfinanzierung über den Kapitalmarkt weitaus verbreiteter, die entsprechenden Instrumente und Märkte ausgereifter.

Das Emissionsvolumen von Unternehmensanleihen in den USA beziffert sich laut Daten von Thomson Reuters im Jahr 2011 auf 1012 Mrd. $ Damit erreichte die Kapitalgewinnung per Anleihe fast das Rekordniveau des Jahres 2007 von 1127 Mrd. $. Zum Vergleich: Vor 10 Jahren belief sich das Neuemissionsvolumen auf 776 Mrd. $.

Die Anleihen-Kultur in Europa ist noch nicht so ausgeprägt. In Europa beziffert sich das Neuemissionsvolumen von Euro-Unternehmensanleihen laut Dealogic auf 264 Mrd. € – im Ausnahme-Rekordjahr 2009 waren es immerhin 455 Mrd. €.

Insgesamt stehen in Europa laut Ratingagentur Standard & Poor's Unternehmensanleihen im Volumen von über 1,7 Billionen Dollar aus. Eine bedeutendere Rolle spielen Bankkredite und ähnliche Fremdfinanzierungen, die sich auf 9,7 Billionen Dollar beziffern. In den USA ist das Verhältnis ausgeglichener: Unternehmen finanzieren sich zu 5,4 Billionen Dollar über Bonds und zu 6,1 Billionen über Kredite. Diese Zahlen zeigen: Der europäische Markt für Unternehmensanleihen birgt noch erhebliches Wachstumspotenzial.

Wachstum bringt aber auch Wachstumsschmerzen mit sich. Während in den USA Anleihen als Instrumente zur Kapitalbeschaffung akzeptiert sind, betreten viele Unternehmen in Europa mit dem Gang auf das Bondparkett völliges Neuland. Entsprechend sind die Gepflogenheiten am Anleihemarkt und die Anforderungen und Bedürfnisse der

---

S. Ertinger (✉)
G + J Wirtschaftsmedien, Kasernenstraße 67, 40213 Düsseldorf, Deutschland
E-Mail: s.ertinger@vhb.de

Investoren den Emittenten nicht geläufig. Insbesondere die regelmäßige Kommunikation mit der Öffentlichkeit zählt nicht immer zur gängigen Firmenpraxis.

Eine wesentliche Rolle bei der Interaktion zwischen Unternehmen einerseits und Investoren sowie der breiten Öffentlichkeit andererseits spielen die Medien. Sie sind Mittler zwischen Emittenten und potenziellen wie bestehenden Investoren. Sie kanalisieren und filtern den Informationsfluss und bereiten ihn für die Leser und Zuschauer auf. Weiterhin kommt ihnen eine Übersetzungsleistung zu: Journalisten sollen die zum Teil sehr fachspezifischen Jargon der Finanzmärkte in eine allgemein verständliche Sprache übertragen.

In diesem Beitrag wird zunächst das Umfeld der Bondkommunikation beleuchtet. Denn sowohl die Finanz- als auch die Medienwelt sind in einem tiefgreifenden Umbruch begriffen. Dabei wird auf die besonderen Bedürfnisse und Anforderungen des modernen Journalismus eingegangen und die Spannungsfelder zwischen Rundfunk, Fernsehen und Zeitungen einerseits und den Unternehmen mit ihren Pressestellen andererseits aufgezeigt.

In einem zweiten Schritt wird dann speziell auf die Bondkommunikation in den Medien eingegangen. Hierbei wird auch anhand von Beispielen aus der Praxis der Weg zu einer sinnvollen und angemessenen Interaktion zwischen Unternehmen und Journalisten aufgezeigt.

16.2 Anleihemärkte und die Medien

Finanzmärkte in der Krise – Anleihen im Aufwind Die erste Finanzkrise nach dem Platzen der Immobilienblase in den USA sowie die zweite Krise um die Staatsschuldenprobleme in Europa erschütterten die Bankenwelt. Institute leihen sich untereinander kaum noch Geld und reichen auch nur zögerlich Darlehen an Verbraucher und Unternehmen aus. Wegen der verschärften Regulierung und einer erhöhten Risikovorsorge vergeben Banken Kredite entweder nur zu schlechteren Konditionen – oder gar nicht mehr. Zeitweilig war sogar von einer Kreditklemme die Rede. Die Schockwellen der Lehman-Pleite und der Griechenland-Umschuldung strahlen somit auf die „reale", produzierende Wirtschaft aus.[1]

Statt wie bisher bei der Hausbank sehen sich Unternehmer daher zunehmend nach alternativen Finanzierungsmöglichkeiten um. Eine dieser Alternativen ist die Kapitalbeschaffung über eine Unternehmensanleihe. Diese Entwicklung betrifft nicht nur Großkonzerne. Auch mittlere und kleinere Betriebe sammeln zunehmend über die Ausgabe von festverzinsten Papieren am Kapitalmarkt Geld ein.

Diese Entwicklung birgt sowohl für Unternehmen wie für Investoren Chancen. Für Unternehmen ist über die Laufzeit einer Anleihe die Finanzierung gesichert. Finanzvorstände müssen keine Sorgen vor schwankenden Marktzinsen oder einer vorzeitigen Kündigung

---

[1] Vgl. etwa Moec (2012).

des Darlehens hegen. Anleger wiederum erhalten einen jährlichen, festen Zinsertrag. Dieser liegt bei Unternehmensanleihen deutlich über der Rendite von Schuldverschreibungen der öffentlichen Hand. Zudem gelten solide Unternehmen teilweise sogar als zuverlässigere Schuldner als so mancher Staat – wie das Beispiel der strauchelnden europäischen Peripherieländer zeigt.

Doch die Finanzierung über den Kapitalmarkt birgt auch Risiken, sowohl für Investoren wie für die ausgebenden Konzerne. Trotz aller Zuversicht über die Entwicklung privater Unternehmen kann sich bei einzelnen Konzernen die Geschäftslage rasch verschlechtern – bis hin zur Pleite. Anlegern droht hier ein weitgehender Ausfall ihrer Investition.

Ein nachlassender Geschäftserfolg und sinkende Erträge eines Unternehmens können bei Anlegern Nervosität hervorrufen. Diese kann in Verunsicherung umschlagen, wenn die Information überraschend auftaucht. Dies gilt umso mehr, wenn die Mitteilung dürftig und ohne weitere Erklärung oder Erläuterung des Hintergrunds ausfällt. Irreführende oder verspätete Informationen über die Geschäftsentwicklung können gar zu einem panikartigen Ausverkauf der Anleihen führen und das Vertrauen der Anleger in einen Schuldner dauerhaft zerstören.

Demgegenüber sehen sich Unternehmen mit der Emission einer Anleihe einer teils ungewohnten Beobachtung durch die Öffentlichkeit ausgesetzt. Oft arbeiten deutsche Konzerne in ihren Bereichen oder Nischen sehr erfolgreich und expandieren global. Dies spielt sich mitunter unbemerkt von einer breiten Öffentlichkeit ab. Insbesondere mittelständisch geprägte Unternehmen bevorzugen oftmals ein Wirken im Hintergrund.

Doch der Auftritt auf dem Bondmarkt zwingt die Unternehmen zu einem gewissen Maß an Öffentlichkeit und Transparenz. Vor diesem Hintergrund kommt der Kommunikation im Zuge der Ausgabe und während der Laufzeit einer Anleihe erhebliche Bedeutung zu. Eine der Schlüsselstellen für die Verbreitung von Nachrichten sind die Wirtschaftsredaktionen.

Wirtschaftsjournalismus im Wandel der Zeit – „schlechte Neuigkeiten sind gute Neuigkeiten"
Der Journalismus ist einem grundlegenden Wandel unterworfen. Entsprechend stecken auch die Wirtschaftsredaktionen in einem tiefgreifenden Umbau. Neben Verbreitungskanälen wie Print, Radio und Fernsehen gewinnt die Kommunikation über Online-Kanäle an Bedeutung. Besonders in der tagesaktuellen Berichterstattung treten Internet-Präsenzen in Konkurrenz zu klassischen Medien wie Tageszeitungen. War früher die Meldung eines Tages erst in den Abendnachrichten des Fernsehens oder gar erst am Folgetag in der Zeitung zu lesen, verbreiten sich nun Nachrichten binnen Minuten über die verschiedenen Online-Kanäle.

Die klassischen Redaktionen reagieren darauf, indem sie „magaziniger" arbeiten: Entweder ergänzen sie bekannte Nachrichten mit Hintergrundinformationen, Einordnungen oder Kommentaren oder versuchen, gänzlich neue Meldungen exklusiv zu recherchieren und zu verbreiten. Durch solche eigene Akzente in der Berichterstattung wollen sich die jeweiligen Redaktionen von den durch Nachrichtenagenturen verbreiteten und im Internet kostenlos nachzulesenden Informationen abheben. Damit versuchen

Redaktionen und Verlage, den Status eines „Must Have"-Mediums zu erlangen – wofür die Leser auch bereit sind, Geld auszugeben.

Im Zuge dieses Wandlungsprozesses steht die Branche unter erheblichem wirtschaftlichem Druck. Sparmaßnahmen und Kürzungen wirken bis in den Alltag und erschweren gründliche Recherchen. Dennoch gelten unverändert bestimmte Standards und Ansprüche. So gilt die unparteiische Information der Leser als eine der Grundsäulen des Journalismus. Zudem sind die Medien damit beauftragt, eine kritische Öffentlichkeit herzustellen. Darunter ist die gesellschaftliche Aufgabe zu verstehen, Missstände aufzudecken und auf Fehlentwicklungen hinzuweisen.

Diese Aufgaben sind nicht nur wohlklingende Worthülsen von Journalisten, Verlagen und Sendern: sie fußen vielmehr auf dem Grundgesetz der Bundesrepublik Deutschland, das in Artikel 5 die Meinungs- und Pressefreiheit unter besonderen Schutz stellt. Die daraus entspringenden Rechte und Pflichten definieren die Pressegesetze der Bundesländer, Grundsatzurteile des Bundesverfassungsgerichts sowie als Selbstverpflichtung der Pressekodex des Deutschen Presserats genauer.

Der Wirtschaftsjournalismus bewegt sich hierbei in einem besonders aufgeladenen Spannungsfeld. Diese Ressorts sind potenziell stärker den Versuchen einer Einflussnahme auf die Berichterstattung ausgesetzt als andere Ressorts wie Politik, Sport oder Feuilleton. „Wirtschaftsjournalisten sehen sich der besonderen Situation ausgesetzt, dass der Unterschied zwischen dem, was Unternehmen veröffentlichen wollen, und dem, was Journalisten interessiert, häufig sehr groß ist."[2]

Zwar mag auch ein Politiker versuchen, unliebsame Artikel durch Anrufe bei Chefredakteuren oder Herausgebern zu stoppen. Zwar mag auch ein Theaterintendant gegen harsche Kritiken wettern. Droht ein Großkonzern jedoch bei kritischer Berichterstattung eine teure Werbekampagne in dem entsprechenden Medium zu stornieren, können die Konsequenzen für die Publikation mitunter existenzgefährdend sein. Andersherum mögen Unternehmen versuchen, sich über Anzeigen eine Erwähnung in Artikeln und Beiträgen oder gar eine positive Berichterstattung zu erkaufen.

Die journalistischen Standesregeln gebieten Verlagen und Journalisten aber eindeutig, solchem externen Druck standzuhalten. Im Pressekodex in Artikel 7 heißt es:

Die Verantwortung der Presse gegenüber der Öffentlichkeit gebietet, dass redaktionelle Veröffentlichungen nicht durch private oder geschäftliche Interessen Dritter oder durch persönliche wirtschaftliche Interessen der Journalistinnen und Journalisten beeinflusst werden. Verleger und Redakteure wehren derartige Versuche ab und achten auf eine klare Trennung zwischen redaktionellem Text und Veröffentlichungen zu werblichen Zwecken.

Ähnlich sehen dies auch der Bundesgerichtshof sowie die Oberlandesgerichte in Hamm und Düsseldorf. Sie bezeichneten in Richtung weisenden Urteilen eine lobende Berichterstattung über Produkte, die entsprechende Anzeigen flankierte, als „unlauter". Daher kann der Versuch, durch wirtschaftlichen Druck oder Anreize Einfluss auf die Bericht-

---
[2] Heinrich und Moss (2006), S. 67.

erstattung zu nehmen, in empfindlichen Strafen enden – selbst wenn Publikationen eine Kombination von Anzeige und Berichterstattung von selbst anbieten sollten.

Auch mit Blick auf die Leser und Zuschauer stehen Wirtschaftsjournalisten vor einer besonderen Herausforderung. Zwar darf ein Redakteur ein gewisses Interesse seines Publikums an Wirtschafts- und Finanzthemen voraussetzen. Doch auch im Wirtschaftsjournalismus regiert der Anspruch, Informationen einem breiten Publikum möglichst verständlich darzulegen. Die Redaktionen sollen Fachwörter und abstrakte Äußerungen möglichst vermeiden. „Wirtschaftsjournalisten sind in erster Linie Übersetzer. Sie müssen eine komplizierte Materie in eine verständliche Sprache übertragen."[3]

Der Anspruch ist, abstrakte und komplexe Themen anschaulich darzustellen. Dies erfolgt etwa über Reportagen, die anhand von konkreten Einzelfällen umfassendere Entwicklungen aufzeigen. Ein Beispiel ist etwa die Reportage des Spiegel-Autors Clemens Höges. In seiner Reportage „Die Kinder von Sodom"[4] schildert er, wie in der ghanaischen Hauptstadt Accra Kinder und Jugendliche hochgiftigen Elektroschrott aus den Industrieländern ausweiden. Höges zeigt anhand von Einzelfällen die Auswirkungen einer übergreifenden Entwicklung, nämlich der Globalisierung, auf. Ein weiteres Beispiel ist eine Reportage in der Wochenzeitung „Die Zeit" über das weltweite Geschäft mit der Züchtung von Rosen.[5]

Ein anderes Stilmittel ist die Personalisierung, etwa Portraits von Vorstandschefs oder anderen wichtigen Akteuren. Im Zuge des Wandels des Journalismus gewinnen diese Darstellungsformen weiter an Bedeutung. Zumal sich auf Internetseiten auch Leser den Weg finden, die normalerweise nicht am Kiosk zu Wirtschaftstiteln greifen würden.

Dem Bedürfnis der Journalisten und Leser nach verständlicher Information steht das Fachwissen und die entsprechend ausgefeilte, mit Fachbegriffen durchsetzte Ausdrucksweise von Experten und Firmenvorständen gegenüber. Diese möchten in ihrer Branche als kompetent angesehen werden. In deutschen akademischen Kreisen gilt nach wie vor die Verwendung von Fachbegriffen als Ausdruck von Kompetenz. Genauso grassiert im Wirtschaftsleben der Gebrauch von englischen, oder aus dem Englischen entlehnten Worten.

Beides verträgt sich aber nicht mit der verständlichen Information eines breiten Publikums. Journalisten werden daher stets versuchen, Fachbegriffe in deutsche Entsprechungen zu übertragen. Beispielsweise wird bei Anleiheemissionen der Begriff „Spread" in Wendungen wie „Risikoprämie" oder „Zinsaufschlag gegenüber risikolosen Papieren" übersetzt.

Neben der Unabhängigkeit der Berichterstattung und der Vermittlung von Informationen birgt auch die Auswahl der Themen Spannungspotenzial. Für ein Unternehmen ist die erste Emission einer Anleihe oftmals ein einschneidendes Ereignis in der Firmenge-

---

[3] Heinrich und Moss (2006), S. 50.
[4] Vgl. Höges (2009).
[5] Vgl. Schmidt-Häuer (2005).

schichte. Doch nicht jedes Medium sieht dies genauso und wird nicht oder nur gering über diesen Schritt berichten.

Wie die Kapitelüberschrift „Schlechte Nachrichten sind gute Nachrichten – bad news are good news" zeigt, beachten die Leser und Zuschauer besonders Themen, die sie persönliche betreffen. Solche Themen werden daher auch von Journalisten gesucht und prominent platziert. Dabei müssen es sicher nicht immer negative Nachrichten sein: Erfolgsmeldungen etwa über gut laufende Geschäfte oder Exportweltmeister Deutschland finden natürlich genauso Zugang. Insofern ist der Satz zwar eine stark vereinfachende Zusammenfassung, diese oft benutzte Wendung trifft nichtsdestotrotz den Kern.

Umfragen unter Lesern bestätigen diesen seit langem etablierten journalistischen Lehrsatz. Insbesondere die Internetmedien mit der genauen Messung der Zugriffszahlen auf einzelne Artikel und untermauern die Gültigkeit dieses Leitsatzes. Danach richten die Redaktionen die Auswahl von Nachrichten und Themen und die Gewichtung über eine kurze Meldung oder einen größeren Bericht oder gar eine umfassende Reportage oder ein Feature.

In dem Spektrum von einfacher Meldung bis umfassender Analyse reicht auch die journalistische Behandlung von Anleihe-Themen. Die Emission einer Anleihe kann insbesondere für Finanzinformationsdienste sowie Fachmedien eine Meldung wert sein. Für Publikumsmedien ist dies oftmals jedoch kaum Anlass für eine Berichterstattung. Dies kann eher bei größeren Erstemissionen oder im Rahmen der Schilderung von neuen Trends gegeben sein. Ein Beispiel hierfür sind etwa Neuemissionen an den neuen Mittelstandsparketts der Börsen Stuttgart, Frankfurt oder Düsseldorf.

Für Lokalmedien wiederum steht der regionale Bezug im Vordergrund. Begibt ein Unternehmen aus dem Verbreitungsgebiet des Mediums eine Anleihe, mag dies Anlass für eine Berichterstattung sein. Bundesweite Publikationen wiederum werden tendenziell nur bei einem großen Unternehmen mit landesweit bekanntem Markennamen über eine Bondemission berichten.

Ausnahmen hiervon mögen Unternehmen mit ungewöhnlichen, neuen Geschäftsmodellen oder markanten Führungspersonen sein. Für eine effiziente und zielgerichtete Öffentlichkeitsarbeit sprechen Unternehmen im Idealfall also auch der Zielgruppe entsprechend an. Diese Aufgabe kommt den hauseigenen Presseabteilungen oder externen Agenturen für Öffentlichkeitsarbeit zu.

Die Bedeutung von Pressestellen und Investor Relations-Abteilungen – nur positive Nachrichten sind gute Neuigkeiten Während die Redaktionen von Zeitungen, Fernsehen, Rundfunk oder Online-Medien auch eine gesellschaftliche Aufgabe zufällt, sind Pressestäbe und Public-Relations-Agenturen ausschließlich ihrem Unternehmen beziehungsweise ihrem Auftraggeber verpflichtet. Daraus ergibt sich naturgemäß eine andere Interessenlage als bei den Journalisten.

Pressesprecher sollen im Grunde ihr Unternehmen in einem möglichst guten Licht in der Öffentlichkeit präsentieren. „Die Aufgabe des Öffentlichkeitsarbeiters ist es nicht, umfassend und ehrlich zu berichten, sondern dafür zu sorgen, dass sein Arbeitgeber eine gute Presse hat."[6] Nichtsdestotrotz gehört eine umfassende und wahrheitsgetreue Information über die Vorgänge in einem Unternehmen zu den Aufgaben der Öffentlichkeitsarbeiter. Gesetzliche Vorgaben wie etwa die Ad-hoc-Publizität binden börsennotierte Unternehmen.

Aber auch nicht-börsennotierte Firmen verspielen das Vertrauen von Kunden und Investoren, wenn sich veröffentlichte Informationen aus Halbwahrheiten, Vertuschungen oder gar kompletten Fehlangaben herausstellen. Eine vermeintlich notwendige Notlüge zerstört vielmehr langjährige Geschäftsbeziehungen und das Vertrauen der Geldgeber.

Professionelle Pressestellen kommunizieren auch in Krisenzeiten sauber, fair und umfassend. Auf den ersten Blick mag es zwar taktisch verlockend erscheinen, unliebsame Informationen zurückzuhalten oder umzudeuten. Früher oder später fällt dies aber negativ auf das Unternehmen zurück und kann die wirtschaftliche Existenz gefährden.

Ebenso unprofessionell wie aussichtslos sind Versuche, bei vermeintlich „unkritischen" Journalisten Themen zu platzieren und „kritische" Journalisten auszuschließen oder zu übergehen. Solch ein Vorgehen endet über kurz oder lang in einer umso kritischeren Beobachtung. Spätestens wenn problematische Meldungen publik werden, greifen zuvor „indifferente" oder „gewogene" Medien diese auf.

Ein Beispiel: Ein Unternehmen versendet eine Mitteilung über eine geplante Anleihe-Emission nur an „unkritische" Journalisten. „Kritische" Journalisten werden dies dann sogar als Anlass nehmen, genauer hinzuschauen – und vielleicht herausfinden, dass die Anleihemission desaströs verlaufen ist. Und die zuvor bevorzugt angesprochenen Journalisten werden in der Mehrheit mitnichten die Recherchen des Kollegen ignorieren.

Sinnvolle Arbeit leisten die Pressestellen vielmehr, indem sie die Informationen aus einem Unternehmen auf ihre Relevanz für verschiedene Zielgruppen und -medien sortieren und entsprechend kanalisieren. Zudem können sie die Vorarbeit der Übersetzung aus der Fachsprache in allgemein verständliches Deutsch leisten. Schließlich bereiten sie Vorstände und Führungspersonen auf Gespräche mit Medien vor und eichen diese auf die Bedürfnisse der Journalisten.

Wie im vorangegangenen Kapitel ist auch hier die Überschrift stark vereinfachend. Sie spiegelt aber korrekt den Interessengegensatz zwischen den Unternehmen und ihren Pressestellen einerseits und den Medien andererseits wieder. Dennoch müssen über die abweichende Interessenlage hinweg Journalisten und Public-Relations-Verantwortliche in einem konstruktiven Dialog stehen.

16.3 Die Bondkommunikation in den Medien

Anleihen gewinnen an Nachrichtenwert Die Finanzkrise hat einige, als in Stein gemeißelt hingenommene Gewissheiten gekippt. So galt in der Berichterstattung über die Finanz-

---
[6]Schneider und Raue (2003), S. 303.

märkte der Bereich der Anleihen eher als langweilig. Leser wie Redakteure sprachen Aktien deutlich mehr Charme zu und widmeten ihnen entsprechend mehr Aufmerksamkeit.

Kein Wunder: Bei Anleihen gab es nur selten auffällige Kursbewegungen zu beobachten und zu kommentieren. Zudem beschränkte sich das Bonduniversum lange Zeit vor allem auf Staatspapiere. Die Entwicklung eines eigenen Marktes für Unternehmensanleihen ist in Europa und insbesondere in Deutschland erst über die jüngsten Jahrzehnte zu beobachten.

Erschwerend für das Instrument Anleihe kommt hinzu: Das Zusammenspiel aus Laufzeit, Kurs, Zins und die sich daraus ergebende Rendite lässt die Beschäftigung mit Anleihethemen als komplex erscheinen. Redakteure müssen in ihren Texten viel erklären und Leser ein gewisses Interesse mitbringen, um den Erläuterungen auch zu folgen. Die Auseinandersetzung mit Anleihethemen war also mühselig, meist unspektakulär und damit auch wenig verlockend.

Doch das ändert sich. Der Zusammenbruch der US-Investmentbank Lehman-Brothers und die Folgen – der Ausfall eines bedeutenden Emittenten von derivativen Anlageprodukten wie Zertifikaten und der Kursverfall an den Aktienmärkten – weckte das Interesse an festverzinsten Anlagen. Immerhin bieten diese eine gewisse Rückzahlungssicherheit des eingesetzten Geldes.

Die Schuldenkrise in Europa befeuert das Bedürfnis nach Alternativen sogar noch mehr. Staatspapiere bester Bonität wie etwa deutsche Bundesanleihen erscheinen wegen der nur noch minimalen Rendite nach Abzug der Teuerungsrate kaum noch für Investoren interessant. Höher verzinste, aber noch solide Alternativen sind gefragt.

Daher stoßen Unternehmensanleihen auf wachsendes Interesse sowohl von professionellen Investoren wie von Privatanlegern. Während viele Industrienationen hohe öffentliche Schulden auftürmen – sogar einstige Topschuldner wie USA, Großbritannien oder Frankreich – verfügen Unternehmen über stabile Bilanzen. Ihre Bonität wird daher zusehends als besser eingeschätzt.

Die Umschuldung Griechenlands und die Euro-Schuldenkrise haben das Vertrauen der Investoren in staatliche Gläubiger zusehends schwinden lassen. In diesem Umfeld treffen Nachrichten über die Emission eines Firmenbonds also in den Medien auf fruchtbaren Boden.

Prompt, korrekt und umfassend Medien können aus Unternehmenssicht als Mittler zu Investoren verstanden werden – sowohl zu derzeitigen als auch zu potenziellen Investoren. Dementsprechend sollten prinzipiell ähnliche Maßstäbe angelegt werden wie bei der direkten Kommunikation mit Anteilseignern. Schließlich vermitteln Journalisten die Angaben an ihre Leser, Zuschauer oder Zuhörer. Darunter können Kunden, Gläubiger, Lieferanten oder eben Anleger sein.

Die Eckpunkte einer vorbildlichen Information der Öffentlichkeit lassen sich mit den Schlagworten prompt, korrekt und umfassend beschreiben.

- **Prompt:** wichtige Entwicklungen oder Veränderungen in einem Unternehmen sind möglichst sofort bei Bekanntwerden auch der Öffentlichkeit zu melden. Nichts anderes

besagt auch die Ad-hoc-Pflicht für börsennotierte Aktiengesellschaften. Doch auch Anleihe-Emittenten sollten sich daran richten. Immerhin geht es letztlich darum, das Vertrauen der Geldgeber zu erringen und zu erhalten. Ein Unterlassen oder Verschieben von Veränderungen, auch von vermeintlich nichtigen, zerstört das Vertrauen.
- **Korrekt:** Eigentlich ist die Herausgabe korrekter Informationen eine Selbstverständlichkeit. Dennoch kommt es durchaus vor, dass Unternehmen falsche Angaben veröffentlichen. Recht häufig ist wiederum die Masche, unangenehme Zahlen zu kaschieren und genehmere Angaben in den Vordergrund zu rücken. Leider funktioniert dieser häufig angewandte Trick auch immer wieder. Im Sinne einer vertrauensvollen und ehrlichen Information ist dies aber nicht gutzuheißen.
- **Umfassend:** dieser Punkt birgt gewiss viel Spielraum für Interpretation und ist eine Gratwanderung. Mitteilungen sollten alle relevanten Informationen enthalten. Andererseits sollte aber auch nicht zu viel Material hineingepackt werden. Wie eingangs geschildert stehen Journalisten meist unter erheblichem Zeitdruck und sehen sich tagtäglich einer großen Flut an Informationen ausgesetzt. Unnötige Angaben werden da als Belastung empfunden und können die Aufmerksamkeit auf die wesentlichen Informationen verstellen.

Insbesondere die Verbreitung von Unternehmenskennzahlen wie die Jahresbilanz oder Halbjahres- und Quartalszahlen birgt Potenzial für Fehlinformationen. Oft wählen Unternehmen eigene, abgewandelte Kennzahlen oder weisen wichtige Kennzahlen nicht gesondert aus. Insbesondere Angaben wie das Verhältnis des Gewinns vor Steuern, Zinsen und Abschreibungen zur Nettoverschuldung, der Zinsdeckungsgrad oder der Cashflow sind jedoch elementare Kennzahlen bei der Beurteilung von Anleihen. Um eine Vergleichbarkeit zu gewährleisten, sollten diese entsprechend der internationalen Vorgaben mitgeteilt werden.

Der Arbeitskreis Bondkommunikation des Analystenverbands DVFA hat Richtlinien entwickelt, welche Kennzahlen nach welchen Maßgaben publiziert werden sollten. Dieser Leitfaden eignet sich auch für die Ansprache von Journalisten und einer breiteren Öffentlichkeit, kann aber insbesondere im letzten Fall vereinfacht und auf die Mindestvorgaben reduziert werden.

Wie Kommunikation dagegen nicht aussehen sollte, verdeutlichen einige Beispiele aus der Praxis.

Beispiel 1: Ein Unternehmen aus dem Bereich der erneuerbaren Energien verzichtet auf eine Meldung über einen Wechsel im Vorstand. Ein Fachmagazin deckt die Veränderung auf. Hinzu kommt, dass der Vorstandsvorsitzende Firmengeld für private Zwecke verwendet hat. In den Medien, von Lokalzeitungen bis hin zu bundesweiten Publikationen, breitet sich ein Sturm der Entrüstung aus. Das Ansehen des Unternehmens ist angeschlagen. Eine spätere Emission des Unternehmens konnte nur mühsam und lange nach der eigentlichen Angebotsfrist platziert werden.

Beispiel 2: Ebenfalls ein Unternehmen aus dem Bereich erneuerbare Energien verzichtet auf eine Meldung über eine Herabstufung der Bonitätsnote durch eine Ratingagentur. Die Erklärung des Pressesprechers für das Ausbleiben der Mitteilung: Der aktuelle Anleihe-Kurs spiegle bereits eine niedrigere Ratingnote wider und entspreche ohnehin nicht dem tatsächlichen Unternehmenswert. Solche eigenmächtigen Einschätzungen oder Umdeutungen sind nicht zulässig. Gerade eine Veränderung der Ratingnote stellt eine sehr relevante Information über die Bonität eines Unternehmens dar, ungeachtet aktueller Marktentwicklungen.

Beispiel 3: Nach der Emission einer Anleihe verzichtet ein Unternehmen darauf zu melden, welches Volumen bei der Anleihe-Emission platziert werden konnte. Dieser Fall ist zuletzt besonders bei kleineren Emissionen öfter aufgetreten. Doch die Angabe, wie eine Platzierung verlaufen ist, muss eindeutig als relevante Information für Öffentlichkeit und Investoren gesehen werden. Immerhin spiegelt sie die Fähigkeit des Unternehmens wider, bei Gläubigern Geld einzusammeln. Ein mangelndes Interesse kann künftige Zahlungsschwierigkeiten signalisieren. Kein Marktteilnehmer akzeptiert es etwa, würden Euro-Krisenstaaten wie Spanien oder Italien nicht angeben, wie ihre Anleihe-Auktionen verlaufen sind.

Beispiel 4: Ein Unternehmen gibt eine Pressemitteilung heraus, wonach mindestens die Hälfte des Grundkapitals aufgezehrt sei. Die Mitteilung besteht faktisch nur aus diesem Satz. Eine Erläuterung des Hintergrunds erfolgt nicht. Dies ist zu dürftig. Die Meldung basiert auf den Vorgaben des Wertpapiergesetzes und bedeutet, dass der Betrieb in erhebliche finanzielle Schwierigkeiten geraten ist. Ein Hinweis auf geplante Maßnahmen zur Sanierung oder Gründe für die Probleme werden ebenfalls nicht genannt. Kurz zuvor hatte das Unternehmen noch ausführlich den Erhalt mehrerer Großaufträge verkündet. Wenige Wochen nach der Meldung beantragte das Unternehmen Insolvenz beim zuständigen Amtsgericht.

Decken sich die oben geschilderten Grundsätze der Information von Journalisten weitgehend mit den Bedürfnissen von Investoren, so gibt es freilich auch Unterschiede. So legen die Redaktionen mitunter andere Schwerpunkte als Finanzinvestoren wie etwa Fonds, Pensionskassen oder Vermögensverwalter.

Über die bloßen Kennzahlen und Fakten hinaus suchen Journalisten auch nach Geschichten. Diese dienen als Vehikel, um den Lesern die Informationen eingängig zu präsentieren. Insbesondere Stilmittel wie die Personalisierung über Portraits von Akteuren oder der Weg über eine szenische Berichterstattung wie in Reportagen und Features gewinnen im Wirtschaftsjournalismus an Bedeutung.

Nackte, mit Fakten gespickte Artikel taugen nur mehr für den Fachinformationsdienst der Nachrichtenagenturen oder für spezielle Fachpublikationen. Der moderne Wirtschaftsjournalismus erläutert Zusammenhänge und ordnet Ereignisse in übergreifende Entwicklungen und Trends ein. Zudem versuchen die Redaktionen, die Nachrichten möglichst anschaulich zu präsentieren. So kann etwa der Aufstieg und Niedergang eines Unternehmens anhand eines oder mehrerer Akteure erzählt werden.

Dies heißt jedoch nicht, dass Journalisten immer die Emission einer Anleihe mit einem Portrait des Finanzvorstands verknüpfen werden. So mag der Finanzvorstand zwar fachlich hervorragend über Bilanzierungsregeln und den jüngsten Geschäftsbericht dozieren können – aber Anekdoten aus der Gründungszeit und der wechselvollen Geschichte eines Unternehmens wissen wahrscheinlich andere Personen besser zu erzählen. Und darauf kommt es im Journalismus letztlich an: Personen, die unterhaltsam, aber doch kenntnisreich sowie spannend und zugleich fundiert sprechen können.

Diese Darstellungsform mag kritisch als Anklang an den Boulevard-Journalismus betrachtet werden. Andererseits entspricht dies zum einen nachgewiesenermaßen den Bedürfnissen des Publikums. Zum andren dienen diese Formen in erster Linie dazu, bei einem möglichst breiten Personenkreis Interesse zu wecken und die Informationen auch möglichst ansprechend zu übermitteln – sodass keine Leser die Lektüre aus Langeweile oder Überforderung abbrechen oder Zuschauer und Zuhörer abschalten.

Zeitgemäßer Journalismus versucht, Interesse zu wecken und spannend, aber korrekt und umfassend die Leser auf Augenhöhe zu informieren. Medien verstehen sich heute nicht mehr als übergeordnete Wissensvermittler, die gnädig ihre Erkenntnisse auf unwissende Massen herabtropfen lassen. Diese Haltung ist im heutigen Kommunikationsumfeld überholt und zum Aussterben verurteilt.

16.4 Schluss

Anleihen erfahren bei Anlegern wie bei Investoren wachsende Beliebtheit. Entsprechend nimmt auch die Aufmerksamkeit zu, die dieser Anlageklasse in den Medien eingeräumt wird. So brachte die Boulevardzeitung „Bild" die Meldung, dass der Investmentchef der weltgrößten Anleihe-Investmentgesellschaft Pimco Bill Gross US-Staatspapiere aus seinen Fonds verbannt hat, auf der Titelseite. Vor wenigen Jahren wäre diese Platzierung nahezu undenkbar gewesen.

Die Ursachen für diesen Wandel gehen auf die Folgen der Finanzkrise zurück. Banken fallen wegen einer verschärften Regulierung und erhöhter Eigenkapitalvorschriften immer häufiger bei der Finanzierung von Unternehmen aus. In Europa und besonders in Deutschland suchen daher Vorstände und Unternehmer zunehmend alternative Finanzierungsmöglichkeiten abseits der Hausbank.

Dies ist ein umfassender Wandel. Denn in Europa beziffert sich das Volumen von Bankkrediten noch auf das Neunfache des Markts für Unternehmensanleihen. In den USA, die in dieser Beziehung als richtungsweisend betrachtet werden können, ist das Verhältnis ausgeglichener. Die Kapitalbeschaffung über eine Unternehmensanleihe wird somit weiter an Bedeutung gewinnen. Nicht mehr nur Großkonzerne sondern, auch mittlere und kleinere Betriebe sammeln zunehmend über die Ausgabe von festverzinsten Papieren am Kapitalmarkt Geld ein.

Unternehmensanleihen rücken damit aus ihrem Nischendasein, das sie besonders in Deutschland fristeten. Sie streifen ihr Image als „langweilige" Anlageklasse ab. Allerdings betreten viele Unternehmen mit dem Gang auf das Bondparkett völliges Neuland. Sie sind noch nicht mit den am Anleihemarkt üblichen Anforderungen und den Bedürfnisse der Investoren vertraut. Insbesondere die regelmäßige Kommunikation mit der Öffentlichkeit zählt nicht immer zur gängigen Firmenpraxis.

Trotz dieser Hürden birgt die Fortentwicklung des Markts für Unternehmensanleihen sowohl für die Emittenten wie auch für Investoren Chancen. Für Unternehmen ist über die Laufzeit einer Anleihe die Finanzierung gesichert. Sie erlangen Planungssicherheit über Zinsausgaben und Refinanzierungstermine.

Anleger wiederum können mit einem regelmäßigen, festen Zinsertrag rechnen. Zudem erscheinen Firmenanleihen im Vergleich zu Schuldverschreibungen solider Staaten als attraktiv verzinst. Das Beispiel europäischer Peripherieländer zeigt obendrein, dass sogar Industrieländer nicht mehr uneingeschränkt als zuverlässige Schuldner gelten können. Unternehmen bieten mitunter eine gleiche, oder sogar bessere Bonität.

Doch die Finanzierung über den Kapitalmarkt birgt auch Risiken für Investoren wie für die kapitalsuchenden Unternehmen. Ein nachlassender Geschäftserfolg und sinkende Erträge eines Unternehmens können bei Anlegern Nervosität hervorrufen. Irreführende oder verspätete Informationen über die Geschäftsentwicklung können gar zu einem panikartigen Ausverkauf einer Anleihen führen und das Vertrauen der Anleger in einen Schuldner dauerhaft zerstören.

Demgegenüber sehen sich Unternehmen mit der Emission einer Anleihe einer teils ungewohnten Beobachtung durch die Öffentlichkeit ausgesetzt. Doch der Auftritt auf dem Bondmarkt zwingt die Unternehmen zu einem gewissen Maß an Öffentlichkeit und Transparenz. Vor diesem Hintergrund spielt die Kommunikation im Zuge der Ausgabe und während der Laufzeit einer Anleihe eine wichtige Rolle.

Den Medien kommt die Aufgabe als Informationsmittler zwischen Unternehmen und Investoren sowie der breiten Öffentlichkeit zu. Zeitungen, Zeitschriften und Rundfunksender stecken selbst in einem Wandlungsprozess. Die Branche unter erheblichem wirtschaftlichem Druck. Sparmaßnahmen erschweren gründliche Recherchen.

Dennoch gelten unverändert bestimmte Standards. So sind die Meiden damit beauftragt, eine kritische Öffentlichkeit herzustellen. Zudem zählt die unbeeinflusste Information der Öffentlichkeit zu den Grundsäulen des Journalismus. Besonders im Wirtschaftsjournalismus sind die Redaktionen erheblichen Begehrlichkeiten und Einflussnahmen ausgesetzt. Die Versuche einer Beeinflussung haben die Redaktionen jedoch abzuwehren.

Auch gegenüber den Lesern und Zuschauern stehen Wirtschaftsjournalisten vor einer besonderen Herausforderung. Ein breites Publikum soll möglichst verständlich über die komplexen wirtschaftlichen Zusammenhänge informiert werden.

Wie in diesem Beitrag aufgezeigt, ergeben sich aus diesem Umfeld unterschiedliche Interessenlagen der Unternehmen einerseits und der Wirtschaftsredaktionen andererseits. Unternehmen, die mit einer Anleihe Kapital einsammeln, werden daher drei Eckpunkte einer vorbildlichen Information der Öffentlichkeit dringend empfohlen. Diese Eckpunkte wurden hier mit den Schlagworten prompt, korrekt und umfassend beschrieben.

Daraus sollten Unternehmen und ihre Pressestellen bestimmte Leitsätze entwickeln. Professionelle Pressestellen kommunizieren auch in Krisenzeiten sofort, sauber und fair. Sie sollten nicht der taktischen Verlockung erliegen, unliebsame Informationen zurückzuhalten oder umzudeuten. Denn strategisch zahlt sich so ein Verhalten nicht aus. Früher oder später fällt eine Falschmeldung negativ auf das Unternehmen zurück und gefährdet letztlich die wirtschaftliche Existenz.

Weiterhin sollten Unternehmen die Öffentlichkeit möglichst umfassend und nicht nur selektiv informieren. Wie anhand von Beispielen gezeigt, verspielen Unternehmen Vertrauen dauerhaft, wenn sie zunächst mehrseitige Jubelarien über neue Aufträge publizieren, wenig später aber in dürren Sätzen die Insolvenz einräumen müssen.

Für die Unternehmen ist es aus dieser Ausgangslage heraus ungleich schwieriger, das Vertrauen von Journalisten, Gläubigern, Kunden und Auftraggebern wieder aufzubauen. Firmen, die stets zuverlässig und offen über Erfolge und Probleme berichten und auf einfache Fragen einfache Antworten geben können, dürfen auch mit einem gewissen Vertrauensvorschuss rechnen.

Wie gezeigt leisten Pressestellen vielmehr sinnvolle Arbeit, wenn sie die Informationen aus einem Unternehmen auf ihre Relevanz für verschiedene Zielgruppen und -medien sortieren und entsprechend kanalisieren. Außerdem erleichtern sie Journalisten den Alltag, indem sie bei der Übersetzung aus der Fachsprache in allgemein verständliches Deutsch Vorarbeit leisten. Verfälschende oder im Firmensinne beeinflussende Veränderungen sollten die Öffentlichkeitsarbeiter dabei jedoch tunlichst unterlassen. Förderlich ist auch, wenn Informationen über ein Unternehmen angereichert werden mit weichen Faktoren wie Geschichten, Anekdoten oder markanten Personen.

Das wachsende Interesse an Unternehmensanleihen in der Öffentlichkeit und bei den Firmen bietet, wie in diesem Beitrag, gezeigt viele Chancen. Doch um das Interesse zu erhalten und keine Enttäuschung aufkommen zu lassen, müssen die Emittenten wie die Journalisten in dem aufgezeigten Spannungsfeld sorgsam agieren.

Literatur

Heinrich J, Moss C (2006) Wirtschaftsjournalistik – Grundlagen und Praxis. VS Verlag für Sozialwissenschaften, Wiesbaden
Höges C (2009) Die Kinder von Sodom. Spiegel 49:148–151
Moec G (2012) Die Kosten der Kreditklemme. DB Research, Frankfurt am Main
Schmidt-Häuer C (2005) Rosen für die reiche Welt. Zeit 30 (21.07.2005)
Schneider W, Raue P-J (2003) Das neue Handbuch des Journalismus. Rowohlt, Reinbek

Debt Relations mit Ratingagenturen

Michael Munsch

Ratings haben für die unternehmerische Finanzkommunikation große Bedeutung erlangt. Neben der Kapitalmarktfinanzierung, bei der das Rating einer anerkannten Agentur in der Regel obligatorisch ist, nutzen viele Unternehmen Ratings auch zur aktiven Demonstration ihrer Finanzstärke, beispielsweise gegenüber Gläubigern wie Banken, Lieferanten, Kreditversicherern oder auch potenziellen Investoren. Damit stellt die Beziehung zu einer Ratingagentur zwar keine klassische Debt Relation dar, das Rating trägt aber sehr wohl dazu bei, die Debt Relations zu gestalten, da es Aussagen zur Bonität eines Unternehmens trifft und mit Ratingergebnis und Ratingbericht Instrumente liefert, die die aktive Finanzkommunikation gegenüber Geschäftspartnern unterstützen.

Dies erfordert über den anfänglichen Ratingprozess hinaus eine dauerhafte Zusammenarbeit mit der Ratingagentur. Entscheidend ist in diesem Zusammenhang, die Kommunikation mit der Ratingagentur aktiv zu gestalten und zu wissen, welche Informationen im Rahmen des Ratingprozesses und darüber hinaus erforderlich sind. Grundsätzlich kann davon ausgegangen werden, dass ein Mehr an qualitativ hochwertigen Informationen zum Abbau von Informationsasymmetrien und damit zu qualitativ guten Ratings führt. Transparenz hilft in diesem Zusammenhang, Unsicherheiten abzubauen und den Ratinganalysten die Erstellung eines möglichst allumfassenden Bildes der Unternehmensbonität zu erleichtern.

Im Folgenden soll erläutert werden, welchen Nutzen Ratings intern wie extern bieten und wie der Ratingprozess im Detail abläuft.

M. Munsch (✉)
Creditreform Rating AG, Vorstand, Hellersbergstraße 11, 41460 Neuss, Deutschland
E-Mail: m.munsch@creditreform-rating.de

17.1 Begriffsabgrenzung: Ratings und ihre Bedeutung

Ein Rating stellt eine Aussage über die zukünftige Fähigkeit und rechtliche Verpflichtung eines Emittenten bzw. Schuldners zur termingerechten und vollständigen Erfüllung von Zins- und Tilgungszahlungen dar und überprüft die Nachhaltigkeit der Cash-Flows zur Bedienung der Kapitaldienste. Ferner schließt es Informationslücken zwischen dem beurteilten Unternehmen und potenziellen Investoren bzw. Gläubigern. Das Rating ist als objektivierendes Meinungsbild zu betrachten, dessen Bedeutung durch ein verständliches Symbol verdeutlicht wird. Über die Ausfallwahrscheinlichkeiten der einzelnen Ratingklassen sind internationale Vergleiche der Unternehmensbonität möglich.

Um diese Funktionen zu erfüllen, muss ein Rating von einer anerkannten Ratingagentur durchgeführt werden. Bis zur Einführung der Solvabilitätsverordnung im Jahr 2007 wurden Ratingagenturen jedoch ausschließlich durch Marktmechanismen und ihre Nutzung durch Investoren anerkannt. Wurden in Richtlinien für Investoren und ihre Entscheidungsgremien Meinungen von Ratingagenturen als Hilfsmittel aufgenommen, mussten sie von anerkannten Ratingagenturen stammen. Aber es war nicht definiert, was genau eine anerkannte Agentur ausmacht. Mit der Solvabilitätsverordnung und der EU-Richtlinie 1060/2009 hat sich das geändert. Formal ist eine Ratingagentur anerkannt, wenn sie von der European Securities and Markets Authority (ESMA) registriert wurde. Darüber hinaus bilden die Solvabilitätsverordnung, der IOSCO Code sowie in den USA die US NRSRO Registration bei der SEC den regulatorischen Rahmen für die Arbeit von Ratingagenturen.

Die EU-Verordnung definiert Rating seither als „ein Bonitätsurteil in Bezug auf ein Unternehmen, einen Schuldtitel oder eine finanzielle Verbindlichkeit, eine Schuldverschreibung, eine Vorzugsaktie oder ein anderes Finanzinstrument oder den Emittenten derartiger Schuldtitel, finanzieller Verbindlichkeiten, Schuldverschreibungen, Vorzugsaktien oder anderer Finanzinstrumente, das anhand eines festgelegten und definierten Einstufungsverfahrens für Ratingkategorien abgegeben wird". Ferner betont sie den Zusammenhang zwischen Ratingergebnis und Ausfallquote Abb. 17.1 zeigt die Ausfallwahrscheinlichkeiten der einzelnen Ratingklassen bezogen auf einen Ein- und Fünfjahreszeitraum am Beispiel der Creditreform Rating AG.

Exemplarisch sei die Ausfallwahrscheinlichkeit eines Ratings im Bereich BBB über fünf Jahre mit zwei Prozent genannt. Im Bereich der Ratings mit BB liegt die Ausfallwahrscheinlichkeit über fünf Jahre bei neun Prozent (Abb. 17.2).

17.2 Bedeutung und Nutzen von Ratings

Ratings bilden für viele Investoren und Kreditgeber eine zentrale Entscheidungsgrundlage. Entsprechend groß ist die Verantwortung der jeweiligen Ratingagentur. Das gilt insbesondere für das Rating mittelständischer Unternehmen und ihrer Anleihen. Ratings ergänzen die Investitionsanalyse institutioneller und auch privater Investoren. Doch auch für das beurteilte Unternehmen selbst ist das Rating von großem Nutzen.

17 Debt Relations mit Ratingagenturen

Rating	Bedeutung
AAA	Höchste Zukunftssicherheit, das Existenzrisiko ist nahezu null
AA+ AA AA	Sehr gute Zukunftssicherheit, sehr geringes Existenzrisiko, nur geringfügig schlechter als die Höchsteinstufung
BBB+ BBB BBB-	Gute Zukunftsfähigkeit, geringe Existenzgefährdung, äußere Einflüsse können die Situation kurzfristig negativ beeinflussen
BB+ BB BB-	Stark befriedigende Zukunftssicherheit; durch unvorhergesehene äußere Einflüsse kann eine Verschlechterung eintreten
B+ B B-	Ausreichende Zukunftssicherheit, eine zukünftige Verschlechterung der Situation ist zu erwarten
CCC CC C	Nicht mehr ausreichende Zukunftssicherheit, nachhaltige Gefährdung der Existenz
D	Ausfall, nachhaltige Zahlungs- und Leistungsstörung

Abb. 17.1 Ausfallwahrscheinlichkeiten der einzelnen Ratingklassen am Beispiel der Creditreform Rating AG

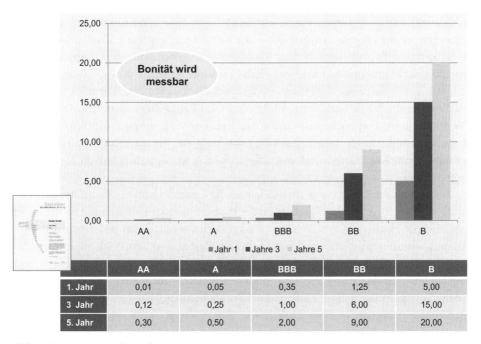

Abb. 17.2 Bonität wird messbar

17.2.1 Interne Nutzenfaktoren: Managementinformation und Risikoidentifikation

Im Rahmen eines Ratings werden zahlreiche betriebswirtschaftlich relevante Faktoren identifiziert und unter Chancen- und Risikoaspekten beurteilt. Somit kann ein Rating als wichtiges Informationsinstrument für das Management dienen. Aus dem neutralen und objektiven Blickwinkel der Rating-Analysten werden im Rahmen des Rating-Prozesses Stärken und Schwächen sowie Chancen und Risiken des Unternehmens transparent. Optimierungspotenziale werden sichtbar und bieten Anhaltspunkte zur kontinuierlichen Verbesserung des Unternehmens.

Zudem kann ein Rating auch zur Identifikation latenter Risiken genutzt werden. Im Falle von Aktiengesellschaften sind die Vorstände gemäß KonTraG (Gesetz zur Kontrolle und Transparenz im Unternehmensbereich) dazu verpflichtet, sich umfassend über potenzielle Risiken zu informieren und ein Risikomanagementsystem einzuführen. Diese Entwicklung hat auch Auswirkungen auf nicht börsennotierte, mittelständische Unternehmen. Das Rating kann in diesem Zusammenhang auch die Funktion erfüllen, Risiken zu identifizieren und über ein Beurteilungsraster zu qualifizieren.

17.2.2 Externe Nutzenfaktoren: Kreditwürdigkeitssignal und Kommunikationsinstrument

Weitaus bekannter und in ihrer Bedeutung wachsend sind die externen Nutzenfaktoren eines Ratings. Das Bedürfnis der Finanzpartner nach transparenter, neutraler Information ist nicht erst seit der vergangenen globalen Finanzkrise weiter gestiegen. Kreditgeber müssen Informationen über die Risiken ihrer Kreditvergabe erheben und interpretieren, um entsprechende risikopolitische Entscheidungen treffen zu können. In diesem Zusammenhang trägt ein Rating dazu bei, die Finanzierungsoptionen eines Unternehmens zu verbessern. Als Instrument der Finanzkommunikation hilft das Rating einer neutralen Agentur, das Vertrauen in das Unternehmen weiter zu steigern. Für die Finanzwelt dient das Rating als Entscheidungskriterium in Bezug auf die Gestaltung von Finanzierungskonditionen, die grundsätzliche Kreditbereitschaft sowie die Höhe von Kreditlimiten und die Stellung von Sicherheiten.

Dabei kann das Rating ein zentrales Element der Finanzkommunikation darstellen, beispielsweise im Zuge von Verhandlungen der Finanzierungskonditionen mit Banken, aber auch bei der Platzierung von Anleihen, die im Zuge der steigenden Bedeutung der Kapitalmarktfinanzierung auch für mittelständische Unternehmen immer wichtiger geworden ist. Viele Handelsplätze verlangen dabei ein Rating einer anerkannten Ratingagentur, teils mit einem verbindlichen Mindestergebnis. Diese Anforderungen lassen die Bedeutung externer Ratings weiter steigen. Zudem ist der Zusammenhang zwischen der Ratingnote und den Finanzierungskosten offensichtlich, wie Abb. 17.3 zeigt.

Abb. 17.3 Zusammenhang zwischen Ratingergebnis und Finanzierungskosten

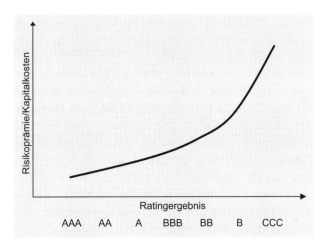

Typische empirische Werte für Risikoprämien im Bereich AAA/AA/A sind 30 bis 150 Basispunkte, das heißt, eine Finanzierung mit einem entsprechenden Rating verlangt über den risikofreien Basiszins hinaus einen Aufschlag von bis zu 150 Prozentpunkten. Für Ratings im BBB/BB/B-Bereich können dies auch Werte um 300 bis 900 Prozentpunkte sein. Weitere Faktoren wie die Bekanntheit und der Markenwert des Unternehmens, eine mögliche Börsennotierung, die Verständlichkeit des Geschäftsmodell für Außenstehende, die demonstrierte Transparenz sowie die Unternehmensgröße und die Marktliquidität insgesamt spielen eine Rolle.

Unabhängig von der spezifischen finanzmarktbezogenen Zielsetzung ist das Rating ein wichtiger Teil der Kommunikation mit den unterschiedlichen Anspruchsgruppen des Unternehmens. Lieferanten erhalten durch ein Rating Hinweise über die Zahlungssicherheit des Unternehmens – mit Auswirkungen auf die Einkaufskonditionen für das geratete Unternehmen. Der Aufbau neuer Geschäftsverbindungen, die über eine Kunden- oder Lieferantenbeziehung hinausgehen, ist mithilfe eines Ratings sehr gut zu flankieren. Auch für die Teilnahme an Ausschreibungen zur Durchführung langfristiger Projekte bietet ein Rating ein zusätzliches Argument. Neue Gesellschafter erhalten durch ein Rating einen ersten Hinweis über die Bonität und die Beurteilung der Fundamentaldaten des Unternehmens. Der Einstieg in die häufig sehr schwierige Suche nach neuen Investoren einerseits und neuen lohnenden Investitionsmöglichkeiten andererseits kann durch ein Rating deutlich vereinfacht werden.

17.3 Rating-Prozess und relevante Kommunikationselemente

17.3.1 Ablauf eines Ratings

Ein Rating umfasst eine Abfolge fest definierter Teilschritte, an deren Ende die Überführung des Ratings in eine international verständliche Ratingnote und die Übergabe des

Ratingzertifikats an das zu beurteilende Unternehmen steht. Nach der Auftragserteilung durch das Unternehmen und einem Erstgespräch mit dem verantwortlichen Analystenteam fordert die Ratingagentur eine Vielzahl von Unterlagen, darunter Jahresabschlüsse der letzten drei bis fünf Jahre, Berichte von Wirtschaftsprüfern, Anlagenspiegel, Leasing- und Factoring- bzw. ABS-Vereinbarungen und aktuelle unterjährige Dokumentationen zur Ergebnis- und Finanzlage an. Es folgt ein Managementgespräch im Unternehmen. Alle erhobenen Informationen werden im Anschluss analysiert, aufbereitet und zu einem Ratingbericht verdichtet. Das Rating-Komitee bestehend aus Analysten und ggf. externen Fachleuten bestimmt schließlich die Ratingnote. Das Rating bleibt über den mit dem Unternehmen bzw. Emittenten vereinbarten Zeitraum gültig und wird permanent überwacht (Monitoring). Falls nötig, wird die Ratingnote neuen Erkenntnissen angepasst. Alle Daten, die das Unternehmen der Ratingagentur übermittelt, werden streng vertraulich behandelt und nur in Absprache mit dem Unternehmen an Dritte weitergegeben. Gleiches gilt für die Ratingnote. Im Falle von veröffentlichten Ratings werden Anpassungen im Verlauf des Monitorings durch die Ratingagentur entsprechend ihrer Methodik publiziert.

Der Ratingprozess basiert dabei auf der Auswertung quantitativer und qualitativer Informationen des beurteilten Unternehmens. Dazu gehören etwa Jahresabschlüsse, aktuelle Monatsabschlüsse, Planungsrechnungen, Bankenspiegel, Organigramme, Segmentberichte, Unternehmensdarstellungen sowie Managementpräsentationen. Weitere Daten wie die aktuelle Branchensituation, existierende Länder- und Währungsrisiken oder relevante Bonitätsrisiken im Kundenkreis werden von der beauftragten Agentur selbst ermittelt und in den Ratingprozess integriert. Für die Kommunikation mit der Ratingagentur ist es wichtig zu wissen, wie der Ratingprozess verläuft und welche Informationen als Ratingkriterien im Rahmen des Ratings verarbeitet werden.

Unterlagen, die im Rahmen der Analyse von Bedeutung sind, sind zum Beispiel die folgenden:

- HR-Auszug, Gesellschafterverträge, Organigramme, wichtige Verträge
- Jahresabschlüsse (letzten 3–5 Jahre), WP-Berichte
- Anlagenspiegel, Leasing- und Factoring-/ABS-Vereinbarungen
- Aktuelle unterjährige Ergebnis- und Finanzlage (BWA/Soll-Ist-Vergleiche)
- Darstellung der Auftragslage (zum Plan und zum Vorjahr)
- Planungsrechnungen, Ziel- und Strategiebeschreibungen
- Finanz- und Bankenstatus/Verbindlichkeitsspiegel, Liquiditätsrechnung
- Auszüge aus dem Management-Informationssystem (Controlling und Risikomanagement)
- Kunden- und Lieferantenlisten, OP-Listen
- Produktbeschreibungen, Zertifizierungen, Patente, Gutachten
- Aufstellung Versicherungen
- Vorliegende Wertgutachten (insbesondere bei Ratings besicherter Anleihen)
- Branchenspezifische weitere Informationen

17.3.2 Qualitative Kriterien im Rahmen des Ratingprozesses

Das zentrale Ziel der Ratinganalysten ist es, eine fundierte Einschätzung über die zukünftige Cash-Flow-Entwicklung des Unternehmens zu gewinnen, um damit die langfristige Bestandssicherheit des Unternehmens zu beurteilen. Dabei ist im Rahmen des Ratingprozesses eine Vielzahl von Einzelinformationen von Bedeutung.

Unternehmensdokumentation Idealerweise dokumentiert ein Unternehmen seine geplante Entwicklung im Rahmen eines schriftlichen Geschäftsplanes, in dem die angestrebten Unternehmensziele dokumentiert und entsprechende Strategien zur bestmöglichen Zielerreichung beschrieben werden. Beispiele können Factsheets oder Zusammenfassungen der Unternehmensentwicklung in der Vergangenheit (Historie), Ziele, Strategien und Planungsrechnungen sein. Für das Rating reicht die Dokumentation der Vergangenheit nicht aus, da die Kreditvergabe immer eine zukunftsgerichtete Entscheidung ist, bei der zwingend auch kritische Fragen über die zukünftige Entwicklung des Unternehmens gestellt werden.

Unternehmensorganisation Im Rating sollten die Aufbau- und Ablauforganisation dokumentiert werden. Aber auch das Umfeld, in das ein Unternehmen eingebettet ist, ist für die Ratinganalyse von Bedeutung. Hierzu zählen unter anderem die Beteiligungsverhältnisse zu Mutter- oder Tochterunternehmen und die sich daraus ergebenden Chancen und Risiken. Auch haftungsrechtliche, personelle und leistungsbezogene Verflechtungen zu Dritten, beispielsweise Schwesterunternehmen, sind von Relevanz. Diese sollten den Analysten offen dargelegt und erläutert werden.

Marktbeziehungen und Wettbewerb In diesem Bereich steht das Marktumfeld eines Unternehmens im Mittelpunkt der Betrachtung – also Kunden, Partner im Absatz- und Beschaffungsbereich sowie Mitbewerber. Bei der Darstellung der Hauptlieferanten sollte auch aufgeführt werden, welche Alternativen am Markt verfügbar sind. Die Ratingagentur wird die Bonität der wichtigsten Partner prüfen und aus den Ergebnissen Aussagen über die Bestandsfestigkeit des Lieferantensystems ableiten.

Die Ratingagentur untersucht die Bonität der wichtigsten Kunden und leitet Aussagen über die Bestandsfestigkeit der Umsatzmöglichkeiten und die Realisierbarkeit von Forderungen ab. Untrennbar verbunden mit der Frage nach der Kundenstruktur und der Bonität der Kunden ist die Analyse des Aufbaus und der Funktionsweise des Debitorenmanagements. So sollte die Kundenliste auch unter Risikogesichtspunkten einer ABC-Analyse unterworfen werden. Abhängigkeiten von Lieferanten und Kunden spielen eine wichtige Rolle für die Einschätzung des Risikos.

Um die Marktsituation eines Unternehmens für das Rating zu beurteilen, analysiert die Agentur den relevanten Markt des Unternehmens, die wichtigsten Wettbewerber, das Marktvolumen und das realisierbare Marktwachstum. Neben den eigenen Recherchen der

Ratingagentur sollte auch das Management Informationen zu diesem Themenkomplex beitragen können und so das eigene Branchen-Know-how verdeutlichen. Von besonderem Interesse ist die Darstellung, wie sich die Marktanteile der jeweiligen Anbieter entwickelt haben und welche Veränderungen in Zukunft zu erwarten sind. Chancen durch vorhandene Alleinstellungsmerkmale sind für die Beurteilung der Zukunftsperspektiven ebenso relevant wie Risiken, die aus einer möglichen Produktsubstitution entstehen können.

Produkte und Leistungen Die dauerhafte Marktfähigkeit der angebotenen Leistungen bzw. Produkte ist entscheidend für die zukünftigen Cashflows und somit von wichtiger Bedeutung für das Unternehmensrating. Der bisherige Erfolg einzelner Produkte, die Zuordnung der Erfolge zu Produktgruppen, das jeweilige Produktalter und die erwarteten Produktperspektiven stehen als Elemente des Produktlebenszyklus im Mittelpunkt der Analyse des betrieblichen Leistungsspektrums. Sofern die Produkte einem schnellen technischen Fortschritt oder modischen Einflüssen unterliegen, sind entsprechende Konzepte erforderlich, um diesen Marktentwicklungen zu folgen.

Controlling und Managementinformation Form, Inhalte und Aussagekraft des internen Informationssystems eines Unternehmens sind wichtige Qualitätsmerkmale für das Controlling. Nur ein gut informiertes Management ist in der Lage, ein Unternehmen zielgerichtet zu steuern und Krisen nach Möglichkeit vorzubeugen. Eine Ratingagentur setzt sich intensiv mit dem internen Berichtswesen auseinander. Hier gilt es zu dokumentieren, dass alle führungsrelevanten Informationen zeitnah verfügbar und angemessen differenziert sind. Als Beispiele sind in diesem Zusammenhang Monatsberichte, Kennzahlen oder Standardberichte aus dem Controlling zu nennen. Für das Rating ist eine aussagekräftige Unternehmensplanung erforderlich, um sich ein Bild von der Zukunft des Unternehmens machen zu können. Annahmen einzelner Module, der Zeitbezug des Planungshorizonts und einzelne Planungsrechnungen sollten erläutert werden. Unabhängig vom Vorliegen einzelner marktbezogener Planungen ist eine differenzierte Finanz-, Bilanz- und Erfolgsplanung im Ratingprozess wichtig. Auch die eingesetzten Kontrollinstrumente und Kontrollmaßstäbe sollten dargelegt werden.

Managementteam und Mitarbeiter Der personelle Status quo und geplante personelle Änderungen, insbesondere auf Managementebene des Unternehmens sind im Rahmen des Ratings darzustellen. Besonders im Mittelstand ist zudem die Gesellschaftersituation von großem Interesse. Dazu gehören beispielsweise Zuständigkeiten, Kernkompetenzen, Qualifikation und Vertretungsregelungen, beispielsweise dargestellt durch ein Organigramm. Treten absehbare und wichtige Veränderungen bei Management und Gesellschaftern ein (Kündigung, Pensionierung, Gesellschafterwechsel, usw.), sollte plausibel dargelegt werden, wie das Unternehmen darauf reagiert. Besonders wichtige Maßnahmen zur Qualitätssicherung im Personalbereich besitzen ebenfalls Aussagekraft im Ratingprozess.

Finanzmanagement und Finanzplanung Wesentlicher Gegenstand des Finanzmanagements ist die Sicherung der kurzfristigen Liquidität und der mittel- bis langfristigen Finanzierung. Die Finanzplanung sollte mit anderen Detailplanungen wie der Umsatz- und der Investitionsplanung abgestimmt sein. Sie zeigt, ob finanzielle Verpflichtungen des Unternehmens termingerecht erfüllt werden können. Die Gestaltung der Zahlungs-, Informations-, Kontroll- und Sicherungsbeziehungen zwischen einem Unternehmen und seinen Kapitalgebern ist von Bedeutung. Im Rating werden daher die vertragsbedingten Rechte und Pflichten von Kapitalgebern und Kapitalnehmern analysiert, die aus den finanzwirtschaftlichen Kontrakten des Unternehmens resultieren. Dies kann beispielsweise durch einen Bankenspiegel dokumentiert werden. In diesem Zusammenhang ist auch eine Übersicht über alle vom Unternehmer gegebenen Sicherheiten (Sicherungsübereignungen, Bürgschaften, Grundbucheintragungen) mit Informationen über die Art der Vereinbarung, Umfang, Begünstigtem und zeitlichem Ausmaß der jeweiligen Vereinbarung von Bedeutung.

Wertgutachten Im Fall des Ratings zum Beispiel einer besicherten Anleihe ist das Ratingergebnis wesentlich von dem Wert und der Wertstabilität des zugrundeliegenden Vermögensgegenstandes abhängig. Dieses können Immobilien, Schiffe, Beteiligungsrechte, Handelsforderungen, Kredite oder ähnliches sein. In der Regel werden unabhängige Gutachten vorgelegt, die im Rahmen des Ratings plausibilisiert und genutzt werden. Wichtige Veränderungen der eingebrachten Sicherheiten oder aktualisierte Gutachten sollen der Ratingagentur zur Verfügung gestellt werden.

17.3.3 Quantitative Kriterien im Rahmen des Ratingprozesses

Die Qualität der im Jahresabschluss dokumentierten Finanz-, Vermögens- und Ertragslage ist eine wichtige Basis für die Analyse. In der Vergangenheit waren Jahresabschlüsse oftmals ausschließlich steuerpolitisch geprägt. Neben der Steuerbemessungsfunktion existiert allerdings auch eine Informationsfunktion, die ein Jahresabschluss zu erfüllen hat. Diese Funktion ist im Sinne des Ratings und jeder Bonitätsbeurteilung besonders wichtig. Analysten bilden sich über die Qualität und den Aussagegehalt des Jahresabschlusses eine Meinung. Üblicherweise wird die relative Ausfallwahrscheinlichkeit eines Unternehmens im Rating umso höher bewertet, je schlechter die Cashflow-, Finanz- und Ertragssituation ist, da gescheiterte Unternehmen üblicherweise immer durch schwache Renditen, schlechte Finanzierungsstrukturen und geringe Cashflows gekennzeichnet sind. Sollten bilanzpolitische Maßnahmen zu einer Ergebnisminderung beigetragen haben, sollten diese offen dargestellt und belegt werden. Auch wenn die zukünftige Ergebnis- und vor allem Cashflow-Entwicklung im Ratingurteil überwiegen, muss ein Unternehmen, das ein gutes Rating anstrebt, auch im Jahresabschluss eine solide Unternehmensentwicklung quasi als Track-Record der Managementqualität der Vergangenheit, dokumentieren können. Dies gilt grundsätzlich nicht nur für das Zahlenmaterial, sondern auch für die qualitativen Aussagen im Lagebericht und die Erläuterungen im Anhang.

Abb. 17.4 Beispiele relevanter Kennzahlen für das Unternehmensrating

Kennzahl	Bedeutung
Eigenkapitalquote (%)	(bereinigtes Eigenkapital/bereinigte Bilanzsumme x 100
Gesamtkapitalrentabilität (%)	(Jahresüberschuss + Zinsaufwand)/bereinigte Bilanzsumme x 100
EBIT Interest Coverage	Betriebsergebnis/Zinsaufwand
Fremdkapitalstruktur (%)	(Verbindlichkeiten aus L. & L. und ggü. Kreditinstituten)/Fremdkapital x 100
Kapitalbindungsdauer (Tage)	(Verbindlichkeiten aus L. & L. und Wechsel)/ Umsatzerlöse x 365
FFO / Total Debt (%)	(Ergebnis der gewöhnlichen Geschäftstätigkeit + Abschreibungen)/Summe Fremdkapital x 100
Total Debt to EBITDA	Fremdkapital - Verb.L.L. - erhaltene Anzahlungen)/(Betriebsergebnis + Abschreibungen)

Im Rahmen der quantitativen Kennzahlenanalyse werden ergänzende Vergleichswerte hinzugezogen. Abbildung 17.4 stellt diese exemplarisch dar:

Für den Ratingprozess sind die genannten Kennzahlen in mehrfacher Hinsicht relevant. Zum einen lassen sich bestimmte Kennzahlenmuster als typisch für eine Insolvenzgefahr bezeichnen. Die Kennzahlenanalyse liefert somit wertvolle Informationen für die Prognose der Insolvenzwahrscheinlichkeit. Ferner dient die qualitative Analyse dazu, die weitere Entwicklung der Kennzahlen in den kommenden drei bis fünf Jahren zu prognostizieren. Somit ist die Kennzahlenanalyse ein wichtiger Baustein im Ratingprozess. Ein Automatismus zwischen Kennzahlenausprägung und Ratingergebnis existiert dagegen nicht.

17.4 Zusammenfassung

Die Zusammenarbeit mit einer Ratingagentur erfordert einen Auftrag zur Erstellung eines Ratings mit der genauen Bestimmung des Ratingobjektes: soll also ein Unternehmensrating oder ein Anleiherating erstellt werden und welche Rechtseinheit wird die Anleihe begeben. Im Rahmen der laufenden Kommunikation mit der Ratingagentur werden unterjährige Informationen zur Geschäftsentwicklung ausgewertet. In Absprache mit der Ratingagentur werden die relevanten Unterlagen sowie die erforderlichen telefonischen und vor Ort Kontakte genau abgestimmt. Das Erstrating sowie Änderungen des Ratings im laufenden Monitoring werden zunächst dem Unternehmen und anschließend der Öffentlichkeit mitgeteilt. Vollständigkeit und Transparenz sind die entscheidenden Faktoren, Debt Relations optimal zu gestalten.

18 Der Gemeinsamer Vertreter der Anleihegläubiger als zentrale Institution der Debt Investor Relations

Kay Bommer

Unternehmensanleihen als Bestandteil der Fremdkapitalfinanzierung haben in den letzten Jahren zunehmend an Bedeutung gewonnen.

Vor dem Hintergrund verschärfter Anforderungen in Bezug auf die Eigenkapitalunterlegungen für Banken und der damit zu erwartenden Verteuerung von Unternehmenskrediten ist davon auszugehen, dass der Bedarf an derartigen Finanzierungsinstrumenten als Alternative zum Hausbankkredit zukünftig weiter stetig zunehmen wird. Aber nicht nur die Zurückhaltung kreditgebender Banken, neue Engagements einzugehen, sondern auch der Wunsch von Unternehmen nach mehr Unabhängigkeit von einzelnen Kreditgebern und einer höheren Flexibilität ihrer Fremdkapitalstruktur, werden dazu führen, dass Unternehmen sich vermehrt Fremdkapital am Kapitalmarkt beschaffen werden (müssen).

Dabei sind es nicht nur – wie es bis in das Jahr 2010 regelmäßig der Fall war – große, zumeist börsengelistete Unternehmen und Konzerne, sondern seitdem auch verstärkt mittelständische Unternehmen, die sich dieser Finanzierungsform bedienen. Zunehmend sind auch Emittenten am Markt unterwegs, deren Eigenkapital nicht an einer Börse gehandelt wird, und denen es an Erfahrung im Umgang mit dem Kapitalmarkt bzw. kapitalmarktorientierten Investoren mangelt.

Häufig wird übersehen, dass die Begebung einer Anleihe nur einen ersten Schritt in Richtung einer kontinuierlichen Öffnung zum Kapitalmarkt markiert. Der ersten Anleihe folgen weitere, sie muss zum Laufzeitende refinanziert werden, oder auch ein Eigenkapital-Listing ist Bestandteil der perspektivischen Überlegungen des Unternehmens.

Mit der Notierung einer Anleihe – zumal an den jüngst geschaffenen Segmenten deutscher Börsen für Mittelstandsanleihen – geht eine starke Heterogenisierung der Investoren einher: Institutionelle, teilweise internationale Investoren, Vermögensverwalter, Family Offices, Versorgungswerke und zunehmend auch (regionale) Retail-Investoren bedeuten einen fragmentierten Investoren-Pool. Damit stehen Anleihe-Emittenten un-

---

K. Bommer (✉)
Geschäftsführer des Deutschen Investor Relations Verbands (DIRK)
Baumwall 7, 20459 Hamburg, Deutschland
E-Mail: kbommer@ra-bommer.de

weigerlich einer neuen, ihnen häufig gänzlich unbekannten Klientel gegenüber: Einer Gruppe unterschiedlich geprägter Anleihegläubiger (Bond-Investoren).

Der folgende Beitrag zeigt auf, wie dieser Herausforderung durch die Bestellung eines Gemeinsamen Vertreters der Anleihegläubiger begegnet werden kann, und gibt Empfehlungen, wie dessen Rolle in der Praxis definiert werden sollte – zum Vorteil sowohl des Emittenten als auch der Bond-Investoren.

18.1 Das Konstrukt des Gemeinsamen Vertreters nach dem neuen Schuldverschreibungsgesetz

Mit dem am 05.08.2009 in Kraft getretenen Gesetz zur Neuregelung der Rechtsverhältnisse bei Schuldverschreibungen aus Gesamtemissionen – kurz: Schuldverschreibungsgesetz (SchVG) – hat der Gesetzgeber das bis dahin geltende Schuldverschreibungsgesetz aus dem Jahre 1899 umfassend novelliert und insbesondere die rechtlichen Vorgaben für die Entscheidung der Anleihegläubiger über Änderungen der Anleihebedingungen grundlegend neu gefasst. Kernpunkt des Gesetzes ist die Erweiterung der Befugnisse des sog. Gemeinsamen Vertreters.

Anders als nach dem alten SchVG ist die Notlage eines Emittenten nunmehr keine Voraussetzung mehr für die Anwendbarkeit des SchVG. Damit trägt der Gesetzgeber der Tatsache Rechnung, dass während der – an Maßstäben des Wirtschaftslebens gemessen recht langen[1] – Laufzeit einer Anleihe „auch ohne eine Krise des Schuldners ein Bedürfnis für die Anpassung von Emissionsbedingungen entstehen kann".[2] Denkbar sind hier zum Beispiel Fälle, in denen aus steuerlichen Gründen eine andere Finanzierungsgesellschaft als Schuldner eingesetzt werden oder ein Austausch der für die Schuldverschreibung hingegebenen Sicherheiten erfolgen soll.

Dies hat zur Folge, dass das Konstrukt des Gemeinsamen Vertreters nicht nur als reine Gläubigervertretung im Insolvenzfall, sondern vielmehr über die gesamte Laufzeit der Schuldverschreibung zum Vorteil sowohl des Emittenten als auch der Investoren genutzt werden kann.

Die Neuregelung passt das nationale Recht an Gegebenheiten der internationalen Kapitalmärkte an, indem es die Möglichkeit schafft, den Investoren über einen Gemeinsamen Vertreter nicht nur erweiterte Befugnisse zur Entscheidungsfindung bei der Anpassung von Anleihebedingungen, sondern auch erweiterte Informationsrechte einzuräumen und somit die Transparenz hinsichtlich der betroffenen Fremdkapital-Instrumente zu erhöhen.

Bestellung des Gemeinsamen Vertreters Ein Gemeinsamer Vertreter kann auf zweierlei Weise bestellt werden: Zum einen kann der Emittent bereits in den Anleihebedingungen einen Gemeinsamen Vertreter bestellen (Vertragsvertreter). Zum anderen können die

---

[1] Die Laufzeit von Mittelstandsanleihen beträgt in der Praxis regelmäßig mindestens fünf, teilweise bis zu zehn Jahre.
[2] Gesetzentwurf der Bundesregierung (2009).

Gläubiger – soweit sie dazu vom Emittenten in den Anleihebedingungen ermächtigt worden sind – durch Mehrheitsbeschluss einen Gemeinsamen Vertreter bestellen, der ihre Interessen gesamtheitlich wahrnimmt (Wahlvertreter).

In beiden Fällen bedarf es jedoch einer aktiven Handlung seitens des Emittenten: Entweder der Bestellung eines Vertragsvertreters und/oder der Ermächtigung der Gläubiger, einen solchen zu bestellen. Macht der Emittent von diesen Möglichkeiten kein Gebrauch, so können die Gläubiger auch keinen Gemeinsamen Vertreter bestellen.

Aufgaben und Befugnisse des Gemeinsamen Vertreters Zu den Mindestaufgaben und -befugnissen des Gemeinsamen Vertreters gehören nach dem SchVG die Berichtspflicht, das Recht zur Einberufung einer Gläubigerversammlung bzw. das Recht zur Veranlassung einer Abstimmung ohne Versammlung, das Recht zur Versammlungs- bzw. Abstimmungsleitung, gewisse Informationsrechte sowie das exklusive Recht zur Geltendmachung der Anleihegläubigerrechte im Falle der Insolvenz.

Entscheidend ist, dass Gläubiger ihre Rechte aus der Schuldverschreibung nicht mehr einzeln wahrnehmen können, sobald ein Gemeinsamer Vertreter zur Geltendmachung der Gläubigerrechte ermächtigt worden ist.[3] Diese grundsätzlich ausschließliche Zuständigkeit des Gemeinsamen Vertreters ist von zentraler Bedeutung, da erst hierdurch das Ziel der zügigen und effektiven Geltendmachung der Rechte aller Gläubiger einer Anleihe erreicht wird.

Dabei ist zu berücksichtigen, dass der Gemeinsame Vertreter den Investoren ggü. berichtspflichtig und auch weisungsgebunden ist. Die Gläubiger können den Gemeinsamen Vertreter durch Mehrheitsbeschluss jederzeit – ohne Angabe von Gründen – abberufen.

Gläubigerversammlung und Abstimmung ohne Versammlung Beschlüsse können von den Gläubigern entweder in Gläubigerversammlungen oder im Wege der Abstimmung ohne Versammlung gefasst werden. Im letzteren Fall wird die physische Versammlung durch eine Abstimmung per Brief oder Textform (zum Beispiel E-Mail) innerhalb eines bestimmten Abstimmungszeitraumes ersetzt.

Hiervon profitieren insbesondere mittlere und kleinere Anleger, deren häufig geringere Ressourcen den Besuch von Gläubigerversammlungen schon aus Effizienzgründen nur selten wirtschaftlich ermöglichen.

Auswahl und Vergütung des Gemeinsamen Vertreters Zum Gemeinsamen Vertreter kann jede geschäftsfähige Person oder eine sachkundige juristische Person bestellt werden. Dies schließt auch dem Emittenten nahestehende Personen ein (zum Beispiel Vorstands- oder Aufsichtsratsmitglieder, Aktionäre), deren Verhältnis zum Emittenten aber jederzeit offengelegt werden muss.

---

[3] Ausgenommen sind davon Fälle, in denen die Gläubigerversammlung dem einzelnen Anleihegläubiger das Recht zur selbstständigen Geltendmachung seiner Rechte explizit vorbehalten hat.

Die durch die Bestellung eines gemeinsamen Vertreters entstehenden Kosten und Aufwendungen, einschließlich einer angemessenen Vergütung, trägt der Emittent.

18.2 Der Gemeinsame Vertreter als Bond Investor Relations-Manager des Emittenten

Anders als im Bereich der Equity Investor Relations wird den spezifischen Informationsbedürfnissen von Bond-Investoren in der Praxis bislang vor allem bei kleinen und mittelständischen Emittenten häufig nicht ausreichend Beachtung geschenkt.

Im Zuge der über die letzten Jahre stattgefundenen Professionalisierung der Kapitalmarktkommunikation in Deutschland hat sich die Erkenntnis manifestiert, dass eine regelmäßige und transparente Kapitalmarktinformation nicht nur die Reputation der Emittenten am Kapitalmarkt deutlich verbessert – und damit den Zugang zu weiteren Kapitalmaßnahmen überhaupt erst realistischerweise ermöglicht – sondern auch die Kapitalkosten des Unternehmens maßgeblich senkt, und somit einen konkreten Beitrag zum Unternehmenserfolg leisten kann. Im Wettbewerb um Kapital vermindert gute Investor Relations-Arbeit durch Transparenz und verlässliche Guidance das Informations- und Schätzrisiko für Investoren und erhöht durch mehr Aufmerksamkeit am Kapitalmarkt die Liquidität des gehandelten Wertpapiers, was zu niedrigeren Risikoaufschlägen bei der Bewertung sowohl von Eigenkapital- als auch Fremdkapitalinstrumenten führt[4] (Abb. 18.1).

Auch der Gesetzgeber hat die Notwendigkeit eines möglichst ungehinderten Zugangs zu Informationen, insbesondere zu solchen, die zur Vorbereitung von Investorenentscheidungen erforderlich sind, erkannt und dies folgerichtig als eine der Kernziele der neuen gesetzlichen Regelung formuliert.[5]

Zunehmender Informationsbedarf der Bond-Investoren Der Informationsbedarf von Bond-Investoren steigt stetig. Fremdkapitalinvestoren investieren insbesondere seit den Marktturbulenzen in Folge der Finanzmarktkrise 2008 in breiteren Risikoklassen und sind insgesamt kritischer geworden. Damit steigt das Bedürfnis nach umfassender Informationsvermittlung und Faktoren wie Glaubwürdigkeit und Offenheit scheinen verstärkten Einfluss auf die Investmententscheidungen der Marktteilnehmer zu haben.[6]

Der Berufsverband der Investment Professionals (DVFA) hat mit der Verabschiedung seiner Standards für Bondkommunikation im Jahre 2011 auf die aus Sicht von Investoren und Analysten „dringend notwendigen Verbesserungen der Kommunikation von Bondemittenten mit Bond-Investoren und -analysten" reagiert.[7] Darin wird nicht nur gefordert,

---

[4] Vgl. Lowis und Streuer (2011) S. 24.
[5] Vgl. Gesetzentwurf der Bundesregierung (2009).
[6] Vgl. Degenhart und Schiereck (2011) S. 18.
[7] Vgl. DVFA und BVI (2012).

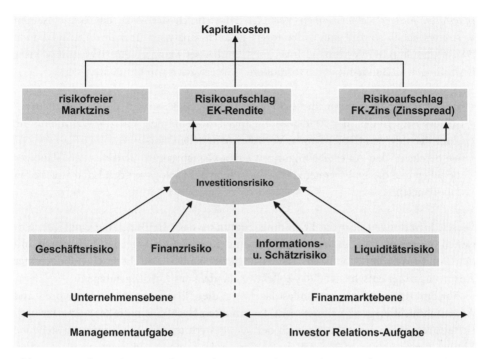

Abb. 18.1 Senkung der Kapitalkosten als Kommunikationsziel. (Deutscher Investor Relations Verband, DIRK)

dass Bond-Investoren gleichwertig mit Aktieninvestoren behandelt werden und ihre spezifischen Informationsbedürfnisse nicht nur zur Kenntnis genommen, sondern auch bedient werden müssen. Vielmehr wird von Bondemittenten gefordert, dass sie sich nicht nur zum Zeitpunkt der Emission, sondern auch darüber hinaus regelmäßig dem Dialog mit Bond-Investoren stellen.

Diese Notwendigkeit hat auch der Deutsche Investor Relations Verband (DIRK) erkannt und in einem White Paper für die Fixed Income Investor Relations einen umfassenden Leitfaden für die Praxis entwickelt. In der Neuauflage des White Paper aus dem Jahr 2011 hat der Verband zudem „10 Goldene Regeln" formuliert, in denen u. a. die Beachtung der Informationsbedürfnisse von Fremdkapitalgebern, deren Gleichbehandlung mit Eigenkapitalinvestoren und der kontinuierliche Dialog auch über die Erstemission hinaus gefordert werden.[8]

Zu Recht hat die Deutsche Börse gleichzeitig mit der im Februar 2011 geschaffenen Möglichkeit, auch Anleihen in den Entry Standard einzubeziehen, in ihrem Regelwerk verbindlich vorgeschrieben, dass fortan bestimmte Kennzahlen zur Kapitaldienstdeckung, zur Verschuldung und zur Kapitalstruktur des Emittenten regelmäßig zu veröffentlichen sind.[9]

---

[8]Vgl. Lowis und Streuer (2011).
[9]Vgl. Deutsche Börse AG (2012).

Investoren fordern Gemeinsamen Vertreter Hinsichtlich der Rolle des Gemeinsamen Vertreters haben sowohl Bond-Investoren als auch -analysten über ihre Dachverbände DVFA und dem Bundesverband Investment und Asset Management (BVI) jüngst klare Erwartungen an Bondemittenten formuliert.[10] Sie erwarten von Emittenten, dass

- die Gläubiger in den Anleihebedingungen ermächtigt werden, durch Mehrheitsbeschluss Änderungen der Anleihebedingungen zuzustimmen und zur Wahrnehmung ihrer Rechte einen Gemeinsamen Vertreter zu bestellen, und
- sie bereits in den Anleihebedingungen einen Gemeinsamen Vertreter der Gläubiger bestellen und diesen Vertreter zur Verbesserung des Dialogs mit den Bond-Investoren (...) nutzen.

Diesen Erwartungen liegt die Erkenntnis zugrunde, dass die Bestellung eines Gemeinsamen Vertreters eine diskrete und effiziente Kontaktaufnahme des Emittenten mit den Bond-Investoren überhaupt erst ermöglicht. Zudem erleichtert ein kompetenter Ansprechpartner entscheidend das kollektive Handeln der Anleihegläubiger.

Für Emittenten wäre es zumindest fahrlässig, diese Erwartungen von Investoren und Analysten nicht ernst zu nehmen. Mit der erhöhten Nachfrage nach kapitalmarktorientierter Fremdfinanzierung steigt auch der Wettbewerb um das zur Verfügung stehende Kapital. Unternehmen sollten sich dieses Umstandes bewusst sein, wenn sie nicht riskieren wollen, dass sich ihnen diese noch recht junge Quelle der Fremdkapitalfinanzierung verschließt.

Die Kür – Weitergehende Informationsrechte für den Gemeinsamen Vertreter Gerade Unternehmen, deren Aktien nicht gelistet sind und die naturgemäß nur eingeschränkte Erfahrungen mit Kapitalmarktkommunikation haben, bietet die Bestellung eines Gemeinsamen Vertreters eine einmalige Chance, ein Zeichen an den Kapitalmarkt zu senden, zumal sie in der Regel nicht auf bestehende interne Kommunikations-Ressourcen zurückgreifen können. Aber auch für Unternehmen mit bestehenden Investor Relations-Strukturen ist die Bestellung eines Gemeinsamen Vertreters, der auf die speziellen Informationsbedürfnisse von Bond-Investoren eingehen kann, zielführend.

Einer Umfrage des Beratungsunternehmens cometis unter Investmentbankern und Anleiheberatern aus dem Frühjahr 2012[11] zufolge, ist eine große Mehrheit der Investmentbanker skeptisch, ob alle Emittenten von Mittelstandsanleihen ihren Zahlungsverpflichtungen nachkommen werden können. So rechnen sie damit, dass bis zu 20 % der Emittenten ihre bis einschließlich 2015 fällig werdenden Anleihen nicht vollständig und bis zu zehn Prozent der Emittenten diese sogar gar nicht zurückbezahlen können.

Vor diesem Hintergrund verweisen die befragten Kapitalmarktexperten explizit darauf, dass „eine transparente Finanzberichterstattung und Öffentlichkeitsarbeit, die den

---

[10] Vgl. DVFA/BVI (2012).
[11] Vgl. cometis AG (2012).

Fremdkapital-Investor umfassend über die Entwicklung des Unternehmens und seine Finanzen informiert, ein Hinweis auf dessen Kapitaldienstfähigkeit sein kann". Je weniger Informationen ein Emittent hingegen zur Verfügung stelle, desto schwieriger gestalte sich die Meinungsbildung, was das Anlegerrisiko – und damit die Kapitalkosten – tendenziell erhöhe.

Um diese Funktion als „Sprachrohr" des Emittenten wirksam ausfüllen zu können, ist es erforderlich, dem Gemeinsamen Vertreter weitere (Informations-)rechte einzuräumen bzw. zu spezifizieren, die im SchVG nicht explizit genannt sind. Einen Orientierungspunkt hinsichtlich des Umfangs und der Tiefe der in der Praxis einzuräumenden Informationsrechte bieten die Empfehlungen der relevanten Verbände.

DVFA und BDI fordern ein Teilnahmerecht des gemeinsamen Vertreters an sämtlichen Kapitalmarktgesprächen und Unternehmensveranstaltungen des Emittenten, den Erhalt aller in den DVFA-Standards für Bondkommunikation aufgeführten bondspezifischen Kennzahlen des Emittenten, sowie die Möglichkeit, Einzelgespräche mit Mitgliedern der Geschäftsführung zu führen, (soweit dies nach Ermessen des Gemeinsamen Vertreters erforderlich sein sollte). Auch der DIRK fordert eine umfassende Transparenz gegenüber Fremdkapital-Investoren, so wie dies auf der Eigenkapital-Seite in der Kapitalmarktkommunikation bereits heute etabliert ist. Dabei sollen Anleiheemittenten auch auf die speziellen Informationsbedürfnisse der Fremdkapital-Investoren eingehen.

In welchem Maße ein Emittent diesen weitergehenden Forderungen nachkommen möchte, ist (noch) ihm überlassen. Die Veröffentlichung der im Regelwerk der Deutschen Börse geforderten Basis-Kennzahlen sollten insoweit aber nur als ein ‚Startpunkt' in Richtung zunehmend zielgruppenorientierter Berichterstattung verstanden werden. Soweit mit vertretbarem Aufwand umsetzbar, sollte die Transparenz kontinuierlich ausgebaut werden.

Nicht nur Sprachrohr, sondern auch mit dem Ohr am Kapitalmarkt Ein weiterer wichtiger Aspekt für die Emittenten von Anleihen ist aber nicht nur die Kommunikation von Unternehmensinformationen nach außen, sondern auch das Einholen von Einschätzungen und Meinungen des Kapitalmarktes. Kommunikation darf nicht als Einbahnstraße verstanden werden. Vielmehr kann ein Emittent aus der Rückmeldung von Investoren und Multiplikatoren wie Analysten wertvolle Erkenntnisse für seine zukünftige Finanzierungsstrategie gewinnen. Welche Chancen habe ich, wenn ich eine weitere Anleihe platzieren will? Was kann ich in der Unternehmensausrichtung und/oder der Finanzierungsstruktur des Unternehmens verändern, um die Platzierungschancen zu erhöhen? Trauen mir die Märkte eine Refinanzierung meiner Anleihe zu? Oder stehe ich nach Ablauf der Laufzeit vor ggf. schwerwiegenden Refinanzierungsproblemen? Der eine oder andere Bondemittent mag dabei vielleicht auch das Listing von Eigenkapital perspektivisch in Betracht ziehen.

Zudem ist die Frage, wer die tatsächlichen Investoren sind, von nicht zu unterschätzender Bedeutung. Nach einer Untersuchung von Degenhart und Schiereck[12]

---

[12] Vgl. Degenhart und Schiereck (2011) S. 7.

verfügen 37 % der Aktiengesellschaften über keinerlei Erkenntnisse, wer hinter den Verbindlichkeitsposten in ihrer Bilanz steht.

Auch hier kann der Gemeinsame Vertreter Abhilfe schaffen, indem er – quasi als ‚Bond Investor Relations-Manager' des Emittenten – das Feedback des Marktes zurück in das Unternehmen spiegelt und dem Grundsatz „Know your Investors" folgend, den Kreis der Bond-Investoren bestmöglich identifiziert.

Hervorzuheben ist, dass ein Gemeinsamer Vertreter diese Funktion für das Unternehmen schon im Vorfeld der Emission zielführend ausfüllen kann. Bereits bei der Gestaltung des Emissionsprozesses berücksichtigte Investoreninteressen erhöhen die Chance einer erfolgreichen Platzierung.

Unabdingbar ist die Unabhängigkeit des Gemeinsamen Vertreters. Anders kann er seine Rolle als Vertreter der Gläubiger nicht glaubhaft und erfolgreich ausfüllen. Die Tatsache, dass er vom Emittenten vergütet wird, steht dem nicht entgegen. Auch die Kosten anderer Institutionen, deren Unabhängigkeit die Basis für ihr Wirken im Sinne funktionierender Kapitalmärkte ist, wie zum Beispiel Wirtschaftsprüfer oder Ratingagenturen, werden regelmäßig vom Emittenten getragen.

Vorteile für Emittenten und Gläubiger Als Zwischenfazit bleibt festzuhalten, dass die Bestellung eines Gemeinsamen Vertreters alleine schon mit der Zielsetzung, die Kommunikation zwischen Emittenten und Investoren zu verbessern, dringend zu empfehlen ist. Der Gemeinsame Vertreter ist für die Investoren gewissermaßen ein Zusatznutzen des Emissionsproduktes Anleihe, mit dem sich der Emittent am Kapitalmarkt wettbewerbsfähiger positionieren kann.

- Der aus der Bestellung eines Gemeinsamen Vertreters resultierende bessere Dialog mit den Bond-Investoren wird sich regelmäßig in einem besseren Zugang des Emittenten zum Kapitalmarkt und sinkenden Kapitalkosten resultieren.
- Bond-Investoren werden in die Lage versetzt, eine fundiertere Investitionsentscheidung zu fällen; Ihr Informations- und Schätzrisiko sinkt.

18.3 Der Gemeinsame Vertreter als Mittler zwischen Emittent und Gläubigern

Über die genannten Vorteile des Gemeinsamen Vertreters als ‚Bond Investor Relations-Manager' über die gesamte Laufzeit einer Anleihe hinaus, bietet er in speziellen Situationen einen weiteren entscheidenden Vorteil: Mit ihm als Bindeglied zwischen Emittent und Investoren lässt sich eine Anleihe als Finanzierungsinstrument deutlich flexibler gestalten.

Nicht erst im Falle einer wirtschaftlichen Schieflage eines Unternehmens, sondern auch im normalen Geschäftsverlauf, kann es im Interesse des Emittenten liegen, die Bedingungen einer Anleihe an sich ändernde Umstände anzupassen. Unvorhergesehene

Chancen für neue Finanztransaktionen, steuerliche Gründe für einen Wechsel der Finanzierungsgesellschaft, sinnvoll erscheinende Umstrukturierungen oder der Austausch von Anleihesicherheiten sind nur einige Beispiele für denkbare Gründe, die eine Anpassung der Anleihebedingungen sinnvoll erscheinen lassen könnten.

Bei herkömmlichen, auch syndizierten Bankkrediten, bedurfte es zur Änderung der Konditionen ‚lediglich' des engen Austausches mit den kreditgebenden Banken, um eine schnelle und zielgerichtete Lösung zu erzielen. Vor dem Hintergrund der Vielzahl von Gläubigern ist dieser Weg bei Unternehmensanleihen schlichtweg nicht vorstellbar, da es einer – nur theoretisch denkbaren – Einigung mit sämtlichen Gläubigern bedürfte, um die Anleihebedingungen entsprechend anzupassen.

Änderung der Anleihebedingungen Das SchVG sieht insbesondere die folgenden Maßnahmen vor, denen die Gläubiger zustimmen können:

- Die Veränderung der Fälligkeit, der Verringerung oder dem Ausschluss der Zinsen;
- die Veränderung der Fälligkeit der Hauptforderung;
- die Verringerung der Hauptforderung;
- der Nachrang der Forderungen aus den Schuldverschreibungen im Insolvenzverfahren des Schuldners;
- die Umwandlung oder der Umtausch der Schuldverschreibungen in Gesellschaftsanteile, andere Wertpapiere oder andere Leistungsversprechen;
- der Austausch und die Freigabe von Sicherheiten;
- die Änderung der Währung der Schuldverschreibungen;
- der Verzicht auf das Kündigungsrecht der Gläubiger oder dessen Beschränkung;
- die Schuldnerersetzung;
- die Änderung oder Aufhebung von Nebenbestimmungen der Schuldverschreibungen.

Darüber hinaus besteht die Möglichkeit, in den Anleihebedingungen Öffnungsklauseln aufzunehmen, die auch weitere zustimmungsfähige Maßnahmen festschreiben oder zulassen.

Dass die Gläubiger diesen Maßnahmen ‚zustimmen' können bedeutet, dass der Beschlussfassung grundsätzlich ein Vorschlag des Emittenten voranzugehen hat. Dies bedeutet aber nicht, dass den Gläubigern jegliches Initiativrecht abgesprochen wird. Vielmehr können, zum Beispiel auf Initiative oder Vermittlung des Gemeinsamen Vertreters, auch Gläubiger Vorschläge zur Anpassung von Anleihebedingungen unterbreiten, die dann vom Schuldner beschlossen werden und denen in der Folge formal durch die Gläubigerversammlung oder im Wege der Abstimmung ohne Versammlung zugestimmt wird.

Diskret und effizient Ohne einen Gemeinsamen Vertreter, der die Interessen der Gläubiger vertritt ohne dabei den Blick auch für die Interessen des Schuldners zu verlieren, sind derartige Abstimmungsprozesse zwischen dem Emittenten und der großen Zahl einzelner Anleihenehmer in der Praxis nicht umsetzbar.

Nur mit dem Gemeinsamen Vertreter hat der Emittent **einen** kompetenten Ansprechpartner und Verhandlungspartner.

Hierdurch ergibt sich die Möglichkeit bereits im Vorfeld von Entscheidungen die Meinung der Gläubiger zu bestimmten Handlungsszenarien auszuloten. Der Emittent kann damit in einem frühen Stadium sehr diskret und unauffällig die Erfolgsaussichten geplanter Finanztransaktionen oder Umstrukturierungsmaßnahmen eruieren, ohne dabei Sorge haben zu müssen, dass seine Gedankenspiele Gegenstand öffentlicher Diskussionen werden.

Die Möglichkeit des Gemeinsamen Vertreters, für alle Gläubiger zu sprechen, ermöglicht zudem eine effiziente Arbeit an einer gemeinsamen Lösung.

Mit Wirkung für alle Gläubiger Die Tatsache, dass Mehrheitsbeschlüsse der Gläubiger für alle Gläubiger derselben Anleihe gleichermaßen verbindlich sind, verhindert zudem, dass sich einzelne Gläubiger Vorteile verschaffen, indem sie sich als Minderheit nicht an zielführenden Maßnahmen beteiligen, gleichwohl aber von den Früchten des Verzichts der anderen Gläubiger profitieren.

Anleihegläubiger, die von einer Restrukturierung des Emittenten profitieren, ohne einen entsprechenden eigenen Anteil dazu geleistet zu haben, gehören bei Anleihen mit einem Gemeinsamen Vertreter der Vergangenheit an.

Vorteile für Emittenten und Gläubiger Zusammenfassend ist festzuhalten, dass es mit einem als ‚Mittler zwischen Emittent und Gläubigern' agierenden Gemeinsamen Vertreter möglich ist,

- flexibler auf unvorhergesehene Situationen zu reagieren,
- den Meinungsaustausch und Verhandlungen über sinnvollerweise vorzunehmende Anpassungen der Anleihebedingungen diskret und effizient zu führen,
- eine eventuell erforderliche Entscheidung auf Seiten der Gläubiger erheblich zu vereinfachen (wenn nicht überhaupt erst möglich zu machen), und
- Entscheidungen herbeizuführen, ohne einzelne Gläubigergruppen ungerechtfertigt zu bevorzugen.

18.4 Der Gemeinsame Vertreter als Anwalt der Gläubiger

Naturgemäß denken zum Zeitpunkt der Emission einer Anleihe weder der Emittent noch die Investoren gerne an die Möglichkeit, dass der Anleihegeber seinen Zahlungsverpflichtungen ggf. nicht – oder nicht in vollem Umfang – nachzukommen in der Lage ist.

Dennoch darf man auch dieses Risiko nicht außer Acht lassen. Schon die Definition von Ratings der Kategorie ‚Non-Investment Grade' besagt, dass es eine ‚zunehmende' bis ‚sehr hohe' Ausfallswahrscheinlichkeit gibt. In den noch recht jungen Börsensegmenten für Mittelstandsanleihen konnten im Juni 2012 mit SIAG, bkn biostrom und Solarwatt bereits drei Emittenten beobachtet werden, die sich schon kurze Zeit nach der Emission ihrer Anleihe im Insolvenzverfahren befanden. Das SchVG wurde vom Gesetzgeber gerade auch mit Blick auf die in tatsächlicher Hinsicht zu erwartende Zunahme der Häufigkeit von Sanierungsfällen verabschiedet.[13]

Im Sanierungs- oder Insolvenzfall Eine derartige wirtschaftliche Schieflage kategorisch für das eigene Unternehmen auszuschließen, ist mehr als fahrlässig. Die Bestellung eines Gemeinsamen Vertreters, bringt auch in diesen Fällen beachtenswerte Vorteile mit sich.

Nach dem SchVG ist alleine der Gemeinsame Vertreter berechtigt, im Insolvenzverfahren Rechte der Gläubiger geltend zu machen, er ist der alleinige Ansprechpartner des Insolvenzverwalters. Damit ist im besonderen Maße gewährleistet, dass das Insolvenzverfahren trotz der großen Anzahl von Anleihegläubigern zügig durchgeführt werden kann. Der Einsatz eines Gemeinsamen Vertreters erhöht damit auch die Chance, aus dem Insolvenzverfahren heraus gemeinsam mit den Gläubigern Lösungen für eine sinnvolle Fortführung des Unternehmens oder Teilen davon zu entwickeln.

Anders als vor der Eröffnung des Insolvenzverfahrens, können die Gläubiger im Falle der Insolvenz auch ohne Ermächtigung in den Anleihebedingungen einen Gemeinsamen Vertreter bestellen.

Das Interesse aller Beteiligten an einer solchen zügigen Durchführung des Insolvenzverfahrens ist derart hoch einzustufen, dass zumindest die Möglichkeit der ausschließlichen Vertretung höher zu bewerten ist, als das Interesse der einzelnen Anleger an der direkten Geltendmachung ihrer jeweiligen persönlichen Ansprüche.

Vorteile für Emittenten und Gläubiger Ergänzend zu den oben dargelegten Vorteilen bietet der Gemeinsame Vertreter im Insolvenzfall mithin noch weitere wesentliche positive Aspekte:

- Mit ihm gibt es einen kompetenten Ansprechpartner für den Emittenten,
- er kann mit Wirkung für alle Gläubiger einer Anleihe Änderungen der Anleihebedingungen zustimmen, und
- seine Bestellung ermöglicht den Abschluss von Vereinbarungen nach denen alle Gläubiger gleich behandelt werden; eine Bevorzugung einzelner Gruppen (‚Freerider-Problematik') ist ausgeschlossen.

---

[13]Gesetzentwurf der Bundesregierung (2009).

18.5 Fazit

Abschließend ist festzuhalten, dass die Bestellung eines Gemeinsamen Vertreters eine ganze Reihe von Vorteilen sowohl für den Emittenten von Schuldverschreibungen als auch der Fremdkapital-Investoren mit sich bringt, die dessen Aufwand und Kosten deutlich übersteigen. Es wäre für die Kapitalmarktkultur in Deutschland ein Gewinn, wenn die Zurückhaltung bei der Wahl dieser Institution in der Praxis bald aufgegeben und der Gemeinsame Vertreter eine Selbstverständlichkeit bei der Emission von kapitalmarktorientierten Fremdkapital würde.

Emittenten von Schuldverschreibungen sind aufgerufen, sich des Instruments des Gemeinsamen Vertreters aktiv und offensiv zu bedienen. Es wird empfohlen, einen Gemeinsamen Vertreter bereits in den Anleihebedingungen zu bestellen und diesen nicht nur in Krisensituationen, sondern vor allem während der gesamten Laufzeit eines Fremdkapitalinstrumentes zur Verbesserung des Dialogs mit Bond-Investoren zu nutzen.

Bond-Investoren und -analysten sind aufgefordert, ihr Bedürfnis nach mehr und spezifischen Informationen noch hörbarer einzufordern und zu erkennen, dass der Gemeinsame Vertreter hierfür ein geeignetes Instrument ist. Als ihren weisungsgebundenen Vertreter dürfen – und sollen – sie ihn fördern und fordern.

An die Börsen wird appelliert, die Bestellung eines Gemeinsamen Vertreters in ihren Regelwerken als verbindliches Zeichen der Ernsthaftigkeit der Kapitalmarktorientierung anleiheemittierender Unternehmen aufzunehmen oder zumindest – in einem ersten Schritt – eine entsprechende Empfehlung zu formulieren. Ebenso sind die eine Emission begleitenden Banken, Agenturen und Berater aufgerufen, durch entsprechende Hinweise und Beratung das Ihre dazu beizutragen, dass die Bestellung eines Gemeinsamen Vertreters bei der Begebung von Anleihen zur Regel wird.

Bei allem Bewusstsein, dass die Bestellung eines Gemeinsamen Vertreters auch mit Kosten und Aufwand vor allem für die emittierenden Unternehmen verbunden ist: Die betriebswirtschaftlichen Vorteile überwiegen. Und noch wichtiger:

Die Zukunft der Anleihemärkte wird maßgeblich davon abhängen, ob Investoren auch zukünftig genügend Vertrauen in die Transparenz und Seriosität der Emittenten und der Märkte haben. Dazu kann die Etablierung des Konstrukts des Gemeinsamen Vertreters einen entscheidenden Beitrag leisten!

Literatur

cometis AG (2012) Kapitalmarktpanel Q2/2012– Markt für Mittelstandsanleihen: Entwicklungen 2012– White Paper für kapitalmarktrelevante Hintergründe. cometis AG, Wiesbaden

Degenhart H, Schiereck D (2011) Fremdkapital Investor Relations: Erweiterte Kommunikations-Anforderungen nach der Krise, DIRK. Sonstige, Hamburg

Denks C (2006) Bondholder Relations: Informationsgewinnung und -verarbeitung von Corporate-Bond-Investoren, DIRK Forschungsreihe. Bd. 7, Wolfratshausen. GoingPublic Media AG, München

Deutsche Börse AG (2012) Allgemeine Geschäftsbedingungen der Deutsche Börse AG für den Freiverkehr an der Frankfurter Wertpapierbörse, Frankfurt. http://xetra.com/xetra/dispatch/de/binary/navigation/xetra/metanavigation/500_regulations?object_id=84XHRF042NSGDDE

Deutscher Investor Relations Verband DIRK (Hrsg) (2004) Handbuch Investor Relations. Gabler, Wiesbaden

DVFA, BVI (2012) Standards für Unternehmensanleihen unter dem SchVG, Frankfurt

Gesetzentwurf der Bundesregierung (2009) Begründung zum RegE zum SchVG. http://dipbt.bundestag.de/dip21/btd/16/128/1612814.pdf. Zugegriffen: 29. April 2009

Lowis S, Streuer O (2011) DIRK White Paper: Fixed Income Investor Relations. http://www.dirk.org/jobber/images/stories/A_Neue_pdf_Dokumente/110516%20-%20Neuauflage_White_Paper_Fixed_Income_final.pdf

Veranneman P (2010) Kommentar zum Schuldverschreibungsgesetz. Beck, München

Teil IV
Debt Relations im Vorfeld und während der Emission

Debt Relations im Vorfeld einer Emission

Markus A. Launer

19.1 Die Notwendigkeit einer guten Platzierungsvorbereitung

Die Emission von Debt Produkten geht heute über Investmentbanken in sehr kurzer Zeit vonstatten. So manche Platzierung in mehrstelliger Millionenhöhe wird an einem einzigen Tag platziert. Auch die technischen Vorbereitungen für eine Platzierung haben sich extrem verkürzt und sind teilweise standardisiert. In der Tat sollte ein Unternehmen auch möglichst schnell reagieren können, wenn die Situation kommt sich günstig refinanzieren zu können. „The window is open" heißt es dann und ab dann muss alles schnell gehen. Doch gerade wenn es schnell gehen muss ist es wichtig eine Emission gut vorzubereiten.

Durch die letzten Skandale am Kapitalmarkt, einige große Defaults und auch die ersten gravierenden Probleme bei den Mittelstandsanleihen, ist es umso wichtiger geworden, sich durch eine gute Vorbereitung und professionelle Platzierung und Sekundärmarktbetreuung von anderen Unternehmen abzuheben. Auch die Krisen in Staatsanleihen fördern nicht gerade das Vertrauen in die Kapitalmärkte.

Nicht immer ist es von Nöten externe Berater vor einer Emission hinzuzuziehen. Doch sollte das Unternehmen schon sehr gut vorbereitet sein, bevor die emittierenden Banken ins Haus kommen. Die Banken stehen in einem klassischen Interessenskonflikt, werden aber noch immer zu oft als neutrale Berater wahrgenommen. Dabei sollen sie für das eigene Bankhaus das Risiko möglichst gering halten und natürlich auch einen guten Return erzielen. Das kann im Konflikt zu einer unabhängigen Beratung des Emittenten stehen. Dieser Artikel soll die umfangreichen Vorbereitungen von Debt Emissionen skizzieren.[1]

---

[1] Siehe Launer (2006); Launer (2007); Launer und Onken (2009); Launer und Wilhelm (2011).

M. A. Launer (✉)
Transatlantic Investor Relations, Breslauer Str. 19, 69502 Frankfurt/Hemsbach, Deutschland
E-Mail: markuslauner@TransatlanticIR.com

19.2 Die Vorbereitung emissionsrelevanter Entscheidungen

19.2.1 Unternehmensinterne Analyse der Fremdkapitalsituation

Eine wirkungsvolle und erfolgreiche Vorbereitung einer Emission erfordert eine umfassende, vor allem aber objektive und präzise Analyse der Unternehmenssituation. Zu untersuchen ist die finanzielle und wirtschaftliche Position des Unternehmens sowie dessen Positionierung am Kapitalmarkt. Dazu gehören auch Faktoren wie Image, Vertrauen, Marke und Historie, die unmittelbar Einfluss auf den Unternehmenswert besitzen. Debt Relations unterliegen heute einer stark erhöhten Transparenz und integrieren sich damit in die Equity Relations und den gesamtöffentlichen Unternehmensauftritt. Wichtig ist daher die Erstellung eines sog. Debt-Profils, das alle angrenzenden Bereiche und deren Einflüsse mit einbezieht.

Bislang waren diese Aufgaben oft der Finanzabteilung, Controlling oder Treasury vorbehalten. Die problemlose Platzierung stand hier oft im Vordergrund und angrenzende Abteilungen waren von den Vorgängen aufgrund der Geheimhaltung nicht informiert. Doch die Refinanzierungspolitik des Unternehmens spielt eine immer größere Rolle in der gesamten Unternehmensdarstellung und darf nicht mehr Finanzspezialisten alleine überlassen werden. Die kommunikativen Auswirkungen in Form einer Kommunikationsfolgenabschätzung sollten mit Equity Relations, PR und Marketing zunehmend koordiniert werden.

Die Kenntnis von Risiken auf quantifizierter Basis ist dabei eine Grundvoraussetzung der Debt Relations. Darüber hinaus umfasst der Analyseprozess sowohl die Zahlen – quantitative Aspekte (Risikoprämie, Verschuldung, Marge, Emissionspreis, Rating) – als auch qualitative Aspekte (Managementqualität, Innovative Produkte, Berichterstattung oder Steuergesetze). Dieser Analyseschritt fokussiert u. a. die Passivseite mit einer Aufgliederung der Emissionsstruktur nach Art, Laufzeit und rechtlichem Profil der Verbindlichkeiten. Weiterhin gilt es auch, die kapitalmarktfähigen Aktiva und das Forderungsportfolio zu analysieren und zu bündeln, um sich alle Optionen zu bewahren. Die Analyse der Finanzkennziffern und des operativen Geschäfts zeigen auf, welche Art an Finanzierungen für das Unternehmen sinnvoll erscheinen. Der mit Hilfe der Analyse gefundene Datenkranz ermöglicht nun eine Basis zum Aufbau eines Zielkataloges. Dieser stellt den Ist- Zustand dem korrespondierenden Soll- Zustand gegenüber.[2]

19.2.2 Die Analyse des Marktes für Fremdkapital

Die realistische Einschätzung des Kapitalmarktes und eine gute Vorbereitung des Marktzugangs sind für die Debt-Relations von entscheidender Bedeutung. Ausgangsbasis ist

---

[2]Siehe auch Grunow und Oehm (2004); Deter und Diegelmann (2003); Duffé (2005); Mast (2005); Lowis und Streuer (2011).

der Zinshebel des LIBOR (London Interbank Offered Rate) und die Refinanzierung und Absicherungsmöglichkeiten der Banken mit Credit Default Swaps. Weiter stellt sich die Frage, mit wie viel Basispunkten Zinsaufschlag das Unternehmen bei einer Platzierung rechnen muss. Das gegenwärtige Standing am Markt klärt zudem über den Marktauftritt oder ein bereits existierendes Profil des Unternehmens auf. Sofern ein von den Marktteilnehmern wahrgenommenes Profil bereits existiert, ist auch zu untersuchen, welches Image das Unternehmen bei den Investoren besitzt.

Eine gute Möglichkeit, das wahrgenommene Profil des Unternehmens zu betrachten und Feedback von außen zu erhalten ist eine Perception-Studie (Wahrnehmungs- und Einschätzungsanalyse). Diese Analyse untersucht die Wahrnehmung der Kapitalmarktteilnehmer bzgl. des Unternehmens und seines Management, der verfolgten Strategien und Ziele. Dieses hilft im Vorfeld teure Fehleinschätzungen, die durch falsche Annahmen oder Wahrnehmungen entstanden sind, frühzeitig zu erkennen und zu ändern. Im Vordergrund gilt es weniger das Image des Unternehmens zu untersuchen als vielmehr emissionsrelevante Informationen für die Vorbereitung einer Platzierung zusammen zu stellen. Hierzu gehört auch die Bestimmung der Peer Group, das heißt der Bestimmung der Kapitalmarktwettbewerber, mit denen das Unternehmen am Markt verglichen wird. Vergleiche zu anderen Unternehmen in Form von Peer Group-Analysen lassen sich u. a. über Berichte von Finanzanalysten anstellen. Oftmals enthalten diese bereits Vergleichsrechnungen innerhalb der Branche. Doch können Unternehmensvergleiche auch auf Basis von Jahres- und Quartalsberichten selbst angestellt werden.

Der institutionelle, rechtliche Rahmen spielt bei der Finanz- und Kommunikationsplanung ebenfalls eine große Rolle. Dabei können maßgeblich Einflüsse von der geltenden Jurisdiktion und vor allem von Veränderungen derselben auf die Unternehmensfinanzen und deren Struktur ausgehen. Dies betrifft im Wesentlichen drei Bereiche: die rechtlichen Bestimmungen im operativen Geschäft, sei es auf nationaler wie internationaler Ebene, die rechtlichen Bestimmungen sowie Handelsnuancen im grenzüberschreitenden Güter- und Dienstleistungsverkehr und letztlich die Steuer- und Finanzmarktgesetzgebung.

In diesem Zusammenhang sind auch Änderungen zu berücksichtigen, die neue Bestimmungen für einzelne Wertpapierarten und die Investoren – zum Beispiel Steuergesetze für Kapitalanlagegesellschaften – betreffen. Dies könnte beispielsweise eine Änderung in der steuerlichen Behandlung von Asset Backed Securities sein. Oder aber die Regelungen werden geändert, nach denen Fondgesellschaften ihre Gewinne auf Auslandserträge zu versteuern haben. Der enge Kontakt zu Banken, Anwälten und Emissionsberatern ist dabei von Vorteil, ersetzt jedoch nicht das eigene Standbein aktueller Anleiheprospekte.[3]

19.2.3 Die Finanzierungsphilosophie

In der Praxis ist oft zu beobachten, dass Investor oder Debt Relations nicht in Kapitalstrukturentscheidungen eingebunden wird, sie wird oft auf die Kommunikation

---
[3]Vgl. Holzinger (2002); Grunow und Oehm (2004); Deter und Diegelmann (2003); Duffé (2005); Mast (2005).

beschränkt. Dies betrifft die Equity Seite stärker, da hier ein Schwerpunkt auf der Kommunikation liegt. Debt Relations wird teilweise von den Entscheidern mitgetragen, die in Kapitalstrukturmaßnahmen eingebunden sind. Dafür haben diese Manager oft weniger Kommunikationsverantwortung. Es ist aber von großer Wichtigkeit, dass Investor Relations im Allgemeinen, Debt Relations im Besonderen, in strategische Finanzentscheidungen frühzeitig eingebunden wird.

Im Corporate Finance sollte die Festlegung einer Finanzierungsphilosophie an oberster Stelle stehen, woraus sich die Finanzierungsziele, -strategien und -maßnahmen weiter ableiten. Die schriftlich fixierte oder mündlich kommunizierte Finanzierungsphilosophie hat eine erhebliche unternehmensinterne als auch externe Wirkung und hat u. a. erheblichen Einfluss auf die Rahmenverträge mit Banken. Dies sind zum Beispiel Fragen zum maximalen Anteil des Fremdkapitals an der gesamten Unternehmensfinanzierung. Es kann sich aber auch um Fragen der Besicherungsqualität handeln, so zum Beispiel mit welcher Art von Forderung ein Asset Backed Security zu besichern ist und wie hoch der Grad der Besicherung sein soll. Zum einen wird mit einer solchen Herangehensweise vor allem die Konsistenz im Debt Relations erreicht. Zum anderen vollziehen sich Reaktions- und Entscheidungsprozesse später bei einer Platzierung erheblich schneller, da zeitraubende Rückfragen und Abstimmungen entfallen, sind doch Maximen, Eckdaten und Leitmotive bereits formuliert und verabschiedet.

Die Finanzierungsphilosophie steuert u. a. die Struktur, Höhe und Fristigkeit der Verschuldung des Unternehmens und versucht die Fremdkapitalkosten zu minimieren. Die Entwicklung einer optimalen Strategie besitzt einen Zielkonflikt zwischen Minimierung der Zinsausgaben einerseits und andererseits der Begrenzung der Zinsänderungsrisiken.

Debt Relations kann eine optimale Zinsbindung für eine langfristige Kapitalanlage wählen und gegebenenfalls ein günstiges Zinsniveau sichern. Dabei ist es wichtig eine nachhaltige Entlastung der Unternehmensfinanzen von Zinskosten zu erreichen, unter der Berücksichtigung der spezifischen Risikoneigung. Nicht zu vernachlässigen sind Zinsbindungsausläufe zu koordinieren, Zins- und zukünftige Tilgungsleistungen an die Entwicklung Ihrer Liquidität anzupassen und ein vorausblickendes sowie verantwortungsvolles Risikomanagement zu implementieren – unter Berücksichtigung vergangener Portfolioentscheidungen. Die gleichzeitige Verfolgung mehrerer Zielvorstellungen stellt hohe strategische Anforderungen an das Unternehmen.[4]

19.2.4 Die Finanzierungsstrategie

Aus der Finanzierungsphilosophie leitet sich die Strategie für das Debt Relations ab. Die langfristigen Finanzierungsentscheide beziehen sich hauptsächlich auf das Anlagevermögen (Assets) und die Kapitalstruktur (Capital Structure) und werden als Kapitalanlageent-

---

[4] Siehe auch Gerke und Steiner (2001); Büschgen (1999); Gerke und Bank (2003); Grunow et al. (2006).

scheide bezeichnet. Höchstes Ziel ist dabei die Maximierung des Unternehmenswertes, indem zum Beispiel im Geschäftsbetrieb in Projekte mit einem positiven Barwert investiert wird. Wenn die erwarteten Kapitalrückflüsse aus diesen Projekten mit einem angemessenen Diskontsatz bewertet werden, müssen diese Projekte auch mit dem gleichen Zinssatz finanziert werden. Wenn es keine solchen Möglichkeiten gibt, sollte das Management die überschüssige Liquidität an die Anteilseigner ausschütten. Die Kapitalanlageentscheide umfassen damit nicht nur Investitionsentscheide und Projektbewertungen, sondern auch Finanzierungsentscheide und die Dividendenpolitik. Zudem leitet sich aus den Kapitalanlage-, Investitions- und Akquisitionsentscheidungen der Kapitalbedarf ab.[5]

Der Entscheidungsprozess, in dem das Management begrenzten Ressourcen im Konzern managen muss, wird auch als Kapitalbedarfsrechnung (Capital Budgeting) bezeichnet. Um diese Entscheide zur Kapitalallokation fällen zu können, muss der Wert jeder Anlagemöglichkeit oder jedes Projekts in Abhängigkeit von Kapitalvolumen, zeitlicher Verteilung und der Voraussagbarkeit bzw. Unsicherheit der künftigen Zahlungsströme geschätzt werden. Dazu gibt es in Literatur und Praxis zahlreiche Investitionsrechenmodelle wie die Barwertmethode (Net Present Value NPV) und Discounted Cashflow-Analysen. Dafür bedarf es eines Diskontsatz, der aus theoretischer Sicht mit Hilfe des Capital Asset Pricing Models (CAPM) oder dem Arbitrage Pricing (APT) abgeleitet wird. Zur Bewertung des gewählten Finanzierungsmodus werden die gewichteten durchschnittlichen Kapitalkosten (Weighted Average Cost of Capital, WACC) verwendet. Das Management muss zudem die Kapitalstruktur finden, welche zum maximalen Wert führt. Dabei werden die in den Grundlagen behandelten Themenbereiche wie Bilanzstrukturmanagement, Fisher-Separationstheorem, aber auch Modigliani-Miller-Theorem relevant.[6]

19.2.5 Finanzrisikomanagement

Gerade für gute Debt Relations ist das Finanzrisikomanagement von großer Bedeutung. Dabei geht es einerseits um das Management des Risikos. Dies bezieht sich auf die Identifikation und Messung von Risiken und der Entwicklung und Umsetzung von Strategien, um diese Risiken zu bewältigen. Es fokussiert auf finanzielle Risiken wie Rohstoffpreis-, Zins-, Wechselkurs- und Aktienkursänderungen, welche mit geeigneten Finanzinstrumenten gehedgt werden können, das heißt, das Risiko wird kompensiert. Andererseits hat das Finanzrisikomanagement Auswirkungen in der Kommunikation mit Gläubigern. Eine optimierte Risikostrategie mit zahlreichen Finanzinstrumenten kann am Markt als suboptimal angesehen werden.[7]

Dieses Gebiet steht zudem in zweierlei enger Beziehung zur Unternehmensfinanzierung. Einerseits ist die Risikoexposition einer Unternehmung die direkte Folge von

---

[5]Vgl. Gerke und Bank (2003); Büschgen (1999); Leland (1998); Opler et al. (1997).
[6]Vgl. Olfert und Reichel (2005); Huber (2003).
[7]Vgl. Gerke und Bank (2003); Büschgen (1999).

den vorgängigen Investitions- und Finanzierungsentscheidungen. Zweitens teilen beide Wissenschaftszweige das gleiche Ziel des Schaffens und Verbessern des Unternehmenswertes. Alle großen Unternehmen haben ein Risikomanagementteam und kleine und mittlere Unternehmen praktizieren ein informelles, wenn nicht formelles Risikomanagement. Im Finanzrisikomanagement ist der Einsatz von derivativen Instrumenten ein sehr gängiges Mittel. Weil derivative OTC-Geschäfte sehr kostspielig zu erzeugen und zu überwachen sind, ist die kosteneffizienteste Methode der Einsatz von börsengehandelten Derivativen, welche an gut funktionierenden Finanzmärkten gehandelt werden. Die Standardinstrumente umfassen Optionen, Futures, Termingeschäfte sowie Swaps (siehe Grundlagen).[8]

19.2.6 Finanzierungstaktik und Auswahl der Fremdkapitalinstrumente

Die Bestimmung der notwendigen Laufzeit und die Auswahl des dazu passenden Finanzierungsinstrumentes ist von großer Bedeutung und sollte sich aus den vorangegangenen Analysen ableiten. Die Auswahl der Finanzierungsinstrumente richtet sich i. d. R nach deren Fristigkeit, teilweise auch nach deren Volumen. Commercial Paper sind für die kurzfristige Finanzierung des Unternehmens mit einer Laufzeit von sieben bis 365 Tagen ausgelegt und laufen im Rahmen von längerfristigen Commercial Paper Programmen. Für kurz- bis mittlere Laufzeiten eignen sich die klassischen Kredite (Loans) zur Finanzierung. Im Bondbereich sind die Laufzeiten zwei bis 30 Jahre, in Ausnahmefällen sogar bis zu 100 Jahren.

Bei der Kapitalaufnahme können drei unterschiedliche Debt-Strategien genannt werden: die Umstellung von Bankenkrediten auf Kapitalmarktprodukte, die Optimierung des Fremdkapitalportfolios und die Reduktion des Fremdkapitals und erste Umstellung auf Eigenkapital.

Der Einsatz verschiedener Fremdkapitalinstrumente bringt Vorteile. Neben der Verminderung der Risikoprämie, ist die Möglichkeit zur Nutzung des gesamten Spektrums an Credittiteln eine der beiden Säulen bei der Reduzierung der Zinsausgaben. Andererseits können neue, individualisierte und strukturierte Kreditinstrumente dazu beitragen, Marktsegmente für das Unternehmen zu öffnen, die ihm im Vergleich zu anderen Wertpapieren geringere Risikoprämien abverlangen.

Falls marktgängigen Titeln Priorität eingeräumt werden soll, ist ein Bestandsbuch zu erstellen, welches die bereits umlaufenden Titel nach Platzierung, Platzierungsdauer und Investmentmotiv einteilt.Bei der Optimierung des Debt Portfolios gilt es entweder günstige Kredite oder Anleihebegebungsmöglichkeiten zu nutzen. Aber es gilt auch den rechtlichen Einfluss von Gläubigern zu optimieren. Noch immer wird fälschlicherweise angenommen, dass bei der Begebung von Debt der Einfluss von Gläubigern reduziert werden könne.

---

[8]Vgl. Gerke und Bank (2003); Büschgen (1999).

Dabei wird außer Acht gelassen, dass bei der Begebung von Anleihen mit der Bank (Originator) Rahmenverträge geschlossen werden, sog. Medium Term Notes (MTN). Diese Rahmenverträge enthalten oft weitergehende Bindungen als Standardkredite der Bank. Bei der Reduktion des Fremdkapitals muss unterschieden werden ob lediglich der Verschuldungsgrad reduziert werden soll oder von Fremd- auf Eigenkapital umgestellt wird. Erstens ist insbesondere nach Übernahme der Fall, wenn die Finanzierung der Akquisition über Anleihen oder Kredite finanziert wurde.[9]

19.2.7 Analyse der Gläubigerstruktur

Für eine erfolgreiche Debt Relations Planung ist der Typus des Gläubigers und deren Finanzierungsmöglichkeiten wichtig. Es gibt für die meisten Wertpapiere und Laufzeiten besonders „geeignete" Investorengruppen. So ist zum Beispiel die Volatilität der Anleihen im Dollar-Raum deutlich größer als im Euro-Währungsraum. Gleiches gilt für Versicherungen gegenüber Fondsgesellschaften.

Geeignet bedeutet, dass diese Investoren entweder eine unterdurchschnittliche Risikoprämie von Gläubigern fordern oder die entsprechenden Wertpapiere überdurchschnittlich lange in ihrem Portfolio halten und so zu einer Verringerung der Kursvolatilität beitragen. Darüber hinaus bedeutet der Begriff ebenso, dass Anleger grundsätzlich sehr aufnahmefähig für Papiere des jeweiligen Emittenten sind und so größere Emissionsvolumina erlauben. Geeignet bedeutet letztlich auch, dass bestimmte Gläubiger Vor- und Leitbildfunktion am Kapitalmarkt besitzen und so der Erwerb der relevanten Papiere imagefördernd für diesen Emittenten ist. Aus diesen Gründen kann die aktive Steuerung der Anlegerstruktur durch Debt Relations zinskostensenkend wirken.

Die Gläubigerstrukturen bei Debt Produkten im Sekundärmarkt sind bislang kaum bekannt, da es kaum Informationsquellen dazu gibt. Es fehlt noch an entsprechenden Systemen wie sie bei Aktien und Wandelanleihen bereits vorhanden sind. Debt Relations kann jedoch den bestehenden Anlegerkreis kategorisieren. Mit diesem Wissen entwickelt der Emittent exakt auf die Bedürfnisse und Wünsche der relevanten Gläubiger ausgerichtete Verkaufs- und Emissionskonzepte sowie die entsprechende Ansprache. Diese Produkte stimmt das Unternehmen im günstigen Falle mit den betreuenden Konsortialbanken ab. Kommt es zur erfolgreichen Platzierung von Debt Produkten bei diesen Anlegern, werden sie fortlaufend betreut, um Informationen über Änderungen in deren Anlageverhalten zu erhalten und darauf unverzüglich reagieren zu können. In der Regel stehen Banken über sog. Relationship Manager in ständigem Kontakt mit dem Unternehmen. Dabei kommt dem Unternehmen sicherlich eine zielgerichtete Beratung zugute, sich bankenunabhängig über die Umsetzung seiner eigenen Debt-Strategie klar zu werden.[10]

---

[9]Vgl. Grunow und Oehm (2004); Gerke und Steiner (2001); Leland (1998); Opler et al. (1997).
[10]Vgl. Gerke und Bank (2003); Büschgen (1999); Gerke und Steiner (2001); Grunow und Oehm (2004).

19.3 Die Etablierung wichtiger Rahmenprogramme

19.3.1 Das Rating – Messlatte für die Bewertung von Bonds

Voraussetzung für die Kreditaufnahme am Kapitalmarkt ist ein Unternehmens- und/oder Produktrating. Verschiedene Anleihen desselben Unternehmens können unterschiedliche Ratings erhalten. Emittenten-Ratings beziehen sich im Einzelnen nicht auf bestimmte Finanzierungen sondern auf die generelle Fähigkeit eines Unternehmens, Zahlungsverpflichtungen nachzukommen. Mittels eines Ratings erhalten extreme Anspruchsgruppen Hinweise über die Zahlungssicherheit des Unternehmens.

Da das Rating und die Wichtigkeit für die Debt Relations in einem separaten Artikel detailliert beschrieben wird, beschränkt sich dieser Artikel nur auf einige Stichpunkte.

Bevor ein Unternehmen mit einer Ratingagentur über ein Rating oder mit Banken über eine Emission spricht, sollte unbedingt das Rating mit Hilfe von Beratern oder interner Expertise optimiert werden. Deshalb sollte sich das Unternehmen mit den Rating-Prozessen vertraut machen und gut vorbereitet in solche Prozesse gehen. Im Vorfeld sollte abgeschätzt werden, wie das Rating ausfallen wird. Die Frage ist dabei auch nach dem optimalen Zeitpunkt und ob nicht bestimmte Veränderungen zuvor implementiert werden sollten.[11]

19.3.2 Die Due Diligence

Neben dem Rating ist eine Due Diligence wichtig, die i. d. R von Wirtschaftsprüfern durchgeführt wird. Gerade bei noch unbekannten Unternehmen bzw. Erstplatzierungen fordern die Banken einer „Überprüfung der Bücher". Drei Hauptziele dieser Prüfungen können wie folgt identifiziert werden:

- Finanzielle Beurteilung eines Börsendebütanten
- Absicherung des Konsortialführenden Emissionshauses
- Schutz Aktionäre vor unseriösen Börsengängen

Ziel und Zweck einer Due Diligence ist im Detail die Untersuchung des betrieblichen Umfelds, die rechtliche und wirtschaftliche Entwicklung, die Plausibilität der Planungsunterlagen sowie die Untersuchung der Zukunftsperspektiven eines Börsenkandidaten.

Je nach Land gibt es Unterschiede im Umfang und Aufbau der Due Diligence. In Großbritannien werden im Rahmen der Due Diligence vor einer Emission drei Berichte gefordert: Longform Report, Shortform Report und Working Capital Report. In Deutschland ist der Umfang eines Due Diligence Reports nicht gesetzlich vorgegeben. Emissionsbetreuer und deren beauftragte Rechtsanwälte, Steuerberater und

---

[11]Vgl. Everling et al. (2009); Everling (1989); Everling (1991a); Everling (1991b); Everling (2008); Büschgen und Everling (2007); Achleitner und Everling (2003); Achleitner und Everling (2004).

Wirtschaftsprüfer legen den Umfang und Aufbau fest, der sich üblicherweise an den angelsächsischen Umfang und Aufbau orientiert.[12]

19.3.3 Rahmenverträge für Kredite und Anleihen – Loan Market Association, Medium Term Note Program und Deconvention

Vor der Begebung eines Kredites durch eine Bank sollte das Unternehmen mit dieser sogenannte Rahmenkreditverträge vereinbaren. Diese regeln das Vertragsverhältnis zwischen den Parteien. Die Interessen der Banken werden in der sogenannten Loan Market Association gebündelt. Diese überprüft und novelliert die Verträge in regelmäßigen Abständen, beispielsweise bei Änderungen der Anforderungen durch die Finanzmarktaufsicht.

Ab einer bestimmten kritischen Masse sollte das Unternehmen die Rahmenkreditverträge veröffentlichen.

Im Rahmenvertrag wird u. a. auch festgelegt, ob und wie der Originator den Kredit oder das Anleiherisiko weiter veräußern, das heißt verbriefen darf. Dies kann durch sogenannte Credit Default Swaps (CDS) teilweise als Einzelrisiko oder als Portfolio Swap von der Bank transferiert werden. Dadurch wird bei der Bank regulatorisches Eigenkapital freigesetzt (Stichwort Basel II) und kann wiederum für eine weitere Kreditvergabe genutzt werden. Der Vorteil für den Emittenten ist die Chance, verbesserte Kreditkonditionen bei den Banken durchzusetzen. Je besser das Marktstanding, Rating und die Bekanntheit des Unternehmens, desto größer ist die Wahrscheinlichkeit, dass das Kreditrisiko an andere Banken durch Credit Default Swaps weiter platziert werden kann.

Ein Medium Term Note (MTN) Program ist eine weitere Möglichkeit der Rahmenvereinbarung, die zwischen einem Emittenten und einem Bankenkonsortium für Debt Produkte geschlossen wird, vergleichbar der Allgemeinen Geschäftsbedingungen für Bonds. Danach können laufend Medium Term Notes bzw. Anleihen in Tranchen emittiert (gezogen) werden. Jede Tranche kann bei Auflegung den jeweiligen Erfordernissen des Emittenten und des Anlegers hinsichtlich Laufzeit, Währung, Verzinsungsart (fest, variabel), Tilgungsmodalitäten etc. entsprechen. Die Banken treten als Arrangeure und Händler, nicht aber als Underwriter auf. Die Laufzeit der gezogenen Anleihen beträgt mindestens zwei und maximal 30 Jahre.

Bis heute dürften MTN-Programme in der Unternehmensfinanzierung vor allem eingesetzt werden, um eine Finanzierungslücke zwischen dem Commercial Paper-Markt mit kurzen Laufzeiten und dem Anleihenmarkt mit Laufzeiten von fünf Jahren und darüber zu schließen. Bemerkenswert ist aber die zunehmende „Emanzipation" der MTN-Programme als eigenständiges Finanzierungsinstrument.

Zum Rahmenvertrag gehört auch die genaue Festlegung aller Details der Anleiheplatzierung, die sog. Deconvention. So werden u. a. die Zeitpunkte der Couponzahlungen genau definiert. Zu beachten sind hier insbesondere die Zinszahlungen, die auf

---

[12] Vgl. Kirchhoff und Piwinger (2009); Rödl und Zinser (1999).

Wochenenden und beispielsweise nationale Feiertage fallen. International kann dies abweichen. Im Verlauf der Anleihe ist es erheblich ob ein Coupon am Freitag oder erst am Montag bezahlt wird. Beispielsweise machen drei Tage Zinsen bei 1 Mrd. und sechs Prozent Verzinsung 500.000 € Unterschied aus. Als Zinsberechnungsmethode hat sich die Actual/Actual-Methode durchgesetzt und ist heute bei nahezu allen Bonds üblich. Dies bedeutet, dass die tatsächliche Anzahl der Tage, die ein Bond vom Investor gehalten wird, durch 365 Tage geteilt wird, respektive bei einem Schaltjahr 366 Tage. Bei US Wertpapieren erfolgen die Zinszahlungen in der Regel halbjährlich und die Monate werden mit 30 Tagen berechnet. Dies ist auch unter der ISMA 30/360 Methode bekannt.

19.4 Start der Relations im Vorfeld der Emission

Noch immer werden Emissionen unter größter Geheimhaltung vorbereitet. Dies ist grundsätzlich auch richtig und gesetzlich in den Insider-Richtlinien geregelt. Dennoch sollte im Vorfeld einer Emission die Kommunikation im Kapitalmarkt beginnen bzw. fortgeführt werden.[13]

19.4.1 Die Debt Story im Vorfeld der Emission

In der Praxis ist festzustellen, dass Unternehmen sehr früh mit verschiedenen Banken Gespräche über die Emission von Krediten oder festverzinslicher Wertpapiere führen. Häufig gehen die Unternehmen unvorbereitet in diese Gespräche. Sie haben weder ihre Börsenreife auf den Prüfstand gestellt, noch verfügen sie über ein geschlossenes und durchdachtes Emissionskonzept. Immer wieder werden Banken auch erste Planzahlen übergeben, die zu allen Übels vielleicht sogar sehr vorsichtig erstellt wurden. Von derartigen Gesprächen und insbesondere von der Weitergabe vorläufiger Planzahlen ist dringend abzuraten. Diese Gespräche kosten die Geschäftsleitung nicht nur unnötig Zeit, sie enden relativ unverbindlich und es besteht gar die Gefahr, dass das Emissionsstanding belastet wird, wenn zu einem späteren Zeitpunkt eine detaillierte, von den vorläufigen Zahlen deutlich abweichende, Unternehmensplanung den Banken übergeben wird. Der richtige Zeitpunkt für die Gespräche mit den Banken ist dann gekommen, wenn das Unternehmen über eine systematisch aufgebaute und ausgefeilte Unternehmensplanung verfügt und die wesentlichen Eckpunkte der Bond Story und des Emissionskonzeptes definiert sind.

Im Vorfeld einer Emission von Debt- Produkten gilt es, das Image des Unternehmens in der Öffentlichkeit zu verbreitern bzw. zu verbessern. Bei der erstmaligen Emission eines Bond-Produktes ist eine der vorrangigen Aufgaben des Debt Relations, andere Kommunikationsabteilungen auf die neuen, zusätzlichen Kommunikationsbestandteile zu sensibilisieren. Dabei geht es insbesondere um das Thema finanzielle und sonstige Risiken,

---

[13]Vgl. Alphéus (2004); Alphéus (2005); Denks (2006).

Finanzierungsstruktur, Cashflow und Rating, vor allem aber auch sog. Blackout Perioden in denen nicht kommuniziert werden darf. Debt Relations können hier insbesondere für eine Optimierung bzw. Anpassung des Kapitalmarktauftritts sorgen. Dabei ist jedoch zu beachten, dass alle Informationen der Geheimhaltung bzw. den Insider-Richtlinien des Kapitalmarktes unterliegen. Es dürfen Informationen erst nach sorgfältiger Prüfung nach außen gelangen. Wichtig ist dabei die genaue Terminierung zu veröffentlichender Daten und sonstiger Ankündigungen zum Unternehmen sowie deren Abstimmung mit anderen wichtigen Unternehmensterminen.

In Abstimmung mit der Finanzabteilung und den gegenwärtigen Marktentwicklungen sollte ein Investmentkonzept (Debt Story) für den Emittenten entworfen werden. Dieses Konzept sollte unter anderem eine starke Betonung der zukünftigen Perspektive und des Risikoprofils des Unternehmens aufweisen. Aus den Vergangenheitsdaten kann sehr gut und glaubwürdig die Unternehmensphilosophie und die propagierte Debt-Story aufzeigt werden. Damit könnte bspw. eine Imagekampagne im Vorfeld der Emission gelauncht werden. Das beabsichtigte Ziel ist die Verbesserung des Market Sentiment.[14]

19.4.2 Erzeugung einer positiven Marktstimmung

Die Debt Story kann nun für das Erreichen einer positiven Marktstimmung im Vorfeld der Emission eingesetzt werden. Um eine große Produktpalette an Finanzinstrumenten nutzen zu können, muss der Markt einen Emittenten als verlässlich und seriös akzeptieren. Dies garantiert eine günstige Risikobewertung durch die Marktteilnehmer. Falls das geschieht, wird gleichzeitig ausstehenden Titeln eine attraktive Performance zugetraut. Dieses Umfeld hilft dem Unternehmen dann auch Wertpapiere mit einem geringeren Risikoabschlag zu platzieren.

Zudem lässt sich dieser Effekt hervorragend nutzen, die Stimmung auch in einen höheren Bekanntheitsgrad des Emittenten bei den Investoren im Allgemeinen umzusetzen. Die Summe dieser Wirkungen hat sinkende Zinskosten zur Folge. Die Vorstufe zu niedrigen Kapitalkosten ist eine bessere Bonität. Eine Verbesserung in der Beurteilung der Kreditwürdigkeit führt auch zu geringeren Risikoprämien für den Emittenten am Kapitalmarkt. Gleichzeitig hat eine bessere Bonität eine günstigere Einstufung bei den Geschäftsbanken zur Folge – die Kreditzinsen sinken. Die Unternehmen haben daher großes Interesse, ihre tatsächliche Bonität zu erhöhen bzw. ein Verbesserungspotential der Kreditwürdigkeit in Aussicht zu stellen.

Eine positive Bonitätsentwicklung am Kapitalmarkt schafft Zugang zu neuen Gläubigerkreisen, da institutionelle Anleger auf Grund ihrer internen wie auch aufsichtsrechtlichen Beschränkungen nur in Wertpapiere eines bestimmten Ratings kaufen und halten dürfen. Generell kann man jedoch sagen, je besser das Rating und je höher die Bonität desto, leichter ist es das Wertpapier im Markt zu platzieren. Das Anlageumfeld zeichnet

---

[14]Vgl. Grunow und Oehm (2004); Mast (2005); Deter und Diegelmann (2003); Stahl et al. (2005).

sich zunehmend durch eine Polarisierung aus. Das heißt, entweder verfügt der Emittent über eine hohe Bonität bei starker Nachfrage seitens Risikoscheuer Investoren oder er besitzt ein schlechtes Rating, findet aber wegen des hohen Coupons risikofreudige Investoren bzw. Gläubiger, die diese renditestarken Papiere dann zur performancesteigernden Portfoliodiversifikation nutzen.[15]

19.4.3 Der Beauty Contest der Banken und Bankverhandlungen

Vor einer Emission sollte Debt Relations die Debt Story und das Markt Sentiment für die Emissionsgespräche mit den emittierenden Banken zusammenführen. Anders als bei der Unternehmenskommunikation geht es bei diesen Bankgesprächen um Verhandlungen hinter verschlossenen Türen. Es geht für das Unternehmen um niedrige Finanzierungskosten und für die Banken um ein möglichst geringes Eigenrisiko und Gewinne für deren Debt Kunden. Wichtig ist es, sich klar zu machen, dass hier ein Interessenkonflikt besteht und die emittierende Bank einen Verhandlungspartner darstellt.

In den Verhandlungen mit den Banken gilt es das Unternehmen und seine Zahlungsfähigkeit möglichst positiv darzustellen, aber auf jeden Fall realistisch. Besteht eine interne, vorsichtige Planung, so sollte diese überarbeitet werden. Bei diesen Vorgesprächen mit den Banken handelt es sich bereits um die Verhandlung über Risikoabschläge, Bondkonditionen, Covenants, Vertragsbestandteile und Erfolgsprämien, auch wenn die Gespräche noch im weiten Vorstadium sind. Zu offen über mögliche Risiken zu sprechen, kann schon jetzt zu Preisabschlägen führen.

Ein wichtiger Aspekt der jeweiligen Kommunikation ist, dass die Banken merken, dass das Management zukunftsorientiert denkt und handelt. Für sie ist es wichtig zu wissen, welche Ziele des Unternehmens wie gewichtet sind und mit welchen Risiken die jeweilige Zielerreichung verbunden ist. Des Weiteren muss die Marktattraktivität und die relative Wettbewerbsstärke überzeugend dargestellt werden. Die falsche Kommunikation oder das Verschweigen von Risiken und Problemen, kann zu erheblichen Preisabschlägen oder zur Erhöhung der Emissionskosten führen.

Die Auswahl der führenden Bank für eine Platzierung von Debt Produkten sollte im Rahmen eines sogenannten Beauty Contest erfolgen, insofern es sich nicht um einen Frequent oder Multiple Issuer handelt, der regelmäßig Fremdkapital am Markt begibt. Bevor das Unternehmen Banken einlädt wird ein Memorandum mit den wichtigsten Unternehmensdaten und Vorstellungen für die Platzierung versandt. Das Unternehmensmemorandum dient den hierzu eingeladenen Banken als wesentliche Informationsgrundlage für die Vorbereitung. Gleichzeitig sollte sichergestellt werden, dass alle Banken den gleichen Informationsstand haben. Mit der Einladung sollte ein detaillierter Fragenkatalog versandt werden, der im Rahmen des Beauty Contest von den Banken zu

---

[15]Vgl. Gerke und Bank (2003); Büschgen (1999); Gerke und Steiner (2001); Grunow und Oehm (2004).

beantworten ist. Der Vorteil eines solchen Fragenkatalogs liegt darin, dass die Wettbewerbspräsentation der Banken strukturiert wird und klare Aussagen zu den Auswahlkriterien abgefordert werden.

Die Bank wird vorwiegend auf der Basis ausgesucht, dass ein möglichst niedriger Coupon vorgeschlagen wird und darüber hinaus welche Höhe die Provision beträgt und inwieweit die Bank bereit ist, den Emittenten auch im Sekundärmarkt zu unterstützen. In jüngster Zeit überbieten sich die Banken mit günstigen Angeboten und hohen Bewertungen, um im Bankenwettbewerb hervorzustechen. Schließlich handelt es sich um eine Art Commodity Market.

Zusätzlich spielt auch die Emissionshistorie der Bank eine Rolle, denn die Bank sollte bereits ähnliche Transaktionen durchgeführt haben. Die Bank sollte ein hohes Ansehen im Markt haben und auch eine starke Kundenbasis vorweisen können. Oftmals ist es die bestehende Beziehung und das Marktansehen, was zur Beauftragung der Emission führt.

Zudem sind die Platzierungskraft und das Vertriebsnetz einer Bank wichtig. Nach der Emission spielt vor allen Dingen eine gute Betreuung im Sekundärmarkt eine Rolle sowie das laufende Market Making (Marktbetreuung) und die Coverage durch Analysten. Immer wieder spielen auch die sogenannten League Tables eine Rolle. Diese ranken die Bondplatzierenden Banken nach unterschiedlichen Kriterien, meist Platzierungsvolumina pro Jahr. Jedoch ist dies kein Indikator für die Betreuungsintensität vor, während und nach einer Platzierung oder eine Indikation über Aktivitäten im Sekundärmarkt. Da Banken stets ein Ranking finden indem sie die Nr. 1 des Jahres sind sollten sich Unternehmen Rankings nach unterschiedlichen, vorgegebenen Kriterien geben lassen.[16]

19.4.4 Kontakt mit den Investoren pflegen bzw. aufbauen

Debt Relations sollte im Vorfeld einer Emission auch langfristig orientierte Investoren im In- und Ausland finden. Die wichtigsten institutionellen Investoren im Vorfeld einer Emission sind sog. Ankerinvestoren wie Versicherungen, Fonds und Trusts. Außerdem werden immer mehr ausländische Gläubiger aus Diversifizierungsgründen zur Zielgruppe von Debt Relations, die die Qualität einer Emission später positiv beeinflussen. Die Anlageentscheidungen großer Fonds und Versicherungen werden verstärkt auf Basis der eigenen Research-Abteilung getroffen. Ein Team aus Analysten und Portfoliomanagern entscheiden über Kauf oder Verkauf eines Wertpapiers weitestgehend selbst und bedürfen keiner externer Research Reports. Ein direkter Kontakt mit dem Unternehmen wird dabei immer wichtiger.

Die Analyse der Gläubigerbasis sieht zu allererst eine Bestandsaufnahme aller bereits ausstehenden Debt Produkte und deren Gläubiger vor. Die Gläubigeranalyse beinhaltet auch die Evaluierung der Nachfrage nach konkreten Finanzinstrumenten und Anleiheprodukte. So können Emissionsprogramme individuell auf die Interessengruppen

---

[16]Vgl. Rödl und Zinser (1999); Kirchhoff und Piwinger (2009).

zugeschnitten werden. Des Weiteren kann auf der Grundlage der Investorenbasis, der Anlagemotive und des Marktumfeldes eine Strategie entwickelt werden, wie das Risikoprofil eines Unternehmens am besten platziert werden kann. Ziel ist es dabei Anleihen mit einer möglichst geringen Risikoprämie am Kapitalmarkt zu positionieren.

Zur Strategiebildung gehören eine zielgruppengenaue Kommunikationspolitik, die Festlegung bestmöglicher Kommunikationsmittel und die Kredithistorie eines Unternehmens. Aus diesen Komponenten wird dann die Bond Story entwickelt. Die Strategische Ausrichtung auf die relevante Zielgruppe, i. e. institutionelle Anleger und insbesondere Fonds, Versicherungen und Trusts. Diese Gruppen werden dann in den Prozess der permanenten Informationsversorgung mit einbezogen, wobei auch insbesondere das Feedback der Zielgruppe zur Strategieanpassung genutzt wird.[17]

19.5 Der Funding Level zur Preisfindung der Fremdkapitalkosten

19.5.1 Alternativen zum Kreditrating

Die Kalkulation der Fremdkapitalkosten wurde bisher allein auf Basis des Ratings vorgenommen. Doch das Credit-Default-Swap (CDS)-Pricing löst das herkömmliche Rating immer mehr ab. Die Lücke zwischen den klassischen Kreditratings und der Risikobewertung durch den Markt wird erkennbar, wenn man den Rendite-Spread einzelner Anleihen mit deren durchschnittlichen Ratings durch Moody's, S&P und Fitch vergleicht. Wenn angenommen wird, dass jedes Rating eine standardisierte Kennzahl unabhängig von der jeweiligen Branche oder dem Emittenten ist, würde man für ein Rating eine relativ enge Bandbreite an Spreads erwarten. Wo dies nicht der Fall ist, ist davon auszugehen, dass die Risikoeinschätzung des Marktes von den zugehörigen Kreditratings deutlich abweicht. Herkömmliche Anleiheindizes orientieren sich in ihrem Aufbau an den Kreditratings der Ratingagenturen. Insbesondere fällt dies bei der Abgrenzung zwischen Investment Grade und High Yield auf. Wenn nun neue Verfahren zur Bestimmung der Bonität eines Emittenten eingesetzt werden, dürften sich diese auch auf die Zusammensetzung von Anleiheindizes auswirken.

Ein Credit-Default-Swap ist ein guter Kreditrisikoindikator, da sie das Kreditrisiko von anderen Risiken wie Zins- oder Währungsrisiko trennen. Da allerdings der CDS-Markt von einigen wenigen großen Finanzinstitutionen dominiert wird, sind die Bewegungen der Spreads nicht immer fundamental begründet, sondern können auch durch technische Faktoren bedingt sein. Trotz dieser Einschränkungen und manchmal geringer Liquidität liefert der CDS-Markt dennoch die reinste unabhängige Kennzahl für die Risikoeinschätzung eines Emittenten durch den Markt.[18]

---

[17]Vgl. Nix (2000); Funger (2007); Grunow und Oehm (2004); Mast (2005); Deter und Diegelmann (2003).
[18]Morning Star (2011).

19.5.2 Die Bestimmung des Funding-Levels mit Credit Default Swaps

Während bei einer Aktienemission hauptsächlich der Discounted Cashflow den Emissionspreis beeinflusst, werden Debt Preise unter Berücksichtigung von Credit Default Swap Preisen und Credit Spreads ausgehandelt. Credit Default Swaps nehmen dabei einen besonderen Platz ein, da CDS Spreads vom Risiko des Referenzaktivums, in diesem Falle die Bonds, abhängig sind. Das Funding-Level, bzw. die Kreditkonditionen, ist dabei die Höhe des Zinssatzes, den ein Unternehmen für eine bestimmte Laufzeit für Fremdkapital bezahlen muss. Das kurzfristige Funding-Level bis zu einem Jahr wird bspw. im Rahmen von Commercial Paper Programmen täglich mit den Banken abgestimmt (den Banken zugerufen). Das Unternehmen unterbreitet den Banken und Arrangeuren damit ein Angebot, zu dessen Zinssatz es sich für einen, drei, sechs oder zwölf Monate refinanzieren möchte.

Bei der Kreditfinanzierung und bei Anleihen drückt sich das Funding-Level nicht in Zinssätzen aus, sondern es werden Zinsaufschläge benannt. Zinsaufschläge werden üblicherweise in Basispunkten über dem EURIBOR oder Swaps/Swap-Kurve benannt. Ein Basispunkt ist dabei 0,01 Prozent. Eine übliche Bezeichnung für ein Funding Level ist bspw. 150 Basispunkte über dem EURIBOR oder Swaps. Die Laufzeiten der Verbindlichkeiten sind dabei 2, 5, 10, 20 oder 30 Jahre. Die Besonderheit bei Krediten ist, dass die Kreditgebühren (Upfront-Fee) mit in die Berechnung des Funding-Levels einbezogen werden müssen.

Die Funding-Level sind aber nicht die tatsächlichen Kreditkonditionen, zu denen sich das Unternehmen refinanziert hat, vielmehr handelt es sich um die aktuelle Höhe der verschiedenen Zinssätze am Geld- und Kapitalmarkt für verschiedene Laufzeiten. Dies wird als der Preis des Zinses genannt.

Nicht nur im Vorfeld der Emission, sondern als generelle Aufgabe von Debt Relations, findet ständig eine Abstimmung (Sounding) zwischen dem Unternehmen sowie des Originations der Investmentbanken statt. Hierbei geht es insbesondere um das aktuelle Funding Level, das heißt den Preis bzw. Zins für verschiedene Bond Produkte und Laufzeiten. Origination der Bank verarbeitet dabei insbesondere die Informationen der hauseigenen Händler, die unmittelbar am Kapitalmarkt agieren. Der Gesamtpreis eines Bond Produktes setzt sich aus den absoluten Zinskosten (Swaps) und der Risikoprämie (Credit Spreads) zusammen.

Die Zinskosten für das Unternehmen werden in absoluter Höhe (zuzüglich Aufschläge) von dem aktuellen Kapitalmarktzins bestimmt. Dieser Zinssatz wird kurzfristig bis zu zwölf Monaten als EURIBOR-Zins und mittel- bis langfristig als Swap-Kurve bestimmt. Eine der wichtigsten Einflussgrößen sind die Leitzinsen der entsprechenden Notenbanken. Sie spiegeln die Refinanzierungskosten der Banken bei der Notenbank wieder. Das absolute Zinsniveau der bis zu zehnjährigen Zinsen wird damit im Wesentlichen von der Zinspolitik der Notenbanken bestimmt.

Zu den absoluten Zinskosten kommen sog. Aufschläge (Credit Spreads) hinzu, die das Risiko des Unternehmens gegenüber Zinskurve (Swap-Kurve) preisen, auch Risikoprämie genannt. Die Credit Spreads richten sich u. a. nach dem Rating des Unternehmens, der Branchenzugehörigkeit sowie dem allgemeinen Standings am Kapitalmarkt. Ein nicht zu unterschätzender Faktor ist auch der generelle Risikoappetit der Banken und Investoren. Der Risikoappetit hat einen wesentlichen Einfluss auf die veränderten Marktbedingungen und Volatilität, das heißt die Marktveränderungen der Risikoprämie.

19.6 Schlusswort – oder gut vorbereitet in die Emission

Wie gezeigt werden konnte bedarf es der umfangreichen Vorbereitung einer Emission. Leider ist immer wieder in der Praxis festzustellen, dass einige Teilschritte nicht beachtet werden und oft überhastet am Markt platziert wird aufgrund des „The window is open." Natürlich sollte ein Unternehmen günstige Kapitalmarktkonditionen und ein gutes Marktsentiment nutzen. Dennoch führt eine gute Vorbereitung langfristig zum größeren Erfolg.

Literatur

Achleitner A-K, Everling O (2003) Rating Advisory: Mit professioneller Beratung zum optimalen Bonitätsurteil. Betriebswirtschaftlicher Verlag Dr. Th. Gabler, Wiesbaden

Achleitner A-K, Everling O (Hrsg) (2004) Handbuch Ratingpraxis: Antworten auf die Herausforderung Basel II. Betriebswirtschaftlicher Verlag Dr. Th. Gabler, Wiesbaden

Alphéus I, Lowis S (2005) Fixed Income – neue Herausforderung (aber auch neue Chance) für den IR-Manager, Vortrag RWE AG auf 8. DIRK-Jahreskonferenz, Frankfurt. http://www.rwe.com/web/cms/mediablob/de/253136/data/1508954/1/rwe/investor-relations/veranstaltungen/roadshows/2005/blob.pdf. Zugegriffen: 1. März 2013

Alphéus I (2004) Kommunikation mit Fremdkapitalgebern als integrierter Bestandteil der Investor Relations. In: Deutscher Investor Relations Verband DIRK (Hrsg) Handbuch Investor Relations. Gabler, Wiesbaden, S 267–280

Büschgen HE (1999) Bankbetriebslehre: Bankgeschäfte und Bankmanagement, 5. Aufl. Gabler, Wiesbaden

Büschgen HE, Everling O (Hrsg)(2007) Handbuch Rating, 2. aktualisierte und erweiterte Aufl. Gabler, Wiesbaden

Denks C (2006) Bondholder Relations: Informationsgewinnung und -verarbeitung von Corporate-Bond-Investoren. DIRK Forschungsreihe, Bd 7. Wolfratshausen

Deter H, Diegelmann M (2003) Creditor Relations: Beziehungsmanagement mit Fremdkapitalgebern. Bankakademie Verlag, Frankfurt a. M.

Duffé A (2005) Creditor Relations: Das neue Geschäftsfeld in der Finanzkommunikation. Huber, Stuttgart

Everling O (1989) Credit Rating. In: wisu – das wirtschaftsstudium Bd. 18(12/1989):673–676

Everling O (1991a) Credit Rating durch internationale Agenturen: Eine Untersuchung zu den Komponenten und instrumentellen Funktionen des Rating. Gabler, Wiesbaden

Everling O (1991b) Nutzenaspekte des Rating für Anleger. Der langfristige Kredit, 12/91, S 382–385

Everling O (Hrsg) (2008) Certified rating analyst. Oldenbourg, München
Everling O, Holschuh K, Leker J (Hrsg) (2009) Credit Analyst. Oldenbourg, München
Funger S (2007) Investor Relations – Wirkung des Kapitalmarktmarketings auf die Kapitalbeschaffung. Vdm Verlag Dr. Müller, Saarbrücken
Gerke W, Bank M (2003) Finanzierung: Grundlagen für Investitions- und Finanzierungsentscheidungen im Unternehmen, 3. Aufl. Schäffer-Poeschel, Stuttgart
Gerke W, Steiner M (2001) Handwörterbuch des Bank- und Finanzwesens. Schäffer-Poeschel, Stuttgart
Grunow H-WG, Figgener S, Eisenack HO (2006) Handbuch Moderne Unternehmensfinanzierung: Strategien zur Kapitalbeschaffung und Bilanzoptimierung. Springer, Berlin
Grunow H-WG, Oehm G (2004) Credit Relations: Erfolgreiche Kommunikation mit Anleiheinvestoren. Springer, Berlin
Holzinger G (2002) Für eine Qualitätsoffensive der IR. Börsen-Zeitung vom 11.5.2002, S 7, 2002
Huber C (2003) Shareholder Value vs. Bondholer Value. In: Deter H, Diegelmann M (2003) Creditor Relations: Beziehungsmanagement mit Fremdkapitalgebern. Bankakademie Verlag, Frankfurt a. M.
Kirchhoff KR, Piwinger M (Hrsg) (2009) Praxishandbuch Investor Relations: Das Standardwerk der Finanzkommunikation, 2. Aufl. Gabler, Wiesbaden
Kiss P (2001) Investor Relations im Internet. Going Public Media AG, München
Launer MA (2006) Internationale Investor Relations. Going Public Magazin, März
Launer MA (2007) Marktorientierte Investor Relations. Going Public Magazin, September
Launer MA, Onken G (2009) Equity Sales Briefings als Multiplikator im Investor Relations: Eine Untersuchung deutscher Unternehmen an den Finanzplätzen New York. Dissertation Verlag, Berlin
Launer MA, Wilhelm M (2011) Bond Relations: Investor, Bond, Creditor und Gläubiger Relations für Anleihen, Obligationen, Wandelschuldverschreibungen und neue innovative Formen der Fremdkapitalfinanzierung. Dissertation.de, Berlin
Leland HE (1998) Agency costs, risk management, and capital structure. J Financ 53:1213–1243
Lowis S, Streuer O (2011) DIRK White Paper: Fixed Income Investor Relations. http://www.dirk.org/jobber/images/stories/A_Neue_pdf_Dokumente/110516%20-%20Neuauflage_White_Paper_Fixed_Income_final.pdf. Zugegriffen: 7. Nov. 1012
Mast HJ (2005) Creditor Relations als Erfolgsfaktor für die Fremdkapitalfinanzierung. In: Kirchhoff KR, Piwinger M (Hrsg) Praxishandbuch Investor Relations: Das Standardwerk der Finanzkommunikation, 2. Aufl. Gabler, Wiesbaden
Morning Star (2011) Kreditrisiko neu definiert, der CDS (Credit Default Swap)-Markt könnte eine gute Alternative zu herkömmlichen Kreditratings sein. Februar/März 2011-Ausgabe der Zeitschrift Morningstar Advisor
Nix P (2000) Professionelle Kapitalmarktkommunikation. In: DIRK (Hrsg) Investor Relations: Professionelle Kapitalmarktkommunikation. Gabler, Wiesbaden
Olfert K, Reichel C (2005) Finanzierung, 14. Aufl. NWB-Verlag, Herne
Opler TC, Saron M, Titman S (1997) Designing capital structure to create shareholder value. J Appl Corp Financ 10:21–32
Rödl B, Zinser T (1999) Going Public: Der Gang mittelständischer Unternehmen an die Börse, Frankfurter Allgemeine Zeitung, Frankfurt a. M., S 133
Stahl G, Wiehle U, Diegelmann M, Deter H (2005) Praxisleitfaden Corporate Finance. Cometis, Wiesbaden

Debt Relations aus der Sicht des Beraters

20

Peter Thilo Hasler und Christoph Karl

20.1 Vorbemerkungen

Ähnlich einem Börsengang ist auch die Aufnahme von Fremdkapital ein häufig nicht in Eigenregie zu bewältigendes Vorhaben. So sind etwa bei Anleiheemissionen nicht nur Emittenten, die erstmals den Weg an den Kapitalmarkt beschreiten, mit der Komplexität der diversen Prozessschritte und dem Umgang mit den verschiedenen beteiligten Parteien überfordert, auch bei Frequent Issuers verläuft der Emissionsprozess selten reibungslos. Im Extremfall wird eine Verschiebung der Platzierung nicht nur die internen Ressourcen und Kapazitäten des Managements belasten, sondern auch ein unprofessionelles Außenbild von der Gesellschaft abgeben. Selbst wenn die Emission erfolgreich verläuft, wird die hohe zeitliche Belastung des Managements eine Vernachlässigung des operativen Geschäftes mit sich bringen, die sich meist negativ auf die Umsatz- und Ertragsentwicklung des Unternehmens auswirkt.

Wie auch bei komplexen IT- und Managementaufgaben – die häufig jedoch für ein Unternehmen insgesamt betrachtet weit weniger kritisch sind – sollte ein Unternehmen bei einer komplexen Debt-Transaktion nicht zwanghaft versuchen, das „Zepter in der Hand" behalten zu wollen. Da eine Fremdkapitalaufnahme zeitlich eingrenzbar ist und häufig eine einmalige Angelegenheit bleibt, ist es wenig zielführend, entsprechendes Wissen in den Fachabteilungen des Unternehmens selbst aufzubauen. Sinnvoll ist demgegenüber

---

P. T. Hasler (✉)
BLÄTTCHEN & PARTNER AG, Vorstand, Paul-Heyse-Straße 28, 80336 München, Deutschland
E-Mail: pth@blaettchen.de

Sphene Capital GmbH, Gründer Großhesseloher Straße 15c, 81479 München, Deutschland
E-Mail: peter-thilo.hasler@sphene-capital.de

C. Karl
BLÄTTCHEN & PARTNER AG, Berater, Paul-Heyse-Straße 28, 80336 München, Deutschland
E-Mail: ck@blaettchen.de

die Mandatierung eines mit allen Facetten und Prozessschritten vertrauten Beraters, der letztlich auch die Gesamtverantwortung für das Projekt übernimmt.

20.2 Aufgaben und Vorgehensweise des Beraters

Allgemein gesprochen umfasst das Debt-Advisory sämtliche beratenden und unterstützenden Maßnahmen, die im Zusammenhang mit der Aufnahme von Fremdkapital stehen. Während die Debt-Beratung bis vor wenigen Jahren fast ausschließlich in unmittelbarem Zusammenhang mit einer Kapitalmarkttransaktion stand, hat sich das Beratungsspektrum zwischenzeitlich erheblich erweitert. Debt-Advisory ist heute nicht mehr nur im unmittelbaren Kontext einer Transaktion zu sehen, sondern ist als Element eines viel umfassenderen Beratungsansatzes immer dann sinnvoll, wenn die Emittentin über keine oder nur sehr geringe Erfahrung in der Aufnahme größerer Fremdkapitalbeträge verfügt. Dies dürfte insbesondere bei mittelständisch geprägten Unternehmen der Fall sein, die meist die primäre Zielgruppe des Debt Advisory darstellen.

Während einfache Kredittransaktionen zum Tagesgeschäft zählen, ist gerade der Gang an den Kapitalmarkt für die meisten Unternehmen eine Besonderheit. Stellvertretend sollen im Folgenden die Aufgaben des Beraters bei der Begebung einer Unternehmensanleihe beschrieben werden. Hierbei können die Aufgaben des Emissionsberaters in fünf zeitlich aufeinanderfolgende Stufen untergliedert werden, die deutlich machen sollen, dass der Emissionsberater vom ersten Schritt der Anleiheplatzierung, dem Kick-Off-Meeting, bis zur Rückzahlung der Anleihe am Ende der Laufzeit eine maßgebliche Rolle innehat.

20.2.1 Analyse der Anleihefähigkeit der Emittentin

Der erste, für den Berater zeitlich anspruchsvollste Schritt, beginnt mit der Analyse der grundsätzlichen Anleihefähigkeit des Unternehmens.[1] Gemeinsam mit der Emittentin erstellt der Berater zunächst eine mehrjährige integrierte Finanzplanung, bestehend aus der Gewinn- und Verlustrechnung, der Bilanz und der Kapitalflussrechnung, der quantitativen Analyse der Finanzkennzahlen und einer qualitativen Analyse der Geschäftsrisiken. Die quantitative Analyse beginnt gemeinhin mit vergangenheitsbezogenen Daten der veröffentlichten Jahresabschlüsse bzw. Geschäftsberichte und endet mit einer tiefgehenden Bilanz-, Liquiditäts- und Ertragsanalyse und der Bildung betriebswirtschaftlicher Kennzahlen zur Einschätzung der zukünftigen Vermögens-, Finanz- und Ertragslage des Unternehmens. Diese Analysen sollten im Idealfall die gesamte Laufzeit der zu begebenden Anleihe umfassen. Durch Simulation diverser Szenarien und der Überprüfung der Zins- und Tilgungsfähigkeit unter verschiedensten Umweltsituationen kann ein professioneller Berater dem Management ein Gefühl der Sicherheit geben und frühzeitig Defizite etwa

---

[1] Vgl. Bösl und Hasler (2012) S. 17.

in puncto Bilanzierungsfragen, Unternehmensorganisation und Investor Relations-Arbeit ansprechen, Verbesserungspotenziale aufdecken und mögliche Umsetzungsmaßnahmen aufzeigen.

Darauf aufbauend und um Überraschungen zu vermeiden sollte der Berater eine ehrliche Indikation über das zu erwartende Rating und die damit verbundenen laufenden Zinsaufwendungen der Anleihe abgeben. Im Falle eines negativen Eigenkapitals oder einer ungelösten Nachfolgeproblematik obliegt es dem Berater, die Emittentin über diese Ausschlusskriterien in Kenntnis zu setzen. Fällt die Emittentin anschließend die Entscheidung, mit dem Prozess voranzuschreiten, wird der Berater die vorläufigen Anleihebedingungen – insbesondere also Verzinsung, Laufzeit, Nennbetrag und freiwillige Verpflichtungen – festlegen. Anschließend sind zahlreiche weitere Vorbereitungsmaßnahmen umzusetzen. Bei First Issuers muss möglicherweise ein Rechtsformwechsel erfolgen, da Investoren erfahrungsgemäß Kapitalgesellschaften bevorzugen; hierzu sind eventuell notwendige Gesellschafterbeschlüsse einzuholen.

Bevor der Startschuss des Projektes fällt, sollte mit existierenden Gläubigern – in der Regel den Hausbanken – die bevorstehende Veränderung der Finanzierungsstruktur ergebnisoffen diskutiert werden. Dies wird insbesondere dann erforderlich, wenn in den bestehenden Kreditvereinbarungen die Emission weiterer gleichrangiger Fremdkapitaltranchen von der Zustimmung der finanzierenden Kreditinstitute abhängig ist oder durch die Anleihe die Einführung von Covenants geplant ist, die die Situation der Altgläubiger wesentlich verändern würde. Ein externer Berater kann hier mögliche Verständnis- und Verständigungsprobleme aus dem Weg räumen und als Moderator alle beteiligten Parteien an einem Tisch zu einem zufriedenstellenden Ergebnis bringen.

Wurde auch diese Hürde erklommen, kann die Definition der sogenannten Bond-Story erfolgen. Vergleichbar mit der Equity Story einer Aktie ist eine plausible und stringente Bond Story die Übersetzung der Unternehmensstrategie in die Sprache der Investoren, Finanzanalysten und Medien. Im Gegensatz zur Equity Story stehen bei der Bond Story allerdings nicht die Chancen eines Engagements im Vordergrund, sondern die Risiken.[2] Von besonderer Bedeutung ist die Bond Story, da sie die Grundlage für die Erstellung des detaillierten Unternehmensmemorandums und des Fact-Sheets ist, die wiederum in allen nachgelagerten Stufen des Emissionsprozesses zum Einsatz kommen. In diesen Dokumenten werden die Strategie und wettbewerbliche Positionierung der Emittentin, eine detaillierte und plausible Planungsrechnung sowie eine Darstellung des Geschäftsmodells, des Marktes, der Wachstumsperspektiven sowie eine SWOT-Analyse verständlich vorgestellt. Abgerundet wird das Unternehmensmemorandum durch die aus der Geschäftsstrategie abgeleitete Finanzstrategie sowie die Begründung der Transaktion, insbesondere bezüglich der angestrebten Mittelverwendung. Verfasst wird sie in der Sprache des Kapitalmarktes, die von den primären Zielgruppen der Anleihe – Finanzexperten, nicht Branchenkennern – gesprochen wird. Nur ein Emissionsberater kann auf einen Erfahrungsschatz aus vergleichbaren Transaktionen zurückgreifen, kann potentielle Banken

---

[2]Vgl. auch Döbeling (2012) S. 123.

und Investoren auf ihrer Wellenlänge ansprechen und eine positive Außenwirkung bei der Kommunikation der Finanzierungstransaktion erwirken.

20.2.2 Auswahl der an der Emission beteiligten Parteien

Der zweite Schritt des Anleiheprozesses fokussiert sich auf die Ansprache, Auswahl und der Mandatierung der weiteren für die Begebung der Anleihe involvierten Partner, insbesondere also der platzierenden Banken, der Kommunikationsagenturen, Rechtsanwälte, Ratingagenturen und gegebenenfalls eines unabhängigen Research-Büros. Sämtliche Mandatsverhandlungen werden dabei vom Emissionsberater geführt, was für den Emittenten erhebliche Kostenentlastungen zur Folge haben kann.

Maßgeblich für Erstansprache der beteiligten Parteien ist das vom Berater erarbeitete Unternehmensmemorandum. Anstatt unbedarft in Gespräche zu gehen, gewinnt ein Unternehmen durch ein professionell gestaltetes Fact-Book an Ansehen und kann sich gegenüber den zukünftigen Partnern von Anfang an auf Augenhöhe präsentieren. Gleichzeitig gibt ein detailliert ausgearbeitetes Fact-Book den Parteien die Möglichkeit, selbst ein stimmiges Platzierungskonzept zu entwickeln und dieses im Rahmen eines sogenannten Beauty Contest zu präsentieren.

Unter Anleitung eines versierten Beraters lässt sich zum Beispiel eine Leadbank nicht nur anhand der Überzeugungskraft der Präsentationsunterlagen auswählen, sondern auch nach Kriterien wie der Platzierungsstärke bei bestimmten Investorenschichten oder aus der Analyse der vergangenen Transaktionen. Zum Teil variieren die Profile der am Markt aktiven Banken erheblich und nicht jede Bank ist für ein individuelles Emissionsvorhaben grundsätzlich die erste Wahl. Auch kann es sinnvoll sein, etwa um die Profile der Banken zu ergänzen, mehrere Banken zu mandatieren.

Bereits im Vorfeld der Emission eine gezielte Pressearbeit anzustoßen ist ein weiteres Betätigungsfeld des Emissionsberaters. Insbesondere bei relativ unbekannten Namen, das heißt Unternehmen mit geringem Kontakt zum Verbraucher, sollte im Vorfeld über eine gezielte Medienstrategie der Bekanntheitsgrad, insbesondere in den relevanten Finanzmedien wie Handelsblatt, FTD oder FAZ, erhöht werden. So zeigt zum Beispiel die Entwicklung an den deutschen Mittelstandssegmenten die deutlich bessere Platzierbarkeit von Anleihen bekannter Markenartikler. Wenn auch eine vergleichbare Präsenz in den Medien selbst mit intensiver Pressearbeit nicht aus dem Stand heraus zu erreichen ist, kann doch die Platzierungssicherheit durch die flankierende Medienberichterstattung maßgeblich beeinflusst werden. Neben den nötigen Kontakten, die ein professioneller Berater bereitstellt, kann auch die Begleitung der Pressegespräche durch einen Berater entscheidende Akzente setzen.

20.2.3 Vorbereitung der Anleiheplatzierung

Nach Mandatierung einer Lead-Bank wird eine Anwaltskanzlei mit der Erstellung des Prospektes beauftragt. Die Erfahrungswerte zeigen, dass es nicht ratsam ist, auf die Hausanwälte des Emittenten zurückzugreifen, sondern eine auf Prospekterstellung spezialisierte Kanzlei zu mandatieren. Je nach Charakter der Bondemission sollte dies entweder eine international aktive Großkanzlei (v. a. bei High-Yield-Bonds und bei Benchmark-Anleihen) oder eine mit den Besonderheiten der jeweiligen Marktsegmente vertraute Kanzlei (v. a. an den deutschen Mittelstandssegmenten) sein. Die Einhaltung des Zeitplans ist bei diesem Prozessschritt besonders kritisch, da nur eine termingerechte Einreichung der Unterlagen bei der BaFin oder einer anderen Regulierungsbehörde gewährleistet, dass der Emissionstermin eingehalten werden kann. Die Erfahrungswerte eines Beraters können hier von Anfang an die Wahl auf eine Kanzlei mit der passenden Expertise lenken.

Parallel zur Prospekterstellung erfolgt die Erstellung eines Ratings. Bei Frequent Issuers großvolumiger Benchmark-Emissionen liegt im Regelfall bereits ein Rating von einer oder mehrerer der drei großen Ratingagenturen Standard & Poor's, Moody's oder Fitch vor. Im High-Yield-Segment war zwischenzeitlich zwar der Trend zu verzeichnen gewesen, auf ein Rating ganz zu verzichten, in Summe wird von den Investoren jedoch auch hier ein Rating verlangt. Auch die seit 2010 geschaffenen Mittelstandssegmente verpflichten die Emittenten zur Veröffentlichung eines Rating; allein die Börse Hamburg/Hannover sieht dies in ihren Regularien nicht zwingend vor. Eine Ausnahmeregelung gilt auch für börsennotierte Unternehmen, bei denen unterstellt wird, dass der Kapitalmarkt durch die quartalsweisen Veröffentlichungen bereits ausreichend informiert ist. Ob ein Rating quasi als Marketingtool dennoch ratsam ist, muss im Einzelfall geprüft werden. In jedem Fall stellt die Auswahl der richtigen Ratingagentur ein nicht gerade triviales Unterfangen dar, insbesondere auf den Märkten für Mittelstandsanleihen: Die Erfahrung hat gezeigt, dass es bislang wenig ratsam war, mit einem Rating einer der drei angelsächsischen Ratingagenturen an den Markt zu gehen, da diese nicht auf die speziellen Bedürfnisse und Finanzierungsstrukturen typischer mittelständischer Unternehmen ausgelegt sind. Diese werden eher von auf den deutschen Markt spezialisierten Ratingagenturen wie Creditreform und Euler Hermes abgedeckt.

Handelt es sich um den Erstkontakt mit dem Kapitalmarkt, kann es erforderlich sein, ein Credit-Research anfertigen zu lassen. Im Gegensatz zum IPO-Research, das ausnahmslos von den begleitenden Banken erstellt wird, wird bei einer Anleiheemission häufig auf ein unabhängiges Researchhaus zurückgegriffen, da nicht alle auf eine Anleiheplatzierung spezialisierten Banken ein Team aus spezialisierten Credit-Analysten unterhalten. Dies hat den Vorteil, dass den Investoren eine fundierte Einschätzung aus dritter Hand gegeben wird, die nicht durch die Brille der begleitenden Bank geschrieben wurde. Da das Bond Research auch nach der Emission fortgeführt werden sollte, um zum Beispiel die Veröffentlichung von Jahres- und Halbjahreszahlen oder sonstiger Ad-hoc-Mitteilungen des Emittenten zu begleiten, sollte der Auswahlprozess nicht auf die leichte Schulter genommen werden. Für einen unerfahrenen Emittenten ist es auch hier entscheidend, sich durch externen Rat in seiner Entscheidung für und gegen diverse Research-Anbieter leiten zu lassen.

20.2.4 Platzierung der Anleihe

Im vierten Schritt, der Anleiheplatzierung im engeren Sinne, wird der Emissionsberater die Roadshow-Präsentation erstellen, jeweils in enger Abstimmung mit der Lead-Bank und der Emittentin, das Management auf die Investorenkontakte vorbereiten und Vorschläge für die zu besuchenden Investoren unterbreiten.

Zunächst wird von den Lead-Banken das sogenannte Pre-Sounding veranstaltet. Dabei werden verschiedene Investoren angesprochen, ohne dass bereits sämtliche Details der Emission festgeschrieben sind. Diese Übung dient dem Zweck – vergleichbar einer Meinungsumfrage vor politischen Wahlen –, eine qualitativ hochwertige Einschätzung repräsentativer Investoren zum Unternehmen und den möglichen Anleihebedingungen einzuholen. Basierend auf der Einschätzung von Ankerinvestoren kann der Emittent anschließend die Feinjustierung der Konditionen vornehmen und dafür sorgen, dass zum Beispiel Coupon oder Covenants den Erwartungshaltungen der Investoren entsprechen. Ein erfahrener Berater kann hierbei wertvolle Dienste leisten, indem er etwa in Abstimmung mit dem Emittent und den Banken die anzusprechenden Investoren definiert und für einen ausgewogenen und repräsentativen Gesamteindruck sorgt.

Nach dem Pre-Sounding erfolgt auf der anschließenden Management-Roadshow die breite Ansprache von Investoren. Hierfür organisieren die Banken an diversen Orten Präsentationstermine vor einer Vielzahl institutioneller Investoren. Ob hier die Interessen des Emittenten oder der Bank höher gewichtet werden, kann vom Emittenten nur schwer eingeschätzt werden. Daher ist es für einen wenig Kapitalmarkt-affinen Emittenten ratsam, die geplanten Roadshow-Termine mit dem Berater zu besprechen und notfalls bei den platzierenden Banken zu intervenieren. Nur so kann sichergestellt werden, dass die Management-Kapazitäten nicht mit ungeeigneten Investoren (ohne Branchenaffinität, ohne entsprechendes Investitionsvolumen, ohne passende Risikoneigung) vergeudet werden, sondern ausschließlich zielführende Gespräche geführt werden. Angesichts des engen Zeitplans während der Roadshow muss das Management (in den meisten Fällen CEO und CFO) für einen überschaubaren Zeitraum das Tagesgeschäft vernachlässigen. Umso wichtiger kann es daher sein, sich durch das Outsourcing diverser Aufgaben an einen externen Berater Spielräume zu schaffen.

Durch die intensive Vorbereitung des Managements auf die Roadshowtermine und Simulation der Gespräche („Dry Run") kann ein Berater weiteren Mehrwert für den Erfolg des Vorhabens liefern. Insbesondere wird der Berater seine Erfahrungen bei der inhaltlichen und strukturellen Gestaltung der Roadshow-Präsentation einbringen. Als Sparringspartner des Managements können bereits im Vorfeld kritische Fragen durchgesprochen werden und Hintergrundinformationen zu einzelnen Investoren und deren Hintergrund (Anlagestil, Anlagevolumen, Investments in Peers etc.) aufbereitet werden.

Parallel zur Management-Roadshow läuft die Zeichnungsfrist der Anleihe. Vergleichbar einem Börsengang gibt es mehrere über das Jahr verteilte Zeitfenster, an denen eine Emission wenig ratsam ist. Diese treffsicher zu umgehen und gleichzeitig keine handwerklichen Fehler zu begehen (wie zum Beispiel die Emission nach Ablauf der Zeichnungsfrist

Handelssegment	Bondm	m:access bond	der mittel-standsmarkt	Entry Standard für Anleihen	Mittelstandsbörse Deutschland
Börsenplatz	Stuttgart	München	Düsseldorf	Frankfurt	Hamburg/Hannover
Wesentliche Folgepflichten	• Jahresabschluss • Zwischenabschluss • Quasi-Ad-hoc-Pflicht • Finanzkalender • Jährliches Folgerating	• Kernaussagen aus Jahresabschluss • Quasi-Ad-hoc-Pflicht • Finanzkalender • Jährliches Folgerating	• Jahresabschluss • Zwischenabschluss • Quasi-Ad-hoc-Pflicht • Finanzkalender • Jährliches Folgerating	• Jahresabschluss • Zwischenabschluss • Quasi-Ad-hoc-Pflicht • Finanzkalender • Jährliches Folgerating	• Jahresabschluss • Quasi-Ad-hoc-Pflicht • Finanzkalender

Abb. 20.1 Folgepflichten des Emittenten an den Mittelstandsbörsen. (Quelle: Börsen, Blättchen & Partner AG)

zu schließen und damit die Möglichkeit einer Privatplatzierung nach Handelsbeginn zu verhindern) ist ebenfalls Aufgabe eines anleiheerfahrenen Corporate Finance-Beraters.

Nach Schließung des Orderbuchs liegt im Idealfall eine Überzeichnung der Anleihe vor, eine per se für den Emittenten komfortable Situation, die jedoch auch gewisse Tücken mit sich bringt. Um die Volatilität nach Start des Handels zu reduzieren, sollte es im Interesse des Unternehmens sein, langfristige Investoren bei der Zuteilung zu bevorzugen. Bestenfalls sorgt der Zukauf der Anleihe nach Handelsstart durch bei der Platzierung unberücksichtigte Investoren für steigende Kurse. Die Außenwirkung einer Notiz über Pari (das heißt über 100 %) ist nicht zu unterschätzen. Da die Wünsche der Banken nicht zwangsläufig im Einklang mit denen des Emittenten stehen, kann die Emittentin mit dem in der Roadshow gewonnenen Wissen und den Hintergrundinformationen durch einen versierten Berater die Zuteilung entscheidend in ihrem Sinne beeinflussen.

20.2.5 Nach der Platzierung

Nach erfolgreicher Platzierung der Anleihe ist es die Aufgabe des Emissionsberaters, die Emittentin regelmäßig über die Folgepflichten zu informieren, beraten und unterstützen. Im Detail lassen sich die Aufgaben des Beraters zum einen aus den Geschäftsbedingungen der Börsen ablesen, zum anderen aus individuellen Verpflichtungen des Beraters gegenüber dem Fremdkapital aufnehmenden Unternehmen. Grundsätzlich ist dabei nach der Art des Fremdkapitals, der Börsennotiz der jeweiligen Anleihen sowie der Börsennotiz der Emittentin zu unterscheiden. Begibt ein im Prime- oder General-Standard der Frankfurter Börse notiertes Unternehmen eine Anleihe, werden allein die aus der Notiz des Eigenkapitals resultierenden Publizitätsvorschriften der Maßgabe des jeweiligen Anleihesegmentes genügen.

Generell sind in den Mittelstandssegmenten die dargestellten Folgepflichten einzuhalten (Abb. 20.1):

Jahres- und Halbjahresabschluss Jahresabschluss und Halbjahresabschluss sind an allen Segmenten (innerhalb von sechs Monaten, in Frankfurt ohne Fristsetzung) außer dem m:access der Börse München zu veröffentlichen (hier genügen bereits die „Kernaussagen" des geprüften Jahresabschlusses. Am mittelstandsmarkt Düsseldorf, am Stuttgarter Bondm und am Frankfurter Entry Standard sind zusätzlich Halbjahreszahlen innerhalb von drei Monaten nach Ablauf des Berichtszeitraums zu veröffentlichen, allerdings müssen diese nicht verpflichtend durch einen Wirtschaftsprüfer geprüft worden sein. In diesem Umfeld kann die Aufgabenstellung für einen Berater vielseitig sein. So kann es für ein Kapitalmarktunerfahrenes Unternehmen durchaus sinnvoll sein, die zu veröffentlichenden Dokumente vorab mit dem Berater zu besprechen. Um nicht missverstanden zu werden, ist die Besprechung einer entsprechenden Pressemitteilung bzw. Ad-hoc-Mitteilung, in der die wesentlichen Infos aus dem Abschluss kommuniziert werden, sinnvoll. Die Kunst, zwischen den Zeilen lesen bzw. schreiben zu können, ist insbesondere im Ausblick des Finanzberichts von elementarer Bedeutung für die weitere Kursentwicklung.

Ad-hoc-Publizität Unternehmen, deren Anleihen an einem regulierten Markt, wie dem Prime Standard für Anleihen der Frankfurter Wertpapierbörse, notieren, unterliegen der Ad-hoc-Publizität nach § 15 WpHG. Demnach hat ein Emittent „Insiderinformationen, die ihn unmittelbar betreffen, unverzüglich zu veröffentlichen".[3] Insiderinformationen sind jene Informationen, die für die Kursentwicklung der Anleihe und die Investitionsentscheidungen wichtig sind. Durch diese Vorschrift soll verhindert werden, dass bestimmte Informationen den Unternehmensinsidern vorbehalten bleiben und von diesen zu ihrem persönlichen Vorteil genutzt werden. Der Inhalt der Mitteilung ist vor Veröffentlichung zunächst der Geschäftsführung des Marktes, an dem die jeweiligen Wertpapiere notieren, sowie der Regulierungsbehörde vorzulegen, die anschließend die Aussetzung des Handels beschließen können.[4] Neben den gesetzlichen Regelungen des § 15 WpHG wird in Deutschland der Mindestinhalt, die Art, die Sprache, der Umfang und die Form der Veröffentlichung durch eine Rechtsverordnung des Bundesministeriums der Finanzen geregelt.[5] Demnach muss eine Meldung solchen Medien zugeleitet werden, die eine Verbreitung der Mitteilung in der gesamten Europäischen Union gewährleisten. Zusätzlich sind Form und Inhalt der Mitteilungen geregelt. Da eine Verbreitung der Mitteilung in alle EU-Länder und in die einzelnen Medien in Eigenregie nahezu unmöglich sein dürfte, ist es unumgänglich, mit einem spezialisierten Informationsdienstleister zusammenzuarbeiten, zumal eine Verletzung der Publizitätspflicht für den Emittenten Schadensersatzansprüche gem. § 37b WpHG zur Folge hat.

Über die Frage, was für einen Anleger ad-hoc-kursrelevante Nachrichten darstellen, herrscht unter den Emittenten immer wieder Unsicherheit. Denn im Gegensatz zu börsennotierten Aktiengesellschaften ist es bei Anleiheemittenten unüblich, eine Umsatz- oder Ertrags-Guidance auszusprechen. Was bei einem börsennotierten Unternehmen ad-hoc-pflichtig ist, nämlich die knappe Verfehlung der Guidance, unterliegt bei einem

---

[3] § 15 (1) WpHG.
[4] § 15 (4) WpHG Abs. 1 und 3.
[5] § 15 (7) WpHG.

Unternehmen, das eine Anleihe begeben hat, nicht der Ad-hoc-Publizität. Dass die Einschätzung, was eine „knappe" Verfehlung der Guidance darstellt, beim Emittenten für Unsicherheit sorgt, ist unmittelbar einsichtig. Beispiele für Ad-hoc-Meldungen reichen von einem Wechsel der Geschäftsführung über Geschäfte mit verbundenen Unternehmen, der Veräußerung von Unternehmensteilen und dem Erwerb von Unternehmensbeteiligungen bis hin zu Kapitalerhöhungen und der Ausgabe weiterer Schuldverschreibungen oder Genussrechte.

Quasi-Ad-hoc-Publizität Von der Ad-hoc-Publizität zu unterscheiden ist die sogenannte Quasi-Ad-hoc-Mitteilungspflicht, deren Einhaltung an den Mittelstandssegmenten der deutschen Börsen vorgeschrieben ist. Da die Mittelstandssegmente ausnahmslos privatrechtlich organisierte Märkte der jeweiligen Börsen sind (Freiverkehr), haben die Regelungen des § 15 WpHG keine Durchschlagskraft. Die Börsen behelfen sich daher mit einer privatrechtlichen Verpflichtung der Emittenten zur Einhaltung einer dem Gesetzestext synonymen Regelung, der sogenannten Quasi-Ad-hoc-Publizität. Diese ist in den Allgemeinen Geschäftsbedingungen der Börsen festgelegt.

Viele, gerade von der Gründerfamilie geführte Unternehmen sind es nicht gewohnt, sich der Öffentlichkeit zu präsentieren. Dann werden die Informationsbedürfnisse des Kapitalmarktes als notwendiges Übel betrachtet. In diesem Spannungsfeld ist es die Aufgabe des Beraters, den Emittenten davon zu überzeugen, dass die mit der Anleihebegebung verbundenen Öffentlichkeitspflichten überschaubar sind und in angemessenem Verhältnis zum Ertrag stehen. Nur eine offene Kommunikationspolitik sorgt langfristig für eine Etablierung am Markt und gibt die Möglichkeit zur weiteren Emission von Anleihen.

Vorgeschrieben ist in allen Mittelstandssegmenten lediglich die Veröffentlichung der Quasi-Ad-hoc-Mitteilungen auf der Homepage der Emittentin. Sämtliche Dienstleistungsunternehmen (u. a. DGAP, euro adhoc oder Business Wire), durch die Ad-hoc-Mitteilungen verbreitet werden, bieten diesen Service jedoch auch für nicht publizitätspflichtige Nachrichten an, den Corporate News. Genau wie Ad-hoc-Mitteilungen werden auch Corporate News an diverse Nachrichtenagenturen und Finanzinformationssysteme wie zum Beispiel Bloomberg, DowJones, dpa-AFX, Reuters oder vwd weitergeleitet, was hohe Reichweiten zur Folge hat. Zusätzlich können die Nachrichten auf freiwilliger Basis vorab (wie bei einer „richtigen" Ad-hoc-Mitteilung) den Aufsichtsbehörden und der Börse übermittelt werden, um möglicherweise die temporäre Aussetzung des Handels zu initiieren. Im Sinne einer offenen Kapitalmarktkommunikation ist es einem Emittenten zu empfehlen, diesen Kanal zu nutzen.

Angesichts des relativ hohen Anteils privater Anleger am Platzierungsvolumen einer Mittelstandsanleihe sollten vor allem Emittenten in diesen Segmenten zusätzlich Mailing-Listen einrichten. Damit kann sichergestellt werden, dass auch Privatinvestoren, die nicht täglich in entsprechenden Finanzportalen präsent sind, zeitnah über Neuigkeiten informiert werden. Der regelmäßige Kontakt kann zudem eine deutlich stärkere Identifikation des Anlegers mit „seiner Anleihe" bewirken und damit eventuell auch die Neigung zum Halten der Papiere beeinflussen. Daher kann es kaum verwundern, dass ein hoher Anteil privater Investoren die Volatilität einer Anleihe im Sekundärmarkt deutlich reduziert. Falls ein Emittent hier Neuland betritt kann es auf jeden Fall sinnvoll sein, das Vorhaben mit einem erfahrenen Corporate Finance- oder Kommunikationsberater abzustimmen. Erfahrungswerte bezüglich der verwendeten Software, Anpassung des Layouts der Mitteilungen, inhaltliche Überlegungen (zum Beispiel Versand der Quasi-Ad-Hoc-Mitteilung im Text, ausführlichere Pressemitteilung im Anhang der Email) aus vergangenen Transaktionen lassen sich häufig schnell analog umsetzen.

Erstellung und Pflege des Unternehmenskalenders Der Berater ist der Emittentin bei der Erstellung und Veröffentlichung eines Unternehmenskalender auf der Internetseite des Unternehmens behilflich. In ihm sind die Veröffentlichungsdaten des Zwischenberichts und des Jahresabschlusses sowie der Termin der Gesellschafter- bzw. Hauptversammlung aufzuführen. Da a priori unklar ist, wann die Finanzberichte genau fertiggestellt sein werden, wählen Emittenten in der Regel den letztmöglichen Veröffentlichungstermin, beispielsweise den 30.09. eines Jahres (bzw. den davor liegenden Werktag) als Veröffentlichungstag des Halbjahresberichts. Auch beim Folgerating hat es sich etabliert, den Termin anzugeben, der genau ein Jahr nach dem zuletzt veröffentlichten Rating liegt. Weniger Wahlmöglichkeiten hat die Emittentin dagegen beim jährlichen Zinszahlungstermin, der von Vorneherein taggenau angegeben werden kann.

Neben diesen Pflichtterminen kann es sinnvoll sein, in den Unternehmenskalender die Teilnahme an Börsenveranstaltungen wie dem Eigenkapitalforum der Deutsche Börse und ähnlicher Investorentreffen aufzunehmen. Auch wenn das Management auf Investoren-Roadshow geht, kann eine sinnvolle Ergänzung des Unternehmenskalenders sein.

Folge Rating Die Erstellung eines Ratings erfolgt entweder auf freiwilliger Basis oder durch die Regularien einer Börse. Unabhängig von der mandatierten Ratingagentur ist die Gültigkeit eines Ratings auf ein Jahr limitiert. Damit ist spätestens ein Jahr nach der Emission der Anleihe (in den meisten Fällen sogar früher, da das Rating vor Platzierung der Anleihe fertiggestellt wurde) ein Folgerating fällig. Ein Emittent, der im Folgerating nicht nur den Mehraufwand sieht, sondern dieses als intelligentes internes Steuerungssystem und externes Marketingtool betrachtet, sollte bereits pro-aktiv tätig werden. Ähnlich wie beim Erstrating kann ein versierter Berater eventuell bereits im Vorfeld ein indikatives Rating abgeben. Eine solche Einschätzung kann bereits zu einem relativ frühen Zeitpunkt ein Gefühl dafür geben, mit welcher Ratingnote zu rechnen ist. Idealerweise werden Überlegungen, die das Rating betreffen, bereits im Vorfeld der Bilanzerstellung bzw. des Bilanzstichtags getroffen. Durch entsprechende Maßnahmen wie Factoring, Reduktion der zum Bilanzstichtag offenen Forderungen oder der Verbesserung des Working Capitals lässt sich basierend auf einer indikativen Einstufung häufig das Rating um mindestens eine Stufe verbessern.

Ein weiteres Feld in dem für unerfahrene Unternehmen häufig Beratungsbedarf besteht, besteht in der Kommunikation der Ratingveränderung.[6] Wie in allen Belangen

---

[6] Vgl. Hasler und Karl (2012) S. 360f.

des Kapitalmarktumgangs ist letztendlich auch hier eine möglichst offene und stringente Kommunikation der Königsweg. Diese Haltung fällt natürlich leichter, nachdem sich das Rating verbessert hat. Dennoch sollte auch eine Verschlechterung offen kommuniziert werden, im Idealfall verbunden mit der Nennung von Gründen sowie dem Aufzeigen einer Perspektive. Zudem sollte der Emittent in Betracht ziehen, dass für die Mehrzahl der Investoren nicht die absolute Ratingveränderung, sondern die relative Veränderung relevant ist. Branchen- und regionenabhängig ist zum Beispiel in einer Phase konjunktureller Abschwächung mit generell schlechteren Ratingnoten zu rechnen, so dass bereits ein stabiles Rating tendenziell über der Markterwartung liegt.

Ein Wechsel der Ratingagentur mag zwar in Übereinstimmung mit den Reglements der Börsen sein, dennoch sollte ein Wechsel nur dann erfolgen, wenn dadurch eine Fehlentscheidung des Emissionsprozesses korrigiert werden kann. Auch hier ist die mediale Begleitung von elementarer Bedeutung. Ein Wechsel von einer der großen amerikanischen Agenturen zu einem auf Mittelständler spezialisierten deutschen Haus könnte am Markt als Flucht vor der strengen Beurteilung von S&P, Moody's oder Fitch gewertet werden. Hier sollte insbesondere die mangelnde Expertise dieser Häuser für deutsche KMUs sowie die bessere Vergleichbarkeit mit ähnlichen Emittenten in den Vordergrund gerückt werden. Daher ist es ratsam, gemeinsam mit dem Berater eine Kommunikationsstrategie zu entwickeln, die offen die relative Position der Emittentin zu den Peers thematisiert.

Auch der völlige Verzicht auf ein Folgerating steht in Einklang mit den Börsenusancen, zumindest wenn die Gesellschaft börsennotiert ist. Dennoch sendet der Verzicht auf ein Folgerating ein klar negatives Signal an den Kapitalmarkt, da dieser Schritt in den Augen der Investoren als Flucht vor einem möglichen Downgrade interpretiert werden könnte.

Aufklärung über die neuesten Änderungen der allgemeinen Geschäftsbedingungen der Börsen Aufgabe des Beraters ist es ferner, die Emittentin über die Transparenzpflichten und üblichen Investor-Relations-Aktivitäten zu unterrichten; zu diesen Informationspflichten zählen insbesondere Veränderungen der Folgepflichten oder Transparenzanforderungen. Sollten Elemente der Zulassungsvoraussetzungen seitens des Emittenten nicht länger erfüllt werden, ist die Emittentin vom Berater darauf hinzuweisen und unter Umständen auch die Börse von den Pflichtverletzungen in Kenntnis zu setzen.

Exkurs High-Yield-Bonds Handlungsbedarf bezüglich Debt Relations besteht nicht nur bei Mittelstandsanleihen, sondern auch bei High-Yield-Bonds. Die besonderen Herausforderungen an die Debt Relations in diesem Marksegment sollen daher im Folgenden als kurzer Exkurs dargestellt werden.

Definitionsgemäß wird jede Anleihe eines Emittenten unterhalb des sogenannten Investment-Grade-Ratings (das heißt unterhalb von BBB-) als High-Yield-Bond bezeichnet. Die Grenzen zwischen Mittelstandssegmenten und High-Yield-Bonds verschwinden jedoch zunehmend, teilweise wurden Emissionen bereits zweigleisig platziert (u. a. drei Emissionen von Air Berlin). Dennoch gibt es hinsichtlich der Homogenität der Investoren und der Folgepflichten während dem Being Public der Anleiheemission entscheidende Unterschiede.

Bei einem Listing in Luxemburg (Bourse Luxembourg), Dublin (Main Securities Market) und London (Main Market) handelt es sich um EU-regulierte Börsenplätze[7], die u. a. die gesetzliche Ad-hoc-Publizität nach sich zieht. Nach der EU-Prospektrichtlinie wird innerhalb dieser Segmente zwischen institutionellen Anlegern und Privatinvestoren unterschieden. Abhängig von der Stückelung (ab 100.000 € Nominalwert je Anleihe wird von einem Wertpapier für institutionelle Anleger ausgegangen) sind unterschiedliche Voraussetzungen zu erfüllen. Eine Anleihe in Privatanleger-Stückelungen sieht die Veröffentlichung eines geprüften Jahresabschlusses innerhalb von vier Monaten nach Abschluss des Geschäftsjahres vor. Ist die Tranche dagegen lediglich für institutionelle Investoren gedacht, sind je nach Börse unterschiedliche Fristen zu beachten. Unabhängig von der Zielgruppe sind Abschlüsse ausschließlich nach dem IFRS oder einem vergleichbaren Standard zu erstellen, ein auch kostenseitig nicht zu unterschätzender Unterschied zu nicht EU-regulierten Marktsegmenten (u. a. die deutschen Mittelstandssegmente).[8]

In der Praxis ist zu beobachten, dass der High-Yield-Markt stark durch institutionelle Investoren geprägt ist. Im Unterschied zu Mittelstandsbonds sind überwiegend angelsächsisch geprägte Investoren (u. a. auch zu einem Teil Hedge-Fonds) am Markt aktiv. Die Implementierung einer auf deren spezielle Bedürfnisse abgestellte Debt Relations ist daher insbesondere für unerfahrene Emittenten eine nicht in Eigenregie zu bewältigende Aufgabe. Zwar gilt es grundsätzlich die gleichen Instrumente zu benutzen wie am Mittelstandsegment, durch die Professionalisierung ist jedoch zum Beispiel zu vermuten, dass eine Mehrzahl der Investoren Zugang zu professionellen Systemen wie Bloomberg benutzt und diese auch zu Analyse- und Research-Zwecken nutzt. Die eigene Nutzung eines Bloomberg-Terminals und das konsequente Monitoring (und die ggf. notwendige Korrektur) der Datenbasis zu Bilanz und GuV-Zahlen in den entsprechenden Datenbanken sollte daher von einem Emittenten stets im Auge behalten werden. Durch das Outsourcing dieser Aufgabe an einen Berater kann ein Emittent häufig einen großen laufenden Kostenblock einsparen, u. a. für ein eigenes Bloomberg-Terminal.

Unabhängig von den Regularien ist am Markt zu beobachten, dass auch Emittenten von High-Yield-Bonds quartalsweise berichten. Hier gilt es in Zusammenarbeit mit einem Berater den Spagat zwischen einem positiven Kapitalmarktstanding und zurückhaltender Kapitalmarktkommunikation (wie sie insbesondere oft von Private Equity getriebenen Unternehmen praktiziert wird) zu überbrücken. Einem Emittenten muss klar sein, dass auch mit der Emission eines High-Yield-Bonds höhere Standards in der Publizität zu implementieren sind, aus Eigentümersicht kann es jedoch sinnvoll sein, eine speziell auf Gläubigerperspektive ausgelegte Investorenkommunikation zu implementieren. Nur durch eine gut durchdachte Strategie kann dem Diskretionsbedürfnis der Eigentü-

---

[7] Vgl. Karl (2012).
[8] PWC (2011) S. 4–6.

mer und dem Informationsbedürfnis der Gläubiger gleichermaßen Rechnung getragen werden.

Häufig werden High-Yield-Bonds als Akquisitionsfinanzierung für Leveraged-Buyouts benutzt. Für einen Anleihegläubiger ist das hinter der Akquisition stehende Konstrukt von enormer Bedeutung, da er letztendlich lediglich eine Forderung gegen die oberste Holdinggesellschaft und nicht gegen den operativen Betrieb hat. Auch wenn Gewinnabführungsverträge mit den Tochtergesellschaften bestehen, ist für einen Investor die sorgfältige Analyse der häufig komplexen Finanzierungsstruktur ein entscheidendes Element seiner Investitionsentscheidung. Sind neben dem Bond noch weitere Leveraged Loans in diversen Tranchen (Senior-, Junior-, Mezzanine- und Shareholder-Loan-Tranche) ausstehend, kommt der unterschiedlichen Besicherung und dem Rang der Fremdkapitaltranchen erhebliche Bedeutung zu. Für einen Emittenten liegt die Herausforderung daher neben der klaren Kommunikation von operativen Zahlen und Strategie auf einer detaillierten Darstellung der unterschiedlichen Komponenten der Passivseite. Die Komplexität der Struktur und das ungleich höhere Informationsbedürfnis der Anleger spricht auch bei derartigen Transaktionen für die Mandatierung eines Beraters während des Being-Publics der Anleihen.

20.3 Kriterien für die Auswahl eines Beraters

Unabhängig von den Anforderungen der Börsen sollte ein Emittent seinen Berater nach individuellen Kriterien auswählen. Ein qualifizierter Berater entwickelt zusammen mit seinem Mandanten innovative und am Puls des Marktes liegende Lösungskonzepte für das Kredit suchende Unternehmen. Nur durch eine realistische Einschätzung der Rahmenbedingungen kann ein glaubwürdiges Konzept entwickelt und umgesetzt werden. Gerade über Referenzen des Beraters lassen sich eindeutige Hinweise auf seine Beratungshistorie ableiten. Nur ein Corporate Finance-Haus, das seit langem am Markt präsent ist und in vergleichbaren Transaktionen seine Kunden zu erfolgreichen Fremdfinanzierungen verholfen hat, kann belegen, sein Handwerk umfassend zu verstehen. Da eine der maßgeblichen Aufgaben eines Beraters die umfassende Projektsteuerung innerhalb des kompletten Finanzierungsvorhabens ist, sollte besonders auf die Fähigkeit geachtet werden, die angebotenen Dienstleistungen auch unter Druck stets termingerecht und im Rahmen der Vorgaben zu liefern.

Verglichen mit der direkten Mandatierung einer oder mehrerer Hausbanken bietet die Mandatierung eines bankenunabhängigen Beraters einem kapitalsuchenden Unternehmen entscheidende Vorteile bei seinem Finanzierungsvorhaben. Nur er verfügt über umfassende Spezialkenntnisse sämtlicher Spielarten der Fremdkapitalfinanzierung und ist gleichzeitig in der Lage, nach nur kurzer Einarbeitungsphase einen frischen Blick von außen einzubringen, die einem bankennahen Berater durch die langjährige „Betriebsblindheit" häufig nicht mehr möglich ist. Bei Kapitalmarkttransaktionen im Allgemeinen

Handelssegment	Bondm (Stuttgart)	m:access bond (München)	der mittelstandsmarkt (Düsseldorf)	Entry Standard für Anleihen (Frankfurt)	Mittelstandsbörse Deutschland (Hamburg)
Bezeichnung	Bondm-Coach	Emissionsexperte	Kapitalmarktpartner	Listing Partner	Entfällt
Zulassungsvoraussetzungen als Kapitalmarktexperte	■ Hinreichende Erfahrung bei der Beratung von kapitalmarktorientierten Kapitalgesellschaften ■ Mindestens zwei Personen im Unternehmen, die mehr als sieben Jahre in der Kapitalmarktberatung tätig sind	■ In der IPO- bzw. Emittentenberatung erfahrene Unternehmen ■ Nachweis der Kapitalmarkterfahrung durch mindestens zehn an inländischen Börsen begleiteten Kapitalmarkttransaktionen	Nachweis der fachlichen Eignung und ausreichenden Erfahrung mit Dienstleistungen, die das Unternehmen als Kapitalmarktpartner anbieten möchte	■ Mindestens drei Beratungsmandate im Rahmen von Kapitalmarkttransaktionen börsennotierter Unternehmen innerhalb der letzten drei Jahre ■ Referenz eines bereits aktiven Listing Partners	

Abb. 20.2 Voraussetzungen für eine Akkreditierung zum Emissionsberater. (Quelle: Börsen, Blättchen & Partner AG)

bringt der bankenunabhängige Berater ferner die Sicht- und Denkweise institutioneller Investoren in das Unternehmen ein, die den tendenziell kapitalmarktfernen Geschäfts- und Raiffeisenbanken sowie Sparkassen eher abgeht. Häufig verfügen Berater, ähnlich manchen Investmentbanken, über ein detailliertes Branchen-Know-how, das eine fundierte Einschätzung der Unternehmensposition im Markt ermöglicht und die Analyse vervollständigt.

Unabhängig davon schreiben die betreibenden Börsen der meisten Qualitätssegmente für Mittelstandsanleihen die Einbindung eines akkreditierten Emissionsberaters vor. In Frankfurt heißen sie „Listing Partner", in Stuttgart „Coach", beim Düsseldorfer mittelstandsmarkt „Kapitalmarktpartner" und am Münchener m:access „Emissionsexperte". Allein im Handelssegment Mittelstandsbörse Deutschland der Börsen Hamburg und Hannover ist kein Emissionsberater explizit vorgeschrieben, da hier die Börse selbst die Funktion des Beraters übernimmt. Die Akkreditierung des Kapitalmarktexperten erfolgt auf Antrag, nachdem der Partner seine Eignung durch hinreichende Erfahrung bei der Beratung von kapitalmarktorientierten Unternehmen nachgewiesen hat. Gefordert werden spezielle Erfahrungen in der IPO- oder Emittentenberatung; in Einzelfällen wie am m:access wird eine ausreichende Kapitalmarkterfahrung unterstellt, wenn der Berater eine bestimmte Anzahl von Transaktionen (IPO, Listing, Kapitalmaßnahmen, Strukturierung) an inländischen Börsen begleitet hat (Abb. 20.2).

20.4 Fazit und Zusammenfassung

Eine erfolgreiche Fremdkapitalstruktur ist stets das Ergebnis der Zusammenarbeit aller beteiligten Parteien – dem Emittenten, der Berater, beteiligte Banken, Anwälte, Wirtschaftsprüfer und Kommunikationsagenturen. Der Berater ist jedoch die zentrale Anlaufstelle für das mitunter wenig kapitalmarkterfahrene Unternehmen. Im Unterschied zu Banken (die im Zuge der Platzierung letztendlich ein Wertpapier an eigene Kunden verkaufen wollen, zu denen meist intensivere Geschäftsbeziehungen bestehen als zur Emittentin) handelt ein unabhängiger Berater ausschließlich im Interesse des Unternehmens und für dessen Eigentümer. Der Berater hat für den reibungslosen Ablauf des Prozesses, das heißt für die inhaltliche, zeitliche, und personelle Steuerung und damit für eine Entlastung des Managements zu sorgen. Er bewegt sich dabei in einem gewissen Spannungsfeld: Auf der einen Seite darf die komplikationslose Umsetzung des Emissionsvorhabens nicht laufend den operativen Pflichten und Aufgaben des Managements untergeordnet werden, auf der anderen Seite muss sich die Unternehmensleitung auf die erfolgreiche Führung des Tagesgeschäftes konzentrieren können. Insbesondere in der Phase, in der die Präsenz des Managements auf der Roadshow gefragt ist, entsteht häufig ein Zielkonflikt. Wenn dieser gelöst wird, bringt der Einsatz eines unabhängigen Beraters für ein Unternehmen Vorteile aus zweierlei Stoßrichtungen: Durch die ganzheitliche Betreuung der Emittentin und der Vertretung ihrer Interessen nach außen sorgt ein Berater für die Entlastung des Managements, durch die effiziente Prozessführung insbesondere der an der Fremdkapitalaufnahme beteiligten Parteien lassen sich unnötige Kosten vermeiden, so dass sich im Idealfall der Berater von selbst bezahlt.

Literatur

Bösl K, Hasler PT (Hrsg) (2012) Mittelstandsanleihen – Ein Leitfaden für die Praxis. Springer Gabler, Heidelberg, S 123–132

Döbeling S (2012) Die Bond Story: Charakteristika, Inhalte, Erfolgsfaktoren. In: Bösl K, Hasler PT (Hrsg) S 132–142

Hasler PT, Karl C (2012) Mittelstandsanleihe-Report H1/2012: Trends, Entwicklungen und Ausblick. Corp Financ Biz 7:358–362

Karl C (2012) Markt ohne zentralen Marktplatz: Warum der Anleihemarkt anders organisiert ist als der Handel mit Aktien. In: Smart Investor 6/2012, Smart Investor Media GmbH, München, S 74–75

PWC (2011) Guide to listing of debt on European stock exchanges. https://www.pwc.com/en_UA/ua/services/capital-markets/assets/guide-to-listing-of-debt-ua-en.pdf. Zugegriffen: 25. Okt 2012

Die strategische Strukturierung der Passivseite der Bilanz: Integriertes Kapitalstrukturmanagement statt produktgetriebener Finanzierung

21

Jan-Willem Lindhout und Katinka Wölfer

21.1 Die optimale Kapitalstruktur: Grundlage wertorientierter Unternehmensführung

Kapitalstruktur und Unternehmenswert Die Unternehmensfinanzierung hat im Wesentlichen die Aufgabe, Kapital zur Leistungserstellung des Unternehmens zu beschaffen und Flexibilität zu gewährleisten, um das Geschäftsportfolio kontinuierlich weiterentwickeln und strategische Optionen wahrnehmen zu können. Dazu stehen Unternehmen grundsätzlich eine Vielzahl von Finanzierungsinstrumenten und Marktplätzen zur Verfügung. Die resultierende Kapitalstruktur wirkt dabei direkt auf den Unternehmenswert (in Anlehnung an den Nettobarwertansatz entspricht dieser der Summe aller zukünftigen mit den gewichteten Kapitalkosten diskontierten Zahlungsströme des Unternehmens). Zur wertorientierten Unternehmensführung bieten sich daher zwei Ansatzpunkte an: Zum einen lässt sich eine Maximierung des Unternehmenswerts durch die Steigerung operativer Zahlungsströme erreichen. Dazu implementieren Unternehmen in der Regel regelmäßige Wachstumsprogramme und Initiativen zur Umsatzsteigerung sowie Maßnahmen zur Kontrolle bzw. Senkung der Kosten. Zum Anderen herrscht unter Praktikern die Überzeugung, dass eine Reduzierung der Kapitalkosten, das heißt die Summe der mit dem jeweiligen Anteil von Eigen- und Fremdkapital am Gesamtkapital gewichteten Eigen- und Fremdkapitalkosten, einen mindestens ebenso wichtigen Beitrag zur Steigerung des Unternehmenswertes leisten kann. Unternehmen können daher nicht nur auf der operativen Ebene Wert generieren, sondern auch durch ein strategisches Kapitalstrukturmanagement. Daraus resultiert für den strategischen CFO die zentrale Fragestellung nach der optima-

---

J.-W. Lindhout (✉) · K. Wölfer
Equity Gate GmbH Mainzer Str. 19, 65185 Wiesbaden, Deutschland
E-Mail: lindhout@equitygate.de

K. Wölfer
E-Mail: woelfer@equitygate.de

len Ausgestaltung von Finanzierungsvolumen und -struktur: Soll das Unternehmen neue Wachstumsmöglichkeiten mittels Eigenkapital und/oder mittels Fremdkapital finanzieren und welche Auswirkungen hat dies auf den Unternehmenswert?

Wissenschaftliche Ansätze zur optimalen Unternehmensfinanzierung Wissenschaftler haben eine Vielzahl von theoretischen Ansätzen zur optimalen Gestaltung der Kapitalstruktur entwickelt, die von Akademikern und Praktikern kontrovers diskutiert werden. Grundlage der Kapitalstrukturforschung bildet die Arbeit von Modigliani und Miller im Jahr 1958. Unter einer Vielzahl restriktiver Annahmen entwickelten die beiden Forscher in einem Gedankenexperiment ein Modell, wonach sich die Marktwerte eines eigenfinanzierten und eines mischfinanzierten Unternehmens gleicher Risikoklasse und gleicher Ertragskraft nicht unterscheiden. Die Kapitalstruktur ist demnach irrelevant („No Magic in Leverage").[1] Die beiden Wissenschaftler erweiterten später ihr Modell um die steuerliche Abzugsfähigkeit von Zinsen. Durch den Steuervorteil der Fremdkapitalfinanzierung sind mischfinanzierte Unternehmen zu höheren Ausschüttungen an die Eigenkapitalgeber imstande als ausschließlich eigenkapitalfinanzierte Unternehmen und sollten demnach eine höhere Marktbewertung aufweisen.[2]

Dass in der Realität jedoch keine Unternehmen mit einer (fast) 100-prozentigen Fremdkapitalfinanzierung existieren, erklärte die Forschung in den Folgejahren mit den steigenden Insolvenzrisiken der Verschuldung.[3] Demnach folgt eine optimale, den Unternehmenswert maximierende Kapitalstruktur aus dem Abwägen von Steuervorteilen und erwarteten Insolvenzkosten (sog. „Trade-Off" Theorie).[4] Wichtigstes Gegenargument war jedoch die empirische Beobachtung, dass vergleichbare Unternehmen völlig unterschiedliche Verschuldungsgrade aufweisen. Schließlich setzte sich die Einsicht durch, dass auch Aspekte der sog. „Principal-Agency" Theorie eine wichtige Rolle bei Finanzierungsentscheidungen spielen.[5] So können sog. „Agency" Kosten der externen Eigenkapitalfinanzierung (übermäßige Inanspruchnahme nicht-monetärer Vorteile durch die Geschäftsführung, Überinvestitionen u. s. w.) durch eine höhere Verschuldung gesenkt werden. Dagegen lassen sich sog. „Agency" Kosten der Fremdkapitalfinanzierung (Vermögenssubstitution, Unterinvestition u. s. w.) durch eine niedrigere Verschuldung

---

[1] Die Übertragung dieser Schlussfolgerung auf die Realität ist aufgrund der restriktiven Modellannahmen ausgeschlossen, siehe Modigliani und Miller (1958).

[2] Vgl. Modigliani und Miller (1963).

[3] Vgl. Kraus und Litzenberger (1973).

[4] Vgl. Myers (1984).

[5] Grundlage der „Principal-Agency" Theorie ist die vertragliche Übertragung von Aufgaben mit Entscheidungskompetenz von einer oder mehreren Personen („Principals") an eine oder mehrere andere Personen („Agents"). Kern der Theorie ist nun die Annahme opportunistischen Verhaltens beider Vertragsparteien. Agenten handeln demzufolge nicht notwendigerweise im Interesse der Prinzipale, sondern versuchen, den eigenen Nutzen auch zu Lasten der Prinzipale zu maximieren. In der Folge entstehen Wohlfahrtsverluste, die in einem sinkenden Unternehmenswert resultieren, siehe Jensen und Meckling (1976).

reduzieren. Das Kapitalstrukturoptimum ist somit der Verschuldungsgrad, bei dem die Summe der „Agency" Kosten ihr Minimum erreicht. Die Überlegungen der „Trade-off" Theorie unter Einbeziehung des „Agency" Konzepts bilden bis heute einen wichtigen kapitalstrukturpolitischen Erklärungsansatz.

Ein alternativer Ansatz bestand in der Signalwirkung von Finanzierungsentscheidungen. Demnach können „gute" (unterbewertete) Unternehmen dem Kapitalmarkt durch die Erhöhung der Verschuldung ein glaubhaftes Signal ihres wahren Unternehmenswerts senden, das von „schlechten" (überbewerteten) Unternehmen mangels Profitabilität und unzureichendem Cashflow nicht ohne Weiteres imitiert werden kann.[6] Aufgrund der starken Vereinfachung der Annahmen und der schwierigen empirischen Testbarkeit hat dieser Forschungsstrang jedoch bis heute keine Prominenz erreicht.

In den Folgejahren entwickelte sich die sog. „Pecking-Order" Theorie, die ebenso wie die „Signalling" Theorie auf der Annahme asymmetrisch verteilter Informationen beruht.[7] So bevorzugen Unternehmen zunächst die Finanzierung aus internen Finanzierungsquellen, da diese keinen Informationsasymmetrien unterliegen. Erst wenn alle Möglichkeiten der internen Finanzierung genutzt sind, erfolgt die Kapitalaufnahme bei externen Kapitalgebern, wobei die Kreditaufnahme gegenüber der Begebung neuer Aktien präferiert ist. Der Anreiz neues Eigenkapital aufzunehmen besteht besonders bei einer Überbewertung der Aktien. Wenn Kapitalmarktteilnehmer jedoch antizipieren, dass Unternehmen eher neue Aktien emittieren, wenn diese überbewertet sind, werden potenzielle Investoren kein Eigenkapital bereitstellen, solange das Unternehmen seine maximale Verschuldungskapazität nicht ausgereizt hat. Dies führt zu der beschriebenen Präferenzordnung der Finanzierungsformen. Aufgrund der hohen Erklärungskraft der „Pecking-Order" Theorie für die in der Realität auftretenden Unterschiede zwischen vergleichbaren Unternehmen bildet dieser Ansatz gemeinsam mit der „Trade-Off" Theorie bis heute das Grundgerüst der Kapitalstrukturforschung. Im Gegensatz zur „Trade-Off" Theorie erlaubt die „Pecking-Order" Theorie jedoch kein Urteil dahingehend, ob eine beobachtete Kapitalstruktur „optimal" ist, sondern beschreibt vielmehr ein Regelwerk inkrementeller Finanzierungsentscheidungen. Letztlich vermag aber auch diese Theorie reale Finanzierungsentscheidungen nicht zufriedenstellend zu erklären, insbesondere in Situationen, in denen Unternehmen Eigenkapital emittieren, obwohl andere Finanzierungsformen noch zur Verfügung stünden.

Neuere Ansätze gehen von marktstrategischen Überlegungen aus und argumentieren, dass Unternehmen Kapitalmärkte beobachten und schlichtweg günstige Gelegenheiten zur Finanzierung nutzen („Market Timing" Theorie).[8] Dieser Ansatz basiert allerdings auf keinem konsistenten theoretischen Gerüst und vermag auch nicht das Finanzierungsverhalten kleiner Unternehmen ohne Zugang zu Eigenkapitalmärkten erklären. Letztlich hat sich auch 50 Jahre nachdem Modigliani und Miller die theoretische Diskussion um

---

[6] Vgl. Ross (1977).
[7] Vgl. Myers und Majluf (1984).
[8] Vgl. Baker und Wurgler (2002).

die optimale Gestaltung der Kapitalstruktur angestoßen haben, kein Konsensus unter Wissenschaftlern eingestellt.[9] Es scheint offensichtlich, dass sich das strategische Kapitalstrukturmanagement aufgrund seiner hohen Komplexität nicht auf ein universell gültiges, theoretisches Modell reduzieren lässt, sondern von einer Vielzahl von individuellen Faktoren abhängt und daher stets im unternehmensspezifischen Kontext betrachtet werden muss.

Die herkömmliche Praxis: Produktgetriebene Finanzierung In der Unternehmenspraxis sind Finanzierungsentscheidungen weitgehend losgelöst von der akademischen Debatte um die optimale Kapitalstruktur. Während Wissenschaftler Kapitalstrukturentscheidungen auf die simple Wahl zwischen Eigenkapital- und Fremdkapitalfinanzierung reduzieren, sehen sich Praktiker nicht nur mit einer großen Auswahl an Fremdkapital-, Eigenkapital- und hybriden Finanzierungsinstrumenten (mit gleichzeitig hoch anspruchsvollen und sich ständig weiterentwickelten Produktcharakteristika), sondern auch mit der Wahl des angemessenen Marktplatzes konfrontiert. Es ist daher leicht nachvollziehbar, dass CFOs angesichts der Vielzahl und Komplexität der Finanzierungsinstrumente und Märkte überfordert sein können und keinen vollständigen Überblick haben (was ohnehin immense Informationskosten bedingen würde). Aus diesem Grund arbeiten große Unternehmen häufig eng mit Investmentbanken und/oder unabhängigen Beratern zusammen, die ihre Kunden auch in Kapitalstrukturfragen beraten.

Kleinere Unternehmen, Mittelständler oder Unternehmen mit wenigen und unregelmäßigen Mandaten gelten jedoch häufig als weniger attraktive Kunden für Banken und werden daher von diesen tendenziell seltener und weniger ausführlich im Hinblick auf ihre Kapitalstruktur beraten. Geschäftsbanken (und auch Investmentbanken) haben vielmals kein wirkliches Interesse (oder Expertise) an der Beratung dieser Kunden hinsichtlich eines strategischen Kapitalstrukturmanagements. Dies ist auch der Tatsache geschuldet, dass Finanzinstitutionen ihre Abteilungen in der Regel entlang spezifischer Produktbereiche organisieren und einzelne Fachabteilungen daher oftmals nur eine produktgetriebene Beratung anbieten können und ihnen gleichzeitig ein Überblick über geeignete Finanzierungsinstrumente anderer Abteilungen fehlt. Hinzu kommt, dass sich die einzelnen Produkte hinsichtlich ihrer Transaktionsgebühren unterscheiden und dies Beratern von Finanzinstitutionen den Anreiz bieten könnte, bei der Beratung ihrer Kunden vor allem auch ihr eigenes Gebühreneinkommen zu maximieren. Letztlich verfolgen Finanzinstitutionen gelegentlich auch eigene Interessen im Hinblick auf ihre Bilanzstruktur. Das Ergebnis ist eine eher produktgetriebene Finanzierung statt eines strategischen Kapitalstrukturmanagements, das den individuellen Bedürfnissen des jeweiligen Unternehmens entsprechend Rechnung trägt.

---

[9]Schneider (2010) bietet eine umfassende Analyse der Determinanten der Kapitalstruktur.

21.2 Integriertes Kapitalstrukturmanagement

Die Notwendigkeit individueller Finanzierungsstrategien Im Rahmen der Unternehmensstrategie spielt das Management der Unternehmensfinanzierung eine zentrale Rolle. Für Unternehmen, die beispielsweise eine Strategie der Maximierung des Aktionärsvermögens verfolgen, stehen dabei die Höhe der Cashflows und die Kapitalkosten im Vordergrund. Das Finanzmanagement sollte daher ein Verhältnis von Eigen- zu Fremdkapital anstreben, das die gewichteten Kapitalkosten minimiert. Zahlreiche empirische Untersuchungen belegen in der Tat die hohe Entscheidungsrelevanz möglichst geringer Kapitalkosten für das Kapitalstrukturmanagement.[10] Neben der Minimierung der Kapitalkosten spielt aber auch die Flexibilität der Finanzierung eine große Rolle, um neue Wachstumschancen wahrzunehmen oder unvorhergesehene Abweichungen vom Business Plan abzufedern.[11] Flexibilität ist besonders wichtig für kleine, wachsende Unternehmen mit hohem Finanzierungsbedarf. Aufgrund ihres Risikoprofils finanzieren sich Wachstumsunternehmen vorwiegend mittels Eigenkapital – eine Minimierung der Kapitalkosten ist somit nahezu ausgeschlossen. Mit fortschreitendem Unternehmensalter (und damit typischerweise zunehmender Stabilität der Cashflows) steigt aber in der Regel auch der Anteil der Fremdfinanzierung. Für Unternehmen mit einem „Investment Grade" Rating ist finanzielle Flexibilität in der Regel gegeben. Ziel der Unternehmensfinanzierung ist daher häufig auch die Sicherheit und Langfristigkeit der Finanzierung. Auch die Unabhängigkeit vom Einfluss externer Kapitalgeber oder neuer Gesellschafter wird im Besonderen von Familienunternehmen als zentraler Treiber von Finanzierungsentscheidungen genannt. Aus diesen Gründen finanzieren Unternehmen in Familienbesitz ihr Geschäft vorzugsweise mittels der Thesaurierung von Gewinnen und zusätzlich klassischen Bankkrediten. Aufgrund der typischen Überlappung von Familien- und Betriebsvermögen beabsichtigen Familieneigentümer durch eine niedrige Verschuldung und damit eine geringere Insolvenzgefahr des Unternehmens ein überschaubares Risiko für das private Familienvermögen. Dies erklärt den überdurchschnittlich hohen Anteil an Eigenkapitalfinanzierung von Familienunternehmen mit rund 34 % gegenüber deutschen Mittelständlern mit durchschnittlich nur ca. 25 % Eigenkapitalanteil.[12]

Die Analyse der verschiedenen Geschäftsmodelle und unterschiedlichen Unternehmensstrategien macht die Notwendigkeit individueller Finanzierungskonzepte deutlich. Um den spezifischen Zielen eines Unternehmens gerecht zu werden, muss die Finanzierungsstrategie daher der allgemeinen Unternehmensstrategie entsprechen und diese tragen, nicht umgekehrt. Ein „One Fits All"-Konzept bei der Finanzierungsstrategie ist daher nicht angebracht. Die Kapitalstruktur an sich sollte zudem auch nicht als eigenes Ziel betrachtet werden, sondern lediglich als Instrument zur Erreichung der langfristigen Ziele und Strategien des Unternehmens.[13]

---

[10]Vgl. Bancel und Mittoo (2004).
[11]Vgl. Byoun (2008).
[12]Vgl. Institut für Mittelstandsforschung (2012).
[13]Vgl. Barton und Gordon (1988).

Zudem sollte die Finanzierungsstrategie nicht nur der allgemeinen Unternehmensstrategie entsprechen, sondern auch in das Risikoprofil des Unternehmens passen. Im Wesentlichen müssen Unternehmen zwei Arten von Risiken beherrschen: Das operative Risiko auf der einen Seite misst die Instabilität von Gewinnen und Kapitalrentabilitäten und gilt als allgemeines Geschäftsrisiko. Das finanzielle Risiko auf der anderen Seite umfasst dagegen die Ergebnisvariabilität als Folge von Finanzierungsentscheidungen.

Operative Risiken entstehen überwiegend durch Volatilität und Zyklizität der Nachfrage, Wettbewerbsintensität innerhalb der Industrie, Preisvolatilität, Schwankungen der Kosten der Produktionsfaktoren (und damit auch die Möglichkeiten des Unternehmens die Verkaufspreise entsprechend anzupassen) sowie dem Ausmaß der fixen Kosten. Als Folge sind Unternehmen mit hohen operativen Risiken durch vergleichsweise instabile Ertragszahlen gekennzeichnet. Dies betrifft typischerweise Unternehmen in zyklischen Industrien wie zum Beispiel der Stahl- oder Baubranche oder der Automobilindustrie. Im Gegensatz dazu ist das Geschäftsrisiko typischerweise geringer bei Versorgungsunternehmen oder Unternehmen in der Gesundheits- und Pflegebranche. Finanzielle Risiken reflektieren das zusätzliche Risiko für die Eigentümer durch den Einsatz von Fremdkapital. Eine hohe Fremdkapitalfinanzierung resultiert in hohen Zins- und Tilgungsverpflichtungen, die das Unternehmen periodisch zu leisten hat und steigert damit das Insolvenzrisiko (vor allem bei rückläufigen Umsätzen), aber erhöht gleichzeitig auch die erwartete Rentabilität des Eigenkapitals (vor allem bei steigenden Umsätzen). Fremdkapitalfinanzierung verstärkt daher sowohl die positiven als auch die negativen Effekte des Geschäftsrisikos für die Eigentümer. Aufgrund dieses Wechselspiels zwischen operativen und finanziellen Risiken herrscht unter Praktikern die allgemeine Auffassung, dass je höher die operativen Risiken eingeschätzt werden, desto geringere finanzielle Risiken sollte ein Unternehmen eingehen und desto niedriger sollte der Verschuldungsgrad sein, um einen gemäßigten Saldo der beiden Risikodimensionen zu erzielen. Kurzum: Die Beziehung zwischen operativen Risiken und dem Verschuldungsgrad sollte invers sein.

Für Unternehmen mit hohen Schwankungen der Cashflows nimmt das optimale Management der Kapitalstruktur daher einen besonders zentralen Stellenwert ein. So sollten Unternehmen mit einer hohen Abhängigkeit von ökonomischen Zyklen eine vergleichsweise konservative Kapitalstruktur bevorzugen und sicherstellen, dass Liquidität auch in abwärts gerichteten Wirtschaftsphasen vorhanden ist, um so das Risiko finanzieller Engpässe oder einer Insolvenz zu reduzieren. Unternehmen mit einem geringeren Geschäftsrisiko hingegen sollten ihre Verschuldungskapazität nicht ungenutzt lassen (und etwa potenziell attraktive Investitionsprojekte unterlassen), nur um das bestehende Rating nicht zu gefährden. Die Erhöhung der Verschuldung führt bei einem unveränderten Geschäftsrisiko in der Regel zu einem niedrigeren Rating (aufgrund des erhöhten Ausfallrisikos), was letztlich die Kosten der (Fremd-)kapitalfinanzierung erhöht. Während CEOs tendenziell diese Erhöhungen der Finanzierungskosten zugunsten der Finanzierung positiver Nettobarwertprojekte in Kauf nehmen, streben CFOs in der Regel die Minimierung der finanziellen Risiken an. Für den langfristigen Erfolg des Unternehmens ist es daher unerlässlich, diese beiden potenziell konkurrierenden Sichtweisen im Sinne der übergeordneten Unternehmensstrategie des Unternehmens in Einklang zu bringen.

Ratingagenturen erachten typischerweise die Interaktion von operativen und finanziellen Risiken als zentrales Element der Bewertung der Kreditwürdigkeit von Unternehmen.[14] Aus diesem Grund nimmt beispielsweise Standard & Poor's (S&P) separate Analysen der operativen und finanziellen Risiken eines Unternehmens vor und führt diese in einer Ergebnismatrix zusammen, aus der sich schließlich das finale Rating ergibt. Zunächst untersucht S&P das Geschäftsrisiko anhand verschiedener Faktoren wie den Länderrisiken (vor allem ökonomische und industriespezifische Risiken), Industrierisiken (Zyklizität, Wettbewerb, Kapitalintensität, technologische Risiken, Regulation, Energiebedarf u. s. w.), der Wettbewerbsposition (Produktpositionierung, Markenbekanntheit, Marktanteile, Kundenbasis und Kundenbeziehungen, geografische Marktabdeckung, Vertriebsmöglichkeiten, technologische Fähigkeiten, Markteintrittsbarrieren u. s. w.) sowie Profitabilitätsvergleiche mit der entsprechenden „Peer Group". Die Gewichtungen der einzelnen Faktoren sind unternehmens- und sektorenspezifisch unterschiedlich. Das Ergebnis dieser Analyse ist eine Einschätzung des Geschäftsrisikos in Kategorien von „exzellent" bis „gefährdet". Anschließend erfolgt eine Analyse der finanziellen Risiken des Unternehmens anhand verschiedener Faktoren wie den Finanzierungsgrundsätzen des Unternehmens (zum Beispiel Risikotoleranz), der Rechnungslegung, der Angemessenheit der Cashflows (Fähigkeiten der Schuldenbedienung), der Kapitalstruktur (Level und die Struktur des Fremdkapitals, Vermögensstruktur u. s. w.) sowie der Liquidität und kurzfristigen Faktoren (zum Beispiel Krisenpläne). Finanzielle Risiken lassen sich zum größten Teil mittels finanzieller Kennzahlen quantifizieren wie zum Beispiel anhand der Mittel aus laufender Geschäftstätigkeit im Verhältnis zum Fremdkapital, Fremdkapital als Vielfaches des EBITDA sowie der Anteil des Fremdkapitals am Gesamtkapital. Ergebnis dieser Analyse ist eine Einschätzung der finanziellen Risiken in Kategorien von „minimales Risiko" bis „hoch verschuldet". Zu guter Letzt werden die Ergebnisse der Analysen der operativen und finanziellen Risiken zusammengeführt, um daraus ein Rating der Kreditwürdigkeit des Unternehmens abzuleiten. Dabei wird bei Ratings im Bereich des „Investment Grade" das Geschäftsrisiko etwas höher gewichtet als die finanziellen Risiken, umgekehrt bei Ratings im Bereich „Speculative Grade". Wie schon erwähnt, ergibt sich ein optimales Rating bei einer inversen Beziehung zwischen operativen und finanziellen Risiken. Die Diskussion zur Ermittlung des Unternehmensratings zeigt daher deutlich, dass die Optimierung der Kapitalstruktur kein isolierter Prozess ist, sondern stets im Zusammenspiel mit der Steuerung des operativen Geschäftsrisikos stattfinden sollte (Abb. 21.1).

Der strategische CFO Da die optimale Kapitalstruktur sowohl der allgemeinen Unternehmensstrategie entsprechen als auch auf das Risikoprofil des Unternehmens abgestimmt sein sollte, ist es unerlässlich, dass CFOs von einer produktgetriebenen Finanzierung

---

[14] Vgl. Standard und Poor's (2011).

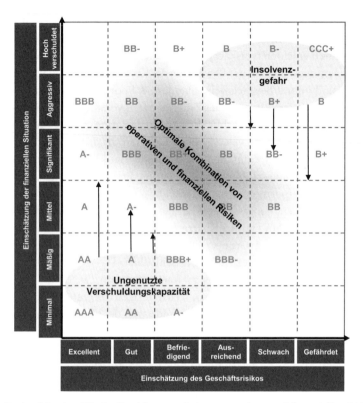

Abb. 21.1 Rating Matrix – Wechselbeziehung zwischen operativen und finanziellen Risiken

Abstand nehmen und stattdessen ein strategisches Kapitalstrukturmanagement implementieren, das den individuellen Bedürfnissen des Unternehmens entsprechend Rechnung trägt. Finanzvorstände sollten daher die bisher üblichen Finanzierungspraktiken auf den Prüfstand stellen und eine interne Wissensbasis zum strategischen Kapitalstrukturmanagement aufbauen. Dies erfordert regelmäßige Fortbildungen der Mitarbeiter sowie den Zugang zu adäquaten Datenbanken und Recherchequellen. Oftmals erweist es sich auch als sinnvoll, eine professionelle Beratung durch unabhängige Finanzierungsberater in Anspruch zu nehmen. Unabhängige Berater greifen idealerweise auf eine breite Transaktionserfahrung zurück, verfügen über aktuelle Kenntnisse, Bedingungen und Konditionen der Kapitalmärkte und haben Zugang zu einem belastbaren Netzwerk mit führenden Kapitalgebern. Diese temporären Expertenteams fungieren als verlängerte Werkbank des CFOs, das heißt, sie stehen dem Finanzvorstand bei komplexen Transaktionsentscheidungen wie Investitions- und Akquisitionsfinanzierungen, Rekapitalisierungen und finanziellen Restrukturierungen sowie Mergers & Acquisitions zur Seite und entwickeln in enger Zusammenarbeit mit dem Unternehmen eine optimale Steuerung der Kapitalstruktur. Professionelle Berater zeichnen sich durch eine ausgeprägte Fähigkeit aus, die unternehmensspezifischen Bedürfnisse zu erfassen und kreative, innovative Lösungen zu entwickeln. Sie verfügen gleichzeitig über umfassende Kenntnisse von Finanzprodukten, Marktplätzen und Kapitalgebern. Entscheidend für den Erfolg der Beratung ist jedoch vor allem, dass diese unabhängig von Provisionen durch Kapitalgeber und finanzproduktübergreifend erfolgt. Gut informiert und idealerweise auch durch unabhängige Experten unterstützt ist der strategische CFO optimal aufgestellt, die Kapitalstruktur so zu steuern, dass sie einen Beitrag zur langfristigen Steigerung des Unternehmenswertes leisten kann.[15]

21.3 Strategische Strukturierung der Passivseite der Bilanz

21.3.1 Ermittlung der optimalen Kapitalstruktur: Das „Top-Down"-Prinzip

Unternehmen stehen bei der Strukturierung ihrer Finanzierung grundsätzlich zwei Arten von Kapital zur Verfügung: Eigen- und Fremdkapital. Fremdkapital ist durch die vertragliche Fixierung von Rückzahlung und Verzinsung innerhalb einer definierten Frist charakterisiert. Im Gegensatz dazu handelt es sich bei Eigenkapital um unbefristetes Kapital mit vertraglichen Mitbestimmungs- und Kontrollrechten (bei Stammaktien) und Teilhabe am Unternehmenserfolg. Im Insolvenzfall ist das Eigenkapital nachrangig, das heißt, zunächst werden die Forderungen der Fremdkapitalgeber beglichen und dann erst, sollten noch Mittel zur Verfügung stehen, die der Eigenkapitalgeber. Durch dieses Risiko der Aktionäre sind die Kosten der Eigenkapitalfinanzierung deutlich höher als die der Fremdkapitalfinanzierung. Da Unternehmen sich gewöhnlich mit einer Kombination aus Eigen-, Fremd- und teilweise auch hybridem Kapital finanzieren, hat der relative Anteil der jeweiligen Kapitalart am gesamten Finanzierungsvolumen einen direkten Effekt auf die gewichteten Kapitalkosten.

Bei einer Finanzierung mittels Fremdkapital reduziert sich der zu versteuernde Gewinn des Unternehmens um die Zinszahlungen (gemäß der Zinsschranke sind Zinsaufwendungen bis zur Höhe des im Unternehmen angefallenen Zinsertrags desselben Jahres als Betriebsausgabe abziehbar, der darüber hinausgehende Nettozinsaufwand nur noch bis zur Höhe von 30 % des EBITDA). Die Kosten der Fremdkapitalfinanzierung nach Steuern sind daher vergleichsweise gering. Eine Erhöhung der Fremdkapitalfinanzierung sollte deshalb zu einer Reduktion der gewichteten Kapitalkosten führen. Gleichzeitig steigt damit allerdings auch das Risiko des finanziellen Ausfalls und der Insolvenz, was wiederum zu einer Erhöhung der Kosten der (weiteren) Fremdkapitalfinanzierung führen kann. Aus demselben Grund steigen auch die erwarteten Renditen der Eigenkapitalgeber bei einer Erhöhung des Anteils des Fremdkapitals am Gesamtkapital. Die aktuelle Finanzkrise zeigt einen weiteren Aspekt der Fremdkapitalfinanzierung: die Verfügbarkeit bzw. Liquidität. Während man bislang von der prinzipiellen Verfügbarkeit von Fremdkapital ausgehen konnte,

---

[15]Vgl. Fabich et al. (2011).

spüren insbesondere mittelständische Unternehmen eine Kreditklemme als Folge der eingeschränkten Kreditvergabe von Finanzinstitutionen, die aufgrund von Abwertungen ihrer eigenen Aktiva, einem erschwerten Zugang zu Refinanzierung und verschärften regulatorischen Eigenkapitalanforderungen ihre Kreditvergabe eingeschränkt haben. Das bedeutet, dass im momentanen Umfeld die Verknappung des Angebots zu einer zusätzlichen Erhöhung der Kosten der Fremdkapitalfinanzierung führen kann. Aus diesen Gründen kann nicht pauschal prognostiziert werden, ob eine Erhöhung des Fremdkapitalanteils die gewichteten Kapitalkosten prinzipiell reduziert, erhöht, den Effekt der gleichzeitig steigenden Eigenkapitalkosten ausgleicht oder sogar keine Auswirkungen auf die Gesamtkapitalkosten hat. Der Nettoeffekt hängt daher von einer Vielzahl unternehmensspezifischer Faktoren wie beispielsweise dem bisherigen Verschuldungsniveau ab.

Finanzierungsentscheidungen haben nicht nur einen Einfluss auf die Kapitalkosten eines Unternehmens, sondern indirekt auch auf andere Bereiche des Unternehmens. Da eine gesteigerte Finanzierung mittels Fremdkapital das Insolvenzrisiko erhöht, geht man davon aus, dass Kunden möglicherweise niedrigere Preise verlangen oder sogar andere Anbieter in Erwägung ziehen. Besonders während eines Konjunktureinbruchs verlieren höher verschuldete Unternehmen tendenziell Marktanteile an eher konservativ finanzierte Wettbewerber. So verzeichnen die Top 10 % verschuldeten Unternehmen einer Branche einen durchschnittlich um etwa 30 % höheren Umsatzrückgang als die am geringsten verschuldeten Unternehmen der Branche.[16] Ähnliche Effekte lassen sich auch für den Marktwert des Eigenkapitals beobachten. Nicht nur Kunden, sondern auch Lieferanten (insbesondere solche, die unternehmensspezifische Investitionen vornehmen) sind unter Umständen zurückhaltender in ihren Geschäftsbeziehungen mit Unternehmen mit erhöhtem Ausfallrisiko aufgrund einer vergleichsweise hoher Fremdkapitalfinanzierung. Lieferanten verschärfen als Konsequenz typischerweise ihre Zahlungsstandards. Verkürzte Zahlungsziele führen zu einer Erhöhung des Working Capitals, was letztlich die freien Cashflows reduziert. Das durch die gesteigerte Fremdkapitalfinanzierung erhöhte Ausfallrisiko kann weiterhin auch negativ auf die Mitarbeiter wirken, wenn hoch verschuldete Unternehmen aufgrund der Zinsbelastung geringere Löhne und Gehälter zahlen und weniger Weiterbildungsmaßnahmen oder sonstige Vorteile für ihre Mitarbeiter anbieten. In Bezug auf das Investitionsverhalten nimmt man an, dass eine erhöhte Fremdkapitalfinanzierung aufgrund der fixen Zinsverpflichtungen die Unternehmensführung diszipliniert und „verschwenderische" Investitionen unterbindet. Allerdings kann eine hohe Fremdfinanzierung auch dazu führen, dass vor allem risikoreiche F&E-Projekte unterlassen werden, was eine geringere Marktbewertung nach sich zieht.[17] Empirische Studien zeigen jedoch, dass eine erhöhte Fremdkapitalfinanzierung nur dann zu einem Rückgang des Aktienkurses führt, wenn Unternehmen ihre Schuldenkapazität bereits fast ausgereizt haben.[18] Alles in allem haben Kapitalstrukturentscheidungen sowohl einen Effekt auf die Kapitalkosten als auch

---

[16]Vgl. Opler und Titman (1994).
[17]Vgl. Jensen (1986).
[18]Vgl. Cai und Zhang (2011).

21 Die strategische Strukturierung der Passivseite der Bilanz ...

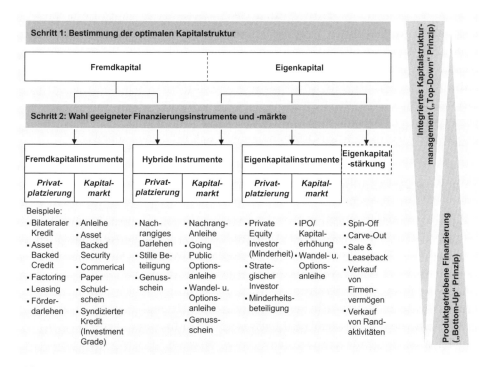

Abb. 21.2 Integriertes Kapitalstrukturmanagement

auf die Cashflows und damit letztlich auf den Unternehmenswert. Das Management der Kapitalstruktur ist folglich von großer strategischer Bedeutung für die Maximierung des Unternehmenswertes (und für das Erreichen weiterer unternehmerischer Ziele).

Der strategische Finanzvorstand sollte deshalb bei der Gestaltung der Kapitalstruktur das „Top-Down" Prinzip verfolgen und zuerst auf die fundamentale Wahl der grundsätzlichen Kapitalarten und erst danach auf die Wahl spezifischer Finanzierungsinstrumente fokussieren. Prinzipiell geht man bei der Ermittlung der optimalen Kapitalstruktur von einer fiktiven Kapitalstruktur aus und ermittelt auf Basis der Marktwerte des Eigen- und Fremdkapitals den Unternehmenswert unter Annahme dieser vorläufigen Kapitalstruktur. Diese Analyse wiederholt sich (unter Berücksichtigung strategischer Parameter) inkrementell bis eine optimale Kapitalstruktur identifiziert ist. Dafür muss der CFO unter der Annahme verschiedener Kapitalstrukturen die jeweilgen Fremdkapitalkosten, die erwartete Rendite der Eigenkapitalgeber und folglich die gewichteten Kapitalkosten schätzen. Gleichzeitig müssen die freien Cashflows prognostiziert und mit den zuvor berechneten Werten für die gewichteten Kapitalkosten diskontiert werden um letztlich diejenige Kapitalstruktur zu identifizieren, die den Unternehmenswert maximiert. Erst im nächsten Schritt sollten dann dieser Kapitalstruktur entsprechend angemessene Finanzierungsinstrumente und -märkte ausgewählt werden (Abb. 21.2).

Eine Kapitalstruktur nach dem „Bottom-Up" Prinzip entsteht hingegen in Situationen, in denen Unternehmen vorwiegend produktbasierte Finanzierungsentscheidungen treffen. Die Kapitalstruktur entwickelt sich dann eher zufällig statt als Resultat einer systematischen Kapitalstrukturstrategie. Vor diesem Hintergrund sollte der strategische CFO bisherige Finanzierungsstrategien überdenken und eine strategische Perspektive des Kapitalstrukturmanagements im Hinblick auf die Maximierung des Eigenkapitalwertes und der Verschuldungskapazität entwickeln, mit dem Ziel letztlich den Unternehmenswert zu maximieren und strategische Wachstumsoptionen wahrnehmen zu können.

21.3.2 Maximierung der Eigenkapitalbasis

Konventionelle Eigenkapitalfinanzierung Die Finanzierung des Unternehmenswachstums umfasst nicht nur die Machbarkeit, langfristig geplante Projekte mit einem positiven Nettobarwert umzusetzen, sondern auch die finanzielle Flexibilität, kurzfristige Chancen wahrzunehmen. Wenn die vorhandenen Mittel hierzu nicht ausreichen, muss zwangsläufig neues Kapital aufgebracht werden. Zusätzliches privates Eigenkapital kann von den bisherigen Gesellschaftern erbracht werden oder durch die Hereinnahme von Private Equity Fonds, institutionellen, gewerblichen und/oder privaten Investoren aufgenommen werden. Kapitalmarktorientierte Unternehmen haben außerdem die Möglichkeit, im Rahmen eines Börsengangs (IPO) oder einer später folgenden Kapitalerhöhung durch die Ausgabe (neuer) Aktien frisches börsennotiertes Eigenkapital einzusammeln.

Allerdings ist das Klima am europäischen IPO-Markt angesichts der Zuspitzung der Schuldenkrise in der Eurozone und der gestiegenen Volatilität aktuell deutlich eingetrübt. Sowohl IPO-Kandidaten als auch Investoren scheuen diese Unsicherheit. So wurden vor allem größere Emissionen abgesagt oder verschoben (zum Beispiel Evonik, Rheinmetall). Erstmals seit über 20 Jahren gab es im Juni 2012 in Europa keinen einzigen Börsengang mit einem Volumen von über 100 Mio. US-Dollar – in den USA hat sich sogar überhaupt kein Unternehmen auf das Parkett gewagt. Eine ähnlich gedämpfte Stimmung herrscht am Markt für Beteiligungskapital, der vor allem durch die zurückhaltende Vergabe von Fremdfinanzierung gebremst wird. So sind Transaktionen am deutschen Private Equity Markt derzeit rar und konzentrieren sich zumeist auf große Unternehmen mit defensiven Geschäftsmodellen (zum Beispiel EQT/BSN Medical, Providence/HSE24). Eine Verbesserung der Lage an den europäischen Kapitalmärkten wird vor allem von der weiteren Entwicklung der Situation in der Eurozone abhängen. Sollte sich eine Lösung dieser Krise abzeichnen, die auch die Kapitalmärkte überzeugt, kann sich das IPO-Fenster auch in Deutschland schnell wieder öffnen.

Desinvestition nicht-strategischer Geschäftseinheiten, Immobilien und Infrastruktur Die meisten Unternehmen evaluieren regelmäßig ihren Unternehmensbestand um Geschäftsbereiche oder Vermögensgegenstände zu identifizieren, die nicht die erwartete Rendite erwirtschaften und/oder keine strategische Relevanz für den Unternehmenserfolg aufweisen. Dabei werden häufig unterstützende Geschäftsbereiche mit übergreifenden Funktionen (zum Beispiel Rechnungslegung, Personalmanagement, Einkauf, Logistik), IT-Funktionen (zum Beispiel IT-Infrastruktur, Help Desk), industriespezifischen Funktionen (zum Beispiel Buchungssysteme bei Fluggesellschaften), sowie Immobilien (Grundstück und Gebäude) und Infrastruktur (zum Beispiel Server, Elektrizitätserzeugung, Telekommunikations- und Elektrizitätsnetzwerke inkl. der zugehörigen Dienstleistungen) übersehen. Im Mittelpunkt der Evaluation dieser Portfolioeinheiten sollte die Frage nach dem am besten geeigneten Eigentümer stehen. Entsprechend dem „Best Owner"-Prinzip sind diejenigen Unternehmen die besten Eigentümer, die aufgrund bestimmter Anknüpfungspunkte entlang ihrer Wertschöpfungskette (zum Beispiel hinsichtlich F&E, Produktion oder Distribution), spezifischer Unternehmenscharakteristika (zum Beispiel Corporate Governance) oder auch besserer Marktkenntnisse mehr Wert generieren können als andere mögliche Eigentümer.[19] Ein Beispiel ist der Verkauf von Safeway (Vermietung, Aufbau und Verkauf von Baugerüsten inkl. der zugehörigen Dienstleistungen) durch ThyssenKrupp an einen Private Equity-Investor. Der neue Eigentümer besitzt eine lange Erfahrung bei Investitionen in Unternehmen für Industriedienstleistungen und Verleih von Betriebseinrichtungen und ist aufgrund der besseren Kenntnisse des Geschäftsmodells und des spezifischen Marktumfelds vermutlich besser geeignet, Wert zu schaffen als der ursprüngliche Eigner. Unternehmen sollten daher regelmäßig ihren Unternehmensbestand im Hinblick auf den „Best Owner" überprüfen und gegebenenfalls Portfolioeinheiten veräußern, die keine strategische Bedeutung aufweisen oder keinen angemessenen Wertbeitrag (mehr) generieren.

Betreffende Geschäftsbereiche (oder Vermögensgegenstände), die Marktreife haben und zu einem gewissen Grad auch drittverwendungsfähig sind, lassen sich idealerweise an andere Marktteilnehmer veräußern. Der Verkauf generiert einen Zahlungszufluss und lässt die damit zusammenhängenden fixen Kosten wegfallen. Die frei gewordenen Ressourcen können dann für Investitionen in neue Wachstumsprojekte verwendet werden. In diesem Zusammenhang untersuchte die Unternehmensberatung McKinsey 30 Verkäufe von Dienstleistungsbereichen und beobachtete dabei einen sofortigen Zahlungseingang in Höhe von durchschnittlich 250 % des Buchwertes des verkauften Geschäftsbereichs.[20] Käufer sind also bereit, ähnlich wie bei anderen wertschaffenden Akquisitionen, auch für den Erwerb von Dienstleistungsbereichen Prämien zu zahlen.

Falls der zu verkaufende Geschäftsbereich unverzichtbare Dienstleistungen für das Unternehmen bereitstellt (zum Beispiel IT-Services), müssen mit dem neuen Eigentümer (oder einem anderen Anbieter) Service-Vereinbarungen verhandelt werden. In diesem Zusammenhang ist es erforderlich, dass der Anbieter die Leistungen zu günstigeren Kosten und bei mindestens gleichbleibender Qualität und Flexibilität wie das zuvor integrierte Kostencenter erbringt. Die genannte Studie von McKinsey zeigt sofortige Kosteneinspa-

---

[19] Vgl. McKinsey und Company (2009a).
[20] Vgl. McKinsey und Company (2009b).

rungen in Höhe von 40 % (aufgrund der wegfallenden fixen Kosten) sowie eine weitere jährliche Kostenreduzierung in Höhe von 2 % (aufgrund der Kostenvorteile auf Seiten der spezialisierten Anbieter) und, in den meisten Fällen, zudem eine Steigerung der Qualität.

Handelt es sich um unentbehrliches Anlagevermögen (zum Beispiel Grundbesitz, Immobilien, Infrastruktur), kann dieses an einen Dritten verkauft werden und gleichzeitig gemietet oder geleast werden. Rund 50 Jahre nach Gründung der ersten Leasing-Gesellschaften in Deutschland ist Leasing mittlerweile weit verbreitet. So sind aktuell in Deutschland Wirtschaftsgüter im Wert von über 200 Mrd. € verleast.[21] Über die Hälfte der außenfinanzierten Investitionen werden über Leasing ausgeführt. Die Vorteile des sog. „Sale & Lease-Back" (und „Sale & Rent-Back") sind vielfältig: Erstens generiert der Verkauf Liquidität. Vor allem „Best Owner"-Transaktionen zeichnen sich idealerweise durch einen Verkaufspreis aus, der den Nettobarwert zukünftiger Leasingraten übersteigt. Mit den Erlösen können Verbindlichkeiten beglichen, Kredite abgelöst oder Neuinvestitionen finanziert werden. Besonders interessant ist „Sale & Lease-Back" bei Grundstücken, die zu historischen Kosten bilanziert waren und durch den Verkauf zum aktuellen Verkehrswert stille Reserven realisieren lassen. Zweitens reduziert der Verkauf die Aktivseite der Bilanz („Off Balance Sheet" Effekt). Wird das Fremdkapital zurückgeführt, reduziert sich auch die Passivseite der Bilanz, was automatisch zu einer größeren Gewichtung des Eigenkapitals führt. Damit kann durch eine „Sale & Lease-Back"-Transaktion die Eigenkapitalquote und damit potenziell auch die Kreditwürdigkeit verbessert werden. Allerdings ist darauf hinzuweisen, dass Ratingagenturen diesen Effekt nicht berücksichtigen und Leasing-Verbindlichkeiten in den meisten Fällen als Fremdkapital betrachten. Drittens können die zu zahlenden Leasinggebühren unter bestimmten Bedingungen steuerlich als Betriebsausgaben geltend gemacht werden. Die Leasinggebühren können so den Gewinn und damit auch die zu zahlenden Steuern schmälern.

Eine Alternative zum Verkauf von Geschäftseinheiten bietet die Abspaltung als eigenständiges Unternehmen („Spin-Off"). Dies ist vor allem bei Forschungs- und Entwicklungsabteilungen der Fall, die zwar zu einer Wachstumssparte, aber nicht zum Kerngeschäft eines Unternehmens gehören und dessen strategische Ausrichtung sonst verwässern würde. Als Ausgleich erhalten die Aktionäre des Mutterunternehmens Aktien (bzw. Bezugsrechte) des ausgegliederten Unternehmens. Die Umsetzbarkeit setzt einen hohen Grad an Marktorientierung bzw. Drittverwendungsfähigkeit voraus. Das Mutterunternehmen profitiert von Leistungsvorteilen bei einer späteren Kooperation, der Risikoreduktion und finanziellen Vorteilen infolge einer Beteiligung am „Spin-Off" Unternehmen. Weist das „Spin-Off" ein geringeres operatives Risiko auf als das bisherige Unternehmen (zum Beispiel im Fall einer ausgegliederten Immobiliensparte), lässt sich auf Ebene des „Spin-Offs" eine höhere Fremdkapitalfinanzierung realisieren. Das neu aufgenommene Fremdkapital kann dann beispielsweise in Form einer Spezialdividende an das Mutterunternehmen transferiert werden. Handelt es sich bei dem „Spin-Off" um einen

---

[21] Vgl. Bundesverband Deutscher Leasing-Unternehmen (2012).

Anbieter unverzichtbarer Leistungen, müssen Miet- oder Dienstleistungsverträge vereinbart werden. Da das ausgegliederte Unternehmen jedoch nun mit anderen externen Anbietern konkurriert, kann das Mutterunternehmen idealerweise von Qualitätsverbesserungen und/oder Kosteneinsparungen profitieren.

CEOs befürchten gelegentlich, dass Desinvestitionen nicht-strategischer Geschäftseinheiten, Immobilien und Infrastruktur als Korrektur eines bisherigen Missmanagements der Geschäftsführung interpretiert werden könnte. Die empirische Forschung zeichnet jedoch ein gegenteiliges Bild und verzeichnet sowohl für Verkäufe als auch für „Spin-Offs" durchweg positive Reaktionen des Kapitalmarkts. So betragen die abnormalen Renditen durchschnittlich drei bis fünf Prozent bei Ausgliederungen und zwei bis drei Prozent bei Verkäufen.[22] Die abnormalen Renditen sind besonders hoch, wenn Randaktivitäten bereinigt werden, die sonst die strategische Ausrichtung des Unternehmens verwässern würden. Dies gilt im Besonderen für Ausgliederungen von Immobiliensparten. Grundbesitz, Immobilien und Infrastruktur werden offensichtlich von Kapitalmarktteilnehmern als spezifische Vermögensgegenstände wahrgenommen, die im besonderen Maße von einem Transfer an einen spezialisierten Eigentümer („Best Owner") profitieren. Während eine langfristige Erfolgsmessung bei verkauften Geschäftseinheiten fast nicht möglich ist, zeigt sich bei ausgegliederten Geschäftseinheiten in den ersten beiden Jahren eine deutliche „Outperformance" gegenüber dem allgemeinen Aktienmarkt.[23] Die positiven Effekte beziehen sich jedoch nicht nur auf die „Spin-Offs", sondern auch auf die Mutterunternehmen, die ebenfalls von einer überdurchschnittlichen „Performance" profitieren.

Die positiven Kapitalmarktreaktionen demonstrieren, dass Desinvestitionen nicht-strategischer Geschäftseinheiten, Immobilien und Infrastruktur eine wichtige Rolle bei der Maximierung des Werts des Eigenkapitals spielen können. Für die langfristige Steigerung des Unternehmenswerts ist es daher elementar, das Geschäftsportfolio regelmäßig zu evaluieren und gegebenenfalls um Randaktivitäten zu bereinigen. Dies erfordert jedoch, dass der strategische CFO genaue Kenntnis der Faktoren hat, die das Unternehmen zum „Best Owner" des Unternehmensbestands machen.

21.3.3 Maximierung der Verschuldungskapazität

Bei der Ermittlung der maximalen Verschuldungskapazität („Debt Capacity") wird die höchstmögliche Fremdkapitalaufnahme errechnet, die ein Unternehmen unter Berücksichtigung seines Geschäftsmodells tragen kann. Die ermittelte Kapazitätsgrenze gibt somit einen wichtigen Hinweis, ob aus dem nachhaltigen Cashflow weitere Finanzierungen möglich sind. Für die Berechnung stehen grundsätzliche zwei Ansätze zur Verfügung:

---

[22] Vgl. Grönlund et al. (2008).
[23] Vgl. Gaughan (2007) bietet einen umfassenden Überblick über die Ergebnisse empirischer Studien zu Desinvestitionen.

- Rechnerische Verschuldungskapazität: Die maximale Verschuldungskapazität wird rein rechnerisch unter Berücksichtigung der prognostizierten Cashflows und einem bestimmten Schuldendienst ermittelt.
- Marktbedingte Verschuldungskapazität: Die maximale Verschuldungskapazität wird anhand bestimmter Kennzahlen im aktuellen Markt ermittelt, zum Beispiel Net Debt/EBITDA, DSCR, ICR, LTV.

In der Praxis wird die Verschuldungskapazität marktbedingt ermittelt, da dies die maximale Fremdkapitalaufnahme widerspiegelt, die sich auch tatsächlich umsetzen lässt und nicht nur rein rechnerisch möglich ist. Es ist allerdings darauf hinzuweisen, dass die so berechnete Verschuldungskapazität eine Momentaufnahme ist und starken Schwankungen unterliegen kann. So waren beispielsweise 2007 bei Leveraged-Buyout Transaktionen Verschuldungsgrade von bis zu 6x EBITDA möglich, 2009 akzeptierte der Markt nur noch Multiples von etwa 4x EBITDA. Die marktbedingte Verschuldungskapazität ist daher in hohem Maße abhängig vom Sentiment und den Erwartungen im Markt.

Als Ergebnis der Erhöhung der Verschuldungskapazität weitet sich der Finanzierungsspielraum für Fremdkapital aus und bietet somit mehr Investitionsflexibilität für die Wahrnehmung neuer attraktiver Wachstumschancen. Kapitalmarktexperten schätzen aktuell die Aufnahmefähigkeit des Fremdkapitalmarkts als selektiv offen ein. Interessant ist hierbei allerdings das momentan zu beobachtende Spannungsfeld zwischen Risikoaversion und dem Druck der Investoren, Rendite zu erwirtschaften. Vor diesem Hintergrund sind die Märkte sehr volatil, vor allem für Kapitalmarktinstrumente, die aus Sicht der Anleger eine reine Risiko-Rendite-Position darstellen (zum Beispiel „High Yield") (Abb. 21.3).

Bilateraler Kredit Der klassische bilaterale Kredit stellt in Deutschland nach wie vor die dominierende Quelle der Fremdfinanzierung dar. Für einen bilateralen Kredit ist kein externes Rating erforderlich. Er bietet hohe Flexibilität und ist zudem in vielen Fällen aufgrund der „Cross-Selling"-Erwartungen der Kredit gebenden Institute vergleichsweise kostengünstig. Aus diesen Gründen verwenden fast alle Unternehmen bilaterale Kredite. Ein wichtiges Charakteristikum des Bankdarlehens (bilateral oder syndiziert) betrifft die Möglichkeit, diesen Kredit auch revolvierend darzustellen. Daher eignet sich dieses Finanzierungsinstrument insbesondere für Unternehmen mit einem schwankenden Finanzierungsbedarf. In der Regel sind aufgrund der Risikopolitik der Banken Kreditvolumina bis ca. 50 Mio. € möglich (in Ausnahmen auch deutlich darüber hinaus). Vor diesem Hintergrund bildet der bilaterale Kredit für kleinere und mittlere Unternehmen die wichtigste Finanzierungsquelle. Bei größerem Kapitalbedarf müssen mehrere Banken und/oder zusätzliche Finanzierungsinstrumente in Anspruch genommen werden.

Die klassische Kreditfinanzierung durch Banken hat in den letzten Jahren an Bedeutung verloren und beträgt durchschnittlich nur noch rund 57 % der Finanzverbindlichkeiten (1991: 84 %).[24] Zugenommen haben hingegen Kredite von anderen Gläubigern (Versi-

---

[24]Vgl. Bundesbank (2012).

21 Die strategische Strukturierung der Passivseite der Bilanz ...

	Bankdarlehen	Syndizierter Kredit	Anleihe	Schuldschein	USPP
Beschreibung	Bilateraler Kredit Kein Rating notwendig	Bankkredit mit verschiedenen Banken und einem Kreditvertrag, Kein Rating notwendig	Standardisiertes Kapitalmarktprodukt, Rating sinnvoll	Privat platzierter Kredit bei überwiegend Sparkassen, Kein Rating notwendig	Privatplatzierung in den USA; NAIC Rating notwendig
Volumen	€ 0-50 Mio.	> € 50 Mio.	> € 200 Mio.	> € 30 Mio.	> € 50 Mio.
Risikoprofil Emittent	Grundsätzlich keine Beschränkung	Grundsätzlich keine Beschränkung	Grundsätzlich keine Beschränkung	Mindestens BB(+)	Mindestens BB(+)
Laufzeit	< 7 Jahre	< 7 Jahre	1-10 Jahre	< 7 Jahre	> 10 Jahre
Pricing Tilgung	Variabel/Fest Meistens Tilgung	Variabel/Fest Meistens Tilgung	Meistens Fest Keine Tilgung	Variabel/Fest Keine Tilgung	Variabel/Fest Keine Tilgung
Informations-anforderungen	Relativ gering	Ausführlich (quartalsweise Reporting)	Ausführlich (quartalsweise Reporting)	Ausführlich (quartalsweise Reporting)	Ausführlich
Sicherheiten	IG: unbesichert Non-IG: besichert	IG: unbesichert Non-IG: besichert	I.d.R. unbesichert	I.d.R. unbesichert	I.d.R. unbesichert
Covenants Prüfung	Bonitätsabhängig Während Laufzeit	Bonitätsabhängig Während Laufzeit	Bonitätsabhängig Nur bei Auszahlung	Bonitätsabhängig Während Laufzeit	Bonitätsabhängig Während Laufzeit

IG = „Investment Grade", Non-IG = „Non-Investment Grade"

Abb. 21.3 Überblick über ausgewählte Fremdkapitalfinanzierungsinstrumente

cherungen, sonstige Finanzinstitute und andere Unternehmen). Ihr Anteil hat sich von 16 % im Jahr 1991 auf aktuell ca. 43 % mehr als verdoppelt. Die sich verändernde Gläubigerstruktur ist einerseits Ausdruck einer voranschreitenden Integration der Güter- und Kapitalmärkte sowie der damit verbundenen Internationalisierung der Unternehmen. Sie hängt andererseits aber auch mit (bank-)angebotsseitigen Faktoren zusammen, die in Form strengerer Kreditstandards in konjunkturellen Abschwungphasen, steigender regulatorischer Anforderungen und einer Ausweitung des Provisionsgeschäfts zur wachsenden Bedeutung alternativer Finanzierungsquellen beigetragen haben.

Syndizierter Kredit Kreditvolumina von mehr als 50 Mio. € werden in der Regel aufgrund der Risikostreuung bzw. bankinterner Richtlinien nur gemeinsam von mehreren Kreditgebern (Konsortium oder Club) vergeben. Die meisten syndizierten Kredite werden auf „Best Effort"-Basis platziert, das heißt, es besteht für den Kunden keine Finanzierungssicherheit, da die arrangierende Bank die Einwerbung des Finanzierungsvolumens nicht garantiert. Bei einem sogenannten „Underwriting" hingegen garantiert die arrangierende Bank (Banken) das Finanzierungsvolumen. Aufgrund des erhöhten Platzierungsrisikos für die Bank sind die Kosten für ein „Underwriting" deutlich höher. In vielen Situationen reicht es, die Finanzierung auf Basis von „Best Effort" einzuwerben, dies gilt insbesondere wenn es sich um eine (Re-)finanzierung für allgemeine Unternehmenszwecke handelt und der Kreditnehmer über bestehende Bankverbindungen verfügt; in diesen Fällen ist die Platzierungssicherheit de facto gegeben (vorausgesetzt, Finanzierungsstruktur und Preis stimmen). Dies gilt jedoch nicht zum Beispiel für Übernahmen oder Finanzierungen von Projekten, für die Finanzierungssicherheit Voraussetzung ist.

Der syndizierte Kredit ist relativ flexibel ausgestaltbar. Ebenso wie bei einem bilateralen Kredit ist kein externes Rating erforderlich. Die Dokumentation ist jedoch ausführlicher. In vielen Fällen und besonders bei international syndizierten Finanzierungen wird der Dokumentationsstandard der „Loan Market Association" (LMA) verwendet. Diese Dokumentation bietet bereits einen Rahmen, der von den führenden Finanzinstitutionen weitestgehend anerkannt wird. Die Verwendung dieses Standards beschleunigt die Dokumentationsphase und ermöglicht es den Parteien sich auf die wesentlichen kommerziellen Punkte zu konzentrieren.

Das syndizierte Kreditvolumen ist 2008 etwa um die Hälfte eingebrochen und betrug 2011 in Westeuropa etwa 700 Mrd. US-Dollar. Für das erste Halbjahr 2012 betrug die Reduzierung des Emissionsvolumens ca. 30 % gegenüber dem Vorjahr. Hauptreiber für die Unsicherheit des europäischen Kreditmarktes ist die Eurokrise. Für Kreditnehmer mit einem „Investment Grade" Rating bleibt der Markt offen, einige Deals sind sogar deutlich überzeichnet. Unternehmen mit einem „Non-Investment Grade" Rating und starker Konjunkturabhängigkeit hingegen stehen vor großen Herausforderungen, um Kreditfälligkeiten zu refinanzieren. Als Konsequenz des restriktiven Marktes für kleinere und „Non-Investment Grade" Unternehmen sind kürzere Laufzeiten und Liquiditätsaufschläge notwendig, um die Finanzierung dennoch zu ermöglichen. Aufgrund der aktuellen Unsicherheiten am Kapitalmarkt und der starken Begrenzung der Anzahl der aktiven

Banken sind breite Syndizierungen derzeit nur für „Frequent Issuers" möglich. Die meisten Transaktionen finden derzeit über „Club Deals" statt. Aufgrund der Risikoaversion der Banken ist deren Bereitschaft zu größeren „Underwritings" momentan sehr begrenzt.

Anleihe Auch Anleihen gehören für Unternehmen zu den klassischen Mitteln der Beschaffung von Fremdkapital. Es handelt sich dabei um ein standardisiertes Produkt zur Aufnahme von Fremdfinanzierungsmitteln über den Kapitalmarkt. Gerade größere Unternehmen nutzen dieses Produkt als Alternative zur Kreditfinanzierung. Typischerweise eignet sich die Begebung von Anleihen zur Finanzierung von Volumina über 200 Mio. € Anleihen sind in der Regel unbesichert und endfällig strukturiert. Eine Anleihe ist ein reines Renditeprodukt (im Gegensatz zum Bankkredit, wo unter Umständen auch „Cross-Selling" Überlegungen eine Rolle spielen und daher eine Auswirkung auf den Preis haben können). Damit Investoren zu einer schnellen und transparenteren Risikoeinschätzung kommen können (bei manchen Investoren ist dies auch eine Anforderung im Sinne der Statuten) und der potenzielle Investorenkreis so breit wie möglich angesprochen werden kann, verfügen die meisten Anleihen über ein externes Rating (nur für öffentlich sehr bekannte Unternehmen kann hierauf verzichtet werden).

Mit einer Höhe von rund 260 Mrd. US-Dollar im Jahr 2011 ist das Anleihevolumen in Westeuropa deutlich kleiner als der Markt für syndizierte Kredite, in den USA ist das Verhältnis eher umgekehrt. Auch wenn das aktuelle europäische Marktniveau nicht an die Spitzenwerte von 2009 heranreicht, zeigt sich der Markt für Unternehmensanleihen stabil. Das Wachstum wird vor allem durch ein Rekordemissionsvolumen für europäische Anleihen im „Investment Grade" Bereich getragen. Im Bereich „High Yield" sind ebenfalls zahlreiche Emissionen zu verzeichnen, allerdings ist das Emissionsfenster sehr volatil und u. a. abhängig von der weiteren wirtschaftlichen Entwicklung in Europa und den USA.

Schuldschein Ein Schuldscheindarlehen weist sowohl Charakteristika eines Bankkredits als auch einer Anleihe auf. Es handelt sich dabei um einen privat platzierten Kredit bei Kapitalsammelstellen, überwiegend bei Sparkassen. Schuldscheindarlehen bieten sich schon bei geringeren Volumina ab 30 Mio. € an und können auch von nicht-emissionsfähigen Unternehmen aufgenommen werden. Ein Rating ist nicht erforderlich. Das Risikoprofil muss aktuell jedoch mindestens einem „gutem" BB(+) Rating entsprechen. Vorteile für Kreditnehmer, die noch nicht am Kapitalmarkt aktiv sind, liegen vor allem in der Investorendiversifikation und den vergleichsweise noch überschaubaren Dokumentationspflichten. Gerade Mittelständler, kommunale Unternehmen und Unternehmen in Familienbesitz schätzen daher diese Form der Finanzierung.

Der Markt für Schuldscheindarlehen ist vergleichsweise klein. Allerdings hat sich im Jahr 2011 das Volumen an begebenen Schuldscheindarlehen in Deutschland auf knapp 10 Mrd. € gegenüber dem Vorjahr verdoppelt. Darin spiegelt sich das steigende Bedürfnis von Unternehmen wider, ihre Finanzierungsquellen zu erweitern und zu diversifizieren.

US Private Placement Um eine langfristig belastbare Finanzierungsstruktur zu kreieren, ist es empfehlenswert, dass Unternehmen ihre Finanzierungsquellen diversifizieren und neben der klassischen Bankenfinanzierung zum Beispiel Anleihen und Schuldscheine emittieren und auch liquide ausländische Kreditmärkte nutzen, zum Beispiel in Form von Privatplatzierungen in den USA. „US Private Placements" (USPP) sind dem deutschen Schuldscheindarlehen ähnlich und können als Hybrid zwischen syndizierten Krediten und öffentlichen Anleihen charakterisiert werden. „Private Placements" sind zwischen den Parteien (Emittent und Investor mittels „Arranger") privat verhandelte Transaktionen, die nicht den Anforderungen einer öffentlichen Anleihe gemäß der „Security and Exchange Commission" (SEC) genügen müssen bzw. unter dessen Ausnahmeregelungen fallen. Investoren sind typischerweise Versicherer. Unternehmen müssen zwar ausführlichen Informationsanforderungen nachkommen, aber kaum Daten öffentlich publizieren. Auch ein externes Rating von den großen Agenturen ist nicht erforderlich, sondern lediglich ein Rating der „National Association of Insurance Commissioners" (NAIC). Die meisten Emissionen haben ein Risikoprofil von mindestens BB(+), wobei auch bei niedrigen impliziten Ratings bereits Emissionen getätigt worden sind. Ein wichtiger Vorteil von USPP betrifft die Laufzeit von 10 Jahren und länger (gelegentlich sind auch Laufzeiten von 20 Jahren realisierbar). Eine Verbindung zu den USA (zum Beispiel Standorte des Unternehmens oder Absatzmarkt) ist wünschenswert, aber nicht unbedingt notwendig. Mit USPP lassen sich Volumina von mehr als 50 Mio. € finanzieren. Damit stellen Privatplatzierungen eine Alternative zur großvolumigen Emission von Anleihen dar und sind gleichzeitig vor allem für Unternehmen ohne externes Rating deutlich weniger aufwendig.

Der Markt für Privatplatzierungen in den USA ist einer der größten weltweit und wächst schnell. Im vergangenen Jahr wurde in den USA ein Volumen von rund 50 Mrd. US-Dollar privat platziert, knapp die Hälfte davon durch europäische Unternehmen. Für 2012 wird ein weiterhin offener Markt für international agierende Emittenten mit einem soliden Geschäftsmodell erwartet, insbesondere für Unternehmen aus Benelux, Deutschland, Frankreich und Skandinavien.

Mezzanine Finanzierung Mezzanine stellt eine Mischform zwischen Eigen- und Fremdkapital dar. Diese Finanzierungen können sowohl als Fremdkapital als auch als Eigenkapital ausgestaltet sein. Mezzanine-Investoren sind bereit, ein höheres Risiko für eine höhere Verzinsung hinzunehmen. Dies ermöglicht dem Unternehmen die Verschuldungskapazität zu maximieren. In der Regel wird Mezzanine in Kombination mit anderen Finanzierungsquellen verwendet. Insbesondere bei Leveraged-Buyouts war der Einsatz von Mezzanine als Nachrangdarlehen in Kombination mit vorrangigen Bankkrediten weit verbreitet und ermöglichte den Sponsoren die Verschuldung zu maximieren und damit den Eigenkapitalbeitrag zu minimieren, was wiederum eine höhere Eigenkapitalrendite generiert.

Bei Mezzanine wird auf die (zukünftigen) Cashflows des Unternehmens abgestellt. Die Rendite kann als Eigenkapital (zum Beispiel „Warrants") und/oder Fremdkapital („Cash Interest" und/oder „Payment-in-Kind"-Zinsen) strukturiert werden. Das Produkt ist daher in der Ausgestaltung sehr flexibel und kann für unterschiedliche Verwendungszwecke in Anspruch genommen werden. Nach dem Einbruch des einstigen Wachstumsmarkts von Standard-Mezzanine bleibt individuelles Mezzanine fester Bestandteil des Finanzierungsmix im deutschen Mittelstand und nimmt als Alternative zur bankenunabhängigen Kapitalbeschaffung an Bedeutung weiter zu.

Hybrid-Anleihe Eine Hybridanleihe ist eine nachrangige Unternehmensanleihe, die aber aufgrund ihrer quasi unendlichen Laufzeit (Rückkaufoption in der Regel nach 7–10 Jahren) nach Rechnungslegungs- und/oder Ratinggesichtspunkten einen Eigenkapitalcharakter aufweist. Die Kündigung durch den Emittenten ab einem vorher festgelegten Termin ist in der Regel möglich. Außerdem können die vereinbarten Couponzahlungen unter bestimmten Bedingungen ausgesetzt bzw. verschoben werden. Der Anleger erwartet als Ausgleich für das erhöhte Risiko einen Zinsaufschlag. Ähnlich wie bei einer herkömmlichen Anleihe erscheint daher ein Rating sinnvoll; das Risikoprofil des Emittenten muss aktuell bei mindestens BB+ liegen. Die Emission von Hybridanleihen eignet sich typischerweise für Volumina ab 50 Mio. €.

Fallbeispiel: Maximierung der Verschuldungskapazität durch Reorganisation Um die Schuldenkapazität zu maximieren, ist es von zentraler Bedeutung, das externe Rating bzw. das von Finanzinstitutionen intern verwendete Rating zu verbessern oder, falls nicht vorhanden, überhaupt erst zu erhalten. Prinzipiell können Unternehmen ihr Rating verbessern indem sie das operative Risiko reduzieren, zum Beispiel durch den Verkauf nicht strategisch relevanter Geschäftsbereiche, oder letztlich das finanzielle Risiko reduzieren. Betrachten wir das fiktive Beispiel eines Bekleidungshändlers, dessen Geschäft aufgrund volatiler Cashflows durch ein vergleichsweise hohes operatives Risiko charakterisiert ist. Das Unternehmen könnte seine Immobilien vom operativen Kerngeschäft abspalten und das abgespaltene Tochterunternehmen als Immobilienunternehmen mit geringem Geschäftsrisiko (aufgrund stabiler und weniger volatiler Cashflows) positionieren. Das Immobilienunternehmen würde in der Folge ein höheres Rating als das Gesamtunternehmen erzielen. Als Konsequenz der Ratingverbesserung lassen sich die Kosten der Finanzierung reduzieren, während sich gleichzeitig auch das Spektrum der verfügbaren Finanzierungsinstrumente vergrößert. Durch die Erhöhung der Verschuldungskapazität vergrößern sich letztlich der finanzielle Spielraum und die Flexibilität, schnell auf neue, attraktive Wachstumschancen zu reagieren.

Nachstehende Abbildung illustriert das nicht-fiktive Beispiel eines Standortbetreibers und Infrastrukturdienstleisters, der Energie, Abfallmanagement, Vermietung und Leasing anbietet. Das Unternehmen steht vor der aktuellen Herausforderung, strategisch wichtige Investitionen in kapitalintensive Energie- und Infrastrukturprojekte zu tätigen. Da der Unternehmensgewinn durch Verluste auf Ebene der Tochterunternehmen aufgezehrt wird, verfügt das Unternehmen jedoch nur über begrenzte Finanzierungsmöglichkeiten. Eine Erhöhung des Eigenkapitals kommt aufgrund der Eigentümerstruktur nicht in Frage und

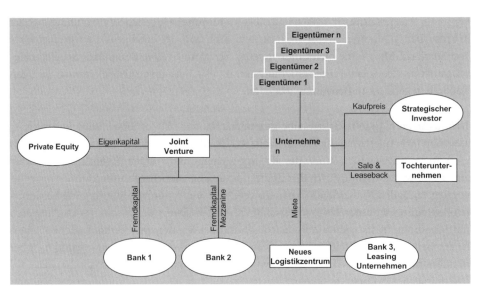

Abb. 21.4 Fallbeispiel: Maximierung der Verschuldungskapazitäten

die Aufnahme zusätzlichen Fremdkapitals ist wegen der bereits ausgereizten Verschuldung begrenzt (Abb. 21.4).

Als Lösung dieser angespannten Finanzierungsproblematik hat das Unternehmen mit Unterstützung unabhängiger Finanzberater ein umfassendes Konzept entwickelt und erfolgreich implementiert. So hat das Unternehmen zunächst das wenig profitable Tochterunternehmen an einen strategischen Investor („Best Owner") verkauft und mit diesem einen Leasing-Vertrag über die erbrachten Serviceleistungen vereinbart. Der Verkauf generierte kurzfristig einen Zahlungseingang und verbesserte zudem langfristig die Gewinnsituation des Unternehmens. In einer weiteren Transaktion hat das Unternehmen in Zusammenarbeit mit einem Leasinganbieter ein neues Logistikzentrum gegründet. Weiterhin ist das Unternehmen zusammen mit Private Equity Investoren ein Joint Venture eingegangen, wodurch zusätzliches Eigenkapital, Fremdkapital und Mezzanine aufgenommen wurden. Da bei der Finanzierung beider Projekte der Rückgriff der Kreditgeber auf die Eigenkapitaleinlage der Projektträger beschränkt wurde („non-recourse"), blieb die Verschuldungskapazität des Unternehmens unberührt. In einem weiteren Schritt hat das Unternehmen schließlich die öffentliche Wahrnehmung seines Geschäftsmodels angepasst. Investoren und Kreditgeber betrachteten das Unternehmen bislang als Anbieter von Industrieserviceleistungen. Diese sind gewöhnlich durch eine geringe Anlagenintensität und ein zyklisches Geschäftsmodel charakterisiert. Durch das hohe operative Risiko ist die Verschuldungskapazität begrenzt. Als Ergebnis des umfangreichen Prozesses präsentiert sich das Unternehmen heute hingegen als Infrastrukturanbieter mit stabilen Cashflows, hoher Anlagenintensität, langfristigen Verträgen und einer aufgrund seiner monopolähnlichen Marktstellung relativ starken Verhandlungsposition.

Kapitalgeber folgten dieser neuen Beurteilung des Geschäftsmodells und erhöhten schließlich das Rating von BB auf A/BBB+. Im Ergebnis verdoppelte sich die Verschuldungskapazität des Unternehmens und Finanzierungskosten fielen deutlich. Das Unternehmen ist nun in der Lage, strategisch wichtige Investitionen flexibel und zu deutlich reduzierten Finanzierungskosten umzusetzen. Das Beispiel verdeutlicht daher, welchen elementaren Beitrag ein integriertes Kapitalstrukturmanagement für die Erhöhung der Verschuldungskapazität und damit zum langfristigen Bestehen eines Unternehmens und der Wahrnehmung neuer Wachstumschancen leisten kann.

21.4 Zusammenfassung

Die Frage nach der optimalen Gestaltung der Kapitalstruktur und der Wahl geeigneter Finanzierungsinstrumente erfährt von Praktikern, Finanzberatern und Wissenschaftlern große Aufmerksamkeit. In der akademischen Forschung hat sich aufgrund der hohen Komplexität bis heute kein Konsens zu einer universell gültigen Theorie der optimalen Finanzierung eingestellt. Es scheint daher offensichtlich, dass die optimale Kapitalstruktur von einer Vielzahl von individuellen Faktoren abhängt und daher stets im unternehmensspezifischen Kontext betrachtet werden muss. In der Praxis hingegen entstehen Kapitalstrukturen häufig als Resultat inkrementeller Finanzierungsentscheidungen auf Basis von Produktempfehlungen. Die Kapitalstruktur kommt in diesen Fällen eher zufällig zustande statt als Resultat einer systematischen Kapitalstrukturstrategie.

Vor diesem Hintergrund sollte der strategische CFO bisherige Finanzierungsstrategien überdenken und eine strategische Perspektive des Kapitalstrukturmanagements im Hinblick auf die Maximierung des Eigenkapitalwertes und der Verschuldungskapazität entwickeln. Erst in einem zweiten Schritt sollte dann die Wahl spezifischer Finanzierungsprodukte und –märkte anschließen. Die Eigenkapitalbasis lässt sich zum Einem durch konventionelle Eigenkapitalfinanzierung stärken. Zum anderen sollte der strategische CFO seine Aufmerksamkeit auf die regelmäßige Evaluation des Unternehmensbestands im Hinblick auf den „Best Owner" richten. Demnach sollten Geschäftsbereiche und Vermögensgegenstände, die nicht die erwartete Rendite erwirtschaften und/oder keine strategische Relevanz für den Unternehmenserfolg aufweisen, veräußert oder vom Unternehmen im Rahmen eines „Spin-Offs" abgespalten werden. In Fällen, in denen mit dem neuen Eigentümer Service-Vereinbarungen getroffen oder Nutzungsrechte („Sale & Lease-Back") verhandelt werden, profitieren Unternehmen in der Regel von einer Kostenreduktion und idealerweise auch von einer Verbesserung der Qualität. Der Kapitalmarkt reagiert auf Desinvestitionen von Randaktivitäten daher auch mit positiven abnormalen Renditen. Die Reduktion des operativen Risikos schafft gleichzeitig die Voraussetzung für eine Erhöhung der maximalen Verschuldungskapazität. Dies erhöht letztlich die Investitionsflexibilität.

Die Ressource Kapital wird zunehmend zum strategisch relevanten Wettbewerbsfaktor. Für den nachhaltigen Unternehmenserfolg ist es daher von zentraler Bedeutung, dauerhaft den Zugang zu Kapital sicherzustellen. Voraussetzung hierfür ist jedoch eine gesunde und solide Kapitalstruktur. In diesem Zusammenhang hat das beschriebene Fallbeispiel eines Infrastrukturanbieters verdeutlicht, welchen signifikanten Wertbeitrag ein integriertes Kapitalstrukturmanagement leisten kann, indem mithilfe der strategischen Neuordnung der Unternehmensfinanzierung eine Verdopplung der Verschuldungskapazität des Unternehmens erreicht werden konnte. Das Unternehmen war anschließend in der Lage, strategisch wichtige Investitionen flexibel und zu deutlich reduzierten Finanzierungskosten umzusetzen. Strategisches Kapitalstrukturmanagement ist daher ein wirkungsvolles Instrument, um eine starke operative Wettbewerbsfähigkeit des Unternehmens zu gewährleisten und somit den Unternehmenswert langfristig und nachhaltig zu steigern.

Literatur

Baker M, Wurgler J (2002) Market timing and capital structure. J Finance 57(1):1–32
Bancel F, Mittoo U (2004) Cross-country determinants of capital structure choice: a survey of European firms. Finan Manage 33(4):103–132
Barton S, Gordon P (1988) Corporate strategy and capital structure. Strateg Manag J 9(6):623–632
Byoun S (2008) Financial flexibility and capital structure decision, Working paper, Baylor University
Bundesverband Deutscher Leasing-Unternehmen (2012) 50 Jahre Leasing in Deutschland: Investitions- und Innovationsmotor für die Volkswirtschaft, 26.04.2012, online verfügbar unter http://bdl.leasingverband.de/presse/pressemitteilungen/50-jahre-leasing-in-deutschland-investitions-und-innovationsmotor-fuer-die-volkswirtschaft. Zugegriffen: 24. Mai 2012
Bundesbank (2012) Monatsbericht Januar 2012. Frankfurt a. M.
Cai J, Zhang Z (2011) Leverage change, debt overhang, and stock prices. J Corp Finance 17:391–402
Fabich M, Schellenberg E, Wölfer K (2011) Integrated capital structure management – value improvement by overcoming the silo approach of financial institutions. In: Hommel U et al (Hrsg) The strategic CFO. Springer, Berlin-Heidelberg
Gaughan PA (2007) Mergers, acquisitions, and corporate restructurings, 4. Aufl. Wiley, Hoboken
Grönlund T, Louko A, Vaihekoski M (2008) Corporate real estate sale and leaseback effect: empirical evidence from Europe. Europ Finan Manage 24(4):820–843
Institut für Mittelstandsforschung (2012) Die größten Familienunternehmen in Deutschland – Ergebnisse der Frühjahrsbefragung 2012, im Auftrag von Bundesverband der Deutschen Industrie und Deutsche Bank, Bonn
Jensen MC, Meckling WH (1976) Theory of the firm: managerial behaviour, agency costs and ownership structure. J Finan Econ 3:305–360
Jensen M (1986) Agency costs of free cashflow, corporate finance, and takeovers. Am Rev 76(2):323–329
Kraus A, Litzenberger RH (1973) A state-preference model of optimal financial leverage. J Finance 28(4):911–922
McKinsey & Company (2009a) Are you still the best owner of your assets. McKinsey Quartely, November 2009
McKinsey & Company (2009b) When to divest support activities. McKinsey Finance 32:19–22

Myers SC (1984) The capital structure puzzle. J Finance 39(3):575–592

Myers SC, Majluf NS (1984) Corporate financing and investment decisions when firms have information that investors do not have. J Finan Econ 13(2):187–221

Modigliani F, Miller MH (1958) The cost of capital, corporate finance and the theory of investment. Am Econ Rev 48(3):261–297

Modigliani F, Miller MH (1963) Corporate income taxes and the cost of capital. Am Rev 53(3):433–443

Opler T, Titman S (1994) Financial distress and corporate performance. J Finance 49(3):1015–1040

Ross SA (1977) The determination of financial structure: the incentive-signalling approach. Bell J Econ 8(1):23–40

Schneider H (2010) Determinanten der Kapitalstruktur. Gabler, Wiesbaden

Standard & Poor's (2011) Criteria methodology: business risk/financial risk matrix expanded, originalversion: 27.05.2009, Updated: 30.11. 2011, online verfügbar unter http://www.standardandpoors.com/prot/ratings/articles/en/us/?articleType=HTML&assetID=1245335370380. Zugegriffen: 24. Mai 2012

Debt Origination

22

Dr. Sven Janssen

22.1 Einleitung

Unternehmensanleihen im Allgemeinen und die von mittelständischen Emittenten im Speziellen sind keine neuen Finanzierungsinstrumente. Dass aber sowohl institutionelle Investoren als auch Privatanleger erstmals über ein Börsensegment für Mittelstandsanleihen eine Emission direkt zeichnen können, ist durchaus innovativ. Durch die direkte „Kreditvergabe" von Kapitalmarktteilnehmern hat sich für den deutschen Mittelstand eine alternative Finanzierungsform eröffnet. Dies gilt sowohl für börsen- wie auch für nicht börsennotierte Unternehmen. Für Anleger bieten sich durch Mittelstandsanleihen attraktive Renditechancen, die besonders im momentan niedrigen Zinsumfeld Sinn machen. Das sogenannte „öffentliche Angebot" bei der Begebung einer Mittelstandsanleihe öffnet als Alternativfinanzierung für mittelständische Unternehmen viele Möglichkeiten, die Passivseite der Bilanz zu diversifizieren.

Mittelstandsanleihen werden mit wenigen Ausnahmen überwiegend bei institutionellen Investoren platziert. Bei den Anleiheemissionen von Underberg und Zamek wurden zum Beispiel ca. 80 % des Anleihevolumens bei Vermögensverwaltern und Family Offices platziert. Einer Marktschätzung vom Bond Magazine zur Folge werden durchschnittlich ca. 60 % bei institutionellen Anlegern platziert. Zumeist haben die im Markt aktiven Emissionsbanken keinen direkten Zugang zu Privatinvestoren und werden sich auch künftig weiter auf die Ansprache der „Profis" konzentrieren.

Die Frankfurter Wertpapierbörse, die Stuttgarter Börse, und die Börse Düsseldorf haben für Privatinvestoren die Möglichkeit einer Zeichnung mittels Börsenorder geschaffen, damit diese Investoren am Unternehmensanleihenmarkt teilnehmen können. Privatanleger profitieren aber auch vom sogenannten Pre-Sounding (Anleihe-Check) und einer kritischen Überprüfung des Emissionskonzeptes durch eine begrenzte Zahl ausgesuchter institutioneller Investoren. Da viele Unternehmen mit der Emission einer Anleihe prinzi-

---

S. Janssen (✉)
Close Brothers Seydler Bank AG, Schillerstraße 27–29, 60313 Frankfurt, Deutschland
E-Mail: sven.janssen@cbseydler.com

piell eine breite Investorenbasis ansprechen möchten, wird ein angemessenes Verhältnis von institutionellen und privaten Anlegern angestrebt.

Aufgrund der Kapitalstruktur ist die Emission einer Anleihe nicht für alle Unternehmen ratsam. Eine gründliche Auswahl ist seitens der Emissionsbank notwendig. Bei der richtigen Auswahl und gutem Zusammenspiel zwischen Emissionsbank und Emittent ergeben sich aber sehr gute Resultate. Der erste Schritt seitens Emissionsbank ist es, potenzielle Emittenten zu identifizieren und zu beraten, welche Aspekte bei der Begebung einer Mittelstandsanleihe notwendig sind.

22.2 Überlegung der Begebung einer Mittelstandsanleihe

Das Unternehmen muss an erster Stelle bereit sein, sich dem Kapitalmarkt zu öffnen. Wenn diese Bereitschaft besteht und das Unternehmen sich unabhängiger von der Kreditpolitik der Banken machen möchte, kann die Emission einer Mittelstandsanleihe eine gute Alternative zu anderen Finanzierungsformen sein. Mit einer Fremdkapitalfinanzierung könnten gerade familiengeführte Unternehmen ihre Selbstständigkeit eher erhalten als mit der Aufnahme eines externen Eigenkapitalgebers, der im Gegenzug oft einen Anteil des Unternehmens verbunden mit einer Beirat- oder Aufsichtsratsfunktion durchsetzen will. Weiterhin erhält das Unternehmen durch die von der Börse und mit der Transaktion verbundenen Marketingmaßnahmen Presseaufmerksamkeit und profitiert von der gestiegenen öffentlichen Wahrnehmung, was sich im besten Fall sogar positiv auf das operative Geschäft des Emittenten auswirken kann. Dies sind Vorteile, die den zeitlichen Aufwand aufwiegen.

Problematik in der künftigen Finanzierung Die Finanzierungssituation für den Mittelstand wird immer schwieriger und knapper, insbesondere durch die Bankenregulierung wie Basel III. Diese führt zu einer restriktiven Kreditvergabe und zu höheren Sicherheitsanforderungen an die Kreditnehmer und vermehrten Covenants. Eine verstärkte Offenlegung von Information wie Finanzdaten und fast nur noch projektbezogene Kreditvergabe sind Folgen dieser Entwicklung. Aus diesem Grund suchen Unternehmen alternative Finanzierungsquellen und die Emission einer Unternehmensanleihe kann eine solche Alternative sein.

Vorteile für Unternehmen Die Mittelstandsanleihe bietet Unternehmen eine Reihe von Vorteilen. Diese sind u. a. Unabhängigkeit von Banken, Finanzierungssicherheit und Flexibilität, in der Regel keine Blockade von Assets, Verringerung von Covenants, Erhalt der wirtschaftlichen Selbständigkeit und eine Stärkung der Position gegenüber den Banken.

Aufgabe einer Emissionsbank Die Emissionsbank begleitet das Unternehmen vor, während und nach der Anleiheemission und ist vor allem für die Platzierung der Anleihe und die Koordinierung des Prozesses zuständig. Der Prozess beinhaltet u. a. die frühzeitige Erfolgssicherung durch Adressierung der institutionellen Investoren, professionelle Vermarktung der Emission, Erstellung eines Credit Researchs, Beratung bzgl. der Anleihebedingungen und Konditionen, Durchführung der Roadshow, Koordination und Auswahl der Börsenplattform und Unterstützung bei der Dokumentenerstellung.

Ein mittelständisches Unternehmen, das sich zum ersten Mal für eine Finanzierung an den Kapitalmarkt wagt, wird sich die Frage stellen, welche begleitende Bank die richtige ist. Bei der Wahl eines geeigneten Partners sind insbesondere der Track Record des Instituts sowie die Kontakte zu Investoren entscheidende Auswahlkriterien.

Als besonders wichtig sehen wir den ehrlichen und fairen Umgang mit dem Emittenten. Keinem ist damit geholfen, die Emission mit allen Mitteln starten zu wollen, wenn die Aufnahmebereitschaft des Marktes nicht ausreichend vorhanden ist. Ebenfalls ist die Einschätzung der begleitenden Bank bezüglich der Anleihekonditionen und -bedingungen entscheidend, denn diese setzen sich aus dem Feedback der Investoren, die das Management auf der Roadshow kennenlernt, als auch der Marktexpertise und Einschätzung der begleitenden Bank zusammen.

22.3 Wie Emissionsbank und Unternehmen zusammenkommen

Als führende Emissionsbank im Segment wird man oftmals direkt von Unternehmen angesprochen. Banken, die mit der Betreuung der Aktien zum Beispiel im Rahmen von Designated Sponsoring mandatiert sind, haben ebenfalls einen guten Zugang zum Unternehmensmanagement.

Oft befassen sich Unternehmen mit der Möglichkeit der Finanzierung über eine Mittelstandsanleihe, wenn ein Konkurrent erfolgreich diesen Weg gegangen ist. Des Weiteren können Kontaktmöglichkeiten zu Emissionsbanken durch

- Kapitalmarktveranstaltungen,
- Ansprache durch Corporate Finance Berater und das eigene Netzwerk
- Fachmessen und andere Sektorveranstaltungen,
- Ansprache durch Investor Relations Agenturen

entstehen.

22.3.1 Erstgespräch

Beim Erstgespräch zwischen Emissionsbank und Unternehmen geht es in erster Linie darum, den Finanzierungsbedarf sowie das Unternehmen an sich zu verstehen. Aus diesen

Informationen heraus kann die Emissionsbank das Unternehmen beraten, ob eine Fremdfinanzierung über den Kapitalmarkt überhaupt sinnvoll und möglich ist oder ob in einem ersten Schritt nicht besser zuerst das Eigenkapital gestärkt werden sollte.

22.3.2 Benötigte Unterlagen zur Prüfung des Unternehmens

Die Zusendung von Informationen hilft der Emissionsbank sich einen Überblick über das Geschäft und die Finanzstärke des Unternehmens zu machen. Die üblicherweise angeforderten Unterlagen umfassen unter anderem:

- Unternehmenspräsentation (Darstellung des Geschäftsmodells, Historie, Gesellschaftsstruktur, Management, wesentliche Kunden, Hauptmärkte, Technologie und Innovationen, Produkte)
- Financials (testierter oder untestierter Jahresabschluss, Halbjahreszahlen, falls vorhanden)
- Ratingbericht (falls vorhanden)
- Entwurf des Wertpapierprospektes (falls vorhanden)

Je mehr Informationen nach dem Erstkontakt zur Verfügung gestellt werden, desto effizienter kann die Emissionsbank die Vor- und möglichen Nachteile einer Anleiheemission feststellen. Diese Punkte werden nach Durchsicht mit dem Unternehmen besprochen. Es bestehen im Vorfeld oft überzogene Erwartungen der Unternehmen zu Platzierungschancen der Emission und zur erforderlichen Couponhöhe einer Anleihe. Eine offene Diskussion beider Seiten hilft dabei, Erwartungen offenzulegen und kritische Punkte im Vorfeld zu klären. Die Emissionsbank sollte nach Prüfung der Unterlagen Aspekte die von Investoren als kritisch beurteilt würden, wie Gesellschafterdarlehen, Eigenkapitalquote oder Ausschüttungspolitik ansprechen, um frühzeitig Lösungen zu finden und dem Unternehmen ein realistisches Bild zu vermitteln.

Prinzipiell sehen es Investoren gerne, wenn jeweils ein Teil des Emissionserlöses zur Optimierung der bestehenden Finanzstruktur, für Working Capital sowie für den weiteren Geschäftsausbau verwendet wird. Dies kann unter Umständen die Zinskosten des Unternehmens senken und/oder die Freigabe von Sicherheiten bewirken. Anleiheemissionen zur Übernahmefinanzierung sind auch möglich, wobei diese Vorhaben auch einen gewissen Eigenkapitalanteil beinhalten sollten (Abb. 22.1).

22.3.3 Kennzahlen

Die folgenden Tabellen geben eine Übersicht über die wichtigsten Kennzahlen, orientiert an den Standards der Deutsche Vereinigung für Finanzanalyse und Asset Management (DVFA):

Positiv:	Negativ:
Nachhaltiges, bewährtes Geschäftsmodell	Geschäftsmodell von Gesetzen oder Regulierungen abhängig
Lange Historie	Schwankende Umsätze
Stabile Umsatzentwicklung	„Start-Up" Unternehmen
Gute Marktpositionierung	Stark regulierter und subventionierter Markt
Klare Gesellschaftsstruktur	Liquiditätsengpässe
Erfahrenes Management	Niedrige EK-Quote (Schwache Kapitalausstattung)
Klare Unternehmensstrategie	Hohe außerbilanzielle Verbindlichkeiten
Hohe Gewinnmargen	Abhängigkeit von wenigen Kunden
Hoher Zinsdeckungsgrad	Hohe Abhängigkeit von einzelnen Produkten
Nachhaltig positiver Free Cash Flow	Kein Interesse an Investor Relations Arbeit
Bekanntheit der Marke („Brand")	
Erfahrung am Kapitalmarkt	

Abb. 22.1 Erfolgsfaktoren für die Platzierung einer Anleihe: Positiv- und Negativeigenschaften bei Unternehmen. (Quelle: Auswahl von Kriterien, Close Brothers Seydler Bank AG, Juni 2012)

EBITDA Interest Coverage Die Kennzahl gibt an, inwiefern eine Gesellschaft in der Lage ist, ihren Zinsverpflichtungen (falls notwendig, adjustiert um Zinsen aus Leasingverbindlichkeiten) aus dem EBITDA nachzukommen. Das EBITDA steht für den Gewinn vor Zinsen, Steuern und Abschreibungen auf das materielle und immaterielle Anlagevermögen. Ein Verhältnis von über zwei ist unserer Meinung nach erstrebenswert.

EBIT Interest Coverage Auch als die „Deckungsquote" bekannt, diese Kennzahl gibt an, inwiefern eine Gesellschaft in der Lage ist, ihren Zinsverpflichtungen (adjustiert um Zinsen aus Leasingverbindlichkeiten) aus dem EBIT nachzukommen. Das EBIT steht für den Gewinn vor Zinsen und Steuern. Dieses Verhältnis wird als alarmierend gekennzeichnet, sobald es kleiner als 1,5 wird – jedoch sollte der Vergleich im Sektor, in dem das Unternehmen tätig ist, auch entsprechend berücksichtigt werden.

Finanzverbindlichkeiten/EBITDA Diese Kennzahl stellt den Zusammenhang zwischen den zinstragenden Verbindlichkeiten und dem EBITDA her. Sie gibt an, wie viele Jahre das EBITDA alleine dafür aufgewendet werden müsste, um alle zinstragenden Verbindlichkeiten zu tilgen. Die Finanzverbindlichkeiten setzen sich aus folgenden Komponenten zusammen:

- Verbindlichkeiten ggü. Kreditinstituten
- Verbindlichkeiten ggü. verbundenen Unternehmen (soweit Finanzverbindlichkeiten)
- Verbindlichkeiten ggü. Unternehmen mit Beteiligungsverhältnis (soweit Finanzverbindlichkeiten)

- Anleihen
- Pensionsrückstellungen
- Genussscheine (bzw. Mezzanine Kapital)
- Nachrangdarlehen, Verbindlichkeiten ggü. Gesellschaften
- Sonstige zinstragenden Verbindlichkeiten, Verbindlichkeiten aus Finanzierungsleasing

Die Zahl soll unserer Meinung nach nicht größer als fünf ausfallen, wobei diese Kennzahl etwas verzerrt werden kann, etwa wenn gleichzeitig hohe Cash-Bestände vorliegen und Kredite stark in Anspruch genommen sind. Zielführender ist eine Kennzahl, in der diese Punkte verrechnet sind, also:

Net Debt/EBITDA Hier werden die Finanzverbindlichkeiten abzüglich liquider Mittel zum EBITDA ins Verhältnis gesetzt. Üblicherweise wird dieses Verhältnis als alarmierend betrachtet, wenn es größer als vier ist, aber man sollte immer im Hinterkopf behalten, dass es keine goldene Regel ist. Diese Zahl sollte mit der Benchmark des Sektors verglichen und berücksichtigt werden.

Eigenkapitalquote Diese Kennzahl gibt den Anteil des Eigenkapitals am Gesamtkapital an. Eine EK-Quote unter 20 % sehen wir als kritisch an, wobei auch hier sehr große Unterschiede etwa durch die Branchenzugehörigkeit existieren.

Risk Bearing Capital Verhältnis von Haftmitteln zur modifizierten Bilanzsumme. Die Haftmittel werden folgendermaßen definiert:

- Gesellschafterdarlehen (falls nachrangig)
- Mezzanine-Kapital
    - Eigene Anteile (Aktien)
    - Forderungen/Ausleihungen an Gesellschafter
    - Ausstehende Einlagen auf das gez. Kapital
    - Nicht passivierte Pensionsrückstellungen
    - Steuerabgrenzung

Die modifizierte Bilanzsumme wird folgendermaßen ermittelt:

- Eigene Anteile (Aktien)
- Forderungen/Ausleihungen an Gesellschafter
- Ausstehende Einlagen auf das gez. Kapital
- Nicht passivierte Pensionsrückstellungen
- Steuerabgrenzung

Eine Ratio unter 0,2 sehen wir als kritisch an (Abb. 22.2).

Operatives Profil

Etabliertes Geschäftsmodell: Verfügt das Unternehmen über ein stabiles, funktionierendes Geschäftsmodell?
Produkte: Kennt man die Produkte, die das Unternehmen anbietet? Wie konjunkturabhängig ist die Nachfrage nach diesen Produkten? Wird das Unternehmen auch noch in fünf Jahren in der Lage sein, diese Produkte abzusetzen?
Markt: Sind die Produkte Nischen- oder Massenprodukte und wie groß ist das Marktpotenzial?

Finanzstärke

Umsatzhöhe und -entwicklung: Der jährliche Umsatz des Unternehmens sollte mindestens €50-100 Mio. betragen. Um die Stabilität des Geschäftsmodells zu prüfen, sollte man sich die Entwicklung des Umsatzes der vergangenen Jahre anschauen.
Genügende Profitabilität: Das Unternehmen sollte mindestens so weit profitabel sein, das es in der Lage ist, den Zinsverpflichtungen nachzukommen. Dazu sollte der Anleger bestimmte Gewinngrößen des Unternehmens (EBIT, EBITDA) den Zinszahlungen gegenüberstellen.
Liquidität: Die Entwicklung des Cash Flows spielt eine entscheidende Rolle.
Eigenkapitalquote: Das Unternehmen sollte über eine ausreichende Eigenkapitalausstattung verfügen. Insbesondere bei mittelständischen Unternehmen sollte der Anleger genau prüfen, wie sich das Eigenkapital zusammensetzt und ob dem EK belastbare Aktiva gegenüberstehen.
Bestehende Verbindlichkeiten: Hat das Unternehmen ausstehende Bankkredite oder andere Formen der Fremdfinanzierung? Kann das Unternehmen weitere Schulden tragen?

Struktur des Unternehmens

Anleiheemittent: Wer ist der mögliche Anleiheemittent, bzw. wer haftet im Falle der Zahlungsunfähigkeit für die Anleihe. Ist der Emittent selbst operativ tätig und generiert Cash Flow oder handelt es sich bei dem Emittenten um eine reine Holding-Gesellschaft.
Eigentümerstruktur: Ist die emittierende Gesellschaft im Besitz von solventen Eigentümern? Sollte dies nicht der Fall sein, besteht die Gefahr, dass die Anteilseigner in den kommenden Jahren den Emittenten etwa durch unangemessen hohe Dividendenzahlungen oder andere Maßnahmen regelrecht „aussaugen" könnten. Es sollten dann Covenants wie Ausschüttungsbegrenzungen oder ein Verbot von bestimmten Rechtsgeschäften mit nahe stehenden Personen in den Anleihebedingungen enthalten sein.
Tochtergesellschaften: Wie ist die genaue Konstellation mit den Töchtergesellschaften und besitzt die Muttergesellschaft eine Mehrheit? Werden die Zahlen der Töchter konsolidiert?

Bekanntheitsgrad

Starker Name: Besitzt das Unternehmen einen „Household Name"? Also ist die Marke des Unternehmens bekannt? Wenn ja, dann hilft dies bei der Vermarktung der Anleihe.

Mittelverwendung des Emissionserlöses

Emissionserlös: Wie sieht die Mittelverwendung aus? Wird diese zur Finanzierung des Working Capital, zur Refinanzierung, zur Wachstumsfinanzierung, zur Projektfinanzierung, gar zur Rückzahlung von Gesellschafterdarlehen oder zur Ausschüttung von Dividenden verwendet?

Abb. 22.2 Checkliste einer Emissionsbank nach Erhalt der Unternehmensinformation (Auszug). (Quelle: Close Brothers Seydler Bank AG)

22.3.4 Mittelverwendung bei einer Mittelstandsanleihe

Generell wird eine Mischung aus Re- bzw. Umfinanzierung, Optimierung des Working Capitals und Wachstumsfinanzierung von Investoren favorisiert. Die Rückführung von Gesellschafterdarlehen sowie reine Projektfinanzierungen sind eher schwierig und erklärungsbedürftig.

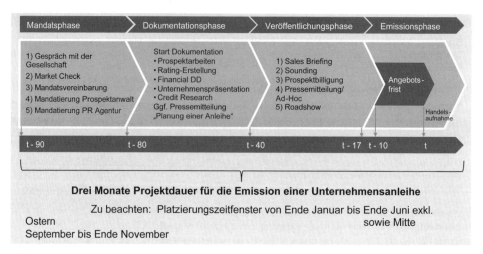

Abb. 22.3 Projektdauer

22.3.5 Market Check/Pre-Sounding

Im Rahmen eines Pre-Sounding werden im kleinen Kreis ausgewählter Investoren nach deren Einschätzung und Interesse gefragt. Hierfür sind eine professionelle Unternehmenspräsentation, die Angaben zum Unternehmen, der Mittelverwendung und aussagekräftige Finanzkennzahlen enthält entscheidend. Des Weiteren sind ein offen und überzeugend auftretendes Management sowie ein bekannter Unternehmensname sehr hilfreich.

22.4 Go/No Go Entscheidung und Projektausführung

Nach einem ausführlichen Gespräch mit der Gesellschaft und einem kurzfristig durchzuführenden Marktcheck ist dann der nächste Schritt die offizielle Mandatierung der Emissionsbank. Danach wird zeitnah der Kick-Off Termin festgelegt, bei dem sich alle Projektteilnehmer kennenlernen und die jeweiligen Aufgaben und Deadlines festgelegt werden.

Working Party Liste Das Projektteam besteht in der Regel aus dem Unternehmen (Emittent), Emissionsbank, Beratern der Gesellschaft, Prospekterstellende Anwaltskanzlei, bankberatende Anwaltskanzlei, Wirtschaftsprüfer und Investor Relations Agentur.

Projektdauer Die Emission einer Unternehmensanleihe dauert in der Regel drei bis vier Monate (Abb. 22.3).

Dokumentation Die wichtigsten Unterlagen für die Vermarktung einer Anleihe sind die Roadshow-Präsentation, das Credit Research und der gebilligte Prospekt. Zu den weiteren Dokumenten, die u. a. für die Erstellung des Prospektes unentbehrlich sind, zählen die testierten Jahresabschlüsse der letzten 2 Jahre und ggf. der aktuelle Zwischenabschluss, der Rating-Bericht, eine allgemeine Unternehmenspräsentation sowie falls vorhanden ein Marketing-Flyer der Gesellschaft.

Im Rahmen des Marketings, nach Billigung des Prospekts, werden zusätzliche Unterlagen und Werbemittel verbreitet. Dazu zählen Banner-Werbungen, Fachbeiträge sowie Interviews und Hintergrundberichte in den Wirtschaftsteilen der überregionalen und regionalen Tageszeitungen.

Veröffentlichung der Emission & Platzierung Nach der Prospektbilligung wird die Transaktion öffentlich angekündigt und die Vermarktung kann beginnen. Ab dem im Vorfeld festgelegten Zeichnungsfristbeginn können jetzt institutionelle Investoren über die Emissionsbank und Privatinvestoren die Unternehmensanleihe über ihre Hausbank zeichnen. Dies ist durch die Zeichnungsfunktionalität der Börse möglich. Die Zuteilung folgt in der Regel nach dem First Come/First Serve-Prinzip. Eine vorzeitige Schließung ist jederzeit möglich.

22.5 Sektoren

Seitens der Emittenten gibt es eine breite Nachfrage, quer über alle Branchen hinweg. Die aktuelle Erfahrung hat gezeigt, dass sich die Nachfrage der Investoren nach bestimmten Sektoren geändert hat. Der Markt wird künftig nicht mehr so stark wie in der Vergangenheit von Emittenten aus den Bereichen Erneuerbare Energien und Immobilien dominiert. Anleiheemittenten werden künftig einen Querschnitt des deutschen Mittelstands abbilden. Mit einer Verbreiterung des Angebots über einzelne Branchen hinweg können Anleger ihr Portfolio deutlich besser in Bezug auf die Branchen diversifizieren. Zudem ist zu bemerken, dass sich zunehmend auch international aufgestellte Unternehmen mit Umsätzen im Milliardenbereich für die öffentliche Platzierung einer Anleihe interessieren. Damit einhergehend sollte auch das durchschnittliche Emissionsvolumen steigen.

Industrial und „Old Economy" Unternehmen Als Old Economy werden die klassischen Industrien bezeichnet, die materielle und greifbare Güter herstellen. Damit sind also beispielsweise die Maschinenbau-, die Automobil-, die Bau- oder die Chemieindustrie gemeint. Viele dieser Firmen sind einem breiten Publikum nicht bekannt, obgleich sie teilweise Weltmarktführer in Ihrem Bereich sind. Die „Old Economy" Unternehmen profitieren durch die hohe Exportrate und steigende Internationalisierung. Diese „Hidden Champion" haben sich in den letzten Jahren umstrukturiert und erfolgreich auf dem Weltmarkt etabliert.

Bisher:	Künftig:
Automobilzulieferer	Automobilzulieferer
Erneuerbare Energien	"Old economy"
Fluggesellschaften	Unternehmen mit „Brands"
Konsum mit bekannten Marken	Konsum mit bekannten Marken
Immobilien	Industrial

Abb. 22.4 Mittelstandsanleihen: Emissionen aus welchen Branchen. (Quelle: Close Brothers Seydler Bank AG, Juni 2012)

Konsumgüterindustrie Beispiele sind Lebensmittel-, Textil-, Bekleidungs-, Möbel-, Spielwaren- und Druckindustrie. Viele Produkte sind sogenannte „Household Names". Der hohe Bekanntheitsgrad dieser Unternehmen hilft bei der Vermarkung einer Unternehmensanleihe.

Immobilien Bei Finanzierungen greifen Immobilienunternehmen in der Regel nach dem klassischen Bankkredit. Die für den Kredit dargelegten Sicherheiten sind die Immobilien selber. Immobilienunternehmen generieren in der Regel planbare Cashflows, basiert auf Mieteinnahmen. Aus diesem Grund könnte man auf die Idee kommen, dass eine solche Firma für eine Mittelstandsanleihe geeignet sei. Die Bewertung der langfristigen Vermietbarkeit der Immobilie, der aktuellen Mieter, sowie der Mietverträge erfordert aber eine spezielle Expertise. Insofern haben sich zum einen für die Finanzierung von derartigen Immobilien spezielle Kreditinstitute aus dem Bereich der Landesbanken und Hypothekenbanken etabliert, und zum anderen ist der deutsche Bankenmarkt ebenso wie der Markt der Immobiliengesellschaften nach wie vor kleinteilig und fragmentiert. Daher ist damit zu rechnen, dass Mittelstandsanleihen erst im Rahmen einer weiteren Banken- und Immobilienkonsolidierung an Bedeutung gewinnen.

Erneuerbare Energien Die Unternehmen unterliegen den Entscheidungen der Politik und der Erneuerbare-Energien-Gesetze. Nachteilige Änderungen der Gesetze haben eine entsprechend negative Einwirkung auf die Annahmen des Business Planes. Da zurzeit Unsicherheiten über künftige Gesetzänderungen im Sektor herrschen und sich mittlerweile einige Unternehmen in großen finanziellen Schwierigkeiten befinden, ist diese Branche für die Begebung einer Mittelstandsanleihe gegenwärtig eher ungeeignet (Abb. 22.4).

Deutschland ist das Land der „Hidden Champions" – also Unternehmen, die einerseits in ihrer Branche bedeutende Positionen haben, andererseits aber von der Öffentlichkeit und den Medien kaum beachtet und häufig stark unterschätzt werden. Ihre Marktführerschaft haben sich die meist mittelständischen Betriebe in Nischenmärkten durch großes Know-how und hohe Innovationskraft erarbeitet.

22.6 Trends

Sektoren Wir erwarten in Zukunft einen Querschnitt von Unternehmen aus der „Old Economy", sowie dem Industrie- und Konsumgüterbereich.

Zunehmende Bedeutung institutioneller Investoren Wir erwarten eine zunehmende Bedeutung institutioneller Investoren in dem noch recht jungen Segment. Diese stärkere Nachfrage sollte sich positiv auf die Emissionen auswirken.

Erweiterung der Transparenz der Mittelstandsanleihesegmente Ein Bespiel dafür ist die geplante Erweiterung der Transparenzstandards im geplanten Prime Standard für Unternehmensanleihen sowie die Verschärfung der Regeln im Entry Standard für Anleihen seit dem 01.07.2012 durch die Deutsche Börse AG, die sicherlich dadurch für größere Emittenten und Bond-Investoren noch attraktiver wird.

Eigenemission – sinnvoll oder nicht? Durch die niedrige Stückelung ist es Privatanlegern möglich, direkt und ohne Zwischenhändler Anleihen zu zeichnen. Die Börsen bieten mit ihren neuen Mittelstandssegmenten die Möglichkeit zur Zeichnung über die jeweilige Hausbank, so dass Privatanleger ebenfalls am Zeichnungsprozess teilnehmen können. Ob das Interesse der Privatanleger für die vollständige Platzierung zukünftiger Emissionen reichen wird, ist fraglich. Die in 2011 und bisher in 2012 begebenen Emissionen haben gezeigt, dass reine Eigenemissionen nicht mehr erfolgreich durchgeführt werden konnten. Diese konnten in der Regel nicht vollständig oder erst nach einer längeren Zeichnungsfrist von teilweise mehreren Monaten platziert werden.

Durch die Beauftragung einer Emissionsbank, die den gesamten Prozess von Anfang bis Ende begleitet, kann bereits im Vorfeld der eigentlichen Emission das Interesse bei institutionellen Investoren erfragt werden. Aus diesem Grund sollten bei Emissionen im Rahmen einer Vorvermarktung ca. 50 % des Anleihevolumens, bei institutionellen Investoren vorab zumindest im Zuge von verbalen Zusagen platziert werden, um eine gewisse Transaktionssicherheit zu gewährleisten. Trifft das Angebot des Emittenten nicht den Geschmack der Anleger, kann die geplante Transaktion schnell scheitern. Um dies zu vermeiden, ist die Einbindung der institutionellen Investoren wichtig. Diese wiederum kommen über die Emissionsbank ins Spiel. Es ist wenig professionell und kann sich schnell als fatal rausstellen, diesen Teil zu vernachlässigen und ausschließlich auf Private zu zielen.

Börsensegmente für Mittelstandsanleihen Der Wettbewerb zwischen den verschiedenen Börsen als Plattform wird anhalten. Eine Verschärfung der Einbeziehungsvoraussetzungen und Folgepflichten für Anleihen bei den Börsen wird erwartet.

Unternehmen aus dem Ausland Mit der Weiterentwicklung des Segments wird erwartet, dass auch Unternehmen aus anderen europäischen Ländern (zum Beispiel Österreich)

> **Case Study: Platzierung der Underberg-Anleihe im April 2011**
>
> Mitte Januar 2011 wurde die Close Brothers Seydler Bank AG mit der Strukturierung und Platzierung einer Unternehmensanleihe für die Semper idem Underberg GmbH beauftragt.
>
> Die Semper idem Underberg GmbH, als Muttergesellschaft des operativ tätigen Teilkonzerns innerhalb der Underberg-Gruppe, ist eine Produktions- und Vertriebsgesellschaft für alkoholische und nichtalkoholische Getränke mit dem Schwerpunkt auf Spirituosen. Zu ihren bekanntesten Marken zählen Underberg, Asbach, Pitú und XUXU. Durch die Abdeckung der gesamten Wertschöpfungskette mit Fokussierung auf die Kernkompetenzen Rezeptur, Markenführung und Qualitätsmanagement führte diese zur erfolgreichen Positionierung im hochpreisigen Spirituosensegment mit stabilen Umsätzen und Erträgen.
>
> Das Unternehmen verfolgte eine erweiterte Wachstumsstrategie und in diesem Zusammenhang sollen die am Kapitalmarkt aufgenommenen Mittel dazu dienen, das Working Capital zu erhöhen und damit die Expansionskraft der gesamten Gruppe im Rahmen der Beschaffungs-, Produktions- und Absatzprozesse zu stärken. Da der Teilkonzern hauptsächlich durch kurzfristige Verbindlichkeiten finanziert wurde, wurde angestrebt, die Finanzierung auf eine mittel- bis langfristige Basis umzustrukturieren. Somit soll neben signifikanten Zinsersparnissen auch die nachhaltige Verbesserung der Fremdkapitalstruktur der Firma erreicht werden.
>
> Der Wert der eigenen Marken hat für das Unternehmen oberste Priorität. Zukünftig sollen zusätzliche Investitionen in ein nachhaltiges Marketing sowie in den Markenschutz getätigt werden, um den Bekanntheitsgrad der eigenen Produkte zu erhöhen. Für die erfolgreiche Vermarktung der Anleihe waren der Wert und die Historie der Marke Underberg entscheidend.
>
> Das öffentliche Angebot richtete sich an institutionelle Investoren in Europa sowie aufgrund der niedrigen Stückelung von €1.000 auch an Privatanleger in Deutschland, Österreich und Luxemburg. Das war die erste Emission im neu entstandenen Mittelstandsanleihesegment der Börse Düsseldorf, „der mittelstandsmarkt." Der Kupon und weitere Konditionen wurden im Verlauf des Prozesses nach dem Pre-Sounding mit der Emissionsbank sowie den Beratern der Gesellschaft festgelegt.
>
> Nach einer Prospektbilligung am 28. März wurde die Emission in der Öffentlichkeit bekanntgegeben. Durch die Marketingmaßnahmen des Unternehmens und Roadshowaktivitäten der Close Brothers Seydler Bank AG, die ab diesem Zeitpunkt in die heiße Phase ging, konnte die Bond Story an potentielle Institutionellen- und Privatinvestoren vermittelt werden.
>
> Die geplante Zeichnungsfrist sollte von Montag, den 4. April bis Freitag, den 15. April laufen. Nur nach zwei Stunden wurde das Zeichnungsbuch am ersten Zeichnungstag wegen fünffacher Überzeichnung vorzeitig geschlossen. 80% des Orderaufkommens wurde durch die Close Brothers Seydler Bank AG generiert. Die restlichen 20% wurden von Privatanlegern über die Börse Düsseldorf gezeichnet.
>
> Die Notierungsaufnahme der 7,125% Unternehmensanleihe der Semper idem Underberg GmbH mit einem Emissionsvolumen von €50 Mio. und einer Laufzeit von fünf Jahren im „der mittelstandsmarkt" der Börse Düsseldorf und im Open Market der Frankfurter Wertpapierbörse fand drei Tage später, also am 7. April statt. Der erste Kurs von 102,5% und weitere Kurssteigerungen in den folgenden Monaten zeigten das nachhaltige Interesse für die Anleihe. Am 21.04.2012 wurde die Anleihe um €20 Mio. auf €70 Mio. im Rahmen einer Privatplatzierung zu einem Preis von 104% aufgestockt.

Abb. 22.5 Case Study: Platzierung der Underberg-Anleihe im April 2011. (Quelle: Close Brothers Seydler Bank AG)

vermehrt die Plattform der deutschen Börsen nutzen werden. Verfügt die ausländische Gesellschaft über einen hohen Bekanntheitsgrad und solide Finanzen, wird dies die Vermarktung der Anleihe an institutionelle Investoren und Privatanlegern erleichtern.

22.7 Schlussfolgerung

Ein wichtiger Ratschlag für mittelständische Unternehmen bei der Begebung einer Unternehmensanleihe ist, dass neben einem etablierten Geschäftsmodell und soliden Finanzen, ein überzeugendes Management wichtig für eine erfolgreiche Emission ist. Darüber hinaus ist natürlich eine gewisse Markenbekanntheit hilfreich. Die vergangenen Emissionen zeigen, dass zumindest bei den erfolgreichen Platzierungen, ein Großteil des Volumens bei institutionellen Investoren platziert wurde.

Ebenfalls sollten sich die potenziellen Emittenten genau über die Erfahrungen und Referenzen der Parteien informieren, die sie für den Prozess einschalten wollen. Denn eine seriöse Emissionsbank kennt ihre Verantwortung sowohl gegenüber dem Emittenten als auch gegenüber den Investoren. Wenn nötig, rät die Emissionsbank einem Unternehmen von einer Emission rechtzeitig ab (Abb. 22.5).

Rating von Debt Produkten und die Bedeutung von Rating Advisory

23

Rainer Kreutz und Oliver Everling

23.1 Einführung

Anlässlich der Unsicherheiten an den Finanzmärkten, den daraus resultierenden Verwerfungen am Finanzmarkt und der aktuellen Staatsschuldenkrise im Euroraum steigt das Risikobewusstsein bei Finanzinstituten, Investoren und Gläubigern kontinuierlich an: Anleger bzw. Finanzinstitute reagieren in unsicheren Zeiten sensibler auf Kredit- und Anlagerisiken. Banken stellen nach den letztjährigen hohen Kreditausfällen in Folge der Finanzkrise aus ökonomischen wie auch aus aufsichtsrechtlich erzwungenen Gründen immer höhere Anforderungen an das interne Beurteilungsmodell zur Einschätzung der Schuldnerqualität. Schuldner werden genauestens per bankinternem Rating geprüft, um das Ausfallrisiko des Kreditgeschäfts bestimmen zu können und daraus entsprechende risikoorientierte Handlungen vornehmen zu können.

Dieser Trend zu höherem Risikobewusstsein wurde und wird durch Basel II und das 2012 in Kraft getretene Reformpaket Basel III zur geregelten Kapitalunterlegung bei der Kreditvergabe von Banken noch weiter verstärkt. Das Ratingergebnis von allen Kreditschuldnern der Banken bildet die Basis zur Berechnung der Höhe der Kapitalunterlegung. Durch die daraus resultierenden höheren Bonitätsanforderungen ergeben sich für kapitalsuchende Unternehmen mit schlechtem Rating, kaum noch Möglichkeiten, zinsgünstige Kredite von Banken zu erhalten.

R. Kreutz (✉)
Wiesbaden Business School, Am Schönborner Hof 16,
55249 Bodenheim, Deutschland
E-Mail: rainer.kreutz@googlemail.com

O. Everling
Rating Evidence GmbH, Postfach 900336,
60443 Frankfurt am Main, Deutschland
E-Mail: info@rating-evidence.com

Die Alternative zum traditionellen Bankkredit könnte eine Finanzierung zum Beispiel durch Unternehmensanleihen über den nationalen sowie den internationalen Kapitalmarkt sein. Als Entscheidungsgrundlage für Investitionen und Risikoeinschätzung für Anleger spielt hierbei das externe Rating des Unternehmens eine entscheidende Rolle.

Sowohl interne als auch externe Ratingergebnisse wirken sich maßgeblich auf die Kosten der Unternehmensfinanzierung aus. Die Risikobeurteilung durch Banken bzw. Ratingagenturen und die Höhe der Kreditzinsen für Unternehmen stehen dabei in direkter Abhängigkeit zueinander. Es entsteht ein Informationsaustausch zwischen Unternehmen und Ratingagenturen bzw. Banken, der durch Rating Advisory begleitet wird. Der Rating Advisor berät und unterstützt die kapitalsuchenden Unternehmen während des gesamten Ratingprozesses. Die Unternehmen werden in Rating- und Finanzangelegenheiten beraten. Dabei entwickelt man zusammen entsprechende Maßnahmen, die zu Verbesserungen des Unternehmensratings führen.

23.2 Rating

Definition Rating ist ein Instrument zur Beurteilung der Bonität und der Eintrittswahrscheinlichkeiten von Leistungs- und Zahlungsstörungen während der Kreditlaufzeit eines Schuldners.[1] Es ist das Ergebnis eines Bewertungsprozesses über einen wirtschaftlichen Sachverhalt. Die zu bewerteten Objekte sind von der Literatur nicht eindeutig festgelegt, es können Bewertungen von Unternehmen, Unternehmensteilen, Aktien, festverzinslichen Wertpapieren, aber auch Bewertungen von Branchen und Ländern vorgenommen werden.

Ausfallrisiken von Unternehmen, das heißt die Wahrscheinlichkeit, dass ein Zahlungsversprechen gegenüber dem Gläubiger nicht gehalten wird, werden durch Ratings klassifiziert und durch Symbole einer festgelegten Skala feiner differenziert. Die ordinale Skalierung bringt die Wahrscheinlichkeit der rechtzeitigen und vollständigen Begleichung der Zins- und Tilgungsverpflichtungen eines Schuldners über einen festgelegten Zeitraum zum Ausdruck.[2] Es wird zwischen verschiedenen Arten von Ratings unterschieden.

- Das Bonitätsrating zielt auf die allgemeine Bewertung einer Unternehmung oder eines Investments.
- Das Kreditrating bewertet das einzelne Kreditengagement und prüft das Risiko, dass der Kreditnehmer den vertraglich geregelten Versprechungen über Tilgungszeitpunkt und Rückzahlungshöhe nicht nachkommen kann.
- Aktienrating fließen neben dem Risiko des Verlustes des eingesetzten Kapitals auch Ertragserwartung bzw. das Ertragspotential des Aktientitels mit ein. Aktienratings wer-

---

[1] Vgl. Wolf (2005).
[2] Vgl. Keiner (2000).

den meist in Form von Empfehlungen zum Kauf, Verkauf oder Halten von Aktien abgegeben.
- Bei dem Eigenkapitalrating erfolgt eine risikoadjustierte Bewertung zur Abbildung des Ausfallrisikos und der Renditeerwartung.[3]

Durch ein Rating wird versucht, die Informationsasymmetrie zwischen Kreditgebern und Kreditnehmern, zwischen Investoren und den kapitalerhaltenen Unternehmen, abzubauen. Der Kreditgeber verfügt in der Regel nur über spärliche Informationen über den Kreditnehmer. Aufgabe von Ratingagenturen ist es, transparente Informationen über den Kreditnehmer dem Kreditgeber und dem Investor zur Verfügung zu stellen.

Der Informationsfluss zwischen Schuldnern und Gläubigern wird durch das Rating verbessert. Es ist jederzeit möglich, sich Informationen zum Vertragspartner über die Ratingagenturen zu beschaffen. Das Rating ist ein objektivierendes, konsistentes und ein leicht zu handhabendes Instrument zur Messung der Kreditwürdigkeit. Eine weltweite transparente Risikoeinschätzung ist daher möglich. Ziel des Ratings ist es, anhand einer einzigen Symbolik die Kreditwürdigkeit bzw. das spezifische Ausfallrisiko eines Unternehmens abzubilden.[4]

23.2.1 Beurteilungskriterien bei der Ratingerstellung

Die Bewertung eines Unternehmens folgt aus einer Länder-, Branchen- und Unternehmensanalyse. Die Betrachtung der verschiedenen Ebenen bzw. Stufen der Analyse sind für das Verständnis der Ansatzpunkte, Möglichkeiten und Grenzen im Rating Advisory elementar. Bei der Unternehmensanalyse unterscheidet man weiter zwischen einer qualitativen und einer quantitativen Analyse. Jede Ratingagentur gewichtet die aus der Analyse ermittelten Risiken bzw. Faktoren unterschiedlich, diese differierende Gewichtung hat jedoch nur leichte Abweichungen bei dem endgültigen Ratingurteil zur Folge.

Länderanalyse Die Analyse des Länderrisikos spielt eine wesentliche Rolle für die Bonitätsbeurteilung des Unternehmens. Wirtschaftspolitische Veränderungen können direkten Einfluss auf das Unternehmen und dessen Wettbewerbssituation haben. Zur Beurteilung des Länderrisikos zieht man sowohl qualitative als auch quantitative Merkmale des Landes heran.

- Zu den quantitativen Indikatoren zählen unter anderem: das Bruttoinlandprodukt, das reale Wirtschaftswachstum pro Kopf, der Anteil der kurzfristigen Verschuldung an der gesamten Inlandsverschuldung sowie die Devisenreserven im Verhältnis zu den Importen von Waren und Dienstleistungen.

---

[3]Vgl. Keiner (2000) S. 13–15.
[4]Vgl. Presber und Stenger (2002) S. 6 f.

- Die qualitativen Merkmale beschreiben die Innovationsfähigkeit, das soziale Klima, das politische System, die Effizienz des inländischen Finanzsystems sowie die innere und äußere Sicherheit eines Landes. Sie werden aus aktuellen, repräsentativen Studien sowie aus Presse- und Medienberichten zur Einschätzung der politischen und sozialen Verhältnisse herangezogen.[5]

Branchenanalyse Die Branchenanalyse bewertet die vergangene und zukünftige strukturelle Situation der Branche. Es wird die Wettbewerbssituation in der Branche, deren durchschnittliches Wachstum und die durchschnittliche Produktivität untersucht. Das durchschnittliche Ausfallrisiko aller Branchenmitglieder wird errechnet, die mittel- und langfristigen Nachfragetrends auf den Märkten, die langfristige Ertragsentwicklung der Branche sowie die Konkurrenzfähigkeit der Anbieter, analysiert.[6]

Unternehmensanalyse Bei der Unternehmensanalyse wird die Marktposition des Unternehmens durchleuchtet, Wettbewerbsvorteile und Marktanteile werden ermittelt und die Stellung im Vergleich zu der Konkurrenz geprüft. Anschließend finden die quantitative und die qualitative Analyse statt.

Die quantitative („Hardfacts") Analyse erfolgt hauptsächlich durch die aus dem Geschäftsbericht und der Ergebnisrechnung entnommenen Daten eines Unternehmens. Anhand dieser Daten werden vergleichbare Kennzahlen errechnet, die es erlauben, eine fundierte Aussage bezüglich der Vermögenslage, der Ertragslage und der Finanzlage des zu beurteilenden Unternehmens zu treffen. Meist werden von externen Wirtschaftsauskunfteien, wie zum Beispiel der Schufa oder der Creditreform, zusätzliche Daten herangezogen. Die Eigenkapitalquote, der Anteil der kurzfristigen Verbindlichkeiten, der Cashflow, das EBITDA, der Kapitalumschlag und der Liquiditätsanteil sind nur ein Teil der Kennzahlen, die von den Ratingagenturen zur Beurteilung der Finanzlage herangezogen werden. Diese Analyse beruht auf vergangenheitsorientierten Daten, sofern keine Planzahlen zu Verfügung stehen.

Im Gegensatz zu der quantitativen Analyse, können bei der qualitativen Analyse noch aktuellere – da nicht an den Turnus der (quartalsbezogenen) Rechnungslegung gebundene – Informationen berücksichtigt werden. Zu der qualitativen Analyse eines Unternehmens gehören u. a. eine Bewertung des Managements, der Unternehmensstrategie, des Risikomanagements, der Marktfaktoren, der Kundenstruktur und des Einflusses durch die Shareholder. Die qualitativen Kennzahlen haben teilweise keinen numerischen Wert. Da eine Auswertung anhand standardisierter Daten die Nachvollziehbarkeit der Urteilbildung klar verbessern, wurden von den Ratingagenturen standardisierte Fragenkataloge erstellt, die bei der Überprüfung durch Analysten bei den Unternehmen vor Ort abgearbeitet werden. Die qualitativen Faktoren haben hohe Auswirkungen auf die zukünftige Entwicklung der quantitativen Faktoren des Unternehmens, deshalb erfolgt für

---

[5] Vgl. Betsch et al. (2000) S. 190 ff.
[6] Vgl. Büschgen (1996) S. 64 ff.

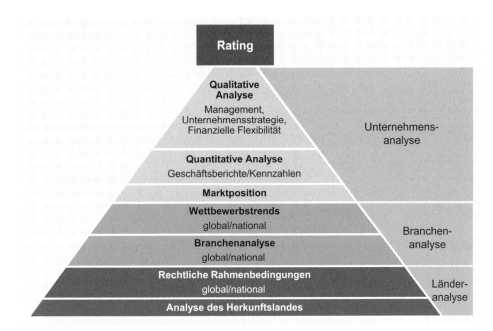

Abb. 23.1 Moody's Ratingpyramide. (Quelle: Darstellung nach Büschgen und Everling, 1996, S. 64)

gewöhnlich eine stärkere Gewichtung der qualitativen Merkmale. Sie stehen deshalb in der folgenden Abbildung über allen anderen Kriterien an der Spitze der Ratingpyramide nach Moody's (Abb. 23.1).

Externes und bankinternes Rating Das externe Rating und das bankinterne Rating unterscheiden sich zunächst darin, dass das externe Rating durch das zu bewertende Unternehmen selbst initiiert wird. Beim bankinternen Rating veranlasst das Kreditinstitut eine interne Bewertung des kreditnehmenden Unternehmens im Rahmen einer Kreditwürdigkeitsprüfung. Laut KWG § 18 hat sich das Kreditinstitut mindestens einmal jährlich die wirtschaftlichen Verhältnisse ihrer Kreditnehmer offenlegen zu lassen.[7]

Im Gegensatz zum externen Rating werden die bankinternen Ratings nicht der Öffentlichkeit kommuniziert, die Ratings dienen ausschließlich der internen Risikosteuerung. Das interne Rating entscheidet über die Vergabe von Krediten, die Höhe des Risikospreads, zur Beantwortung der Frage nach zu bestellenden Sicherheiten und nach der Höhe des zu unterlegenden Eigenkapitals. Die Kreditinstitute haben ein gehöriges Interesse daran, die exakte Ausfallwahrscheinlichkeit eines Kreditnehmers zu bestimmen: Eine zu schlechte Bonitätseinschätzung führt zu einer Ausschlagung/Ablehnung eines möglichen rentablen Geschäfts. Ein zu positives Ergebnis impliziert ein erhöhtes Kreditausfallrisiko. Jedes kreditnehmende Unternehmen bekommt die Bonitätseinschätzung unmittelbar durch die

---

[7]Vgl. Schmidt-Bürgel und Everling (2005) S. 75 ff.

sich an der Bonitätseinstufung orientierten Kreditkonditionen zu spüren. Die für das interne Rating anfallenden Kosten werden indirekt durch die Marge im Kreditgeschäft an die Kreditnehmer weitergegeben.

Das externe Rating ist das Resultat einer durch unabhängige Ratingagenturen durchgeführten, standardisierten Unternehmensanalyse. Sie dient, anders als bei internen Ratings, der gleichberechtigten Information aller „Stakeholder" eines Unternehmens und ist für Investoren Grundlage von Kauf- und Verkaufsentscheidungen. Die Beziehung zwischen Unternehmen und Ratingagentur beruht ausschließlich auf der Vergabe des Ratings und der Überprüfung der Solvenz. Eine Geschäftsbeziehung beispielsweise in Form einer eingeräumten Kreditlinie, wie es bei bankinternen Ratings der Fall ist, besteht nicht. Der Aufwand für die Ratingerstellung wird von den Ratingagenturen den zu bewertenden Unternehmen in Rechnung gestellt.

Sowohl bei bankinternen Ratings, als auch bei externen Ratings werden qualitative und quantitative Merkmale herangezogen. Jedoch können Kreditinstitute aufgrund ihrer hohen Kundenzahlen kaum so intensiv wie die Ratingagenturen auf die Vielfalt unterschiedlicher qualitativer und branchenorientierter Merkmale eingehen. Die Bonitätseinschätzung von Kreditinstituten basiert aus diesem Grund weitestgehend auf standardisierten Verfahren und mathematisch-statistischen Analysen vergangenheitsbasierter Daten. Bei der qualitativen Analyse werden von den Kreditinstituten in der Regel lediglich 9–52 Kriterien zur Beurteilung herangezogen, wohingegen es bei Ratingagenturen hunderte Kriterien sein können.

Externe Ratings gewichten qualitative Faktoren stärker als Kreditinstitute. Naturgemäß liegt der Schwerpunkt bankinterner Ratings auf finanzwirtschaftlichen Daten, weil sich eine aufwändige qualitative Bewertung bei mittelständischen Unternehmen mit relativ niedrigen Darlehenssummen ökonomisch nicht lohnt.[8]

Die folgende Abbildung von Kerstin Schulenburg in Ihrem Artikel: „Externes und bankinternes Rating im Vergleich", fasst die wichtigsten Unterschiede von bankinternen und externen Ratings zusammen (Abb. 23.2).

23.3 Rating Advisory

Tätigkeit und Ziele der Rating Advisory Rating Advisory kann als eine auf das Rating vorbereitende, im Prozess des Ratings begleitende und nach dem Rating unterstützende Funktion gesehen werden.[9] Sie koordiniert Planung und Steuerung von Aktivitäten zur Erreichung eines optimalen Ratingergebnisses für das zu bewertende Unternehmen.[10] Die

---

[8]Vgl. Probst (2002).
[9]Vgl. Achleitner und Everling (2003) S. 35–41.
[10]Vgl. Everling (2001) S. 490–515.

	Bankinternes Rating	Externes Rating
Zielsetzung	Basis Kreditentscheidung	Information für Dritte
Kosten	Kreditinstitut, Abdeckung durch Marge im Kreditgeschäft	Werden durch das Unternehmen getragen
Unternehmensgröße	Segmentierung nach Unternehmensgröße	i.d.R. für Unternehmen ab einer gewissen Mindestgröße: ca. 10 Mio. € Umsatz
Quantitative Analyse (Jahresabschlussanalyse)	- Vorwiegend mathematische Methoden - Vergleich mit Schwellenwerten Trend im Jahresabschluss Bilanzpolitik - i.d.R. keine Benchmarking, teilweise Differenzierung nach den Sektoren Handel, Dienstleistung, Verarbeitendes Gewerbe und Bau - ca. 5 bis 12 Kriterien (je nach Segment)	- Vorwiegend Experteneinschätzung - Vergleich mit Schwellenwerten Trend im Jahresabschluss - Bilanzpolitik - Intensives, individuelles Benchmarking, wenn möglich Peer Group Bildung - ca. 18 bis 150 Kriterien (je nach Ratingagentur)
Qualitative Analyse	- Anhand von Tatsachenfragen und Einschätzungsfragen - Beantwortung durch Bankmitarbeiter auf der Basis der Kundenangaben plus ev. Eines Besuches vor Ort - Ca. 9 bis 52 Kriterien (je nach Segment)	- Leitfadengestützt mit Skala, Platz für individuelle Einschätzung des Analysten - Immer ein- bis zweitätiges Managementgespräch vor Ort, intensive Vorbereitung seitens Analysten durch Desk Research, immer zwei Analysten (Vier Augen) - Ca. 250 – 450 Kriterien (je nach Ratingagentur)
Ratingfestsetzung	Durch Vieraugenkompetenz auf der Basis des maschinell ermittelten Ratingvorschlages, begrenzte Abweichung nach oben oder unten mit Begründung möglich	Durch das Rating-Komitee; Analysten und Mitglieder des Rating-Komitees sind unterschiedliche Personen

Abb. 23.2 Vergleichende Darstellung bankinternes und externes Rating (Vgl. Schulenburg (2003))

Ratingberatung darf – aus dem Unabhängigkeitsgedanken abgeleitet – nicht durch die Ratingagenturen selbst vorgenommen werden, da dies den Grundsätzen der Objektivität und kritischen Distanz entgegensteht.[11] Rating Advisory ermöglicht dem kapitalbeschaffenden Unternehmen eine schnelle und effiziente Durchführung des Ratingprozesses, mit der Zielausrichtung eines bestmöglichen Bonitätsergebnisses zur Minimierung der Fremdfinanzierungskosten. Der Rating Advisor tritt als Mittler zwischen Unternehmen und Ratingagenturen auf.

---
[11] Vgl. Achleitner und Everling (2003) S. 35–41.

Die bonitätsverbessernde Beratung basiert auf dem Aufzeigen von Problemfällen im Unternehmen, die das Ratingergebnis negativ beeinflussen. Der Rating Advisor unterstützt Unternehmen bei der Senkung der Fremdfinanzierungskosten, beziehungsweise bei den Verbesserungen der Konditionen für eine Anleiheemission.

Im Folgenden wird unter Rating Advisory eine entgeltliche Beratungsdienstleistung zur Vorbereitung auf ein externes oder internes Rating anlässlich konkreter Finanzierungsvorhaben verstanden.

23.3.1 Rating Advisory auf der Basis bankinterner Ratingsysteme

Ablauf und Determinante des internen Ratingverfahrens Im Zuge der Verabschiedung der Eigenkapitalvorschriften um Basel II (2007) sind Kreditinstitute zunehmend bestrebt, ein internes Ratingverfahren zu implementieren, um dadurch Kreditrisiken besser steuern und kontrollieren zu können.[12] Die Höhe des regulatorischen Eigenkapitals von Banken richtet sich maßgeblich nach der Bonität bzw. der Ausfallwahrscheinlichkeit der Kreditnehmer. Um bei jeder einzelnen Kreditbeziehung das Kreditrisiko beurteilen und fair bepreisen zu können, ist es unerlässlich ein internes Rating durchzuführen, das entweder auf einer bereits bestehenden oder potentiellen Kreditbeziehungen basiert. Durch bankinterne Ratings wird eine Informationsbasis für die Geschäftspolitik im Kreditgeschäft geschaffen. Zudem sind die Ratings Voraussetzungen für den Einsatz moderner Refinanzierungsinstrumente, wie zum Beispiel: Asset Backed Securities, Factoring, etc.

Das bankinterne Ratingverfahren unterscheidet sich von Bank zu Bank. Jedoch weisen sie vom Vorgehen her und bei den wesentlichen Beurteilungskriterien Parallelen auf.[13] Es werden vergangenheitsorientierte Daten, meist aus dem Jahresabschluss und den Kontoverbindungsdaten, zusammen mit qualitativen Merkmalen zu einem Rating zusammengefasst. Die Kreditinstitute nehmen bankenspezifische Anpassungen auf das allgemeine Ratingverfahren vor, welche individuell auf die Bank und ihre Kundenprodukte, Risikostrategie, Marktsituation, Kundenstruktur und Größe abgestimmt sind.

Das daraus resultierende Ratingergebnis steht für das Kreditausfallrisiko einer Geschäftstätigkeit und trägt zur entsprechenden Risikosteuerung und Ergebnisdefinition bei.

Das Ratingverfahren basiert sowohl auf statistischen, quantitativen Analysen als auch auf subjektiven, qualitativen Beurteilungen der Kreditexperten.[14] Der maßgebliche Anteil des internen Ratings beruht auf der Analyse von quantitativen Merkmalen. Es werden hierbei die vergangenheitsorientierten Daten aus den veröffentlichten Jahresabschlüssen bzw. Geschäftsberichten der Unternehmen herangezogen und anhand standardisierter

---

[12]Vgl. Lähr (2006) S. 19 f.
[13]Vgl. Achleitner und Everling (2003) S. 74–75.
[14]Vgl. Lehmann (2003).

Verfahren eine Bilanz- und GuV-Analyse durchgeführt, um die Ertragskraft, Kapitalisierung, Liquidität und die weiteren Bilanz-/GuV-Relationen in Form von Kennzahlen abbilden zu können. Die Eigenkapitalquote, der Verschuldungsgrad, der Kapitaldeckungsgrad, die Kapitalbindungsdauer, der Cash-Flow und die Kapitalrentabilität stehen dabei im Vordergrund der quantitativen Analyse.

Die qualitative Analyse fällt aus ökonomischen Gründen weniger umfangreich aus, als es bei externen Ratingprozessen der Fall ist. Sie erfolgt in der Praxis durch einen bankenspezifisch erstellten Fragenkatalog. Er zielt auf die Analyse des Management, der Geschäftspolitik, der Kundenbeziehungen, der Zukunftsorientierung und der Marktsituation. Die Informationenbeschaffung erfolgt zum einen durch die Analyse des Lageberichts und zum anderen durch Gespräche mit der Geschäftsführung, wobei der ökonomische Grundgedanke stark im Vordergrund steht. Das heißt, je höher die zu entleihende Kreditsumme ist, desto umfassender fällt die qualitative Analyse des Kreditnehmers aus.

Es gilt, Auffälligkeiten zu klären und Auskünfte bezüglich der künftigen Geschäftsentwicklung zu erhalten. Hauptsächlich werden Komponenten betrachtet, die zukunftsgerichtet oder von subjektiven Faktoren beeinflusst werden und Auswirkungen auf den Unternehmenserfolg haben.[15] Durch das Heranziehen von Zwischenzahlen bzw. Planzahlen erhält die qualitative Analyse eine letzte Feinjustierung.

Viele Kreditinstitute lassen zunehmend Kriterien, wie die Erreichung von unternehmerischen Planwerten bzw. die Zielerreichung des Managements oder die Qualität und rechtzeitige Verfügbarkeit von Jahresabschlüssen und Aussagekraft dieser Daten in die qualitative Beurteilung mit einfließen.[16] Bei Nichtvorhandensein oder Verweigerungen von Daten werden in der Regel Abzüge gemacht, wodurch das Rating stark negativ beeinflusst wird. Bei mehrjährigen Geschäftsbeziehungen stehen den Kreditinstituten hinreichende Informationen bezüglich der qualitativen Faktoren zu Verfügung, sodass nur im Falle deutlicher Änderungen im Unternehmen zusätzliche Informationen eingeholt werden.

Die Ergebnisse aus der qualitativen und der quantitativen Analyse werden in einem von der Bank festgelegten Verhältnis in einer Gesamtnote zusammengefasst und mindestens einmal jährlich aktualisiert.

Aufgabe des Rating Advisors zur Verbesserung des bankinternen Ratings Die Ratingberatung zur bankinternen Ratingverbesserung zielt vor allem auf die kleinen und mittelständischen Unternehmen, für die es kaum eine Alternative zu der bankenabhängigen Kreditfinanzierung gibt.

Die Aufgabe des Rating Advisors ist es hier, seinen Kunden als vertrauenswürdigen Geschäftspartner und als wirtschaftlich solides Unternehmen dem beurteilenden Kreditinstitut zu präsentieren.[17] Er sollte im Unternehmen Voraussetzungen für ein gutes Rating schaffen und einen kontinuierlichen Verbesserungsprozess im Unternehmen initiieren.

---

[15] Vgl. Müller (2006).
[16] Vgl. Achleitner und Everling (2003) S. 76.
[17] Vgl. Achleitner und Everling (2003) S. 78–79.

Meist ist festzustellen, dass, je kleiner die Unternehmen sind, desto schlechter sind sie über Ratingermittlungen und Ratingverfahren informiert. Dieses Informationsdefizit birgt gerade bei diesen stark bankabhängigen Unternehmen im Hinblick auf die Finanzierungskosten hohe Gefahren. Kleinbetriebe und Mittelständler sind zwar erfolgreich in ihrer Haupttätigkeit, weisen jedoch sehr oft in der Präsentation nach außen bzw. gegenüber Kreditinstituten schwächen auf. Dieses Informationsdefizit der Unternehmen bildet sich in schwachen Ratings und der dazu führenden erhöhten Kapitalkosten ab.

Ziel des Rating Advisors ist es, die Unternehmen auf die bankinterne Beurteilung vorzubereiten und auf die dominierenden Beurteilungsfaktoren des jeweiligen Kreditinstitutes hinzuweisen. Aufgrund dessen sollte der Berater über banknahe Erfahrung verfügen und einen laufenden Informationsaustausch mit den Kreditinstituten pflegen.

Durch den Berater erfolgt auf Basis der entsprechenden Bewertungskriterien der Kreditinstitute eine SWOT-Analyse um die aktuelle Bonitätssituation des Unternehmens zu bestimmen und die Verbesserungspotenziale zu erkennen. Die Unternehmensführung entwickelt mit Hilfe des Beraters entsprechende Verbesserungsmaßnahmen, die kontinuierlich umgesetzt werden.

Oft resultieren schwache Ratings aus mangelnden Informationen oder intransparenten Jahresabschlüssen. Gemäß dem Sicherheitsprinzip erfolgt bei fehlenden oder oberflächlichen Jahresabschlüssen eine sicherheitsorientierte Bewertung, zum Beispiel werden nicht zeitlich gegliederte Verbindlichkeiten vollständig als kurzfristige Verbindlichkeiten bewertet oder nicht eindeutig erkennbares Eigenkapital als Fremdkapital gewichtet.

Die Unternehmen sollten das bewertende Kreditinstitut zudem hinreichend über das Geschäftsmodell, die Branchenstellung und die Unternehmenssituation informieren. Großen Wert legen die Kreditinstitute auf die Einschätzung des Kreditnehmers zur künftigen Entwicklung bzw. zu künftigen Chancen und Risiken des Unternehmens. Dazu gehört auch eine aussagekräftige und evidente Planungsrechnung.

Die Kreditgeber fordern aufgrund starker Schwankungen und hohen Unsicherheiten am Markt verstärkt unterjährige Zwischenzahlen an. Viele kleine und mittlere Betriebe sind jedoch nicht in der Lage Zwischenzahlen vorzulegen. Durch die Erfahrung und das Knowhow des Rating Advisors werden in Zusammenarbeit mit dem Unternehmenscontrolling und Berichtwesen, Lösungsansätze zur unterjährigen Ergebnisrechnung entwickelt.

Die Liquidität des Unternehmens, zum Beispiel von Barreserven, wirkt sich stark auf die bankinterne Bewertung aus, ist es doch die meist mangelnde Liquidität, die kleinere Unternehmen in die Insolvenz führen. Banken legen deshalb verstärkt Wert auf eine transparente Liquiditätsvorschau, die alle 6 Monate erstellt werden sollte. Bei der Erstellung ist in den meisten Fällen Beratungsbedarf seitens des Unternehmens notwendig.

Der Preis der Beraterdienstleistung berechnet sich in der Regel nach dem Umfang der Analyse oder bei einigen Beratern auch anteilsmäßig auf die durch Erfolge der Rating Advisory verminderten Kapitalkosten. Diese Kosten haben sich durch geringere Finanzierungskosten bei gewöhnlich langfristigen Kreditverträgen nach kürzester Zeit wieder amortisiert.

Agentur	Preis für ein Erstrating
Moody's Deutschland GmbH	Ca. 60.000 €
Standard & Poor's	Ca. 50.000 €
Fitch Deutschland GmbH	Ca. 35.000 €

Agenturen für Mittelstandsrating	Preis für ein Erstrating
Creditreform Rating AG, Neuss	5.200 – 20.000 €
EuroRatings AG, Frankfurt am Main	9.000 – 38.000 €
GDUR-Mittelstands-Rating AG, Frankfurt am Main	4.000 – 35.000 €
Global Rating GmbH, Passau	Ab 5.000 €
Hermes Rating GmbH, Hamburg	Ab 15.000 €
URA Unternehmens Ratingagentur AG, München	Ab 18.400 €
RS – Rating Services AG, München	9.000 – 30.000 €

Abb. 23.3 Übersicht der Kosten der Ratingagenturen. (Quelle: Greitemeyer 2006)

23.3.2 Rating Advisory auf der Basis externer Ratingsysteme

Ablauf und Determinante des externen Ratingsystems Das externe Rating eines Unternehmens gilt bei der Kapitalmittelbeschaffung über den Kapitalmarkt als entscheidender Parameter für die Investoren. Vor der Dotcom-Krise 2000 gelang es den Unternehmen, Anleihen ohne Rating am Kapitalmarkt zu platzieren. Heute ist eine Emission von Anleihen ohne vorliegende Bonitätseinschätzung kaum möglich. Ein externes Rating reicht für inländische Platzierungen aus. Externe Ratingeinschätzungen von zwei Ratingagenturen sind notwendig, um an nicht heimischen Märkten Anleihen zu begeben.[18] Der Markt der Ratingagenturen ist weitestgehend durch drei große Ratingagenturen, Standard & Poor's, Moody's und Fitch, geprägt. Standard & Poor's und Moody's haben zusammen einen Marktanteil von rund 80 %.[19]

Die Kosten der Ratings werden von den zu beurteilenden Unternehmen getragen. Neben den Kosten für das Erstrating fallen zusätzlich jährliche Kosten für die Aktualisierung des Ratings sowie interne Kosten durch den Personalaufwand bei der Kooperation mit der externen Agentur an. In der oben stehenden Darstellung von Greitemeyer sind die Kosten für ein Erstrating der verschiedenen Ratingagenturen aufgelistet (Abb. 23.3).

---

[18]Vgl. Schmidt-Bürgel (2002) S. 3–4.
[19]Vgl. Smidrkal (2005).

Seither haben sich die Verhältnisse verändert: EuroRatings, GDUR, Global Rating und RS Rating Services sind längst nicht mehr am Markt. Zu den nach der EU-Verordnung über Ratingagenturen anerkannten Agenturen in Deutschland zählen ASSEKURATA Assekuranz Rating-Agentur GmbH, Creditreform Rating AG, Euler Hermes Rating GmbH, FeriEuroRating Services AG, GBB-Rating GmbH und Scope Credit Rating GmbH (zuvor PSR-Rating GmbH).

Eine erfolgreiche Platzierung von Anleihen erfolgt nur durch eine Bonitätseinschätzung von mindestens einer der drei internationalen anerkannten Ratingagenturen. Die Ratings der Agenturen für Mittelstandsratings können von Kreditinstituten nicht als Ersatz für interne Risikoklassifizierungen verwendet werden, da Banken aufgrund der Mindestanforderungen an das Risikomanagement der Kreditinstitute zur eigenen Meinungsbildung verpflichtet sind. Ratingagenturen werden vor allem auch zur Bonitätseinschätzung der beurteilten Unternehmen gegenüber Lieferanten, Kunden, sonstigen Gläubigern bzw. Kapitalgebern und Geschäftspartnern eingeschaltet.

Die Beurteilung der Ausfallwahrscheinlichkeit von Unternehmen unterscheidet sich von Agentur zu Agentur. Es werden jedoch allgemeine Beurteilungskriterien von dem größten Teil der Ratingunternehmen herangezogen, zum einen die quantitativen und zum anderen die qualitativen Kriterien.

Die quantitativen Basiskriterien beruhen auf der Bestimmung und Auswertung des Jahresabschlusses, aus Wirtschaftsprüfungsunterlagen, Unterlagen über interne Strukturen sowie generelle Angaben des Unternehmens bezüglich der Finanz- und Ertragslage.[20] Zur Beurteilung müssen in der Regel mindestens die letzten zwei Jahresabschlüsse des Unternehmens vorgelegt werden, damit eine Relativierung möglich und ein Trend erkennbar ist.

Zu den wichtigsten quantitativen Basiskriterien zählt die Bestimmung der vergangenen sowie künftigen Ertragskraft und des unternehmerischen Cashflow. Die Beurteilung der Finanzkraft garantiert die künftige Aufrechterhaltung der Geschäftstätigkeit, betriebliches Wachstum und leichteren bzw. kostengünstigeren Zugang am Kapitalmarkt. Eine hohe Finanzkraft wirkt sich positiv auf die Krisenresistenz von Unternehmen aus.[21] Es wird seitens der Ratingagenturen vor allem auf die Höhe und die Beständigkeit über die Jahre bzw. Beständigkeit in Krisenzeiten geachtet. Des Weiteren wird analysiert, aus welcher Geschäftstätigkeit die Gewinne resultieren, ob sie aus gewöhnlicher oder außergewöhnlicher Tätigkeiten erzielt wurden, oder wie hoch der Anteil der im Ausland erzielten Gewinne liegt. Kennzahlen, wie der absolute Cashflow, die Cashflow-Quote und der Cashflow-ROI werden herangezogen.[22]

Ein weiterer wesentlicher Bestandteil der quantitativen Analyse bildet die Kapital- und Schuldenstruktur des Unternehmens. Folgende Kennzahlen bilden die bilanzielle Struktur ab: die Eigenkapitalquote, Fremdkapitalquote bzw. der Verschuldungsgrad. Eine hohe

---

[20] Vgl. Munsch (2006) S. 237.
[21] Vgl. Schmidt-Bürgel und Everling (2005) S. 149.
[22] Vgl. Munsch (2006) S. 234.

Eigenkapitalquote bzw. ein geringer Verschuldungsgrad, verringert die Gefahr einer Unternehmensinsolvenz und verschlechtert folglich das Ratingergebnis. Die Ratingagenturen vergleichen die Kapitalstruktur gewöhnlich mit der von anderen branchennahen Unternehmen, damit die relative Stärken und Schwächen des Unternehmens abgebildet werden können.

Die Schuldenstruktur wird nach der Fristigkeit der Verbindlichkeiten, der Währungsarten, dem Tilgungsplan und den Gläubigern, gegliedert. Es wird das Verhältnis von Finanzschulden zu Gewinn, Umsatz, Ebit etc. ermittelt. Aus diesen Kennzahlen lässt sich der Schwierigkeitsgrad einer weiteren Schuldenaufnahme bestimmen. Zudem gibt die Schuldenstruktur Auskunft über die finanzielle Flexibilität eines Unternehmens. Eine hohe Flexibilität ermöglicht dem Unternehmen einen leichteren Zugang zum Kapitalmarkt und stellt die rechtzeitige Leistung des eigenen Schuldendienstes sicher. Je geringer die Fremdkapitalquote, desto höher die finanzielle Flexibilität.[23]

Zu den wichtigsten qualitativen Basismerkmalen zählt die Analyse der Branche. Diese Analyse beinhaltet die Beurteilung des Wettbewerbsdrucks in der Branche. Diesem Druck ist durch einen hohen Marktanteil und einer starken Wettbewerbsfähigkeit der Produkte standzuhalten. Branchen mit hohem Reifegrad, hoher Wettbewerbs- und Kapitalintensität, sowie einem starken Branchenzyklus und Nachfrageschwankungen werden als risikoreich angesehen.

Ein weiterer wichtiger Bestandteil der qualitativen Analyse ist die Beurteilung der Managementqualität des Unternehmens. Es wird ermittelt, wie schnell sich das Unternehmen auf Veränderungen am Markt anpassen kann. Dazu wird geprüft, ob das Management einen aggressiven Wachstumskurs mit kurzfristiger Gewinnmaximierung oder eher einen konservativen Kurs mit dem Ziel einer langfristigen Optimierung des Cashflows verfolgt. Durch die Beurteilung der Wachstumsprognosen und Finanzplanungen bewerten die Ratingagenturen die Zielerfüllungen der Vorgaben in der Vergangenheit. Unternehmensübernahmen und Zukäufe geben Aufschluss über die Risikoneigung des Managements, dabei wird auch das Verhandlungsgeschick der Führung deutlich.[24]

Die allgemeine Struktur des Unternehmens wird neben den genannten Kriterien, ebenfalls bei der Beurteilung hinzugenommen. Die Eigentümerstruktur, der Einfluss auf das Unternehmen sowie die Größe und wirtschaftliche Stärke der Eigentümer wird letzten Endes geprüft.

Aufgabe des Rating Advisors zur Verbesserung des externen Ratings Der Rating Advisor hat die Aufgabe, das kapitalsuchende Unternehmen systematisch auf das externe Rating vorzubereiten, damit das Unternehmen eine optimale Bonitätseinstufung erlangt.

Die Beratung beginnt mit Informationsgesprächen, u. a. über die Auswahl der Ratingagentur mit der am besten die ausformulierten Ziele zu erreichen sind. Hierbei kann das zu bewertende Unternehmen auf die Erfahrung und das Know-how des Rating

---

[23]Vgl. Schmidt-Bürgel und Everling (2005) S. 150.
[24]Vgl. Schmidt-Bürgel und Everling (2005) S. 146.

Advisors zurückgreifen. Der Berater kennt die unterschiedlichen Ratingprozesse der Ratingagenturen und ist über die unterschiedlichen Gewichtungen der Beurteilungskriterien informiert. Vorab ist eine umfassende Beurteilung aller wesentlichen Ratingkriterien des Unternehmens notwendig. Durch diese Einschätzung werden bestehende Missstände und kritische Werte mit negativer Auswirkung auf die Bonitätseinschätzung, aufgedeckt. Dies können zum Beispiel eine unzureichende Eigenkapitalausstattung, unrealistische Planzahlen oder das Fehlen von beurteilungsrelevanten Unternehmensdaten sein.[25] Mögliche Verbesserungsmaßnahmen werden mit dem Management eingeleitet.

Bei fehlenden Unternehmensdaten oder unzureichenden Planungsdatenwirkt der Rating Advisor direkt in den entsprechenden Abteilungen, Controlling und Rechnungswesen, zur Verbesserung der Qualität mit ein. Gemeinsam werden Verbesserungsvorschläge entwickelt und umgesetzt.[26]

Wurde eine unzureichende Eigenkapitalstruktur in der Analysephase festgestellt, erfolgt, wenn möglich, eine ergebnisneutrale Optimierung der Eigenkapitalstruktur. Diese kann durch Erhöhung des Eigenkapitals oder durch Verkürzung der Bilanzsumme erfolgen. Eine Erhöhung des Eigenkapitals ist beispielsweise durch die üblichen Maßnahmen der Gewinnthesaurierung oder durch die Einstellung von zusätzlichem Gesellschafterkapital möglich. Der Rating Advisor gibt Hilfestellung und prüft die daraus folgenden steuerlichen und gesellschaftsrechtlichen Auswirkungen.[27]

Eine Verkürzung der Bilanzsumme, die bei gleichbleibendem Eigenkapital zu einer Erhöhung der Eigenkapitalquote führt, kann durch verschiedene Möglichkeiten erfolgen. Durch Forderungsverkäufe bzw. Factoring kann die Liquidität erhöht und die Verbindlichkeiten reduziert werden. Eine weitere Möglichkeit wäre, ein Sale-and-Lease-Back-Modell, das ebenfalls einen bilanzverkürzenden Effekt bringt. Bei diesem Modell werden Vermögenswerte an ein Leasingunternehmen veräußert und zur weiteren Nutzung geleast. Durch einen Verkauf lassen sich stille Reserven aktivieren, das erhaltene Kapital kann zur frühzeitigen Tilgung oder für umsatzerzielende Investitionen verwendet werden.[28]

Umfassende Informationen des Unternehmens hinsichtlich deren Geschäftstätigkeit, deren Schuldnern und Kreditgebern sollte der Ratingagentur vorliegen. Dies erfordert eine gründliche Beratung des Rating Advisors hinsichtlich des Umfangs und der Qualität des Informationsmaterials. Da die verschiedenen Agenturen Differenzierungen bei den zu beurteilenden Kriterien vornehmen, weichen die angeforderten Unterlagen voneinander ab.[29] Der Advisor trägt dazu bei, dass die erforderlichen Informationen möglichst umgehend und effizient beschafft und erstellt werden. Durch die Erfahrungen des Advisors kann eine Rangfolge der Bedeutsamkeit der Unterlagen gebildet werden, welche dem Unternehmen die Wichtigkeit der einzelnen Informationen veranschaulicht.

---

[25] Vgl. Achleitner und Everling (2003) S. 191 f.
[26] Vgl. Achleitner und Everling (2003) S. 84–86.
[27] Vgl. Achleitner und Everling (2003) S. 105–107.
[28] Vgl. Achleitner und Everling (2003) S. 106 f.
[29] Vgl. Achleitner und Everling (2003) S. 85.

Durch Erstellung von professionellem Informationsmaterial, bestehend u. a. aus formulierten Zielen, aus aktuell erstellten Controllingdaten, aus langfristiger Liquiditätsplanung und umfangreicher Planrechnung, kann man die Managementkompetenz des Unternehmens unter Beweis stellen.

Ratingagenturen legen großen Wert auf die Analysegespräche mit dem Management, hierbei werden problematische Sachverhalte seitens der Agentur hinterfragt, um verborgene Risiken aufzudecken. Der Rating Advisor bereitet das Management umfassend auf das Gespräch mit der Ratingagentur vor. Hierbei ist eine Simulation des bevorstehenden Gesprächs zwischen dem Advisor und dem Unternehmen sehr hilfreich.[30]

Die Beratung geht über den eigentlichen Ratingprozess hinaus. Nach erfolgter Ratingermittlung berät der Advisor über welche Informationsmedien das Urteil veröffentlicht werden soll.

Bei außerordentlichen Geschäftsereignissen, zum Beispiel Unternehmensakquisitionen oder – fusionen, informiert der Berater das Unternehmen über Auswirkungen der Ereignisse auf das Rating.

Das Rating wird mindestens einmal jährlich von den Agenturen aktualisiert. Es empfiehlt sich eine Vorabprüfung durch den Rating Advisor vorzunehmen, um mit dem Unternehmen mögliche Ratingveränderungen und erforderlich werdende Maßnahmen zu erkennen.

Diese Beratungsdienstleistung wird gewöhnlich von Unternehmen in Anspruch genommen, die eine Finanzierung am Kapitalmarkt anstreben bzw. bereits am Kapitalmarkt vertreten sind. Zu den Kunden zählen Großunternehmen und größere Unternehmen aus dem Mittelstand.

23.4 Fazit

Der Einsatz von Rating Advisory führt zur Verbesserung des Bonitätsurteils, das wiederum eine Senkung der Finanzierungskosten zu Folge hat. Durch die Ratingberatung werden die Unternehmen auf den Ratingprozess vorbereitet und dabei betreut. Vor der Beurteilung können Probleme und Schwachstellen entdeckt, bewertet und gezielt optimiert werden. Dadurch erspart sich das Unternehmen Zinsmehrbelastungen, die aus einem schlechteren Bonitätsurteil entstanden wären.

Neben der Verbesserung des Bonitätsergebnisses trägt die Beratung durch Finanzierungskostenminimierung und Bildung einer optimalen Kapitalstruktur zu einer nachhaltigen Verbesserung der Unternehmenssituation bei. Das Vertrauen der Share- und Stakeholder wird nachhaltig gestärkt, sowie die Verhandlungsposition des Unternehmens bei Kredit- und Finanzierungsverhandlungen verbessert.

---

[30]Vgl. Achleitner und Everling (2003) S. 85.

Durch ein positives Unternehmensrating erhöhen sich die Finanzierungsmöglichkeiten für das kapitalsuchende Unternehmen und somit wird eine größere finanzielle Unabhängigkeit erzielt. Das positive Rating ermöglicht dem Unternehmen einen günstigen Zugang an attraktiven, internationalen Geld- und Kapitalmärkten und schafft eine bessere Transparenz, welche verstärkt potentielle Investoren anlockt.

Zunehmend interessanter wird die Rating Advisory bei der bankinterne Bonitätsbeurteilung. Viele kleine und mittelständische Unternehmen mit stark bankenabhängiger Finanzierung ziehen verstärkt Rating Advisor als Berater heran, um Ihre Finanzierungskosten, durch Steigerung des Bonitätsergebnisses, zu minimieren. Gewöhnlich ist das die einzige Möglichkeit die Kapitalkosten zu reduzieren, da eine bankenunabhängige Finanzierung am Kapitalmarkt für Klein- und Mittelständler, durch den hohen Kostenaufwand, nicht in Frage kommt.

Der Einsatz der Ratingberatung wirkt sich positiv auf die Informationsasymmetrie zwischen Kapitalgeber und Kapitalnehmer aus. Die Ratingagenturen profitieren vom Einsatz der Ratingberater. Sie können auf umfangreicheres, professionell erstelltes Informationsmaterial zurückgreifen und anhand dessen, präzisere Unternehmensbewertungen vornehmen. Kreditgeber können durch exaktere Unternehmensratings ihren Informationsmangel beheben, das Ausfallrisiko des Kapitalnehmers richtig einzuschätzen und das Kapital optimal allokieren.

Insbesondere in Krisenzeiten gewinnen Ratings durch die steigende Risikoaversion der Kapitalgeber und Investoren sehr stark an Bedeutung. Die Unternehmen verstärken ihr Risikomanagement und versuchen aktuelle bzw. künftige Unternehmensrisiken soweit wie möglich zu reduzieren, um einen starken Wertverlust zu verhindern.

Grundsätzlich führt eine Bonitätsbeurteilung durch Ratingagenturen zur qualitativ besseren Einschätzung der eigenen Risiken und der zukünftigen Unternehmensentwicklung. Eine hohe Einsparung von Kapitalkosten bzw. starke Finanzkostenminimierung ist das Ziel der Unternehmen – Rating Advisory trägt zur Erreichung dieser bei.

Literatur

Achleitner A-K, Everling O (2003) Handbuch Rating Advisory: Mit professioneller Beratung zum Bonitätsurteil. Gabler, Wiesbaden

Betsch O, Groh AP, Lohmann LGE (2000) Corporate Finance: Unternehmensbewertung, M & A und innovative Kapitalmarktfinanzierung. Verlag Vahlen, München

Büschgen HE (1996) Handbuch Rating. Gabler, Wiesbaden

Everling O (2001) Rating-Chance für den Mittelstand nach Basel II – Konzepte zur Bonitätsbeurteilung. Gabler, Wiesbaden

Keiner T (2000) Rating für den Mittelstand. Campus, Frankfurt

Lähr K (2006) Bankinternes Rating: ein Überblick nach Basel II. VDM-Verl. Müller, Saarbrücken

Lehmann B (2003) Is it worth the while? The relevance of qualitative information. Konstanz: Working Paper University of Konstanz

Müller U (2006) Rating der Nationalbank: Kriterien, Bewertungen und Notenskalen. In: Reichmann T, Pyszny U (Hrsg) Rating nach Basel II. Vahlen-Verlag, München, S. 55 72
Munsch M (2006) Externes Rating – Ratingprozess und Ratingkriterien am Beispiel der Creditreform. In: Reichmann T (Hrsg) Rating nach Basel II – Herausforderungen. Vahlen-Verlag, München
Probst MR (2002) Externe Ratings: Benchmarking für das Firmenkundengeschäft. In: Betriebswirtschaftliche Blätter vom 01.04.2002, S 182–184, Deutscher Sparkassen- und Giroverband e.V
Presber R, Stenger U (2002) Kreditrating: Eine Chance für mittelständische Unternehmen. Schäffer-Poeschel, Stuttgart
Schmidt-Bürgel J (2002) Externe Ratings für Unternehmen. Gastvortrag an der. Universität Potsdam
Schmidt-Bürgel J, Everling O (2005) Kapitalmarktrating. Gabler, Wiesbaden
Schulenburg K (2003) Rating als Führungsinstrument im Mittelstand nutzen. In: Achleitner A-K, Everling O (Hrsg) Handbuch Rating Advisory: Mit professioneller Beratung zum Bonitätsurteil. Gabler, Wiesbaden
Smidrkal R (2005) Basel II und der Mittelstand. VDM, Saarbrücken
Wolf J (2005) Basel II Kreditrating als Chance: Souverän in das Kreditgespräch. Metropolitan, Berlin

Der Ratingprozess bei Standard & Poor's – Ein Praxisbeispiel

24

Werner Stäblein

Dieser Beitrag widmet sich den Analyseschwerpunkten im Ratingverfahren und den damit einher-gehenden Informationsanforderungen. Die Ratingsystematik von Standard & Poor's wird anhand des Praxisbeispiels des Ratings der Knorr-Bremse AG, einem nach HGB bilanzierenden Familien-unternehmen, dargestellt. Voraussetzung für einen interaktiven Ratingprozess, das heißt die Erstellung eines öffentlichen oder vertraulichen externen Ratings durch Standard & Poor's, ist das Mandat des Unternehmens. Alle Aspekte der Mandatserteilung und der Verhandlung über Vertragsstruktur sowie Gebühren liegt in den Händen der Kundenbetreuung, ist strikt vom analytischen Bereich getrennt und nicht Gegenstand dieser Ausführungen.

24.1 Beweggründe für externe Ratings, Informationsanforderungen, Systematik des Ratingansatzes von Standard & Poor's

Die Gründe zur Erteilung eines Ratingauftrags an den Analysebereich „Corporate Ratings", der sich den Ratings für Unternehmen aus Industrie, Handel und Dienstleistung widmet, sind unterschiedlicher Natur. Die geplante Platzierung einer Unternehmensanleihe bei internationalen Investoren ist nach wie vor der wesentliche Grund für ein externes Rating. Vereinzelt nehmen Unternehmen ein externes Rating auch in Anspruch um Steuerungsprozesse zu unterstützen oder einen unabhängigen objektiven Vergleich mit der Bonität von Wettbewerbern zu erhalten. Nach unserer Erfahrung halten nur wenige Unternehmen ein externes Rating als strategische Option für bedeutsam. Allerdings flexibilisert die Exi-

---

W. Stäblein (✉)
Standard & Poor's Credit Market Services Europe,
Neue Mainzer Straße 52, 60311 Frankfurt am Main, Deutschland
E-Mail: werner_staeblein@standardandpoors.com

stenz eines externen Ratings die Handlungsmöglichkeiten wie etwa bei Refinanzierungen oder aber größerem Finanzierungsbedarf und kann auch in Zeiten hoher Marktvolatilität die Entscheidungsprozesse deutlich beschleunigen.

Die Ratinganalyse im Bereich „Corporate Ratings" unterteilt sich im Wesentlichen in die Beurteilung des Geschäftsrisikoprofils sowie die Analyse des Finanzrisikoprofils. Die Kombination von Geschäftsrisikoprofil und Finanzrisikoprofil eines Unternehmens spiegelt das Unternehmensrating (Emittentenrating) wider.[1] Auf Emissionsratings, die unter anderem auch die Verlusterwartung widerspiegeln[2], soll hier nicht eingegangen werden.

Der Basis-Informationsbedarf ist weitgehend homogen und unabhängig von der Größe des Unternehmens. Die Arbeitsintensität der Materialzusammenstellung hängt bei einem Erstrating zunächst davon ab, ob das zu beurteilende Unternehmen entweder börsennotiert oder aber anderweitig zur Offenlegung von Geschäftsberichten verpflichtet ist. Aufgrund der regelmäßigen Berichterstattung dieser Unternehmen ist die Verfügbarkeit von Daten zum Geschäftsmodell, Wettbewerbsposition, Branchentrends, Strategie und Corporate Governance bereits sehr gut. Aus dem öffentlich verfügbaren Material kann in aller Regel ein erster guter Eindruck zur Einschätzung der zukünftigen Bonität eines Unternehmens gewonnen werden. Erfahrungsgemäß sind allerdings auch in Geschäftsberichten nicht alle ratingrelevanten Informationen beinhaltet. Der zusätzliche Informationsbedarf, der meist über die öffentlich verfügbaren Quellen oder aber die (freiwillige) Publizität im Jahresabschluss hinausgeht, ist in vielen Fällen wie folgt:

- Zahlen und Informationen zur Verfügbarkeit von Kreditlinien (vertraglich gesichert oder nicht), Ausnutzung & Fälligkeit der Kreditlinien
- Wesentliche Komponenten der Kapitalstruktur – Zusammensetzung, Fälligkeitenprofil, Rang
- Berechnungen, Prognosen und Bestätigungen zu Kreditnebenabreden („Covenant Certificate")
- Informationen zu Geldbeständen und Bankguthaben inklusive der geographischen Verteilung oder Verteilung auf juristische Einheiten
- Organisationsdiagramm mit Informationen zu Garantiegebern bei besicherten Finanzierungs-formen
- Prognosen/Geschäftspläne zur Einschätzung des zukünftigen Potenzials von Gewinnen und Cashflows inklusive Kalkulationsschematik („wie" wurde „was" berechnet)
- Szenarioanalysen, sofern vorhanden, zur Einschätzung von wesentlichen Parametern wie etwa Währungen oder Rohstoffpreisen
- Details zur Finanz-, Verschuldungs- und Ausschüttungspolitik des Unternehmens
- Details zur Eigentümerstruktur
- Zusatzinformationen zu außerbilanziellen Risiken

---

[1] Vgl. Standard & Poor's (2009a).
[2] Vgl. Standard & Poor's (2009b).

- Dokumentationen/Term-Sheets von Anleihen und Bankverträgen
- Informationen zu erhaltenen oder gegebenen Garantiezusagen
- Sonstige außerbilanzielle Verpflichtungen

Ein Rating ist keine einmalige Stichtagsanalyse. Der Ratingprozess ist folglich gekennzeichnet durch die fortlaufende Beobachtung der Kreditwürdigkeit des Emittenten und der ratingrelevanten Faktoren („Surveillance"). Im Rahmen der Surveillance halten die Ratinganalysten regelmäßig Kontakt zum Emittenten, der aber seinerseits auch aufgefordert ist, aktuelle Informationen zur Verfügung zu stellen. Neben der periodischen Berichterstattung werden typischerweise folgende weitere Informationen angefragt:

- Informationen zur Veränderung der Geschäftsstruktur (Unternehmensverkäufe/-käufe) und damit einhergehende Änderung der Kapitalstruktur
- Refinanzierungspläne und quartalsweise Informationen zur Liquiditätssituation
- Aktualisierung von Geschäftsplänen und Geschäftserwartungen
- Termine/Finanzkalender

Die goldene Regel der Kommunikation für das Erstrating und die anschließende laufende Überwachung des Ratings ist: Offenheit, Transparenz und Klarheit. Auch wenn die Beziehung zwischen Unternehmen und Ratingagentur nicht notwendigerweise von anhaltender Dauer ist, so sollte die Offenheit der Kommunikation in Anlehnung an das Ehegelübde erfolgen: in guten wie in schlechten Zeiten. Vertrauliche Informationen, die S&P im Rahmen der Ratingerstellung erhält, unterliegen auch nach Beendigung des Ratingmandats der Vertraulichkeit. Die Vertraulichkeit der Informationen wird dadurch gewahrt, dass Emittenten die Publikationen von Standard & Poor's vor Veröffentlichung auf vertrauliche Informationen prüfen können.

Jede Ratingentscheidung wird bei Standard & Poor's durch ein mehrköpfiges Rating-Komitee mit einfacher Mehrheit getroffen. Die Zusammensetzung des Komitees richtet sich nach den Erfordernissen des Ratings. So sind Rating Komitees für Unternehmen aus globalen Branchen in aller Regel auch global besetzt was letztlich auch die weltweite Vergleichbarkeit des Ratings unterstützt.

24.1.1 Kombination von Geschäfts- und Finanzrisikoprofil – die Ratingmatrix und das Emittentenrating

Das Unternehmensrating besteht bei Standard & Poor's aus der Analyse des Geschäftsrisikoprofils (GRP) und des Finanzrisikoprofils (FRP).[3] Beide Bestandteile werden im Rahmen des Ratingprozesses einzeln klassifiziert. Die Kombination der Bestandteile ergibt

---
[3]Vgl. Standard & Poor's (2006a).

	FINANZRISIKOPROFIL "FINANCIAL RISK PROFILE"					
GESCHÄFTSRISIKOPROFIL "BUSINESS RISK PROFILE"		Minimal	Modest	Intermediate	Significant	Aggressive	Highly Leveraged
	Excellent	AAA	AA	A	A-	BBB	--
	Strong	AA	A	A-	BBB	BB	BB-
	Satisfactory	A-	BBB+	BBB	BB+	BB-	B+
	Fair	--	BBB-	BB+	BB	BB-	B
	Weak	--	--	BB	BB-	B+	B-
	Vulnerable	--	--	--	B+	B	CCC+

Abb. 24.1 Schaubild 1. (Quelle: Eigene Darstellung)

das Emittentenrating. Das Emittentenrating ist folglich nicht ausschließlich an bestimmte Finanzkennzahlen („Ratios") geknüpft. Finanzkennzahlen werden stets im Kontext des Geschäftsrisikoprofils des Unternehmens betrachtet. Die Klassifikationen für das Geschäftsrisikoprofil reichen von „Excellent" bis „Vulnerable". Das Finanzrisikoprofil kann von „Minimal" bis „Highly Leveraged" eingestuft werden.

Die von Standard & Poor's definierte Geschäfts-/Finanzrisikomatrix (siehe Schaubild 1) gibt indikative Ergebnisse für die Kombination unterschiedlicher GRP und FRP. So kann beispielsweise ein Unternehmen mit einem GRP von „Strong" und einem FRP von „Intermediate" ein Emittentenrating von „A-" erhalten. Nuancierungen des typisierten Ergebnisses der Matrix können dadurch eintreten, dass die jeweilige Kategorie (GRP oder FRP) am jeweils oberen oder unteren Ende der Stufe gesehen wird. Insofern kann es zu Abweichungen vom typisierten Ergebnis laut Matrix von einer Stufe (Notch) nach oben oder unten kommen (Abb. 24.1).

Das Emittentenrating wird mit einem Ausblick versehen[4], der die Erwartungen des Rating-Komitees im Hinblick auf die mögliche Veränderung des Emittenten-Ratings widerspiegelt. Der Ausblick für Ratings im Bereich Investment-Grade (das heißt Ratings von „BBB-" und höher) spiegelt einen Erwartungszeitraum für mögliche Ratingveränderungen innerhalb von zwei Jahren wider. Der Ausblick auf Emittenten-Ratings im Non-Investment-Grade (das heißt Ratings von „BB+" und niedriger) deckt einen Erwartungszeitraum von etwa einem Jahr.

---

[4]Vgl. Standard & Poor's (2009c).

24.1.2 Das Geschäftsrisikoprofil – Analyse, Beurteilung, Klassifizierung

Die Beurteilung und Klassifizierung des Geschäftsrisikoprofils ist eine Fundamentalanalyse des Geschäftsmodells eines Unternehmens. Geleitet wird die Analyse von existierenden oder potenziellen Risikofaktoren, aber auch Stärken und Chancen des beurteilten Unternehmens finden Berücksichtigung. Die Parameter und Analyseschwerpunkte des Geschäftsrisikoprofils sind umfangreich und in publizierten Ratingkriterien festgehalten.

Im Rahmen des Erstrating ist der Informationsbedarf hinsichtlich der Frage „wie" das Unternehmen Gewinne/Cashflows erzielt sehr ausgeprägt. Neben der Analyse öffentlich verfügbarer Informationen nimmt das Management Meeting hier eine zentrale Rolle ein. Zwischen den Analyseschwerpunkten des Geschäftsrisikoprofils bestehen gewisse Interdependenzen. Die vier Hauptaspekte sind:

- Länderrisiko („Country Risk")
- Branchenmerkmale/-beurteilung („Industry Risk/Factors")
- Wettbewerbs-/Marktposition und Diversifikation („Competitive Position and Diversification")
- Rentabilität („Profitability")

Länderrisiko („Country Risk") Das Länderrisiko ist das Risiko der Geschäftstätigkeit in einem bestimmten Land. Das Länderrisiko ist also nicht identisch mit dem Rating für ein bestimmtes Land („Sovereign Rating"). Länderrisiken werden zwar im Sovereign Rating berücksichtigt, gehen allerdings über die Definition des Sovereign Ratings hinaus. Typische Länderrisiken die meist in Emerging Markets auftreten und die Zahlungsfähigkeit eines Unternehmens beeinflussen sind Währungsabhängigkeiten (etwa Abwertung lokaler Währung), Preiskontrollen, Schutzzölle, Konvertibilitätsbeschränkungen oder -verpflichtungen, Veränderungen des lokalen Finanzsystems inklusive Kreditvergabebeschränkungen und jede Form von unerwarteter Regulierung. Für den größten Teil der Corporate Ratings ist das Länderrisiko aufgrund der Geschäftstätigkeit des Emittenten überwiegend in entwickelten Märkten von geringer Bedeutung.

Branchenmerkmale/-beurteilung („Industry Risk/Factors") Losgelöst vom Länderrisiko ist die Branche des analysierten Unternehmens der Startpunkt der Überlegungen zum Geschäftsrisikoprofil. Dies schon deshalb weil operationale Risiken letztlich von der Branche mitbestimmt werden. Die Analyse konzentriert sich auf den Ausblick für die Branche und das Wettbewerbsumfeld. Wachstumserwartungen, Stabilität oder Ausmaß von negativen Geschäftszyklen sind ähnlich bedeutsam wie technologische Veränderungen, Regulierung, Rohstoffabhängigkeit, Kapitalintensität, Eintrittsbarrieren, Reifegrad der Branche, Substitutionsrisiken und Marktkonzentration.

Aus den industriespezifischen Faktoren werden die Schlüsselfaktoren für Erfolg und möglichen Misserfolg („Keys to Success") hergeleitet, die im Fortgang der Analyse insbesondere bei der Beurteilung der Wettbewerbsposition Berücksichtigung finden.

Desto geringer das Risiko einer Branche eingestuft wird, umso höher ist das mögliche Rating von Unternehmen in dieser Branche, obwohl eine als sehr risikoreich eingestufte Branche nicht notwendigerweise das Rating automatisch limitiert.

Wettbewerbs-/Marktposition und Diversifikation („Competitive Position and Diversification") Die Einstufung der Wettbewerbsposition eines Unternehmens hat maßgeblichen Einfluss auf die Gesamteinschätzung des Geschäftsrisikoprofils. Die Marktposition wird sowohl absolut als auch relativ beurteilt, um eine Aussage zur Wettbewerbsstärke eines Unternehmens im Kontext der Branche und Marktsituation zu erhalten. Im Rahmen des Ratingprozesses geht die Einschätzung der kompetitiven Stärken und Schwächen eines Unternehmens folglich über die einfache Arithmetik von Marktanteilen hinaus. Zentraler Analysepunkt ist die zu erwartende Dauerhaftigkeit einer Wettbewerbsposition. Die Dauerhaftigkeit einer Marktposition korreliert in aller Regel mit dem Reifegrad der Branche. Eine reife Branche, die zwar keine signifikanten Wachstumsmöglichkeiten bietet oder aber ein höheres Risiko von Preiswettbewerb aufweist, bietet den Marktteilnehmern einen vergleichsweise besseren Schutz der Wettbewerbsposition. Eine solide und gefestigte Position in einer reifen und konsolidierten Branche führt folglich in aller Regel zu einer höheren Prognosesicherheit zukünftiger Umsätze und Cashflows. Jene Branchen hingegen die geringe Konsolidierungstendenzen aufweisen oder stark wachsen, bergen das Risiko einer signifikanten Verschiebung der Marktposition eines Emittenten. Folglich ist die Prognosegüte von erwarteten Cashflows von weitaus mehr Risikofaktoren abhängig. Konsequenterweise erfolgt in aller Regel eine niedrigere Einschätzung der Wettbewerbsposition im Kontext des Geschäftsrisikoprofils.

Geographische, operationale, produkt- und endmarktbezogene Diversifikation ist ein zusätzlicher, meist positiver Faktor bei der Beurteilung der Wettbewerbs-/Marktposition. Ein umfangreiches Produktportfolio, zahlreiche unterschiedliche Kundengruppen in vielen geographischen Gebieten, aber auch die geographische Verteilung von Produktionskapazitäten führen in aller Regel zu stabileren Cashflows. Diversifikationsvorteile aus einer Geschäftstätigkeit in unterschiedlichen, nicht miteinander korrelierenden Branchen, werden im Rahmen der Analyse allerdings nur dann Berücksichtigung finden, wenn die Wettbewerbsposition in den jeweiligen Segmenten als stark und nachhaltig angesehen wird. So führt eine einfache Diversifikation von Geschäftsfeldern in unterschiedliche Branchen nicht automatisch zu einer positiven Beurteilung der Diversifikation.

Rentabilität („Profitability") Die Klassifizierung und Beurteilung der Profitabilität dient unterschiedlichen Zwecken. Einerseits wird mit der Profitabilitätsanalyse die Einschätzung zu Branchenmerkmalen und Wettbewerbsposition validiert. Unternehmen mit einer zu erwartend dauerhaft starken Wettbewerbsposition in einer Branche deren Risikoklassifizierung als gering angesehen wird, sollten in aller Regel die damit korrelierende Profitabilität aufweisen.

Zentrale Punkte im Rahmen der Profitabilitätsanalyse sind Trendanalysen des operativen Gewinns (EBITDA und EBIT) sowohl absolut als auch relativ zu Wettbewerbern. Für diese Zwecke werden die vom Unternehmen berichteten Zahlen um außergewöhnliche Posten bereinigt, um die dauerhafte Ertragslage besser einschätzen zu können. Adjustierungen von operativen Posten folgen nicht notwendigerweise der Berichterstattung des Unternehmens und nicht jede als „one-off" klassifizierte Position wird im Rahmen der Ratinganalyse auch als „einmalig" eingestuft.

Zur Einschätzung der Profitabilität gehört auch die Beurteilung, ob ein Unternehmen flexibel genug ist, Kosten zu reduzieren sofern erforderlich. Umso geringer die zu erwartende Schwankungsbreite des operativen Gewinns, desto niedriger ist die Risikoeinstufung und, ceteris paribus, desto höher die Beurteilung des Geschäftsrisikoprofils. Entsprechend folgt die Analyse der Profitabilität, wie auch die Beurteilung von Branchenmerkmalen und Wettbewerbsposition, dem Grundgedanken, dass niedrige Volatilitäten mit einem geringeren Risiko einhergehen.

24.1.3 Das Finanzrisikoprofil – Analyse, Beurteilung, Klassifizierung

Widmet sich das Geschäftsrisikoprofil mit Ausnahme der Beurteilung von Profitabilität überwiegend der Fragestellung „wie" ein Unternehmen Gewinne generiert, so ist die Analyse des Finanzrisikoprofils vornehmlich darauf gerichtet, zu untersuchen, „wie viel" Gewinn und Cashflows generiert werden und „wofür" diese Zahlungsströme verwendet werden. Auch beim Finanzrisikoprofil ist das Ziel der Vergleichbarkeit unterschiedlicher Unternehmen zwecks Beurteilung der Zahlungsfähigkeit ein wesentlicher Eckpfeiler. Um unterschiedlichen Rechnungslegungsstandards in verschiedenen Ländern Rechnung zu tragen, aber auch um die wirtschaftliche Realität des Jahresabschlusses abzubilden, kommt dies in einem ersten Schritt durch Adjustierungen des berichteten Zahlenwerks zum Ausdruck.

Entgegen der unseres Erachtens weitläufigen Auffassung, dass es sich beim Finanzrisikoprofil um einfache Arithmetik von unterschiedlichen Kennziffern handelt, werden im Finanzrisikoprofil auch andere Aspekte berücksichtigt. So sind die Eigentümerstruktur ebenso von Interesse wie die Zusammensetzung und Unabhängigkeit von Kontrollgremien. Die bisherige und künftige Finanzstrategie und -philosophie, Liquiditätslage sowie Fälligkeitenstruktur spielen für Unternehmensratings auf allen Ratingstufen eine bedeutsame Rolle und können das Emittentenrating nicht unerheblich sowohl positiv als auch negativ beeinflussen.

Die Analyse des Finanzrisikoprofils ist unterteilt in fünf Bereiche:

- Rechnungslegung („Accounting"),
- Finanzpolitik, Risikotoleranz und Unternehmensführung („Governance, Risk Tolerance/Financial Policies"),
- Cashflow („Cashflow Adequacy"),
- Kapitalstruktur („Capital Structure/Asset Protection"), sowie
- Liquidität („Liquidity/Short-term Factors").

Die Ratingkriterien der fünf Bereiche des Finanzrisikoprofils werden im Rahmen der Fallstudie dargestellt.

24.2 Die Knorr-Bremse AG – Kurzdarstellung des Praxisbeispiels

Die Knorr-Bremse AG („KB") ist der weltweit größte Hersteller von Bremssystemen für Nutz- und Schienenfahrzeuge. Das Unternehmen hat gleichfalls eine etablierte Marktposition für Tür- und Klimasysteme von Schienenfahrzeugen sowie Bahnsteigtürsystemen. Der globale Markt im Erstausrüstungsgeschäft für LKW-Bremssysteme hatte im Jahr 2011 ein Volumen von etwa 2,0 Mrd. €. Der globale Markt für Bremssysteme von Schienenfahrzeugen (Erstausrüstungsgeschäft und Ersatzteilgeschäft) hatte in 2011 ein Volumen von etwa 2,6 Mrd. € (versus 2,4 Mrd. € in 2010 und 2,4 Mrd. € in 2009).

KB hat in 2011 einen Umsatz von 4,2 Mrd. € erzielt. Davon entfallen 49 % auf den Bereich Nutzfahrzeuge und 51 % auf den Bereich Schienenfahrzeuge. Das Unternehmen ist in den vergangenen Jahren im Wesentlichen organisch, aber auch durch eine Vielzahl an gezielten kleineren Akquisitionen gewachsen.

Das externe Rating zu KB wird seit Juni 2002 von Standard & Poor's erstellt. Auch nach Rückzahlung einer Unternehmensanleihe im Juli 2007, hat KB das externe Rating aufrechterhalten und nutzt die Ratingeinstufung auch ohne öffentliche Finanzverbindlichkeit (Anleihe). Das Rating auf KB ist ‚A-/Stable' (Stand: Mai 2012). Es setzt sich zusammen aus einem Geschäftsrisikoprofil von „Satisfactory" sowie einem Finanzrisikoprofil von „Modest". Das Finanzrisikoprofil wird am oberen Ende der Kategorie „Modest" gesehen – von daher wird vom typisierten Ergebnis der Matrix in Schaubild 1 (siehe oben), die ein Rating von ‚BBB +' indiziert, um eine Stufe (Notch) nach oben abgewichen.

24.2.1 Ratingsystematik am Fallbeispiel Knorr-Bremse AG

Bestimmung des Geschäftsrisikoprofils der Knorr-Bremse AG Standard & Poor's hat das Geschäftsrisikoprofil der Knorr-Bremse AG als „Satisfactory" eingestuft. Der Klassifizierung liegen folgende als positiv zu bewertende Punkte zugrunde:

- Führende Position in den konzentrierten Märkten für Nutzfahrzeug- und Schienenbremssysteme. In den vergangenen Jahren konnte KB einen weltweiten Marktanteil von etwa 44 % im Bereich der LKW-Bremssysteme erzielen. Der weltweite Marktanteil im Bereich Schienenbremssysteme liegt bei konstant hohen 45 %. Beide Endmärkte weisen einen gewissen Konzentrationsgrad auf. Die zwei größten Hersteller für LKW-Bremssysteme vereinen einen Marktanteil von etwa 70 %. Die drei größten Hersteller für Schienenbremssysteme vereinen einen weltweiten Marktanteil von etwa 70 %.

- Ausgewogene und breite geographische Diversifizierung. Im Kalenderjahr 2011 generierte KB etwa 51 % vom Umsatz in Europa und 24 % im amerikanischen Raum. Der Anteil des Umsatzes aus der Region Asien ist in den vergangenen Jahren stark gestiegen und beträgt 25 % (im Vergleich zu 27 % in 2010 und 18 % in 2009). Die Produktionskapazitäten sind der geographischen Verteilung des Geschäfts angepasst und global vorhanden (Europa, China, Brasilien, USA, Indien). Der Anteil des in aller Regel stabileren und profitableren Ersatzteilgeschäfts liegt bei sehr konstanten 30 % vom Umsatz.
- Natürliche Diversifikation. Zyklische Abschwünge in den traditionellen vier Kernmärkten des Unternehmens, dem europäischen und amerikanischen Schienenverkehrsmarkt sowie dem LKW-Markt sind historisch betrachtet selten gleichzeitig aufgetreten. Erfahrungen mit zyklischen Bewegungen in den Wachstumsmärkten in Asien (Schiene/LKW) sind noch limitiert, zumal jene geographischen Gebiete in den vergangenen Jahren durchweg hohes Wachstum aufgezeigt haben. Insgesamt wird die zusätzliche geographische Diversifikation und die erwartet nachhaltig starke Marktposition positiv im Geschäftsrisikoprofil berücksichtigt. Der Schienenverkehrsmarkt ist aufgrund der Stabilität von globalen Infrastrukturinvestitionen in Güter- und Personennahverkehr weitaus stabiler als der schwankungsanfällige Markt für LKW. Dies hat sich insbesondere im Kalenderjahr 2009 gezeigt. Die Konzentration auf zwei voneinander losgelöste Branchen mit jeweils nachhaltig starken Wettbewerbspositionen bietet einen zusätzlichen Diversifikationsvorteil.
- Stabile Profitabilität in den vergangenen Jahren als Ausdruck der Widerstandsfähigkeit des Geschäftsmodells, aber auch der Fähigkeit des Managements, die Auswirkungen von negativen Geschäftszyklen zu begrenzen. Die nicht adjustierte operative Marge (EBITDA) der KB lag in 2011 bei 15,7 % nach 15,1 % in 2010. Die operative Marge (EBITDA) lag in der rezessiven Phase des Jahres 2009 bei 9,7 % und bei ca. zwölf bis 13 % in der Periode 2004–2008. Die starke Nachfrage nach Schienenbremssystemen aus dem asiatischen Raum, insbesondere China, wird, voraussichtlich das Margenprofil auch in Zukunft unterstützen, selbst wenn der Nachfrageschub aus dieser Region nicht von Dauer sein sollte. Insgesamt wird die Fähigkeit des Unternehmens, auch in Zukunft stabile und widerstandsfähige Margen mit geringer Schwankungsbreite zu generieren, als positiv angesehen.
- Geringes Risiko von neuen Wettbewerbern im Bereich Bremssysteme aufgrund der technologischen Eintrittsbarrieren, aber auch dem Erfordernis, starke Kundenbeziehungen zu Erstausrüstern (Herstellern von LKW und Schienenfahrzeugen) aufzubauen.

Die wesentlichen Risiken, die bei der Einstufung des Geschäftsrisikoprofils berücksichtigt wurden, sind wie folgt:

- Hohe zyklische Risiken insbesondere im Bereich Nutzfahrzeuge. Produktionsvolumina für Nutzfahrzeuge sind abhängig von einer Vielzahl von Faktoren. Neben der allgemei-

nen wirtschaftlichen Entwicklung sind insbesondere die Ersatznachfrage sowie Einfluss durch veränderte Emissionsnormen signifikante Treiber für die Marktnachfrage weltweit. Die Produktion von LKW kann von daher signifikant schwanken. Auch die Plan- und Einschätzbarkeit von Absatzrückgängen ist grundsätzlich schwierig.
- Die Produktvielfalt des Unternehmens ist begrenzt auf die beiden Branchen Schienenverkehr und LKW.
- Geringe Anzahl an Endkunden in den Endmärkten. Die Nachfrageseite für Produkte von KB ist vor allem im Erstausrüstungsgeschäft konzentriert und beschränkt sich auf wenige Unternehmen mit nicht unerheblicher Verhandlungsposition.
- Risiken durch Abhängigkeit von Rohstoffmärkten, insbesondere für Stahl und Aluminium aber auch elektronische Baugruppen.

24.2.2 Bestimmung des Finanzrisikoprofils der Knorr-Bremse AG

Das Finanzrisikoprofil der Knorr-Bremse AG wird von Standard & Poor's in der Kategorie „Modest" eingestuft. Dies ist einerseits Ausdruck der nachhaltig starken Finanzkennziffern, der nachhaltigen Generierung von Free Operating Cashflow, aber auch der Erwartung, dass diese Niveaus auch in Zukunft aufrechterhalten werden. Das klare Bekenntnis seitens des Unternehmens und der Unternehmenseigner, eine konservative Finanzpolitik, insbesondere im Hinblick auf Dividendenzahlungen, aber auch bei strategischen Entscheidungen, wie etwa Akquisitionen zu betreiben, sind gleichfalls ein wichtiger Punkt bei der Klassifizierung des Finanzrisikoprofils von KB. Wesentliche Analyseschwerpunkte des Finanzrisikoprofils werden hier detailliert dargestellt und anhand der Fallstudie Knorr-Bremse AG erläutert.

24.2.3 Analytische Adjustierungen der Jahresabschlussdaten

Der Jahresabschluss sowie unterjährige Berichterstattung sind der Startpunkt für die Bestimmung des Finanzrisikoprofils, sowohl beim Erstrating, als auch für die laufende Überwachung des Ratings. Neben den gesetzlich erforderlichen Bestandteilen enthalten Jahresabschlüsse in der Regel umfangreiche weitere finanzielle und nicht-finanzielle Informationen, die nach unseren Ratingkriterien für die Bestimmung des Finanzrisikoprofils von Bedeutung sind. Umfang und Güte dieser Zusatzinformationen sind letztlich abhängig von den lokalen Rechnungslegungsvorschriften, Publikationserfordernissen, regulatorischen Vorschriften sowie der freiwilligen Veröffentlichung.

Die Analyse des Jahresabschlusses beginnt mit einer Beurteilung der Rechnungslegung des Unternehmens. Hintergrund dieser Analyse ist nicht die Beurteilung oder Bewertung der vom Abschlussprüfer testierten Ordnungsmäßigkeit. Auch eine forensische Prüfung erfolgt nicht. Der Ratingprozess ist im Wesentlichen getrieben durch Vergleiche; insofern ist es wichtig, das Rechnungslegungswerk des Emittenten mit dem Zahlenwerk von

24 Der Ratingprozess bei Standard & Poor's – Ein Praxisbeispiel

Überleitungsrechnung ("Reconciliation Table") von Jahresabschlussdaten Knorr-Bremse AG zu Standard & Poor's-adjustierten Daten (in Mio. €)

	Finanz-schulden ("debt")	Eigen-kapital	EBITDA	Zins-aufwand	Cashflow lfd. Geschäftstätigkeit	Cashflow lfd. Geschäftstätigkeit
Kalenderjahr zum 31. Dezember 2011						
Knorr-Bremse AG berichtete Zahlen	135,4	763,4	666,8	8,1	542,3	542,3
Standard & Poor's Adjustierungen						
Operating Leases	149,0	-,-	7,6	7,6	23,3	23,3
Pensionsverpflichtungen	199,7	-,-	-,-	9,9	-,-	-,-
Liquidität ("surplus cash")	(332,4)	-,-	-,-	-,-	-,-	-,-
Reklassifizierung Working Capital	-,-	-,-	-,-	-,-	-,-	36,8
Minderheitenanteile	-,-	139,0	-,-	-,-	-,-	-,-
Sonstige schuldähnliche Posten ("debt-like liability")	14,3	-,-	-,-	-,-	-,-	-,-
Adjustierungen insgesamt	**30,6**	**139,0**	**7,6**	**17,5**	**23,3**	**60,1**
Standard & Poor's adjustierte Beträge						
	Adjustierte Ver-schuldung	Eigen-kapital	EBITDA	Zins-aufwand	Cashflow lfd. Geschäftstätigkeit	Funds from Operations (FFO)
Adjustierte Beträge	166,0	902,4	674,4	25,6	565,6	602,4

Abb. 24.2 Schaubild 2

vergleichbaren Unternehmen, („Peergroup") aber auch allen anderen Ratings im Bereich „Corporates" vergleichbar zu machen.

Analytische Adjustierungen von Jahresabschlussdaten sind ein wichtiger Bestandteil des Ratingprozesses.[5] Die Adjustierungen dienen einerseits der verbesserten Vergleichbarkeit von Unternehmen und andererseits einer besseren Erfassung der risiko- und ratingrelevanten Faktoren. Die adjustierten Geschäftszahlen sind die Grundlage für den breiten analytischen Prozess, in dem neben diesen quantitativen Elementen auch nicht-finanzielle Faktoren Einfluss finden. Standard & Poor's veröffentlicht zu jedem Emittenten eine Überleitungsrechnung („Reconciliation Table") vom berichteten Zahlenwerk zu den analytisch adjustierten Zahlen.[6]

Die Knorr-Bremse AG erstellt ihren Jahresabschluss nach deutschen Rechnungslegungsnormen (HGB). Die Überleitungsrechnung („Reconciliation Table") für die Knorr-Bremse AG ist wie folgt (Abb. 24.2):

---

[5] Vgl. Standard & Poor's (2007).
[6] Vgl. Standard & Poor's (2006b).

Folgende Adjustierungen wurden vorgenommen:

- **Operating Leases**: Die Kapitalisierung und Addition der Zahlungsverpflichtungen aus Operating Lease-Verhältnissen ist eine Standardadjustierung. Die Zahlungsverpflichtungen der folgenden Jahre sind mit einem Zinssatz von fünf Prozent diskontiert. Der Barwert der Verpflichtungen wird zu den berichteten Finanzverbindlichkeiten addiert („Debt-like Liability"). Der Barwert zeigt keine hohe Sensitivität zum angewendeten Zinssatz. Eine Veränderung des Diskontierungssatzes um 100 Basispunkte verändert den Barwert der Verpflichtungen um lediglich sechs Millionen €. Der Zinsanteil der Verpflichtung aus Operating Leases (7,6 Mio. €) wird dem operativen Ergebnis zugeschlagen (EBITDA). Die Abschreibungskomponente (23,3 Mio. €) wird beim Cashflow addiert.
- **Pensionsverpflichtungen**: Die Pensionsverpflichtungen werden, sofern sie nicht durch Deckungskapital unterlegt sind, als finanzähnliche Verpflichtung („Debt-like Liability") addiert. Auch dies ist eine Standardadjustierung. Die Zinsaufwendungen aus Pensionen (9,9 Mio. €) werden dem Zinsaufwand zugeschlagen.
- **Verfügbare Liquidität („Surplus Cash")**: Von den Finanzschulden wird der Liquiditätsbestand abgezogen, der als jederzeit verfügbar angesehen wird („Surplus Cash"). Dies ist jener Bestand an Geldmitteln, der nicht zur Aufrechterhaltung des laufenden Geschäftsbetriebs erforderlich ist. Auch Zahlungsmittel, die de jure oder de facto kurzfristig nicht zugänglich sind – etwa wegen Devisenbeschränkungen oder steuerlicher Faktoren bei der Repatriierung von Zahlungsmitteln aus ausländischen Niederlassungen – werden nicht in Abzug gebracht. Standard & Poor's verfolgt in seiner Analyse insofern den Ansatz der Kalkulation einer „modifizierten" Nettofinanz-verbindlichkeit. KB hat zum Dez. 2011 einen Liquiditätsbestand von 532,4 Mio. € ausgewiesen. Von diesem Betrag werden 200 Mio. € als kurzfristig nicht frei verfügbar bzw. für den laufenden Geschäftsbetrieb erforderlich klassifiziert, das heißt nicht für eine mögliche Schuldentilgung verfügbar. Entsprechend werden 332,4 Mio. € bei der Ermittlung der adjustierten Verschuldung abgezogen.
- **Reklassifizierung Working Capital**: Diese Reklassifizierung ist keine Adjustierung des berichteten Zahlenwerkes. Der Sachlogik der Überleitungsrechnung folgend, sind allerdings die Veränderungen des Working Capital aus dem Cashflow from Operations zu bereinigen, um die Funds from Operations (FFO) definitorisch eine Zahl ohne Berücksichtigung der Veränderungen des Working Capital, zu ermitteln.
- **Minderheitenanteile**: Einfache Addition des auf konzernfremde Anteilseigner entfallenden Eigenkapitals.
- **Sonstige schuldähnliche Posten („Debt-like Liability")**: Sonstige finanzielle Verpflichtungen, die nicht bilanziert wurden, werden als schuldähnliche Posten berücksichtigt (hier Garantien von 14,3 Mio. €).

24.2.4 Beurteilung der Finanzpolitik, Risikotoleranz und Unternehmensführung (Corporate Governance)

Der Startpunkt der Analyse von Finanzpolitik, Risikotoleranz und Unternehmensführung ist die Eigentümerstruktur. Dieser Analyseansatz folgt der einfachen Überlegung, dass das Management im Interesse der Anteilseigner agiert und insofern die Intentionen, aber auch Risikoneigungen der Anteilseigner von Bedeutung sind. Die Beurteilung der Finanzpolitik und Risikotoleranz von börsennotierten Unternehmen mit einer Vielzahl an Aktionären beschränkt sich beim Ratingprozess auf den Dialog mit dem Management. Bei familiengeführten Unternehmen ist der Dialog mit den Anteilseignern erforderlich, zumal von ihnen ein weitaus größerer Einfluss auf das Unternehmen ausgeübt werden kann.

Ziel ist es, Intentionen und interne Regeln des Finanzrisikomanagements einzuschätzen. Hierzu zählen u. a. Bilanzpolitik, Investitionsbudgets, Dividendenpolitik, Verschuldungsgrenzen oder Mindestliquiditätsbestände sowie geplantes Wachstum durch Akquisitionen. Finanzpolitik und Risikotoleranz werden im Kontext des Geschäftsrisikoprofils eingeschätzt. So kann ein Unternehmen mit weniger konjunkturanfälligem Geschäftsmodell und starker Wettbewerbsposition durchaus höhere Verschuldungsgrenzen für sich definieren als ein Unternehmen, dessen Gewinn und Cashflow hohen Schwankungen unterliegt. Gleiches gilt für die Ausschüttungspolitik mittels Dividenden oder Aktienrückkäufen.

Ein durchdachtes System, dass mehrere unterschiedliche finanzielle Parameter berücksichtigt, ist einer einfachen, kennzahlenbasierten Finanzpolitik vorzuziehen. Rein kennzahlenbasierte Zielgrößen, wie etwa ein maximaler Verschuldungsgrad (Debt/EBITDA oder FFO/Debt), erlauben allerdings auch einen relativen Vergleich der Risikoneigung zwischen verschiedenen Unternehmen. KB bekennt sich sehr nachdrücklich zu konservativer Finanzpolitik und hat auch unter Beweis gestellt, dass die selbst gesteckten Grenzen der finanziellen Risikotoleranz (wie etwa maximale Verschuldung zu Cashflow) auch „gelebt" werden. So wurde die Dividendenzahlung im Jahre 2009 zwar nicht ganz ausgesetzt, in Anbetracht des seinerzeit schwierigen Umfelds allerdings signifikant gekürzt. Die Ausschüttungsquote des Unternehmens von ca. 50 bis 60 % des Jahresergebnisses ist durch zu erwartende Free Cashflows gleichfalls gedeckt.

24.2.5 Beurteilung von operativen Cashflow und Kapitalstruktur

Die Analyse des operativen Cashflows ist ein Kernelement des Finanzrisikoprofils. Ein Rating ist die Aussage zur Fähigkeit eines Unternehmens, seinen Zahlungsverpflichtungen fristgerecht und voll-umfänglich nachzukommen. Insofern hat die Fähigkeit des Unternehmens Cashflows zu generieren eine sehr hohe Bedeutung. Standard & Poor's verwendet für die Analyse des Cashflows unterschiedliche Messgrößen.

Für Unternehmen in gering wachsenden und reifen Märkten liegt ein Hauptaugenmerk auf „Funds from Operations" (FFO), definiert als Cashflow aus laufender Geschäftstätigkeit ohne Berücksichtigung von Veränderungen des Working Capital als auch der Investitionstätigkeit.

Knorr-Bremse AG - Financial Summary
Sektor: Automotive

	2011	2010	2009	2008	2007
Rating Historie (Rating zum 31. Dezember)	A-/Stable/--	A-/Stable/--	BBB+/Pos./--	BBB+/Pos./--	BBB+/Stable/--
(€ Mio.)					
Umsatz	4.240,8	3.712,2	2.760,9	3.383,7	3.250,6
EBITDA	674,4	566,5	286,7	445,1	460,4
Jahresüberschuss lfd. Geschäftstätigkeit	291,1	240,5	92,3	167,4	172,6
Funds from operations (FFO)	602,4	545,2	286,2	306,6	323,2
Free operating Cashflow	391,1	315,6	236,1	168,6	159,4
Diskretionärer Cashflow	213,7	250,9	112,0	47,0	50,1
Verschuldung (adjustiert)	166,0	305,1	347,3	464,3	465,2
Eigenkapital	902,4	902,8	638,0	744,1	651,7
Adjustierte Kennzahlen	**2011**	**2010**	**2009**	**2008**	**2007**
EBITDA-Marge (%)	15,9	15,3	10,4	13,2	14,2
EBITDA-Zinsdeckung (x)	26,3	40,7	15,9	15,5	14,7
Return on capital (%)	46,0	37,0	15,9	28,9	32,7
FFO/adj. Verschuldung (%)	362,9	178,7	82,4	66,0	69,5
FOCF/adj. Verschuldung (%)	235,6	103,5	68,0	36,3	34,3
Adj. Verschuldung/EBITDA (x)	0,2	0,5	1,2	1,0	1,0
Adj. Verschuldung/ adj. Verschuldung & EK (%)	15,5	25,3	35,2	38,4	41,7

Knorr-Bremse AG - Financial Summary

Abb. 24.3 Schaubild 3

In Anbetracht der geringen Zinsaufwendungen der Knorr-Bremse, ist auch die weitläufig genutzte Kennzahl Verschuldung/EBITDA (Debt/EBITDA) von analytischer Relevanz. Jene analytische Relevanz wäre bei einem hochgradig verschuldeten Unternehmen nur bedingt gegeben, weil hohe Zinsaufwendungen mit dieser Kennzahl nicht erfasst werden.

Über die vergangenen Jahre hat Knorr-Bremse auch in konjunkturell schwierigen Phasen einen relativ konstanten FFO mit geringer Schwankungsbreite generiert. So war der FFO im konjunkturellen Tief des Jahres 2009 mit € 286 Mio. nur unwesentlich geringer als in den vorhergehenden prosperierenden Perioden. Insofern bewegte sich die Kennzahl FFO/Debt, dem Vergleich des nachhaltigen Cashflows mit der adjustierten Verschuldung des Unternehmens, auch im Krisenjahr 2009 in der Finanzrisikoprofilkategorie „Modest". Im Rahmen der Klassifizierung des Finanzrisikoprofils werden gleichfalls Szenarioanalysen darüber erstellt, ob die Generierung von Cashflows auch in Zukunft nachhaltig erfolgen kann, was im Fall von Knorr-Bremse seitens des Rating Komitees positiv beurteilt wurde (Abb. 24.3).

24.2.6 Beurteilung der Liquidität

Die Beurteilung und Klassifizierung der Liquiditätslage ist integraler Bestandteil des Finanzrisikoprofils. Standard & Poor's klassifiziert die Liquiditätsposition eines Unternehmens in fünf Kategorien.[7] Eine negative Beurteilung der Liquiditätslage kann nach diesen Ratingkriterien das Emittentenrating auf eine bestimmte Höhe begrenzen.

Die Liquiditätsanalyse konzentriert sich auf einen Vergleich von vorhandener finanzieller Flexibilität mit dem Fälligkeitenprofil der Finanzverbindlichkeiten. Finanzielle Flexibilität sind jene Geldmittel, die als frei verfügbar betrachtet werden („Surplus Cash"). Gleichfalls berücksichtigt werden ungenutzte und vertraglich gesicherte Kreditlinien inklusive der Beurteilung des Risikos, dass Kreditnebenabreden („Covenants") einer Nutzung von Kreditlinien entgegen stehen könnten. Es liegt in der Natur der zukunftsgerichteten Aussage des Ratings, dass erwartete positive und negative Cashflows, aber auch geplante Dividendenzahlungen, für die Beurteilung der Liquiditätslage von Bedeutung sind. Neben eines einfachen Vergleichs von Mittelherkunft („Financial Flexibility") mit Mittelverwendung (finanzielle Fälligkeiten, negativer Cashflow) erfolgt gleichfalls eine qualitative Risikoeinschätzung im Hinblick auf die Konzentration von finanziellen Verpflichtungen, Diversifikation der Finanzierung, möglichen Fremdwährungsrisiken, sowie Geschäftsbeziehungen zu Banken oder anderen Fremdkapitalgebern.

Zum 31. Dezember 2011 hat KB kurzfristige zinstragende Finanzverbindlichkeiten von 33 Mio. €. ausgewiesen. Vorhandene frei verfügbare Liquidität und zugesagte sowie nicht genutzte Kreditlinien übersteigen diese kurzfristigen Finanzverbindlichkeiten signifikant. In Anbetracht der Erwartung eines positiven diskretionären Cashflows (FOCF minus Dividendenzahlungen) im Kalenderjahr 2012 entsteht auch aus dem laufenden Geschäftsbetrieb kein zusätzlicher Liquiditätsbedarf. Die Liquiditätsposition wird, in Anlehnung an die Liquiditätskriterien, folglich als „Strong" klassifiziert.

24.3 Zusammenfassung

- Die Einschätzung, dass ein Unternehmen seinen finanziellen Verpflichtungen zeitgerecht und vollumfänglich nachkommt, beschränkt sich nicht auf einfache Kennzahlenberechnungen. Der Ratingansatz von Standard & Poor's berücksichtigt sowohl das Geschäftsrisiko („wie" wird Cashflow generiert) als auch das Finanzrisiko („wie viel" Cashflow wird generiert und „wofür" wird er verwendet).
- Geschäftsberichte und Jahresabschlüsse beinhalten erfahrungsgemäß nicht alle ratingrelevanten Informationen. Dies gilt insbesondere für Zusatzinformationen zur Liquiditätslage eines Unternehmens wie etwa Angaben zu Kreditlinien und detaillierte Darstellung des Fälligkeitenprofils.

---

[7]Vgl. Standard & Poor's (2011).

- Die Einschätzung des Geschäftsrisikos eines Unternehmens ist abhängig von der geographischen Verteilung der Geschäftstätigkeit, dem Branchenrisiko und der zu erwartenden Nachhaltigkeit von Wettbewerbspositionen. Unternehmen in unterschiedlichen Branchen können unterschiedliche Geschäftsrisiken aufweisen. Nachhaltigkeit, Stabilität, Diversifikation und geringe Schwankungs-breite von operativen Gewinnen sind wesentliche Punkte eines risikoarmen Geschäftsrisikoprofils.
- Adjustierungen der Jahresabschlussdaten sind elementarer Bestandteil des Finanzrisikoprofils, die einen Vergleich von Unternehmen ermöglichen.
- Die Eigentümerstruktur hat Implikationen für das Unternehmensrating. Finanzpolitik und Risikotoleranz („Financial Policy") können das Finanzrisikoprofil beeinflussen.
- Die Einschätzung der Liquiditätsposition kann selbst bei vermeintlich als „gut" wahrgenommenen Finanzkennzahlen einen signifikant negativen Einfluss auf das Rating haben.

Literatur

Standard & Poor's (2006a) A closer look at industrial ratings methodology
Standard & Poor's (2006b) Criteria, Corporates, General: New reconciliation table shows Standard & Poor's adjustments to company reported amounts
Standard & Poor's (2007) Criteria, Corporates, General: Standard & Poor's encyclopedia of analytical adjustments for corporate entities
Standard & Poor's (2009a) Criteria, Corporates, General: Criteria methodology: Business risk/financial risk matrix expanded
Standard & Poor's (2009b) Criteria, Corporates, Recovery: Criteria guidelines for recovery ratings on global industrials issuers' speculative-grade debt
Standard & Poor's (2009c) General Criteria: Use of creditwatch and outlooks
Standard & Poor's (2011) Criteria, Corporates, General: Methodology and assumptions: Liquidity descriptors for global corporate issuers

Gläubigerschutz bei Anleiheemissionen

25

Ralf Garrn und Werner Gleißner

Das Rating einer Anleihe und die Bewertung eines Kredits basiert naheliegender Weise auf dem Rating des emittierenden Unternehmens, ist aber nicht identisch. Zu berücksichtigen sind anleihespezifische Besonderheiten, wie Gläubigerschutzrechte (beispielsweise die Stellung des Gläubigers im Falle einer Insolvenz), was von den Vertragsbedingungen und möglicherweise vereinbarten Nachrangigkeitsbedingungen im Speziellen abhängt. Für das Rating einer Anleihe ist zudem damit nicht nur die Wahrscheinlichkeit der Insolvenz des Emittenten maßgeblich, sondern auch deren Konsequenzen, also der (unsichere) Rückfluss im Falle der Insolvenz. Damit unterscheidet sich schon formal das relevante Risikomaß, das dem Emittenten- und Emissionsrating (Anleihen-Rating) zugrunde liegt.

Das Unternehmensrating (Corporate-Rating) oder Emittentenrating zeigt die Ausfall- oder Insolvenzwahrscheinlichkeit eines Unternehmens.[1] Das Rating beurteilt damit ein Unternehmen aus Perspektive des Gläubigers, der an der Rückzahlung des Fremdkapitals (Kapitaldienstfähigkeit) interessiert ist. Formal entspricht das Unternehmensrating damit einem sogenannten LPM_0-Risikomaß, einer Shortfallwahrscheinlichkeit.[2] Abhängig ist die Insolvenzwahrscheinlichkeit vom erwarteten Ertragsniveau, der Risikotragfähigkeit (Eigenkapital- und Liquiditätsausstattung) und den Risiken, die Planabweichungen (bzw. Verluste) auslösen können. Beim Unternehmensrating wird das Unternehmen als Ganzes betrachtet und nicht Bezug genommen auf eine spezielle Fremdkapitalposition (Verbindlichkeit), z. B. eine Anleihe.

---

[1] Zur weiteren Präzisierung siehe Blum et al. (2005); Everling und Gleißner (2004); Bemmann (2007); Gleißner und Bemmann (2008); Gleißner und Füser (2012).
[2] Siehe hierzu Gleißner und Wolfrum (2008).

R. Garrn (✉)
Euler Hermes Rating Deutschland GmbH, Gasstraße 18, Haus 2, 22761 Hamburg, Deutschland
E-Mail: ralf.garrn@eulerhermes-rating.com

W. Gleißner
FutureValue Group AG, Obere Gärten 18, 70771 Leinfelden-Echterdingen (Stetten), Deutschland
E-Mail: info@futurevalue.de

Ratingnote	RR in % (Altmann, 2007)	PD in % (Mooy's 1920 bis 2009)	Expected Loss in %
AAA/Aaa	82,55	0,00	0,00
AA/Aa	65,68	0,03	0,01
A/A	53,91	0,02	0,01
BBB/Baa	42,15	0,18	0,10
BB/Ba	36,25	1,11	0,71
B/B	34,11	5,29	3,49
CC/Caa	37,67	23,41	14,59
Funktion	PD (Eingabe)	3,00	n.n.
	RR (geschätzt)	41,54	-0,11*LN(PD)+0,0297
	EL (geschätzt)	1,75	PD*(1-RR)

RR (Recovery Rate) = Erlösquote bei Forderungsausfällen
PD (Probability of Default) = Ausfallwahrscheinlichkeit
EL (Expected Loss) = Erwarteter Verlust

Abb. 25.1 Rating in Abhängigkeit von Expected Loss

Emissionsratings (speziell: Anleihen-Ratings) – ähnlich wie oft auch Projektratings und Immobilienratings – betrachten dagegen eine spezielle Fremdkapitalposition mit den ihm zuordenbaren Sicherheiten (und rechtlichen Rahmenbedingungen). Für eine Beurteilung einer speziellen Komponente des Fremdkapitals (Obligation, finanzielle Verbindlichkeit) des Schuldners (wieder aus Perspektive des Gläubigers) ist es neben der Wahrscheinlichkeit eines Defaults (Probability of Default, PD) auch relevant, wie groß der „Schaden" (Verlust) im Falle des Default ist bzw. wie hoch die „Recovery Rate (RR)" ist. Die „Recovery Rate" gibt an, welcher Rückfluss (bezogen auf die Nominalhöhe des Fremdkapitals) im Falle eines „Defaults" zu erwarten ist. Für die Einstufung in eine Rating-Skala ist hier daher der sogenannte „Expected Loss"[3] (EL) maßgeblich (Abb. 25.1).[4]

Die hier erläuterte Vorgehensweise entspricht den Ratings von Kreditinstituten und offenkundig ist es gerade der Expected Loss (EL), der Grundlage für die Berechnung risikogerechte Zinskonditionen ist.

Zukunftsorientierung und Risikoadäquanz Die Beurteilung der Insolvenzwahrscheinlichkeit des Unternehmens sollte anders als traditionelle, eher finanzkennzahlengestützte

---

[3] Keiner (2001).
[4] Siehe zu Anleihen-Ratings Garrn und Gleißner (2010) und zu Immobilienratings Gleißner und Wiegelmann (2012).

Abb. 25.2 Freier Cashflow. (Quelle: Future Value Group AG)

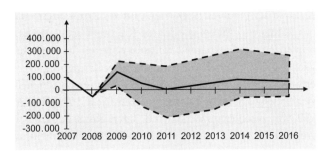

Ratings insbesondere auch die Risiken berücksichtigen, die in Zukunft schwerwiegende Planabweichungen und damit Krisen oder Insolvenzen auslösen können. Aufbauend auf traditionellen Verfahren des Ratings sollten entsprechend Risiken quantifiziert und im Kontext der Unternehmensplanung mittels Simulation aggregiert werden, um eine realistische Bandbreite der Entwicklung zukünftiger Finanzkennzahlen eines Unternehmens angeben zu können. Mit derartigen „stochastischen" Ratingprognosen kann unmittelbar die Wahrscheinlichkeit von Überschuldung und Illiquidität eines Unternehmens, unter Berücksichtigung der zukünftigen Risiken, berechnet werden.[5]

Während bei alleiniger Betrachtung der (historischen) Kennzahlen einer Finanzanalyse implizit nur diejenigen Risiken erfasst werden, die im letzten Jahresabschluss eingetreten sind, werden bei einem derartigen simulationsbasierten Ansatz ergänzend auch die in der Zukunft liegenden Risiken nachvollziehbar und quantitativ ausgewertet (Abb. 25.2).

Illiquiditätsanalyse basierend auf Verhaltens-Prognose der Kreditinstitute Illiquidität ist die häufigste Insolvenzursache. Die Abschätzung der Illiquiditätswahrscheinlichkeit erfordert die Beurteilung, ob in einer spezifischen Unternehmenssituation (beispielsweise bei einem eingetretenen risikobedingten schwerwiegenden Verlust) der dann vermutlich verfügbare Kreditrahmen reicht, die Zahlungsfähigkeit noch zu gewährleisten. Für die Beurteilung der Illiquidität ist es damit nicht nur ausreichend zu wissen, in welcher Bandbreite sich die zukünftigen (freien) Cashflows des Unternehmens bewegen werden, sondern zusätzlich ist eine (situationsspezifische) Abschätzung des Kreditrahmens notwendig – und damit eine Berücksichtigung eines typischen Verhaltens von Kreditinstituten. Basierend auf empirisch ableitbaren „typischen" Verhaltensregeln kann so für eine große repräsentative Anzahl (simulierbarer) Zukunftsszenarien (siehe Abb. 25.1) berechnet werden, welchen Kreditrahmen (zu welchen Konditionen) Kreditinstitute bereitstellen werden. Der bereitstellbare Kreditrahmen und die Insolvenzwahrscheinlichkeit sind dabei beispielsweise abhängig von den verfügbaren Sicherheiten des Unternehmens und der Ertragskraft, zum Beispiel ausgedrückt durch den (unsicheren) EBITDA.

---

[5]Siehe Gleißner und Bemmann (2008); Gleißner (2002).

Analyse der Insolvenzszenarien und der Konsequenzen für die Anleihengläubiger Für das Rating von Anleihen oder die Kreditbewertung ist es erforderlich, die genauen Konsequenzen der denkbaren Insolvenzszenarien für die Anleihengläubiger zu beurteilen. Ergänzend zur Monte-Carlo-Simulation der Ratingprognose ist damit eine Zusatzauswertung erforderlich, die anzeigt, in welchen der unterschiedlichen denkbaren Insolvenzszenarien sich welche konkreten Konsequenzen für die Anleihengläubiger ergeben. In Abhängigkeit von Insolvenzursachen und deren Konsequenzen für das Unternehmen ist damit (regelbasiert) aufzuzeigen, ob beispielsweise eine Fortführung des Unternehmens sinnvoll erscheint beziehungsweise in welchem Umfang und in welcher Höhe bestehende Assets zur Bedienung der Forderungen der Gläubiger verkauft werden können. Für das konkrete Rating einer spezifischen Anleihe muss dann durch eine „Schichtenanalyse" wiederum basierend auf den vertraglichen Rahmenbedingungen und Sicherungskonzepten ermittelt werden, welcher Anteil der in der Insolvenz für die Gläubiger insgesamt zur Verfügung stehenden finanziellen Mittel den Gläubigern einer speziellen Anleihe (beziehungsweise analog eines bestimmten Kredits) zur Verfügung stehen wird („Wasserfallmodell"). Hier spielt offensichtlich die Ausprägung von Gläubigerschutzrechten eine wesentliche Rolle. Sie beeinflussen die Recovery rate – aber unter Umständen auch die Insolvenzwahrscheinlichkeit (z. B. wenn durch vereinbarte Covenants „zu riskante" Aktivitäten, wie Großinvestitionen, verhindert werden).

Simulationsbasiertes Gesamtmodell In Anbetracht der Unsicherheit der Zukunftsentwicklung und der wechselseitigen Abhängigkeiten zwischen Unternehmensplanung, Risiken, dem eingeräumten Finanzierungsspielraum durch die Kreditinstitute und die von der konkreten Insolvenzsituation abhängigen Rückflüsse an die Gläubiger, ist für das Anleihe-Rating eine integrierte simulationsbasierte Analysemethodik hilfreich. Eine Lösung mittels Simulationsverfahren ist zur Berechnung des oben erwähnten „Shortfall-Erwartungswerts" notwendig, um neben der separaten Bestimmung von a) Insolvenzwahrscheinlichkeit und b) mittlerer Schadensquote die Aussage des Ratings ggf. zu verbessern. Im Gesamtmodell werden die verschiedenen Sachverhalte, die von Ratingexperten situationsspezifisch mit hoher Fachkompetenz zu erheben sind, abgebildet, um unter Berücksichtigung sämtlicher Interdependenzen die Konsequenzen gerade der Unsicherheiten hinsichtlich der Zukunftsentwicklung für die Anleihengläubiger zu bewerten. Aufbauend auf dem bewährten traditionellen Instrumentarium des Unternehmensratings hat die Euler Hermes Rating Deutschland GmbH mit Unterstützung der FutureValue Group AG, als Spezialisten für betriebswirtschaftliche Methodenentwicklung, basierend auf den oben genannten Punkten das traditionelle Anleihe-Rating um einen innovativen Ansatz erweitert. Die Nutzung von simulationsbasierten Analysen ermöglicht eine fundiertere Beurteilung der Position der Anleihengläubiger. Auf diese Weise können nachvollziehbar und unter Berücksichtigung gerade der für das Rating wesentlichen Risiken die Aussagen von Ratings weiter verbessert werden.

Literatur

Bemmann M (2007) Entwicklung und Validierung eines stochastischen Simulationsmodells für die Prognose von Unternehmensinsolvenzen. Dissertation, Dresden

Blum U, Gleißner W, Leibbrand F (2005) Stochastische Unternehmensmodelle als Kern innovativer Ratingsysteme. In: IWH-Diskussionspapiere, Nr. 6, November 2005. http://econpapers.repec.org/scripts/redir.pf?u=http%3A%2F%2Fwww.iwh-halle.de%2Fd%2Fpublik%2Fdisc%2F6-05.pdf;h=repec:iwh:dispap:6-05. Zugegriffen 19. Juli 2012

Everling O, Gleißner W (2004) Ratingevidenz: Die Qualität von Ratingnoten. Kredit Rat Prax 4: 22–24

Garrn R, Gleißner W (2010) Anleihenrating. Kredit Rat Prax 2: 22–23

Gleißner W (2002) Wertorientierte Analyse der Unternehmensplanung auf Basis des Risikomanagements. Finanz Betr 7-8: 417–427

Gleißner W, Bemmann M (2008) Die Rating-Qualität verbessern. die bank 9: 51–55

Gleißner W, Füser K (2012) Praxishandbuch Rating und Finanzierung unter Basel III, 3. Aufl. Vahlen, (im Druck)

Gleißner W, Wiegelmann T (2012) Immobilienrating im Zusammenhang mit der Risikoanalyse. Immob Finanzierung 10: 23–25

Gleißner W, Wolfrum M (2008) Eigenkapitalkosten und die Bewertung nicht börsennotierter Unternehmen: Relevanz von Diversifikationsgrad und Risikomaß. Finanz Betr 9: 602–614

Keiner T (2001) Rating für den Mittelstand: Wie Unternehmen ihre Bonität unter Beweis stellen und sich günstige Kredite sichern. Campus Verlag, Frankfurt a. M.

Die Platzierung von Debt Produkten

26

Holger Clemens Hinz und Christopher Johannson

26.1 Emissionsbanken und ihre Rolle bei der Platzierung

Auch wenn die Platzierungsphase im Rahmen des Gesamtprozesses der Begebung eines Debt Produkts für Unternehmen am Kapitalmarkt nur ein kurzes Zeitfenster einnimmt, ist sie doch aus der Brille der Unternehmer und Geschäftsführer der weitaus wichtigste Teil, der über die erfolgreiche Umsetzung einer Refinanzierung entscheidet. Die klassischen und ursprünglichen Funktionen des Intermediärs am Kaptialmarkt kommen daher insbesondere während der Platzierungsphase von Debt Produkten zur Geltung. In diesem Zusammenhang übernehmen Emissionsbaken als „Hausbank am Kapitalmarkt" für den Emittenten unüberwindbare Aufgaben und bilden die Brücke zu den Investoren. Neben der reinen Zurverfügungstellung von Absatzkanälen über die jeweils relevanten Sales-Kanäle findet auch ein Reputationstransfer zwischen Bank und Emittent statt: Die Emissionsbank steht mit ihrem Namen für den Emittenten ein und überträgt diesem das Vertrauen von Investoren, mit denen sie langjährige Beziehungen aufgebaut und gepflegt hat.

Darüber hinaus übernimmt die Emissionsbank je nach Wahl der Platzierungsmethode in hohem Maße Einfluss auf die Auswahl und Gewichtung der Investorengruppen während des Platzierungsprozesses. Durch diese qualitative Komponente können Emittent und Bank gemeinsam entscheiden, ob beispielsweise eine hohe Liquidität im Sekundärmarkt durch eine breite Streuung der Investorenbasis erreicht werden soll oder eine geringe Anzahl langfristig orientierter Investoren mit größeren Blöcken bevorzugt wird, die ein Debt Produkt auch von der Begebung bis zum Ende der Laufzeit halten. Auch die Einbeziehung ausländischer Investoren oder Privatinvestoren ist situationsabhängig von der

H. C. Hinz (✉) · C. Johannson
quirin bank AG, Schillerstraße 20, 60313 Frankfurt am Main, Deutschland
E-Mail: holger.hinz@quirinbank.de

C. Johannson
E-Mail: christopher.johannson@quirinbank.de

Art des Debt Produkts und auch dem Bekanntheitsgrad eines Emittenten und sollte klar abgewogen werden.

Da die Platzierungsphase die alles entscheidende Phase bei einer Emission eines Debt Produkts ist und auch den wesentlichen, für den Emittenten spürbaren, Mehrwert darstellt, werden Emissionsbanken oftmals an ihrer Platzierungspotenz gemessen. Die wichtigsten Kriterien für diese Platzierungskraft im Markt sind vielschichtig. Einerseits kann die Erfahrung und der Erfolg anhand von Referenzen im relevanten Debt Produkt in der vom Emittenten gewünschten Bedarfsgröße abgelesen werden, andererseits hängen diese jedoch auch von den individuellen Kontakten des Sales-Desks und ggf. auch einzelnen Personen ab. Neben der beschriebenen Platzierungsfähigkeit ist auch die Qualifikation des Corporate Finance-/Debt Capital Markets-Teams von entscheidender Bedeutung, die Transaktion vermarktungsfähig und investorengerecht vorzubereiten. Zuletzt spielt auch das Feingefühl für den Markt, das Erkennen der Emissionsfenster, die je nach Segment nur für kurze Dauer geöffnet sind, eine nicht zu verkennende, wesentliche Rolle.

26.2 Debt Produkte und ihre Investoren

26.2.1 Überblick der gängigen Debt Produkte für Unternehmen

Wenn auch an anderer Stelle im Detail bereits beschrieben, soll dieser Abschnitt eine kurze Übersicht über die verschiedenen, für mittelständische Emittenten zugänglichen Debt Produkte im Hinblick auf gewisse Merkmale sowie die relevanten Emissionsbanken geben.

Das Schuldscheindarlehen ist ein typisch deutsches Produkt und bildet seit Jahrzehnten neben dem Bankkredit für Unternehmen eine langfristige Form der Kreditfinanzierung und dabei Zugang zu Institutionellen Investoren, ohne dass dieses Produkt an einer Börse gehandelt werden kann. Im Regelfall treten Banken und Sparkassen als Kreditgeber auf und schließen mit dem späteren Emittenten, welches ein Unternehmen mit einwandfreier Bonität (Rating = Investment Grade) sein muss, einen Kreditvertrag. Der(n) Bank(en) bleibt nach Abschluss die Möglichkeit, den dem Schuldscheindarlehen zugrunde liegenden Kredit an institutionelle Investoren wie Versicherungen, Pensionskassen oder anderen Sondervermögen wie Investmentfonds zu übertragen. Die Art und Struktur des Debt Produkts macht deutlich, dass insbesondere die kreditgebenden Banken im Mittelstand, Sparkassen, Volksbanken und deren Spitzeninstitute sowie die klassischen Geschäftsbanken als begleitende Häuser für ein Schuldscheindarlehen in Frage kommen.

Dem gegenüber stehen die verschiedenen Arten von Anleihen, also zinstragende, verbriefte Wertpapiere, die keine Unternehmensanteile sondern Fremdkapital verbriefen. Als Debt Produkte für Unternehmen kommen aus dem Segment der Anleihen, je nach Größe des Emittenten, klassische Industrieanleihen mit geringen Covenants sowie Wandel- und Optionsanleihen und High-Yields als auch für kleinere Emittenten Mittelstandsanleihen in Frage. Gerade für die Benchmark-Emission, das heißt Anleihen mit einem Ausgabevolumen von mind. 500 Mio. €, sind die klassischen Marktteilnehmer unter den Emissionsbanken die national wie international agierenden kreditgebenden Großbanken sowie auch die Spitzeninstitute der Sparkassen und Volksbanken.

Ein besonderer Typ Anleihen sind Wandel- und Optionsanleihen. Diese sind in die Kategorie Mezzanine Finanzinstrumente einzuordnen und besitzen neben der Fremdkapital- auch eine Eigenkapitalkomponente. Bei der Wandelanleihe hat der Anleihegläubiger dabei das Recht (je nach Ausgestaltung auch die Pflicht), die Anleihe in einem bestimmten Zeitraum und zu bestimmten Konditionen in Gesellschaftsanteile der Emittentin zu wandeln. Optionsanleihen unterscheiden sich in der Beziehung, dass sie über zusätzliche Optionen verfügen, die zum Erwerb von Geschäftsanteilen an der Emittentin berechtigen. Ein Gläubiger kann je nach Ausgestaltung der Anleihe aber auch berechtigt sein, seine Schuldverschreibung als Gegenwert für die Ausgabe von Geschäftsanteilen zu wandeln. In der überwiegenden Anzahl bleibt die Anleihe aber als solches mit ihren Ausgangsbedingungen bestehen. Die Optionen können auch von ihr losgelöst und separat börslich gehandelt werden.

Eine weitere Kategorie von Anleihen bilden die High-Yields – und neuerdings auch die Mittelstandsanleihen. High-Yields und Mittelstandsanleihen sind nicht allein dadurch gekennzeichnet, dass sie einen überdurchschnittlich hohen Coupon aufweisen, sondern deren Emittenten sowie die unterliegende Anleihe zumeist über kein Investment Grade Rating verfügen. Bei den klassischen High-Yield-Emissionen handelt es sich zumeist um Refinanzierungen, der von Beteiligungsgesellschaften/Private Equity-Häusern durchgeführten Akquisitionen von Unternehmen. Vielfach begleitet werden solche Arten von Emissionen durch Banken, die aktiv die Refinanzierung von Akquisitionsfinanzierungen (Leveraged Loans) betreiben. Hierzu zählen in der Mehrzahl die nationalen wie internationalen Kreditbanken und mit wenigen Ausnahmen kleinere Bankhäuser, zumeist Investmentbanken.

Während der klassische US-High-Yield nach US-amerikanischem Recht emittiert wird, handelt es sich bei der Mittelstandsanleihe um ein Debt Produkt nach deutschem Recht. Bei den Mittelstandsanleihen ist der Hauptzweck nicht die Refinanzierung von Unternehmensakquisitionen. Vielmehr etablieren diese sich als eine Art der nachrangigen Fremdkapitalfinanzierung für klassische Unternehmen des gehobenen Mittelstands. Da viele kreditgebende Banken dieses Segment der Refinanzierung für ihre Kunden nicht anbieten, hat sich in dem Segment eine kleinere Anzahl kapitalmarktnaher Banken etabliert, die ursprünglich als Investmentbanken aus der Beratung von mittelständischen Unternehmen für Aktienemissionen entsprungen sind (Abb. 26.1).

Da klassische Schuldscheindarlehen nicht über die Börse gehandelt oder platziert werden, widmen sich die nachfolgenden Abschnitte in erster Linie der Platzierung besonderer, zumeist börsennotierter Debt Produkte, also Wandel- und Optionsanleihen, High-Yield- und Mittelstandsanleihen.

Merkmale	Handelbar über die Börse	Zinskupon	Besonderheiten
Schuldscheindarlehen	Nein	Gering bis Mittel	Standarddokumentation für Emittenten guter Bonität, Emission über kreditgebende Banken, bankeninternes Rating
Industrie-Anleihe	Ja	Gering bis Mittel	Klassische Benchmark-Emittenten (DAX/MDAX) im Investment Grade-Bereich
Wandelanleihe	Ja	Gering	Zwitter zwischen Anleihe und Geschäftsanteilen (Aktie); Recht oder Pflicht zur Wandlung in Geschäftsanteile
Optionsanleihe	Ja	Gering	Anleihe plus Option(en) zum Erwerb von Geschäftsanteilen
High-Yield	Ja	Hoch	Standard US-amerikanisches Recht, Rating von internationaler Ratingagentur, Non-Investment Grade Rating
Mittelstandsanleihe	Ja	Hoch	Deutsches Recht, nationales Rating (oder kein Rating), öffentliches Angebot mit Zeichnung über Zeichnungsboxen der Börsen

Abb. 26.1 Übersicht verschiedener Debt Produkte

Produkt	Institutioneller Investor	Family Offices	Privatinvestor
US-High-Yield	✓	(✓)	
Wandelanleihe	✓	✓	(✓)
Optionsanleihe	✓	✓	(✓)
Mittelstandsanleihe	✓	✓	✓

Abb. 26.2 Fokus und Eignung verschiedener Investorengruppen bei unterschiedlichen Debt Produkten

26.2.2 Die Rolle von Investoren während der Emission

Die verschiedenen Debt Produkte mit ihren Eigenheiten und teils komplexen Strukturen sind oftmals keine standardisierten Produkte und müssen daher an spezialisierte und professionelle Investoren vermittelt werden. Die folgende Abbildung zeigt exemplarisch die Eignung bzw. Spezialisierung verschiedener Investorengruppen für bestimmte Debt Produkte (Abb. 26.2).

Privatinvestoren Unter die Gruppe von Privatinvestoren fallen Privatpersonen, die üblicherweise Kunde einer normalen Geschäfts- oder Direktbank sind und über diese Kontoverbindung im Rahmen von Neumissionen Zeichnungen bei ihrer Bank oder bei Mittelstandsanleihen über die Zeichnungsboxen des relevanten Börsensegments aufgeben. Die häufigste Ordergröße, bspw. bei der Emission einer Mittelstandsanleihe an der Börse Stuttgart, beziffert sich auf 10.000 €. Daneben fallen in diese Gruppe auch kleinere Vermögensverwalter und Multi-Family Offices, die zumeist im Kundenauftrag Beträge bis zu 100.000 € pro Einzelkunde zeichnen. Grundsätzlich werden Privatanleger in zwei Gruppen eingeteilt: Privatanleger mit einem längeren Anlagehorizont (Buy-and-Hold), die für Stabilität im Sekundärmarkt sorgen sowie die tradingorientierten Privatanleger, die kurzfristige Kursgewinne realisieren und für Umsätze im Sekundärmarkt sorgen.

Daneben zeichnen sich Privatinvestoren dadurch aus, dass sie über geringere Ressourcen und Expertise in der Informationsbeschaffung sowie -verarbeitung in Bezug auf ein Debt Produkt verfügen. Da sich in Deutschland im Nachgang zu den Erfahrungen am Neuen Markt nie eine wirkliche Aktienkultur herausgebildet hat, ist der Privatinvestor zumeist stark zinsgetrieben. So zählten Bundeswertpapiere, Pfandbriefe und andere Bankschuldverschreibungen schon immer elementar zu den von Privatanlegern bevorzugten Investments. Die Finanzkrise sorgte dafür, dass Privatinvestoren zunehmend kritisch auf strukturierte Debt Produkte reagierten und vermehrt einfache und verständliche Produkte nachfragten. Da der typische Privatinvestor auch nicht so sehr spezialisiert ist, fällt die Analyse vor einer Entscheidungsfindung über die Auswahl eines Investments für diesen Investorentyp entsprechend gering aus. Es ist daher nicht verwunderlich, dass in Zeiten einer Niedrigzinsphase insbesondere Industrie- und auch Mittelstandsanleihen von Privatinvestoren nachgefragt werden, da es sich um ein strukturell vergleichsweise einfaches Instrument mit erhöhtem Rendite-Risiko-Profil handelt.

Institutionelle Investoren Die Abgrenzung zur Gruppe der Privatinvestoren und semiprofessionellen Investoren ist vor allem dadurch gegeben, dass es sich im Falle eines institutionellen Investors um eine Institution und damit einen qualifizierten Investor handelt, der entweder eigene oder Gelder von Kunden professionell verwaltet. Daher stehen dem institutionellen Investor Geldmittel im Normalfall in größerem Volumen zur Verfügung als dem Privatinvestor. Institutionelle Investoren sind hoch professionalisiert, verfügen oftmals über eigene Bewertungs- und Analyseabteilungen und bilden die Eckpfeiler einer erfolgreichen Platzierung. Zu dieser Gruppe gehören neben Banken auch Versicherungen, Pensionskassen, Investmentgesellschaften sowie Investmentfonds aller Art, als auch Institutionen der öffentlichen Hand. Große Family Offices sind ebenfalls in diese Investorenkategorie einzuordnen. Mit der Größe einhergehend verfügen einige dieser Gesellschaften oder deren Abteilungen über eine Spezialisierung für bestimmte Branchen oder Produkte. Dies macht sie in der Vermarktung unverzichtbar. Mit der steigenden Größe der Investoren ergeben sich für die platzierende Emissionsbank jedoch auch Nachteile. Der Investor hat üblicherweise starre Investitionskriterien. Für das jeweilige Produkt entscheidend sind vor allem Kriterien, die das Mindestvolumen betreffen sowie Kriterien

Rendite-Risiko-Profil	Rentenfonds	High-Yield Fonds	Hedge-Fonds	Family Offices/ Pensionskassen/ Versicherungen
Tendenziell gering	✓			✓
Mittel	✓		✓	✓
Tendenziell hoch		✓	✓	✓

Abb. 26.3 Investorenklassen und ihr Renditerisikoprofil

für das Rating und bestimmte Ausgestaltungen in den Anleihedokumentationen. Damit verbunden wird eine klare Investitionsstrategie verfolgt, in die ein Debt Produkt hineinpasst oder auch nicht. Die typischen in Frage kommenden Investorenarten und deren Risikoprofil sind nachfolgend abgebildet (Abb. 26.3):

26.3 Die verschiedenen Platzierungsverfahren

26.3.1 Überblick über die gängigen Platzierungsverfahren

Je nachdem, welches Debt Produkt vertrieben wird, kommen unterschiedliche Platzierungsverfahren zum Einsatz. Diese richten sich zum einen nach den rechtlichen Vorgaben für das jeweilige Produkt – hier sei insbesondere auf das gesetzliche Bezugsrecht von Aktionären bei der Emission von Wandel- und Optionsanleihen verwiesen –, vor allem aber auch nach den Anforderungen hinsichtlich der Investorenstruktur sowie einer erforderlichen Handelbarkeit an einer Börse (Abb. 26.4).

Hinsichtlich der Platzierungsverfahren bedarf es der Grundentscheidung, ob ein öffentliches Angebot oder eine Privatplatzierung durchgeführt werden soll. In Deutschland und der Europäischen Union ergibt sich durch ein öffentliches Angebot auch die Pflicht einen Wertpapierprospekt für die Emission zu erstellen. Der Vorteil des öffentlichen Angebots besteht im Wesentlichen darin, neben institutionellen Investoren auch Privatinvestoren für das Angebot anzusprechen und diese mit in die Zeichnung einzubeziehen.

26.3.2 Öffentliches Angebot von Debt Produkten

Die Wahl oder die Pflicht zur Erstellung eines Wertpapierprospekts wird in Deutschland seit Mitte 2005 durch die EU-Prospektrichtlinie und das Wertpapierprospektgesetz (WpPG) geregelt. Das WpPG regelt, dass die Pflicht zur Erstellung eines Wertpapierprospektes dann besteht, wenn das betreffende Wertpapier öffentlich zum Verkauf angeboten wird. Wann ein solches öffentliches Angebot vorliegt, richtet sich unter anderem nach der Stückelung der Anleihe und der Summe sowie dem Qualifikationsstatus angesprochener

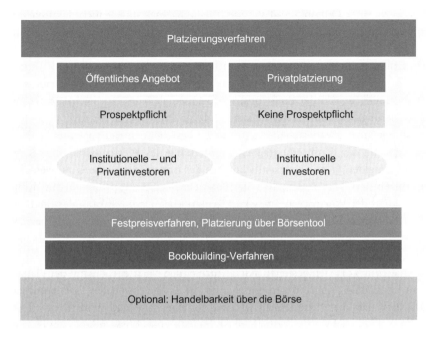

Abb. 26.4 Überblick über verschiedene Platzierungsverfahren

Investoren (Stichwort: qualifizierte Anleger). Daneben zählen seit dem 1. Juli 2012 mit wenigen Ausnahmen generell auch alle Bezugsangebote auf Options- und Wandelanleihen zu öffentlichen Angeboten. Sofern der Emittent beabsichtigt, kein öffentliches Angebot im Rahmen der Platzierung durchzuführen, muss mindestens eines der folgenden Kriterien erfüllt sein:

- Das Angebot richtet sich ausschließlich an qualifizierte Anleger (sofern diese Anleger keine institutionellen Investoren sind, müssen sie als qualifizierte Anleger bei der betreffenden Börse angemeldet sein).
- Das Angebot richtet sich an weniger als 100 nicht-qualifizierte Anleger im europäischen Wirtschaftsraum.
- Die Mindeststückelung sowie der zu erwerbende Mindestbetrag pro Anleger beträgt mindestens 50.000 € (Marktstandard sind aktuell jedoch 100.000 €).
- Der Verkaufspreis für alle angebotenen Wertpapiere beträgt weniger als 100.000 €, wobei diese Obergrenze für zwölf Monate zu berechnen ist.

Dadurch wird klar, dass bestimmte Debt Produkte durch ihre Eigenschaften ein öffentliches Angebot erfordern. Die Anzahl der Privatinvestoren kann in keinem Fall durch die Art der Zeichnung auf weniger als 100 begrenzt werden. Allein die allgemeine Rechtsmeinung zum gesetzlichen Bezugsrecht, die besagt, dass bei der Bemessung der Höhe des

Nominalwerts einer Options- und Wandelanleihe Kleinaktionäre nicht faktisch von der Zeichnung ausgenommen werden dürfen – üblich sind maximal 100 € – sowie die Vorgabe der Börsen im Mittelstandssegment von Stückelungen à 1.000 € machen deutlich, dass all diese Emissionen, die Erstellung eines Wertpapierprospektes bedingen.

Die Vorteile eines öffentlichen Angebots bestehen im Wesentlichen darin, dass der Emittent gemeinsam mit der Emissionsbank die mediale Wirkung zur Vermarktung seines Finanzierungsinstruments nutzen kann und ihm ein größerer und diversifizierter Pool an Investoren zur Auswahl stehen. Aufgrund der bestehenden Heterogenität der Investorengruppen und der damit einhergehenden Streuung des Wertpapierabsatzes kann der Emittent vermeiden, dass ein wesentlicher Teil des Emissionsvolumens auf wenige Investoren konzentriert wird. Zudem trägt die öffentliche Platzierung positiv zur Handelbarkeit bzw. Liquidität der Wertpapiere im Sekundärmarkt bei. Dadurch kann der Emittent seine Kapitalkosten reduzieren. Daneben kann die Einbeziehung von Privatinvestoren in die Platzierung dem Emittenten helfen, sein Markenbewusstsein in der Öffentlichkeit zu Stärken und die Bindung der Kunden an das Unternehmen zu verstärken.

Neben diesen Vorteilen bestehen jedoch auch einige Nachteile, die mit der Platzierung über ein öffentliches Angebot verbunden sind. In Abhängigkeit des Platzierungserfolgs wird deutlich, dass die Öffentlichkeitswirkung vor allem hinsichtlich der Presse durchaus als zweischneidiges Schwert zu betrachten ist. Im Falle eines Misserfolgs in der Platzierung kann der Emittent nachhaltig seine Reputation im Kapitalmarkt sowie auch den Markenwert schädigen. Auch die Pflicht zur Prospekterstellung schreckt viele Emittenten ab. Dies hängt primär mit den für die Erstellung des Prospektes einhergehenden Kosten zusammen. Da neben der Emissionsbank auch Wirtschaftsprüfer und Anwälte bei der Prospekterstellung mitwirken, entsteht ein nicht unerheblicher fixer Kostenaufwand, der die Emission für den Emittenten erst ab einem gewissen Emissionsvolumen wirtschaftlich macht. Daneben bedeutet die Erstellung des Wertpapierprospektes auch ein wesentlicher Zeitaufwand für das Management. Die damit verbundene Transparenz im Hinblick auf Unternehmensrisiken sowie die Folgepflichten nach der Emission, zu denen sich das Unternehmen im Falle eines öffentlichen Angebots verpflichtet, sind nicht immer erwünscht.

26.3.3 Privatplatzierung von Debt Produkten

Per Definition ist die Privatplatzierung vom öffentlichen Angebot so abzugrenzen, dass sie die oben beschriebenen Anforderungen hinsichtlich § 3 WpPG erfüllt. Aufgrund der Ansprache eines begrenzten Investorenkreises, der dazu noch qualifiziert ist, kann auch die Stückelung mindestens 50.000 € betragen. Dies ist im Rahmen der Platzierung bei qualifizierten Anlegern durchaus üblich; Privatinvestoren hingegen investieren üblicherweise geringere Volumina und bevorzugen daher eine kleinere Stückelung.

Unter die Definition der qualifizierten Anleger fallen im Rahmen der Privatplatzierung meist institutionelle Investoren, die sich auf das zu platzierende Debt Produkt spezialisiert haben. Sie haben ein weitaus geringeres Schutzbedürfnis als Privatanleger und sind sowohl kapazitätsseitig als auch hinsichtlich ihres Knowhow besser ausgestattet, um ihre eigene Analyse im Rahmen des Erwerbs des jeweiligen Debt Produktes durchzuführen. Somit wird auch klar, warum der Gesetzgeber bei dieser Art der Platzierung davon ausgeht, dass auf die Pflicht zur Erstellung eines Wertpapierprospekts verzichtet werden kann.

Besonders komplexe Debt Produkte, teilweise mit Equity-Komponente ausgestattet, wurden und werden über Privatplatzierungen an Investoren vermittelt. Sie sind für Privatinvestoren mit sehr hohem Erklärungsaufwand verbunden und daher auch in ihrer Funktionalität für Privatinvestoren oftmals nur schwer nachzuvollziehen. Zu dieser Produktpallette gehören typischerweise klassische Wandelanleihen, Pflichtwandelanleihen, Optionsanleihen, aber auch klassische US- High-Yield-Anleihen. Bedingt durch die bereits ausgeführten Änderungen des WpPG werden jedoch zukünftig insbesondere die Debt Produkte mit Aktienkicker in den seltensten Fällen noch als Privatplatzierung durchgeführt werden können.

Der Vorteil der Privatplatzierung liegt aus Emittentensicht klar auf der Hand. Durch den Entfall der Prospektpflicht kann der Emittent wesentliche Kosten sparen. Zudem kann der gesamte Prozess um einige Wochen beschleunigt werden, da auf die zeitaufwendige Erstellung der Dokumentation und den damit verbundenen Billigungsprozess verzichtet wird. Das Verkaufsdokument im Falle der Privatplatzierung ist bei US-High-Yields das sogenannte Offering Memorandum, in dem, ähnlich wie im Wertpapierprospekt, die wesentlichen Eckdaten des angebotenen Produkts sowie Hintergrundinformationen zum Emittenten, Risikofaktoren, Informationen zum Markt und die zugesagten Sicherheiten des Emittenten abgebildet sind. Die Emission von Wandel- sowie Optionsanleihen erfolgt zumeist auf reiner Term Sheet-Basis sowie den einschlägigen Bedingungen des Debt Produkts. Hintergrund für diese geringeren Anforderungen ist vor allem, dass es sich zumeist um bereits börsennotierte Gesellschaften handelt, die über ihre Folgepflichten in Bezug auf die Finanzinformationen für Investoren vollständig transparent sind. Es besteht sozusagen ein Vertrauensvorschuss im Vergleich zu einem Emittenten, der das Parkett mit einer Emission neu betritt.

Grundsätzlich bestehen für die Emission von Debt Produkten über eine Privatplatzierung nicht nur Vorteile. Neben dem beschränkten Investorenkreis wird klar, dass damit schließlich ein geringeres Maß an Liquidität mit dem zu emittierenden Titel verbunden ist, auch wenn nach der Platzierung die Einbeziehung in den Handel an einer Börse beabsichtigt ist. Die beschränkte Anzahl an Investoren erschwert die Handelbarkeit und erhöht die damit verbundenen Transaktionskosten und Preisfindung im Sekundärmarkt. Da im Falle von Privatplatzierungen üblicherweise ausschließlich auf das jeweilige Debt Produkt spezialisierte, professionelle Investoren als Zeichner auftreten, wird auch klar, dass dieser Nachteil während der Platzierung bereits antizipiert wird und dementsprechend in die Preisfindung von Ausgabebetrag und Coupon einfließt. Somit bezahlt der Emittent letztendlich diesen Nachteil für den Investor mit einem höheren Coupon. In Abhängigkeit des Emissionsvolumens kann somit ein vermeintlicher Kostenvorteil schnell schwinden.

26.3.4 Verfahren zur Bildung des Emissionspreises/Coupons

Neben der Grundsatzentscheidung über die Wahl des Angebots und die damit einhergehende Vorselektion der adressierbaren Investoren spielt das Pricing eines Debt Produkts eine zentrale Rolle in der Platzierung. Hier kommt der Emissionsbank wiederholt die Rolle des Intermediärs zu Teil. Letztendlich müssen die Wünsche des Emittenten über die Höhe eines Zinscoupons bei Anleihen sowie Bezugs-, Wandlungs-, Options- oder Ausgabepreise bei Wandel- und Optionsanleihen in Einklang mit den zum Zeitpunkt einer Platzierung vorherrschenden Kapitalmarktbedingungen sowie den Vorstellungen der Investoren gebracht werden. Dies heißt nicht nur, dass sich Emissionsbank und Emittent ausschließlich an gängigen Marktparametern orientieren können, nein, vielmehr entscheidet bei einem Debt Produkt die individuelle Kreditfähigkeit des Emittenten über die finalen Bedingungen. Im Rahmen des Pricings ergeben sich neben den monetären Aspekten in Bezug auf die Höhe des Ausgabekurses und des Zinscoupons häufig auch zusätzliche Anforderungen in Bezug auf finanzielle Covenants. Letztere sind besonders bei Emittenten, die nicht dem Investment Grade Rating zuzurechnen sind, wiederzufinden und haben indirekt Einfluss auf das Pricing. Im Rahmen des Findungsprozess gibt es im Wesentlichen zwei Verfahren, die prinzipiell in Frage kommen.

Festpreisverfahren Das Festpreisverfahren ist eines der ältesten Preisfindungsmechanismen. Im Grunde einigen sich Emissionsbank und Emittent noch vor Launch der Transaktion fix über die Ausgestaltungsparameter. Die Preisfixierung erfolgt damit zentral vor Beginn einer Angebotsphase und ist für die Emission verbindlich. Aufgrund der zunehmenden Unsicherheit und Volatilität an den Kapitalmärkten ist allerdings bei dem Festpreisverfahren nicht ausgeschlossen, dass sich im Rahmen der Platzierung unterschiedliche Preisvorstellungen auf Investoren- wie Emittentenseite herausbilden. Aufgrund der veränderten Rahmenbedingungen ist die Bankenwelt dazu übergangen, effizientere Verfahren zur Preisfindung einzusetzen, um Markt- und Investorenerwartungen besser einschätzen und kurzfristig auf Marktveränderungen reagieren zu können.

Heute finden Varianten des Festpreisverfahrens nur noch bei bestimmten Debt Produkten Anwendung, in denen ein Bookbuilding bzw. Accelerated Bookbuilding aus rechtlichen oder technischen Gründen nicht möglich ist. Einer der Ausnahmefälle, die Mittelstandsanleihe, wird in Abschn. 26.5.2 erläutert.

Bookbuilding-Verfahren Das Bookbuilding-Verfahren ist ein Preisverfahren, das einen auktionsähnlichen Charakter aufweist. Die Besonderheit bei diesem Verfahren besteht darin, dass die Bewertungsvorstellungen der Investoren mit in den Preisfindungsprozess einfließen. Vor und während der Zeichnungsphase werden potenziellen Investoren, vor allem institutionellen Investoren, Präsentationen und umfangreiches Marketingmaterial zur Verfügung gestellt und von ihnen ein Feedback verbunden mit Preisvorstellungen eingeholt. Die Emissionsbank gibt nach der ersten Runde vor der Zeichnungsphase in Absprache mit dem Emittenten zumeist eine fest definierte Preisspanne in Bezug auf den Ausgabekurs sowie den Coupon bei Anleihen an. Innerhalb dieser werden die Investoren aufgefordert Gebote abzugeben. Während der Zeichnungsfrist, die schon einmal nur wenige Stunden betragen kann, werden alle Gebote im Orderbuch konsolidiert und gesammelt. Am Ende der Zeichnungsfrist entscheiden die Emissionsbank und der Emittent im engen Dialog darüber, welche Investoren bzw. Investorengruppen in welchem Umfang eine Zuteilung für die Anleihe bekommen. Für die Zuteilung sind zum einen die Maßgabe des Emittenten (Wunsch der Investorenstruktur) sowie zum anderen die Qualität der Investorenstruktur im Orderbuch maßgeblich.

Die Abgrenzung vom Auktionsverfahren besteht vor allem in der Auswahl der Investoren. Beim Auktionsverfahren nehmen Emissionsbank und Emittent schließlich nur indirekt durch den Dialog mit den Investoren Einfluss auf deren Struktur, die Höchstbietenden erhalten am Ende den Zuschlag.

Im Rahmen der Emissionen von Wandel- und Optionsanleihen haben sich Emittent wie Emissionsbank an die aktienrechtlichen Vorgaben für die Emission zu halten. So kann eine Ausgabe ohne Bezugsrecht für diese beiden Finanzierungsinstrumente nur bei Vorlage einer entsprechenden Ermächtigung durch die Hauptversammlung des Emittenten erfolgen. Für viele Emittenten scheidet jedoch eine Emission ohne Bezugsrecht aufgrund der geringen Größe des Debt Produkts als Finanzierungsalternative aus. Bei der Begebung mit Bezugsrecht entscheidet dann auch wieder die entsprechende Ermächtigung der Hauptversammlung eines Emittenten, ob es ein Festpreisverfahren ohne eine flexible, dem Bookbuilding ähnliche Festlegung des Bezugspreises sowie des Wandlungs- oder Optionspreises gibt. Sofern vorgesehen, können die Preisparameter erst drei Werktage vor Abschluss des Bezugsrechts festgelegt werden. Maßgeblich für die Festlegung des Wandlungs- oder Optionspreises ist üblicherweise der volumengewichtete Durchschnittskurs der Aktie der Gesellschaft während der Bezugsfrist. In Bezug auf die Verzinsung und den Ausgabepreis sind analog zur einfachen Anleihe das Investorenfeedback sowie die allgemeine Lage am Kapitalmarkt maßgeblich.

26.3.5 Konsortialbildung für die Platzierung

Die Bildung eines Bankensyndikats im Rahmen der Platzierung eines Debt Produkts kann, wenn es synergetisch in Bezug auf Investorengruppen und Regionen erfolgt, einen entscheidenden Mehrwert für die Sicherung der Umsetzung einer Finanzierung bilden. Je nach Höhe des Emissionsvolumens und Art des Debt Produkts ist es sogar Standard. Unter einem Bankenkonsortium im Rahmen der Begebung eines Debt Produkts ist der Zusammenschluss mehrerer Banken zu verstehen, die eine zeitlich begrenzte Partnerschaft eingehen, um die erfolgreiche Durchführung und Umsetzung zu garantieren.

Ziel der Konsortialbildung ist zum einen eine Aufteilung des Risikos auf mehrere Parteien. Daneben kann insbesondere unter Distributionsgesichtspunkten die Bildung eines Bankenkonsortiums vor allem dann Sinn machen, wenn durch einzelne Banken spezielle Investorengruppen direkter adressiert werden können. Als Beispiel seien hier Tätigkeitsschwerpunkt und sehr individuelle Kontakte zu wohlhabenden Privatkunden und Family Offices angeführt, die zumeist bei elitären Privatbanken zu suchen sind. Um diese zu adressierende Käufergruppe vollständig abzubilden, kann daher die Involvierung einer solchen Spezialbank sehr sinnvoll sein.

Die Bildung des Konsortiums obliegt zwar offiziell der/den konsortialführenden Bank(en), wird allerdings typischerweise im Rahmen der Platzierung großer Industrieanleihen auch durch entsprechende Klauseln in anderen Kreditverträgen mit dem Emittenten durch die großen Geschäftsbanken und Spitzeninstitute der Sparkassen und Volksbanken vorgegeben. Der Konsortialführer informiert schließlich die weiteren Teilnehmer und lädt diese zumeist kurzfristig ein, an der Platzierung teilzunehmen. Je nach Absprache und bestehenden Vereinbarungen werden den am Konsortium beteiligten Banken unterschiedlich hohe Platzierungsquoten zugeteilt.

Hierarchie innerhalb des Konsortiums Im Rahmen der Konsortialbildung ist hierarchisch streng zwischen den unterschiedlichen Konsortialmitgliedern zu unterscheiden. Der Konsortialführer (Sole Lead Arranger/Manager/Bookrunner, oder Joint Lead Arranger/Manager/Bookrunner, sofern gemeinsam mit einer oder mehreren Emissionsbanken) leitet die Koordination der Konsortialmitglieder und ist Ansprechpartner des Emittenten. Üblicherweise ist der Konsortialführer allein geschäftsbefugt und übernimmt die höchste Quote des zu platzierenden Volumens.

Unter dem/den Konsortialführer(n) sind hierarchisch die Co-Lead Manager, Co-Manager und Selling Agents einzuordnen. Die hierarchische Zuordnung richtet sich nach der Höhe der im Rahmen der Konsortialbildung zugeteilten Quote. Selling Agents haben keine Übernahmefunktion und sind lediglich für die Platzierung eines geringen Anteils des Emissionsvolumens zuständig. Sie fungieren zumeist in gewisser Weise als Vertriebspartner für Privatinvestoren sowie kleinere Vermögensverwalter.

26.3.6 Zulassung zum Handel

Die Zulassung zum Handel ist eine Option, die dem Emittenten gemeinsam mit der Emissionsbank unabhängig von der Art des Angebots zur Verfügung steht. Investorenseitig ist sie meistens zwingend, um die notwendige Fungibilität und auch eine Referenznotierung für die laufende Bewertung des Debt Produkts im Portfolio sicherzustellen. Ein weiterer Aspekt ist insbesondere auch darin begründet, dass die Notierung an einer Börse zu einer gewissen zusätzlichen Liquidität im Sekundärmarkt führt und die Abhängigkeit von den eine Emission betreuenden Emissionsbanken als Market Maker marginal verringern kann. Auch ein Großteil der Volumina insbesondere bei Anleihen wird im außerbörslichen Handel (OTC) umgesetzt.

Die Zulassung zum Handel bedeutet, dass das jeweilige Debt Produkt an einer Börse in einem geregelten Freiverkehr oder regulierten Markt nach entsprechender Bewilligung des über die Zulassung entscheidenden Börsengremiums in die Notierung aufgenommen und zum organisierten Börsenhandel zugelassen wird. Dies kann auch zur Etablierung von Mehrfachnotierungen führen, wobei sich bei Debt Produkten zumeist einen Börsenplatz als Hauptbörse herauskristallisiert. Eine Notierung muss nicht zwingend in Deutschland erfolgen. Gerade bei Debt Produkten werden für das jeweilige Produkt bestimmte Börsenplätze bevorzugt. Dies liegt vor allem am Investorenkreis in Verbindung mit dem vorangegangenen öffentlichen Angebot oder der Privatplatzierung. Im Laufe der Zeit haben sich daher für die verschiedenen Finanzierungsinstrumente Segmente etabliert. Besonders Debt Produkte, die sich vornehmlich an institutionelle Investoren richten, werden über europäische Börsen gehandelt, nicht selten in Luxemburg. Diese besonderen Segmente werden in Abschn. 26.5 näher beschrieben.

26.4 Ablauf der Vermarktung und Platzierung

26.4.1 Pilot-Fishing/Pre Marketing

Der Beginn der Platzierungsphase im Rahmen der Emission eines Debt Produkts wird durch das Pilot-Fishing eingeläutet, an das sich das Pre-Marketing nahtlos anschließt. Hierbei handelt es sich um Aktivitäten, die der eigentlichen Platzierung vorgeschaltet sind und je nach Art des Emittenten (börsennotiert oder nicht-börsennotiert) teilweise strengster Geheimhaltung unterliegen, da die Kenntnis einer bevorstehenden Emission bei bereits börsennotierten Unternehmen kursbeeinflussend sein kann. Die vorbezeichneten Aktivitäten dienen der Emissionsbank dazu, die generelle Aufnahmefähigkeit für ein Debt Produkt am Kapitalmarkt zu testen sowie einen Abgleich geplanter Ausgestaltungsparameter mit Investoren vorab zu diskutieren. Hierbei werden ausschließlich Kontakte zu einer Handvoll von erlesenen Schlüsselinvestoren gesucht, die im Hinblick auf das jeweiligen Debt Produkt zu den klassischen Hauptinvestoren zählen sowie mögliche Ankerinvestoren im Rahmen der Platzierung darstellen. Umso verständlicher ist, dass deren Feedback maßgeblich auf die finale Strukturierung Einfluss nimmt.

Folgend bildet bei öffentlichen Angeboten die Billigung des Wertpapierprospektes seitens der für die Emission zuständigen Finanzmarktaufsicht/Behörde (in Deutschland die BaFin) sowie bei Privatplatzierungen die Fertigstellung des Offering Memorandums oder des Term Sheets sowie der Bedingungen der Anleihe den offiziellen Startschuss. Der Wertpapierprospekt muss bei einem öffentlichen Angebot als notwendiges Vermarktungsdokument während der Platzierungsphase allen potenziellen Investoren frei zugänglich sein.

Im Zeitplan der Fertigstellung des jeweiligen Verkaufsdokumentes sind neben der Billigung des Wertpapierprospekts vor allem Rating Berichte, Comfort Letter und Legal-, Tax- und Disclosure-Opinions zeitkritische Dokumente, die von Seiten der Ratingagenturen, Wirtschaftsprüfer und Anwaltskanzleien eine gewisse Vorbereitungszeit benötigen.

26.4.2 Zeichnungsfrist und Roadshow

Sobald die Vorbereitungen abgeschlossen sind, beginnt mit dem offiziellen Launch einer Transaktion die Zeichnungsfrist, die, mit Ausnahme großer Industrieanleihen mit Benchmark-Charakter, oftmals zeitgleich auch mit Roadshows in den wichtigsten internationalen Finanzzentren bei für das jeweilige Debt Produkt relevanten Investoren einhergeht. Die Investorentermine können klassisch in Form eines Einzelgesprächs oder auch als Gruppen-Meetings wie auch als Lunch- oder Dinner-Präsentationen stattfinden. Während der Zeichnungsfrist ermöglicht die Emissionsbank den potenziellen Investoren (in Abhängigkeit von der Ausgestaltung der Transaktion institutionellen Investoren und/oder Privatinvestoren) die Zeichnung des jeweiligen Produktes. Sie hat in Absprache mit dem Emittenten und unter Beachtung der jeweils einschlägigen Gesetze darüber hinaus die Möglichkeit, die Zeichnungsfrist vorzeitig zu beenden oder zu verlängern. Letztere Regelung kommt insbesondere dann zum Tragen, wenn sich während der Zeichnungsfrist die Gegebenheiten am Kapitalmarkt maßgeblich verändern und die Platzierung zu den ursprünglich geplanten Parametern nicht mehr durchführbar erscheint. Die Zeichnungen, die während dieses Zeitraums aufgegeben werden, sind für die Zeichner grundsätzlich verbindlich, solange sie vor Beendigung der Frist nicht zurückgezogen werden.

Während nicht mit dem Kapitalmarkt Vertraute oft vermuten, dass eine möglichst lange Zeichnungsfrist den Erfolg in der Ordergenese maximiere, ist üblicherweise das Gegenteil der Fall. Eine Verlängerung der Zeichnungsfrist beispielsweise erweckt bei Investoren, die bereits gezeichnet haben, zumeist den Eindruck, dass die Emission von der betreuenden Bank nicht vollständig gefüllt werden kann. Dies schürt daher eher das Misstrauen über die Qualität des angebotenen Debt Produktes und es kann dann passieren, dass Zeichnungen von Investoren wieder zurückgezogen werden.

Vor diesem Hintergrund machen die emissionsbegleitenden Banken bei positiver Nachfrage häufig von einer vorzeitigen Beendigung der Zeichnungsfrist Gebrauch. Wird das Orderbuch vorzeitig wegen guter Nachfrage geschlossen, können die bis dahin eingegangen Zeichnungen nicht mehr zurückgezogen werden.

Bei der klassischen Emission von Debt Produkten beträgt die Dauer der Zeichnungs- und Platzierungsfrist üblicherweise nicht länger als zwei Wochen – dies geht bei Wandel- und Optionsanleihen deutscher Emittenten insbesondere auf die gesetzliche Bezugsfrist zurück. In besonderen Fällen – beispielsweise bei in Eigenregie von Emittenten vertriebenen Mittelstandsanleihen – kann die Zeichnungsfrist auch noch nach Notierung des jeweiligen Produktes bis zu mehrere Monate weiterlaufen. In diesem Fall können Zeichner meist über Zeichnungsscheine direkt über die Emittentin zeichnen. Die bis dahin aufgelaufenen Stückzinsen bei verzinsten Produkten müssen in diesem Fall mit einberechnet werden.

26.4.3 Beendigung der Zeichnungsfrist und Notierung

Ist die Zeichnungsfrist beendet werden die Bücher geschlossen und es folgt die Zuteilung des jeweiligen Debt Produkts auf die verschiedenen Investoren. Grundsätzlich kann die Emissionsbank wählen, wie die Zuteilung auf die verschiedenen Investoren erfolgt. Gerade bei Mittelstandsanleihen wird analog zu Aktienemissionen nach dem Grundsatz der Gleichbehandlung von Privatinvestoren eine einheitliche Zuteilungsquote an Privatinvestoren definiert, welche über die Zeichnungsbox einheitlich abgerechnet werden. Institutionelle Investoren werden, unabhängig davon, welches Debt Produkt zu Grunde liegt, grundsätzlich in Abstimmung zwischen Emissionsbank und Emittent nach Qualität und Art des Investors freihändig zugeteilt. Bei der Emission von Wandel- und Optionsanleihen ist zudem zu beachten, dass im Rahmen von Bezugsrechtsemissionen selbstverständlich die bestehenden Vorerbsrechte über Bezugsrechte von vor der Emission bestehenden Aktionären vollständig zu bedienen sind, bevor eine Verteilung an andere Zeichner erfolgen kann.

26.5 Besonderheiten bei der Platzierung besonderer Debt Produkte

26.5.1 Herausforderungen besonderer Debt Produkte bei der Platzierung

Einhergehend mit der Beratungs- und Begleitfunktion hat die Emissionsbank die Aufgabe, für den Emittenten das jeweilige Debt Produkt bestmöglich auszuwählen und zu vermarkten. In diesem Zusammenhang ergeben sich für bestimmte Produkte ganz besondere Herausforderungen. Im Hinblick auf die Zusammensetzung der Investoren sowie der Art des Angebots und besonderen Anforderungen hybrider Produkte stellt sich der Platzierungsprozess grundverschieden dar. Eine Übersicht über besondere Debt Produkte stellt die nachstehende Tabelle dar (Abb. 26.5).

26.5.2 Mittelstandsanleihen

Mittelstandsanleihen erfreuen sich seit ihrer Einführung an der Stuttgarter Börse im Marktsegment Bondm im Jahr 2010 großer Beliebtheit. Sie geben nach Jahren nunmehr auch mittelständischen Unternehmen Gelegenheit zur Refinanzierung über den Kapitalmarkt. Vor allem nicht börsennotierte Unternehmen können von diesem Finanzinstrument profitieren und ihre Optionen zur Refinanzierung erweitern.

Aufgrund der großen Nachfrage auf Unternehmens- und Investorenseite haben sich Segmente für Mittelstandsanleihen an den meisten deutschen Börsen etabliert. Hervorzuheben sind neben dem Bonds der Stuttgarter Börse der Entry Standard an der Frankfurter Wertpapierbörse sowie der mittelstandsmarkt der Düsseldorfer Börse. Das wesentliche Unterscheidungsmerkmal bei der Emission dieser Debt Produkte ist die mögliche direkte Partizipation von Privatanlegern während der Zeichnungsfrist, welche bei Anleihen großer DAX- oder MDAX-Unternehmen normalerweise nicht gegeben ist. Hingegen können im

Produkt	Art des Angebots		Art der Emission		Preisverfahren	
	Privat-platzierung	Öffentliches Angebot	Eigenemission	Fremdemission	Bookbuilding	Festpreisverfahren
US-High-Yield Anleihen	✓			✓	✓	
Wandelanleihen	✓	✓	(✓)	✓	✓	✓
Optionsanleihen	✓	✓	(✓)	✓	✓	✓
Mittelstands-anleihen		✓	✓	✓		✓

Abb. 26.5 Übersicht über besondere Debt Produkte

Rahmen der Platzierung bei Mittelstandsanleihen Privatinvestoren indirekt über die sogenannten Zeichnungsboxen der Börsen oder direkt auf der Website der Emittenten die Anleihe während der Platzierungsphase zeichnen und eine direkte Zuteilung nach einheitlichen Kriterien erhalten. Die Zeichnung über die Zeichnungsboxen der Börsen nimmt der Privatkunde dabei über seine Depotbank vor.

Hinsichtlich des Rendite-Risiko-Profils sind Mittelstandsanleihen in einer Klasse mit anderen Hochzinsanleihen einzuordnen, in der auch die klassischen US-High-Yield Anleihen vertreten sind. Maßgeblich für diese Einordnung sind zum einen die typischen Ratings unterhalb des Investment Grades sowie die überdurchschnittlich hohen Coupons, die diese Anleihen bieten. Die Emissionsvolumina sind verglichen mit anderen gelisteten Anleihetypen vergleichsweise niedrig. Bereits ab einem Volumen von zehn Millionen Euro können die Unternehmen den Schritt an die Börsen wagen. Am oberen Ende setzen derzeit die Emissionen der SDAX-Unternehmen Dürr oder Air Berlin mit 200 Mio. € die Benchmark.

Emissionsablauf und Wege der Platzierung Durch die Besonderheit der Zeichnungstools der Börsen kann der übliche Preisfindungsprozess nicht mittels klassischem Bookbuilding erfolgen. Die Ursache hierfür liegt darin begründet, dass zum Zeitpunkt der Zeichnung über die Tools der Börsen durch Privatanleger bereits ein Preis feststehen muss. Somit erfolgt die Zuteilung während der Zeichnungsfrist über das Festpreisverfahren.

Aufgrund dieser technischen Gegebenheiten, verbunden mit der öffentlichen Wirkung, ist es erforderlich, dass über einen strukturierten Prozess die Generierung der Nachfrage vorgeschaltet wird. Dies geschieht bereits vor Beginn der Zeichnungsfrist mittels Pilot-Fishing und Pre-Marketing. Die daraus gewonnenen Erkenntnisse dienen dazu, die Parameter der Anleihe zu adjustieren und den finalen Preis zu fixieren.

Nach der Vorabeinschätzung der Nachfrage beginnt zeitgleich mit der Billigung des Wertpapierprospekts die Angebotsphase verbunden mit Roadshow, Internetauftritt sowie Werbekampagne.

Eigenemission Grundsätzlich ermöglichen die Börsen den Emittenten auch den Weg der Eigenemission, das heißt die selbstständige Emission der Mittelstandsanleihe ohne Mandatierung einer Emissionsbank. Die Platzierungsergebnisse haben jedoch gezeigt, dass kaum ein Emittent die Vollplatzierung ohne Emissionsbank erreicht. Gründe hierfür sind die fehlenden Investorenkontakte sowie eine zu schwache Marke. Auch die mangelnde Erfahrung mit dem Kapitalmarkt hindert Emittenten oftmals daran, die nötigen Parteien im Rahmen der Emission durch ein erfolgreiches Projektmanagement ans Ziel zu führen.

26.5.3 Wandel- und Optionsanleihen

Wandel- und Optionsanleihen haben gegenüber allen anderen Debt Produkten eine besondere Eigenschaft. Bei diesen Anleihetypen handelt es sich um Mezzanine Produkte. Das bedeutet, dass sie nicht eindeutig einer Kategorie zuordenbar sind. Beide Produkttypen haben neben ihrer Grundeigenschaft als Fremdkapital eine Eigenkapitalkomponente. Besonders international ist die Wandelanleihe aufgrund ihrer Verbreitung auch in anderen Rechtsrahmen bei weitem stärker etabliert als die Optionsanleihe.

Wandelanleihen Wandelanleihen eint die Eigenschaft, dass sie dem Gläubiger das Recht oder die Pflicht geben (im Fall einer Pflichtwandelanleihe), die bestehende Anleihe zu einem bestimmten Zeitpunkt und unter bestimmten Bedingungen in Aktien umzuwandeln. Keine Rückzahlung der Anleihe findet bei Pflichtwandelanleihen statt, da dieser Typ Anleihe vollständig in Gesellschaftsanteile pflichtgewandelt wird.

Optionsanleihen Beim Anleihetyp Optionsanleihe erhält der Gläubiger neben der Anleihe eine festgelegte Anzahl von Optionen, die ihn zum Kauf von Aktien des Schuldners berechtigen. Im Gegensatz zur Wandelanleihen können Optionsanleihen nicht gewandelt werden. Die Optionen zur Anleihe können von ihr jedoch getrennt werden und sind damit auch getrennt handelbar.

Besonderheiten in der Strukturierung und Vermarktung Durch ihre Eigenkapitalkomponente müssen Wandel- und Optionsanleihen anders strukturiert werden, als andere Anleihetypen. Es müssen die notwendigen Beschlüsse in der Hauptversammlung getroffen worden sein, damit die Voraussetzung für die Schaffung neuen Eigenkapitals besteht. Dies kann sich je nach Ausgangssituation des Emittenten selbstverständlich auf den Zeitplan auswirken. Sofern die benötigten Beschlüsse noch nicht gefasst wurden, kann die Emittentin auch eine außerordentliche Hauptversammlung einberufen. Das mediale Echo kann in diesem Fall jedoch Misstrauen bei potenziellen Investoren hervorrufen.

Soweit der technische Teil der Strukturierung abgeschlossen ist, steht der Vermarktung und Platzierung nichts im Wege. Platziert werden diese Produkttypen ähnlich wie andere Debt Produkte auch, jedoch müssen aktienrechtliche Beschränkungen eingehalten werden. Je nach Größe eines Unternehmens und der Höhe der Finanzierung sind Bezugsrechte für bestehende Aktionäre auszugeben. Wurden früher üblicherweise Privatplatzierungen bei der Emission von Wandel- und Optionsanleihen präferiert, fordert nunmehr die Nivellierung der Prospektrichtlinie seit 1. Juli 2012 einen Wertpapierprospekt für die nunmehr als öffentliches Angebot eingestufte Emission mit Bezugsrechten. Die Bezugsfrist wurde durch das Aktiengesetz auf mindestens zwei Wochen festgelegt. Der Bezugspreis muss spätestens drei Tage vor Ende der Bezugsfrist feststehen. In einigen Fällen werden die verbleibenden Freiheitsgrade im Hinblick auf die Festsetzung des Bezugspreises in der Hauptversammlung beschlossen und mit in die Satzung aufgenommen. Sie darf jedoch nicht im Widerspruch zum geltenden Recht stehen.

Ähnlich wie bei US-High-Yield Anleihen finden Wandel- und Optionsanleihen ihre Käufer bei Spezialinvestoren. Diese haben sich auf diese Assetklasse spezialisiert und verfügen über das notwendige Knowhow, um die verschiedenen Entwicklungen und damit einhergehenden Chancen und Risiken in Verbindung mit dem Underlying nachzuvollziehen. Durch das öffentliche Angebot kann jedoch nunmehr auch der Privatinvestor an solchen Emissionen teilnehmen, auch wenn diese Arten von Debt Produkten gemeinhin als zu komplex für diese Investorengruppe erscheinen und ein etablierter liquider Markt im Hinblick auf Privatinvestoren noch nicht existiert.

26.5.4 US-High-Yields

Auch die US-High-Yields stellen in gewissem Maße eine besondere Klasse der Debt Produkte dar. Sie ist heute eine über lange Jahre in Übersee etablierte Form einer stark standardisierten Anleihe für Unternehmen im Nicht-Investment Grade-Bereich, die üblicherweise nach US-amerikanischem Recht, im Besonderen dem des Staates New York, begeben werden. Aufgrund der standardisierten Dokumentation ergeben sich auch für den Emittenten eine Reihe von Verpflichtungen bei der Begebung. Beispielsweise sind für die Vermarktung Ratings von zwei großen internationalen Rating-Agenturen Standard. Durch den dadurch entstehenden Kostenaufwand lohnt es sich für Emittenten erst ab einem bestimmten Emissionsvolumen, einen solchen Anleihetyp zu begeben. Auch beim Thema Covenants ist der Anleihetyp stark standardisiert. Gefordert wird je nach Situation des Emittenten ein breites Standardset an Covenants. Anzumerken ist, dass die jeweiligen „Marktstandards" zum Zeitpunkt der Begebung eines US-High-Yields zur Anwendung kommen – zumeist ein epischer Dialog zwischen den Anwaltskanzleien auf Emissionsbanken- und Emittenten-Seite.

Ähnlich wie bei anderen Debt Produkten wird die Begebung von US-High-Yields üblicherweise über eine Privatplatzierung vorgenommen. Das bedeutet konkret, dass für die Anleihe ein Verkaufsdokument in Form eines Offering Memorandums nach US-Recht erstellt wird. Dieses wird aber für europäische Emittenten in den meisten Fällen schon seit Jahren nicht mehr von der US-amerikanischen Aufsicht geprüft und dort hinterlegt. Vielmehr einigen sich alle involvierten Parteien zu einem bestimmten Zeitpunkt darauf, dass die Dokumentation vollständig ist und diese in die Vermarktung gehen kann. Zu diesem Zeitpunkt werden von Wirtschaftsprüfern Comfort Letters sowie von den Anwälten Opinions erstellt. Vor dem Hintergrund dieser Rechtslage ist in der jüngsten Vergangenheit festzustellen, dass vor allem größere Emittenten aus Deutschland ihre Emissionen auch nach deutschem Recht strukturieren und somit das neue deutsche Schuldverschreibungsrecht auch bei internationalen Investoren salonfähig machen.

26.6 Fallstudie Air Berlin

26.6.1 Aufgabenstellung und Ausgangssituation

Im Sommer 2009 emittierte Air Berlin ihre zweite Wandelanleihe mit fünfjähriger Laufzeit. Bei der Emission der Wandelanleihe konnte Air Berlin damals Mittel in Höhe von 125 Mio. € von institutionellen Investoren einsammeln. Die Wandelanleihe hatte über die Laufzeit eine Verzinsung von neun Prozent p.a. bei vierteljährlicher Zinszahlung. Obwohl die Wandelanleihe aus Sicht von Air Berlin einen guten Track Record am Kapitalmarkt aufgebaut hatte, sah das Unternehmen den Nebeneffekt einer möglichen Verwässerung der Aktionärsstruktur durch eine mögliche Wandlung der Gläubiger in Aktien von Air Berlin im Jahr 2014. Getragen durch ein sehr gutes drittes Geschäftsquartal in 2010 und die bestehenden günstigen Refinanzierungsmöglichkeiten am Kapitalmarkt im neu geschaffenen Segment der Mittelstandsanleihen „Bondm", sah die Gesellschaft die Option, die Wandelanleihe zurückzuführen, wobei die Rückführung mit der Emission der Mittelstandsanleihe refinanziert wurde. Gleichzeitig konnten damit auch die Finanzierungskosten gesenkt werden.

Ein weiteres Motiv für die Transaktion war, dem Kapitalmarkt zu signalisieren, dass Air Berlin mit der Marke als Asset über eine starke Refinanzierungsfähigkeit verfügt. Mit der Mittelstandsanleihe an sich ergab sich zudem die Möglichkeit, ein weiteres Investorenpotenzial im Segment der Privatanleger hinzuzugewinnen. Die beiden Wandelanleihen hatte Air Berlin gemeinsam mit den betreuenden Banken bei institutionellen Anlegern platziert.

Zusammengefasst waren die Ziele der Emission neben dem Erhalt der Kapitalmarktfinanzierung eine kostengünstige Refinanzierung der zweiten Wandelanleihe sowie der Auf- und Ausbau einer stabilen Investorenbasis im Anleihe-Bereich. Beide Transaktionen, die Emission der Mittelstandsanleihe sowie der Rückkauf der Wandelanleihe, wurden vollständig unabhängig von zwei Emissionsbanken in enger Abstimmung der Zeitpläne mit dem Beginn im Frühherbst 2010 vorbereitet.

26.6.2 Emission der Mittelstandsanleihe

Die Emission der Air Berlin-Mittelstandsanleihe war zum damaligen Zeitpunkt nach der Dürr AG die zweite Mittelstandsanleihe eines SDAX-Unternehmens, welche am Bondm der Stuttgarter Börse durchgeführt wurde. Das Bondm-Segment der Stuttgarter Börse war zum damaligen Zeitpunkt das einzige Segment für Mittelstandsanleihen in Deutschland und wurde von Emissionsbank wie Emittentin insbesondere auch wegen des breiten Zugangs der Börsenhandelsplattform zu Privatanlegern mit Fokus auf festverzinsliche Wertpapiere ausgewählt. Die Eckdaten der Mittelstandsanleihe sind der folgenden Abbildung zu entnehmen (Abb. 26.6).

Aufgrund der Kapitalmarkterfahrung der Emittentin sowie der bereits bestehenden Dokumentationen aus vergangenen Transaktionen konnte die Vorbereitungsphase in ei-

Abb. 26.6 Eckdaten Mittelstandsanleihe Air Berlin.

Emittent	AIR BERLIN PLC
Anleihetyp	Mittelstandsanleihe
Volumen	200,0 Mio. €
Kupon	8,5% p.a.
Zinszahlung	Vierteljährlich, nachträglich
Laufzeit	5 Jahre
Nominalbetrag	1.000,00 €
Listing	Bondm der Stuttgarter Börse
Lead Manager und Bookrunner	quirin bank AG

nem sehr straffen Zeitplan durchgeführt werden. Ein wesentlicher Vorteil stellte hierbei auch die Zweisprachigkeit der Dokumentationen der Emittentin dar, welche die Billigung des erforderlichen Wertpapierprospekts durch die irischen Finanzmarktbehörden und das spätere Passporting nach Deutschland zuließ. Zunächst wurde die Emission mit einem Volumen von 150 Mio. € angekündigt, welche durch eine Erhöhungsoption weiterer 50 Mio. €. aufgestockt werden konnte. Angesichts der damals großen Marktnachfrage wurde das geplante Emissionsvolumen von 150 Mio. € bereits wenige Stunden nach Beginn der Zeichnungsfrist bei einem breiten Kreis von Investoren platziert. Nach Launch der Transaktion wurde innerhalb dieser kurzen Zeitspanne absehbar, dass Air Berlin auch die Erhöhungsoption von 50 Mio. € ausüben konnte. Der sehr positive Verlauf der Emission konnte alle gesetzten Ziele vollständig erfüllen und übertraf auch die Erwartungen der Emittentin (Abb. 26.7).

Die Investorenzuteilung konnte wie gewünscht auf 50 % zwischen privaten und institutionellen Investoren aufgeteilt werden. Damit verbreiterte sich die Investorenbasis der Air Berlin maßgeblich um Privatinvestoren. Im Rahmen der Zuteilung wurden alle 2.304 über die Zeichnungsbox der Stuttgarter Börse erteilten Orders nach einheitlichen Kriterien zugeteilt. Orders bis zu einem Volumen von 10.000 € erhielten eine volle Zuteilung, danach wurden im Schnitt rund 55 % des Ordervolumens an die Investoren zugeteilt. Auf der institutionellen Seite zeichneten binnen weniger Stunden mehr als 50 Investoren die Emission. Dabei stellte Deutschland mit rund 30 % der Nachfrage zwar den größten Anteil, jedoch überraschte der hohe internationale Anteil an Investoren aus Europa. Das durchschnittliche Ordervolumen betrug zwei Millionen Euro. Stärkste Regionen im Hinblick auf die Nachfrage nach Deutschland waren insbesondere die Schweiz, Benelux und Großbritannien.

26.6.3 Rückführung der Wandelanleihe

Die Bedingungen der Emission der Wandelanleihe (2009) beinhalteten eine Put-Option der Investoren im Jahr 2011, der Air Berlin im November 2010 mit einem strukturierten Rückkaufangebot zuvorkommen wollte. Der Angebotszeitraum für den Rückkauf der Wandelanleihe im Gesamtvolumen von 125 Mio. € setzte die Gesellschaft auf den 2. bis 11. November 2010. Der Rückkauf der Wandelanleihe erfolgte in Rücksprache mit der

26 Die Platzierung von Debt Produkten

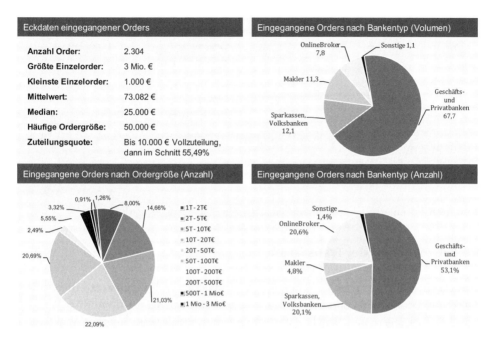

Abb. 26.7 Nachfrage Privatinvestoren für die Mittelstandsanleihe. (Quelle: EUWAX)

begleitenden Investmentbank über eine modifizierte holländische Auktion. Alle Inhaber von Wandelanleihen, deren Angebote von der Gesellschaft akzeptiert wurden, hatten dabei den Anspruch auf den gleichen Kaufpreis (Prinzip der Gleichbehandlung). Der minimale Kaufpreis wurde dabei zunächst zu pari gesetzt. Nach der Identifizierung der Preissensitivitäten der bestehenden und bekannten Ankerinvestoren wurde der Preisbereich auf 123 bis 125 % für den Rückkauf freigegeben. Die Zuteilung wurde über einen Pro-Rationierungs-Mechanismus angewandt. Dieser bediente zunächst das niedrigste Angebot und nachfolgend höher liegende Angebote. Schließlich konnten 92 % der angebotenen Wandelanleihen angenommen werden.

Gemäß den Bedingungen der Wandelanleihe hatte Air Berlin zudem die Möglichkeit einen sogenannten Clean-up Call zu ziehen. Das bedeutet, die Gesellschaft verfügt über das Recht, die Wandelanleihe zum Nennwert (pari) zuzüglich aufgelaufener Zinsen zurückzukaufen, vorausgesetzt es stehen weniger als 20 % des ursprünglichen Volumens aus. Aufgrund des bereits erwähnten strukturierten Bieterverfahrens, erwarb Air Berlin mehr als 80 % des ausstehenden Nominalvolumens der Wandelanleihe (Abb. 26.8).

Nach Abschluss des Rückkaufs verfügte Air Berlin somit über die Möglichkeit, den Clean-up Call zu einem von der Gesellschaft frei wählbaren Zeitpunkt durchzuführen.

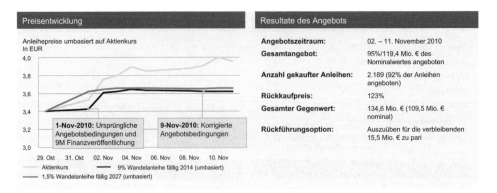

Abb. 26.8 Rückführung der Wandelanleihen. (Quelle: Bloomberg, Air Berlin)

26.6.4 Ergebnis der Transaktion

Alle im Zusammenhang mit der Transaktion formulierten Ziele konnten erreicht werden. Durch die Transaktion konnte Air Berlin eine sehr günstige Refinanzierung der Wandelanleihe sicherstellen. Vor allem konnte die Emittentin eine Verwässerung der Altaktionäre um über 30 Mio. Aktien verhindern und dabei die Anleihegläubiger der Wandelanleihe im Rahmen des Rückkaufs und unter Beachtung der Gleichbehandlung einen fairen Preis für den Rückkauf offerieren. Der geringere Coupon der Mittelstandsanleihe von 8,5 % im Vergleich zu dem der Wandelanleihe von neun Prozent belegte darüber hinaus die hohe Kapitalmarktfinanzierungsfähigkeit von Air Berlin und deren starke Marke. Daneben konnte die Laufzeit der Finanzierung um fünf Jahre verlängert und die Anzahl der in Air Berlin und ihre Wertpapiere investierten Investoren weiter ausgebaut werden.

26.7 Problematik bei der Etablierung neuer Debt Produkte

Die Problematik bei der Etablierung neuer Debt Produkte gestaltet sich ähnlich wie auch bei anderen Innovationen am Kapitalmarkt. Neu eingeführte Produkte verfügen üblicherweise nicht über ein derart effizientes und marktgerechtes Pricing wie bereits etablierte Produkte.

Die Einführung der Mittelstandsanleihe im Jahr 2010 hat gezeigt, dass auf Kapitalmärkten offensichtlich ein hoher Nachholbedarf bei Debt Produkten mit hohem Renditepotenzial bestand. Für Privatinvestoren ergab sich die Möglichkeit, erstmals bei der Emission solcher Produkte direkt über ihre Depotbank und somit über die Börsentools der jeweiligen Börse zeichnen zu können. Dies verstärkte die Nachfrage dieser Investorenklasse, jedoch auch institutionelle Investoren nutzten die Chance zur Erweiterung des eigenen Produktportfolios angesichts des niedrigen Zinsumfelds.

Daneben sahen sich Emittenten nicht den Anforderungen ausgesetzt, wie sie bei Emissionen klassischer Hochzinsanleihen nach US-amerikanischem Recht üblich sind. Ein Großteil der Prospekte, die in 2010 nach deutschem Recht geschrieben wurden, ließ das Set an Covenants, wie es bei dieser Risikoklasse von Produkten üblich ist, vermissen. Hinzu kam ein weiterer Umstand: Auf der einen Seite verfügt der Typ Mittelstandsanleihe gerade für Emittenten über ein hohes Anforderungsprofil durch den Zwang zum öffentlichen Angebot verbunden mit der damit einhergehenden Prospektpflicht, andererseits bietet es durch die Möglichkeit der Eigenemission jedoch gleichzeitig den Emittenten weitgehende Unabhängigkeiten. Von dieser Option haben viele Emittenten aus vermeintlichen Kostengründen Gebrauch gemacht. Ohne eine starke Marke und die Einbindung einer Emissionsbank konnten diese Emittenten meist jedoch nicht die Emission vollständig an Investoren platzieren. Daraus resultierte neben dem Reputationsverlust auch ein geringerer Emissionserlös bei vergleichsweise hohen Kosten.

Nach den Verwerfungen an den Kapitalmärkten im August 2011 und späteren Insolvenzen von Emittenten aus der Solarbranche konnte sich das Segment der Mittelstandsanleihen nur schwer erholen. Langfristig jedoch steht fest, dass sich auch dieser Teilbereich im Markt für hochverzinsliche Anleihen dokumentationsseitig professionalisiert und heranreift. Es ist zu erwarten, dass die voranschreitende Eingliederung in den europäischen High-Yield-Markt weiter stattfinden wird. Wie schnell dieser Prozess voranschreitet, hängt vor allem jedoch von der Qualität zukünftiger Emittenten ab.

26.8 Fazit

Emissionsbanken sind in ihrer Rolle als Intermediär bei der Platzierung von Debt Produkten so gut wie unverzichtbar. Vor allem die Ergebnisse einiger Eigenemissionen der letzten Monate haben gezeigt, dass Emissionsbanken einen wesentlichen Mehrwert im Prozess der Anleiheemission bieten können und zur Erfolgssicherheit von Platzierungen beitragen.

Das regulatorische Umfeld ist seit der Finanzkrise 2007 einem ständigen Wandel unterworfen. Erst jüngst vom Regulator angestoßene Veränderungen im Prospektrecht sowie gestiegene Anforderungen der deutschen Börsen stellen Emittenten vor immer größere Herausforderungen, die sie inzwischen ohne einen Kapitalmarktpartner kaum bewältigen können.

Die Herausforderung in der Strukturierung, der Platzierung und der Einschätzung der Marktlage sind derzeit beim Segment der Mittelstandsanleihen zu beobachten. Dabei ist den Marktteilnehmern klargeworden, dass die Anfangseuphorie um das Segment verschwunden ist und private als auch institutionelle Investoren mehr denn je auf die Dokumentation des angebotenen Debt Produktes prüfen. Gerade hier kann es von Vorteil sein, eine erfahrene Emissionsbank zu Rate zu ziehen, die eine investorengerechte Strukturierung mit anschließender Platzierung sicherstellen kann. Bei Betrachtung des Segments zeichnet sich genau diese Entwicklung ab und im Reifeprozess ist eine Standardisierung wahrzunehmen, wie sie auch schon bei anderen Debt Produkten in der Vergangenheit stattgefunden hat. Daneben sind in den letzten Jahren Marktzyklen tendenziell kürzer und instabiler geworden und verlangen höchstes Feingefühl der Platzeure ab. Es wurde bewiesen, dass neben der erfolgreichen Strukturierung und Platzierung das Erkennen von Emissionsfenstern erfolgsentscheidend ist.

Literatur

Achleitner A-K (Hrsg) (2002) Handbuch Investment Banking, 3. Aufl. Gabler, Wiesbaden
Bösl K, Hasler PT (Hrsg) (2012) Mittelstandsanleihen: Ein Leitfaden für die Praxis. Gabler, Wiesbaden
Müller-Trimbusch J (1999) High Yield-Anleihen zur Risikofinanzierung deutscher Unternehmen. Diss. European Business School, Wiesbaden

Erfolgsfaktoren bei der Platzierung von Mittelstandsanleihen

Dirk Schiereck, Anna Hinrichsen und Daniel Maul

27.1 Einleitung

Ob die Deckung des Finanzbedarfs mittelständischer Unternehmen durch die Emission von Anleihen als Erfolgskonzept gewertet werden kann, ist bisher noch nicht endgültig entschieden. Während das innovative Segment anfänglich durch ein schnelles Wachstum auffiel, kam es im Herbst 2011 zu einem ersten Einbruch, der verschiedene Unternehmen dazu zwang, eine geplante Emission vorerst auf Eis zu legen[1]. Mittlerweile hat sich das Marktumfeld für Mittelstandsanleihen wieder erholt, und ihm wird für die Zukunft erneut viel zugetraut. Inzwischen sind beim Pionier der Branche Bondm der Börse Stuttgart 22 Anleihen von 19 Unternehmen gelistet (Stand 24.04.2012). Angespornt durch diesen vordergründigen Erfolg zogen auch die Börse Düsseldorf (mittelstandsmarkt), Börse München (m:access Bonds), Börse Hamburg-Hannover (Mittelstandsbörse Deutschland) und die Deutsche Börse in Frankfurt (Entry Standard für Anleihen) nach und eröffneten ebenfalls mittelständischen Unternehmen die Möglichkeit, Anleihen in geringen Volumina in einem eigenen Börsensegment zu emittieren und einen möglichst liquiden Sekundärmarkt zu schaffen.[2]

Entstanden sind diese neuen Börsensegmente unter anderem aus der Sorge heraus, dass als eine Folge der Finanzmarktkrise eine ausreichende Versorgung mit frischem Fremdkapital des traditionell über Bankkredite finanzierten deutschen Mittelstands gefährdet

---

[1] Vgl. Teske (2012).
[2] Vgl. Schlitt und Kasten (2011).

D. Schiereck (✉) · A. Hinrichsen · D. Maul
Technische Universität Darmstadt, Hochschulstraße 1, 64289 Darmstadt, Deutschland
E-Mail: schiereck@bwl.tu-darmstadt.de

A. Hinrichsen
E-Mail: hinrichsen@bwl.tu-darmstadt.de

D. Maul
E-Mail: maul@bwl.tu-darmstadt.de

sein könnte. Die bis dahin vorherrschende Auffassung von Banken und Investoren war, dass ein Emissionsvolumen unterhalb der 200-Mio.-€-Schwelle wirtschaftlich keinen Sinn ergebe und ein zu risikoreiches Engagement darstelle.[3] Allerdings zeigten sogenannte „Graumarktemissionen", dass auch Emissionsvolumina weit unter der 200-Mio-€-Schwelle erfolgreich begeben werden konnten. So platzierte beispielsweise der Stuttgarter Klett-Verlag im Rahmen einer nicht börsennotierten Eigenemission 50 Mio. € an Privatanleger und kleinere Vermögensverwalter. Bei der Halloren Schokoladenfabrik waren es sogar nur zehn Millionen Euro.[4] Die Börse Stuttgart verstand es, diesen aufkeimenden Bedarf zu deuten, entsprechend darauf zu reagieren und so den Unternehmen im Mittelstand eine neue kapitalmarktbezogene Form der Unternehmensfinanzierung zur Verfügung zu stellen.

Neu und allen diesen Börsensegmenten gemein ist die gezielte Ansprache von Privatinvestoren, die sich vor allem in der dominierenden und für diese Anlegergruppe freundlichen Stückelung von 1.000 € ablesen lässt. So erfolgreich das neue Börsensegment der Mittelstandsanleihen auch erscheinen mag, es lassen sich doch bei einzelner Betrachtung der Emittenten erhebliche Unterschiede bezüglich der Anleihenplatzierung ausmachen. Während einige Mittelständer in der Lage sind, ihr Emissionsvolumen in nur wenigen Stunden vollständig zu platzieren, ist anderen Unternehmen auch nach mehreren Wochen kein solcher Erfolg vergönnt. Dies führt zu der Frage, welche Umstände für diese gravierenden Unterschiede verantwortlich sind. Existieren Charakteristika von Anleihenemissionen im Mittelstandssegment, welche die erhoffte Vollplatzierung positiv beeinflussen, und wenn ja, um welche genau handelt es sich dabei? Kann der Mittelständler möglicherweise diese Faktoren aktiv beeinflussen und so die geplante Emission in für ihn positive Bahnen lenken? Um diese Frage zu beantworten, verfolgt der Beitrag eine zweiteilige Analyse. In einer ersten Gesamtanalyse sollen mögliche allgemeine Faktoren bestimmt werden. In einem zweiten Schritt werden zwei unterschiedlich erfolgreiche Emissionen von Mittelstandsanleihen im Detail miteinander verglichen, um spezifische Informationen zu erhalten.

27.2 Gesamtanalyse

In einem ersten Schritt soll ein Überblick über das gesamte Segment der Mittelstandsanleihen gegeben werden, um so mögliche allgemeingültige Einflussfaktoren auf den Platzierungserfolg herauszuarbeiten. Gemessen wird der Erfolg einer Platzierung daran, ob die Anleihen vollständig und vorzeitig platziert werden konnten. Grundlage bilden dabei alle bis Ende 2011 platzierten Anleihen im Börsensegment der Mittelstandsanleihen. Dabei werden sowohl anleihen- als auch unternehmensspezifische Merkmale betrachtet.

---

[3] Vgl. Blättchen und Nespethal (2010).
[4] Vgl. Blättchen und Nespethal (2010).

27 Erfolgsfaktoren bei der Platzierung von Mittelstandsanleihen

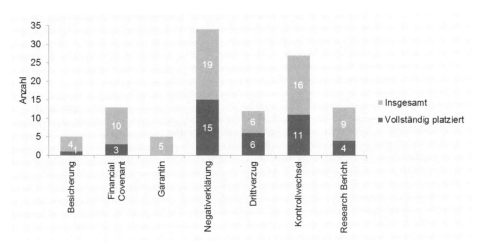

Abb. 27.1 Anzahl der insgesamt und vollständig platzierten Emissionen mit unterschiedlichen Ausstattungsmerkmalen

Anleihenspezifische Merkmale Ein Merkmal, in welchem sich die verschiedenen Platzierungen unterscheiden, ist die Ausstattung mit „Covenants", also Schutzklauseln, die dem Anleihengläubiger zusätzliches Vertrauen in seine Investition geben sollen, indem sie dem Investor Schutz vor unterschiedlichen Risiken gewähren. Die Negativerklärung ist eine von Ihnen. Hierbei handelt es sich um die Verpflichtung des Unternehmens, während der Laufzeit der Anleihe zukünftigen Gläubigern keine Sicherheiten zu gewähren, ohne den Anleihengläubigern eine gleichwertige Sicherheit zu bieten. Bei der Kontrollwechsel-Klausel wird den Anleihengläubigern ein Kündigungsrecht eingeräumt, sollte sich die Zusammensetzung der Eigentümerstruktur signifikant ändern. Die Drittverzugs-Klausel, wie der Name vermuten lässt, gewährt ebenfalls ein Sonderkündigungsrecht, sollte die Emittentin einem Dritten gegenüber in Verzug geraten. Darüber hinaus bieten einige Mittelständler zusätzliche „Financial Covenants", also Klauseln, die sich an bestimmten Finanzkennzahlen orientieren. Beispielsweise bietet die hkw personalkonzepte GmbH eine Ausschüttungssperre, die den Gläubigern den Ausstieg aus der Anleihe ermöglicht, sollten Ausschüttungen von mehr als 50 % des Jahresüberschusses beschlossen werden. Ebenfalls analysiert wird die Besicherung der Anleihe, zusätzlicher Schutz durch Garantie und die Veröffentlichung eines Research Reports, der über die Für- und Widersprüche einer möglichen Investition informiert. Die folgenden Abbildungen geben eine Übersicht (Abb. 27.1, 27.2).

Insgesamt zeigt sich der Einfluss auf die vollständige und vorzeitige Platzierung als schwach bis nicht vorhanden. Keiner der untersuchten Faktoren sorgt dafür, dass wenigstens 50 % der ausgestatteten Anleihen vollständig oder vorzeitig platziert werden können. Offensichtlich ist die Investorenwahrnehmung für diese Klauseln so schwach, dass diese Merkmale eine eher untergeordnete Rolle für den Erfolg einer Anleihenplatzierung spielen.

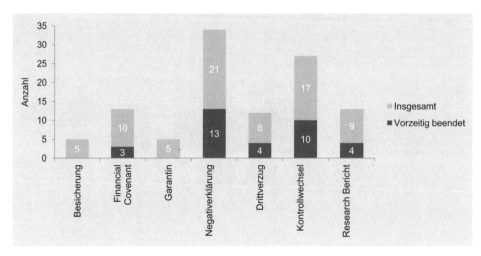

Abb. 27.2 Anzahl der insgesamt und vorzeitig beendeten Emissionen mit unterschiedlichen Ausstattungsmerkmalen

Abb. 27.3 Durchschnittliches Emissionsvolumen, Laufzeit und Coupon für vollständig und nicht vollständig platzierte Emissionen

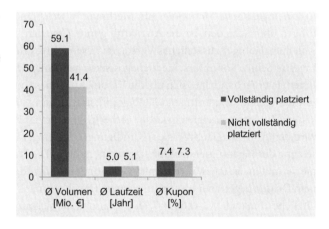

Wie sich der Einfluss weiterer Ausstattungsmerkmale, wie Emissionsvolumen, Laufzeit und Couponhöhe auf den Platzierungserfolg auswirken, machen die folgenden beiden Abbildungen deutlich (Abb. 27.3, 27.4).

Ein Einfluss der Laufzeit oder der Zinshöhe kann bezüglich des Platzierungserfolgs nicht festgestellt werden. Aber auch der auf den ersten Blick eindeutig positive Einfluss des Emissionsvolumens kann relativiert werden. Der in beiden Fällen höhere Durchschnittswert ist den beiden ersten Emissionen der Air Berlin PLC und der Dürr AG geschuldet, welche einen Umfang von 200 Mio. €, 150 Mio € und 150 Mio. € aufweisen und damit die drei größten Platzierungen darstellen. Der Erfolg der Platzierungen ist aber wohl eher auf einen anderen, viel einflussreicheren Umstand zurückzuführen, der an späterer Stelle adressiert wird (Abb. 27.5, 27.6).

Abb. 27.4 Durchschnittliches Emissionsvolumen, Laufzeit und Coupon für vorzeitig und nicht vorzeitig beendete Emissionen

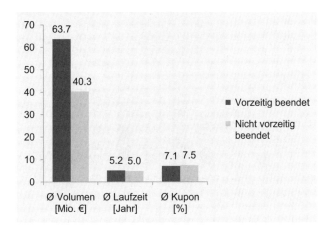

Abb. 27.5 Anzahl der insgesamt und vollständig platzierten Emissionen im Börsensegment Bondm und den restlichen Segmenten

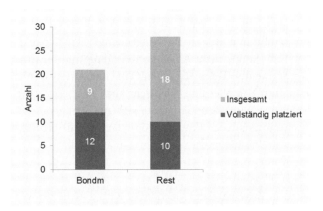

Abb. 27.6 Anzahl der insgesamt und vorzeitig beendeten Platzierungen im Börsensegment Bondm und den restlichen Segmenten

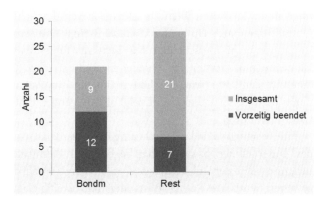

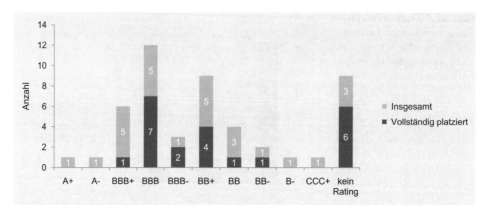

Abb. 27.7 Anzahl der insgesamt und vollständig platzierten Emissionen für verschiedene Ratingkategorien

Einflussreicher zeigt sich dagegen der Börsenplatz der für die Emission gewählt wird: Vergleicht man das Stuttgarter Handelssegment Bondm mit den übrigen Börsensegmenten für mittelständische Unternehmen, so können dort trotz einer geringeren Anzahl an Platzierungen mehr Anleihen vollständig und vorzeitig platziert werden als in den übrigen Segmenten. Demnach scheint eine Platzierung dort einen positiven Einfluss zu haben. Dies lässt sich allerdings vielleicht auch eher durch den höheren Bekanntheitsgrad des Stuttgarter Modells erklären, der sich aus dem höchsten Alter und den meisten Emissionen ergibt, als durch Unterschiede in den Voraussetzungen für eine Emission, die zwischen den einzelnen Segmenten eher marginal ausfallen.

Unternehmensspezifische Merkmale Hier soll zuerst der Einfluss des Ratings untersucht werden. Zwar handelt es sich beim Rating nicht zwingend um ein unternehmensspezifisches Merkmal, da sich aber ein Großteil auf den Emittenten und nicht auf die Anleihe selbst bezieht, wird das Rating zu den unternehmensspezifischen Merkmalen gezählt. Die meisten der möglichen Börsensegmente lassen einen Verzicht auf ein Unternehmensrating nur in Ausnahmefällen zu. Demnach veröffentlicht ein Großteil der betrachteten Unternehmen auch ein entsprechendes Rating. Die Anzahl der reinen Anleihenratings ist dagegen recht überschaubar: Nur sechs der Emissionen weisen ein solches Rating auf. Da dennoch das Rating der Anleihe als einflussreicher für den Platzierungserfolg angesehen werden kann, wird das Unternehmensrating bei Vorliegen eines Anleihenratings durch dieses ersetzt. Insgesamt zeigt sich folgender Einfluss auf den Platzierungserfolg (Abb. 27.7, 27.8):

Ein eindeutiges Bild kann nicht aufgezeigt werden. Grundsätzlich würde man erwarten, dass Unternehmen, bzw. Anleihen bei besserem Rating auch besser platziert werden können. Aber allein der Umstand, dass ebenfalls eine Vielzahl der Unternehmen bzw. Anleihen ohne veröffentlichtes Rating vollständig und vorzeitig platziert werden konnten, zeigt, dass dieser Zusammenhang hier abzulehnen ist. Ein fehlendes Rating könnte nämlich auch als

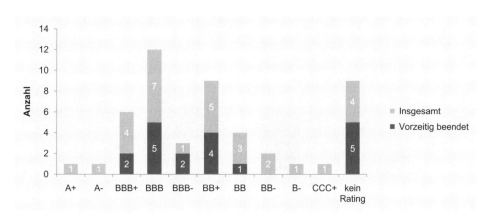

Abb. 27.8 Anzahl der insgesamt und vorzeitig beendeten Emissionen für verschiedene Ratingkategorien

Hinweis darauf gewertet werden, dass das Unternehmen ein schlechtes Rating nicht veröffentlicht sehen möchte und eine Zeichnung der Anleihe ein größeres Risiko darstellt. Offensichtlich werden andere Merkmale höher gewichtet, als das veröffentlichte Rating. Allerdings existiert ein weiteres unternehmensspezifisches Merkmal, welches einen Einfluss auf den Platzierungserfolg von Mittelstandsanleihen hat: die Bekanntheit. Dieser schon öfters kommunizierte Zusammenhang wird meist an Einzelbeispielen festgemacht.[5] Ob er sich allerdings auch bei einem Gesamtüberblick bestätigt, wird im Rahmen dieses Beitrags überprüft. Um die Markenbekanntheit der Emittenten zu ermitteln, wurde der sich aus dem Unternehmensnamen abgeleitete Markenname in die LexisNexis Datenbank eingegeben und die Trefferzahl in der deutschen Presse festgehalten. Dann erhielt das Drittel mit der geringsten Trefferzahl den Wert „gering", das Drittel mit der höchsten Trefferzahl den Wert „hoch" und die übrigen Unternehmen den Wert „mittel". Wie sich der Platzierungserfolg im Zusammenhang mit dieser Einteilung verhält, zeigen die folgenden Abbildungen (Abb. 27.9, 27.10):

Hier wird die Erwartung bestätigt. Mit steigender Markenbekanntheit nimmt auch der Platzierungserfolg zu. Insbesondere die vollständige Platzierung bestätigt diesen Trend. Zwar zeigt sich ein leichter Rückgang der vorzeitig beendeten Emissionen von mittlerer zu hoher Bekanntheit, der äußerst niedrige Anteil bei geringer Bekanntheit macht die Allgemeingültigkeit der Aussage „bekannte Namen sorgen für erfolgreiche Platzierungen" aber deutlich.

Welches Zwischenfazit lässt sich aus der Gesamtanalyse ableiten? Naheliegend wäre, dass das Vorliegen oder Fehlen von Ausstattungsmerkmalen eines Wertpapiers, wie Covenants, einen signifikanten Einfluss auf den Erfolg einer Platzierung ausübt. Gerade diese sollen den Investor vor unvorhergesehenen Ereignissen schützen und so einen An-

---

[5] U. a. De la Motte (2012).

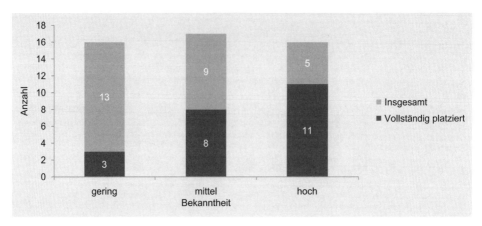

Abb. 27.9 Anzahl der insgesamt und vollständig platzierten Emissionen für unterschiedliche Markenbekanntheiten

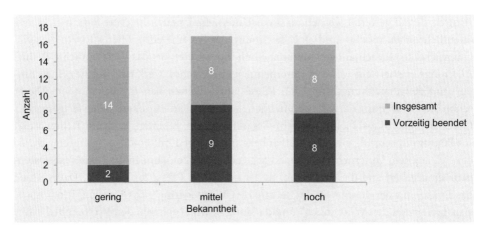

Abb. 27.10 Anzahl der insgesamt und vorzeitig beendeten Emissionen für unterschiedliche Markenbekanntheiten

reiz für eine Investitionsentscheidung geben. Gleiches wäre auch für Eigenschaften wie Zinscoupon oder Emissionsvolumen denkbar. Die Risikoklassifizierung durch Ratings soll ebenfalls dem geneigten Investor eine Entscheidungshilfe sein, da ihm ohne eigene Recherche die Bonität des Unternehmens bzw. Ausfallgefährdung des Wertpapiers durch eine spezialisierte Agentur erläutert wird.

Letztendlich aber ist der Einfluss dieser Faktoren auf den Platzierungserfolg nur schwach bis gar nicht vorhanden. Dominiert werden sie von der Bekanntheit der mit dem Unternehmen verbundenen Marke. Ferner zeigt sich ein Einfluss des Segments Bondm.

Um diesen Zusammenhang genauer analysieren zu können, werden im nächsten Teil zwei Fallbeispiele behandelt und miteinander verglichen. Bei den dafür gewählten Emissionen handelt es sich um die der Katjes International GmbH & Co. KG und der Royalbeach Spielwaren und Sportartikel Vertriebs GmbH. Gewählt wurden beide aufgrund von bestimmten Gemeinsamkeiten, aber auch Unterschieden. So besitzen beide bisher keine nennenswerte Kapitalmarkthistorie, sind damit als Anleihenemittenten beide Newcomer. Des Weiteren zeigen beide Unternehmen eine nur mäßige bis schwache Profitabilität. Dies stärkt die Vergleichbarkeit und lässt gleichzeitig auf ein erhöhtes Investitionsrisiko schließen. Große Unterschiede bestehen in der Bekanntheit der mit dem Unternehmen verbundenen Marke. Während Katjes von einer sehr hohen Markenbekanntheit profitiert, ist die Marke Royalbeach nahezu unbekannt. Unterschiede bestehen auch hinsichtlich der Professionalität der Kapitalmarktkommunikation: Katjes hat hier deutlich besser gearbeitet.

27.3 Fallstudie: Royalbeach Spielwaren und Sportartikel Vertriebs GmbH

Geschäftstätigkeit und Finanzen Die 1989 von Hans-Jürgen Münch gegründete Royalbeach Spielwaren und Sportartikel Vertriebs GmbH mit Sitz im bayrischen Kirchanschöring vertreibt eigene Kollektionen von Sport- und Freizeitartikeln im In- und Ausland. Die Royalbeach GmbH verfügt über keine eigene Fertigung, sondern bezieht ihre Produkte aus Niedriglohnländern, insbesondere Asien. Das Unternehmen konzentriert sich auf das untere Preissegment. Wichtigste Absatzkanäle sind Discounter, hier ist derzeit die ALDI-Kette der größte Kunde, über die Royalbeach sogenannte White-Label-Produkte vertreibt – etwa unter dem Produktnamen „Crane".

In den ersten Jahren fokussierte der Großhändler auf die Einfuhr von aufblasbaren Artikeln für den Sport- und Freizeitbereich nach Deutschland. Seit 1996 ist Royalbeach mit einer Tochterfirma in Hongkong vertreten. Etabliert wird hier auch ein Inspektionsbüro für in Asien produzierte Produkte, zur Termin- und Qualitätskontrolle sowie zum Lieferantensourcing.

Sukzessive erweiterte Royalbeach sowohl die Produktpalette als auch das Dienstleistungsangebot und versteht sich heute als „Supply-Chain-Company" im Sport- und Freizeitbereich. Die Marketingangebote und Dienstleistungen umfassen nach eigenen Angaben die gesamte Wertschöpfungskette entlang des Handelsprozesses. Das Leistungsangebot von Royalbeach reicht von der Entwicklung neuer Produktideen über die begleitende Analyse der Marktakzeptanz bis hin zur Beratung hinsichtlich Produktdesign und –ausstattung. Zusätzlich bietet Royalbeach ein übergreifendes Qualitäts- und Logistikmanagement sowie einen After-Sales-Service an.

Drei Kerngeschäftsfelder tragen den Umsatz von Royalbeach: „Fitness und Freizeit" (Fitnessgeräte unterschiedlicher Größe und Funktion), „Outdoor" (Camping und Aktivitäten in der Natur) und „Fun and Waves" (Spielwaren, Schwimm- und Freizeitartikel). Mit einem Anteil von ca. 55 % sind die Fitnessgeräte wichtigste Umsatztreiber.

Konzern-Jahresabschluss (HGB)	Strukturbilanz	
	2010	2009
Bilanzsumme	47,29 Mio. €	43,02 Mio. €
Eigenkapitalquote	24,39 %	25,89 %
Umsatzerlöse	63,71 Mio. €	62,13 Mio. €
Jahresüberschuss	0,71 Mio. €	0,94 Mio. €
Gesamtkapitalrendite	5,47 %	7,33 %
Umsatzrendite	1,97 %	2,41 %
Cashflow zur Gesamtleistung	1,51 %	1,96 %

Abb. 27.11 Finanzkennzahlen Royalbeach. (Quelle: Creditreform Rating Summary)

Im Jahr 2010 wurde knapp die Hälfte der Umsatzerlöse in Deutschland erwirtschaftet; der zweitwichtigste Absatzmarkt war Österreich mit einem Umsatzanteil von 25 %. Die Royalbeach GmbH vertreibt ihre Produkte darüber hinaus innerhalb der Europäischen Union, in Osteuropa sowie Australien und Neuseeland. Die langjährige Zusammenarbeit mit Discountern und die damit verbundenen Vorteile wie stabile Umsätze, Nutzengewinn aus Marktkenntnis der Discounter sowie eine gewisse Bindung der Großkunden bedeutet gleichzeitig auch eine Abhängigkeit, da diese Kundengruppe für etwa 70 % des Umsatzes von Royalbeach verantwortlich ist. Das Unternehmen arbeitet daher verstärkt an dem Aufbau der eigenen Marke, der Erschließung neuer Kunden und Märkte sowie zusätzlicher Absatzkanäle. Zu diesem Zweck wurde der neue Vertriebskanal „Handel über Internetplattformen" etabliert, nach Unternehmensangaben mit Erfolg.

Das Unternehmen erzielte 2010 einen Konzernumsatz von 63,71 Mio. €. Der Vergleich mit den Vorjahren zeigt eine rückläufige Tendenz bei den Umsätzen. Auch wenn der Umsatz gegenüber 62,13 Mio. € im Jahr 2009 leicht gestiegen ist, lag der Konzernumsatz 2008 noch bei 67,20 Mio. € und in den Jahren 2006 und 2007 sogar bei über 74 Mio. €. Die Rentabilität des Unternehmens bewegt sich im niedrigen einstelligen Bereich und hat ebenfalls eine rückläufige Tendenz mit 2,41 % Umsatzrendite im Jahr 2009 hin zu 1,97 % im Geschäftsjahr 2010 (Abb. 27.11).

Im Oktober 2011 begibt das Unternehmen eine Anleihe im Mittelstandssegment Bondm der Börse Stuttgart (Abb. 27.12).

Strategie/Verwendung des Nettoemissionserlöses Im Vorfeld der Emission gibt das Unternehmen im Wertpapierprospekt den Verwendungszweck für den Nettoemissionserlös von bis zu 23,75 Mio. € an. Die wichtigsten strategischen Ziele sind demnach die Weiterentwicklung bestehender Vertriebsstrukturen sowie die fortgesetzte Internationalisierung, insbesondere der Markteintritt in den nordamerikanischen Markt durch Begleitung der ALDI-Gruppe. Etwa 40 % des Nettoemissionserlöses sollen hierfür eingesetzt werden.

Weitere 15 % sind für das Joint Venture mit bzw. die Beteiligung an einem namhaften asiatischen Hersteller von Fitnessgeräten vorgesehen. Damit will Royalbeach den steigenden Material- und Lohnkosten im asiatischen Raum beggenen, die Verhandlungsmacht gegenüber Lieferanten erhöhen und Ressourcen sichern.

27 Erfolgsfaktoren bei der Platzierung von Mittelstandsanleihen

Emittent	Royalbeach Spielwaren & Sportartikel Vertriebs GmbH
Zeichnungsfrist über die Zeichnungsbox	17.- 26.10.2011
Laufzeit	5 Jahre
Zins p.a.	8,125%
Emissionsvolumen	25.000.000 €
Stückelung	1.000 €
Rückzahlungskurs	100%
Börsennotiz	Börse Stuttgart, Mittelstandssegment Bondm
Unternehmensrating	BB+ (Creditreform)
Covenants	Kontrollwechsel-Klausel, Begrenzung der Gewinnausschüttung an Gesellschafter auf max. 20% (Gewinnthesaurierung), Negativerklärung

Abb. 27.12 Ausstattungsmerkmale der Anleihe (Royalbeach). (Quelle: Wertpapierprospekt der Royalbeach Spielwaren & Sportartikel Vertriebs GmbH)

20 % des Erlöses sollen in die Optimierung der Finanzstruktur investiert werden. Mit der Ausgabe einer unbesicherten Schuldverschreibung (Anleihe) will das Unternehmen bankenunabhängig die Finanzierungsmöglichkeiten erweitern und einen Teil der kurzfristigen Bankverbindlichkeiten in mittelfristiges Fremdkapital umwandeln.

Dem Erwerb eigener Geschäftsanteile und damit dem Cash-out der Alteigentümer sind 15 % des Nettoemissionserlöses, also bis zu 3,8 Mio. €, zugedacht. Stefan Behr-Heyder, der wie Geschäftsführer und Gründer Hans-Jürgen Münch 49,9 % der Anteile am Unternehmen hält, will zeitnah aus dem Unternehmen ausscheiden. Ziel sei die Konzentration sämtlicher Geschäftsanteile in den Händen des Unternehmensgründers. So sollen die Geschäftsanteile Behr-Heyders sowohl durch die Emittentin als auch durch Münch und/oder dessen Bruder erworben werden.

Die restlichen zehn Prozent entfallen auf den geplanten Einstieg in den neuen Sortimentsbereich von LED-Leuchten durch eine Vertriebspartnerschaft mit einem asiatischen Hersteller. Die LED-Leuchten sollen in den Zielmärkten Deutschland, Österreich und Schweiz vertrieben werden.

Insgesamt gibt es also keinen klaren Fokus bei der geplanten Mittelverwendung sondern eine Verteilung auf fünf Bereiche.

Annahmen Die identifizierten Erfolgsfaktoren für eine möglichst kurze Zeichnungsdauer ergeben ein widersprüchliches Bild. Die mittels der Lexis-Nexis-Suche ermittelte Markenbekanntheit ist mit nur 30 Treffern gering. Der (sehr) geringe Bekanntheitsgrad macht eine Vollplatzierung eher unwahrscheinlich. Zwar liegt ein Covenant – die „Negativerklärung" – vor, jedoch resultiert daraus kein positiver Einfluss für den Platzierungserfolg. Die Notierung im Mittelstandssegment Bondm der Börse Stuttgart sollte sich hingegen positiv auf die Zeichnungsdauer auswirken. Der Zeitpunkt der Emission mitten in der zweiten Jahreshälfte 2011 ist ambitioniert. Die Royalbeach-Emission ist der erste Versuch einer Neuplatzierung im Segment Bondm nach einem signifikanten Einbruch des Bondm-Index im August, als dieser den Kurssturz an den Aktienmärkten nachvollzog.

Emissionsverlauf und Kommunikation Als Initial-Bond-Offering (IBO)-Berater mandatierte Royalbeach die Beratungsgesellschaft FMS AG, die sich als Partner der Börse Stuttgart und „Gründungs-Coach" für mittelständische Unternehmen positioniert. FMS' Leistungsspektrum umfasst nach eigenen Angaben die Beratung in sämtlichen Finanzierungsfragen; das Unternehmen betont die Unabhängigkeit von Banken als Stärke.

Im Juni 2011, ein halbes Jahr vor Emission, erstellt Creditreform ein Unternehmensrating mit der Bewertung BB+. Wie aus der Analyse hervorgeht, befindet sich Royalbeach damit im unteren Mittelfeld der untersuchten Anleihen. Am 26.09.2011 wird der Wertpapierprospekt für die Begebung der Anleihe veröffentlicht. Das Unternehmen hat auch eine eigene Investor-Relations Internetseite eingerichtet, auf der Prospekt, Rating Summary, Basisdaten und Mitteilungen zur Anleihe bereitgestellt werden. Außerdem besteht die Möglichkeit, online zu zeichnen.

In der Woche vor Beginn der Zeichnungsfrist veröffentlicht Royalbeach eine Pressemitteilung, in der die gemeinsame Expansion mit dem Großkunden ALDI stark betont wird. Die Begebung einer Anleihe wird mit der Notwendigkeit der Finanzierung dieser Wachstumsstrategie begründet. Kommunikationsstrategisch setzt man augenscheinlich auf die Schlüsselbegriffe Expansion und Wachstum sowie auf die Markenbekanntheit von ALDI. Die Pressemitteilung wird von der nationalen Fachpresse aufgegriffen. So berichtet die Frankfurter Allgemeine Zeitung mit Schwerpunktsetzung auf die Zusammenarbeit von Royalbeach mit ALDI und das daraus resultierende Potenzial. Neben einigen neutralen Berichten erscheinen jedoch auch kritische Beiträge. Negativ beurteilt wird insbesondere die anteilige Verwendung des Emissionserlöses für den geplanten Ausstieg des zweiten großen Gesellschafters. In Frage gestellt wird die angestrebte Expansionsstrategie bei gleichzeitig zunehmendem Margendruck auf das Geschäft. Kritik richtet sich auch gegen die erstmalige Nutzung des Aktivierungswahlrechts für selbst erstellte immaterielle Vermögensgegenstände, das eine Erhöhung des Eigenkapitals bzw. Verringerung des Verschuldungsgrades bewirkt. Dies alles führe zu einem hohen Investitionsrisiko.[6]

Auf ein Gespräch mit Geschäftsführer Münch folgt ebenfalls am 13.10. ein Bericht in der Börsen-Zeitung. Die Überschrift verweist auf das ambitionierte Vorhaben, in einem (trotz der parallel erfolgreich verlaufenden Anleihenemission von Bastei Lübbe: 30 Mio. € im mittelstandsmarkt, Börse Düsseldorf) schwierigen Marktumfeld die erste Mittelstandsanleihe seit dem Sommer im Bondm zu platzieren: „Royalbeach versucht sich als Eisbrecher".[7]

Die Pressemitteilung wird auch von zahlreichen Online-Portalen im Finanzbereich aufgenommen. Auf Aktiencheck.de erscheint ein ausführliches Interview mit Hans-Jürgen Münch. Kurzfilme über Royalbeach, die Interviewbeiträge mit Geschäftsführer Münch enthalten, laufen etwa bei n-tv und diversen Online-Diensten. In derselben Woche erscheint im Bond Magazine, einem Fachmagazin zum Thema Anleihen, der Artikel „Royalbeach planscht am Kapitalmarkt" mit einer klaren Verkaufsempfehlung. Diese begründet sich

---

[6]Vgl. Johannsen K (2011).
[7]Ohne Autor (2011a).

im Wesentlichen auf dem Widerspruch von postuliertem Expansionskurs und erhöhtem Margendruck sowie angestrebter Reduzierung der Abhängigkeit von Großkunden. Auch aufgrund rückläufiger Umsätze, des Ausstiegs eines Gesellschafters und der deutlich unter dem Anleihencoupon liegenden Gesamtkapitalrendite von 5,47 % müsse von einem Investment abgeraten werden.[8]

Platzierung der Anleihe/Emissionserfolg Die Emission verläuft für Royalbeach mehr als enttäuschend: weder kann die Zeichnungsfrist vorzeitig beendet werden, noch kann Royalbeach die Anleihe innerhalb der Zeichnungsfrist über die Börse Stuttgart vollständig platzieren. Der Emissionserlös von 338.000 €[9] am Ende der Zeichnungsfrist über die Zeichnungsbox entspricht lediglich 1,35 % des ursprünglich geplanten Volumens von 25 Mio. €.

Noch im Frühjahr 2012 kann die Anleihe weiterhin über die Internetseite von Royalbeach gezeichnet werden. Einem Bericht im Magazin „Markt und Mittelstand" zufolge konnte Royalbeach den Emissionserlös in den Monaten von Oktober 2011 bis Mai 2012 auf etwa zwei Millionen € steigern.[10] Für eine signifikante Belebung der Nachfrage spricht diese Summe jedoch nicht.

Ursächlich für den Misserfolg sind mehrere Faktoren. Die mangelnde Bekanntheit der Emittentin ist ein wesentliches Kriterium für die erfolglose Platzierung der Anleihe. Besonders enttäuschend aus Unternehmenssicht ist der Umstand, dass die Produkte selbst einem Großteil der Kunden von Discountern sehr wohl bekannt sein dürften, dies jedoch für die Marke „Royalbeach" aufgrund des Vertriebs über die (Fremd-)Handelsmarken der Discounter nicht gilt. Die Negativerklärung aus der Gruppe der Non-Financial Covenants sowie das Listing im Mittelstandssegment Bondm der Börse Stuttgart als begünstigende Faktoren konnten entgegen der Erwartung die Platzierung nicht beschleunigen.

Royalbeach erzielt kurz vor Emission eine angesichts des geringen Bekanntheitsgrades hohe Medienpräsenz. Auch wenn dies die Bekanntheit von Royalbeach kurzfristig deutlich erhöht, fällt die Berichterstattung zum Teil äußerst kritisch aus und sollte sich tendenziell negativ auf die Transaktion auswirken. Das Unternehmen versäumte es, heikle Themen wie den Ausstieg eines Gesellschafters frühzeitig selbst zu besetzen. Stattdessen überließ man das Terrain den Medien, die ihre eigene Interpretation potenziell problematischer Aspekte lieferten. Auch ging die Strategie, den Kunden ALDI kommunikativ als Zugpferd für die Emission ins Spiel zu bringen, nicht auf: der „Piggyback-Ride" auf dem Rücken der starken Marke brachte nicht den erwarteten Erfolg.

Weiterhin wurde die Bedeutung der geplanten Verwendung des Nettoemissionserlöses für den Kapitalmarkt scheinbar unterschätzt. Obwohl der Großteil des Erlöses in zukünftig Ertrag versprechende Projekte fließen sollte, dominierte in der Berichterstattung zur

---

[8]Vgl. Schiffmacher (2011c).
[9]Vgl. Schiffmacher (2011b).
[10]Vgl. Hülsbomer (2012).

Anleihe insbesondere die Verwendung von einem vergleichsweise kleinen Teil für die Ausbezahlung eines ausscheidenden Gesellschafters. Dieser Verwendungszweck wurde – da nicht ertragreich – negativ beurteilt. Zukünftig emittierende Unternehmen sind also gut beraten, dem Verwendungszweck angemessene Beachtung zu schenken.

Zudem war der Emissionszeitpunkt unglücklich gewählt. Nach der für Emissionen von Mittelstandsanleihen sehr erfolgreichen ersten Jahreshälfte brach der Markt in den Sommermonaten völlig ein. Die Funktion des „Eisbrechers", welche Royalbeach als eine der ersten Anleihen nach dem Sommerloch (unfreiwillig?) übernehmen musste, konnte das Unternehmen nicht erfüllen.

Augenscheinlich konnte bei diesen Rahmenbedingungen selbst der überdurchschnittlich hohe Coupon in Höhe von 8,125 % p. a. die Anleger nicht überzeugen. Der Aufschlag von 530 Basispunkten auf den Referenzzinssatz kompensierte die Schwächen dieser Anleihe offensichtlich nicht.

27.4 Fallstudie: Katjes International GmbH & Co. KG

Geschäftstätigkeit und Finanzen Die Katjes International GmbH & Co. KG bündelt als Teil der Katjes Deutschland Gruppe deren internationale Beteiligungen. Geschäftszweck des 1972 als Fassin Verwaltungs GmbH & Immobilien-Kommanditgesellschaft gegründeten Unternehmens war ursprünglich die Verwaltung und Verpachtung der Grundstücke der Katjes Deutschland Gruppe. Diese wurden veräußert, seit 2011 firmiert das Unternehmen als Holding-Gesellschaft unter dem heutigen Namen, Firmensitz ist Emmerich. Geschäftsführer und Kommanditisten der Gesellschaft sind Bastian Fassin (90 %) und Tobias Bachmüller (zehn Prozent). Sie sind gleichzeitig die einzigen Gesellschafter der Komplementärin Xaver Fassin International GmbH. Beide partizipieren als Gesellschafter auch an Unternehmen der Katjes Deutschland Gruppe und haben dort Managementfunktionen in Gesellschaften inne, die große Teile des operativen Geschäfts von Katjes Deutschland verantworten.

Die Katjes International hält, verwaltet und finanziert die ausländischen Beteiligungen der Gruppe, die sich aktuell auf Westeuropa konzentrieren, namentlich Frankreich, Belgien und die Niederlande. Zum Emissionszeitpunkt (Juli 2011) ist sie über Zwischenholdings zu 50 % an dem holländischen Lakritz-Hersteller Festivaldi B.V. und zu 66,67 % an der Heel Veel Snoepjes beteiligt. Zudem hält Katjes International eine Kaufoption auf die ausstehenden 33,33 % an Heel Veel Snoepjes. Letztere ist wiederum selbst zu nahezu 100 % Holding für die französischen und belgischen Süßwarenhersteller Lamy Lutti Frankreich und Lamy Lutti Belgien (Lamy Lutti Gruppe). Einkünfte erzielt Katjes Intl. einzig aus dem Auslandsgeschäft der Katjes Gruppe, also den Ausschüttungen der Lamy Lutti Gruppe und der Festivaldi B.V. sowie potenziell zukünftigen Beteiligungen oder konzerninternen Zahlungen. An den Erlösen von Katjes Deutschland partizipiert Katjes Intl. indes nicht.

HVS Konzernabschluss per 31.12. (IAS/IFRS)	Strukturbilanz	
	2010 IST	2009 IST
Bilanzsumme	86.664 T€	79.339 T€
Eigenkapitalquote	32,51%	37,17%
Umsatzerlöse	106.528 T€	103.540 T€
Jahresüberschuss	-138 T€	-3.307 T€
Gesamtkapitalrentabilität	1,16%	-2,26%
Umsatzrentabilität	-0,26%	-3,74%
Cashflow zur Gesamtleistung	1,11%	-0,54%

Abb. 27.13 Finanzmerkmale Katjes. (Quelle: Creditreform Rating Summary)

Katjes International will durch Akquisitionen wachsen. Angestrebt wird der Erwerb von in ihren Heimatmärkten starken und etablierten Marken. Ziel ist der Ausbau der eigenen führenden Marktposition durch Bekanntheitssteigerung der bestehenden Marken und Absatzsteigerung der vertriebenen Produkte. So hat Lamy Lutti eine führende Stellung im französischen wie im belgischen Zuckerwarenmarkt. Lamy Lutti produziert für Eigen- und Fremdmarken Fruchtgummi, Bonbons, Schokolade und Kaugummi. Festivaldi stellt Lakritze in drei Geschmacksrichtungen für den holländischen Zuckerwarenmarkt her. Die Lakritze von Festivaldi ist gleichzeitig meistverkauftes Lakritzprodukt und meistverkaufter Zuckerwarenartikel in den Niederlanden.

Da keine historischen Konzernabschlüsse für die Emittentin existieren und die Betrachtung des Abschlusses der Vorgängerin Fassin Verwaltungs GmbH & Co. aufgrund deren alleinigen Geschäftszwecks der Immobilienverwaltung keinen relevanten Informationsgehalt besitzt, bleibt alternativ die Betrachtung der Beteiligungen Heel Veel Snoepjes und Festivaldi. Wie auch im Wertpapierprospekt angegeben, wird die Ergebnissituation der Emittentin 2011 und 2012 von den Dividendenzahlungen ihrer Tochtergesellschaften abhängig sein.

Die Zweidrittel-Beteiligung an Heel Veel Snoepjes (HVS) B.V. hat für Katjes International die größte wirtschaftliche Bedeutung. Der Konzern erzielte 2010 einen Umsatz von 106.528 €. Dies entspricht einer Steigerung von fast zehn Prozent gegenüber dem Vorjahr; im Jahr 2008 lag der Umsatz noch unter 100.000 €. Die Profitabilität von HVS ist sehr schwach. 2009 erwirtschaftete HVS einen Verlust von rund 3,3 Mio. €. Im Folgejahr konnte sie diesen auf 138.000 € verringern, blieb aber weiterhin in den roten Zahlen (Abb. 27.13).

Im Juli 2011 begibt das Unternehmen eine Unternehmensanleihe im mittelstandsmarkt der Börse Düsseldorf (Abb. 27.14).

Strategie/Verwendung des Nettoemissionserlöses Laut Wertpapierprospekt kann Katjes International durch die Zusammenführung eigener Erfahrungen und Geschäftsbeziehungen mit denen von Katjes Deutschland erhebliche Synergieeffekte erzielen. Dank sich überschneidender Produktbereiche und damit weitgehend ähnlicher Rohstoffe wie

Emittent	Katjes International GmbH & Co. KG
Zeichnungsfrist	4. – 15.07.2011
Laufzeit	5 Jahre
Zins p.a.	7,125%
Emissionsvolumen	30.000.000 €
Stückelung	1.000 €
Rückzahlungskurs	100%
Börsennotiz	mittelstandsmarkt, Börse Düsseldorf
Unternehmensrating	BB+ (Creditreform)
Covenants	Negativerklärung, Drittverzug, Kontrollwechsel

Abb. 27.14 Ausstattungsmerkmale der Anleihe (Katjes). (Quelle: Wertpapierprospekt der Katjes International GmbH & Co. KG)

auch räumlicher Nähe der Produktionsstätten können Einkaufssynergien durch den gemeinsamen Bezug von derselben Lieferantengruppe realisiert werden. Vertriebssynergien lassen sich durch gemeinsame Vertriebs- und Marketingaktivitäten erzielen. Produktionssynergien werden durch wechselseitige Auftragsfertigung erzielt. Außerdem hat Katjes International bereits erfolgreich die Erfahrungen Katjes Deutschlands hinsichtlich der Verbesserung von Produktionskapazität und -auslastung auf die Produktion der Lamy Lutti übertragen. Katjes International betrachtet die Lamy Lutti Gruppe als geeignete Plattform für die weitere Expansion in Westeuropa. Als mögliche Zielmärkte für Akquisitionen werden Großbritannien und Italien benannt.

Für die Verwendung des Nettoemissionserlöses von bis zu 29,35 Mio. € werden im Wertpapierprospekt mehrere Punkte angegeben. Zum einen plant Katjes International im Rahmen ihrer Wachstumsstrategie weitere Akquisitionen im westeuropäischen Zuckermarkt; hierfür möchte man sich finanzielle Flexibilität verschaffen. Konkret benannt wird der angestrebte Erwerb der noch ausstehenden 33,33 % der Anteile an der Heel Veel Snoepjes B.V. Des Weiteren ist ein Teil des Erlöses für die Rückzahlung eines oder mehrerer der Lamy Lutti Gruppe gewährten Gesellschafterdarlehen vorgesehen.

Annahmen Gemäß den Erfolgsindikatoren stehen die Vorzeichen für Katjes auf Erfolg. Die Lexis-Nexis-Suche für den Suchbegriff „Katjes" ergibt 2.551 von maximal möglichen 3.000 Treffern; damit ist die Bekanntheit dieser Konsumgütermarke groß. Die hohe Bekanntheit lässt sowohl Vollplatzierung als auch vorzeitige Beendung vermuten. Obwohl Non-Financial sowie Corporate Financial Covenants vorliegen, ist von ihnen kein Einfluss auf den Verlauf der Platzierung zu erwarten. Auch wird die Anleihe nicht im Erfolg versprechenden Bondm der Börse Stuttgart sondern im Segment „mittelstandsmarkt" der Börse Düsseldorf gehandelt. Das Zeitfenster für die Emission ist hervorragend gewählt. Der Mai 2011 weist mit sieben neu platzierten Anleihen zwar zahlenmäßig die meisten Emissionen auf, dafür markiert der Juli 2011 den Höhepunkt des für das Marktumfeld repräsentativen Bondm-Index.

Emissionsverlauf und Kommunikation IBO-Berater von Katjes International ist die Deutsche Industriebank (IKB). Die IKB begleitet ihre Kunden durch den gesamten Transaktionsprozess einschließlich Platzierung und Nachbetreuung. Mit der Erstellung des Unternehmensratings wird Creditreform beauftragt. Das Rating datiert auf den Juni 2011 und trägt ein BB+. Damit liegt Katjes International ebenfalls im unteren Mittelfeld des gewählten Samples und besitzt „befriedigende Bonität" und ein „mittleres Insolvenzrisiko".

Datum der Veröffentlichung des Prospekts ist der 27. Juni 2011. Am selben Tag beginnt in den Räumen der IKB in Hamburg die begleitende Roadshow. Der Internetauftritt der Katjes International gibt die relevanten Inhalte zur Anleihe präzise und auf die Bedürfnisse der Zielgruppen Investoren und Presse zugeschnitten wieder. Zusätzlich zu den Pflichtinformationen und -downloads zur Anleihe bietet die Seite einen Finanzkalender, FAQs und einen Newsletter. Im Unterschied zu Royalbeach besteht keine Möglichkeit der Zeichnung über die Internetseite.

Auch Katjes veröffentlicht in der Woche vor Emission eine Pressemitteilung. Diese ist im Vergleich zur Royalbeach-Meldung deutlich kürzer. Sie verzichtet außerdem auf eine detaillierte Darstellung von Gesellschaftsstruktur und Geschäftsmodell der Katjes International wie auch auf eine klare Abgrenzung zu Katjes Deutschland. Vielmehr wird Kenntnis des Markennamens Katjes sowie der damit assoziierten Geschäftstätigkeit vorausgesetzt. Die Emittentin fokussiert in ihrer Meldung stark auf den Verwendungszweck „Akquisitionen starker Marken", während die Rückzahlung erhaltener und die Gewährung zukünftiger Darlehen unerwähnt bleibt. Gemeinsam haben beide Emittenten Royalbeach und Katjes Intl. die bei Investoren beliebte „Bond Story" von Wachstum und Expansion.

Die Katjes-Meldung erfährt eine große Medienresonanz. Die Finanz- und Wirtschaftspresse, darunter FTD, Wirtschaftswoche, Handelsblatt oder Börsen-Zeitung wie auch die großen nationalen Tageszeitungen – etwa DIE WELT, FAZ – und Finanz-/Börsen-Seiten im Internet berichten über die anstehende Emission. Interviews mit dem Geschäftsführer Bachmüller werden im Deutschen Anlegerfernsehen und n-tv gezeigt, auf einer Pressekonferenz stellt sich das Management den Fragen der Journalisten.

Die Fachzeitung Bond Magazine veröffentlicht eine Kurzfassung des Bond Research zur Katjes Anleihe der URA Ratingagentur. Die Autoren heben bereits im Untertitel auf die strukturelle Nachrangigkeit der Anleihe gegenüber den Gläubigerforderungen der Tochtergesellschaften ab; als weitere Schwächen identifizieren sie u. a. die sehr schwachen Gewinnmargen, die Abhängigkeit von Ausschüttungen der Tochtergesellschaften, die Abhängigkeit von steigenden und volatilen Rohstoffpreisen und eine mangelhafte Finanzpublizität. Sie weisen auch auf den bei dieser Transaktion „eher irreführenden" Namen Katjes hin, mittels dem vermutlich eine Verbindung zur Katjes Deutschland Gruppe geschaffen werden solle. Als Stärken nennen sie die starke Marktstellung der Tochtergesellschaften, die Synergiepotenziale durch die Zusammenarbeit mit Katjes Deutschland und die relativ risikoarme und stabile Branche.[11]

---

[11] Vgl. Schiffmacher (2011a).

Das Onlineportal der Frankfurter Allgemeine Zeitung titelt am 8. Juli: „Kaum Katjes drin" und warnt vor einer Gleichsetzung der Katjes International mit Katjes Deutschland: letztere hafte nicht für die Ansprüche aus der von Katjes International begebenen Anleihe.[12] Erfolgsbasis für die Emittentin seien die erfolgreiche internationale Expansion und die Trendwende bei Lamy Lutti von der Verlust- in die Gewinnzone. Sollten diese scheitern, hinge die Einbringlichkeit des Rentenpapiers allein vom guten Willen der Eigner Bastian Fassin und Tobias Bachmüller ab. Auch im Anleihen-Check auf www.fixed-income.org liegt das Augenmerk auf der mangelnden Profitabilität. Man resümiert: „vermeintlich starke Marke, aber schwache Marge".[13]

Die WirtschaftsWoche vom 9. Juli führt die Katjes Anleihe trotz Aufzeigen ausgewählter Schwächen als Anleihetipp.[14] Im Fokus sei natürlich die Performance der Lamy Lutti Gruppe. Potenzial liege im „guten Händchen" von Katjes, das sich hoffentlich auch im Management seiner Auslandstöchter bewähren sollte.

Platzierung der Anleihe/Emissionserfolg Die Emission der Katjes-Anleihe verläuft äußerst erfolgreich. Die Zeichnungsfrist wird dank 2,5-facher Überzeichnung bereits am ersten Tag um 9:30 Uhr vorzeitig beendet. Etwas über die Hälfte des Emissionsvolumens von 30 Mio. € zeichnen institutionelle Investoren und Vermögensverwalter, der Rest entfällt auf private Anleger. Damit konnte Katjes beide Zielgruppen für die Unternehmensanleihe gewinnen und eine breite Streuung bei der Platzierung erreichen.

Der Erfolg ist wohl in erster Linie der hohen Markenbekanntheit von Katjes und den damit verbundenen positiven Assoziationen zu verdanken. Offenbar konnte die starke Marke in Kombination mit dem Verwendungszweck Akquisitionen und der inhärenten Hoffnung auf Wachstum die Investoren überzeugen. Die mehrfache Überzeichnung kurz nach Handelseröffnung ist Beleg für den Nachfragesturm auf die Anleihe. Damit ist das Beispiel Katjes die positive Bestätigung der Korrelation von Bekanntheit und Emissionserfolg. Zudem trifft die Katjes-Anleihe im Juli 2011 auf ein Stimmungshoch am Markt für Mittelstandsanleihen: das Sentiment ist ideal für Neuemissionen. Dennoch ist die Nachfrageseite angesichts der Emissionsflut wählerisch. Von den letzten Emissionen vor dem Sommerloch erreicht lediglich Katjes eine Vollplatzierung.

In der Wahrnehmung der Anleger treten angesichts der überzeugenden Marke die Fundamentaldaten der Emittentin sowie kritische Aspekte in den Hintergrund. Ein Teil des Emissionserlöses soll statt in Akquisitionen in Darlehensrückzahlung und –gewährung fließen. Katjes International ist letztlich nur ein Holding-Konstrukt ohne Immobilien und ohne eigenes operatives Geschäft, es liegen keine historischen Konzernabschlüsse vor, die Holding ist von (freiwilligen) Ausschüttungen und Zuflüssen liquider Mittel seitens der operativen Tochtergesellschaften abhängig, und Katjes Deutschland haftet nicht für die von Katjes International begebene Anleihe. Starke Marken könnten auch täuschen.

---

[12] Vgl. Hock (2011).
[13] Vgl. Schiffmacher (2011a).
[14] Vgl. Ohne Autor (2011b).

27.5 Fazit

Das junge Segment der Mittelstandsanleihen wurde geschaffen, um einen transparenten und liquiden Markt zu etablieren. Die Nachhaltigkeit dieses Segments ist aber weiterhin ungewiss. Der Einbruch im Herbst 2011 und die Insolvenz der SIAG Schaaf Industrie AG Mitte März 2012 machen die fortdauernde Instabilität deutlich. Wenig hilfreich ist dabei der herausgearbeitete Zusammenhang zwischen Platzierungserfolg und Markenbekanntheit. Eigentlich ausschlaggebende Unternehmens- und Anleiheneigenschaften werden durch die Bekanntheit dominiert und erhöhen so das inhärente strukturelle Risiko des Segments. Interessierten Unternehmen und Anlegern wird der Anreiz gegeben, eigentlich schwache Strukturen zwar zu kommunizieren, dann aber zu ignorieren und stattdessen auf bekannte Namen zu setzen. Genau dies ist im Fall Katjes International GmbH & Co. KG geschehen, die erst seit dem Jahr ihrer Emission unter diesem Namen firmiert und deren Erfolg grundsätzlich von den Ausschüttungen ihrer Beteiligungen abhängt.

Hier sollten weitere Anstrengungen unternommen werden, insbesondere privaten Investoren die Risiken aufzuzeigen. Erste Bestrebungen in dieser Richtung existieren bereits. So bietet die Börse Stuttgart seit kurzem eine eigene Risikoklassifizierung der dort gelisteten Mittelstandsanleihen. Des Weiteren wird der Ruf nach einer Zwangsveröffentlichung des tatsächlich platzierten Volumens lauter. Bisher konnte nur mit einer Unternehmensmitteilung gerechnet werden, wenn die Platzierung erfolgreich beendet wurde. Einerseits erhöht es die Transparenz des Marktes und macht ihn besonders für private Investoren durchsichtiger. Gleichzeitig hat das platzierte Volumen einen wesentlichen Einfluss auf die Liquidität. Eine Bringschuld liegt aber auch bei den Investoren selbst, die lernen müssen, sich kritisch mit den verschiedenen Anlagemöglichkeiten auseinanderzusetzen, statt einfach nur auf Bekanntes zu setzen. Sie sind in der Position, konkrete Erwartungen an Emittenten zu formulieren. Das Beispiel der Royalbeach GmbH macht auf eindringliche Art klar, wie wichtig es ist, die Kommunikation problematischer Themen nicht aus der Hand zu geben, sondern offensiv damit umzugehen. Quintessenz des Beitrags ist damit eine Forderung nach ehrlicher, umfassender und proaktiver Kommunikation der Unternehmen gegenüber potenziellen Investoren. In einzelnen Fällen könnte dies von den Segmenten erzwungen werden, um Transparenz und Liquidität zu gewährleisten. So gewinnen am Ende alle.

Literatur

Blättchen W, Nespethal U (2010) Anleihenemission mittelständischer Unternehmen. In: Corporate Finance biz, Heft 8, S 496–503

De la Motte L (2012) Markennamen ziehen besser, In: Handelsblatt Online. Abgerufen am 28.03.2012 unter. http://www.handelsblatt.com/unternehmen/mittelstand/mittelstandsanleihen-markennamen-ziehen-besser/6329036.html

Hock M (2011) Kaum Katjes drin. In: Frankfurter Allgemeine online, verfügbar unter. http://www.faz.net/aktuell/finanzen/anleihen-zinsen/katjes-anleihe-kaum-katjes-drin-1356842.html. Zugegiffen: 30. Mai 2012

Hülsbömer D (2012) In tiefen Gewässern. In: Markt und Mittelstand Das Wachstumsmagazin, Aufl 5, S 36

Johannsen K (2011) Kursentwicklung zahlreicher Anleihen ist nicht immer ganz nachvollziehbar. In: Börsen-Zeitung, Aufl. 234 vom 3. Dezember 2011, S 2

Ohne Autor (2011a) Royalbeach versucht sich als Eisbrecher: Erste Mittelstandsanleihe seit dem Sommer. In: Börsen-Zeitung, Aufl. 197 vom 13. Oktober 2011, S 11

Ohne Autor (2011b) Katjes: Süß ins Ausland. In: WirtschaftsWoche online, verfügbar unter. http://www.wiwo.de/finanzen/boerse/anleihetipp-katjes-suess-ins-ausland/5305084.html. Zugegiffen: 30. Mai 2012

Schiffmacher C (2011a) Anleihen-Check: Katjes International – vermeintlich starke Marke, aber schwache Marge. In: Abgerufen unter. http://www.fixed-income.org/index.php?id=51&tx_ttnews[tt_news]=1318&cHash=82b1cc2002890b0f29337709e32c4813. Zugegriffen: 30. Mai 2012

Schiffmacher C (2011b) Editorial: Vor allem Qualität ist gefragt. In: Bond Magazine, Aufl. 13, S 3

Schiffmacher C (2011c) Royalbeach plantscht am Kapitalmarkt. In: Bond Magazine Flash, Aufl. 12, S 4

Schlitt M, Kasten RA (2011) Börsennotierte Anleihen mittelständischer Unternehmen – ein Überblick über die neuen Anleihesegmente. In: Corporate Finance law, Heft 2, S 97–103

Sever M, Pape D (2011) Katjes International GmbH & Co. KG: Strukturelle Nachrangigkeit der Anleihe 2011/2016. In: Bond Magazine, Aufl. 8, S 24

Teske B (2012) Neue Chance für Mittelstandsanleihen. In: die bank, Heft 3, S 8–12

Börsliche Eigenemission von Anleihen

Edda Vogt und Michael Rieß

Mittelstandsanleihen haben sich als erfolgreiche Erweiterung der Finanzierungsformen sowohl kleinerer als auch größerer Unternehmen erwiesen. Dabei werden inzwischen Börsen in den Prozess der Platzierung vor allem bei Privatanlegern einbezogen. Die Autoren beleuchten den Ablauf einer Begebung über die Börse und zeigen, wie eine Börse in der Vermarktung unterstützend tätig sein kann.

28.1 Die Anleihe als sinnvolle Finanzierungsvariante

Anleihen haben sich für mittelständische Unternehmen inzwischen als eine wichtige Alternative der Kapitalbeschaffung etabliert, insbesondere in für Aktienemissionen schwierigen Marktphasen oder bei restriktiver Kreditvergabe der Banken an den Nichtbankensektor. Dabei können Unternehmen mit Anleihen ihre Kapitalstruktur optimieren, sie sind jedoch nicht geeignet, andere Formen des Fremdkapitals, wie zum Beispiel den Bankkredit der Hausbank komplett abzulösen.

Gegenüber dem Eigenkapital in Form von Aktien bieten Anleihen einige Vorteile: Überschaubare Transparenzpflichten, keine Mitbestimmung durch neue Anteilseigner und ein zeitlich begrenztes Engagement am Kapitalmarkt.

Eigenemission, Bank oder Börse Bei der Begebung einer Anleihe stehen Unternehmen drei Wege der Platzierung offen: Über eine Bank und/oder über eine Börse, bzw. als reine Eigenemission.

Bei einer klassischen Eigenemission werden Anleihen nach marktüblicher Definition selbstständig vom Emittenten bei den Investoren platziert, also ohne Zuhilfenahme eines

---

E. Vogt (✉) · M. Rieß
Deutsche Börse AG, 60485 Frankfurt am Main, Deutschland
E-Mail: edda.vogt@deutsche-boerse.com

M. Rieß
E-Mail: michael.riess@deutsche-boerse.com

Intermediärs. Das bedeutet, dass der Emittent selbst die geeigneten Investoren identifiziert und anspricht. Die rechtliche Definition der Eigenemission ist allerdings eine andere: Sie besagt nichts anderes, als dass Emittenten allein die Angebotsunterlage, also den Prospekt, unterzeichnen und damit in der Haftung bei möglichen Schadensersatzforderungen bezüglich der Prospektinhalte stehen.

Der wesentliche Vorteil einer Eigenemission liegt in den geringeren Kosten. Es kann allerdings für mittelständische Unternehmen, die erstmals an den Kapitalmarkt herantreten, mit Schwierigkeiten verbunden sein, mit potentiellen Investoren in Kontakt zu treten. Eigenemissionen sind in der Regel dann erfolgreich, wenn die Emittenten bereits über ein dichtes Netz potentieller Investoren verfügen, beispielsweise aus den Reihen der Erzeuger eines Nahrungsmittelproduzenten, Fans eines Fußballclubs oder wenn es sich um eine bekannte Marke handelt.

Wird die Begebung einer Anleihe von einer Emissionsbank betreut, organisiert diese im Wesentlichen den Kontakt zu den Investoren, vor allem im institutionellen Bereich. Emissionsbanken verfügen über ein Netz an Investoren, Sie planen die sogenannten Roadshows und suchen passende Investoren für den Emittenten heraus.

Inzwischen möchten allerdings immer mehr Emittenten Privatinvestoren mit einer Anleihe erreichen. Da bietet sich mit den Börsen eine dritte Möglichkeit der Platzierung an. Der Vorteil der Begebung einer Anleihe über eine Börse liegt in der höheren Visibilität und des sehr breiten Zugangs zu Investoren, denn diese können Anleihen über ihr gewöhnliches Wertpapierdepot zeichnen. Damit ist die Zeichnung unabhängig von der Emissionsbank, solange die Depotbank die jeweilige Börse als Handelsplatz anbietet, was aber in der Regel der Fall ist.

Technisch bedeutet die Zeichnung ein Wertpapierkauf und nur einige wenige Banken oder Broker ermöglichen ihren Kunden die Zeichnung über die Börse nicht, teilweise sicherlich, um die Provisionen bei einer reinen Bankenemission zu schützen. Insbesondere wenn aber weder Emissionsbank noch Emittent direkte Kundenkontakte zu Privatanlegern haben, kann eine Begebung über die Börse sehr effizient sein.

Die Erfahrungen der bisherigen Emissionen haben allerdings gezeigt, dass eine Anleihe nicht ausschließlich bei Privatanlegern platziert werden sollte, da eine Wechselwirkung zwischen den beiden Investorengruppen besteht: Die erfolgreichsten Anleihen (sowohl im Primär- als auch im Sekundärmarkt) waren diejenigen, die einen ausgewogenen Investorenmix in ihrem Platzierungskonzept vorgesehen hatten. Denn es scheint, als befruchten sich die Platzierungserfolge sowohl auf der institutionellen wie auch auf der Privatanlegerseite. Starke Nachfrage auf der einen Seite zieht die andere nach.

28.2 Die Anleihe: Ein Instrument für mittelständische Unternehmen, Privatanleger zu erreichen

Mit einer guten „Unternehmens-Story" und einem attraktiven Zinssatz gelingt es in der Regel, Anleger anzusprechen und Anleihen auch bei Privatinvestoren zu platzieren.

Eine solche Transaktion ist von beiderseitigem Nutzen: Das Unternehmen stärkt seine Verhandlungsbasis gegenüber seinen Kreditbanken, kann grundsätzlich mehr Kapital aufnehmen als bei einer Kreditfinanzierung und ist flexibler in der der Verwendung des Emissionserlöses. Außerdem bieten Anleihen die Chance, sich neue Investorengruppen zu erschließen, was sich insbesondere Unternehmen mit regionaler Bekanntheit und starker lokaler Einbindung zunutze machen können.

Allerdings müssen Unternehmer eine erhöhte Transparenz in Kauf nehmen und fortlaufend über ihren Geschäftsverlauf in Form von Jahres- und Halbjahresabschluss, einem Unternehmenskalender und wichtigen Unternehmensnachrichten berichten. Jedoch sind diese Pflichten überschaubar.

Anlegern wiederum bieten Anleihen die Möglichkeit, allgemein in den Mittelstand, bzw. gezielt in ein ihnen bekanntes Unternehmen zu investieren.

Liquider Handel mit Unternehmensanleihen Ein wesentlicher Vorteil der börsennotierten Anleihen ist ihre Handelbarkeit. Anleger müssen das Wertpapier nicht bis zum Laufzeitende halten, sondern könnten es bereits vorher verkaufen.

Insbesondere die Entry Standard Anleihen im Frankfurter Börsenhandel haben sich größtenteils als ausgesprochen liquide erwiesen. Ihre Umschlagsgeschwindigkeit liegt durchschnittlich bei rund 43,5 %, gemessen seit Start des Segmentes. Das heißt, dass das gesamte ausstehende Volumen einer Anleihe in etwas weniger als zwei Jahren auf Xetra gehandelt wird und damit den Besitzer einmal wechselt.

Eine Voraussetzung für die hohe Liquidität der Anleihen im Entry Standard ist die Bereitstellung einer privatanlegerfreundlichen Stückelung von maximal 1.000 €. So beträgt die durchschnittliche Größe einer ausgeführten Order im Entry Standard seit Start des Segmentes rund 14.700 €. Diese Zahlen zeigen aber auch, dass private Anleger nicht, wie häufig angenommen, eine verlässlichere, konstantere Investorenbasis darstellen.

28.3 Vom Vorhaben bis an die Börse – der Platzierungsprozess

Je nach Entscheidung für einen der oben genannten Wege, ausschließlich durch eine Bank, über die Börse oder eigenständig, gilt es zunächst, ein Team für die Emission zusammen zu stellen.

Wenn, wie es für einen ausgewogenen Investorenmix sinnvoll ist, auch institutionelle Investoren angesprochen werden sollen, empfiehlt sich die Einbeziehung einer Emissionsbank, die über die entsprechenden Kontakte verfügt.

Die Platzierung bei Privatanlegern macht wiederum ein sogenanntes „öffentliches Angebot" mit einem Wertpapierprospekt erforderlich. Dieser sollte von einem kapitalmarkterfahrenen Begleiter, i. d. R einem Anwalt oder der Bank, geschrieben werden und muss abschließend vom Emittenten unterzeichnet werden, der auch für die im Prospekt gemachten Angaben haftet.

Häufig wird neben Wirtschaftsprüfern auch eine Investor Relations-Agentur zur Unterstützung bzw. zur Erstellung aller notwendigen Unterlagen beauftragt.

Bei einer Emission über die Börse ist i. d. R ein Rating erforderlich, deshalb muss auch eine Ratingagentur beauftragt werden, die die Kreditausfallsicherheit des Emittenten oder der Anleihe prüft.

Kosten und Dauer einer Platzierung Die Zeit von der Mandatierung der Bank bis zur Handelsaufnahme an der Börse kann im Idealfall zwischen drei und vier Monate betragen.

Bei der Frage nach den Kosten einer Emission lassen sich keine Pauschalaussagen treffen. Zwar stehen die Entgelte für ein Listing an der Deutschen Börse fest: So kostet die einmalige Einbeziehung in den Entry Standard 1.250 € und das jährliche Notierungsentgelt beläuft sich auf 5.000 €. Aber die Höhe der Kosten für die emissionsbegleitende Bank, die Prospekterstellung und das Rating variieren. Als Faustregel lässt sich sagen, dass die Gesamtkosten durchschnittlich bei etwa vier Prozent des Emissionsvolumens liegen.

28.4 Transparenz – wichtiges Instrument der Investorenansprache in der Zeichnungsphase

Privaten Anlegern werden frühestens ab Billigung des Prospekts und vor Beginn der Zeichnungsfrist alle erforderlichen Informationen auf der Website der Börse Frankfurt zur Verfügung gestellt.

Im Einzelnen sind das

- der Wertpapierprospekt,
- ein geprüfter Jahresabschluss samt Lagebericht,
- das Unternehmens- oder Anleiherating,
- ein Unternehmenskurzportrait,
- ein Unternehmenskalender mit den wesentlichen Terminen des Emittenten und
- sechs Unternehmenskennzahlen zur Kapitaldienstdeckung, zur Verschuldung und zur Kapitalstruktur.

Neben der Website nutzt die Börse alle ihr zur Verfügung stehenden Vertriebskanäle, um Privatinvestoren auf die bevorstehende Zeichnung hinzuweisen. Vor und während der Zeichnungsphase werden verschiedene Maßnahmen wie Newsletter, Online-Banner oder Interviews sowohl in Video- als auch Print-Form platziert, um auf die Emission hinzuweisen. In der Regel bewerben Emittenten ihre Emissionen auch auf der eigenen Homepage. Die Vermarktung erfolgt in enger Absprache zwischen Emittent, Börse und einer möglicherweise eingeschalteten Investor Relations-Agentur.

Haben Emittenten ein großes Interesse daran, ihre Anleger im Hinblick auf mögliche spätere Emissionen zu kennen, so gibt es Dienstleister, die Softwarelösungen bieten, um

Zeichnungsabsichten direkt auf der Website des Emittenten aufzugeben. Diese Softwarelösungen werden der Zahlstelle des Emittenten zur Verfügung gestellt und bieten im Verlauf der Zeichnungsphase eine vollständige Übersicht. Sollte die Emission nicht ausplatziert sein, so kann selbst nach Beendigung der Zeichnungsfrist über ein solches Softwaretool ein Weiterverkauf der Anleihen stattfinden und verwaltet werden.

Allerdings werden an der Börse notierte Unternehmensanleihen wie oben beschrieben, häufig gehandelt, so dass die Erstinformation über die Investorenbasis schnell veraltet sein könnte.

28.5 Transparenz in der Investorenansprache auch nach der Emission

Je geradliniger und transparenter ein Unternehmen gegenüber seinen Anlegern kommuniziert, desto stabiler ist die Kursentwicklung auch bei Anleihen. Auch wirkt sich eine gelungene Anlegerbeziehung immer positiv auf mögliche Nachfolgemissionen aus.

Die Folgepflichten sind überschaubar: So müssen die Unternehmen einen geprüften Jahresabschluss samt Lagebericht innerhalb von sechs Monaten nach Geschäftsjahresende veröffentlichen und der Börse übermitteln, das gilt auch für einen (ungeprüften) Halbjahresabschluss und Zwischenlagebericht drei Monate nach Ende des Berichtszeitraums. Darüber hinaus müssen Rating, Unternehmenskurzportrait, Unternehmenskalender und die Kennzahlen aktuell gehalten, der Börse übermittelt und wichtige Unternehmensnachrichten dem Kapitalmarkt zugänglich gemacht werden.

28.6 Fazit

Börsennotierte Anleihen sind ein hervorragendes Finanzierungsinstrument für mittelständische Unternehmen. Die Kapitalaufnahme ohne Abgabe von Stimmrechten mit einer festgelegten Laufzeit kommt vielen entgegen. Als sinnvoller Baustein der Unternehmensfinanzierung ermöglichen Anleihen eine bankenunabhängigere Kapitalisierung und erschließen eine breitere Investorenbasis für das Unternehmen.

Insbesondere, wenn Privatanleger Bestandteil des optimalen Investorenmix sind, bietet sich eine Platzierung als effiziente Alternative an. Auch kann die Börse bestehende Kontakte der Emissionsbank zu Investoren sinnvoll ergänzen und auf eine breitere Basis stellen.

Essentieller Bestandteil einer erfolgreichen Anleiheplatzierung (und insbesondere möglicher weiterer Platzierungen) ist eine transparente Kommunikation gegenüber Anlegern.

Teil V
Debt Relations im Zweitmarkt

Börslicher Handel von Debt Produkten

29

Alexander von Preysing und Markus Ernst

29.1 Anforderungen an die Debt Relations im Zweitmarkt

Unternehmensanleihen erfreuen sich bei institutionellen und privaten Investoren großer Beliebtheit. In institutionellen Portfolien gehören sie zu den Assetklassen mit dem höchsten Anteil. Seit 2010 nutzen neben großen etablierten Konzernen vermehrt auch mittelständische und junge Unternehmen diese Finanzierungsform. Dementsprechend sind auf der Käuferseite nicht nur große institutionelle Investoren aktiv, sondern auch institutionelle Investoren mit Fokus auf kleinere Emissionsvolumina, wie Vermögensverwalter und Family Offices, sowie Privatinvestoren. Jede dieser Investorengruppen, aber auch die Medien und die Bond-Analysten als Kapitalmarktkommunikatoren, haben ausgeprägte Anforderungen an die Transparenz der Unternehmen.

Im Rahmen der kontinuierlichen Pflege der Beziehungen zu den Akteuren der Kapitalmärkte ist es die Aufgabe von Debt Relations, den bestehenden Informationsnachteil der Investoren gegenüber dem Unternehmen möglichst kostengünstig auszugleichen. Haben die Unternehmen die Bedeutung der Equity Investor Relations im Hinblick auf die Finanzierungskosten und den Börsenwert eines Unternehmens bereits erkannt, wird die strategische Wichtigkeit von Debt Relations noch häufig ignoriert. Gelingt es den Debt Relations, die Finanzkraft des Unternehmens und die Fähigkeit, Zinsen und Anleihevolumen zurückzuführen, fair zu kommunizieren und die Erwartungen der Kapitalmarktakteure zu stabilisieren, können Abschläge auf den Kurswert der Anleihe und volatilitätsbedingte Risikoprämien vermieden werden. Dies hat großen Einfluss auf die Refinanzierungsfähigkeit des Unternehmens.

A. von Preysing (✉) · M. Ernst
Deutsche Börse AG, Mergenthalerallee 61, 65760 Eschborn, Deutschland
E-Mail: alexander.von.Preysing@deutsche-boerse.com

M. Ernst
E-Mail: markus.ernst@deutsche-boerse.com

Während Investoren nur einen begrenzten Zugang zu den Informationen über ein Unternehmen haben können, ist bei Unternehmen die die Transparenzoffenheit und -fähigkeit eingeschränkt.

Grundsätzlich sollten Unternehmen darauf achten, in der Kommunikation mit Aktien- und Anleiheinvestoren möglichst konsistent, gradlinig und verständlich zu informieren. Auf diese Feinheiten und Unterschiede muss marktgerechte Debt Relations Rücksicht nehmen.

29.2 Debt Relations-Standards der Deutschen Börse im Zweitmarkt

Um die unterschiedlichen Bedürfnisse von Investoren und Unternehmen möglichst maßgeschneidert zu bedienen, hat die Deutsche Börse zwei unterschiedliche Transparenzstandards für Unternehmensanleihen eingeführt, die sich zwar stark an die bekannten Aktiensegmente der Deutschen Börse anlehnen, jedoch die speziellen Informationsbedürfnisse der Anleiheinvestoren aufgreifen.

Entry Standard für Anleihen Der Entry Standard für Anleihen dient als das Einstiegssegment für junge und mittelständische Unternehmen. Er richtet sich an börsennotierte wie private Unternehmen aus dem In- und Ausland mit einem Umsatz zwischen 50 Mio. und 1 Mrd. €.

Vielfach sind die Emittenten im Entry Standard Debütanten, das heißt Unternehmen, die sich bislang noch nicht über den Kapitalmarkt finanziert haben. Eine professionelle und kapitalmarktkonforme Kommunikation muss sich bei vielen erst einspielen. Daher sieht es die Börse als eine ihrer wesentlichen Aufgaben, für Transparenzstandards zu sorgen, also einer klaren Formulierung von Folgepflichten und Richtlinien in der Kommunikation. Dabei gilt es, die Erwartungen der Investoren und die Möglichkeiten der jungen und mittelständischen Unternehmen hinsichtlich Menge, Relevanz und Aktualität der gebotenen Informationen abzugleichen. Abgestimmt auf die Bedürfnisse der Unternehmen liegt das Transparenzlevel im Entry Standard unterhalb dessen, was im Regulierten Markt erforderlich ist. Hier gilt das einfache Prinzip: So viel Transparenz wie nötig, so wenig Aufwand für die Unternehmen wie möglich. Dementsprechend orientieren sich die Transparenzstandards an den Mindestanforderungen der kleineren institutionellen Investoren und der Privatanleger.

Die Folgepflichten im Entry Standard für Unternehmensanleihen bauen auf den initialen Einbeziehungspflichten auf. Nachstehende Dokumente und Informationen sind auf der Website des Emittenten zu veröffentlichen:

- geprüfter Jahresabschluss und Lagebericht (nach sechs Monaten, national GAAP oder IFRS)
- Verkürzter Halbjahresabschluss und verkürzter Lagebericht (nach drei Monaten, national GAAP oder IFRS)

- Veröffentlichung relevanter Informationen, die das Unternehmen oder die Anleihe betreffen, in Form von Unternehmensnachrichten. Aktuelles Unternehmenskurzportrait mit Angaben zur Anleihe inkl. Investorenschutzklauseln
- Aktueller Unternehmenskalender
- Fortlaufendes Folgerating (Unternehmens- oder Anleihe-Rating, Ausnahme: Emittent hat Aktien im Regulierten Markt der FWB)
- Wertpapierprospekt und etwaige Nachträge
- Unternehmenskennzahlen zur Kapitaldienstdeckung, Verschuldung und Kapitalstruktur (Aktualisierung alle zwölf Monate).

Vorlage von Unternehmenskennzahlen Für Emittenten, die Bonds in den Entry Standard einbeziehen wollen, ist die Vorlage von Unternehmenskennzahlen, die sich am DVFA-Mindeststandard für die Anleihenkommunikation orientieren, verpflichtend. Anleger erhalten mit diesen Kennzahlen im Markt etablierte Informationen zur Beurteilung von Kapitaldienstdeckung, Verschuldungsgrad und Kapitalstruktur. Sie können sich daher unabhängig vom Rating ein eigenes Bild über die Chancen und Risiken der Anleihe machen.

Der Deutsche Börse Listing Partner unterstützt und berät Emittenten bei der Erfüllung der Transparenzpflichten.

Prime Standard für Anleihen Der Prime Standard für Anleihen vereint die höchsten Transparenzstandards mit lokaler und internationaler Visibilität eines Listings an der Deutschen Börse:

- Jahresabschluss (nach vier Monaten, Regulierter Markt IFRS, Open Market national GAAP oder IFRS)
- Halbjahresabschluss (nach zwei Monaten, Regulierter Markt IFRS, Open Market national GAAP oder IFRS)
- Veröffentlichung relevanter Informationen, die das Unternehmen oder die Anleihe betreffen, in Form von Unternehmensnachrichten (Open Market) oder Ad-hoc-Mittleilungen (Regulierter Markt)
- Berichterstattung in Deutsch oder Englisch
- Aktuelles Unternehmensprofil- und Anleihekurzportrait mit Informationen über Investorenschutzklauseln und das platzierte Emissionsvolumen
- Aktuellen Unternehmenskalender
- Fortlaufendes Folgerating (Anleihe-Rating, Ausnahme in begründeten Fällen möglich)
- Veröffentlichung von Unternehmenskennzahlen (Ausnahmen möglich)
- Eine (Kredit-)Analystenkonferenz jährlich

29.3 Unterstützung der Debt Relations im Zweitmarkt durch die Börse

Mit der Platzierung von Anleihen an einer Börse ergeben sich neue Anforderungen an die Kommunikation und Transparenz. Investoren und Öffentlichkeit erwarten einen fairen und gleichen Zugang zu den relevanten Informationen. Kleine Unternehmen verfügen teilweise über begrenzte Ressourcen zur Erfüllung ihrer Bond Investor Relations Aufgabe. Kleine und große Unternehmen unterschätzen teilweise die Bedürfnisse der Investoren und -analysten nach Transparenz und Zugang zum Unternehmen. Mit Aktien börsennotierte Unternehmen konzentrieren sich teilweise auf die Investor Relations zu den Aktieninvestoren und vernachlässigen die Bond Investor Relations.

Daher unterstützt die Deutsche Börse die Bond Investor Relations der Unternehmen nicht nur beim Going Public, sondern auch beim Being Public mit einer Reihe von Services:

- Internetportal für Anleger
  Um die Privatanleger umfassend und aktuell zu informieren, bietet die Deutsche Börse mit www.boerse-frankfurt.de umfangreiche Informationen über die Anleihe und ihren Emittenten
- Web-Services Being Public Line
- Persönlicher Betreuer
  Die Deutsche Börse stellt ein Betreuerteam mit Sektorexperten bereit, die als kompetenter Ansprechpartner für alle Fragen rund um das Listing der Anleihe zur Verfügung stehen
- Deutsche Börse Listing Partner
  Aufgrund der Unerfahrenheit vieler mittelständischer und junger Unternehmen im Umgang mit dem Kapitalmarkt ist eine professionelle Unterstützung auch nach der Platzierung zur Erfüllung der Transparenzvorschriften vorteilhaft. Im Segment Entry Standard für Anleihen der Deutschen Börse ist die Verpflichtung eines Deutsche Börse Listing Partners verbindlich. Die bereits im Entry Standard (Aktien) erfolgreich tätigen Deutsche Börse Listing Partner – dazu zählen Emissionsbanken und -berater, Rechtsanwälte, Steuerberater und IR-Agenturen – bieten auch im Bereich der Anleihen eine qualifizierte Beratungsleistung, die sie durch Erfahrungen auf dem Kapitalmarkt nachgewiesen haben.
- Investor Guide Online zur Identifizierung bestehender und neuer Investoren
- Investorenkonferenzen für Bond-Investoren
  Zu den Services gehören auch zwei Veranstaltungen, die europaweit zu den größten ihrer Art zählen: das Deutsche Eigenkapitalforum sowie die Entry und General Standard Konferenz. Anleihe-Emittenten können diese Events als IR-Plattformen nutzen, um mit nationalen und internationalen Investoren in Kontakt zu treten.
- Stocks & Standards Workshops
- Liquiditätsmanager: Spezialist + Designated Sponsor

29.4 Kriterien für den börslichen Handel von Debt Produkten

Ein liquider Handel von Debt Produkten an Börsen, also die permanente Möglichkeit, diese kosteneffizient kaufen und verkaufen zu können, ist nicht nur für institutionelle Investoren von Bedeutung, sondern wird auch für die Anlageentscheidung von Privatanlegern immer wichtiger. Dabei stehen für Investoren neben der Liquidität und der Kosteneffizienz weitere qualitative Kriterien wie zum Beispiel Transparenz, Schnelligkeit und Sicherheit des Handels im Vordergrund.

Die Deutsche Börse unterstützt mit ihrem maßgeschneiderten Angebot im Sekundärmarkt den liquiden Handel von Debt Produkten. Dabei kommt das Handelsmodell der Fortlaufenden Auktion mit Spezialist zum Einsatz, das speziell für Wertpapiere geschaffen wurde, bei denen die Liquiditätsspende von professionellen Marktteilnehmern einen ordnungsgemäßen Handel notwendig ist.

Liquidität Die Liquiditätsspende übernehmen im Modell der Fortlaufenden Auktion mit Spezialist professionelle Wertpapierhandelsfirmen (sogenannte Spezialisten). Sie sind per Regelwerk dazu verpflichtet, während des gesamten Handelstages von 9:00 Uhr bis 17:30 Uhr Liquidität durch die Publizierung von Kauf- und Verkaufspreisen bereitzustellen. Die Deutsche Börse überprüft die Einhaltung der Verpflichtungen durch die Spezialisten mittels einer Leistungsmessung. Diese Leistungsmessung setzt auf Basis eines privatrechtlichen Vertrages zusätzliche ökonomische Anreize an die Spezialisten, Liquidität über die regulatorischen Anforderungen hinaus bereitzustellen. Spezialisten übernehmen zur Unterstützung einer hohen Handelsqualität jedoch noch weitere Aufgaben. So vermeiden sie Teilausführungen und validieren Orders gegen Fehleingaben von Investoren.

Durch die Liquiditätsspende der Spezialisten ist die Liquidität von Debt Produkten im Entry Standard auch mehrere Monate nach der Emission sehr hoch. Die Umschlagsgeschwindigkeit (Turnover Velocity) als guter Indikator für die Liquidität eines Debt Produktes im Entry Standard beträgt durchschnittlich rund 43,5 % (seit Start des Segmentes). Das heißt, dass das gesamte ausstehende Volumen des Debt Produktes in wenig mehr als zwei Jahren auf Xetra gehandelt wird und damit den Besitzer einmal wechselt. Dies ist insbesondere beachtenswert, da zum Beispiel der DAX-Wert Beiersdorf eine durchschnittliche Umschlagsgeschwindigkeit auf Xetra von rund 57 % hatte (Mai 2011 bis Mai 2012).

Voraussetzung für die hohe Liquidität der Debt Produkte im Entry Standard ist eine privatanlegerfreundliche Stückelung der Emission von maximal 1.000 €, wie sie in den Bedingungen für die Aufnahme von Debt Produkten in den Entry Standard vorgegeben werden. So beträgt die durchschnittliche Größe einer ausgeführten Order im Entry Standard seit Start des Segmentes rund 14.700 €, der Median der ausgeführten Order liegt bei nur 8.400 € (Abb. 29.1).

Transparenz Transparenz ist aktuell ein vielfach diskutiertes Thema beim Handel von Debt Produkten. Bei der Definition der Transparenzanforderungen der MiFID II (Mar-

Debt Produkt	Durchschnittliche Umschlagsgeschwindigkeit in %	Umlaufendes Volumen in €	Durchschnittliches Orderbuchvolumen pro Monat in €
DIC Asset Anleihe. 11/16	42,16	70.000.000	2.459.333
EYEMAXX REAL ESTATE AG11/16	37,32	25.000.000	777.400
EYEMAXX REAL ESTATE AG 17	93,04	15.000.000	1.163.000
Golden Gate AnleiheIS.11/14	11,26	30.000.000	281.538
Golfino AG 12/17	96,30	12.000.000	963.000
KTG Agrar AG Anleihe11/17	69,68	100.000.000	5.806.364
MS Spaichingen Anleihe 11/16	38,04	30.000.000	951.100
Peach Property Group Anleihe 11/16	3,14	50.000.000	130.750
S.A.G. Solarstrom 10/15	26,06	25.000.000	542.923
S.A.G. Solarstrom 11/17	13,45	25.000.000	280.200
Scholz-Anleihe 12/17	34,40	150.000.000	4.300.500
SeniVita Sozial Anleihe 11/16	44,19	15.000.000	552.333
Singulus Anleihe 12/17	82,06	60.000.000	4.103.000

Abb. 29.1 Umsatzgeschwindigkeit der Debt Produkte aus den Entry Standard

kets in Financial Instruments II) sowie der MiFIR (Markets in Financial Instruments Regulation) wird der Europäische Regulator auch für Debt Produkte eine verpflichtende Vor- und Nachhandelstransparenz einführen. Darauf deuten zumindest die aktuell vorliegenden Entwürfe des Regelwerks hin. Die Deutsche Börse erfüllt diese Anforderungen bereits.

Die Spezialisten veröffentlichen während des gesamten Handelstages Kauf- und Verkaufspreise auf Basis der Marktlage im jeweilgen Debt Produkt. Diese werden über das Handelssystem Xetra sowie über den Datenfeed CEF sofort publiziert. Abgeschlossene Geschäfte werden ebenfalls ohne Verzögerung über Xetra und CEF veröffentlicht.

Transparenz ist insbesondere bei Debt Produkten von mittelständischen Emittenten für die Preisbildung von maßgeblicher Bedeutung, da bei diesen Debt Produkten das Orderbuch an der Börse eine wichtige Funktion in der Preisbildung übernimmt. Bei Debt Produkten größerer Emittenten erfolgt die Preisbildung im Interbankenhandel und die Orderbücher an den Börsen spielen eine untergeordnete Rolle. Die sofortige Veröffentlichung von Vor- und Nachhandelsinformationen stellt sicher, dass Preissignale ohne Verzögerung an alle Investoren übermittelt werden. Dies vermeidet Informationsasymmetrien und die Preisbildung kann effizient erfolgen.

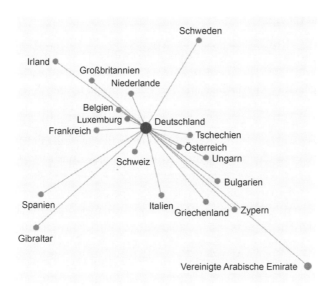

Abb. 29.2 Xetra Plattform – Paneuropäisches Netzwerk

Internationales Netzwerk Der Handel findet bei der Deutschen Börse auf dem elektronischen Handelssystem Xetra statt. Früher und konsequenter als andere Börsenorganisationen hat die Deutsche Börse auf die Unterstützung des Handels- und der Abwicklung durch elektronische Systeme gesetzt. So bietet das Xetra-Netzwerk Zugang für über 4.500 registrierte Händler von über 230 Handelsteilnehmern in 18 Ländern – dazu gehören alle großen Banken und Wertpapierhandelshäuser in Europa. Privatanleger haben über Konten und Depots bei ihren Haus- oder Online-Banken Zugang zum Handel auf Xetra (Abb. 29.2).

Sicherheit und Schnelligkeit Neben einem effizienten pan-europäischen Zugang für institutionelle und private Investoren bietet Xetra weiterhin den Vorteil einer sicheren und schnellen Verarbeitung von Orders bei günstigen Handelskosten. So stellt das Xetra Netzwerk mit einer Verfügbarkeit von mehr als 99,9 % die Benchmark für Handelssysteme in Europa dar. Der Einsatz der Xetra Technologie stellt zusätzlich die schnellstmögliche Ausführung von Kundenorders sicher.

Überwachter Handel Die Überwachung des Handels erfolgt durch die unabhängige Handelsüberwachungsstelle als eigenständiges Börsenorgan. Die Handelsüberwachung stellt einen fairen Handel sicher.

29.5 Handelsablauf

Nach der erfolgreichen Platzierung im Primärmarkt wird ein Dept Produkt zum Handel im Entry Standard oder im Prime Standard an der Frankfurter Wertpapierbörse einbezogen. Dies erfolgt regelmäßig unmittelbar am Tag nach Abschluss der Zeichnung des Debt Produktes.

Investoren können über ihre Haus- oder Online-Banken Kauf und Verkaufsaufträge erteilen. Diese werden von den Banken an das elektronische Orderbuch von Xetra übermittelt. Die Aufträge werden von den Spezialisten auf ihre Ausführbarkeit gegen die Kauf- und Verkaufsangebote der Spezialisten oder gegen gegenläufige Orders überprüft. Liegt eine ausführbare Orderbuchsituation vor, leiten die Spezialisten die Preisfeststellung durch Xetra ein. Sie geben dabei die sogenannten „Matching Range" vor, innerhalb derer Xetra den Preis feststellt. Die vorliegenden ausführbaren Aufträge werden mit dem von Xetra ermittelten Preis ausgezeichnet und ausgeführt. Xetra übermittelt eine Ausführungsbestätigung an die Bank der Anleger und schickt die ausgeführten Aufträge an Clearstream Banking zur Abwicklung der aus den ausgeführten Aufträgen resultierenden Geschäfte weiter. Abhängig von der jeweiligen Bank erhalten die Anleger am Tag der Ausführung des Auftrags spätestens jedoch zwei Handelstage nach Ausführung des Auftrags die Anleihe auf ihr Depot eingebucht bzw. das Geld auf ihrem Konto gutgeschrieben.

29.6 Sekundärmarkt als Basis für Preisermittlung weiterer Emissionen im Primärmarkt

Ein funktionierender Sekundärmarkt ist jedoch nicht nur für Investoren von Interesse, sondern auch Emittenten profitieren von diesem. Emittenten, deren bereits emittierte Debt Produkte im Sekundärmarkt liquide gehandelt werden, haben ihre Kapitalmarktfähigkeit nachgewiesen. Dies erleichtert bei der Emission weiterer Debt Produkte die Ansprache insbesondere institutioneller Investoren. Weiterhin erhöhen die im Handel erzielten Renditen die Effizienz der Emission weiterer Debt Produkte, da sie als Basis für die Ermittlung des Coupons und des Emissionspreises dienen.

29.7 Privatanleger Debt Relations im Sekundärmarkt

Neben einem attraktiven Rendite-Risiko Verhältnis ist insbesondere für Privatanleger die Transparenz für eine Investitionsentscheidung im Zweitmarkt maßgeblich. Auf dem Privatanlegerportal der Deutsche Börse boerse-frankfurt.de stehen Privatanlegern (ebenso wie institutionellen Investoren) für eine Investitionsentscheidung maßgebliche Informationen zur Verfügung. Von besonderer Bedeutung ist hierbei die aktuelle Rendite des Debt Produktes. Auf dem Anlegerprotal wird diese nicht nur auf Basis des letzten Preises berechnet (Rendite in Prozent zum letzten Preis) sondern auch auf Basis des aktuellen Kaufpreises (Rendite in Prozent zum Brief-Quote). Für erfahrenere Investoren stehen weitere Informationen wie zum Beispiel die sogenannte „Duration in Jahren" bzw. die „modifizierte Duration" zur Verfügung.

Zur Beurteilung der jeweiligen Risiken einer Emission stehen Anlegern im Portal die für ein Listing im Entry und im Prime Standard notwendigen Dokumente bereit. Dies sind insbesondere – falls gefordert – ein aktueller Rating-Bericht, der Wertpapierprospekt, ein Unternehmenskurzportrait, Kennzahlen, etc. Ergänzt wird dies mit umfassenden Anleihebedingungen wie Emissionsvolumen, Mindestanlagebetrag, Stückelung und Coupon. Wie es für eine regulierte Börse selbstverständlich ist, stehen Vorhandels- und Nachhandelsinformationen in „real-time" zur Verfügung.

Debt-Investorenanalyse im Sekundärmarkt

30

Daniil Wagner und Norbert Paulsen

Ziel dieses Kapitels ist es, eine gezielte Investorenanalyse für Fremdkapitalinstrumente im Sekundärmarkt methodisch und praktisch darzustellen. Dabei orientieren wir uns einerseits an der gängigen Literatur zu diesem Thema sowie an unserer täglichen Beratungs- und Analysepraxis im Bereich Investor Relations. Im Hinblick auf die verwendeten Debt-Instrumente muss im Zusammenhang mit den Sekundärmarktaktivitäten gesagt werden, dass für die meisten noch kein liquider oder teilweise überhaupt kein Sekundärmarkt existiert. Selbst das gängigste Debt-Instrument, die Anleihe, wird vor allem im OTC-Markt (Over-The-Counter) gehandelt. Allerdings haben sich in diesem Bereich mit dem Einzug elektronischer Handelssysteme in den letzten Jahren nachhaltige Veränderungen hin zu einer besseren Fungibilität vollzogen.

Der weitere Verlauf des Kapitels ist wie folgt gegliedert: Zuerst möchten wir die Debt-Investorenanalyse als Teil eines ganzheitlichen Investor-Relations-Managements vorstellen. Danach gehen wir auf die Datengrundlage für eine erfolgreiche Debt-Investorenanalyse ein und stellen im folgenden Abschnitt ein Anwendungsbeispiel aus der Praxis vor; wir schließen diesen Beitrag mit einem Fazit und einer Einschätzung der künftigen Entwicklungen ab.

30.1 Debt-Investorenanalyse als Teil eines ganzheitlichen Investor-Relations-Managements

Im Folgenden soll auf die Analyse bestehender und potentieller Investoren eingegangen werden, da diese aus unserer Sicht als Teil eines ganzheitlichen Investor-Relations-

---

D. Wagner (✉) · N. Paulsen
Afu Gmbh, Albacher Weg 11, 35463 Fernwald, Deutschland
E-Mail: wagner@wpfc.de

N. Paulsen
E-Mail: npaulsen@afu.de

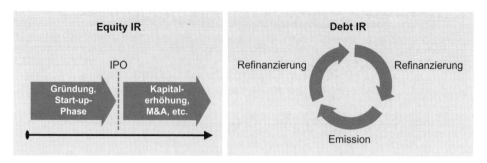

Abb. 30.1 Unterschiedliche Zyklen in der Equity- und Debt-IR-Arbeit

Managements nicht fehlen darf. Analog zum Aktienbereich definieren wir Debt-Investorenanalyse als „Identifizierung sowohl bestehender (Ist-Analyse) als auch potentieller Investoren (Soll-Analyse)". Sie sollte im Anschluss an eine grundlegende Einführung des Unternehmens am Markt (Positionierung einer „Equity Story") und die damit verbundene Schaffung von Transparenz bei potentiellen Investoren folgen. In deren Rahmen sollten sowohl die bereits investierten als auch potentielle Anleger eingeschlossen werden. Letztere Gruppe kann über eine sogenannte Peergroup-Analyse identifiziert werden. Dabei werden zunächst Vergleichsunternehmen (Peergroup) herangezogen, die ähnliche Unternehmensmerkmale wie das zu analysierende Unternehmen aufweisen. Als Vergleichsmerkmale können zum Beispiel Kriterien wie Branchenzugehörigkeit, Marktkapitalisierung oder regionale Zugehörigkeit eine Rolle spielen.

Sind die Investoren identifiziert, so kann auf dieser Grundlage die direkte Investorenansprache erfolgen. Dies ist im Rahmen von Einzelgesprächen (1-on-1), Investorenveranstaltungen (Roadshows) oder überregionalen Konferenzen mit speziellem Unternehmensfokus (zum Beispiel Biotech-Branche, Small-Caps etc.) möglich.

Sind die Gespräche mit den aus diesen Veranstaltungen hervorgegangenen Kontakten abgeschlossen, kann wieder bei der Investorenanalyse angesetzt werden, um zum einen neue Kontakte zu erschließen und zum anderen den Erfolg der direkten Investorenansprache zu kontrollieren. Neben der Suche nach potentiellen neuen Investoren darf die Pflege der Beziehung zu den bestehenden Investoren nicht vernachlässigt werden. Vergleichbar mit anderen betriebswirtschaftlichen Bereichen ist jedoch die Gewinnung neuer Investoren um ein mehrfaches aufwendiger, als bestehende Investoren zu halten. Letzteres gilt, sofern die Kursentwicklung des betroffenen Anlageinstruments zumindest im Rahmen der gesetzten Erwartungen verläuft.

Im Zusammenhang mit Fremdkapital existieren allerdings einige gravierende Unterschiede, auf die im Folgenden noch eingegangen werden soll. Diese Unterschiede möchten wir anhand der potentiellen Investorengruppen und der für die Analyse verfügbaren Informationsquellen verdeutlichen (Abb. 30.1).

Die Analyse der Investoren gestaltet sich schwieriger, wenn Finanzinstrumente über einen Zweitmarkt gehandelt werden. Für Fremdkapitalinstrumente ist dieser allerdings sehr viel illiquider als für Aktien. Selbst bei Anleihen, die noch am meisten gehandelt werden, ist der Zweitmarkt deutlich illiquider und intransparenter als bei Aktien. Im Gegensatz zu dem von Börsen dominierten Aktienmarkt werden Anleihen meist OTC gehandelt, also unter Einschaltung eines Händlers bei einer Bank oder einem Broker.

Im Gegensatz zu den Equity-Investor-Relations weisen die Bondholder-Relations eine Reihe von Besonderheiten auf. Die Eigen- und Fremdkapitalanleger sehen sich untereinander erheblichen Interessenskonflikten ausgesetzt, die sich besonders deutlich im Falle einer drohenden Insolvenz des Emittenten zeigen. So sind die Aktionäre in dieser Situation an einer Fortführung des Unternehmens interessiert, auch wenn dafür hohe Risiken in Kauf genommen werden müssen. Im Falle einer Abwicklung der Gesellschaft wäre der Wert ihres Engagements gleich Null, so dass jede alternative Strategie erfolgsversprechender erscheinen muss. Für die Fremdkapitalgeber kann eine Liquidation des Unternehmens jedoch sinnvoll sein, sofern im Rahmen des Insolvenzverfahrens ihre Forderungen ganz oder teilweise aus der Konkursmasse gedeckt werden können.

Aber nicht nur diese Besonderheiten auf Seiten der Kapitalgeber sind zu beachten. Auch ist der „Lebenszyklus" von Fremdkapital ein anderer als der von börsennotiertem Eigenkapital. Folgt das Eigenkapital einem eher in sequentiell aufeinanderfolgenden Phasen, deren zentraler Meilenstein die Erstnotiz am Kapitalmarkt ist, so ist die Beschaffung von Fremdkapital aufgrund der i. d. R. beschränkten Laufzeit ein wiederkehrender Prozess, der jeweils durch Emission und Fälligkeit an Anfang und Ende gekennzeichnet ist.

Auch spielen bei verzinslichem Fremdkapital andere ökonomische Faktoren, wie das allgemeine Zinsniveau, eine wichtige Rolle.

30.2 Zahlen, Daten, Fakten: Die Basis für ein erfolgreiches Debt-Investoren-Management

An dieser Stelle muss auf die Besonderheiten der Investorenanalyse für Fremdkapitalinstrumente eingegangen werden. Dabei sollen zunächst die Besonderheiten der potentiellen Anlegergruppen im Hinblick auf die Assetklasse „Debt" thematisiert werden. Wie bereits in anderen Kapiteln dieses Buches ausgeführt, besteht bei Fremdkapital ein deutlicher Unterschied gegenüber Eigenkapital im Hinblick auf die Anforderungen und Erwartungen der Anleger. Für die Investorenanalyse bedeutet dies, dass weitere Unternehmensmerkmale berücksichtigt werden müssen. So spielen im Fall von Anleihen Laufzeit, Bonität, Verzinsung, Zinsrisiko eine zentrale Rolle.

Des Weiteren bestehen für Fremdkapitalprodukte andere Veröffentlichungspflichten. Da Fremdkapitalgeber nicht Beteiligte, sondern Gläubiger eines Unternehmens sind, haben sie im Gegensatz zu Aktionären in der Regel kein direktes Mitspracherecht (die Insolvenz des Unternehmens einmal ausgenommen). Da ihre Ansprüche gegenüber dem Unternehmen meist in fester Form (Zins) vorliegen, spielt die Geschäftsentwicklung des Unternehmens eine untergeordnete Rolle (der Insolvenzfall wiederum außen vor gelassen). Aus diesen Gründen entfallen für Fremdkapitalinstrumente die Bestimmungen aus dem WpHG.

Debt-Investorengruppen Obwohl es sehr viele potentielle institutionelle und private Investorengruppen für Fremdkapitalprodukte gibt, werden wir uns in diesem Kapitel vor allem auf Publikumsfonds konzentrieren. Dieses hat den Hintergrund, dass für diese laut Investmentgesetz Veröffentlichungspflichten bestehen und damit für Außenstehende ein Einblick in deren Portfolios möglich ist. Ein umfassender Überblick ist allerdings auch hier nicht einfach, da die Veröffentlichungen der Kapitalanlagegesellschaft im Hinblick auf die Namensvarianten der entsprechenden Fremdkapitalprodukte sehr heterogen sind.

Veröffentlichungspflichten in Deutschland Da Fremdkapitalinstrumente wie zum Beispiel Anleihen kein Stimmrecht beinhalten, gelten für diese auch andere Mitteilungspflichten als zum Beispiel für Stammaktien. So findet der § 21 WpHG keine Anwendung, nach dem ein Anleger bestimmte Veränderungen seines Stimmrechtsanteils sowohl der Gesellschaft als auch der BaFin innerhalb von vier Handelstagen anzeigen muss. Auch gelten diese Regelungen nur für Emittenten, deren Aktien in einem organisierten Markt gehandelt werden. Somit werden beispielsweise Emittenten des Freiverkehrs nicht erfasst.[1]

Somit erhält der Emittent bei Finanzinstrumenten, die ohne Benachrichtigungspflicht an den Emittenten über den Sekundärmarkt veräußert werden können, keine Information über einen Besitzerwechsel. An dieser Stelle kommen allerdings andere gesetzliche Regelungen in Frage, die auf der Seite der Investoren ansetzen. Hier spielt das Investmentgesetz eine Rolle, da dieses unter anderem eine breite Anwendung bei inländischen Investmentfonds findet.

Die Grundlage für die Veröffentlichung von Fondsholdings bildet in Deutschland das am 1. Januar 2004 in Kraft getretene Investmentgesetz. Damit verfolgte der Gesetzgeber das Ziel, zum einen die OGAW-Richtlinie der EU in nationales Recht umzusetzen und gleichzeitig das deutsche Investmentrecht neu zu ordnen. Sowohl das Gesetz über Kapitalanlagegesellschaften als auch das Auslandinvestmentgesetz wurden somit abgelöst.[2]

Die Veröffentlichungspflichten von Investmentfonds werden in § 45 geregelt. Danach müssen inländische Sondervermögen einen Jahres-, Halbjahres-, Zwischen-, Auflösungs- und Abwicklungsbericht veröffentlichen. Der Jahresbericht muss dabei spätestens vier Monate und der Halbjahresbericht spätestens zwei Monate nach Ablauf des Geschäftsjahres im Bundesanzeiger veröffentlich werden. Diese beiden Berichte enthalten auch eine vollständige Auflistung des Fondsinventars – darunter die gehaltenen Stücke bzw. Nominale der Wertpapiere, deren genaue Bezeichnung, Wert zum Stichtag und Anteil am Portfolio.

Zusätzlich ist der § 95 zu beachten, in dem der Absatz 9 besagt, dass § 23 Absatz 1 Satz 3, die §§ 41 und 43 Absatz 3 bis 5 sowie die §§ 45 und 68a bei Spezial-Sondervermögen keine Anwendung finden. Das heißt, die geschilderten Veröffentlichungspflichten aus § 45 gelten nur für Publikumsfonds.[3]

---

[1] Vgl. Buck-Heeb P (2010) S. 158 f.
[2] Vgl. Buck-Heeb P (2010) S. 254 f.
[3] Vgl. Investmentgesetz (2012).

Das sogenannte Investmentänderungsgesetz[4] vom 28. Dezember 2007 hat die Weichen teilweise neu gestellt. Dieses hat das seit 2004 geltende Investmentgesetz und auch die zuvor existierenden gesetzlichen Regelungen des KAGG im Hinblick auf die Transparenz von Investmentfonds deutlich geschwächt. So wurde in dem bereits am 18. Januar 2007 durch das Bundesministerium der Finanzen (BMF) vorgestellten Diskussionsentwurf die Ergänzung des § 95 um den bereits oben erwähnten Absatz 9 vorgestellt. Damit sollte die Veröffentlichung der Jahres- und Halbjahresberichte von Spezialfonds im elektronischen Bundesanzeiger bereits ab 1. Juni 2007 entfallen. Dieses bedeutete damals, dass die Aktivitäten von rund 4.500 deutschen Spezialfonds zu einer „Black Box" wurden. Begründet wurde dieser Vorstoß vom BMF mit dem Abbau administrativer Hemmnisse und der Beseitigung unnötiger Regelungen für institutionelle Anleger in Spezialfonds, da diese Anleger kein ähnlich hohes Anlegerschutzniveau benötigen wie Privatanleger. Diese Begründung ist, insbesondere wenn deren Nachteile für andere Marktteilnehmer berücksichtigt werden, wenig überzeugend. Auch müssen Spezial-Sondervermögen weiterhin Jahresabschlüsse erstellen. Es entfiel also lediglich die Weiterleitung an den elektronischen Bundesanzeiger. Die Kosten hierfür sollten sich, wenn der gesamte Prozess des gesetzlichen Meldewesens betrachtet, relativ in Grenzen halten, zumal der elektronische Bundesanzeiger zum 1. Januar 2007 die Veröffentlichungskosten deutlich gesenkt hatte. Die Entscheidung, der Öffentlichkeit den Einblick in die Portfolios der Spezialfonds und damit in deren Handlungsweisen zu verwehren, war auch insofern verwunderlich, als zur gleichen Zeit vom Bundesfinanzminister auf internationaler Bühne stets vehement mehr Transparenz am Kapitalmarkt gefordert wurde.

Die durch den Wegfall der Veröffentlichungspflicht deutlich verringerte Transparenz am deutschen Kapitalmarkt ist denn auch besonders negativ zu bewerten. Vorher konnten interessierte Kapitalmarktteilnehmer entweder direkt über die Abschlüsse (mit sehr hohem Rechercheaufwand) oder mittels Datenbanken wie die der AfU Investor Research GmbH einen detaillierten Einblick in die Portfolios dieser Spezialfonds und deren Entwicklung nehmen. In Summe über mehrere Fonds hielten einzelne Spezialfonds-KAGs teilweise deutlich mehr als drei Prozent der Stimmrechte eines Unternehmens. Interessanterweise gab es in der Vergangenheit Fälle, in denen trotz Überschreitung von Meldeschwellen keine Stimmrechtsmeldung gemäß WpHG erfolgte. So baute zum Beispiel eine KAG im Jahre 2002 über mehrere Spezialfonds eine Position von mehr als fünf Prozent an der Commerzbank AG auf. Eine Meldepflicht wurde damals von Seiten der KAG nicht gesehen. Dies könnte mit der von Marktteilnehmern vertretenen Auffassung begründet sein, dass jedes Spezial-Sondervermögen aufgrund seiner Eigentümerstruktur als separates Investment angesehen werden müsse. Damit dürfen die Unternehmensanteile jeweils nur einzeln dem Spezial-Sondervermögen und nicht insgesamt der KAG zugerechnet werden.

Insgesamt lassen sich die Argumente gegen diese Gesetzesnovellierung in vier Gruppen einteilen. Erstens wird die Möglichkeit einer möglichst genauen Schätzung des Streubesitzes erschwert. Denn einzelne KAGs verwalten zwar meist weniger als drei Prozent des

---

[4]Gesetz zur Änderung des Investmentgesetzes und zur Anpassung anderer Vorschriften.

Grundkapitals einer Gesellschaft. Über alle Fondsgesellschaften hinweg können in der Praxis jedoch in extremen Fällen bis zu 50 % des Grundkapitals einer Aktiengesellschaft beherrscht werden. Diese Informationen sollten interessierten Kapitalmarktteilnehmern zur Verfügung stehen. Zweitens haben Hedgefonds in der Vergangenheit zum Teil sehr erfolgreich im Verborgenen viele kleinere Aktienpakete von Fonds bündeln können, um damit noch mehr Einfluss auf das Zielunternehmen zu gewinnen. Auch wenn durch aktive Aktionäre durchaus ein höherer Shareholder Value, der letztendlich allen Aktionären zugutekommt, erreicht werden kann, sollten jedoch die Karten von allen großen Anteilseignern fairerweise offen auf dem Tisch liegen. Drittens geht auch für deutsche Altersvorsorgekunden indirekt Transparenz verloren. Denn viele kapitalbildende Versicherungsverträge werden über Investmentfonds abgewickelt. Schließlich erschwert der Wegfall der öffentlichen Berichtspflicht die Aufdeckung von Interessenskonflikten. Insbesondere sind hier Aktienempfehlungen von zur gleichen Fondsgesellschaft oder zum gleichen Finanzkonzern gehörenden Analysten oder Portfoliomanagern zu nennen, die gleichzeitig diese Werte gerne verkauft hätten.

Zusammenfassend lässt sich festhalten: Die Änderung des Investmentgesetzes hat die Transparenz am Kapitalmarkt unterhöhlt, Unternehmen sind angreifbarer und Aktionäre verstärkt zum Spielball des Marktes geworden.[5] Diese Gesetzesänderung verhält sich diametral zu der kurze Zeit vorher beschlossenen Herabsetzung der Meldeschwellen im Rahmen der Stimmrechtsmitteilung gemäß § 21 WpHG, welche die Transparenz am Kapitalmarkt verbessern sollte. Die Verbesserung diese Situation ist allerdings für Deutschland aufgrund des „EU-Passes" für Investmentfonds kaum alleine in den Griff zu bekommen, da sonst die rechtlichen Fondshüllen zunehmend in andere, weniger stark regulierte EU-Länder wie zum Beispiel Luxemburg abwandern könnten.

Best Practice im internationalen Kontext: Reporting von Fondsholdings am Beispiel der elektronischen Webplattform der SEC Im Gegensatz zu der Situation in Deutschland wie auch in Europa ist das regulatorische Reporting von Fondsdaten in den USA weit fortgeschritten. So werden die Portfolioholdings quartalsweise an die Securities and Exchange Commission (SEC) berichtet. Die Daten werden, wie andere Unternehmensdaten auch, in einer zentralen Datenbank (EDGAR) vorgehalten. In EDGAR (Electronic Data Gathering, Analysis and Retrieval) gibt es bestimmte Standards und Vorgaben, welche die Unternehmen für ihr regulatorisches Reporting einhalten müssen. Dabei gibt es spezielle Formulare für Fondsgesellschaften, deren regulatorische Anforderungen auf dem Investment Company Act von 1940 basieren. Dazu gehören die Formulare N-CSR (Certified Annual Shareholder Report of Registered Management Investment Company), N-SAR (Semi-Annual Report of Registered Investment Companies) und N-Q (Quarterly Schedule of Portfolio Holdings of Registered Management Investment Company). Diese werden über die EDGAR Website (http://www.sec.gov/edgar.shtml) einer breiten Öffentlichkeit

---

[5] Vgl. Mühlbradt F W (2007) S. 4.

zugänglich gemacht. Während die Formulare N-CSR und N-SAR die Jahres- und Halbjahresberichte der Fondsgesellschaft enthalten, wird das Formular N-Q speziell für das Reporting von Portfolioholdings für das erste und dritte Quartal eines Geschäftsjahres genutzt; gemäß dem Investment Company Act muss dieser Bericht spätestens 60 Tage nach Quartalsultimo an die SEC übermittelt werden. Des Weiteren müssen Fondsgesellschaften auch allgemeine Formulare wie zum Beispiel 8-K, 10-K oder 10-Q ausfüllen.

Obwohl die SEC in den ersten fünfzig Jahren ihres Bestehens vor allem mit einer auf Papier basierenden Offenlegung arbeitete, wurde mit der endgültigen Einführung von EDGAR im Jahr 1996 der Grundstein für ein vollständig elektronisches regulatorisches Reportingsystem gelegt. Neben den klassischen EDGAR-Formaten HTML und ASCII, hat die SEC seit 2003 begonnen, sukzessive die speziell für die elektronische Verbreitung und Auswertung von Finanzdaten entwickelte Format XBRL (eXtensible Business Reporting Language) einzusetzen und für die Unternehmen verpflichtend zu machen.

Bereits 2003 begann die SEC, den Einsatz von sogenannten „Daten-Tags" zur weiteren Verbesserung ihres Offenlegungssystems zu untersuchen. In der IT wird unter einem Tag eine Art „Etikett" für einen Datenbestand verstanden, mit dem zusätzliche Informationen abgelegt werden – dies soll die Kategorisierung der Daten erleichtern. Im gleichen Jahr wurden Tags in den Berichten zu Wertpapieren und Wertpapiergeschäfte nach § 16a des Exchange Acts eingeführt. Im Jahr 2004 wurde ein freiwilliges Programm initiiert, das es Unternehmen ab März 2005 erlaubte, Jahresabschlüsse im XBRL-Format einzureichen. Ab Juli 2007 konnten Investmentfonds auch zusammenfassende Rendite-Risiko-Informationen auf diesem Wege übermitteln. Zur besseren Akzeptanz des XBRL-Programms wurden von der SEC verschiedene Software-Tools in Auftrag gegeben, die den EDGAR-Benutzern die Anzeige und Verwendung von XBRL-Dokumenten erleichtern sollten. Ebenfalls im Jahr 2007 wurde auch das Office of Interactive Disclosure (OID) von der SEC ins Leben gerufen. Das OID hat die Aufgabe, Regeln für das XBRL-Reporting zu entwickeln und zu formalisieren. Weitere Regeln für operative Gesellschaften als auch für Investmentfonds traten in 2009 in Kraft. Des Weiteren müssen auch Ratingagenturen ihre Informationen im XBRL-Format übermitteln.[6]

Als Fazit lässt sich festhalten, dass die Entwicklungen des regulatorischen Reportings in den USA bei Weitem über die Initiativen in Deutschland, die z. T. bereits eingeführte Transparenzstandards wieder zurücknehmen, hinausgehen. Auch technisch ist EDGAR seinem Pendant in Deutschland, dem elektronischen Bundesanzeiger, einige Jahre voraus.

Informationsdienstleister Die derzeit wohl am weitesten verbreitete Datenbank ist LionShares. Diese liefert eine breite Auswahl an Holdings-Daten für Corporate & Investors Relations. Dieser Datenanbieter gehört seit 2001 zur FactSet Research Systems, Inc., die den Zugang zur LionShares-Datenbank auch im Rahmen ihrer FactSet-Terminallösung anbietet. Spezialgebiet dieses Datenanbieters ist der Aktienbereich.

---

[6]Vgl. SEC (2012).

Ein weiterer Anbieter ist die Thomson Reuters Corp. Die Thomson Reuters Mutual Funds Datenbank (auch als „CDA/Spectrum-Datenbank" bekannt) liefert alle Wertpapierpositionen Investmentfonds, die an die SEC berichten sowie zusätzlich die von 3.000 internationalen Investmentfonds. Die Datenabdeckung ist auch hier vor allem auf Aktien ausgerichtet.

Dritter großer Anbieter im Bunde ist Bloomberg. Diese integrieren die Holdings-Daten in ihre Terminallösung. Bezüglich des Umfangs der enthaltenen Positionen gelten jedoch die gleichen Einschränkungen wie für die anderen beiden Anbieter.

Als Alternative zu diesen großen Anbietern bietet sich die Fondsholdings-Datenbank der AfU Investor Research GmbH (AfU IR) an. Die AfU IR hat ihre Datenbank seit 1996 aufgebaut, sie beinhaltet heute die Portfolios von insgesamt mehr als 34.000 Investmentfonds weltweit. Der Fokus liegt dabei auf den Anforderungen des europäischen Marktes, das heißt zum einen die der europäischen Unternehmen und zum anderen die der außereuropäischen Unternehmen, welche ihre Aktivitäten in Europa forcieren wollen. Zum Leistungsspektrum gehören Shareholder-IDs, die Konsolidierung von Aktionärsinformationen aus verschiedenen Quellen, Peergroup-Analysen, Investoren Targetings und individuelle Auswertung (u. a. SRI-Studien und -bewertung, Anleihen- und Dachfonds-Analysen). Zu den Referenzen gehören sowohl zahlreiche deutsche Index-Unternehmen und Small Caps als auch namhafte ausländische Gesellschaften. Weitere Referenzkunden sind eine der renommiertesten internationalen Informationsplattformen sowie im Bondbereich eine große deutsche Landesbank.

Im Vergleich zu den anderen Alternativen ist die Datenbank der AfU Investor Research aufgrund ihrer flexiblen Struktur derzeit einzigartig bei Anleihen (inkl. Genussscheinen und Wandelschuldverschreibungen). Sofern Anleihen zunehmend über die Eigenemission des Emittenten mit anschließender Börsennotierung begeben werden, wird der Zugang zu solchen Investorendaten immer mehr an Bedeutung gewinnen.

30.3 Debt-Investorenanalyse in der Praxis: Ein Fallbeispiel anhand des Marktsegments der Mittelstandsanleihen

Mittelstandsanleihen sind ein noch relativ junges Anleihensegment, das im Herbst 2010 mit der Platzierung der Anleihe des Landwirtschaftsunternehmens KTG Agrar an der Stuttgarter Börse startete. Viele Anleger versprechen sich von ihnen höhere Renditen als bei den derzeit z. T. mit Nullrenditen emittierten Papieren des Bundes. Allerdings gehen damit auch hohe Risiken einher, was zuletzt bei der Beinahe-Pleite von Siag Schaaf deutlich wurde. Für die Unternehmen stellen Mittelstandsanleihen eine Alternative zur Bankfinanzierung dar. Der Zugang zu Letzterem ist infolge der Finanzkrise für Unternehmen mit höherem Risiko tendenziell schwieriger geworden.

Hintergrund zu den analysierten Anleihen Derzeit werden knapp 50 Mittelstandsanleihen an deutschen Börsen gehandelt. Dabei reicht die Bandbreite von einem Personaldienstleister mit einem Jahresumsatz von knapp drei Millionen € bis zu der im Aktienindex SDax notierten Fluggesellschaft Air Berlin, die 2011 auf diese Weise über vier Milliarden € einsammelte. Die führenden Börsenplätze sind dabei Frankfurt, Düsseldorf und Stuttgart, die mit einem Platzierungsvolumen von fast zwei Milliarden € den Großteil dieses Segments auf sich vereinigen. Daneben bieten auch die Börsen Hamburg-Hannover sowie München spezielle Segmente für Mittelstandsanleihen an.[7]

Attraktiv für Emittenten ist auch die Möglichkeit, eine sogenannte „Eigenemission" durchzuführen. Dabei muss die Anleihe nicht von Banken als „Underwriter" gegen Provision übernommen und weiterplatziert, sondern kann direkt den Investoren angeboten werden.

Analyse des Ist-Zustandes: Bondholder-ID anhand von Daten der AfU Investor Research Als ersten Schritt wird eine Analyse des Ist-Zustandes vorgenommen. Das heißt, es wird versucht, möglichst umfassend die Halter der eigenen Anleihen zu ermitteln. Mit diesen Informationen lassen sich zum einen die aktuellen Investorenbeziehungen stärken oder sogar ausbauen, wenn es zum Beispiel um die Platzierung einer neuen Anleihetranche geht. Als Informationsquellen eignen sich hier vor allem die an der Platzierung beteiligten Banken, Börsen oder weitere Dienstleister. Ist die Anleihe börsengehandelt und findet die Übertragung der Schuldtitel ohne Information an den Emittenten statt, können Informationsdienstleister und Datenbankanbieter hilfreich sein.

Die Analyse des Ist-Zustandes soll nun beispielhaft anhand der bis 2015 laufenden Anleihe der Dürr AG demonstriert werden. Dürr gehörte im Jahr 2010 mit der Emission der Anleihe im Frankfurter Freiverkehr und dem Stuttgarter „Bondm" zu den Pionieren bei den Mittelstandsanleihen. Bei der Anleihe handelte es sich um eine unbesicherte, vorrangige Inhaberschuldverschreibung mit einem Volumen von 225 Mio. € (inkl. der Aufstockungstranche i. H. v. 75 Mio. €). Die Anleihe wurde mit einem Coupon i. H. v. 7,25 % ausgestattet. Die Emission erfolge zu 100 % für die erste Tranche bzw. für 104,9 % für die Aufstockungstranche. Für beide Tranchen zusammen ergab sich somit eine Effektivverzinsung von 6,8 %. Eine Kündigung der Anleihe ist ab dem 28.09.2014 mit einer Frist von vier Wochen möglich. Das Listing wurde im Freiverkehr Frankfurt und Handelssegment „Bondm" der Börse Stuttgart beantragt.[8]

Die Dürr AG befand sich zum damaligen Zeitpunkt in der Situation, im Sommer 2011 sowohl einen Konsortialkredit i. H. v. mit 180 Mio. € Barlinie und 220 Mio. € Avallinie sowie eine am 15.07.2011 fällige Hochzinsanleihe mit einem Volumen von 100 Mio. € refinanzieren zu müssen. Die Argumente für die Emission der Anleihe waren der positive Nettofinanzstatus des Unternehmens und die erreichte Trendwende bei Umsatz- und Ergebnisentwicklung im 2. Quartal 2010. Zur gleichen Zeit war auch das Kapitalmarktumfeld

---

[7]Vgl. o. V. (2012).
[8]Vgl. Dielmann G (2011) S. 2.

Fondsname	ISIN	Management	Bestand in Tsd. €
Strategie H&H	DE000A0M6MU0	Hansen & Heinrich AG	700
DJE -Alpha Global	LU0159549145	Dr. Jens Ehrhardt	540
UNIKAT Premium Select Fonds	DE000A0M6DN4	UNIKAT Gesellschaft für Finanz-Management	500
LuxTopic – Cosmopolitan	LU0185172052	Dr. Jens Ehrhardt	420
Goyer & Göppel Smart Select Universal	DE000A0Q86D9	Bankhaus Goyer & Göppel KG	150
Wachstum Global I Fonds	DE000A0NJGU7	nordaktienbank AG	200
Strategie Welt Secur	DE000A0DPZH2	WB & S Vermögensbetreuung GmbH	100

Abb. 30.2 Die größten aktuellen Fondsinvestoren der Mittelstandsanleihe der Dürr AG. (Quelle: AfU Investor Research GmbH)

für Unternehmensanleihen von einem historisch niedrigen Zinsniveau gekennzeichnet.[9] Letztendlich bedeutete die erfolgreiche Platzierung der Mittelstandsanleihe für die Dürr AG eine längerfristige Finanzierung zu marktgerechten Konditionen. Sowohl Zinssatz als auch Gebühren waren niedriger als bei der Platzierung an internationale, institutionelle Investoren. Die Einschränkungen durch Anleihekonditionen, insbesondere der Umfang des Prospekts, waren gering. Ein weiterer Vorteil war die stabile Investorenbasis mit dem Fokus auf Privatanleger.[10]

Nach der Zuteilung der Anleihe war die Anlegerstruktur der Anleihe zu 85 % von Privatinvestoren, Family Offices und Vermögensverwaltern und zu 15 % von institutionellen Investoren geprägt. Diese sind zu 95 % in Deutschland angesiedelt. Von geringerer Bedeutung sind Investoren aus Österreich und Luxemburg (jeweils drei bzw. zwei Prozent des Anlagevolumens). Insgesamt konnte die Anleihenplattform „Bondm" knapp 5.000 Zeichnungen auf sich vereinen, bei denen die durchschnittliche Zeichnungsgröße bei 16 Tsd. € lag.[11]

Laut Informationen aus der Datenbank der AfU Investor Research GmbH waren auf Seiten der institutionellen Investoren zwischenzeitlich insgesamt 14 Fonds engagiert. Darunter befanden sich vor allem kleinere, von unabhängigen Vermögensverwaltern oder Privatbanken aufgelegte Fonds, aber auch mit der mit 188,45 Mio. € verhältnismäßig große DJE Alpha Global, der bereits per Dezember 2010 mit 540 Tsd. € investiert war und diese Position per Dezember 2011 weiter gehalten hat. Bei den investierten Fonds handelt es sich vor allem um flexible Mischfonds, die einen „Total Return"-Ansatz verfolgen, das heißt unabhängig von der aktuellen Marktphase eine positive Wertentwicklung zu erzielen versuchen (Abb. 30.2).

---

[9]Vgl. Dielmann G (2011) S. 4.
[10]Vgl. Dielmann G (2011) S. 5.
[11]Vgl. Dielmann G (2011) S. 9.

Zusätzlich geht aus den historischen Positionen in der Datenbank der AfU Investor Research hervor, dass die Beliebtheit dieses Marktsegments bei den Investmentfonds im 1. Halbjahr 2011 ihren Höhepunkt erreicht hatte und es in der Folgezeit bei vielen Fonds zu Komplett- oder Teilverkäufen gekommen ist.

Ableitung des Soll-Zustandes: Peergroup-Analyse anhand von Daten der AfU Investor Research In Anschluss an die Ist-Analyse folgt als nächster Schritt die Definition des Soll-Zustandes. Die Debt-Investorenanalyse kann hier wertvolle Hinweise liefern. So können neben den eigenen Beständen weitere Emissionen vergleichbarer Unternehmen analysiert werden. Dieses erfolgt im Rahmen einer sogenannten Peergroup-Analyse. Der Grundgedanke dabei ist, dass Investoren, die in Wertpapiere ähnlicher Unternehmen investieren, potentielle Investoren für das eigene Unternehmen darstellen. Auch wenn der Investor sich nach gründlicher Analyse ganz gezielt für die Investition in das andere Unternehmen entschieden haben mag, könnten schlicht Informationen zum eigenen Unternehmen gefehlt haben, oder der alternative Emittent war diesem Anleger nicht bekannt. Aus diesen Gründen ist es jedenfalls sinnvoll, mit diesen potentiellen Investoren Kontakt aufzunehmen und die Hintergründe zu deren Entscheidung zu erfahren. Auf dieser Informationsbasis können dann entsprechende Ansätze entwickelt werden, diesen Investor in Zukunft zu gewinnen.

Wie bereits im Abschnitt zur Analyse des Ist-Zustandes soll an dieser Stelle eine Peergroupanalyse am Beispiel von Mittelstandsanleihen dargestellt werden. Da Mittelstandsanleihen von den Investoren als relativ homogenes Segment mit ähnlichen Chancen und Risiken wahrgenommen werden, wären in einem ersten Ansatz alle emittierten Mittelstandsanleihen zu betrachten. Dieses soll im Folgenden anhand der ca. 40 Emissionen der wichtigsten Börsenplätze Frankfurt, Düsseldorf und Stuttgart durchgeführt werden. In einem weiteren Schritt lässt sich diese Analyse verfeinern, in dem auf bestimmte Branchen oder Bonitätsklassen der Anleihen fokussiert wird.

Um den Einsatz von Fondsdaten bei dieser Analyse zu verdeutlichen, haben wir als Ausgangspunkt die Anleihe der Solarwatt AG gewählt. Solarwatt ist mit der Herstellung von Solarmodulen und der Errichtung von Solarkraftwerken befasst. Diese wird derzeit nur von einem Fonds gehalten, was auf weiteres Potential bei dieser Investorengruppe hindeutet. Obwohl Mittelstandsanleihen an sich schon ein relativ homogenes Segment sind, schränken wir die Auswahl der Peergroup weiter nach der Branche ein und nehmen die Anleihen der S.A.G. Solarstrom AG und der Centrosolar Group AG hinzu. Alle Anleihen haben eine vergleichbare Zinssensitivität mit einer Duration von um die 3.

Wie bereits angeführt, ist die Solarwatt-Anleihe bisher nur bei einem Fonds, dem GlobalManagement Chance 100, vorhanden. Die Centrosolar Group und die S.A.G. Solarstrom haben gegenüber Solarwatt den Vorteil, dass auch deren gezeichnetes Kapital seit September 2005 bzw. April 1999 börsennotiert ist. Damit haben diese Unternehmen bei den verschiedenen Kapitalmarktteilnehmern einen höheren Bekanntheitsgrad und bieten einen guten Ausgangspunkt für die Suche nach weiteren potentiellen Fondsinvestoren (Abb. 30.3).

Fondsname	Solarwatt AG Anleihe 2010(15)	S.A.G. Solarstrom AG Anleihe 2010(15) und 2011(17)	Centrosolar Group AG Anleihe 2011(16)
	Bestand in Tsd. €	Bestand in Tsd. €	Bestand in Tsd. €
GlobalManagement Chance 100	65	550	0
IP Multi-Flex	0	0	750
IP Bond-Select	0	0	500
Pioneer Investments Balanced Ecology	0	0	25
MIC Aktien Plus	0	200	200
MIC Anleihen Plus	0	70	65
MIC Rohstoffe Plus	0	200	200
...	...	...	...

Abb. 30.3 Peergroupanalyse Solar-Anleihen (Auszug). (Quelle: AfU Investor Research GmbH)

Wie aus Abb. 30.2 hervorgeht, sind die von der Münchener FIVV Finanzinformation & Vermögensverwaltung AG beratenen MIC-Fonds von besonderem Interesse. Diese haben neben den beiden Solar-Anleihen auch weitere Mittelstandsanleihen wie KTG Agrar oder Valensina im Portfolio.

30.4 Zusammenfassung und Fazit

Entscheidend für eine erfolgreiche Debt-Investorenanalyse im Zweitmarkt ist der Zugang zu Investoreninformationen. Auf deren Grundlage kann der Bereich Debt-Investor-Relations erfolgreich entwickelt und vertieft werden. Wie im Rahmen der Peergroupanalyse gezeigt wurde, lassen sich dabei auch Skaleneffekte aus den Aktivitäten Equity-Investor-Relations gewinnen, wenn das emittierende Unternehmen börsennotiert ist. Auch umgekehrt könnte ein Unternehmen bei einem künftigen Börsengang profitieren, wenn im Vorfeld bereits öffentlich gehandelte Debt-Instrumente vorhanden waren und diese durch aktive Debt-IR begleitet wurden. Entscheidend dafür ist eine umfassende Kommunikation mit den Kapitalmarktteilnehmern.

Dabei ist Transparenz seitens der Fondsgesellschaften ein wichtiger Aspekt. Leider ist hier mit der Novellierung des Investmentgesetzes eine Verschlechterung für die Teilnehmer an Kapitalmärkten eingetreten. Denn gerade besonders große Investoren, die ihr Vermögen in Spezialfonds managen, müssen danach ihre Wertpapierpositionen nicht mehr offen legen.

Auch wenn der deutsche Gesetzgeber hier retrospektiv eine aus Sicht der Markttransparenz verwunderliche Initiative umgesetzt hat, so ist hier aus heutiger Sicht vor allem die EU gefragt. Denn seit der Umsetzung des freien Dienstleistungsverkehrs auf Investmentfonds und deren Verwaltungsgesellschaften können Investmentvermögen den sogenannten Europäischen Pass erhalten. Dieser führt dazu, dass diese grundsätzlich EU-weit vertrieben werden können, sobald ein Investmentfonds oder eine Verwaltungsgesellschaft in einem EU-Mitgliedsstaat zugelassen ist. Schärfere Regulierung auf nationaler Ebene würde sicherlich dazu führen, dass die Fondsgesellschaften in andere EU-Länder (zum Beispiel Luxemburg) mit geringeren Regulierungs- und Transparenzanforderungen ausweichen.

Im Vergleich der Datenanbieter lässt sich zusammenfassen, dass die Datenbank der AfU Investor Research aufgrund ihrer flexiblen Struktur und dem vorhandenen analytischen Knowhow derzeit einzigartig bei Anleihen (inkl. Genussscheinen und Wandelschuldverschreibungen) ist. Wenn die Trends zu Börsenhandel und Eigenemission von Anleihen anhalten, wird der Zugang zu umfassenden Investorendaten immer mehr an Bedeutung gewinnen. Der Bereich der Mittelstandsanleihen ist dafür ein gutes Beispiel.

Literatur

Buck-Heeb P (2010) Kapitalmarktrecht, 4. Aufl. Müller, Heidelberg

Dielmann G (2011) Mittelstandsanleihe aus Sicht der Dürr AG: STATT, Präsentation im Rahmen der DIRK Konferenz am 07.06.2011. (Abgerufen unter http://www.dirk-konferenz.de/index.php/de/mediathek/doc_details/917-43-mittelstandsanleihe-aus-sicht-der-duerr-ag)

Investmentgesetz (2012) (Abgerufen unter http://www.gesetze-im-internet.de/bundesrecht/invg/gesamt.pdf)

Mühlbradt F W (2007) Intransparente Spezialfonds schaden den Anlegern, In: Börsen-Zeitung, Nr. 20 vom 30.01.2007, S. 4

o. V. (2012) Mittelstandsanleihen bleiben gefragt, In: Handelsblatt vom 03.04.2012 (Abgerufen unter: http://www.handelsblatt.com/finanzen/boerse-maerkte/marktberichte/trotz-erster-pleiten-mittelstandsanleihen-bleiben-gefragt/6470658.html)

SEC (2012) (Abgerufen unter http://xbrl.sec.gov/)

Debt Relations für Mittelstandsanleihen im Sekundärmarkt

31

Peter Waldecker

Die Notwendigkeit einer professionellen Organisation von Public Relations (PR), die grundsätzlich alle internen und externen Stakeholder adressieren, und von speziell auf Kapitalgeber ausgerichteten Investor Relations (IR) ist bei Unternehmen bereits seit langer Zeit anerkannt und fest verankert. Wie umfänglich solche PR- bzw. IR-Aktivitäten sind und wie Ihre Ausgestaltung ist, hängt allerdings stark von unternehmensspezifischen Kriterien wie beispielsweise Unternehmensgröße, Komplexität der angebotenen Produkte, Dienstleistungen oder des Finanzierungsmixes oder von der Exponiertheit in der Öffentlichkeit ab.

Investor Relations bezogen sich in der Vergangenheit in erster Linie auf das Informationsmanagement und die externe Kontaktpflege in Zusammenhang mit Eigenkapital. Dies lag zum großen Teil im traditionellen Verständnis der generellen Risikostruktur der beiden großen Produktklassen Eigenkapital („Risikoorientierung") und Fremdkapital („Sicherheitsorientierung") begründet und den davon abgeleiteten erhöhten Informationsanforderungen der Investoren auf der Eigenkapitalseite. In jüngerer Zeit haben sich nicht nur die Kapitalmärkte weiterentwickelt und verändert, sondern auch die Anforderungen an Investor Relations haben sich erweitert und stärker spezialisiert. Daher ist in den letzten Jahren verstärkt das Konzept der Bond Relations bzw. Debt Relations als ein Teilbereich der Investor Relations ins Bewusstsein gerückt.

Debt Relations stellt die speziellen Bedürfnisse von Fremdkapitalgläubigern in den Mittelpunkt, was bei der generellen Betrachtung der Kapitalseite von Unternehmen nur folgerichtig ist, denn der Umlauf der festverzinslichen Wertpapiere von in Deutschland ansässigen Emittenten übersteigt beispielsweise den Umlauf von deutschen Aktien (gemessen in Marktkapitalisierung) um etwa das Dreifache.[1]

---

[1] Vgl. Deutsche Bundesbank (2012a), S. 50.

P. Waldecker (✉)
Börse Stuttgart, Director Issuer & Partner Relations – Primary Market Group,
Börsenstraße 4, 70174 Stuttgart, Deutschland
E-Mail: peter.waldecker@boerse-stuttgart.de

31.1 Emittenten von Anleihen

31.1.1 Strukturentwicklungen der vergangenen Jahre

Die Zahl der unterschiedlichen Emittenten-Gruppen für Schuldverschreibungen ist ebenso groß wie die Zahl der Schuldverschreibungsarten. Bankschuldverschreibungen stellten aufgrund der Refinanzierung der Geschäftstätigkeit ihrer Emittenten in der Vergangenheit den Löwenanteil der begebenen Anleihen dar. Dies hat sich geändert. Gegenläufig zum kontinuierlichen Rückgang des Volumens an öffentlichen Pfandbriefen, in den letzten 15 Jahren auf etwa ein Viertel, hat sich im gleichen Zeitraum das Volumen der direkt von der öffentlichen Hand begebenen Anleihen etwa verdoppelt. Anleihen der öffentlichen Hand stellen seit 2011 mit einem gegenwärtigen Volumen von 1.679,7 Mrd. € noch vor den Bankschuldverschreibungen den größten Block der ausstehenden verzinslichen Wertpapiere dar.[2] Noch viel stärker gewachsen ist in den letzten 15 Jahren das Volumen der Unternehmensanleihen. Lag das gesamte Volumen ausstehender Unternehmensanleihen im Dezember 1997 noch bei 4,9 Mrd. € betrug es Ende August 2012 214,8 Mrd. €, das entspricht einer Steigerung in den vergangenen 15 Jahren um etwa das 44-fache.[3]

31.1.2 Mittelständische Unternehmen

Innerhalb der Kategorie der Unternehmensanleihen ist die Betrachtung des Mittelstandssektors besonders interessant. Zum einen weil kleine und mittelständische Unternehmen für die deutsche Wirtschaft grundsätzlich von besonderer Bedeutung sind. Unternehmen einer Größe von bis zu 500 Mitarbeitern oder einem Jahresumsatz von bis zu 50 Mio. € machen nicht nur 99 % der Unternehmen in Deutschland aus, sondern beschäftigen auch 70 % der Berufstätigen und erwirtschaften 50 % der Bruttowertschöpfung.[4] Zum anderen ist der Mittelstand interessant, da sich mit dem neuen Sektor für Mittelstandsanleihen einer der innovativsten Kapitalmarktbereiche der letzten Jahre entwickelt hat. Innovator dieses neuen Plattform-Konzeptes war vor zwei Jahren die Börse Stuttgart. Ein Jahr später folgten die Börsen in Frankfurt, Düsseldorf, Hamburg/Hannover und München. Insgesamt wurden an allen deutschen Börsen in diesem Sektor seit Entstehen bis heute etwa 55 Emissionen begeben mit einem Gesamtvolumen von ca. 3 Mrd. € und die Emissionstätigkeit ist in diesem Sektor weiterhin positiv. Innovativ an dem Konzept sind zwei Elemente. Erstens das direkte Angebot der Wertpapiere durch den Emittenten in Form einer Eigenemission meist mit Hilfe von externen Beratern (Kapitalmarkt-, Rechts- bzw. PR-/IR-Berater), aber ohne Underwriting durch eine Bank. Die Platzierung wird in der Regel durch das

---

[2]Vgl. Deutsche Bundesbank (2012a), S. 50.
[3]Vgl. Deutsche Bundesbank (2012b).
[4]Vgl. Müller et al. (2011), S. 1.

Engagement von Selling Agents unterstützt, die auf Best-Efforts-Basis verkaufsunterstützend tätig werden. Innovativ ist zweitens die direkte Zeichnungsmöglichkeit für private Investoren über die Börse im Rahmen eines öffentlichen Angebots. Bei der Börse Stuttgart erreichen private Investoren bei diesen öffentlichen Angeboten Zeichnungsquoten von durchschnittlich ca. 40 %, im Einzelfall noch deutlich darüber. Dies Eigenemissionskonzept wurde später durch ein Fremdemissionskonzept ergänzt, bei dem eine Bank beide Funktionen, die des Kapitalmarktberaters und des Selling Agents, übernimmt – allerdings in der Regel weiterhin nicht durch ein Underwriting eine Übernahme garantiert, sondern auf Best-Efforts-Basis bei institutionellen Investoren platziert.

Für mittelständische Unternehmen ist eine Mittelstandsanleihe interessant, da sie einen ersten möglichen Schritt an den Kapitalmarkt darstellt und damit eine zusätzliche Rolle im Finanzierungsmix spielen kann. Sie schafft eine Möglichkeit zu einer Erweiterung des Investorenkreises, einer größeren Bankenunabhängigkeit, einer Erhöhung der Finanzierungssicherheit und einer Verbesserung der Liquiditätssicherung.[5]

31.2 Ausgestaltung einer Mittelstandsanleihe

31.2.1 Produktstruktur

Grundsätzlich folgt die Struktur einer Mittelstandsanleihe einem allgemeingültigen Grundmuster. Die idealtypische Mittelstandsanleihe ist eine unbesicherte, nichtnachrangige Inhaber-Teilschuldverschreibung in Form eines Plain Vanilla bzw. Straight Bond mit einer festen Laufzeit von drei bis sieben Jahren, bei einer deutlichen Präferenz für fünf Jahre, einem festen Coupon, der jährlich oder bei einigen wenigen Emissionen auch vierteljährlich ausgezahlt wird, und einem festen Termin für die Rückzahlung bzw. Tilgung des gesamten Rückzahlungsbetrags, d. h. keine Rückzahlung in Tranchen. Die Emissionsvolumina der einzelnen Anleihen liegen bei etwa 25 bis 100 Mio. €. Die Stückelung beträgt 1.000 € und die Verbriefung erfolgt in Form einer Globalurkunde.[6] Neben dieser Grundstruktur können die Anleihebedingungen der einzelnen Emissionen in Nebenabreden verschiedene Zusicherungen der Anleiheemittenten bzw. Covenants aufweisen. Die häufigsten Covenants erstrecken sich auf Pari Passu, Negative Pledge, Cross Default, Change of Control, Change of Management oder Verbote, Vermögensgegenstände, Bilanzgewinne oder Eigenkapital gegebenenfalls mit einem definierten Limit aus der Gesellschaft abzuziehen. Covenants sind je nach Emittent wahlweise in die Bedingungen aufgenommen.[7]

---

[5] Vgl. Börse Stuttgart AG (2011), S. 3.
[6] Vgl. Bundesverband deutscher Banken e. V. (2012), S. 5–6.
[7] Vgl. Kuthe und Zipperle (2011).

Aus den Covenants leiten sich die Nebenpflichten des Emittenten ab, die Hauptpflichten bestehen nach der Anleihebegebung in Zinszahlung und Rückzahlung zu den jeweils festgelegten Valuta-Terminen. Diese beiden Hauptpflichten sind normalerweise nicht nur in den Anleihebedingungen, sondern auch explizit auf der Wertpapierurkunde formuliert.

31.2.2 Regulatorische Anforderungen

Die Platzierung einer Mittelstandsanleihe erfolgt in der Regel in Form eines öffentlichen Angebots. Zu diesem Zweck wird ein Wertpapierprospekt, der inhaltlich den gesetzlichen Anforderungen entsprechen muss, bei der Bundesanstalt für Finanzdienstleistungsaufsicht (BaFin) hinterlegt, die BaFin führt eine formelle und inhaltliche Prüfung durch, an deren Ende bei einem positiven Abschluss der Prospekt genehmigt wird. Nach der Prospektgenehmigung kann die Anleihe im Rahmen einer Zeichnungsfrist öffentlich angeboten und beworben und von privaten und institutionellen Investoren geordert werden.[8] Je nach Nachfrage können die gezeichneten Stücke in vollem Umfang oder bei Überzeichnung nur in reduzierter Menge zugeteilt werden. Eine Mehrzuteilungsoption in Form eines bei Aktienplatzierungen bekannten Greenshoes gibt es hier üblicherweise nicht.

Die deutschen Börsen haben die Regeln, unter denen eine Zulassung im jeweiligen Mittelstandssegment möglich ist, in ihren Regelwerken genau definiert. Untereinander sind die Regelwerke in ihren Grundzügen vergleichbar, auch wenn einige Details unterschiedlich ausgestaltet sind. Die Börse Stuttgart erfordert beispielsweise als Voraussetzung für eine Zulassung in ihrem Mittelstandssegment Bondm neben der Vorlage formeller Dokumente wie Anträge, Satzung und Handelsregisterauszug des Emittenten die Veröffentlichung eines testierten (Konzern-)Jahresabschlusses innerhalb von sechs Monaten nach Ende des Geschäftsjahres, ein Emittentenrating oder ggf. Anleiherating, ein Factsheet mit Angaben zum Wertpapier und zum Emittenten, einen Finanzkalender, eine Mindeststückelung von 1.000,00 € einen von der BaFin genehmigten Wertpapierprospekt und die Mandatierung eines Kapitalmarktberaters, dem sogenannten Bondm-Coach, für die Betreuung des Emittenten. Die Folgepflichten sind ebenfalls klar geregelt und bauen auf den Zulassungsvoraussetzungen auf: weitere jährliche Veröffentlichung eines testierten (Konzern-)Jahresabschlusses innerhalb von sechs Monaten nach dem Ende des Geschäftsjahres, Veröffentlichung eines (nicht testierten) Halbjahresabschlusses innerhalb von drei Monaten nach dem Stichtag, jährliches Folgeemittentenrating oder ggf. Folgeanleiherating, aktueller Finanzkalender, aktuelles Factsheet, „Quasi-ad-hoc"-Mitteilungen und eine fortlaufende Bondm-Coach-Betreuung. Alle Dokumente müssen auf der Homepage des Emittenten den Investoren zugänglich gemacht werden.[9]

---

[8]Vgl. Sickinger und Nagel (2012), S. 8 und 9.
[9]Vgl. Baden-Württembergische Wertpapierbörse GmbH (2012).

31.3 Mittelstandsanleihen aus Investorensicht

31.3.1 Investorenstrukturen

Im Prinzip richten sich Mittelstandsanleihen an eine sehr große Bandbreite von Investoren: große institutionelle Investoren (Finanzinstitute, Versicherungen, Fondsgesellschaften, Pensionsfonds, Versorger etc.), mittlere bis kleinere institutionelle Investoren (kleine Anlageberater, Vermögensverwalter, Family Offices) und private Anleger. Privatanleger stellen bei der Platzierung von Mittelstandsanleihen eine wichtige Investorengruppe dar. Die Börse Stuttgart, das Prüfungs- und Beratungsunternehmen Deloitte und die Fachhochschule Münster haben im Sommer 2012 eine empirische Studie über Investoren von Mittelstandsanleihen erstellt.[10] Die 712 Studienteilnehmer sind repräsentativ für die Investorengruppe mit Interesse an Mittelstandsanleihen. Rund 85 % bzw. 607 Teilnehmer waren private Investoren, rund 15 % oder 105 Teilnehmer waren institutionelle Dienstleister, von denen je 50 % Anlage- bzw. Vermögensberater und Berater waren. Nach den Ergebnissen dieser Studie verfügt die Mehrzahl der Privatanleger über langjährige Anlageerfahrung, trifft Investitionsentscheidungen ohne Berater und informiert sich intensiv über Onlinewege und Fachzeitschriften. Mit 68 % der Befragten haben über zwei Drittel mehr als zehn Jahre Kapitalmarkterfahrung, weitere 17 % sind seit fünf bis zehn Jahren an den Märkten aktiv. Rund 79 % verzichten auf Beratung. Mittelstandsanleihen werden von Privatanlegern wie auch institutionellen Investoren zur Portfoliodiversifikation gekauft, da sie die Portfoliorendite bei akzeptablem Risiko in der Regel verbessern. Der Anleger sucht und bewertet die Anleihen dabei bewusst. Anlageentscheidungen werden auf Einzeltitelebene vorwiegend nach Renditegesichtspunkten und Unternehmensmerkmalen wie Rentabilität/Eigenkapitalausstattung, Geschäftszweck/Mittelverwendung und Ratingnote getroffen. Auch hier unterscheiden sich private nur unwesentlich von institutionellen Investoren und Beratern. Privatanleger, insbesondere, wenn sie bereits in Mittelstandsanleihen investiert sind, habe eine höhere Rendite- und eine niedrigere Sicherheitserwartung an Mittelstandsanleihen als an Standardwerte bei Aktien. Es ist davon auszugehen, dass sie Mittelstandsanleihen je nach Börsensituation als Substitut für Aktien ansehen. Ausfall- und Kursrisiken nehmen die Befragten offenbar bewusst in Kauf. In dem Zusammenhang ist es interessant, dass die große Mehrheit von 78 % der Befragten zudem die Bedeutung der Handelbarkeit von Mittelstandsanleihen am Sekundärmarkt hervorhebt.

Insgesamt betrachtet weisen Privatanleger von Mittelstandsanleihen ein vergleichbares Profil und Verhalten auf wie private Anleger, die in Optionsscheine investieren. Auf der Retail-Seite sind Mittelstandsanleihen demnach Passivprodukte in einem Pull-Markt und entsprechen damit genau nicht Push-Produkten, die über eine aktive Anlageberatung unerfahrenen Privatanlegern ins Depot gelegt werden.

Wenn bei Platzierungen im Bondm Segment mit durchschnittlich 40 % ein großer Teil einer Mittelstandsanleihe von Privatanlegern geordert wird, bedeutet dies zugleich, dass

---

[10]Vgl. Börse Stuttgart AG et al. (2012), S. 2.

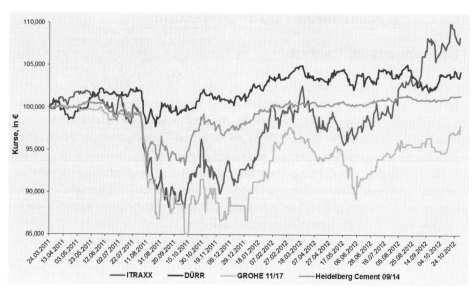

Abb. 31.1 Stabilisierungswirkung eines hohen Privatanlegerstreubesitzes am Beispiel der Dürr-Anleihe

mit einem Anteil von durchschnittlich 60 % der überwiegende Teil bei institutionellen Investoren platziert wird, die in der Regel über Roadshows von Selling Agents angesprochen werden.

Ein signifikanter Anteil an Privatanlegern in der Investorenstruktur einer Anleihe bietet dem Emittenten nicht nur die Erschließung einer weiteren, hochinteressanten Investorengruppe und damit die Erweiterung der Investorenbasis, sondern hat auch im Sekundärmarkt messbare Vorteile. So haben Privatanleger eine stabilisierende Wirkung auf die Volatilität der Anleihe: Anders als institutionelle Anleger unterliegen Privatanleger keinen internen Anlagevorschriften, die einzuhalten sind und die Verkäufe auslösen können, und auch ein Zwang zu Mark-to-Market-Bewertungen, die institutionelle Anleger an den intern vorgegebenen Bewertungszeitpunkten (täglich, wöchentlich, monatlich) zwecks Ertragsbewertung und Risikokontrolle durchführen müssen, entfällt bei privaten Investoren (Abb. 31.1).

31.3.2 Anleihe- und Aktienanlagen aus Investorensicht

Große Unterschiede bestehen bei der Betrachtung von Anleihe- und Aktienanlagen aus Investorensicht. Eine Mittelstandsanleihe ist weniger durch eine komplexe Produktstruktur geprägt, als vielmehr durch die Bonität und Kreditwürdigkeit des Emittenten. Auch aufgrund des asymmetrischen Gewinn- und Verlustpotentials von Anleihen konzentriert sich die Analyse eines Bond-Investments auf die Risikofaktoren. Daher richtet sich das Interesse der Investoren insbesondere auf das Potential zur Erfüllung der Haupt- und

Nebenpflichten durch den Emittenten. Der Investor orientiert sich damit in der Regel an der Bestandssicherung des Unternehmens, der Zahlungsfähigkeit in Bezug auf Zins- und Rückzahlung und auf das Ausbleiben einer Ratingverschlechterung oder einer Verschlechterung der Bonität im Allgemeinen, damit der Kurs der Anleihe stabil ist und nicht negativ beeinflusst wird und damit bei einem eventuell notwendigen Verkauf im Sekundärmarkt Verluste realisiert werden müssen.[11] Die Erwartungshaltung eines Anleiheinvestors richtet sich auf eine solide Finanzierung der Schulden, ein möglichst gutes Rating, ein qualifiziertes, auf Risikovermeidung ausgelegtes Risikomanagement, eine stabile Cash-Flow Entwicklung und ein qualifiziertes Liquiditätsmanagement. Demgegenüber ist die Erwartungshaltung von Aktien-Investoren weniger auf Stabilität als auf Wachstum von verschiedenen Werten gerichtet: Steigerung des Unternehmenswertes, steigende Cash-Flows, Umsatz- und Marktwachstum oder auch eine Verringerung der Aktienzahl.[12] Aufgrund dieser unterschiedlichen Interessenlagen werden einzelne Ereignisse oder Kennzahlen des Unternehmens von Anleihe- und Aktieninvestoren unterschiedlich aufgenommen und bewertet.

Das Gesamtbild aus diesen Beurteilungskriterien bildet dann abhängig vom jeweiligen Adressatenkreis die Bond-Story bzw. die Equity-Story, die im Rahmen der Investor Relations dem jeweiligen Investor vermittelt werden sollte. Dabei ist ein Kern von ca. 80 % an Themen, Zahlen und Fakten für beide Investorengruppen identisch (Unternehmensziele und -strategie, Kennzahlen, Produkte, Marktzahlen, externe Rahmenbedingungen) und ca. 20 % der Themen unterschiedlich, u. a. weil sie entweder auf Stabilität oder Wachstum gerichtet sind.[13] Dabei ergänzen sich allerdings diese beiden unterschiedlichen Seiten einander, denn sie stellen das Unternehmen im Prinzip nur aus zwei verschiedenen Blickwinkeln dar. Dieser vermeintliche Gegensatz sollte daher in der Bond- und Equity-Story aus dem identischen Kern abgeleitet und verständlich gemacht werden. Bislang lag der zeitliche Schwerpunkt für die Betrachtung der Bond- bzw. Equity-Story meist auf dem Emissionszeitpunkt. Gerade bei den stabilitätsorientierten Anleiheinvestoren und der am Ende der Laufzeit anstehenden Refinanzierung einer Anleihe sind nicht nur Zeitpunkt bezogene und im Primärmarkt verankerte sondern auch langfristig im Sekundärmarkt angelegte Investor Relations vorteilhaft.

31.4 Was bedeutet Sekundärmarkt für Debt Relations?

31.4.1 Grundlegende Erwägungen

Themen wie Sekundärmärkte, Liquidität, beste Preise und Gebühren werden bei allen Transaktionen nach der Primärmarktphase interessant, besonders zentral treten sie aller-

---

[11] Vgl. Launer und Wilhelm (2011), S. 424–425.
[12] Vgl. Launer und Wilhelm (2011), S. 461.
[13] Vgl. Lowis und Streuer (2011), S. 15.

Abb. 31.2 Marktanteile der Börse Stuttgart bei Anleinen nach unterschiedlichen Anleihetypen

Marktanteile in %	
Wandelanleihen	65
Emerging Market Bonds	67
Länder-Jumbos	67
Jumbo-Pfandbriefe	50
Euro Staatsanleihen	73
Sonstige Anleihen	34
Corporate Bonds	71

dings in das Bewusstsein des Investors, wenn er darauf angewiesen ist, seine Papiere vor Laufzeitende zu verkaufen. Hier wird deutlich, wie wichtig ein gut funktionierender Sekundärmarkt ist und damit auch sorgfältige Debt Relations für einen Emittenten und seine Anleihe sind. Denn vernachlässigte oder unqualifizierte Debt Relations können ein Unverständnis im Markt bis hin zu einem Vertrauensverlust begründen, Kurse unter Druck setzen und letztendlich Verkäufe bei Investoren auslösen. Anleger, die derartig unter Druck geraten und ggf. Verluste realisieren müssen, können für zukünftige Investitionen in Wertpapiere des Emittenten verloren sein. Im Worst Case kann der „Markenname" des Emittenten auf dem Kapitalmarkt nachhaltig beschädigt werden und ein Kapitalmarktzugang für längere Zeit erschwert, d. h. nur zu deutlich höheren Kosten für den Emittenten möglich sein, oder im Extremfall sogar gänzlich versperrt sein.

31.4.2 Sekundärmarkt der Börse Stuttgart

Europaweit ist Bondm das erste und führende öffentlich-rechtlich überwachte Handelssegment für Unternehmensanleihen mittelständischer Unternehmen. Nach Beendigung der Zeichnungsfrist wird die Mittelstandsanleihe zum Handel in das Marktsegment Bondm einbezogen. Im Sekundärmarkt wird die Anleihe durch die EUWAX AG als Quality Liquidity Provider (QLP), der die Funktion eines Market Makers übernimmt, betreut, wodurch fortlaufende Preisermittlungen möglich werden. Für Investoren ist dabei nicht entscheidend, wie groß die Gesamtanzahl aller notierten Anleihen an einer Börse ist, denn nicht die Zulassung ist entscheidend. Wichtig ist, wie liquide der tatsächliche Handel in den Papieren ist, ablesbar an den Handelsumsätzen. Hier liegt die Börse Stuttgart im Anleihehandel in Deutschland auf dem ersten Platz (Abb. 31.2 und 31.3).

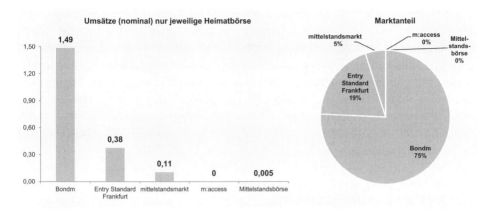

Abb. 31.3 Bondm liquidester Sekundärmarkt. (Quelle: Börse Stuttgart)

31.5 Debt Relations im Sekundärmarkt

31.5.1 Kommunikationsinstrumente und -inhalte

Grundsätzlich sollte der Emittent einer Mittelstandsanleihe ein nachhaltiges und langfristiges Konzept seiner Debt Relations erarbeiten. Die Folgepflichten einer Börsenzulassung geben dafür bereits einen Rahmen vor, an dem er sich orientieren kann. Dem Emittenten stehen passive und aktive Instrumente zur Verfügung, beide Arten sollte er in einem ausgewogenen Kommunikationsmix nutzen. Passive Kommunikation erfolgt idealerweise durch Veröffentlichung von relevanten Informationen auf der Homepage des Emittenten.[14] Dazu zählen Jahresabschlüsse, Halbjahresabschlüsse, Quartalsergebnisse, soweit vorhanden bzw. erforderlich, Kennzahlen zu Kapitalstruktur, Cash-Flow und Liquidität,[15] Ratings und Folgeratings, (Quasi-)Ad-hoc-Mitteilungen, der aktuelle Finanzkalender mit allen Terminen zur Veröffentlichung der vorgenannten Dokumente und von geplanten, regelmäßigen Veranstaltungen des Emittenten, an denen Investoren teilnehmen können. Termintreue, insbesondere für die Veröffentlichung der Dokumente, ist dabei extrem wichtig. Nur so lassen sich Verunsicherungen bei den Anleihegläubigern vermeiden. An aktiven Instrumenten stehen dem Emittenten Investoren- bzw. Analysten-Calls, (Non-Deal) Roadshows, Präsenzveranstaltungen bei Multiplikatoren wie Banken, Brokern und Berater, Roundtables oder One-on-Ones mit einzelnen Investoren zur Verfügung.[16] Solche Informationsveranstaltungen sollten regelmäßig durchgeführt werden und Aktien- wie auch Bond-Investoren und -Analysten gleichermaßen eingeladen werden. Für mittelstän-

---

[14]Vgl. Launer und Wilhelm (2011), S. 450.
[15]Vgl. DVFA e. V. (Hrsg.) (2012), S. 9–14.
[16]Vgl. Launer und Wilhelm (2011), S. 438.

dische Emittenten bieten sich insbesondere Conference Calls und Veranstaltungen über ihre Multiplikatoren an, um eine regelmäßige zeitliche Durchführung zu vereinfachen. Die obengenannte Struktur der Privatanleger, die sich aktiv und eigenständig informiert, legt eine intensive Information über die Hinterlegung relevanter Dokumente auf der Homepage nahe. Ebenfalls hilfreich ist allerdings auch die Bekanntgabe der Termine von öffentlichen Präsentationen des Managements beispielsweise auf Vortragsveranstaltungen oder Investorenmessen im Finanzkalender oder die Nutzung von Internetoptionen wie Videostreams oder Social Media wie Twitter oder Facebook, um auch Privatanlegern einen direkten Austausch möglich zu machen.

31.5.2 Kommunikationsstruktur

Ein grundlegender Punkt in der Kommunikation und bei den Inhalten ist die Gleichbehandlung aller Aktien- und Anleiheinvestoren in Bezug auf Zugang zu Informationen zum Unternehmen und Zugang zum Management. Dies ist auch eine zentrale Forderung der Deutschen Vereinigung für Finanzanalyse und Asset Management (DVFA).[17] In der Praxis werden Anleiheinvestoren tendenziell im Durchschnitt aller Anleiheemittenten noch vernachlässigt. Daher empfiehlt es sich, die Kommunikation grundsätzlich nach der 80:20 Regel aufzubauen und die 80 % der Information, die für Aktien- und Anleihe-Investoren gleich ist, mit den jeweils 20 % der Information, die spezifisch sind, automatisch zu verbinden und alle veröffentlichten Dokumente des Unternehmens systematisch danach aufzubauen. Idealerweise sollten sich Informationen wie z. B. Kennzahlen an allgemein anerkannten Standards orientieren, sofern solche vorliegen, um eine Vergleichbarkeit mit anderen Emittenten zu erleichtern. Ein wichtiger Punkt in der Art der Kommunikation ist es klare Signale zu setzen, positive Informationen positiv aber nicht übertrieben darzustellen, negative Informationen neutral und zahlenbasiert zu präsentieren und auf keinen Fall wichtige Elemente zu verschweigen. Letzteres kann sich langfristig nur negativ auf den Emittenten auswirken. Strukturbrüche und Änderungen in der Darstellungsweise sind zu vermeiden, da dies bei Investoren Irritationen hervorruft und eine verlässliche Interpretation verhindert.

31.6 Fazit

Debt Relations sollten von einem Emittenten nicht als lästiges Übel angesehen, sondern aktiv zur Gestaltung der langfristigen Beziehungen zu Anleiheinvestoren genutzt werden. Eine solche regelmäßige Kontaktbasis stellt für den Emittenten eine erstklassige Möglichkeit für eine Marktbeobachtung und Einschätzung des eigenen Unternehmens und

---

[17] Vgl. DVFA e. V. (Hrsg.) (2012) Standards für Bondkommunikation, Frankfurt am Main, S. 4.

der Anleihe aus Investorensicht dar. Dies gibt Zugang zu Investoreneinschätzungen zu zukünftigen Finanzierungsplänen oder neuen Finanzierungsideen, Informationen zu Investorenerwartungen und Hinweise auf günstige Emissionsfenster.[18] Falls der Emittent selbst nicht für regelmäßige und professionelle Investor Relations ausgestattet ist, beispielsweise aufgrund von Personalengpässen, sollte er sich einem spezialisierten Berater anvertrauen, der seine IR-Aktivitäten steuert und durchführt. Eine gute Investorenresonanz wird langfristig die Kosten dafür bezahlt machen und es dem Emittenten durch Platzierungserfolge danken.

Literatur

Baden-Württembergische Wertpapierbörse GmbH (2012) Geschäftsbedingungen für den Freiverkehr an der Baden-Württembergischen Wertpapierbörse in der Fassung vom 11. Juni 2012. Stuttgart

Börse Stuttgart AG, Deloitte & Touche GmbH, Fachhochschule Münster (Hrsg) (2012) Mittelstandsanleihen: Eine echte Anlagealternative. Stuttgart, München

Börse Stuttgart AG (Hrsg) (2011) Mittelstandsfinanzierung in Deutschland. VDM Verlag, Stuttgart

Bundesverband deutscher Banken e. V., statt. (Hrsg) (2012) Positionspapier des Bankenverbandes zum Marktsegment „Mittelstandsanleihe". Berlin http://bankenverband.de/downloads/062012/pp-mittelstandsanleihe0612.pdf. Zugegriffen: 01. März 2013

Deutsche Bundesbank (Hrsg) (2012a) Monatsbericht September 2012, 64. Jg. Nr. 9. Frankfurt a. M. http://www.bundesbank.de/Redaktion/DE/Downloads/Veroeffentlichungen/Monatsberichte/2012/2012_09_monatsbericht.pdf?_blob=publicationFile. Zugegriffen: 01. März 2013

Deutsche Bundesbank (Hrsg) (2012b) Statistiken/Zeitreihe BBK01.WU0013: Umlauf inländischer Inhaberschuldverschreibungen/Anleihen von Unternehmen (Nicht-MFIs). http://www.bundesbank.de/Navigation/DE/Statistiken/Zeitreihen_Datenbanken/Makrooekonomische_Zeitreihen/its_details_value_node.html?tsId=BBK01.WU0013. Zugegriffen: 18. Sept. 2012

Deutsche Vereinigung für Finanzanalyse und Asset Management (DVFA) (2011) Mindeststandards für Bondkommunikation. Frankfurt a. M. (Online: www.dvfa.de/files/die_dvfa/kommissionen/bondkommunikation/application/pdf/Mindeststandards_Bondkommunikation_Final.pdf)

Grunow H-WG, Oehm G (2004) Credit Relations: Erfolgreiche Kommunikation mit Anleiheinvestoren. Springer, Berlin-Heidelberg

Kuthe T, Zipperle M (2011) Investorenschutz durch Covenants. In: Bond Yearbook (Hrsg) (2012) Institutional, Investment Publishing GmbH, Wolfratshausen

Launer MA, Wilhelm M (2011) Bond Relations: Investor, Bond, Creditor und Gläubiger Relations für Anleihen, Obligationen, Wandelschuldverschreibungen und neue innovative Formen der Fremdkapitalfinanzierung. Dissertation.de, Berlin

Lowis S, Streuer O (2011) DIRK white paper: fixed income investor relations. (Online: http://www.dirk.org/jobber/images/stories/A_Neue_pdf_Dokumente/110516%20-%20Neuauflage_White_Paper_Fixed_Income_final.pdf)

Müller S, Brackschulze K, Mayer-Friederich MD (2011) Finanzierung mittelständischer Unternehmen nach Basel III. Verlag Vahlen, München

Sickinger M, Nagel T (2012) Deutsche Börsen tragen dem Bedürfnis nach Alternativen Rechnung. In: Verlagsbeilage Mittelstandsanleihen zur Börsen-Zeitung am 28. Juni 2012, Nr. 122

---

[18] Vgl. Grunow und Oehm (2004) Credit Relations, Berlin, Heidelberg, Springer-Verlag, S. 75.

Mittelstandsanleihen – ein Erfolgsmodell für alle Parteien

32

Marc Feiler

Es war eine bewusste Entscheidung, das Fragezeichen hinter dem Erfolgsmodell in der Überschrift wegzulassen. Selbstverständlich werden Anleger, deren Anleihen-Emittent in die Insolvenz geraten ist oder Emittenten, die weniger platziert haben als benötigt, eine etwas andere Einschätzung an den Tag legen. Aber die Mittelstandsanleihe ist als Produktgattung tatsächlich ein Erfolgsmodell, auch wenn sie sich vielleicht in Teilen noch in einem Reifeprozess befindet. Es ist ganz sicher kein Zufall, dass dieses Erfolgsmodell in den vergangenen beiden Jahren entstanden ist und sich in einer durchaus schwierigen Zeit auf den Kapitalmärkten durchgesetzt hat. Ich möchte kurz an die wesentlichen Entstehungsgründe der Mittelstandsanleihe erinnern, bevor ich auf das Marktmodell der Börse München zu sprechen komme und am Ende kurz auf die (Kurs-)Entwicklung der Anleihen an den Börsen eingehe.

32.1 Warum sind Mittelstandsanleihen überhaupt entstanden?

Um in wirtschaftlich unsicheren Zeiten schnell und flexibel reagieren zu können, benötigen Unternehmen vor allem ausreichend Kapital. Da das Eigenkapital gerade in mittelständischen deutschen Unternehmen eher knapp ist, die durchschnittliche Eigenkapitalquote bewegt sich bei knapp über einem Drittel, und zudem einige Finanzierungsmöglichkeiten inzwischen deutlich kritischer gesehen werden (etwa Mezzanine-Kapital) beziehungsweise nur noch schwerer zu erhalten sind (Bankkredite), suchten die Unternehmen nach neuen, oder besser gesagt für sie neuen Finanzierungskanälen. Auf der anderen Seite suchten Anleger, verunsichert durch stark volatile Aktienkurse, annähernd zinslosen Spareinlagen oder „sicheren" Staatsanleihen nach geeigneten, renditestarken Anlagemöglichkeiten mit rela-

---

M. Feiler (✉)
Bayerische Börse AG, Karolinenplatz 6, 80333 München, Deutschland
E-Mail: feiler@boerse-muenchen.de

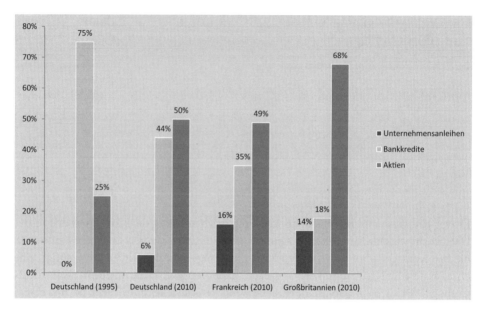

Abb. 32.1 Kapitalmarktorientierung mittelständischer Unternehmen, Commerzbank, DAI und Deutsche Börse. (Quelle: Kapitalmarktorientierung mittelständischer Unternehmen, Gemeinsame Studie der Commerzbank, DAI und Deutsche Börse Group, November 2011, S.13)

tiv überschaubarem Risiko jenseits klammer Euro-Staaten. Das war die Geburtsstunde der Mittelstandsanleihen, die das Bedürfnis der Unternehmen mit dem der Privatanleger zusammenführte. Das Motto war: Was großen, kapitalmarktaffinen Gesellschaften mit Hilfe von institutionellen Investoren gelingt, müsste mittelständischen Unternehmen durch die Einbeziehung privater Kapitalgeber ebenfalls möglich sein. Allerdings gab es Einzelfälle von kleineren Anleihen schon viele Jahre früher, die dann aber überwiegend über den Grauen Kapitalmarkt per Eigenemission und nicht über den öffentlichen Kapitalmarkt durchgeführt wurden.

Der Bedarf auf Seiten der Unternehmen Traditionell ist das wichtigste Mittel der Fremdkapitalbeschaffung bei mittelständischen Unternehmen nach wie vor der Bankkredit. Börsennotierte Großunternehmen haben ihre Verbindlichkeiten jedoch längst auf ein sehr viel breiteres Fundament gestellt. So führte als ein Beispiel die MAN SE ihren Anteil syndizierter Kredite von 43 % im Jahr 2007 auf nunmehr null zurück und ihre Bankdarlehen im gleichen Zeitraum von 17 % auf neun Prozent. Im Gegenzug legte der Anteil bei den Anleihen von 13 auf 51 % der Verbindlichkeiten zu. Dagegen setzen viele Mittelständler noch auf das Hausbankprinzip mit dem Kredit als Alleinheilmittel. Allerdings ist hier in den vergangenen fünfzehn Jahren eine deutliche Verschiebung weg vom Bankkredit und hin zu Anleihen beziehungsweise Eigenkapital über die Börse zu beobachten (vgl. nachstehende Abb. 32.1).

Relativ neu ist jedoch, dass sich die mittelständischen Unternehmen dieser Problematik sehr wohl bewusst sind. Eine Untersuchung der Commerzbank unter 4000 mittelständischen Unternehmen[1] ergab, dass als Folge von Basel III immerhin 77 % davon ausgehen, dass sich die Kreditkonditionen verschlechtern, und sogar 80 % sind der Meinung, dass der Kreditzugang dadurch erschwert wird. Gleichzeitig glauben 65 %, dass ohne Schulden notwendige Investitionen nicht realisiert werden können. Tatsächlich werden die Maßgaben von Basel III die Kreditvergabe in naher Zukunft einschränken und – je nach Bonität des Unternehmens – für viele zumindest verteuern. Die Unternehmen geraten also zwangsläufig in das Dilemma, Schulden machen zu müssen, um zu investieren, die nötigen Fremdmittel aber nicht mehr durch einen Bankkredit zu bekommen.

Die Folge ist, dass – ebenfalls von der Commerzbank erfragt – 53 % der mittelständischen Unternehmen ihre Finanzierungsstruktur überdenken, weil sie ihrer Ansicht nach optimiert werden kann oder muss. Neben den selbstverständlich an erster Stelle genannten Finanzierungskosten nennen die Unternehmen als Gründe hier vor allem mehr Flexibilität, eine höhere Planungssicherheit und mehr Entscheidungsfreiheit. Zu einem ähnlichen Ergebnis kommt eine Studie der Unternehmensberatung Deloitte: Mehr als die Hälfte der Mittelständler hält eine Finanzierung über den Kapitalmarkt für eine attraktive Alternative, nicht zuletzt, weil sie davon ausgehen, dass sich in den nächsten drei Jahren die Konditionen bei den Banken deutlich verschlechtern.[2]

Aber auch Unternehmen, die jenseits des Bankkredits bereits auf alternative Finanzierungsformen gesetzt haben, bekommen zunehmend Probleme, weil beispielsweise Mezzanine-Finanzierungen oder Schuldscheine in den nächsten Jahren auslaufen und sich daher die Frage der Anschlussfinanzierung stellt.

Wichtiges Kriterium gerade auch für Mittelständler, die noch nicht an der Börse notiert sind, ist die Unabhängigkeit, die sie mit Anleihen für sich gewahrt sehen. Die Eigentümerstruktur bleibt im Gegensatz zu einem Börsengang erhalten.

Zusätzlich verbessern sie die Kreditwürdigkeit der Unternehmen – nicht zuletzt etwa durch das in Auftrag gegebene Rating –, so dass die Instrumente Unternehmensanleihe und Bankkredit sich eher ergänzen als kannibalisieren. Eine erfolgreich begebene Anleihe stärkt auf jeden Fall die Verhandlungsposition des Unternehmens gegenüber der Bank – und macht es gleichzeitig für die Bank interessanter. Für die Banken scheint sich die hohe Zahl an Anleihenemissionen überhaupt zu rechnen: Insgesamt haben Banken im ersten Quartal 2012 immerhin 41 % ihrer Gebühren im Kapitalmarktgeschäft im Anleihensektor verdient – ein Rekordwert, der die entgangenen Zinsen per Kredite kompensieren dürfte.[3]

Alles in allem müssen Unternehmen schon unter Gesichtspunkten des Risk-Managements die Passivseite möglichst breit diversifizieren, um eine maximale Flexibilität zu erhalten. Unterschiedliche Laufzeiten sind dabei genauso wichtig wie das Vermeiden von Abhängigkeiten etwa gegenüber nur einer Bank. Alle Erfahrungswerte haben im Üb-

---

[1] Vgl. Commerzbank (2012).
[2] Vgl. Deloitte und FH Münster (2011).
[3] Vgl. Börse Stuttgart AG, Deloitte & Touche GmbH, Fachhochschule Münster (Hrsg) (2012).

rigen gezeigt, dass die Zeichner einer ersten Anleihe bei Folgeemissionen eher mehr als weniger kaufen, das Begeben einer Anleihe ist also alles andere als eine Einbahnstraße für Unternehmen.

Mit Mittelstandsanleihen können Unternehmen jedoch nicht nur Finanzierungslücken schließen, sie setzen diese darüber hinaus auch ganz gezielt als Marketing- und Kundenbindungs-Instrument ein. Kunden, die in das Unternehmen mittels einer Anleihe investiert haben, werden ihm besonders treu bleiben und umgekehrt können treue Kunden eher von einer Investition in das Unternehmen über eine Anleihe überzeugt werden. Die Kommunikation, die vor und während der Zeichnung stattfindet, öffnet vielen Unternehmen die Türe in Medien, die sich zuvor nicht für sie interessiert hätten. Ähnlich wie ein Börsengang zum verbesserten Image einer Kapitalgesellschaft beiträgt, dürfte eine erfolgreiche Anleiheemission imagebildend wirken.

Die Vorteile der Mittelstandsanleihe können stichpunktartig wie folgt zusammengefasst werden:

- Unabhängigkeit von Banken oder Eigenkapitalgebern
- Relativ schnelle Durchführung (innerhalb etwa drei bis vier Monate)
- Zusätzlich als ein Mittel der Kundenbindung einsetzbar
- Beziehungen zum Kapitalmarkt, zu Investoren können aufgebaut und später genutzt werden (weitere Anleihe, Börsengang, Kapitalerhöhungen)
- Vorzeitiger Rückkauf ist möglich
- Es besteht keine direkte Zweckbindung
- Covenants sind nicht notwendig, können aber Teil einer Platzierungsstrategie sein
- Eine Besicherung muss nicht erfolgen, kann aber zum Erfolg mit beitragen

Dabei sind die Herausforderungen zu beachten:

- Professionelle Finanzkommunikation und Investor Relations müssen aufgebaut und gepflegt werden
- Auswahl des passenden Emissionsbegleiters muss getroffen werden
- Ausreichender und stabiler Cashflow ist notwendig, um die Zinsen und später die Tilgung bedienen zu können
- Das Volumen kann niedriger ausfallen als erwartet
- Die Kosten liegen mit etwa sechs Prozent des Platzierungsvolumens relativ hoch

Die Bedürfnisse der Anleger Die Zinsen für fest angelegtes Geld sind derzeit minimal und aufgrund der anhaltenden Staatsschuldenkrise steht zu befürchten, dass sich daran mittelfristig wenig ändern wird. Doch auch Staatsanleihen bringen dem Anleger entweder kaum Zinserträge, oder sie bergen kaum einschätzbare Risiken, wie der Fall Griechenland mit seinem Haircut bewies. Die Aktienmärkte sind volatil wie selten und führen zu einer zusätzlichen Verunsicherung. In dieser Situation suchen Anleger Produkte, die eine hohe Rendite mit einem vertretbaren Risikoprofil verknüpfen. Mittelstandsanleihen bieten sich hier als Beimischung im Depot an.

Allerdings gilt für Mittelstandsanleihen das Gleiche wie für ein Investment in eine Einzelaktie: eine genaue Analyse des Unternehmens, des Geschäftsmodells und der Zukunftsaussichten ist erforderlich. Doch aller Erfahrung nach lesen 99 % der Privatanleger die von den Unternehmen pflichtgemäß erstellten und von der BaFin geprüften Wertpapierprospekte nicht, so eine Schätzung der Schutzgemeinschaft der Kapitalanleger. Für Anleger ist bei den Mittelstandsanleihen folgendes zu beachten:

Vorteile von Anleihen für Anleger:

- Feste Verzinsung zu deutlich höheren Konditionen als bei Festgeld
- Trotz fester Verzinsung jederzeit handelbar
- Chance von Kursgewinnen sind möglich

Was Anleger zu beachten haben:

- Überzeichnung während der Zeichnungsfrist ist möglich, es gilt grundsätzlich „First come, First serve"
- Emittentenrisiko: bei Insolvenz des Unternehmens geht der Anleger meist leer aus
- Vorzeitige Kündigung der Anleihe durch den Emittenten ist unter bestimmten Umständen ebenfalls möglich

Die Reaktion(en) der Börsen Auf die Nachfrage von Seiten der Unternehmen reagierten die Börsen schnell und gerade die kleineren deutschen Börsenplätze bewiesen einmal mehr, dass sie sich flexibel auf die Bedürfnisse ihrer Zielgruppen einstellen können. So entwickelten die Börsen innerhalb des Freiverkehrs eigene Segmente für Mittelstandsanleihen. Der Freiverkehr wird von den Börsen selbst organisiert und reguliert, nicht von staatlichen Stellen.

Bereits im Mai 2010 meldete so die Börse Stuttgart per Presseerklärung die Gründung eines neuen Segments für Mittelstandsanleihen, genannt Bondm. Eine erste Anleihe kündigte der Automobilzulieferer Dürr AG in Bondm an. Dürr begab dann im September 2010 eine aufsehenerregende Anleihe mit einem Volumen von 225 Mio. € und einem Coupon von 7,25 %. Als Besonderheit schließt Bondm der Börse Stuttgart Immobilien- und Finanzwerte aus und legt den Fokus auf „industrienahe" Unternehmen. Von Anfang an konnte die Stuttgarter Börse über ihr Tochterunternehmen Euwax eine „Zeichnungsbox" anbieten mit allen Informationen zur Anleihe im Web.

Im Dezember 2010 zog die Börse in Frankfurt nach mit der Möglichkeit, Mittelstandsbörse im Freiverkehr (Entry Standard) zu emittieren. Die Börse Frankfurt verlangt für eine Notiz im Entry Standard zwingend ein Emittentenrating, gibt aber kein Mindestrating vor. Darüber hinaus werden Angaben zu Unternehmenskennzahlen zur Kapitaldeckung, Verschuldung und Kapitalstruktur verlangt und Nachrang-Anleihen ausgeschlossen. Verpflichtend sind außerdem beispielsweise Folgeratings über die gesamte Laufzeit sowie jeweils aktuelle Unternehmenskennzahlen.

Etwa gleichzeitig mit m:access im Spätherbst 2010 entstand in Düsseldorf der Mittelstandsmarkt. Die Börse Düsseldorf gewährt den Einstieg in das Segment bereits bei einem Anleihevolumen von 10 Mio. €, verlangt dafür aber ein Mindestrating von BB für Unternehmen, die noch nicht auf dem Kapitalmarkt aktiv sind. Einen Liquiditätsprovider, wie an anderen Börsenplätzen, sieht Düsseldorf nicht vor.

Als einzige Börse wies München bereits seit 2005 ein eigenes Qualitätssegment für mittelständische Unternehmen aus, das zunächst aber rein auf Eigenkapital ausgerichtet war. 2011 erweiterte die Börse München dieses Segment um die Möglichkeit, Anleihen herauszugeben, inzwischen auch mit einer eigenen Zeichnungsfunktionalität für die Privatanleger, die somit vor dem Beginn des Handels die Möglichkeit erhielten, über ihre Bank direkt Anleihen zum Nominalbetrag zu erwerben. Genauso wie Unternehmen nach dem IPO müssen Emittenten nach dem IBO bei m:access bonds sich einmal im Jahr auf einer Analystenkonferenz präsentieren.

Die Börsen Hamburg/Hannover zogen mit ihrer Mittelstandsbörse schließlich nach, die sich in Sachen Vorgaben und Regulierungen in Zurückhaltung übt und beispielsweise keine Vorgaben bei der Stückelung – alle anderen Börsenplätze sehen eine Mindeststückelung von maximal 1.000 € vor –, beim Emissionsvolumen oder beim Rating gibt.

Alle Börsen handeln die Mittelstandsanleihen im Freiverkehr. Die Zulassungsvoraussetzungen der Börsen sind unterschiedlich ausgestaltet. Den Zwiespalt zwischen einer maximalen Aufklärung für potenzielle Anleger und einem praxisorientierten und kostengünstigen Aufwand für die Emittenten lösen die einzelnen Börsenplätze dabei unterschiedlich.

Die Börsen können trotz aller regulatorischer Voraussetzungen und Folgepflichten jedoch nicht verhindern, dass einzelne Unternehmen auch in wirtschaftliche Schieflage oder gar Insolvenz geraten können. Dieses unternehmerische Risiko besteht im Wirtschaftsleben allgemein und auch an der Börse. Eine genaue Analyse des Unternehmens muss daher jeder Investitionsentscheidung vorausgehen.

32.2 Die Erfolgskriterien einer Mittelstandsanleihe

Der Erfolg einer Mittelstandsanleihe hängt von einer ganzen Reihe von korrespondierenden Faktoren ab. Welche Ziele verfolgt das Unternehmen mit der Anleihe? Einen wie starken Namen hat sich das Unternehmen in der Öffentlichkeit verschafft? Wie viel Kapital soll eingesammelt werden? Wie viel Zinsen ist das Unternehmen bereit zu zahlen? Wie wird die Wahrscheinlichkeit, dass es insolvent geht und die Anleihe nicht zurückzahlen kann, von unabhängigen Instituten eingeschätzt? Neben diesen mehr oder weniger vom Unternehmen selbst verantworteten Kriterien spielt allerdings das richtige Timing einer Anleihe eine mindestens so wichtige Rolle wie etwa die Auswahl der richtigen Partner (Emissionsbegleiter, Kommunikationsagentur, Börsenplatz). Es hat sich gezeigt, dass die Fenster für Mittelstandsanleihen auf dem Kapitalmarkt nur jeweils kurze Zeit offen stehen und genutzt werden müssen.

32 Mittelstandsanleihen – ein Erfolgsmodell für alle Parteien

Entwicklung einer Bond-Story Ein wichtiges Kriterium für den Erfolg einer Mittelstandsanleihe ist die Entwicklung einer attraktiven Bond-Story, vergleichbar mit der Equity-Story im Rahmen eines Börsengangs. Eine wesentliche Rolle neben Branchenzugehörigkeit, Positionierung im Wettbewerb und den aktuellen Unternehmens- und Bilanzkennzahlen spielt dabei die beabsichtigte Mittelverwendung. Diese Bond-Story ist schließlich am Markt zu verkaufen. Institutionelle und private Anleger müssen davon überzeugt werden, in ein ganz bestimmtes Unternehmen und seine Zukunft zu investieren. Sicherlich tun sich bekannte Markenunternehmen hier leichter, andere müssen erst für Aufmerksamkeit sorgen.

Kommunikativ für den Kapitalmarkt am besten vermittelbar sind zweifellos Finanzierungsziele wie Wachstumsfinanzierung, Entwicklung neuer Geschäftsfelder, Übernahme von Konkurrenten oder Zulieferern zur Erweiterung der Wertschöpfungskette, Expansion ins Ausland. Aber auch eine – zumindest mit Teilen der Anleihen – verfolgte Verbesserung der Liquiditätskennziffern und eine Ausweitung des Fälligkeitenprofils kann ein wichtiger und gerade von institutionellen Investoren nachvollziehbarer Grund sein.

Marke Für die Emission einer Anleihe spielt der Bekanntheitsgrad eines Unternehmens eine wichtige Rolle. Bei institutionellen Investoren sind hier Unternehmen, die bereits auf dem Kapitalmarkt präsent sind, zweifellos im Vorteil. Bei Privatanlegern zählt vor allem der Bekanntheitsgrad. Zu den erfolgreichsten Mittelstandsanleihen zählten so vor allem Marken mit Consumer-Produkten wie etwa Valensina (April 2011, 7,38 % Coupon, 50 Mio. €, nach zweieinhalb Stunden bereits fünffach überzeichnet), aber auch Seidensticker, Schneekoppe, Underberg oder Katjes und Bastei Lübbe. Sowohl was die Platzierung als auch die Performance im Handel betrifft, sind in der breiten Masse gut bekannte Unternehmen – sogenannte Household Names – erfolgreicher als andere Firmen.[4]

Dass das aber nicht zwangsweise so sein muss, beweisen sehr erfolgreiche Anleiheemissionen wie etwa Golden Gate (Immobilien), die zeitgleich mit Valensina im April 2011 bei einem Volumen von 30 Mio. € und mit einem Coupon von „nur" 6,50 % trotzdem überzeichnet war. Allerdings konnte Golden Gate als einer der wenigen Emittenten auch auf ein Anleihenrating durch Creditreform zurückgreifen, das die Anleihe mit BBB sogar besser bewertete als das Unternehmen (BB). Der Grund für diese hohe Bewertung der Anleihe lag in der Tatsache, dass sie durch eine Immobilie besichert war – eine Tatsache, die gerade bei den institutionell geprägten Anlegern auf Interesse gestoßen sein dürfte. Gleichzeitig hatte Golden Gate auf jegliche Marketingmaßnahmen rund um die Anleihe verzichtet. Auch der einer breiten Öffentlichkeit eher unbekannte Metall-Recycler Scholz konnte seine Anleihe in Höhe von 150 Mio. € bereits am ersten Tag der Zeichnung voll platzieren, hier war allerdings ein Zins von 8,50 % versprochen.

Emissionsvolumen Die Bestimmung des Emissionsvolumens ist von einer ganzen Reihe von Kriterien abhängig. Zum einen spielt selbstverständlich der Finanzierungsbedarf eine wesentliche Rolle, allerdings gibt es im Unterschied zum Bankkredit, der sich möglichst

---

[4] Vgl. Fuerpass (2011) S. 73, der sich dabei ausdrücklich auf Deutschland und Österreich bezog.

exakt am tatsächlichen Investitionsbedarf orientiert, hier noch weitere Faktoren, die berücksichtigt werden müssen. So bauen vorsichtige Emittenten im Anleihevolumen einen „Sicherheitspuffer" ein. Sollte das in den Anleihebedingungen vorgesehene maximale Anleihevolumen („bis zu") nicht erzielt werden, so muss der Finanzierungszweck dennoch erreicht werden können. Das heißt auch, dass nicht jedes Unternehmen tatsächlich auf den Zufluss des gesamten Nominalvolumens angewiesen ist, ein Umstand der auch für die sogenannte „Nachplatzierung" von Bedeutung ist.

Viele Börsen verlangen für ihre Anleihesegmente ein gewisses Mindestvolumen einer Emission. Die Bandbreite beträgt dabei zehn bis 25 Mio. €. Hintergrund ist neben einer schlichten Kosten-Nutzen-Rechnung die spätere Handelbarkeit der Anleihe. Bei allzu geringen Emissionsvolumina kann die Gewährleistung eines ordnungsgemäßen Börsenhandels problematisch werden. Die schlichte Faustregel lautet also, je höher das Emissionsvolumen, desto höher die After-Market-Liquidität.[5]

Gerade die größeren Investoren benötigen eine rege Handelstätigkeit, um sich jederzeit von Investments trennen, aber auch um eine laufende und aktuelle Bewertung vornehmen zu können. Allerdings scheint hier Bewegung in den Markt gekommen zu sein und es gibt die Beobachtung aus der Praxis, dass das Verhältnis von Emissionsvolumen zu Handelbarkeit keinesfalls so eng ist wie angenommen.[6] Institutionelle Investoren entscheiden sich, „bei solide strukturierten Mittelstandsanleihen mit attraktiven Konditionen und Zinscoupons auch gerne für eine Hold-to-Maturity-Strategie und legen deshalb keinen Wert auf einen regen Sekundärmarkt".[7]

So wurden inzwischen verstärkt auch kleinere Emissionen mit gewissem Erfolg begeben. Auch das Feld der institutionellen Investoren ist breit aufgefächert und hier gibt es durchaus kleinere Family Offices oder Stiftungen, für die auch Emissionen mit einem geringeren Volumen eine interessante Alternative darstellen können, ihre Rendite aufzubessern. Meist halten diese, ähnlich wie Privatanleger, das Investment bis zum Fälligkeitsende. Das könnte zur Folge haben, dass es in Zukunft verstärkt auch zu Emissionen unterhalb der „magischen" 25 Mio.-Schwelle kommt. Bisher mussten Unternehmen auch bei geringerem Kapitalbedarf entweder ihre Emission in verschiedene Tranchen unterteilen oder bewusst mehr Kapital aufnehmen, als sie gemäß Mittelverwendungsplan eigentlich benötigten.

Ein dritter Aspekt bei der Bestimmung des Emissionsvolumens sind die Fundamentaldaten des Unternehmens: Wie verändert sich das Verhältnis von Eigen- zu Fremdkapital, wie hoch ist das begebene Emissionsvolumen in Relation zur Bilanzsumme, welchen Anteil an den Umsatzerlösen bzw. am EBIT haben künftige Zinszahlungen etc. Da im Gegensatz zum Bankkredit all diese Relationen der Öffentlichkeit – Investoren, Analysten und Jour-

---

[5]Vgl. Meinerzag (2011) S. 35.
[6]Der handelsaktivste Anleihe an der Frankfurter Börse, so eine Auswertung aus dem Jahr 2011, war die mit nur einem Volumen von 15 Mio. € ausgewiesene Anleihe der SeniVita Sozial GmbH, so Meinerzag (2011) S. 35.
[7]Meinerzag (2012) S. 48.

nalisten – bekannt gegeben werden, kann dies durchaus auch zu einem kritischen Echo führen und sich kontraproduktiv auf das erzielte Emissionsvolumen auswirken.

Coupon Beim Coupon muss das Unternehmen den Spagat zwischen dem, was es zu zahlen bereit ist und was der Markt erwartet, finden. Die Markteinschätzung wechselt jedoch und was noch vor drei Monaten als ausreichend empfunden wurde, kann schnell zu wenig werden. Hier muss genau beobachtet werden, was der Markt verlangt und wie sich die „Konkurrenz" verhält. Derzeit liegen die Coupons überwiegend zwischen 6,5 und 8,5 %, die Range reicht allerdings von 5,00 % (PCC III – mit einer Laufzeit von allerdings nur einem Jahr) und 9,25 % (3W Power mit einem Erst- und Folgerating von B-, allerdings von Standard & Poor's erstellt). Bei den derzeit (September 2012) laut BondGuide 73 platzierten Anleihen liegt der Durchschnittszinssatz bei 7,3 %, die Rendite bewegt sich damit bei 7,4 % (Median).[8]

Die Erwartung an die Höhe der Kapitalverzinsung ist selbstverständlich ursächlich mit dem eingegangenen Risiko verbunden. Dieses zu analysieren hilft ein Rating, doch trotzdem besteht keine 100-prozentige Relation zwischen Ratingergebnissen und Höhe des Zinssatzes.

Bei der Wahl des Coupons sollte sich der Emittent von seinem Emissionsbegleiter – an der Börse München zwingend über die gesamte Laufzeit der Anleihe vorgeschrieben – als Experten auf dem Kapitalmarkt beraten lassen. Hinweise bieten etwa die Renditeentwicklung von Mittelstandsanleihen (ablesbar beispielsweise beim Bondm-Index der Börse Stuttgart) sowie vergleichbaren Corporate Bonds mit Non-Investment Grade. Je höher hier die Renditen steigen, desto höher sind die Erwartungen des Kapitalmarktes an Neuemissionen.

Rating Die Anforderungen an das Rating sind pro Börsenplatz sehr unterschiedlich. Sie reichen vom vollständigen Verzicht auf ein Rating (Hamburg-Hannover), zur Forderung nach einem Rating, egal welcher Ausprägung (Stuttgart und Frankfurt) bis hin zu einem Mindestrating, das im Segment m:access der Börse München mit BB+ am strengsten gehandhabt wird, während Düsseldorf BB einfordert. Am häufigsten wird derzeit ein Rating außerhalb des Investment Grades vergeben. Häufigster Rating-Geber ist die Creditreform. Allerdings wird ganz überwiegend ausschließlich das Unternehmen, und nicht die Anleihe im Einzelfall bewertet.

Unter den Ratingagenturen dominieren die auf den deutschen Mittelstand fokussierten Agenturen Creditreform und Euler Hermes, während die Agentur Scope nicht in Auftrag gegebene eigene Einschätzungen veröffentlicht. Die „großen Drei" S&P, Moodys und Fitch spielen aus verschiedenen Gründen im Bereich der Mittelstandsanleihen keine allzu große Rolle. Es wird allerdings davon ausgegangen, dass die kleineren deutschen Agenturen

---

[8] Von den 73 genannten Anleihen notieren 52 in den entsprechenden Sondersegmenten der Börsen. Die übrigen 21 Anleihen verfügen entweder über keine Börsennotiz oder werden lediglich im Freiverkehr gehandelt.

im Schnitt ein besseres Rating erteilen als diese – allerdings gibt es bisher noch kein „Doppelrating" einer großen und einer kleinen Agentur zum direkten Vergleich. Welchen Stellenwert das Ratingergebnis hingegen bei den Privatanlegern einnimmt, ist nur schwer zu beurteilen. Wie sich die großen Investoren langfristig verhalten und ob sie Vertrauen zu den kleineren Ratingagenturen aufbauen, bleibt abzuwarten.

Es gibt keine 100-prozentige Korrelation zwischen Ratingergebnis und Coupon, weil dieser von einer Reihe anderer interner und externer Faktoren abhängt.

Die Bedeutung des Ratings für das Unternehmen selbst ist jedoch gar nicht hoch genug zu veranschlagen, bietet es doch auch für das eigene Management aussagekräftige Informationen von dritter Hand und kann etwaige interne Risikofaktoren identifizieren. Selbstverständlich bildet die Rating-Note einen wichtigen Bestandteil in der Unternehmenskommunikation gegenüber Kunden, Lieferanten und potenziellen Geldgebern. Nicht zuletzt kann das Rating auch eine Basis für attraktivere Kreditkonditionen mit Banken darstellen.[9]

Covenants In der Regel wenig Beachtung findet das in den Anleihebedingungen enthaltene „Kleingedruckte". Gerade Privatanleger wenden sich dem eigentlichen Wertpapierprospekt nur selten ausführlich zu und konzentrieren sich meist auf ein beigegebenes „Factsheet". Tatsächlich verfügten die meisten Mittelstandsanleihen zu Beginn im Gegensatz zu klassischen High Yield Anleihen kaum über Schutzklauseln (Covenants) für die Investoren, allerdings scheint hier langsam ein Umdenken der Unternehmen – sicherlich nicht zuletzt durch die begleitenden Emissionsberater angestoßen – einzutreten.

Die wichtigste Covenant-Regelung ist eine Kontrollwechselklausel (Change of Control), die dann eintritt, wenn sich die Besitzverhältnisse des Unternehmens grundlegend ändern. Das tritt ein, wenn ein Dritter plötzlich beherrschenden Einfluss auf das Geschehen erhält. Bei einer Kontrollwechselklausel wird dem Gläubiger in diesem Fall ein Kündigungsrecht eingeräumt, er erhält die Anleihe zurückbezahlt (Fälligstellung).

Eine weitere übliche Klausel ist die Negativerklärung, die besagt, dass der Kreditnehmer künftig keinen Gläubigern Kreditsicherheiten gewährt, die er nicht oder mit gleichwertigem Ersatz auch den Gläubigern der Anleihe gibt.

Die Drittverzugsklausel besagt, dass der Anleihegläubiger kündigen darf, wenn der Emittent Dritten gegenüber in Verzug geraten ist. Denn dann ist davon auszugehen, dass er auch die Anleihe nicht bedienen kann. Ob er dann allerdings in der Lage sein wird, die Anleihe vorzeitig zurückzuzahlen, steht auf einem anderen Blatt.

Die europäischen Staatsmänner machen es vor: Die Vereinbarung einer Verschuldungsgrenze auch bei Anleiheemittenten ist möglich. So soll eine mögliche Überschuldung verhindert werden. Des Weiteren kann zum Beispiel eine Verkaufsgrenze für Assets eingebaut werden, damit der Emittent nicht sein Tafelsilber verscherbelt.

Nachdem in der Anfangseuphorie der Mittelstandsanleihen kaum Covenants ausgewiesen wurden, können diese inzwischen auch gezielt als ein Teil der Platzierungsstrategie

---

[9] Vgl. Munsch (2012) S. 79 f.

eingesetzt werden. Denn viele Mittelstandsanleihen sind, was ihr Rating und den Coupon betrifft, noch am ehesten mit High-Yield-Bonds zu vergleichen, bei deren Ausgestaltung Covenants Standard sind.[10] Für institutionelle Investoren stellt ein stringentes Covenants-Korsett sogar eine Voraussetzung dafür dar, dass der betreffende Emittent einer Fundamentalanalyse unterzogen wird und damit überhaupt die Chance auf Fremdmittel erhält.[11]

32.3 Die Platzierung der Mittelstandsanleihe

Kommunikative und werbliche Vorbereitungsphase Wie bereits angeführt, müssen die kommunikativen und werblichen Maßnahmen bei Unternehmen ohne bekannten Markennamen deutlich intensiver betrieben werden. Problematisch ist hier jedoch, dass die genaueren Konditionen von Anleihen sich oftmals erst relativ kurzfristig ergeben und gerade die Prospekterstellung und -genehmigung durch die BaFin zeitintensiv ist. Zum Teil sind die endgültigen Konditionen der Anleihe, wie auch der Coupon, wesentlich der jeweiligen Marktlage geschuldet. Das heißt, es muss in einer ersten Phase mit kommunikativen und werblichen Maßnahmen begonnen werden, die ausschließlich darauf abzielen, das Unternehmen bei den potenziellen Investoren bekannter zu machen und Vertrauen zu schaffen. Voraussetzung für Vertrauen ist Transparenz.

Inzwischen bieten die einzelnen Börsenplätze jeweils ganz unterschiedliche Marketing-Pakete rund um die Anleiheemission an. Insgesamt kann festgestellt werden, dass der Marketing- und Kommunikationsaufwand mit steigendem Bekanntheitsgrad und Kapitalmarkt-Standing zurückgeht beziehungsweise stark steigt, wenn es sich um ein No-Name-Unternehmen handelt.

Voraussetzung für eine erfolgreiche Platzierung ist eine ansprechende „Bond-Story", analog zu einer Equity-Story bei einem Börsengang. Während der Bekanntheitsgrad durch werbliche Maßnahmen gesteigert werden kann, die meist auch über die zeitlich eng gebundene Anleihe auf das Geschäftsmodell (Image) einzahlen, muss die Pressearbeit versuchen, Aufmerksamkeit auch der Fachwelt auf sich zu ziehen. Für viele Unternehmen, die noch nicht börsennotiert sind, bedeutet die Begebung einer Anleihe einen völlig neuen Schritt in die Öffentlichkeit. Das Management muss auch auf kritische Reaktionen vorbereitet sein, die Pressestelle ebenso. Denn das Thema Mittelstandsanleihen im Allgemeinen stieß zwar über die ausgewiesenen Fachmedien hinaus auf breites Medieninteresse, wurde aber von Anfang an durchaus auch kritisch beleuchtet. Die Überschriften reichten – um eine eher willkürliche Auswahl zu treffen – von „Mittelstandsanleihen: spätere Pleiten nicht ausgeschlossen" (VDI Nachrichten Nr. 21, 25. Mai 2012, S. 15) über „Gier frisst Verstand" (FTD 4. April 2011, S. 21) bis zu „Rausch mit Ramsch" (Börse Online 17, 20.4.–28.4.2011, S. 16).

---

[10] Vgl. Kuthe und Zipperle (2011) S. 82 f.
[11] Vgl. Walchshofer (2012) S. 57.

Hier können gerade die Börsen mit ihrem insgesamt positiven Standing bei der jeweiligen Presse einen wichtigen Beitrag leisten, um die Emissionen aktiv zu begleiten. Zusätzlich sollten aber gerade noch nicht kapitalmarkterprobte Unternehmen die Unterstützung ausgewiesener Kommunikationsexperten beiziehen. Klar muss aber allen Beteiligten sein, dass nicht die Presseberichterstattung über das Wohl und Wehe einer Anleiheemission entscheidet. Aber je volatiler die Märkte und je größer die Konkurrenz ist, desto höher ist eine positive Presse einzuschätzen.[12]

Ansprache von institutionellen Investoren Gerade bei der Ansprache der institutionellen Investoren spielt die Wahl der begleitenden Bank eine wesentliche Rolle. Der Begriff des institutionellen Investors ist im Bereich der Mittelstandsanleihen jedoch mit einer gewissen Einschränkung zu verstehen. Während die großen Versicherungen und Pensionskassen in diesem Markt (noch) keine Rolle spielen, sind kleinere institutionelle Käufer wie Vermögensverwalter, Family Offices, Stiftungen und zuletzt auch Spezialfonds sehr aktiv. „Die Platzierungskraft der begleitenden Bank ist aus unserer Sicht maßgeblich für den Platzierungserfolg", so Michael Nelles von Close Brothers Seydler Bank AG im Interview.[13] Tatsächlich wird bei den meisten größeren und erfolgreichen Anleihen ein überwiegender Anteil von institutionellen Investoren gezeichnet, die von der begleitenden Bank aktiv angesprochen werden.

Überzeichnung, Vollplatzierung oder Teilplatzierung Während und nach dem Ende der Zeichnungsfrist gibt es drei Möglichkeiten: Bei Überzeichnung wird die Zeichnung vorzeitig geschlossen. Typische Beispiele sind die bereits angesprochenen Valensina- oder Scholz-Anleihen. Eine Vollplatzierung kann jedoch auch, etwa in Abhängigkeit zum Zuteilungsmechanismus, erst zu Ende der Zeichnungsfrist angestrebt werden. Und drittens schließlich kann es sein, dass der Anleiheemittent weniger Kapital einsammeln konnte als vorgesehen und von ihm erwünscht. Diese Form der Teilplatzierung dürfte in Zukunft, bei anhaltend unsicheren Märkten und stetig steigender Anzahl von gerade auch kleineren Neuemissionen, zunehmen. Derzeit sind etwa die Hälfte aller Mittelstandsanleihen nicht voll platziert worden.

Von den (Stand August 2012) im BondGuide geführten 73 notierten Mittelstandsanleihen waren 37 nicht ausplatziert; bei zehn von diesen 37 erfolgt(e) eine Nachplatzierung.[14] Was bedeutet dies für die Emittenten?

Problematisch ist sicherlich die Kommunikation einer nicht voll platzierten Anleihe, weil als Erfolgsvorgabe eine möglichst hohe Überzeichnung gilt. Potenzielle Investoren wie auch tatsächliche Anleger in die betreffende Anleihe werden verunsichert, wenn sie erfahren, dass eine Anleihe nicht voll platziert ist. Aus diesem Grund wird oftmals die Höhe des tatsächlich erreichten Anleihevolumens verschwiegen, wenigstens so lange potenziell

---

[12] Vgl. Ostermair (2012) S. 133 ff.
[13] Vgl. Parmantier und Nelles (2011) S. 32.
[14] Vgl. BondGuide (2012) S. 3 ff.

noch nachplatziert werden kann und der Wertpapierprospekt gilt – also ein Jahr. Da die Börsen nur Kenntnis über das tatsächlich über ihr Zeichnungstool gelaufene Volumen besitzen, können sie auch nicht zu mehr Transparenz beitragen – schon gar nicht gegen den Willen des Emittenten. Der muss das Volumen allerdings spätestens in der Bilanz benennen, doch außer institutionelle Anleger dürfte das kaum jemand registrieren.

Bleibt die Frage, ob sich eine nicht voll platzierte Anleihe beim späteren Handel an der Börse auswirkt und damit tatsächlich „Nachteile für den Anleger" inkludiert. Je weniger Volumen platziert ist, desto schwieriger ist ein späterer Handel und desto volatiler sind die Kurse, so die Unterstellung.[15] Wirklich mit Zahlen belegen lässt sich diese Einschätzung aber kaum, die Durchschnittskurse der platzierten Anleihen liegen nicht weit entfernt von denen der nicht voll platzierten Anleihen. So lag bei den nach BondGuide 36 voll platzierten Mittelstandsanleihen der Durchschnittskurs im August 2012 bei 94,69 € und bei den 37 nicht voll platzierten bei 89,63 €. Wobei bei den nicht voll platzierten Anleihen auch die insolventen Unternehmen geführt werden, die den Schnitt weiter drücken. Bezeichnend ist vielleicht, dass von den 36 voll platzierten Werten immerhin 24 über oder gleich 100 % bewertet sind, von den 37 nicht voll platzierten aber nur 12.

Das Problem von kleineren Mittelstandsanleihen ist das meist völlige Fehlen von großen Investoren. In der Regel zeichnen die Institutionellen jedoch etwa 80 %, den Rest teilen sich Family Offices und Privatanleger – so wenigstens Schätzungen des sehr aktiven Begleiters vieler Mittelstandsanleihen, der Close Brothers Seydler Bank.[16] Damit wird es für diese kleineren Emissionen schwierig, rein über private Investoren mit ihren oftmals nur geringen Ordervolumen den erwarteten Emissionserlös zu erzielen.

32.4 Das Modell der Börse München

Die Börse München hatte zwar als erste Börse in Deutschland bereits ein eigenes Segment für den Mittelstand aufzuweisen, ist bei der Emission von Mittelstandsanleihen allerdings von anderen Börsenplätzen überholt worden. Das Modell der Börse München zeichnet sich durch einige Besonderheiten aus, die hier näher beschrieben werden sollen. Dieses Modell der Börse München wird sich aber auf Dauer – nachdem die anfängliche extreme Euphorie in Sachen Mittelstandsanleihen einem gesunden Realismus gewichen ist – am Markt weiter durchsetzen.

m:access und m:access bonds Die m:access hatte als erste Börse bereits im April 2005 die Weichen für ein eigenes Mittelstandssegment gestellt, das im Juli 2005 mit acht Emittenten gestartet ist. Inzwischen sind hier rd. fünfzig Unternehmen mit einer Marktkapitalisierung

---
[15] Vgl. de la Motte (2011) S. 50 f.
[16] Börsen-Zeitung (2011) S. 4.

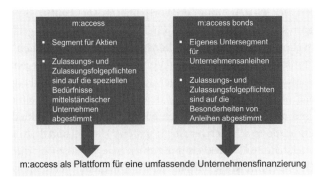

Abb. 32.2 m:access – das Mittelstandssegment der Börse München

von etwa 2,5 Mrd. € aus ganz unterschiedlichen Branchen und mit einem Umsatzvolumen von hohen ein- bis dreistelligen Millionenbeträgen gelistet. Ein knappes halbes Jahr später folgte damals die Börse Frankfurt mit dem Entry Standard. Demzufolge verfügt die Börse München über ein langjähriges Knowhow im Umgang mit mittelständischen Unternehmen, die ihre Eigenkapitalbasis über die Börse stärkten. Im Zuge des Entstehens einer starken Nachfrage auch nach Fremdkapital seitens mittelständischer Unternehmen öffnete die Börse München m:access bereits 2011 für bonds. Da sich jedoch herausstellte, dass in der Platzierung der Mittelstandsanleihen die Emission direkt über die Börse von großer Bedeutung ist, erweiterte die Börse München ihr Handelssystems Max-One und bietet deshalb jetzt auch eine eigene Zeichnungsfunktionalität an.

Ähnlich wie bei m:access sind die Voraussetzungen für Anleihen in m:access bonds für die Unternehmen überschaubar und sorgen trotzdem zu Gunsten der Anleger für ein hohes Maß an Sicherheit und Transparenz (Abb. 32.2).

Die Voraussetzungen für eine Emission in m:access bonds in Kürze:

- Die Bestellung eines Emissionsexperten,
- Drei Jahre Bestehen des Unternehmens,
- Mindestvolumen von 10 Mio. €,
- Mindeststückelung von maximal 1.000 €,
- Veröffentlichte Anleihebedingungen,
- Ein von der Bundesanstalt für Finanzdienstleistungsaufsicht (BaFin) gebilligter Prospekt, veröffentlicht auf der Webseite,
- Unternehmensrating (Emittentenrating) beauftragt und veröffentlicht mit mindestens BB+.

Über das Zeichnungstool der Börse München wurden so unterschiedliche Anleihen abgewickelt wie die Alpine- und die posterXXL-Anleihe. Die Alpine-Anleihe mit einem Emissionsvolumen von 100 Mio. € bei einem Coupon von sechs Prozent und einem Ausgabepreis von 99,80 % war nach zwei Tagen vollständig platziert, wobei ein großer Teil an institutionelle Investoren aus Deutschland und Österreich ging. Die Anleihe posterXXL wies dagegen mit einem Emissionsvolumen von 15 Mio. (erste Tranche) einen Coupon von 7,25 % auf und wurde während der stückzinsfreien Zeichnungsphase teilplatziert.

Die Folgepflichten eines Unternehmens in m:access bonds sind:

- Beibehaltung des Emissionsexperten über die gesamte Laufzeit,
- Einmal jährlich ein Folgerating auf der Webseite zu veröffentlichen,
- Alle den Börsenpreis möglicherweise beeinflussenden Sachverhalte über eine zur Verbreitung von Unternehmensinformationen anerkannte Agentur zu veröffentlichen,
- Die Kernaussagen des geprüften Jahresabschlusses (Einzel- und Konzernabschluss) öffentlich bekannt zu geben,
- Einen Unternehmenskalender auf der Webseite bekannt zu machen,
- Jährlich an einer Analystenkonferenz teilzunehmen.

Das Marketing- und Kommunikations-Angebot der Börse München Das Marketingkonzept der Börse München richtet sich ganz nach den Bedürfnissen des Emittenten und kann modular aufgebaut werden. Basis für eine Emission über die Börse München ist die Nutzung der Zeichnungsfunktionalität des börslichen Handelssystems (das sog. Zeichnungstool), sowie eine jeweils während der Dauer der Zeichnungsfrist eingerichtete Kampagnenseite von der Börse München. Diese Kampagnenseite wird in enger Abstimmung mit dem Emittenten, dem Emissionsbegleiter und der jeweiligen Kommunikationsagentur erstellt und umfasst alle wesentlichen Informationen zum Unternehmen und der Anleihe. Prospekt, Factsheet und Ratingergebnis werden selbstverständlich per Download bereitgehalten. Bei der Anleihe der posterXXL betreute die Börse München beispielsweise noch einen Image-Film zu Unternehmen und Anleihe, der auf die Kampagnenseite gestellt wurde, aber auch vom Unternehmen zur Eigenemission auf der eigenen Webseite präsentiert wurde.

Zusätzlich stellt die Börse München alle ihre Kommunikationsprodukte soweit wie möglich in den Dienst einer Aufklärung und Information über die Anleihe – zum Beispiel im Kundenmagazin Südseiten. Soweit wie möglich werden Anleihe-Emittenten bereits während der Zeichnungsphase zu den regelmäßig stattfindenden und von der Börse München organisierten m:access-Analystenkonferenzen zugeladen, wo sie sich Analysten wie Journalisten und Investoren präsentieren können. Die Präsentation auf einer solchen Analystenkonferenz ist Voraussetzung für die Notiz einer Anleihe in m:access bonds und muss über die gesamte Laufzeit jährlich abgehalten werden. Gerade für noch nicht kapitalmarkterfahrene Unternehmen ist dies eine ideale Chance, sich jährlich den Investoren vorzustellen und ihnen im direkten Kontakt Rede und Antwort zu stehen.

Die Pressestelle der Börse München begleitet die Anleihe in der Regel mit Pressemitteilungen zum Beginn der Zeichnungsfrist und zum Beginn der Notizaufnahme jeweils in enger Abstimmung mit dem Unternehmen und seiner Kommunikationsagentur. Selbstverständlich stehen die Räume der Börse München im Zentrum Münchens für Pressekonferenzen und Gespräche bereit.

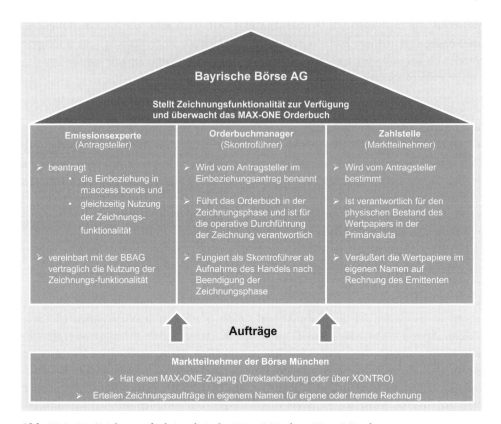

Abb. 32.3 Die Zeichnungsfunktionalität der Börse München, Börse München

Zu den weiteren Marketing-Maßnahmen zählt eine direkte Ansprache der wichtigsten Bankkontakte (Sparkassen und Genossenschaftsbanken, Privatbanken sowie Direktbanken).

Nach dem Ende der Zeichnungsfrist findet der Handel an der Börse München statt. Alle in m:access bonds notierte Emittenten werden auf der Website der Börse München gesondert aufgelistet.

Die Zeichnungsfunktionalität der Börse München Ein Anleiheemittent kann seine Anleihe über drei Wege platzieren: Als Eigenemission zum Beispiel auf seiner Webseite, per Fremdemission über eine Bank oder als Eigenemission über eine Börse. Die meisten typischen Mittelstandsanleihen werden in einer Kombination aus allen drei Wegen an die Investoren gebracht.

Damit Anleihen über die Börse gezeichnet werden können, wurden eigene Zeichnungsfunktionalitäten – oder auch Zeichnungstools – geschaffen. Wie der Weg dabei über die Börse München funktioniert, zeigt das folgende Schaubild (Abb. 32.3):

Wichtig für den Investor – insbesondere den Privatanleger – ist, dass die Zeichnung einer Anleihe bei ihm genauso abläuft wie der Kauf eines Wertpapieres. Er kann über seine Bank jederzeit mit Angabe der Wertpapierkennnummer bei der Börse München ordern, solange die Anleihe nicht überzeichnet ist oder eine solche Überzeichnung droht. Hier werden die letzten Interessenten dann nur noch teilweise bedient.

Kapitalmarkterfahrung als Vorbereitung für die Börse Die Börse München sieht einen besonderen Vorteil in der engen Verbindung von m:access und m:access bonds. Das Begeben einer Anleihe erfordert von den Emittenten eine hohe Bereitschaft, sich mit den Erfordernissen und Bedürfnissen des Kapitalmarktes und der Investoren auseinander zu setzen. Gelingt dies gut und hat das Unternehmen gleichzeitig gelernt, sich optimal zu präsentieren und Expertise in Sachen Investor Relations aufgebaut, erleichtert dies einen späteren Börsengang wesentlich. Um eine nachhaltig bessere Ausstattung der Unternehmen mit Eigenkapital zu erzielen, ist ein Börsengang natürlich der Königsweg. Durch Mittelstandsanleihen können Emittenten erste Erfahrungen sammeln, die für einen späteren IPO wichtig sind.

32.5 Wie entwickeln sich Anleihen an den Börsen – eine Bestandsaufnahme

Handel von Corporate Bonds Corporate Bonds richten sich aufgrund ihrer Höhe und Ausgestaltung ausschließlich an institutionelle Investoren. Diese handeln sie überwiegend untereinander, so dass geschätzt 90 % des Handels mit Corporate Bonds OTC, also außerhalb der Börsen, stattfinden. Zu den großen Playern im Anleihenhandel in Europa zählen denn auch die großen Investmentbanken, neben der Deutschen Bank sind dies HSBC, Barclays, JP Morgan Chase und BNP Paribas.

Allerdings dürfte in den nächsten Jahren die Anzahl an Corporate Bonds stark steigen. Während sich in den USA etwa 70 % der Unternehmen über Corporate Bonds und nur 30 % über Bankkredite finanzieren, ist es in Deutschland noch immer genau umgekehrt. Auch unter den größeren Emissionen finden sich vermehrt kleinere Stückelungen, um Retail Anleger als potenzielle Investoren ansprechen zu können.

Branchenkenner erwarten, dass in naher Zukunft auch beim Anleihehandel automatisierte Computerprogramme (Hochfrequenzhandel) die Vorherrschaft übernehmen werden, wie bereits im Aktienhandel geschehen. Derzeit sind die Gewinnmargen im Anleihehandel deutlich höher als beim Handel mit Aktien, was diesen Prozess noch beschleunigen dürfte.

Die Frankfurter Börse hat in diesem Jahr den sog. „Prime Standard" für Anleihen geschaffen, in welchen ausschließlich Anleihen im Volumen von mindestens 100 Mio. € notiert sein können. Es handelt sich dabei um professionell per Fremdemission an überwiegend institutionelle Anleger begebene Anleihen. Der Markt für solche typischen Corporate Bonds bewegt sich in Deutschland bei etwa 50 Mrd. €, davon etwa zwei Drittel mit Investment-Grade, das weitere Drittel als High-Yield-Anleihen. Letztere werden im Freiverkehr gehandelt. Auch bei diesen Anleihen spielen Privatanleger üblicherweise keine Rolle, der Handel findet fast ausschließlich OTC statt. Das neue Segment der Frankfurter Börse soll ausdrücklich dazu führen, dass mehr Handel von Anleihen transparent über die Börse stattfindet.

Handel von Mittelstandsanleihen Aufgrund der inzwischen relativ hohen Anzahl an unterschiedlichen Mittelstandsanleihen können aus ihnen bereits erste Anlagestrategien und Musterdepots entwickelt werden, die sich aufgrund der überwiegend hohen Coupons relativ positiv entwickeln.

Der vierzehntägig erscheinende BondGuide etwa hat bereits seit über einem Jahr ein Musterdepot mit zehn Anleihen aufliegen. Im ersten Jahr – Start war Mitte August 2011 – verzeichnete das Musterdepot einen Zuwachs von immerhin 11,3 % und seit Jahresbeginn 2012 ein Plus von 7,7 %, bei einem Startkapital von 100.000 €.

Gleich drei Musterdepots von unterschiedlichen Kapitalmarktexperten hat der Anleihen-Finder zusammengestellt. Auch hier sind jeweils zehn Anleihen vertreten, die Performance reicht von − 7,02 bis + 2,75 %.

Ein wesentliches Kriterium bei der Anlage in Anleihen ist der jeweilige Einstiegskurs. Mit Stand Mitte August bewegten sich die Kurse immerhin zwischen 25,50 € (Payom Solar) und 111,85 € (Dürr).

Die Börse Stuttgart veröffentlicht seit September 2011 den Bondm-Index mit allen in Bondm gelisteten Anleihen. Er bewegt sich zwischen 100,82 (Jahreshoch) und 89,42 (Jahrestief).

Die Online-Publikation Anleihen-Finder gibt seit Mitte März den MiBoX Performance Index heraus (Micro Bond Index). In ihm sind vierzig Mittelstandsanleihen von vier Börsen gelistet mit einem Anleihenvolumen von 2,175 Mrd. €. Er pendelt seitdem zwischen etwas mehr als 99 % (Höchstwert bei Ausgabe) und liegt mit Stand August 2012 bei etwa 96 %. Die Performance im Jahr 2011 lag bei minus 3,67 %, in diesem Jahr liegt er bisher bei plus 3,52 %.

Die Close Brothers Seydler Bank AG hat die Entwicklung der Mittelstandsanleihen an den Börsen verfolgt. Sie kam zu dem Ergebnis, dass im Zeitraum Anfang April bis Anfang September 2011 der DAX mehr als ein Viertel seines Wertes verlor, der Mittelwert aller gelisteten Mittelstandsanleihen vergleichsweise aber nur von 101,2 auf 97,1 % zurückging.[17] Wobei hier vor allem branchenbedingte Sachverhalte für die Kursminderung verantwortlich seien – immerhin wiesen zu der Zeit Werte aus den Erneuerbaren Energien einen Anteil von 42 % auf.

Mit Stand August liegt der Mittelwert bei 92 % und tatsächlich schlagen hier die Probleme der Solarbranche und Erneuerbaren Energien, die deutlich überrepräsentiert sind, zu Buche: Solarwatt mit 14,70 €, Centro Solar mit 36,50 €, Payom Solar mit 23 € zum Beispiel. sind immerhin 36 von 73 Werten zu 100 und über 100 % notiert, in der Spitze bei 111,25 % (Dürr).

---

[17] Vgl. Parmantier und Nelles (2011).

Auch wenn der Handel von Mittelstandsanleihen für viele Anleger nicht an erster Stelle steht, so bewahrheitet sich im Großen und Ganzen doch, dass sich Anleihen relativ unabhängig von Aktienkursen entwickeln. So hat die Close Brothers Seydler Bank AG weiterhin nachgerechnet, dass Mittelstandsanleihen bereinigt um Erneuerbare Energien-Werte und Luftfahrt (im Speziellen die Air Berlin-Anleihen, die aufgrund spezifischer Probleme deutlich unter 100 % notieren) während des Werteverlustes im DAX eine Rendite von drei Prozent aufwiesen, einschließlich der Zinsen.

Inzwischen gibt es erste Mittelstandsfonds, wie etwa den Anfang Juli für institutionelle Investoren von der WGZ Bank aufgelegte WGZ-Mittelstands-Rentenfonds, betreut von dem Frankfurter Vermögensverwalter Johannes Führ Asset Management. Dieser hat bereits einen eigenen Mittelstandsfonds unter der Bezeichnung Johannes Führ Mittelstands-Rentenfonds ausgegeben.

Gerade im noch jungen Feld der Mittelstandsanleihen kann ein Fonds hilfreich sein, der die generell hohe Verzinsung bündelt und das Risiko minimiert. Denn meist mischen die Fonds-Manager auch größere Emissionen mit kleineren. Mit der Zunahme weiterer Mittelstandsanleihen an den bisher bereits frequentierten Börsenplätzen wird die Neigung zum reinen Handel mit diesen Fonds zunehmen. Immer aber wird ein großer Teil der Anleger ihre Anleihen halten und auf Verzinsung samt Rückzahlung setzen.

32.6 Resümee

Die in der Überschrift formulierte These der Mittelstandsanleihe als Erfolgsmodell für alle Parteien dürfte sich in den kommenden Monaten verfestigen. Die Bedarfslage auf Seiten der Unternehmen nach einer Verbreiterung der Finanzierungsbasis und rentierlichen Investitionsmöglichkeiten auf Investoren- und Anlegerseite bleibt unverändert. Zugleich wird der Markt reifen, Marktstandards werden sich verfestigen. Dazu gehört, dass auch Rückschläge verkraftet werden müssen, denn bei dem im Rating zu Ausdruck kommenden durchschnittlichen Risikoprofil ist der Zahlungsausfall eine statistische Größe. Daher ist auf beiden Seiten Realismus und unternehmerisches Bewusstsein gefragt. Deutschland als der größten Volkswirtschaft in der Europäischen Union würde die gewachsene Bedeutung der Kapitalmarktfinanzierung gerade auch für den Mittelstand gut zu Gesicht stehen.

Literatur

Börse Stuttgart AG, Deloitte & Touche GmbH, Fachhochschule Münster (Hrsg) (2012) Mittelstandsanleihen: Eine echte Anlagealternative. Stuttgart, München

Börsen-Zeitung (2011) Fenster für Mittelstandsanleihen öffnet sich. In: Börsen-Zeitung Nr. 163 vom 28.08.2011, S 4

Commerzbank (Hrsg) (2012) Gute Schulden, schlechte Schulden: Unternehmertum in unsicheren Zeiten. Umfrage durchgeführt von TNS Infratest, Frankfurt a. M.

Deloitte, FH Münster (2011) Mittelstandsfinanzierung: Börse statt Bank. Deloitte & Touche GmbH Wirtschaftsprüfungsgesellschaft

Fuerpass H Jr (2011) Der österreichische Corporate Bond-Markt. In: Bond Yearbook (Hrsg) (2012) Institutional, Investment Publishing GmbH, Wolfratshausen, S 72–74

Kuthe T, Zipperle M (2011) Investorenschutz und Convenants. Risikoreduktion für Anleger in Mittelstandsanleihen. In: Bond Yearbook (Hrsg) (2012) Institutional, Investment Publishing GmbH, Wolfratshausen, S 82–83

Lutz F (2011) Ausblicke auf die Unternehmensfinanzierung 2030. In: Südseiten 3/2011. Börse, München, S 26–31

Meinerzag R (2011) Wer zeichnet Mittelstandsanleihen? Ein Überblick über Investorengruppen und ihre Kriterien. In: Bond Yearbook 2011/2012. Wolfratshausen, S 34–36

Meinerzag R (2012) Liquider als gedacht? In: GoingPublic Special „Anleihen 2012". Going Public Media AG, S 47–49

Munsch M (2012) Aufgabe und Wirkung von Ratings mittelständischer Unternehmen und ihrer Anleihen. In: Bösl K, Hasler PT (Hrsg) Mittelstandsanleihen: Ein Leitfaden für die Praxis. Gabler, Wiesbaden, S 67–80

de la Motte L (2011) Die wahre Nachfrage bleibt geheim. In: Handelsblatt Nr. 234 vom 02./03. Dezember 2011, S 50

Ostermair F (2012) Pressearbeit als zentraler Baustein einer Anleihevermarktung. In: Bösl K, Hasler PT (Hrsg) Mittelstandsanleihen: Ein Leitfaden für die Praxis. Gabler, Wiesbaden, S 133–144

Parmantier R, Nelles M (2011) Ohne die Bereiche erneuerbare Energien und Luftfahrt notieren Mittelstandsanleihen über 100 %, Interview. In: Bond Yearbook (Hrsg) (2012) Institutional, Investment Publishing GmbH, Wolfratshausen, S 30–33

Walchshofer M (2012) Die Bedeutung von Convenants von Mittelstandsanleihen aus Sicht institutioneller Investoren. In: Bösl K, Hasler PT (Hrsg) Mittelstandsanleihen. Ein Leitfaden für die Praxis. Gabler, Wiesbaden, S 55–66

Reduzierung der Marktvolatilität durch Bondkommunikation

33

Christoph Klein

33.1 Einführung

Marktvolatilitäten von Risikoprämien (Spreads) und Preise von Unternehmensanleihen waren und sind höher als fundamental notwendig, so die erste Hypothese. Das könnte zum einen am tendenziell prozyklischen Tradingverhalten der Marktteilnehmer liegen, zum anderen aber auch an sogenannten „crowded trades", das heißt, wenn zu viele Investoren zeitnah die gleichen Investmentideen umsetzen.

Wenn ein deutliches Ungleichgewicht zwischen Angebot und Nachfrage vorliegt und zugleich Market Maker wie Investmentbanken durch reduzierte Risikobudgets weniger Liquidität bereitstellen, die temporär absorbierend unterstützen könnte, führt das zu erheblichen Preis- bzw. Spread-Änderungen.

Die zweite Hypothese wäre, dass eine verbesserte Bondkommunikation zwischen Emittenten und Investoren zu besseren Bonitätsanalysen und -prognosen der Investoren und damit zu einer höheren Konfidenz der eigenen Einschätzungen und Investmententscheidungen führen kann. Dies sollte Vermögensverwaltern zudem ermöglichen, konstruktive Diskussionen mit Kunden bzw. Sponsoren aber auch internen Risikomanagern zu führen.

In einer Markterholung dagegen führt das teilweise erzwungene Untergewicht zu einem sogenannten „Squeeze", in dem viele Investoren schnell auf illiquiden Märkten Positionen kaufen wollen. Dies zeigt sich insbesondere am Zeichnungsverhalten bei Neuemissionen, die in solchen Phasen oftmals überteuert platziert werden, keine Gläubigerschutzklauseln aufweisen und oft nicht ausreichend kommuniziert werden. Aussagen wie „das Buch schließt in 15 min." und „das Buch ist bereits dreifach überzeichnet" sind gelegentlich die einzigen Inputs, die Investoren erhalten. Die nächste Blase ist damit vorprogrammiert, insbesondere dann, wenn ein größerer Teil dieser Anleihen in „schwächere Hände" allokiert wird, die keine eigenständigen Bonitätsanalysen durchführen wollen oder können.

C. Klein (✉)
Deutsche Bank AG, CFA, CEFA, Frankfurt am Main, Deutschland
E-Mail: christoph.klein@db.com

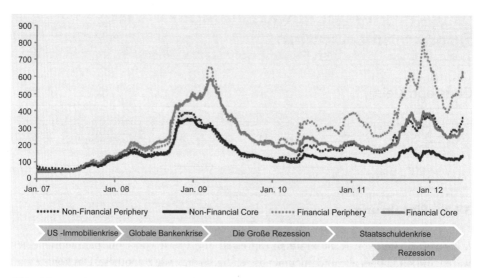

Abb. 33.1 Risikoprämien von Euro denominierten Unternehmensanleihen (Stand 11. Oktober 2012)

Emittenten sollten ein Interesse daran haben, dass Investoren jederzeit selbstständig Bonitätsanalysen und -prognosen durchführen und so kompetente Risikoträger sind bzw. werden. Eine verminderte Volatilität der Spreads und Anleihepreise erleichtert Emittenten den permanenten Zugang zum Kapitalmarkt und sichert so Refinanzierungen. Da längerfristig zu erwarten ist, dass die Finanzierung über Unternehmensanleihen relativ zu Bankkrediten an Bedeutung gewinnt, sollten Emittenten sich um eine proaktive und investorenfreundliche Bondkommunikation bemühen.

33.2 Historie der Marktvolatilität

Seit Mitte 2007 stieg die Volatilität der Risikoprämien von Unternehmensanleihen deutlich an (siehe Abb. 33.1). Unter Risikoprämie, auch als Spread bezeichnet, verstehen wir hier die Renditedifferenz einer Unternehmensanleihe und einer Bundesanleihe gleicher Laufzeit (Bundspread). Auch Notierungen über Swap sind üblich (Swapspread). Diese Risikoprämien sollen Investoren für das eingegangene Bonitätsrisiko, aber auch für die geringere Liquidität der Unternehmensanleihen im Vergleich zu Bundesanleihen kompensieren.

Ab 2007 führte die Subprime Immobilien Krise in den USA zu erheblichen Verwerfungen und Vertrauensverlusten am Verbriefungsmarkt (ABS). Weitere hoch gehebelte Kreditprodukte wie CDOs oder CPDOs wiesen trotz teilweise guter Bonitätsnoten verheerende Kursverluste aus. Diese führten bei investierten Finanzinstituten zu teils dramatischen Verlusten, die das Eigenkapital verminderten, aber zusätzlich auch Liquiditätsprobleme auslösten, da der Verbriefungsmarkt aufgrund des Käuferstreiks zur Refinanzierung nicht mehr zur Verfügung stand. Staaten mussten Banken mit Milliardenvolumen stützen, was letztendlich in höheren Haushaltsdefiziten und Verschuldungsgraden resultierte.

Die obere Abbildung zeigt ab Mitte 2007 einen deutlichen Anstieg der Risikoprämien, der sich nach der Lehmann Insolvenz Mitte September 2008 stark beschleunigt. Ab diesem Zeitpunkt handeln Unternehmensanleihen aus dem Financial Sektor deutlich weiter als aus dem Non-Financial Sektor.

Ab Dezember 2008 – aber besonders im ersten Quartal 2009 – konnten Non-Financial Unternehmen guter Bonität aus stabilen Sektoren (zum Beispiel Versorger) Unternehmensanleihen emittieren, da sie attraktiv gepreist wurden und so eine gute Nachfrage generieren konnten. Das „jump to default" Problem wurde gelöst, indem erkannt wurde, dass derartige Unternehmen sich über den Kapitalmarkt finanzieren können und nicht von der Verlängerung von Bankkrediten abhängig sein müssen.

Die Konjunkturprogramme einiger Staaten sowie die Unterstützung schwächerer Finanzinstitute führten in 2009 zu einem steigenden Vertrauen der Investoren sowie zu einer steigenden Nachfrage nach Unternehmensanleihen und damit zu einer schnellen Reduktion der Risikoprämien.

Im Mai 2010 findet mit der Verschärfung der Schuldensituation Griechenlands eine zweite Divergenz statt: zwischen Unternehmensanleihen aus Peripherie und Nicht-Peripherieländern. In vorstehender Abbildung repräsentiert die gepunktete Linie die Risikoprämien aus Peripherieländern. Diese liegen im Durchschnitt deutlich über den Risikoprämien der Unternehmensanleihen aus Nicht-Peripherieländern. Anhaltende Budgetdefizite, gelegentlich mangelhafte Effizenz der Institutionen wie zum Beispiel Steuerbehörden sowie die von EU, EZB und IMF geforderten Haushaltskonsolidierungen führten in den betroffenen Ländern zu teilweise scharfen Rezessionen mit hoher Arbeitslosigkeit. Die Folge waren Ratingherabstufungen der Länder, aber auch der betroffenen Unternehmensanleihen mit Emittentensitz in den Peripherieländern.

Mitte Dezember 2011 bis März 2012 führten die LTRO-Aktionen (Longer-Term Refinancing Operations) der Europäischen Zentralbank zu einer liquiditätsgetriebenen Erholung am Kapitalmarkt. Finanzinstituten gelang eine günstige mittelfristige Finanzierung, und die Liquidität wurde zumindest teilweise in höherrentierlichen Staats- aber auch Unternehmensanleihen investiert. Diese positive Entwicklung verlangsamte sich im zweiten Quartal. Die im Juli von der EZB vorgestellten potenziellen konditionierten Ankäufe von Staatsanleihen führten zu einer starken Einengung von Risikoprämien – insbesondere bei italienischen und spanischen Emittenten. Insgesamt lässt festhalten, dass die Marktvolatilität und die Höhe der Risikoprämien, insbesondere für in Euro denominierte oder von europäischen Unternehmen emittierte Anleihen stark von der Staatsschuldenkrise dominiert werden.

In einigen Fällen scheinen jedoch Herabstufungen einiger Ratingagenturen überzogen, wenn Unternehmen erhebliche Assets und positive Free Cashflows außerhalb der Peripherieländer aufweisen und erwirtschaften. Hier könnte eine proaktivere Kommunikation mit den Ratingagenturen aber auch mit Investoren hilfreich sein, unnötig hohe Risikoprämien zu reduzieren.

	Spread über Bund	Recovery Rate 20%	Recovery Rate 40%
Financials AA	180	10,7%	13,9%
Financials A	371	20,7%	26,6%
Financials BBB	818	40,0%	49,4%
Non-Financials AA	116	7,0%	9,2%
Non-Financials A	175	10,4%	13,6%
Non-Financials BBB	294	16,8%	21,7%

Stand: April 2012

Abb. 33.2 Implizite Ausfallraten (kumulativ über fünf Jahre). (Quelle: iBoxx, Deutsche Bank)

33.3 Die theoretisch angemessene Risikoprämie

Die Risikoprämie für Unternehmensanleihen soll vor allem für den erwarteten Schaden aus Zahlungsstörungen (Ausfall) entschädigen. Dabei setzt sich der erwartete Schaden aus der Ausfallwahrscheinlichkeit und der sogenannten Recovery zusammen. Letztere ist abhängig von der Seniorität und der Besicherung der Anleihe aber auch abhängig zum Beispiel vom Sektor, Emittentensitz und der Wirtschaftslage.

In Zeiten einer allgemeinen Wirtschaftsschwäche steigen insbesondere bei zyklischen und/oder hoch verschuldeten Unternehmen die Ausfallwahrscheinlichkeiten an. Zusätzlich sinken die durchschnittlichen Recoveries im Falle von Ausfällen, so dass sich die durchschnittlichen erwarteten Vermögensschäden aus Ausfällen erhöhen. Damit steigen auch die geforderten Risikoprämien.

Es können nun aus Investorensicht zwei Fragen gestellt werden:

1) Welche Ausfallwahrscheinlichkeiten sind in den aktuellen Risikoprämien eingepreist?
2) Um wie viele Basispunkte können die Risikoprämien steigen, bevor mit einer Unternehmensanleihe schlechtere Renditen erzielt werden als mit einer Bundesanleihe gleicher Laufzeit?

Eingepreiste Ausfallwahrscheinlichkeit Zur Beantwortung der Frage nach den Ausfallwahrscheinlichkeiten werden aktuelle Risikoprämien verwendet und die impliziten Ausfallraten bei jeweils unterschiedlichen Recovery Raten errechnet (Abb. 33.2).

So weisen beispielsweise fünfjährige, A geratete Non-Financial Unternehmensanleihen durchschnittlich einen Spread von 116 Basispunkten über Bundesanleihen auf. Bei einer erwarteten Recovery von 40 % errechnet sich daraus eine implizite Ausfallwahrscheinlichkeit über einen Zeitraum von fünf Jahren von 9,2 %.

	Spread über Bund	Modified Duration	Annual Break Even Rate
Financials AA	180	4,3	42
Financials A	371	3,6	104
Financials BBB	818	3,4	240
Non-Financials AA	116	4,6	25
Non-Financials A	175	4,4	40
Non-Financials BBB	294	3,9	75

Stand: April 2012

Abb. 33.3 Break Even Spreads. (Quelle: iBoxx, Deutsche Bank)

Bei Financial-Anleihen muss dagegen in einem Konkursfall von deutlich geringeren Recovery Raten ausgegangen werden. Dieses liegt an vergleichsweise hohen Verschuldungsgraden der Bankbilanzen, aber auch daran, dass zunehmend besicherte Anleihen wie Pfandbriefe emittiert werden und dadurch weniger Vermögenswerte für nicht besicherte Gläubiger verwertbar sind.

Bei nachrangigen Anleihen ist die Recovery in einem Konkursfall gelegentlich nahe Null.

Dagegen wird aus empirischen Ausfall- und Recovery Raten die theoretisch angemessene bzw. notwendige Risikoprämie ermittelt. Der Vergleich zeigt, dass die eingepreisten Ausfallwahrscheinlichkeiten viel höher sind als aus empirischen Daten zu rechtfertigen wäre.

Daraus ergibt sich, dass die Risikoprämien weitere Dimensionen wie Unsicherheiten über die aktuelle und künftige Bonität, aber auch eine Prämie für die eingeschränkte Liquidität gegenüber einer Bundesanleihe kompensieren.

„Buy and hold"- Investoren können langfristig Überrenditen gegenüber Bundesanleihen erzielen, wenn sie in ihrem Portfolio nicht mehr als durchschnittliche Ausfallraten erleiden und/oder die Recovery Raten ihrer ausgefallenen Positionen nicht schlechter sind als historische Mittelwerte. Vorausschauende Bonitätsanalysen, gründliche Selektion und Vermeidung prozyklischer Handelsaktivität (bei denen oft maximale Liquiditätsprämien zu zahlen sind) sollten einen guten Anlageerfolg bewirken.

„Break Even" Risikoprämien Für Investoren, die zusätzlich auch taktische und kürzere Anlageziele verfolgen oder sich auch für kurze Investitionszeiträume rechtfertigen müssen, ist die zweite Frage von Bedeutung: Um wie viel Basispunkte können Risikoprämien steigen, bevor eine Unternehmensanleihe schlechtere Ergebnisse aufweist als eine Bundesanleihe mit gleicher Laufzeit? Die Risikoprämie, die die Gleichheit zwischen beiden Anlageformen herstellt, wird als „Break Even" Risikoprämie bezeichnet (Abb. 33.3).

Kommen wir wieder zu fünfjährigen, A gerateten Non-Financial Unternehmensanleihen, die eine Risikoprämie von 116 Basispunkten bieten (siehe vorstehende Abbildung). Die modifizierte Duration beträgt 4,7 Jahre und ist mit einem Hebel vergleichbar. Steigt die Risikoprämie um zehn Basispunkte dann verliert der Preis der Unternehmensanleihe 47 Cent. Steigt die Risikoprämie jedoch um 25 Basispunkte dann verliert die Anleihe 1,17 € und damit die gesamte Risikoprämie. Würden die Prämien am Markt noch mehr ansteigen, würden sich diese Unternehmensanleihen schlechter entwickeln als Bundesanleihen gleicher Laufzeit. In dieser vereinfachten Berechnung sind wichtige Aspekte wir zum Beispiel der „roll down" nicht berücksichtigt. Dieser „roll down" besagt, dass sich die Risikoprämien mit abnehmender Restlaufzeit üblicherweise reduzieren. Am Tag der Fälligkeit und Tilgung ist die Risikoprämie Null, wenige Wochen zuvor nahe Null usw. Dieser „roll down"-Effekt führt zu einer Erhöhung der Stabilität und Verbesserung der Ertrags-Risiko-Kombination von Unternehmensanleihen. Daraus lässt sich schließen, dass Marktvolatilitäten abhängig von der Höhe und Schwankung der Risikoprämien sind, aber auch von der Laufzeit bzw. der Duration der Anleihe. Kürzere, stabilere Unternehmensanleihen weisen also eine vergleichsweise geringe Marktvolatilität auf und bieten dennoch teilweise attraktive Risikoprämien.

Auch hier gilt, dass langfristig orientierte Anlagepolitik, vorausschauende Bonitätsanalysen, gründliche Emittenten- und Titelselektion einen guten Anlageerfolg bewirken können. Auch die Wahl der Laufzeiten (Spread-Sensitivität) muss zum Risikoprofil des Kunden bzw. Sponsors passen.

33.4 Interne Bonitätsanalysen

Ratingagenturen sind insbesondere seit Ausbruch der Finanzkrise massiver Kritik ausgesetzt. Die Hauptkritikpunkte sind eine potenziell mangelnde Unabhängigkeit und Objektivität auf Grund der Kundenbeziehung zu den von den Ratingagenturen bewerteten Emittenten, tendenziell prozyklische und gelegentlich langsame Ratingänderungen sowie intransparente Bewertungsstrukturen, wodurch die Nachvollziehbarkeit für Analysten und Portfolio Manager erschwert wird. Einschränkend muss jedoch darauf verwiesen werden, dass Ratingagenturen ihre Ratingsystematik nicht vollständig offenlegen können, da diese den Kern ihres Geschäftsmodells darstellt und andererseits von Emittenten durch gezielte Bilanzpolitik ausgehebelt werden könnte.

Große Investmentgesellschaften sind auf Grund der geschilderten Problematik vermehrt dazu übergegangen, selbst interne Bonitätsanalysen durchzuführen. Eigene selbstentwickelte Ratingprozesse basieren oft auf relevanten Kennzahlen, die wichtige Bereiche wie beispielsweise Ertragskraft, Stabilität der Cashflows, Verschuldungsgrad und Fristigkeit der Verschuldung erfassen.[1] Daher ist eine standardisierte Datenbasis in hoher Qualität und Aktualität Voraussetzung für die Durchführung interner Bonitätsanalysen.

---

[1] Vgl. Altman (1968).

Bonitätsprognosen ermöglichen auch Simulationen und Szenarioanalysen. So können Annahmen getroffen werden, wie sich zum Beispiel eine mögliche schuldenfinanzierte Akquisition auf die Bonität auswirken könnte. Auch makroökonomische Erwartungen müssen in Bonitätsprognosen eingearbeitet werden.

Neben den daraus resultierenden Erkenntnissen für den Investmentprozess besteht eine wesentliche Motivation aus selbst generierten Bonitätsanalysen auch in der Präsentationsfunktion gegenüber Anlegern in Spezialfonds. Asset Manager können die Ratingmethodologie gegenüber ihren Spezialfondskunden offenlegen und so die Nachvollziehbarkeit gewährleisten. Es ist sicherlich vertrauensschaffend wenn fundiertes Wissen und vorausschauende Szenarioanalysen Grundlage von Diskussionen und Entscheidungen sind.

Auch interessierten Privatkunden soll eine transparente Kommunikation dienen, sich selbstständig ein Bild über die Bonität des Emittenten zu erarbeiten, da nicht davon auszugehen ist, dass Privatanleger generell Anleihen unkritisch erwerben und bis zur Endfälligkeit in den Portfolios halten. Privatkunden sollten zudem verstärkt über die Bedeutung von Gläubigerschutzklauseln informiert werden.

Je mehr Investoren – institutionelle als auch Privatanleger – nachdrücklich für Mindeststandards in der Kommunikation und für die Gewährung von Schutzklauseln aktiv eintreten, desto eher werden Emittenten und Syndikate auf ihre Forderungen eingehen müssen. Das kann das Ertrags-/Risikoprofil der Anlageklasse Unternehmensanleihen weiter verbessern.

Durch eine nachhaltige Nachfrage durch informierte und kompetente Investoren kann sich der Markt hinsichtlich Markttiefe und Liquidität weiter entwickeln und damit den Unternehmen eine solide Finanzierungsquelle bieten.

„Klassische" Bonitätsanalysen Klassische Bonitätsanalysen folgen oftmals einem „Top-Down-Schema", indem zunächst das Herkunftsland des Emittenten („Country of Risk") bewertet wird. Hierzu gehören neben Wachstumsaussichten und Verschuldung auch Faktoren wie politische Stabilität und Effizienz von Institutionen und strukturelle Gegebenheiten wie die Flexibilität des Arbeitsmarktes. Im Rahmen der Globalisierung ist es gerade bei großen internationalen Konzernen der Fall, das mehr Cashflows und Erträge im Ausland erwirtschaftet werden als in dem Land in dem sich die Konzernzentrale befindet. Hier können positive Streuungseffekte bonitätsfördernd wirken.

Im zweiten Schritt wird die relevante Branche analysiert. Wie zyklisch ist sie, wie hoch ist der Wettbewerbsdruck, wie hoch ist die Gefahr potentieller Alternativprodukte oder wie kurz sind die durchschnittlichen Produktlebenszyklen. Zunehmend werden Fragen relevant, wie politischer Einfluss oder Regulierung die Dynamik und Profitabilität einer Branche beeinflussen. Dies gilt momentan insbesondere für die Branchen Finanzdienstleister aber auch Versorgungsunternehmen.

Für das einzelne Unternehmen sollte gefragt werden, wie sich die Wettbewerbssituation innerhalb der Branche darstellt und wie nachhaltig Wettbewerbsvorteile sind. Eine gründliche SWOT- (Strengths, Weaknesses, Opportunities, Threats) Analyse kann das Verständnis für den Emittenten vertiefen.

Bei der Bonitätsanalyse helfen geeignete Kennzahlen einen Vergleich zu Unternehmen innerhalb der Branche oder innerhalb einer Ratingkategorie durchzuführen. Diese Kennzahlen können aus der Bilanz, der Ertrags- oder Cash-Flow-Rechnung ermittelt werden. Wichtig ist zu bedenken, dass diese Zahlen die Vergangenheit reflektieren und der Investor für seine Bonitätsprognose selbstständig Veränderungen mittels konsistenter Szenarioanalysen schätzen sollte. So können Annahmen getroffen werden, wie sich zum Beispiel eine mögliche schuldenfinanzierte Akquisition auf die Bonität auswirken kann. Neben den Kennzahlen sind qualitative Faktoren wie die Erfahrung aber auch die Risikofreude des Managements zu analysieren.[2] Wird möglicherweise künftig die Bonität aufgrund einer aggressiven aktionärsfreundlichen Wachstumspolitik geopfert? Wie groß ist tatsächlich das Kommittent, das aktuelle Rating zu halten oder zu verbessern?[3] Aber auch die Innovationskraft des Unternehmens ist kritisch zu hinterfragen, da nur erfolgreiche Produkte, die Kundenwünsche bedienen oder wecken, künftige Wettbewerbsvorteile und Profitabilität sichern.

Nach der Bonitätseinschätzung und -prognose des Emittenten wird die Unternehmensanleihe selbst analysiert. Ist sie strukturell nachrangig oder besichert? An welcher Stelle stehen andere Gläubiger in der Kapitalstruktur?

In einem zunehmend unsicheren Umfeld erscheint es aus Investorensicht sinnvoll, Gläubigerschutzklauseln einzufordern. Hier kann zum Beispiel ein sogenannter „Change of Control-Put" Vermögensschäden bei einer feindlichen Übernahme deutlich reduzieren. Sinkt die Bonität des Emittenten, weil ein Private Equity Investor das Unternehmen schuldenfinanziert kauft, hat der Gläubiger das Recht, die Anleihe bei 100 oder einem vorher festgelegten (niedrigen) Spread zurückzugeben. In einigen Fällen haben Anleihen ohne eine derartige Klausel 20 Punkte innerhalb 20 S verloren.

Eine weitere Schutzklausel sind „Coupon Step Ups". Hier steigt der Coupon wenn die Bonität des Emittenten sinkt. Der höhere Coupon kann höhere Spread-Forderungen kompensieren, so dass Kursverluste der Anleihen zumindest abgemildert werden.

Insgesamt können Gläubigerschutzklauseln effektiv helfen, Volatilitäten von Risikoprämien und Anleihepreisen zu reduzieren. Ein Investor sollte im Rahmen des Neuemissionsprozesses frühzeitig und deutlich danach fragen.

Quantitative Bonitätsanalysen Statistische Verfahren wie Diskriminanzanalysen können helfen, aus geeigneten Kennzahlen und vielen Unternehmen guter und schlechter Bonität Ratingfunktionen zu ermitteln. Dabei wird eine Kennzahlenkombination gewählt, die möglichst deutlich, die guten von den schlechten Unternehmen trennt.[4] Kennzahlen

---

[2]Vgl. Bauer und Hann (2010).
[3]Vgl. DVFA Deutsche Vereinigung für Finanzanalyse und Asset Management (2011).
[4]Vgl. Grober (2010).

sollten möglichst verschiedene, aus Gläubigersicht relevante Dimensionen wie Verschuldungsgrad und Stetigkeit der Ergebnisse, beinhalten und untereinander möglichst gering korreliert sein.

Es gibt bei der Diskriminanzfunktion zwei Fehlertypen: Die Funktion weist ein Unternehmen fälschlicherweise als schlecht aus und der Investor kauft eine attraktive Anleihe nicht. Gravierender ist eine andere Fehleinschätzung: Die Funktion errechnet eine gute Bonität, obwohl der Emittent stark ausfallgefährdet ist. Hier könnte der Investor erhebliche Verluste erleiden. Aufgrund dessen wird die Funktion derartig optimiert, dass der für den Investor teurere Fehler minimiert wird, ohne dabei die Trennschärfe zu mindern.

Quantitative Analysen können und sollen die oben beschriebenen „klassischen" Bonitätsanalysen nicht ersetzen, aber sie bieten einen guten Einstieg und erste Grobeinschätzungen. Weiterhin bilden gute Diskriminanzfuntionen einen analytischen Rahmen um konsistente Szenarioanalysen oder Stresstests durchzuführen. So kann zum Beispiel ermittelt werden, wie hoch maximal Aktienrückkäufe ausfallen dürfen, bevor das Unternehmen sein Investment Grade Rating verliert. Andererseits kann auch die längerfristige Konjunkturerwartung in eine Ergebnisschätzung führen, die wiederum eine Änderung der Bonitätsprognose auslöst. Hierbei interessiert besonders, wie sich die Ergebnisse vom aktuellen Rating der Agenturen und Marktteilnehmer unterscheidet und wie die selbst prognostizierte Bonität mit aktuellen Marktprämien korrespondiert.

Vorausschauende Worst Case-Szenarioanalysen können die Konfidenz des Investors erhöhen. So muss er nicht zwangsweise bei schlechten Unternehmensnachrichten einen Panikverkauf starten und dadurch beitragen, die Marktvolatilität unnötig zu erhöhen. Stattdessen kann er gut abschätzen, dass der Downgrade aufgrund der Nachricht, nicht mehr als eine Ratingstufe ausmachen sollte und sich der Spread nach sorgfältiger relativer Valueanalyse nicht mehr als 30 Basispunkte ausweiten sollte. Selbstverständlich hilft eine proaktive, detaillierte Kommunikation des Emittenten, die neue Situation schnell und adäquat einzuordnen und exzessive Bewertungsunsicherheiten und die Risikoaversion einzudämmen.

Erweiterung der Bonitätsanalysen um ESG Faktoren Einige Investoren haben Bonitätsanalysen um ESG-Faktoren erweitert, um weitere mögliche Risiken rechtzeitig zu erkennen, bevor ein Schadensereignis oder ein Reputationsverlust eintritt. Das Ziel ist, Investmentrisiken und ungewollte, für den Investor schädliche Marktvolatilitäten, weiter zu reduzieren.

Weitere Motive für eine verantwortungsbewusste Vermögensstrategie sind oftmals eine ethisch, moralisch und sozial orientierte Grundeinstellung von Investoren wie Kirchen oder Stiftungen.[5] Aber auch immer mehr Pensionsfonds und Versicherungsunternehmen verfolgen mit einer ökologisch und sozial verantwortlichen Anlagestrategie langfristige Ziele. Die Hauptmotive sind neben der einer besseren Ertragserwartung die Vermeidung von Verlustrisiken, aber auch ein positiver Einfluss auf die Entscheider der Emittenten

---

[5]Vgl. Huber (2004).

und damit indirekt auf die Realwirtschaft.[6] Daraus sollten für den engagierten Anleger längerfristig Ertrags- und Reputationsgewinne resultieren.

Ein erfolgreicher ESG-Ansatz sollte zwei verschiedene Anforderungen erfüllen: Er muss zum einen diejenigen Unternehmen identifizieren, die gute Ausprägungen bei den sogenannten ESG „Key Performance Indicators" vorweisen. Und zum anderen muss der Ansatz diese Auswahl mit anderen, fundamentalen „klassischen" Bonitätsanalysen verzahnen, um eine optimale Risiko- und Performanceausrichtung zu erreichen. Ein umweltschonendes Unternehmen mit Schwerpunkt auf erneuerbare Energien ist kein gutes Investment, wenn es aufgrund des globalen Wettbewerbs oder eines mangelhaften Liquiditätsmanagements ausfällt.

Der ESG-Investmentprozess für ein Unternehmensanleihen-Portfolio umfasst optimalerweise drei Stufen. Im ersten Schritt werden mögliche Emittenten und ihre jeweiligen Anleihen einer sorgfältigen Bonitätsanalyse und -prognose unterzogen und daraufhin die attraktivsten Titel ausgewählt. Maßgebliche Kriterien sind etwa Cash-Flow-Stabilität, Verschuldungsgrad und Transparenz der Informationspolitik. Ziel ist es, Anleihen von Unternehmen auszuwählen, die unter fundamentalen Gesichtspunkten positiv bewertet werden und attraktiv gepreist sind bzw. relativ zur Bonität hohe Risikoprämien aufweisen. Im zweiten Schritt folgt die Bewertung der ausgewählten Titel unter ESG-Kriterien. Dabei werden ökologische Indikatoren, soziale Aspekte und Angaben zur Corporate Governance für jede Branche gewichtet. Im dritten Schritt schließlich setzt der Portfolio Manager als weiteren wichtigen Faktor den CO_2-Ausstoß der Emittenten im ESG-Unternehmensanleihen-Portfolio in Relation zu Umsatz und Gewinn.

Die Erweiterung der Analyse anhand von ESG-Kriterien hilft, Risiken weiter zu reduzieren und langfristige Performance-Chancen zu erhöhen.[7] Denn Unternehmen mit mangelhaften Umwelt-, Sozial- und Governance-Standards werden in Zukunft aufgrund von höheren Emissionskosten und Strafzahlungen auf Profitabilität und Bonität verzichten müssen. Das Verlustrisiko eines ESG-Portfolios bei negativen Ereignissen könnte deshalb weit geringer sein als bei einer „klassischen" Investmentstrategie – und davon können alle Anleger profitieren.

Diese anspruchsvolle Aufgabe weist eine hohe Komplexität auf Grund der oft unzureichenden Datenqualität auf.[8] Auch hier birgt detailliertes Reporting – insbesondere ein „Integrated Reporting" und eine verbesserte Kommunikation hohes Verbesserungspotenzial.

Ultimativ sollten ESG-Erwägungen in die Unternehmensstrategie des Emittenten eingehen und die Bedeutung der relevanten ESG-„Key Performance Indicators" auf die Profitabilität aber auch auf potenzielle Schäden und Risiken transparent aufgezeigt werden.

---

[6] Vgl. Klein (2008).
[7] Vgl. Klein (2012).
[8] Vgl. Leins (1993).

33.5 Anforderungen an Bondkommunikation

Bond-Investoren benötigen eine spezifische, auf ihre Bedürfnisse zugeschnittene Finanzmarktkommunikation, um eigenständig Bonitätsanalysen durchführen zu können. Dazu gehören auch eine Anzahl aus Gläubigersicht relevanter Kennzahlen aus Bilanz, Ertrags- und Cashflow Rechnung, ohne die die internen quantitativen Ratingmodelle nicht funktionieren.

Aufgrund des asymmetrischen Ertrag-/Risikoprofils bei Anleihen liegt der Schwerpunkt der Fixed Income Analyse in der frühzeitigen Erkennung und Abwendung von Risiken. Hier sind neben dem rechtzeitigen Zugang zu relevanten Kennzahlen, Lage- und Geschäftsberichten, konstruktive Gespräche mit der Unternehmensführung des Emittenten hilfreich, die in bonitätsstabilisierende oder -verbessernde Maßnahmen durch das Management des Emittenten münden sollten.

Negative Überraschungen, die zudem ungenügend kommuniziert und erklärt werden, sind erfahrungsgemäß auch langfristig schädlich, da das Investorenvertrauen beschädigt wird. Das kann insbesondere bei kleineren oder schwächeren Emittenten zu Refinanzierungsproblemen führen.

33.6 Die DVFA Mindeststandards für Bondkommunikation

Die DVFA Mindeststandards, die durch den DVFA Arbeitskreis Bondkommunikation entwickelt wurden, fassen die spezifischen Informationsbedürfnisse von Fixed Income Investoren zusammen und tragen so zu einer Standardisierung der Bondholder Relations bei.

Diese Standardisierung soll wiederum Emittenten helfen, möglichst effizient die Bedürfnisse vieler Bond-Investoren zu erfüllen.

Die zentralen Grundprinzipien sind die Gleichbehandlung von Fixed Income- und Aktieninvestoren sowie die proaktive Adressierung vorwiegend bondspezifischer Fragestellungen wie Risikoberichterstattung, Refinanzierungspläne sowie Off-Balance-Verpflichtungen.

Mindestens einmal jährlich sollte eine speziell für Bond-Investoren zugeschnittene Veranstaltung mit Beteiligung des Senior Managements des Emittenten stattfinden.

Ein besonderes Augenmerk wird in den Mindeststandards auf die Verbesserung sowie Standardisierung des Emissionsprozesses gelegt, um vor der Anlageentscheidung zumindest die wichtigsten Daten, wie beispielsweise Markt und Branchenumfeld, Stabilität der Cashflows, Eigentümerstruktur und bondspezifischer Kennzahlen einzubeziehen. Eine im Zuge des Neuemissionsprozesses spätestens drei Stunden vor „Book Closing" publizierte „Executive Summary" des Emissionsprospektes sollte maximal 4–6 Seiten umfassen und ist für institutionelle Investoren wie auch für Privatkunden in der Entscheidungsfindung sehr hilfreich.

Der Arbeitskreis hat als Mindeststandards der Bondkommunikation und als wichtigen Teil der „Executive Summary" mehrere Kennzahlen ausgewählt, die als unverzichtbar für die Bonitätsanalyse eingeschätzt werden und regelmäßig publiziert werden sollen. Die Deutsche Börse AG hat im Zuge der Einrichtung neuer Anleihesegmente ihren Emittenten die Publikation der in den DVFA-Mindeststandards angeführten Kennzahlen auf quartalsweiser Basis vorgeschrieben. Diese Kennzahlen sowie deren Definitionen können unter www.dvfa.de abgerufen werden.[9]

33.7 Erste Erfahrungen aus der Praxis

In der Praxis zeigen sich vereinzelt erhebliche Defizite hinsichtlich der Kapitalmarktkommunikation von Emittenten, insbesondere im Bereich der mittelständischen Unternehmen. Zur differenzierten Betrachtung kann das angesprochene Problemfeld in zwei Aspekte unterteilt werden: einerseits eine mangelnde grundsätzliche Bedeutung der Kapitalmarktkommunikation auf Seiten der Emittenten sowie andererseits eine unzureichend standardisierte sowie nicht auf die spezifischen Bedürfnisse von Fixed-Income Investoren zugeschnittene Kapitalmarktkommunikation.[10] Eine gute Kapitalmarktkommunikation entscheidet letztlich über die Kapitalmarktfähigkeit eines Unternehmens. Erfüllt ein Emittent ausschließlich gesetzliche Vorschriften und betreibt darüber hinaus keine proaktive Kapitalmarktkommunikation ist dessen Kapitalmarktfähigkeit aus der Investorenperspektive kritisch zu hinterfragen.

Das in der Praxis deutlich häufiger anzutreffende Problem ist eine zu gering standardisierte Kapitalmarktkommunikation, die nicht ausreichend auf die spezifischen Interessen der Fixed Income Investoren eingeht. Aus Sicht eines Finanzmarktanalysten birgt eine geringe Standardisierung und das Fehlen relevanter Kennzahlen die Gefahr, dass Stärken eines Emittenten überbetont und im Gegensatz dafür Schwächen zu wenig thematisiert werden. Dies ist im Bereich des Fixed Income Research umso problematischer, da auf Grund des asymmetrischen Gewinn- und Verlustpotenzials von Anleihen die Risikofaktoren im Mittelpunkt der Analyse stehen. Zudem erschwert eine geringe Standardisierung der Kapitalmarktkommunikation einen Vergleich zwischen verschiedenen Emittenten.

Die oft mangelhafte Berücksichtigung der spezifischen Informationsbedürfnisse von Fixed Income Investoren erfolgt meistens aus einem mangelnden Bewusstsein auf Seiten der Emittenten. Der Deutsche Investor Relations Verband e. V. (DIRK) kommt zum Schluss, dass zwar etwa 80 % der Themen die gleiche Relevanz für Aktien- als auch für Anleiheinvestoren aufweisen, jedoch knapp 20 % der Themen entweder eine „Equity-Only-Story" oder aber eine „Fixed-Income-Only-Story" wiedergeben.[11] Zudem werden

---

[9]Vgl. Lowis und Streuer (2011).
[10]Vgl. Saß und Zurek (2003).
[11]Vgl. Slotta und Werner (2012).

Themengebiete identifiziert, die von Aktionären und Anleihegläubigern auf Grund ihrer unterschiedlichen Interessenslagen meist diametral gegensätzlich beurteilt werden. Hierzu zählen insbesondere die Expansionspolitik eines Unternehmens, die Höhe der Dividende, Aktienrückkaufprograme sowie Kapitalerhöhungen.[12] So sind beispielsweise hohe Dividendenausschüttungen und Aktienrückkäufe möglicherweise attraktiv für Aktionäre aber nicht im Interesse der Gläubiger, da in einem eventuellen Konkursfall weniger Unternehmensvermögen zur Verfügung steht. Gläubiger sind nicht grundsätzlich gegen Akquisitionen oder Wachstumsstrategien, wenn diese profitabel und strategisch sinnvoll sind und nicht zu einer deutlich höheren Verschuldung und damit schwächeren Bonität führen. Gläubigerschutzklauseln, sogenannte „Covenants", können Anleiheinvestoren vor Kursverlusten schützen, indem sich beispielsweise der Coupon einer Anleihe erhöht, wenn das Rating des Emittenten nicht mehr Investment Grade ist. Kündigungsrechte von Gläubigern im Falle des Wechsels des Haupteigentümers schützen Investoren potenziell vor hohen Kursverlusten. Hintergrund dafür ist der Umstand, dass Übernahmen oftmals durch LBOs (Leveraged Buy Outs) stattfinden, die eine deutliche Erhöhung der Verschuldung und damit eine einhergehende sinkende Bonität zur Folge haben.

Aus dem erläuterten Konflikt von Aktionären und Gläubigern ist für Emittenten die Einrichtung von „Bondholder Relations" als integraler Bestandteil der Investor Relations notwendig, um den spezifischen Informationsbedürfnissen von Fixed Income Investoren gerecht werden zu können.

Es ist erstaunlich, dass in einem unsicheren Umfeld wie derzeit besonders bei Neuemissionen von den Emittenten so wenige Informationen geliefert werden. Eine Roadshow mit der Chance das Management des Emittenten zu treffen findet oftmals nicht statt. Ein Prospekt liegt zur Zeichnungsfrist gelegentlich nicht vor und Gläubigerschutzklauseln werden nur selten aufgenommen. Hier scheint es notwendig zu sein auch Investoren auf die Bedeutung hinzuweisen, um sie zu kompetenten Entscheidern und Risikonehmern auszubilden. Das kann exzessive Marktvolatilitäten mildern und damit Emittenten dienen.

33.8 Zusammenfassung und Ausblick

Auch jene Banken, deren „going concern" nicht in Frage gestellt wird, sind im Zuge der Neuvergabe von Krediten restriktiver geworden und stellen deutlich höhere Bonitätsanforderungen an ihre Schuldner. Dazu tragen auch die restriktiveren Eigenkapitalanforderungen von Finanzinstituten nach Basel III oder Solvency II bei. Dies führte insbesondere für kleinere und mittlere Unternehmen zu deutlich erschwerten Bedingungen im Bereich der Fremdkapitalaufnahme, da diese im Gegensatz zu Großunternehmen bislang kaum Zugang zu den internationalen Fremdkapitalmärkten hatten und deshalb

---

[12]Vgl. Walchshofer und Klein (2012).

weitgehend auf die Finanzierung durch ihre Hausbanken angewiesen waren. Daraus zeichnet sich künftig ein „Loan-to-Bond"-Trend ab, der durch die seit 2009 stark angestiegenen Emissionsvolumina von Unternehmensanleihen eindeutig belegt werden kann.

Auch für kleinere und mittlere Unternehmen wurde durch die Schaffung sog. „Mittelstandssegmente" ein Forum zur Fremdkapitalaufnahme über den Kapitalmarkt geschaffen. Aus einer theoretischen Betrachtung heraus, ist diese Entwicklung zu begrüßen, da einem wichtigen Segment der Volkswirtschaft mit der Unternehmensanleihe ein effizientes Finanzierungsinstrument zur Verfügung steht. Zusätzlich ist davon auszugehen, dass der Handel über Börsenplattformen gegenüber dem OTC-Markt über Vorteile hinsichtlich Transparenz und Liquidität verfügten sollte. In diesem Zusammenhang muss jedoch darauf verwiesen werden, dass die Transparenz eng von der konkreten Umsetzung und entsprechenden Überwachung geeigneter Vorschriften sowie der Qualität der Kapitalmarktkommunikation durch die jeweiligen Emittenten abhängig ist.

Ein sorgfältiger, transparenter Emissionsprozess, der die DVFA Mindeststandards berücksichtigt, ein konstruktiver Umgang mit der Einführung von Gläubigerschutzklauseln und eine proaktive, permanente Bondkommunikation hilft Investoren nachhaltig. Dies kann den Markt für Unternehmensanleihen vertiefen und verbreitern sowie als unverzichtbare Finanzierungsquelle für Unternehmen auch in einem schwierigen makroökonomischen Umfeld und inmitten einer ausgeprägten Bankenkrise sichern. Das sollte im Interesse der Emittenten liegen.

Literatur

Altman EI (1968) Financial ratios, discriminant analysis and the prediction of corporate bankruptcy. J Financ 23(4):589–609

Bauer R, Hann D (2010) Corporate environmental management and credit risk, white paper. Maastricht University

Deutsche Vereinigung für Finanzanalyse und Asset Management (DVFA) (2011) Mindeststandards für Bondkommunikation. Frankfurt a. M. (Online: www.dvfa.de/files/die_dvfa/kommissionen/bondkommunikation/application/pdf/Mindeststandards_Bondkommunikation_Final.pdf)

Grober U (2010) Die Entdeckung der Nachhaltigkeit, Kulturgeschichte eines Begriffs. Kunstmann, München

Huber C (2004) Bondholder value versus shareholder value. In: Fabozzi F, Choudry M (Hrsg) The handbook of european fixed income securities. Wiley, Hoboken, S 23 ff

Klein C (2008) Analysis and evaluation of corporate Bonds. In: Fabozzi F (Hrsg) The handbook of finance, vol 2. Wiley, Hoboken, S 447 ff

Klein C (2012) Erweiterung der Kreditanalyse um ESG Faktoren. In: Everling O, Leker J, Bielmeier S (Hrsg) Credit Analyst, 2. Aufl. Oldenbourg Verlag, München

Leins H (1993) Wissensbasierte Unternehmensanalyse: Effizienzsteigerung der Bonitätsbeurteilung im Firmenkundengeschäft. Gabler, Wiesbaden

Lowis S, Streuer O (2011) DIRK white paper: fixed income investor relations. (Online: http://www.dirk.org/jobber/images/stories/A_Neue_pdf_Dokumente/110516%20-%20Neuauflage_White_Paper_Fixed_Income_final.pdf)

Saß P, Zurek E (2003) Corporate Bond Communication. In: Deter H, Diegelmann M (Hrsg) Creditor Relations: Beziehungsmanagement mit Fremdkapitalgebern. Bankakademie Verlag, Frankfurt a. M.

Slotta A, Werner M (2012) Auf dem Weg zum Integrated Reporting. www.pwc.de/de/rechnungslegung/pwc-studie-aufbruch-zum-integrierten-reporting.jhtml

Walchshofer M, Klein C (2012) Mindeststandards in der Bondkommunikation. In: die bank, Februar 2012, Berlin

Teil VI

Debt Relations spezifischer Debt Produkte

Debt Relations für Investment Grade Bonds

34

Ralf Böckel

In den letzten Jahren sind die internationalen Bondmärkte verstärkt in das Blickfeld der Öffentlichkeit gerückt. Ausgelöst wurde dies nicht zuletzt durch den Ausbruch der Finanzkrise im Jahr 2008 und die anhaltende Staatsschuldenkrise mit ihrem vorläufigen Schwerpunkt in Europa.

Im Zuge dieser Entwicklungen sind auch Emittenten in Schwierigkeiten geraten, die aufgrund ihrer Bonitätseinschätzung nicht mit Zahlungsproblemen in Verbindung gebracht wurden. Manche dieser Emittenten verfügten in der Vergangenheit über ein Rating, welches die Bonität als verhältnismäßig gut einstufte.

Dadurch hat auch für Emittenten mit einer als hoch eingeschätzten Kreditwürdigkeit die Bedeutung der Kommunikation mit den Gläubigern zugenommen. So werden beispielsweise die Refinanzierungsbedingungen für einzelne Emittenten am Anleihemarkt immer mehr von Aktienanalysten bei Empfehlungen berücksichtigt. Insofern ist eine Trennung zwischen der Kommunikation mit Aktieninvestoren und Anleiheinvestoren nicht zielführend. Die Kommunikation mit den verschiedenen Investorengruppen sollte ganzheitlich und professionell erfolgen.

Dieses Kapitel beschäftigt sich mit den Besonderheiten von Investor Relations für Emittenten mit einem Rating im Bereich Investment Grade. Aufbauend auf einen Überblick über den Investment Grade-Bondmarkt wird dabei das Hauptaugenmerk auf Unternehmensanleihen gelegt. Daraus leiten sich eine Reihe von Faktoren ab, die für dieses Marktsegment von besonderer Bedeutung sind und neben den allgemeingültigen Grundsätzen von Debt Investor Relations eine besondere Beachtung verdienen.

R. Böckel (✉)
Union Investment, Wiesenhüttenplatz 25, 60329 Frankfurt, Deutschland
E-Mail: ralf.boeckel@union-investment.de

Moody's	Standard & Poor's	FitchRatings	Beschreibung*
Aaa	AAA	AAA	Die Fähigkeit des Schuldners, seine finanziellen Verpflichtungen zu erfüllen, ist herausragend.
Aa1	AA+	AA+	Die Fähigkeit des Schuldners, seine finanziellen Verpflichtungen zu erfüllen, ist stark.
Aa2	AA	AA	
Aa3	AA-	AA-	
A1	A+	A+	Die Fähigkeit des Schuldners, seine finanziellen Verpflichtungen zu erfüllen, ist stark, aber etwas anfälliger gegenüber nachteiligen Auswirkungen von Veränderungen äußerer Umstände und wirtschaftlicher Bedingungen.
A2	A	A	
A3	A-	A-	
Baa1	BBB+	BBB+	Die Fähigkeit des Schuldners, seine finanziellen Verpflichtungen zu erfüllen, ist angemessen, jedoch anfälliger gegenüber nachteiligen wirtschaftlichen Bedingungen.
Baa2	BBB	BBB	
Baa3	BBB-	BBB-	

Abb. 34.1 Long Term Ratings der drei großen Agenturen im Bereich Investment Grade. (Vgl. Fitch Ratings 2012; Fabozzi 2000; Standard & Poor's 2009)

34.1 Der Markt für Investment Grade Bonds

Ratingstufen und Ratingprozess Kredit-Ratings drücken die Fähigkeit und den Willen eines Schuldners aus, die eigenen Verbindlichkeiten fristgerecht und vollständig zu bedienen. Diese Ratings vergeben darauf spezialisierte Ratingagenturen.

Neben den internationalen Ratingagenturen wie Standard & Poor's, Moody's und Fitch Ratings gibt es regionale und spezialisierte Agenturen, die den Schwerpunkt auf einzelne Regionen oder Branchen legen. So ist beispielsweise die amerikanische Agentur A.M. Best auf das Rating von Versicherungsunternehmen spezialisiert und hat vor allem im nordamerikanischen Versicherungsmarkt eine hohe Bedeutung.

Die Ratings werden typischerweise in Form von Buchstaben dargestellt, die beispielsweise von AAA bis D reichen und die Meinung der Ratingagentur zum relativen Kreditrisiko ausdrückt. Die Ratingklassen AA, A und BBB werden zusätzlich dreistufig unterteilt.

Die einzelnen Ratingstufen werden in die Kategorien Investment Grade (niedriges Ausfallrisiko) und Non-Investment Grade (hohes Ausfallrisiko) eingeteilt. Uprünglich bezeichnete der Begriff „Investment Grade" die Anleihen, die von den Aufsichtsbehörden als geeignete Investments beispielsweise für Banken und Versicherungen erachtet wurden. Heute wird der Begriff allgemein für Emittenten und Emissionen mit einem Rating von mindestens BBB- bzw. Baa3 verwendet (siehe Abb. 34.1).

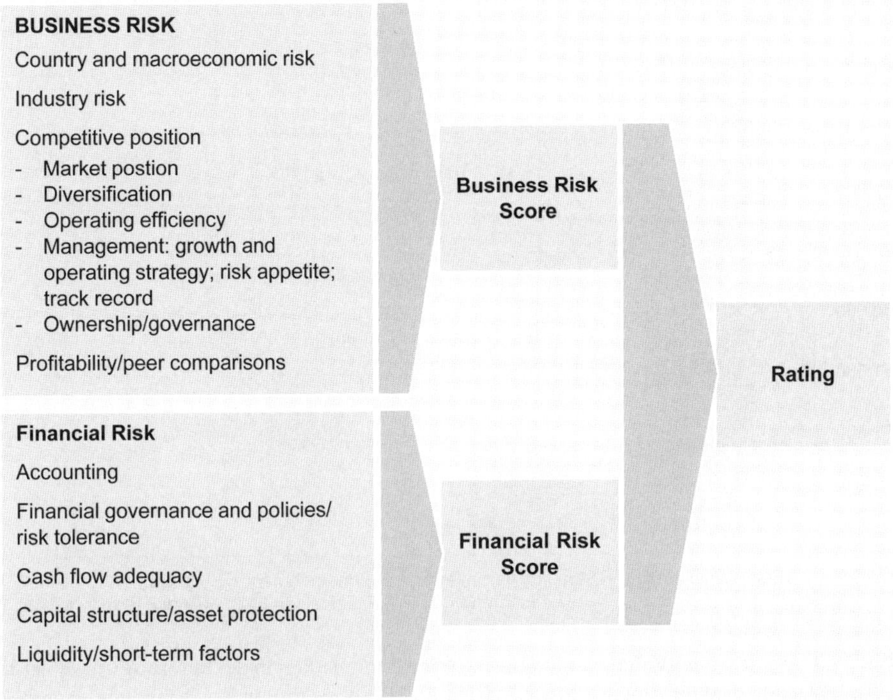

34 Debt Relations für Investment Grade Bonds

BUSINESS RISK

Country and macroeconomic risk

Industry risk

Competitive position
- Market postion
- Diversification
- Operating efficiency
- Management: growth and operating strategy; risk appetite; track record
- Ownership/governance

Profitability/peer comparisons

Financial Risk

Accounting

Financial governance and policies/risk tolerance

Cash flow adequacy

Capital structure/asset protection

Liquidity/short-term factors

Abb. 34.2 Ratingprozess Standard & Poor's. Scoring And Rating Determination Process. (Quelle: Standard & Poor's (2008): Key Credit Factors: Business And Financial Risks In The Global Building Products And Materials Industry (19.11.2008))

Nach Ansicht der großen Ratingagenturen stellen Ratings relative Meinungsäußerungen dar. Eine Anleihe mit einem hohen Rating weist eine niedrigere Ausfallwahrscheinlichkeit auf als Anleihen mit niedrigerem Rating.[1]

Ein Überblick über die Ratings der großen Agenturen im Bereich Investment Grade ist in der folgenden Tabelle dargestellt.

Im Rahmen eines Ratingprozesses erfolgt üblicherweise eine Fundamentalanalyse des Emittenten durch die Einschätzung des Geschäftsrisikos (Business Risk) und des Finanzrisikos (Financial Risk). Je nach Industriezweig werden unterschiedliche Faktoren zur Beurteilung dieser Risiken herangezogen und diese verschieden gewichtet.

Die folgende Abbildung zeigt schematisch den Ratingprozess von Standard & Poor's (Abb. 34.2):

Die einzelnen Ratingagenturen verfolgen unterschiedliche Ansätze bei der Erstellung der Ratings. Einerseits werden absolute Größen bei der Beurteilung der bonitätsrelevanten Kennzahlen herangezogen. Andererseits finden auch relative Vergleiche zwischen Emittenten eines Sektors oder innerhalb einer Region Eingang in die Beurteilung.

---

[1] Vgl. Standard & Poor's (2009).

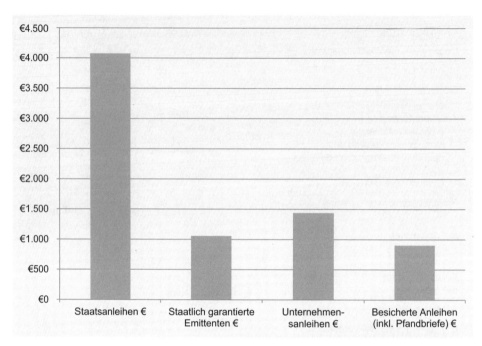

Abb. 34.3 Ausstehendes Volumen Investment Grade Bondmarktes in der Eurozone (in Milliarden EUR). (Folgende Bank of America Merrill Lynch EMU Indizes sind in der Abbildung dargestellt: Direct Government Index, EMU Quasi-Government Index, EMU Corporate Index und EMU Securitized/Collateralized Index. Die Marktkapitalisierung ist per Stand 31.05.2012)

Struktur des Marktes für Investment Grade Bonds Die generelle Bedeutung des Kapitalmarktes ist bei Fremdkapitalbeschaffung von Unternehmen mit einem Investment Grade Rating in den letzten Jahren gestiegen. Nicht zuletzt die im historischen Vergleich niedrigen Zinsen haben den Bond-Boom in den letzten Jahren weiter fortgesetzt. Eine Umkehr des Trends hin zur kapitalmarktbasierten Refinanzierung von Unternehmen ist nicht zu erwarten. Um sich als Emittent am Markt professionell positionieren zu können, sind Kenntnisse über die Struktur und Funktionsweise des Marktsegments für Investment Grade Bonds unentbehrlich.

Die Anleihen von Staaten (zum Beispiel Bundesanleihen) und staatlich garantierten Emittenten (zum Beispiel Kreditanstalt für Wiederaufbau) bilden den größten Anteil des auf Euro lautenden Investment Grade- Bondmarktes. Unternehmen stellen mit einem derzeit ausstehenden Nominalvolumen an Anleihen von ca. 1400 Mrd. € ebenfalls einen signifikanten Anteil am Gesamtmarkt. Das ausstehende Volumen von besicherten Anleihen wie beispielsweise den deutschen Pfandbriefen beträgt ca. 900 Mrd. €. Als Grundlage für Abb. 34.3 dienen Anleiheindizes von Bank of America Merrill Lynch, die die jeweiligen Marktsegmente abbilden.

34 Debt Relations für Investment Grade Bonds

(%)	1 Jahre	2 Jahre	3 Jahre	4 Jahre	5 Jahre	10 Jahre
AAA	0,00	0,00	0,00	0,00	0,00	0,00
AA	0,03	0,04	0,07	0,14	0,12	0,15
A	0,09	0,26	0,44	0,60	0,74	1,96
BBB	0,23	0,74	1,35	1,99	2,54	5,18
Investment Grade Corp.	0,13	0,38	0,68	0,97	1,21	2,38

Abb. 34.4 Globale kumulative Ausfallraten von Fitch Ratings je Ratingkategorie (1990–2011). (Vgl. Fitch Ratings 2012)

Ausfall- und Downgrade-Risiko von Investment Grade Bonds Das eigentliche Ausfallrisiko für Anleihen mit einem Rating in der Kategorie Investment Grade auf Basis der historischen Ausfallraten kann als gering angesehen werden. Nach 10 Jahren betrug die durchschnittliche kumulierte Ausfallrate für Investment Grade-Anleihen auf Basis der Daten von Fitch Ratings lediglich 2,38 %. Im Zeitraum zwischen 1990 bis 2011 hatte Fitch Ratings im besten Ratingsegment AAA keinen Ausfall zu verzeichnen (Abb. 34.4).

Trotz der in der Vergangenheit relativ niedrigen Ausfallraten unterlagen die Spreads von Investment Grade-Unternehmensanleihen in der Vergangenheit einer beträchtlichen Volatilität. Dabei bilden die Kosten für potenzielle Ausfälle nur eine Komponente der Spreads. Ein anderer Faktor ist die Marktliquidität, da die Geld-Brief-Spannen für Unternehmensanleihen im Allgemeinen höher sind als für hochliquide Bundesanleihen und dadurch höhere Transaktionskosten nach sich ziehen.[2]

Das Ausmaß der die Credit Spreads beeinflussenden Faktoren ist im Zeitablauf nicht konstant. Nach dem Zusammenbruch von Lehman Brothers war die Liquidität im Bondmarkt äußerst gering, was zu großen Geld-Brief-Spannen und somit höheren Renditeaufschlägen führte (Abb. 34.5).

Viele Investoren wie beispielsweise Versicherungen oder Pensionskassen investieren aufgrund gesetzlicher oder eigener Vorgaben oftmals nur in Anleihen mit einem Rating im Segment Investment Grade. Insofern ist für diese Investorengruppe nicht nur das Ausfallrisiko, sondern auch die Gefahr einer Herabstufung des Ratings aus dem Bereich Investment Grade in die Kategorie Non-Investment Grade relevant.[3] Da eine Herabstufung des Ratings (Downgrade) oft mit einem Anstieg der Risikoaufschläge (Spreads) und somit fallenden Kursen der betroffenen Anleihen verbunden ist, kann es bei einem erzwungenen Verkauf der herabgestuften Papiere zu einer Realisierung von Kursverlusten kommen.

---

[2] Einen Überblick hinsichtlich des Anteils unterschiedlicher Faktoren am durchschnittlichen Credit Spread geben zum Beispiel Elton et al. (2001) und Yu (2005).

[3] Das Risiko von Herabstufungen der Kreditratings wird häufig als Migrationsrisiko bezeichnet.

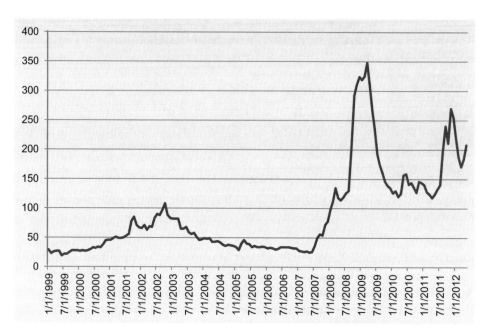

Abb. 34.5 Historische Swap Spreads Euro-Unternehmensanleihen (Investment Grade). (Es handelt sich in dieser Abbildung um den durchschnittlichen Spread über Swaps von in Euro ausgestellten Unternehmensanleihen. Als Grundlage dient der Bank of America Merrill Lynch EMU Corporate Bond Index. Dieser Index umfasst der Investment Grade – Anleihen mit einer Restlaufzeit von mindestens einem Jahr mit einem Mindestemissionsvolumen von derzeit 250 Mio. €)

In den Jahren 2008 und 2009 erhöhte sich die Anzahl der Ratingherabstufungen aus dem Sektor Investment Grade deutlich. Diese in den Non-Investment-Grade-Bereich heruntergestuften Emittenten werden als „Fallen Angels"[4] bezeichnet (Abb. 34.6).

Das asymmetrische Rendite-Risiko-Profil von Fixed-Income-Investoren hat bei Investment Grade Bonds eine herausragende Bedeutung. Während das Ertragspotenzial auf Zins- und Rückzahlung des Nennwerts begrenzt ist, steht dem im Extremfall ein eventueller Totalverlust entgegen. Durch die in der Regel relativ hohe Ausgangsbonität bei Investment Grade-Schuldnern sind Kursgewinne aufgrund von Verbesserungen der Kreditqualität tendenziell weniger häufig anzutreffen. Beispielsweise ist die Wahrscheinlichkeit der Herabstufung des Ratings auf BBB für Anleihen mit einem Rating von A mehr als doppelt so hoch wie ein Rating-Upgrade auf AA.[5] Für niedrigere Ratingkategorien sind die Wahrscheinlichkeiten für Herauf- bzw. Herabsetzung des Ratings weniger asymmetrisch verteilt. (Abb. 34.7)

---

[4] Die aus dem Non-Investment-Grade in das Investment-Grade-Segment hochgestuften Emittenten werden als „Rising Stars" bezeichnet.
[5] Vgl. Ilmanen (2011), S. 188 ff.

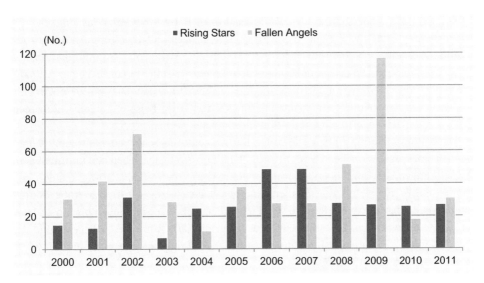

Abb. 34.6 Fitch Global Corporate Finance Fallen Angels and Rising Stars. (Vgl. Fitch Ratings 2012)

(%)	AAA	AA	A	BBB	BB	B	CCC-C	D	Gesamt
AAA	94,50	5,50	0,00	0,00	0,00	0,00	0,00	0,00	100,00
AA	0,09	90,24	9,28	0,31	0,02	0,02	0,00	0,04	100,00
A	0,02	1,99	91,79	5,45	0,52	0,08	0,07	0,09	100,00
BBB	0,00	0,20	3,62	91,49	3,62	0,60	0,24	0,25	100,00
BB	0,00	0,00	0,00	8,13	87,05	3,92	0,90	0,00	100,00
B	0,00	0,00	0,00	0,00	7,59	88,92	2,85	0,63	100,00
CCC - C	0,00	0,00	0,00	0,00	0,00	20,00	63,33	16,67	100;00

Abb. 34.7 Fitch Global Corporate Finance Average Annual Transition Rates: 1990–2011. (Vgl. Fitch Ratings 2012)

34.2 Besonderheiten für die Investor Relations von Investment Grade-Anleihen

Einbindung der Bond-Investoren in allgemeine Kapitalmarktkommunikation Emittenten mit einer hohen Bonität sollten Debt Investor Relations nicht ausschließlich als Kommunikation mit den einschlägigen Ratingagenturen verstehen. Da die Urteile externer Ratingagenturen als alleinige Entscheidungsgrundlage für Investments als nicht ausreichend anzusehen sind, verfügen vor allem große institutionelle Investoren über eigene Analysekapazitäten (Credit Research). Diese Bond-Investoren erwarten wie Equity Investoren eine professionellen Investor Relation, um fundierte Investmententscheidungen treffen zu können. Bei Union Investment ist es Standard, dass Unternehmensmeetings von den zuständigen Fondsmanagern der Aktien- und Credit-Seite gemeinsam besucht werden.

Die generelle Sicherstellung des Marktzugangs in Form von Emissionsfähigkeit und Sicherstellung einer ausreichenden Nachfrage seitens der Bond-Investoren ist das grundlegende Ziel von Debt Investor Relations. Durch eine stringente Kommunikation mit aktuellen und potenziellen Fremdkapitalgebern können darüber hinaus bei einer Aufnahme von Mitteln niedrigere Refinanzierungskosten erzielt werden. Dies gilt besonders für Emittenten mit regelmäßigem Refinanzierungsbedarf (zum Beispiel Banken), die einen großen Anteil des Investment Grade-Bondmarktes ausmachen.

Die Kommunikation zu den relevanten Ratingagenturen gehört ebenfalls zum Aufgabenfeld einer professionellen Debt-Investor-Relations-Strategie. Neben den unmittelbaren Auswirkungen der Bonität und somit des Ratings auf die Refinanzierungskosten eines Emittenten ist für viele Unternehmen im eigentlichen Kerngeschäft eine hohe Bonität unerlässlich. Hier reicht die Spanne von Finanzdienstleistern wie Banken bis hin zu Herstellern von langlebigen Investitionsgütern. Aufgrund der Größe dieser Projekte und der Langfristigkeit der Geschäftsbeziehung ist für die Auftraggeber eine gute und vor allem stabile Bonität äußerst wichtig.

Wie im Aktienmarkt spielen auch im Markt für Unternehmensanleihen Analysten von Investmentbanken und von Research-Unternehmen eine wichtige Rolle. Im Unterschied zu ihren Aktienkollegen überwachen diese Analysten in der Regel eine deutlich größere Anzahl von Emittenten. Deshalb sollten Unternehmen wichtige Informationen an die Analysten übermitteln, um sich positiv in der Kommunikation abzusetzen.[6]

Die Betonung eines stabilen Kreditprofils steht für Investment-Grade-Emittenten im Mittelpunkt Die Einbindung der Debt Investor Relations in die generelle Investor Relations-Strategie eines Unternehmens ist angebracht, um eine schlüssige Kapitalmarktkommunikation zu ermöglichen. Eine Ergänzung der üblichen Unternehmenspräsentationen um bonitätsrelevante Themen wie Verschuldung, Cashflow etc. ist hier ein Ansatzpunkt, um Informationen für Bond-Investoren bereit zu stellen.

Fundamental orientierte Investoren legen ihren Fokus auf eine detaillierte Finanzberichterstattung des jeweiligen Emittenten, um das Geschäfts- und Finanzrisiko eines Unternehmens einzuschätzen. Dabei spielen ähnliche Faktoren wie bei dem im Abschn. 14.1 beschriebenen Ratingprozess eine Rolle. Für die Marktteilnehmer dient der Analyseprozess als Grundlage für eine Investmententscheidung, die in der Regel immer eine Abwägung verschiedener Alternativen bedeutet. Für Investment Grade-Emittenten steht dabei weniger das absolute Ausfallrisiko im Mittelpunkt, sondern die Bestimmung der relativen Attraktivität von Anleihen verschiedener Emittenten mit vergleichbarer Kreditqualität. Neben den bekannten Finanzkennzahlen wie Verschuldungsgrad, Deckung des Schuldendienstes durch Cashflows etc. spielt hier auch die Transparenz der Informationspolitik eines Unternehmens eine zentrale Rolle.

Bei stark regulierten Branchen (zum Beispiel Banken) sind weitergehende Informationen zu regulatorischen Änderungen und deren Auswirkungen auf den Emittenten

---

[6] Vgl. Lowis und Streuer (2011).

unerlässlich. Als Beispiel dienen die Reformen durch den Baseler Ausschuss für Bankenaufsicht (auch Basel III), die darauf abzielen, mit strengeren globalen Regeln für Eigenkapital und Liquidität die Widerstandsfähigkeit des Bankensektors zu stärken.[7]

Von hoher Bedeutung ist zudem die detaillierte Erklärung der spezifischen Ausgestaltung der emittierten Anleihen. Dies ist beispielsweise wichtig für speziell besicherte Anleihen (Covered Bond), die von Kreditinstituten begeben werden. Hier sind zusätzliche Informationen hinsichtlich der Struktur erforderlich, da das Rating in erster Linie aus der Qualität der Besicherung resultiert.

Für eine Reihe von Investoren im Segment Investment Grade ist die Stabilität und das Bekenntnis zum Rating (Commitment) ebenfalls ein zentrales Entscheidungskriterium. Die potenziell negativen Auswirkungen der im Abschn. 14.1 beschriebenen asymmetrischen Risikoverteilung für Investoren wurden von manchen Emittenten in der Vergangenheit unterschätzt. Besonders in Phasen mit hoher Risikoaversion am Kapitalmarkt kann sich der Marktzugang als schwierig erweisen. Dies gilt besonders für Emittenten, denen unter Umständen eine Herabstufung aus dem Investment Grade–Bereich droht. Dadurch kann sich die Refinanzierung eines Emittenten stark einschränken und verteuern. Unter ungünstigen Voraussetzungen kann letztlich die Existenz des Unternehmens gefährdet werden.

Entsprechend unterliegen Ankündigungen wie Aktienrückkaufprogramme, Dividendenerhöhungen und schuldenfinanzierte Übernahmen und deren Auswirkungen auf die Bonität und das Rating seitens der Fremdkapitalinvestoren einer kritischen Prüfung seitens der Marktteilnehmer. Hingegen werden die bonitätsstabilisierenden Maßnahmen wie Kapitalerhöhungen etc. als positiv betrachtet. Eine ausgewogene und transparente Kommunikation dieser Inhalte ist von hoher Bedeutung.

34.3 Zusammenfassung und Ausblick

Im Vergleich zu institutionellen Aktieninvestoren wird die Kommunikation gegenüber den Bond-Investoren zum Teil weniger systematisch betrieben. Dies ist besonders bei börsennotierten Unternehmen überraschend, da hier die regelmäßige Betreuung der institutionellen Aktionäre seit Jahren zum Standard gehört. Hingegen wird die Investorenkommunikation auf der Fremdkapitalseite oftmals in Form von Ad-hoc-Maßnahmen wie Roadshows betrieben, um Platzierungen von neuen Anleihen durchzuführen. Somit besteht beträchtliches Potenzial für Verbesserungen bei der Regelmäßigkeit des Dialogs mit Investoren und Analysten. Oftmals werden Investorenmeetings nur für die Platzierung von Neuemissionen durchgeführt. Sind aktuell keine Anleihen zu platzieren, findet kein Kontakt statt.

---

[7] Vgl. Bank für Internationalen Zahlungsausgleich (2011).

Dabei unterscheiden sich die Informationsbedürfnisse von Marktteilnehmern im Bereich Investment Grade Bonds in wesentlichen Teilen nicht von denen anderer Investoren. Neben dem allgemeinen Ausfallrisiko ist bei Investment-Grade-Anleihen das Risiko von Herabstufungen in den Bereich Non-Investment Grade ein zentrales Risiko. Durch eine transparente Informationspolitik kann vor allem in diesem Punkt die Wahrnehmung eines Emittenten am Bondmarkt in vielen Fällen deutlich verbessert werden. Letztlich werden durch die verbesserten Refinanzierungsbedingungen auch andere Investorengruppen wie die Aktionäre profitieren.

Zusammenfassend kann gesagt werden, dass professionelle Debt Investor Relations für Emittenten im Investment-Grade-Bondmarkt ein Muss ist.

Literatur

Bank für Internationalen Zahlungsausgleich (2011) Basel III: Ein globaler Regulierungsrahmen für widerstandsfähigere Banken und Bankensysteme – revidierte Fassung von 2011. Bank für Internationalen Zahlungsausgleich, Basel

Elton E, Gruber M, Agrawal D, Mann C (2001) Explaining the rate spreads on corporate bonds. J Financ 56:247–277

Fabozzi F (2000) Bond markets, analysis and strategies. Prentice-Hall, New Jersey

Fitch Ratings (2012) Fitch Ratings Global Corporate Finance 2011 Transition and Default Study. Fitch, New York

Ilmanen A (2011) Expected returns: an investor's guide to harvesting market rewards. Wiley, Chichester

Lowis S, Streuer O (2011) DIRK white paper: fixed income investor relations. http://www.dirk.org/jobber/images/stories/A_Neue_pdf_Dokumente/110516%20-%20Neuauflage_White_Paper_Fixed_Income_final.pdf.

Standard & Poor's (2008) Key credit factors: business and financial risks in the global building products and materials industry. Standard & Poor's Financial Services, New York

Standard & Poor's (2009) Leitfaden Kreditratings. Standard & Poor's Financial Services, New York

Yu F (2005) Accounting transparency and the term structure of credit spreads. J Financ Econ 75:53–84

35   Erfahrungen eines „Old-Economy"-Unternehmens bei der Emission einer Mittelstandsanleihe

Andreas Aufschnaiter

Die MS Industrie AG ist die börsennotierte Muttergesellschaft der Maschinenfabrik Spaichingen[1] GmbH (kurz „MS", die „Gesellschaft" oder die „Emittentin") sowie deren Tochtergesellschaften im In- und Ausland (zusammen die „MS-Gruppe"). Die MS-Gruppe erwirtschaftete mit ihren beiden Geschäftsfeldern Motorentechnik und Schweißtechnik im Jahr 2011 ein Umsatzvolumen von rund 120 Mio. € an drei Produktionsstandorten mit insgesamt rund 750 Mitarbeitern.

Im Sommer 2011 emittierte die Gesellschaft erfolgreich eine Mittelstandsanleihe im Segment Entry Standard der Frankfurter Börse in Höhe von 23 Mio. €, einem Coupon von 7,25 % und einer Laufzeit von 5 Jahren.

Nach Ablauf des ersten Jahres kann ein erstes Resümee aus der Emission und den seither gewonnen Erfahrungen gezogen werden.

35.1 Hintergrund, Struktur und Ausgangslage

Geschäftsfeld Motorentechnik Das Geschäftsfeld „MS-Motorentechnik" bildet mit rund 75 % des Umsatzes das Hauptgeschäft der MS und umfasst die Fertigung, Bearbeitung und Montage von mechanischen Komponenten und Baugruppen wie zum Beispiel Getriebegehäuse, Kipphebel, Kipphebelwerke sowie Ventilbrücken bis hin zu kompletten Ventiltriebsystemen mit Schwerpunkt auf der Nutzfahrzeugindustrie.

Daneben ist sie in diesem Geschäftsfeld als Zulieferer für die Bau- und Schifffahrtsindustrie sowie für stationäre Antriebsaggregate tätig.

---

[1] Vgl. Maschinenfabrik Spaichingen (2011)

A. Aufschnaiter (✉)
MS Industrie AG (vormals: GCI Industrie AG), Brienner Straße 7, 80333 München, Deutschland
E-Mail: a.aufschnaiter@ms-industrie.ag

Zu den wesentlichen Kunden der MS zählen derzeit namhafte Automobilhersteller und -zulieferer wie zum Beispiel Daimler, MAN, MTU und ZF Friedrichshafen. Für diese Kunden ist die MS mit ihren Produktionsstandorten in Deutschland und den USA als A-Lieferant (das heißt bevorzugter Lieferant) tätig, wobei Kipphebelwerke, Ventilbrücken sowie Ventiltriebsysteme der MS in Fahrzeugen dieser Unternehmen weltweit im Einsatz sind. In der Lieferung des Ventiltriebsystems für die neue Daimler Motorengeneration Blue Efficiency Power OM 47X ist die MS darüber hinaus ein sogenannter „Single-Source"-Lieferant.

Im Geschäftsfeld „MS-Motorentechnik" starteten im Geschäftsjahr 2010 verschiedene Produktneuanläufe, insbesondere im Bereich der Getriebegehäusefertigung. Darüber hinaus ist die MS mittlerweile in nennenswertem Umfang im zerspanenden Marktumfeld präsent. Die Zerspanung ist ein mechanisches Bearbeitungsverfahren, in dem durch das Abtragen von Spänen ein bestimmtes Material in eine gewünschte Form gebracht wird. Mit diesem Fertigungsverfahren werden u. a. Kipphebelwerke, Ventilbrücken sowie Getriebegehäuse bearbeitet. Daneben ist der Produktionsstart der Kipphebel für einen neuen schweren 4000 PS Stationärmotor für einen namhaften Kunden im zweiten Quartal 2012 erfolgt. Durch den Ausbau der Geschäftstätigkeit in Richtung automobilfremde Absatzmärkte konnten im Geschäftsfeld „MS-Motorentechnik" bereits verschiedene Aufträge für neue Produkte akquiriert werden.

Geschäftsfeld Schweißtechnik Das Geschäftsfeld „MS-Schweißtechnik" umfasst die Beratung, Entwicklung, Fertigung, Montage sowie den Vertrieb und Service von Sondermaschinen für das Verschweißen, Stanzen und Bearbeiten von Kunststoffteilen mit den Technologien Ultraschall, Heißluft und Heizkontakt. Um den Wünschen der Kunden hinsichtlich Beratung, Vertrieb und Service gerecht zu werden wurde ein weltweites „Service & Sales" Netz, mit Zweigstellen u. a. in den USA, England, Frankreich, Schweden, China, Korea und Brasilien, aufgebaut.

Darüber hinaus ist die MS seit dem Frühjahr 2009 in der Entwicklung, Herstellung und Vermarktung von individuellen Ultraschallschweißsystemen für die Nutzung in der Verpackungsgüterindustrie tätig.

Durch Investitionen und den weiteren Ausbau des Geschäftsfelds „MS-Schweißtechnik" konnten in diesem Bereich neue Produkte entwickelt und am Markt positioniert werden. Im Teilbereich Verpackungstechnik kann die MS auf zahlreiche neue Entwicklungen verweisen: schnellere Generatoren, sog. Sonotrodenteppiche für Spezialverpackungen, rotative Schlauchbeutelverpackungssysteme sowie rotative, kontinuierliche Schweißsysteme. Diese Entwicklungen erfolgten in enger Abstimmung mit potenziellen Kunden der Verpackungsmaschinenindustrie.

Strategische Ausrichtung Die MS hatte ihre strategischen Unternehmensziele im Geschäftsjahr 2009 während der Finanz- und Wirtschaftskrise neu definiert. Diese strategische Neuausrichtung sieht eine Risikominimierung für die gesamte MS vor. Dazu will die MS auch künftig, wie in den vergangenen beiden Jahren, ihren weltweiten Automotive-

Bereich weiter diversifizieren und langfristig ihr bisheriges stark automobillastiges Geschäft stärker in Richtung automobilfremde Absatzmärkte erweitern.

Die Schwerpunkte der weiteren Entwicklung liegen vor allem auf folgenden Stoßrichtungen:

- Ausbau der Fertigungskapazitäten des zweiten Produktionsstandortes in Deutschland (Zittau) im Bereich „MS-Motorentechnik"
- Weitere Optimierung der Produktions- und Logistikprozesse im Bereich „MS-Motorentechnik"
- Gewinnung neuer Kunden und Aufträge, zum Beispiel aus der Schifffahrtsindustrie, der Baubranche und Energiebranche im Bereich „MS-Motorentechnik"
- Erschließung neuer Anwendungsgebiete durch Eigenentwicklungen im Bereich „MS-Schweißtechnik", insbesondere im Gebiet der Ultraschalltechnik für die Verpackungsmaschinenindustrie

Gesellschaftsrechtliche Struktur und Besonderheiten Im Rahmen der Ausgestaltung der Mittelstandsanleihe war zu Beginn die Frage zu klären, auf welcher gesellschaftsrechtlichen Ebene das Instrument anzusiedeln sei. Die Entscheidung war im Falle der MS von zwei Seiten betrachtet relativ einfach und klar: Aus Sicht der Gruppe war es die Ebene des tatsächlichen Umschuldungs- und Wachstumsbedarfs. Aus der Perspektive der Anleihezeichner und auf klares Anraten der emissionsbegleitenden Bank war es eindeutig die Ebene des operativen Geschäfts, welches sowohl den jährlichen Zins als auch Ansparungen für die Tilgung zum Ende der Laufzeit erwirtschaften würde. Jede andere Ebene hätte das Verständnis der Anleger und damit die Platzierbarkeit der Anleihe, gerade für einen „Newcomer" ohne Bekanntheit im Kapitalmarkt, unnötig erschwert (Abb. 35.1).

Eine weitere Besonderheit, nämlich die Tatsache einer nicht-operativen Zwischenholding (MS Enterprise Group GmbH), welche noch aus der Übernahme der MS resultierte und mit der die MS einen Ergebnisabführungsvertrag abgeschlossen hatte, war selbstverständlich ausführlich im Wertpapierprospekt als auch später im Rahmen der Investorenpräsentationen transparent darzustellen und zu erläutern. Vor allem ging es um die Frage, ob sich aus dieser Besonderheit potenziell Nachteile für die Rechtsposition der Anleihezeichner ergeben könnten. Die Sorgen der Anleger konnten im Wesentlichen durch drei Sachverhalte bzw. Argumente ausgeräumt werden.

Erstens war die Vertragslage mit den finanzierenden Hausbanken so ausgestaltet, dass – unabhängig von der handels- und steuerrechtlichen Zuweisung der Jahresergebnisse – eine liquiditätsmäßige Ausschüttung von Gewinnen an die Muttergesellschaft der vorherigen Zustimmung der Banken bedurfte.

Zweitens wurde auf die Tatsache hingewiesen, dass die Zwischenholding ausschließlich eigenmittelfinanziert war und selbst keine laufenden operativen Kosten, daher auch keinen Liquiditätsbedarf hatte.

Drittens wurde aus der Gesamtstruktur der börsennotierten MS Industrie AG klar, dass die Emittentin als die mit Abstand größte Beteiligung (ca. 80 % des Konzernumsatzes) über

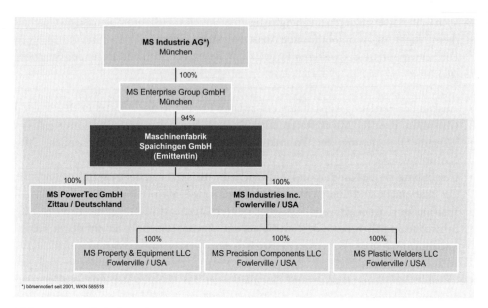

Abb. 35.1 Gesellschaftsstruktur und Emittentin

die Laufzeit der Anleihe stets von entscheidender Bedeutung für die Gruppe sein würde. Die börsennotierte Holding wiederum war und ist mit einer eigenen fast 90-prozentigen Eigenkapitalquote und – quasi als Reserve – einem genehmigten Kapital von rund 30 % des eingetragenen Grundkapitals ausgestattet. Das heißt, allein aufgrund der faktischen Gegebenheiten und Interessenlagen konnte den Anleiheinvestoren vermittelt werden, dass es äußerst unwahrscheinlich zu nachteiligen Interessenkonflikten kommen kann.

Ausgangslage und Motivation Der Ausgangspunkt bestand – nach dem krisenbedingten Volumensrückgang des Jahres 2009 – für die MS-Gruppe aus einer konsortialen Bankfinanzierung, welche nur bis Ende 2012 vereinbart war. Dies vor dem Hintergrund, dass mit Ende 2012 auch eine 7-jährige Mezzanine-Finanzierung (PREPS-Mittel) über insgesamt zehn Millionen € enden bzw. zur vollständigen Rückzahlung anstehen würden.

Die Herausforderungen, die sich für das Management und die Gesellschafter der MS-Gruppe stellten, waren demnach vielfältig:

- Das Finden einer Lösung für die termingerechte Rückführung der PREPS-Mittel
- Die Verlängerung der bestehenden Bankfinanzierung über 2012 hinaus und mit einer diversifizierten Besicherungs- und Fristenstruktur
- Die Erhöhung des finanziellen Spielraums für auftragsbedingtes, weiteres Wachstum, sowohl für Investitionen in Maschinen und Anlagen als auch für ein seit 2010 wieder deutlich ansteigendes Working Capital
- Die Sicherstellung der Finanzierung von wichtigen Innovationsvorhaben, insbesondere im Bereich der „MS-Schweißtechnik"

35 Erfahrungen eines „Old-Economy"-Unternehmens bei der Emission ...

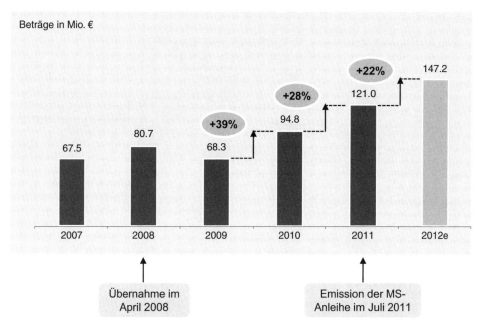

Abb. 35.2 Umsatzentwicklung der letzten Jahre

Zur Verdeutlichung der operativen Dynamik ist hier die Umsatzentwicklung der letzten Jahre dargestellt (Abb. 35.2).

Die MS als Muttergesellschaft mehrerer Töchter hatte zudem stets die Finanzierungsfunktion für den bisherigen Aufbau der Geschäftstätigkeit im In- und Ausland übernommen und brauchte daher ein Gesamtkonzept, welches alle Bedürfnisse berücksichtigen konnte.

Als Lösungsansätze für eine langfristige Ausgestaltung und Ergänzung der Finanzierung wurden Ende 2010/Anfang 2011 drei Modelle analysiert und miteinander verglichen: a) eine größere Anschluss-Konsortialfinanzierung mit den Hausbanken, b) die Aufnahme eines Schuldscheindarlehens, koordiniert über eine Hausbank und c) die Emission einer börsennotierten Mittelstandsanleihe. Nach Abwägung der verschiedenen Aspekte wie Kosten, Zinsen, Laufzeiten, Besicherungen, Covenants, Reporting und sonstiger Pflichten fiel aus strategischen Überlegungen die Wahl auf die Option der Mittelstandsanleihe. Die neuen Freiheitsgrade im Zusammenhang mit einer Mittelstandsanleihe waren schließlich der ausschlaggebende Faktor für die finale Entscheidung.

Ein weiterer Hintergrund war die Tatsache, dass im Rahmen der Erhöhung des Aktienkapitals der börsennotierten Muttergesellschaft im Dezember 2010 von einigen Aktien-Investoren aktiv die Frage nach einer Mittelstandsanleihe für die MS gestellt wurde, verbunden mit Interessensbekundungen, eine derartige Anleihe auch in größeren Paketen zeichnen zu wollen. Eine Reihe von erfolgreichen, breit gestreuten Emissionen im Segment „Bondm" der Stuttgarter Börse sowie attraktive Coupons trugen zu dieser positiven Kapitalmarktstimmung für Mittelstandsanleihen sicher bei.

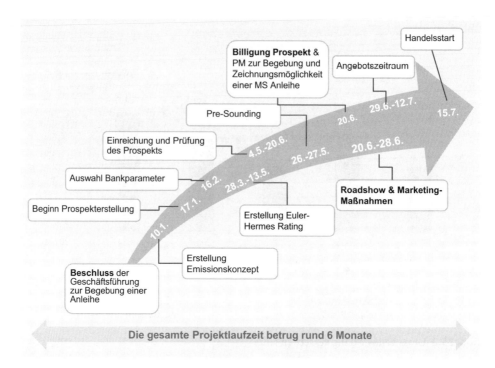

Abb. 35.3 Projektablauf

Projektorganisation, Schritte und Laufzeit Der Ablauf des gesamten Projektes „MS-Anleihe" lässt sich am besten anhand der nachstehenden Chronologie darstellen (Abb. 35.3).

Die erweiterte Durchlaufzeit von der ersten Idee im Dezember 2010 bis zum Geldeingang bei MS am 15. Juli 2011 betrug demnach sogar etwas mehr als 6 Monate. Letztlich hing der Zeitplan sehr stark von der Verfügbarkeit der testierten Konzernabschlüsse ab. Um keine Zusatzaufwendungen zu generieren hatte man bei MS auf die Erstellung und Prüfung von Zwischenabschlüssen verzichtet und auf die ohnehin notwendigen Abschlüsse zum Ende des Geschäftsjahres 2010 abgestellt. Die Arbeiten an dem Prospekt (Beschreibung des Geschäfts, der rechtlichen Strukturen, der Risiken etc.) konnten dabei schon um Vorfeld bzw. parallel in Angriff genommen werden. Die Prospekterstellung lag in der federführenden Hand der gruppeneigenen GCI Management Consulting GmbH, unterstützt durch externe Expertise in den Bereichen Recht, Kapitalmarkt und Steuern.

35.2 Eckdaten der Anleiheemission

Die Eckdaten der Anleiheemission sind in nachstehender Tabelle zusammengefasst (Abb. 35.4).

35 Erfahrungen eines „Old-Economy"-Unternehmens bei der Emission...

Emittentin	Maschinenfabrik Spaichingen GmbH
ISIN / WKN	DE000A1KQZL5 / A1KQZL
Volumen	bis zu 30.000.000 €
Stückelung	1.000,00 €
Zins	7,25 % p. a.
Laufzeit	15.07.2011 bis 15.07.2016
Zinszahlungen	Jährlich, erstmals zum 15.07.2012
Ausgabekurs	100 %
Anleihetyp	Schuldverschreibungen auf den Inhaber (erstrangig)
Unternehmensrating	BB / stabil (Euler Hermes)
Börsennotierung	Open Market - Entry Standard für Anleihen der Deutsche Börse AG
Zeichnungsfrist	29.06.2011 bis 12.07.2011
Sole Global Coordinator / Sole Bookrunner	Close Brothers Seydler Bank AG

Abb. 35.4 Eckdaten der Anleiheemission

Abb. 35.5 Nachfragebuch

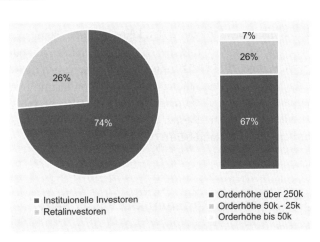

Das Nachfragebuch verdeutlicht die Schwerpunkte der Vermarktung und der Investorenansprache (Abb. 35.5).

Rund drei Viertel des Volumens wurden bei institutionellen Anlegern platziert, der deutlich kleinere Teil wurde von Kleinanlegern gezeichnet. Entsprechend ergab sich die Struktur der Orderlosgrößen, welche zu zwei Dritteln über 250.000 € je Order lagen.

Innerhalb der 14-tägigen Zeichnungsfrist wuchs das Orderbuch in den ersten Tagen sehr rasch auf rund 15 Mio. € an. Der weitere Verlauf war etwas verhaltener und überstieg dann die Schwelle von 20 Mio. €. Im Zuge der ersten negativen Meldungen rund um die Zahlungsfähigkeit Griechenlands kam es sogar zu Stornierungen bereits zugesagter Zeichnungen. Gegen Ende der Zeichnungsfrist gab es jedoch wieder verstärktes Interesse, sodass in einem insgesamt angespannten und verunsicherten Marktumfeld dennoch 23 von 30 Mio. € erfolgreich platziert werden konnten.

Die einschlägige Presse-Einschätzung zur MS-Anleihe sei an zwei Beispielen verdeutlicht:

„Der Autozulieferer MS Spaichingen begibt eine Unternehmensanleihe im Volumen von bis zu 30 Mio. €, die mit einem jährlichen Coupon von 7,25 % verzinst ist. Der Erlös soll vorrangig in die Umschuldung fließen. Das hört sich nicht gerade „sexy" an, ist aber in jedem Fall solide."[2]

„U. a. durch die seit dem letzten Jahr geltende Abgasnorm EPA 10 in den USA und die ab 2012 in Europa geltende Euro 6-Norm sollte bei Nutzfahrzeugen der Ersatzbedarf laut Marktprognosen deutlich steigen. Mit der Lieferung des Ventiltriebsystems für die neue Daimler Motorengeneration ‚Blue Efficiency Power OM 47X', die beide Normen erfüllt, hat sich die Gesellschaft darüber hinaus zum Systemlieferanten entwickelt."[3]

35.3 Kursentwicklung des ersten Jahres

Die Kursentwicklung des ersten Jahres war vor allem geprägt durch die massiven Diskussionen um den Euro und die Staatsschuldenkrisen in Südeuropa in den Monaten August bis November 2011 und konnte sich den allgemeinen Kursrückgängen am Markt nicht entziehen. Dennoch verhalf der hohe Anteil von institutionellen Anlegern zu einer deutlich höheren Stabilität als so manch andere Mittelstandsanleihe mit deutlich höherem Anteil an kleinteiligem Streubesitz. Der Tiefpunkt des Kursverlaufs lag bei etwas über 92 % der bisherige Höchststand bei 105 % (Abb. 35.6).

35.4 Neustrukturierung der Passiv-Seite

Die wesentliche Folge der Anleiheemission war die Möglichkeit, die Passivseite der MS und damit der ganzen MS-Gruppe neu gestalten zu können. Die nachfolgende Grafik stellt die Situation vor und nach der Umsetzung dar (Abb. 35.7).

Nachdem zur Zinsoptimierung eine vorzeitige Rückführung der PREPS-Mittel aus den Erlösen der Anleihe zu wirtschaftlich akzeptablen Bedingungen nicht möglich war, wurde im Wesentlichen die alte Konsortialfinanzierung der Banken vorzeitig aufgelöst und mit einer geringeren Anzahl von Häusern sowie bei geringerem Volumen

---

[2] Vgl. bondguide (2011)
[3] Vgl. bond magazine (2011)

35 Erfahrungen eines „Old-Economy"-Unternehmens bei der Emission... 545

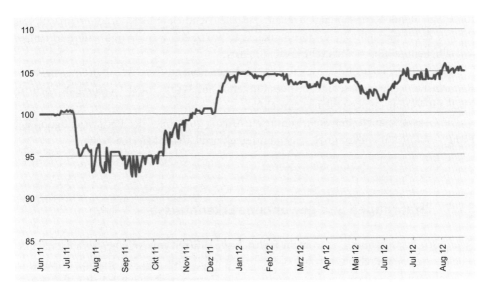

Abb. 35.6 Kursentwicklung der MS-Mittelstandsanleihe

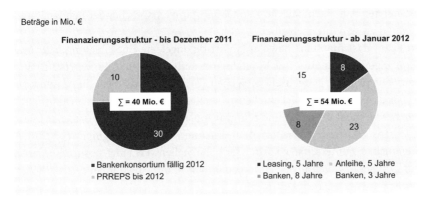

Abb. 35.7 Veränderung der Finanzierungsstruktur

neu und bilateral verhandelt. Die Besicherung erfolgte jedoch – ähnlich wie bei der früheren Konsortialfinanzierung – zentral durch ein Bankinstitut auf der Grundlage eines Sicherheiten-Treuhandvertrags. Aufgrund des reduzierten Volumens konnten einige Sicherheiten frei gegeben werden, insbesondere sämtliche Vermögensgegenstände der mittlerweile stark gewachsenen Tochtergesellschaften in den USA. Hiermit wurde wertvoller Freiraum für mögliche lokale Finanzierungen zu einem späteren Zeitpunkt geschaffen.

Es stehen nun auf der Bankenseite Tranchen mit verschiedenen Laufzeiten (3–8 Jahre), Besicherungen und Tilgungsregelungen, ergänzt durch branchenübliche Aval-Linien und der Möglichkeit der Inanspruchnahme auch in US-Dollar, zur Verfügung. Die Regelungen für einzuhaltende Kennzahlen (Covenants) wurden deutlich reduziert und vereinfacht. Der Prozess der Neugestaltung auf der Bankenseite war zeitaufwändig und aufgrund einiger Vorfälligkeitsgebühren auch sehr kostenintensiv.

In Ergänzung dazu konnte MS mit verschiedenen Leasing-Gesellschaften einen flexiblen Rahmen für weitere maschinelle Investitionen – auf Wunsch der Gesellschaft auch im Mietkauf-Verfahren darstellbar – einrichten.

Die Gesamtfinanzierung steht somit seit Anfang 2012 inkl. der Berücksichtigung der PREPS-Ablöse auf vollkommen neuen und strukturell diversifizierten Beinen.

35.5 Erfahrungen und gewonnene Erkenntnisse

Strategische Entscheidung Sowohl die mehrjährige Laufzeit von Anleihen als auch die Entscheidung zu öffentlicher und transparenter Kommunikation von Zahlen und Fakten sowie die nennenswerten einmaligen Aufwendungen im Zusammenhang mit einer Anleiheemission machen eine strategische Grundsatzentscheidung zu diesem Finanzierungsinstrument erforderlich. Man sollte es sich aus Unternehmenssicht daher vorstellen können, auch über die Laufzeit der ersten Anleihe hinaus im Kapitalmarkt mit entsprechender Publizität und Regularien präsent zu sein und zu bleiben.

Dies führt dazu, dass man eine bewusst langfristig angelegte Entscheidung trifft und planmäßig eine eigene Reputation im Kapitalmarkt aufbauen will. Die Bedeutung und Schlagkraft eines mehrjährig gewachsenen, eigenen „Track Records" bei großen und kleinen Anlegern wird man erst rückblickend beurteilen können. Bereits aus Erfahrungen mit wesentlich kleineren, nicht notierten und rein privat platzierten Anleihen wird der Effekt des Heranwachsens von treuen Wiederholungszeichnern auch im Segment der Mittelstandsanleihen nicht zu unterschätzen sein. Der hohe Stellenwert einer positiven „Credit History" zeigt sich gerade auch im US-amerikanischen Raum, sowohl bei geschäftlichen als auch bei privaten Finanzierungsanfragen.

Bereits vorhandene Erfahrungen im Kapitalmarkt (zum Beispiel als börsennotierte Aktiengesellschaft) können für die Begebung einer Mittelstandsanleihe sehr hilfreich sein, sind jedoch nicht als Voraussetzung einzustufen.

Anleihe als Baustein eines Gesamtfinanzierungskonzepts Es wäre ein Irrweg zu glauben, dass eine Mittelstandsanleihe, möglicherweise eingeworben in einem günstigen Kapitalmarktumfeld, alle bisherigen Fremdfinanzierungsformen ablösen und ersetzen könnte. Dies würde bedeuten, ein erhebliches Klumpenrisiko auf der Passivseite der Bilanz einzugehen, ganz abgesehen davon, dass der Gewinn an Flexibilität mit einem i. d. R. über einer klassischen Bankfinanzierung liegenden Zinsniveau bezahlt werden muss.

Vielmehr ist die Anleihe als ein interessanter ergänzender Baustein innerhalb eines Gesamtfinanzierungskonzepts, bestehend aus mehreren bilanziellen (oder auch außerbilanziellen) Instrumenten, zu sehen. Die Zielsetzungen dabei sind eine ausgewogene Laufzeiten- und Sicherheitenstruktur, die Optimierung des durchschnittlichen Zinsaufwands sowie die Vermeidung von zu großen Abhängigkeiten.

Die konkrete Erfahrung bei MS zeigt, dass das Instrument der Anleihe auch als Schlüssel für das „Aufbrechen" und die verbesserte Neustrukturierung bestehender Finanzverbindlichkeiten eingesetzt werden kann.

Professionelle Partner Einschlägige Erfahrung und fachliche Expertise sind im Rahmen eines Anleiheprojektes von zentraler Bedeutung. Die Betreuung durch professionelle Partner, sowohl bei der Konzeption, als auch bei der Investoren-Vorauswahl sowie der Platzierung der Anleihe können am Ende den entscheidenden Unterschied zwischen Erfolg und Misserfolg einer Anleiheemission ausmachen, gerade in schwierigeren Kapitalmarktphasen, die bei der Planung des Zeitfensters für die Zeichnungsfrist in jüngster Zeit schlichtweg nicht mehr vorhergesehen werden können.

Bei der Auswahl der Partner empfiehlt sich das Einholen von Referenzen vergleichbarer Unternehmen. Die Projektsteuerung und -koordination sollte in einer zentralen Hand liegen, die Erstellung des Wertpapierprospektes ebenso.

Rating Prozess Das aufgrund der Auflagen und Regularien der verschiedenen Börsenplätze erforderliche Unternehmensrating hilft dabei, die Außensicht auf das emittierende Unternehmen besser zu verstehen. Im Prinzip ist es auch eine gute „Generalprobe" für spätere Investorenanalysen und Präsentationen im Zuge der Vermarktung. Es empfiehlt sich, Angebote von zwei oder drei Ratingagenturen einzuholen und vor Auswahl Rücksprache mit der emissionsbegleitenden Bank zu halten. Je nach Fokus der Investorenansprache kann es in der Praxis verschiedene Präferenzen oder sogar Mindestanforderungen in puncto Rating geben.

Die jährlichen Folge-Ratings, das regelmäßige Monitoring sowie die Transparenz- und Berichtspflichten haben unternehmensintern häufig eine – im positiven Sinne – disziplinierende Wirkung.

Investor Relations Investor Relations oder besser Debt Relations spielen auch nach einer erfolgreichen Emission eine wichtige Rolle. Der Vergleich zu eigenen Erfahrungen im Bereich börsennotierter Aktien lässt – rückblickend nach einem Jahr – die Aussage zu, dass sowohl Intensität als auch Frequenz von Debt Relations Maßnahmen bei einer Anleihe tendenziell geringer gehalten werden können. Diese Erfahrung ist allerdings auch vor dem Hintergrund des hohen Anteils an langfristig orientierten institutionellen Anlegern zu sehen. Einige davon hatten im Vorfeld der Platzierung der Anleihe die Möglichkeit genutzt, eine Werksbesichtigung am Hauptstandort der Emittentin, verbunden mit ausführlichen Management-Gesprächen, wahrzunehmen. Das Feedback nach den Besuchen vor Ort war durchwegs positiv, da ein fundiertes Verständnis für das Geschäftsmodell und die Nachhaltigkeit der Kunden- und Auftragsstruktur aus erster Hand vermittelt werden konnte.

Sonstige Effekte und Empfehlungen Neben allen messbaren Faktoren und Erfahrungen sind die qualitativen und psychologischen Effekte einer erfolgreichen Anleiheplatzierung nicht zu unterschätzen. Auch hier sind eine Beurteilung und die persönliche Erkenntnis leider erst im Nachgang und nicht im Vorfeld einer Anleiheemission möglich. Wenn es einem Unternehmen gelingt, sich direkt bei Endanlegern im Kapitalmarkt zu refinanzieren, dann ist das ein Beweis für alle anderen Geschäftspartner und insbesondere die eigenen Hausbanken, dass es dem Management gelungen ist, das Unternehmen in verständlicher und glaubwürdiger – also offensichtlich kreditwürdiger – Form zu präsentieren; gewissermaßen wie ein erster „Ritterschlag" im Kapitalmarkt. Die neue Wahrnehmung wirkt sich spürbar in allen Gesprächen und Verhandlungen rund um das Thema Finanzierung im positiven Sinne aus und sollte genutzt werden, um wesentliche strukturelle Veränderungen und Weichenstellungen in der Unternehmensfinanzierung zeitnah vorzunehmen.

Die Frage, wie sich der Kapitalmarkt in Bezug auf die Mittelstandsfinanzierung über das Instrument einer Anleihe künftig darstellen wird, kann noch nicht belastbar beantwortet werden. Die Platzierung einer Folge-Anleihe mag häufig sinnvoll und erstrebenswert sein, jedoch muss die Rückzahlung einer Anleihe notfalls auch durch ein oder zwei alternative Konzepte möglich sein und auch vorbereitet werden. Von der Idee bis zur vertraglichen Umsetzbarkeit einer kompletten Lösung können – gerade nach den schmerzvollen Erfahrungen der Jahre 2009 und 2010 – zwischen 9 und 18 Monate vergehen. Eine frühzeitige Planung der Anschlussfinanzierung, bereits deutlich vor Ende der Laufzeit einer Anleihe, wird daher ausdrücklich empfohlen.

Literatur

bondguide (2011) Ausgabe 4 aus der KW 26/27
bond magazine (2011) Ausgabe 7 vom 27.06.2011
Maschinenfabrik Spaichingen (2011) Wertpapierprospekt

Debt Relations bei Schuldscheindarlehen

36

Paul Kuhn

Das Schuldscheindarlehen hat sich in den vergangenen 10 Jahren zu einem der erfolgreichsten Finanzierungsinstrumente für Unternehmen entwickelt. Dabei spielt es keine Rolle, ob es sich bei den Emittenten nach Kapitalmarktmaßstäben um ein kleines Unternehmen mit einigen 100 Mio. € Umsatz oder um ein Dax/EuroSTOXX-Unternehmen mit mehreren Milliarden € Umsatz handelt.

Die Vorteile eines Schuldscheindarlehens sind vielschichtig. Zum einen ist es ein fungibles und damit für Investoren leicht handelbares Instrument. Gleichzeitig wird es in der Praxis von den meisten Investoren als sogenanntes „Buy and Hold Investment" getätigt und eben nicht aktiv gehandelt. Für die Mehrzahl der Emittenten ist genau diese Stabilität in der Investorenbasis ein unschätzbarer Vorteil gegenüber anderen Finanzierungsinstrumenten. Auch die Tatsache, dass der Emittent zu jedem Zeitpunkt seine Investoren namentlich kennt ist, wird sehr positiv gewertet.

Ferner ist die Dokumentation des Schuldscheindarlehens insbesondere im direkten Vergleich zu einer Unternehmensanleihe außerordentlich schlank. Aber auch der kontrollierte Vermarktungsprozess und die relativ einfache Handhabung bezüglich Debt Relations sind wesentliche Vorteile die aus Emittentensicht für ein Schuldscheindarlehen sprechen.

Bei den Investoren eines Schuldscheindarlehens handelt es sich üblicherweise um Banken, Sparkassen und Versicherungen sowie etwas seltener um andere institutionelle Investoren wie Pensionskassen, Fonds und Kapitalanlagegesellschaften (Abb. 36.1).

Banken und Sparkassen haben bereits auf Grund gesetzlicher Vorgaben (u. a. § 18 Kreditwesengesetz) konkrete Erfordernisse an die Informationstiefe und -häufigkeit eines Kreditnehmers und somit auch eines Schuldscheindarlehensemittenten.

Im Allgemeinen erwarten auch die Investoren aus dem Versicherungs- und anderem institutionellem Bereich eine Gleichbehandlung bezüglich der zur Verfügungstellung von Finanzinformationen. Aus diesem Grund wird im Folgenden keine weitere Differenzierung der Debt Relations nach Investorengruppen vorgenommen.

P. Kuhn (✉)
Bayerische Landesbank, Brienner Str. 18, 80333 München, Deutschland
E-Mail: paul.kuhn@bayernlb.de

Abb. 36.1 Typische Investorenverteilung nach Invest

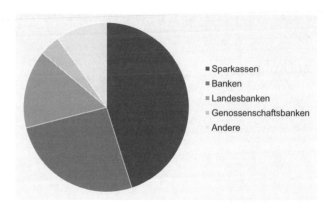

Die Usancen und Strategien von Debt Relations von Schuldscheindarlehen können idealerweise in vier Stufen untergliedert werden:

1. Non-Deal related Debt Relations (auch Transaktionsvorbereitende Investorenpflege und -entwicklung)
2. Deal related Debt Relations (also die Transaktionsbezogene Investorenansprache)
3. Post-Deal Debt Relations (auch fortwährende und zukünftige Investoreninformation)
4. Debt Relations in Stresssituationen (zum Beispiel bei Nichteinhaltung vereinbarter Financial Covenants)

Diese Stufen sollen im Folgenden im Detail vorgestellt werden (Abb. 36.2).

36.1 Non-Deal related Debt Relations

Bei den Non-Deal related Debt Relations handelt es sich um die Informationspolitik eines Emittenten im Vorfeld einer Transaktion. Diese kann zum Beispiel durch die Teilnahme an einem Issuers Day einer Bank, die typischerweise eine starke Rolle in der Arrangierung

Abb. 36.2 Die Phasen von Debt Relations

von Schuldscheindarlehen einnimmt, erfolgen. Gemäß einer unabhängigen Studie von Capmarcon[1] sind dies vor allem die großen Landesbanken LBBW und BayernLB.

Diese Teilnahme bzw. Präsentation des Unternehmens im Rahmen eines Issuers Day öffnet die Tür zu den ersten direkten Gesprächen mit potentiellen Investoren. Hier hat das Unternehmen die Möglichkeit, die eigene „Story" Non-Deal related zu präsentieren, Werbung für sich bei den Investoren gezielt zu platzieren und Feedback einzusammeln. Die Issuer Day Veranstaltungen sind in der Regel ganztags Events, die neben einem kleinen Rahmenprogramm sieben bis acht Investoren die Gelegenheit zur Präsentation geben.

Eine Alternative zu einem Issuers Day kann auch eine Präsentation des Unternehmens im Rahmen eines Finanzsymposiums oder einer ähnlicher Veranstaltungen sein.

Die Non-Deal related Präsentation sollte folgende Inhalte abdecken:

- Vorstellung des Unternehmens inklusive einer kurzen Historie
- Vorstellung der wesentlichen Produkte und Dienstleistungen die vom Unternehmen offeriert werden
- Key-Financial Ratios (u. a. Umsatz, EBITDA, Nettoverschuldung), stichtagsbezogen, aber auch im Zeitverlauf
- Bisherige Nutzung von Finanzinstrumenten
- Allgemeine Aussagen zur Finanzstrategie, Nennung möglicher Herausforderungen und Lösungen dieser
- Q&A

Das Auditorium eines Issuers Day bei einem der großen Arrangeure ist ein gutes Spiegelbild der möglichen Investorenbasis.

Es ist ratsam, den sich regelmäßig im Nachgang zur Präsentation entstehenden Dialog zu nutzen, um den „Markt" auf eine mögliche Transaktion zu einem späteren Zeitpunkt vorzubereiten. Gleichzeitig kann so der „Ernstfall einer Investorenpräsentation" geprobt werden. Die Fragen der Investoren an einem solchen Issuers Day sind sicher bei weitem nicht so „tief" wie sie es bei transaktionsbezogenen Veranstaltungen sind, jedoch haben viele Investoren auch grundsätzliche Kenntnis des Marktes oder der Wettbewerber und können allein dadurch konkrete Fragen zum präsentierenden Unternehmen stellen. Im direkten Vergleich sind mögliche Investoren tendenziell deutlich schwächer bei Finanzsymposien und ähnlichen Veranstaltungen repräsentiert als bei einem Issuers Day.

36.2 Deal-related Debt Relations

Die Deal-related Debt Relations beinhalten alle relevanten Unterlagen und Informationen, die den Investoren im Rahmen einer Emission eines Schuldscheindarlehens zur Verfügung gestellt werden.

---

[1] Vgl. CAPMARCON Spezial Nr. 2 (2012).

Viele Schuldscheindarlehensemissionen werden von Unternehmen begeben, die eine besondere Vertraulichkeit der Transaktion wünschen. Das kann zum einen so weit gehen, dass nur im Vorfeld zwischen Emittent und Arrangeur abgestimmte Investoren auf die Transaktion angesprochen werden – wobei hier schon von einem Club Deal Schuldscheindarlehen gesprochen werden könnte.

Die Regel ist, dass für Emissionen von Unternehmen, die nicht bereits über eine breite Publizität (beispielsweise auf Grund einer Börsennotierung) verfügen, eine spezielle Vertraulichkeitserklärung mit potentiellen Investoren vereinbart wird. Vor Unterzeichnung dieser Vertraulichkeitserklärung, die signifikant über das normale Maß des Bankgeheimnisses hinausgeht, erhält der potentielle Investor lediglich rudimentäre Informationen zur geplanten Transaktion.

Erst mit Unterzeichnung dieser Erklärung wird vom Arrangeur das gesamte Informationspaket zur Transaktion dem potentiellen Investor zur Verfügung gestellt.

Dabei handelt es sich in einem ersten Schritt vor allem um folgende Informationen:

- Term Sheet (Beinhaltet alle relevanten Transaktionsdetails wie zum Beispiel Emittentin, Verwendungszweck, Status, Emissionsvolumen, Laufzeit, Pricing, Covenants, Timing)
- Entwurf des Schuldscheindarlehens- und Zahlstellenvertrages
- Testierte Jahresabschlüsse (mindestens über 2 Jahre), auf Konzern- und Einzelgesellschaftsebene
- Emittenten-Portrait des Arrangeurs
- Handelsregisterauszüge, relevante und verfügbare Satzungs- bzw. Gesellschaftsvertragsauszüge
- Organigramm
- Mögliche Ratinginformationen des Arrangeurs oder einer externen Ratingagentur

Im Wesentlichen soll bereits mit dem ersten Informationspaket den typischen Erfordernissen des § 18 Kreditwesengesetz (KWG) Rechnung getragen werden: „Ein Kreditinstitut darf einen Kredit,..., nur gewähren, wenn es sich von dem Kreditnehmer die wirtschaftlichen Verhältnisse, insbesondere durch Vorlage der Jahresabschlüsse, offen legen lässt..."

Neben den Jahresabschlüssen basiert die Kredit- bzw. Darlehensentscheidung der Investoren auf dem vom Arrangeur erstellten Emittenten-Portrait. Dabei gilt, je weniger „Marketing" es enthält und je kritischer es auf die wichtigsten Aspekte des Emittenten eingeht, desto besser.

Das Emittenten-Porträt wird in der Regel von einem Branchenspezialisten des Research Teams des Arrangeurs erstellt. Dabei stützt der Researcher oder Analyst seine Studie zu weiten Teilen auf Unterlagen und Informationen des Unternehmens als auch seine Kenntnis der Branche und der Wettbewerber des Unternehmens. Bei sehr fokussierten und publizitätsscheuen Unternehmen steigt naturgemäß die Abhängigkeit des Analysten von der Bereitschaft zur kontrollierten Transparenz durch das emittierende Unternehmen.

Ein kritisches und inhaltlich aussagestarkes Emittenten-Porträt steigert signifikant die Erfolgsaussichten einer Transaktion. Neben der üblichen SWOT-Analyse wird dabei besonders Augenmerk auf folgende Bereiche gelegt:

- Geschäftsrisikoprofil
- Unternehmensstrategie
- Finanzrisikoprofil
- Qualitative und Quantitative Finanzanalyse
- Peervergleich und Wettbewerbsanalyse

Es ist üblich, dass nach Fertigstellung des Emittenten-Porträts durch den Analysten der Emittent die Möglichkeit zur formalen Durchsicht der Studie bekommt und dabei offensichtliche Fehler oder Missverständnisse eliminiert werden können – noch bevor die Investoren damit konfrontiert werden. Das Emittenten-Porträt ist vor Vermarktungsbeginn fertig zu stellen und sollte immer auch in einer englischen Version verfügbar sein.

36.3 Unternehmenspräsentation für Investoren

Ein weiterer zentraler Baustein einer Deal related Debt Relation ist die Equity story vor potentiellen Investoren. Dabei gibt es die Möglichkeit einer physischen oder einer telefonischen Präsentation bzw. einer Kombination aus beidem.

Die physische Präsentation sollte zum Ende des ersten Drittels des Vermarktungszeitraums des Schuldscheindarlehens erfolgen. Ein typischer Vermarktungszeitraum umfasst dabei 4–5 Wochen, so dass nach etwa eineinhalb Wochen ab Vermarktungsbeginn die Präsentation entweder beim Unternehmen oder in einem neutralem Veranstaltungsort (Hotel oder beim Arrangeur) stattfinden sollte.

Neben den Inhalten einer Non-Deal related Präsentation sollten weitere bzw. vertiefende Informationen zur aktuellen wirtschaftlichen Entwicklung, Planzahlen, Verwendungszweck der Transaktion, Bankenspiegel, Fälligkeitsprofil, Timing der Transaktion etc. inkludiert werden.

Es ist ebenfalls zu empfehlen eine kurze Zusammenfassung der Key Investment Considerations am Ende der Präsentation aufzunehmen, zum Beispiel durch die Betonung des konservativen Finanzprofils bzw. diversifizierten Geschäftsprofils.

In der Unternehmenspräsentation kann das emittierende Unternehmen auch ein verbales Commitment (zum Beispiel zur Einhaltung einer bestimmten Finanzrelation oder Bonitätsklasse) abgeben – dies unabhängig von vertraglichen Vereinbarungen in der Dokumentation des Schuldscheindarlehens.

Die Investorenpräsentation wird durch die Möglichkeit, Fragen an die Präsentierenden zu stellen, abgerundet. Dabei werden regelmäßig zum Teil konkrete Analysefragen, aber auch nur Verständnisfragen zur Präsentation gestellt.

Die telefonische Präsentation unterscheidet sich im Prinzip im Ablauf und Inhalt nicht von der physischen Präsentation, außer dass die Investoren die Präsentation im Vorfeld zugesandt bekommen oder Webbasiert live sichten können, während die Vortragenden in einem Conference Call durch die Präsentation führen.

In der Regel findet der Conference Call mehrfach und zeitversetzt (beispielsweise über 1 Woche) statt, um verhinderten Investoren einen echten Zweittermin anzubieten. Vereinzelt erfolgt aber auch eine simultane Zuschaltung von Investoren zur physischen Präsentation.

Sowohl die physische als auch telefonische Präsentation sollten den zeitlichen Rahmen von etwa 1,5 Stunden nicht wesentlich übersteigen (zzgl. Q&A), da viele Investoren zum Teil signifikante Reisezeiten hinzurechnen müssen.

Findet die Präsentation am Unternehmenssitz oder einer Niederlassung statt und es gibt die Möglichkeit zu einer Unternehmensführung, sollte diese in jedem Fall fakultativ allen Investoren ebenfalls angeboten werden. Hierbei ist es möglich, den Investoren das Wesen und die Philosophie des Unternehmens näher zu bringen und selbstverständlich weiterführende Gespräche zu führen.

Die Unternehmenspräsentation ist aber auch über den Präsentationstag hinaus ein wichtiger Bestandteil der Debt Relations im Rahmen einer Emission von Schuldscheindarlehen. Denn es ergänzt das eher kritische Emittenten-Portrait des Arrangeurs um exakt die dort nicht ausgeprägten „Marketinginhalte" – also die primär positiven Argumente für das Engagement in das Schuldscheindarlehen.

Des Weiteren wird nach der Investorenveranstaltung beim Emittenten die Unternehmenspräsentation auf elektronischem Wege an alle interessierten Investoren, die an der Veranstaltung nicht teilnehmen konnten, versandt. Dies übernimmt der Arrangeur und erhält dadurch die Möglichkeit die restlichen Investoren nochmals anzusprechen und die Transaktion so positiv zu flankieren sowie zusätzliches Momentum aufzubauen.

Für einen signifikanten Teil der Investoren beginnen erst jetzt die eigentliche Analyse und der Kreditentscheidungsprozess. Zu erkennen ist dies auch an den sich zu diesem Zeitpunkt regelmäßig häufenden Fragen der Investoren.

Eine echte „Roadshow" mit mehreren, insbesondere europaweiten Stationen ist in der Vermarktung von Schuldscheindarlehen unüblich und würde keinen Mehrwert liefern. Entscheidender als der Präsentationstermin selbst, ist die Tatsache, dass die Investoren die Möglichkeit zu einem direkten Emittenten-Kontakt offeriert bekommen haben und dass der Emittent damit eine persönliche Kommunikation dokumentiert hat.

Neben der grundsätzlichen Auswahl der Investoren durch den Arrangeur basierend auf den Zielvorgaben des Emittenten (zum Beispiel wenige große oder viele kleine Investoren), ist es auch möglich, bestimmte Investoren bereits vor der Vermarktungsphase eines Schuldscheindarlehens gänzlich auszuschließen.

So ist es beispielsweise möglich, dass ganze Investorengruppen (zum Beispiel Hedgefonds) oder einzelne Investoren die namentlich benannt werden (Black List) nicht über die Transaktion informiert bzw. zur Zeichnung eingeladen werden. Auf der anderen Seite ist es möglich eine White List zu vereinbaren, die Investoren enthält, die in jedem Fall, ggf. sogar bevorzugt, angesprochen werden sollen.

Für Unternehmen besteht an dieser Stelle die Möglichkeit, jene Kreditgeber, die in der Vergangenheit großes Interesse an einer Finanzierung des Unternehmens signalisiert haben, im positiven Sinne zu „entsorgen" und zusammen mit anderen Darlehensgebern schlank in der Schuldscheindarlehenstransaktion zusammenzufügen.

Darüber hinaus besteht eine aktive Einflussnahme auf die zukünftige Investorenbasis durch Einschränkungen in der Dokumentation bzw. Vertragsgestaltung des Schuldscheindarlehens. Auch hier können die von den meisten Emittenten gefürchteten Hedgefonds als Investoren ausgeschlossen werden oder andere „Debt Relations Schranken" eingebaut werden.

In eher seltenen Fällen sind dies zum Beispiel die Zustimmungspflicht des Emittenten zur Abtretung bzw. Übertragung der Forderung des Darlehensgebers an einen neuen Darlehensgeber. Mögliche Vorkaufsrechte des Emittenten oder die Einhaltung der aus der ursprünglichen Vermarktung bekannten speziellen Vertraulichkeitserklärung sind weitere Alternativen.

Auch eine allgemeine Einschränkung der Weitergabe der für eine Kreditentscheidung relevanten Informationen an einen neuen Kreditgeber ist denkbar, aber schränkt die Fungibilität des Schuldscheindarlehens stark ein und behindert so von vornherein die Vermarktbarkeit einer solchen Transaktion. Auch die vorgenannten anderen Einschränkungen sind nur sehr selektiv sinnvoll.

In diesem Zusammenhang ist der Hinweis auf die rechtliche Wirksamkeit solcher „Debt Relations Schranken" wichtig. Sie können zwar auf der zivilrechtlichen Basis zum Ziel führen und ein möglicher, aber nachzuweisender Schaden, der durch eine Abtretung oder Übertragung an einen ausgeschlossenen Investor entstanden ist, geltend gemacht werden können, jedoch ist gem. § 354a HGB eine Abtretung bzw. Übertragung trotzdem rechtlich möglicherweise wirksam.

36.4 Post-Deal Debt Relations

Zu den ersten Post-Deal Debt Relations zählt eine Pressemitteilung des Emittenten über den erfolgreichen Abschluss einer Kapitalmarkttransaktion. Dies erfolgt regelmäßig über die jeweilige Presseabteilung des Emittenten und richtet sich an die allgemeine Finanzpresse. Darüber hinaus erfolgt häufig eine Veröffentlichung auf der unternehmenseigenen Homepage. Nachfolgend ein Beispiel einer Pressemitteilung der Sixt AG:
Sixt AG platziert erfolgreich Schuldscheindarlehen über 125 Mio. €
Nachfrage von institutionellen Investoren aus dem In- und Ausland über den Erwartungen
Mobilitätsdienstleister deckt mit Schuldscheindarlehen frühzeitig wesentlichen Teil des Refinanzierungsbedarfs 2012 zu sehr attraktiven Konditionen
Pullach, 23. Februar 2012 – Die Sixt AG hat ein Schuldscheindarlehen in Höhe von 125 Mio. € erfolgreich bei institutionellen Investoren platziert. Dabei konnte das ursprünglich angebotene Volumen aufgrund der großen Nachfrage aus dem In- und

Ausland deutlich übertroffen werden. Die Emission besteht aus mehreren Tranchen mit Laufzeiten von 5 bzw. 7 Jahren.

Der internationale Mobilitätsdienstleister konnte mit der Transaktion, die von der BayernLB arrangiert wurde, bereits zu Jahresbeginn einen wesentlichen Teil des Refinanzierungsbedarfs für das laufende Jahr zu sehr attraktiven Konditionen decken. Zugleich wurde das Fälligkeitenprofil der Verbindlichkeiten weiter optimiert. Margen von 140 bis 160 Basispunkten tragen zur angestrebten, langfristig wirkenden Reduzierung der Kapitalkosten bei.

Der Konzern nutzt zur Refinanzierung seiner Vermiet- und Leasingflotte üblicherweise ein breites Spektrum von Finanzierungsinstrumenten, darunter Anleihen, Schuldscheindarlehen, Leasingfinanzierungen und Bankdarlehen. Darüber hinaus weist Sixt mit einem Eigenkapital von mehr als 580 Mio. € und einer Eigenkapitalquote von mehr als 25 % (alle Angaben per 30. September 2011) eine in der Branche überdurchschnittliche Eigenkapitalausstattung aus."

Dr. Julian zu Putlitz, Finanzvorstand der Sixt AG: „Das neue Schuldscheindarlehen ist eine weitere Maßnahme, um die langfristige Finanzierung unseres Konzerns zu sichern. Die große Nachfrage der Investoren aus dem In- und Ausland und die erzielten Konditionen dokumentieren erneut die finanzielle Stärke und die Solidität der bilanziellen Verhältnisse des Sixt-Konzerns."

Bei den weiteren Post-Deal Debt Relations für die Emittenten von Schuldscheindarlehen handelt es sich im Wesentlichen um die bereits in der Einleitung zu diesem Kapitel genannten rechtlichen Erfordernisse zur Information von Kredit- und Darlehensgebern.

Parallel zu den meist bereits in der Dokumentation eines Schuldscheindarlehens genannten Informationen, die der Emittent dem Darlehensgeber zur Verfügung stellt, wie zum Beispiel

- Testierter Jahresabschluss des Konzerns und der Einzelabschluss der Emittentin nach spätestens x Tagen nach Jahresabschluss (üblich sind 120 Tage),
- Quartalszahlen nach y Tagen nach Abschluss eines jeden Quartals (üblich sind 30 Tage),
- Bestätigung der Einhaltung der Financial Covenants (Compliance Certificate),

verpflichtet sich der Emittent auch alle zur Erfüllung der Vorgaben des § 18 Kreditwesengesetz (KWG) erforderlichen Unterlagen und solche anderen Informationen, die die Darlehensgeberin zur Erfüllung ihrer gesetzlichen Verpflichtungen benötigt, rechtzeitig zu übermitteln.

Darüber hinaus verpflichtet sich der Darlehensnehmer explizit „alle weiteren Informationen, die eine Darlehensgeberin zur Erfüllung gesetzlicher Anforderungen angemessener Weise anfordern kann" zur Verfügung zu stellen.

Die Verpflichtung zur direkten Übermittlung der Dokumente kann entfallen, wenn alle relevanten Informationen auf der Internet-Webseite der Darlehensnehmerin frei verfügbar sind.

In der Praxis ist es eher selten, dass die Investoren in einer wirtschaftlich gesunden Entwicklung des Darlehensnehmers nennenswert weitere Informationen einfordern. Darüber hinaus ist die Auslegung von „weitere Informationen und angemessener Weise" in einer Vielzahl von richterlichen Urteilen definiert worden und sicherlich als eine Bremse zu einem Übermaß an Informationsanforderungen der Investoren wirksam.

Jedoch gibt es neben konkreten Informationen häufig aus der jährlichen Kreditüberprüfung beim Darlehensgeber durchaus Fragen und punktuell Klärungsbedarf, der in der Regel über die Zahlstelle koordiniert an den Darlehensnehmer zur Beantwortung weitergeleitet wird.

Grundsätzlich ist festzuhalten, dass Investoren von Schuldscheindarlehen eine gesunde Erwartungshaltung bezüglich der notwendigen Informationen haben. Ihr Informationshunger ist nicht höher als der der bestehenden Hausbanken, obwohl die Schuldscheininvestoren in der Regel nicht „nah dran" sind, häufig signifikant längere Darlehenslaufzeiten akzeptieren und nicht die Kenntnisse einer Hausbank beispielsweise in Bezug auf die aktuelle Liquiditätsentwicklung des Darlehensnehmers haben.

Zu den Post-Debt Relations kann selbstverständlich erneut eine allgemeine Debt Relations zur Seite gestellt werden, die auch als Non-Deal Related Debt Relations bezeichnet werden kann.

Erfahrungsgemäß sind aber Roadshows und Investorveranstaltungen ausschließlich für Schuldscheindarlehensinvestoren unüblich. Vielmehr ist es praktikabler, alle oder einzelne Investoren eines Schuldscheindarlehens zu einem gewöhnlichen „Bankentag", wie sie gelegentlich von Unternehmen veranstaltet werden, einzuladen. Dabei gilt jedoch zu beachten, dass insbesondere kleine Investoren solchen Einladungen nur in absoluten Ausnahmefällen Folge leisten.

Eine aktive Debt Relation wird in jedem Fall auch nach Abschluss einer Transaktion grundsätzlich von allen Investoren geschätzt. Deshalb spricht nichts dagegen, dass Emittenten von sich aus über die vereinbarten Informationen hinaus, beispielsweise einmal jährlich, eine kleine und zielgerichtete Präsentation den Investoren in ihre Schuldscheindarlehen auf elektronischem Wege zur Verfügung stellen. Diese Präsentation kann dann auf spezielle zukünftige Projekte hinweisen, aber auch das vergangene Jahr und die Unternehmensperformance weiter erläutern oder andere wesentliche Entwicklungen vertiefen.

36.5 Debt Relations in Stresssituationen

Neben den gewöhnlichen Debt Relations verdient das Thema der Investorenbeziehung in einer wirtschaftlichen Stresssituation eine besondere Beachtung. Eines der großen Vorteile des Schuldscheindarlehens wird zu diesem Zeitpunkt zum Nachteil. Damit ist die Tatsache gemeint, dass jeder einzelne Investor rechtlich betrachtet ein selbständiges bzw. individuelles Kreditverhältnis zum Emittenten unterhält. Das heißt, jeder einzelne kann bei

Auslösung eines außerordentlichen Kündigungsgrunds (zum Beispiel Bruch vereinbarter Financial Covenants) die Kündigung auch aussprechen und kann nicht über Quoren (wie beispielsweise in einem Syndicated Loan) überstimmt werden.

Aus diesem Grund ist es in absehbaren Krisenfällen ratsam, pro-aktiv auf die Investoren zuzugehen und beispielsweise durch Vereinbarung eines sogenannten Waivers die Kündigungsmöglichkeiten einzelner Investoren im Vorfeld zu eliminieren. Zwar muss auch der Waiver von jedem einzelnen Investor genehmigt und unterzeichnet werden, jedoch ist der Druck einzelner Investoren auf den Darlehensnehmer zu diesem Zeitpunkt geringer.

Zum einen hat der Emittent Zeit einen völlig uneinsichtigen Investor im Zweifel durch einen neuen zu ersetzen (sicherlich nicht das leichteste Unterfangen in einer wirtschaftlich schwierigen Situation) bzw. auf besondere Wünsche (zum Beispiel zusätzliche Reportings, detaillierte Planung, genauere Erläuterung der Gründe für die unerwarteten Entwicklung, Engagierung externer Unterstützung durch eine Beratungsgesellschaft etc.) einzugehen und dadurch die nötige Zustimmung sicher zu stellen.

Neben der insbesondere in diesen Umständen absolut notwendigen Offenheit ist es wichtig, alle Investoren gleich zu behandeln. Das beinhaltet keine vorzeitigen Rückzahlung einzelner Darlehensgeber, Besserstellungen oder andere Zusicherungen an ausgewählte Investoren. Diese Erwartungshaltung der Investoren wird auch in der Dokumentation eines Schuldscheindarlehens in Form von Pari Passu und Negativerklärung formuliert.

Auch sollten die Investoren eines Schuldscheindarlehens nach Möglichkeit gegenüber anderen Finanzprodukten oder Investorengruppen wirtschaftlich nicht schlechter gestellt werden. In der Vergangenheit war zu beobachten, dass großen Investoren eines syndizierten Kredits signifikante Spread- bzw. Zinsaufschläge in der Krise offeriert wurden, aber gleichzeitig die Erwartung an die Investoren eines Schuldscheindarlehens war, dass sie sich mit weniger als der Hälfte zufrieden geben sollen.

Eine solche Schlechterstellung bleibt selten auf Dauer vertraulich und beschädigt die Debt Relations zu den Schuldscheininvestoren nachhaltig. Die Lösung ist simpel und liegt in einer fairen und ähnlichen Behandlung aller Investoren.

Sollte eine pro-aktive Kommunikation im Vorfeld eines „Event of Default" nicht möglich sein, so gelten auch in diesem Fall alle vorgenannten Prämissen bezüglich offener Kommunikation und Gleichbehandlung der Investoren.

In der Vergangenheit wurden hier auch gezielte Investorenveranstaltungen und Präsentationen des Managements offeriert, um nachdrücklich die Hintergründe und Umstände, die zu den Kündigungsgründen geführt haben, zu erläutern und für die Zustimmung der anstehenden Waiver zu werben. Diese Veranstaltungen sind in der Praxis nicht einfach und viele Gespräche in diesen Zeiten müßig, aber am Ende sollte wieder eine stabile Investorenbasis stehen.

Eine Unternehmenspräsentation in einer wirtschaftlich schwierigen Situation sollte daher noch stärker den Fokus auf Strategie, Planung und Zukunftsperspektiven haben, als das in einer Deal- oder Non-Deal related Präsentation der Fall ist.

36.6 Exkurs: Aufgaben der Zahlstelle/Paying Agent bei Schuldscheindarlehen

Im Rahmen einer Schuldscheinemission wird in der Regel einem Arrangeur auch die Funktion der Zahlstelle übertragen. Dabei übernimmt die Zahlstelle neben den offensichtlichen Obliegenheiten wie der Weiterleitung der Zahlungsströme (Zins- und Tilgungszahlungen) auch wesentliche Funktionen der Kommunikation in Richtung Investoren.

Die Zahlstelle leitet alle vom Darlehensnehmer gelieferten und gemäß der Schuldscheindarlehensdokumentation fälligen Jahres- und Quartalsabschlüsse, der Compliance Meldungen und sonstiger Informationen an die Investoren weiter. Sie dient aber auch den Investoren regelmäßig als erster Ansprechpartner bei Fragen an den Emittenten, ohne dass formal diese Funktion vereinbart ist. Idealerweise werden die sich häufig wiederholenden Fragen der Investoren gebündelt und so koordiniert an den Emittenten zur Beantwortung weitergeleitet. Auch der Rücklauf, also die Antworten, erfolgt in diesem Fall über die Zahlstelle.

Als erweiterte Zahlstellenfunktion kann auch die Strukturierung und Empfehlung von künftigen Debt Relations Aktivitäten durch den ursprünglichen Arrangeur bezeichnet werden. Dabei nutzt der Arrangeur sein Wissen und den permanenten Austausch mit den Investoren bezüglich deren Erwartungen an eine optimale Kommunikation des Darlehensnehmers und kann entsprechende Empfehlungen an den Darlehensnehmer aussprechen. Eine Koordination und Organisation entsprechender Roadshows und/oder Veranstaltung ist im Rahmen der Zahlstellenfunktion jedoch nicht abgedeckt.

36.7 Zusammenfassung und Appell

Eine gute Kommunikation sowie grundsätzlich ein funktionierendes und gelebtes Debt Relations ist auch im Bereich Schuldscheindarlehen ein zentrales Element einer erfolgreichen und nachhaltigen Beziehung zwischen Darlehensnehmer und -geber. Etwa 80 % aller in den letzten 10 Jahren fällig gewordenen Schuldscheindarlehen sind durch die Emission neuer Schuldscheindarlehen refinanziert worden – Tendenz steigend.

Je besser die Kommunikation auch während der Laufzeit des Schuldscheindarlehens durch die Investoren empfunden wurde, desto höher ist auch die Wahrscheinlichkeit, dass der „Wohlfühlfaktor" der Investoren mit dem eingegangenen Engagement sich bei einer Refinanzierung, Prolongation oder Neuemission eines Schuldscheindarlehens in einer attraktiven Verzinsung aus der Emittentensicht widerspiegelt.

Denn nur wenn der Investor informiert ist, kann er das Risiko richtig einschätzen, Überraschungen vermeiden und dadurch sein Gesamtrisiko reduzieren.

$$\text{Geringeres Risiko} = \text{geringere Spreaderfordernisse.}$$

36.8 Ein Nachwort zum Thema Debt Relations in Englisch

Das in der Vergangenheit typisch deutsche Produkt Schuldscheindarlehen (von einigen Marktteilnehmern bereits heute Euro Private Placement genannt) hat in den letzten 5 Jahren eine enorme Internationalisierung erlebt.

Neben zwischenzeitlich vielen internationalen Emittenten (vornehmlich aus Österreich und Frankreich) haben von Beginn an viele internationale Investoren das Instrument Schuldscheindarlehen für sich entdeckt. Aktuell sind Investoren aus Asien sehr aktiv, aber auch regelmäßig neue Investoren aus Südamerika, Frankreich, Australien zu beobachten.

Hier wird standardmäßig die Dokumentation, das Emittenten-Portrait, zum Teil die Jahresabschlüsse und andere Informationen in englischer Sprache erwartet. Dies sollten potentielle Emittenten in Zukunft noch stärker beachten.

Literatur

CAPMARCON Spezial Nr. 2 (2012) Der Schuldschein als tragende Säule der deutschen Unternehmensfinanzierung, Stuttgart

Müller S (2008) Die Konstruktion eines Finanzvehikels: zur Investition in Corporate Schuldscheindarlehen unter besonderer Berücksichtigung der Interessen und Anforderungen der deutschen Assekuranz. Vdm Verlag Dr. Müller, Saarbrücken

Strätz C (2011) BayernLB Research Fixed Income spezial: Unternehmens-Schuldscheindarlehen: Ein sicher Hafen, München

37 Der Zusammenhang von Debt Relations zu CDS und Kreditderivaten

Martin Wilhelm und Oliver Werner

CDS und Kreditderivate sind ein wichtiges Werkzeug für das Einschätzen von Unternehmens-, Kredit- und Staatsrisiken am Kapitalmarkt. Investor Relations kann auf diese jedoch nur indirekt Einfluss nehmen. Dennoch wäre es nahezu fahrlässig, sich diesem Teilmarkt nicht zu öffnen, da CDS eine wichtige Orientierung bei der Bepreisung von Kreditrisiken, und somit auch des eigenen Unternehmens, geben. Da Politiker und Journalisten teilweise verzerrte und inhaltlich nicht saubere Ansichten verbreiten, wollen wir in diesem Beitrag das Prozedere von CDS, dem Hauptbaustein von Kreditderivaten, etwas tiefer durchleuchten.

Der erste Abschnitt erklärt zunächst die grundsätzliche Struktur eines CDS, gefolgt von einer Beschreibung der wesentlichen Merkmale. Im Anschluss daran erfolgt ein Blick in den praktischen Einsatz von CDS und der Bedeutung des Marktsegments.

37.1 Entstehung

Ein Credit Default Swap (CDS), oder zu Deutsch Kreditausfallversicherung, bepreist das Ausfallrisiko einer Anleihe oder eines Schuldners in einem Derivat und macht es damit handelbar. Das CDS – Business gibt es bereits seit Anfang der 1990er Jahre. Wie das klassische Optionsgeschäft, haben auch CDS ihren Ursprung in den USA, wurden hier weiterentwickelt und etablierten sich in Europa und dem Rest der Welt. Ähnlich dem Bund Future (meist gehandeltes Börsenprodukt der Welt), entspricht der Umsatz mit CDS einem Vielfachen des Volumens der ausstehenden Anleihen. Ganz bewusst sprechen wir hier vom Handelsumsatz und nicht von den netto ausstehenden Positionen.

M. Wilhelm (✉) · O. Werner
Institut für Kapitalmarkt, Jacobsleiter 8, 24159 Kiel-Schilksee, Deutschland
E-Mail: wilhelm@ifk-invest.de

O. Werner
E-Mail: werner@ifk-invest.de

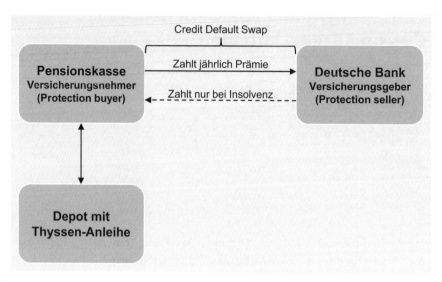

Abb. 37.1 Grundstruktur. (Quelle: Institut für Kapitalmarkt)

37.2 Grundstruktur eines CDS anhand eines Praxisbeispiels

Stellen Sie sich vor, eine Pensionskasse hat vor 2 Jahren eine 5-jährige Unternehmensanleihe von Thyssen gekauft. Aufgrund des makroökonomischen Umfelds in der traditionell zyklischen Stahlbranche, möchte die Pensionskasse nun das Risiko in ihrem Wertpapierbestand verringern. Dafür gibt es zwei Möglichkeiten: ein Verkauf oder eine teilweise bzw. vollständige Absicherung des Wertpapierbestands. Verkäufe mit großem Volumen sind in Phasen geringer Marktliquidität eher schwierig möglich. Sprechen zudem beispielsweise bilanzielle oder aufsichtsrechtliche Gründe gegen einen Verkauf der Anleihen, wird in der Regel eine Absicherung über CDS in Erwägung gezogen. Da die Absicherung jederzeit wieder aufgelöst werden kann, eignet sie sich auch für einen mittelfristigen Zeitraum, beispielsweise vor hektischen und unsicheren Marktphasen. Die Absicherung der Position ist ähnlich eines Versicherungsbeitrags mit einer Prämienzahlung verbunden. Diese vereinnahmt der Gegenpart, in diesem Fall eine Geschäfts- oder Investmentbank, und steht nun dafür ein, im Falle einer Insolvenz des Unternehmens (Thyssen) den vollen Betrag[1] an die Pensionskasse zu erstatten. Die nachfolgende Abbildung verdeutlicht die Grundstruktur anhand unseres Beispiels (Abb. 37.1).

---

[1] abzüglich der festgestellten Restquote (vgl. Abschn. 1.3.4).

37.3 Merkmale und Eigenschaften eines CDS-Kontrakts

Der Vorteil eines CDS ist, dass die Konditionen zwischen den Vertragsparteien, in unserem Beispiel Pensionskasse und Deutsche Bank, individuell ausgehandelt werden können. Das hierzu erforderliche Regelwerk bietet die International Swaps and Derivatives Associoation (ISDA) innerhalb entsprechender Rahmenverträge an, die für alle nationalen sowie internationalen Banken und Kunden bindend sind. Dies erhöht die Akzeptanz und damit die Umsätze im täglichen Handelsgeschehen, sodass diese an den CDS-Märkten inzwischen höher als an den Kassamärkten sind. Daher ist das Verständnis der Wirkungsweise sowie die Beobachtung von Marktänderungen eine wichtige und nicht zu vernachlässigende Aufgabe von Investor Relations. Ein regelmäßiger Austausch mit den Investmentbanken über die Einschätzung und Veränderung der Bonität des eigenen Unternehmens ist essentiell. Vergleichbar mit der Entwicklung des Aktienkurses, als Gradmesser für die Marktkapitalisierung, ist die Bepreisung der CDS ein wichtiger Indikator für die Refinanzierungsmöglichkeiten des Unternehmens. Er stellt damit nicht nur die geforderte Risikoprämie, sondern implizit auch die erwartete Ausfallwahrscheinlichkeit der Kredite dar (vgl. Abschn. 37.5.1). Profis im Investor Relations Bereich beobachten daher beide Preise regelmäßig. Nachfolgend seien die wichtigsten Merkmale eines CDS im Einzelnen beschrieben.

37.3.1 Referenzschuldner (Z. B. Thyssen)

Der Referenzschuldner (Basiswert), in unserem Beispiel Thyssen, können Unternehmen, Staaten oder ein Staatenbund (beispielsweise EU oder EFSF) sein. Der CDS ist ein bilateraler Vertrag, im obigen Beispiel zwischen der Pensionskasse und Deutsche Bank, ohne Beteiligung des Emittenten der betreffenden Anleihe. Dadurch kann es auch zum Abschluss eines CDS auf einen Euroland-Staat, bspw. Frankreich, zwischen einer japanischen Versicherung und einer britischen Geschäftsbank kommen. Auch hier erfolgt die Absicherung zwischen den beiden Vertragsparteien ohne die Einbindung des Staates Frankreich.

Da in jedem Falle Ungereimtheiten zwischen den Vertragsparteien ausgeschlossen werden müssen, wird ein tatsächliches Wertpapier mit Wertpapierkenn- bzw. ISIN-Nummer als Referenzschuldner im Vertrag erwähnt.

37.3.2 Laufzeit des Kontrakts

In der Regel beträgt die Laufzeit eines CDS zwischen einem Jahr und zehn Jahren, wobei das Fünfjahressegment am geläufigsten ist. Gleichwohl die Fälligkeit eines CDS individuell ausgehandelt werden kann, hat die ISDA zur Standardisierung und in Anlehnung an die Verfallstage von Futures den 20. März, 20. Juni, 20. September und 20. Dezember (sogenannte IMM-Dates) festgelegt.

37.3.3 Feststellung eines Kreditereignisses

Der Weg bis zur Feststellung der Insolvenz eines Unternehmens, ist erfahrungsgemäß (bis auf wenige Ausnahmen) ein längerer Prozess, beginnend mit schwachen Ergebnissen, der Aussetzung der Dividende und letztendlich dem Antrag auf Insolvenz. Bereits über diesen Zeitraum hinweg, bewegen sich die Kurse der Anleihen vom Emissionspreis bei 100 auf ein deutlich ermäßigtes Niveau. Es ist festzuhalten, dass die Preisbewegung ein sehr guter Indikator für die Geschäftsentwicklung und den Zustand des Unternehmens ist und zudem häufig dem etwas trägeren Management vorläuft. Mit Feststellung der Insolvenz, werden die ausstehenden Zinsen auf die Anleihen nicht mehr bedient. Damit kommt es als Konsequenz zum sogenannten Kreditereignis.

Nach formaler Anfrage zur Überprüfung eines Kreditereignisses, entscheidet ein aus nationalen und internationalen Banken bestehendes Gremium nach festgelegten Kriterien, ob ein solches vorliegt. Hierbei werden folgende Auslöser (Trigger) unterschieden:

- Insolvenz (Bankruptcy)
- Nichtzahlung (Failure to Pay)
- Zahlungsverzug (Obligation Default)
- Vorzeitige Fälligkeit (Obligation Acceleration)
- Nichtanerkennung von Schulden oder Zahlungseinstellung (Repudiation bzw. Moratorium)
- Restrukturierung der Verbindlichkeiten (Restructuring), betrifft bspw. die Prolongation der Vertragsbeziehung, Herabsetzung der Zinscoupons, Währungsänderung, etc.

Bei jedem dieser Auslöser gilt jedoch, dass der ausmachende Betrag eine kritische Masse erreicht haben muss. Wenn beispielhaft die ausstehenden Verbindlichkeiten eine Höhe von 10 Mrd. € haben, ist die Nichtzahlung von 10 Mio. € noch kein Kreditereignis. Auch bei Zahlungsverzug wird in der Regel eine Frist von bis zu 30 Tagen eingeräumt.

Welche der obigen Ereignisse abgesichert werden, ist abhängig von den Spezifikationen der CDS-Vertragsvereinbarung. Im Regelfall werden sowohl die Insolvenz als auch die Nichtzahlung gedeckt, während die Restrukturierung von Verbindlichkeiten nicht einheitlich behandelt wird.

Wurde ein Kreditereignis festgestellt, kommt es zur Auszahlung des CDS.

37.3.4 Zahlung bei einem Kreditereignis

Seit 2005 wurden 95 Kreditereignisse bei Unternehmen und Staaten festgestellt. Eines der bekanntesten Beispiele jüngerer Zeit war Griechenland mit dem „freiwilligen Schuldenschnitt" der Privatgläubiger im Februar/März 2012. Weitere prominente Fälle waren Enron (2001), Worldcom (2002) sowie Lehman Brothers (2008).

ENRON - Kreditereignis ohne Absicherung

Jahr		Nominal	Kurs	Wert	
2000	Kauf Enron Anleihe	10 Mio. €	100%	10 Mio. €	
2001	Kreditereignis	10 Mio. €	30%	3 Mio. €	- 7 Mio. € Verlust

ENRON - Kreditereignis mit Absicherung durch CDS

2000	Kauf Enron Anleihe	10 Mio. €	100%	10 Mio. €	
2001	Kreditereignis	10 Mio. €	30%	3 Mio. €	kein Verlust
	↓				
	Auslösung der CDS				
	↓				
	Ausgleichszahlung der Bank	10 Mio. €	70%	7 Mio. €	

Anmerkung: Zur Vereinfachung wurden anteilige Stückzinsen nicht berücksichtigt

Abb. 37.2 Kreditereignis am Beispiel von Enron mit und ohne Absicherung durch CDS. (Quelle: Institut für Kapitalmarkt)

Durch das Kreditereignis bzw. die Insolvenz des Unternehmens sind die Anleihen stark im Kurs gefallen und werden „flat", das heißt ohne Stückzinsen, notiert. Erfahrungsgemäß handeln die Wertpapiere zwischen zehn und 50 % des Nominalwertes. Als Ausgleich für diesen Verlust erhält das Unternehmen, das die Absicherung vorgenommen hat (im Beispiel die Pensionskasse) eine Auszahlung von der Geschäftsbank (Deutsche Bank), mit der der CDS abgeschlossen wurde. Nachstehende Abbildung veranschaulicht die Auszahlung eines CDS am Beispiel der Insolvenz Enrons 2001 (Abb. 37.2).

Die Pensionskasse hat aufgrund der Absicherung netto keine Verluste durch die Insolvenz erlitten. Damit steht sie gegenüber Anlegern, Aufsichtsrat und den entsprechenden aufsichtsrechtlichen Behörden gut da.

Langfristige Statistiken der Ratingagenturen zeigen, dass die sogenannten Konkursquoten (Recovery Rates) bei den traditionellen Anleihen (Senior Unsecured Bonds) sehr unterschiedlich sind, jedoch im Durchschnitt bei etwa 30 bis 40 % liegen. Somit erleiden Anleihegläubiger einen Verlust von ca. 60 bis 70 % des eingesetzten Kapitals. Nachdem das Kreditereignis festgestellt wurde, wird der CDS-Abrechnungspreis innerhalb weniger Tage bekannt gegeben. Nachfolgende Tabelle zeigt eine Auswahl jüngerer Kreditereignisse und den dazugehörigen Auktionen der Restquoten (Abb. 37.3).

37.3.5 Bilanzierung

Die Anleihe befindet sich seitens des Emittenten und Referenzschuldners, in unserem Beispiel Thyssen, als Fremdkapitalposition auf der Passivseite der Bilanz. Die von der

Datum	Unternehmen	Auktion		Datum	Unternehmen	Auktion
11.10.2005	Delta Airlines	18,0		10.02.2009	Nortel Ltd.	6,5
11.10.2005	Northwest Airlines	28,0		16.04.2009	LyondellBasell	2,0
04.11.2005	Delphi	63,4		12.06.2009	General Motors	12,5
06.10.2008	Fannie Mae	91,5		22.04.2010	Japan Airlines	20,0
06.10.2008	Freddie Mac	94,0		04.06.2010	Ambac Assurance	20,0
10.10.2008	Lehman Bros.	8,6		09.12.2010	Anglo Irish Bank	75,0
23.12.2008	Washington Mutual	57,0		10.12.2010	Ambac Financial	9,5
04.11.2008	Landesbanki	1,3		30.06.2011	Allied Irish Banks	70,6
05.11.2008	Glitnir	3,0		28.07.2011	Bank of Ireland	77,1
06.11.2008	Kaupthing	6,6		29.07.2011	Irish Life	75,0
14.01.2009	Ecuador	31,4		29.11.2011	Dynergy Holdings	71,3
03.02.2009	Lyondell	15,5		22.03.2012	Eastman Kodak	23,9
03.02.2009	Millennium	7,1		01.03.2012	Griechenland	21,5

Abb. 37.3 Insolvenzen und CDS-Abrechnungspreis (ausgewählte Beispiele). (Quelle: HSBC, ISDA, Institut für Kapitalmarkt, Oktober 2012)

Pensionskasse erworbene Anleihe, wird auf der Aktivseite verbucht. Im Gegensatz dazu werden CDS, wie alle Derivate, nicht innerhalb der Bilanz aufgeführt, sondern separat unter ihr ausgewiesen. Dies ist ein entscheidender und wichtiger Unterschied, der gelegentlich wenig bekannt ist und häufig vernachlässigt wird (Abb. 37.4).

Da Kreditderivate nicht in der Bilanz aufgeführt sind, stellen sie für manche Banken ein interessantes Geschäftsfeld dar. So beträgt beispielsweise der Gesamtbestand an Derivaten bei der staatlichen KfW (Kreditanstalt für Wiederaufbau) ca. 815 Mrd. € oder 184 % der Bilanzsumme. Die NRW.Bank wies im Geschäftsjahr 2011 ebenso Derivate von mehr als 154 % der Bilanzsumme aus. Interessant dabei ist, dass es sich nicht um Geschäfts- oder Investmentbanken, sondern um staatseigene Banken handelt. Dennoch nehmen politische Kreise gern eine negative Position gegenüber Derivaten ein, obgleich die gleichen Personen bei den erwähnten Banken an prominenter Stelle in den Aufsichtsgremien vertreten sind.

37.3.6 Preisstellung eines CDS

Ähnlich der Preisfeststellung von Wertpapieren, gibt es für CDS An- und Verkaufskurse von Banken. Diese stehen im Wettbewerb, sodass viele Banken für einen Referenzschuldner regelmäßig CDS-Preise liefern und sich dadurch ein effizienter Markt ergibt. Als Beispiel sei ein CDS Preis für Thyssen von 100 zu 110 Basispunkten[2] genannt. Dies ist der Risikoaufschlag gegenüber der traditionellen Swapkurve.

Der Inhaber einer Thyssenanleihe, in unserem Beispiel die Pensionskasse, hat bei einer eventuellen Absicherung den höheren Preis des Quotes, also die 110 BP, zu bezahlen. Die Pensionskasse ist zunächst Protection Buyer. Bei einer eventuellen Auflösung der Absicherung tritt sie als Protection Seller auf. Somit entstehen in unserem Beispiel bei unveränderten Marktverhältnissen Transaktionskosten von etwa zehn Basispunkten, welche

---

[2] 100 Basispunkte entsprechen 1,00 %.

Bilanzierung ohne Einsatz von CDS

Bilanz Thyssen	
	Thyssen Anleihe

GuV Thyssen	
Zinskosten	

Bilanz Pensionskasse	
Thyssen Anleihe	

GuV Pensionskasse	
Zinsertrag	

Bilanzierung mit Einsatz von CDS

Bilanz Thyssen	
	Thyssen Anleihe

GuV Thyssen	
Zinskosten	

Bilanz Pensionskasse	
Thyssen Anleihe	

GuV Pensionskasse	
Zinsertrag	CDS-Kosten

Bilanz Geschäftsbank	

GuV Geschäftsbank	
CDS-Prämie	

Abb. 37.4 Bilanzierung von CDS bei Emittenten, Investor und Geschäftsbank. (Quelle: Institut für Kapitalmarkt)

im Idealfall der Gewinnmarge der Bank entsprechen. Wie bereits erwähnt, ist der 5-jährige CDS die häufigste gehandelte Laufzeit, wodurch die Differenz der An- und Verkaufspreise bei anderen Laufzeiten gelegentlich höher ausfällt.

Am Markt für CDS nehmen ausschließlich Institutionelle Großkunden, wie beispielsweise Banken, Versicherungen, Pensionskassen und sonstige große Kapitalsammelstellen teil. Die Preisfindung und -quotierung findet über den sogenannten Over-the-Counter (OTC)-Verkehr statt. Die Übermittlung von CDS-Preisen erfolgt über das international verbreitete Informationssystem Bloomberg.

Bei illiquiden Anleihen, sowie wenig bekannten Emittenten, gibt es seitens der Investmentbanken nur geringes Interesse entsprechende Quotes für die CDS zu stellen. Auf der anderen Seite gab es bei sehr bekannten Brand-Names, wie beispielsweise Nokia, einen CDS-Markt unter Banken und für Investoren, obgleich Nokia selbst zu diesem Zeitpunkt keine Anleihen begeben hatte. In diesem Fall ist es seitens Investor Relations wichtig, den Markt der CDS auf das eigene Unternehmen zu verfolgen und mit internationalen Geschäftsbanken in Kontakt zu treten, um den Preis des Fremdkapitals besser greifen zu können. Insbesondere bei der Begebung von neuen Anleihen kann man mittels CDS einen guten Marktüberblick erhalten.

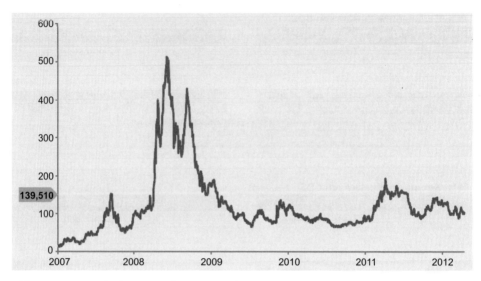

Abb. 37.5 Kursverlauf eines 5-Jahres CDS auf BMW. (Quelle: Bloomberg, Institut für Kapitalmarkt)

Die Preise für CDS reagieren sowohl auf makroökonomische Veränderungen, individuelle Unternehmensergebnisse sowie Liquiditätssituationen, welche die Bonität des Unternehmens beeinflussen. Dies war insbesondere in den Jahren 2000 bis 2002, als der DAX von über 8000 auf 2200 Zähler sank, sowie 2008/2009 im Rahmen der Lehmann-Insolvenz zu beobachten. Zusätzlich war in beiden Krisen die Liquidität der Kreditderivate namhafter Emittenten wesentlich höher, als auf dem klassischen Anleihemarkt.

Da sich die Einschätzung der Kreditwürdigkeit durch die Marktteilnehmer im Zeitverlauf stark ändern kann, schwankt auch die Preiskurve eines CDS entsprechend. Die oben stehende Abbildung stellt die Preisentwicklung des auf BMW gehandelten 5-Jahres CDS seit Juni 2007 dar. Während bis zum Ausbruch der Finanzkrise der CDS teilweise unter zehn Basispunkten notierte, stieg die Prämie im Zuge der Finanzkrise ab 2007 deutlich an. Gleichwohl der Preis von den CDS von seinen Höchstständen wieder stark gesunken ist, verharrt er im Vergleich zu 2007 auf relativ hohem Niveau – ein Indiz für die weiterhin erhöhte Risikoaversion der Marktteilnehmer und Investoren (Abb. 37.5).

37.4 Risiken von CDS

Im Wesentlichen birgt der Einsatz von CDS neben dem Rechts- und Liquiditätsrisiko drei weitere Risiken: das Marktpreis- bzw. Kreditrisiko, das Zinsänderungsrisiko sowie das Kontrahentenrisiko.

37.4.1 Marktpreis- bzw. Kreditrisiko

Der Käufer eines CDS, in unserem Fall die Pensionskasse, sichert sich gegen den möglichen Kreditausfall des Referenzwertes Thyssen Anleihe ab. Wenn sich die Kreditwürdigkeit des Emittenten bzw. Referenzwertes verschlechtert, führt dies zu einem Anstieg der am Markt gehandelten Ausfallwahrscheinlichkeit und erhöht damit den Wert der gehaltenen CDS-Kontrakte. Falls sich im Umkehrschluss die Bonitätseinschätzung des Basiswertes bessert, sinkt entsprechend der CDS-Kurs. Damit sind sowohl Käufer als auch Verkäufer beim Schließen bestehender Positionen vor Laufzeitende einem Marktrisiko unterworfen, welches bei positiver Entwicklung zu Gewinnen und bei negativer Entwicklung zu Verlusten führen kann. Wie erratisch die Preisbewegungen in Schocksituationen sein können, haben die letzten Jahre gezeigt.

37.4.2 Kontrahentenrisiko

Ein weiteres vor allem in jüngerer Zeit vermehrt Beachtung geschenktes Risiko, ist das Kontrahentenrisiko. So kann mit dem Kauf eines CDS zwar das Kreditrisiko des zu Grunde liegenden Referenzwertes ausgeschaltet werden, allerdings wird zeitgleich ein neues Kreditrisiko mit der kontrahierenden Bank eingegangen. Daher muss sich der CDS-Käufer darauf verlassen, dass bei einem Kreditereignis des Referenzwertes die Bank in der Lage ist, die Ausgleichzahlung entsprechend vornehmen zu können. Das Kontrahentenrisiko wird in der Regel bereits im CDS-Kurs eingepreist, wodurch dieser etwas höher als die Rendite einer Anleihe gleicher Laufzeit notiert (positive Basis). Bei Verwerfungen am Kapitalmarkt kann sich dieser Zustand jedoch auch umkehren (vgl. Abschn. 37.5.4.).

37.4.3 Basisrisiko

Die Basisrisiken beschreiben die Restrisiken aufgrund unzureichender Absicherung des Referenzwertes. So kann es beispielsweise vorkommen, dass eine Teilinsolvenz des Emittenten nicht notwendigerweise ein Kreditereignis nach Definition der ISDA auslöst und damit auch keine Ausgleichszahlung erfolgt. Zugegebenermaßen ist dies sehr selten der Fall, jedoch in der Praxis bereits aufgetreten.

Des Weiteren kann es bei Auszahlung des CDS passieren, dass nicht alle Verluste des Referenzwertes ausgeglichen werden. Da die Auszahlung in Höhe des Nominalwertes abzüglich Konkurs- bzw. Restquote (Recovery Rate) erfolgt, bleibt beispielsweise bei Erwerb einer Anleihe über pari ein Restverlust. Wird zum Beispiel eine Anleihe bei 107 gekauft und die Restquote mit 30 festgestellt, erhält der CDS-Käufer eine Auszahlung von 70, obwohl ihm ein Verlust von 77 (107 − 30) entstanden ist.

37.4.4 Zinsänderungsrisiko

Da der CDS als Aufschlag zur klassischen Swap-Kurve gepreist wird, wird der Preis auch von Zinsänderungen beeinflusst. Dies ist jedoch nur in geringem Umfang der Fall, da es sich beim Preis des CDS um den tatsächlichen Risikoaufschlag beziehungsweise der -prämie handelt. Erfahrungsgemäß ist in Niedrigzinsphasen der Risikoaufschlag im Vergleich zum absoluten Zinsniveau eher hoch, im Falle von Hochzinsphasen eher gering.

37.5 Einsatzmöglichkeiten von CDS

Der Preis eines CDS stellt die vom Markt unterstellte Ausfallwahrscheinlichkeit des Basiswertes dar. Daraus ergibt sich ein breites Spektrum an Einsatzmöglichkeiten, dessen wichtigste Facetten im Folgenden kurz dargestellt werden sollen.

37.5.1 Absicherung bestehender Positionen

CDS werden hauptsächlich zur Absicherung von im Portfolio befindlichen Anleihen bzw. Kreditverträgen gekauft. Dies ermöglicht es, den Referenzwert auch bei einer Verschlechterung der Kreditwürdigkeit weiter halten zu können, ohne einem Zahlungsrisiko ausgesetzt zu sein. Insbesondere bei einem heftigen Kursverfall kommt es zudem häufig zu sehr defensiv gestellten Anleiheankaufkursen der Banken, was zusätzliche Verluste bei einer Glattstellung der Position bedeuten würde. Mit der Ausschaltung des Kreditrisikos des Basiswerts kann sich zudem auf die Steuerung anderer Risiken, wie beispielsweise dem Durations-Management, konzentriert werden.

Um eine Absicherung des Basiswertes vorzunehmen, sollte sowohl die Nominale der erworbenen CDS-Kontrakte der des abzusichernden Kredites bzw. der Anleihe entsprechen, als auch die Laufzeit übereinstimmen. Eine Teilabsicherung kann erfolgen, indem die Nominale oder die Laufzeit des CDS geringer als die des Referenzwertes ist.

Aufgrund des mit Erwerb eines CDS eingegangen Kontrahentenrisikos, sollte auf die Vermeidung von Klumpenrisiken geachtet werden. Diese entstehen, wenn der CDS-Kontrahent stark mit dem Referenzwert korreliert. So bietet beispielsweise ein mit dem Kontrahenten Commerzbank eingegangener CDS zur Absicherung des Referenzwerts Commerzbank keine wirkliche Verringerung des Kreditrisikos. In eine ähnliche Richtung geht der Erwerb eines CDS auf den isländischen Staat mit der ebenfalls isländischen Bank Kaupthing als Kontrahent.

Nachfolgende Abbildung gibt eine Übersicht ausgewählter Unternehmen der Automobilbranche und deren Bonität anhand der Einschätzung von Ratingagenturen und der durch CDS implizierten Ausfallwahrscheinlichkeiten (Abb. 37.6).

37 Der Zusammenhang von Debt Relations zu CDS und Kreditderivaten

Unternehmen	Rating S&P	Rating Moody's	CDS impliziertes Rating	CDS in BP	Implizierte Ausfallwsk.	Empfehlung
BMW	A	A2	A-	139	10,9%	Verkauf CDS
Continental	BB-	Ba3	BBB-	312	22,9%	Verkauf CDS
Daimler	A-	A3	BBB+	160	12,5%	Verkauf CDS
MAN	A-	A3	A-	127	10,1%	Neutral
Porsche	NR	NR	BBB	211	16,1%	Neutral
Robert Bosch	AA-	NR	AA-	74	6,0%	Neutral
Volkswagen	A-	A3	BBB+	161	12,5%	Verkauf CDS
Fiat SPA	BB-	Ba2	HighYield	1020	57,3%	Neutral
Fiat Indust.	BB+	Ba1	HighYield	512	34,8%	Neutral
Michelin	BBB+	Baa1	BBB	191	14,7%	Neutral
Peugot	BB+	NR	HighYield	597	39,2%	Neutral
Renault	BB+	Ba1	HighYield	445	31%	Neutral
Scania	A-	NR	A	110	8,8%	Neutral
Volvo	BBB	Baa2	BBB-	227	17,2%	Verkauf CDS

Abb. 37.6 Ratings und CDS der Automobilbranche (ausgewählte Unternehmen). (Quelle: LBBW, Institut für Kapitalmarkt, Juli 2012)

37.5.2 Veränderung der Einschätzung der Bonität

Statt den Referenzwert lediglich voll- oder teilabzusichern ist es auch möglich, von einem Anstieg oder eventuellem Rückgang der Credit-Spreads auszugehen. Ist der Anleger der Ansicht, dass sich die Kreditwürdigkeit des Basiswerts verschlechtern wird, kauft er einen CDS. Tritt die erwartete Bonitätsverschlechterung ein, so steigt der CDS-Preis und bei einem Verkauf kann die Differenz zum Kaufkurs als Gewinn verbucht werden. Verbessert sich jedoch im Zeitverlauf die Bonität des Basiswertes, so verringert sich CDS-Preis und kann nur mit Verlust verkauft werden.

Setzt der Investor auf eine Verbesserung der Kreditwürdigkeit eines Unternehmens oder Staates, so kann er als Versicherungsgeber auftreten, verkauft also einen CDS. Bei Eintritt der erwarteten Bonitätsverbesserung sinkt der Preis und der Investor kann den CDS günstiger und somit mit Gewinn zurückkaufen. Verschlechtert sich jedoch die Bonität, kann der Investor den CDS nur zu höheren Kursen zurückkaufen und erzielt damit einen Verlust.

Insbesondere der Kauf von CDS ohne Haltung des dazugehörigen Basiswertes (Naked CDS) stand in jüngerer Zeit in der Kritik. Seit Ausbruch der europäischen Schuldenkrise verurteilten politische Funktionäre den Kauf von CDS als „Wette auf Staatspleiten" und „Casino-Zockerei". Hierbei wird jedoch häufig vergessen, dass jedem Käufer von CDS auch ein Verkäufer gegenübersteht und es damit zu jedem Zeitpunkt genauso viele „Spekulanten" wie „Gegenspekulanten" gibt. Im Vergleich zu den Emissionsvolumen der originär ausgegebenen Anleihen fällt das Volumen der CDS-Nettopositionen zudem eher gering aus. Die nachfolgende Tabelle gibt einen Überblick über das Volumen an börsennotierten

Schuldner	Volumen an Anleihen	CDS (netto)	In % der Anleihen
Ireland	105,0	4,0	3,8
Portugal	160,0	5,2	3,3
Finland	103,6	2,6	2,5
Austria	262,8	5,7	2,2
Denmark	131,5	2,8	2,1
Sweden	142,6	3,0	2,1
Spain	809,1	14,5	1,8
Germany	1.454,0	19,7	1,4
Norway	80,5	1,1	1,3
France	1741,7	22,5	1,3
Belgium	427,9	5,5	1,3
Italy	2.079,0	22,7	1,1
Netherlands	414,8	3,5	0,8
Greece	378,9	3,2	0,8
UK	1.797,6	12,0	0,7
Mittelwert	672,6	8,5	1,8

Abb. 37.7 Volumen an CDS auf Staatsanleihen (ausgewählte Länder). (Quelle: HSBC Calculations, DTCC, Reuters, Institut für Kapitalmarkt, Juli 2012)

Schuldtiteln und den darauf gehandelten CDS-Nettopositionen ausgewählter europäischer Länder (Abb. 37.7).

37.5.3 Risikodiversifikation

Der Handel mit CDS bietet einen weiteren Weg der Risikosteuerung und -minimierung sowie der Risikodiversifikation. Diese wird in zwei Schritten erreicht: Zunächst sichert der Investor einen Teil seines Portfolios mit dem Kauf von CDS ab und zahlt dafür eine Prämie. Im nächsten Schritt verkauft er CDS auf einen anderen möglichst gering korrelierten Referenzschuldner und erhält dafür eine Prämie. Bei ähnlichem Kreditrisiko gleichen sich die Prämienzahlungen in etwa aus. Dennoch hat sich das Gesamtrisiko des Portfolios vermindert, da die Risiken nun breiter gestreut sind. Ein Beispiel soll diese Vorgehensweise verdeutlichen.

Eine Pensionskasse hält beispielsweise 200 Mio. Anleihen des Chemie- und Pharmaunternehmens Bayer mit Rating A. Die Hälfte dieser Anleihen möchte sie nun mit CDS absichern, um ihr Kreditrisiko zu verringern. Für die Sicherung von 100 Mio. zahlt sie einen CDS-Spread von 50 Basispunkten = 500.000 €. Gleichzeitig verkauft die Pensionskasse nun CDS im Volumen von 100 Mio. auf RWE, welches ein Rating von A aufweist. Die erhaltene Prämie von 500.000 € entspricht in etwa der gezahlten Prämie für die hälftige Absicherung der Bayer Position. Die Pensionskasse hat nun ein Kreditrisiko von 100 Mio. Bayer und 100 Mio. RWE im Bestand. Die Wahrscheinlichkeit, dass beiden Schuldnern gleichzeitig ein Kreditereignis widerfährt ist sehr gering, da sie kaum miteinander korrelieren. Obwohl sich damit das durchschnittliche Kreditrisiko auf Einzelbasis nicht verringert, ist das Gesamtrisiko des Portfolios durch die Diversifikation gesunken. Damit sind CDS eine gute Möglichkeit der Risikosteuerung und -verminderung und helfen Klumpenrisiken zu minimieren oder gänzlich zu vermeiden.

37.5.4 Arbitrage: positive und negative Basis

Im Rahmen einer sogenannten Kreditarbitrage gibt es zwei Varianten: die positive und die negative Basis.

Die positive Basis ist dadurch gekennzeichnet, dass der CDS höher als die zu Grunde liegende Anleihe rentiert. Da bei CDS durch die eingeschaltete Bank ein zusätzliches Kontrahentenrisiko besteht, ist die positive Basis der übliche Fall im CDS-Geschäft. Da CDS ein Derivat und damit ein abgeleitetes Produkt sind, sollten diese höher rentieren als das entsprechende Basisinvestment der Anleihe eines Emittenten.

Die negative Basis entsteht, wenn der CDS-Kurs unterhalb der Rendite der Anleihe notiert. Die negative Basis ist in deutlich geringerem Umfange am Markt vorzufinden. Sie tritt gelegentlich bei Schock- und Stresszuständen am Kapitalmarkt auf, wenn beispielsweise Investoren die Reißleine ziehen und die Anleihen „bestens" zum Verkauf stellen ohne auf die Bewertung der CDS zu achten. Dies ist der klassische Fall bei so genannten „Fire-Sells", das heißt bei Liquidation und Verkauf zu jedem Preis. In großer Anzahl war dies während der Finanzkrise 2008/2009 zu beobachten. Der besondere Charme eines negativen Basistrades ist, dass er marktneutral (deltaneutral) und damit relativ unabhängig von Auf- und Abwärtsbewegungen des Marktes ist. Dadurch können negative Basistrades zur Stabilisierung eines Portfolios beitragen. In den vergangen 3 Jahren hat diese Anlageklasse für Institutionelle Großkunden, insbesondere Versicherungen und Pensionskassen merklich an Bedeutung gewonnen. Aufgrund der gestiegenen Zahl an Marktteilnehmern kommt es jedoch zur Glättung der Marktverhältnisse, wodurch die Möglichkeiten für negative Basistrades in geringerem Umfange auftreten (Abb. 37.8).

37.5.5 Bond-Pricing anhand von CDS-Kurven

Die Rendite ausstehender Anleihen und CDS bietet eine gute Übersicht über die von den Investoren geforderten Risikoaufschläge auf ein Unternehmen über die Laufzeiten hinweg.

Beispiel	Rendite Anleihe	Rendite CDS	Abstand CDS-Anleihe	Basis
BASF	2,00%	2,50%	+ 50 BP	positiv
Nokia	6,00%	5,50%	- 50 BP	negativ

Abb. 37.8 Positive und Negative Basis

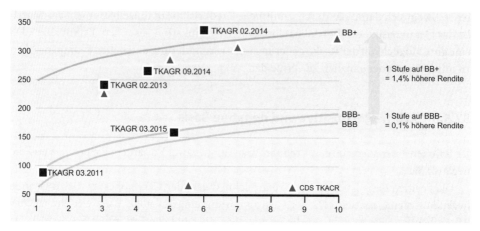

Abb. 37.9 Risikoaufschläge von Anleihen und CDS auf Thyssen (TKAGR) im Jahr 2009. (Quelle: LBBW, Institut für Kapitalmarkt)

Dem potenziellen Investor hilft dies beim Aufspüren unterbewerteter, sogenannter Value-Anleihen. Die Investor Relations Abteilung kann die Informationen aus der Renditekurve entsprechend nutzen, um bei der Emission neuer Anleihen einen marktgerechten Coupon zu finden.

Die nachstehende Abbildung zeigt die Risikoaufschläge für Anleihen und CDS auf ThyssenKrupp (Symbol TKAGR) im Jahr 2009. Vertikal ist der Aufschlag gegenüber Swaps und horizontal die Laufzeit abgetragen. Die dunkelblauen Vierecke sind die ausstehenden Anleihen von Thyssen, während die grauen Dreiecke die entsprechenden CDS sind. Zusätzlich sind die Credit-Kurven für BBB- und BBB geratete Unternehmen abgebildet. Deutlich ersichtlich sind die starken Verzerrungen bei der Bepreisung der Anleihen: So rentiert beispielsweise die Thyssen 2013 trotz kürzerer Laufzeit oberhalb der Thyssen 2015. Ursache für den deutlichen Renditeaufschlag der Thyssen Anleihen 2013, 2014 und 2016 war deren Neuemission im Krisenjahr 2009. Da das Unternehmen dringend neue Kredite bzw. Anleihen benötigte, sollte den Investoren die Investition mit einer Zusatzprämie attraktiver gestaltet werden. Eine weitere Folge der Sondersituation im Jahr 2009 ist zudem die leicht inverse CDS-Kurve. Dadurch wies beispielsweise die Thyssen 2014 und 2016 im Vergleich zu den anderen ausstehenden Anleihen eine negative Basis auf (Abb. 37.9).

37.6 Fazit & Ausblick

Insgesamt ist das CDS-Business ein essentieller Bestandteil bei der Bewertung von Kreditrisiken von Unternehmen und Staaten. Daher ist es im besonderen Maße wichtig, dass Investor Relations diesen Markt verfolgt, um die Änderung der Bonitätseinschätzung des Unternehmens frühzeitig zu erkennen. Dies hilft insbesondere um einen Marktüberblick vor der Begebung von neuen Anleihen zu erhalten. Das Beobachten der CDS-Preise hat daher eine ähnlich hohe Bedeutung wie die Verfolgung des Aktienkurses.

Im Gegensatz zur allgemeinen Meinung von Medien und Politik, gehen wir von einem weiterhin anhaltenden Interesse der Investoren an CDS aus, um Positionen abzusichern, Portfolien zu optimieren und damit auf Gesamtportfolioebene das Risiko zu minimieren. Auch wenn in Europa aktuell eine geringere Aktivität am CDS-Markt vorzufinden ist, sehen wir wachsenden Bedarf in Asien. Hier gibt es ein erhebliches Interesse und damit Wachstumspotential für den Handel von CDS bei zukünftigen Anleihe-Emittenten. Auch Staatsfonds, Pensionskassen, Banken und Versicherungen aus dem mittleren Osten haben das CDS-Business nicht nur auf dem Radarschirm, sondern sind bereits gern gesehene Investorengruppen. Daher sind wir fest davon überzeugt, dass der CDS-Markt sich weiter etablieren und die Zahl der Investoren vor allem auf internationaler Ebene zunehmen wird.

Debt Relations bei Fußball-Anleihen

38

Peter Thilo Hasler

„Die Art und Weise, wie sich der Hang zum Sport im modernen Leben äußert, scheint keine schwerwiegenden wirtschaftlichen Folgen zu haben".[1]

Die diesem Zitat aus dem ausgehenden 19. Jahrhundert zugrunde liegende Denkweise scheint mehr als ein Jahrhundert später, zumindest was die Finanzierung der bedeutendsten deutschen Sportart betrifft, immer noch ihre Gültigkeit zu haben. Denn obwohl sich Fußballclubs hinsichtlich ihrer Unternehmensgröße oder ihres Jahresumsatzes problemlos mit mittelständischen Unternehmen vergleichen lassen können und sie unabhängig von ihrer Rechtsform nicht nur in den professionellen Ligen von ökonomischen Zielfunktionen geleitet sind, basiert ihre langfristige Finanzierung zum überwiegenden Teil auf dem klassischen Hausbankenkredit: Mehr als zwei Drittel des Fremdfinanzierungsvolumens entstammten in der Saison 2011/2012 dieser Quelle, in den letzten Jahren sogar wieder mit steigender Tendenz.[2] Schließlich spricht für den Bankenkredit als bevorzugte Finanzierungsform auch professioneller Fußballvereine eine Reihe grundsätzlicher Argumente: Der laufende Zinssatz kann fest oder variabel vereinbart werden, die Tilgung des Kredits kann als Einmalzahlung des gesamten Kreditbetrags gegen Laufzeitende oder als Ratentilgung über die Laufzeit erfolgen, welche wiederum mittel- oder langfristig oder individuell an den Finanzbedarf angepasst sein kann. Zusätzlich verstärkt werden diese allgemeinen Vorzüge durch die aktuellen Entwicklungen an den Kapitalmärkten: Ein über alle Laufzeiten historisch niedriges Zinsniveau, hervorgerufen durch die Euro-Krise, aber auch durch die starke Stellung von Sparkassen und Landesbanken als öffentlich geförderte Anbieter von Fremdkapital, sind maßgeblich dafür, dass andere Finanzierungsformen für kleine und

---

[1] Veblen (2011) S. 260.
[2] Vgl. DFL Deutsche Fußball Liga (2012) S. 23.

P. T. Hasler (✉)
CEFA, Blättchen & Partner AG, Paul-Heyse-Str. 28, 80336 München, Deutschland
E-Mail: pth@blaettchen.de

Sphene Capital GmbH, Gründer Großhesseloher Straße 15c, 81479 München, Deutschland
E-Mail: peter-thilo.hasler@sphene-capital.de

mittelständische Unternehmen, zu denen auch Fußballvereine zählen, als verhältnismäßig teure Finanzierungsalternative angesehen werden.

Da schließlich auch die Kommunikationsarbeit auf die rein sportliche Seite des Vereins beschränkt werden und eine unter Umständen aufwändige Debt Relations-Politik unterbleiben kann, darf es nicht verwundern, dass bislang nur wenige Vereine den Kapitalmarkt als Finanzierungsquelle genutzt haben. Dieser Zustand ist aber nicht zementiert. Denn auf der Bankenseite führen die in den nächsten Jahren zunehmend strengeren Kreditvergabebevorschriften der Aufsichtsbehörden für Banken (Stichwort Basel III) mutmaßlich dazu, dass die Bonitätsprüfungen bei der Kreditvergabe durch Banken und Sparkassen einen noch höheren Stellenwert bekommen als bislang und die Kreditvergabepolitik der Institute restriktiver und damit teuer wird. Tendenziell verlieren so Bankkredite für Vereine an Attraktivität und Flexibilität.

Auf der anderen Seite haben Fußballunternehmen immer häufiger Infrastrukturprojekte wie Leistungszentren und Stadionneu- oder umbauten zu finanzieren, deren finanzielle Absicherung durch die Innenfinanzierungskraft allein nicht mehr möglich ist. Diese ist – im Großen wie im kleinen Maßstab – nur möglich, wenn aus der operativen Geschäftstätigkeit regelmäßig Einnahmenüberschüsse erwirtschaftet und thesauriert werden können. Während die Liga selbst ein Nullsummenspiel ist, können Überschüsse auf Vereinsebene nicht prognostiziert werden. Zwar ist die Ausgabenseite eines Fußballunternehmens gut kalkulierbar – in der Bundesliga lag allein die Personalkostenquote in der Spielzeit 2010/2011 bei 40,2 % – nicht aber die Einnahmenseite: Auf- oder Abstieg, das Erreichen der Champions oder Europa League, Meisterschaft oder Pokalsieg sind für das Betriebsergebnis der meisten Vereine von entscheidender Bedeutung.

Vor dem Hintergrund dieser sich seit Jahren immer stärker abzeichnenden Entwicklung im europäischen Fußball sehen sich daher viele Fußballunternehmen gezwungen, neue Finanzierungsinstrumente einzusetzen, die ihnen zumindest einen vergleichbaren Finanzierungsrahmen zur Verfügung stellen. Als Ausweg bietet sich eine stärkere, direkte Inanspruchnahmen des Kapitalmarkts an, beispielsweise über einen Börsengang, dem „Königsweg der Unternehmensfinanzierung". Was in anderen Ländern gang und gäbe ist, wurde in Deutschland bislang nur von einem einzigen Verein, Borussia Dortmund, beschritten. Ursächlich hierfür ist nicht zuletzt die 50 + 1-Regel gem. § 16c Nr. 2 der Satzung des Deutschen Fußballbundes (DFB), welche eine absolute Mehrheit von externen Investoren untersagt und vorschreibt, dass der Mutterverein immer auch der Mehrheitseigentümer der Tochtergesellschaft (zum Beispiel eine Kapitalgesellschaft) sein muss, die zum Spielbetrieb zugelassen ist. Die Einwerbung von Eigenkapital, etwa durch einen Börsengang, kann damit nicht die bevorzugte Finanzierungsalternative eines Fußballunternehmens sein. Hinzu kommen die überwiegend schlechten Erfahrungen von Borussia Dortmund an den Kapitalmärkten, woraus gerade die grundsätzlich börsenfähigen Vereine wie FC Bayern München oder FC Schalke 04 erhebliche Vorbehalte gegenüber einem Börsengang abgeleitet haben.

Eine sinnvolle Alternative zum Börsengang als mittel- bis langfristiges Finanzierungsinstrument stellt die Begebung von Anleihen dar.[3] Durch eine Fußballanleihe fließt dem Fußballunternehmen ein relativ hoher Betrag an Finanzmitteln zu, über den für einen vorab fixierten Zeitraum zu festgelegten Konditionen verfügt werden kann. Durch seine Fremdkapitalklassifizierung steht seine Einwerbung zudem nicht in Konflikt mit der 50 + 1-Regelung des DFB. Fußballanleihen kommen in Deutschland in zwei Ausprägungen vor, als klassische Fan-Anleihe und als Mittelstandsanleihe. Beide Konzepte sollen im Folgenden vorgestellt werden.

38.1 Die klassische Fan-Anleihe

Soweit Fußballvereine in der Vergangenheit Fan-Anleihen emittierten, erfolgte dies meist über den unregulierten, sogenannten „Grauen Kapitalmarkt", und zwar in erster Linie in Form der Eigenemission, bei der das Fußballunternehmen neben dem Platzierungsrisiko auch eine Reihe weiterer Aufgaben übernimmt, die mit der Platzierung einer Anleihe verbunden sind. Platzierungsstarke und auf die Begebung von Anleihen spezialisierte Wertpapierhäuser und Banken, die einen direkten Zugang zu qualifizierten Investoren anbieten und im Erfolgsfall eine Vertriebsprovision vereinnahmen, werden bei Fan-Anleihen dagegen nicht eingeschaltet.

Primäre Zielinvestoren derartiger Fan-Anleihen sind, wie die Begrifflichkeit bereits suggeriert, die Anhänger des Vereins. Eine gezielte, direkte Ansprache institutioneller Investoren wie Fondsmanager und Kapitalsammelstellen, aber auch von unabhängigen Vermögensverwaltern oder Family Offices, findet bei der Platzierung von Fan-Anleihen nicht statt. Auch Privatinvestoren, die nicht zum erweiterten Fanumfeld zählen, werden im Grunde genommen nicht adressiert. Das platzierbare Anleihevolumen ist damit unmittelbar von der Zahl und der Zahlungsbereitschaft der Fans abhängig (Abb. 38.1).

Auch wenn die Fan-Anleihe nur die unmittelbaren Anhänger des Vereins adressiert, bleibt die Erstellung und Veröffentlichung eines Wertpapierprospekts auch für sie verpflichtend. Denn ein Prospekt ist nach dem WpPG immer dann zu veröffentlichen, wenn eine Anleihe öffentlich angeboten werden soll,[4] so wie es bei Platzierungen über die Börse und/oder an Privatanleger in der Praxis grundsätzlich der Fall ist. Sämtliche weiteren Schritte einer Anleiheplatzierung – insbesondere die Veröffentlichungen auf der Homepage, in Anzeigen, etc. – haben sich der Prospektveröffentlichung unterzuordnen, da ein öffentliches Angebot ohne Prospekt, wenn dies vorsätzlich oder leichtfertig erfolgt, eine Bußgeld bewehrte Ordnungswidrigkeit darstellt und auch Schadensersatzansprüche auslösen kann. Ziel des Wertpapierprospekts ist es, dem Anleger strukturierte Informationen

---

[3]Der Erwerb eines Spielers stellt demgegenüber eine kurzfristige Finanzierungsmaßnahme dar, die zudem mit regelmäßigen Gehaltszahlungen verbunden ist und aufgrund des schwer kalkulierbaren finanziellen Erfolgs nicht über die Begebung von Anleihen refinanziert werden sollte.

[4]§ 3 Abs. 1 WpPG.

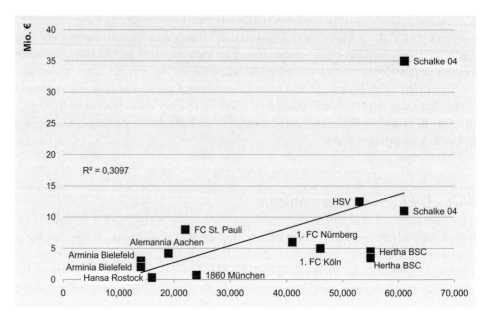

Abb. 38.1 Anleihevolumen in Abhängigkeit von der Anzahl der Fans (Quelle: Blättchen & Partner AG)

zum Geschäftsmodell, den damit verbundenen Risikofaktoren, der Markt- und Wettbewerbssituation sowie der Entwicklung der Finanz-, Vermögens- und Ertragslage der letzten beiden Jahre zu geben. Auch die Ausgestaltung der Anleihe – u. a. Laufzeit, Verzinsung, Ausgabe- und Rückzahlungsbetrag und Währung – ist im Wertpapierprospekt zu erwähnen.

Damit ist klar, dass die eigentliche Vermarktung der Anleihe erst beginnen kann, nachdem der Wertpapierprospekt veröffentlicht wurde, etwa indem er auf der Homepage des Vereins eingestellt wurde. Bei Fan-Anleihen ist es üblich, dass diese ausschließlich über öffentliche Medien wie Zeitungen und Fachzeitungsschriften wie den Kicker, über die Homepage des Vereins, Fanshops, die Geschäftsstelle, das Fernsehen und gegebenenfalls über weitere Sonderveranstaltungen erfolgt, die zum Beispiel die Einbeziehung von Spielern erforderlich machen.

Die technische Abwicklung der spesenfreien Zeichnung der Anleihe erfolgt meist auf zwei Wegen: Zum einen kann der Anleger über das Online-Portal des Vereins die für eine Zeichnung notwendige Dokumentation, also Zeichnungsantrag und Zeichnungsschein, Wertpapierprospekt, Geschäftsberichte oder Imagebroschüre herunterladen. Zum anderen werden häufig lokal ansässige Banken und Sparkassen für die Platzierung der Anleihe mandatiert. Diese übernehmen in der Regel aber einen rein passiven Part in der Platzierung, der sich darauf beschränkt, die Zeichnungsdokumente in den Geschäftsstellen der Kreditinstitute auszulegen.

Sämtliche eingehenden Zeichnungsscheine müssen anschließend vom Verein gesammelt und in einer Art „Orderbuch" eingestellt werden. Der Verein hat dann sicherzustellen,

Abb. 38.2 Ausgewählte Schmuckanleihen

dass dieses Orderbuch den Anleihebedingungen entsprechend zugeteilt wird. Für den Aufbau der technischen Infrastruktur und für die Abwicklung der Zeichnungen wird üblicherweise ein spezialisierter Dienstleister, in der Regel eine Zahl- und Hinterlegungsstelle, engagiert. Diese betreut die Emittentin in allen Fragen der wertpapiertechnischen Abwicklung der Emission einer Anleihe. Hierzu zählen insbesondere die Abwicklung des Zeichnungsprozesses sowie die für die Inhaber der Mittelstandsanleihe gebührenfreie (halb)jährliche Auszahlung der Zinsen (Bruttobetrag abzüglich der Kapitalertragssteuer und des Solidaritätszuschlags auf die Kapitalertragssteuer) gegen Einreichung der aufgerufenen Zinscoupons sowie die Rückzahlung der jeweiligen Anleihe bei Fälligkeit (Tilgung).

Der Zeitrahmen, der für die Zeichnung einer Fan-Anleihe veranschlagt werden muss, ist deutlich länger als bei einer klassischen Fremdemission, bei der ein Bankenkonsortium für die Platzierung der Anleihe verantwortlich ist. In der Regel wird die vierzehntägige stückzinsfreie Zeichnungsfrist deutlich überschritten, nicht selten sogar die für ein öffentliches Angebot von Wertpapieren vorgesehene maximale Angebotsfrist von zwölf Monaten ab dem Zeitpunkt der BaFin-Billigung vollständig ausgeschöpft. Und selbst dann ist die Vollplatzierung der Anleihe nicht garantiert.

Eine weitere wesentliche Eigenschaft von Fan-Anleihen besteht darin, dass sie mit der Ausgabe effektiver Stücke, sog. Schmuckanleihen kombiniert wird. Anders als der Begriff suggeriert handelt es sich bei Schmuckanleihen nicht um eine Kapitalanlage in Perlen oder Edelsteinen, sondern um ein Wertpapier, das besonders hochwertig gedruckt und aufwendig künstlerisch gestaltet ist. Im angelsächsischen Ausland sind Schmuckanleihen deshalb auch als „Ornamental Loan" oder „Artwork Bond" bekannt (Abb. 38.2).

Verein	Volumen (Mio. €)	Anteil Schmuckanleihen	Nennwert (€)
Hertha BSC Berlin	6,0	50%	100 bis 1.892
1. FC Köln	5,0	40%	100
Arminia Bielefeld	3,0	33%	100
Alemannia Aachen	5,0	28%	100 bis 500
1860 München	9,0	33%	150
Hertha BSC Berlin	5,0	48%	100 bis 1.892
Schalke 04	11,0	40%	100 bis 1.904
1. FC Nürnberg	6,0	38%	100 bis 500
FC St. Pauli	8,0	45%	100 bis 1.910
Arminia Bielefeld	3,0	25%	100
Hansa Rostock	5,0	60%	100 bis 1.965
Hamburger SV	12,5	40%	125 bis 1.887
1. FC Köln	10,0	<92%	100 bis 1948

Abb. 38.3 Schmuckanleihen im Überblick (Quelle: Blättchen & Partner AG)

In der Regel weisen Schmuckanleihen niedrige Nominalwerte von 100 bis 1.000 € auf; alternativ können sich ihre Nominalwerte an wichtigen Jahreszahlen des Vereins orientieren. Besonders beliebt sind dabei Schmuckanleihen mit einem Nennwert, der das Gründungsjahr des Vereins oder anderen bedeutenden Jahreszahlen entspricht. Häufig werden von den Vereinen verschiedene Nennwerte mit unterschiedlichen Motiven begeben, was den Fan dazu animieren soll, nicht nur eine Schmuckanleihe zu erwerben, sondern gleich einen kompletten Satz. In jedem Fall spekuliert der Emittent einer Schmuckanleihe darauf, dass diese zum Ende der Laufzeit nicht eingelöst werden, sondern als Sammlerstücke über den Fälligkeitstag hinaus aufbewahrt werden.[5] Dies betrifft häufig auch die angehängten Zinsscheine, die „echte Fans" nicht von ihrer Anleihe abschneiden würden. In diesem Fall erhält der Emittent nicht nur den Emissionserlös quasi geschenkt, sondern muss noch nicht einmal die fälligen Zinsen zahlen (Abb. 38.3).

---

[5] Vgl. Hasler und Karl (2012) S. 362.

Handelssegment	Bondm	Entry Standard für Anleihen	der mittel-standsmarkt	Mittelstandsbörse Deutschland	m:access bond
Börsenplatz	Stuttgart	Frankfurt	Düsseldorf	Hamburg/Hannover	München
Mindestemissions-volumen	25 Mio. €	Entfällt	10 Mio. €	Entfällt	25 Mio. €
Mindeststückelung	max.1.000,-- €	max.1.000,-- €	max.1.000,-- €	Entfällt	max.1.000,-- €
Wesentliche Zulassungs-voraussetzungen	• Wertpapierprospekt • Unternehmens-rating ohne Mindestanforderung • Ratingbericht auf Homepage • Vertrag mit Bondm-Coach	• Wertpapierprospekt • Unternehmens-rating ohne Mindestanforderung • Ratingbericht auf Homepage • Vertrag mit Listing Partner • Kennzahlen-übersicht	• Wertpapierprospekt • Unternehmens-rating mind. BB (Alter <12 Monate) • Ratingbericht auf Homepage • Antragsstellung gemeinsam mit Kapitalmarkt-partner	• Wertpapierprospekt • Rating optional • Factsheet	• Wertpapierprospekt • Unternehmens-rating ohne Mindestanforderung • Ratingbericht auf Homepage • Antragsstellung gemeinsam mit Emissions-experten • 3 Jahre Bestehen des Unternehmens
Wesentliche Folgepflichten	• Jahresabschluss • Zwischenabschluss • Quasi-Ad-hoc-Pflicht • Finanzkalender • Betreuung durch Bondm-Coach • Jährliches Folgerating	• Jahresabschluss • Zwischenabschluss • Quasi-Ad-hoc-Pflicht • Finanzkalender • Betreuung durch Listing Partner • Jährliches Folgerating	• Jahresabschluss • Zwischenabschluss • Quasi-Ad-hoc-Pflicht • Finanzkalender • Betreuung durch Kapitalmarktpartner • Jährliches Folgerating	• Jahresabschluss • Quasi-Ad-hoc-Pflicht • Finanzkalender	• Kernaussagen aus Jahresabschluss • Quasi-Ad-hoc-Pflicht • Finanzkalender • Betreuung durch Emissionsexperten • Jährliches Folgerating

Abb. 38.4 Mittelstandssegmente im Überblick (Quelle: Börsen, Blättchen & Partner AG)

38.2 Die Fußball-Mittelstandsanleihe

Klassische Unternehmensanleihen, auch hierzulande unter dem angelsächsischen Begriff Corporate Bonds bekannt, sind bereits seit Jahrhunderten fester Bestandteil der Fremdfinanzierung von Unternehmen. In Deutschland stand diese Finanzierungsform allerdings lange Zeit nur ausgewählten Großunternehmen offen, die meist bereits anderweitig an den Kapitalmärkten vertreten waren, etwa durch eine Börsennotierung. Das Volumen der von ihnen emittierten „Benchmark"-Anleihen bewegt sich mit 250 Mio. € (und mehr) weit über den von Fußball-Unternehmen angestrebten Größenordnungen, die Anleihestückelung liegt mit 50.000 € weit über dem von Fans gezeichneten Betrag.

Erst seit Mitte 2010 und inzwischen in immer stärkerem Maße können mittelständische Unternehmen auch an neu geschaffenen Primär- und Sekundärmarktplattformen Schuldverschreibungen mit einem Volumen von zehn bis 150 Mio. € platzieren. Per November 2012 wurden an den Börsenplätzen Stuttgart (Bondm), Frankfurt (Entry Standard für Anleihen), Düsseldorf (der mittelstandsmarkt), Hamburg-Hannover (Mittelstandsbörse Deutschland) und München (m:access bonds) insgesamt 62 Mittelstandsanleihen mit einem kombinierten Volumen von 3,1 Mrd. € begeben (Abb. 38.4).

Diese Börsenplätze – und das wird häufig unterschlagen – sind nicht zuletzt deshalb so erfolgreich, weil sie objektivierte Kurse anbieten, die sich nach Angebot und Nachfrage richten und damit den Anlegern im Unterschied zum „Grauen Kapitalmarkt" die Möglichkeit bieten, finanziell flexibel zu sein. Traditionelle Fan-Anleihen sind demgegenüber in der Mehrheit nicht börsennotiert und damit nicht fungibel. Der Gläubiger hat zu keinem Zeitpunkt der Laufzeit die Möglichkeit, die Anleihe zu verkaufen. Dass dies die Bereitschaft auch eines Fans, seine Ersparnisse in eine Fan-Anleihe zu investieren, belastet, erscheint naheliegend.

Kernstück bei der Emission einer Mittelstandsanleihe stellt – wie bei einer Benchmark-Anleihe auch – die Einschätzung der Unternehmensbonität durch eine unabhängige, EU registrierte Ratingagentur dar. Anhand des Ratings soll eine Aussage über die zukünftige Fähigkeit und rechtliche Verpflichtung des bewerteten Unternehmens zur termingerechten und vollständigen Erfüllung von Zins- und Tilgungszahlungen getroffen und die Nachhaltigkeit des Cashflows des Unternehmens zur Bedienung der Kapitaldienste überprüft werden. Darüber hinaus soll das Rating Informationslücken zwischen dem Unternehmen und potenziellen Investoren bzw. Gläubigern schließen.

Im Gegensatz zum unregulierten Freiverkehr, bei der die Informationsbereitstellung der Emittenten der Begebung freiwillig ist, verpflichten sich die Emittenten von Mittelstandsanleihen zu regelmäßiger Informationsbereitstellung. Von besonderer Bedeutung dabei ist die sogenannte „Quasi Ad-hoc-Publizität", die das Unternehmen anhält, wichtige Informationen, die für die Kursentwicklung der Anleihe und eine Investitionsentscheidung bedeutsam sind, unverzüglich einer breiten Öffentlichkeit zur Verfügung zu stellen. Dies entbindet den Anleger zwar nicht, die Entwicklung des Unternehmens selbst kontinuierlich zu verfolgen, verschafft ihm aber die Möglichkeit, auf Ereignisse, die für die Finanz-, Vermögens- und Ertragslage wesentlich sind, unverzüglich zu reagieren.

Ein weiterer Unterschied zur klassischen Fan-Anleihe ist die verpflichtende Mitwirkung eines Kapitalmarktberaters, der von der jeweiligen Börse zugelassen sein muss. Er ist für die Feststellung der Anleihefähigkeit des Unternehmens und die Strukturierung der Anleihe verantwortlich, also die Höhe der Verzinsung, Zinstermine, Laufzeit, Stückelung und gegebenenfalls Covenants oder Besicherungselemente. Seriöse Berater führen häufig auch einen Stresstest der wichtigsten Einflussfaktoren auf die Cashflow-Entwicklung durch, um die Belastbarkeit der Liquidität und Solvenz des Vereins zu analysieren. Nach der Anleiheplatzierung besteht die Aufgabe des Beraters darin, die Einhaltung der Folgepflichten sicherzustellen und den Emittenten gegebenenfalls auf Verstöße aufmerksam zu machen.

Zusammenfassend kann festgestellt werden, dass die Anforderungen an einen Fußballverein, eine Anleihe zu begeben, an den Mittelstandssegmenten ungleich höher sind. Dennoch hat mit Schalke 04 erstmals im Juni 2012 ein Fußballverein eine Mittelstandsanleihe an einer deutschen Börse begeben.

38.3 Fußball-Anleihen: Überblick über den Status quo

Obwohl sich die Einnahmenseite auf Rekordniveau bewegt, wird die finanzielle Lage von den meisten Bundesligavereinen als anhaltend schwierig beschrieben.[6] Zur Schließung

---

[6] Vgl. zum Beispiel Küting und Strauß (2011).

Verein	Liga	Volumen (Mio. €)	Platzierungs-quote	Kupon	Spread	Jahr	Laufzeit (Jahre)	Börse	Rating
Hertha BSC Berlin	1. BL	6,0	75%	5,2%	2,2%	2004	6	Hamburg	-
1. FC Köln	1. BL	5,0	100%	5,0%	1,3%	2005	6	-	-
Arminia Bielefeld	1. BL	3,0	100%	7,5%	4,8%	2006	5	-	-
Alemannia Aachen	2. BL	5,0	84%	6,0%	2,0%	2008	5	-	-
1860 München	2. BL	9,0	8%	6,0%	4,5%	2010	5	-	-
Hertha BSC Berlin	1. BL	6,0	58%	5,0%	4,8%	2010	6	-	-
Schalke 04	1. BL	11,0	100%	5,5%	3,8%	2010	6	-	-
1. FC Nürnberg	1. BL	6,0	100%	6,0%	3,9%	2010	6	-	-
FC St. Pauli	2. BL	8,0	100%	6,0%	5,0%	2011	7	-	-
Arminia Bielefeld	3. Liga	3,0	67%	6,5%	5,4%	2011	5	-	-
Hansa Rostock	2. BL	5,0	6%	5,0%	5,8%	2011	6	-	-
Schalke 04	1. BL	50,0	70%	6,8%	6,3%	2012	7	Entry Standard	BB
Hamburger SV	1. BL	12,5	100%	6,0%	5,1%	2012	7	-	-
1. FC Köln	2. BL	10,0	100%	5,0%	3,7%	2012	5	-	-

Abb. 38.5 Fußball-Anleihen im Überblick (Quelle: Blättchen & Partner AG)

finanzieller Lücken wurden bislang 13 klassische Fan-Anleihen und eine Mittelstandsanleihe von insgesamt zehn verschiedenen Fußballunternehmen emittiert. Vorreiter in der Emission von Anleihen war im Jahr 2004 die Hertha BSC Berlin KG mbH aA, die letzten Anleihen wurden 2012 vom Fußballclub Gelsenkirchen-Schalke 04 e. V., dem Hamburger Sport-Verein e. V. und der 1. FC Köln GmbH & Co. KG begeben. Vier Vereine, Arminia Bielefeld, Hertha BSC Berlin, Schalke 04 und der 1. FC Köln, waren bereits zweimal am Anleihenmarkt tätig (Abb. 38.5).

Bis auf zwei Ausnahmen, die Anleihen von Hertha BSC Berlin (2004) und von Schalke 04 (2012) wurden alle Fußball-Anleihen in Form der Eigenemission platziert. Bei einer Eigenemission wird die Anleihe durch das Emissionsunternehmen selbst und ohne Einschaltung einer Bank oder eines Bankenkonsortiums platziert. Dass es einem Emittenten überhaupt gelingt, genügend interessierte Anleger zu finden, erfordert einen gewissen Bekanntheitsgrad des Unternehmens (der bei einem Verein zweifelsohne gegeben ist) sowie zahlreiche potenzielle Investorenkontakte, wie sie etwa über die langjährige Fan-Arbeit aufgebaut wurden. Dies sind jedoch nur die Hygienefaktoren einer Eigenemission. Denn bei einer Eigenemission übernehmen die Fußballunternehmen auch alle sonstigen Aufgaben, für die ansonsten die Banken verantwortlich sind, in erster Linie die Ermittlung der erforderlichen Anleihebedingungen im Rahmen eines Pre-Sounding.

Während eines Pre-Sounding wird durch Befragung die generelle Bereitschaft von Investoren ermittelt, zu welchen Bedingungen sie die Emission zeichnen würden. Damit führt das Pre-Sounding zu einem fairen Ausgleich der Interessen des Investors und des Emittenten. Unterbleibt das Pre-Sounding – so wie dies bei einer Eigenemission regelmäßig der Fall ist – ist der Emittent faktisch auf sich gestellt, Coupon, Laufzeit, Covenants oder Besicherungskonzepte festzusetzen. Dass dies den Vereinsverantwortlichen gewissermaßen am „grünen Tisch" nicht ebenso gut gelingen kann wie dem professionellen Institutional Sales-Team einer Bank liegt auf der Hand. Dabei kann die nicht marktgerechte Festlegung des Coupon drastische Folgen haben: Wird der Coupon zu hoch festgelegt, hat dies unnötige Zinsaufwendungen in den Folgejahren zur Folge, ist er zu niedrig wird der Platzierungserfolg der Anleihe gefährdet. Letzteres ist bei Fußball-Anleihen der Normalfall: Unabhängig von der Ligazugehörigkeit liegen die Coupons zum Teil signifikant unter den für ein Unternehmen dieser Risikokategorie erwarteten Zinssätzen.

Anleihen an den Belangen der Kapitalmarktteilnehmer „vorbeizupreisen" hat die Konsequenz, dass das Emissionsvolumen nicht vollständig platziert wird. In Einzelfällen kann dies groteske Ausmaße annehmen: So konnten Hansa Rostock und TSV 1860 München nur geschätzte sechs Prozent bzw. acht Prozent des prospektierten Emissionsvolumens platzieren. Da in den meisten Fällen eine Fehleranalyse unterbleibt und im Gegenteil sogar der Misserfolg von den Vereinen als Meilenstein der Vereinsgeschichte verbucht wird,[7] bleibt unklar, ob allein die marktfernen Nominalverzinsungen für die schwache Platzierung verantwortlich zu machen sind, oder auch eine unterdurchschnittliche Kapital- und Ertragslage der Vereine zum Zeitpunkt der Emission, ein schwaches sportliches Abschneiden im Umfeld der Anleiheemission oder eine rückläufige Zahl registrierter Mitglieder. Selbst die Ligazugehörigkeit könnte für den Platzierungserfolg relevant sein. In jedem Fall hat die unvollständige Platzierung einer Anleihe negative Auswirkungen auf den Emittenten. Wenn das Image des Vereins in Mitleidenschaft gezogen wird, kann dies Fans langfristig von weiteren Stadionbesuchen abhalten.

Im Gegensatz zum Coupon ist es für die Vereinsverantwortlichen ungleich einfacher, eine vom Kapitalmarkt akzeptierte Laufzeit festzulegen. Diese liegen bei den bislang begebenen Fan- und Mittelstandsanleihen zwischen fünf und sieben Jahren und damit im für Unternehmensanleihen typischen Bereich. Wenig typisch ist dagegen die Entscheidung, auf den Handel an einer Börse oder im nicht regulierten Freiverkehr zu verzichten. Nur die Anleihen von Hertha BSC und Schalke 04 wurden in den Börsenhandel aufgenommen, den Fans aller anderen Fußball-Anleihen wurde dagegen ein vollständig illiquides Asset in zugemutet, das die Gläubiger während der Laufzeit der Anleihe nicht verkaufen konnten.

Bezogen auf die in den Wertpapierprospekten angegebene Mittelverwendung zeigt sich ein höchst diversifiziertes Bild. Tendenziell langfristige Investitionsprojekte, beispielswei-

---

[7] So stellte das Management von Schalke 04, als nach Ablauf der Zeichnungsfrist nur 70 % des avisierten Platzierungsvolumens eingeworben werden konnte, lapidar fest, dass es sich bei ihrer Mittelstandsanleihe immerhin um den höchsten, jemals erzielten Emissionserlös einer Anleihe eines deutschen Fußballclubs handelte.

se in einen Stadionum- oder –neubau oder ganz allgemein in Immobilien, rangieren unter den in den Wertpapierprospekten angegebenen Verwendungszwecken an erster Stelle. Maßnahmen, die die Restrukturierung der Passivseite vorsehen, werden bevorzugt von finanziell angeschlagenen Fußballvereinen mit schwacher Ertragslage und negativem Eigenkapital angegeben. Die Tatsache, dass unter den Vereinen mit den niedrigsten Platzierungsquoten auch diejenigen zu finden sind, die als Verwendungszweck lediglich pauschal „Allgemeine Liquiditätsbeschaffung" angegeben haben, sollte Vereine zukünftig von dieser Mittelverwendung absehen lassen, zumal von einem Konsum der vereinnahmten Mittel ohnehin keine konkreten langfristigen Ertragsquellen zu erwarten sind. Dass auch Investitionen in den Spielerkader nicht unbedingt durch hohe Platzierungsquoten belohnt werden, mag überraschen. Eine Erklärung könnte sein, dass Investoren in Fußball-Anleihen, überwiegend also die lebenslang ihrem Verein verhafteten Fans, aufgrund ihres sportlichen Sachverstands von der Erfolgswahrscheinlichkeit einer Spielerverpflichtung ex ante schwieriger zu überzeugen sind als etwa die rein renditeorientierten Zeichner einer Industrieanleihe, aus deren Mitteln beispielsweise Investitionen in eine neue Fabrikhalle finanziert werden sollen.

38.4 Debt Relations bei Fußball-Anleihen

Bei Fußballvereinen hat Debt Relations die Aufgabe, Anleihegläubiger regelmäßig mit Informationen über den Verein und seinen sportlichen sowie wirtschaftlichen Erfolg zu versorgen mit dem Ziel, weniger den Verein als das Fußball-Unternehmen bekannt zu machen und vorhandenes Vertrauen zu festigen. Durch die breite Streuung der Anleihen auf eine Vielzahl von Kleinanlegern und Fans muss die Debt Relations-Arbeit eines Vereins auf einen relativ breiten Personenkreis ausgerichtet werden. Da Anleihen ausschließlich in Form von Inhaberschuldverschreibungen begeben werden, bleibt dieser, sofern die Zeichnung über eine Börse erfolgt, für den Emittenten anonym. Damit ist die Zielgruppe der Privatanleger kommunikativ nur schwer zu erreichen, selbst wenn es sich dabei – trotz fortschreitender Internationalisierung der jeweiligen Marken – vornehmlich um inländische Investoren handeln dürfte. Nur wenn die Zeichnung über die Homepage des Vereins erfolgt, kann in der Kommunikation auf Adress- oder E-Mail-Listen zurückgegriffen werden, anhand derer die Gläubiger regelmäßig mit Jahres-, Halbjahres- oder Quartalsberichten oder weitergehendem Informationsmaterial versorgt werden können.

Hinzu kommt, dass die Adressaten der Debt Relations bei Fußballvereinen über ein heterogeneres Hintergrundwissen verfügen als bei traditionellen Unternehmensanleihen. Komplexe Sachverhalte einfach und unmissverständlich darzustellen ist für den Verein daher besonders wichtig. In besonderem Maße betrifft dies Unternehmensmeldungen, Jahresabschlüsse und Ad hoc-Meldungen. Auf der einen Seite soll der Umfang der Unternehmensmeldungen nicht unnötig aufgebläht werden, auf der anderen Seite sollten Meldungen für die Mehrheit der Rezipienten lesbar und verständlich bleiben. Damit ist

Debt Relations entweder kostenintensiv, beispielsweise wenn Anzeigen geschaltet werden, oder arbeitsintensiv, etwa wenn Informationsveranstaltungen durchgeführt werden, bei denen die aktuellen Entwicklungen des Vereins präsentiert werden und den Gläubigern beispielsweise Zugang zu den Spielern gewährt wird.

Eine nachhaltige Debt Relations-Politik sollte aber nicht nur auf die Gruppe der Privatinvestoren ausgerichtet sein, der zweifellos am schwersten zu erreichenden Anlegerschicht, sondern auch Finanzanalysten, Wirtschaftsjournalisten und auch institutionelle Fondsmanager miteinbeziehen. Sie zählen zu den Meinungsmachern und Multiplikatoren und sind daher für eine nachhaltige Debt Relations-Politik unverzichtbar. Insbesondere Wirtschaftsjournalisten können über weit verbreitete Medien die Wahrnehmung des Vereins als Fußballunternehmen in der Öffentlichkeit wesentlich beeinflussen. Obwohl Wirtschaftsjournalisten völlig andere Zielgruppen ansprechen als Sportjournalisten und sie auch aufgrund ihrer Ausbildung einen anders gelagerten Informationsbedarf aufweisen, sind ihre Ansprechpartner im Verein in der Regel dieselben. Wenn ihnen überhaupt Ansprechpartner innerhalb des Vereins zugewiesen werden: Denn selbst Schalke 04, das derzeit Anleihen im Volumen von nicht weniger als 46 Mio. € ausstehen hat, weist auf ihrer Homepage lediglich eine externe IR-Agentur als Kontaktstelle für Finanz- und Wirtschaftsjournalisten aus.

Tatsächlich werden professionelle Anleger und Wirtschaftsjournalisten von den meisten Vereinen nicht adressiert. Dies zeigt sich insbesondere in der mangelnden Bereitschaft der Vereine, Finanzinformationen bereit zu stellen. Das, was an allen Kapitalmärkten der Welt gang und gäbe ist, also die Veröffentlichung von Jahres- oder Halbjahresberichten, scheint hierzulande von den meisten Vereinsvorständen als besonders schützenswerte, ja vertrauliche Information eingestuft zu werden. Gerade einmal die gesetzlich vorgeschriebenen Mindestinformationen, also die Veröffentlichung einer abgespeckten Bilanz, des Umsatzes und des Jahresüberschusses, wird von den Vereinen im elektronischen Bundesanzeiger mit entsprechender zeitlicher Verzögerung akzeptiert. Eine vollständige Gewinn- und Verlustrechnung, ein Cashflow-Statement oder gar eine Segmentberichterstattung zu veröffentlichen, kommt den meisten Vereinen nicht in den Sinn. Ursächlich hierfür scheinen Befürchtungen zu sein, dass Investoren und Sponsoren durch die Offenlegung finanzieller und struktureller Probleme von einem weiteren Engagement abgehalten werden könnten.[8]

Dabei könnte ein gut gestalteter Geschäftsbericht als wertvolles Informations- und Kommunikationsmedium genutzt werden. Seiner Rolle für den Verein könnte ein Geschäftsbericht vor allem dann gerecht werden, wenn er über die gesetzlich vorgeschriebenen Pflichtangaben hinausgehen würde, auf die der Investor ohnehin über die Website des elektronischen Bundesanzeigers zugreifen kann.[9] Insbesondere im Lagebericht, für den es keine gesetzlichen Vorschriften zu Form und Gliederung gibt, könnten die Angaben

---

[8] Vgl. Weimar und Fox (2012) S. 184.
[9] Vgl. www.bundesanzeiger.de.

des Jahresabschlusses verdichtet und ergänzt und auch auf die zukünftige wirtschaftliche Entwicklung des Vereins eingegangen werden.

Besonders sinnvoll ist es an dieser Stelle, auch das Management des Vereins zu Wort kommen zu lassen. Durch Aussagen der Geschäftsführung sollte in kurzer Form die Finanzierungsstrategie des Vereins dargelegt werden. Die persönlichen Statements sollten klare Aussagen über die Kapitalmarktstrategie des Vereins und seine Platzierungsabsichten enthalten. Kombiniert mit persönlichen Aussagen von Trainer, Manager und Spielern können auf diesem Weg die erklärten Absichten unterstrichen und die Glaubwürdigkeit des Vereins gesichert werden. Von besonderer Bedeutung dabei ist, dass die Statements und Kommentare moderat ausfallen – gemäß dem Leitbild „Underpromising und Overachieving" –, um in einem realistischen Rahmen Zuversicht, Selbstbewusstsein und Vertrauen aufzubauen.

Von vergleichbarer Bedeutung wie der Geschäftsbericht ist die Website des Vereins. Hier sollen die für den Gläubiger relevanten Informationen aktuell, transparent, ausführlich und umfassend dargestellt werden. In der Regel erfolgt der Zugriff auf die anlagerelevanten Informationen über den Oberbegriff „Investor Relations". Die wesentlichen Website-Inhalte eines Unternehmens sind Informationen zu den Anleihebedingungen, Finanz- und Unternehmenskennzahlen, Finanzkalender, Corporate Governance, Frequently Asked Questions, Credit Relations-Kontakt, Medienkontakt, Kursinformationen sowie der Download-Bereich. In diesem kann der Interessent den Wertpapierprospekt, das für eine Anlageentscheidung wichtigste Einzeldokument, den Rating-Bericht bzw. dessen Summary, die Anleihebedingungen, Geschäfts- und Halbjahresberichte sowie ein Fact-Sheet herunterladen. Ein Verzeichnis der Analysten, die den Verein und seine Anleihe verfolgen, ist nicht nur für institutionelle Investoren von Bedeutung, sondern auch für ambitionierte Privatanleger. Research Reports können zum Download angeboten oder alternativ die Kontaktdaten des Analysten angeboten werden. Separat vom Investor Relations-Bereich steht häufig der Bereich Investor News, in dem IR- oder Unternehmensmitteilungen in kalendarischer Sortierung abgefragt werden können (Abb. 38.6).

Soweit die Theorie; analysiert man die gelebte Debt Relations-Politik der meisten Fußballvereine, bekommt man allerdings schnell den Eindruck, dass die Vereine vor dieser Arbeit unmittelbar nach Zeichnungsschluss kapitulieren und die Kommunikation einstellen. Bereits bei der Beantwortung der Frage, ob und in welchem Umfang Gläubiger mit Finanzinformationen versorgt werden sollen, für Investoren also ein klassischer Hygienefaktor, stehen nicht wenige Vereine im kommunikativen Abseits: Mit Ausnahme von Schalke 04 ist es aktuell bei keinem Verein möglich, in einem speziell für Anleihegläubiger ausgerichteten E-Mail-Verteiler aufgenommen zu werden. Andere wie der HSV haben bereits am Tag nach der Vollplatzierung ihrer Anleihe sämtliche Hinweise auf die für die Zeichnung erforderlichen Dokumente, Wertpapierprospekt, Anleihebedingungen oder Geschäftsberichte, von ihrer Homepage getilgt. Dass diese Einstellung kurzfristig ausgelegt ist, zeigen die Vereine, die eine Zweitanleihe platziert haben. Ihre Platzierungsquoten liegen ausnahmslos unter denen der Erstemission. Da man davon ausgehen kann, dass

Verein	Registrierung Newsletter möglich	Zeichnung	IR auf Homepage	IR Ansprechpartner	Prospekt
Hertha BSC Berlin	Nein	Homepage, Geschäftsstelle, Fan-Shop	Eegapemo Henegi	Ja	Nein
1. FC Köln	Nein	Geschäftsstelle, Sparkasse Köln	IR Bereich	Ja	Ja
Arminia Bielefeld	Nein	Geschäftsstelle	Nein	Nein	Ja
Alemannia Aachen	Nein	n/a	Nein	Nein	Ja
1860 München	Nein	n/a	Nein	Nein	Ja
Hertha BSC Berlin	Nein	Homepage, Geschäftsstelle, Fan-Shop	Eigene Homepage	Ja	Ja
Schalke 04	Ja	Gelletsstfähcse	EegapemoH enegi	Agentur	Ja
1. FC Nürnberg	Nein	Homepage, Geschäftsstelle, Fan-Shops, Diverse Bankfilialen	IR Bereich	Nein	Ja
FC St. Pauli	Nein	Homepage, Geschäftsstelle	Eigene Homepage	Ja	Ja
Arminia Bielefeld	Nein	Geschäftsstelle	Nein	Nein	Ja
Hansa Rostock	Nein	Homepage, Geschäftsstelle, Fan-Shop	Eigene Homepage	Nein	Ja
Schalke 04	Ja	Geschäftsstelle	Eigene Homepage	Agentur	Ja
Hamburger SV	Nein	Homepage, Geschäftsstelle	Nein	Nein	Ja
1. FC Köln	Nein	Homepage	Nein	Nein	Ja

Abb. 38.6 Debt Relations von Fußballunternehmen im Being Public (Quelle: Blättchen & Partner AG)

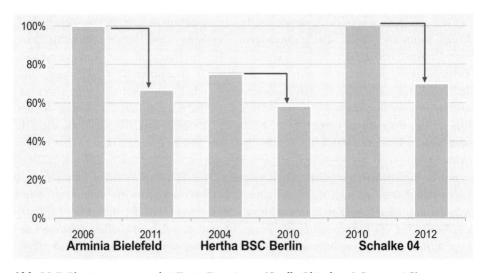

Abb. 38.7 Platzierungsquoten bei Zweit-Emissionen (Quelle: Blättchen & Partner AG)

die Erstemission mit wesentlich höherer Unsicherheit verbunden ist und ein Verein bei der Zweitemission auf die regelmäßige Zinszahlung und die erfolgreiche Rückzahlung der ersten Anleihe verweisen kann, muss dieses Ergebnis enttäuschen (Abb. 38.7).

38.5 Fazit

Die emotionale und dauerhafte Bindung der Fans zu ihrem Verein hat zur Folge, dass sie der Zeichnung einer Fußball-Anleihe eine ähnliche Wertschätzung zuteilwerden lassen wie etwa dem Stadionbesuch oder dem Erwerb von Merchandisingprodukten. Letzten Endes führt die emotionale Bindung von Fans zu ihrem Verein sogar dazu, dass die aus der Anleihe erwarteten Renditeziele nicht das Ergebnis rationaler Überlegungen sind, sondern bis zu einem bestimmten Grad auf den intrinsischen Motiven der Anhänger basiert.[10] Die aus Fan-Motiven geleitete Anlageentscheidung hat unmittelbar Einfluss auf die zukünftige Vermögenssituation des Gläubigers. Doch ist die Loyalität der Fans endlich: Die aus einem dauerhaften sportlichen Misserfolg hervorgerufene Erosion der Fan-Solidarität ist ein potenzieller Risikofaktor für die Platzierung von Fußball-Anleihen.

Dennoch wird auch ein Fan einem Verein sein Kapital nur dann zur Verfügung stellen, wenn er dessen Management vertraut. Die Gewinnung des Anlegervertrauens ist immer dann wichtig, wenn die Finanzierung eines Vereins auf eine breitere Grundlage gestellt werden soll, wenn also beispielsweise die Aktionärsbasis verbreitet oder neue Investorengruppen etwa bei der Begebung einer Anleihe angesprochen werden sollen. Dieses Vertrauen kann aber nur durch eine stetige, langfristig ausgerichtete Kommunikation mit den Zielgruppen aufgebaut werden. Ein kurzfristiger Aktionismus im Vorfeld der Anleiheplatzierung, etwa in Form von Hochglanzbroschüren oder Anzeigenschaltungen, ist für einen dauerhaften Erfolg an den Kapitalmärkten nicht ausreichend.

Literatur

DFL Deutsche Fußball Liga (2012) Bundesliga Report 2011/2012: Die wirtschaftliche Situation im Lizenzfußball. Frankfurt a. M.

Hasler PT, Karl C (2012) Mittelstandsanleihe-Report H1/2012: Trends, Entwicklungen und Ausblick. Corp Financ Biz 7:358–362

Korthals JP (2005) Bewertung von Fußballunternehmen: Eine Untersuchung am Beispiel der Fußballbundesliga. Deutscher Universitäts-Verlag, Zürich

Küting K-H, Strauß M (2011) Finanzielle und bilanzielle Krisenstrategien im Profifußball. Betr 47:2613–2621

Veblen TB (2011) Theorie der feinen Leute: Eine ökonomische Untersuchung der Institutionen, 2. Aufl. Fischer, Frankfurt a. M.

Weimar D, Fox A (2012) Fananleihen als Finanzierungsinstrument von Sportclubs? Eine Bestandsaufnahme am Beispiel der Fußballbundesliga. Corp Finance Biz 4:181–187

---

[10] Vgl. hierzu Korthals (2005) S. 19.

Teil VII
Kommunikationsinstrumente der Debt Relations

39 Corporate Bondholder Relations & Internetauftritt – Ergebnisse einer empirischen Studie

Heinrich Degenhart und Steve Janner

Im Rahmen einer internen Studie zur Finanzmarktkommunikation im Fremdkapitalbereich wurde an der Professur für Finanzierung und Finanzwirtschaft das webbasierte Kommunikationsverhalten deutscher Anleiheemittenten untersucht. Das Internet hat sich längst als Verbreitungsmedium für investorenrelevante Unternehmensinformationen etabliert und wird von Unternehmen, die sich stark zum Aktienmarkt orientieren, in einem hochprofessionellen Maße genutzt. Die webbasierte Finanzmarktkommunikation gegenüber Anleiheinvestoren ist ebenfalls nicht neu, gewinnt aber durch den vermehrten Marktzugang mittelständischer und tendenziell kapitalmarktunerfahrener Unternehmen an Bedeutung. Vielfältige Ursachen, wie die Schaffung eines europäischen Währungsraumes und einheitlicher Regulierungsstandards, einer seit Basel II und Finanzkrise verstärkten Umorientierung insbesondere mittelständischer Unternehmen und das niedrige Zinsumfeld, forcierten ein Wachstum des Marktes für Corporate Bonds inländischer Emittenten von 13,6 auf 247,6 Mrd. € (Umlaufvolumen in Nennwerten) zwischen 2000 und Ende 2011.

Viele Neuemittenten der vergangenen zwei Jahre unterscheiden sich in ihrer Ausgangssituation maßgeblich von den traditionellen Anleiheschuldnern. Typischerweise haben Letztere aufgrund ihrer Aktiennotiz in einem regulierten Marktsegment und ihrer hohen Emissionsfrequenz am Anleihemarkt längst das Höchstmaß an Kapitalmarktorientierung und damit ein hohes Transparenzlevel erreicht. Die nachfolgende Analyse soll in diesem Kontext ein empirisch-deskriptives Bild zur gegenwärtigen Kapitalmarkttransparenz aller deutschen Anleiheemittenten aus dem nicht-finanziellen Sektor zeichnen und hier insbesondere auf den Unterschied zwischen Emittenten mit und ohne Aktiennotiz sowie weitere Einflussfaktoren eingehen.

H. Degenhart (✉)
Inhaber der Professur für Finanzierung und Finanzwirtschaft, Leuphana Universität Lüneburg,
Scharnhorststraße 1, 21335 Lüneburg, Deutschland
E-Mail: degenhart@uni.leuphana.de

S. Janner
Wissenschaftlicher Mitarbeiter an der Professur für Finanzierung und Finanzwirtschaft,
Leuphana Universität Lüneburg, Scharnhorststraße 1, 21335 Lüneburg, Deutschland
E-Mail: janner@uni.leuphana.de

39.1 Bondholder Relations im Internet

Das Gebiet der Bondholder Relations ist zum einen als Untermenge der allgemeinen Finanzmarktkommunikation im Fremdkapitalbereich, der Creditor Relations, zu verstehen. Zum anderen sind Bondholder Relations ein Teil der am Kapitalmarkt orientierten Investor Relations (IR). Der Kreditmarkt zeichnet sich maßgeblich durch den individuellen Vertragsabschluss und die damit einhergehende Prüfung und Überwachung durch einen bzw. wenige Kapitalgeber sowie den Wegfall von Informationsintermediären aus. Durch ihren direkten Informationszugang zum Schuldner übernehmen Kreditinstitute die Funktion von Analysten an den Kapitalmärkten in der Regel selbst. Am Anleihemarkt hingegen stehen die Emittenten typischerweise anonymen Anlegern gegenüber, was nicht ausschließt, dass einzelne Anleihegläubiger bekannt sind. Im Bereich der Investor Relations lassen sich Anleihegläubiger von Aktionären als Informationsadressaten abgrenzen. Hier stellt sich die Frage nach Gemeinsamkeiten und Unterschieden im Informationsbedarf und dessen Deckung.

Für alle Arten von Investoren ist der Internetauftritt der Firmen, in denen Geld angelegt ist oder angelegt werden soll, eine erste, schnelle Informationsquelle. Für Investoren, die wenig Zeit haben, oder für die sich vertiefte, auch persönliche Kontakte nicht lohnen, die anonym bleiben wollen oder die aus Unternehmenssicht zu unbedeutend sind, um intensiver betreut zu werden, ist der Internetauftritt (direkt und indirekt durch seine „Ableitungen" in anderen Informationsmedien) heute auch eine der wichtigsten Informationsquellen. Außerdem ist das Internet nicht nur eine einseitige Informationsquelle, sondern auch – bei entsprechender Ausgestaltung und Nutzung – ein Kommunikationsinstrument: es dient dann zusätzlich dem Informationsaustausch zwischen Emittent und Investor. Insgesamt gilt: je zahlreicher und je anonymer die Investoren sind, desto wichtiger wird der Internetauftritt.

Ähnlich wie Aktien werden Unternehmensanleihen heute auch von Privatanlegern und semiinstitutionellen Investoren als Geldanlage erworben. Zwar haben viele Anleihen Mindeststückelungen von 1.000 und 50.000 €. Allerdings sind auch solche Beträge weit davon entfernt, dem Investor einen individuellen, persönlichen Zugang zu Firmeninformationen zu gewährleisten. Diese Gruppe hat in der Regel im Gegensatz zu den großen, professionellen Investoren nicht nur keine weitere Informationsmedien (wie Bloomberg, Reuters und Zugang zu Sell-Side-Analysen oder CDS-Datenbanken) zur Verfügung, sondern auch keine eigene Analysekapazitäten. Hinzu kommt der Trend, dass nicht wenige Neuemittenten danach streben, ohne Credit Rating an den Markt zu gehen. Somit fehlt diesen Investoren heute häufig eine wichtige, aktuelle und leicht interpretierbare Anlageinformation. Dies alles begründet die zunehmende Relevanz eines guten IR-Internetauftritts mit aussagefähigen, aktuellen und aufbereiteten Firmen-Finanzinformationen, wenn diese Investorengruppe angesprochen wird.

Gegenüber klassischen Informationskanälen ermöglicht das Internet auch eine interaktive Kommunikation zwischen Unternehmen und Investoren, die relativ kostengünstig und vom Unternehmen direkt steuerbar ist. Emittenten können aus eigenem Antrieb für die zeitnahe Verfügbarkeit von Finanzinformationen sorgen und damit eine dynamische Kommunikationskultur verfolgen. Für den Markt bietet sich darüber hinaus die Möglichkeit eines Benchmark-Vergleiches der Informationsanbieter. Ein herausragender Webauftritt erzeugt unter günstigen Umständen positive Assoziationen zur Professionalität des Unternehmens in anderen Bereichen. Emittenten können den Internetauftritt folglich nutzen, um ein positives Signal an den Markt zu senden und sich somit von anderen kapitalsuchenden Unternehmen abzuheben.

39.2 Untersuchungsaufbau

Datengrundlage Im Fokus der Untersuchung standen deutsche Nichtfinanzunternehmen, die zum 30. April 2011 mindestens einen mittel- bis langfristigen und börsennotierten Schuldtitel ausstehend hatten. Es wurden dabei sowohl Standardanleihen als auch nichtfestverzinsliche und mit nachrangigen Merkmalen ausgestattete Schuldverschreibungen berücksichtigt. Um in die Untersuchung aufgenommen zu werden, mussten die Papiere nicht zwangsläufig in Deutschland notiert sein. Es wurde zur Erfassung aller relevanten Titel neben den Notierungslisten der deutschen Börsenstandorte auch an den Börsen Luxemburg, Dublin, London, Euronext und SIX Swiss Exchange gesucht.

Alle 173 auf diese Weise ermittelten deutschen Anleiheemittenten wurde in einem zweiten Schritt auf ihre Online-Finanzmarktkommunikation hin überprüft. Zu diesem Zweck wurden die (IR-)Webseiten der Unternehmen mit Hilfe einer vorab festgelegten Kriterienliste nach relevanten Items durchsucht. Die Datenerhebung erstreckte sich über den gesamten April 2011. Außerdem wurden zusätzliche Unternehmensdaten, wie die Aktienbörsennotierung, Beschäftigtenzahl und Branchenzugehörigkeit gesammelt.

Kriterienauswahl und Durchführung der Analyse Die Erhebungskriterien wurden in zwei Schritten festgelegt. Zunächst wurden bewährte Kriterienlisten aus früheren, größtenteils internationalen Studien zur Onlinepublizität aktienbörsennotierter Unternehmen ausgewählt.[1] In einem zweiten Schritt wurden die Listenitems auf ihre Kompatibilität mit den Zielen und Aufgaben der Bondholder Relations hin überprüft. Zu diesem Zweck sind in einem ersten Screening außerordentlich professionell gestaltete Bondholder Relations-Webseiten als Best Practices ermittelt worden. Aufgrund der inhaltlichen Überschneidungen zur klassischen Equity-IR war es besonders wichtig, auch herausragende Seiten von Anleiheemittenten ohne Aktiennotiz als Referenz auszumachen. Auf diese Weise konnten Items ausgeschlossen werden, die von Unternehmen ohne Aktiennotiz nicht oder nur sehr selten herausgegeben werden. Damit wird die Vermutung begründet, dass diese Merkmale für Bondholder Relations irrelevant sind.

---

[1] Siehe dazu etwa Bollen et al. (2006); Ettredge et al. (2002); Geerings et al. (2003); Marston und Polei (2004).

Neben Publizitätsinhalten sind auch Kriterien der Erreichbarkeit und der Aktualität in die Analyse eingeflossen. Ausgeschlossen wurden hingegen Aspekte der verwendeten Technologie oder Darstellungsformate. Insgesamt sind 50 Items, welche ausnahmslos die Ausprägungen 0 (nicht vorhanden) und 1 (vorhanden) annehmen können, in die Kriterienliste aufgenommen worden. Um die Übersichtlichkeit zu verbessern, wurden darüber hinaus Kategorien gebildet, die als Gliederungspunkte in die Auswertung eingingen.

Das nachfolgende Kapitel enthält die deskriptive Auswertung der erhobenen Daten. Aufgrund der dichotomen Merkmalsausprägung können zu jedem Kriterium Prozentwerte und damit Häufigkeiten seines Auftretens angegeben werden. Die abgebildeten Werte beziehen sich neben der Gesamtheit aller 173 deutschen Anleiheemittenten jeweils auf die Teilmengen an Unternehmen mit börsennotierten Aktien (102) und jene ohne (71). Dieses Unterscheidungskriterium erschien sinnvoll, da die Aktienbörsennotierung gemessen an der Anleihenotierung als weitergehende Öffnung gegenüber dem Kapitalmarkt betrachtet werden kann und folglich den Emittenten die höchsten Transparenzanforderungen abverlangt.

Interpretation der Abweichungen Das Ausmaß der Abweichung zur Benchmark zeigt, ob und inwieweit Seiteninhalte Standard für Bondholder Relations sind. Hohe Abweichungen sollten einen Denkanstoß zur Sinnhaftigkeit der Inhalte geben oder Handlungsbedarf zur Verbesserung des Internetauftritts aufzeigen. Auch hier ist die Unterscheidung zwischen Unternehmen mit und ohne Aktiennotierung sinnvoll: Das Thema Investor Relations wurde in der Vergangenheit vor allem von der Aktienseite getrieben. Auch der Gesetzgeber hat die Mindestanforderungen an die Information der Investoren an der Aktienseite ausgerichtet. Unternehmen, deren Aktien am organisierten Markt gehandelt werden, empfiehlt darüber hinaus der Deutsche Corporate Governance Kodex in Absatz 6.8, dass „von der Gesellschaft veröffentlichte Informationen über das Unternehmen [...] auch über die Internetseite der Gesellschaft zugänglich sein [sollen]" (Regierungskommission Deutscher Corporate Governance Kodex 2010). Betroffene Unternehmen müssen demnach eine Nichtbefolgung in Entsprechenserklärungen rechtfertigen und diese ebenfalls auf der Webseite veröffentlichen.

Equity IR wird in den Firmen in der Regel von eigens zu diesem Zweck eingestellten Spezialisten betrieben, während Bondholder IR häufig eine von vielen Aktivitäten des Corporate Treasurers ist. Daher kann bei Unternehmen mit Aktiennotierung von einem deutlich höheren Professionalierungsgrad der IR-Aktivitäten ausgegangen werden. Große Unterschiede in der Merkmalsausprägung zwischen Unternehmen mit und ohne Börsennotiz lassen daher auf einen Nachholbedarf oder unzureichende Professionalisierung der Bondholder Relations schließen.

39.3 Empirische Analyse

Zugang zu den IR-Inhalten Das Internet gilt als schnelles Informationsmedium. Vorhandene oder potentielle Investoren, die sich über das Medium Internet informieren wollen, werden daher Wert darauf legen, die IR-Webseite leicht zu finden, sich auf der Seite gut zu orientieren und Informationen zuverlässig und schnell zu beziehen. Die für diese Kategorie erhobenen Kriterien zielen demnach auf die Erreichbarkeit der Webseite und der IR-Kontakte für tiefergehende Nachfragen, die Möglichkeit zur Bestellung von Finanzpublikationen in Druckversionen oder von Newslettern und auf die Nutzung der Vorzüge von Social Media ab.

Vor allem Unternehmen ohne Aktiennotiz haben oftmals keine separate IR-Webseite aufgesetzt sondern nur eine Rubrik mit anleihespezifischen Informationen. Größere börsennotierte Emittenten hingegen haben IR-Portale, die zum Teil sogar von der Konzernwebseite losgelöst sind und in vielen Fällen eine spezielle Anleiheselektion bieten. Für Besucher der Webseite ist es wichtig, die relevanten Inhalte im Zusammenhang zu finden, ohne danach aufwändig suchen zu müssen. Für das erste Kriterium wurde daher geprüft, ob jeweils eine mit Begriffen wie Creditor Relations oder Anleihe(n) übertitelte Seite oder ein entsprechender Untergliederungspunkt eingerichtet worden sind.

Wenn das Internet zusätzlich auch für Kommunikationszwecke genutzt werden soll, sind neben den Informationsinhalten unpersönliche Kontaktmöglichkeiten zu IR-Fragen – etwa in Form eines Kontaktformulars – sowie weitergehende Kontaktdetails zu Ansprechpartnern aus dem IR- oder direkt aus dem Creditor/Bondholder Relations-Bereich wichtig. Das Angebot zur Bestellung eines Newsletters ist für die fortlaufende Kommunikation im Nachemissionszeitraum sehr nützlich. Die Möglichkeiten des Web 2.0 ermöglichen auch den Einsatz dynamischer Abonnementdienste, wie etwa RSS-Feeds, über die interessierte Marktteilnehmer automatisch mit neuen IR-Mitteilungen versorgt werden können. Darüber hinaus wird beobachtet, dass IR-Manager immer häufiger die Vorzüge sozialer Medien, wie Twitter und Facebook, zu nutzen wissen, um etwa die Headlines ihrer Pressemitteilungen auf diese Weise zu veröffentlichen (Fieseler et al. 2010). Eine Auflistung von Antworten zu häufig gestellten Fragen und die Möglichkeit, Geschäftsberichte zu bestellen, runden die Vorzüge der webbasierten Informationsbeschaffung ab.

Eine gut gestaltete Webseite sollte Angaben zum letzten Seitenupdate enthalten, um die Aktualität der zur Verfügung gestellten Informationen nachvollziehbar zu machen. Zum Abspeichern und Dokumentieren von Webinhalten wird gelegentlich neben einem formatierungsfreien Drucklayout auch das Speichern einer pdf-Datei angeboten. Zu guter Letzt kann eine Empfehlungsfunktion die Erreichbarkeit und damit die Effektivität der Webseite und ihrer Inhalte steigern (Abb. 39.1).

Die Auswertung zeigt, dass die eigene Anleihenrubrik Standard ist, reine Anleihemittenten aber noch einen Nachholbedarf haben. Die weitgehende Bereitstellung von englischsprachigen Inhalten zeigt auch, dass die meisten Anleiheemittenten internationale Investoren ansprechen wollen. Bei Komfortfunktionen für die Arbeit von Analysten wie

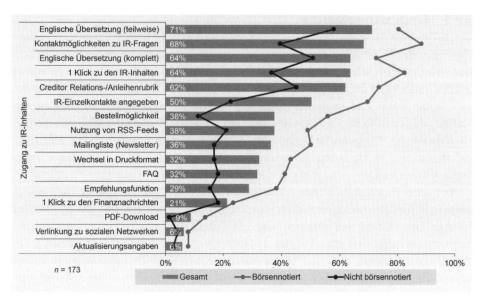

Abb. 39.1 Zugang zu den IR-Inhalten

Druckformate und Download, Aktualitätsangaben, Überleitung zu den Finanznachrichten besteht bei den meisten Firmen noch eine Verbesserungsmöglichkeit.

Auffallend ist, dass die Kommunikationsfunktion des Internets von den nicht aktienbörsennotierten Firmen relativ schwach genutzt wird, was mit der personellen Ausstattung zusammenhängen kann oder auch mit einer weniger weit entwickelten Kommunikationsbereitschaft reiner Anleiheemittenten. Typisch für reine Anleiheemittenten ist, dass die Ansprechpartner nicht personalisiert sind und aktive Ansätze wie Mailinglisten oder RSS-Feeds sehr schwach ausgeprägt sind. Bei der Nutzung sozialer Netzwerke besteht in fast allen untersuchten Unternehmen ein Nachholbedarf. Dieses Defizit wiegt um so schwerer, da auch von Anleiheemittenten private Investoren angesprochen werden, die zunehmend in sozialen Netzwerken organisiert sind.

Allgemeine Unternehmensinformationen Anleiheinvestoren, die das Internet als Informationsquelle nutzen wollen, müssen Wert darauf legen, die für eine Bonitätseinschätzung notwendigen Informationen auf der Homepage der Firmen zu finden. Die Grundlage jeder Bonitätseinschätzung ist das Verständnis über Geschäftsmodell, Unternehmensstruktur und Geschäftsstrategie des zu beurteilenden Unternehmens. Das Kriterium des Konzernportraits gibt an, ob das Geschäftsfeld des Unternehmens in ausführlichem Maße beschrieben ist. Angaben zur Konzernstruktur sind hier an sich schon nützlich, aber nur dann aussagefähig, wenn sie Kennzahlen, wie Umsatz- oder Erfolgszahlen, enthielten.

Auch die Ausführungen zur Konzernstrategie wurden über zwei Kriterien bewertet. Für das erste Kriterium reichte es, wenn die Konzernstrategie überhaupt auf der Webseite beschrieben wurde. Für das zweite Kriterium war darüber hinaus auch die Angabe

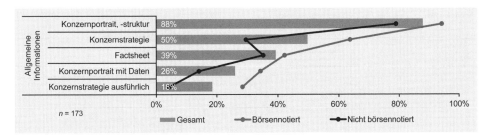

Abb. 39.2 Allgemeine Unternehmensinformationen

von Kennzahlen notwendig. Zusätzlich veröffentlichen einige Emittenten Kurzportraits zu ihrem Unternehmen im pdf-Format – das so genannte Factsheet. Dieses verlangen auch einige der neu eingerichteten Börsensegmente für Mittelstandsanleihen und veröffentlichen es direkt im Emittentenprofil auf der Börsenwebseite (Abb. 39.2).

Allgemeine Angaben zum Konzern können als Standard angesehen werden. Dies gilt jedoch schon nicht mehr für die Konzernstrategie und erst recht nicht für faktenorientierte, quantitativ unterlegte Aussagen. Zwar sind auch hier die aktienbörsennotierten Unternehmen besser aufgestellt. In beiden Gruppen muss jedoch ein erheblicher Nachholbedarf festgestellt werden. Die relativ guten Werte nicht aktienbörsennotierter Unternehmen für die Factsheets mögen mit den oben genannten Anforderungen der Börsenbetreiber zusammenhängen.

Rechnungslegung Daten aus der Rechnungslegung sind traditionell der Kern jeder Bonitätsprüfung. Damit sollten diese Daten auch den Kern der Finanzkommunikation darstellen. Im Gegensatz zu den bisherigen Kriterien ist die Rechnungslegungspublizität ein stark regulierter Themenbereich, weshalb sich Unternehmen ab einer gewissen Größe und Kapitalmarktorientierung nicht mehr der Aufstellung und Veröffentlichung in vorgegebener Form und Frist verwehren können. Neben Jahresberichten stellt die Veröffentlichung von Zwischenberichten eine höhere Stufe in der Finanzmarkttransparenz dar. Mit der Weiterentwicklung der Webgestaltung sind zunehmend auch Online-Geschäftsberichte zu finden, die etwa den Download von Tabellen des Jahresabschlusses als Excel-Datei und damit ein leichtes Weiterverarbeiten der Daten ermöglichen.

In der Datenerhebung ist ferner berücksichtigt worden, ob Marktteilnehmern die Möglichkeit gegeben wurde, die aktuellen Geschäftsdaten mit vergangenen zu vergleichen. Zusätzlich veröffentlichen einige Emittenten auch Prognosen zum zukünftigen Geschäftsverlauf. Diese wurden gewertet, wenn sie in Form von Kennzahlen veröffentlicht wurden (Abb. 39.3).

In dieser Auswertung fällt die Diskrepanz zwischen aktienbörsennotierten Unternehmen und reinen Anleiheemittenten besonders auf. Obwohl die Veröffentlichung des Geschäftsberichts schon aus rechtlichen Gründen Standard ist, wird der Bericht von der Hälfte der reinen Anleiheemittenten nicht im Internet zur Verfügung gestellt. Dies gilt

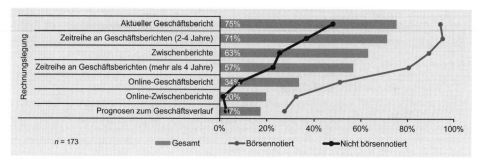

Abb. 39.3 Rechnungslegung

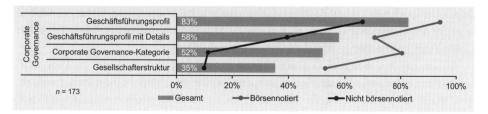

Abb. 39.4 Corporate Governance

noch verstärkt für die freiwillige Zwischenberichterstattung. Bei den Komfortfunktionen wie Onlineberichten besteht bei den meisten Firmen Nachholbedarf. Die für Investoren besonders interessanten Prognoseinformationen, auf die kein Kreditanalyst verzichtet, werden generell kaum über das Internet bereitgestellt. Anleiheinvestoren erhalten daher über das Internet gerade von nicht aktienbörsennotierten Firmen nicht die für die Bonitätsprüfung notwendigen Informationen.

Corporate Governance Das breite Feld der Handlungsempfehlungen zur guten Unternehmensleitung und -kontrolle, seit 2002 zusammengeführt im Deutschen Corporate Governance Kodex, zielt vorrangig auf die Minderung von Folgen aus Interessenskonflikten zwischen Management und Anteilseignern ab. Ähnliche Konflikte gibt es auch zwischen Management und Anleiheinvestoren. Insofern dienen die Regelungen und Empfehlungen zum Großteil auch den Anleiheinvestoren, auch wenn sie für diese Gruppe eine geringere Bedeutung haben. Untersucht wurde daher, ob eine Corporate Governance-Kategorie auf der Emittenten-Webseite eingerichtet sowie möglichst detaillierte Informationen zur Geschäftsleitung und Struktur der Anteilseigner herausgegeben worden sind. Geschäftsleitung und Eigentümerstruktur wurden besonders betrachtet, da diese Informationen im qualitativen Teil der Bonitätsprüfung eine herausgehobene Bedeutung haben (Abb. 39.4).

Im Ergebnis fällt auf, dass Corporate Governance nur für die aktienbörsennotierten Unternehmen Standard ist und auch hier bei den Informationen, die für die Bonitätsprüfung wichtig sind, noch Nachholbedarf besteht. Bei den nicht aktienbörsennotierten

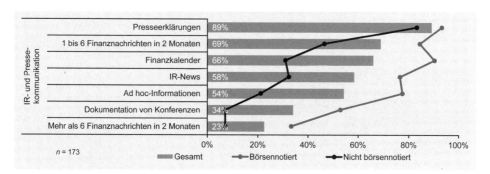

Abb. 39.5 IR- und Pressekommunikation

Unternehmen ist die Relevanz von Corporate Governance anscheinend noch nicht angekommen. Die hier im Internet gebotenen Informationen reichen zur Bonitätsprüfung durch Anleiheinvestoren nur in wenigen Fällen aus.

IR- und Pressekommunikation Ergänzend zur turnusmäßigen Finanzberichterstattung ist die Kommunikation zu kurzfristigen Veränderungen im Geschäftsumfeld, der Unternehmensstruktur oder der Finanzierung von Bedeutung. Pressemitteilungen informieren über allgemeine Unternehmensneuigkeiten, angefangen bei Produkteinführungen bis hin zu Personalveränderungen. Die davon häufig getrennte Kategorie der IR-News/Finanznachrichten hingegen vermittelt Informationen, welche seitens der IR-Verantwortlichen als besonders relevant für den Kapitalmarkt angesehen werden. Ad hoc-Meldungen nach § 15 WpHG liegen auf der höchsten Relevanzstufe, da sie zu veröffentlichen sind, wenn eine kursrelevante Insiderinformation im Sinne des Gesetzes vorliegt. Im Falle von Schuldverschreibungen sind dies vor allem Informationen, die einen potenziellen Einfluss auf die Bonitätseinschätzungen durch Marktteilnehmer haben. Einen ähnlichen Bedeutungsgrad haben Quasi-ad-hoc-Mitteilungen, welche fast alle deutschen Wertpapierbörsen als Notierungsvoraussetzung für ihre Mittelstandssegmente definiert haben (Abb. 39.5).

Gut zu erkennen ist auch hier, dass reine Anleiheemittenten deutlich weniger informieren als die aktienbörsennotierten Anleiheemittenten. Eine Ausnahme sind die Presseerklärungen. Bei den reinen Anleiheemittenten zeigt sich ansonsten ein sehr geringes Kommunikationsniveau, was nicht alleine mit einer geringen Zahl berichtenswerter Ereignisse erklärt werden kann. Über einen Finanzkalender verfügen alle Unternehmen und IR-News sollte es eigentlich auch überall geben. Lediglich die Dokumentation von Konferenzen kann auch darauf zurückgeführt werden, dass reine Anleiheemittenten selten Analystenkonferenzen oder Ähnliches durchführen. Aber auch dies wäre ein Zeichen geringer Aktivität bei Bondholder Relations.

Emissionsspezifische Informationen Diese Kriterienkategorie deckt Informationen ab, welche fast ausschließlich von Anleiheemittenten – unabhängig davon, ob sie mit ihren Aktien

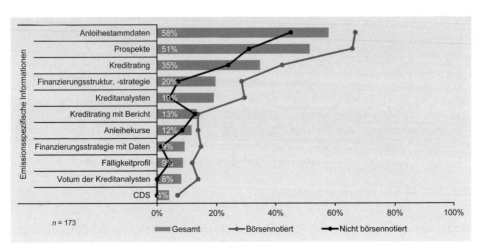

Abb. 39.6 Emissionsspezifische Informationen

börsennotiert sind oder nicht – veröffentlicht würden. Neben den Stammdaten und Dokumentationen ihrer Wertpapiere können Emittenten zur besseren Nachvollziehbarkeit ein Laufzeitenprofil der ausstehenden Schuldverschreibungen sowie Aussagen zur Finanzierungsstrategie – etwa in Form eines Verschuldungsziels oder angestrebter Deckungsgrade – veröffentlichen. Um die aktuelle Entwicklung ihrer Wertpapiere nachvollziehbar zu machen, können Emittenten entweder direkt auf ihr Börsenprofil verweisen oder Charts auf ihrer Webseite einbinden. Einige wenige Unternehmen stellen darüber hinaus auch CDS-Spreads und damit sehr kurzfristige Bonitätseinschätzungen auf der eigenen Seite zur Verfügung.

Es sollten, falls ein externes Credit Rating vorliegt, möglichst der gesamte Ratingbericht und vergangene Ratingveränderungen auf die Webseite gestellt werden. Es werden darüber hinaus viele Emittenten von Bondanalysten beobachtet, auch wenn deren Bedeutung im Fremdkapitalbereich wesentlich kleiner ist als auf der Aktienseite. Emittenten können neben einer Liste der für sie zuständigen Sell-Side-Analysten auch deren Urteil als Übersicht zur Verfügung stellen (Abb. 39.6).

In dieser Auswertung der anleihespezifischen Informationen fällt zunächst der – gemessen an den bisher betrachteten Kriterien – geringe Unterschied zwischen aktienbörsennotierten Unternehmen und reinen Anleiheemittenten auf. Dies zeigt, dass der Bereich Investor Relations, der in der Regel für den IR-Auftritt der aktienbörsennotierten Firmen verantwortlich ist, die Anleihepublizität vernachlässigt und/oder dass die Finanzseite zu wenig Wert auf eine angemessene Information der Anleihegläubiger legt.

Analyse weiterer Einflussfaktoren Es stellt sich die Frage, welches die Gründe für das unterschiedliche Informationsverhalten der Anleiheemittenten sind.

In direktem Zusammenhang mit der Notwendigkeit, gut zu kommunizieren, steht zunächst einmal der Refinanzierungsbedarf über den Anleihemarkt. Unternehmen, die

Konstrukt	Abgrenzung	Mittelwertdifferenz im Gesamtranking
Inanspruchnahme des Anleihemarktes	Ausstehendes Volumen < Median vs. ausstehendes Volumen ≥ Median	-13.35***
Emissionsfrequenz	Keine Emission in 2008-2011 vs. Emission in 2008-2011	-8.599***
Eigentümerstruktur	Familienunternehmen vs. Nichtfamilienunternehmen	-5.623**
Unternehmensgröße	Beschäftigtenzahl < Median vs. Beschäftigtenzahl ≥ Median	-9.911***

*, ** und *** geben Signifikanzen auf Konfidenzniveaus von 90%, 95% und 99% an. Diese Angaben beziehen sich auf die Ergebnisse eines Zweistichproben-t-Tests mit heterogenen Varianzen.

Abb. 39.7 Einfluss weiterer Determinanten auf die Online Publizität

hohe Volumina platzieren möchten, sollten mehr Investoren von sich überzeugen als Kleinemittenten.

Mit dem Gedanken der Kapitalmarktorientierung eng verbunden ist die Häufigkeit, mit der Emittenten an den Markt gehen wollen. Unternehmen, die in regelmäßigen Abständen auf die Verfügbarkeit von Mitteln aus Anleiheemissionen angewiesen sind, sollten der Folgekommunikation besondere Beachtung schenken, da sie immer schon an die sich anschließende Emission zu denken haben. Sie müssen Überbrückungszeiten in der Refinanzierung möglichst vermeiden und sind daher in herausragendem Maße von der Investorengunst abhängig.

Ferner ist daran zu denken, dass Unternehmen, die noch maßgeblich durch ihre Gründer oder deren Erben geprägt sind, ein anderes Kommunikationsverhalten an den Tag legen. Familienunternehmen (abgegrenzt nach den Kriterien von Achleitner et al. 2009) zeichnen sich zum einen durch langfristigere Planungshorizonte und die persönliche Reputationsbindung ihrer Anteilseigner und damit auch ihrer Geschäftsleitung aus. Das Denkprinzip des Shareholder Values wird häufig durch das Streben nach Erhalt des Gesamtfirmenwertes, dem Firm Value, für künftige Generationen ersetzt. Da sie tendenziell als glaubwürdiger gelten, verbessert sich somit auch ihr Verhältnis zu Kreditoren. Zum anderen messen Familienunternehmen dem Thema Transparenz einen anderen Stellenwert bei als ihre Referenzgruppe. Familienunternehmen geben sich gerade im Hinblick auf finanzielle Informationen verschlossener.

Auch die Unternehmensgröße könnte eine Rolle spielen. Zum einen stehen Großunternehmen stärker im Fokus der Öffentlichkeit, was einen höheren Transparenzdruck erzeugt. Dieser wird durch die niedrigere Übersichtlichkeit, die durch ein breiteres Tätigkeitsfeld größerer Unternehmen in Bezug auf Geschäftsfelder, Absatzmärkte etc. bedingt ist, verstärkt. Zum anderen nehmen mit steigender Unternehmensgröße die relativen Kosten der Publizität ab. Mittelständler können es sich etwa vergleichsweise seltener leisten, eine Person ausschließlich mit der Kommunikation gegenüber dem Anleihemarkt zu betrauen (Abb. 39.7).

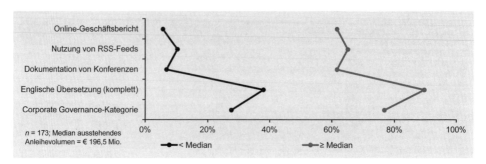

Abb. 39.8 Einfluss der Emissionsvolumina

In der Studie der Professur für Finanzierung und Finanzwirtschaft wurden u. a. die genannten Faktoren untersucht (siehe dazu auch Degenhart und Janner 2012). Alle Emittenten wurden auf Basis der Internet IR-Aktivität gerankt. Anschließend wurde der Einfluss verschiedener möglicher Bestimmungsfaktoren auf das Ranking überprüft. Ohne an dieser Stelle auf den gleichzeitigen Einfluss mehrerer Faktoren einzugehen, zeigt sich bereits, dass die in der vorstehenden Abbildung abgebildeten Mittelwertdifferenzen auf 99 %- bzw. 95 %-Niveau signifikant sind. Schon diese Abweichungsanalyse weist deutlich auf einen systematischen Unterschied zwischen den jeweiligen Teilgruppen hin. Die Mittelwerte fallen am deutlichsten zwischen den Gruppen an Emittenten mit höherem und niedrigerem Emissionsvolumen auseinander. Unternehmen, deren ausstehendes Anleihevolumen sich unterhalb des Medians der Gesamtheit aller Emittenten befindet, schneiden im Gesamtranking deutlich schlechter ab. Etwas niedriger, aber immer noch bedeutend ist der Einfluss der Emissionsfrequenz und der Unternehmensgröße. Auch die Gruppe der Familienunternehmen veröffentlicht im Mittel weniger und liegt im Ranking deutlich niedriger als die Gruppe der Nichtfamilienunternehmen (Abb. 39.8).

In der obigen Grafik sind die fünf Kriterien abgebildet, deren Ausprägung am stärksten zwischen Unternehmen mit hohem Emissionsvolumen und jenen mit einem niedrigen abweicht. Es fällt auf, dass das Emissionsvolumen vorwiegend einen Einfluss auf Komfortfunktionen, wie Online-Geschäftsberichten oder RSS-Feeds, hat. In diesen Punkten sind Großemittenten mit über 50 Prozentpunkten besser aufgestellt als Unternehmen, die den Anleihemarkt weniger in Anspruch nehmen. Das Charakteristikum des Einmalemittenten scheint hingegen eher einen starken Einfluss auf grundlegende Veröffentlichungen, wie Stammdaten, das Factsheet und den Finanzkalender, sowie die Tatsache, ob IR-Ansprechpartner auf der Webseite angeben sind oder überhaupt eine Anleiherubrik eingerichtet ist (siehe die Abbildung unten). Diese Tatsache zeugt von einen geringeren Interesse dieser Unternehmen, sich das Investorenvertrauen durch kontinuierliche Kommunikation und Transparenz in der Nachemissionsphase nachhaltig zu sichern (Abb. 39.9).

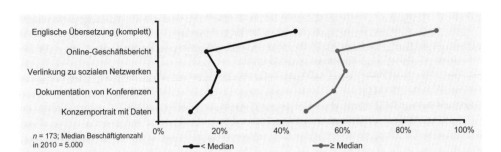

Abb. 39.9 Einfluss der Emissionshäufigkeit

39.4 Zusammenfassung

Die empirische Untersuchung zeigt gemessen an der Best Practice noch einen erheblichen Nachholbedarf bei Bondholder-Relations. Dies gilt zwar bei aktienbörsennotierten Anleiheemittenten in geringerem Maße als bei reinen Anleiheemittenten. Hier zeigt sich der Erfahrungsvorsprung der Aktienseite und bestehender IR-Abteilungen. Insbesondere die anleihespezifischen Informationen und die Informationen, die für Bonitätsanalysen benötigt werden, sind aber weitgehend unabhängig von der Aktienbörsennotierung in sehr geringem Maße im Internetauftritt der Firma zu finden und dort meist auch nicht optimal für den Investor aufbereitet. Die Kommunikationsfunktion des Internets wird ebenfalls von Firmen nicht gut genutzt. Wenn Unternehmen verstärkt Anleihen emittieren und dabei Investoren ansprechen wollen, die auf klassischen Wegen wie Roadshows, Konferenzen und in Einzelgesprächen nicht erreicht werden und auch keine Buy-Side-Analysten besitzen, die sich die Firmeninformationen auf alternativen Wegen beschaffen können, dann kann nur geraten werden, den Internetauftritt für Bondholder-Relations zu verbessern. Dies gilt insbesondere für kleinere Unternehmen, Familienunternehmen und Emittenten kleiner Volumina.

Literatur

Achleitner A-K, Kaserer C, Kauf T, Günther N, Ampenberger M (2009) Listed family firms in Germany. TU München, München

Bollen L, Hassink H, Bozic G (2006) Measuring and explaining the quality of internet investor relations activities: a multinational empirical analysis. Int J Account Inf Syst 7(4):273–298

Degenhart H, Janner S (2012) Internet bondholder relations: explaining differences in transparency among German issuers of corporate bonds. noch nicht erschienen

Ettredge M, Richardson VJ, Scholz S (2002) Dissemination of information for investors at corporate web sites. J Account Public Policy 21(4–5):357–369

Fieseler C, Hoffmann CP, Meckel M (2010) IR 2.0: Soziale Medien in der Kapitalmarktkommunikation. Deutscher Investor Relations Verband (DIRK), Hamburg

Geerings J, Bollen LHH, Hassink HFD (2003) Investor relations on the internet: a survey of the euronext zone. Eur Account Rev 12(3):567–579

Marston C, Polei A (2004) Corporate reporting on the internet by German companies. Int J Account Inf Syst 5(3):285–311

Regierungskommission Deutscher Corporate Governance Kodex (2010) Deutscher Corporate Governance Kodex, Fassung vom 16. Mai 2010

Debt Relations im Geschäftsbericht

40

Volker Siegert

Der Geschäftsbericht – ob online oder gedruckt – ist nach wie vor die Mastercopy der Finanzkommunikation. Fragt man die Macher von Geschäftsberichten, an wen sich ihr aufwändig produziertes Werk richtet, so werden die Aktionäre genannt, Kunden und Lieferanten, Mitarbeiter und die allgemeine Öffentlichkeit. Kreditgeber, Bondholder oder Zeichner von Commercial Papers hingegen fehlen oft in dieser Aufzählung, oder sie werden gedanklich unter „Investoren" subsummiert. Dabei sind deren Interessen keineswegs immer im Einklang mit denen der Aktionäre.

Die Verantwortlichen für den Geschäftsbericht finden sich schnell in einer Zwickmühle wieder. Denn einerseits sind die Geschäftsberichte über die Jahre immer dicker und unhandlicher geworden. Grund dafür sind immer differenziertere Rechnungslegungsvorschriften und gesetzliche Regelungen. Dazu kommen stetig wachsende Ansprüche des Kapitalmarktes an die Transparenz des Unternehmens. Weiterhin soll der Geschäftsbericht auch Imageträger für das Unternehmen sein und neben den Anlegern weitere Stakeholder ansprechen. Zusätzliche Inhalte wie Nachhaltigkeit und Corporate Social Responsibility beanspruchen ihren Platz. Gleichzeitig mehren sich die Stimmen, welche die „Unlesbarkeit" von Geschäftsberichten kritisieren, die mehrere hundert Seiten umfassen. Denn immerhin soll der Leser schnell die Informationen finden, die er braucht, und zusätzlich in einer klaren und verständlichen Form aufbereitet finden.

Nun verlangen also auch noch die Fremdkapitalgeber ihr Recht im Geschäftsbericht. Im Folgenden wird erläutert, wie man ihren Informationsbedürfnissen möglichst effektiv und gleichzeitig effizient nachkommt.

40.1 Keine Investoren zweiter Klasse

Die Rolle des Geschäftsberichts im Kommunikationsmix von Unternehmen wird seit Jahren diskutiert. Sein immer wieder vorschnell ausgerufenes Ende ist noch nicht einge-

V. Siegert (✉)
Cortent Kommunikation AG, Clemensstraße 3, 60487 Frankfurt am Main, Deutschland
E-Mail: volker.siegert@cortent.de

treten – und wird auch noch lange auf sich warten lassen. Kein anderes Kommunikationsinstrument bietet die Möglichkeit, die Story des Unternehmens, Strategie und wirtschaftliche Lage zusammenhängend zu präsentieren. Natürlich haben durch die technische Entwicklung andere Kanäle an Bedeutung gewonnen, vor allem durch ihre Aktualität. Und selbstverständlich ist der Neuigkeitswert des aktuellen Geschäftsberichts für institutionelle Investoren, die bereits mit dem Unternehmen vertraut sind, meist gering. Gleichwohl ist er für die Akquisition von neuen Investoren, zumal Privatanlegern, von großer Bedeutung. Außerdem bietet er besonders für Analysten eine optimale Informationstiefe. Dies gilt auch für Debt-Analysten, wenn sie denn richtig angesprochen werden.

Doch wer sich als Fremdkapitalgeber mit dem Geschäftsbericht beschäftigt, fühlt sich nur selten angesprochen. Es beginnt im Vorwort: Da spricht der Vorstandsvorsitzende, fein fotografiert, oftmals mit schwungvoller Handschrift die „lieben Aktionärinnen und Aktionäre" an. Dann kommen, je nach Gusto, auch noch Partner, Mitarbeiter und Freunde des Hauses zu ihrem Recht. Fremdkapitalinvestoren jedenfalls sind nicht dabei und werden im Vorwort auch seltener erwähnt. Das könnte man als Stilkritik abtun – aber diese Ungleichgewichtung der Investoren zieht sich in der Regel durch den gesamten Geschäftsbericht. Fixed-Income-Investoren werden bestenfalls in ein paar dürren Zeilen adressiert. Vielleicht ist auch der Veröffentlichungstermin des Geschäftsberichts mitverantwortlich für diese Vernachlässigung. Denn der ist immer zur Hauptversammlung, und da können Fremdkapitalinvestoren mangels Stimmrecht keinen Ärger machen.

Auch professionelle Kommunikatoren wie Design-Agenturen oder IR-Berater haben ihren Anteil an dem kommunikativen Ungleichgewicht. Bezeichnet man eine Aktie gerne als „sexy" und bescheinigt ihr „Fantasie", so finden sich diese Attribute bei einer Anleihe eher selten. Aus Sicht mancher Privatanleger ist diese emotionale Unterscheidung nachvollziehbar: Während bei einer Aktie die Gewinnmöglichkeiten grundsätzlich unbegrenzt sind, ist bei einer Anleihe die maximale Rendite vom ersten Tag an vorgegeben. Der Aktienkurs gilt als Gradmesser für den unternehmerischen Erfolg und spiegelt die Zukunftschancen des Unternehmens wider, deshalb wird er gerne mit großem Aufwand „gepflegt". Fremdkapital wird – mehr oder weniger motiviert – bedient.

Mit diesem folkloristischen Blick tun sich Emittenten keinen Gefallen. Denn wie beim Eigenkapital gilt auch in den Debt Relations: Was bei der Ausgabe von Fremdkapital mit großem Aufwand aufgebaut wurde, nämlich eine Beziehung zum Investor, muss gepflegt werden. Der Geschäftsbericht bietet dafür eine exzellente Gelegenheit.

40.2 Aktionäre und Bondholder – Gemeinsamkeiten und Unterschiede

Gleichberechtigt informieren Die Maxime ist klar: Wer dem Unternehmen Geld gibt, hat das Recht auf Informationen. Daher gilt es, Fixed-Income-Investoren gleich berechtigt mit Aktionären zu informieren. Das geschieht vielerorts mit speziellen Fixed-Income-

Roadshows, Telefonkonferenzen und One-on-Ones. Im Geschäftsbericht müssen sich Bondholder ihre Informationen allerdings oft in Lagebericht und Anhang zusammenklauben, während der Aktie in der Regel ein eigenes Kapitel gewidmet ist.

Wer Fremdkapitalgeber stärker in den Fokus seines Geschäftsberichtes rücken will, muss das Rad nicht gleich neu erfinden. Denn viele Inhalte der Kapitalmarktkommunikation sind für Debt- und für Equity-Investoren gleichermaßen interessant. Hier darf der Emittent nicht nur mit „Copy and Paste" arbeiten – er muss es sogar. Das spart zunächst Zeit und Aufwand bei der Produktion und Abstimmung von Inhalten. Darüber hinaus ist gewährleistet, dass das Corporate Wording, also die einheitliche Unternehmenssprache in Stil und Fachtermini eingehalten wird. Vor allem aber beugt es Irritationen am Kapitalmarkt vor. Denn nichts wäre schädlicher im Werben um Vertrauen als inkonsistente Botschaften.

Zu den Themen, die beide Investorengruppen gleichermaßen ansprechen, zählen vor allem:

- Das wirtschaftliche Umfeld
- Die Lage auf den relevanten Märkten
- Die Strategie des Unternehmens
- Die aktuellen wesentlichen Finanzkennzahlen
- Die kurz-, mittel- und langfristigen operativen und strategischen Ziele

Spezielle Interessen von Bondholdern würdigen Stimmen die Informationsbedürfnisse von Bondholdern in den großen Zusammenhängen noch mit denen der Aktionäre überein, so gibt es eine Reihe von Aspekten, an denen sie ein verstärktes Interesse haben.

Um die Erwartungen des Kapitalmarktes zu managen, ist die klare Kommunikation der Finanzierungsstrategie unabdingbare Voraussetzung. Der Geschäftsbericht sollte erläutern, wie das Unternehmen seinen Finanzbedarf grundsätzlich deckt und welche Rolle die einzelnen Finanzierungsoptionen dabei spielen. Aus Sicht der Bond-Investoren sind dabei vor allem folgende Fragen wichtig:

- Welcher Finanzbedarf soll mittels Debt Financing gedeckt werden?
- Welche Kapitalstruktur strebt das Unternehmen kurz-, mittel- und langfristig an?
- Welche Kennziffern werden zur Steuerung der Kapitalstruktur verwendet?
- Welche regionale Streuung wird bei Bondplatzierungen angestrebt, und warum?
- Welche Währungsstruktur wird bei Bondplatzierungen angestrebt, und warum?
- Welche Laufzeiten werden vom Unternehmen präferiert?
- Welches Rating strebt das Unternehmen an?
- Wie ist die Refinanzierungsstrategie im Debt Financing?

Wichtig ist hierbei, dass es vorerst nur um die Zielvorstellungen des Unternehmens geht. Sinn dieser Darstellung ist es, Bond-Investoren eine Indikation zu geben, wie sie den

Schuldner in ihrer eigenen Portfoliostrategie einzuordnen haben. Zudem gilt die Analogie zur Aktienkommunikation, wo das Verkünden von Zielen und die Zielerreichung ganz wesentlich zur Vertrauensbildung am Kapitalmarkt beitragen. Daher folgt auch, dass die Eckpfeiler der Strategie über einen mittleren Zeitraum mehr oder weniger unverändert bleiben sollten, sofern nicht tief greifende Veränderungen von Marktstruktur oder Unternehmenslage dies erfordern.

Genauso wichtig wie die Darstellung der Ziele ist auch das Nachhalten, in welchem Maße das Unternehmen seinen selbst gesteckten Zielen gerecht wird. Hierfür bietet der Geschäftsbericht, der ohnehin einmal jährlich publiziert werden muss, eine geradezu ideale Plattform.

Die Informationen, die im Folgenden für eine Veröffentlichung im Geschäftsbericht empfohlen werden, sind nicht immer und erst recht nicht für alle Unternehmen gleich sinnvoll. Vor allem Mittelständler können auf einen Teil der Informationen verzichten. Wer zum Beispiel nur eine oder zwei Anleihen im Umlauf hat, kann sich logischerweise eine Darstellung der Fälligkeitenstruktur sparen. Hingegen ist selbst in einem solchen Fall ein Hinweis auf die geplante Refinanzierung nach Ablauf sinnvoll.

- Aktuelle Finanzsituation – hier geht es um die Verschuldungslage und ihre Entwicklung. Verläuft sie plangemäß oder gibt es Abweichungen? Eventuelle Abweichungen müssen erläutert werden, ebenso die Strategie, den Planwert wieder zu erreichen.
- Aktuelle Bondemissionen – sämtliche Emissionen des Geschäftsjahres sollten kurz skizziert werden. Informationen zu Volumen, Konditionen, Währung, Zielgruppen sind ein Muss.
- Rückzahlung von Anleihen – sollten im Berichtszeitraum Papiere zurückgezahlt worden sein, ist das ebenfalls ein Thema für den Geschäftsbericht.
- Commercial Paper Programme – Informationen zu CP-Finanzierungsprogrammen und inwieweit sie genutzt wurden, geben Investoren einen Überblick über den kurzfristigen Finanzbedarf.
- Kreditlinien – über welche Kreditlinien verfügt das Unternehmen und in welchem Umfang sind sie ausgenutzt? Welche Konditionen gelten und für welchen Zeitraum sind sie vereinbart?
- Bondspezifische Kennzahlen – gleich, welche Kennzahlen das Unternehmen für sich wählt: Die aktuelle und die Vorjahreszahl sollten jeweils Eingang in den Geschäftsbericht finden. Eine auch für kleine Unternehmen mit wenig Aufwand zu ermittelnde Kennziffer ist etwa die Interest Coverage, die sich nach der Formel EBIT/Zinszahlungen berechnet. Sie gibt an, wie stark das Unternehmen durch den Schuldendienst belastet ist. Große Bondemittenten operieren hingegen mit deutlich komplexeren Kennzahlen.
- Fälligkeitsprofile – sind erst ab einer gewissen Zahl von emittierten Papieren sinnvoll. Dann vermitteln sie allerdings ein sehr gutes Bild über die zukünftigen Zahlungsverpflichtungen des Unternehmens. Hier bietet sich auch eine grafische Darstellung in Form eines Balkendiagramms an. Häufig sind solche Grafiken bereits für Präsentationen aufbereitet – man muss sie nur noch für den Geschäftsbericht anpassen.

- Rating – hier ist die Mindestanforderung, alle aktuellen Ratings der emittierten Papiere im Vorjahresvergleich darzustellen. Weiter interessant ist die Frage, ob das Unternehmen beabsichtigt, zusätzliche Ratings zu erhalten. Eine Auflistung aller Kreditanalysten sprengt jedoch in der Regel den Rahmen des Geschäftsberichts. Hier ist es sinnvoll, auf die Website zu verweisen, wo man eine permanent aktualisierte Darstellung von Instituten und Analysten vorhalten kann. Außerdem sollte das Unternehmen klar sagen, welches Rating es anstrebt und – falls man noch nicht auf dem gewünschten Niveau ist – wie man es erreichen will.
- Aktuell gültige Covenants – in der Regel sind Fremdkapitalfinanzierungen an bestimmte Kennzahlen gekoppelt. Verfehlt das Unternehmen diese Kennzahlen, können sich zum Beispiel Kredite verteuern. Häufig werden Zinszahlungs-, Verschuldungs- oder Mindestkapitalgrenzen festgeschrieben, deren Über- beziehungsweise Unterschreiten wiederum unterschiedliche Konsequenzen auslösen kann. Dazu gehören die vorzeitige Rückzahlung, das Stellen zusätzlicher Sicherheiten oder eine Erhöhung der vereinbarten Zinssätze. Da diese Nebenbedingungen oftmals sehr komplex sind, ist es nicht immer sinnvoll, sie im Lagebericht oder gar im Imageteil komplett darzustellen. Allerdings sollte hier das Thema angerissen werden und auf die entsprechende Fundstelle im Anhang verwiesen werden. Sollte es solche Covenants nicht geben, ist das auf jeden Fall eine Erwähnung wert, da Investoren in der Regel von ihrer Existenz ausgehen.
- Pensionsverpflichtungen – hierbei geht es natürlich auch um die absolute Zahl im Vorjahresvergleich. Gleich wichtig ist jedoch, wie das Unternehmen diese Verpflichtungen deckt, wie sich die Verpflichtungen im Zeitverlauf entwickeln werden und ob man gegebenenfalls über ein Outsourcing nachdenkt.
- Sicherungsgeschäfte für Fremdkapitalverpflichtungen – in welchem Umfang werden sie eingegangen, zu wie viel Prozent decken sie die Währungsrisiken ab?

Kommunikation nach Maß – Zielkonflikte zwischen Fremd- und Eigenkapitalgebern Neben den Themen, die sowohl Eigen- als auch Fremdkapitalgeber interessieren und solchen, die vorwiegend für Fixed-Income-Investoren interessant sind, gibt es auch eine Reihe von sensiblen Themen, da sie von den beiden Investorengruppen unterschiedlich aufgenommen werden. Zwar machen diese Fragen nur einen kleinen Anteil der gesamten Kommunikations-Inhalte aus – dabei handelt es sich aber um Aspekte, die allesamt große Aufmerksamkeit auf sich ziehen. Bei Roadshows und Publikationen für einzelne Investorengruppen ist es noch relativ einfach, durch entsprechende Schwerpunktsetzung die sensiblen Themen darzustellen oder auch weniger stark zu betonen.

Im Geschäftsbericht, der idealerweise das Kommunikationsinstrument für alle Zielgruppen sein soll, hilft nur noch strenge Konsistenz in allen Botschaften, um möglichst keine Angriffsfläche zu bieten, und ein hohes Maß an Sensibilität. Die Themen, bei denen Fremd- und Eigenkapitalinvestoren unterschiedlich reagieren, sind vielfältig, und sie können sich von Unternehmen zu Unternehmen stark verändern. Aus der grundsätzlichen Investmentphilosophie lassen sich jedoch leicht bestimmte Präferenzen ableiten – mit den dazu gehörigen Folgerungen für die Kapitalmarktkommunikation. Dazu im Folgenden einige Beispiele.

- Fantasie – was Aktienanleger inspiriert, ist für den stabilitätsorientierten Anleihegläubiger gleichbedeutend mit mehr Risiko. Hier sind vor allem ehrgeizige Wachstumsziele zu nennen, die mit hohen Investitionen einhergehen. Die Ankündigung, neue Märkte zu erobern, Akquisitionen zu tätigen sorgt tendenziell für Sorgenfalten auf der Stirn des Bondholders. Denn ein höheres Risikoprofil bedeutet für ihn, dass er letztlich zu wenig Rendite auf seine Anlage erhält, die er ja unter alten Vorzeichen gekauft hat.
- Dividende – eine Dividendenerhöhung ist für Aktionäre mehr als eine gute Nachricht. Sie gehört zu den am häufigsten gestellten Forderungen auf Hauptversammlungen. Selbst aus volkswirtschaftlicher Sicht ist die Ausschüttung freier Mittel sinnvoll, denn dann kann der Anleger, sprich der Markt, entscheiden, wie das Geld am besten angelegt werden soll. Für Fixed-Income-Investoren bedeutet ein starker Finanzmittelfonds, der konservativ angelegt ist, schlicht und einfach mehr Sicherheit. Jede Maßnahme, die dazu führt, dass das Finanzpolster abschmilzt, ist aus ihrer Sicht nachteilig. Denn je mehr Gewinne thesauriert werden, umso sicherer wird die Rückzahlung ihrer Papiere.
- Aktienrückkaufprogramme – vom zweifelhaften langfristigen Nutzen dieser Programme für den Aktienkurs abgesehen handelt es sich bei Aktienrückkaufprogrammen um nichts anderes als eine Umverteilung zugunsten der Eigenkapitalgeber. Der Effekt für den Aktienkurs ist in aller Regel eher kurzfristig, weil solche Programme keine unternehmerische Strategie ersetzen. Aus Sicht der Bondholder sind die Wirkungen eines Aktienrückkaufs ähnlich einzuschätzen wie die einer erhöhten Dividendenzahlung – und werden daher auf wenig Gegenliebe stoßen.
- Kapitalmaßnahmen – bislang ging es um unternehmerische Schritte, die zwar von Aktionären goutiert, von Fremdkapitalgebern aber eher abgelehnt werden. Allerdings gibt es auch umgekehrte Szenarien, wie zum Beispiel die Ankündigung einer Kapitalerhöhung. Während Aktionären dabei eine Verwässerung ihres Anteilsbesitzes droht oder sie weitere Mittel ins Unternehmen investieren müssen, stärkt eine Kapitalerhöhung die Finanzkraft des Unternehmens und damit die finanzielle Stabilität. Auch das Rating dürfte sich tendenziell verbessern, so dass die im Umlauf befindlichen Anleihen an Wert gewinnen.

Grundsätzlich erwarten Aktionäre im Sinne des Shareholder Value eine stetige Steigerung des Unternehmenswertes. Auf der operativen Ebene geht dies idealerweise mit steigenden Cashflows einher. Daneben ist zusätzlich die regelmäßige Dividendenzahlung – gerne mit steigender Tendenz – ein wesentliches Bewertungskriterium. Fremdkapitalgeber hingegen setzen auf Stabilität und die Vermeidung von Risiken. Ein gutes Rating und stabile Cashflows sind ihnen lieber als volatile Wachstumssprünge, und ein dickes Finanzpolster im Unternehmen ist ihnen wichtiger als eine satte Dividende für die Aktionäre.

Zu den oben dargestellten Zielkonflikten muss sich jedes Unternehmen äußern. Angesichts stetig steigender Transparenz und ständiger Verfügbarkeit von Informationen ist ein Durchmogeln nicht möglich und auch aus Kapitalmarktsicht nicht wünschenswert. Letztlich weiß jede Investorengruppe, dass eine solide Unternehmensfinanzierung auf eine Vielzahl von Quellen setzen muss. Deswegen gilt auch hier: Klar und offen sagen, welche Strategie das Unternehmen verfolgt. Je präziser die Finanzierungsstrategie darlegt, wie das Verhältnis von Eigen- und Fremdkapital sein soll, wie viel Prozent des Ergebnisses dauerhaft als Dividende ausgeschüttet werden sollen, umso eher fühlen sich beide Investorengruppen angemessen angesprochen. Und dies wird letztlich mit Vertrauen belohnt.

40.3 Imageteil oder Lagebericht – wo die Informationen hingehören

Die Empfehlung, im Geschäftsbericht auch Bond-Investoren angemessen zu informieren, steht. Auch ist nunmehr klar, welche zusätzlichen Informationen nötig sind, und welche Themen mit besonderem Fingerspitzengefühl behandelt werden müssen. An dieser Stelle stellt sich die Frage, wo im Geschäftsbericht die Bond-Investoren nach Informationen suchen werden.

Grundsätzlich gehören die Finanzierungsstrategie und wesentliche Finanzierungsmaßnahmen in den Lagebericht, wo die Finanz- und Vermögenslage des Unternehmens dargestellt werden muss. Hier sollten die Unternehmen nach Möglichkeit optische Elemente wie Torten- oder Balkendiagramme einsetzen, um eine Orientierung auf den ersten Blick zu ermöglichen.

Sind Emissionen geplant, ist dies auch ein Aspekt, der im Prognosebericht erwähnt werden sollte. Sind keine Emissionen geplant, oder kann der voraussichtliche Finanzbedarf über Commercial Papers gedeckt werden, ist dies ebenfalls zu erwähnen. Nicht zuletzt ist die Finanzierungspolitik Teil des Risikoberichts, in dem nicht nur Risiken aufzuzählen sind sondern auch das entsprechende Risikomanagement dargestellt werden kann.

Platz für detaillierte Informationen ist im Konzernanhang, spätestens hier werden detaillierte Darstellungen erwartet.

Nicht zuletzt haben nahezu alle Geschäftsberichte im Imageteil ein Aktienkapitel. Auch hier kann man Informationen zu Anleihen anbieten.

Wo die entsprechenden Informationen verarbeitet werden, hängt nicht zuletzt von der Investorenstruktur ab. Da der Lagebericht als testiertes Dokument einen hohen Glaubwürdigkeitsgrad besitzt, müssen alle wesentlichen Informationen auf jeden Fall im Lagebericht zu finden sein. Aufgrund der besseren Auffindbar- und Lesbarkeit sollte der entsprechende Abschnitt eine eigene Überschrift bekommen und nicht unter „Finanz- und Vermögenslage" versteckt werden.

Der Imageteil wird von institutionellen Anlegern kaum wahrgenommen, wenn man vom Vorwort des Vorstands absieht. Allerdings erwarten Privatanleger durchaus ein Aktienkapitel, in dem alle wesentlichen Informationen zur Aktie zusammengefasst sind. Zudem berichten die Unternehmen hier über ihre Investor-Relations-Aktivitäten sowie über die Entwicklung des Aktien-Research. Emittenten, die sich mit ihren Bonds auch an Privatanleger wenden, sollten diesen Abschnitt von einem reinen Aktienkapitel in ein Kapitalmarkt-Kapitel umwandeln und dort ihre privaten Kapitalgeber ansprechen. Hier wird auf knappem Raum deutlich, wie ernst es Unternehmen mit den Debt Relations meinen. Die Chance, alle Kapitalgeber kompakt und direkt mit den unternehmensspezifischen Kernbotschaften zu versorgen, sollte man hier unbedingt nutzen. Informationen zu Commercial Papers, die in der Regel ausschließlich institutionellen Investoren angeboten werden, können im Imageteil hingegen vernachlässigt werden.

Generell sollte man sich an der Faustregel orientieren, dass die Informationen umso detaillierter und spezieller werden sollen, je weiter man im Geschäftsbericht von vorne nach hinten blättert. Das heißt: Erste Informationen im Kapitalmarktkapitel, weitere Ausführungen im Lagebericht, Details und Übersichtstabellen im Anhang. Wenn dann auch noch mit Seitenzahlen versehene Querverweise eingearbeitet werden, ist das ein hervorragender Service am Geschäftsberichtsleser.

Im Online-Geschäftsbericht gelten grundsätzlich die gleichen Leitlinien wie für die gedruckte Version. Wann immer das Budget es zulässt, ist eine navigierbare Online-Version einem bloßen pdf-Dokument vorzuziehen. Schon heute ist die navigierbare Version Standard bei allen größeren Unternehmen, nur bei den Small Caps mit entsprechend geringem Budget überwiegen die pdf-Versionen. Ein zusätzlicher Vorteil des Online Geschäftsberichts ist es, dass er mit Links zu anderen Bereichen der Website versehen werden kann, zum Beispiel zur Liste von Kreditanalysten oder aktuellen Rankings.

Zum Schluss ein Hinweis, der sehr offensichtlich scheint, aber häufig noch vernachlässigt wird: Das Stichwort „Anleihe" im Stichwortverzeichnis, versehen mit den passenden Seitenzahlen, erleichtert die Auffindbarkeit der Informationen enorm.

40.4 Effizientes Arbeiten spart Aufwand

Immer dickere Geschäftsberichte, immer mehr Informationen – der Trend in den vergangenen Jahren hat auch durch gestiegene gesetzliche Anforderungen zu stets wachsenden Umfängen geführt. Denn letztlich sollen alle Stakeholder in einem Geschäftsbericht angesprochen werden. Neben den Aktionären sind dies die Mitarbeiter, Kunden und Lieferanten und auch die allgemeine Öffentlichkeit. Immer neue Aspekte kommen hinzu, so hat in der jüngsten Zeit das Thema Nachhaltigkeit stark an Bedeutung gewonnen – und damit auch an Umfang im Geschäftsbericht. Und kommt also mit den Bondholdern eine weitere Zielgruppe hinzu? Noch mehr Rechercheaufwand, noch mehr Abstimmungen, noch mehr Umfang, darin liegen auch handfeste Nachteile. Nicht zuletzt werden immer wieder Forderungen laut, den Geschäftsbericht zu entschlacken, um Druckwerke, die mehrere hundert Seiten umfassen, wieder in einen lesbaren Umfang zu bringen.

Auf den zweiten Blick ist der zusätzliche Aufwand für die Berücksichtigung der Debt Investoren im Geschäftsbericht gar nicht so groß. Denn im Normalfall sind alle Informationen, die für die Fremdkapitalgeber wichtig sind, bereits an anderer Stelle vorhanden: Im Emissionsprospekt, in Präsentationen für Bondholder oder in anderen unternehmensinternen Papieren. Die Aufgabe der Geschäftsberichtsredaktion besteht also im Wesentlichen darin, diese Informationen zu sichten, zu verdichten und sinnvoll in den Gesamtzusammenhang des Geschäftsberichts einzuordnen. Auch Grafiken lassen sich meist aus vorhandenen Präsentationen übernehmen, wenn man sie nicht eigens für den Geschäftsbericht anfertigen will. Trägt man die Inhalte auf diese Art zusammen, entsteht kaum zusätzliche Arbeit, da diese Elemente nicht nur bereits vorhanden, sondern in der Regel auch vom Vorstand freigegeben sind. Allerdings erfordert diese Art der Zusammenstellung eine konzentrierte Schlussredaktion, die nicht von den Geschäftsberichts-Produzenten selbst vorgenommen werden sollte. Aufgabe der Schlussredaktion ist es, sprachliche Einheit zu wahren, die Konsistenz der Botschaften zu sichern und gleichzeitig auf die Ausgewogenheit in sensiblen Fragen zu achten.

40.5 Der Geschäftsbericht von nicht börsennotierten Unternehmen

Wie wichtig der Geschäftsbericht für die Fremdkapitalgeber sein kann, zeigt die Tatsache, dass auch nicht börsennotierte Unternehmen einen Geschäftsbericht publizieren. Sie sind dabei an weniger Vorgaben gebunden und nutzen diese Freiheit meist auch ausgiebig. Ziel ist es in aller Regel, bessere Ratings durch ein höheres Maß an Transparenz zu gewinnen und Anleger für Fremdkapitalemissionen zu gewinnen. Daneben sollen meist noch weitere Stakeholder wie Mitarbeiter, Bewerber oder die allgemeine Öffentlichkeit angesprochen werden. Doch sobald der Kapitalmarkt angesprochen wird – als Kreditgeber oder Zeichner von Anleihen – gelten die Regeln des Geschäftsberichts. Denn ein Produkt, das den Namen Geschäftsbericht trägt, weckt Erwartungen, denen es unbedingt gerecht werden muss. Sonst erweist es sich als Mogelpackung und das Unternehmen verliert eher noch an Reputation, anstatt zu gewinnen. Angesichts des hohen finanziellen und personellen Aufwands, der für die Produktion eines Geschäftsberichts betrieben werden muss, gilt die Maxime „ganz oder gar nicht". Der kapitalmarktorientierte Geschäftsbericht ist ein perfektes Informationsmedium für nicht börsennotierte Gesellschaften – aber nur, wenn er ernst gemeint ist. Daher sollte auch er sich möglichst nah an den geltenden Standards für gelistete Werte orientieren. Ein weiterer Vorteil bei diesem Vorgehen: Das Unternehmen erwirbt schrittweise eine Reputation am Kapitalmarkt – zunächst zwar nur bei Fremdkapitalinvestoren, aber es kann auf einen Track Record in der Finanzberichterstattung verweisen, wenn doch einmal ein Börsengang ins Auge gefasst wird.

40.6 Fazit: Der Geschäftsbericht ist ein gutes Instrument der Debt Relations – aber es will gekonnt gespielt werden

Der Geschäftsbericht als umfassendes und jahresaktuelles Informationsmedium sollte auf jeden Fall genutzt werden, um Fixed Income-Investoren anzusprechen. Die Redaktion sollte dabei genau beachten, welche Botschaften gesetzt werden. Es gilt drei Kategorien zu beachten: Informationen, die Fremd- und Eigenkapitalgeber gleichermaßen interessieren, solche, die spezifisch für Bondholder aufbereitet werden und Themen, die von beiden Anlegergruppen gegensätzlich eingeschätzt werden. Gerade weil beide im gleichen Medium adressiert werden, sollte hier besonders sensibel formuliert werden und vor allem über die Jahre ein hohes Maß an Konsistenz gewahrt bleiben. Die Bereitstellung der Informationen sollte sich an den gleichen Standards orientieren, die auch für Aktionäre gelten, was zum Beispiel die grafische Aufbereitung von Daten betrifft. Dies gilt auch für Unternehmen, die keine Aktien emittiert haben, sondern nur mit Fremdkapitalinvestoren kommunizieren wollen. In der gleichberechtigten und interessengerechten Ansprache von Equity- und Debt Investoren können die Unternehmen noch enormes Potenzial heben, um alle Chancen der Bondmärkte zu nutzen.

Debt Relations auf der Corporate Website

41

Maximilian Fischer

41.1 Equity und/oder Debt Investor Relations

Im Gegensatz zu Equity Investor Relations, das sich inzwischen bei nahezu allen kapitalmarktorientierten Unternehmen etabliert hat, ist Debt (oder Bond oder Fixed Income) Investor Relations bei den meisten Unternehmen noch wenig verbreitet. Separate (Equity) Investor Relations Bereiche mit umfassendem Informationsangebot auf der Unternehmenswebsite sind heute bei börsennotierten Gesellschaften Standard. Bond-spezifische Informationen finden sich auf den Unternehmenswebsites der Anleiheemittenten eher spärlich und sind zudem nur wenig strukturiert. Vor allem künftige Erstemittenten von Unternehmensanleihen sind gefordert, zielgruppengerecht aufbereitete Informationen zur Verfügung zu stellen. Und das nicht nur im Vorfeld und insbesondere zum Zeitpunkt der Emission sondern über die gesamte Laufzeit der emittierten Anleihen.

Bei Bondemittenten aus dem Mittelstandssegment, auf die im Rahmen dieses Beitrages besonders eingegangen wird, können sich folgende Konstellationen ergeben (Abb. 41.1):

Börsennotierte Aktiengesellschaften haben sicherlich einen gewissen Vorteil, da sie in der Regel bereits über Investor Relations Strukturen und aufbereitete Informationen verfügen. Für die vor allem mittelständisch geprägten Unternehmen ist die Emission einer Anleihe hingegen oft der erste Schritt an die Öffentlichkeit bzw. das Börsendebüt. Damit stellen sich diese Emittenten erstmalig den täglichen An- und Herausforderungen des Kapitalmarktes und unterliegen, je nach gewähltem Marktsegment und Börsenplatz, unterschiedlichen Informations- und Transparenzanforderungen.

Ziel ist es dabei, mit einem professionellen Auftritt nicht nur Aufmerksamkeit zu wecken und den Bekanntheitsgrad des Unternehmens zu erhöhen sondern auch Vertrauen aufzubauen und eine überzeugende Bond Story bei den Investoren zu verankern.

M. Fischer (✉)
max. Equity Marketing GmbH, Marienplatz 2, 80331 München, Deutschland
E-Mail: m.fischer@max-em.de

Aktiengesellschaft (AG)		Nicht AG	
Aktie	Bond	Gesellschaftsanteile	Bond
börsennotiert	nichtbörsennotiert	nichtbörsennotiert	nichtbörsennotiert
börsennotiert	börsennotiert	nichtbörsennotiert	börsennotiert
nichtbörsennotiert	börsennotiert		

Abb. 41.1 Konstellationsmöglichkeiten AG und Nicht AG

Vorteile	Nachteile
Keine Änderung des Gesellschafterkreises und damit Erhalt der wirtschaftlichen Selbständigkeit	Mehrmonatige Vorbereitungszeit und Bereitstellungvon Kapazitäten
Stärkung der Unabhängigkeit von Banken und gleichzeitig Finanzierungssicherheit	Keine Platzierungssicherheit des Emissionsvolumens mit ggf. folgenden Zahlungsschwierigkeiten
Steigerung des Bekanntheitsgrades	Einhaltung von Transparenzpflichten
Höhere Flexibilität bei Besicherung, Covenants und Verwendung der Finanzmittel	Einmalige und laufende Mehrkosten für Listing und Investor Relations
Vorzeitiger (Teil-) Rückkauf möglich	
Gegenüber Bankkredit höheres Finanzierungsvolumen möglich	
Möglichkeit der Mitarbeiterbeteiligung	
Kosten der Kapitalaufnahme geringer	

Abb. 41.2 Vor- und Nachteile einer Unternehmensanleihe

41.2 Informationsbedarf von Eigen- und Fremdkapitalinvestoren

Eigenkapitalinvestoren profitieren von steigenden Aktienkursen und verlieren bei fallenden Aktienkursen. Ihre Entscheidungsbasis sind die zukünftigen Kurssteigerungs- und Ausschüttungspotenziale des Unternehmens.

Bond-Investoren erwarten in der Regel stabile und sichere Erträge in Form von Zinszahlungen und die fristgerechte Rückzahlung zum vereinbarten Wert. Kurssteigerungen stehen, abgesehen von aktiven Händlern, bei Bond-Investoren nicht im Fokus. Ihre Entscheidungsbasis ist die zukünftige Performance des Unternehmens, insbesondere die Zinszahlungs- und Tilgungsfähigkeit.

Die folgende Tabelle soll die wesentlichen Vor- und Nachteile einer Unternehmensanleihe kurz gegenüberstellen (Abb. 41.2):

Obwohl die Investoreninteressen der beiden Gruppen sich grundsätzlich unterscheiden, zeigen empirische Untersuchungen, dass sich die Informationsbedürfnisse der Eigen- und Fremdkapitalgeber hinsichtlich der langfristigen Investor Relations Services nur unwesentlich unterscheiden.

Insofern gelten für Anleihen emittierende Unternehmen hinsichtlich der notwendigen internen Organisationsstruktur zur Bereitstellung von Informationen für den Kapitalmarkt ähnliche Anforderungen wie für börsennotierte Unternehmen.

Während einer laufenden Anleiheemission ist das spezifische Informationsbedürfnis für Fremdkapitalgeber allerdings besonders hoch und intensiv. Das sollte von emittierenden Unternehmen berücksichtigt werden. Daher ist empfehlenswert für die Platzierungsphase einen gut strukturierten Bereich auf der Unternehmenswebsite einzurichten, auf dem interessierte Investoren alle entscheidungsrelevanten Informationen finden.

41.3 Zielgruppen der Investor Relations

Die wesentlichen Zielgruppen der Equity Investor Relations sind:

- Sell-Side Analysten von Banken
- Buy-Side Analysten der Investmentfonds
- Portfoliomanager der Investmentfonds
- Privatanleger
- Vertreter der Finanzpresse

Im Gegensatz dazu sind die wesentlichen Zielgruppen der Debt Investor Relations:

- Ratingagenturen
- Buy-Side Analysten der Investmentfonds
- Kreditgebende Banken
- Portfoliomanager der Investmentfonds
- Sell-Side Analysten von Banken
- Privatanleger
- Vertreter der Finanzpresse

Da sich wichtige Adressaten aus den hier genannten Zielgruppen nicht selten außerhalb des deutschsprachigen Raumes befinden, ist es für inländische Emittenten stets empfehlenswert, wesentliche Informationen für Bond-Investoren zusätzlich in englischer Sprache anzubieten.

Eine der größten Herausforderungen für aktive Investor Relations ist dabei das Management der unterschiedlichen Erwartungen auf der Eigen- und Fremdkapitalgeberseite. Änderungen der Wachstumsprognosen oder der Höhe der Dividendenzahlung führen ebenso wie die Ankündigung von Kapitalmaßnahmen oder eines Aktienrückkaufs bei den beiden Investorengruppen zu sehr unterschiedlichen Reaktionen.

41.4 Die Investor Relations Website – die Pflicht

Trotz der zum Teil diametral gerichteten Interessen unterscheiden sich, wie bereits festgestellt, die Informationsanforderungen der Eigen- und Fremdkapitalinvestoren nur unwesentlich. Auch wenn einige Investor Relations Abteilungen bei Anfragen von Bond-Investoren gerne auf das Treasury oder Corporate Finance verweisen, macht es Sinn, auf der Unternehmenswebsite bondspezifische Informationen unter der (ggf. bereits vorhandenen) Rubrik Investor Relations anzusiedeln.

Folgende Auflistung gibt die wichtigsten Informationen wider, die von beiden Investorengruppen gleichermaßen gefordert werden und deshalb auf der Unternehmenswebsite nicht fehlen sollten:

- Geprüfte Jahresabschlüsse
- Zwischen- und/oder Quartalsberichte
- Mehrjahresübersichten zu wichtigen Unternehmenskennzahlen
- Wertpapierprospekt (ggf. i. V. mit einer Kurzzusammenfassung)
- Externe Researchberichte
- Wichtige Unternehmensmeldungen
- Aktueller Unternehmenskalender
- Unterlagen zur Hauptversammlung: Satzung, Beschlüsse, Dividenden

41.5 Spezifische Anforderungen an Debt Investor Relations – die Kür

Mit einem speziell auf die Bedürfnisse von Bond-Investoren zugeschnittenen Informationsbereich auf der Unternehmenswebsite lassen sich nicht nur die Publizitätsanforderungen des Kapitalmarktes erfüllen. Gut strukturierte und nutzerfreundlich aufbereitete Informationen eröffnen auch die Möglichkeit, sich in den Investor Relations gegenüber anderen Unternehmen am Kapitalmarkt sichtbar positiv zu differenzieren.

Wichtig ist dabei insbesondere das Timing. Bereits im Vorfeld einer Emission und spätestens mit der offiziellen Ankündigung, die meist in Form einer Pressemeldung erfolgt, steigt die Nachfrage nach spezifischen Informationen. Deshalb sollte ein gut gegliederter Informationsbereich für die Bond-Investoren frühzeitig auf der Unternehmenswebsite zur Verfügung stehen. Das vermeidet während der Emission auch Nachfragen und Anrufe beim Unternehmen.

Bond-Investoren sind zusätzlich insbesondere an folgenden Informationen interessiert:

- Unternehmensrating und laufende Ratingänderungen
- Researchberichte zum Unternehmen (Equity Research) und zur Anleihe (Credit Research)

- Aussagen zu Ausfallwahrscheinlichkeiten
- Individuelle, vor allem risikomindernde Ausstattungsmerkmale der Anleihe (zum Beispiel: Covenants, Change of Control, Negativerklärung, Cross Default, Begrenzungen für Ausschüttungen und Verschuldung, Sonderkündigungsrechte etc.)
- Fälligkeitsprofile
- Aussagen zu platziertem Volumen bei der Emission
- Aussagen zur Gläubigerstruktur (analog zur Aktionärsstruktur)
- Spezielle, regelmäßig aktualisierte Unternehmenskennzahlen zur Kapitaldienstdeckung (zum Beispiel EBITDA Interest Coverage), Verschuldung (zum Beispiel Total Debt/EBITDA) und Kapitalstruktur (zum Beispiel Total Debt/Capital), wie sie von der Deutschen Vereinigung für Finanzanalyse und Asset Management (DVFA) vorgegeben werden
- Detaillierte Aussagen zur Mittelverwendung und zur Unternehmensstrategie
- Auswirkungen von Firmenereignissen auf Derivate und Credit Default Swaps
- Informationen zur Stellung eines gemeinsamen Vertreters der Anleihegläubiger

Da für die Beurteilung der Investoren und das Ergebnis des Ratings nicht nur Daten und Fakten sondern auch sogenannte Soft Facts relevant sind, sollten auch Informationen zu Produkten und Dienstleistungen, zur Branche, dem Wettbewerb, den relevanten Märkten und zum Management nicht fehlen.

Musterstruktur einer Debt Investor Relations Website Häufig ist die Begebung einer Anleihe der Auftakt für eine langfristige Beziehung zum Kapitalmarkt. Schließlich ist davon auszugehen, dass die meisten Emittenten aus dem Mittelstand zur Sicherstellung der langfristigen Unternehmensfinanzierung eine Folgeanleihe begeben werden (müssen), sofern sie keine alternativen Finanzierungsmöglichkeiten haben.

Eine strukturell und inhaltlich ansprechende Investor Relations Website, verbunden mit professioneller Investor Relations Arbeit, bildet die Basis für den Aufbau einer Vertrauensbasis zwischen dem Kapitalmarkt und dem Unternehmen. Transparenz schafft langfristig Vertrauen. Und Investitionen in eine vertrauensbildende Investor Relations Arbeit senken die zukünftigen Kapitalkosten.

Existiert bereits eine Rubrik Investor Relations, ist es sinnvoll, darunter eine Rubrik Anleihe zu ergänzen. Existiert die Rubrik Investor Relations nicht, empfiehlt es sich, den Menüpunkt Anleihe in die Unternehmensstartseite zu integrieren um Investoren mit einem Klick auf die gewünschten Seiten zu lotsen. In diesem Fall sind die Unterpunkte und Inhalte umfangreicher, da der Menüpunkt Anleihe den umfassenderen Menüpunkt Investor Relations ersetzt.

Bei nahezu allen Unternehmenswebsites ist den anleihespezifischen Informationen ein sogenannter Disclaimer vorgeschaltet, dessen Inhalt aus rechtlichen, vor allem haftungsrelevanten Gründen zu bestätigen ist. Nur dann gelangt man zu den auf der Site veröffentlichten Inhalten.

Prinzipiell kann die Rubrik Anleihe beliebig untergliedert werden. Welche Inhalte angeboten werden ist u. a. auch von dem jeweiligen Geschäftsmodell des Emittenten abhängig, oder auch dem vorhandenen Bekanntheitsgrad der Marke bzw. den Produkten. Mit zunehmender Zahl der Emittenten haben sich inzwischen Unterpunkte etabliert, die wiederholt verwendet werden. Die Bezeichnungen der Unterpunkte variieren dabei beliebig, die Inhalte sind dagegen sehr ähnlich.

Die folgende Gliederung zeigt exemplarische den groben Aufbau der Menüstruktur in der Rubrik Anleihe:

Eckdaten der Anleihe, Daten & Fakten Viele Websites von Unternehmen, die Anleihen emittiert haben, beginnen mit diesem Unterpunkt. Hier werden meist in tabellarischer Form die wichtigsten Informationen zur Anleihe dargestellt, wie zum Beispiel Emissionsvolumen, Laufzeit, Zinssatz und Zinszahlungstermine, Start der Börsennotiz, Verwendung der zufließenden Mittel, Rückzahlungstermin, Rating, Stückelung, Kündigungsrechte, Wertpapierkennnummer (WKN) und International Security Identification Number (ISIN), die begleitende Bank, der Spezialist, der Listing Partner etc.

Gründe für den Erwerb Dieser Menüunterpunkt wurde in jüngster Vergangenheit vermehrt verwendet. Hier legt der Emittent in knappen und markanten Worten einem potentiellen Investor die Gründe für den Erwerb der Anleihe dar. Hier ist insbesondere darauf zu achten, dass sich die Aussagen in völligem Einklang zu den unter Downloads veröffentlichten Dokumenten befinden.

Downloads Dieser Punkt hat sich inzwischen etabliert und bietet die im Zusammenhang mit den Anleiheemission erstellten Dokumente, in der Regel im PDF-Dateiformat, zum Download an. Das sind vor allem der gebilligte Wertpapierprospekt, die Anleihebedingungen, die Zusammenfassung des Ratingberichts, das Ratingzertifikat, die geprüften Jahresabschlüsse und Researchberichte.

Erwerb der Anleihe Hier folgen im Wesentlichen Hinweise wie die Anleihe von einem potentiellen Investor während der Zeichnungsfrist und nach Aufnahme des Handels bzw. nach Beendigung der Zeichnungsfrist erworben werden kann.

Fragen und Antworten, FAQ Marketingkampagnen und Pressemeldungen im Vorfeld und während der Anleiheemission generieren Interesse bei potentiellen Anlegern. Dabei ist, wie empirische Untersuchungen wiederholt zeigten, die Unternehmenswebsite die erste Informationsquelle. Es empfiehlt sich daher, den Menüpunkt Fragen und Antworten anzubieten und dabei so zu strukturieren, dass die wichtigsten Fragen im Zusammenhang mit der Begebung der Anleihe für Laien verständlich beantwortet werden. Damit kann für den oder die Ansprechpartner im Unternehmen oder auch bei der beauftragten Investor Relations Agentur eine erhebliche Reduktion der telefonischen Anfragen erreicht werden.

Grundsätzlich ist es empfehlenswert, vor der Freischaltung der inhaltlich neu gestalteten Rubrik Anleihe, den mit dem Projekt vertrauten anwaltlichen Berater um einen prüfenden und kritischen Blick zu bitten. Schließlich werden für die Unterseiten neue Texte erstellt, die aufgrund der parallel laufenden Teilprojekte, gegebenenfalls nicht mit den finalen Dokumenten, insbesondere dem Wortlaut des gebilligten Börsenzulassungsprospekts im Einklang sind.

Services im Bereich Debt Investor Relations Um eine regelmäßige Information der Adressaten sicherzustellen und einen ansprechenden Investor Relations Service anzubieten, können folgende Instrumente eingesetzt werden:

- Regelmäßiger Versand eines Newsletters
- Service Hotline für Investoren (ggf. sinnvoll während der Zeichnungsphase)
- Spezielle Veranstaltungen für Bond Investoren

Je nach adressierter Zielgruppe und unternehmensspezifischen Besonderheiten ist zu überlegen, alle oder zumindest ausgewählte Informationen auch in englischer Sprache zur Verfügung zu stellen und eine entsprechende Website einzurichten.

Grundsätzlich ist auch der Verweis auf weiterführende Informationen zum Thema Debt Investor Relations vorstellbar. Hilfreich sind beispielsweise Informationen zur Ratingmethodik einschließlich Aussagen zum eigenen Rating im Vergleich zum Markt.

Daneben könnte der Verweis auf Plattformen, die sich speziell mit dem Thema Unternehmensanleihe befassen, zu interessanten Artikeln oder auch Hinweise über neu erschienene Fachliteratur das Angebot auf der Corporate Website abrunden.

41.6 Zusammenfassung

Während das Thema Equity Investor Relations sich bei nahezu allen börsennotierten Unternehmen etabliert hat, steckt das Thema Debt Investor Relations noch in den Kinderschuhen. Insbesondere Unternehmen, die nicht als Daueremittenten am Kapitalmarkt agieren und da insbesondere Erstemittenten, haben zum Teil großen Nachholbedarf bei der zielgruppenfreundlichen Strukturierung und Aufbereitung der Informationen.

Dabei profitieren Anleiheemittenten unmittelbar von professioneller Investor Relations Arbeit. Fördert sie doch das Vertrauen der Anleger bei gleichzeitiger Reduktion der Risikoprämie und sichert damit auch als Teil einer langfristigen Finanzierungsstrategie den erfolgreichen Zugang zum Kapitalmarkt bei Folgeemissionen.

Grundsätzlich sollten die Anleihespezifischen Informationen in einem eigenen Menüpunkt, am besten innerhalb der Rubrik Investor Relations angeboten werden. Die Fülle der Dokumente sowie die Strukturierung der Inhalte hängt dabei neben der Zahl und Art der emittierten Anleihen auch von der Branchenzugehörigkeit des Emittenten ab. Insbesondere Daueremittenten sollten ihre Debt Investor Relations professionell und transparent auf ihren Unternehmensseiten darstellen.

Für alle Unternehmen gilt: Klar erkennbare und gut strukturierte separate Bereiche mit nutzerfreundlich aufbereiteten Inhalten erleichtern dem Websitebesucher die Navigation und zeigen sofort, dass das Unternehmen das Thema Debt Investor Relations genauso ernst nimmt wie die Equity Investor Relations. Für den ersten Eindruck beim Schritt in die Kapitalmarktöffentlichkeit gibt es keine zweite Chance. Und spätestens bei weiteren Anleihemissionen wird sich gelebte, transparente und professionelle Investor Relations positiv auf die Risikoprämie und damit direkt auf die Finanzierungskosten auswirken.

Pressearbeit im Rahmen der Debt Relations

42

Hans-Werner G. Grunow und Markus A. Launer

42.1 Vorbemerkungen

Präsenz in den Medien ist kein Selbstzweck. Präsenz in den Medien muss vielmehr dazu führen, dass sowohl die Marktteilnehmer das Unternehmen besser einzuschätzen in der Lage sind als auch sich ein positives Marktsentiment für das Unternehmen einstellt. In der Folge werden Investments auch in Schuldtitel dieses Unternehmens attraktiver, dessen Zugang zu Kapital wird leichter und die Finanzierungskosten sinken – sofern die Pressearbeit richtig konzipiert wird.

Erfolgreiches Debt Management bedeutet also die Optimierung des Kapitalmarktauftrittes in den Medien. Dies geschieht mit einer leistungsfähigen und umfassenden Pressearbeit des betreffenden kapitalnehmenden Unternehmens. Die Grundlage für diese Pressearbeit ist der Entwurf einer mittel- bis langfristigen Geschäfts- und korrespondierenden Kommunikationsstrategie. Nicht alle Unternehmen wollen sich so in der Öffentlichkeit präsentieren, wie es vielleicht sinnvoll wäre. Hier ist die jeweilige Unternehmensphilosophie entscheidend. Ist die Kommunikationspolitik formuliert, wird das operative Konzept mit den konkreten Handlungsschritten abgeleitet.

H.-W. G. Grunow (✉)
GFD Gesellschaft für Finanzkommunikation mbH,
Fellnerstraße 7-9, 60322 Frankfurt am Main, Deutschland
E-Mail: grunow@gfd-finanzkommunikation.de

M. A. Launer
Transatlantic Investor Relations, Breslauer Str. 19,
69502 Frankfurt/Hemsbach, Deutschland
E-Mail: markuslauner@TransatlanticIR.com

42.2 Debt Strategie in der Pressearbeit

Erfolgreiche Pressearbeit zeichnet sich einerseits durch eine systematische Vorgehensweise und andererseits durch attraktive und „die richtigen" Inhalte aus. Die Systematik lässt sich in die wesentlichen Schritte zusammenfassen:

- Am Anfang stehen die Formulierung der „Werbebotschaft" und die Festlegung der Kommunikationsinhalte, das heißt die Zusammenstellung der Kernaussagen, zum Beispiel zur geschäftspolitischen Ausrichtung und Finanzlage sowie Finanzstruktur.
- Dann folgt die Definition der Zielgruppe für die Kommunikation, das heißt es werden Investoren ausgewählt, deren Anlagemotive mit beispielsweise den zu emittierenden Anleihen übereinstimmen hinsichtlich Laufzeit der Papiere und Haltedauer oder Risikoprofil und Besicherung.
- Einer optimierten Pressearbeit gehen die Abstimmung mit früheren Aktionen und der Abgleich mit der bisherigen Vorgehensweise voraus. Dazu werden die bisherige Strategie und die bisherigen Kernaussagen auf Widerspruchsfreiheit mit der aktuellen Kommunikation abgestimmt. Zudem wird die bisherige Resonanz von Analysten und anderen relevanten Marktteilnehmern auf „Stimmigkeit" mit der geplanten Kommunikation überprüft.
- Ein wichtiger Bereich ist auch die Auswahl der für die beabsichtigte Kommunikation geeigneten Medien, das bedeutet die wiederholte „Kalibrierung" der Medienkontakte, also die Auswertung, ob die jeweiligen Kanäle die Botschaft übertragen haben und wie diese bei der Zielgruppe angekommen ist; möglicherweise gab es Streuverluste und andere wichtige Medien wurden gar nicht berücksichtigt.
- Nicht unerheblich ist die Initiierung von angemessenem Debt Research, was bedeutet, das Research betreuender Banken oder anderer Institute anzusprechen, damit diese eventuell eine laufende oder einmalige Analyse des Unternehmens vornehmen (Coverage); diese Analysen finden nicht selten Eingang in die Medienberichterstattung.
- Den Abschluss einer Kommunikationsrunde setzt die Prüfung auf Nachhaltigkeit der Maßnahmen, das heißt die Pressearbeit wird untersucht auf die tatsächliche Übertragung der Inhalte in den Medien und die tatsächliche Aufnahme der Inhalte bei der Zielgruppe; dies geschieht entweder durch direkte Ansprache der Kapitalgeber oder durch eventuelle Resonanz von diesen oder „Rückkoppelung" in Research-Berichten beziehungsweise Pressekommentaren.

Debt Relations mit positiven wie negativen Nachrichten Eine gute Medienpräsenz und Marktresonanz entsteht, wenn es Debt Relations gelingt, mit der Pressearbeit einen attraktiven Spannungsbogen aufzubauen. Dies ist der Fall, wenn die Kommunikationsinhalte entweder aktuelle Nachrichten oder interessante analytische Inhalte besitzen. Denn Debt Relations müssen Medien einen Anreiz geben, ein bestimmtes Thema „mitzunehmen". Journalisten benötigen die Relevanz eines Themas für ihre Leser-/Empfängerschaft, auch um das Thema intern in der Redaktionskonferenz gegen andere Beiträge durchzusetzen.

Einfacher haben dies Debt Relations in der Regel mit positiven Unternehmensnachrichten wie gute Geschäftszahlen oder erfolgreiche Markteinführung von Produkten. Die Gefahr besteht hier darin, den Bogen nicht zu überspannen und eine zu euphorische Erwartungshaltung bei der Zielgruppe entstehen zu lassen. Es ist durchaus immer wieder zu beobachten, dass positive Unternehmensnachrichten von Analysten und Meinungsbildnern in der Vorausschau einfach „fortgeschrieben" werden. Diese Erwartungen müssen dann auch mit entsprechenden Unternehmensleistungen bedient werden. Folgen keine weiteren positiven Nachrichten, auch wenn es dem Unternehmen an und für sich gut geht, kann es zu unangemessener Kritik in der Folge enttäuschter Erwartungen bei den Marktteilnehmer kommen.

Schließlich sollten gerade positive Nachrichten Substanz besitzen, nicht zuletzt um es denn Medien leichter oder sogar überhaupt möglich zu machen, ein bestimmtes Thema zu berichten. Beispielsweise wurden in den Zeiten des Neuen Marktes Anfang dieses Jahrtausends zu jedem kleinem Auftragseingang Ad-hoc-Meldungen und Wirtschaftspressemitteilungen versandt – was mittlerweile als verpönt gilt, denn dadurch stumpft sich bei der Presse Interesse und Aufnahmebereitschaft deutlich ab. Es sollte daher auch immer kommuniziert werden wie relevant und nachhaltig die positive Meldung ist.

Ungleich schwieriger ist die Kommunikation im Falle ungünstiger Unternehmensereignisse, im schlimmsten Falle sogar die Krisenkommunikation. Auch wenn Theoretiker die schonungslose Offenlegung aller relevanten Informationen und Vorgänge fordern, um mit dieser Transparenz ein vermeintlich positives Marktsentiment hervorzurufen, so empfiehlt es sich doch vielmehr, im Sinne des Unternehmens Informationen in einer Struktur und Menge zu geben, welche es den Zielpersonen erlaubt, negative Vorgänge und Ereignisse „unaufgeregt" richtig zu verstehen und einordnen zu können – Kommunikation ist dann noch mehr als in allen anderen Fällen Erklärung und Erläuterung.

Nicht vollständige Informationen sind bei regelmäßigen Ereignissen in der Regel unproblematisch, sofern das Weglassen den Charakter der Nachricht nicht verzerrt. In Krisenfällen kann aber ein Mangel an Informationen fatal sein. Denn einerseits lässt sich dann nicht eine aktive, stringente und kontinuierliche Kommunikationsstrategie entwerfen, andererseits können unzureichende oder sogar falsche Nachrichten an die Öffentlichkeit gegeben werden, was die Situation noch verschärfen dürfte. Gute Kommunikationsarbeit setzt zwingend die vollständige Bestandsaufnahme einer Krisensituation und ihrer Ursachen voraus. Nur mit Kenntnis aller relevanten Information – gleich, ob nach außen gegeben oder nicht – erlaubt die zielführende Pressearbeit im Sinne des Unternehmens.

Sehr unterschiedlich, so die Erfahrung, ist darüber hinaus die Wahrnehmung von Krisensituationen durch die Funktionsträger und vor allem deren Einschätzung der Situation. Während die operative Spitze in vermeintlich wissender Vorausschau häufig die Situation zu relativieren versucht und auf die grundsätzliche Leistungsfähigkeit verweist, so sieht beispielsweise die Leitung des Finanzbereiches die Situation meist sachlicher und an Zahlen ausgerichtet, also realistischer. Um in dieser Lage auch wirklich angemessene Pressearbeit unternehmen zu können, müssen nicht nur alle relevanten Informationen auf dem Tisch liegen, auch müssen sich mit diesen Informationen die Unternehmensverantwortlichen auf eine einheitliche kommunikative Linie einigen.

Debt Management gegenüber der Presse ist im Krisenfalle immer eine Gratwanderung. Kommuniziert ein Unternehmen bei ausreichender Informationslage zu zurückhaltend und das Problem verschärft sich, so kann es in der Presse und Öffentlichkeit zu sehr heftigen negativen Reaktionen kommen. Wird jedoch zu übertrieben und ängstlich kommuniziert und das Problem stellt sich später eher als Bagatelle heraus, so kann sich die Finanzierungssituation des Unternehmens zwischenzeitlich schon zu sehr verschlechtert und der Unternehmenswert zu stark gelitten haben.

Argumentationssprünge vermeiden Grundsätzlich gilt für die Unternehmenskommunikation, Strukturbrüche in der Informationsbekanntgabe zu vermeiden. Das Debt Management sollte daher bei der Pressearbeit immer auch die bisherige Unternehmenskommunikation gegenwärtig haben, um Kontinuität und damit vor allem auch Glaubwürdigkeit zu wahren. Während die Pressearbeit darauf achtet, was den Medien mitgeteilt wurde und was diese darüber berichtet haben, registrieren Debt Relations den Informationsfluss an Analysten von Investmentbanken wie Ratingagenturen und deren entsprechende Veröffentlichungen. Gerade bei letzterer Gruppe ist dieses „Controlling" sehr wichtig, denn von den Kapitalmarktteilnehmern werden viele Detailinformationen aufgenommen und analytisch ausgewertet – Strukturbrüche und Änderungen fallen daher sehr viel schneller auf als in der Pressearbeit.

42.2.1 Die Grundregeln guter Pressearbeit

Gläubiger verlangen aktuelle, präzise, übersichtliche, aussagekräftige und relevante Informationen. Jedes Kommunikationskonzept muss daher solche interessanten und zutreffenden Inhalte in den Mittelpunkt stellen. Zu diesem Zwecke empfiehlt es sich, eine Reihe von Regeln zu beachten, die unerlässlich sind für eine erfolgreiche und gleichmäßige Kontaktpflege mit den Medien.

Relevante Inhalte formulieren Die Inhalte kommunikativer Maßnahmen sollten sich stets an den zu erreichenden Zielen ausrichten, das heißt die Information steht in direktem Zusammenhang mit dem Ereignis oder der geplanten Maßnahme. Oftmals wird die eigentliche Nachricht zwischen Belanglosem versteckt. Doch müssen die in den Mittelpunkt gehörenden Fakten in Verbindung zum Nachrichtengegenstand stehen und einen Hinweis auf die Absicht der Nachrichtenübermittlung geben. Mit der Vermittlung klarer Strukturen und Strategien wird Presse und Investoren erst der Anreiz gegeben, sich mit dem Unternehmen und den Kreditinstrumenten des betreffenden Emittenten auseinanderzusetzen.

Die Finanzmärkte leben von Nachrichten, Meldungen, Spekulationen und Gerüchten, die Einfluss auf das Zinsniveau und die Bonitätsstruktur der ausstehenden Emissionen haben. Informationen zu qualitativen Unternehmensnachrichten haben beispielsweise so ihren Niederschlag in der Kursentwicklung. Szenarien zur Entwicklung des institutionellen und internationalen Umfelds und Verschiebungen innerhalb der Sektoren werden gleichermaßen vom Markt wahrgenommen. Dies bedeutet, Nachrichten und Ereignisse sind stets in Angemessenheit zu ihrer Bedeutung zu kommunizieren.

Reagieren beispielsweise Aktienmärkte besonders auf Gewinnmeldungen oder Übernahmegerüchte, so betrifft dies den Rentenmarkt als solchen zunächst kaum. Hier werden gesamtwirtschaftliche Verschiebungen der Nachfrage oder die Wirkung unternehmerischer Konzepte auf die Bonität viel stärker zur Kenntnis genommen. Übernahmen sind besonders dann von Interesse, wenn dadurch Haftungsfragen tangiert werden oder sie mit nennenswerten Rating-Änderungen verbunden sind.

Pressearbeit an den Zielen ausrichten Auch die „Nachrichtenmedaille" der Unternehmen hat zwei Seiten: zum einen die offiziellen Anforderungen, die der Markt vom Emittenten erwartet, zum anderen die individuellen Anforderungen, die das Management an die Kommunikationspolitik stellt. Es ist die besondere Herausforderung für das Debt Management, die allgemeingültigen, vom Markt gestellten Vorgaben mit den individuellen, unternehmensspezifischen Erfordernissen „interessewahrend" unter einen Hut zu bringen.

In diesem Zusammenhang bedeutet „zielführend" die Konzentration auf den Kern der Nachricht. Es bedeutet den Hinweis auf die Relevanz der Nachricht für das Unternehmen und es bedeutet die Darstellung der Konsequenzen des berichteten Ereignisses für das Unternehmen und seine Bonität und damit für das Investment der Anleger. Darüber hinaus bedeutet „zielführend" auch, dass dem Adressatenkreis das mit der Nachricht verbundene Ziel deutlich wird: Was will die Unternehmenskommunikation mit dieser Information sagen und welche entsprechenden Maßnahmen wurden auf das Ereignis hin ergriffen.

Nachrichten klar strukturieren Eine logische Gliederung der Nachrichten und der Informationsvermittlung ist selbstverständlich. Hierbei wird die Kommunikation schrittweise aufgebaut. Der Adressat ist gleich zu Beginn der Veranstaltung „an die Hand zu nehmen" und quasi am roten Faden durch das Themenfeld bis zum Schluss zu führen, an dem der Presse die Konsequenzen für die Finanzmarktteilnehmer aufgezeigt werden. Auf diesem Weg können den Medien idealerweise auch die klaren, zielführenden Managementstrategien skizziert werden.

Auf Konsistenz achten Grundsätzlich haben Nachricht und Nachrichtenübermittlung dem Grundsatz der Konsistenz zu entsprechen. Die übertragene Botschaft darf nicht kollidieren mit zurückliegenden oder weiteren geplanten Informationen. Dies erfordert die Festlegung auf eine einheitliche Linie. Zudem muss Gleichklang herrschen in der Kommunikation mit Presse, Aktionären und Fremdkapitalgebern, die sogenannte Politik der einen Stimme. Beispielsweise sollten nicht inhaltlich unterschiedliche Präsentationen gleichzeitig bei einer Pressekonferenz und einer Analystenkonferenz gehalten werden.

Nachrichten müssen den Ereignissen angemessen sein Zudem gilt Angemessenheit, das heißt Inhalt und Form der Nachricht und der Kommunikationsmaßnahme sollten den tatsächlichen Sachverhalt wiederspiegeln. Diese Anforderung bezieht sich sowohl auf die Vollständigkeit als auch auf die Realitätsnähe. Keinesfalls sollten Meldungen „aufgebauscht" werden, um Aufmerksamkeit und Eindruck zu schinden. Übertriebene, geschönte Darstellungen schaden mittel- bis langfristig der Unternehmenskommunikation eher als sie ihr nutzen.

Gute Pressearbeit lebt von Ausgewogenheit Auch auf die Ausgewogenheit einer Meldung ist zu achten. Sie sollte sich in Art und Darstellung in die sonstige Kommunikationspolitik einreihen und hinsichtlich Auftritt und Wortwahl dem sonstigen Informationsfluss entsprechen. Beispielsweise wäre es unangemessen, zur Vorstellung eines neuen Geschäftszweiges eine Pressekonferenz für Anleiheinvestoren einzuberufen, gleichzeitig aber einem massiven Einbruch des Kapitalflusses nur eine kurze Pressemitteilung zu widmen.

Nur verständliche Nachrichten finden Leser Wichtig ist die Verständlichkeit der Inhalte. Das setzt die Verwendung allgemein gebräuchlicher Begriffe voraus. Zum einen dürfen die Darstellungen nicht in reiner Fachsprache erfolgen, zum anderen sind aber Fachbegriffe dort einzusetzen, wo andere Formulierungen die Klarheit und Eindeutigkeit vermissen ließen. Beispielsweise fällt dieser Mangel bei vielen Unternehmen besonders hinsichtlich Themen auf, die sich mit Fragen zum Rating beschäftigen. Hier werden oftmals phantasievolle, blumige Ausdrücke und Beschreibungen verwendet, die keinen Rückschluss auf die eigentliche Aussageabsicht erlauben. In diesen Fällen sind Fachbegriffe unverzichtbar, lassen sie doch kaum Raum für Fehlinterpretationen.

Nachrichten müssen verwertbar sein Schließlich ist auf die Akzeptanz einer Nachricht bei Journalisten zu achten. Eine kommunizierte Nachricht sollte nicht nur einen ausreichenden Aufmerksamkeitswert besitzen, sondern darüber hinaus einen hohen Akzeptanzgrad seitens der Presse, um medial verwertet zu werden. Um dies zu erreichen, muss die Nachricht in Form und Stil dergestalt sein, dass ihre Inhalte vom Adressatenkreis angemessen wahrgenommen werden und ihre Zuverlässigkeit außer Frage steht. Mit anderen Worten: Das Debt Management und die Pressearbeit müssen über ihre Kommunikationspolitik ein hohes Maß an Reputation aufbauen, das den Medien erlaubt, Unternehmensmeldungen auch ohne größere Prüfung in der journalistischen Arbeit umzusetzen.

Kontinuität wahren Der Informationsbedarf der Anleiheinvestoren über das Unternehmen ist fortlaufend. So sollten regelmäßig nicht nur Informationen preisgegeben werden, die der Emittent selbst zu geben wünscht, sondern vielmehr auch permanent Informationen bereitgestellt werden, welche die Presse zu erhalten wünscht. Mit den Medien muss eine aktive Kommunikation geführt werden, nicht nur „Information auf Abfrage". Selbstverständlich ist auch die laufende Aktualisierung relevanter Daten, besonders zur Verschuldung und zur Entwicklung des Kapitalflusses. Vorbedingung für erfolgreiche Pressearbeit ist überdies die grundsätzliche Gleichbehandlung der Journalisten. Dies zusammen bedeutet eine Kommunikations-, Informations- und Veröffentlichungspolitik auf professioneller Basis, sie muss „aus einem Guss" sein. Von Bedeutung ist schließlich die perfekte Terminierung der zu veröffentlichenden Daten und die Abstimmung mit anderen wichtigen Unternehmensterminen; es darf nicht zu Kollisionen und sich widersprechenden Mitteilungen kommen.

42.2.2 Die Zielgruppen der Pressearbeit für Debt Relations

Grundsätzlich gilt: Gute Pressearbeit zeichnet sich durch Klarheit aus. Je transparenter die Kommunikation und je weniger die Nachricht von „Zierrat und Nebelkerze" geprägt ist, desto positiver wird die Resonanz in der Presse ausfallen. Diese Klarheit muss dann auch übertragen werden auf den Adressatenkreis in der Debt Kommunikation. Hier kann nicht gelten „eines für alle", sondern vielmehr ist die Struktur und der Umfang einer Nachricht exakt abzustimmen auf die Zielgruppe.

Nachrichtenagenturen Die Kommunikation und Pressearbeit mit Agenturen sollte sich in sinnvoller Weise auf die Kernpunkte einer Information beschränken. Dies bedeutet die Konzentration auf die Mitteilung eines Ereignisses oder einer Entwicklung ohne ausschmückende Ergänzungen. Zu einer solchen Information gehören alle Einzelheiten, die das Ereignis oder die Entwicklung beschreiben, erläutern und damit erst verständlich machen, also dem Adressaten einen Erkenntniszugewinn bringen. Überflüssig sind hingegen Nachrichten, welche der Verharmlosung, Ausschmückung, Rechtfertigung oder werbendem Zwecke dienen.

Grund für diese Vorgehensweise ist das hohe Tempo, mit dem Nachrichtenagenturen Informationen verarbeiten und in Meldungen umsetzen. Hier geht es in der Regel um Fakten – übersichtlich und knapp aufbereitet. Deshalb ist auch der Kontakt mit Agenturjournalisten meist eher unpersönlich und auf das Wesentliche beschränkt.

Tagespresse Deutlich umfangreicher ist der Austausch von Debt Relations mit der Tagespresse. Zwar werden auch hier Ereignisse und Entwicklungen nicht selten „nur" berichtet, doch werden diese häufig überdies erläutert, interpretiert und eingeordnet. Und diese Praxis verlangt vielmehr nach Information vom Unternehmen.

Der Kern einer Information für die Tagespresse, wie zum Beispiel Zeitungen, entspricht denjenigen von Nachrichten für Nachrichtenagenturen. Gleichwohl wird nun die Nachricht stärker ummantelt mit erläuternden und erklärenden Informationen. So geht es nicht allein um die bloße Meldung eines Ereignisses wie zum Beispiel ein Jahresergebnis oder eine Firmenübernahme mit nur wenigen zusätzlichen Ausführungen. Hier geht es zusätzlich um weitere Informationen zu den maßgeblichen Faktoren und der aktuellen

Entwicklung (Ergebnis) oder den Motiven und gegebenenfalls eine Neuausrichtung der Strategie (Übernahme). Vor diesem Hintergrund greifen die heute üblichen „Pressemitteilungen" der Unternehmen vielfach zu kurz. Zwar erlauben sie einer Nachrichtenagentur, daraus eine Meldung zu machen, für einen Artikel in der Tagespresse bieten sie aber meist zu wenig „Stoff". Hier empfiehlt es sich, die Meldung mit mehr Inhalten anzureichern.

Magazine Im Mittelpunkt der Kommunikation mit Magazin-Journalisten steht ebenfalls die Nachricht über ein Ereignis, ein Ergebnis oder eine Entwicklung. Doch geht es hier noch weitaus stärker als bei der Tagespresse um ergänzende Informationen. Allein schon der zur Verfügung stehende Platz ermöglicht es Magazinen, ausführlicher über Unternehmen zu berichten als in täglich publizierten Medien. Aber auch die Erscheinungsweise – meist monatlich oder wöchentlich – verlangt nach einer anderen Informationsaufbereitung als bei Agentur oder Tageszeitung. Dort wurde in der Regel eine Nachricht bereits mitgenommen, sodass ein Magazin nun Inhalte berichten muss, die über diese Nachricht hinausgehen. Dies sind – in Abhängigkeit vom Ereignis beziehungsweise von der Entwicklung – Informationen zu Personen oder Märkten, zu Konkurrenten oder sonstigen relevanten Einflussfaktoren. Ein gutes Medium ist das Magazin aber auch, wenn es um die Vorstellung und Verbreitung von Forschungs- beziehungsweise Analyseergebnissen geht, die zum jeweiligen Zeitpunkt der Bekanntgabe hoch aktuell sind. Auf alle Fälle ist hier der Austausch zwischen Unternehmen und Journalist viel intensiver, einerseits weil zur Vorbereitung eines Artikels mehr Zeit zur Verfügung steht, andererseits weil der Informationsumfang meist deutlich größer ist.

Pressearbeit für Institutionelle und private Anleger Gute Kommunikation unterscheidet bei der Konzeption von Nachrichten, besonders der Aufbereitung der Inhalte zwischen Privatanlegern, institutionellen Investoren, Banken und Aktionären. Je nach Zielgruppe müssen gleiche Ereignisse, gleiche Nachrichten formal und inhaltlich unterschiedlich dargestellt werden – meist auch in Abhängigkeit von dem avisierten Medium, mit dem die Zielgruppe erreicht werden soll. Private Anleger brauchen besonders klare und verständliche Informationen, schwierige Sachverhalte müssen auf eine leicht verständliche Ebene „heruntergebrochen" werden. Neben der Vermeidung von Komplexität sollte auch der Umfang begrenzt sein und – wiederum abhängig vom verwendeten Medium – auf das Wesentliche konzentriert. Jederzeit erkennbar sollte vor allem die Relevanz für das jeweilige Investment sein.

Mit den entsprechenden Änderungen gelten diese Anforderungen auch für andere Adressaten, wenngleich in geringerem Umfang und in Ergänzung der zielgruppenspezifischen Besonderheiten. Überzogene Komplexität beispielsweise verlängert Analyse- und Verständnisprozesse in jedem Falle und ruft in der Regel nur Unmut oder Unverständnis, vielleicht sogar Unwillen hervor. Nichts ist schädlicher für Pressearbeit als der falsche Eindruck beim Empfänger, denn diesen zu korrigieren ist sehr, sehr aufwendig.

42.2.3 Finanzpresse als Transmissionsmedium

Anders als bei den Investor Relations (Aktien) verfügen Debt Relations (Anleihen) nur begrenzt über den direkten Zugang zu Privatanlegern, und dies meist auch nur über die Internet-Seite des emittierenden Unternehmens. Der weitaus intensivere Zugang zu dieser Anlegergruppe erfolgt auf indirekte Weise über externe Medien.

Zeitungen und Magazine liefern Investoren Stimmungsbilder. Häufig lösen Zeitungsmeldungen bei professionellen Anlegern keine spontane Reaktion aus, aber sie verändern dann mittel- bis langfristig das Marktsentiment oder geben gedankliche Anregungen. Bei Analysten sind solche Meldungen oft Anstoß zur tiefergehenden Beschäftigung mit bestimmten Sachverhalten. Für Journalisten selbst ist eine Nachricht mit der Veröffentlichung meist „gelaufen" – weshalb die Beobachtung von Konkurrenzprodukten meist nur der Kontrolle dient, nichts übersehen zu haben, weniger dem Einholen von Anregungen. Hohe Aufmerksamkeit erhalten hingegen (gedruckte) Medien allerdings seitens der Privatanleger.

Inhalte der Pressearbeit für Debt Relations Ausgangspunkt einer professionellen Debt Kommunikation ist die Veränderung der Risikoprämie (Spread) eines Unternehmens – in der Regel seit Begebung der entsprechenden Instrumente. Auf dieser Basis lassen sich dann Szenarien entwickeln, die eine Verbesserung der Bonität in Aussicht stellen. Dafür darf die Veränderung der Prämie im Zeitablauf nicht unkommentiert bleiben. Einer eingehenderen Erläuterung der Prämienentwicklung und ihrer Einflussfaktoren bedarf es vor allem von Seiten des Emittenten selbst. Diese Darstellung gewinnt um so mehr an Durchschlagskraft, sofern nicht nur Erfolge, sondern auch negative Trends und Ereignisse berücksichtigt werden. Dabei sollten die jeweiligen Wirkungsgrößen detaillierte Erläuterung finden.

Einfluss auf die Risikoprämie nehmen die Bonität eines Unternehmens (also seine Leistungsfähigkeit beziehungsweise die Ausfallwahrscheinlichkeit beim Kapitaldienst) und das allgemeine Marktzinsniveau. Beide wiederum hängen ab von der Entwicklung des Unternehmensumsatzes und des Kapitalflusses, von der Branchenentwicklung, der Konjunktur, politischen Verwerfungen und individuellen Vorgängen im Unternehmen. All diese Komponenten sollten Debt Relations in der Pressearbeit beachten.

Ein weiterer Baustein in der Pressearbeit ist die Rating-Entwicklung eines Emittenten. In diesem Zusammenhang wird aufgezeigt, zu welchem Zeitpunkt es aus welchen Gründen zu einer Rating-Veränderung bestimmten Ausmaßes gekommen ist. Bei einem sich verbessernden Rating zeichnet sich die Attraktivität dieser Geschichte praktisch von selbst. Aber auch ein negativer Trend lässt sich kommunikativ vermarkten, allerdings nur dann, wenn die geeigneten Maßnahmen zur Trendwende gerade ergriffen werden oder bereits ergriffen worden sind. Zumindest muss eine positive Entwicklung plausibel und nachvollziehbar in Aussicht gestellt werden können. Debt Relations können in diesen Fällen auf das künftige Bonitätspotential verweisen, das sich ja rein theoretisch nach den Abstufungen vergrößert hat.

Grundsätzlich ist die Behandlung des Ratings ein ebenso sensibler wie komplexer Prozess. Es ist ein Themenfeld, in dem nicht nur Debt Relations, sondern alle Unternehmensbereiche mit einem hohen Maß an Fingerspitzengefühl vorzugehen haben. Gleichwohl ist die Beschäftigung mit dem Rating unerlässlich, denn nur noch in wenigen Fällen ist die erfolgreiche Platzierung im (institutionellen) Kapitalmarkt ohne externes oder internes Rating möglich – dies gilt vor allem für große Unternehmen und Konzerne. Damit avanciert das Rating zur unverzichtbaren Komponente in den Debt Relations.

42.3 Die Umsetzung der Pressearbeit

Die Analyse, die Standortbestimmung und die Lösungsansätze allein garantieren noch keinen Erfolg im Bereich Debt Relations. Um die jeweiligen Ziele zu erreichen, muss auch die aktive Umsetzung ohne Reibungsverluste vonstattengehen. Hier müssen die einzelnen Prozessabschnitte exakt ineinandergreifen. Insbesondere gilt es sicherzustellen, dass die Botschaft tatsächlich beim avisierten Adressatenkreis verständlich ankommt und diese Nachricht die Intention von Ziel und Strategie eindeutig widerspiegelt.

Koordination und Kontrolle des Nachrichtenflusses Debt Relations erstellen eine relevante Nachricht beziehungsweise Information, übermitteln diese auf dem geeigneten Wege an die Zielgruppe und überprüfen schließlich die Wirksamkeit des Übertragungsprozesses und halten den Kontakt zur Wirtschaftspresse. Professionelle Kommunikation verlangt Gleichbehandlung der Fremdkapitalgeber gegenüber Eigenkapitalgebern. Debt Relations müssen also in beiden Bereichen Verständnis für die Bedürfnisse der verschiedenen Anlegergruppen aufbringen und eine zielgruppengenaue Ansprache leisten.

Die Vorbereitungsphase der Nachrichtenübermittlung beziehungsweise Information umfasst die Auswahl der Meldungen sowie ihre inhaltliche und strukturelle Aufbereitung für die jeweilige Zielgruppe. Bereits in dieser Phase ist auf einen geordneten und kontrollierten Ablauf zu achten, um die Einhaltung des formalen Rahmens zu gewährleisten. Dies bedeutet die Sicherstellung des korrekten Ablaufes in Übereinstimmung mit internen wie externen Regelungen. Somit wird weitgehend ausgeschlossen, dass sensible Informationen, die Insidergeschäfte erlauben, im Unternehmen verbreitet werden. Gleiches gilt auch für die spätere Übertragung, bei der einzelne Investoren nicht bevorzugt informiert werden.

Pressearbeit im direkten Gespräch Der Erfolg von Debt Relations lebt nicht nur von der E-Mail, dem Telefax oder der anonymen Meldung im Internet, der Erfolg lebt vor allem durch das persönliche Gespräch mit der Presse. Dafür gibt es unterschiedliche Rahmen mit unterschiedlichen Anforderungen. Die einfachste Form ist das sogenannte Statement, die kurze Form des Interviews; es konzentriert sich auf Kernpunkte einer Nachricht mit kurzen, präzisen und verständlichen Informationen, beispielsweise grundsätzliche Aussagen zur künftigen Geschäftsstrategie oder die Ankündigung von Emissionsvorhaben.

Die nächste Kommunikationsstufe ist das nachrichtliche Interview, ebenfalls kurz, prägnant, und nachrichtenorientiert, allerdings weniger thesenhaft als das Statement und mehr eingehend auf Nach- und Rückfragen. Dieser Interviewtyp gebraucht „griffige Bilder", welche die Nachricht unterstützen und veranschaulichen, beispielsweise Angaben zur Entwicklung des operativen Geschäfts, zu Änderungen wichtiger strategischer Ziele und deren Anlass oder die Erläuterung umfangreicher Kapitalmaßnahmen.

Ausführlicher ist das Magazin-Interview mit einem vergleichsweise lockeren Stil und „szenenhaften" Darstellungen von Stimmungsbildern. Themen hierfür sind beispielsweise ein Wechsel im Unternehmensmanagement oder Veränderungen in der Finanzphilosophie. In dieser Richtung ausführlicher ist das dokumentative Interview, es vollzieht minutiös Entwicklungen und Trends nach und erklärt sie, beispielsweise die erfolgreiche Überwindung von Krisen.

Anspruchsvoll für die Pressearbeit ist das investigative Interview, bei dem der Fragesteller sich für Hintergründe interessiert und starke Motive an der „Aufdeckung" bislang nicht bekannter Sachverhalte im Unternehmen besitzt, so zum Beispiel hinsichtlich Schwachstellen in der Finanzierungsstruktur, einem drohenden Einbruch beim Kapitalflus oder Bestechungsaffären in einem bestimmten Unternehmensbereich. Hier geht es auch um Gründe für die bestimmte Entwicklung eines Unternehmens während der vergangenen Jahre oder um Krisenmanagement – über das Magazin-Interview hinaus.

Schließlich bleibt die sogenannte Talksituation, in der Regel eine Gesprächsrunde mit mehreren Teilnehmern. Mögliche Themen sind hier Entwicklungen an den Absatzmärkten und/oder die Unternehmensperspektiven für die kommenden Jahre. Zu dieser Gesprächskategorie gehören auch Redaktionsgespräche, bei denen Unternehmensvertreter mit mehreren Journalisten eines Mediums ein längeres Gespräch über spezielle wie allgemeine Ereignisse und Entwicklungen führen. Diese Informationen sind dann nicht für die sofortige Verwertung gedacht, sondern dienen den Journalisten zum besseren Verständnis eines Unternehmens. Sowohl Talksituation als auch Redaktionsgespräch sind für die Pressearbeit sehr anspruchsvoll, weil umfassend und im Vorfeld nur schwer steuerbar.

Kontrolle der Debt Kommunikation Die finale, vor Übermittlung der Informationen zu stellende Frage lautet: was ist die Nachricht, warum hat diese Nachricht Bedeutung für den Adressatenkreis, was sind die Auswirkungen bestimmter Ereignisse und Entwicklungen und was sind die Konsequenzen für die Position des Investors und Kreditgebers? Sollte diese Prüffrage nicht in allen Punkten zufrieden stellend beantwortet werden können, ist das Informationsvorhaben nochmals auf seine Tauglichkeit zu prüfen und entsprechend zu modifizieren.

Die Wirkungsanalyse der Arbeit von Debt Relations ist ein wertvolles Instrument bei der Weiterentwicklung der Kommunikationsstrategien und Konzepte. Diese Erfolgskontrolle kann zum Beispiel auf Konferenzen durch gezielte und systematische Ansprache der Teilnehmer erfolgen sowie in persönlichen Gesprächen in kleinem Kreise. Die Kontrolle kann auch über eine standardisierte Umfrage im Nachgang zu wichtigen Veranstaltungen oder Ereignissen abgefragt werden. Schließlich erfolgt eine Auswertung der Debt Relations-

Aktivitäten durch Analyse der Resonanz in der Presse und schließlich der Entwicklung des Marktes.

Im Zuge der Kommunikationskontrolle sollten zu guter Letzt zwei weitere Aspekte berücksichtigt werden. So sollte einerseits sichergestellt sein, dass die Wirkung einer Nachricht nicht allein von der Umsetzung lebt, sondern zuvorderst vom ihrem Gewicht – weshalb darauf zu achten ist, ob die Information Relevanz für den Anleihemarkt aufweist. Nur dann wird sie von der Presse entsprechend aufgegriffen und der Zielgruppe, den Marktteilnehmern entsprechend gewürdigt. Andererseits sollte ein permanentes Monitoring der Übertragung stattfinden. Das heißt sowohl die Verarbeitung in der Presse als auch die Reaktion des Marktes (Kursveränderungen, Research-Berichte, Ankündigungen) werden fortlaufend und nicht nur stichprobenartig beobachtet. Nur dadurch kann die Pressearbeit im Rahmen der Debt Relations unverzüglich und wirkungsvoll agieren wie reagieren.

Literatur

Grunow H-WG, Figgener S, Eisenack HO (2006) Handbuch Moderne Unternehmensfinanzierung: Strategien zur Kapitalbeschaffung und Bilanzoptimierung. Springer, Berlin

Grunow H-WG, Oehm G (2004) Credit Relations: Erfolgreiche Kommunikation mit Anleiheinvestoren. Springer, Berlin-Heidelberg

Launer MA, Wilhelm M (2011) Bond Relations: Investor, Bond, Creditor und Gläubiger Relations für Anleihen, Obligationen, Wandelschuldverschreibungen und neue innovative Formen der Fremdkapitalfinanzierung. Dissertation.de, Berlin

Launer MA (2006) Internationale Investor Relations. Going Public Magazin, März 2006

Launer MA (2007) Marktorientierte Investor Relations. Going Public Magazin, September 2007

Launer MA, Onken G (2009) Equity Sales Briefings als Multiplikator im Investor Relations: Eine Untersuchung deutscher Unternehmen an den Finanzplätzen New York, London, Paris. dissertation.de, Berlin

Financial Advertising

43

Robert Wirth

Sicherlich erinnern Sie sich noch an die große Werbeaktion der Deutschen Telekom mit Krug, Manfred als Werbefigur. Im Jahr 1996 trommelte der Schauspieler jeden Abend in TV-Spots für die Zeichnung der T-Aktie. Und das sehr erfolgreich. Möglicherweise war diese Kampagne die erfolgreichste für einen Börsengang in Europa. 1,5 Mio. Privatpersonen hatten sich zuvor bei der Deutschen Telekom registrieren lassen, um in den Genuss von Informationen, einer bevorrechtigten Zuteilung bei Überzeichnung, einem Zeichnungsrabatt von 0,50 DM und Treue-Aktien zu kommen.

Die Strategie ging auf. Der Ausgabepreis der Aktie wurde bei 28,50 DM festgelegt. Die Emission war fünffach überzeichnet, insgesamt 1,9 Mio. Personen wurden zu Privataktionären. Rund 650.000 Kleinanleger kauften zum ersten Mal überhaupt Anteile einer Aktiengesellschaft. Der Deutschen Telekom flossen aus der Kapitalerhöhung insgesamt zehn Milliarden Euro an frischem Kapital zu.

Die Werbekampagne für den Börsengang der Deutschen Telekom veranschaulicht sehr deutlich, dass Financial Advertising, also Werbung für Finanzprodukte, sehr erfolgreich sein kann. Und zwar nicht nur für die allseits bekannten Bauspar- oder Versicherungsprodukte. Während in Ermangelung von Börsengängen die Bewerbung von Eigenkapital-Transaktionen auf ein Minimum zurückgegangen ist, wurde Financial Advertising für Bond-Emissionen gerade wieder entdeckt.

Nur wenige Unternehmen aus dem Mittelstand verfügen über einen derart renommierten Namen, dass die Emission mehrfach überzeichnet ist. Underberg, Seidensticker, Valensina sind Beispiele von Unternehmen und Unternehmensanleihen, die ohne breit angelegte Privatanleger-Werbekampagne ihre Bonds am Markt platziert haben. Für die breite Masse der Emittenten aus dem Mittelstand gilt dies jedoch nicht: Sie müssen neben einer durchdachten und ausgeklügelten PR-Strategie vor allem gezielte Marketing-Maßnahmen ergreifen, um ihre Anleihen bei Privatanlegern zu vermarkten.

R. Wirth (✉)
Equity Story AG, Seitzstraße 23, 80538 München, Deutschland
E-Mail: robert.wirth@equitystory.de

Eine Mittelstandsanleihe ohne Marketing zu platzieren ist fast nicht mehr möglich. Zu unbekannt sind viele Emittenten am Kapitalmarkt, zu unreif häufig die Bilanzen für eine schnelle Vollplatzierung. Und schließlich wird auch die Konkurrenz unter den Unternehmen, die um Fremdkapital werben, zunehmend größer.

Dennoch müssen die Emittenten einen nennenswerten Anteil an Retail-Anlegern bei der Emission ins Boot holen, denn nur dann sind auch Institutionelle bereit zu investieren. Sie verlangen einen liquiden Handel, um gegebenenfalls auch wieder aussteigen zu können.

Einem effizienten Mediaplan kommt deshalb bei der Platzierung einer Unternehmensanleihe eine große Bedeutung zu. Dieser erfordert eine systematische Herangehensweise. Die Aufgabenstellung für die Mediaplaner kann am besten mit folgender Formel beschrieben werden:

- Wer wird (Zielgruppe)
- zu welchen Kosten (Budget)
- über welches Medium (Mediaselektion)
- wie gut erreicht? (Effizienz)

Im Gegensatz zu anderen Werbekampagnen stellt die Frage nach dem Wann, also dem optimalen Zeitpunkt für die Platzierung der Anzeigen bei den Werbeträgern, bei der Bewerbung einer Anleihe eine untergeordnete Rolle. Der Zeitrahmen ergibt sich aus der festgesetzten Zeichnungsfrist. Allerdings hat diese sehr wohl Auswirkungen auf den Erfolg einer Werbeaktion. Die Kampagne beginnt in der Regel kurz vor dem Zeichnungsstart. Voraussetzung ist, dass der Wertpapierprospekt für die Anleihe bis zu diesem Zeitpunkt von der Bundesanstalt für Finanzdienstleistungsaufsicht (BaFin) gebilligt worden ist. Die Kampagne endet, wenn die Bücher geschlossen werden. Oder aber, wenn die Anleihe nicht vollständig platziert werden konnte, mit dem Ende der Zeichnungsfrist.

Überlegungen, die Zeichnungsfrist nicht an einem Montag beginnen zu lassen sondern zur Wochenmitte, ist insbesondere bei der Belegung von Anleger-Zeitschriften im Printbereich eher ungünstig, da die auflagenstarken Titel zu Wochenbeginn erscheinen.

Im wahrsten Sinne des Wortes ansprechend sollte die Qualität der Werbemittel sein. Denn die beste Mediaplanung verfehlt ihre Wirkung, wenn die Anzeigen die Kernbotschaft nicht transportieren oder die Werbemittel zu unauffällig, langweilig oder handwerklich schlecht gemacht sind. Auch die Seriosität spielt eine große Rolle. Anleger vertrauen einem Unternehmen ihr Geld an. Anleger wollen dafür Sicherheit. Und diese Sicherheit muss ebenfalls über die Werbung transportiert werden.

Doch bevor es an die Konzeption der Kampagne, die Identifizierung der Zielgruppe sowie die Erstellung der Werbemittel geht, muss das Management eine grundsätzliche Entscheidung treffen und den richtigen Media-Partner für sein Unternehmen auswählen.

43.1 Auf den richtigen Partner kommt es an

Nur die wenigsten Emittenten verzichten bei der Mediaplanung auf externe Hilfe. Die Medienwelt wird immer komplexer und entwickelt sich im digitalen Zeitalter zu einem kaum noch durchschaubaren Dickicht, in dem die Werbeformen teilweise verschmelzen und immer neue Kanäle und Technologien berücksichtigt werden müssen. Ohne die Unterstützung von Werbeexperten kann hier schnell der Überblick verloren gehen.

Doch nach welchen Kriterien sollten nun die Mediaexperten ausgewählt werden? Wie bei jeder Partnerschaft spielt auch hier das Vertrauen eine große Rolle. In erster Linie das Vertrauen in die Kompetenz der Agentur, die möglichst den optimalen Medienmix entwickeln soll. Das setzt bei der Emission einer Anleihe eine enge Vernetzung mit dem Kapitalmarkt und gute Kontakte zu den entsprechenden Fachmedien aus der Finanzwelt voraus. Einige Agenturen verfügen zudem über den Zugang zu exklusiven Adressverteilern, die gerade bei Financial Advertising eine große Rolle spielen.

Und auch entsprechende Branchenkenntnisse sind unabdingbar. Denn nur wenn die Mediaplaner sich in der Branche auskennen und das Business sowie die Produkte und Dienstleistungen des Emittenten verstehen, ist die Voraussetzung für einen effizienten Mediaplan gegeben. Ob eine Agentur bereits Erfahrungen in den entsprechenden Märkten gesammelt hat, zeigt in der Regel ein Blick auf die Referenzliste der Kunden. Anhand dieser kann man auch sehr leicht den Erfolg der Anleihe-Platzierung nachvollziehen, wobei hier mit Bedacht geurteilt werden muss. Zum Erfolg oder Misserfolg einer Bond-Emission tragen viele Faktoren bei, die Werbekampagne ist zwar ein wichtiger, aber nur einer davon. Auch kann die Werbekampagne exzellent geplant und durchgeführt worden sein, aber das Marktumfeld oder die Strukturierung der Anleihe eine Vollplatzierung nicht zulassen. In jedem Fall aber liefern die Marktdaten, wie platziertes Volumen und Anteil der Retail-Anleger am Gesamtvolumen eine sehr gute erste Indikation, die es dann im Gespräch mit der Agentur weiter zu hinterfragen gilt.

Auch das Vertrauen in die Verlässlichkeit des Partners hinsichtlich der Einhaltung der aufgestellten Leistungsziele sowie des Zeitplans spielt eine große Rolle, um den Erfolg der Kampagne zu gewährleisten. Emissionen werden meist sehr knapp geplant, um das optimale Platzierungs-Zeitfenster am Markt zu erwischen. Die Mediaagentur ist das letzte Glied in der Kette und steht häufig unter gewaltigem Druck, die geforderten Zeitpläne der Banken, Emissionsberater und nicht zuletzt des Unternehmens einzuhalten.

Die Emission einer Anleihe ist mit nicht unerheblichen Kosten der Anleihe verbunden, die sich auf bis zu fünf Prozent des Anleihevolumens belaufen können. Neben Honoraren für Berater, Ratingagenturen und Anwälte entfällt hier auch ein bedeutender Anteil auf die Vermarktung. Das zuvor festgelegte Budget für die Marketingmaßnahmen sollte deshalb unbedingt eingehalten werden und der Mediaplan bereits im Vorfeld die Kosten für die Kampagne enthalten, transparent aufgeschlüsselt nach den gebuchten Werbeplätzen.

Das A und O der Mediaplanung für ein Unternehmen, das eine Anleihe emittiert, ist jedoch eine individuelle Media-Lösung, die alle relevanten Werbeformen abdeckt und sich nicht nur auf bestimmte Kanäle konzentriert. Deshalb sollten die Mediaplaner nicht nur Know-how im Online-Bereich besitzen, sondern auch die klassischen Print-Produkte bedienen. Diesen kommt im Rahmen einer Anleihe-Platzierung eine besondere Bedeutung zu, da neben den branchenspezifischen Gesichtspunkten, denen unter anderem durch Anzeigen in Fachorganen Rechnung getragen werden kann, gerade für Mittelständler der regionale Aspekt von besonderer Bedeutung ist. Anzeigen in den örtlichen Tageszeitungen haben sich als sehr wirkungsvoll erwiesen, um von der Verbundenheit des Emittenten mit der Region zu profitieren.

Bietet eine Agentur diese Bandbreite und ist darüber hinaus auch eine umfassende Betreuung mit festen Ansprechpartnern während der Kampagne gewährleistet, dann sind die grundlegenden Voraussetzungen für eine erfolgreiche Zusammenarbeit gegeben.

Fragen Sie auch nach, wie die Mediaagentur die eingesetzten Werbemittel während der laufenden Kampagne auf ihre Effizienz überprüfen wollen, um Optimierungspotenziale zu identifizieren. Nur so können Schwächen der Werbung frühzeitig erkannt und korrigiert werden, sei es bei der Belegung der Medien oder, was häufiger der Fall sein kann, bei der Gestaltung der Anzeigen. Im Optimalfall stellt der Mediapartner nicht nur Kommunikations- und Multimedia-Experten für die Planung der Kampagne, sondern liefert auch das nötige Know-how (Grafiker und Entwickler) für die Erstellung der Werbemittel.

43.2 Zielgruppe und Werbebotschaft

Um die Ziele der Medien-Kampagne auch zu erreichen und die Werbebotschaft richtig zu adressieren, muss im ersten Schritt die Zielgruppe identifiziert werden, in diesem Fall also die potenziellen Anleihekäufer.

Der Privatanleger in Deutschland ist eher zinsorientiert. Das Sparbuch ist den Deutschen ans Herz gewachsen. Von Aktien und Fonds wollen viele nicht zuletzt seit dem Kurssturz bei der T-Aktie schon lange nichts mehr wissen, wie die Statistiken des Deutschen Aktieninstituts regelmäßig zeigen. Zu unsicher sei das Ganze und zu hoch die Gebühren der Fondsindustrie. Brechen die Märkte ein, so stürzen auch die Fonds im Gleichschritt ab. Also bleibt das Geld auf Festgeldkonten oder Sparbüchern geparkt.

Und genau hier liegt die Zielgruppe, die es für Anleihen zu interessieren gilt. Denn ein großer Vorteil der Anleihe ist ein fixer Coupon, eine Zinszahlung – am besten jährlich und über fünf Jahre. Ist die Anleihe einmal erstanden, muss sich der Privatanleger über die gesamte Laufzeit keine Gedanken mehr machen. Zwar schwanken auch die Anleihe-Kurse, aber bei weitem nicht so erheblich wie die Aktienkurse – und zudem ist die Rückzahlung am Laufzeitende garantiert, es sei denn, der Emittent kann den Schuldendienst nicht mehr bewerkstelligen.

Die Zielgruppe ist also klar definiert. Jetzt muss noch ein passender Köder ausgeworfen werden, um die Sparer an die Angel zu bekommen. Und was könnte hier wirkungsvoller sein als eine attraktive Rendite?

Der Zinssatz ist das entscheidende Anlagekriterium für den Privatanleger. Magere 1,5 % auf dem Sparbuch oder Tagesgeldkonto – oder doch lieber 7,5 % Rendite mit einer Mittelstandsanleihe? Der Rendite-Unterschied muss attraktiv genug sein, um den klassischen Sparer für Anleihen zu begeistern. Bei einer Differenz von fünf Prozentpunkten ist das in der Regel der Fall. In bislang sehr erfolgreichen Kampagnen hat immer der Zinscoupon eine zentrale Rolle gespielt. Selbstverständlich ist der Zinssatz aber nicht das alleinige Kriterium, jedoch treten bei entsprechend attraktiven Zinssätzen Themen wie Ratings bei den Privatanlegern eher in den Hintergrund.

Nachdem geklärt ist, wie (Zinssatz) man wen (den klassischen Sparer) zu erreichen hat, stellt sich die Frage, auf welchen Wegen der Emittent diesen Anlegertypus am besten erreicht. Ein guter Mediaplan unterscheidet sich von einem schlechten Mediaplan in der Effizienz der Werbewirkung im Verhältnis zu den eingesetzten Werbespendings. Bei der Planung der Mediakampagne stellen wir uns also immer wieder die Frage, wie wir mit den vorhandenen Mitteln die höchste Werbewirkung für den Emittenten erzielen können.

Target-Marketing Maßnahmen, die eine hohe Effizienz aufweisen, sind Targeting-Maßnahmen. Man steuert die Werbung ganz gezielt auf Bereiche, die die Zielgruppe nutzt.

In unserem Fall wäre es natürlich das Einfachste, es gäbe eine Zeitschrift, die sich ausschließlich an Sparer und Anleihe-Käufer richtet. Aber diese Zeitschrift gibt es nicht. Es gibt allerdings eine Reihe von Finanz- und Wirtschaftsportalen, die spezielle Inhaltsbereiche für unsere Zielgruppe bereithält. Beispielsweise Tages- und Festgeld-Vergleiche verschiedener Banken oder aber natürlich die Anleihe-Bereiche der großen Finanzportale.

Diese Content-Bereiche können gezielt mit Werbebannern angesteuert werden. So erreicht man eine zielgruppengenaue Platzierung der Anleihe-Werbung und damit eine sehr effiziente Verwendung der bereitgestellten Werbegelder. Die Schaltung einer Anleihe-Werbung im Optionsschein-Bereich eines Finanzportals macht dagegen keinen Sinn und ist pure Verschwendung der Kundengelder.

Eine weitere trickreiche Möglichkeit, den Anleger unserer Zielgruppe auch auf weiteren Bereichen des Finanzportals mit Anleihe-Werbung zu versorgen, besteht darin, den Nutzer über technische Mechanismen auf den Finanzportalen zu „markieren" und die Werbung auch dann noch einzublenden, wenn dieser den Sparer- oder Anleihe-Bereich auf dem jeweiligen Portal schon verlassen hat und sich zum Beispiel einem Aktiensnapshot zuwendet. Diese Form der Werbung nutzt die Suchmaschine Google – sicherlich ist Ihnen schon einmal aufgefallen, dass Sie Werbung von Internetseiten sehen, die Sie schon vor bis zu 14 Tagen besucht hatten.

Auf diese Weise kann die Werbung penetriert werden und führt dann in der Folge noch häufiger zu einem Klick auf das entsprechende Werbemittel – und damit ist das Ziel der Targeting-Maßnahme, den potenziellen Anleihe-Zeichner zu interessieren, erreicht.

Post-Direktmailing Eine weitere, sehr effektive Targeting-Maßnahme ist die Ansprache von potenziellen Investoren mit Produktinformation auf dem Postweg. Der Erfolg einer derartigen Aktion hängt von vielen Faktoren ab, so dass auch hier die Beauftragung einer Spezialagentur für den Bond-Emittenten ratsam ist. Die wichtigsten Einflussfaktoren sind:

- Qualität des Adressmaterials
- Response-Qualität des Anschreibens
- Attraktivität des begleitenden Informationsflyers
- Response-Element

Der Aufwand für die Gestaltung eines Direkt-Mailings ist höher als die Schaltung einer Anzeige in einem Print-Titel. Je besser aber die Qualität des Adressmaterials, umso effektiver lässt sich diese Werbeform einsetzen. Optimal sind Adressdaten von Personen, die Interesse an Finanzprodukten haben bzw. schon in Equity- oder Debt-Produkte investiert sind. Dieses Adressmaterial ist von spezialisierten Financial Advertising – Agenturen erhältlich.

Der Erfolg des Mailings steht und fällt mit der inhaltlichen Ansprache der potenziellen Investoren. Ziel des Mailings ist es, die Aufmerksamkeit des Empfängers zu erlangen, um mit dem beiliegenden Flyer nicht im Papierkorb, sondern auf dem Schreibtisch zu landen. Dieser muss daher ansprechend gestaltet sein, vorzugsweise mit einer interessanten Bildsprache.

Um die Aufmerksamkeit beim Empfänger weiter zu erhöhen, ist ein Response-Element (zum Beispiel ein Antwortkuvert) notwendig. Auch wenn der Empfänger dieses Response-Element gar nicht nutzt – zum Beispiel keine weiteren Informationen anfordert – so erhöht es doch die Wahrscheinlichkeit, dass das Schreiben Beachtung findet.

Zu beachten ist, dass bei dem Verweis auf eine Internetseite des Emittenten, zum Beispiel für weitere Informationsgesuche oder die Online-Zeichnungsmöglichkeit, ein klassischer Medienbruch stattfindet. Medienbrüche führen immer zu einer Beeinträchtigung der Effektivität, müssen aber in Kauf genommen werden. Dem gegenüber steht der große Vorteil einer persönlichen, namentlichen Ansprache des potenziellen Investors.

Aus rechtlicher Sicht interessant ist, dass Direktmailings, die auf dem Postweg verschickt werden, keine Einwilligung des Adressaten voraussetzen, so wie das bei E-Mail-Werbung zwingend notwendig ist.

Performance Marketing und Werbe-E-Mails Weitere sehr effektive Wege der zielgruppenspezifischen Ansprache sind das Performance-Marketing und Werbe-E-Mails.

Unter Performance-Marketing versteht man Marketing-Maßnahmen, deren Bezahlung in direktem Verhältnis zu der Werbewirksamkeit steht. Im Gegensatz zu sogenannten Display-Anzeigen wird hier nicht pro Erscheinen abgerechnet, sondern pro aktiven Klick auf das jeweilige Werbemittel. Entscheidend für die Performance ist das Werbeumfeld. Die Werbeschaltung gelangt mit entsprechenden Schlüsselwörtern versehen nur in das gewünschte Inhalte-Umfeld. Ein weiterer Vorteil der Performance-Werbung liegt darin, dass über sogenannte Channel-Buchungen interessante Internetseiten erreicht werden können, die ansonsten nur mit großen Werbebudgets buchbar wären (zum Beispiel aufgrund von Mindestbuchungssummen).

Die Werbewirksamkeit bei E-Mailings hängt im Wesentlichen von zwei Dingen ab: zum einen vom E-Mail-Adressmaterial und zum anderen von der Konzeption des Werbemittels. Selbstverständlich ist, dass E-Mail-Adressen nur dann mit Werbung beschickt werden, wenn die Einwilligung der Adressaten vorliegt. Die Zahl der zu beschickenden E-Mail-Adressen ist eine reine Budgetfrage. Die mir bekannte, bislang umfangreichste E-Mail-Werbekampagne für einen Bond-Emittenten bestand aus dem Versand von sogenannten HTML-Werbemitteln an fünf Millionen Adressaten. Diese Kampagne war sehr erfolgreich. Der Umfang der Adressen alleine allerdings ist nur ein Kriterium. Die E-Mail-Adressaten müssen auch für das Vermarktungsthema affin sein. Weiterhin ist der reine Versand noch keine Garantie, dass die E-Mails auch geöffnet werden – die Öffnungsraten spielen also eine wichtige Rolle. Öffnungsraten variieren wiederum sehr stark vom angegebenen Betreff in den E-Mails. Werden die E-Mails tatsächlich geöffnet, ist entscheidend, dass die Werbebotschaft auch vollständig transportiert wird, also der E-Mail-Leser nicht vorzeitig abbricht und die E-Mail doch noch im virtuellen Papierkorb verschwindet.

Die Online-Werbemittel haben im Übrigen das Ziel, die Interessenten auf eine Landing-Page des Emittenten zu führen. Eine Landing-Page ist eine Internetseite, die weiterführende Informationen zur Anleihe bereithält und am besten so aufgebaut ist, dass im Anschluss an die Information auch gleich die Zeichnung möglich ist. Wird der Interessent aber, nachdem er auf das Online-Werbemittel geklickt hat, nicht mehr stringent zu den Anleihe-Informationen geführt, so wird die Werbung in der Regel ohne Zeichnungserfolg bleiben. Ist die Seite also zu kompliziert aufgebaut oder aber gar nicht erreichbar, so war die Online-Werbeaktion vergebens.

Print-Werbung In den klassischen Print-Medien gestalten sich Targeting-Maßnahmen sehr schwierig. Man behilft sich durch die Platzierung der Anzeigen im Umfeld redaktioneller Berichterstattung oder Rubriken, die der Zielgruppe am nächsten sind.

Die Streuverluste sind hier ungleich höher, müssen aber dennoch in Kauf genommen werden. Durch die Auswahl der Titel können Streuverluste wiederum minimiert werden. Medien, die redaktionell berichten, bergen die Gefahr einer negativen oder zumindest sehr kritischen Berichterstattung. Dies zu vermeiden ist zwar Aufgabe der PR-Agentur, gelingt aber nicht immer.

Die Platzierung einer Anleihe-Werbung im Umfeld eines redaktionellen Artikels mit negativer Haltung (zum Beispiel Empfehlung Nicht Zeichnen) zur aktuellen Anleiheemission ist ebenfalls Geldverschwendung – aber für alle Beteiligten im Vorfeld nur schwer erkennbar.

Regionale Werbemaßnahmen Ebenfalls große Bedeutung hat die regionale Komponente bei den Werbeschaltungen. Mittelständische Unternehmen sind am Kapitalmarkt möglicherweise nicht visibel, in der Region des Unternehmenssitzes jedoch als Arbeitgeber sehr bekannt. Bei eigentümergeführten Familienunternehmen genießt die Unternehmerfamilie häufig großes Ansehen. Diese positive Ausgangslage liefert den Nährboden für effektive Anzeigenschaltungen auf regionaler Ebene. Hier kommen vor allem die regionalen Tageszeitungen mit ihren Wirtschafts- und Lokalteilen in Betracht.

Auch Mitarbeiter tragen die Botschaft nach außen – oder werden von Bekannten nach dem Zustand des Unternehmens gefragt. Sie sind in diesem Fall Botschafter des Unternehmens. Daher ist es auch angezeigt, Marketingmaßnahmen bei den Mitarbeitern des Unternehmens durchzuführen. Hier bieten sich Informationsflyer zum Mitnehmen an und natürlich – falls vorhanden – das unternehmenseigene Intranet. Ebenfalls effektiv sind Briefe der Unternehmensleitung, die in die Lohntüte gepackt werden. Dies ist an Aufmerksamkeitsstärke nicht mehr zu überbieten.

Der Mediaplan beinhaltet die Gesamtheit aller Werbeschaltungen, die Anzeigenformate sowie den Zeitplan der Schaltungen. Die Maßnahmen müssen zeitlich aufeinander abgestimmt sein. Gerade in der Anfangsphase sollte der Werbedruck recht hoch sein. Verläuft die Zeichnung in der Anfangsphase bereits schleppend, wird die Emission häufig sehr schnell als Flop eingestuft – und in der Folge bleiben weitere Zeichnungen aus. Umgekehrt verhält es sich, wenn in den ersten Tagen reges Zeichnungsinteresse spürbar ist. Dies zieht weitere Zeichner an.

Kontrolle der Werbemaßnahmen Sämtliche Werbemaßnahmen müssen laufend auf Effizienz geprüft werden. Während auch hier wiederum die Überprüfbarkeit in den klassischen Print-Medien zu wünschen übrig lässt, liefern die Online-Werbemittel ständige Performance-Übersichten. Hieraus lässt sich die Qualität im Vergleich zu anderen Werbemitteln auf dem jeweiligen Medium schlussfolgern. Bei unterdurchschnittlicher Performance empfiehlt es sich, das Werbemittel entsprechend zu verändern, bis es bessere Resultate erzielt.

Gerade in den ersten Tagen der Schaltung der Online-Werbemittel kommt dieser laufenden Optimierung eine sehr große Bedeutung zu. Die Schwierigkeit liegt sehr häufig nicht in der Erkenntnis, dass eine Werbeform nicht besonders gut funktioniert, sondern in der schnellen Reaktionszeit, dieses Werbemittel entsprechend zu verändern. Häufig sind neben dem Emittenten, der die Werbung freizugeben hat, auch noch Rechtsanwaltskanzleien und externe Grafiker in den Prozess eingebunden. Dieses System aus vielen Ansprechpartnern reagiert logischerweise sehr träge. Um dies zu umgehen, empfiehlt es sich, einen Dienstleister zu wählen, der über großes Know-how verfügt, um eigene Spielräume ohne umständliche Absprachen schnell zu nutzen und im Sinne des Emittenten zügig Verbesserungen herbeiführt.

43.3 Fallbeispiele: ALPINE Holding GmbH und MAG IAS

Die ALPINE Holding GmbH und die MAG IAS GmbH sind zwei gute Beispiele dafür, wie man Anleihen schnell und erfolgreich am Markt platziert. Beide Unternehmen lockten die Anleger mit einer Laufzeit von fünf Jahren mit einer attraktiven Rendite von 6,0 bzw. 7,5 % und konnten die Bücher bereits vorzeitig schließen.

Die ALPINE Holding GmbH, ein österreichischer Baukonzern, hinter dem als Mehrheitsbesitzer die spanische Unternehmensgruppe Fomento de Construcciones y Contratas (FCC) mit einem Jahresumsatz von zwölf Milliarden Euro steht, sammelte am Kapitalmarkt 100 Mio. € ein. Auf immerhin 50 Mio. € belief sich das Emissionsvolumen bei der MAG IAS GmbH, einem der weltweit führenden Werkzeugmaschinen-Hersteller, der mit seinen Maschinen zur Bearbeitung von Kurbelgehäusen (Motorblock), Zylinderköpfen, Fahrwerksteilen und Getriebegehäusen über 80 % der Automobilhersteller (u. a. VW, BMW, Daimler, General Motors) in Europa, den USA, China und Indien beliefert.

Angesichts von Referenzprojekten wie dem Nationalstadion Warschau, wo unter anderem das Eröffnungsspiel der Fußball-Europameisterschaft stattfand, der Baku Crystal Hall für den Eurovision Song Contest in Aserbaidschan und der U-Bahn in Singapur stellte die ALPINE Holding GmbH ihre Werbekampagne unter das Motto „Gemeinsam bauen wir am Erfolg".

Dabei setzte ALPINE auf Print-Anzeigen, um auch in Deutschland für ihre Anleihe zu werben. Nachdem bereits in den beiden Vorjahren erfolgreich zwei Anleihen mit einem Gesamtvolumen von 190 Mio. € vor allem bei österreichischen Privatinvestoren platziert worden waren, richtete sich ALPINE nun erstmals auch an private Anleger aus dem Nachbarland. Deshalb wurden Anzeigen in den Regionalausgaben Bayern, Berlin, Hamburg und Nordrhein-Westfalen der Welt am Sonntag sowie in der Süddeutschen Zeitung und im Münchner Merkur geschaltet.

Außerdem beinhaltete der Mediaplan von ALPINE ebenso wie bei MAG IAS Print-Werbung in Anlegermagazinen wie Börse online, Der Aktionär und Focus Money sowie in den größten Wirtschafts- und Finanzzeitungen (zum Beispiel Börsen-Zeitung, Financial Times Deutschland, Handelsblatt). In diesem Zeitungssegment erreicht die Werbebotschaft eine Vielzahl von Kapitalmarktaffinen Lesern, die großes Interesse an Geldanlagen wie Aktien und auch Anleihen hat. Damit fallen bei diesen Publikationen die Streuverluste auch nicht so hoch aus wie normalerweise im Print-Bereich.

In den Bereich Target-Marketing fallen die Werbebanner, Wallpaper und Content Ads. Für diese Werbeträger wurden Plätze auf führenden Finanzportalen wie wallstreet:online, Onvista und Ariva gebucht. Die Platzierung im Anleihe-Bereich garantiert, dass potenzielle Investoren zielgenau angesprochen werden. Das Gleiche gilt für Banner auf Spezialseiten wie Anleihencheck oder Anleihen Finder. Für die ALPINE Holding GmbH, die ihren Stammsitz in Wals bei Salzburg hat, wurden zudem Werbeplätze auf den österreichischen Portalen Boerse Express und Wirtschaftsblatt.at gebucht.

Die MAG IAS nutzte darüber hinaus die Möglichkeit, die Anleger in einer groß angelegten Mailing-Aktion zu kontaktieren. Diese redaktionelle Form der Zielgruppenansprache bietet dem Emittenten vor allem die Möglichkeit, die Leser ausführlich über die Verwendung der Mittel aus der Anleihe-Emission aufzuklären – und damit den Zeichnern des Wertpapiers über ein solides Rating hinaus ein Gefühl von Sicherheit zu vermitteln.

„Jetzt Rendite sichern! Investieren Sie in Deutschlands Wirtschaftswunder" – unter diesem Titel warb das Unternehmen mit Sitz in Göppingen, das aus dem Zusammenschluss von deutschen Traditionsunternehmen wie Boehringer, Cross Hüller, Ex-

Cell-O, Hessapp, Honsberg, Hüller Hille, Witzig & Frank hervorgegangen ist, in einem Stand-Alone-Newsletter für sich und seine Anleihe.

Neben der Qualität des Adressmaterials kommt es bei einem erfolgreichen Mailing auf die optische Aufbereitung des Newsletters und vor allem natürlich auch auf den Inhalt an, der nicht zu reißerisch, sondern eher sachlich gehalten sein sollte. Außerdem sollten alle Inhalte belegbar sein: Entsprechend stellte MAG IAS in seiner Ansprache an die Leser vor allem auf das jüngste Umsatzwachstum sowie die gut gefüllten Auftragsbücher ab.

Ziel des Mailing war es, die Anleger auf die Internet-Seite www.mag-bond.de zu führen, diese Unterseite der Homepage war speziell für die Anleihe-Emission eingerichtet worden. Um dies zu erreichen, wurde der Link (auch als Hyperlink) prominent dargestellt. Außerdem gelangten die Leser durch Verlinkungen der Bilder und Banner in dem Newsletter direkt zur Anleihe-Seite auf der Homepage des Konzerns.

Diese Landing-Page enthielt alle Informationen zur Anleihe – von A wie Anleihetyp (Inhaber-Teilschuldverschreibung, nicht nachrangig) bis Z wie Zeichnungsfrist. Auch Angaben zum Unternehmensrating, der Laufzeit, dem Zinscoupon und zur späteren Börsennotierung durften nicht fehlen. Zudem stand der gebilligte Wertpapierprospekt zum Download bereit.

Für den Anleihe-Erfolg am wichtigsten ist allerdings, dass dem Leser des Werbemailings im Newsletter und auf der Landing-Page direkt die Möglichkeiten aufgezeigt werden, die Anleihe zu zeichnen. Im besten Fall findet er auch gleich ein Zeichnungsformular vor. Damit erhöht sich die Wahrscheinlichkeit enorm, dass dieser sich auch tatsächlich entscheidet, in die Anleihe zu investieren.

Debt Relations in Präsentationen

Robert Labas

Präsentationen kommen bei Investor Relations und damit auch beim verwandten Feld der Debt Relations, in der Praxis zumeist Creditor Relations genannt, eine entscheidende Rolle zu. Sie finden meist im Rahmen der regelmäßigen Finanzberichterstattung und bei Roadshows in Form von One-on-Ones statt. Ihr Ziel ist es, zu informieren und über die Informationsdarbietung Investoren von einer Investitionsentscheidung, beispielsweise einer Anleihe, zu überzeugen. Dazu erklären die Präsentationen idealerweise einerseits das Produkt und bilden andererseits die Corporate Story ab.

Aus theoretischer Sicht dienen Präsentationen dazu, Informationsasymmetrien im Markt abzubauen und damit für effiziente Märkte zu sorgen. Für Unternehmen haben sie zudem die Funktion, die Kapitalkosten durch die Vermeidung möglicher Risikoaufschläge zu senken. Präsentation sind eine Vertrauen aufbauende Maßnahme im Rahmen der Kommunikation insgesamt. Daher müssten gerade kleinere, unbekannte Unternehmen besonders viel kommunizieren, da das subjektive Sicherheitsgefühl hinsichtlich der Nichterfüllung der Zahlungsverpflichtung bei potenziellen Gläubigern geringer ist. Die Analyse der öffentlich verfügbaren Informationen, also der Investor Relations-Bereiche auf den Internetseiten der Unternehmen, zeigt jedoch, dass dies nicht der Fall ist. Es herrscht ein großes Gefälle entlang der Unternehmensgröße von den Börsensegmenten DAX bis zum SDAX. Bei nicht börsengelisteten Großunternehmen gibt es mit Bertelsmann oder Haniel einige Ausnahmen, die eine sehr professionelle und umfangreiche Kommunikation mit der Debt-Zielgruppe vollziehen.

Dieser Beitrag will die gehandhabte Praxis bei Präsentationen im Bereich Debt Relations aufzeigen und davon aufbauend Erfolgsfaktoren darstellen. Dazu ist es zunächst wichtig, die verschiedenen Arten von Präsentationen zu definieren und eine Abgrenzung zu Investor Relations zu treffen. Weiterhin ist es erforderlich, zwischen der Inhalts- und Kommunikationsebene zu unterscheiden. Die eine Sache ist es, welche Inhalte in Präsentationen dargestellt werden. Die Andere ist es, wie diese Informationen kommuniziert werden. Eine Präsentation wird in der Regel nicht nur als physisches Dokument übermit-

R. Labas (✉)
Hansaallee 84, 60323 Frankfurt, Deutschland
E-Mail: roblabas@media-investor.com

telt, sondern zum Beispiel im Rahmen einer Roadshow durch den Vorstand präsentiert. Die Art der Kommunikation der Inhalte ist auch entscheidend für den Erfolg. Präsentationen sind zum Feld der persönlichen Kommunikation zu zählen, bei denen auch menschlich individuelle Eigenschaften über den Erfolg entscheiden. Aus Sicht der Zielgruppe nimmt die persönliche Kommunikation durch das Unternehmen einen sehr hohen Stellenwert ein.

Ebenso wie das Feld der Debt Relations noch ein vergleichsweise wenig erforschtes ist, auch im Vergleich zu Investor Relations, so ist es auch das der Präsentationen. Für Investor Relations-Präsentationen ist durch die Pflichtkommunikation der Quartalszahlen bei börsennotierten Unternehmen eine breite Datenbasis vorhanden. Die entsprechenden Präsentationen sind auf den Internetseiten der Unternehmen öffentlich einsehbar. Der Zugang zu Debt Relations-Präsentationen, die üblicherweise für eine Neuemission oder regelmäßige Roadshows erstellt werden, gestaltet sich dagegen wesentlich schwieriger. Selbst auf DAX30-Ebene verfügen nicht alle Unternehmen über dezidierte Informationsangebote auf ihrer Internetseite. Während zwar viele Unternehmen allgemeine Informationen zu Anleihen bereitstellen, sind nur selten spezielle Präsentationen zu finden. Es gibt folglich im Bereich Debt Relations noch nicht die gleiche Informationstransparenz wie bei Investor Relations. Dies ist durchaus begründbar, da in der Regel der Publizitätszwang eingeschränkter und die Zielgruppe wesentlich kleiner ist. Dennoch zeigt die Praxis, dass gerade große Unternehmen mit insgesamt vorbildlicher Kommunikation dazu übergegangen sind, auch auf Fremdkapitalseite öffentlich und transparent zu informieren. Man kann diese Praxis im Rahmen der gesamten Professionalisierung der Debt Relations-Funktion sehen, die im Zuge des Bedeutungsgewinns dieses Segments in den letzten Jahren angestoßen wurde.

Bei der fast unüberschaubar großen Vielzahl möglicher Fremdkapitalinstrumente fokussiert sich dieser Beitrag auf die Kommunikation von Anleihen, da diese bei der Kapitalmarktplatzierung gewissen Publizitätspflichten unterliegen und somit eine breitere Untersuchungsbasis liefern. Dem liegt auch die Annahme zugrunde, dass andere Fremdkapitalinstrumente in Bezug auf die Equity- und Debt-Story zu keinen wesentlich anderen Darstellungsformen in Präsentationen führen, da das Instrument selbst meist nur kurz dargestellt wird.

44.1 Arten von Debt Relations-Präsentationen

Die Arten der Debt Relations-Präsentation können grundsätzlich zweifach unterschieden werden: Präsentationen im Vorfeld einer Emission und Präsentationen als kontinuierliche Zielgruppenpflege. Gerade die sogenannten Non-Deal Debt Roadshows, die dem kontinuierlichen Austausch mit der Zielgruppe dienen, gewinnen immer weiter an Bedeutung. Üblicherweise finden die Präsentationen in Form von Einzelgesprächen, One-on-Ones genannt, mit (potenziellen) Investoren oder auch Analysten statt.

Nicht grundlegend relevant für die Unterscheidung verschiedener Typen von Präsentationen ist die Art des Fremdkapitalprodukts. So gibt es bei der Kommunikation von Anleihen, Schuldscheinen oder sonstiger Fremdkapitalarten keinen grundlegend unterschiedlichen Informationsbedarf. Auf die genauen Inhalte der Präsentationen geht das nachfolgende Kapital ein.

Nicht von weiterer Relevanz an dieser Stelle für die Unterscheidung von Arten von Präsentationen ist auch die Frage, von welcher Unternehmensfunktion diese stammen bzw. gehalten werden, also von Investor Relations, Treasury oder Vorstand. Bei Debt Relations ist es in der Praxis (noch) relativ häufig, dass Treasury sich für diese verantwortlich zeichnet oder diese in Kooperation mit Investor Relations erstellt und durchgeführt werden. Das ist grundsätzlich nicht zu kritisieren, da die Treasury-Verantwortlichen zumeist schon ein vertrauter Ansprechpartner für die Fremdkapitalinvestoren sind.

44.1.1 Deal Roadshows – Präsentationen im Vorfeld einer Emission

Die Kommunikation im Vorfeld einer Emission gehört in der Regel zur Pflicht. Das heißt im Gleichzug allerdings nicht, dass die Unternehmen verpflichtet sind, die Neuemission auch zu präsentieren. Die Pflicht bleibt auf die Herausgabe des Wertpapierprospekts beschränkt, der anders als Präsentationen kaum anschaulich ist. Dennoch sind mittlerweile neben Emissionsprospekt auch Roadshows und One-on-Ones bei der Begebung neuer Anleihen üblich. Allerdings sind die dafür genutzten Präsentationen – falls vorhanden –, nicht immer öffentlich verfügbar, da sie nicht Teil der Pflichtkommunikation sind. Grundsätzlich ist festzuhalten, dass Deal Roadshows abhängig von Größe und Bedeutung der Emission empfehlenswert sind und auch der CFO als Präsentator auftreten sollte, um der Zielgruppe Wertschätzung zu zeigen und die Bedeutung für das Unternehmen klar zu machen. Wird bereits regelmäßig und ausführlich über Investor Relations zu Anleihen kommuniziert, muss im Einzelfall eine Deal Roadshow nicht immer nötig sein. Gerade unbekanntere Unternehmen sollten im Vorfeld einer Emission aber unbedingt eine Roadshow abhalten. Anzudenken wäre auch, eine entsprechende Veranstaltung als Webcast anzubieten. Die Besonderheiten von Präsentationen im Vorfeld einer Emission sind zusammengefasst:

- Empfehlenswert vor allem für auf Investorenseite unbekanntere Unternehmen
- Empfehlenswert für Unternehmen ohne regelmäßige Debt Relations-Kommunikation
- Es sollte ein Vorstandsmitglied als Präsentator auftreten

44.1.2 Non-Deal Roadshows – Kontinuierliche Präsentationen

Das Instrument der Non-Deal Roadshows gewinnt gerade bei größeren DAX-Unternehmen immer weiter an Bedeutung, auch wenn man nicht davon sprechen kann, dass es Standard ist. Dennoch zeigt der Trend, dass der kontinuierlichen Pflege der Debt-Zielgruppe große Wichtigkeit eingeräumt wird. Aufbau und Ablauf der Roadshows sind nicht grundlegend anders als im Bereich Investor Relations. So können im Rahmen der Roadshows entweder Treffen mit mehreren Fremdkapitalinvestoren gemeinsam oder, je nach Größe bzw. Wichtigkeit des Investors, One-on-Ones stattfinden. Da es sich nicht um einen Teil der Pflichtkommunikation handelt, gibt es bei Roadshows insgesamt wenig Standardisierung, was Ablauf und Inhalte angeht.

Die Praxis zeigt, dass oft klassische Investor Relations-Roadshows für die Kommunikation von Debt-Themen genutzt werden und deshalb hierzu auch Fremdkapitalinvestoren und Kreditanalysten eingeladen werden.

Eine Besonderheit von Non-Deal Debt Roadshows im Vergleich zu Investor Relations ist es, dass überwiegend keine Vorstände an den Terminen teilnehmen und die Federführung bei den Treasury-Verantwortlichen liegt oder die Veranstaltungen von Treasury in Kooperation mit Investor Relations durchgeführt werden. Zusammengefasst liegen Non-Deal Roadshows mit Präsentationen folgende Besonderheiten zugrunde:

- Empfehlenswert für alle Unternehmen, die auf Fremdkapitalinvestoren angewiesen sind
- Überwiegend nur von größeren Unternehmen genutzt
- Meist unter Federführung von Treasury und ohne Vorstand

44.1.3 Sonstige Veranstaltungen für Präsentation

Neben den Deal und Non-Deal Roadshows kommen grundsätzlich auch Konferenzen für die Ansprache von Fremdkapitalinvestoren in Frage. Allerdings haben sich hier noch keine Standardtermine für den Fremdkapitalmarkt herausgeprägt, die in der Bedeutung mit beispielsweise dem German Investment Seminar in New York oder dem Eigenkapitalforum in Frankfurt auf Equity-Seite vergleichbar wären. Auch unternehmenseigene Veranstaltung wie der Credit Day bei RWE sind noch die Ausnahme. Der Arbeitskreis Bondkommunikation der DVFA regt jedoch an, dass Anleiheemittenten mindestens einmal im Jahr eine spezielle Veranstaltung für die Fremdkapitalzielgruppe anbieten sollten. Eine solche Veranstaltung bietet die Chance zum intensiven Dialog mit den Investoren und das Unternehmen breiter zu präsentieren. Der Aufwand wird aber nur bei großen Unternehmen gerechtfertigt, die auch auf eine entsprechend große Nachfrage für die Veranstaltung treffen.

44.1.4 Präsentation von Fremdkapitalprodukten innerhalb Investor Relations

Im Sinne einer integrierten Kommunikation und One-Voice Policy kommunizieren viele Unternehmen auch im Rahmen von Investor Relations stetig mit der Fremdkapitalseite ohne eigene Maßnahmen für Fremdkapitalinvestoren anzubieten. Für diese Kommunikation können die Präsentationen zu Quartalszahlen genutzt werden wie auch bestehende

Roadshows bei Eigenkapitalinvestoren und Analysten, zu denen explizit auch die Fremdkapitalseite eingeladen werden kann. In der Praxis haben sich bislang Zusatzveranstaltungen (eigener Conference Call etc.) zu Quartalszahlen speziell für die Fremdkapitalinvestoren nicht breit durchgesetzt, da sich die Informationsbedürfnisse beider Zielgruppen nicht grundsätzlich unterscheiden.

Ob eine integrierte Investor Relations-/Deb Relations-Roadshow ihren Zweck nicht ebenso gut erfüllt, ist grundsätzlich zu diskutieren. Letztendlich hängt dies auch von der Unternehmensgröße, der Bedeutung der Fremdkapitalmaßnahme (zum Beispiel dem Volumen der Anleihe) und der Größe der Zielgruppe auf Fremdkapitalgeberseite ab.

44.1.5 Zielgruppen der Präsentationen

Als Hauptzielgruppe der Präsentationen bei Debt Relations können Institutionelle Anleger wie zum Beispiel Fonds und Versicherungen gezählt werden. An deren Informationsbedürfnis sollten Präsentationen in erster Linie angepasst sein. Eine Rolle spielen ebenfalls Banken. Zwischengeschaltet als Intermediäre sind Broker, Analysten, Rating-Agenturen und die Wirtschaftspresse. Nicht jeder dieser Intermediäre ist für Präsentationen relevant. So wird die Wirtschaftspresse in erster Linie über Pressemitteilungen bedient.

Auf den Aufbau und Inhalt der Präsentation hat die Zielgruppe keinen grundlegenden Einfluss, spezielle Fragen werden eher im persönlichen Dialog beantwortet. Deshalb soll im Weiteren bei den Inhalten von Präsentationen nicht nach Zielgruppe unterschieden werden.

Privatanleger sind zwar auch Zielgruppe von Anleihen, aber werden in der Regel nicht über Präsentationen adressiert. Das wäre jedoch grundsätzlich vorstellbar, wie Veranstaltungen und Präsentationen auf Investor Relations-Seite für Privatanleger zeigen. Empfehlenswert wäre in diesem Fall eine integrierte Ansprache der Privatanleger, unabhängig davon, ob diese sich mehr für Aktien oder Anleihen interessieren.

44.2 Inhalte von Präsentationen

Nach der Typisierung von verschiedenen Arten von Präsentationen im vorherigen Kapitel soll nun dargestellt werden, welche Inhalte relevant sind. Grundsätzlich hängt die Frage, welche Inhalte in Debt Relations-Präsentationen kommuniziert werden sollten, auch davon ab, ob die Anlageentscheidung für Fremdkapitalinvestoren eine andere ist als für Eigenkapitalinvestoren und damit ein anderer Informationsbedarf bzw. eine andere Interessenlage besteht. Darauf geht der Abschn. 44.2.2 ein.

44.2.1 Informationsbedürfnisse bei Präsentationen

Übergeordnetes Ziel der Inhalte muss es grundsätzlich sein, Informationsasymmetrien abzubauen und Vertrauen aufzubauen. Dies ist unabhängig davon zu sehen, ob die Präsentationen transaktionsgebunden sind (Emission) oder dem kontinuierlichen Dialog dienen. Das heißt, dass konkrete Informationen zu einem Fremdkapitalprodukt eine Rolle spielen können, aber nicht müssen. Praktisch führt das dazu, dass sich die Inhalte zu einem Großteil mit klassischen Investor Relations-Präsentationen und der klassischen Bond Story überschneiden. Dies sind vor allem:

- Geschäftsmodell
- Strategie
- Geschäftslage
- Besonderheiten der Branche/Konjunktur
- Finanzkennzahlen und ihre Entwicklung
- Ausblick

Vereinfacht gesagt kann festgehalten werden, dass das Informationsbedürfnis der verschiedenen Zielgruppen in wesentlichen Teilen identisch ist. So hat die klassische Kapitalmarktstory für Fremdkapitalgläubiger ebenso Relevanz wie für Eigenkapitalinvestoren risikoorientierte Aspekte. Dennoch gibt es bestimmte Themen, die für die Fremdkapitalseite im Mittelpunkte des Interesses stehen und deshalb wesentlich detaillierter behandelt werden sollten. Im Fokus von Debt Relations-Präsentationen sollten neben den oben genannten grundsätzlichen Informationen zu einem Unternehmen, also Strategie, aktuelle Geschäftslage und Ausblick, vor allem folgende Aspekte stehen:

- Finanzierungspolitik
- Liquiditätslage
- Fälligkeitsprofile
- Kapitalplanung
- Risiko

Zu den bei Creditor Relations wichtigen Finanzkennzahlen, welche die beschriebenen Informationsbedürfnisse abdecken, gehören unter anderem die Nettofinanzverschuldung im Verhältnis zum EBITDA oder Funds From Operations (FFO). Wichtig ist immer der Überblick über die bisherige Entwicklung. Ein Unternehmen mit Konstanz und einem guten Track Record ist hier glaubwürdiger. Der genaue Informationsbedarf hängt auch von der Branche, in der das Unternehmen tätig ist, ab und kann sich insbesondere bei Banken unterscheiden.

Wie und in welchem Umfang spezifische Informationen zu Fremdkapitalprodukten in den Präsentationen gegeben werden, lässt sich nicht pauschal beantworten. Während das Produkt an sich bei einer Neuemission stärker im Vordergrund steht, so reicht bei der kontinuierlichen Non-Deal-Kommunikation beispielsweise ein Gesamtüberblick über die Fremdkapitalmaßnahmen eines Unternehmens.

Grundsätzlich muss das Ziel der Debt Relations in Präsentationen sein, zu vermeiden, dass der Eindruck eines möglichen Zahlungsrisikos entsteht. Die Solidität des Unternehmens muss betont werden, während bei Investor Relations der Schwerpunkt auf der Kommunikation zukünftiger Marktpotenziale liegt. Wertbeständigkeit und Liquidität sind zwei wichtige Schlüsselwörter bei der Bewertung von Anleihen eines Unternehmens.

Ein anderer wichtiger Aspekt für die Debt-Seite sind Ratings. Ihre Bedeutung ist jedoch je nach Unternehmen sehr unterschiedlich. So wurden in der Vergangenheit auch Anleihen ohne Ratings erfolgreich platziert. Je größer und bekannter ein Unternehmen ist, und damit das Risiko für Investoren gut einschätzbar, umso weniger wichtig ist ein Rating. Bei kleinen und noch unbekannten Unternehmen kann das Rating jedoch eine wichtige Rolle spielen und sollte daher in der Kommunikation auch entsprechend nach vorne gestellt werden.

44.2.2 Unterschiede zwischen Debt Relations und Investor Relations bei Präsentationen

Während das Informationsbedürfnis der Zielgruppen weitgehend identisch ist, kann es jedoch bei der Informationsbewertung bzw. Interessenslage grundlegende Unterschiede geben. Gewinnmöglichkeiten und Verlustrisiken sind bei Eigenkapital- und Fremdkapitalinvestoren grundsätzlich verschieden. Perspektive steht hier versus Sicherheit, der Shareholder Value steht nicht unbedingt im Einklang mit dem Bondholder Value. So wirken etwa Aktienrückkaufprogramme und Dividendenerhöhungen für Aktienbesitzer positiv, während sie die Fremdkapitalseite eher belasten. Umgekehrt verhält es sich bei einer Kapitalerhöhung. Fremdkapitalinvestoren sorgen sich vor allem um die Zahlungsfähigkeit des Unternehmens.

Umso mehr Bedeutung kommt der integrierten Kommunikation und One-Voice Policy zu. Die Kommunikation an die verschiedenen Zielgruppen darf sich nicht widersprechen und die Gruppen dürfen nicht gegeneinander ausgespielt werden. Deshalb ist im Sinne einer vollkommenen Transparenz eine gemeinsame Ansprache von Eigenkapital- und Fremdkapitalinvestoren anzuraten. Verschiedene Präsentationen mit unterschiedlichen Bewertungen sind zu vermeiden. Dennoch kann in Präsentationen die spezifische Problematik zielgruppengerecht durch entsprechende Schwerpunkte erläutert werden. Empfehlenswert ist es, alle Informationen und Formulierungen aus einem gemeinsamen Grundstock, etwa einem Fact Book zu schöpfen, und so von Anfang an zu vermeiden, dass sich widersprechende Botschaften von Debt Relations und Investor Relations im Markt platziert werden.

44.3 Kommunikative Ebene von Präsentationen

Die Analyse von Präsentationen und ihrer Güte hängt von einem entscheidenden Faktum ab: der Unterschied zwischen geschriebener und gesprochener Präsentation. Die Präsentation als inhaltliches Dokument kann als relativ standardisiert bezeichnet werden, sie besteht vereinfacht gesagt aus Textbotschaften, Zahlen und Grafiken. Über den Erfolg entscheiden jedoch nicht nur die Inhalte, sondern auch die Art der Darbietung durch einen Akteur. Diese Art der Darbietung ist in Form und Sprache wesentlich schwieriger zu messen als die Inhalte an sich. Gleichwohl darf dieses Gebiet bei der Analyse von Präsentationen nicht vernachlässigt werden, kann doch eine Präsentation trotz guter Inhalte aufgrund einer nicht optimalen Darbietung ihre Wirkung bei Investoren verfehlen.

Die Wirkungsweise von Präsentationen ist bei Investor Relations relativ gut zu untersuchen, weil viele Präsentationen anlässlich der Geschäftszahlen von DAX30-Unternehmen als Webcast per Audio und meist auch Video verfügbar sind. Dieses Angebot ist bei Debt Relations nicht zu finden, auch weil viele Präsentationen bei nicht öffentlichen Konferenzen oder One-on-Ones vollzogen werden.

Neben den reinen Inhalten spielt das Management eines Unternehmens bei der Anlageentscheidung eine Rolle. Der Anleger muss dem Vorstand vertrauen, die kommunizierte Strategie auch umsetzen zu können. Entsprechend ist es wichtig, dass der Vorstand, aber auch Investor Relations-, Debt Relations- und Treasury-Verantwortliche Vertrauen bei der Zielgruppe aufbauen.

Der Eindruck, den das Management auf Investoren hinterlässt, ist nicht völlig subjektiv, sondern kann in verschiedenen Dimensionen gemessen werden. Dabei gibt es kein verbindliches und allgemein gültiges Idealbild, sondern der individuelle Eindruck zählt. Dennoch gibt es eine gewisse Bandbreite, in der sich ein Auftritt bewegen sollte. Schließlich ist eine Investorenpräsentation kein Marketingauftritt, sondern im Idealfall Teil eines vertrauensvollen und offenen Dialogs. Viele Manager tun sich dabei schwer, den richtigen Mittelweg zu finden, weil die Befürchtung besteht, in der Öffentlichkeit und damit auch gegenüber der Konkurrenz zu viel preiszugeben. Doch oftmals ist es nicht entscheidend was kommuniziert wird, sondern wie.

Investorenpräsentationen sind vor allem eine Maßnahme auf Beziehungsebene, die Vertrauen schaffen und Glaubwürdigkeit erzeugen soll. Grundvoraussetzung dafür ist Transparenz – zumindest müssen Investoren den Eindruck haben, dass ein Unternehmen offen kommuniziert und auf Dialog setzt. Viele Investoren nehmen nicht vordergründig an Präsentationen teil um neue Informationen über den Geschäftsablauf zu erfahren, sondern um sich einen Eindruck vom Management zu machen.

In Abgrenzung zu Investor Relations-Präsentationen ist festzuhalten, dass bei Debt Relations insbesondere die Vertrauenswürdigkeit, Zuverlässigkeit und Solidität des Unternehmens entscheidend sind und diese daher auch im kommunikativen Auftritt zu vermitteln sind. Der Typus des chancenorientierten Machers und Visionärs ist weniger gefragt. Priscilla Rogers hat hierzu ein Modell aufgestellt, bei dem die kommunikative

44 Debt Relations in Präsentationen

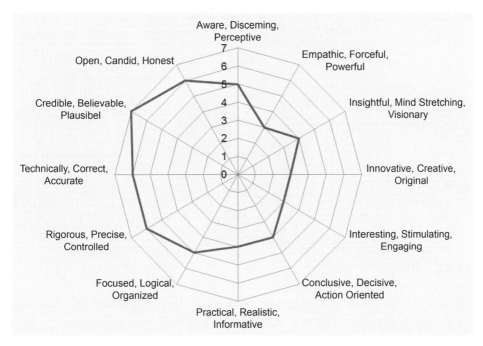

Abb. 44.1 Fallbeispiele für Präsentationen

Performance in zwölf Eigenschaften gemessen wird.[1] Diese Eigenschaften können auf vier grundlegende Kategorien verdichtet werden: Relational, Informational, Transformational, Promotional. Im deutschen Kulturraum können wir davon ausgehen, dass vor allem die Bereiche Relational und Informational besonders ausgeprägt sind, also ein Auftritt der mehr als offen, akkurat und glaubwürdig wahrgenommen wird, als dass er innovativ, kraftvoll und visionär ist. Dies gilt für den Bereich Debt Relations noch mehr als für Investor Relations allgemein. Dabei ist darauf hinzuweisen, dass es kein absolutes Idealbild für alle Unternehmen gibt, sondern es auch um eine gewisse Ausgewogenheit der verschiedenen Eigenschaften in Abhängigkeit von Unternehmen, Person und Branche geht. Letztendlich ist die Authentizität des Auftritts entscheidend.

Die mögliche Ausprägung verschiedener kommunikativer Eigenschaften bei einer Debt Relations-Präsentation nach dem Modell von Rogers wird in folgender Grafik beispielhaft dargestellt (Abb. 44.1).

Eine breite Vergleichsbasis für Debt Relations-Präsentationen herzustellen, ist nicht einfach, da nur auf DAX30-Ebene eine größere Anzahl von Unternehmen diese öffentlich im Internet anbieten. Die folgende Analyse konzentriert sich daher auch hauptsächlich auf den deutschen Leitindex.

---

[1] Vgl. Rogers PS (2000).

Abb. 44.2 Bayer

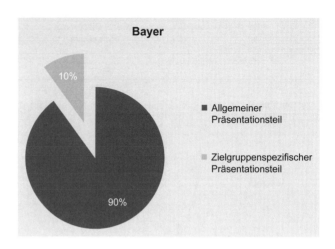

44.3.1 DAX30

Ein Großteil der DAX30-Unternehmen bietet im Internet ausführliche Informationen für Fremdkapitalgeber an. Diese sind zumeist im Investor Relations-Bereich unter dem Punkt Anleihen (oft auch unter ähnlicher Bezeichnung) zu finden. Nur wenige Unternehmen bieten trotz insgesamt detaillierter Informationen Präsentationen zum Download an. Etwa bei Deutsche Bank, E.ON, RWE und Volkswagen sind Präsentationen für die Debt-Zielgruppe frei verfügbar. Zumeist sind diese Präsentationen für einen bestimmten Anlass, beispielsweise eine Roadshow, erstellt worden.

Die Benennung der Präsentationen und ihrer spezifischen Teile für die Fremdkapitalzielgruppe zeigt eine breite Varianz. Verwendet werden unter anderem folgende Bezeichnungen: Credit Profile, Funding and Capital Management, Debt Story, Financial Policy, Management of Risks und Funding Strategy.

Die folgenden ausgewählten Beispiele illustrieren den Aufbau von Präsentationen und die grundsätzliche Gewichtung von Inhalten:

Bayer (Non-Deal Debt Roadshow, April 2011)

- Allgemeiner Präsentationsteil: 19 Präsentationsfolien
- Credit Profile: zwei Präsentationsfolien (Abb. 44.2)

Deutsche Bank (Fixed Income Roadshow Germany, November 2011)

- Allgemeiner Präsentationsteil: neun Präsentationsfolien
- Funding and Capital Management: zwölf Präsentationsfolien (Abb. 44.3)

E.ON (E.ON Debt Investor Update, November 2011)

Abb. 44.3 Deutsche Bank

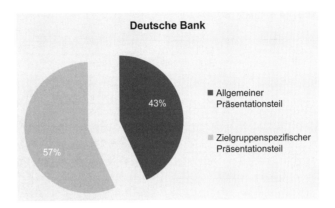

Abb. 44.4 E.ON

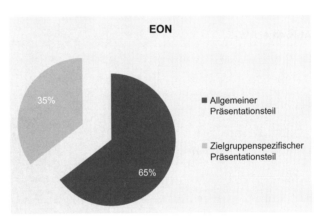

- Allgemeiner Präsentationsteil: elf Präsentationsfolien
- Update on Financial Strategy: sechs Präsentationsfolien (Abb. 44.4)

Linde (Non-Deal Related Debt Roadshow Benelux, Januar 2012)

- Allgemeiner Präsentationsteil: 23 Präsentationsfolien
- Debt Story and Financial Policy: sieben Präsentationsfolien (Abb. 44.5)

RWE (Credit Day, September 2011)

- Allgemeiner Präsentationsteil: 31 Präsentationsfolien
- Financing in challenging times well under way: acht Präsentationsfolien (Abb. 44.6)

Volkswagen (Unicredit: 3rd Automotive Credit Conference, Mai 2012)

Abb. 44.5 Linde

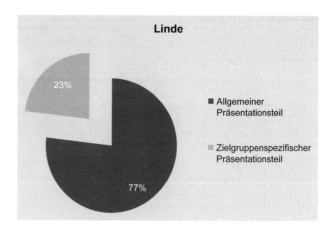

Abb. 44.6 RWE

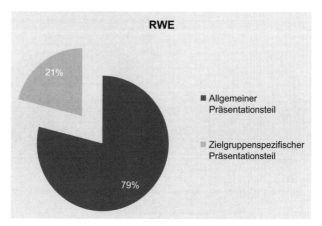

Abb. 44.7 Volkswagen

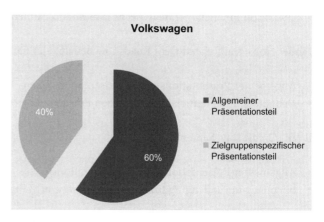

- Allgemeiner Präsentationsteil: 21 Präsentationsfolien
- Management of Risks and Funding Strategy: 14 Präsentationsfolien (Abb. 44.7)

Abb. 44.8 GEA

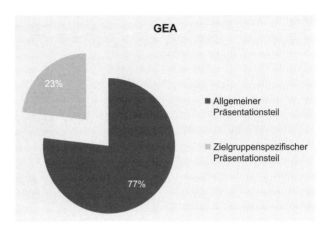

Insgesamt zeigt die Verteilung der Inhalte eine große Varianz. Bei manchen Unternehmen haben die spezifischen Debt-Inhalte Übergewicht, bei den meisten aber nehmen sie ungefähr ein Viertel bis ein Drittel des Platzes ein. Dies zeigt vereinfacht gesagt, dass die DAX30-Unternehmen durchaus einen großen Aufwand für die Präsentationen betreiben und nicht nur eine Folie der bestehenden Investor Relations-Präsentation austauschen. Die Finanzierungsstrategie auf Fremdkapitalseite spielte in den meisten Fällen eine große Rolle und wurde klar kommuniziert.

Bei der Einschätzung dieser Ergebnisse ist zu berücksichtigen, dass auch im allgemeinen Präsentationteil gewisse Gewichtungen hinsichtlich der Zielgruppe der Fremdkapitalinvestoren vorgenommen sein können. Nicht erfasst wurden für die Auswertung Anhänge in den Präsentationen, sogenannte Back-Ups.

44.3.2 MDAX

Bei den MDAX-Unternehmen verfügen etwas mehr als die Hälfte über eine spezielle Debt Relations- bzw. Anleihe-Rubrik im Investor-Relations-Bereich auf ihrer Internetseite. Nur eine Handvoll der Unternehmen stellen allerdings detaillierte Informationen bereit und nur zwei spezielle Präsentationen:

GEA (Investor Roadshow Fixed Income, April 2011)

- Allgemeiner Präsentationsteil: 24 Präsentationsfolien
- Financial Profile: sieben Präsentationsfolien (Abb. 44.8)

Gerresheimer (Investor Roadshow Presentation, Mai 2011)

- Allgemeiner Präsentationsteil: 18 Präsentationsfolien
- Financial Information and Transaction Details: neun Präsentationsfolien (Abb. 44.9)

Abb. 44.9 Gerresheimer

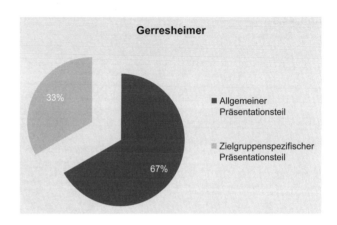

Abb. 44.10 GfK

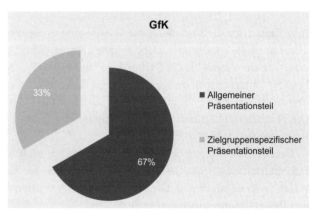

Beim Aufbau und Inhalt der Präsentationen gab es keine wesentlichen Unterschieden zu den DAX30-Unternehmen. Insgesamt sind die spezifischen Inhalte detailliert dargestellt, wenn auch weniger strategisch.

44.3.3 SDAX

Auf SDAX-Ebene finden sich weniger als zehn Unternehmen, die in ihren Investor Relations-Bereichen auf der Internetseite eine Rubrik für Anleihen haben. Nur zwei Unternehmen kommunizieren ausführlich zu Anleihen, eines (GfK) veröffentlicht auch spezielle Präsentationen für die Debt-Zielgruppe.

GfK (Roadshow Presentation, April 2011)

- Allgemeiner Präsentationsteil: 16 Präsentationsfolien
- Financial Information: acht Präsentationsfolien (Abb. 44.10)

Die Inhalte unterscheiden sich bei der Anleihen-Roadshow-Präsentation von GfK nicht wesentlich von den herkömmlichen IR-Präsentationen des Unternehmens. So spielt die Anleihe auch in den im selben Zeitraum erstellten IR-Präsentationen eine Rolle. Besondere Spezifika der Debt-Präsentation sind daher nicht zu bestimmen.

44.4 Zusammenfassung

Das Feld der Präsentationen bei Debt Relations zeigt noch einen geringen Professionalisierungs- und Standardisierungsgrad. Wie bei Investor Relations korreliert der Umfang und die Qualität der getätigten Maßnahmen mit Unternehmensgröße und Börsensegment. Die simple Bereitstellung des Emissionsprospekt als Kommunikationsmaßnahme der Debt Relations sollte nicht als ausreichend empfunden werden. Unter den DAX30-Unternehmen gibt es einige Positivbeispiele, wie gute Präsentationen für die Debt-Zielgruppe aussehen können. Im Sinne der Transparenz werden die Präsentationen für alle Zielgruppen frei verfügbar außerdem auf den Webseiten zur Verfügung gestellt. Unterschieden wird bei den Inhalten nicht zwischen einer getrennten Equity- und Debt-Story, sondern beide Elemente sind Teil einer integrierten Kapitalmarktstory. Dennoch werden spezifische Inhalte und Kennzahlen für Debt-Investoren detailliert aufbereitet.

Bei kleineren Unternehmen aus den Segmenten MDAX und SDAX sowie nicht börsengelisteten Unternehmen ist diese Transparenz und Qualität der Kommunikation selten zu finden. Gerade diese Unternehmen wären es jedoch, die zu besonders intensiver Kommunikation greifen sollten – unter anderem aufgrund ihres geringen Bekanntheitsgrads und der damit verbundenen größeren Unsicherheit auf Investorenseite. Dies gilt auch für die klare Zuordnung von Verantwortlichkeiten mit einem Debt Relations-Beauftragten. Diese sollten sich ebenso wie das in die Kommunikation eingebundene Management darüber bewusst sein, dass nicht nur die Inhalte der Präsentation, sondern auch der eigene Auftritt über den Erfolg entscheidet. Entsprechend gilt es sich vorzubereiten.

Aus Sicht der Zielgruppe und des Marktes wäre es ein deutlicher Fortschritt, wenn Präsentationen als Standardinstrument bei Debt Relations begriffen und öffentlich bereitgestellt würden. Dies würde zu mehr Qualität in der Kommunikation und damit zu mehr Transparenz beitragen. Unternehmen würden ebenso profitieren: das Vertrauen in sie und die Anlageklasse würde steigen, was zumindest theoretisch in geringeren Kapitalkosten münden würde.

Literatur

Alphéus I (2004) Kommunikation mit Fremdkapitalgebern als integrierter Bestandteil der Investor Relations. In: Deutscher Investor Relations Verband DIRK (Hrsg) Handbuch Investor Relations. Gabler, Wiesbaden, S 267–280

Degenhart H, Schiereck D (2011) Fremdkapital Investor Relations – Erweiterte Kommunikations-Anforderungen nach der Krise. DIRK, Hamburg

Deutsche Vereinigung für Finanzanalyse und Asset Management (DVFA) (2011) Mindeststandards für Bondkommunikation. Frankfurt. www.dvfa.de/files/die_dvfa/kommissionen/bondkommunikation/application/pdf/Mindeststandards_Bondkommunikation_Final.pdf

Lowis S, Streuer O (2011) DIRK White Paper: Fixed Income Investor http://www.dirk.org/jobber/images/stories/A_Neue_pdf_Dokumente/110516%20-%20Neuauflage_White_Paper_Fixed_Income_final.pdf

Mast HJ (2009) Creditor Relations als Erfolgsfaktor für die Fremdkapitalfinanzierung. In: Kirchhoff KR, Piwinger M (Hrsg) Praxishandbuch Investor Relations: Das Standardwerk der Finanzkommunikation, 2. Aufl. Gabler, Wiesbaden

Rogers PS (2000) CEO Presentations in Conjunction with Earnings Announcements. Manag Commun Quart 13(3):426–485

Online-Info-Dienste und Newsletter für Debt Relations

45

Carsten Felz

45.1 Online-Info-Dienste

Online-Info-Dienste sind Internetportale, die das Ziel verfolgen, Internetnutzern Informationen zu verschiedenen Themen zur Verfügung zu stellen. Hierbei können verschiedene Arten von Portalen unterschieden werden. Es gibt eine Vielzahl möglicher Unterscheidungskriterien, einige davon werden jeweils in eigenen Abschnitten beschrieben. Es wird kein Anspruch auf Vollständigkeit der möglichen Abgrenzungskriterien erhoben.

Im ersten Abschnitt wird auf die thematische Abgrenzung und die Art der präsentierten Inhalte eingegangen. Im zweiten Abschnitt werden die Möglichkeiten der regionalen Abgrenzung thematisiert. Der dritte Abschnitt befasst sich mit verschiedenen Publikationsformen, die Emittenten auf Internetportalen zur Verfügung stehen. Der vierte Abschnitt gewährt eine Übersicht, welche Publikationsformen auf welchen Portalen platziert werden können. Es wird bewusst darauf verzichtet, Empfehlungen bezüglich der Wahl der Plattformen zu geben, da dies bereits Gegenstand vorangehender Kapitel dieses Buchs ist.

45.1.1 Thematische Abgrenzung

Die gebräuchlichste Art der Abgrenzung ist die thematische Abgrenzung. Diese soll nachfolgend vor dem Hintergrund der Debt Relations für Emittenten von mittelständischen Anleihen erläutert werden. So wird bei jeder Plattform auf die Möglichkeiten der Einflussnahme von Emittenten auf die Berichterstattung eingegangen. Wenn diese Möglichkeit nicht gegeben ist, wird die Wahrscheinlichkeit einer Berichterstattung im Vergleich zu den anderen genannten Portalen aufgezeigt.

Homepages der Börsen Für Anleihen die in den Qualitätssegmenten „Bondm" (Börse Stuttgart), „der mittelstandsmarkt" (Börse Düsseldorf), „Entry Standard" für Anlei-

---

C. Felz (✉)
Anleihen Finder GmbH, Fritz-Vomfelde Str. 6, 40547 Düsseldorf, Deutschland
E-Mail: felz@anleihen-finder.de

hen (Börse Frankfurt), „Mittelstandsbörse Deutschland" (Börsen Hamburg – Hannover) und „m:access bond" (Bayerische Börse) gelistet sind, gelten andere Transparenz-Anforderungen als für Anleihen, die im „normalen" Freiverkehr gelistet sind. Zu den Pflichten gehören zum Beispiel die Veröffentlichung von Folgeratings sowie eine quasi Ad-hoc-Publizität, das heißt die Veröffentlichung von Unternehmensnachrichten.

Die Folgeratings müssen auf den Detailseiten der Emissionen auf den Homepages der jeweiligen Börsen veröffentlicht werden.

Die quasi Ad-hoc Publizität dient dazu, alle wesentlichen Sachverhalte, die Einfluss auf das Unternehmen und die Kursentwicklung seiner Wertpapiere haben und deren Kenntnis die Investitionsentscheidung eines informierten Anlegers beeinflussen würden, publik zu machen. Bei den Börsen Stuttgart und Hamburg-Hannover kann diese Veröffentlichung auf den Detailseiten der Emissionen auf den Homepages der jeweiligen Börse erfolgen. In Frankfurt geht dies nur durch einen „Umweg" über DGAP News, auf deren Dienstleistungen später eingegangen wird. Bei der Börse Düsseldorf ist die Veröffentlichung der Quasi Ad-hoc-Meldungen nur auf den Homepages der Emittenten vorgesehen.

Für Anleihen, die ausschließlich im Freiverkehr notieren, besteht keine Möglichkeit zur direkten Veröffentlichung von Folgeratings oder quasi Ad-hoc-Nachrichten auf den Internetseiten der Börsen. Es ist anzumerken, dass diese Emittenten in der Regel über kein Rating verfügen und auch keine quasi Ad-hoc-Nachrichten publizieren.

Nachrichtenagenturen Es werden journalistische Nachrichten über eine große Bandbreite von Themen erstellt. Dazu werden alle journalistischen Formen genutzt. Beispiele für Internetportale von Nachrichtenagenturen sind die deutsche Reuters-Ausgabe de.reuters.com und das englischsprachige Portal bloomberg.com. Die produzierten Inhalte zeichnen sich durch den hohen Grad der Aktualität, Genauigkeit und Neutralität aus. Der journalistische Anspruch an die eigenen Informationsportale ist bei diesen Dienstleistern hoch.

Ursprünglich waren diese Nachrichtenagenturen Wirtschafts-Informationsdienste, die vor allem Börsennachrichten übermittelt haben. Sie haben Daten zu Kursen von Aktien und anderen Wertpapieren schnell zur Verfügung gestellt. Inzwischen werden diese Daten in „real time" präsentiert.

Nachrichtenagenturen präsentieren nur kleine Auszüge Ihrer vielfältigen Nachrichten als Appetizer auf Ihren frei zugänglichen Internetportalen. Der Zugang zu den restlichen von Ihnen produzierten Inhalten ist kostenpflichtig. Auf den Internetportalen können zum Beispiel einzelne Artikel, Studien und Research-Berichte erworben werden. Es gibt die Möglichkeit, über ein Abonnement das Recht, Nachrichten zu lesen und unter Angabe des Kürzels der jeweiligen Nachrichtenagentur zu veröffentlichen, zu erwerben.

Darüber hinaus bieten Agenturen mit einem Finanzfokus Ihren Abonnenten Kursdaten zu allen börslich gehandelten Wertpapieren an. Die Kursdaten werden nicht nur zur Verfügung gestellt, es können auch Chartanalysen und andere Auswertungen mit Hilfe der Software der Nachrichtenagenturen durchgeführt werden.

Nachrichtenportale Es werden Nachrichten aus allen klassischen Themenressorts erstellt und veröffentlicht. Ein Beispiel für solche Anbieter ist Spiegel Online, ein Nachrichtenportal, das aus dem wöchentlich erscheinenden Printmagazin „Der Spiegel" hervorgegangen ist. Spiegel Online spricht vor allem politisch interessierte Leser an. Die Redaktion von Spiegel Online agiert autark und ist nicht auf die Vorgaben der Print-Redaktion angewiesen. FAZ.NET und Bild.de sind zwei Beispiele für Nachrichtenportale, die aus täglich erscheinenden Zeitungen hervorgegangen sind. FAZ.NET spricht vor allem an Politik- und Finanzthemen interessierte Leser an, Bild.de an Boulevardthemen Interessierte. Alle drei genannten Nachrichten-Anbieter verfügen über sogenannte Vollredaktionen, das heißt, dass sie alle klassischen Themenressorts bedienen. Sie veröffentlichen ausschließlich selbstproduzierte Inhalte oder Inhalte, an denen sie die Exklusivrechte erworben haben. Emittenten können keinen direkten Einfluss darauf nehmen, ob die Redaktionen dieser Publikationen redaktionell über Sie berichten oder nicht.

In diesen Medien wird auch über Mittelstandsanleihen berichtet, wie zum Beispiel über die Neuemission vom Fußballbundesligisten FC Schalke 04 auf Bild.de. Allerdings sind solche Artikel in großen Nachrichtenportalen mit einer breiten Themenpalette derzeit eher eine Ausnahme. Dabei haben Emittenten mit einem starken Markennamen, bessere Chancen, dass über sie auf großen Nachrichtenportalen berichtet wird. Unbekannte Emittenten finden hier so gut wie keine Berücksichtigung.

Die drei genannten Nachrichtenportale haben den Vorteil einer – im Vergleich zu den nachfolgend genannten Portalarten – deutlich größeren Reichweite. Allerdings sind die Interessen der Leserschaft breit gestreut. Special Interest-Themen finden selten den Weg in das Programm dieser Nachrichtenportale.

Wirtschafts- und Finanznachrichtenportale Die hier präsentierten Nachrichten und journalistischen Artikel entstammen alle den Themenbereichen Wirtschaft und Finanzen. Beispiele für Wirtschaft- und Finanznachrichtenportale sind FTD.de und Handelsblatt Online. Beide gingen aus täglich erscheinenden Printmedien hervor. Weitere Beispiele sind WirtschaftsWoche Online und Focus-Money, das unter der Domain von focus.de zu erreichen ist. Diese sind beide aus einem Wochenmagazin hervorgegangen.

Die genannten Portale richten sich an Leser, die an Finanz- und Wirtschaftsthemen interessiert sind. Es wird die gesamte Bandbreite dieser Themengebiete abgedeckt, wobei der Fokus – soweit vorhanden – eher auf Themen liegt, die für Akteure an den Finanzmärkten interessant sind. In diesem Zusammenhang werden auch Themen der Wirtschaftspolitik – häufig vor dem Hintergrund ihrer Auswirkungen auf die Konjunktur und die Finanzmärkte – behandelt. Es werden sowohl institutionelle als auch Retail-Investoren angesprochen.

Auf Wirtschafts- und Finanzportalen wird dem Thema Aktien deutlich mehr Aufmerksamkeit gewidmet als den Themen rund um Renten bzw. Debt-Produkte. Ein wesentlicher Grund hierfür ist die Tatsache, dass Unternehmensanleihen bisher aufgrund der hohen Mindestinvestitionsbeträge und der Art der Platzierung, institutionellen Anlegern vorbehalten waren. Der größere Teil der Leser stammt jedoch aus dem Bereich der Retail-Investoren.

In den letzten Jahren kann allerdings ein neuer Trend beobachtet werden. Immer mehr mittelständische Unternehmen ziehen eine Finanzierung durch Kapitalmarktprodukte in Betracht. Neben den institutionellen Investoren stehen auch Retail-Investoren im Fokus der Emittenten. Privatanlegerfreundliche Stückelungen von 1.000 € sind in diesem jungen Markt keine Seltenheit. Für Emissionen, die in den in der Einleitung genannten Qualitätssegmenten der Börsen gelistet werden, ist diese Stückelung in den börslichen Regelwerken verbindlich vorgeschrieben. Dadurch ist auch das Interesse der Wirtschafts- und Finanzjournalisten, die für Finanzportale arbeiten, an der Asset-Klasse Unternehmensanleihen stark gestiegen – wobei die Berichterstattung anfangs stark negativ geprägt war.

Analog zu den Nachrichtenportalen werden ausschließlich selbst produzierte Inhalte und Inhalte, an denen der jeweilige Verlag Exklusivrechte besitzt, veröffentlicht. Auch hier haben die Emittenten keinen direkten Einfluss darauf, ob redaktionell über Sie berichtet wird oder nicht. Die Wahrscheinlichkeit ist jedoch auf Grund der stärkeren thematischen Fokussierung als höher einzustufen als bei den vorgenannten Nachrichtenportalen mit größerer Themenbreite.

Kapitalmarktnachrichtenportale Es werden Nachrichten und journalistische Artikel abgebildet, die die gesamte Palette der Kapitalmarktprodukte zum Thema haben. Beispiele für Kapitalmarktnachrichtenportale sind Börse Online, Der Aktionär Online und boersen-zeitung.de. Die Plattform Der Aktionär Online ist aus einem Wochenmagazin hervorgegangen. Grundlage für boersen-zeitung.de ist die Tageszeitung Börsen-Zeitung. Ein Unterscheidungsmerkmal des Online-Info-Dienstes Boersen-Zeitung gegenüber den anderen beiden ist, dass nur kleine Teaser-Texte vieler Artikel unentgeltlich gelesen werden können. Der vollständige Artikel kann nur gegen Bezahlung (Paid Content) abgerufen werden.

Der Aktionär Online und boersen-zeitung.de sind beide aus Tageszeitungen hervorgegangen. Die Internet-Plattform Börse Online ist zeitgleich mit der Printausgabe gestartet. Die Printausgabe heißt ebenfalls Börse Online. Ein weiteres Beispiel für eine Wirtschafts- und Finanznachrichten-Plattform ist boerse.ard.de aus dem Online-Angebot der ARD-Sender.

Alle vier Portale sind für am Kapitalmarkt interessierte Leser konzipiert. In den Nachrichten und Artikeln werden aktuelle Entwicklungen an den Kapitalmärkten thematisiert. Es wird über die gesamte Bandbreite der kapitalmarktfähigen Produkte berichtet. Meistens stehen einzelne Assetklassen stärker im Fokus als andere, so zum Beispiel Aktien bei der Plattform Der Aktionär Online.

Generell wird börsennotierten Wertpapieren eine deutlich größere mediale Aufmerksamkeit als den nicht börsennotierten (Graumarkt) geschenkt. Aber auch über die letzteren wird berichtet, so zum Beispiel über die Anleihe der Wiener Feinbäckerei Heberer GmbH. Ein Grund für die zurückhaltende Berichterstattung über sogenannte Graumarktpapiere ist die weit verbreitete Ansicht, dass solche Kapitalmarktprodukte in der Regel unseriöse Angebote darstellen. Diese Auffassung bedeutet im Umkehrschluss, dass eine Börsennotierung ein Qualitätsmerkmal ist. Da es aber im Freiverkehr der Börsen kaum Anforderungen an die Emittenten – zumindest für Emittenten von Anleihen – gibt, erscheint diese Annahme als unpräzise Verallgemeinerung. Die Qualität einer Emission kann einzig und allein anhand der im Wertpapierprospekt enthaltenen Informationen beurteilt werden. Sicherlich kann man bei einem börsennotierten Wertpapier eine höhere Fungibilität unterstellen, allerdings bedeutet eine Listung im Freiverkehr einer Börse nicht, dass auch tatsächlich ein reger Handel stattfindet.

Die genannten Internet-Plattformen verfügen alle über eigene Redaktionen. Wie bei den zuvor genannten Nachrichtenplattformen werden ausschließlich selbst produzierte Inhalte und Inhalte, für die der Verlag die Exklusivrechte erworben hat, veröffentlicht. Auch hier haben die Emittenten keinen direkten Einfluss darauf, ob und in welcher Art redaktionell über Sie berichtet wird. Die Wahrscheinlichkeit ist jedoch auf Grund des noch stärkeren thematischen Fokus' auf Kapitalmarktprodukte als nochmals höher als bei den beiden vorgenannten Portalarten einzuschätzen.

Nachrichtenportale mit Nachrichtenaggregation Es handelt sich um Portale, die sehr wenig bis keine eigenen Inhalte erstellen. Präsentiert werden mittels Aggregation von anderen Redaktionen erstellte Inhalte und Corporate News wie Pressemitteilungen. Info-Produkte werden zweitverwertet. Die Kernleistung besteht in der Sammlung und Sortierung der Inhalte nach Themengebieten. Das Ziel ist es, dem Leser eine Vielzahl von Inhalten zum jeweiligen Themen-Fokus auf einer zentralen Plattform zur Verfügung zu stellen, um auf diese Weise eine breite mediale Aufmerksamkeit und Reichweite zu generieren. Beispiele für solche Pattformen mit Fokus auf den Kapitalmarkt sind OnVista, wallstreet:online und finanzen.net.

Hier werden journalistische Inhalte zu allen Kapitalmarktprodukten meist als Zweitverwertung veröffentlicht. Auch hier liegt der Fokus auf börsennotierten Kapitalmarktprodukten. Häufig werden nur Teaser, also Ausschnitte aus Artikeln, präsentiert. Wenn der Leser den gesamten Artikel lesen möchte, kann er über einen Link zum Original-Artikel gelangen. Die einzelnen Plattformen präsentieren Teaser und/oder ganze Artikel aus unterschiedlichen Quellen. OnVista veröffentlicht zum Beispiel Teaser zu Artikeln aus den Publikationen Handelsblatt Online, Der Aktionär Online und der boersenzeitung.de. Wallstreet:online und finanzen.net veröffentlichen auch Pressemitteilungen und Ad-hoc-Meldungen.

Emittenten können auch bei diesen Plattformen keinen direkten Einfluss darauf nehmen ob redaktionell über Sie berichtet wird. Auf Grund des thematischen Fokus ist die Wahrscheinlichkeit, dass über sie und Ihre Emissionen berichtet wird genauso groß wie bei den vorgenannten Kapitalmarktnachrichtenportalen.

Nachrichtenverbreitungsnetzwerke Es handelt sich um Plattformen, mit deren Hilfe Unternehmen Ihrer Pflicht der Ad-hoc-Publizität nachkommen können. Die Ad-hoc-Meldungen der Unternehmen können mit Hilfe dieser Plattformen verbreitet werden. Beispiele für solche Plattformen sind DGAP.de, na news aktuell und Business Wire.

Über DGAP.de und na news aktuell können Unternehmen auch in verschieden Themenkanälen Pressemeldungen verbreiten. Bei DGAP.de liegt der Fokus auf Finanzkommunikation.

Die Veröffentlichung von Ad-hoc-News und – soweit möglich – von Pressemeldungen ist bei den drei genannten Plattformen mit Kosten verbunden. Das Unternehmen bezahlt für die Veröffentlichung und Verbreitung seiner Ad-hoc-Nachricht oder Pressemeldung an eine Vielzahl von potenziellen Lesern.

Es gibt unterschiedliche „Verteiler" für die jeweiligen Themengebiete. Das Wort „Verteiler" ist in diesem Zusammenhang nur bedingt zutreffend, denn viele Online-Plattformen – vor allem reine Aggregationsportale – beziehen Ihre gesamten Inhalte von Nachrichtenverbreitungsnetzwerken. Darauf wird im nächsten Abschnitt näher eingegangen.

Meistens ist die Zweitverwertung der veröffentlichten Meldungen für die sammelnden und aggregierenden Nachrichtenverbreitungsnetzwerke kostenlos. Der Grund hierfür ist leicht erkennbar: Je größer der Verteiler und somit die Zahl der potenziellen Leser ist, desto mehr ist es den Unternehmen wert, ihre Meldungen über diese Kanäle zu veröffentlichen – umso höher ist ihre Zahlungsbereitschaft für einen solchen Service.

Emittenten haben also die Möglichkeit, in gewissem Maße aktiv zu beeinflussen, ob über sie berichtet wird. Die selbst verfassten Ad-hoc Mitteilungen und Pressemeldungen können vom Unternehmen über die oben genannten Kanäle veröffentlicht und verbreitet werden. Es ist tatsächlich so, dass die Unternehmen Ad-hoc- und Pressemeldungen selbst einstellen. Dafür stellen die Plattformen Onlinetools als Schnittstellen zur Verfügung. Die Funktionsweise ähnelt dem eines Content-Management-Systems. Es wird darauf verzichtet, den genauen Ablauf zu erläutern, da dies den Rahmen dieses Kapitels sprengen würde.

Pressemeldungsverbreitungsportale Auf diesen Plattformen werden Pressemeldungen von Unternehmen präsentiert. Es werden keine selbst oder von Dritten erstellte journalistischen Inhalte abgebildet. Diese Portale sind ebenfalls sogenannte Aggregationsseiten. Sie können durch die Art der Inhalte von den journalistisch geprägten Nachrichtenportalen mit Nachrichtenaggregation abgegrenzt werden. Beispiele für solche Portale sind openPR und presse-kostenlos.de. Auf diesen Plattformen werden Pressemeldungen aus den gängigen Themenbereichen sortiert nach Rubriken präsentiert.

Im Gegensatz zu den Nachrichtenverbreitungsnetzwerken ist das Einstellen von Pressemeldungen auf diesen Portalen kostenlos. Die Unternehmen können Ihre Pressemeldungen selbst einstellen und somit einem größeren Leserkreis zugänglich machen. Allerdings verfügen diese Plattformen über eine geringere Reichweite als die Nachrichtenverbreitungsdienstleister. Den Pressemeldungsverbreitungs-Portalen fehlen meist auch händisch, redaktionell aufgebaute E-Mail-Verteiler, mit den E-Mail-Adressen von wichtigen Multiplikatoren der einzelnen Branchen wie zum Beispiel E-Mail-Adressen der Ressortchefs von Nachrichtenagenturen.

Emittenten haben hier die Möglichkeit eigene Pressemeldungen aktiv einzustellen, ohne dass Ihnen Kosten entstehen. Es ist allerdings schwierig, die tatsächliche Reichweite solcher

Aktionen zu beurteilen. Außerdem bleibt offen, ob auch tatsächlich die gewünschten Adressaten erreicht werden – also wie zielgruppenspezifisch die Leserschaft ist.

Special-Interest Portale Sogenannte Special-Interest Portale sind Internetpattformen, die einen klaren Fokus auf einen sehr engen Themenbereich legen. Beispiele für solche Plattformen im Finanzbereich sind anleihen-finder.de, Fonds professionell und GoingPublic Online. Die Ausgestaltung solcher Plattformen ist höchst unterschiedlich und wird im Folgenden am Beispiel von anleihen-finder.de näher erläutert werden. Das liegt nahe, da zum einen der Autor Client Relationship Manager der Anleihen Finder GmbH ist und zum anderen ein thematischer Fokus im Bereich der mittelständischen Anleihen gewählt wurde.

Generell adressieren Special-Interest Plattformen sehr spezifische Themenbereiche, zu denen Informationen recherchiert, aggregiert und präsentiert werden. Es werden häufig unterschiedliche Publikationsformen dargestellt.

Der thematische Fokus von anleihen-finder.de liegt auf mittelständischen Kapitalmarktprodukten aus dem Fremd- und Mezzaninkapitalbereich. Es werden Informationen zu Anleihen und Genussrechten mittelständischer Unternehmen präsentiert. Angesprochen werden alle Leser, die sich für mittelständische Kapitalmarktprodukte interessieren. Es wird sowohl die Investorenseite als auch die Seite der Emittenten adressiert. Konkret werden private und institutionelle Investoren sowie mittelständische Unternehmen, die eine Emission erwägen, und Emissionsexperten jeglicher Art angesprochen. Es gibt verschiedene Rubriken, die nach der Art und Publikationsform der Inhalte unterteilt, sind. Die wichtigsten werden nachfolgend kurz dargestellt.

Anleihen News Hier werden werktäglich zwei journalistische Nachrichten zu aktuellen Entwicklungen im Markt der mittelständischen Kapitalmarktprodukte veröffentlicht. Dazu zählen auch Interviews mit Emittenten, Analysen und auch Fachartikel von Gastautoren. Alle hier veröffentlichten Inhalte sind sogenannter journalistischer „Unique Content", der von der Anleihen Finder Redaktion produziert wird.

Corporate News In dieser Rubrik werden nach dem für Ende des dritten Quartals 2012 geplanten Relaunch des Internetauftrittes von anleihen-finder.de aktuelle Pressemeldungen von Emittenten von mittelständischen Anleihen und Genussrechten veröffentlicht.

(Quasi)Ad-hoc News Die Emittenten von in den sogenannten Qualitätssegmenten der deutschen Börsen gelisteten Anleihen sind zur quasi Ad-hoc-Publizität verpflichtet. Diese quasi Ad-hoc-Nachrichten können nach dem Relaunch in der entsprechenden Rubrik veröffentlicht werden.

MiBoX Dem MiBoX (Micro Bond Index) ist eine eigene Rubrik gewidmet, er setzt sich aus allen an deutschen Börsen in den jeweiligen Qualitätssegmenten gelisteten Mittelstandsanleihen zusammen. Der MiBoX wird unter der ISIN DE000SLA1MB4 und der WKN

SLA1MB sowie dem Bloomberg Ticker „MIBOX" und dem Reuters Kürzel „MIBOX" verteilt.

In der MiBoX-Rubrik werden alle relevanten Informationen zum Beispiel die Indexentwicklung in Chartform sowie die jeweils aktuelle Zusammensetzung dargestellt. Der MiBoX ist ein Gradmesser für alle festverzinslichen Unternehmensanleihen, die in den Mittelstandssegmenten der Börsen Stuttgart, Frankfurt, Düsseldorf, München oder Hamburg – Hannover oder in einem anderen Mittelstandssegment einer Börse begeben werden.

Musterdepot In dieser Rubrik werden drei Musterdepots abgebildet. Die Musterdepots werden von drei ausgewiesenen Kapitalmarktexperten verwaltet. Neben dem Wettbewerb untereinander besteht eine weitere Zielsetzung darin, die Performance eines Benchmark-Indexes wie beispielsweise des MiBoX' zu schlagen.

Die Emissionsdatenbank In der Emissionsdatenbank ist eine Vielzahl von mittelständischen Kapitalmarktprodukten verschiedener Emittenten enthalten. Jede Emission hat eine eigene Detailseite auf der Internetplattform, auf der die wesentlichen Daten zur Emission abgebildet werden. Es können ausschließlich Anleihen und Genussrechte von mittelständischen Unternehmen aufgenommen werden. Die Nachrichten und Pressemeldungen zu den jeweiligen Emittenten/Emissionen erscheinen getrennt voneinander auch auf den Detailseiten dieser Emissionen. Auch die Ad-hoc Meldungen werden später hier zu sehen sein.

Beratungspartner In dieser Rubrik haben Unternehmen, die Dienstleistungen im Bereich der mittelständischen Kapitalmarktprodukte erbringen, die Gelegenheit, Ihr Unternehmen mit Hilfe eines Exposés zu präsentieren. Beispiele für solche Unternehmen sind Rechtsanwaltskanzleien, Unternehmens- und Finanzierungsberatungen, Steuerberater & Wirtschaftsprüfer etc.

Newsletter Die Anleihen Finder Redaktion gibt einen vierzehntägig erscheinenden Newsletter mit dem Titel „Der Anleihen Finder" heraus. Der Newsletter wird an eine große Zahl Abonnenten und an die regionalen Geschäftsführer des BVMW (Bundesverband der mittelständischen Wirtschaft) zur Weiterleitung an deren Mitglieder versendet. Newsletter sind Thema des Abschn. 45.2 dieses Kapitels.

Emittenten werden nach dem Relaunch die Möglichkeit haben, in den Rubriken „Corporate News" und „(Quasi)Ad-hoc News" aktiv eigene Pressemeldungen und Ad-Hoc Nachrichten auf anleihen-finder.de zu veröffentlichen. Außerdem können Werbebanner, sowie Werbeanzeigen im Newsletter „Der Anleihen Finder" geschaltet werden.

Im Bereich der Anleihen News ist dies jedoch nicht möglich, da werbliche und journalistische Inhalte strikt voneinander getrennt werden und unter dem Label „Anleihen News" auf anleihen-finder.de ausschließlich journalistische Inhalte veröffentlicht werden. Die Auswahl der Themen obliegt der Anleihen Finder Redaktion. Eine direkte Einflussnahme dritter ist nicht möglich. Durch den sehr spezifischen thematischen Fokus ist es jedoch sehr wahrscheinlich, dass über die Anleihe oder die aktuellen Geschäftsentwicklung des Emittenten berichtet wird.

45.1.2 Regionale Abgrenzung

Ein gutes Beispiel für die regionale Abgrenzung sind Online Angebote von regionalen Zeitungen. Es handelt sich hierbei um Nachrichtenportale die in der Regel aus Tageszeitungen hervorgegangen sind. Es ist denkbar, dass auch Internetnutzer aus Norddeutschland zum Beispiel die Internetseite der Nürnberger Zeitung lesen. Es ist aber mehr als wahrscheinlich, dass die Mehrzahl der regelmäßigen Leser aus dem Raum Nürnberg stammt. Für ein Unternehmen, das seinen Unternehmenssitz im Raum Nürnberg hat und dessen Gläubiger/Investoren ebenfalls hauptsächlich aus dieser Region stammen, kann der Internetauftritt der Nürnberger Zeitung ein sehr effektives Kommunikationsmedium sein wohingegen der Online-Auftritt der Frankfurter Allgemeinen Zeitung (FAZ.NET) trotz seiner großen Reichweite in diesem Fall weniger geeignet erscheint.

45.1.3 Publikationsformen

Werbebanner Werbung auf Internetportalen erfolgt in der Regel durch die Präsentation von Werbebannern. Hier gibt es verschieden Standartformate wie zum Beispiel den sogenannten Leaderboard-Banner. Es handelt sich hierbei um ein Querformat, das in der Regel am oberen Rand in der Mitte der jeweiligen Homepage präsentiert wird. Ein weiteres gängiges Format ist der sogenannte Skyscraper. Hierbei handelt es sich um ein Hochformat, das in der Regel auf der rechten Seite der jeweiligen Homepage präsentiert wird.

Des Weiteren gibt es sogenannte Permanent Banner, die dauerhaft zu sehen sind. Diese sind von Bannern, die in einer Rotationsschleife mit anderen Bannern laufen, zu unterscheiden. Bei großen Internetportalen wie zum Beispiel FTD.de können Banner in verschiedenen Rubriken platziert werden.

Die Schaltung von Werbebannern ist in der Regel kostenpflichtig. Der Preis orientiert sich an der Reichweite und an der Zielgruppenspezifität. Dazu ein kurzes plakatives Beispiel: Ein Werbeplakat auf einer Plakatwand auf einer grünen Wiese zu platzieren, ist preiswerter, als das gleiche Plakat in einer Fußgängerzone einer Großstadt aufzuhängen, weil hier viel mehr potenzielle Käufer vorbeigehen. Einfache Faustregel: Die Platzierung eines Banners auf einer stark frequentierten Internetplattform kostet mehr als die auf einer weniger stark frequentierten.

Ein weiteres Kriterium ist die Zielgruppenspezifität, auch hierzu ein kurzes Beispiel. Die Platzierung einer Werbeanzeige für Rindfleischgerichte auf einer Homepage, die vornehmlich von Vegetariern besucht wird, ist weniger effektiv als die Platzierung einer Anzeige für Gemüsegerichte an gleicher Stelle.

Advertorials Es besteht die Möglichkeit, sogenannte Advertorials zu platzieren. Hierbei handelt es sich um redaktionell aufbereitete PR-Texte, die den Anschein eines redaktionellen Beitrages erwecken sollen, aber klar als „Anzeige" gekennzeichnet werden. Generell ist die Schaltung von Advertorials kostenpflichtig und somit als Werbung zu bezeichnen. Diese wird vom redaktionellen Teil getrennt und als „Anzeige" gekennzeichnet.

Pressemeldungen Eine Pressemeldung ist ein vom jeweiligen Unternehmen verfasster Text, der eine Nachricht aus Sicht des Unternehmens verbreitet. Es liegt in der Natur der Sache, dass positive Nachrichten über ein Unternehmen betont werden. Negative Nachrichten rücken in den Hintergrund oder werden nicht kommuniziert. Wie oben beschrieben ist die Veröffentlichung von Pressemeldungen nur auf einigen Internetportalen möglich. Diese Portale können nach Kosten, Verbreitungsgrad und Zielgruppenspezifität unterteilt werden.

Journalistische Inhalte Journalistische Inhalte können in verschiedenen Darstellungsformen produziert werden. Es folgt eine kurze Übersicht mit kurzen Beschreibungen wesentlicher Merkmale.

Journalistische Artikel Derartige Artikel werden meist von professionellen Journalisten erstellt. Sie sind frei von Werbung und dienen der Information über verschiedene Themen. Die Texte sind neutral formuliert. Die genannten Informationen sind belegbar. Gerne wird der Begriff der Objektivität bemüht. Grundregel: Es sollten jeweils Stimmen zu Pro- und Contra-Argumenten für oder gegen das behandelte Thema in einem journalistischen Text enthalten sein. Außerdem sollte eine Einschätzung von einem neutralen Experten abgebildet werden. Ziel sollte sein, dass sich der Leser selbst eine Meinung über das behandelte Thema bilden kann. – Es handelt sich hierbei um die Beschreibung des Idealfalles eines journalistischen Textes.

Journalistisches Interview Journalistische Interviews zeichnen sich durch kritische und distanzierte Fragestellungen aus. Es sollten keine Suggestivfragen gestellt werden. Der Journalist schlüpft in die Rolle des Anwalts der Leserschaft, die über ein Thema oder über den Interviewten informiert werden möchte. Die Distanz zwischen Interviewer und Interviewtem wird gewahrt. Der Interviewte nimmt keinen Einfluss auf die Fragestellung. Auch hier handelt es sich um die Lehrbuchmäßige Kurzbeschreibung des Idealfalles eines journalistischen Interviews.

Kommentar Ein Kommentar gibt die Meinung des Autors zu einem Sachverhalt wieder. Er ist subjektiv. Meistens werden Kommentare von Experten des zugrunde liegenden Wissensgebiets oder von kundigen und erfahrenen Journalisten verfasst. Es ist an dieser Stelle trotzdem schwierig, eindeutig zu definieren, was einen Experten ausmacht, bzw. welcher Wissensstand einer Person sie als Experten qualifiziert.

Nachricht Die kapitalmarkrelevante Nachricht ist eine journalistische Textform, in der die Quelle der Information, die Anlass der Nachricht ist, eindeutig belegt wird. Die Nachricht wird neutral formuliert, wertet nicht und analysiert nicht oder nur in geringem Ausmaß. Sie stellt nicht die Meinung des Autors dar. Aktualität ist ein weiteres, wichtiges Kennzeichen von Nachrichten.

Aktuelle Nachrichten im Internet, die quasi direkt nach einem Nachrichtenereignis online gestellt werden, müssen von Nachrichten, die zum Beispiel in Wochenmagazinen erscheinen, unterschieden werden. Nachrichten in Wochenmagazinen können aufgrund der zeitversetzten Erscheinungsweise von Wochenmagazinen nicht mit der Aktualität von Online-Nachrichten konkurrieren. Nachrichten in Wochenmagazinen haben aber trotzdem nachrichtliche Relevanz, wenn zum Beispiel mehrere kurze Online-Nachrichten zu einem Thema zu einer Überblicksnachricht für ein Wochenmagazin zusammengefasst werden.

In diesem Kapitel sollte unter anderem deutlich werden, dass es zum Beispiel keine starre Abgrenzung zwischen einem journalistischen Artikel und einer journalistischen Nachricht gibt. Die Nachricht kann zum Beispiel mehrere Bestandteile eines journalistischen Beitrages enthalten. Wichtig ist die Unterscheidung zwischen Public Relations und Journalismus.

45.1.4 Zwischenfazit bezüglich der Kommunikationsmöglichkeiten via Online-Info-Dienste

Es gibt die verschiedensten Ausprägungen von Online-Info-Diensten, in denen über den Kapitalmarkt im Allgemeinen und Debt-Produkte im Speziellen berichtet wird. Sofern ausschließlich journalistische Inhalte präsentiert werden, kann der Emittent die Plattformen – abgesehen von Werbeanzeigen und Advertorials – nicht aktiv zur Kommunikation nutzen. Es folgt eine Tabelle, die die einzelnen Arten der Plattformen und die Art der präsentierten Inhalte zusammenfasst (Abb. 45.1):

Abschließend kann festgestellt werden: Je stärker der Themenfokus der jeweiligen journalistischen Plattform auf dem Thema Renten oder spezieller auf dem Bereich der mittelständischen Anleihen liegt, desto größer ist die Chance, dass über die Emittenten bzw. deren Anleihen berichtet wird. Außerdem kann unterstellt werden, dass die Besucher sehr themenspezifisch aufgestellter Internetplattformen, ein starkes Interesse an genau diesen Themen haben. Somit ist das angesprochene Publikum als sehr zielgruppenspezifisch zu definieren.

Ein starker Markenname oder eine sehr positive bzw. sehr negative Unternehmensentwicklung steigern die Wahrscheinlichkeit einer Berichterstattung über den jeweiligen Emittenten ebenfalls und zwar unabhängig von der Art der Plattform. Der Fall negativer Berichterstattung über ein Unternehmen ist aus Unternehmersicht sicherlich nicht wünschenswert – wobei die Kommunikation gerade in Phasen von negativen Entwicklungen ein unverzichtbarer Bestandteil der Finanzkommunikation, also ein sehr wichtiger Teil der Debt Relations ist. Die Transparenz kann nur durch hochfrequentierte, qualitativ hochwertige, unabhängige, spezialisierte Plattformen gefördert werden. Die Quellen die auf diesen

Publikationsform/ Portalart	Werbebanner & Advertorials	Pressemeldungen	Quasi Ad-hoc-Meldungen	journalistische Inhalte
Homepages der Börsen	Möglich (entgeltlich)	bei einigen möglich	bei einigen möglich	keine Veröffentlichung
Nachrichtenagenturen	Möglich (entgeltlich)	Keine Veröffentlichung	Keine Veröffentlichung	Produktion für Abonnenten
Nachrichtenportale	Möglich (entgeltlich)	Keine Veröffentlichung	Keine Veröffentlichung	Produktion & Veröffentlichung
Wirtschafts- und Finanznachrichtenportale	Möglich (entgeltlich)	Keine Veröffentlichung	Nahezu keine Veröffentlichung	Produktion & Veröffentlichung
Kapitalmarktnachrichtenportale	Möglich (entgeltlich)	Keine Veröffentlichung	Nahezu keine Veröffentlichung	Produktion & Veröffentlichung
Nachrichtenportale mit Nachrichtenaggregation	Möglich (entgeltlich)	Keine Veröffentlichung	Nahezu keine Veröffentlichung	Veröffentlichung (Zweitverwertung)
Nachrichtenverbreitungsnetzwerke	Möglich (entgeltlich)	Veröffentlichung (entgeltlich)	Veröffentlichung (entgeltlich)	Keine Veröffentlichung
Pressemeldungsverbreitungs-portale	Möglich (entgeltlich)	Veröffentlichung (kostenlos)	Veröffentlichung (kostenlos)	Keine Veröffentlichung
Special-Interest Portale	Möglich (entgeltlich)	Teilweise möglich	Teilweise möglich	Teilweise Produktion & Veröffentlichung

Abb. 45.1 Portalarten und die dort präsentierten Publikationsformen

Special-Interest Plattformen zitiert werden, müssen verlässlich, vertrauenserweckend und mit einem guten „Track Record" ausgestattet sein. Nur in einem solchen Szenario können Emittenten und Investoren von den Informationsanbietern profitieren.

45.2 Newsletter

Newsletter können per Briefpost oder auf elektronischem Wege versendet werden. Nachfolgend werden Newsletter via E-Mail-Versand näher behandelt. Das entspricht auch dem Fokus Online Medien dieses Beitrages.

45.2.1 Newsletterverteiler

Es gibt zwei entscheidende Faktoren, die für den Erfolg eines Newsletter-Versandes entscheidend sind. Zum einen ist dies der Umfang des Verteilers, also die Anzahl der Adressaten, die im Verteiler enthalten sind. Zum anderen ist die Zusammensetzung bzw. die Qualität des Verteilers von entscheidender Bedeutung. Sehr große Newsletterverteiler stiften wenig Mehrwert für den Versender, wenn die Empfänger nicht an den Inhalten des Newsletters interessiert sind. Es ist nicht zwingend sinnvoll, E-Mail-Adressen zu kaufen, an die der Newsletter versendet werden kann. Die treuesten und wertvollsten Leser haben sich selbst dazu entschieden, einen Newsletter zu abonnieren und sich aktiv dafür angemeldet. Nur wenige regelmäßige Leser haben es versäumt, den Newsletter abzubestellen und sind deshalb zu treuen Lesern geworden.

Für den Newsletter-Versand gibt es sogenannte mehr oder weniger professionelle Versandtools. Es handelt sich hierbei um Software, die auch eine Analyse des Versanderfolges anhand eines Trackings ermöglicht. Je nach Ausgestaltung und Qualität der jeweiligen Software können verschiedene Auswertungen durchgeführt werden. Ziel ist es, die Zusammensetzung des E-Mail-Verteilers zu optimieren und ständig zu überprüfen.

Es kann zum Beispiel geprüft werden, ob alle im Verteiler enthaltenen Adressen fehlerfrei sind oder ob die E-Mails mit einer Fehlermeldung zurück gesendet werden. Einige Versandtools löschen fehlerhafte E-Mailadressen nach einer bestimmten Anzahl von Rückläufern selbstständig aus dem Verteiler.

Es ist auch möglich, nachzuverfolgen, ob die E-Mail mit einem Newsletter vom Empfänger geöffnet wurde oder nicht. Einige Versandtools erlauben es sogar die genaue Uhrzeit zu ermitteln, zu der der Link zum Newsletter angeklickt wurde, so dass man davon ausgehen kann, dass der Newsletter gelesen wurde. Auch Informationen über den Standort des Empfängers können anhand der IP-Adresse des Users ermittelt werden. Diese sind wiederum wichtig für die Wahl der Versandstrategie, die im nächsten Abschnitt erläutert wird.

Außerdem können Daten zu der Anzahl der Neuanmeldungen und der Abmeldungen abgerufen werden. Sofern der NL mit Hilfe eines Download-Links versendet wird, ist es auch möglich, nachzuvollziehen, ob er geöffnet, also der NL-Link angeklickt wurde oder nicht. Daraus kann die Conversion Rate errechnet werden. Sie gibt an, wie oft der Newsletter – prozentual gemessen an der Anzahl der versendeten Exemplare – tatsächlich geöffnet/gelesen wird. Werden zum Beispiel von 100 versendeten Exemplaren drei gelesen, dann liegt die Conversion Rate bei drei Prozent.

45.2.2 Versandstrategie

Der Versandtag hat großen Einfluss auf die Conversion Rate. Wenn der Newsletter hauptsächlich Firmenkunden ansprechen soll, ist der Versand an einem Werktag während der normalen Geschäftszeiten sinnvoll. Es ist zu beobachten, dass der Montag und der Freitag für den Versand weniger gut geeignet sind. Montags türmen sich meistens viele E-Mails in den E-Mail-Postfächern, die in der Regel nach Prioritäten abgearbeitet werden. Newsletter werden häufig hinten angestellt, vergessen oder gelöscht – je nachdem, wie wichtig der Inhalt für den Leser ist. Freitags müssen häufig noch Aufgaben finalisiert werden. Die meisten Berufstätigen versuchen vor dem Wochenende letzte wichtige Aufgaben zu erledigen. Somit ist auch vor dem Wochenende wenig Zeit für das Lesen eines Newsletters. Die anderen Tage der Woche scheinen mehr oder weniger gleich gut geeignet. Eine gute Versandzeit ist zwischen zehn und elf Uhr morgens vor der Mittagspausenzeit. Die Wahl des optimalen Versandtermins ist je nach Strategie der Verantwortlichen der Publikation ein aufwändiger Prozess. Hier wird nur ein kleiner Teil davon angesprochen.

Ein weiterer Aspekt der Versandstrategie ist der Versandturnus. Hier kann zwischen regelmäßigen Erscheinungsintervallen und dem anlassbezogenen Versand unterschieden werden. Beim regelmäßigen Versand kann nach dem Versandintervall differenziert werden. Mögliche Intervalle sind täglich, wöchentlich, monatlich oder quartalsweise. Je kürzer das Versandintervall ist, desto aktueller sind die Inhalte. Ein täglicher Versand mit aktuellen redaktionellen Inhalten ist bei Informationsdienstleistern, die über eine große Redaktion verfügen, möglich. Hierbei besteht jedoch die Gefahr, potenzielle Leser durch die hohe Schlagzahl an Newslettern abzuschrecken. Viele Leser bekommen täglich zahlreiche E-Mails mit Anhängen und möchten nicht noch weitere Newsletter täglich per E-Mail bekommen. Deshalb wird ein wöchentlicher oder vierzehntägiger Versandturnus von der Mehrzahl der Leser bevorzugt. Die in einem täglich versendeten Newsletter präsentierten Inhalte müssen von einer sehr hohen Aktualität und Qualität geprägt sein. Zusätzlich müssen die Inhalte mit einem hohen Nutzwert für den Leser ausgestattet sein, um den Effekt der Überfrachtung zu kompensieren. In der Regel sinkt die Conversion Rate bei einem täglichen Versand im Vergleich zu Versandintervallen mit höheren Abständen.

45.2.3 Art des digitalen Versandes

Ein Newsletter kann als Datei-Anhang einer E-Mail versendet werden. Der Newsletter kann zum Beispiel als PDF-Datei formatiert und an die E-Mail angehängt werden. Der Anhang kann direkt geöffnet und/oder zuerst gespeichert und dann zu einem beliebigen Zeitpunkt geöffnet werden. Nachdem die E-Mail vom Server auf das Endgerät des Users geladen wurde, kann der Newsletter auch im Offline-Modus gelesen werden. Bei dieser Versandart wird in der Regel ein Anschreiben in der E-Mail verfasst. Das Anschreiben gibt einen kurzen Überblick über die Themen. Es ist im Idealfall so formuliert, dass der Leser animiert wird, den gesamten Newsletter zu lesen. Ein Nachteil dieser Versandart besteht darin, dass einige Virenschutz-Programme E-Mails mit PDF-Datei Anhängen als Spam deklarieren. Deshalb werden einige Empfänger nicht erreicht. Außerdem sind die Möglichkeiten des Tracking via Versandtool nur eingeschränkt nutzbar. Für Werbekunden ist diese Variante attraktiv, da es möglich ist, hochauflösende Werbeinhalte in dem angehängten Newsletter-Dokument zu präsentieren. Allerdings ist darauf zu achten, dass das Gesamtdokument nicht zu groß wird, da es sonst von vielen Empfängern nicht geöffnet und gespeichert werden kann.

Eine häufig angewandte Versandtechnik besteht darin, einen Download-Link zum Newsletter in einer E-Mail zu versenden. Wenn der Empfänger auf den Link klickt, wird der Newsletter im Online-Modus geöffnet. Das Newsletter-Dokument ist auf der Website bzw. der Internetplattform des Versenders hinterlegt. Ein Vorteil für den Versender liegt in der geringeren Menge der versendeten Daten. unabhängig vom Vorhandensein einer Plattform kann ein Versand-Tool effektiv eingesetzt werden.

Ein Nachteil dieser Versandform liegt darin, dass der Leser je nach Stärke der Internetverbindung den Newsletter nur eingeschränkt bequem durchlesen kann. Dieser Nachteil lässt sich vor allem bei der Nutzung von mobilen Daten-Netzwerken beobachten. Die Datei kann aber sofern eine Internetverbindung besteht – gespeichert und somit offline zugänglich gemacht werden. Allerdings kann der Download zu viel Zeit in Anspruch nehmen. Auf der anderen Seite ist es für den Leser von Vorteil, dass die Datenmenge auf seinem Computer nur zunimmt, wenn der Newsletter aktiv gespeichert wird.

Auch bei der oben beschriebenen Versandform mit Download-Link wird in der Regel ein Anschreiben in die E-Mail getippt. Die Gefahr als Spam-Mail von Antispam-Programmen automatisch aussortiert zu werden, ist geringer, da kein E-Mail-Anhang vorhanden ist. Diese Variante ist für Werbekunden ähnlich attraktiv wie die vorgenannte. Werbekunden können auch hier hochauflösende Werbeanzeigen präsentieren.

Eine dritte jedoch wenig gebräuchliche Methode besteht darin, die Inhalte des Newsletters direkt in die E-Mail zu schreiben. Meistens wird diese Versandform genutzt, um einen Überblick über Artikel zu aktuellen Themen, die auf der Internetplattform des Versenders zu finden sind, zu geben. Diese Teaser-Texte sind in der Regel sehr kurz und enthalten zahlreiche Links zu den jeweiligen Artikeln.

Ein Vorteil dieser Variante liegt darin, dass der potenzielle Leser den Newsletter nicht erst öffnen muss und direkt lesen kann. Die Gestaltungsmöglichkeiten bezüglich des Layouts sind bei dieser Variante allerdings stärker eingeschränkt. Das E-Mail-Format wird in der Regel in kleinerem Format konsumiert als zum Beispiel ein PDF-Dokument. Auch der effektive Einsatz eines Versandtools zum Tracking von Newsletter-Lesern ist nur bedingt möglich. Grafiken und Bildinhalte werden in der Regel erst nach einer Aktivierung durch den Leser – zu der es meist gar nicht kommt – angezeigt. Die Platzierung von Werbeanzeigen ist zwar theoretisch möglich, in der Praxis dürfte es aber kaum gelingen, Werbekunden zu gewinnen.

45.2.4 Wer erstellt Newsletter?

Man kann Newsletter anhand des Herausgebers differenzieren. Diese sprechen verschiedene Adressatenkreise an. Auf einige Herausgeber wird im Folgenden exemplarisch näher eingegangen, andere werden in Form einer Aufzählung am Ende dieses Abschnittes genannt. Es wird kein Anspruch auf Vollständigkeit erhoben.

Unternehmen versenden Newsletter an Ihre Kunden und Geschäftspartner, um über aktuelle Entwicklungen Ihrer Geschäftstätigkeit und andere Neuerungen zu informieren.

Dieser Veröffentlichungskanal kann von Emittenten genutzt werden, um Ihre anstehenden Emission anzukündigen. Auch nach bereits erfolgter Emission kann der Newsletter genutzt werden, um die Anleihegläubiger zu Informieren. Hier bietet sich zum einen die Chance, positive Entwicklungen darzustellen. Auf der anderen Seite sollten auch die kommunikationstechnisch schwerer wiegenden Nachrichten zu negativen Entwicklungen professionell kommuniziert werden. Gerade im Bereich der Kommunikation von für den Kapitalmarkt relevanten Ereignissen weisen mittelständische Emittenten noch große Verbesserungspotenziale auf. Letztlich ist eine offene Kommunikation sowohl im Interesse der Emittenten als auch im Interesse der Investoren. Dennoch ist es nicht immer leicht für die Emittenten, Ihre Investoren mit solchen Newslettern zu erreichen. Denn nicht alle Investoren sind auch Kunden der jeweiligen Unternehmen. Ein weiterer Beleg für die steigende Bedeutung der Debt Relations sind hoch dotierte Awards die an Unternehmen mit sehr guter Kommunikation gegenüber Geldgebern vergeben werden.

Viele Investoren zeichnen Anleihen über die Zeichnungsfunktionalitäten der Börsen. Diese Investoren erhalten den Newsletter der Emittenten nur, wenn sie bereits als Abonnenten angemeldet sind oder sich explizit für ein Newsletter-Abonnement anmelden. Dennoch gibt es für diese Emittenten andere Möglichkeiten, Anleihegläubiger auch mit Hilfe von Newslettern anzusprechen. Näheres dazu folgt im nächsten Abschnitt.

Die meisten Internetplattformen – abgesehen von wenigen Ausnahmen – versenden Newsletter. Die Einflussmöglichkeiten der Emittenten auf die Berichterstattung in den Newslettern der einzelnen Plattformen unterliegen den gleichen Gesetzmäßigkeiten, die auch für Veröffentlichungen per Online-Artikel oder -Nachricht gelten. In beinahe allen Newslettern dieser Plattformen ist es möglich, Werbeanzeigen zu schalten. Die Werbeanzeigen können direkt auf die Homepage des Emittenten bzw. des Werbenden verlinkt werden. Dadurch besteht die Möglichkeit, über die Homepage des Unternehmens für die Anmeldung zum Newsletter des Unternehmens zu werben.

Für Emittenten ist die Wahrscheinlichkeit größer, ihre Themen in Newslettern von Special-Interest-Portalen mit dem Themenfokus mittelständische Kapitalmarktprodukte zu platzieren, als in Newslettern von Nachrichtenportalen mit breiterem Themenspektrum. Die Newsletter-Verteiler der Special-Interest Portale sind zwar in der Regel kleiner, aber in Ihrer Zusammensetzung deutlich zielgruppenspezifischer als die E-Mail-Verteiler der meisten Nachrichtenprotale.

Weitere Herausgeber von Newslettern sind zum Beispiel Institutionen wie Verbände (Hier haben oft Mitglieder die Chance, redaktionelle Beiträge zu lancieren.), Kirchen und Behörden. Die beiden Letzten spielen im thematischen Zusammenhang dieses Kapitels kaum eine Rolle.

45.2.5 Mögliche Inhaltsformen von Newslettern

Newsletter können nach der Art Ihrer Inhalte unterschieden werden. Hier dominieren zwei Arten: Zum einen Newsletter, die auf eine Inhaltsart begrenzt sind und zum anderen

Newsletter, die eine Mischung verschiedener Inhaltsformen enthalten. Beispiele: Einige Newsletter enthalten ausschließlich werbliche Inhalte wie Anzeigen und Produktinformationen. Diese Newsletter werden vor allem von Handelsketten versendet. Sie dienen dazu, die potenziellen Kunden über das Standardsortiment, Sonderangebote oder Rabattaktionen zu informieren. In der Regel werden diese Newsletter wöchentlich versendet, da die Angebote zumeist eine Woche lang gültig sind.

Viele Newsletter enthalten sowohl journalistische als auch werbliche Inhalte. Die werblichen Inhalte sind grafisch klar von den journalistischen Inhalten getrennt. Außerdem sind sie deutlich als werbliche Inhalte gekennzeichnet, zum Beispiel durch einen Schriftzug „Werbung", „Werbeanzeige" oder „Anzeige". In dieser Art Newsletter können auch sogenannte Advertorials veröffentlicht werden. Einige Newsletter enthalten auch Pressemeldungen, was jedoch die Ausnahme ist. Pressemeldungen werden in der Regel als einzelne Aussendung konzipiert.

45.2.6 Newsletter gratis oder kostenpflichtig?

Viele Newsletter sind für den Empfänger kostenlos. Ziel der Herausgeber ist es, die Leser über bestimmte Themen zu informieren, ohne damit direkte Einnahmen zu erzielen. (Einnahmen werden indirekt durch Werbeformen erzielt.) In diese Kategorie fallen die meisten Newsletter der genannten Internetplattformen.

Es gibt zudem Newsletter, die ausschließlich nach der Buchung eines kostenpflichtigen Abonnements versendet werden Oft handelt es sich dabei um Newsletter, die journalistisch hochwertige Artikel zu sehr speziellen Themen enthalten, die für einen ausgesuchten Kreis von Lesern interessant sind und wichtige, den Kapitalmarkt beeinflussende Informationen beinhalten. Die Qualität der Inhalte wird von den Lesern als so hoch eingeschätzt, dass sie bereit sind, dafür zu bezahlen. Einige dieser Publikationen haben es geschafft, sich als Pflichtlektüre für bestimmte Branchen sowie bestimmte Gruppen von Emittenten und Investoren zu etablieren.

Andere Newsletter enthalten eine Mischung aus kostenlosen und kostenpflichtigen Inhalten. Der Newsletter kann gratis abonniert werden, aber bestimmte Artikel werden beispielsweise im Newsletter nur als Teaser angerissen. Der gesamte Artikel kann dann gegen Bezahlung einer Gebühr (Paid Content) online abgerufen werden. Andere Newsletter unterteilen ihre Leserschaft in Premium- und quasi „Standard-Leser". Premium-Leser bezahlen eine Gebühr für den Erhalt des Newsletter und bekommen Ihn zum Beispiel früher und mit mehr Inhalten als „Standard-Leser".

45.2.7 Juristische Standards

Es gelten rechtliche Standards im Newsletter-Geschäft. So auch zum Beispiel für die Anmeldung als Newsletter-Abonnent. Gebräuchlich ist das sogenannte „Double-Opt-in

Verfahren" (to opt, engl.: optieren, sich für etwas entscheiden), dessen Ablauf hier kurz beschrieben wird: Der potenzielle Abonnent meldet sich für den Newsletter-Empfang an und gibt die für den Versand erforderlichen personenbezogenen Daten in ein Online-Anmelde-Formular ein. Er akzeptiert per Setzen oder anklicken eines Häkchens im Online-Formular die AGBs des Herausgebers. Dieser Schritt ist das erste „Opt-in". Danach erhält der potenzielle Abonnent eine –Bestätigungs-E-Mail l an seine E-Mail-Adresse. In dieser E-Mail ist ein Link, den der Empfänger anklicken muss, um seine Registrierung zu bestätigen. In anderen Fällen muss ein Codewort auf der Homepage des Newsletter-Versenders eingegeben werden, um die Registrierung abzuschließen. (zweiter „Opt-in") Damit soll unter anderem vermieden werden, dass Spam-Programme Internetuser ohne deren Wissen bzw. Einverständnis für Newsletter-Abonnements anmelden.

Es gibt noch andere Verfahren, auf deren Darstellung an dieser Stelle aus Platzgründen – und weil das „Double-Opt-In Verfahren" derzeit das mit Abstand gebräuchlichste ist – verzichtet wird.

Ein weiterer Bestandteil einer Versandmail für einen Newsletter ist der „Abmelde-Button" oder der „Abmelde-Link". Wenn der Empfänger auf diesen Button klickt, meldet er sich direkt vom Newsletter-Bezug ab und wird aus dem Verteiler gelöscht. Meistens gelangt der Abonnent zunächst auf eine Internetseite des Newsletter-Herausgebers, auf der er die Abmeldung bestätigen muss. Dadurch kann versehentliches Abmelden vermieden werden. Manche Herausgeber fragen den Abmeldewilligen auf der Abmeldeseite, warum er eine Abmeldung vollzieht.

Die meisten Newsletter-Anbieter können Abmeldungen mit Hilfe des Versandtools erkennen. Oft wird eine Bestätigungsmail gesendet, in der der Ex-Abonnent um ein Feedback gebeten wird. Die Auswertung dient der Verbesserung des Newsletters und selbstverständlich dafür, Leser und Kunden besser zu verstehen.

45.2.8 Zwischenfazit Kommunikationsmöglichkeiten Newsletter für Emittenten Mittelständischer Anleihen

Sowohl von den Emittenten selbst erstellte als auch Newsletter von Online-Info-Diensten können von Emittenten mittelständischer Anleihen für Debt Relations genutzt werden. Solange sich die Emissionen noch in der Zeichnung befinden, können auch Newsletter der Börsen zur Kommunikation genutzt werden.

Genau wie bei den Online-Info-Diensten ist der Einfluss, den die Emittenten auf die Veröffentlichung von journalistischen Inhalten nehmen können, eher gering. Bei Newslettern von Special-Interest-Portalen, die das aktuelle Thema des Emittenten auf Grund der Relevanz als Ihr Hauptthema bearbeiten, gibt es die größten Chancen. Zusätzlich bieten sich hier Möglichkeiten, über Werbeanzeigen oder Advertorials zu kommunizieren.

45.3 Fazit

Der noch junge Markt der mittelständischen Kapitalmarktprodukte ist bezüglich der Transparenz in der Findungsphase. Mit der Quasi-Ad-hoc-Pflicht ist ein erster Schritt in Richtung mehr Transparenz getan – zumindest in Bezug auf die sogenannten Qualitätssegmente für Mittelstandsanleihen der deutschen Börsen. Allerdings gibt es hier noch strukturellen Verbesserungsbedarf, zum Beispiel in Bezug auf den Ort der Veröffentlichung. De facto muss ein Investor, der in mehrere Mittelstandsanleihen investiert hat, verschiedene Börsen und/oder Internetseiten von Emittenten analysieren, um relevante Nachrichten über Emittenten lesen zu können. Hier wäre eine Verpflichtung durch den Gesetzgeber, ein Passus in den Regelwerken der Börsen oder ein Common Sense der Emittenten zur Veröffentlichung relevanter Nachrichten auf einer zentralen Plattform von großem Vorteil. Dabei sollte das Segment der mittelständischen Kapitalmarktprodukte nicht durch Überregulierung behindert werden. Eine Pflicht für eine Veröffentlichung an zentraler Stelle würde die Quasi-Ad-hoc-Pflicht optimieren und nicht verschärfen. Die zusätzlichen Kosten, die durch die Veröffentlichung auf einer zentralen Plattform anfallen, sind angesichts der Emissionsvolumina und der Anzahl der zu veröffentlichenden Nachrichten eher als gering einzuschätzen. Der Nutzen für die Investoren und für die Transparenz des gesamten Marktsegments würden diese Kosten um ein Vielfaches übersteigen.

Es ist für Investoren elementar wichtig, zeitnah zum Beispiel über Verbesserungen oder Verschlechterungen der Ratings der Emittenten zu erfahren. Derzeit müssen Rating-Informationen auf den Homepages der Emittenten und Börsen mühsam zusammengesucht werden. Eine zentrale Internetplattform wäre eine Lösung um die Transparenz des jungen, aufstrebenden Segmentes für Investoren und Emittenten massiv zu erhöhen. Auf Ihr sind alle Detailinformationen zu mittelständischen Kapitalmarktprodukten, alle Quasi-Ad-Hoc-Meldungen der Emittenten zu finden. Außerdem ist ein Online-Magazin mit journalistisch-analysierender Berichterstattung von Finanzjournalisten angegliederten. Zu den weiteren wichtigen Elementen dieser Plattform gehören Diskussionsforen und Researchberichte, deren Teilnehmer und Autoren dazu beitragen, die relevanten Informationen einzuordnen, einzuschätzen und in größere Zusammenhänge zu stellen. Nur ein Teil der Retail-Investoren ist in der Lage, die einzelnen Informationen zu verstehen und so zu verarbeiten, dass daraus richtige Schlüsse gezogen werden.

Die übrigen Retail-Investoren brauchen verlässliche „Partner", die die Informationen für sie aufbereiten und ihnen dadurch eine fundierte Entscheidungsgrundlage für Investitionen zur Verfügung stellen. Ratingagenturen haben in der Finanzkrise ihren „Nimbus" verloren und sind deshalb nur noch eingeschränkt in der Lage, diese Leistung zu erbringen. Den Retail-Investoren fehlt das Vertrauen in Ratingagenturen und nach der Finanzkrise auch in die Gesamtheit der Akteure am Kapitalmarkt. Eine zentrale Infoplattform könnte dazu beitragen, dieses Vertrauen wieder aufzubauen.

Sachverzeichnis

1. FC Köln, 585
50+1-Regel, 578

A
ABC-Analyse, 267
Abhängigkeitsbericht, 139
Absicherung, 570
Abstimmung ohne Versammlung, 273
Abstimmungsfrist, 175
Abstimmungsleiter, 175
Acting-In-Concert, 130, 133
Ad-hoc-Meldung, 6, 312
Ad-hoc-Pflicht, 255
Ad-hoc-Publizität, 253, 312
adidas, 82
Advertorial, 674
Advocatus Diaboli, 234
AfU Investor Research, 470
Aktienrückkaufprogramme, 614
Aktienrating, 362
Aktionär, 668
Allgemeine Geschäftsbedingungen (AGB), 164
ALPINE Holding, 647
Analyst, 242
Analystenkonferenz, 57
Analystenveranstaltung, 11
Änderungsklausel, 168
Änderungsvertrag, 168
Anfechtungsklage, 178
Angebot, öffentliches, 406, 447
Anleihe-Check, 347
Anleiheanalyst, 54, 231
Anleihebedingung, 202
Anleihefähigkeit, 306
Anleihegläubigerrecht, 273
Anleihen Finder, 671

Anleiheprospekt, 73
Anleiherückkauf, 199
Anleiheresearch, 232
Anleiheumtausch, 208, 211
Anspruch, deliktischer, 155
Arbitrage Pricing (APT), 291
Argumentationssprung, 630
Ariva, 647
Arminia Bielefeld, 585
Arranger, 340
Artwork Bond, 581
Assekuranz Rating, 372
ASSEKURATA, 372
Asset
    Allocation, 166
    Backed Security, 290
    Quality, 85
    Sales, 126
ATX, 35, 41
Aufstockung, 76
Auktionsverfahren, 411
Ausfallwahrscheinlichkeit, 512, 623

B
Basiskriterien, quantitative, 372
Börse Online, 668
Börsenplatz, 430
Börsensegment, 89, 430
BaFin, 7, 14, 73, 640
    Billigung, 581
Bankenabhängigkeit, 69
Bankenpool, 26
Bankenregulierung, 348
Bankentag, 557
Bankhaus Martin, 72
Barwertmethode, 291

Basel II, 295
Basel III, 50, 80, 88, 102, 348, 491, 521
Basisrisiko, 569
Baskets, 209
Bastei Lübbe, 495
Bayer, 572
Benchmark-Anleihe, 232
Berenberg Bank, 72
Bertelsmann, 649
Beschlusskontrolle, 177
Best Case, 21
Best Owner, 333, 343
Beurteilungskriterien, 483
Bild, 667
Bindung, kollektive, 169
Black List, 554
Bloomberg, 4, 470, 596, 666
BMW, 13
boersen-zeitung, 668
Bond
    Investor Relations, 31
    Investoren, 272, 275
    Markt, 249
    Research, 309
    Restructuring, 163
    Story, 4, 53, 307, 483, 485, 499, 654
Bondholder
    ID, 471
    Relations, 31, 465
Bondm, VII, 70, 471, 472, 583, 665
Bonität, 265
Bonitätsanalyse, 514, 515
Bonitätsprüfung, 601
Bonitätsprognose, 516
Bonitätsrating, 362
Bookbuilding-Verfahren, 410
Borussia Dortmund, 578
Branchenanalyse, 364
Branchenmerkmale, 383
Break Even Risikoprämien, 513
Bretton Woods, 94
Bund-Future, 3
Business Wire, 669
Buy and Hold Investment, 549
Buy-Side Analyst, 621
Bußgeld, 159
BVI, 166
BVMW, 672
BWA, 32

C
Call Option, 202, 211
Call-Center, 75
Capex-Covenant, 190
Capital Asset Pricing Models (CAPM), 291
Cash Offer, 209
Cashflow Offer, 203
CDS, 561
    Laufzeit, 563
    Preise, 566
CEF, 458
Centro Solar, 473, 506
Change of Control, 126, 129, 132, 135, 195, 240, 623
Clearstream, 178
Close Brothers Seydler, 72
Club Deal Schuldscheindarlehen, 552
Co-Lead Manager, 412
Co-Manager, 412
Coach, 318, 480
Collective-Action-Clause, 171
Comfort Letter, 413
Commercial Paper, 615
    Programme, 292, 612
Compliance-Bestätigung, 191
Conference Calls, 11, 53, 486
Content Ads, 647
Conversion Rate, 677
Corporate-Finance-Berater, 311
Corporate Governance, 241, 391, 602
Corporate News, 313
Corporate Rating, 379
Country of Risk, 515
Coupon, 497, 574
Coupon Step Ups, 516
Covenant, 23, 183, 410, 427, 479, 498, 521, 613, 623
    Breaches, 194
    incurrence-based, 187, 193
    light, 187
    maintenance, 187
    Stripping, 212
Credit
    Default Swaps (CDS), 54, 146, 295, 623
    Derivatives, 208
    Research, 233, 309
    Spreads, 301
Creditor Relations, 31, 596

Creditreform, 372
Cross Acceleration, 195
Cross Default, 195, 623
　Klauseln, 240
Crowded Trades, 509
Culpa in Contrahendo, 157
Cure Rights, 192
Current Ratio, 237

D

Dürr AG, 65, 471, 493
Daimler, 538
DAX, VII, 35, 41, 649
DAX-Future, 3
Deal, 655
Deal-related Debt Relations, 550
Debt
　Advisory, 306
　Emissionen, 287
　Equity Swap, 170, 171
　Incurrence, 126
　Investorengruppen, 466
　Profil, 288
　Relations, 31, 477, 557
　　allgemeine, 557
　　in Stresssituationen, 550
　　Schranken, 555
　Story, 296
　Transaktion, 305
Debt-to-Debt-Swap, 211, 214
Deckungsquote, 351
der mittelstandsmarkt, 583
Der Spiegel, 667
Designated Sponsoring, 349
Deutsche Bank, 563, 658
Deutscher Investor Relations Verband
　(DIRK), 275
Deutsche Telekom, 639
DGAP, 666, 669
DIRK, 14, 51
Discounted Cashflow-Analyse, 291
Diskriminanzfunktion, 517
Dispositionsfreiheit, 164
Distressed Debt Plays, 201
Dividende, 614
Draghi Mario, 102
Dry Run, 310
DSC, 336

Due Diligence, 294
DuPont-Schema, 236
DVFA, VIII, 9, 14, 52, 166, 237, 255, 652
　Mindeststandard, 455, 519

E

EBA, 14
EBIT
　Interest Coverage, 351
　Zins Coverage, 239
EBITDA, 654
　Interest Coverage, 351
　Zins Coverage, 239
EDGAR, 468
EIB, 69
Eigenemission, 357, 416, 445, 585
Eigenkapitalquote, 13, 352, 373
Eigenkapitalrating, 363
Einzelgespräch, 34
Emissionsbank, 348, 401, 446
Emissionsbedingungen, Änderung, 167
Emissionsexperte, 318
Emissionsvolumen, 495
Emittenten
　Portrait, 552
　Rating, 294, 380
Entry Standard, VII, 9, 583, 665
　Debütanten, 454
Entwertungsentscheidung, 207
E.ON, 658
Equity
　Cure, 201
　Research, 233
　Story, 483, 553
Erfahrung, 546
Erstgespräch, 349
ESG
　Faktoren, 517
　Investmentprozess, 518
　Key Performance Indicators, 518
EU-Pass, 468
EU-Prospektrichtlinie, 316
Euler Hermes Rating, 372
EURIBOR, 301
European Securities and Markets Authority
　(ESMA), 262
EuroRating, 372
EUWAX, 484
Event of Default, 558

Exit Consent, 212
EZB, 95, 97

F
Fälligkeitsprofil, 86, 612, 623
Facebook, 486, 599
Fact-Book, 57, 308
Fact-Sheet, 307, 480
Fallen Angel, 4
Familienunternehmen, 9
Family Office, 70, 74, 83
Fan-Anleihe, 145, 579
FAQ, 624
FAZ, 667
FC Bayern München, 578
FC Schalke 04, 82, 578, 667
FeriEuroRating, 372
Festpreisverfahren, 410
FFO, 654
Financial Covenants, 184
Finanzanalyst, 63, 82
finanzen.net, 669
Finanzierungskosten, 52
  der Banken, 50
Finanzierungsstrategie, 69, 615
Finanzkalender, 480
Finanzkennzahl, 183
Finanzkommunikation, 261
Finanzmanagement, 325
Finanzmarktkommunikation, 519
Finanzpresse, 621
Finanzrisikomanagement, 291
Finanzrisikoprofil (FRP), 381
Finanzverbindlichkeiten/EBITDA, 351
First-Mover-Effekt, 74
Fisher-Separationstheorem, 291
Fitch, 371, 497
Focus-Money, 667
Folge-Rating, 314
Folgepflichten, 311, 480, 503
Fonds professionell, 671
Fondsholdings, 466
Frankfurter Allgemeine Zeitung, 673
Free Cashflow, 13
Free Operating Cashflow Zins Coverage, 239
Fremdkapitalquote, 373
Frequent Issuer, 56, 305
Friedman, Milton, 95

Friedrichshafen, 538
Frozen GAAP-Klausel, 192
Fußballanleihe, 579

G
Garantiegeber, 172
GBB-Rating, 372
GDUR, 372
GEA, 661
Geldpolitik, 97
Gemeinsamer Vertreter, 173, 178, 271, 272
Gerresheimer, 661
Gesamtkündigung, 176
Geschäftsbericht, 609
Geschäftsrisikoprofil (GRP), 381
Gesetz gegen den unlauteren Wettbewerb (UWG), 158
GfK, 662
Gläubigerschutzklausel, 516
Gläubigerschutzrecht, 395
Gläubigerversammlung, 172, 173, 174, 273
Gläubigervertretung, 272
Gleichbehandlungsgebot, 128, 167, 204
Globalurkunde, 178
GoingPublic Online, 671
Golden Gate, 495
Grauer Kapitalmarkt, 583
Graumarkt, 668
Graumarktemissionen, 426
Grundsatz der kollektiven Bindung, 167

H
Haftungsrisiko, 143
Hamburger Sport-Verein, 585
Handel, außerbörslicher (OTC), 412
Handelbarkeit, 447
Handelsblatt, 667
Haniel, 79, 649
Hansa Rostock, 586
Hausbankkredit, 51
Headroom, 189
Heilungsmöglichkeit, 193
Hertha BSC Berlin, 585
Hidden Champion, 80, 355
High Yield, 4, 403
  Markt, 194
  Bonds, 315
Hochzinsanleihe, 73, 203

Sachverzeichnis

Homepage, 73
Hotline, 625
Hybridanleihe, 7, 8, 60, 63, 202, 341
Hyperinflation, 99

I
ICR, 336
Identität, wirtschaftliche, 214
IFRS, 86, 87
Illiquiditätsanalyse, 397
Inflation, 96
Inflationsrate, 93
Informationsasymmetrie, 25, 26
Initial-Bond-Offering (IBO), 436
Insiderinformation, 154, 312
Interest Cover, 85, 612
International Swaps and Derivatives Association, 563
Interview, 74
Investmentgrad, 194
Investmentänderungsgesetz, 467
Investmentgesetz, 466
Investor
    Calls, 83
    Day, 58
    institutioneller, 405
    Relations, 477, 589
Investorenanalyse, 463
Investorenkonferenz, 83
Investorenmix, 447
Investorenstruktur, 411
IOSCO Code, 262
ISDA, 563
ISMA, 296
Issuers Day, 551
IVG, 7

J
Johannes Führ Asset Management, 507
Jump to default, 511

K
Kündigungsrecht, 184
Kapitaldienstdeckung, 623
Kapitalmarktberater, 584
Kapitalmarktkommunikation, 313
Kapitalmarktpartner, 318
Kapitalmaßnahme, 614
Kapitalsammelstelle, 93
Kapitalschnitt, 171
Kapitalstruktur, 343, 611
Kapitalstrukturforschung, 322
Kapitalstrukturmanagement, 331, 324
Katjes, 495
Kennzahlenanalyse, 270
    quantitative, 270
Key Investment Consideration, 553
KfW, 566
Knorr-Bremse AG, 386
Kommunikationsinstrument, 485
Kommunikationsmix, 485
Konfusion, 207
Konkursquoten (Recovery Rates), 565
Konsortialbildung, 411
Konsortialführer, 412
Konsortium, 412
KonTraG (Gesetz zur Kontrolle und Transparenz im Unternehmensbereich), 264
Kontrahentenrisiko, 569
Kontrollwechsel, 126, 130, 133
Kosten der Anleihe, 641
Kredit
    bilateraler, 336
    syndizierter, 69, 338
Kreditanalyse, 233
Kreditarbitrage, 573
Kreditausfallversicherung, 561
Kreditderivat, 561
Kreditereignis, 564
Kreditklemme, 80, 330
Kreditlinie, 612
Kreditrating, 362
Kreditrisikoindikator, 300
Krise, 67
Krug, Manfred, 639
KTG Agrar, 470
Kursmanipulation, 204

L
Länderanalyse, 363
Länderrisiko, 383
Laufzeiten, 563, 611
Laufzeitenprofil, 604
LBOs (Leveraged Buy Outs), 521
Lead-Bank, 308

Lehman-Brothers, 254
Leitzins, 97
Leverage, 13, 187
Leveraged Buyouts, 340
Leveraged Loans, 403
LIBOR, 289
Linde, 659
Liquiditätsanalyse, 393
Liquiditätsmanagement, 200
Liquidity Coverage Ratio, 88
Liquidity Ratio, 85
Listing Partner, 318
LMA Muster, 188
Loan Market Association (LMA), 188, 295
Loan-to-Value-Covenant, 190, 191
LTRO-Aktionen (Longer-Term Refinancing Operations), 511
LTV, 336

M
M3, 95
m:access, 494, 501
  bonds, 583, 666
MaComp, 9
MAG IAS, 647
MAN, 490, 538
Management-Roadshow, 310
Markenbekanntheit, 431
Markenunternehmen, 82
Market
  Sounding, 72, 73, 75
  Testing, 206
  Timing Theorie, 323
Marktpreis-/Kreditrisiko, 569
Marktstimmung, 297
Marktvolatilität, 510
Matching Range, 460
Maturity Management, 200
MDAX, 35, 41
Mediaselektion, 640
Medium Term Note (MTN), 293, 295
Mehrheitsbeschluss, 169, 171, 172
Memorandum, 298
Mezzanine, 340, 403, 491
MiBoX, 671
  Performance Index (Micro Bond Index), 506
MiFIR (Markets in Financial Instruments Regulation), 458

Mindest-Covenant, 195
Mindeststandards für die Bondkommunikation, 9, 52
Mittelstand, 478
Mittelstandsanleihe, 145, 195, 309, 403, 415
Mittelstandsbörse, 311, 493, 494, 583, 666
Mittelstandsmarkt, 156, 494, 665
Mittelverwendung, 353, 623
Modigliani-Miller-Theorem, 291
Monitoring, 266
Monte-Carlo-Simulation, 398
Moody's, 5, 371, 497
Motivation, 540
MTU, 538
Multi-Family Offices, 405
Musterklausel, 188

N
N-CSR, 468
N-Q, 468
N-SAR, 468
na news aktuell, 669
Nachforschungspflicht, 148
Nachrichtenagentur, 633
National Association of Insurance Commissioners (NAIC), 340
Negative Pledge, 126, 240
Negativerklärung, 623
Net Debt/EBITDA, 352
Nettofinanzverschuldung, 85
Nettoverschuldungsgrad (Leverage), 190
Neuemission, 59
New Securities Doctrine, 214
Newsletter, 625, 672, 676
Nokia, 567
Non-Call-Periode, 202
Non-Deal related Debt Relations, 550, 551
Notierung, 414

O
Off Balance Sheet Effekt, 334
Offering Memorandum, 409, 418
Office of Interactive Disclosure (OID), 469
Öffnungsklausel, 149
OGAW-Richtlinie, 466
Old Economy, 355, 537
One Voice Policy, IX, 6, 655
One-on-One, 11, 611, 649

Sachverzeichnis

OnVista, 647, 669
Opt-in, 682
Optionsanleihe, 403, 417
Optionsschuldverschreibung, 145
Orderbuch, 580
Ordnungswidrigkeit, 159
Ordnungswidrigkeitengesetz (OWiG), 159
Ornamental Loan, 581
OTC (Over-The-Counter), 505
    Geschäfte, 292
    Markt, 463
Overachieving, 589

P
Payom Solar, 506
Payout Policy, 85
Pecking-Order Theorie, 323
Peer Group, 327
    Analysen, 289, 464, 473
Pensionsverpflichtung, 613
Perception-Studie, 289
Permitted Refinancing Indebtedness, 209
Pflichtangebot, 127
Pflichtwandelanleihe, 417
Pilot Fishing, 158, 413, 416
Plain Vanilla, 479
Poison Debt, 135
Poison Pills, 138
Porsche, 9
Porters Five Forces, 235
Portfoliomanager, 621
Post-Deal Debt Relations, 550
Post-Direktmailing, 643
Pre-money, 232
Pre-Sounding, 158, 310, 347, 354, 586
Preisfestsetzung, 75
Pressearbeit, 308, 627
Pressekodex, 250
Pressemitteilung, 555
Pressestelle, 252
Pricing, 410
Primär- und Sekundärmarktplattform, 583
Primärmarkt, 63
Principal-Agency Theorie, 19, 322
Privatanleger, 55, 70, 72, 621
Privatinvestor, 405
Privatplatzierung, 409
Profitabilitätsanalyse, 384

Profitabilitätsvergleich, 327
Projektorganisation, 542
Prospekterstellung, 309
Prospektgenehmigung, 480
Prospekthaftung, 143, 147, 149, 150, 154
Prospekthaftungsansprüche, 148
Protection Buyer, 566
Protection Seller, 566
Proxy Voting, 173
Public-Relations-Agentur, 252
Publizitätsvorschrift, 311

Q
Quality Liquidity Provider (QLP), 484
Quasi Ad-hoc-Mitteilung/Publizität, 156, 313, 480, 584
Quick Ratio, 237
Quorum, 174, 213

R
Rückkaufmethode, 205
Rückkaufsstruktur, 207
Rückzahlung, 612
Rahmenkreditvertrag, 295
Rating, 262, 309, 362, 372, 497, 584, 611, 613
    Advisor, 366, 369, 373
    Analyse, 264, 380
    bankinternes, 365
    externes, 365
    Komitee, 266
    Prozess, 264
    Trigger, 6
Ratingagentur, 43, 50, 54, 55, 59, 73, 89, 584, 621
Ratingklassen, 262
Ratingkriterien, 266
Ratingnote, 266
Ratingurteil, 269
Ratingzertifikat, 266
real time, 666
Realzins, 93
Rechts- und Liquiditätsrisiko, 568
Rechtsformwechsel, 307
Rechtsverhältnis, 163
Recovery, 512
    Rate, 396
Referenzschuldner, 563
Regierungskommission Deutscher Corporate Governance Kodex, 598

Repression, finanzielle, 99
Research Bericht, 232, 234
Research-Coverage, 225
Restricted Payment Covenant, 126, 209
Reuters, 4, 596, 666
Risikoidentifikation, 264
Risikomanagement, 615
Risikoprämie, 511
Rising Stars, 4
Risk Bearing Capital, 238, 352
ROA (Return on Assets, Vermögensrentabilität), 236
Roadshow, 34, 53, 57, 61, 62, 74, 158, 310, 414, 650
  Präsentation, 61
ROE (Return on Equity, Eigenkapitalrentabilität), 236
roll down, 514
RS Rating Services, 372
RSS-Feeds, 599
Rückkauf, bilateraler, 206
RWE, IX, 54, 652, 658, 659

S

S.A.G. Solarstrom, 473
S&P, 327, 497
S&P100, 36
Safe Harbour, 204
Sale & Lease-Back, 334, 374
Sale & Rent-Back, 334
Sammelurkunde, 178
Schadensersatzanspruch, 149
Schadensersatzpflicht, 139
Schattenbuch, 72
Schmuckanleihe, 581
Schneekoppe, 495
Schuldendienstdeckungsgrad (Debt Service Cover Ratio), 190
Schuldenkrise, 50
Schuldenschnitt, 99
Schuldscheindarlehen, 145, 339, 402, 549
Schuldschein, 491
Schuldverschreibungsgesetz, 165, 211, 272
Schutzklauseln, 427
Scope Credit Rating, 372
SDAX, 649
Security and Exchange Commission (SEC), 340, 468

Seidensticker, 495
Sekundärmarkt, 457
Sell-Side Analyst, 621
Selling Agent, 412
Seniorität, 512
Shareholder Value, 25, 614
Shortfallwahrscheinlichkeit, 395
Sicherungsabrede, 172
Sicherungsgeschäfte, 613
Signalling Theorie, 323
Signalling-Effekt, 83
Sixt AG, 555
Skripturprinzip, 163
Smith, Adam, 19
Solarwatt, 473, 506
Solvabilitätsverordnung, 262
Solvency II, 521
Solventis, 72
Solvenz-Kennzahl, kurzfristige, 237
Sonderprüfung, 139
Spezialinvestor, 418
Spin-Off, 334, 343
Split Ratings, 6
Squeeze, 509
Squeeze-Out, 138
Staatsanleihe, 81
Staatsschuldenkrise, 98
Standard & Poor's, 371
Standard für Unternehmensanleihen, 166
Step-up-Coupon, 6
Stimmmehrheit, 176
Stimmrecht, 174
Stimmrechtsvertreter, 173
Stinnes, Hugo, 101
Straight Bond, 479
Street Name, 80
Stresstest, 517, 584
Suspensiveffekt, 212
Swap-Kurve, 301
Swapspread, 510
Syndicated Loan, 26
Szenarioanalyse, 517

T

Tagespresse, 633
Tagesschau, VII
Target-Marketing, 643
TecDAX, 35

Tender Offer, 206
  Rules, 211
Thomson Reuters, 470
ThyssenKrupp, 6, 574
Timing, 77
Top-Down-Prinzip, 329
Total Debt
  Capital Ratio, 238
  EBITDA, 238
Total Net Debt EBITDA, 239
Track Record, 546
Trade-Off Theorie, 323
Transaktionskosten, 23
Transparenzgebot, 164
Transparenzpflicht, 315
Transparenzstandard, 454
Treu und Glauben, 164
TSV 1860 München, 586
Turnover Velocity, 457
Twitter, 486, 599

U
Übernahmeangebot, 125, 127
Übernahmephase, 137
Übernahmerecht, 127, 135
Überzeichnung, 500
Umlaufgeschwindigkeit, 96
Umlaufverfahren, 172
Umschuldungsklausel, 171
Umtauschangebote, 208, 210
Underberg, 495
Underpromising, 589
Underwriting, 338
Universalsukzession, 169
Unternehmensanalyse, 364
Unternehmensanleihe, 248, 447
Unternehmenskalender, 314
Unternehmenskennzahl, 623
Unternehmensmemorandum, 307
Unternehmensplanung, 268
Unternehmensrating, 376
US NRSRO Registration, 262
US Private Placement, 340
USPP, 340

V
Valensina, 495
Veröffentlichungspflicht, 159

Verhaltenspflicht (General Undertakings), 184
Verhinderungsverbot, 136
Vermögensabgabe, 99
Vermögensverwalter, 70, 72, 74
Vermarktungszeitraum, 553
Versammlungsleiter, 175
Verschuldungsgrad, 13, 86
Verschuldungskapazität, 326, 335
Verschuldungskennzahl, 57
Vertragsvertreter, 179, 272
Vertrauen, 13, 82
Vertraulichkeitserklärung, 552
Volkswagen, 658, 659
Vollplatzierung, 500
Vorbereitungsphase, 127
Vorfälligkeitsentschädigung, 203

W
Währungskrieg, 97
Währungsreform, 99
Währungsstruktur, 611
Wahlvertreter, 179, 273
Wallpaper, 647
wallstreet:online, 647, 669
Wandelanleihe, 134, 403, 417, 420
Webcast, 656
Weighted Average Cost of Capital (WACC), 291
Weiterleitungsdarlehen, 208
Werbebanner, 647, 673
Wertpapiererwerbs- und Übernahmegesetz
  (WpÜG), 210
Wertpapierprospekt, 143, 406, 579
Wertpapierprospektgesetz (WpPG), 144, 210
Wertpapiersammelbank, 178
White List, 554
White Paper Fixed-Income Investor
  Relations, 51
Wiener Feinbäckerei Heberer, 668
Wirtschaftsjournalismus, 249
WirtschaftsWoche online, 667
WpÜG, 125
WpHG, 7, 9, 14
WpPG, 148

X
XBRL (eXtensible Business Reporting
  Language), 469
Xetra, 458

Z

Zahl- und Hinterlegungsstelle, 521
Zahlstelle, 559
Zaunkönigregelung, 128
Zeichnungsfrist, 310, 411, 414
ZF Friedrichshafen, 538

Zielgruppe, 640, 642
Zinsänderungsrisiko, 570
Zinsdeckungsgrad (Interest Cover Ratio), 190
Zwangsanleihe, 99
Zweikanalstrategie, 72
Zweitmarkt, 453